Oberloskamp

Vormundschaft, Pflegschaft und Beistandschaft für Minderjährige

Vormundschaft, Pflegschaft und Beistandschaft für Minderjährige

Herausgegeben von

Prof. Dr. Helga Oberloskamp

Bearbeitet von
Hans-Otto Burschel, Schenklengsfeld; Dr. Werner Dürbeck, Königstein; *Edda Elmauer*, Regensburg; *Martin Filzek*, Husum; *Prof. Dr. Birgit Hoffmann*, Freiburg; *Prof. Peter-Christian Kunkel*, Offenburg; *Bernd Mix*, Osnabrück, *Prof. Dr. Helga Oberloskamp*; Bonn; *Ulrike Schwarz*, Berlin; *Dr. Katja Schweppe*, Frankfurt a. M.

4., völlig neu bearbeitete Auflage

2017

C.H.BECK

Zitiervorschlag:
Oberloskamp/*Bearbeiter* Vormundschaft § ••• Rn. •••

www.beck.de

ISBN 978 3 406 70280 8

Wilhelmstraße 9, 80801 München
Druck und Bindung: Kösel GmbH & Co. KG
Am Buchweg 1, 87452 Altusried-Krugzell

Satz: Uhl + Massopust, Aalen
Umschlaggestaltung: Druckerei C. H. Beck, Nördlingen

Gedruckt auf säurefreiem, alterungsbeständigem Papier
(hergestellt aus chlorfrei gebleichtem Zellstoff)

Vorwort

Von den rund 82 Millionen Einwohnern Deutschlands waren 2015 16,2 % minderjährig. Wie viele der Minderjährigen unter staatlicher Rechtsfürsorge standen, lässt sich seit 2009 nicht mehr exakt feststellen, nur auf der Basis der Zahlen bis 2008 schätzen. Die statistischen Daten zu Kindern und Jugendlichen, die insgesamt am Ende eines Jahres unter Vormundschaft oder Pflegschaft stehen, werden nämlich nicht mehr erhoben. Wir können daher nur mit Hilfe der Zahlen bis 2008 (siehe dazu 3. Auflage § 1 Rn 52) davon ausgehen, dass es mindestens zwischen 5 und 6 % sein dürften. Diese dreiviertel Million von Kindern und Jugendlichen werden von der Öffentlichkeit allenfalls zur Kenntnis genommen, wenn (tödliche) Katastrophen wie mit Kevin, Jessica, Benjamin-Pascal, Michelle, Lea-Sophie oder anderen geschehen. Weitgehend unbekannt bleibt, dass die Arbeit der ehrenamtlichen oder professionellen Einzelpersonen, Vereine und Jugendämter in diesem Sektor nicht nur menschlich höchst verantwortungsvoll, sondern auch juristisch ungeheuer vielfältig und teilweise enorm kompliziert ist. Trotzdem nimmt die juristische Fachliteratur dieses Feld – abgesehen in den Erläuterungen von BGB-Kommentaren – kaum zur Kenntnis.

Das vorliegende Buch ist auch in der 4. Auflage das einzige seiner Art auf dem Fachbuchmarkt. Es richtet sich an alle Professionen, die in der staatlichen Rechtsfürsorge tätig sind, somit vor allem an Verwaltungsfachkräfte, Sozialarbeiter, Sozialpädagogen, Diplom-Pädagogen, Familienrichter, Rechtspfleger, Rechtsanwälte und Verfahrensbeistände. Es behandelt

- das materielle Vormundschaftsrecht des BGB,
- das Verfahrensrecht des FamFG,
- das Jugendhilferecht des SGB VIII, soweit es für die Mitarbeiter in den Amtsvormundschaften, Amtspflegschaften und Beistandschaften von Bedeutung ist
- sowie die internationalen Rechtsfragen, die in allen drei Bereichen auftreten können.

Neben der üblichen Verarbeitung der neuen Rechtsprechung und neuer Rechtsmeinungen zu den genannten Gebieten dürften für die Fachwelt vor allem zwei Felder von Bedeutung sein: Das Gesetz zur Änderung des Vormundschafts- und Betreuungsrechts von 2011 sowie die neuen Vorschriften für die unbegleiteten minderjährigen Flüchtlinge von 2015. Ersteres wirft praktische Probleme auf, weil sich Vormünder und Pfleger nicht beliebig vermehren lassen, um die Pflicht zur Respektierung der Fallobergrenze (50) und zum monatlichen Hausbesuch erfüllen zu können. Letztere bringen Schwierigkeiten auf den unterschiedlichsten Feldern mit sich, vom ausländischen Volljährigkeitsalter und den anders gearteten Heiratsvorschriften bis zu den Anforderungen an Personen, die in diesem Bereich Vormundschaften übernehmen.

Großes Kopfzerbrechen machte uns die angekündigte Reform des Vormundschaftsrechts. Anfangs überwog noch die Ansicht, dass wir ohne die Reform keine Neuauflage schreiben sollten. Am Ende, vor allem auch weil die Vorauflage gänzlich vergriffen und die Reform noch immer nicht in Sicht ist, herrschte die Meinung vor, wir sollten noch einmal auf der Basis des geltenden Rechts schreiben und nur auf die wichtigsten Punkte des Diskussionsteilentwurfs vom 18.8.2016 hinweisen. Neben der ungewissen Rechtslage bestand eine weitere Schwierigkeit der Neuauflage darin, dass – wie schon bei früheren Auflagen – ein größerer Autorenaustausch nicht zu vermeiden war. Von den 10 bisherigen Autoren verabschiedeten sich 4 aus unterschiedlichen Gründen. Sie zu ersetzen, war gerade in diesem von Juristen wenig geliebten Rechtsgebiet nicht einfach. Die derzeitige Mann-/bzw. Frauschaft besteht aus 3 Richtern, 3 Hochschullehrern, 1 Sozialarbeiter, 2 Volljuristen in Vereinen und 1 Notariatsmitarbeiter.

Auch die 4. Auflage möchte den Praktikern im Bereich der staatlichen Rechtsfürsorge bei ihrer vielfältigen Arbeit eine verlässliche Unterstützung sein und damit mittelbar dazu beitragen, das Leben der Minderjährigen unter staatlicher Rechtsfürsorge kindeswohlgerechter zu gestalten.

Bonn, im Dezember 2016 *Helga Oberloskamp*

Inhaltsübersicht

1. Kapitel. Allgemeine Fragen

2. Kapitel. Vormundschaft für Minderjährige

3. Kapitel. Pflegschaft für Minderjährige

4. Kapitel. Besonderheiten bei der Vereinsvormundschaft/-pflegschaft/-beistandschaft und Verfahrensbeistandschaft

5. Kapitel. Besonderheiten bei der Amtsbeistandschaft/ Amtspflegschaft/Amtsvormundschaft

6. Kapitel. Erzieherische und materielle Hilfen

7. Kapitel. Kosten

Verzeichnis der Bearbeiter

Hans-Otto Burschel Direktor des Amtsgerichts Bad Salzungen	§ 8
Dr. Werner Dürbeck Richter am Oberlandesgericht Frankfurt/M.	§§ 3, 10
Edda Elmauer Abteilungsleiterin Allgemeine Jugendhilfe/Recht bei der Katholischen Jugendfürsorge der Diözese Regensburg e.V.	§§ 14, 15, 20
Martin Filzek Seminartrainer und Inhaber des NotarKosten-Dienstes Filzek	§§ 21–25
Prof. Dr. Birgit Hoffmann Professorin an der Hochschule Mannheim	§§ 2, 4, 6, 7
Prof. Peter-Christian Kunkel Professor (em.) an der Hochschule für öffentliche Verwaltung Kehl	§§ 16–19
Bernd Mix Verwaltungsoberrat, Jugendamt Osnabrück	§§ 11–13
Prof. Dr. Helga Oberloskamp Professorin (a. D.) an der Fakultät für Angewandte Sozialwissenschaften der FH Köln	§ 1
Ulrike Schwarz Assessorin, BUMF e. V., Berlin	§ 9
Dr. Katja Schweppe Richterin am Oberlandesgericht Frankfurt a. M.	§ 5

Abkürzungsverzeichnis

aA	anderer Ansicht
aaO	am angegebenen Ort
AB	Amtsbeistand
ABGB	Allgemeines Bürgerliches Gesetzbuch (Österreich)
ABl.	Amtsblatt
ABR	Aufenthaltsbestimmungsrecht
Abs.	Absatz
Abt.	Abteilung
ABt	Amtsbeistandsschaft
AcP	Archiv für die civilistische Praxis
AdVermiG	Adoptionsvermittlungsgesetz
aF	alte Fassung
AFET	Bundesverband für Erziehungshilfe eV
AG	Amtsgericht
AG	Ausführungsgesetz
AGJ	Arbeitsgemeinschaft für Jugendhilfe
AGSG	Bayerisches Ausführungsgesetz zu den Sozialgesetzbüchern
AKostG	Auslandskostengesetz
AKostV	Auslandskostenverordnung
AktG	Gesetz über Aktiengesellschaften und Kommanditgesellschaften auf Aktien (Aktiengesetz)
Alg II	Arbeitslosengeld II nach SGB II („Hartz IV“)
Alt.	Alternative
Anh.	Anhang
Anm.	Anmerkung
AnwKomm	Anwaltskommentar
AO	Anordnung, auch Abgabenordnung
AP	Amtspfleger
APflg.	Amtspflegling
APt	Amtspflegschaft
arg.	argumentum
ARGE	Arbeitsgemeinschaft zwischen der Bundesagentur für Arbeit und dem kommunalen Träger in der Grundsicherung für Arbeitsuchende nach SGB II
Art.	Artikel
AsylbLG	Asylbewerberleistungsgesetz
AsylG	Asylgesetz
AsylVfG	Asylverfahrensgesetz
AT	Allgemeiner Teil
AufenthG	Aufenthaltsgesetz
Aufl.	Auflage
AufnahmeRL 2013/33/EU	Richtlinie 2013/33/EU des europäischen Parlaments und des Rates vom 26.6.2013 zur Festlegung von Normen für die Aufnahme von Personen, die internationalen Schutz beantragen
ausf.	ausführlich
AuslG	Ausländergesetz
AV/AVt	Amtsvormund/Amtsvormundschaft

BAGLJÄ	Bundesarbeitsgemeinschaft der Landesjugendämter
BAMF	Bundesamt für Migration und Flüchtlinge
BaWüLFGG	Landesgesetz über die freiwillige Gerichtsbarkeit Baden-Württemberg
BayAGBGB	Bayerisches Ausführungsgesetz zum Bürgerlichen Gesetzbuch
BayObLG	Bayerisches Oberstes Landesgericht
BayObLGZ	Entscheidungen des Bayerischen Obersten Landesgerichts in Zivilsachen
Bd.	Band
BDSG	Bundesdatenschutzgesetz
BeamtStG	Beamtenstatusgesetz
BeckOK	Beck'scher Online Kommentar zum BGB
BeckOGK	beck.online.Großkommentar
BeckRS	Elektronische Entscheidungsdatenbank in beck-online
befr.	befristet
Beil.	Beilage
BeitrO	Beitreibungsordnung
BlWoPfl.	Blätter der Wohlfahrtspflege
Bespr.	Besprechung
Betr.	Der Betrieb (Zeitschrift)
BeurkG	Beurkundungsgesetz
BewG	Bewertungsgesetz
BGB	Bürgerliches Gesetzbuch
BGBl.	Bundesgesetzblatt
bgf.	beschränkt geschäftsfähig
bGF	beschränkte Geschäftsfähigkeit
BGH	Bundesgerichtshof
BGHSt	Entscheidungen des Bundesgerichtshofs in Strafsachen
BGHZ	Entscheidungen des Bundesgerichtshofs in Zivilsachen
BKGG	Bundeskindergeldgesetz
BMFSFJ	Bundesministerium für Familie, Senioren, Frauen und Jugend
BMJV	Bundesministerium der Justiz und für Verbraucherschutz
BNotO	Bundesnotarordnung
BRAO	Bundesrechtsanwaltsordnung
BR-Drucks.	Bundesrats-Drucksache
BRRG	Beamtenrechtsrahmengesetz
BSG	Bundessozialgericht
BSGE	Entscheidungen des Bundessozialgerichtes
BT-Drs.	Bundestags-Drucksache
BtG	Gesetz über die Betreuung Volljähriger (Betreuungsgesetz)
BtPrax	Betreuungsrechtliche Praxis, Zeitschrift für soziale Arbeit, gutachterliche Tätigkeit und Rechtsanwendung in der Betreuung
BumF eV	Bundesfachverband unbegleitete minderjährige Flüchtlinge eV
BVerfG	Bundesverfassungsgericht
BVerfGG	Bundesverfassungsgerichtsgesetz
BVerwG	Bundesverwaltungsgericht
BVG	Bundesversorgungsgesetz
BZRG	Bundeszentralregistergesetz
bzw.	beziehungsweise
CR	Computer und Recht (Zeitschrift)
DÄBl.	Deutsches Ärzteblatt
DA uM 18.1.2016	Dienstanweisung des Bundesamts für Migration und Flüchtlinge zum Asylverfahren bei unbegleiteten Minderjährigen Stand: 18.1.2016.
DAVorm	Der Amtsvormund (Zeitschrift)
DB	Der Betrieb (Zeitschrift)

ders. .... derselbe
DFG .... Deutsche Freiwillige Gerichtsbarkeit (Zeitschrift)
DFGT .... Deutscher Familiengerichtstag
DGSP-Rundbrief .. Rundbrief der Deutschen Gesellschaft für Sozialpsychologie
dh .... das heißt
DIJuF .... Deutsches Institut für Jugendhilfe und Familienrecht eV
Diss. .... Dissertation
DIV .... Deutsches Institut für Vormundschaftswesen
DJ .... Deutsche Justiz
DNotZ .... Deutsche Notarzeitschrift
DR .... Deutsches Recht (Zeitschrift)
DRiG .... Deutsches Richtergesetz
DRiZ .... Deutsche Richterzeitung
Dublin III VO ...... Verordnung EU Nr. 604/2013 des europäischen Parlaments und des Rates vom 26.6.2013 zur Festlegung der der Kriterien und Verfahren zur Bestimmung des Mitgliedstaats, der für die Prüfung eines von einem Drittstaatsangehörigen oder Staatenlosen in einem Mitgliedstaat gestellten Antrags auf internationalen Schutz zuständig ist (Neufassung).
DV .... Deutscher Verein für öffentliche und private Fürsorge, Berlin
E .... Entscheidungssammlung
EASO .... European Asylum Support Office (Europäisches Unterstützerbüro Asyl)
EFA .... Europäisches Fürsorgeabkommen
EG .... Europäische Gemeinschaft
EGBGB .... Einführungsgesetz zum Bürgerlichen Gesetzbuch
EGMR .... Europäischer Gerichtshof für Menschenrechte
EGStGB .... Einführungsgesetz zum Strafgesetzbuch
einf. .... einfach
einschl. .... einschließlich
einstw. .... einstweilig(e)
ErbbauRG .... Gesetz über das Erbbaurecht
ErbR .... Zeitschrift für die gesamte erbrechtliche Praxis
eS .... elterliche Sorge
EStG .... Einkommensteuergesetz
ET .... Elternteil
EU .... Europäische Union
EuGH .... Europäischer Gerichtshof
EuGVÜ .... Übereinkommen über die Zuständigkeit und die Vollstreckung gerichtlicher Entscheidungen in Zivil- und Handelssachen
EuZW .... Europäische Zeitschrift für Wirtschaftsrecht
EVM .... Einzelvormund
evtl. .... eventuell
f. .... folgende
FamFG .... Gesetz über das Verfahren in Familiensachen und in den Angelegenheiten der freiwilligen Gerichtsbarkeit
FamFR .... Familienrecht und Familienverfahrensrecht (Zeitschrift)
FamG .... Familiengericht
FamGKG .... Gesetz über Gerichtskosten in Familiensachen
FamRB .... Der Familien-Rechts-Berater (Zeitschrift)
FamRZ .... Zeitschrift für das gesamte Familienrecht
FE .... Fürsorgeerziehung
FEH .... Freiwillige Erziehungshilfe
FEVS .... Fürsorgerechtliche Entscheidungen der Verwaltungs- und Sozialgerichte

FF	Forum Familienrecht
ff.	fortfolgende
FGG	Gesetz über die Angelegenheiten der freiwilligen Gerichtsbarkeit (aufgehoben)
FK	Frankfurter Kommentar (s. Literaturverz.)
Fn.	Fußnote
FPR	Familie, Partnerschaft, Recht (Zeitschrift)
FRES	Entscheidungssammlung zum gesamten Bereich von Ehe und Familie
FS	Festschrift
FuR	Familie und Recht (Zeitschrift)
gA	gewöhnlicher Aufenthalt
GBO	Grundbuchordnung
GBV	Verordnung zur Durchführung der Grundbuchordnung
GBVfg.	Allgemeine Verfügung über die Einrichtung und Führung des Grundbuchs (Grundbuchverfügung)
GEAS	Gemeinsames europäisches Asylsystem
Geb.verz.	Gebührenverzeichnis
gem.	gemäß
ges. V.	gesetzlicher Vertreter
gew. V.	gewillkürter Vertreter
gf.	geschäftsfähig
GG	Grundgesetz
ggf.	gegebenenfalls
GKG	Gerichtskostengesetz
GKGKostVerz.	Kostenverzeichnis zum Gerichtskostengesetz
GmbH	Gesellschaft mit beschränkter Haftung
GmbHG	Gesetz betreffend die Gesellschaften mit beschränkter Haftung
GOÄ	Gebührenordnung Ärzte
Gruchot	Beiträge zur Erläuterung des Deutschen Rechts (Zeitschrift bis 1928)
gu.	geschäftsunfähig
GU	Geschäftsunfähigkeit
GVG	Gerichtsverfassungsgesetz
GvKostG	Gerichtsvollzieherkostengesetz
HandKomm	Handkommentar
HansGZ	Hanseatische Gerichtszeitung
HansOLG	Entscheidungen des Hanseatischen Oberlandesgerichts
HB-VB	Handbuch Verfahrensbeistandschaft
HB-VP	Handbuch Verfahrenspflegschaften
HKÜ	Haager Übereinkommen über die zivilrechtlichen Aspekte internationaler Kindesentführung
hM	herrschende Meinung
HOAI	Honorarordnung der Architekten und Ingenieure
Hrsg.	Herausgeber
Hs.	Halbsatz
idR	in der Regel
iErg	im Ergebnis
InfAuslR	Informationsbrief Ausländerrecht
insbes.	insbesondere
InsO	Insolvenzordnung
IntFamRVG	Gesetz zur Aus- und Durchführung bestimmter Rechtsinstrumente auf dem Gebiet des internationalen Familienrechts
IPR	Internationales Privatrecht
IPrax	Praxis des Internationalen Privat- und Verfahrensrechts (Zeitschrift)
iSd	im Sinne des

iSv	im Sinne von
iÜ	im Übrigen
iVm	in Verbindung mit
JA	Jugendamt
JAmt	Das Jugendamt – Zeitschrift für Jugendhilfe und Familienrecht (seit 2001; vorher DAVorm)
JFG	Jahrbuch für Entscheidungen in Angelegenheiten der freiwilligen Gerichtsbarkeit und des Grundbuchrechts
JGG	Jugendgerichtsgesetz
JR	Juristische Rundschau (Zeitschrift)
JugW	Jugendwohlfahrt (Zeitschrift)
JurBüro	Das juristische Büro (Zeitschrift)
JVKostO	Verordnung über Kosten im Bereich der Justizverwaltung
JW	Juristische Wochenschrift (Zeitschrift)
JWG	Jugendwohlfahrtsgesetz (aufgehoben)
JZ	Juristenzeitung
Kap.	Kapitel
KG	Kammergericht, auch Kommanditgesellschaft
KGJ	Jahrbuch für Entscheidungen des Kammergerichts in Sachen der freiwilligen Gerichtsbarkeit, in Kosten-, Stempel- und Strafsachen
KGSt.	Kommunale Gemeinschaftsstelle für Verwaltungsvereinfachung
KindRVerbG	Kinderrechteverbesserungsgesetz
KitaG	Kindertagesstättengesetz
KJHG	Kinder- und Jugendhilfegesetz
KostO	Gesetz über die Kosten der Angelegenheiten der freiwilligen Gerichtsbarkeit (Kostenordnung)
KostRspr.	Kostenrechtsprechung (Loseblattsammlung)
KSÜ	Haager Kinderschutzübereinkommen
LAG	Landesarbeitsgericht
Lb.	Lehrbuch
LBG NW	Landesbeamtengesetz Nordrhein-Westfalen
LDSG	Landesdatenschutzgesetz
LG	Landgericht
Lit.	Literatur
lit.	litera
LJA	Landesjugendamt
LKJHG	Landesgesetz zur Ausführung des KJHG
LPK	Lehr- und Praxiskommentar (s. Literaturverz.)
LS	Leitsatz
LSG	Landessozialgericht
LVA	Landesversicherungsanstalt
LVwVfG	Landesverwaltungsverfahrensgesetz
MAGS	Ministerium für Arbeit, Gesundheit und Soziales (NRW)
mAnm	mit Anmerkung
maW	mit anderen Worten
MDR	Monatsschrift für Deutsches Recht
mE	meines Erachtens
MHbeG	Minderjährigenhaftungsbegrenzungsgesetz
MJ	Minderjähriger. Minderjährigkeit
MSA	Haager Minderjährigenschutzabkommen
MüKo	Münchener Kommentar (s. Literaturverz.)
mwN	mit weiteren Nachweisen
NamÄndG	Namensänderungsgesetz
NATO	North Atlantic Treaty Organization

NdsRPfl.	Niedersächsische Rechtspflege
NDV	Nachrichtendienst des Deutschen Vereins für öffentliche und private Fürsorge
NK	Nomos-Kommentar
NP	Neue Praxis (Zeitschrift)
nF	neue Fassung
NJOZ	Neue Juristische Online-Zeitschrift
NJW	Neue Juristische Wochenschrift
NJW-RR	NJW-Rechtsprechungs-Report Zivilrecht
NotBZ	Zeitschrift für die notarielle Beratungs- und Beurkundungspraxis
Nr.	Nummer
NRW	Nordrhein-Westfalen
oÄ	oder ähnliches
öJWG	österreichisches Jugendwohlfahrtsgesetz
OEG	Opferentschädigungsgesetz
og	oben genannte(n)
OHG	Offene Handelsgesellschaft
OLG	Oberlandesgericht
OLGE	Rechtsprechung der Oberlandesgerichte (Entscheidungssammlung bis 1928)
OLGR	OLG-Report (Zeitschrift)
OLGZ	Entscheidungen der Oberlandesgerichte in Zivilsachen einschl. der freiwilligen Gerichtsbarkeit
OVG	Oberverwaltungsgericht
Pfl.	Pfleger
PKV	Prozesskostenvorschuss
PS	Personensorge
PStG	Personenstandsgesetz
PStV	Personenstandsverordnung
QualifikationsRL 2011/95/EU	Richtlinie 2011/95/EU des europäischen Parlaments und des Rates vom 13.12.2011 über Normen für die Anerkennung von Drittstaatsangehörigen oder Staatenlosen als Personen mit Anspruch auf internationalen Schutz, für einen einheitlichen Status für Flüchtlinge oder für Personen mit Anrecht auf subsidiären Schutz und für den Inhalt des zu gewährenden Schutzes
RabelsZ	Rabels Zeitschrift für ausländisches und internationales Privatrecht
RBerG	Rechtsberatungsgesetz
RDG	Rechtsdienstleistungsgesetz
RdJ	Recht der Jugend (Zeitschrift)
RdJB	Recht der Jugend und des Bildungswesens (Zeitschrift)
Rdnr.	Randnummer
Red.	Redaktion
RefE	Referentenentwurf
RGBl.	Reichsgesetzblatt
RGZ	Entscheidungen des Reichsgerichts in Zivilsachen
RJA	Entscheidungen in Angelegenheiten der freiwilligen Gerichtsbarkeit und des Grundbuchrechts, zusammengest. im Reichsjustizamt
RJWG	Reichsjugendwohlfahrtsgesetz (aufgehoben)
RKEG	Gesetz über die religiöse Kindererziehung
R&P	Recht und Psychiatrie (Zeitschrift)
RPfl.	Der Deutsche Rechtspfleger
RPflG	Rechtspflegergesetz
Rpfleger	Rechtspfleger (Zeitschrift)

RPflStud	Rechtspfleger Studienhefte (Zeitschrift)
r + s	Recht und Schaden (Zeitschrift)
RückführungsRL 2008/15/EU	Richtlinie 2008/115/EG des europäischen Parlaments und des Rates vom 16.12.2008 über gemeinsame Normen und Verfahren in den Mitgliedstaaten zur Rückführung illegal aufhältiger Drittstaatsangehöriger
RVG..............	Gesetz über die Vergütung der Rechtsanwältinnen und Rechtsanwälte
S.	Satz
s.	siehe
SchlHAnz	Schleswig-Holsteinische Anzeigen
SGB	Sozialgesetzbuch
SGG	Sozialgerichtsgesetz
Slg.	Sammlung
SoBer	Sorgeberechtigter
sof.	sofortig
sog	sogenannte(r)
SoR	Sorgerecht
SozG	Sozialgericht
Sp.	Spalte
StAZ	Zeitschrift für Standesamtwesen
StGB	Strafgesetzbuch
str.	strittig
StV	Strafverteidiger (Zeitschrift)
TVöD	Tarifvertrag für den öffentlichen Dienst
ua	unter anderem
uÄ	und ähnliches
Uh	Unterhalt
ÜL	Überlebender
uM	unbegleitete Minderjährige
UNHCR..........	Flüchtlingshochkommissariat der Vereinten Nationen
UNICEF..........	Kinderhilfswerk der Vereinten Nationen
unstr.	unstrittig
Unterabs.	Unterabsatz
Urt.	Urteil
usw.	und so weiter
uU	unter Umständen
UVG	Unterhaltsvorschussgesetz
VA	Verwaltungsakt
VBVG	Gesetz über die Vergütung von Vormündern und Betreuern
VerfahrensRL 2013/32/EU	Richtlinie 2013/32/EU des europäischen Parlaments und des Rates vom 26.6.2013 zu gemeinsamen Verfahren für die Zuerkennung und Aberkennung des internationalen Schutzes
VerschG	Verschollenheitsgesetz
VersR	Versicherungsrecht
VG	Verwaltungsgericht
VGH	Verwaltungsgerichtshof
vgl.	vergleiche
vj.	volljährig
VJ	Volljährigkeit
VM	Vormund
VO	Verordnung

Voraufl.	Vorauflage
Vorbem.	Vorbemerkung
vorl.	vorläufig
VormAbk.	Haager Vormundschaftsabkommen vom 12.6.1902
VS	Vermögenssorge
VwGO	Verwaltungsgerichtsordnung
VwVfG	Verwaltungsverfahrensgesetz
weit.	weiter
WM	Wertpapier-Mitteilungen, Wirtschafts-, Wertpapier- und Bankrecht (Zeitschrift)
WÜK	Wiener Übereinkommen über konsularische Beziehungen vom 24.4.1969
ZAR	Zeitschrift für Ausländerrecht und Ausländerpolitik
zB	zum Beispiel
ZBlFG	Zentralblatt für freiwillige Gerichtsbarkeit und Notariat sowie Zwangsversteigerung
ZBlJR	Zentralblatt für Jugendrecht und Jugendwohlfahrt (bis 1983)
ZBR	Zeitschrift für Beamtenrecht
ZEV	Zeitschrift für Erbrecht und Vermögensnachfolge
ZfJ	Zentralblatt für Jugendrecht (ab 1984)
ZfRV	Zeitschrift für Rechtsvergleichung, Internationales Privatrecht und Europarecht
ZfS	Zeitschrift für Schadensrecht
Ziff.	Ziffer
ZIP	Zeitschrift für Wirtschaftsrecht
ZKJ	Zeitschrift für Kindschaftsrecht und Jugendhilfe
ZPO	Zivilprozessordnung
ZRP	Zeitschrift für Rechtspolitik
zT	zum Teil
ZVG	Zwangsversteigerungsgesetz
ZVS	Zeitschrift für Vormundschaft und Sozialarbeit

Literaturverzeichnis

Soweit von einzelnen Werken ältere Auflagen zitiert wurden, sind diese in den Fußnoten zitiert. Auf die Nennung von Aufsätzen in diesem Verzeichnis wurde aus Umfangsgründen verzichtet; diese sind unter Angabe von Autor und Fundstelle in den Fußnoten nachgewiesen.

Althammer, Brüssel IIa Rom III, Kommentar, 2014
Andrae, Internationales Familienrecht, 3. Aufl., 2014
Auernhammer, Bundesdatenschutzgesetz, 4. Aufl., 2014
Bamberger/Roth (Hrsg.), Beck'scher Online-Kommentar zum BGB
Baumbach/Lauterbach/Albers/Hartmann, Kommentar zur Zivilprozessordnung, 44. Aufl., 1986
Baumbach/Lauterbach/Albers/Hartmann, Kommentar zur Zivilprozessordnung, 74. Aufl., 2016
Bergmann/Ferid/Henrich/Cieslar, Internationales Ehe- und Kindschaftsrecht, Loseblattwerk, Stand November 2016
Bieritz-Harder/Conradis/Thie (Hrsg.), SGB XII Sozialhilfe, Lehr- und Praxiskommentar, 10. Aufl., 2015
Bork/Jacoby/Schwab, FamFG, Kommentar, 2. Aufl., 2013
Bormann/Diehn/Sommerfeldt, GNotKG, 2. Aufl., 2016
Brambring/Jerschke, Beck'sches Notarhandbuch, 6. Aufl., 2015
Brehm, Freiwillige Gerichtsbarkeit, 4. Aufl., 2009
Bumiller/Harders/Schwamb, FamFG Freiwillige Gerichtsbarkeit, Kurzkommentar, 11. Aufl., 2015

Canaris, Handelsrecht (Studienbuch), 24. Aufl., 2006
Carl/Clauß/Karle, Kindesanhörung im Familienrecht, 2015
Deinert/Lütgens/Meier, Die Haftung des Betreuers,2. Aufl., 2007
Dethloff, Familienrecht (Studienbuch) 31. Aufl., 2015
Dörndorfer, RPflG, Kommentar, 2. Aufl., 2014
Dürbeck/Gottschalk, Prozess- und Verfahrenskostenhilfe, Beratungshilfe, 8. Aufl., 2016
Erman, BGB, Kommentar, 14. Aufl. 2014
Ferid/Firsching/Dörner/Hausmann (Hrsg.), Internationales Erbrecht, Loseblattwerk, Stand Dezember 2016
Fiala (Hrsg.), Genehmigungen bei Betreuung, Bevollmächtigung und Vormundschaft, 3. Aufl., 2014
Filzek, Kostenordnung, Kommentar, 4. Aufl., 2009
Fröschle, Studienbuch Vormundschafts- und Pflegschaftsrecht, 2012
Geimer/Schütze (Hrsg.), Internationaler Rechtsverkehr in Zivil- und Handelssachen, Loseblattwerk, Stand Februar 2016
Gernhuber/Coester-Waltjen, Familienrecht (großes Lehrbuch) 3. Aufl., 1980
Gernhuber/Coester-Waltjen, Familienrecht (großes Lehrbuch), 5. Aufl., 2006
Gernhuber/Coester-Waltjen, Familienrecht (großes Lehrbuch), 6. Aufl., 2010 (zitiert nach Randnummern)
Greßmann/Beinkinstadt, Das Recht der Beistandschaft,1998
Gsell/Krüger/Lorenz/Mayer (Hrsg.), beck-online.Großkommentar (zitiert BeckOGK)
Hansbauer, Neue Wege in der Vormundschaft?, 2004
Hartmann, Kostengesetze, 46. Aufl., 2016
Hauck/Noftz, SGB II, Grundsicherung für Arbeitsuchende, Loseblattwerk, Stand Juni 2016

Haußleiter (Hrsg.), FamFG, Kommentar, 2011
HB-VB, siehe *Salgo ua*, Verfahrensbeistandschaft
HB-VP, siehe *Salgo ua*, Verfahrenspflegschaften
Heilmann, Kindliches Zeitempfinden und Verfahrensrecht, 1998
Heilmann (Hrsg.), Praxiskommentar Kindschaftsrecht, 2015
Herberger/Martinek/Rüßmann/Weth (Hrsg.), juris PraxisKommentar BGB, 7. Aufl., 2014
HK-BuR, Heidelberger Kommentar zum Betreuungs- und Unterbringungsrecht, Loseblattwerk, Stand November 2016)
Hoffmann, Personensorge, 2. Aufl., 2013
Jans/Happe/Saurbier/Maas, Kinder- und Jugendhilferecht, Loseblatt-Kommentar, Stand April 2016
Jansen (Hrsg.), Großkommentar zum FGG, 3. Aufl., 2006
Jayme/Hausmann, Internationales Privat – und Verfahrensrecht, Textsammlung, 18. Aufl., 2016
Johannsen/Henrich, Familienrecht, Kommentar, 6. Aufl., 2015
Jurczyk/Walper, Gemeinsames Sorgerecht nicht miteinander verheirateter Eltern, 2013
Jürgens, Betreuungsrecht, Kommentar, 5. Aufl., 2014
Keidel, FamFG, Kommentar, 19. Aufl., 2017
Keidel/Kuntze/Winkler, FGG, Kommentar, 15. Aufl., 2005
Kipp/Wolf, Familienrecht 6. Aufl., 1928
Kopp/Schenke, VwGO, Kommentar, 22. Aufl., 2016
Korintenberg, KostO, 18. Aufl., 2010
Korintenberg, GNotKG, 19. Aufl., 2015
Koritz, Das neue FamFG, 2009
Krah, Das Haager Kinderschutzübereinkommen, 2004
Kropholler, Internationales Privat- und Verfahrensrecht, 3. Aufl., 1997
Krug/Riehle (Hrsg.), SGB VIII (Loseblattwerk, Stand April 2016)
Kruse/Lüdtke/Reinhard/Winkler/Zamponi, SGB III Arbeitsförderung, Lehr- und Praxiskommentar, 2008
Kunkel/Keport/Pattar (Hrsg.), SGB VIII Kinder- und Jugendhilfe, Lehr- und Praxiskommentar, 6. Aufl., 2016 (zitiert LPK-SGB VIII)
Kunkel, Jugendhilferecht, 8. Aufl., 2015
Lackner/Kühl, StGB, Kommentar, 28. Aufl., 2014
Lappe, Justizkostenrecht, 2. Aufl., 1995
Limmer/Hertel/Frenz/Mayer, Würzburger Notarhandbuch, 4. Aufl., 2015
Mayer (Hrsg.), Beck'scher Online-Kommentar Streitwert
Meier/Reinfarth, Handbuch Vermögenssorge und Wohnungsangelegenheiten, 3. Aufl., 2016
Meysen (Hrsg.), FamFG, Kommentar, 2009
Mrozynski, SGB I,
Mrozynski, SGB VIII, 5. Aufl., 2009
Münchener Kommentar zum BGB, Familienrecht: Band 8 und 9, 7. Aufl., 2017 (zitiert MüKoBGB/*Bearbeiter*)
Münchener Kommentar zum FamFG, 2. Aufl., 2013 (zitiert MüKoFamFG/Bearbeiter)
Münder (Hrsg.), SGB II Grundsicherung für Arbeitssuchende, Lehr- und Praxiskommentar, 5. Aufl., 2013
Münder/Meysen/Trenczek (Hrsg.), Frankfurter Kommentar zum SGB VIII, 7. Aufl., 2013 (zitiert FK-SGB VIII)
Musielak/Borth, Familiengerichtliches Verfahren, FamFG, 5. Aufl., 2015
Nomos-Kommentar BGB, Band 4: Familienrecht (hrsg. v. *Kaiser/Schnitzler/Friederici/Schilling),* 3. Aufl., 2014
Nomos-Kommentar IntFamRVG (hrsg. v. *Wagner)*, 2012
Oberloskamp/Brosch/Brosey, Jugendhilferechtliche Fälle, 2011
Oberloskamp/Hoffmann, Wir werden Adoptiv- oder Pflegeeltern (dtv-Rechtsberater), 5. Aufl., 2006

Oberloskamp/Borgs-Laufs/Mutke, Gutachtliche Stellungnahmen in der sozialen Arbeit, 7. Aufl., 2008
Obermayer/Funke-Kaiser, VwVfGz, 4. Aufl., 2014
Palandt, BGB, Kommentar, 75. Aufl., 2016
Proksch, Sozialdatenschutz in der Jugendhilfe, 1996
Prütting/Gehrlein, ZPO, Kommentar, 8. Aufl., 2016
Prütting/Helms (Hrsg.), FamFG, Kommentar, 3. Aufl., 2013
RGRK, BGB-Reichsgerichtsrätekommentar, 12. Aufl., 1974 ff.
Röchling, Handbuch Anwalt des Kindes, 2009
Rohs/Wedewer, Kostenordnung, Loseblattwerk
Salgo/Zenz/Fegert/ Bauer/Weber/Zitelmann (Hrsg.), Verfahrenspflegschaften für Kinder und Jugendliche. Ein Handbuch für die Praxis, 2002
Salgo/Zenz/Fegert/Bauer/Lack/Weber/Zitelmann (Hrsg.), Verfahrensbeistandschaft. Ein Handbuch für die Praxis, 3. Aufl., 2014
Schaub, Arbeitsrechts-Handbuch, 16. Aufl., 2015
Schellhorn/Fischer/Mann/Kern (Hrsg.), SGB VIII, Kommentar, 5. Aufl., 2016
Schlüter, BGB-Familienrecht, 14. Aufl., 2013
Schmidt, EStG, 358. Aufl., 2016
Schweppe, Kindesentführung und Kindesinteressen, 2001
Soergel, Großkommentar zum Bürgerlichen Gesetzbuch, Teil Familienrecht, 13. Aufl., 2000
Spanl, Vermögensverwaltung durch Vormund und Betreuer, 2. Aufl., 2009
Staudinger, Kommentar zum Bürgerlichen Gesetzbuch mit Einführungsgesetz und Nebengesetzen. Buch 4: Familienrecht, 14. Aufl., 2006; Vorbem. C-H zu Art. 19 EGBGB (Internationales Kindschaftsrecht 2) Neubearbeitung 2009; Art. 19–24 EGBGB, ErwSÜ (Internationales Kindschaftsrecht, Erwachsenenschutzübereinkommen) Neubearbeitung 2014
Stelkens/Bonk/Sachs, VwVfG, Kommentar, 8. Aufl., 2014
Stöber, Zwangsvollstreckung in das unbewegliche Vermögen, ZVG-Handbuch, 9. Aufl., 2010
Thomas/Putzo, ZPO, Kommentar, 37. Aufl., 2016
Völker/Clausius, Das familienrechtliche Mandat – Sorge- und Umgangsrecht, 7. Aufl., 2016
von Heintschel-Heinegg (Hrsg.), Beck'scher Online-Kommentar zum StGB
von Hoffmann/Thorn, Internationales Privatrecht einschl. der Grundzüge des Intern. Zivilverfahrensrechts, 9. Aufl., 2007
von Wulffen/Schütze, SGB X, Kommentar, 8. Aufl., 2014
Wabnitz/Fieseler/Schleicher, SGB VIII, Loseblattwerk, Stand Dezember 2016
Wendl/Dose, Das Unterhaltsrecht in der familienrichterlichen Praxis, 9. Aufl., 2015
Wiesner (Hrsg.), SGB VIII Kinder- und Jugendhilfe, Kommentar, 5. Aufl., 2015
Wolff/Bachof/Stober/Kluth, Verwaltungsrecht (Lehrbuch), 12. Aufl., 2010
Zimmermann, Das neue FamFG, 2009
Zimmermann, GNotKG, Das neue Kostenrecht für Gerichte und Notare, 2013
Zitelmann/Schweppe/Zenz, Vormundschaft und Kindeswohl, 2004
Zöller, ZPO, Kommentar, 31. Aufl., 2016
Zorn, Das Recht der elterlichen Sorge, 3. Aufl., 2016

1. Kapitel.
Allgemeine Fragen

§ 1 Rechtliche Einordnung von Vormundschaft, Pflegschaft und Beistandschaft

Inhalt

I. Geschichte der Vormundschaft und Pflegschaft und verwandter fürsorgerischer Rechtsinstitute

1. Römisches Recht.[1] „Das römische Recht" gehört zu verschiedenen rechtsgeschichtlichen Epochen (Königszeit, Republik, Prinzipat, absolutes Kaisertum), die durchaus Unterschiede hinsichtlich der Rechtsinstitute Vormundschaft und Pflegschaft aufweisen. Im folgenden vom „römischen Recht" zu sprechen ist daher eigentlich ungenau. Es soll aus Vereinfachungsgründen dennoch geschehen, und dies aus zweierlei Gründen: 1. Uns interessieren die **Kernaussagen** des römischen Rechts, und diese lassen sich – auch durch die Jahrhunderte – durchaus herausschälen. 2. Es lohnt sich für uns, die Aspekte kennenzulernen, die **Grundlage** für unsere **heutige Rechtsordnung** geworden sind. 1

Das römische Recht kannte zwei familienrechtliche Arten der „Gewalt" über andere Menschen: die **väterliche Gewalt** (patria potestas) und die **Vormundschaft,** bei der wiederum die ‚tutela' und die ‚cura' zu unterscheiden waren. Die ‚tutela' bezog sich auf nicht geschlechtsreife Kinder (Mädchen bis 12, Jungen bis 14 Jahre) und auf Frauen: die ‚cura' galt den geschlechtsreifen Minderjährigen bis 25 Jahren, den Geisteskranken, Verschwendern und Gebrechlichen. Sowohl die ‚cura' als auch die ‚tutela' waren Ersatz für die ‚patria potestas' des Vaters oder des Ehemannes. 2

Der „tutor" über eine/n **Minderjährige/n** (tutela impuberum) war dessen Vertreter, er verwaltete sein Vermögen, beaufsichtigte die Erziehung des Mündels durch seine

[1] Literatur zum römischen Recht *Stöcker* DAVorm 1982, 718 (721).

Mutter oder sonstige Personen und stellte die hierfür nötigen Mittel aus dem Mündelgut zur Verfügung.

„Tutor" über Minderjährige wurde der zur Vormundschaft Berufene. Berufen war:

- primär der von dem vestorbenen pater familias testamentarisch Ernannte;
- in zweiter Linie der nächste erwachsene, männliche gesetzliche Erbe des Mündels;
- an dritter Stelle der vom Prätor zum Vormund Bestellte.

4 **Frauen** kamen unter ‚tutela' (tutela mulierum), wenn sie weder unter „patria potestas" standen noch in einer „Manusehe" (Frau tritt als sog. Agnatin des Mannes unter dessen hausherrliche Gewalt – Gegensatz „freie Ehe", bei der die Frau in der Regel unter der ‚patria potestas' ihres Vaters blieb) lebten. Der Vomund hatte, da die Frau die volle Geschäftsfähigkeit besaß, weder die Personensorge noch eine echte Vermögensverwaltung. Seine Kompetenz beschränkte sich darauf, dass er bei einigen wichtigen Rechtsgeschäften und Prozessen mitwirken musste.

5 Da die Rechtsgeschäfte von **Geisteskranken** – außer in lichten Augenblicken – nichtig waren, brauchten sie einen ‚curator'. Dies war in der Regel kraft Gesetzes die nächste erwachsene männliche Person unter den Agnaten. Aus wichtigen Gründen konnte der Prätor einen anderen ‚curator' bestellen (cura furiosi).

6 Um den Nachkommen das Vermögen zu erhalten, wurden **Verschwender** durch den Prätor entmündigt (interdictio bonorum) und dadurch geschäftsunfähig gemacht. Die Bestellung des nun erforderlichen „curator" erfolgte ebenfalls durch den Prätor (cura prodigi).

7 Die **geschlechtsreifen Minderjährigen** waren an sich geschäftsfähig. Ihnen konnte jedoch – zu ihrem Schutz – für bestimmte Rechtsgeschäfte oder auch für ihre gesamte Vermögensverwaltung durch den Prätor ein ‚curator' bestellt werden (cura minorum).

8 In späterer Zeit wurde für **gebrechliche Personen** (zB Stumme, Taube, Altersschwache), die ihre Angelegenheiten nicht ordnungsgemäß erledigen konnten, auf Antrag vom Prätor ein ‚curator' bestellt. Dies hatte keine Einschränkung der Geschäftsfähigkeit zur Folge (cura debilium personarum).

9 Dem „tutor" des römischen Rechts entspricht also unser heutiger Vormund für Minderjährige; die Vormundschaft über Frauen ist entfallen. Der ‚curator' des römischen Rechts ist vergleichbar dem Vormund oder Pfleger für Erwachsene, wie das Recht sie bis Ende 1991 vorsah. Dabei ähneln die cura furiosi und die cura prodigii eher der Vormundschaft, die cura debilium personarum eher der Pflegschaft. Unser seit 1992 vorgesehener Betreuer hat Züge, die der cura prodigi nahe kommen.

10 Die ‚tutela' wurde primär von einem Familienmitglied ausgeübt und trat überwiegend kraft Gesetzes ein. Die ‚cura' wurde nicht zwingend von Familienmitgliedern geführt und wurde größtenteils vom Prätor eingerichtet. Stand ein geistig Kranker unter Pflegschaft (cura furiosi), so ging kein Entmündigungssverfahren voraus; wohl dagegen bei der Pflegschaft über Verschwender (cura prodigi). Hauptanliegen sowohl der ‚tutela' als auch der ‚cura' war die Vermögenssorge. In Anlehnung an die ‚patria potestas' gab es nur die **Einzelvormundschaft bzw. -pflegschaft,** und zwar durch männliche Personen.

11 **2. Deutsches Recht [2] bis zum Inkrafttreten des BGB.** Auch „im deutschen Recht" sind verschiedene Epochen (germanische Zeit, fränkische Zeit, Mittelalter, Zeit der Rezeption, 18./19. Jahrhundert) zu unterscheiden, in der die Vormundschaft unterschiedlich ausgestaltet war. Ihr unterlagen – ähnlich wie im römischen Recht – vater-

[2] Literatur zur deutschen Rechtsgeschichte: *Abderhalden*, Vormund und Mündel im englischen Recht, verglichen mit französischem und deutschem Recht; *Haff*, Institutionen des deutschen Privatrechts Bd. II (Familienrecht); *Stöcker* (Fn. 1) Sp. 722. Zur geschichtlichen Entwicklung der Vormundschaft insgesamt siehe MüKoBGB/*Spickhoff* vor § 1773 Rn. 7ff.

lose Kinder, unverheiratete Frauen, Gebrechliche und Greise, Geisteskranke und Geistesschwache.

In älterer Zeit stand die Vormundschaft (Munt) der Sippe zur gesamten Hand zu. **12**
Sie wurde jedoch von einem einzelnen Beauftragten ausgeübt. Dieser Beauftragte war automatisch der nächste Aszendent der Vaterseite (geborener Vormund). Der Muntling trat in seine Hausgemeinschaft ein.

In späterer Zeit stand der Vormund nicht mehr durch Verwandtschaft fest, sondern **13**
wurde bestimmt: in manchen Rechten durch die verwitwete Mutter oder durch letztwillige Verfügung des Vaters. Die Sippe hatte nicht mehr die Vormundschaft, sondern nur noch die Oberaufsicht.

Seit dem 13. Jahrhundert ging die Obervormundschaft auf den König und die **14**
Städte (Vormundschaftsbehörden) über. Der Obervormund konnte einen Vormund bestimmen. Reichspolizeiordnungen (von 1548 und 1577) sowie Landesrechte, die nur wenig vom rezipierten römischen Recht beeinflusst wurden, regelten das Vormundschaftswesen.

Das **Preußische Allgemeine Landrecht** von 1794 unterwarf den Vormund aus- **15**
gedehnten staatlichen Aufsichtsbefugnissen und machte die Vormundschaft fast zur reinen Verwaltungsaufgabe. Demgegenüber stärkte die **Preußische Vormundschaftsordnung von 1875** wieder die Selbstständigkeit des Vormunds und reduzierte die Kompetenz des Vormundschaftsgerichts auf Beaufsichtigungen und bestimmte Genehmigungen. Neben der Vormundschaft kannte sie das Institut der Pflegschaft (genannt Kuratel), die sich auf einzelne fürsorgebedürftige Angelegenheiten beschränkte. In der Regel wurden Vormund/Pfleger durch die Obrigkeit ernannt. Allerdings gab es Vorzugsrechte auf Ernennung. Neben die in der Preußischen Vormundschaftsordnung vorgesehene Einzelvormundschaft traten vereinzelt landesrechtliche General- oder Sammelvormundschaften, insbesondere für Waisenkinder, eheliche Kinder, die der Armenpflege unterstanden, und uneheliche Kinder. Die Armenamts-, Anstalts- und Berufsvormundschaften über uneheliche Kinder waren die ersten professionellen Vormundschaften.

Neben den zivilrechtlichen Instituten der Vormundschaft und Pflegschaft gab es **16**
auch schon zu dieser Zeit **öffentlich-rechtliche Normen,** die auf geistig Behinderte, Trinker etc. angewandt werden konnten. So enthielt zB das preußische Allgemeine Landrecht in seinem § 10 Abs. 2 Nr. 17 eine polizeirechtliche Generalklausel, wonach es Aufgabe der Polizei war, die „nötigen Anstalten zur Erhaltung der öffentlichen Ruhe, Sicherheit und Ordnung und zur Abwendung der dem Publico oder einzelnen Mitgliedern derselben bevorstehenden Gefahr zu treffen". Hiernach bestand die Möglichkeit, Personen des genannten Kreises unterzubringen. Ein Reichsgesetz zur Verwaltung des „Irrenwesens" hat es allerdings nie gegeben.

3. Das Bürgerliche Gesetzbuch und die dazu gehörenden Verfahrensge- 17
setze. Am 1.1.1900 trat das BGB in Kraft. Es lehnte sich weitgehend an die Preußische Vormundschaftsordnung von 1875 an. Es unterschied zwischen Vormundschaft und Pflegschaft. Unter **Vormundschaft** verstand es die von einer Person (dem Vormund) unter staatlicher Aufsicht (Vormundschaftsgericht) geführte Obsorge über Person und Vermögen eines Menschen, der von der Rechtsordnung als noch nicht (Minderjährige) oder nicht mehr (nicht geschäftsfähige Volljährige) fähig angesehen wurde, seine Angelegenheiten selbst zu besorgen, und für den eine sonstige gesetzliche Fürsorge (elterliche Gewalt) nicht vorgesehen war. Die Vormundschaft imitierte somit die elterliche Gewalt, ohne dass damit die Aufnahme des Mündels durch den Vormund

verknüpft war. Die **Pflegschaft** ähnelte der Vormundschaft, umfasste jedoch nur fürsorgebedürftige Teilbereiche.

18 Die **elterliche Gewalt** war damals weitestgehend eine väterliche Gewalt; denn die Mutter nahm in der Regel nur an der tatsächlichen Personensorge teil. Bei Meinungsverschiedenheiten hatte der Vater stets „das letzte Wort". Vertretung und Vermögenssorge einschließlich Nutznießung des Kindesvermögens blieben normalerweise dem Vater vorbehalten. Selbst bei Scheidung, falls ausnahmsweise der Mutter die Personensorge übertragen wurde, behielt der Vater das gesetzliche Vertretungsrecht. Die gesamte elterliche Gewalt bekam die Mutter nur bei Tod des Vaters oder dessen Todeserklärung sowie bei Verwirkung seiner elterlichen Gewalt und gleichzeitiger Eheauflösung. In allen anderen Fällen, in denen heute selbstverständlich die Mutter Sorgerechtsinhaberin ist, erhielt das Kind damals einen Vormund, ua wenn die sorgeberechtigte Mutter wieder heiratete. Zu diesem konnte allerdings auch die Mutter bestellt werden.

19 Die **Ehefrau** selbst stand formal nicht mehr unter der Gewalt irgend jemandes, sofern sie voll geschäftsfähig war. Jedoch war das Eherecht so ausgestaltet, daß ihr durch die Eheschließung **faktisch** ein Teil ihrer Geschäftsfähigkeit entzogen wurde (zB Bestimmung von Wohnort und Wohnung durch Ehemann, seine Letztentscheidung in allen das eheliche Leben betreffenden Angelegenheiten, Kündigungsrecht des Mannes von Arbeitsverhältnissen der Frau, ehemännliche Verwaltung und Nutznießung am eingebrachten Gut der Frau als ordentlicher gesetzlicher Güterstand etc.).

20 **Uneheliche Kinder** waren im Verhältnis zur Mutter ehelich, jedoch hatte diese nicht mehr als die tatsächliche Personensorge. Während der Minderjährigkeit blieb das Kind unter Vormundschaft, wobei sowohl die Mutter als auch der Vater als auch sonstige Personen zum Vormund berufen werden konnten.

21 Eine **Amtsvormundschaft oder Amtspflegschaft** kannte das BGB nicht. Allerdings bestimmte Art. 136 EGBGB, dass landesrechtliche Vorschriften über Anstalts- und Armenamtsvormundschaften sowie über Berufs- und Sammelvormundschaften bei unehelichen Kindern erhalten und ermöglicht würden.[3]

Dadurch, dass das BGB auch Frauen zur Vormundschaft zuließ und das EGBGB Sammelvormundschaften ermöglichte, entstand eine **Vereinsbewegung** (zB Katholischer Fürsorgeverein für Mädchen, Frauen und Kinder), die das Führen von Sammelvormundschaften durch Vereine und das von Vereinen organisierte Führen von Einzelvormundschaften als ihren Aufgabenschwerpunkt ansah.

22 Hinsichtlich der **Vormundschaft und Pflegschaft über Volljährige** sowie der Ergänzungspflegschaft über Minderjährige bestimmte das BGB im wesentlichen dasselbe wie das, was bis Ende 1991 galt.[4] Vormundschaftsbehörde, dh „Obervormund", war – wie schon vorher – das **Vormundschaftsgericht.** Dieses konnte durch Familienangehörige erweitert werden und hieß dann **Familienrat.** Der Vormundschaftsbehörde stellte das BGB den **Gemeindewaisenrat** als Helfer zur Seite.

23 Das formelle Entmündigungsrecht wurde im 4. Abschnitt des sechsten Buches der **Zivilprozessordnung (ZPO) vom 30.1.1877** (in Kraft getreten am 1.10.1879) geregelt.[5] Zwar waren viele Juristen der Meinung, dass es sich hier bei dieser Materie eigentlich um einen Gegenstand der freiwilligen Gerichtsbarkeit handele. Da aber eine reichs-

[3] Als Literatur hierzu vgl. *Hasenclever,* Jugendhilfe und Jugendgesetzgebung seit 1900, S. 24 ff.; *Jans/Happe ua,* Kinder- und Jugendhilfe, Vorbem. §§ 50–60 Art. 1 KJHG und Vorbem. §§ 52a–58a Art. 1 KJHG Rn. 1–5; *Zeller,* Das Recht des nichtehelichen Kindes, S. 13 f.; *Potrykus,* Die Vormundschaftsformen des Reichsjugendwohlfahrtsgesetzes, S. 11 ff.

[4] Die Abweichungen ergeben sich aus den nachfolgend dargestellten Änderungen.

[5] Zur Entstehungsgeschichte s. *Stöcker* (Fn. 1), Sp. 725 f.; *Ehrhardt,* Archiv für Wissenschaft und Praxis sozialer Arbeit 1979, 171 (177 ff.).

einheitliche Regelung für die freiwillige Gerichtsbarkeit während der Arbeiten an der ZPO noch nicht in greifbarer Nähe lag, entschied man sich dafür, das Entmündigungsverfahren – in Anlehnung an das prALR und den französischen Code de procédure civile – in die ZPO aufzunehmen.

Das formelle Vormundschafts- und Pflegschaftsrecht wurde im 2. Abschnitt des **Gesetzes über die Angelegenheiten der freiwilligen Gerichtsbarkeit** v. 17.5.1898 (in Kraft seit 1.1.1900) geregelt. 24

4. Das Reichsjugendwohlfahrtsgesetz (RJWG).[6] Am 1.4.1924 trat das RJWG in Kraft. Sein Einfluss auf das Vormundschaftswesen besteht darin, dass die erstmals obligatorisch einzurichtenden Jugendämter kraft Gesetzes, also ohne besondere Bestellung, **Amtsvormünder** aller in ihrem Bezirk geborenen unehelichen Kinder wurden. Ferner wurde Art. 136 EGBGB außer Kraft gesetzt und statt dessen sowohl die **Anstalts-** als auch die **Vereinsvormundschaft** zugelassen. Die Aufgaben des Gemeindewaisenrats wurden den Jugendämtern übertragen. 25

5. Die Rechtsentwicklung bis heute. Von den nach dem Inkrafttreten des RJWG erlassenen Gesetzen und Verordnungen zum Familien- und Jugendhilferecht tangierten nur einige das Vormundschaftswesen. Durch das Familienrechtsänderungsgesetz vom 11.8.1961[7] wurde die Anstaltsvormundschaft abgeschafft. Sowohl für die Vereins- als auch für die Amtsvormundschaft verlangte es Vormundschaftsführung durch eine Einzelperson. In § 1800 BGB wurde Abs. 2 eingefügt und regelte, dass der Vormund bei einer Unterbringung des Mündels, die mit Freiheitsentziehung verbunden war, der Genehmigung durch das VormG bedurfte. 26

Das **Gesetz über die rechtliche Stellung der nichtehelichen Kinder v. 19.8.1969**[8] (in Kraft getreten am 1.7.1970) trachtete den Verfassungsauftrag von Art. 6 Abs. 5 GG zu erfüllen, wonach den nichtehelichen Kindern durch die Gesetzgebung die gleichen Bedingungen für ihre leibliche und seelische Entwicklung und ihre Stellung in der Gesellschaft zu schaffen sind wie den ehelichen Kindern. Die Amtsvormundschaft über nichteheliche Kinder wurde abgeschafft und durch eine Amtspflegschaft ersetzt. 27

Im Rahmen der Führung von Vormundschaften wurde der Ersatz von Aufwendungen des Vormundes (§ 1835 Abs. 3, 4 BGB) und die Möglichkeit einer Vergütung (§ 1836 BGB) vorgesehen.

Das **Gesetz zur Änderung und Ergänzung des Gesetzes für Jugendwohlfahrt v. 27.6.1970**[9] (in Kraft seit 1.7.1970) betraute die Jugendämter auch mit der Führung von Erwachsenenvormundschaften und -pflegschaften. Für Vereine wurde diese Möglichkeit ebenfalls eröffnet. Ferner sah das Gesetz vor, dass Verordnungen der Landesregierungen auch andere Behörden als die Jugendämter mit der Führung von Erwachsenenvormundschaften/-pflegschaften beauftragen konnten. Hiervon machten eine Reihe von Bundesländern Gebrauch. 28

Das **Gesetz zur Neuregelung des Volljährigkeitsalters v. 31.7.1974**[10] (in Kraft seit 1.1.1975) schuf den Entmündigungsgrund „Rauschgiftsucht" (§ 6 Abs. 1 Nr. 3 Alt. 2 BGB). 29

---

[6] Literatur: *Hasenclever* (Fn. 3), *Potrykus* (Fn. 3); *Jans/Happe ua* (Fn. 3), Einführung und Vorbem. §§ 37–54 JWG.

[7] BGBl. I S. 1221.

[8] BGBl. I S. 1243.

[9] BGBl. I S. 1713.

[10] BGBl. I S. 1061.

30 Das **Sorgerechtsgesetz vom 18.7.1979**[11] (in Kraft seit 1.1.1980) führte wieder zur Streichung des § 1800 Abs. 2 BGB, weil auch die Unterbringung durch Eltern genehmigungspflichtig wurde und § 1801 BGB auf die Bestimmungen zum elterlichen Sorgerecht verweist. Des weiteren schaffte es das Rechtsinstitut des Familienrates (§§ 1858–1881 BGB) ab. Schließlich gestaltete es das Genehmigungsverfahren für eine Unterbringung durch den Sorgerechtsinhaber (§§ 1631a, 1800 BGB) neu (§§ 64a–64i FGG).

31 Am 1.7.1980 entschied das **BVerfG,**[12] dass einem Rechtsanwalt, dem in großem Umfang Vormundschaften und Pflegschaften über mittellose Personen übertragen sind und der die damit verbundenen Aufgaben nur als Teil seiner Berufsausübung wahrnehmen kann, in verfassungskonformer Auslegung des § 1835 Abs. 2, 3 BGB als Aufwendungen auch Zeitaufwand und anteilige Bürokosten zu erstatten seien.

32 Anders als im privaten Recht, wo zwar viel im Detail, aber wenig der Substanz nach reformiert und novelliert wurde, gab es **im öffentlichen Recht**[13] – als Reaktion auf die Vorgehensweisen des Staates im Dritten Reich – grundlegende Änderungen. Die Schaffung des Art. 104 GG hatte zur Folge, dass auch die Unterbringung psychisch Kranker nur mehr aufgrund förmlicher Gesetze und richterlicher Entscheidung zulässig war. Daher setzten alle Bundesländer in den 50er Jahren **Landesunterbringungsgesetze** in Kraft. Bei diesen handelte es sich eindeutig um Polizeigesetze, die vorrangig dazu dienten, Gefahren abzuwehren und ordnungswidrige Zustände und Verhaltensweisen zu beseitigen. Erst im Zuge des Wandels der Bundesrepublik vom liberalen Rechtsstaat zum Sozialstaat (Beginn: 60er Jahre) traten fürsorgerische Gesichtspunkte (ua Prävention, Heilbehandlung) stärker in den Vordergrund. Als schließlich das BVerfG am 14.3.1972[14] entschied, dass die „besonderen Gewaltverhältnisse" in staatlichen Zwangsinstitutionen einer gesetzlichen Normierung unterworfen werden müssten, war der Punkt erreicht, von wo an die **Unterbringungsgesetze** der Länder nach und nach **novelliert** und den neuen Sichtweisen angepasst wurden.

33 Nach Artikel 33 der **Verfassung der DDR** vom 7.10.1949 durfte die außereheliche Geburt weder dem Kind noch seinen Eltern zum Nachteil gereichen. Entgegenstehende Gesetze und Bestimmungen wurden aufgehoben. – § 17 des **Gesetzes über den Mutter- und Kinderschutz und die Rechte der Frau** (MKSchG) bestimmte, daß der Mutter eines nichtehelichen Kindes die vollen elterlichen Rechte zustehen; diese Rechte durften nicht durch die Einsetzung eines Vormundes für das Kind geschmälert werden. Zur Regelung der Ansprüche gegen den Vater sollten die unteren Verwaltungsbehörden nur noch als Beistand der Mutter tätig werden. – Das **Familiengesetzbuch von 1965** verwandte nicht mehr den Begriff des „nichtehelichen Kindes", sondern sprach von „Kindern, deren Eltern bei der Geburt nicht miteinander verheiratet sind" (§ 46 Abs. 1 FGB). Das elterliche Erziehungsrecht stand allein der Mutter zu, die es eigenverantwortlich und in vollem Umfang ausüben konnte, ohne durch einen Vormund oder Beistand beschränkt zu werden. Auf Antrag der Mutter konnte das Organ der Jugendhilfe gemäß § 17 MKSchG als Beistand zur Regelung der Ansprüche gegen den Vater tätig werden; dies war aber nicht mehr der gesetzliche Regelfall, sondern die Ausnahme. – Das **1. Familienrechtsänderungsgesetz vom 20.7.1990** brachte keine Änderung der bisherigen Sorgeberechtigung der Mutter.[15]

---

[11] DAVorm 1980, 636. Vgl. dazu *Bobenhausen* Rpfleger 1985, 426.
[12] NJW 1972, 811.
[13] Gesetzentwurf der Bundesregierung BT-Drs. 12/7011, 24.
[14] NJW 1972, 811
[15] BGBl. I S. 1163.

Durch den **Einigungsvertrag** vom 31.8.1990 (in Kraft seit dem 3.10.1990), wurde die gesamtdeutsche Rechtseinheit auf dem Gebiet des Familienrechts weitgehend wiederhergestellt. Dies geschah durch die Inkraftsetzung des Vierten Buches des BGB, des EGBGB und des EheG im Gebiet der ehemaligen DDR nach Maßgabe der in Art. 234 EGBGB §§ 1 bis 15 enthaltenen Übergangsvorschriften. Von der Überleitung ausgenommen wurden jedoch die §§ 1706 bis 1710 BGB (vgl. Art. 230 Abs. 1 EGBGB in der seit 3.10.1990 geltenden Fassung). Damit gab es in den neuen Bundesländern keine gesetzliche Amtspflegschaft. **34**

Das **Gesetz zur Neuordnung des Kinder- und Jugendhilferechts** (KJHG) v. 26.6.1990 (in Kraft in den alten Bundesländern seit 1.1.1991, in den neuen seit 3.10.1990) mit seinen Kernbestimmungen als Achtes Buch des Sozialgesetzbuchs **(SGB VIII)** brachte keine gravierenden inhaltlichen Änderungen zur Vormundschaft, Pflegschaft und Beistandschaft. Es führte allerdings eine Paragraphenbereinigung durch. Es eliminierte nämlich die Vorschriften, die wortgleich im BGB und JWG standen, und ordnete die verbleibenden Bestimmungen richtig zu: die materiellen Regelungen ins BGB; Regelungen, die sich an den Richter wenden, je nach Rechtsnatur ins BGB oder FGG; Regelungen, die sich ans Jugendamt wenden, ins SGB VIII. **35**

Mit dem **Ersten Gesetz zur Änderung des Achten Buches SGB** (1. ÄndG) vom 6.2.1993[16], das am 1.4.1993 in Kraft trat, wurde für das Vormundschaftswesen der § 54 Abs. 4 SGB VIII neu geschaffen. **36**

Das **Zweite Gesetz zur Änderung des Achten Buches SGB** (2. ÄndG) vom 15.12.1995[17] ist am 1.1.1996 in Kraft getreten. Es enthält keinerlei Regelungen, die die Rechtsfürsorge für Minderjährige betreffen. Jedoch ist im Anschluss an diese Novelle das SGB VIII am 15.3.1996 neu bekannt gemacht worden.[18]

Das **Betreuungsgesetz** (BtG) v. 12.9.1990[19] (in Kraft getreten am 1.1.1992) brachte erstmals in der Rechtsgeschichte die Trennung der Rechtsfürsorge für Minderjährige und Volljährige. Das Rechtsinstitut der Vormundschaft bleibt allein den Minderjährigen vorbehalten (§§ 1773–1895 BGB), für die Volljährigen wurde ein neues Rechtsinstitut, nämlich das der Betreuung (§§ 1896–1908i BGB) geschaffen, dem keine Entmündigung vorausgeht. Diese ist gänzlich abgeschafft. Die Pflegschaft, soweit sie ergänzende Fürsorge für Minderjährige ist (§ 1909 BGB), und alle im Minderjährigenrecht verstreuten Sonderfälle der Pflegschaft (zB § 1630 Abs. 3) gelten fort. Im Erwachsenenrecht kommt die Pflegschaft als eigenständiges materiell-rechtliches Rechtsinstitut nur noch als Abwesenheitspflegschaft (§ 1911 BGB) und im übrigen als Verfahrenspflegschaft (§ 67 FGG) vor. Somit gibt es seitdem die die elterliche Sorge ergänzende bzw. ersetzende **Pflegschaft bzw. Vormundschaft für Minderjährige** und die grundsätzlich nicht die Geschäftsfähigkeit beeinflussende **Betreuung für Volljährige** (§ 1902 BGB). Diese tangiert nur im Zusammenhang mit einem sog. Einwilligungsvorbehalt (§ 1903 BGB) die Geschäftsfähigkeit punktuell und räumt dem Betreuer dann pflegerähnliche Kompetenzen ein. Im übrigen hat der Betreuer die Rechtsstellung eines gewillkürten Vertreters, bei dem an die Stelle der Vollmachterteilung die richterliche Anordnung tritt. Folge ist die Kontrolle durch das Vormundschaftsgericht, ab 1.9.2009 durch das Betreuungsgericht. **37**

16 BGBl. I S. 239.
17 BGBl. I S. 1775.
18 BGBl. I S. 477.
19 BGBl. I S. 2002.

38 Das **Verfahrensrecht zur Betreuung** (§§ 65–69m FGG) suchte vor allem die Subjektstellung des fürsorgebedürftigen Menschen zu achten (Verfahrensfähigkeit, Verfahrenspfleger, persönliche Anhörung, Gutachten). Für den Bereich der **Unterbringung** (§§ 70–70m FGG) wurden einheitliche Regelungen für alle Unterbringungstypen eingeführt: freiheitsentziehende Unterbringung von Kindern (§ 1631b BGB) und Betreuten (§ 1906 I–III BGB), unterbringungsähnliche Maßnahmen (§ 1906 IV BGB) sowie öffentlich-rechtliche Unterbringung nach Landesgesetzen über die Unterbringung psychisch Kranker.

39 Das **Beistandschaftsgesetz** v. 4.12.1997[20] (in Kraft seit 1.7.1998) schaffte die gesetzliche Amtspflegschaft für nichteheliche Kinder, die 1970 die gesetzliche Amtsvormundschaft abgelöst hatte, sowie die allgemeine Beistandschaft gem. § 1685 BGB aF ab. Seitdem wird das Jugendamt nur durch dort gestellten „Antrag" Beistand, wobei als Aufgabenkreise lediglich die Feststellung der Vaterschaft und die Geltendmachung von Unterhalt in Betracht kommen. Nach Landesrecht kann die für das Jugendamt eingetretene Beistandschaft mit Zustimmung des Elternteils auf einen rechtsfähigen Verein übertragen werden (Art. 144 EGBGB iVm § 54 Abs. 1 S. 3 SGB VIII; Einzelheiten → § 14 Rn. 92).

40 Das **Kindschaftsrechtsreformgesetz** v. 16.12.1997[21] (in Kraft seit 1.7.1998) brachte keine Neuerungen im materiellen Recht der Vormundschaft und Pflegschaft für Minderjährige. Allerdings führte es den in der Regel nicht zwingenden Verfahrenspfleger in mehreren ausdrücklich genannten Fällen ein (§ 50 Abs. 2 FGG) und ließ generell die Bestellung eines Verfahrenspflegers zu, soweit dies zur Wahrnehmung der Interessen des Kindes erforderlich war (§ 50 Abs. 1 FGG).

41 Das **Gesetz zur Änderung des Betreuungsrechts** sowie weiterer Vorschriften (Erstes Betreuungsrechtsänderungsgesetz – 1. BtÄndG) vom 25.6.1998[22] (in Kraft seit 1.1.1999) lässt ausdrücklich die gemeinschaftliche Vormundschaft durch ein Ehepaar zu, ordnet die Auswahl von Vormündern neu und gestaltet die §§ 1835–1836e BGB um, die die Fragen der Vergütung und Kostenerstattung regeln (Einzelheiten → § 4 Rn. 8 – 14).[23]

42 Das **Kinder- und Jugendhilfeerweiterungsgesetz – KICK –** vom 8.9.2005[24] (in Kraft seit 1.10.2005) regelte ua neu: den Schutzauftrag des Jugendamtes bei Kindeswohlgefährdung (§ 8a SGB VIII), die Selbstbeschaffung von Hilfen (§ 36a SGB VIII), die Inobhutnahme von Kindern und Jugendlichen einschließlich der Veranlassung der Bestellung eines Vormunds oder Pflegers für ausländische unbegleitete Minderjährige (§ 42 SGB VIII) sowie Hilfen zur Erziehung im Ausland (§§ 27, 78b SGB VIII).

43 Das **2. Betreuungsrechtsänderungsgesetz** – 2. BtÄndG – vom 21.4.2005 (in Kraft seit 1.7.2005) regelte vor allem Gegenstände neu, die die Rechtsfürsorge für Erwachsene, also die Betreuung betreffen. Für Minderjährige ergeben sich nur Änderungen im Bereich der Bezahlung von Berufsvormündern und -pflegern, indem die Stundensätze neu festgelegt werden (§ 3 VBVG).

44 Das **Gesetz über das Verfahren in Familiensachen und in den Angelegenheiten der freiwilligen Gerichtsbarkeit – FGG-Reform-Gesetz –** vom 17.12.2008[25] (in Kraft seit 1.9.2009) betrifft über 100 Gesetze, die als Artikel in dem Reformgesetz auftau-

---

[20] BGBl. I S. 2846.
[21] BGBl. I S. 2942.
[22] BGBl. I. S. 1580.
[23] BT-Drucks. 13/10331 v. 1.4.1998.
[24] BGBl. I S. 2729
[25] BGBl. I S. 2586

chen. Gegenständlich hat es einerseits das FGG und die sonstigen verstreut geregelten Materien der freiwilligen Gerichtsbarkeit zusammengefasst, andererseits die verfahrensrechtlichen Bestimmungen bei Ehe- und sonstigen Familiensachen, die bisher teils in der ZPO, teils im FGG zu finden waren, einem einheitlichen Gesetz zugeordnet (Art. 1: FamFG). Vormundschaft und Pflegschaft für Minderjährige sind nunmehr unter den sog. Kindschaftssachen (§ 151 FamFG) zu finden, für die ausschließlich das Familiengericht und nicht mehr das Vormundschaftsgericht zuständig ist. In Bezug auf diese Materien ist für die Eingriffe in das Elternrecht funktionell wie bisher der Richter, für die anderen Bereiche der Rechtspfleger zuständig.

Durch das **Gesetz zur Änderung des Vormundschafts- und Betreuungsrechts** v. 29.6.2011[26] (in Kraft seit 6.7.2011) wurde die Pflicht des Jugendamtes zur Anhörung des Mündels vor der Übertragung der Vormundschaft auf eine Fachkraft sowie eine **Obergrenze für Fallzahlen** (50 Mündel) eingeführt (§ 55 SGB VIII) und nach einjähriger Übergangszeit in Kraft gesetzt. Sofort in Kraft traten die Vorschriften des BGB zum Regelkontakt mit dem Mündel (einmal monatlich) (§ 1793 Abs. 1a BGB). **44a**

Das **Gesetz zur Verbesserung der Unterbringung, Versorgung und Betreuung ausländischer Kinder und Jugendlicher** v. 28.10.2015[27] (in Kraft seit 1.11.2015, teilweise erst ab 30.6. bzw. 1.7.2017) ergänzt die Vorschriften zur Inobhutnahme von Kindern und Jugendlichen im SGB VIII (hauptsächlich §§ 42a – 42f und §§ 88a, 89d). Es verbessert die Situation des betroffenen Personenkreises nicht wirklich, sondern zielt vor allem darauf ab, ausländische Kinder und Jugendliche, die als Flüchtlinge nach Deutschland kommen, gleichmäßig zu verteilen und die Kommunen in Grenznähe zu entlasten. **44b**

II. Gegenwärtiger Rechtszustand im Überblick

Um den gegenwärtigen Rechtszustand im Überblick erfassen zu können, sind folgende Fragen zu beantworten: **45**

- Auf welchen Rechtsgrundlagen, unter welchen Voraussetzungen und mit welchen Folgen können gegenwärtig Vormundschaften/Pflegschaften/Beistandschaften geführt werden?
- Aufgrund wessen treten Vormundschaften/Pflegschaften/Beistandschaften für Minderjährige ein?
- Wer führt Vormundschaften/Pflegschaften/Beistandschaften?
- In welchen Verfahren mit welcher Ausgestaltung erfolgen Eingriffe in elterliche Sorge/Vormundschaft/Pflegschaft sowie Bestellung/Entlassung von Vormündern/Pflegern?

1. Rechtsgrundlagen, Voraussetzungen und Folgen bei der Anordnung von Vormundschaften und Personenpflegschaften. Auf welchen Rechtsgrundlagen Vormundschaften und Personenpflegschaften angeordnet werden können, welche Voraussetzungen erfüllt sein müssen und welche Rechtsfolgen eintreten, beantwortet die nachfolgende Tabelle. **46**

---

[26] BGBl. I 1306
[27] BGBl. I 1802

Rechtsgrundlagen, Voraussetzungen und Folgen für den Eintritt von Vormundschaften, Personenpflegschaften und Beistandschaften für Minderjährige

I. Vormundschaft		II. Pflegschaft		III. Beistandschaft	
1.	**Allgemeine Vormundschaft (§ 1773)**	**1.**	**Allgemeine Ergänzungspflegschaft (§ 1909)**		
1.1	*Konstellationen:*	*1.1*	*Konstellationen:*	*1.1*	*Voraussetzungen:*
1.1.1	Unbekannte Eltern (§ 1773 II)	1.1.1	Rechtliche Verhinderung an der Ausübung von Teilbereichen der e. S. oder Vormundschaft (zB Interessenkollision: §§ 1629 II, 1795, 1796, 181; Verbot des Zuwendenden: §§ 1638, 1803; Entzug der e. S. in geringerem Umfang als § 1773 I Alt. 2 gemäß §§ 1666, 1671 III.	1.1.1	Rechtlich Alleinsorgeberechtigter
1.1.2	Tod oder Todeserklärung der Eltern (Arg. § 1680 I, II; § 1681 I)			1.1.2	Schriftlicher „Antrag" beim Jugendamt
1.1.3	Entzug der e. S. zumindest im Umfang des § 1773 I Alt. 2 (zB gem. §§ 1666, 1666a; §§ 1671III)				
1.1.4	Ruhen der e. S. bei rechtlichem Hindernis (GU, bGF) (§ 1673)				
1.1.5	Feststellung des Ruhens der e. S. bei tatsächlichem Hindernis (§ 1674)	1.1.2	Tatsächliche Verhinderung an der Ausübung von Teilbereichen der e. S. + Erforderlichkeit der Regelung einer Angelegenheit		
1.1.6	Tatsächliche Verhinderung an der Ausübung der e. S. (§ 1678)				
1.2	*Folgen:*	*1.2.*	*Folgen:*	*1.2*	*Folgen:*
1.2.1	Bei 1.1.1, 1.1.2, 1.1.4 (GU), 1.1.5, 1.1.6: Ausübung des vollen SoR (§ 1793).		Ausübung des SoR in dem Umfang, wie der Richter es anordnet		Beistand = ges.V. neben dem Sorgeberechtigten für Aufgabenkreis Vaterschaftsfeststellung und/oder Geltendmachung des Unterhalts
1.2.2	Bei 1.1.3: Ausübung des SoR im Umfang des Entzugs				
1.2.3	Bei 1.1.4 (bGF): Ausübung des SoR ohne tatsächliche PS (vgl. § 1673 II)				
2.	**Spezielle Vormundschaft (§ 1751)**	**2.**	**Spezielle Ergänzungspflegschaften**	**2.**	**Spezielle Beistandschaft (§ 158 FamFG)**
2.1	*Voraussetzungen:*	*2.1*	*Voraussetzungen/ Konstellationen:*	*2.1*	*Voraussetzungen*
	Abgabe der notariell beurkundete Einwilligung der Eltern in die Adoption und Zugang der Einwilligung bei Gericht (§§ 1747, 1750 I, 1751)	2.1.1	Inpflegegabe eines Kindes durch seine Eltern für längere Zeit + Übertragungsantrag durch Eltern oder Pflegeeltern (§ 1630 III)	2.1.1	Erforderlichkeit
				–	erheblicher Interessengegensatz
				–	möglicher Sorgerechtsentzug
				–	Trennung vom Obhutsberechtigten

I. Vormundschaft		II. Pflegschaft		III. Beistandschaft	
		2.1.2	Religionsverschiedenheit von VM und Mündel (§ 1801)	–	Kindesherausgabe oder Verbleibensanordnung
				–	Umgang
2.2	*Folgen:* Vormundschaft des JA in bezug auf die gesamte e. S.	*2.2*	*Folgen:* Ausübung des SoR durch PFL im angeordneten Umfang	*2.2*	*Folgen*
				–	nicht ges. V.
				–	Beteiligter im Verfahren
				–	Rechtsmittelbefugnis
		3.	**Ersatzpflegschaft (§ 1909 III)**		
		3.1	*Voraussetzungen:* Vorliegen der Voraussetzungen für die AO einer Vormundschaft + noch nicht erfolgte Bestellung eines VM + Unnnötigkeit, dass Gericht selbst tätig wird (§§ 1693, 1846)		
		3.2	*Folgen:* PFL = ges. V. in angeordnetem Wirkungskreis.		

Hinweis zur Tabelle:

1. „Eltern" meint: zur Zeit der Geburt des Kindes oder später
   a) miteinander verheiratete Väter und Mütter eines Kindes (§ 1626a I Satzteil 1 a.e.c. oder § 1626a I Nr. 2).
   b) nicht miteinander verheiratete Väter und Mütter, die eine Sorgeerklärung abgegeben haben (§ 1626a I Nr. 1).
   c) nicht miteinander verheiratete Väter und Mütter, denen aufgrund richterlicher AO das gemeinsame Sorgerecht zusteht (§ 1672 II).
   d) alleinsorgeberechtigte Elternteile (gem. §§ 1626a II, 1671, 1672 I).
   e) alleinsorgeberechtigte Elternteile (Grund gleichgültig), bei deren Ausfall (Ruhen, Entzug, Tod, Todeserklärung) dem anderen Elternteil das Sorgerecht nicht übertragen werden kann (§§ 1678 II, 1680, 1681).
2. Die Paragraphen beziehen sich auf das BGB, sofern nichts anderes vermerkt ist.

2. Eintritt von Vormundschaften, Pflegschaften und Beistandschaften. Es ist zwischen gesetzlichen, dh automatisch eintretenden, und gerichtlich angeordneten Amtsvormundschaften zu unterscheiden. Bei Pflegschaften gibt es diese Unterscheidung nicht mehr, seit die gesetzliche Amtspflegschaft für nichteheliche Kinder aufgehoben worden ist (vormals §§ 1706, 1709 BGB). Die an ihre Stelle getretene Beistandschaft passt nicht in die zwei traditionellen Kategorien „kraft Gesetzes" und „kraft Anordnung", denn obwohl das Gesetz von „Antrag" (§ 1712 Abs. 1 BGB) spricht, tritt sie kraft Gesetzes ein. Der „Antrag" wird inhaltlich nicht geprüft und auch nicht beschieden. Er ist lediglich der erklärte Wille, dass die Folge eintreten soll. Die Beistandschaft ähnelt daher mehr der Vormundschaft kraft Gesetzes.[28] 47

[28] Indiz aus BT-Drs. 13/892, 41: Die Beistandschaft ist keine Schutzmaßnahme iSd. Art. 1 MSA.

Eintritt von Vormundschaften/Pflegschaften für Minderjährige

	I. Vormundschaft	II. Pflegschaft
1. kraft Gesetzes	1. Geburt des Kindes einer nicht verheirateten nicht gf. Mutter (§ 1791c I 1 Hs. 1) 2. Rechtskräftige Feststellung der Nichtabstammung vom sorgeberechtigten Vater, wenn Mutter nicht gf. ist (§ 1791c I 2) 3. Adoptionspflege + Einwilligung der Eltern (§ 1751)	
2. kraft Anordnung	1. Unbekannte Eltern (§ 1773 II) 2. Tod oder Todeserklärung der Eltern (§ 1773 I Alt. 2, § 1677) 3. Entzug der e. S. zumindest im Umfang des § 1773 I Alt. 2 (§§ 1666, 1666a; §§ 1671 III) 4. Ruhen der e. S. bei rechtlichem Hindernis (GU, bGF) (§ 1673) 5. VM-Bestellung vor der Geburt für Kind einer ledigen nicht gf. Mutter (§ 1791c I 1 Hs. 2) 6. Feststellung des Ruhens der e. S. bei tatsächlichem Hindernis (§ 1674) 7. Tatsächliche Verhinderung an der Ausübung der e. S. (§ 1678) 8. Scheidung oder Getrenntleben der Eltern und deren Unfähigkeit (§§ 1671 III)	1. Rechtliche Verhinderung an der Ausübung von Teilbereichen der e. S. oder Vormundschaft (§ 1909 I iVm den entsprechenden Bestimmungen, vgl. o. Übersicht II. 1.1.1) 2. Tatsächliche Verhinderung an der Ausübung von Teilbereichen der e. S. oder Vormundschaft (§ 1909) 3. Scheidung der Eltern und Unfähigkeit in Teilbereichen (§§ 1671 III, 1909) 4. Dauerpflege eines Kindes (§ 1630 III) 5. Religionsverschiedenheit von Vormund und Mündel (§ 1801) 6. Ersatzpflegschaft (§ 1909 III)

48 **3. Typen und Formen von Vormundschaft, Pflegschaft und Beistandschaft.** Das Gesetz geht namentlich vom Einzelvormund(-pfleger), Vereinsvormund und Amtsvormund aus. Daneben nennt es auch den Beistand, ohne ihn mit den Attributen „Amts-, Vereins- und Einzel-“ zu versehen. Da aber auch Vereine Beistandschaften führen können, ist sprachlich eine Differenzierung unausweichlich. Beim **Einzelvormund** stellt sich das Gesetz primär eine Person vor, die dieses Amt als Ehrenamt und daher auch unentgeltlich bekleidet. Beim **Vereinsvormund und Amtsvormund** hat es die Vision, dass Bedienstete des öffentlichen Dienstes bzw. die Mitglieder oder Mitarbeiter eines privaten (= freien) Trägers im Auftrag und unter Verantwortung der Institution tätig werden. Dieses Bild von Vormundschaftsführung stimmt nur schwach mit der Realität überein. Allerdings lässt sich dies aus keiner Statistik ablesen, da sich die offizielle Statistik (anders als bei den Betreuungen) nur mit der Amtsvormundschaft/-pflegschaft befasst.

49 Folgende Vormundschaftsformen (Pflegschaftsformen) haben sich seit vielen Jahren in der Praxis entwickelt:

- Der Einzelvormund, der mit dem Mündel verwandt ist (zB Großeltern, Geschwister, Tanten, Onkel, Vettern, Cousinen etc.) und aus fremdnützigen Gründen das Amt übernimmt.
- Der Einzelvormund aus dem Bekanntenkreis des Mündels (Nachbarn, Freunde, Pflegeeltern, Mitglieder einer Kirchengemeinde etc.), der ebenfalls altruistisch handelt.

- Der Einzelvormund, der den Mündel vorher nicht gekannt hat (Mitglieder aus Vereinen, Gewerkschaften, sonstigen Gruppierungen), der jedoch auch fremdnützig tätig wird.
- Der Einzelvormund, der ehrenamtlich bei einem freien Träger sozialer Arbeit mitarbeitet, als namentlicher Einzelvormund bestellt wird, jedoch professionell vom Verein, der von der öffentlichen Hand Förderung erhält, beraten und unterstützt wird (sog. organisierte Einzelvormundschaft).
- Der Einzelvormund, der professionell und freiberuflich Vormundschaften führt und sich dafür bezahlen lässt (Anwälte, Notare, Steuerberater, Sozialarbeiter, Pädagogen etc.) (sog. Berufsvormund).
- Der Einzelvormund, der hauptamtlich Bediensteter in einem Amt ist und im Rahmen dieses bezahlten Dienstes professionell Vormundschaften führt (zB Beamte/Angestellte eines Jugendamtes führen ausschließlich Einzelvormundschaften für Minderjährige).
- Der Vereinsvormund, der seine Laien-Mitglieder mit der Führung von Vormundschaften betraut und seine angestellten Mitarbeiter die ehrenamtlichen Mitglieder, insbesondere bei rechtlich und wirtschaftlich schwierigen Fragen, professionell unterstützen lässt.
- Der Vereinsvormund, der mit der Führung der Vormundschaft seine (professionellen) Angestellten betraut, der sich aber zur intensiveren menschlichen Betreuung der Mitwirkung von Ehrenamtlichen bedient.
- Der Amtsvormund, der die Führung der Vormundschaft seinen (professionellen) Bediensteten (Verwaltungsfachleute, Sozialarbeiter, Sozialpädagogen) überträgt.
- Der Amtsvormund, der die Führung der Vormundschaft seinen Bediensteten der Abteilungen Amtsvormundschaft/Amtspflegschaft übergibt, aber die direkte menschliche Betreuung von den Sozialarbeitern des Allgemeinen Sozialdienstes machen lässt.
- Der Amtsvormund, der die Ausübung seiner Aufgaben seinen Bediensteten überlässt, aber ehrenamtlich Bürger bei der persönlichen Betreuung mitwirken lässt.
- Der Amtsvormund, der mit der Führung der Vormundschaft rechtlich nur den Amtsleiter betraut, die Arbeit im übrigen jedoch von sonstigen Bediensteten erledigen lässt.

Ob alle diese Formen der Vormundschaftsführung rechtlich unbedenklich sind und ob sie wirklich den Bedürfnissen der Betreuten entsprechen, wird in den jeweiligen Einzelkapiteln darzustellen sein.

Im Bereich Beistandschaft gibt es diese Vielfalt von Erscheinungsformen nicht. In **50** diesem Fall tritt, da es keine gerichtliche Bestellung gibt, zunächst einmal die (Amts-) Beistandschaft des Jugendamtes ein. Landesrecht kann vorsehen, dass die Beistandschaft des Jugendamtes mit Zustimmung des Betroffenen auf einen freien Träger der Jugendhilfe, der ein anerkannter Verein sein muss, übertragen werden kann (Art. 122 EGBGB iVm § 54 Abs. 2 S. 2 SGB VIII; s. dazu im Detail → § 14 Rn. 93).

III. Statistische Aspekte

1. Vorhandenes Material. Da das Volljährigkeitsalter ab 1.1.1975 auf 18 Jahre ge- **51** senkt worden ist, lassen sich die Zahlen vor 1975 mit denen danach schlecht vergleichen. Der Vergleich soll also 1975 beginnen. Die Zahlen bis 1990 beziehen sich auf die westdeutsche Bundesrepublik, die ab 1991 auf die wiedervereinigte Bundesrepublik.

Der Bereich der Vormundschaften, Pflegschaften, Beistandschaften ist statistisch nicht sehr ausgeleuchtet. Bei den nachstehenden Ausführungen kann es sich daher nur um Mosaiksteinchen, nicht um ein Gesamtbild handeln. Das Statistische Bundesamt, das neben allgemeinen Daten auch die sog. **Kinder-und Jugendhilfestatistik** (KJStat) herausgibt, hat bis 1981 manches von dem erfasst, das im Rahmen dieses Themas von Interesse ist. Danach jedoch wurden die Befragungsgegenstände geändert – Erfassung lediglich der Amtsvormundschaften und Amtspflegschaften –, so dass die Aussagen für die Jahre ab 1982 zwar im Detail genauer, aufs Ganze gesehen aber lückenhafter sind. Die Zahlen für die Beistandschaften werden nur in der Jugendhilfestatistik geführt, weil die Gerichte hier keine Kontrolle ausüben.

Die Justizstatistik erfasste zwar alle Vormundschaften und Pflegschaften – nicht nur die Amtsvormundschaften und Amtspflegschaften –, die am Ende eines Jahres bei den Gerichten anhängig sind. Sie differenziert aber lediglich nach Vormundschaften und Pflegschaften, nicht dagegen nach den Personen oder Institutionen, die sie führen.

Seit Juli 2008 gehören jedoch Vormundschaften und Pflegschaften zu den Kindschaftssachen im Sinne des FamFG, was bedeutet, dass für sie nicht mehr das VormG, sondern das FamG zuständig ist. Konsequenterweise werden sie ab 2009 beim Statistischen Bundesamt unter „Familiengerichte – Fachserie 10 Reihe 2.2 – 2009" geführt.[29] Diese Serie ist eine ausgeprägte „Prozess"serie, erfasst also vorwiegend das Herein und Heraus von Vorgängen, nicht dagegen das Ergebnis, das evtl. bis zu 18 Jahren Auswirkungen hat. Deswegen finden sich darin nur Aussagen über „Neuzugänge" und „erledigte Verfahren". Für 2014 waren das zB bei den Vormundschaften 2.384/ 1.914 und bei den Pflegschaften 1.051/ 939. Diese Zahlen nützen für die Frage, wie viele Kinder unter Vormundschaft oder Pflegschaft stehen, jedoch gar nichts.

52 **2. Ausgewählte Daten aus der Bundesrepublik Deutschland**[30]

Tabelle 1: Entwicklung der Bevölkerung in den Jahren 1975–2015
absolut und in %

	1975	1984	1990	1991	1995
Volljährige	45 743,9 = 72,2 %	48 802,4 = 79,9 %	52 032,3 = 81,7 %	64 752 728 = 80,66 %	65 914 994 = 80,56 %
Minder-jährige	15 900,7 = 25,8 %	12 246,9 = 20,1 %	11 693,3 = 18,3 %	15 521 837 = 19,34 %	15 902 505 = 19,44 %
insgesamt	61 644,6	61 049,3	63 725,6	80 274 564	81 817 499

	2000	2005	2008	2010	2015
Volljährige	66 759 354 = 81,16 %	67 880 581 = 82,35 %	68 318799 = 83,32 %	68 410713 = 83,68 %	68 850 007 = 83,79 %
Minder-jährige	15 500 186 = 18,84 %	14 557 404 = 17,65 %	13 683 557 = 16,68 %	13 340 889 = 16,31 %	13 325 677 = 16,21 %
Insgesamt	82 259 540	82 437 995	82 002356	81 751 602	82 175 684

Quelle (hinsichtlich der absoluten Zahlen): Statistische Jahrbücher 1977–2015
3.8 bzw. 3.9 (Wohnbevölkerung nach dem Alter)

[29] In den nachfolgenden Jahren finden sich in der Justizstatistik nur noch die „auslaufenden" Zahlen von Vormundschaften und Pflegschaften, nämlich diejenigen, die vor 2008 vom VormG bestellt worden sind.

[30] Die Daten beziehen sich – soweit nichts anderes angegeben – auf den jeweiligen 31. Dezember.

Tabelle 2: Staatliche Rechtsfürsorge durch Jugendämter, Vereine und Einzelpersonen

1	Jahr	1991	1995	1999	2000	2005
2	**bei Gericht anhängige VM/PFL**	?[1]	**784.330**	**198.681**	**166.960**	**136.289**
	davon (2):					
3	– VM		105.769	79.069	73.094	63.111
4	– PFL		678.561	119.612	93.866	73.178
	davon (2):					
5	**AmtsVM/PFL**	**566.301**	**647.579**	**69.275**	**67.738**	**66.715**
6	**davon**					
7	**– AmtsVM, davon:**		43.408	44.072	43.131	39.758
8	• gesetzliche		12.278	10.851	10.075	9.311
	• bestellte		31.130	33.221	33.056	30.447
	– **AmtsPFL**		604.171	25.203	26.607	26.957
9	**Vereins-/Einzel-VM/PFL** (Differenz 1 und 4)	?	**137.551**	**129.406**	**99.222**	**69.574**
10	**Beistandschaft**	**85.052**	**130.558**	**673.503**	**660.304**	**689.046**
11	**Staatl. Rechtsfürsorge insgesamt**	?	**915.888**	**872.184**	**827.264**	**725.335**

[1] Die Zahlen der Justizstatistik sind unbrauchbar, da sie Minderjährige und Volljährige unter Vormundschaft und Pflegschaft nicht trennen. Erst mit Inkrafttreten des BtG 1992 unterstehen die Letzteren der Betreuung.

1	Jahr	2008	2010	2015
2	**bei Gericht anhängige VM/PFL**	**116.894**	?	?
	davon (2):			
3	– VM	55.284	?	?
4	– PFL	61.610	?	?
	davon (2):			
5	**AmtsVM/PFL**	**69.483**	70.411	**98.886**
6	**davon**			
7	**– AmtsVM, davon:**	38.568	37.855	65.003
8	• gesetzliche	7.994		
	• bestellte	30.574		
	– AmtsPFL	30.915	32.556	33.883
9	**Vereins-/Einzel-VM/PFL** (Differenz 1 und 4)	**47.411**	?	?
10	**Beistandschaft**	**651.390**	**630.562**	**552.091**
11	**Staatl. Rechtsfürsorge insgesamt**	**768.284**	?	?
12	**Rechtsfürsorge Jugendamt**		**700.943**	**650.977**

Tabelle 3: Relation Minderjährige zu Minderjährigen unter staatlicher Rechtsfürsorge

	1995	2000	2005	2008	2010	2015
Minderjährige	15.902.505	15.500.186	14.557.404	13.683.557	13.340.889	13.325.677
Mj. unter staatlicher Rechtsfürsorge	915.888	827.264	725.335	768.284	700.973	650.977
%	**5,75 %**	**5,33 %**	**4,98 %**	**5,61 %**	**5,25 %**	**4,88 %**

Quelle (hinsichtlich der absoluten Zahlen 1981–1984): Statistisches Jahrbuch 1986, 18. 12 (Jugendhilfe); hinsicht der absoluten Zahlen 1995–2015: Jugendhilfestatistik des Statistisches Bundesamtes 1996–2015.

* Prozente bezogen auf alle Vormundschaften bzw. alle Pflegschaften.

** Die Zahlen weichen von denen in Tabelle 2 und 3 ab. Begründung des Statistischen Bundesamtes: In Tabelle 2 und 3 wurden die Mündel/Pfleglinge gezählt, die sich in den einzelnen JA-Bezirken aufhalten, egal, welches JA die Vormundschaft/Pflegschaft führt. In Tabelle 5 wurden die Vormundschaften/Pflegschaften gezählt, die das jeweilige JA führt, egal, wo sich Mündel/Pfleglinge aufhalten. Richtig dürften die jeweils niedrigeren Zahlen sein, weil die höheren mit Sicherheit Doppelzählungen enthalten, die wahrscheinlich auf versäumte Ummeldungen zurückzuführen sind.

53 **3. Kurze Auswertung.** „Unter dem Strich" stieg die **Gesamtbevölkerung** (Tab. 1) in der früheren Bundesrepublik zwischen 1975 und 1990, wenngleich die Zahlen in sich leicht schwankten. Innerhalb der ca. 62 Mio. Einwohner verschob sich jedoch das Verhältnis von Voll- zu Minderjährigen allmählich, aber deutlich (von fast 26 % Minderjährigen zu nur noch gut 18 %). Dies sowie die hier nicht referierten Geburtenzahlen zeigte, dass in dieser Zeit immer weniger Kinder geboren wurden und dass die Zuwächse in der Gesamtbevölkerung durch Zuzüge Erwachsener und eine längere Lebenserwartung der Menschen begründet waren.

Nach der Wiedervereinigung setzte sich der Trend des leichten Zuwachses fort, wobei die Zahl der Minderjährigen längere Zeit (zwischen 1991 und 1999) ziemlich konstant bei 19 % lag. Seitdem fallen die Anteile der Minderjährigen an der Gesamtbevölkerung wieder langsam aber kontinuierlich.

54 Was die **Minderjährigen vor der Wiedervereinigung** (siehe die genauen Zahlen in der 2. Aufl. § 1, Tabellen 1–5) betrifft, so nahm ihre Zahl – wie gesagt – zwischen 1975 und 1990 sowohl absolut (von 15,9 Mio. zu 11,7 Mio.) als auch relativ (von fast 26 % zu gut 18 %) ab. Auch die absolute Zahl der unter staatlicher Rechtsfürsorge stehenden Jugendlichen verkleinerte sich entsprechend (von ca. 551.000 nach 489.000). Dennoch wuchs – jedenfalls bis 1981, nachher gab es die Zahlen nicht mehr vollständig – der Anteil der unter staatlicher Rechtsfürsorge stehenden Minderjährigen (von 3,46 % zu 3,54 %).

Obwohl der Anteil der gesetzlichen **Amtsvormundschaften** mit rund 34 % der Vormundschaften relativ konstant war, fiel die absolute Zahl der Amtsvormundschaften zwischen 1975 und 1990 drastisch (von 83.471 nach 45.081). Dies dürfte verschiedene Ursachen haben, zB bessere Empfängnisverhütung, so dass nicht mehr so viele minderjährige Frauen (nichteheliche) Kinder bekamen; weniger Adoptionsvormundschaften, weil immer mehr Adoptionen Stiefkindadoptionen waren, bei denen kein Vormund nötig war, weil der leibliche Elternteil das Sorgerecht behielt; strengere Beachtung des Grundsatzes der Verhältnismäßigkeit (§ 1666a BGB), wonach ein kompletter Entzug der elterlichen Sorge nur selten notwendig ist. Soweit Vergleichszahlen zur Vereins- und Einzelvormundschaften vorhanden waren, waren starke Rückgänge zu verzeichnen (um 62 % bzw. 65 %).

Die absolute Zahl der **Amtspflegschaften** dagegen stieg (von 347.000 auf 507.000, dh um 46 %). Dies hatte seine Gründe in der zunehmenden Zahl von nichtehelichen Lebensgemeinschaften. – Solange Vergleichszahlen zu Vereins- und Einzelpflegschaften vorlagen (1975–1981), war deutlich, dass diese drastisch zurückgingen (von ca. 7.000 auf ca. 3.500 bzw. von 57.600 auf 38.300).

Für den Rückgang von Vereins- und Einzelfürsorge gegenüber **Amtsfürsorge** kann man verschiedene Gründe finden: die geschwundene Bereitschaft in der Gesellschaft, sich zu engagieren; die Schwierigkeiten der Aufgaben; die Trägheit von Gerichten und Jugendämtern, Vereine bzw. Einzelpersonen zu suchen. Bei den Vereinen dürfte auch lange die ungesicherte Bezahlung eine Rolle gespielt haben..

Seit der **Wiedervereinigung** gab es vier Millionen Minderjährige mehr als vorher **55**
(von 11,6 Mio. nach 15,9 Mio. = Steigerung von 37 %). Für die Zeit von 1991–1995 hatten wir – wie schon von 1982 bis 1990 – keine Gesamtzahlen zu Vormundschaften/Pflegschaften für Minderjährige, sondern nur zur Amtsvormundschaft/Amtspflegschaft. Der Trend, der sich hierin widerspiegelte, konnte jedoch auf die Gesamtszene übertragen werden.

Die gesetzlichen Amtsvormundschaften stiegen lediglich von 45.000 auf 47.600, dh um 5 %. Die Gründe für diese unterdurchschnittliche Steigerungsrate dürfte in den unter b) genannten Gründen zu sehen sein. – Die Amtspflegschaften dagegen stiegen von 507.000 auf 635.000, dh um 25 %. Da es aufgrund des Einigungsvertrages in den neuen Bundesländern für nichteheliche Kinder keine Amtspflegschaften gab, ging die Steigerungsrate nur „auf das Konto“ der westlichen Bundesländer. Der Grund dürfte die weitere Zunahme von nichtehelichen Lebensgemeinschaften gewesen sein.

Was sich von 1990–1995 dramatisch entwickelte, waren die **Amtsbeistandschaften** **56**
(von 52.900 auf 130.558, dh 146 % mehr). Dies dürfte vor allem seine Ursache in der fehlenden Amtspflegschaft in den neuen Bundesländern gehabt haben. Die Frauen, die Hilfe brauchten bei den Aufgaben, die im Westen von Amtspflegern wahrgenommen werden, stellten einen Antrag auf Beistandschaft. Der Beistand nach § 1685 BGB konnte sich wenigstens um den Unterhalt kümmern, die Vaterschaftsfeststellung konnte er jedoch nicht betreiben. In Anspruch genommen werden konnte der Beistand aber auch von geschiedenen und getrennt lebenden Elternteilen, die Hilfe bei der Geltendmachung von Unterhalt benötigten. Man kann also sagen, dass die Statistik deutlich zeigt, dass Beistände nötig waren. Das neue Gesetz, das den aufgezwungenen Amtspfleger abschaffte, aber die freiwillige Beistandschaft einführte, dürfte daher die angemessene Reaktion auf die Entwicklung gewesen sein.

Betrachtet man den Anteil der Minderjährigen an der Gesamtbevölkerung seit der Wiedervereinigung, so stellt man fest, dass dieser immer kleiner wird. Betrug er 1991 noch 19,34 % aller in Deutschland Lebenden, so waren es 2008 nur noch 16 %. Dieser Prozentsatz, der sich in absoluten Zahlen auf zwischen 15,5 Mio. und 14 Mio. beläuft, ist Ausgangspunkt für die Betrachtung der staatlichen Rechtsfürsorge für Minderjährige. Die Jugendhilfestatistik erfasst nur die von den Jugendämtern geführten Vormundschaften, Pflegschaften und Beistandschaften (§ 98 Abs. 1 Nr. 7 SGB VIII). Die Justizstatistik dagegen betrifft alle Vormundschaften und Pflegschaften (Beistandschaften werden nur bei den Jugendämtern geführt), die jeweils am Jahresende anhängig sind, also auch die, die schon seit vielen Jahren geführt werden. In beiden Statistiken gibt es keine weitere Ausdifferenzierung, so dass man über die Gründe für die

Einrichtung der Vormundschaften und Pflegschaften nichts erfährt. Aus der Justizstatistik lässt sich auch weder herleiten,

- wer die staatliche Rechtsfürsorge ausübt (das Jugendamt, ein Verein oder eine Einzelperson) noch
- wie viele Pflegschaften für Erwachsene sich hinter den Zahlen verstecken noch
- wie viele Einzelvormundschaften/-pflegschaften berufsmäßig geführte wurden.

Man kann daher aus dem Gesamtzahlenwerk nur wenig Genaues herausfiltern. Lediglich grobe Erkenntnisse dürften zutreffen.

Das Jahr 2008 weist in der Justizstatistik insgesamt 55.284 Vormundschaften und 61.610 Pflegschaften aus, was zusammen 116.894 Fälle ergibt. Die Jugendämter haben in diesem Zeitraum 7.994 gesetzliche Amtsvormundschaften, 30 574 bestellte Amtsvormundschaften, 30.915 Pflegschaften (sowie 651.390 Beistandschaften) geführt. Zählt man die Amtvormundschaften und -pflegschaften zusammen (69. 483) und subtrahiert sie von der Gesamtzahl (116.894), so bleiben 47.411 Fälle übrig (in denen ein paar Erwachsene stecken dürften). Diese müssten sich demnach auf Einzelpersonen und Vereine verteilen – in welcher Menge lässt sich nur raten. In der Zeit vor 1981, als es noch eine genauere Statistik zur staatlichen Rechtsfürsorge gab, führten die Vereine rund 5 % aller Fälle.

57 Im Übrigen reduzieren sich inzwischen die Fallzahlen in allen Bereichen. Nimmt man eine (beliebige) Zahl als Ausgangspunkt mit 100 %, zB die Minderjährigenzahl im Jahr 1995, so sind 15.902 505 Minderjährige 100 %. Im Jahr 2007 waren es noch 13.970 083 Minderjährige, das sind 86,15 % von der Ausgangszahl. Macht man das Gleiche mit den Zahlen zur Staatlichen Rechtsfürsorge, so lässt sich ablesen, ob diese Zahl sich entsprechend oder anders verändert. Im Jahr 1995 standen 915.888 Minderjährige unter Staatlicher Rechtsfürsorge. Im Jahr 2008 waren es 768.284. Dies sind 83,88 % der Ausgangszahl. Die Fälle Staatlicher Rechtsfürsorge sind also stärker gesunken als die Minderjährigenzahlen. Dies dürfte verschiedene Ursachen haben. Es gibt weniger gesetzliche Amtsvormundschaften, weil eine immer bessere Empfängnisverhütung gegeben ist, so dass nicht mehr so viele minderjährige Frauen (nicht eheliche) Kinder bekommen; wenn der Vater des Kindes volljährig ist und gemeinsam mit der minderjährigen Mutter eine Sorgeerklärung abgibt, ist keine Amtsvormundschaft erforderlich; es gibt weniger Adoptionsvormundschaften, weil immer mehr Adoptionen Stiefkindadoptionen sind, bei denen kein Vormund nötig ist, weil der leibliche Elternteil das Sorgerecht behält; der Grundsatzes der Verhältnismäßigkeit (§ 1666a BGB) wird strenger beachtet, so dass ein kompletter Entzug der elterlichen Sorge nur seltener notwendig ist. Ob man aus der Verringerung dieser Zahl folgern darf, dass auch die Arbeit der Jugendämter erfolgreicher ist, ist eher fraglich. Wie die alten Tabellen aus dem Jahr 1986 zeigen, waren die Hauptgründe für bestellte Vormundschaften und Pflegschaften die Unfähigkeit der Eltern. Ob sich daran etwas geändert hat, bedürfte einer erneuten Überprüfung.

58 Ab 2009 ist – wie unter → Rn. 51 dargestellt – die staatliche Rechtsfürsorge in die Familiengerichtsbarkeit und damit auch in die Familiengerichtsstatistik abgewandert. Dies führt dazu, dass wir nur noch Verfahrens-, aber keine Ergebniszahlen mehr haben. Wir können uns also nur noch auf die Jugendhilfestatistik stützen, die uns die Amtsvormundschaften und Amtspflegschaften liefert. Andere Vormundschaften/Pflegschaften sind statistisch nicht mehr erfasst.

Ab 2009 lässt sich die Tabelle 2 nicht mehr fortschreiben, weil es außer den Daten der KJStat kein statistisches Instrument mehr gibt, das uns umfassende und verlässliche Zahlen für alle Minderjährigen unter staatlicher Rechtsfürsorge liefert. Deshalb kann man auch nicht ermitteln, wie viel Prozent der Kinder in Deutschland unter staatlicher Rechtsfürsorge stehen. Berechnen lässt sich nur, wie viele Kinder unter der Rechtsfürsorge des Jugendamtes stehen. Ein paar Anmerkungen sein gleichwohl herausgepickt.

Zahlen, die Einzel- und VVM/ VPFL betreffen, können überhaupt nicht mehr ermittelt werden. Seit 1982 wurden die Einzel- und Vereinsvormünder aus der Statistik genommen. Aber sie konnten immerhin als Gesamtzahl festgestellt werden, indem man die AmtsVM/ AmtsPFL von der Gesamtzahl aller VM/PFL Gesamtzahl abzog. Heute ist selbst das nicht mehr möglich, weil es keine Gesamtzahl mehr gibt.

Zwar könnte man sich auf den Standpunkt stellen, dass – gefühlt – Vereins- und EinzelVM/-PFL sowieso kaum noch eine Rolle gespielt hätten. Dies mag zwar temporär immer wieder einmal tatsächlich so gewesen sein. Jedoch spätestens seit Einführung des § 1793 Abs. 1a BGB (→ Rn. 44a), der ab dem Jahre 2011 die Häufigkeit der Kontakte des Vormunds mit dem Mündel regelte, wurde nach einer Entlastung der AmtsVM gerufen und die Bedeutung der Einzel- und VereinsVM betont. Mit dem Boom von ausländischen minderjährigen Flüchtlingen, die einen Vormund brauchen, geschieht seit 2015 eben dasselbe. Es ist hier nicht der richtige Platz, um über den Nutzen von Einzel- und Vereinsvormündern zu sprechen.[31] Immerhin ist deutlich sichtbar, dass neben den relativ starren Amtsvormundschaften flexiblere Einzel- und Vereinsvormundschaften zumindest „in Reserve" vorhanden sein sollten.

Erfasst werden in der KJStat seit Inkrafttreten des SGB VIII auch die Zahlen zu **59**
vorläufigen Schutzmaßnahmen und darunter die von **unbegleiteten minderjährigen Flüchtlingen**, die in der Regel einen Amtsvormund bekommen. Diese Inobhutnahmen pendeln zwischen ein paar Hundert und zigtausend (niedrigste Zahl 602, höchste 11.642). Sie spiegeln ziemlich eindeutig die deutsche Geschichte, die in die internationale Geschichte eingebettet ist, wieder. In der Vergangenheit waren die „Spitze des Eisbergs" die Bosnienflüchtlinge mit 1.897 + 2.113 + 1.680 in der zweiten Hälfte der Neunziger Jahre des vorigen Jahrhunderts (1996 – 1998). Zur Zeit sind es die Syrer, Afghanen, Iraker etc. aufgrund der kriegerischen Situationen in ihren Heimatländern (2014: 11.642 von insgesamt 48.059; 2015: 42.300 von insgesamt 77.600)

§ 2 Organe des Vormundschaftswesens und ihre Funktionen

Inhalt

[31] Hierzu differenziert *Elmauer/Kauermann-Walter* JAmt 2016, 116.

I. Vormund

1 **1. Funktionen eines Vormunds.** Eine Vormundschaft hat Ersatzfunktion in Konstellationen, in denen die Eltern eines Kindes nicht zur elterlichen Sorge befugt, unbekannt bzw. bereits verstorben sind. Der Staat hat in dieser Konstellation die Verpflichtung, dafür zu sorgen,[1] dass das Kind,[2] das in den meisten Lebensbereichen selbst nicht rechtswirksam, insbesondere nicht rechtsgeschäftlich handeln kann (§§ 104, 106 BGB), eine andere Person erhält, die es wirksam vertreten kann und auch die anderen Funktionen der **elterlichen Sorge** – wie die tatsächliche Personensorge als Teil der Erziehung – wahrnimmt, §§ 1793, 1626, 1629 BGB. Zur Sorge ist demnach grundsätzlich immer nur ein Vormund oder sind die sorgeberechtigten Eltern bzw. ein sorgeberechtigter Elternteil befugt – zu Ausnahmen bei der Vormundschaft für das Kind eines selbst noch minderjährigen Elternteils vgl. § 1673 Abs. 2 S. 2, 3 BGB.

1a Hingegen ist eine Pflegschaft anzuordnen, wenn im Übrigen sorgeberechtigte Eltern ihr Kind nur in bestimmten Angelegenheiten nicht vertreten können. Dies kann ganz unterschiedliche Ursachen haben, nämlich:

- einen teilweisen Entzug der elterlichen Sorge durch das Familiengericht, um eine Kindeswohlgefährdung abzuwenden (§ 1666 Abs. 3 Nr. 6 BGB)
- ein Verbot der Ausübung elterlicher Sorge kraft Gesetzes (§ 52 Abs. 2 S. 2 StPO; §§ 1629 Abs. 2 S. 1, Abs. 2a, 1795 BGB; etc)
- ein Entzug eines Teils der elterlichen Sorge wegen eines erheblichen Gegensatzes zwischen den Interessen des Kindes und denen seiner sorgeberechtigten Eltern (§§ 1629 Abs. 2 S. 3, 1796 BGB)

Der Aufgabenkreis eines Pflegers variiert demnach bei einem Entzug von Teilen der elterlichen Sorge durch das Familiengericht von Fall zu Fall und ergibt sich nicht aus dem Gesetz, sondern aus dem familiengerichtlichen Beschluss. Die Teilbereiche der elterlichen Sorge, für die kein Pfleger bestellt wurde, verbleiben bei den Eltern des Minderjährigen. Das Kind wird demnach je nach Angelegenheit von unterschiedlichen Personen vertreten.

---

[1] Zur Geschichte staatlicher Fürsorge für Minderjährige vgl. § 1 sowie *Hoffmann* JAmt 2007, 61 und Staudinger/*Veit* Vorb. zu §§ 1773 ff. Rn. 1 ff.

[2] Der Begriff Kind umfasst hier Kinder und Jugendliche und entspricht der Terminologie des BGB, in der der Begriff Kind sich nicht auf ein Lebensalter bezieht, sondern ein Verwandtschaftsverhältnis ausdrückt.

Für die Begründung der Pflegschaft, die Führung der Pflegschaft, die Fürsorge und Aufsicht des Familiengerichts etc. gelten – sofern keine Sonderregelungen getroffen wurden – die Vorschriften des BGB über die Vormundschaft analog (§ 1915 BGB).

2. Von den Eltern benannter Vormund. Der Gesetzgeber des BGB fasste das Wahrnehmen der Rechte und Pflichten aus der elterlichen Sorge auch bei Ausfall der Eltern als eine Familienangelegenheit auf. Ihm schwebte daher als Regelvormund ein Bürger – ein Verwandter – und demnach eine Privatperson vor. In Konsequenz befasst sich das BGB umfassend und detailliert mit der Stellung des **Einzelvormunds**. Auch heute ist es grundsätzlich Pflicht eines jeden, vom Familiengericht ausgewählten Bürgers, eine Vormundschaft zu übernehmen, § 1785 BGB – eine Bürgerpflicht, die das Betreuungsrecht als Recht der „Vormundschaft über Erwachsene“ nicht mehr kennt. Ein Verein, § 1791a BGB, bzw. das Jugendamt, § 1791b BGB, sind nach den Regelungen im BGB vom Familiengericht nur dann als Vormund auszuwählen, wenn keine geeignete Einzelperson vorhanden ist, die die Vormundschaft ehrenamtlich führen könnte. Der Vorrang allein einer ehrenamtlichen und nicht jeder Einzelpersonen gilt erst seit Inkrafttreten des 2. Betreuungsrechtsänderungsgesetzes am 1.7.2005. Auch das Jugendamt ist verpflichtet, jährlich zu prüfen, ob im Interesse des Kindes seine Entlassung und die Bestellung eines Einzelvormunds oder eines Vereins angezeigt ist, § 56 Abs. 4 SGB VIII. Faktisch wird von jeher die Mehrheit der Vormundschaften durch Jugendämter als sogenannte Amtsvormundschaft und nicht durch (ehrenamtliche) Einzelpersonen geführt.[3] 2

Auch der **Diskussionsentwurf eines Gesetzes zu Änderung des Vormundschaftsrechts** hält in § 1786 S. 1 des Entwurfs an der Pflicht zur Übernahme der Vormundschaft eines jeden, dem die Vormundschaft nach den Umständen unter Berücksichtigung seiner familiären, beruflichen und sonstigen Verhältnisse zugemutet werden kann, und in § 1780 des Entwurfs am **Vorrang eines ehrenamtlichen Vormunds** fest. Eine vom Familiengericht ausgewählte Person darf nach § 1786 S. 2 des Entwurfs jedoch erst dann zum Vormund bestellt werden, wenn sie sich zur Übernahme bereit erklärt hat. Dies entspricht der derzeitigen Praxis und würde die derzeitigen Regelungen zu Ablehnungsrechten in § 1786 BGB, zu den Folgen einer unberechtigten Ablehnung in den §§ 1787 f. BGB sowie die Regelung in § 1784 BGB, nach der Beamte und Angestellte im öffentlichen Dienst sowie Geistliche nur bestellt werden dürfen, wenn eine Genehmigung durch den Dienstherrn erteilt wurde, entbehrlich machen. 2a

Entsprechend den grundgesetzlichen Wertungen des Art. 6 Abs. 2 GG ist Vorstellung des BGB zumindest für die Fälle, in denen eine Vormundschaft aufgrund des Todes der Eltern erforderlich wird, dass Vormund die Person wird, die von den **Eltern** des Kindes **benannt** worden ist, §§ 1776 Abs. 1, 1777 BGB. Ebenso können Eltern verfügen, dass dann, wenn eine Vormundschaft erforderlich werden sollte, da sie verstorben sind, eine Person von der Übernahme einer Vormundschaft ausgeschlossen sein soll, § 1782 Abs. 1 BGB. Benennung bzw. Ausschluss erfolgen wie andere sich erst nach dem Tod eines Menschen auswirkende Entscheidungen in Form einer letztwilligen Verfügung, § 1777 Abs. 3 BGB, also in testamentarischer Form. Auch bei gemeinsamer Sorge steht jedem Elternteil das Benennungsrecht höchstpersönlich zu, benennt jeder Elternteil demnach auch dann für sich, wenn eine übereinstimmende Benennung in einem gemeinschaftlichen Testament erfolgt. Wie jede letztwillige Verfügung ist die Benennung jederzeit widerruflich. Benennen die Eltern verschiedene Personen, gilt die Benennung des zuletzt verstorbenen Elternteils unabhängig vom Zeitpunkt der Verfü- 3

[3] Staudinger/*Veit* Vorb. zu §§ 1773 ff. Rn. 26 ff.; *Hoffmann* JAmt 2005, 113.

gung, § 1776 Abs. 2 BGB. Ein Verein kann, das Jugendamt kann nicht benannt werden, §§ 1791a Abs. 1 S. 2, 1791b Abs. 1 S. 2 BGB.

4 Als letztwillige Verfügung **wirkt** die Benennung nur **postmortal**, § 1777 Abs. 3 BGB. Eltern haben keine Möglichkeit, für den Fall des Ruhens ihrer elterlichen Sorge oder für den Fall eines Sorgerechtsentzugs einen Vormund zu benennen. Wird zu Lebzeiten der Eltern die Anordnung einer Vormundschaft erforderlich, hat das Familiengericht den (mutmaßlichen) Willen der Eltern jedoch nach § 1779 Abs. 2 BGB bei seiner Auswahl zu berücksichtigen. Eine befristete oder bedingte Benennung ist möglich. Die Benennung ist nur wirksam, wenn den Eltern im Zeitpunkt ihres Todes die elterliche Sorge zustand. Ohne Bedeutung ist hingegen, ob sie zum Zeitpunkt des Verfassens der Verfügung sorgeberechtigt gewesen sind. Beim Fehlen allein von Teilen der Vermögens- oder Personensorge – etwa der Befugnis zur Aufenthaltsbestimmung – bzw. allein von Teilen der Befugnis zur rechtlichen Vertretung bleibt das Benennungsrecht erhalten.[4]

5 Ein im Zeitpunkt seines Todes nach §§ 1671, 1672, 1626a Abs. 2 BGB allein zur Sorge berechtigter Elternteil kann den anderen Elternteil nicht vom Erwerb der elterlichen Sorge durch Benennen einer Person als Vormund ausschließen. Das Gericht hat von Amts wegen zu prüfen, ob eine Übertragung der elterlichen Sorge auf den anderen, noch lebenden Elternteil in Betracht kommt, § 1680 Abs. 2 BGB. Ist eine Übertragung auf den anderen Elternteil möglich, da die Übertragung dem Kindeswohl nicht widerspricht,[5] ist nach der Übertragung ein zur Sorge berechtigter Elternteil vorhanden und fehlen die materiell-rechtlichen Voraussetzungen für die Anordnung einer Vormundschaft. Nur wenn eine Übertragung der elterlichen Sorge auf den anderen Elternteil nicht möglich ist, kommt der Benennung durch einen allein zur Sorge berechtigten, verstorbenen Elternteil Bedeutung zu.

6 Wer als Vormund berufen wurde, darf ohne seine **Zustimmung** nur unter den Voraussetzungen des § 1778 Abs. 1 BGB übergangen werden. Neben den Gründen, die auch eine Auswahl zum Vormund durch das Familiengericht ausschließen – etwa Geschäftsunfähigkeit, §§ 1778 Abs. 1 Nr. 1, 1780 BGB, Minderjährigkeit oder Vorhandensein eines Betreuers für die eigene Person, §§ 1778 Abs. 1 Nr. 1, 1781 BGB –, kommt ein Übergehen des Benannten insbesondere in Betracht, wenn dessen Bestellung das Wohl des Kindes, des „Mündels“ gefährden würde, § 1778 Abs. 1 Nr. 4 BGB, oder wenn ein Kind, das das vierzehnte Lebensjahr vollendet hat und nicht geschäftsunfähig ist, der Bestellung widerspricht, § 1778 Abs. 1 Nr. 5 BGB. Der Begriff der Gefährdung des „Mündelwohls“ ist nicht wie der des Kindeswohls in §§ 1666, 1666a BGB zu interpretieren. Erforderlich ist allein, dass Interessen des Kindes erheblich und konkret gefährdet werden, denn die Eingriffsqualität in die Rechte der Eltern ist nicht vergleichbar.[6] In der einen Konstellation werden die Rechte lebender, für ihr Kind sorgeberechtigter und Sorge ausübender Eltern beschränkt, in der anderen wird die Befugnis von zwischenzeitlich verstorbenen Eltern, die nicht mehr für ihr Kind sorgen können, zur postmortalen Vorsorge berührt. Bei Kindern, die das vierzehnte Lebensjahr noch nicht vollendet haben, ist deren Wille als Bestandteil ihres Wohls zu berücksichtigen. Wird der Benannte durch das Gericht übergangen, ist er zur Beschwerde befugt, §§ 58 f. FamFG. Beschwerdegegenstand ist der Zurückweisungsbeschluss. Sofern keine Zurückweisung erfolgte, kann unmittelbar Beschwerde gegen die Bestellung des Dritten zum Vormund eingelegt werden.

---

[4] Ausführlich BeckOGK/*Hoffmann* BGB § 1777 Rn. 8 ff.; MüKoBGB/*Spickhoff* § 1777 Rn. 4.
[5] OLG Köln FamRZ 2015, 1978; OLG Brandenburg JAmt 2013, 664.
[6] Vgl. BeckOGK/*Hoffmann* BGB § 1778 Rn. 42 f.; MüKoBGB/*Spickhoff* § 1778 Rn. 13.

Aus der Benennung als Vormund ergibt sich **keine Übernahmepflicht**. Der Benannte muss der Benennung vielmehr durch eine bis zur Bestellung widerrufliche Erklärung gegenüber dem Familiengericht zustimmen.[7] Stimmt der Benannte der Übernahme der Vormundschaft nicht zu, ist das Familiengericht nicht mehr an die Benennung gebunden und kann eine dritte Person, aber auch den Benannten nach § 1779 BGB auswählen. Wählt das Familiengericht den Benannten nach § 1779 BGB aus, kann dieser dann die Übernahme der Vormundschaft nur als durch das Gericht ausgewählter Vormund aus den in § 1786 BGB genannten Gründen ablehnen. Die Bestellung des Benannten erfolgt höchstpersönlich durch Verpflichtung durch das Familiengericht, § 1789 S. 1 BGB. Der Vormund erhält über die Verpflichtung eine Bestallungsurkunde, § 1791 BGB. 7

Der Diskussionsentwurf eines Gesetzes zu Änderung des Vormundschaftsrechts kennt bei der Bestellung eines Einzelvormunds keine höchstpersönliche Verpflichtung durch das Familiengericht mehr. Wie derzeit bereits bei der Bestellung eines Vormundschaftsvereins oder des Jugendamts erfolgt die Bestellung ausschließlich durch Beschluss. 7a

Durch die Eltern benannte Vormünder haben die Möglichkeit, für das Geltendmachen von Unterhaltsansprüchen des Kindes oder die Feststellung der Vaterschaft eine **Beistandschaft** zu beantragen, § 1713 Abs. 1 S. 3 BGB. 8

Auch der Diskussionsentwurf eines Gesetzes zu Änderung des Vormundschaftsrechts kennt in §§ 1783 f. des Entwurfs Regelungen zur Benennung bzw. zum Ausschluss eines Vormunds. Inhaltlich ergeben sich keine wesentlichen Änderungen zum geltenden Recht. Neu wäre, dass die benannte Person vom Familiengericht nach § 1784 Abs. 1 Nr. 5 des Entwurfs übergangen werden darf, wenn sie sich nicht binnen vier Wochen ab der Aufforderung des Familiengerichts zu deren Übernahme bereit erklärt hat. Allerdings kann eine aus diesem Grund übergangene Person nach § 1784 Abs. 3 des Entwurfs, wenn sie nur vorübergehend verhindert gewesen ist, auf ihren Antrag hin anstelle des bisherigen Vormunds zum Vormund bestellt werden, wenn sie den Antrag innerhalb von sechs Monaten seit der Bestellung des bisherigen Vormunds stellt, die Entlassung des bisherigen Vormunds nicht dem Wohl des Kindes widerspricht und das Kind, sofern es das 14. Lebensjahr vollendet hat, der Entlassung nicht widerspricht. 8a

3. Vom Gericht ausgewählter Vormund. a) Ehrenamtliche Vormünder und Verwandte. Sofern der Grund der Anordnung einer Vormundschaft nicht der Tod der Eltern ist und diese zudem nicht eine Person zum Vormund benannt haben, also in Konstellationen, in denen die Eltern noch leben oder zwar verstorben sind, aber keine Person benannt haben, hat das Familiengericht § 1779 Abs. 1 BGB nach Anhörung des Jugendamts einen **Vormund auszuwählen**.[8] Das Gericht soll gem. § 1779 Abs. 2 BGB eine Person auswählen, die nach ihren persönlichen Verhältnissen und ihrer Vermögenslage sowie nach den sonstigen Umständen zur Führung der Vormundschaft geeignet ist. Bei der Auswahl ist auf das religiöse Bekenntnis des Kindes Rücksicht zu nehmen. Der Begriff der **Eignung** bedarf als unbestimmter Rechtsbegriff der Auslegung und ist bezogen auf die Aufgaben zu interpretieren, die im Rahmen der Vormundschaft für ein bestimmtes Kind anstehen. Verwandte und Verschwägerte des Kindes sind unter Berücksichtigung von Art. 6 Abs. 1 GG zumindest dann vorrangig zu 9

[7] MüKoBGB/*Spickhoff* § 1778 Rn. 4.

[8] Ausführlich zu den materiell-rechtlichen Vorgaben für die Auswahl *Hoffmann* FamRZ 2014, 1084 sowie zum familiengerichtlichen Auswahlverfahren *Hoffmann* FamRZ 2014, 1167; vgl. auch die Vorschläge de lege ferenda von *Veit* FamRZ 2016, 2045.

berücksichtigen, wenn zwischen ihnen und dem Kind ein Näheverhältnis besteht, denn nahen Verwandten „kommt der Vorrang gegenüber nicht verwandten Personen zu, sofern nicht im Einzelfall konkrete Erkenntnisse darüber bestehen, dass dem Wohl des Kindes durch die Auswahl einer dritten Person besser gedient ist.“[9] Generell gilt, dass eine Vormundschaft am besten ihren Sinn erfüllt, wenn das Kind erlebt, dass die Person, die es täglich erzieht, auch rechtlich befugt ist, es zu erziehen.[10] Lebt das Kind in einer Pflegefamilie, ist daher immer auch die Möglichkeit der Auswahl der Pflegeeltern als soziale Eltern des Kindes zu prüfen.[11]

10 Letztlich hat das Gericht festzustellen, ob die als Vormund in Erwägung gezogene Person die Erziehung des Kindes sicherstellen kann, ausreichende Kenntnisse und Fähigkeiten besitzt, um ein eventuell vorhandenes Vermögen zu verwalten, und fähig und bereit ist, eine persönliche, längerfristige, tragfähige Beziehung zum Kind einzugehen, dessen Persönlichkeit zu fördern und seine Entwicklung zu unterstützen. Zudem muss eine Bereitschaft zur Kooperation mit Familiengericht, Schule, Jugendamt oder anderen im Einzelfall in die Erziehung eingebundenen Institutionen vorhanden sein. Die eigene Vermögenslage der Person kann für die Beurteilung der Eignung von Bedeutung sein, wenn Vermögen zu verwalten ist, denn die eigene Solvenz bietet eher die Gewähr dafür, dass das Vermögen des Kindes treuhänderisch verwaltet und nicht für eigene Zwecke verbraucht wird. Vorstrafen führen nicht grundsätzlich zur Ungeeignetheit, sondern in Abhängigkeit vom begangenen Delikt und den im Rahmen der konkreten Vormundschaft anstehenden Aufgaben. Die Weigerung, eine Vormundschaft zu übernehmen, führt ebenfalls nicht per se zur Nichteignung, auch wenn die Gerichte in der Regel eine Person nicht gegen ihren Willen zum Vormund bestellen. Insbesondere Pflegeeltern sollten nicht bestellt werden, wenn sie eine Bestellung nicht wünschen – etwa, da sie Auseinandersetzungen mit den leiblichen Eltern befürchten. Das Jugendamt ist verpflichtet, dem Gericht geeignete Personen vorzuschlagen, § 53 Abs. 1 SGB VIII.[12]

11 Bei der Auswahl eines Ehrenamtlichen, eines Verwandten oder eines Verschwägerten zum Vormund sind andererseits an deren Eignung keine Anforderungen zu stellen, denen auch die Eltern eines Kindes regelmäßig nicht gerecht werden. Es ist zudem zu berücksichtigen, dass Vormünder **Beratungs-** und **Unterstützungsansprüche** gegenüber dem Familiengericht, § 1837 Abs. 1 BGB, und dem Jugendamt haben, § 53 Abs. 2 SGB VIII. Perspektivisch ist zu fordern, dass nicht nur durch die Eltern benannte Vormünder, sondern alle ehrenamtlichen Vormünder die Möglichkeit erhalten, für das Geltendmachen von Unterhaltsansprüchen des Kindes oder die Feststellung der Vaterschaft eine Beistandschaft zu beantragen, § 1713 Abs. 1 S. 3 BGB.

12 Durch das Familiengericht dürfen bzw. sollen nicht bestellt werden: Personen, die geschäftsunfähig sind, § 1780 BGB, die minderjährig sind oder für die eine Betreuung besteht, § 1781 BGB, sowie Personen, die von den Eltern wirksam ausgeschlossen wurden, § 1782 BGB. Beamte und Angestellte im öffentlichen Dienst[13] sowie Geistliche dürfen nur bestellt werden, wenn eine Genehmigung durch den Dienstherrn erteilt wurde, sofern dessen Regelungen eine entsprechende Genehmigungspflicht vorsehen, § 1784 BGB.

---

[9] BVerfGE 136, 382 = FamRZ 2014, 1435; *Scherpe* FamRZ 2014, 1821.

[10] OLG Rostock Beschl. v. 25.4.2016 – 11 UF 159/15, BeckRS 2016, 19701; OLG Nürnberg FamRZ 2012, 1959; OLG Düsseldorf FamRZ 2011, 742.

[11] *Salgo/Zenz* FamRZ 2009, 1378 schlagen de lege ferenda einen an bestimmte Bedingungen geknüpften gesetzlichen Vorrang von (Dauer-)Pflegeeltern vor, vgl. auch die Vorschläge von *Veit* FamRZ 2016, 2045; zur Auswahl von Pflegeltern vgl. auch *Hoffmann* FamRZ 2014, 1084.

[12] Vgl. → Rn. 44 ff.

[13] Vgl. BeckOGK/*Hoffmann* BGB § 1784 Rn. 7; MüKoBGB/*Spickhoff* § 1784 Rn. 2.

Die vom Familiengericht ausgewählte Person hat die Vormundschaft zu übernehmen, § 1785 BGB, sofern nicht die Voraussetzungen eines der im Gesetz normierten **Ablehnungsgründe** vorliegen. Die Übernahme kann nach § 1786 BGB durch eine Person abgelehnt werden, die bzw. der 13

- als Elternteil, zwei oder mehr noch nicht schulpflichtige Kinder überwiegend betreut oder glaubhaft macht, dass die ihm obliegende Fürsorge für die Familie die Ausübung des Amts dauernd besonders erschwert, § 1786 Abs. 1 Nr. 1 BGB,
- das sechzigste Lebensjahr vollendet hat, § 1786 Abs. 1 Nr. 2 BGB,
- die Sorge für die Person oder das Vermögen von mehr als drei minderjährigen Kindern zusteht, § 1786 Abs. 1 Nr. 3 BGB,
- durch Krankheit oder durch Gebrechen verhindert ist, die Vormundschaft ordnungsgemäß zu führen, § 1786 Abs. 1 Nr. 4 BGB,
- wegen Entfernung seines Wohnsitzes von dem Sitz des Familiengerichts die Vormundschaft nicht ohne besondere Belästigung führen kann, § 1786 Abs. 1 Nr. 5 BGB,
- mit einem anderen zur gemeinschaftlichen Führung der Vormundschaft bestellt werden soll, § 1786 Abs. 1 Nr. 7 BGB,
- mehr als eine Vormundschaft, Betreuung oder Pflegschaft führt, § 1786 Abs. 1 Nr. 8 BGB.

Wer sich unbegründet weigert, eine Vormundschaft zu übernehmen, kann nach dem Gesetzeswortlaut durch **Zwangsgeld** zur Übernahme des Amts angehalten werden, § 1788 BGB. Bei einem Schaden aufgrund einer verzögerten Bestellung können Schadenersatzansprüche bestehen, § 1787 BGB. Das Familiengericht wählt jedoch regelmäßig auch beim Fehlen des Vorliegens einer der genannten Ablehnungsgründe eine Person nicht gegen ihren Willen zum Vormund aus, wenn die Person nach Beratung durch das Gericht und das Jugendamt die Übernahme des Amts weiterhin ablehnt.[14] 14

Zur Förderung der Möglichkeit, einen ehrenamtlichen Vormund zu bestellen, sieht der Diskussionsentwurf eines Gesetzes zu Änderung des Vormundschaftsrechts in § 1777 des Entwurfs vor, dass das Familiengericht bei Bestellung eines ehrenamtlichen Vormunds einzelne Sorgeangelegenheiten oder eine bestimmte Art an Sorgeangelegenheiten auf einen Pfleger übertragen kann, wenn der Vormund die Angelegenheiten nicht zum Wohl des Mündels wahrnehmen kann. Ergänzend wird in § 1780 Abs. 2 des Entwurfs ausdrücklich festgehalten, dass eine natürliche Person, die geeignet und bereit ist, die Vormundschaft ehrenamtlich zu führen, auch dann Vorrang hat, wenn ein zusätzlicher Pfleger nach § 1777 des Entwurfs bestellt wird. 14a

b) Berufsvormünder. Zunehmend stehen dem Familiengericht auch Berufsvormünder zur Auswahl. Diese sind nach der gesetzlichen Regelung seit Inkrafttreten des 2. Betreuungsrechtsänderungsgesetzes im Jahr 2005[15] **nicht vorrangig** vor einem Verein oder dem Jugendamt auszuwählen, §§ 1791a Abs. 1 S. 2, 1791b Abs. 1 S. 1 BGB. Vielmehr richtet sich die Auswahl nach ständiger Ansicht in der Rechtsprechung **allein** nach der **Eignung** für das Amt. Insbesondere besteht keine **Subsidiarität** einer Vormundschaft des Jugendamts gegenüber der Vormundschaft eines Berufsvormunds.[16] 15

---

[14] In Übereinstimmung mit Staudinger/*Veit* Vorb. zu § 1788 Rn. 16 ist das Streichen der Möglichkeit, Zwangsgeld festzusetzen, zu fordern.

[15] BT-Drs. 15/2494, 27; zur Rechtslage vor dem 2. Betreuungsrechtsänderungsgesetz: LG Hildesheim JAmt 2003, 47; Kritik üben: *Salgo/Zenz* FamRZ 2009, 1378.

[16] OLG Schleswig FamRZ 2016, 1474; OLG Celle FamRZ 2016, 647; OLG Karlsruhe FamRZ 2012, 1955; OLG Celle FamRZ 2011, 1603; DIJuF-Gutachten JAmt 2016, 142; DIJuF-Gutachten JAmt 2013, 36; BeckOGK/*Hoffmann* BGB § 1779 Rn. 2; § 1791b Rn. 27 ff.

16 Die Gerichte können einen Berufsvormund auswählen, wenn sie den Berufsvormund bezogen auf eine konkrete Vormundschaft für geeigneter als einen Verein oder das Jugendamt halten und kein geeigneter ehrenamtlicher Vormund zur Verfügung steht. In welchem Umfang sich ebenso wie im Betreuungswesen eine Vormundschaft durch Berufsvormünder etablieren wird, bleibt abzuwarten. Ein Berufsvormund kann im Vergleich zum Jugendamt als Vormund insbesondere dann geeigneter sein, wenn sich Wünsche und Vorstellungen des Kindes von denen der Fachkräfte des Sozialen Dienstes eines Jugendamts unterscheiden, wenn die die Vormundschaft führende Fachkraft bereits in der Vergangenheit bezogen auf die Vormundschaft für ein konkretes Kind andere Vorstellungen hatte als die Fachkräfte des Sozialen Dienstes oder wenn zwischen dem Jugendamt und anderen Behörden des örtlichen Trägers – etwa der Ausländerbehörde – Konflikte bezogen auf ein konkretes Kind zu erwarten sind. Hingegen liegt nach überwiegender Meinung kein generelles Vertretungshindernis im Sinne des §§ 1795, 1796 BGB vor, wenn die Fachkraft, der im Jugendamt die Führung der Amtsvormundschaft übertragen wurde, gegenüber dem Jugendamt als Träger von Sozialleistungen Hilfen zur Erziehung – auch im Wege einer verwaltungsgerichtlichen Klage – geltend macht. Allerdings können im Einzelfall wegen eines Interessenkonflikts Teile der Vertretungsmacht nach § 1796 BGB zu entziehen und dann ein Pfleger zu bestellen sein.[17]

16a Der Diskussionsentwurf eines Gesetzes zu Änderung des Vormundschaftsrechts kennt in § 1780 des Entwurfs einen Vorrang allein der ehrenamtlichen Vormundschaft. Im Übrigen ist nach § 1779 des Entwurfs durch das Familiengericht der Vormund auszuwählen, der am besten geeignet ist.

17 **c) Vereine und Vereinsmitarbeiter.** Ein rechtsfähiger Verein kann zum Vormund bestellt werden, § 1791a Abs. 1 S. 1 BGB,[18] wenn ihm durch das Landesjugendamt eine allgemeine **Erlaubnis** für das Führen von Vormund- und Pflegschaften erteilt wurde, § 54 Abs. 1 SGB VIII. Es besteht ein Rechtsanspruch auf Erteilen einer Erlaubnis, wenn die im SGB VIII normierten und gegebenenfalls die weiteren, im Landesrecht benannten Voraussetzungen vorliegen. Zu diesen gehört, dass der Verein eine ausreichende Zahl geeigneter Mitarbeiter hat, diese beaufsichtigt, weiterbildet und gegen Schäden, die sie anderen im Rahmen ihrer Tätigkeit zufügen können, angemessen versichert, § 54 Abs. 2 Nr. 2 SGB VIII. Für die Erlaubniserteilung örtlich zuständig ist der überörtliche Träger, in dessen Bezirk der Verein seinen Sitz hat, § 87d Abs. 2 SGB VIII. Die Erlaubnis gilt für das Land, in dem der Verein seinen Sitz hat. In welchem Umfang Vereinsvormundschaften geführt werden, variiert regional nach historischer Entwicklung erheblich. War zum Zeitpunkt der Bestellung die Erlaubnis erteilt, wird diese jedoch später widerrufen, so ist der Verein als Vormund nach § 1887 BGB zu entlassen.[19]

18 Ein Verein darf nur zum Vormund bestellt werden, wenn eine als ehrenamtlicher Einzelvormund geeignete Person nicht vorhanden ist, oder, wenn er von den Eltern benannt wurde, § 1791a Abs. 1 S. 2 Hs. 1 BGB. Hingegen richtet sich die Auswahl zwischen einem Berufsvormund, einem Verein oder dem Jugendamt **allein** nach der **Eignung** für das konkrete Amt und besteht keine **Subsidiarität** einer Vormundschaft des Jugendamts gegenüber der Vormundschaft eines Vereins.[20] Die Bestellung eines

---

[17] BayObLG DAVorm 1968, 385; *Salgo/Zenz* FamRZ 2009, 1378 schlagen daher eine Verselbstständigung der Amtsvormundschaft vergleichbar der Betreuung in der Betreuungsbehörde vor.

[18] Ausführlich zu Vormundschaften durch *Vereine Elmauer/Kauermann-Walter* JAmt 2016, 115.

[19] Vgl. BeckOGK/Hoffmann BGB § 1791a Rn. 69; MüKoBGB/*Spickhoff* § 1791a Rn. 6.

[20] OLG Schleswig FamRZ 2016, 1474; OLG Celle FamRZ 2016, 647; OLG Karlsruhe FamRZ 2012, 1955; OLG Celle FamRZ 2011, 1603; DIJuF-Gutachten JAmt 2016, 142; DIJuF-Gutachten JAmt 2013, 36; BeckOGK/*Hoffmann* BGB § 1779 Rn. 2; § 1791b Rn. 27 ff.

Vereins setzt dessen **Einwilligung** bezogen auf das Führen der konkreten Vormundschaft voraus, § 1791a Abs. 1 S. 2 Hs. 2 BGB. Die Einwilligung ist durch den Vorstand des Vereins oder das sonst satzungsmäßig berufene Vereinsorgan gegenüber dem Familiengericht zu erklären. Eine allgemeine Erklärung, zum Führen von Vormundschaften bereit zu sein, genügt nicht. Eine Pflicht zur Übernahme des Amts entsprechend § 1785 BGB für jeden Deutschen bzw. nach § 2 Abs. 3 Nr. 11 SGB VIII für das zuständige Jugendamt hat der Verein nicht.

Die Bestellung erfolgt durch Beschluss, der mit Zugang wirksam wird, § 1791a 19
Abs. 2 BGB, § 40 FamFG. Die Bekanntgabe des Beschlusses kann auch mündlich erfolgen, § 41 FamFG. Eine Bestallungsurkunde erhält der Verein nicht. Als juristische Person bedient sich der Verein bei der Führung einer Vormundschaft eines seiner Mitarbeiter bzw. eines Mitglieds, § 1791a Abs. 3 S. 1 BGB. Die **Betrauung des Mitglieds** oder Mitarbeiters erfolgt durch nicht formgebundene Erklärung des Vorstands bzw. des satzungsmäßigen Organs. Für die Legitimation im Rechtsverkehr wird meist Schriftform der Betrauung und Verbindung mit einer Ausfertigung des Beschlusses erforderlich sein. Wegen der Möglichkeit von Interessenkonflikten darf eine Person, die das Kind in einer Einrichtung des Vereins als Erzieher betreut, die Aufgaben eines Vormunds nicht wahrnehmen, § 1791a Abs. 3 S. 2 BGB.

Ein Verein ist als Vormund von bestimmten gesetzlichen Regelungen **befreit**, vgl. 20
etwa §§ 1857a, 1852 Abs. 2, 1853, 1854 BGB. Es gelten zudem Sonderregelungen hinsichtlich des Aufwendungsersatzes, der Aufwendungsentschädigung, und Vergütung, §§ 1835 Abs. 5, 1835a Abs. 5, 1836 Abs. 4 BGB, sowie der Aufsichtsmittel des Familiengerichts, § 1837 Abs. 3 S. 2 BGB. Vereine unterliegen keiner Aufsicht durch das Jugendamt, § 1851 Abs. 3 BGB, § 53 Abs. 4 S. 2, Abs. 3 SGB VIII. Auch für die Entlassung gelten Sonderregelungen, §§ 1887, 1889 Abs. 2 BGB.

Keine Vereinsvormundschaften in diesem Sinne sind Vormundschaften, bei denen 21
nicht der Verein, sondern eine Mitarbeiterin bzw. ein Mitarbeiter des Vereins zum Vormund bestellt wird. Auf diese Vormundschaften finden grundsätzlich die Vorschriften über die Einzelvormundschaft Anwendung.[21] Allerdings ist ein persönlicher bestellter Mitarbeiter bzw. eine Mitarbeiterin analog §§ 1908i Abs. 2 S. 2, 1857a BGB ebenso wie der Verein selbst von bestimmten gesetzlichen Regelungen befreit, führt eine sogenannte befreite Vormundschaft, Zudem ist die Einwilligung des Vereins in die Bestellung neben der Einwilligung der Mitarbeiterin bzw. des Mitarbeiters erforderlich. Seit den Entscheidungen des BGH[22], nach denen ein Verein bei persönlicher Bestellung einer Mitarbeiterin bzw. eines Mitarbeiters des Vereins analog § 1897 Abs. 1 S. 1 BGB iVm § 7 VBVG eine Vergütung für die Tätigkeit der Mitarbeiterin bzw. des Mitarbeiters beanspruchen kann, wird in der Praxis zunehmend nicht mehr ein Vormundschaftsverein selbst, sondern eine Mitarbeiterin bzw. ein Mitarbeiter des Vereins als Vormund ausgewählt und bestellt.

d) Jugendamt als bestellter Vormund. Das Jugendamt kann durch das Familien- 22
gericht als Vormund ausgewählt und bestellt werden, wenn **keine geeignete Person vorhanden** ist, die die Vormundschaft ehrenamtlich führen würde, § 1791b Abs. 1 S. 1 BGB. Anders als ein Verein kann das Jugendamt von den Eltern weder benannt noch ausgeschlossen werden, § 1791b Abs. 1 S. 2 BGB. Die Auswahl eines Vereins oder

[21] Ausführlich zu den Besonderheiten bei der persönlichen Bestellung von Mitarbeitern eines Vereins im Hinblick auf familiengerichtliche Auswahl, Bestellung und Entlassung sowie Amtsführung und zum Meinungsstreit um eine Haftung auch des Vereins für die Tätigkeit eines persönlich bestellten Mitarbeiters bzw. einer Mitarbeiterin *Hoffmann* JAmt 2013, 554.

[22] FamRZ 2013, 946 = JAmt 2013, 291; FamRZ 2011, 1394 = JAmt 2011, 363.

eines Berufsvormunds hat nach ständiger Rechtsprechung[23] nicht mehr vorrangig vor der des Jugendamts zu erfolgen bzw. es besteht keine Subsidiarität einer Vormundschaft des Jugendamts. Entscheidend ist die Eignung im Sinne des § 1779 BGB für die konkrete Vormundschaft.

23 Die Auswahl des nach den Regelungen im SGB VIII zuständigen Jugendamts setzt dessen **Einwilligung nicht** voraus. Nach § 87c Abs. 3 S. 1 SGB VIII ist für eine Vormundschaft, die durch eine Bestellung des Familiengerichts eintritt, das Jugendamt **zuständig,** in dessen Bereich das **Kind** seinen **gewöhnlichen Aufenthalt** hat. Hat das Kind keinen gewöhnlichen Aufenthalt, so richtet sich die Zuständigkeit nach § 87c Abs. 3 S. 2 SGB VIII nach seinem tatsächlichen Aufenthalt zum Zeitpunkt der Bestellung. Von den allgemeinen Regelungen abweichende Zuständigkeitsregelungen werden in § 88a Abs. 4 SGB VIII für das Führen von Vormundschaften für unbegleitete ausländische Minderjährige getroffen. Das Jugendamt kann gegen seine Bestellung nach allgemeinen Regelungen Beschwerde einlegen, wenn es der Ansicht ist, dass eine geeignete(re) Einzelperson vorhanden ist, § 162 Abs. 3 FamFG, vgl. auch §§ 1887, 1889 Abs. 2 BGB. Hingegen kann es sich nicht auf mangelnde Kapazitäten berufen, da es ebenso wie im Hinblick auf andere Leistungen und Aufgaben nach dem SGB VIII zur Gewährleistung des Vorhandenssein entsprechender Kapazitäten verpflichtet ist, § 79 SGB VIII.[24] Das Familiengericht ist an die Regelungen zur örtlichen Zuständigkeit in §§ 87c Abs. 3 S. 1, 88a Abs. 4 SGB VIII wie an andere gesetzl. Vorgaben nach Art. 20 Abs. 3, Art. 97 Abs. 1 GG grundsätzlich gebunden.[25] Die Bestellung des Jugendamts erfolgt durch Beschluss, der mit Zugang – im Amt, nicht bei der die Vormundschaft führenden Fachkraft – wirksam wird, § 1791b Abs. 2 BGB. Die Bekanntgabe des Beschlusses kann auch mündlich erfolgen. Eine Bestallungsurkunde erhält das Jugendamt nicht. Als juristische Person bedient sich das Jugendamt bei der Führung einer Vormundschaft einer der dort tätigen Fachkräfte. Die Delegation des Amts auf die Fachkraft erfolgt per Delegationsverfügung, die als Verwaltungsakt zu qualifizieren ist, § 55 Abs. 1 SGB VIII.[26] Nach § 55 Abs. 2 S. 4 SGB VIII soll eine als Vormund tätige Fachkraft – ausgehend von einer Vollzeitbeschäftigung **nicht mehr als 50** – Vormundschaften führen. Zudem soll das Kind nach § 55 Abs. 2 S. 2 SGB VIII vor der Delegation der Aufgaben zur Person der Fachkraft **mündlich angehört** werden, soweit dies nach seinem Alter und Entwicklungsstand möglich ist. Für die Legitimation im Rechtsverkehr wird meist Schriftform der Delegationsverfügung und Verbindung mit dem gerichtlichen Beschluss erforderlich sein (zu Einzelheiten *Kunkel* → 16 Rn. 142 ff.).

24 Das Führen von Vormundschaften gehört zu den Angelegenheiten der **laufenden Verwaltung,** § 55 Abs. 2 SGB VIII. In der Vergangenheit war es teilweise üblich, dass nicht die die Vormundschaft führende Fachkraft, sondern die fallverantwortliche Fachkraft des Allgemeinen Sozialen Dienst des Jugendamts den Kontakt zum Kind wahrte. Mittlerweile[27] normiert § 1793 Abs. 1a BGB ausdrücklich, dass jeder Vormund

[23] OLG Schleswig FamRZ 2016, 1474; OLG Celle FamRZ 2016, 647; OLG Karlsruhe FamRZ 2012, 1955; OLG Celle FamRZ 2011, 1603; DIJuF-Gutachten JAmt 2016, 142; DIJuF-Gutachten JAmt 2013, 36; vgl. insgesamt die ausführliche Darstellung des Meinungsstands in Rspr. und Lit. bei Staudinger/*Veit* § 1791b Rn. 9 ff., die den Gesetzgeber auffordert, Klarheit zu schaffen, vgl. dort Rn. 13; BeckOGK/*Hoffmann* BGB § 1779 Rn. 2, § 1791b Rn. 27 ff.

[24] OLG Celle Beschl. v. 14.1.2016 – 12 UF 2/16, BeckRS 2016, 02735.

[25] Ähnlich OLG Karlsruhe Beschl. v. 22.12.2016 – 5 WF 191/16; *Kunkel* § 16 Rn. 30, 31; aA OLG Schleswig JAmt 2016, 632.

[26] LPK-SGB VIII/*Kunkel/Leonhardt* § 55 Rn. 5; *Hoffmann/Proksch* in FK-SGB VIII § 55 Rn. 33; DIJuF-Gutachten JAmt 2014, 316; aA SGB VIII/*Wiesner/Walther* § 55 Rn. 78.

[27] Zu den Neuerungen im Rahmen der sogenannten kleinen Reform, die überwiegend im Sommer

den persönlichen Kontakt[28] zum Kind zu halten hat und dieses in der Regel einmal im Monat in dessen üblicher Umgebung aufsuchen soll. § 55 Abs. 3 SGB VIII wiederholt diese Anforderungen ausdrücklich im Hinblick auf eine Fachkraft des Jugendamts, auf die das Amt des Jugendamts als Vormund delegiert wird. Die Verpflichtung zum persönlichen Kontakt kann daher nicht durch andere Fachkräfte des Jugendamts wahrgenommen werden. In Konsequenz der Betonung der Erforderlichkeit einer persönlichen Beziehung zwischen dem Kind und der Fachkraft des Jugendamts, die die Aufgaben des Jugendamts als Vormund wahrnimmt, werden Vormundschaften im Jugendamt einerseits zunehmend auf sozialpädagogisch ausgebildete Fachkräfte und nicht nur auf solche mit einer Ausbildung im Bereich der Verwaltung übertragen. Andererseits können gerade Rechtskenntnisse gefordert sein, etwa bezogen auf unbegleitete minderjährige Ausländer. Letztlich muss eine als Vormund tätige Fachkraft immer sowohl sozialpädagogische Kenntnisse als auch rechtliches Fachwissen besitzen.

Das Jugendamt ist als Vormund von zahlreichen Vorgaben des BGB **befreit**, vgl. 25
ua §§ 1857a, 1852 Abs. 2, 1853, 1854 BGB (zu Einzelheiten vgl. *Kunkel* → § 16 Rn. 108 ff.). Landesrecht kann weitere Befreiungen im Bereich der Vermögenssorge vorsehen, § 56 Abs. 2 S. 3 SGB VIII. Die meisten Landesgesetzgeber haben von der Ermächtigung Gebrauch gemacht und sehen weitere Befreiungen – etwa von einer familiengerichtlichen Genehmigung des Abschlusses von Lehr- und Arbeitsverträgen, § 1822 Nr. 6, Nr. 7 BGB, vor. Eine Vergütung, § 1836 Abs. 4 BGB, oder eine Aufwendungspauschale, § 1835a Abs. 5 BGB, steht dem Jugendamt nicht zu. Es unterliegt der Aufsicht des Familiengerichts. Allerdings kann gegen das Jugendamt kein Zwangsgeld festgesetzt werden, § 1837 Abs. 3 S. 2 BGB. Die Entlassung richtet sich nach §§ 1887, 1889 Abs. 2 BGB.

Nach der Regelung in § 1775 Abs. 1 des Diskussionsentwurfs eines Gesetzes zur 25a
Änderung des Vormundschaftsrechts können zum Vormund bestellt werden: (1) eine natürliche Person, die die Vormundschaft ehrenamtlich führt, (2) eine natürliche Person, die die Vormundschaft beruflich selbständig führt (Berufsvormund), (3) eine natürliche Person als Mitarbeiter eines vom Landesjugendamt anerkannten Vormundschaftsvereins, wenn sie dort ausschließlich oder teilweise als Vormund tätig ist und der Verein einwilligt (Vereinsvormund) oder (4) das Jugendamt. Der Berufsvormund und der Vereinsvormund finden somit ausdrücklich Erwähnung im BGB, zugleich wird die Vormundschaft durch einen Verein abgeschafft. Die Regelungen entsprechen letztlich der derzeitigen Praxis. Ein Vormundschaftsverein kann – ebenso wie das Jugendamt – nach § 1775 Abs. 2 des Entwurfs jedoch noch zum sogenannten „vorläufigen Vormund" bestellt werden, den das Familiengericht nach § 1782 Abs. 1 BGB des Entwurfs bestellen soll, wenn die erforderlichen Ermittlungen zur Auswahl des geeigneten Vormunds noch nicht abgeschlossen sind oder ein vorübergehendes Hindernis für die Bestellung besteht. Nach dem geltenden Recht kommt in diesen Konstellationen die einstweilige Anordnung einer Vormundschaft in Betracht.

4. Jugendamt als Vormund kraft Gesetzes.[29] Das Jugendamt – und nicht der 26
örtliche Träger der Jugendhilfe – wird in zwei Konstellationen Amtsvormund kraft Gesetzes: zum einen in den Fällen, in denen das Kind eines **minderjährigen Elternteils** eines Vormunds bedarf, §§ 1791c, 1673 BGB, zum anderen, wenn nach Ruhen

2011 in Kraft traten vgl. *Hoffmann* FamRZ 2011, 1185 und *Hoffmann* FamRZ 2011, 249; zum weiteren Reformbedarf vgl. *Veit* FamRZ 2016, 2045 sowie *Veit* FamRZ 2012, 1841.

[28] Zur Bewertung der Qualität von Vormundschaft nach der Reform aus der Perspektive von Kinder und Jugendlichen in der Praxis vgl. die Studie von *Laudien* JAmt 2016, 58.

[29] Zu Besonderheiten siehe *Kunkel* FamRZ 2015, 901.

der elterlichen Sorge wegen **Einwilligung** eines Elternteils in eine **Adoption** eine Vormundschaft nötig wird, § 1751 Abs. 1 S. 2 BGB. Beide Konstellationen setzen demnach voraus, dass nicht bereits vorgeburtlich oder vor Erteilen der Einwilligung in die Adoption ein Vormund bestellt wurde oder der andere Elternteil (noch) zur elterlichen Sorge befugt ist (zu Einzelheiten vgl. *Kunkel* § 17). Hingegen ist für ein vertraulich geborenes Kind eine Vormundschaft anzuordnen und ein Vormund auszuwählen und zu bestellen, obgleich nach § 1674a BGB bei einer vertraulichen Geburt die elterlichen Sorge der Mutter kraft Gesetzes ruht. Die Anordnung ist erforderlich, weil sich in dieser Konstellation regelmäßig nicht klären lassen wird, ob die Mutter des Kindes verheiratet ist oder nicht, denn dann wäre ihr Ehemann kraft Gesetzes rechtlicher Vater des Kindes, § 1592 Nr. 1 BGB, und kraft Gesetzes allein zur elterlichen Sorge berechtigt, §§ 1626, 1678 Abs. 1 BGB.

27 Die Vormundschaft kraft Gesetzes beginnt unmittelbar mit dem Vorliegen der entsprechenden Voraussetzungen und unabhängig von einer Kenntnis des Jugendamts. Das Familiengericht hat dem Jugendamt eine **Bescheinigung** über den Eintritt der Vormundschaft auszustellen, § 1791c Abs. 3 BGB, § 190 FamFG. Das örtlich zuständige Jugendamt bestimmt sich nach § 87c Abs. 2 SGB VIII. Im Übrigen gelten für die Vormundschaft des Jugendamts kraft Gesetz und die Entlassung des Jugendamts in dieser Fallgestaltung grundsätzlich die gleichen Regelungen wie bei einer bestellten Amtsvormundschaft – inklusive des Vorrangs der Einzelvormundschaft.[30] Allerdings kann bei einem Wechsel des nach SGB VIII zuständigen Jugendamts das bisher zuständige Jugendamt beim nunmehr zuständigen Jugendamt eine Weiterführung der Vormundschaft beantragen und wechselt die Vormundschaft bei Zustimmung dieses Jugendamts ohne gerichtliche Entscheidung auf das nunmehr nach SGB VIII zuständige Jugendamt. Ebenso kann das nunmehr zuständige Jugendamt durch einen Antrag auf Abgabe bei Zustimmung des bisher zuständigen Jugendamts einen Wechsel in der Person des Vormunds herbeiführen, zu Einzelheiten vgl. § 87c Abs. 2 SGB VIII.

27a Der Diskussionsentwurf eines Gesetzes zu Änderung des Vormundschaftsrechts kennt jeweils eigene Kapitel für bestellte Vormundschaften – §§ 1773 ff. des Entwurfs – und Vormundschaften des Jugendamts kraft Gesetzes – §§ 1787 f. des Entwurfs. Die Regelungen entsprechen weitgehend dem geltenden Recht. Neu ist, dass das Jugendamt nach § 1788 des Entwurfs Amtsvormund kraft Gesetzes für ein iSd § 25 Abs. 1 Schwangerschaftskonfliktgesetz vertraulich geborenes Kind wird, demnach in diesen Konstellationen nicht wie derzeit eine familiengerichtliche Anordnung, Auswahl und Bestellung erforderlich wäre.

28 **5. Mitvormund.** Mitvormundschaft ist Vormundschaft durch mehrere Vormünder. Nach den Regelungen im BGB ist Mitvormundschaft die Ausnahme und Einzelvormundschaft der Regelfall, denn nach § 1775 S. 2 BGB soll das Familiengericht, sofern nicht besondere Gründe für die Bestellung mehrerer Vormünder vorliegen, für das Kind bzw. für Geschwister nur einen Vormund bestellen. Nur für **Ehepaare** hält das Gesetz fest, dass diese gemeinschaftlich zu Vormündern bestellt werden können, § 1775 S. 1 BGB. Entscheidend ist letztlich der Einzelfall. Sind Pflegeeltern bereit, die Vormundschaft gemeinsam zu übernehmen, wird sich regelmäßig in Analogie zur gemeinsamen elterlichen Sorge eine Bestellung beider Pflegeelternteile anbieten. Ebenso kann im Einzelfall eine Mitvormundschaft mit unterschiedlichen Wirkungskreisen

---

[30] Vgl. BeckOGK/*Hoffmann* BGB § 1791c Rn. 76; MüKoBGB/*Spickhoff* § 1887 Rn. 1, § 1791c Rn. 15; unklar Palandt/*Götz* § 1887 Rn. 1, § 1791c Rn. 7.

sinnvoll sein – etwa bei einer umfangreichen und schwierigen Vermögensverwaltung, die den im Übrigen als Vormund geeigneten Verwandten des Kindes, der die Vormundschaft auch übernehmen möchte, überfordern würde. Es bietet sich nach hier vertretener Auffassung eine Auslegung des § 1775 BGB in Entsprechung zu der für die Betreuung Erwachsener geltenden Regelung des § 1899 BGB an. Nach dieser Norm kann das Betreuungsgericht mehrere Betreuer bestellen, wenn die Angelegenheiten des Betreuten hierdurch besser besorgt werden können. Will das Familiengericht neben einem Verein einen Mitvormund bestellen, so soll es vor seiner Entscheidung den Verein anhören, § 1791a Abs. 4 BGB. Eine Mitvormundschaft ist auch bei Vormundschaft des Jugendamts möglich.

Sind Mitvormünder allein zu gemeinschaftlichem Handeln berechtigt, § 1797 Abs. 1 **29** S. 1 BGB, entscheidet bei einer Meinungsverschiedenheit – anders als bei gemeinsam zur Sorge berechtigten Eltern, vgl. § 1628 BGB – das Familiengericht, § 1797 Abs. 1 S. 2 BGB. Hat das Familiengericht die Führung der Vormundschaft unter mehreren Vormündern **nach bestimmten Wirkungskreisen** verteilt, § 1797 Abs. 2 BGB, entscheidet jeder Mitvormund bezogen auf seinen Wirkungskreis allein.

Auch der Diskussionsentwurf eines Gesetzes zu Änderung des Vormundschafts- **29a** rechts kennt in § 1776 des Entwurfs eine Mitvormundschaft von Ehegatten und dann zudem von eingetragenen Lebenspartnern. Daneben sieht der Entwurf in § 1777 vor, dass das Familiengericht bei Bestellung eines ehrenamtlichen Vormunds einzelne Sorgeangelegenheiten auf einen Pfleger übertragen kann, wenn der Vormund die Angelegenheiten nicht zum Wohl des Mündels wahrnehmen kann. Die Begründung des Entwurfs hält einen entsprechenden Bedarf etwa bezogen für die Regelung des Umgangs des Kindes mit seinen leiblichen Eltern oder die Geltendmachung von Unterhalt für denkbar. Letztlich soll so die ehrenamtliche Vormundschaft gefördert werden. Bei Meinungsverschiedenheiten zwischen Ehegatten oder Lebenspartnern, die gemeinschaftlich Vormünder sind, bei mehreren Vormündern, die eine gemeinsame Sorgeangelegenheit von Geschwistern zu besorgen haben, oder zwischen einem Vormund und dem nach § 1777 des Entwurfs bestellten Pflegers entscheidet nach § 1794 des Entwurfs weiterhin das Familiengericht.

6. Gegenvormund. Ein Gegenvormund ist **nicht gesetzlicher Vertreter** des Kin- **30** des, sondern beaufsichtigt den Vormund, § 1799 Abs. 1 S. 1 BGB. Er hat demnach darauf zu achten, dass der Vormund die Vormundschaft pflichtgemäß führt. Stellt er ein pflichtwidriges Verhalten des Vormunds fest, hat er das Familiengericht zu informieren, § 1799 Abs. 1 S. 2 BGB, damit es geeignete Maßnahmen ergreifen kann, § 1837 BGB. Ihm selbst stehen keine rechtlichen Mittel zu Gebote, um den Vormund zur Erfüllung seiner Pflichten gegenüber dem Kind anzuhalten. Allerdings hat der Vormund dem Gegenvormund auf Verlangen über die Führung der Vormundschaft Auskunft zu erteilen und ihm die Einsicht in die sich auf die Vormundschaft beziehenden Papiere zu gestatten, § 1799 Abs. 2 BGB. Zudem bedarf ein Handeln des Vormunds in bestimmten vermögensrechtlichen Angelegenheiten der Genehmigung des Gegenvormunds, vgl. §§ 1809, 1810, 1812, 1814 BGB.

Das Familiengericht kann grundsätzlich in den Fällen, in denen es einen Vormund **31** auswählt und bestellt auch einen Gegenvormund auswählen, § 1792 Abs. 1 S. 1 BGB (zu Ausnahmen vgl. §§ 1792 Abs. 1 S. 2, 1852, 1855, 1857 BGB). Ein Gegenvormund sollte bestellt werden, wenn Vermögen zu verwalten ist, es sei denn, dass die Verwaltung nicht erheblich ist oder dass die Vormundschaft von mehreren Vormündern gemeinschaftlich geführt wird, § 1792 Abs. 2 BGB. In der Praxis wird meist nur beim Vorhandensein von Vermögen ein Gegenvormund bestellt. Aktuell wird die Abschaffung des Instituts der Gegenvormundschaft insgesamt diskutiert.[31] Die für Auswahl und Bestellung eines Vormunds geltenden Vorschriften sind im Übrigen entsprechend anzuwenden, § 1792 Abs. 4 BGB.

32 Will das Familiengericht neben einem Verein einen Gegenvormund bestellen, so soll es vor seiner Entscheidung den Verein anhören, § 1791a Abs. 4 BGB. Bei Vormundschaft des Jugendamts ist die Anordnung einer Gegenvormundschaft nicht zulässig, § 1792 Abs. 1 S. 2 BGB.

32a Der Diskussionsentwurf eines Gesetzes zu Änderung des Vormundschaftsrechts enthält keine Regelungen zur Gegenvormundschaft mehr – was der tatsächlichen Bedeutung der Gegenvormundschaft in der Praxis entspricht.

II. Familiengericht

33 **1. Funktionen des Familiengerichts. a) Anordnung der Vormundschaft, Auswahl und Bestellung eines Vormunds.** Mit Inkrafttreten des FamFG und somit der **Abschaffung** des **Vormundschaftsgerichts** sind alle Angelegenheiten, die Vormundschaften betreffen, also die Anordnung einer Vormundschaft, die Auswahl eines Vormunds[32] und dessen Bestellung Kindschaftssachen, § 151 Nr. 4 FamFG, und fallen demnach in die Zuständigkeit des Familiengerichts, das eine Abteilung des Amtsgerichts ist, § 23b Abs. 1 GVG.[33]

34 **b) Beratung und Unterstützung eines Vormunds.** Nach § 1837 Abs. 1 BGB haben Vormünder gegenüber dem Familiengericht einen subjektiv-öffentlich rechtlichen **Anspruch** auf Beratung.[34] Es besteht jedoch kein Anspruch darauf, sich in allen Fragen einer Vormundschaft durch eine Auskunft beim Familiengericht abzusichern.[35] Es muss ein Bezug zu den Aufgaben gerade des Familiengerichts bestehen – wie bei der Beratung eines ehrenamtlichen Vormunds über Grundfragen der Amtsführung im Rahmen seiner Bestellung, § 1789 BGB, oder bezogen auf Entscheidungen, die einer familiengerichtlichen Genehmigung bedürfen – wie eine freiheitsentziehende Unterbringung, § 1631b BGB. Zudem besteht im Hinblick auf besonders schwierige Einzelentscheidungen, die mit einer erhöhten Gefahr pflichtwidrigen Verhaltens einhergehen – etwa mit besonderen Risiken behaftete ärztliche Maßnahmen oder Entscheidungen am Lebensende – ein Anspruch auf Beratung und Unterstützung. Eine Beratung in jeder einzelnen Entscheidung würde nicht nur die Gerichte überlasten, sondern gegen den Grundgedanken des BGB verstoßen, nach dem bei Ausfall der Eltern als Sorgeberechtigte das Kind nicht durch das Familiengericht, also einer staatlichen Behörde, vertreten werden soll, sondern durch eine Privatperson.

35 **c) Aufsicht und Kontrolle über einen Vormund.** Zwar ist das Institut der Vormundschaft Ausdruck der Verpflichtung des Staats zur Rechtsfürsorge, die Tätigkeit des Vormunds selbst ist jedoch dem Zivilrecht zuzuordnen, denn er hat an Stelle der

---

[31] Vgl. BMJV (Hrsg.), Eckpunkte für die weitere Reform des Vormundschaftsrechts v. 13.10.2014 sowie Bienwald RpflStud 2015, 42.

[32] Ausführlich zu den materiell-rechtlichen Vorgaben für die Auswahl *Hoffmann* FamRZ 2014, 1084 sowie zum familiengerichtlichen Auswahlverfahren *Hoffmann* FamRZ 2014, 1167.

[33] Ausführlich zu den Folgen des Inkrafttretens des FamFG für die Tätigkeit von Vormündern *Hoffmann* JAmt 2009, 413 ff.

[34] Ausführlich zur Beratung und Unterstützung *Hoffmann* JAmt 2011, 299.

[35] Palandt/*Götz* § 1837 Rn. 2; MüKoBGB/*Kroll-Ludwigs* § 1837 Rn. 5; MüKoBGB/*Schwab* § 1908i Rn. 29.

Eltern für sein Kind zu sorgen und dieses rechtlich zu vertreten. Wie sorgeberechtigte Eltern führt er sein Amt grundsätzlich **selbstständig**. Er – und nicht das Familiengericht – entscheidet, wie er in einer bestimmten Angelegenheit vorgehen will. Daher ist es unzulässig, bereits die Bestellung eines Vormunds mit Auflagen oder Weisungen im Hinblick auf eine spätere Amtsführung zu verbinden.[36] Derartige gerichtliche Beschlüsse sind nichtig. Im Übrigen ist die gerichtliche Entscheidung wirksam, so dass der Vormund sein Kind wirksam vertreten kann.

Andererseits unterliegt der Vormund zum Schutz des Kindes einer familiengerichtlichen **Aufsicht**, § 1837 Abs. 2 BGB. [37] Um dem Familiengericht eine Aufsicht zu ermöglichen, hat ein Vormund dem Familiengericht einmal im Jahr über die persönlichen Verhältnisse des Kindes – einschließlich von Angaben zu den persönlichen Kontakten zum Kind – zu berichten, § 1840 Abs. 1 BGB, und über seine Vermögensverwaltung jährlich **Rechnung** zu **legen**, § 1840 Abs. 2–4 BGB. Die Rechnung soll eine geordnete Zusammenstellung der Einnahmen und Ausgaben enthalten und über Ab- und Zugang des Vermögens Auskunft geben, § 1841 BGB. Unabhängig von der jährlichen Berichtspflicht hat ein Vormund nach § 1839 BGB dem Familiengericht auf Verlangen jederzeit über die Führung der Vormundschaft und über die persönlichen Verhältnisse des Kindes Auskunft zu erteilen. Zu Beginn der Vormundschaft ist ein Vermögensverzeichnis anzufertigen, § 1802 BGB (zu Einzelheiten vgl. *Dürbeck* → § 10 Rn. 4 ff.). 36

Handelt ein Vormund pflichtwidrig und setzt er sein Verhalten auch nach Belehrung durch das Familiengericht fort, hat das Familiengericht mit geeigneten **Ge-** und **Verboten** einzuschreiten, § 1837 Abs. 2 BGB. Ein Vormund handelt pflichtwidrig, wenn er gegen gesetzliche Vorgaben verstößt bzw. insgesamt seiner Verpflichtung zu treuer und gewissenhafter Führung der Vormundschaft im Interesse des Kindes nicht nachkommt. Ein objektiv pflichtwidriges Verhalten ist hinreichend, Verschulden keine Voraussetzung. 37

Ob das Handeln oder Unterlassen eines Vormunds pflichtwidrig ist, ist eine Rechtsfrage. Es ist der Grundsatz der selbstständigen Führung der Vormundschaft zu beachten. Das Gericht kann daher in Zweckmäßigkeitsfragen seine Meinung nicht anstelle derjenigen des Vormunds setzen.[38] Es besitzt Ermessen allein hinsichtlich der Auswahl der Aufsichtsmaßnahme(n).[39] Generell sind Eingriffe in die Amtsführung auf das für das Mündelwohl[40] Notwendige zu beschränken und daher nur statthaft, wenn wichtigen persönlichen oder wirtschaftlichen Interessen des Kindes erhebliche Nachteile drohen. Präventive Aufsichtsmaßnahmen sind allenfalls denkbar, wenn die auf Tatsachen begründete Besorgnis besteht, der Vormund werde pflichtwidrig handeln.[41] 38

Das Familiengericht kann einen Vormund bzw. Gegenvormund zur Befolgung seiner Anordnungen auch durch Festsetzung von **Zwangsgeld** anhalten, § 1837 Abs. 3 S. 1 BGB. Diese Regelung zur Festsetzung von Zwangsgeld verdrängt die allgemeine Regelung in § 35 Abs. 1 FamFG insgesamt. Daher ist eine ersatzweise oder originäre 39

---

[36] OLG Brandenburg FamRZ 2016, 314: regelmäßige Unzulässigkeit der Untersagung der Veränderung des Aufenthaltsorts des Kindes ohne vorherige gerichtliche Anhörung zugleich mit der Bestellung zum Vormund.

[37] Ausführlich zur Beratung und Unterstützung *Gojowczyk* RPfleger 2013, 1 sowie *Hoffmann* JAmt 2011, 299.

[38] OLG München FGPrax 2009, 226.

[39] MüKoBGB/*Kroll-Ludwigs* § 1837 Rn. 17, 19.

[40] Interessen Dritter, auch naher Angehöriger, sind nicht zu berücksichtigen MüKoBGB/*Kroll-Ludwigs* § 1837 Rn. 12.

[41] OLG Karlsruhe FamRZ 2006, 507.

Zwangshaft nicht zulässig.[42] Bei wiederholten oder besonders offensichtlichen Verstößen kann das Familiengericht den Vormund unabhängig von einem Verschulden aus wichtigem Grund oder wegen Zweifeln an seiner Geeignetheit (teilweise) entlassen, § 1886 BGB. Gegen Aufsichtsmaßnahmen kann der Vormund Beschwerde einlegen, § 59 Abs. 1 FamFG. Gemäß § 1837 Abs. 4 BGB iVm §§ 1666, 1666a, 1667 BGB kann das Familiengericht auch die gegen Eltern zulässigen Maßnahmen ergreifen – etwa einem Vormund Teile der elterlichen Sorge entziehen.

40 Hingegen kann das Familiengericht bei Meinungsverschiedenheiten zwischen ihm und dem Vormund darüber, welche Vorgehensweise dem Wohl des Kindes am besten entspricht, **nicht anstelle** des Vormunds für das Kind handeln. Das BGB kennt eine Befugnis des Familiengerichts, unmittelbar mit Wirkungen für ein Kind zu handeln, nur in folgenden Konstellationen: Nach § 1846 BGB hat das Familiengericht die im Interesse des Kindes erforderlichen Maßnahmen zu treffen, wenn ein Vormund noch nicht bestellt ist oder dieser an der Erfüllung seiner Pflichten rechtlich oder tatsächlich gehindert ist. Zudem ist es nach § 1797 Abs. 1 S. 2 BGB befugt, bei Meinungsverschiedenheiten zwischen Mitvormündern, die eine Vormundschaft gemeinschaftlich führen, statt dieser zu entscheiden.

41 **2. Funktionale Zuständigkeit des Richters/Rechtspflegers.** Ob eine bestimmte Angelegenheit in den Zuständigkeitsbereich des Familienrichters oder des Rechtspflegers am Familiengericht fällt, bestimmt sich nach den Regelungen im Rechtspflegergesetz (RPflG). Ausgangspunkt des Rechtspflegergesetzes ist die Allzuständigkeit des Rechtspflegers. In anderen Worten: Der Rechtspfleger ist nur für diejenigen Angelegenheiten nicht zuständig, für die ausdrücklich ein **Richtervorbehalt** normiert wurde, §§ 3 Nr. 2 lit. a, 14 RPflG.

42 Die Anordnung einer Vormundschaft sowie die Auswahl und die Bestellung eines Vormunds fallen als Kindschaftssache ebenso wie seine Entlassung **grundsätzlich** in die Zuständigkeit des **Rechtspflegers**, § 3 Nr. 2a RPflG. In der Praxis erfolgen vielfach eine Anordnung der Vormundschaft und eine Auswahl des Vormunds durch den Richter, wenn eine Vormundschaft aufgrund einer Maßnahme des Familiengerichts wie einem Entzug der elterlichen Sorge anzuordnen ist. Dieser Verstoß gegen die funktionale Zuständigkeit ist nicht erheblich, da nach § 8 Abs. 1 RPflG die Wirksamkeit eines Geschäfts nicht davon berührt wird, wenn es der Richter statt des Rechtspflegers wahrnimmt. Die Anordnung einer Vormundschaft für ein Kind mit ausländischer Staatsangehörigkeit ist dem Richter vorbehalten, § 14 Abs. 1 Nr. 10 RPflG.

43 Auch für die Genehmigung von Rechtsgeschäften des Vormunds, die Festsetzung seines Aufwendungsersatzes oder seiner Vergütung sowie die Beratung, Unterstützung und Aufsicht ist grundsätzlich der Rechtspfleger zuständig. Fällt die Angelegenheit, für die ein Vormund um Beratung und Unterstützung ersucht, jedoch in die funktionale Zuständigkeit des Richters, so ist dieser funktional auch für die Beratung, Unterstützung und Aufsicht zuständig.[43] Dies gilt etwa für eine konkret geplante freiheitsentziehende Unterbringung, § 1631b BGB, nach hier vertretener Ansicht jedoch auch für alle anderen Maßnahmen, die Grundrechte des Kindes wesentlich tangieren – etwa die Entscheidung über eine bestimmte ärztliche Maßnahmen mit einem erheblichen Risiko. Hingegen verbleibt die allgemeine Beratung über Voraussetzungen von freiheitsentziehenden Unterbringungen oder ärztliche Maßnahmen in der Zuständigkeit des Rechtspflegers.

---

[42] BT-Drs. 16/6308, 192.

[43] MüKoBGB/*Kroll-Ludwigs* § 1837 Rn. 28.

III. Jugendamt

1. Funktionen des Jugendamts. a) Vorschlag von Vormündern. Nach § 53 Abs. 1 SGB VIII ist das Jugendamt verpflichtet, dem Familiengericht eine Person oder einen Verein vorzuschlagen, die bzw. der sich zur Führung der Vormundschaft im Sinne der §§ 1779 ff. BGB eignet, also vom Familiengericht als Vormund ausgewählt werden kann. Es hat zudem selbst geeignete Personen zu gewinnen, § 79 Abs. 2 S. 1 Nr. 1 SGB VIII. Diese Regelungen sollen helfen, den gesetzlichen Vorrang der ehrenamtlichen Einzelvormundschaft umzusetzen, §§ 1773, 1791a, 1791b BGB.[44] § 53 Abs. 1 SGB VIII verschafft dem Familiengericht jedoch **keinen Rechtsanspruch** auf das Nennen einer bestimmten, für das Führen einer konkreten Vormundschaft geeigneten Person.[45] 44

Der Begriff der Eignung ist für alle mit der Suche nach geeigneten Personen befassten Institutionen identisch auszulegen. Keine Institution kann sich auf die Suche nach einem ehrenamtlichen Vormund beschränken, denn ehrenamtliche Vormünder sind zwar vorrangig zu bestellen, aber nicht ausschließlich. Das Jugendamt kann seiner Vorschlagspflicht im Einzelfall daher auch durch Vorschlag eines Berufsvormunds nachkommen. Hingegen bezieht sich die allgemeine Verpflichtung des Jugendamts zur Gewinnung geeigneter Personen nach § 79 Abs. 2 S. 1 Hs. 2 SGB VIII auf die Gewinnung ehrenamtlicher Vormünder. 45

Das Familiengericht ist an einen Vorschlag des Jugendamts nicht gebunden. Das Jugendamt kann jedoch, wenn es den vom Gericht ausgewählten Vormund für ungeeignet hält, Beschwerde gegen dessen Bestellung einlegen, § 162 Abs. 3 FamFG. Unabhängig davon, ob das Jugendamt eine Person vorgeschlagen hat oder nicht, ist das Familiengericht verpflichtet, einen Vormund erst nach Anhörung durch das Jugendamt auszuwählen, § 1779 Abs. 1 BGB. 46

b) Beratung und Unterstützung eines Vormunds. Vormünder haben nach § 53 Abs. 2 SGB VIII einen Rechtsanspruch auf Beratung und Unterstützung durch das Jugendamt. Der **Anspruch** steht auch einem Vormundschaften führenden Verein, § 53 Abs. 4 S. 2 SGB VIII, oder einem Berufsvormund zu. Es kann bereits eine Pflichtverletzung darstellen, wenn ein Vormund in einer bestimmten Angelegenheit das Jugendamt nicht um Beratung und Unterstützung ersucht. 47

Beratung und Unterstützung beziehen sich auf alle rechtlichen, erzieherischen oder wirtschaftlichen Aspekte des Führens von Vormundschaften. Sie umfassen konkrete, **einzelfallbezogene Hilfestellung** ebenso wie die Abgabe von Merkblättern oder das Angebot von Fortbildungsveranstaltungen.[46] Sachlich und örtlich zuständig ist das Jugendamt, an dem der gerichtlich bestellte Vertreter seinen gewöhnlichen Aufenthalt hat, § 87d Abs. 1 SGB VIII. 48

Da in den letzten Jahrzehnten die pädagogischen und rechtlichen Anforderungen an Vormünder stets gewachsen sind, setzt gerade die Verwirklichung des Vorrangs der Einzelvormundschaft ein qualifiziertes Beratungs- und Unterstützungsangebot der Jugendämter – bzw. der Vereine – für Einzelvormünder voraus. Insoweit besteht ein enger Zusammenhang mit der Aufgabe des Jugendamts, ehrenamtliche Einzelvormün- 49

---

[44] OLG Naumburg FamRZ 2005, 1861.

[45] Wiesner/*Elmauer* SGB VIII § 53 Rn. 5; *Hoffmann/Proksch* in FK-SGB VIII § 53 Rn. 3; DIJuF-Gutachten JAmt 2011, 527.

[46] LPK-SGB VIII/*Kunkel/Leonhardt* § 53 Rn. 3; *Hoffmann/Proksch* in FK-SGB VIII/ § 53 Rn. 10.

der zu gewinnen. Rechtsberatung durch die Jugendämter stellt in dieser Konstellation keinen Verstoß gegen das Rechtsdienstleistungsgesetz dar, § 8 Abs. 1 Nr. 2 RDG. Eine schuldhaft fehlerhafte – etwa unvollständige oder missverständliche – Beratung durch eine Fachkraft des Jugendamts kann zu Schadensersatzansprüchen des Kindes und/oder Vormunds wegen Verletzung von Amtspflichten führen, Art. 34 GG iVm § 839 BGB.

50 **c) Aufsicht und Kontrolle über einen Vormund.** Nach § 53 Abs. 3 SGB VIII hat das Jugendamt darauf zu achten, dass Vormünder ihren gesetzlichen Verpflichtungen nachkommen. Im Bereich der Personensorge hat das Jugendamt bei Versäumnissen zunächst die Verpflichtung, dem Vormund Beratung und Unterstützung anzubieten. Bewirkt die Beratung keine Änderung oder wird eine Unterstützung und Beratung abgelehnt, hat das Jugendamt dies dem Familiengericht mitzuteilen. Eigene Eingriffs- oder Weisungsbefugnisse gegenüber einem Vormund besitzt das Jugendamt nicht. Eine Gefährdung des Vermögens des Kindes ist dem **Familiengericht** ebenfalls **anzuzeigen**, § 53 Abs. 3 S. 4 SGB VIII. Die genannten Pflichten nimmt das Jugendamt als eigenständige, von Weisungen des Familiengerichts unabhängige Fachbehörde wahr. Für diese Aufgaben ist das Jugendamt am gewöhnlichen Aufenthaltsort des Vormunds sachlich und örtlich zuständig, § 87d Abs. 1 SGB VIII.

51 Den Mitteilungspflichten des Jugendamts gegenüber dem Familiengericht entspricht eine **Mitteilungspflicht** des **Familiengerichts** gegenüber dem Jugendamt, § 1851 BGB: Das Familiengericht hat dem Jugendamt die Anordnung einer Vormundschaft unter Bezeichnung des Vormunds und gegebenenfalls des Gegenvormunds sowie einen Wechsel in der Person des Vormunds oder die Beendigung einer Vormundschaft mitzuteilen, damit das Jugendamt seinen Pflichten aus dem SGB VIII nachkommen kann.

52 **d) Führen einer Vormundschaft.** Wie dargestellt, führt das Jugendamt nach Auswahl und Bestellung durch das Familiengericht oder kraft Gesetzes auch selbst Vormundschaften, §§ 1751, 1791c, 1779 BGB, § 55 Abs. 1 SGB VIII (vgl. zu Einzelheiten *Kunkel* §§ 16 ff.).[47]

53 **e) Jährliche Prüfung der Erforderlichkeit einer Amtsvertretung.** Das Jugendamt ist nach § 56 Abs. 4 SGB VIII verpflichtet, jährlich zu prüfen, ob im Interesse des Kindes seine Entlassung als Vormund und die Bestellung einer Einzelperson oder eines Vereins angezeigt ist. Sofern dies der Fall ist, besteht dann die Verpflichtung zu einer **Mitteilung** gegenüber dem **Familiengericht**. Diese Regelung im SGB VIII entspricht den Regelungen zur Entlassung in §§ 1887, 1889 BGB, und bezieht sich nicht nur darauf, ob eine Vertretung des Kindes durch einen ehrenamtlichen Einzelvormund möglich ist. Es ist vielmehr auch zu prüfen, ob wegen einer Interessenkollision die Bestellung eines Berufsvormunds angezeigt ist.

54 **2. Aufbau und Organisation des Jugendamts. a) Organisationshoheit des örtlichen Trägers der Jugendhilfe.** Das Jugendamt wurde als Institution durch das Reichsjugendwohlfahrtsgesetz aus dem Jahr 1922, in Kraft getreten im Jahr 1924, etabliert. Aufgaben und Funktionen des Jugendamts als **Sozialleistungsträger** aber auch als die staatliche Institution, die neben dem Familiengericht in besonderem Maße dem staatlichen Wächteramt verpflichtet ist, werden heute zuvörderst im SGB VIII (vor der Eingliederung in das SGB: KJHG) als Nachfolgegesetz zum Reichsjugendwohlfahrtsgesetz (RJWG) und in den zu diesem Gesetz ergangenen Ausführungsgesetzen der Länder normiert.

[47] Zu Besonderheiten auch *Kunkel* FamRZ 2015, 901.

Als Ziel aller Leistungen und Aufgaben der Jugendhilfe nennt § 1 Abs. 1 SGB VIII 55
die Förderung der Entwicklung und Erziehung von Kindern und Jugendlichen zu eigenverantwortlichen und gemeinschaftsfähigen Persönlichkeit. Jugendhilfe ist demnach zunächst **personale** und nicht finanzielle **Hilfe**. Nur ausnahmsweise stellen Jugendämter den Lebensunterhalt durch materielle Leistungen sicher und dies auch nur als Annexleistung zu pädagogischen Leistungen. Bedarf ein Kind oder ein Jugendlicher ausschließlich finanzieller Hilfe zur Sicherstellung des Lebensunterhalts, scheiden Leistungen nach dem SGB VIII aus und kommen je nach Einzelfall Leistungen nach dem SGB II oder SGB XII in Betracht.

Bei ihrer Tätigkeit haben die Fachkräfte die **vorrangige Erziehungsverantwortung** der **Eltern** eines Kindes oder Jugendlichen zu beachten, Art. 6 Abs. 2 GG, 56
§§ 1 Abs. 2, 9 Nr. 1 SGB VIII. Jugendämter haben kein eigenständiges, staatliches Erziehungsrecht, sondern bedürfen für ihr Handeln grundsätzlich einer Ermächtigung durch die sorgeberechtigten Eltern des Kindes bzw. dessen Vormund oder Pfleger. Eingriffe in die Befugnisse von Sorgeberechtigten bedürfen einer gesetzlichen Grundlage und sind grundsätzlich dem Familiengericht vorbehalten, vgl. etwa §§ 1684, 1666 BGB. Gefährdet das Verhalten sorgeberechtigter Eltern das Wohl ihres Kindes und sind daher Eingriffe in deren elterliche Sorge wie der Entzug des Aufenthaltsbestimmungsrechts erforderlich, hat das Jugendamt daher das Familiengericht zu informieren, § 8a Abs. 2 S. 1 SGB VIII. Nur in akuten Krisensituationen, bei denen familiengerichtliche Maßnahmen nicht mehr zeitgerecht getroffenen werden können, ist das Jugendamt befugt, ein Kind oder einen Jugendlichen vorübergehend auch gegen den Willen seiner Eltern in Obhut zu nehmen, § 42 Abs. 1 S. 1 Nr. 2b SGB VIII.

Alle **Leistungen** der Jugendhilfe können sowohl von Trägern der öffentlichen 57
als auch der freien Jugendhilfe erbracht werden, § 3 Abs. 2 SGB VIII. Im Bereich der Kinder- und Jugendhilfe betätigen sich von jeher eine Vielzahl an **Trägern** der **freien Jugendhilfe** – etwa Vereine, Kirchen, Elterninitiativen etc. Das Erbringen von Leistungen setzt keinen entsprechenden Auftrag durch den Träger der öffentlichen Jugendhilfe voraus. Für eine Refinanzierung ihrer Ausgaben sind Träger der freien Jugendhilfe jedoch auch im Bereich der Leistungen auf eine Kooperation mit Träger der öffentlichen Jugendhilfe angewiesen.

Sogenannte **andere Aufgaben** wie die Inobhutnahme oder die Unterstützung des 58
Familiengerichts können von Trägern der freien Jugendhilfe nur wahrgenommen werden, wenn ein Träger der öffentlichen Jugendhilfe sie an der Durchführung dieser Aufgaben beteiligt oder ihnen diese Aufgaben zur Ausführung übertragen hat, § 76 Abs. 1 SGB VIII. Von den Aufgaben des Jugendamts im Bereich Vormundschaften kann die Beratung und Unterstützung von Vormündern und Gegenvormündern und die Aufsicht über Vormünder an Vereine delegiert werden, § 76 Abs. 1 SGB VIII. Hingegen kann die Pflicht, dem Familiengericht geeignete Personen vorzuschlagen, nicht delegiert werden.

Die Träger der öffentlichen Jugendhilfe werden durch Landesrecht bestimmt, 59
§ 69 Abs. 1 SGB VIII. Die nach Landesrecht bestimmten **örtlichen** und **überörtlichen Träger** haben ein Jugendamt bzw. ein Landesjugendamt zu errichten. Örtliche Träger sind in der Praxis in der Regel die Kreise, teilweise auch kreisangehörige Gemeinden, und die kreisfreien Städte. Die Aufgaben nach dem SGB VIII sind Selbstverwaltungsaufgaben, sodass nur Rechts- aber keine Fachaufsicht der Aufsichtsbehörden besteht.

Das **Jugendamt** im Sinne des SGB VIII ist zweigliedrig organisiert. Es besteht aus 60
dem Jugendhilfeausschuss und der Verwaltung des Jugendamts, § 70 Abs. 1 SGB VIII.

Die „Verwaltung des Jugendamts" wird umgangssprachlich als Jugendamt bezeichnet. Dem **Jugendhilfeausschuss** gehören neben Mitgliedern der politischen Vertretungskörperschaft – Stadtrat, Kreistag etc – Frauen und Männer an, die auf Vorschlag der im Bereich des öffentlichen Trägers wirkenden und anerkannten Träger der freien Jugendhilfe von der Vertretungskörperschaft gewählt werden, § 71 Abs. 1 Nr. 2 SGB VIII. Neben diesen stimmberechtigten Mitgliedern kann das Landesrecht die Zugehörigkeit beratender Mitglieder zum Jugendhilfeausschuss regeln, § 71 Abs. 5 SGB VIII.

61 Die **Verwaltung des Jugendamts** führt alle laufenden Geschäfte, die sich aus dem Vollzug des SGB VIII und der sonstigen Aufgaben der Jugendhilfe ergeben, § 70 Abs. 2 SGB VIII. Zur Erfüllung dieser Aufgaben muss es über entsprechende soziale Dienste und Einrichtungen verfügen und mit sozialpädagogisch ausgebildeten Fachkräften, aber auch mit Verwaltungsfachkräften besetzt sein, § 72 SGB VIII. Die sozialpädagogischen Fachkräfte sind in der Regel Absolventen eines Studiengangs der Sozialen Arbeit. Die sozialpädagogisch ausgebildeten Fachkräfte werden in allen Aufgaben und Leistungsbereichen – von der Gefährdungseinschätzung bei einem Verdacht auf Kindeswohlgefährdung oder den Ermittlungen zur Feststellung eines erzieherischen Bedarfs bis zur Leistungserbringung als Erziehungsbeistand oder Familienhelfer – des SGB VIII tätig. Schwerpunkt der Tätigkeit der im Jugendamt beschäftigen Verwaltungsfachkräfte sind in der Regel diejenigen Aufgaben, die weniger mit persönlicher Hilfe oder pädagogischer Einschätzung und mehr mit rechtlichen Fragestellungen verbunden sind – etwa bei der Heranziehung zu den Kosten einer Hilfe zur Erziehung oder bei der Berechnung von Annexleistungen („**wirtschaftliche Jugendhilfe**"). In der Vergangenheit wurden Vormundschaften teilweise ebenfalls als derartige Tätigkeit interpretiert und wurden in Konsequenz Vormundschaften vielfach auf Fachkräfte aus dem Bereich der Verwaltung delegiert. Seitdem die Bedeutung des persönlichen Kontakts zwischen der Fachkraft und dem Kind betont wird,[48] werden Vormundschaften im Jugendamt zunehmend auf sozialpädagogisch ausgebildete Fachkräfte übertragen bzw. wird bewusst auf unterschiedliche Qualifikationen der Fachkräfte geachtet.

62 **b) Delegation der Vormundschaft auf eine einzelne Fachkraft.** Unabhängig davon, ob das Jugendamt zum Vormund bestellt wird oder seine Vormundschaft kraft Gesetzes eintritt, ist im Jugendamt immer eine Delegation des Amts auf eine einzelne Fachkraft erforderlich, § 55 Abs. 2 SGB VIII. Nach § 55 Abs. 2 S. 4 SGB VIII soll eine als Vormund tätige Fachkraft – ausgehend von einer Vollzeitbeschäftigung **nicht mehr als 50** – Vormundschaften führen. Die Delegation des Amts ist zwingend und erfolgt durch Verwaltungsakt.[49] Das Kind soll nach § 55 Abs. 2 S. 2 SGB VIII vor der Delegation zur Person der Fachkraft **mündlich angehört** werden, soweit dies nach seinem Alter und Entwicklungsstand möglich ist (zu Einzelheiten *Kunkel* → § 15 Rn. 142 ff.). Wie jeder **Verwaltungsakt** wird die Übertragung mit Bekanntgabe, § 37 SGB X, der Verfügung gegenüber der Fachkraft wirksam, § 39 SGB X. Der Erlass der Verfügung ist eine Aufgabe der laufenden Verwaltung. Aus der Bescheinigung über die Übertragung muss die Fachkraft klar ersichtlich sein. Eine einfache Bescheinigung reicht aus. Die Rechtmäßigkeit der Delegationsverfügung ist für den Beginn der Vertretungsbefugnis und der anderen Aufgaben und Pflichten ohne Belang, solange die Delegations-

[48] *Salgo/Zenz* FamRZ 2009, 1378.

[49] LPK-SGB VIII/*Kunkel/Leonhardt* § 55 Rn. 5; *Hoffmann/Proksch* in FK-SGB VIII/ § 55 Rn. 33; DIJuF-Gutachten JAmt 2014, 316; aA Wiesner/*Walther* SGB VIII § 55 Rn. 78.

verfügung wie im Regelfall trotz ihrer Rechtswidrigkeit wirksam und nicht nichtig sind. Sofern – wie teilweise rechtswidrige Praxis – eine Übertragung des Amts auf die einzelne Fachkraft nicht durch Einzelverfügung sondern allein durch Regelungen im Geschäftsverteilungsplan erfolgt, beginnt das Amt der einzelnen Fachkraft dann mit Kenntnis bzw. Kennenmüssen von der Beauftragung der eigenen Person.

Das Amt der einzelnen Fachkraft **endet** mit Widerruf, § 47 SGB X, oder Rück- **63**
nahme, § 45 SGB X, der Delegationsverfügung bzw. mit dem Ende der Vormundschaft aus anderen Gründen – beispielsweise mit Erreichen der Volljährigkeit des Kindes. Rücknahme und Widerruf sind wie die Beauftragung Verwaltungsakte. Unabhängig von einer Rücknahme oder einem Widerruf kann die Fachkraft auf eigenen Wunsch aus der Vertretung ausscheiden.[50]

Nach § 1781 Abs. 2 des Diskussionsentwurfs eines Gesetzes zur Änderung des Vormundschaftsrechts hat das Jugendamt dem Familiengericht vorab mitzuteilen, welcher seiner Fachkräfte es die Ausübung der Aufgaben des Vormunds übertragen würde, falls es bestellt werden würde.

IV. Vormundschaftsverein

Ein rechtsfähiger Verein kann zum Vormund bestellt werden, § 1791a Abs. 1 S. 1 **65**
BGB, wenn ihm durch das Landesjugendamt eine **allgemeine Erlaubnis** für das Führen von Vormund- und Pflegschaften erteilt wurde, § 54 Abs. 1 SGB VIII. Daneben hat ein Verein wie das Jugendamt die Verpflichtung zu versuchen, entsprechend dem Grundsatz des Vorrangs der ehrenamtlichen Einzelvertretung, Einzelvormünder zu gewinnen, in ihre Aufgaben einzuführen, fortzubilden und zu beraten, § 54 Abs. 2 Nr. 2 SGB VIII. Letztere Aufgabe kann zu Formen einer sogenannten organisierten Einzelvormundschaft führen, bei der nicht der Verein oder Mitarbeiter eines Vereins persönlich, sondern dem Verein nahestehende Personen zum Vormund bestellt werden, die der Verein bei ihrer Tätigkeit regelmäßig berät und unterstützt. Zudem können auf einen Verein auch Aufgaben des Jugendamts im Bereich Vormundschaften – insbesondere die Beratung und Unterstützung von Vormündern und Gegenvormündern und die Aufsicht über Vormünder – delegiert werden, § 76 Abs. 1 SGB VIII. In welchem Umfang Vormundschaftsvereine welche Aufgaben wahrnehmen variiert regional stark.

Nach den Regelungen im Diskussionsentwurf eines Gesetzes zur Änderung des **65a**
Vormundschaftsrechts kann ein Verein nicht mehr zum Vormund bestellt werden. Diese Regelung entspricht der derzeitigen Praxis. Ein Vormundschaftsverein kann jedoch nach § 1775 Abs. 2 des Entwurfs noch zum sogenannten „vorläufigen Vormund“ bestellt werden, den das Familiengericht nach § 1782 Abs. 1 BGB des Entwurfs bestellen soll, wenn die erforderlichen Ermittlungen zur Auswahl des geeigneten Vormunds noch nicht abgeschlossen sind oder ein vorübergehendes Hindernis für die Bestellung besteht.

---

50 *Hoffmann* ZKJ 2007, 389.

§ 3 Das familiengerichtliche Verfahren/Verfahren in Kindschaftssachen

Inhalt

Rn.

I. Einführung

1 **1. Das FamFG.** Das seit 1.1.2009 geltende Gesetz über das Verfahren in Familiensachen und in Angelegenheiten der freiwilligen Gerichtsbarkeit (FamFG) hat sich in den letzten acht Jahren bewährt und hat seither in Bezug auf die Familiensachen nur punktuelle Änderungen erfahren. Für Vormünder und Pfleger ist vor allem das Verfahrensrecht in den in § 151 Nr. 1–7 FamFG genannten **Kindschaftssachen** von Bedeutung. Die nachfolgenden Ausführungen beschäftigen sich insoweit ausschließlich mit diesen Verfahren, wobei selbstverständlich der Allgemeine Teil des FamFG (§§ 1–110) miteinbezogen wird. Von besonderer Bedeutung für den Vormund/Pfleger des Kindes sind dabei diejenigen Sorgerechtsverfahren, die der Anordnung der Vormundschaft/Pflegschaft vorausgehen (also vor allem §§ 1666, 1674 BGB), das Auswahl-, Bestellungs- und Vergütungsfestsetzungsverfahren betreffend den Vormund/Pfleger selbst (vgl. dazu → § 4 Rn. 14 ff.) und schließlich Verfahren betreffend die Person des Kindes, bei denen der Vormund das Kind gesetzlich vertritt und ggf. selbst Verfahrensbeteiligter ist, insbesondere Verfahren betreffend der Regelung des Umgangsrechts der Eltern und sonstiger Verwandter und Bezugspersonen des fremduntergebrachten Kindes[1] (§§ 1684, 1685 BGB, § 151 Nr. 2 FamFG), Verfahren betreffend die Rückführung des Pflegekindes zu seinen Eltern (§ 166 Abs. 2 FamFG, §§ 1696 Abs. 2, 1632 Abs. 4 BGB) und Verfahren betreffend die familiengerichtliche Genehmigung von Rechtsgeschäften oder besonderer Anlageformen im Bereich der Vermögenssorge (§§ 1821,

[1] Vgl. *Heilmann* ZKJ 2014, 48 zur Regelung des Umgangs mit Pflegekindern.

1822, 1811, 1817 BGB). Eine Darstellung des Verfahrens in **Unterhaltssachen**, das für den Beistand nach § 1712 Abs. 1 Nr. 2 BGB von zentraler Bedeutung ist und auf das nach § 113 Abs. 1 S. 2 FamFG die Vorschriften der ZPO Anwendung finden, kann innerhalb des hier zur Verfügung stehenden Rahmens nicht erfolgen.[2]

2 Mit Ausweitung der Zuständigkeit des Familiengerichts zum 1.1.2009 erfolgte zugleich die **Abschaffung des Vormundschaftsgerichts**, für das keine Zuständigkeiten mehr verblieben sind, nachdem dessen Aufgaben nunmehr vom Familiengericht und vom Betreuungsgericht übernommen wurden, wobei die neue Abteilung „Betreuungsgericht" (§ 23c GVG) vornehmlich für Betreuungen (§ 1896 BGB) und Unterbringungen (§ 1906 BGB/PsychKG/UnterbrG) zuständig ist. Das bedeutet, dass heute den Familiengerichten auch die vor dem 1.1.2009 dem Vormundschaftsgericht zugewiesenen Aufgaben, übertragen sind, nämlich

- die **Vormundschaftsangelegenheiten** im engeren Sinne (§ 151 Nr. 4 FamFG), hier insbesondere die §§ 1773–1895 BGB: Vormundschaft für Minderjährige, einschl. der Verfahren zur Erteilung familiengerichtlicher Genehmigungen im Zusammenhang mit der Tätigkeit des Vormundes und Entscheidungen im Zusammenhang mit Mündelvermögen, sowie Meinungsverschiedenheiten zwischen mehreren bzw. verschiedenen Vormündern über die Herausgabe eines unter Vormundschaft stehenden Kindes bzw. Umgangsstreitigkeiten betreffend dieses Kind, Verfahren bei Interessenkollisionen und Pflichtwidrigkeiten, Überprüfungs- und Abänderungsverfahren sowie Verfahren zur Beendigung der Vormundschaft;
- die **Pflegschaftsangelegenheiten** (§ 151 Nr. 5 FamFG) nach §§ 1909 ff. BGB: Ergänzungspflegschaft für Minderjährige und Pflegschaft für eine Leibensfrucht,
- Verfahren zur Erteilung **familiengerichtlicher Genehmigungen**: §§ 112, 113, 1411 Abs. 1 S. 3, 1484 Abs. 2, 1491–1493, 1821, 1822, 1811, 1817, 2275 Abs. 2 S. 2 Hs. 2, 2282, 2290 Abs. 3, 2347, 2351 BGB; Genehmigung des Antrages des Vormundes oder Pflegers auf Änderung des Familiennamens gem. § 2 Abs. 2 Namensänderungsgesetz (NamÄndG); § 181 ZVG: Genehmigung eines Antrages auf Zwangsversteigerung eines Grundstücks; § 16 Abs. 3 VerschG: Antrag auf Aufgebotsverfahren,
- **Adoptionsangelegenheiten** (§ 186 FamFG): § 1752 BGB: Ausspruch der Annahme als Kind, § 1748 BGB: Ersetzung der Einwilligung, §§ 1760, 1763 BGB: Aufhebung, §§ 1757, 1765 BGB: Namensänderung,
- Aufgaben auf Grund des **Jugendgerichtsgesetzes** (JGG), § 151 Nr. 8 FamFG, zB die Festlegung von Erziehungsmaßregeln in Folge einer Straftat des Jugendlichen nach § 9 iVm §§ 53 ff. JGG,
- Sonstiges: Entscheidungen, die die religiöse Kindererziehung betreffen (§§ 2 Abs. 3, 3 Abs. 2, 7 RelKEG); Entscheidungen zur Bestimmung des Kindergeldbezugsberechtigten (§ 3 Abs. 2 S. 3 BKGG).

3 **2. Ziel des Gesetzes.** Eines der wesentlichen Ziele der Reform des Verfahrens in Familiensachen und in den Angelegenheiten der freiwilligen Gerichtsbarkeit war die Erstellung einer einheitlichen Verfahrensordnung für das familiengerichtliche Verfahren und der Wegfall der schwer verständlichen Hin- und Rückverweisung zwischen den verschiedenen Verfahrensordnungen. In Ehesachen und Familienstreitsachen muss gleichwohl weitgehend auf die Regelungen der ZPO zurückgegriffen werden, § 113 Abs. 1 S. 2 FamFG.

---

[2] Vgl. dazu etwa die Darstellung von Wendl/*Schmitz* § 10 Rn. 1 ff.

3. Gesetzesstruktur. Das FamFG untergliedert sich in mehrere Bücher, diese in Teile, diese wiederum in Abschnitte. Buch 1 enthält den Allgemeinen Teil und soll das gesetzgeberische Ziel der Verfahrenvereinheitlichung umsetzen, indem es in den §§ 1–110 FamFG Verfahrensregeln voranstellt, die für alle Verfahren in Familiensachen und Angelegenheit der freiwilligen Gerichtsbarkeit gelten. Buch 2 enthält dann mit den §§ 111–270 FamFG die Regelungen für die einzelnen Verfahren in Familiensachen, hier in Abschnitt 1 allgemeine Vorschriften für Familiensachen und im Abschnitt 3 die Regelungen über Verfahren in **Kindschaftssachen**. Die Anwendung folgt vom Spezielleren zum Allgemeinen. Findet sich im jeweiligen Abschnitt keine einschlägige Vorschrift muss auf die Vorschriften des Allgemeinen Teils im Buch 1 zurückgegriffen werden. 4

4. Übergangsvorschriften; Anwendung des FamFG auf Altfälle. Auf Verfahren, die bis zum Inkrafttreten des FGG-ReformG am 1.9.2009 eingeleitet worden sind oder deren Einleitung bis zu diesem Datum beantragt worden ist, waren nach Art. 111 Abs. 1 S. 1 FGG-ReformG die vor dem 1.1.2009 geltenden Verfahrensvorschriften (FGG aF, ZPO) anzuwenden. Solche Fälle kommen in Kindschaftssachen insoweit heute in der Praxis nicht mehr vor. 5

II. Allgemeine Vorschriften

1. Zuständigkeit. Soll ein gerichtliches Tätigwerden/eine gerichtliche Entscheidung herbeigeführt werden, stellt sich zunächst die Frage, welches Gericht für die Bearbeitung zuständig ist. Zu unterscheiden sind die internationale, sachliche, örtliche und funktionelle Zuständigkeit 6

a) Internationale Zuständigkeit. Bei Verfahren mit Auslandsbezug ist zuerst zu prüfen, ob die deutschen Gerichte international zuständig sind. 7

Die internationale Zuständigkeit für Kindschaftssachen wird im FamFG durch § 99 geregelt. Danach sind die deutschen Gerichte international zuständig, wenn das Kind **Deutscher** ist (§ 99 Abs. 1 Nr. 1 FamFG), es einen **gewöhnlichen Aufenthalt** im Inland hat (§ 99 Abs. 1 Nr. 2 FamFG) oder soweit es der **Fürsorge** durch ein deutsches Gericht bedarf (§ 99 Abs. 1 Nr. 3 FamFG). Die Absätze 2 und 3 des § 99 FamFG regeln Fälle der Doppelzuständigkeit eines deutschen und eines ausländischen Gerichts.

Zu beachten ist aber stets, dass **EU-Verordnungen** und Regelungen in **völkerrechtlichen Verträgen**, soweit sie unmittelbar anwendbares Recht geworden sind, den Vorschriften des FamFG vorgehen (§ 97 Abs. 1 S. 1 und 2 FamFG). 8

Für die internationale Zuständigkeit bei **Kindschaftssachen** sind von besonderer Bedeutung:[3] 9

- das Haager Übereinkommen über die zivilrechtlichen Aspekte internationaler Kindesentführung vom 25.10.1980 – **HKÜ** – (Art. 12 und 16)
- die Verordnung (EG) Nr. 2201/2003 über die Zuständigkeit und die Anerkennung und Vollstreckung von Entscheidungen in Ehesachen und in Verfahren betreffend die elterliche Verantwortung vom 27.11.2003 – sog **Brüssel II a VO** – (Art. 8 ff.)
- das Haager Übereinkommen über die Zuständigkeit der Behörden und das anzuwendende Recht auf dem Gebiet des Schutzes von Minderjährigen vom 5.10.1961 – **MSA** –, gilt seit dem 1.3.2005 nur noch im Verhältnis zur Türkei

[3] Alle Vorschriften und internationalen Abkommen sind abgedruckt und erläutert im Kapitel Auslandsbezüge in Heilmann/*Schweppe*, 1199 ff.

- das Internationale Familienrechtsverfahrensgesetz (**IntFamRVG**)
- das Übereinkommen über die Zuständigkeit, das anzuwendende Recht, die Anerkennung, Vollstreckung und Zusammenarbeit auf dem Gebiet der elterlichen Verantwortung und Maßnahmen zum Schutz von Kindern vom 19.10.1996 (**KSÜ**)
- das Europäische Übereinkommen über die Anerkennung und Vollstreckung von Entscheidungen über das Sorgerecht für Kinder und die Wiederherstellung des Sorgeverhältnisses vom 20.5.1980 (**ESÜ**).

Zum anwendbaren Recht bei Fällen mit Auslandsberührung *Schweppe* → § 5 Rn. 1 ff.

10 **b) Sachliche Zuständigkeit.** Sachlich zuständig für Familiensachen (und damit auch für alle Kindschaftssachen) sind im ersten Rechtszug die **Amtsgerichte**, dies ist in § 23a Abs. 1 Nr. 1 Gerichtsverfassungsgerichtsgesetz (GVG) bestimmt. Dort werden **Abteilungen** für Familiensachen gebildet (§ 23b Abs. 1 S. 1 GVG), um eine Konzentration der Zuständigkeit zu erreichen. Nach § 23b Abs. 1 S. 2 GVG darf ein Richter auf Probe im ersten Jahr seit seiner Ernennung nicht in Familiensachen tätig sein.

11 **c) Örtliche Zuständigkeit.** Die örtliche Zuständigkeit der Familiengerichte in Kindschaftssachen ist in § 152 FamFG geregelt, der drei Anknüpfungspunkte vorsieht: Anhängigkeit der Ehesache, gewöhnlicher Aufenthalt des Kindes und Fürsorgebedürfnis. Die Vorschrift ergänzt § 2 FamFG, der lediglich allgemeine Regelungen zur örtlichen Zuständigkeit enthält. So regelt § 2 FamFG, dass unter mehreren zuständigen Gerichten das Gericht, welches sich zuerst mit der Sache befasst hat, zuständig wird. § 2 FamFG bestimmt auch, dass die örtliche Zuständigkeit eines Gerichts bei Veränderung der sie begründenden Umstände bestehen bleibt, allerdings kann dann eine Abgabe erfolgen (§ 4 FamFG).

12 § 152 FamFG knüpft vorrangig an die **Anhängigkeit einer Ehesache** an, sofern das Verfahren gemeinschaftliche Kinder betrifft (§ 152 Abs. 1 FamFG). Während der Anhängigkeit einer Ehesache ist das Familiengericht **ausschließlich** für alle Kindschaftssachen betreffend gemeinschaftlichen Kinder der Ehegatten zuständig, bei dem die Ehesache anhängig ist. Wird während eines bereits rechtshängigen Kindschaftsverfahrens eine Ehesache der Kindeseltern bei einem anderen Familiengericht rechtshängig, so ist nach § 153 FamFG die Kindschaftssache von Amts wegen an das Gericht der Ehesache abzugeben (vgl. → Rn. 22).

13 Ist keine Ehesache anhängig, so regelt § 152 Abs. 2 FamFG, dass das Gericht zuständig ist, in dessen Bezirk das Kind seinen **gewöhnlichen Aufenthalt** hat. Seinen gewöhnlichen Aufenthalt hat ein Kind im Regelfall bei dem Elternteil, in dessen Obhut es sich befindet.[4] Beim gewöhnlichen Aufenthalt handelt es sich im Übrigen unabhängig vom Wohnsitz der Eltern um den Ort, an dem ein Minderjähriger den tatsächlichen Mittelpunkt seiner Lebensführung hat, der gekennzeichnet ist von einer auf Dauer ausgelegten sozialen Eingliederung.[5] Von Bedeutung ist demnach neben dem Ort des hauptsächlichen Aufenthalts, der Ort der Schule, der Ort der Freizeitgestaltung etc. Anders als nach früherem Recht (§ 36 iVm § 64 FGG) spielt der (melderechtliche) Wohnsitz des Kindes für die Frage der Zuständigkeit keine Rolle mehr.[6] In Fällen der **sorgerechtswidrigen Begründung eines neuen gewöhnlichen Aufenthalts** des Kindes kann nach § 154 S. 1 FamFG das Familiengericht an das Gericht

---

[4] OLG Köln FamRZ 2012, 1406; BT-Drs. 16/6308, 226 (227).
[5] Prütting/Helms/*Hammer* FamFG § 152 Rn. 15; Heilmann/*Keuter* FamFG § 152 Rn. 12.
[6] OLG Hamm FamRZ 2011, 395.

des früheren gewöhnlichen Aufenthalts des Kindes verweisen, was jedoch stets voraussetzt, dass bereits eine hinreichende Verfestigung des Aufenthalts des Kindes am neuen Wohnort bei dem anderen mitsorgeberechtigten Elternteil stattgefunden hat.[7] Ein nach § 152 Abs. 2 FamFG zuständiges Amtsgericht kann von der Möglichkeit, ein Verfahren nach seinem Ermessen gemäß § 154 FamFG zu verweisen, auch dann Gebrauch machen, wenn das Verfahren zuvor gemäß § 3 FamFG zutreffend dorthin verwiesen worden ist, wobei es sich dann um eine ausnahmsweise zulässige und nicht gegen die Bindungswirkung des vorangegangenen Beschlusses verstoßende Rückverweisung handeln kann.[8]

Höchst hilfsweise ist das Gericht zuständig, in dessen Bezirk das **Bedürfnis der Fürsorge** bekannt wird (§ 152 Abs. 3 FamFG). Der Anwendungsbereich des Abs. 3 ist erst dann eröffnet, wenn die vorgreiflichen Regelungen der örtlichen Zuständigkeit in Absatz 1 und 2 nicht einschlägig sind. Das ist beispielsweise dann der Fall, wenn sich der Aufenthalt des Kindes noch nicht zu einem gewöhnlichen Aufenthalt verfestigt hat, sein gewöhnlicher Aufenthalt nicht feststellbar ist oder aber im Ausland liegt.[9] Hierunter fallen vor allem unbegleitet eingereiste Minderjährige nach ihrer erstmaligen (vorläufigen) Inobhutnahme. Zuständig ist dann das Gericht, dem das Bedürfnis der Fürsorge bekannt wird. Abzustellen für die Frage der Zuständigkeit ist auf den Zeitpunkt der Befassung des Gerichts, in Antragsverfahren (§ 23 FamFG) also auf den Zeitpunkt des Antragseingangs, in Amtsverfahren (§ 24 FamFG) auf den Zeitpunkt, in dem das Gericht amtlich von den Tatsachen Kenntnis erlangt, die Anlass zu gerichtlichen Maßnahmen geben.[10] Auch soweit die Zuständigkeit nach § 152 Abs. 3 FamFG begründet wurde, gilt der in § 2 Abs. 2 FamFG geregelte Grundsatz der *perpetuatio fori*, wonach eine einmal begründete Zuständigkeit auch dann bestehen bleibt, wenn sich die zuständigkeitsgebegründenden Umstände später ändern.[11] 14

Sind die Eltern an der Ausübung der elterlichen Sorge **vorübergehend verhindert**, so hat das Familiengericht gem. § 1693 BGB die erforderlichen Maßnahmen zu treffen. Das Gleiche gilt, wenn der Vormund noch nicht bestellt wurde oder verhindert ist (§ 1846 BGB) oder es vorläufiger Maßnahmen zur Fürsorge für ein ausländisches Kind bedarf, Art. 24 Abs. 3 EGBGB. Da derartige Maßnahmen in der Regel schnelles Handeln erfordern, ist auch das Gericht zuständig, in dessen Bezirk das Bedürfnis der Fürsorge hervortritt (§ 152 Abs. 4 S. 1 FamFG). Hat das Fürsorgegericht seine Aufgabe erfüllt, so besteht ein wichtiger Grund für die Abgabe des Verfahrens an das nach Absatz 1 oder 2 örtlich zuständige Gericht nach § 4 FamFG, sofern dieses bekannt ist oder wird.[12] Ist bei einem anderen Gericht bereits eine Vormundschaft oder Pflegschaft anhängig ist, so soll das Gericht der Fürsorge diesem von den angeordneten Maßnahmen Mitteilung machen (§ 152 Abs. 4 S. 2 FamFG). Dieses hat unverzüglich von Amts wegen zu prüfen, ob und inwieweit (Folge-) Maßnahmen erforderlich sind. Für andere als die in Absatz 4 genannten eilbedürftigen Maßnahmen richtet sich die örtliche Zuständigkeit nach § 50 FamFG, in besonders dringenden Fällen entscheidet nach § 50 Abs. 2 FamFG ebenfalls das Gericht der Fürsorge. 15

---

[7] Zu den Anforderungen OLG Hamm ZKJ 2013, 35; *Keuter* FuR 2015, 262.
[8] OLG Frankfurt Beschl. v. 12.9.2016 – 6 SV 3/16, BeckRS 2016, 20108.
[9] BT-Drs. 16/6308, 235.
[10] *Büte* FuR 2009, 121, 123.
[11] OLG Frankfurt ZKJ 2016, 268: Wegzug eines unbegleiteten Minderjährigen.
[12] MüKoFamFG/*Heilmann* § 152 Rn. 25.

16 Hinsichtlich der Kindschaftssachen im Sinne von **§ 151 Nr. 6 und 7** (Unterbringung des Kindes) ist die **ausschließliche Zuständigkeit** des § 167 Abs. 1 S. 1 iVm **§ 313 FamFG** vorrangig.[13]

17 **d) Funktionelle Zuständigkeit.** Die Frage, ob für die zu treffende Entscheidung der Richter oder aber der Rechtspfleger zuständig ist, wird durch die funktionelle Zuständigkeit geregelt. Der **Rechtspfleger** ist Beamter des gehobenen Dienstes und nimmt die ihm durch das **Rechtspflegergesetz (RpflG)** übertragenen Aufgaben der Rechtspflege wahr. Viele dieser Aufgaben waren früher vom Richter zu erledigen und wurden nach und nach dem Rechtspfleger übertragen. § 3 Nr. 2a RPflG bestimmt aber nunmehr, dass hierzu die **Kindschaftssachen** gehören, also auch alle Verfahren, die die Vormundschaft und die Pflegschaft betreffen. Nicht vom Rechtspfleger entschieden werden die dem **Richter vorbehaltenen** Aufgaben (§ 3 RPflG).

18 § 14 RPflG zählt die **dem Familienrichter vorbehaltenen Aufgaben** abschließend auf.[14] Es handelt sich unter anderem um

- Maßnahmen auf Grund des § 1666 BGB zur Abwendung der Gefahr für das körperliche, geistige oder seelische Wohl des Kindes, nicht dem Richter übertragen ist damit der Entzug der **Vermögenssorge**,[15]
- die Ersetzung der Zustimmung eines gesetzlichen Vertreters zu der Sorgeerklärung eines beschränkt geschäftsfähigen Elternteils gem. § 1626c Abs. 2 S. 1 BGB,
- die Übertragung der elterlichen Sorge nach §§ 1626a, 1671, 1678 Abs. 2, 1680 Abs. 2 und 3, 1681 Abs. 1 und 2 BGB,
- die Regelung des persönlichen Umgangs zwischen Eltern und Kindern sowie Kindern und Dritten nach §§ 1684, 1685, 1686a BGB,
- die Entscheidung über die Beschränkung oder den Ausschluss des Rechts zur alleinigen Entscheidung in Angelegenheiten des täglichen Lebens nach §§ 1687, 1687a BGB,
- Streitigkeiten, die eine Angelegenheit nach § 1632 Abs. 2 BGB betreffen,
- die Maßnahmen, welche die religiöse Kindererziehung betreffen (§ 1801 BGB, §§ 2, 3, 7 des Gesetzes über die religiöse Kindererziehung),
- die Genehmigung nach § 3 Abs. 1 S. 3 sowie nach § 6 Abs. 2 S. 1, § 7 Abs. 3 S. 2 und § 9 Abs. 3 S. 1, jeweils in Verbindung mit § 3 Abs. 1 S. 3, des Gesetzes über die Änderung der Vornamen und die Feststellung der Geschlechtszugehörigkeit in besonderen Fällen vom 10.9.1980,[16]
- die im Jugendgerichtsgesetz genannten Verrichtungen, mit Ausnahme der Bestellung eines Pflegers nach § 67 Abs. 4 S. 3 JGG,
- Anordnung einer Vormundschaft oder Pflegschaft über einen **Angehörigen eines fremden Staates** einschließlich der vorläufigen Maßregeln nach Art. 24 EGBGB (§ 14 Nr. 10 RpflG). § 14 Nr. 10 RpflG wird allerdings ergänzt durch **Vorgaben des Bundesverfassungsgerichts** zur Verhältnismäßigkeit des Entzuges der elterlichen Sorge gemäß §§ 1666, 1666a BGB. Demnach ist der Familienrichter bei einem **erstmaligen Entzug des Sorgerechts** verpflichtet, gemäß § 6 RpflG selbst über die Auswahl des Vormunds/Pflegers zu entscheiden und kann diese auch bei inländischen Kindern nicht dem an sich funktionell zuständigen Rechtspfleger überlassen.[17]

---

[13] vgl. OLG Frankfurt Beschl. v. 18.12.2009 – 1 UFH 15/09, BeckRS 2010 04006; MüKoFamFG/*Heilmann* § 152 Rn. 22.

[14] Ausführlich *Dörndorfer* RpflG § 14 Rn. 12 ff.

[15] Heilmann/*Heilmann* RpflG § 14 Rn. 5.

[16] BGBl. I 1654.

[17] BVerfG JAmt 2015, 324.

Der Rechtspfleger entscheidet demnach in den verbleibenden Verfahren betreffend die Vormundschaft/Pflegschaft mit Ausnahme der dem Richter vorbehaltenen Anordnung einer Vormundschaft sowie über Maßnahmen betreffend die religiöse Kindererziehung (§ 14 Abs. 1 Ziffer 11 RPflG). Für das Mündel betreffende Herausgabeverfahren, Umgangsverfahren oder Verfahren zur Abwendung von Gefährdungen des Wohls des Mündels ist ebenfalls der Richter zuständig. Verfahren nach § 1686 BGB betreffend die Auskunft über persönliche Belange des Kindes sind dagegen dem Rechtspfleger vorbehalten. Misslich ist insoweit, dass bei der Bestellung von Vormündern für **unbegleitet eingereiste minderjährige Flüchtlinge** die funktionelle Zuständigkeit für das Sorgerechtsverfahren nach § 1674 BGB (Rechtspfleger) und das Vormundschaftsverfahren (Richter) auseinanderfällt, was sowohl zu Verzögerungen führt, als auch zu zweifach durchzuführenden Anhörungen (zB nach § 159 FamFG) führen kann.[18] Hier sollte in der Praxis der Richter gemäß § 6 RpflG auch das Sorgerechtsverfahren wegen Sachzusammenhangs an sich ziehen und beide Verfahren gemeinsam betreiben.[19]

Der Rechtspfleger trifft alle Maßnahmen, die zur Erledigung des ihm übertragenen **19** Geschäftes erforderlich sind (§ 4 Abs. 1 RPflG). Er ist bei seinen Entscheidungen nur dem Gesetz unterworfen und entscheidet, soweit sich aus dem Gesetz nichts anderes ergibt (§ 4 Abs. 2 S. 3 RPflG), selbständig. Wie der Richter hat er in Kindschaftssachen die gesetzlichen Anhörungsvorschriften der §§ 159ff. FamFG zu beachten.[20] Ebenso wie der Richter trifft er seine Endentscheidungen durch Beschluss. Hat der Familienrichter eine Vormundschaft/Pflegschaft nach § 14 Nr. 10 RpflG angeordnet, so ist zwar der Rechtspfleger nach § 3 Nr. 2b RpflG für deren **Aufhebung** funktionell zuständig. Er kann allerdings die Vormundschaft/Pflegschaft nicht mit der Begründung aufheben, dass deren Anordnung zu Unrecht erfolgt sei.[21] Selbst dann, wenn die Anordnung tatsächlich rechtswidrig war, hat in diesem Fall der Richter selbst die Aufhebungsentscheidung zu treffen, eine gleichwohl vom Rechtspfleger getroffene Aufhebungsentscheidung ist in diesem Fall gemäß § 8 Abs. 4 RpflG unwirksam. Zu den Rechtsmitteln gegen Beschlüsse des Rechtspflegers → Rn. 133, 136.

e) Verweisung. Wenn ein unzuständiges Gericht angerufen wird, hat das Gericht **20** die Möglichkeit der Verweisung oder der Abgabe. § 3 FamFG regelt die Verweisung bei Unzuständigkeit des Gerichts. War das angerufene Gericht bereits zu Beginn des Verfahrens örtlich oder sachlich unzuständig, hat es sich – nach Anhörung der Beteiligen – für unzuständig zu erklären und die Sache – antragsunabhängig[22] – an das zuständige Gericht zu verweisen. Die Verweisung erfolgt durch **Beschluss** und ist für das als zuständig bezeichnete Gericht **bindend** (§ 3 Abs. 3 FamFG). Tritt die örtliche Zuständigkeit später ein, zB durch Umzug, hat dies keine Auswirkungen; insoweit gilt der Grundsatz der **perpetuatio fori** (§ 2 Abs. 2 FamFG), wonach eine einmal gegebene Zuständigkeit nicht durch eine Veränderung der sie begründenden Umstände entfällt. Gem. § 154 FamFG ist in Kindschaftssachen eine Verweisung auch dann möglich, wenn ein (mitsorgeberechtigter) Elternteil den Aufenthalt des Kindes ohne vorherige Zustimmung des anderen Elternteils geändert hat. In diesem Fall kann ausnahmsweise eine Verweisung an das Gericht des **früheren gewöhnlichen Aufenthaltsorts** des Kindes erfolgen (→ Rn. 13).

---

[18] Zur Kritik vgl. *Dürbeck* ZKJ 2014, 266.

[19] Heilmann/*Heilmann* RpflG § 14 Rn. 22.

[20] OLG Frankfurt FamRZ 2015, 1521.

[21] OLG Frankfurt ZKJ 2013, 503; vgl. dazu *Dürbeck* ZKJ 2014, 266.

[22] OLG Saarbrücken Beschl.v. 12.7.2016 – 9 UF 24/16, BeckRS 2016, 15159.

21 **f) Abgabe.** Möglich ist eine Abgabe des Verfahrens an ein anderes Gericht gem. § 4 FamFG aus wichtigem Grund. Das Gericht, an das die Abgabe erfolgen soll, muss **zur Übernahme bereit** sein (§ 4 S. 1 FamFG). Vor der Abgabe sollen die Beteiligten angehört werden (§ 4 S. 2 FamFG), ihre Zustimmung ist allerdings nicht erforderlich.[23] Eine Definition des wichtigen Grundes enthält § 4 FamFG nicht. In Betreuungssachen regelt § 273 FamFG, dass ein wichtiger Grund vorliegt, wenn sich der gewöhnliche Aufenthalt des Betroffenen geändert hat und die Aufgaben des Betreuers im Wesentlichen am neuen Aufenthaltsort des Betroffenen zu erfüllen sind. Daraus lässt sich ableiten, dass die Abgabe die **ortsnahe Bearbeitung** sichern soll[24] und zB in Betracht kommt, wenn ein Mündel oder ein Kind an einen anderen Ort verzieht.

22 Ist eine Kindschaftssache bei einem Gericht anhängig und wird eine **Ehesache** der Eltern an einem anderen (für die Ehesache zuständigen) Gericht **rechtshängig,** so ist die Kindschaftssache an das Gericht der Ehesache abzugeben. Diese besondere Abgabevorschrift des § 153 FamFG entspricht § 621 Abs. 3 ZPO aF und soll die **Zuständigkeitskonzentration** am vorrangig örtlich zuständigen Gericht der Ehesache sicherstellen. Die Vorschrift ist lex specialis zu § 4, denn für die Abgabe des § 153 FamFG bedarf es keines wichtigen Grundes.[25] Sind die Voraussetzungen des § 153 FamFG erfüllt, ist das Gericht zur Abgabe verpflichtet. Aus dem Gesetzeswortlaut von § 153 FamFG („ist diese … abzugeben") folgt, dass dem abgebenden Gericht kein Ermessen zusteht.[26]

23 **g) Zuständigkeitsstreitigkeiten.** Bei Streitigkeiten über die Zuständigkeit eines Gerichts bestimmt das **nächsthöhere** gemeinsame **Gericht,** in Kindschaftssachen also das Oberlandesgericht (§ 119 Abs. 1 Nr. 1a GVG), die Zuständigkeit (§ 5 FamFG). Nicht nach § 5 FamFG sondern nach § 17a GVG wird der Streit darüber entschieden, ob das Familiengericht oder die Zivilprozessabteilung des Amtsgerichts zuständig ist (vgl. § 17a Abs. 6 GVG). § 5 FamFG gilt auch in Verfahren, die dem Rechtspfleger übertragen sind.[27]

24 **2. Ablehnung wegen Befangenheit.** Beteiligte können den **Richter** wegen Besorgnis der Befangenheit[28] ablehnen, wenn ein Grund vorliegt, der geeignet ist, **Misstrauen** gegen die Unparteilichkeit des Richters zu rechtfertigen. Das FamFG verweist diesbezüglich in § 6 FamFG auf die Vorschriften der ZPO (§§ 41 ff. ZPO) und beschränkt sich selbst darauf, die Ausschlussgründe auf am vorangegangenen Verwaltungsverfahren mitwirkende Personen zu erstrecken (§ 6 Abs. 1 S. 2 FamFG) und das Rechtsmittel der **sofortigen Beschwerde** (§§ 567 ff. ZPO) gegen einen das Ablehnungsgesuch ablehnenden Beschluss zu bestimmen (§ 6 Abs. 2 FamFG).

25 Es muss sich um einen **objektiven Grund** handeln, der vom Standpunkt des Ablehnenden aus bei vernünftiger Betrachtungsweise die Befürchtung erweckt, der Richter stehe der Sache nicht unvoreingenommen und unparteiisch gegenüber.[29] Kommt es im Verlauf des Verfahrens zu **Verfahrensfehlern** oder ist die Entscheidung des Richters sachlich fehlerhaft, ist der Beteiligte zur Korrektur solcher Fehler auf das Rechtsmit-

---

23 Prütting/Helms/*Hammer* FamFG § 153 Rn. 5.

24 *Zimmermann* Rn. 16.

25 MüKoFamFG/*Heilmann* § 153 Rn. 2; aA: Keidel/*Engelhardt* FamFG § 153 Rn. 4.

26 Vgl. MüKoFamFG/*Heilmann* § 153 Rn. 11.

27 Keidel/*Sternal* FamFG § 5 Rn. 9.

28 Vgl. ausführlich *Gomille* NZFam 2016, 726; *Schnitzler* NZFam 2016, 781; *Conrad* MDR 2015, 1048; *Ghassemi-Tabar/Nober* NJW 2013, 3686.

29 BGH NJW-RR 2015, 444; 2003, 1220.

telverfahren zu verweisen.[30] Der – in der Praxis gerne gewählte – Weg, einen Befangenheitsantrag auf solche Fehler zu stützen, ist ohne Aussicht auf Erfolg. Befangenheit ist aber zu bejahen, wenn glaubhaft gemacht ist, dass der unterlaufene Fehler auf einer **unsachlichen** Einstellung des Richters zu einem Verfahrensbeteiligten beruht oder weil **Willkür** gegeben ist, wenn beispielsweise das verfahrensrechtliche Vorgehen des Richters einer gesetzlichen Grundlage entbehrt.[31]

Der Ablehnungsgrund ist **glaubhaft** zu machen. Zur Glaubhaftmachung kann auf das dienstliche Zeugnis des abgelehnten Richters Bezug genommen werden (§ 44 Abs. 2 ZPO). Der abgelehnte Richter hat sich über den Ablehnungsgrund dienstlich zu äußern (§ 44 Abs. 3 ZPO). Über die Ablehnung des Richters entscheidet das Gericht, dem der Abgelehnte angehört, ohne dessen Mitwirkung (§ 45 Abs. 1 ZPO).Wird ein Richter beim Amtsgericht abgelehnt, so entscheidet ein anderer Richter des Amtsgerichts über das Gesuch (§ 45 Abs. 2 ZPO). Gegen den Beschluss, durch den das Gesuch für begründet erklärt wird, findet kein Rechtsmittel, gegen den Beschluss, durch den das Gesuch für unbegründet erklärt wird, findet die **sofortige Beschwerde** in entsprechender Anwendung der §§ 567 bis 572 ZPO statt (§ 6 Abs. 2 FamFG), siehe hierzu auch → Rn. 131 f. Der Richter kann sich auch **selbst ablehnen** (§ 48 ZPO). Er hat selbst seine Unparteilichkeit zu prüfen und sich bei Befangenheit der Amtsausübung zu enthalten. Die Selbstablehnung ist dann veranlasst, wenn der Richter selbst davon überzeugt ist, sein Amt nicht unbefangen ausüben zu können. Hält sich der Richter selbst für befangen, hat er dies gemäß § 48 ZPO anzuzeigen und die Akten dem für die Entscheidung über die Selbstablehnung zuständigen Gericht zur Entscheidung vorzulegen. Der Richter ist **kraft Gesetzes** von der Ausübung seiner amtlichen Tätigkeit gemäß § 41 ZPO in den dort genannten Fällen **ausgeschlossen**. In den aufgeführten Fällen bedarf es keines besonderen Verhaltens, wie im Falle der Befangenheit. Nicht abgelehnt werden kann im Kindschaftsverfahren der zuständige Mitarbeiter des **Jugendamts**[32] und auch nicht der **Verfahrensbeistand**.[33]

Gerichtsperson im Sinne von § 6 FamFG ist auch der **Rechtspfleger.** Für dessen 26
Ausschließung und Ablehnung gelten gem. § 10 S. 1 RPflG die §§ 41 ff. ZPO entsprechend. Über die Ablehnung des Rechtspflegers entscheidet der nach § 28 RPflG zuständige Richter (§ 10 S. 2 RPflG).

3. Gerichtssprache. Die Verhandlungen vor dem Familiengericht werden in **deut-** 27
scher Sprache geführt, dies ist in § 184 GVG geregelt. Wird unter Beteiligung von Personen verhandelt, die der deutschen Sprache nicht mächtig sind, so ist ein **Dolmetscher** zuzuziehen (§ 185 Abs. 1 S. 1 GVG). Der Zuziehung eines Dolmetschers bedarf es nicht, wenn alle Beteiligten der fremden Sprache mächtig sind (§ 185 Abs. 2 GVG). In **Familiensachen** genügt es, wenn der Richter der Sprache mächtig ist, in der sich die Beteiligten erklären (§ 185 Abs. 3 GVG). Gemäß § 189 Abs. 1 GVG ist der Dolmetscher zu beeidigen, es sei denn, er ist für Übertragungen der betreffenden Art allgemein vereidigt. In diesem Fall genügt die Berufung auf den geleisteten Dolmetschereid (§ 189 Abs. 2 GVG). Die gerichtlichen Aufwendungen für die Entschädigung des Dolmetschers zählen zu den **erstattungspflichtigen Auslagen** nach KV FamGKG Nr. 2005.

[30] *Zöller/Vollkommer* ZPO § 42 Rn. 28 mN der Rspr.
[31] BGH NJW-RR 2012, 62; *Zöller/Vollkommer* ZPO § 42 Rn. 22 und 24.
[32] OLG Celle FamRZ 2011, 1532; Heilmann/*Dürbeck* FamFG § 162 Rn. 10.
[33] OLG Brandenburg FamRZ 2012, 235; *Bergmann* ZKJ 2016, 288.

28 **4. Öffentlichkeit.** Die Verhandlungen in Familiensachen sind gem. § 170 GVG ausnahmslos nichtöffentlich. Dementsprechend haben Unbeteiligte keinen Zutritt zu den Verhandlungen vor dem Familiengericht.

29 **5. Sitzungspolizei.** Nach § 176 GVG obliegt die Aufrechterhaltung der Ordnung in der Sitzung dem Vorsitzenden, in der ersten Instanz vor dem Amtsgericht ist das der Familienrichter. Beteiligte, Zeugen und Sachverständige, die den zur Aufrechterhaltung der Ordnung getroffenen Anordnungen nicht Folge leisten, können aus dem Sitzungszimmer entfernt sowie zur Ordnungshaft abgeführt und während einer zu bestimmenden Zeit, die 24 Stunden nicht übersteigen darf, festgehalten werden (§ 177 S. 1 GVG).

30 **6. Beteiligte. a) Beteiligtenbegriff.** Die Frage, wer Beteiligter an einem Verfahren ist, hat entscheidende Bedeutung für die Beurteilung, wem welche Rechte und Pflichten eingeräumt werden (hierzu weiter unten → Rn. 40), zB Akteneinsicht, Teilnahmerechte, Rechtmitteleinlegung, Bewilligung von Verfahrenskostenhilfe, Kostentragung etc.[34] § 7 FamFG enthält eine ausdrückliche Regelung des Beteiligtenbegriffs. Beteiligter ist zunächst (immer) derjenige, der einen **Antrag** stellt, § 7 Abs. 1 FamFG (Beteiligter kraft Gesetzes). Allerdings gilt dies nur für Antragsverfahren, wie etwa nach §§ 1671 Abs. 1 und 2, 1626a Abs. 2, 1686a BGB (hierzu unten → Rn. 66). Der Nachbar, der beim Familiengericht den „Antrag“ stellt, die neben ihm wohnenden Kinder wegen Kindeswohlgefährdung aus dem elterlichen Haushalt heraus zu nehmen, ist deshalb nicht Antragsteller iSd § 7 Abs. 1 FamFG mit allen Beteiligtenrechten, da es sich bei dem Verfahren nach § 1666 BGB nicht um ein Antragsverfahren handelt. Es handelt sich bei dem gewählten Beispiel vielmehr um eine **Anregung** zur Einleitung eines Amtsverfahrens (§ 24 FamFG).[35]

31 Als Beteiligte hinzuzuziehen sind die in § 7 Abs. 2 FamFG genannten Personen (Beteiligte kraft Hinzuziehung, sog **„Muss-Beteiligte“**). Das sind nach § 7 Abs. 2 Nr. 1 FamFG diejenigen, deren materiellen **Rechte** durch das Verfahren **unmittelbar iSd § 59 Abs. 1 FamFG** betroffen sind.[36] Danach sind vom Gericht zunächst diejenigen hinzuzuziehen, deren subjektive Rechte durch das Verfahren unmittelbar beeinflusst werden können. Hierzu zählen etwa **Elternteile,** denen das Sorgerecht entzogen werden soll oder deren Umgangsrecht durch eine gerichtliche Regelung tangiert wird. Der **Minderjährige** ist also in Kindschaftssachen regelmäßig Verfahrensbeteiligter, denn seine Rechte sind unmittelbar betroffen.[37] Selbst verfahrensfähig ist er aber nach § 9 Abs. 1 Nr. 3 FamFG nur dann, wenn er das **14. Lebensjahr** vollendet hat und das Verfahren **seine Person** betrifft, wie etwa in einem Sorgerechtsübertragungsverfahren nach § 1671 Abs. 1 Nr. 1 BGB. Einschränkungen seiner Beteiligtenstellung ergeben sich weiter unter dem Gesichtspunkt des Kindeswohls, beispielsweise aus § 159 Abs. 4 FamFG und § 164 S. 2 FamFG. Nicht ausreichend ist im Übrigen, dass lediglich ideelle, soziale oder wirtschaftliche Interessen durch den Ausgang des Verfahrens berührt werden.[38] Die Hinzuziehung nach § 7 Abs. 2 Nr. 2 FamFG muss erfolgen, sofern ein entsprechender Antrag gestellt wird. So ist eine Beteiligung des **Jugendamtes** außerhalb von Verfahren nach § 1666 BGB (vgl. § 162 Abs. 2 S. 1 FamFG) nur auf einen entsprechenden Antrag vorgesehen (§§ 162 Abs. 2 S. 2, 172 Abs. 2, 188 Abs. 2 FamFG,

---

[34] Ausführlich zum Beteiligtenbegriff im Familienverfahren *Bruns* NJW 2009, 2797.
[35] Vgl. BGH NJW 1999, 3718, 3719.
[36] Keidel/*Zimmermann* FamFG § 7 Rn. 8.
[37] *Schael* FamRZ 2009, 265 (266).
[38] BT-Drs. 16/6308, 178.

zur Beteiligtenstellung des Jugendamtes → Rn. 36ff.). Der **Verfahrensbeistand** ist nach § 158 Abs. 3 S. 2 FamFG mit seiner Bestellung nach § 7 Abs. 2 Nr. 2 FamFG von Amts wegen zu beteiligen.

Sog „**Kann-Beteiligte**" sind jene, die vom Gericht von Amts wegen oder aber auf Antrag hinzugezogen werden können, weil dies im FamFG oder in einem anderen Gesetz so vorgesehen ist (§ 7 Abs. 3 FamFG). In Verfahren, die die Person des Kindes betreffen, kann das Gericht gem. § 161 Abs. 1 FamFG etwa die **Pflegeeltern** am Verfahren beteiligen, sofern das Kind schon seit längerer Zeit in Familienpflege lebt. Unter denselben Voraussetzungen kann ein Elternteil, dessen Lebenspartner oder eine nach § 1685 BGB umgangsberechtigte volljährige Person als Beteiligter hinzugezogen werden (§ 161 Abs. 1 S. 2 FamFG). Das Gericht entscheidet über die Hinzuziehung nach pflichtgemäßem Ermessen. Dabei hat es insbesondere zu prüfen, ob die Hinzuziehung dem **Kindeswohl** dient. Auch bei der **Auswahl der Person des Vormunds/ Pflegers** können in Betracht kommende Verwandte, wie zB Großeltern, auf Antrag nach § 7 Abs. 3 FamFG beteiligt werden. Verdichtet sich nach erfolgter Eignungsprüfung der Heranziehungswille des Gerichts auf eine bestimmte Person, so ist diese im Auswahlverfahren nach § 1779 BGB ab diesem Zeitpunkt Muss-Beteiligte iSd § 7 Abs. 2 Nr. 1 FamFG.[39] 32

Diejenigen, die auf ihren Antrag hin nach den Absätzen 2 und 3 zu dem Verfahren hinzugezogen werden müssen oder können, sind vom Gericht – soweit diesem bekannt – von der Einleitung des Verfahrens zu **benachrichtigen** und über ihr Antragsrecht zu **belehren** (§ 7 Abs. 4 FamFG). Nur so ist sichergestellt, dass sie von ihrer Beteiligtenstellung und den daraus resultierenden Rechten erfahren. Durch § 7 Abs. 5 FamFG wird der unter den Voraussetzungen des Absatz 2 oder 3 zu beteiligenden Person auch eine Befugnis zu einem Antrag auf Hinzuziehung und ein Beschwerderecht (sofortige Beschwerde nach §§ 567ff. ZPO) gegen eine unterbliebenen Hinzuziehung eingeräumt. 33

Vormünder oder Pfleger sind Beteiligte eines Verfahrens nach § 7 Abs. 1 FamFG, wenn sie einen Antrag in eigenem Namen stellen (zB auf Festsetzung der Vergütung, siehe hierzu unten → Rn. 173ff., auf Entlassung, auf Genehmigung der Anlegung von Mündelvermögen). Ist ein Amtsvormund oder Amtspfleger bestellt, hat er eine eigene, von der Stellung des nach § 162 FamFG anzuhörenden Jugendamts unabhängige Beteiligtenstellung.[40] Die Beteiligtenstellung haben sie nach § 7 Abs. 2 Nr. 1 FamFG ferner in den Fällen, in denen sie in eigenen Rechten betroffen sind, wie zB in Umgangs[41]- und Herausgabeverfahren[42], nicht aber sind sie in einem Abänderungsverfahren nach §§ 1696, 1666 BGB in eigenen Rechten betroffen , wenn zuvor die elterliche Sorge oder Teile davon auf den Vormund/Pfleger übertragen wurden, da dies das sie nicht unmittelbare Grundverhältnis tangiert.[43] Gleichwohl sind sie in all diesen Fällen zugleich **gesetzlicher Vertreter** des betroffenen und beteiligten Minderjährigen und handeln gemäß § 9 Abs. 2 FamFG im Verfahren für diesen, soweit erforderlich, um eine fehlende Verfahrensfähigkeit des Minderjährigen (hierzu unten → Rn. 42) zu kompensieren. 34

---

[39] OLG Frankfurt ZKJ 2016, 189.

[40] Heilmann/*Dürbeck* BGB § 1791b Rn. 12.

[41] BGH ZKJ 2017, 26; OLG Nürnberg, Beschl. v. 19.7.2016 – 7 UF 746/16, BeckRS 2016, 17556; *Dürbeck* ZKJ 2017, 19; *Hoffmann* JAmt 2011, 299 (302); aA: DIJuF-Rechtsgutachten JAmt 2011, 31.

[42] OLG Hamm FamRZ 2011, 1666; aA: *Oberloskamp* ZKJ 2016, 336 (342).

[43] *Hoffmann* JAmt 2011, 299 (302); vgl. auch BGH ZKJ 2012, 149; NJW 1953, 1666 zur Unterscheidung zwischen Grundverhältnis und Auswahl zum Vormund/Pfleger; aA hier noch in der Vorauflage.

35 Wer lediglich **anzuhören** ist (wie zB Pflegeeltern nach § 161 Abs. 2 FamFG) oder aber dem Gericht eine Auskunft geben muss, wird dadurch nicht zum Beteiligten, § 7 Abs. 6 FamFG.

36 **b) Beteiligtenstellung des Jugendamtes.**[44] Das Jugendamt ist Träger der öffentlichen Jugendhilfe (§ 69 SGB VIII) und kann im Verfahren in Kindschaftssachen in unterschiedlichen Positionen beteiligt sein; zum einen als Amtsvormund (§ 1791 b f BGB; zum Begriff und den Voraussetzungen siehe *Kunkel* → § 17 Rn. 1 ff.) und zum anderen in seiner Funktion als sozialpädagogische Fachbehörde[45] iSd § 162 FamFG, § 50 SGB VIII. In der Position des **Amtsvormunds** ist er als Inhaber der elterlichen Sorge gesetzlicher Vertreter des betroffenen Minderjährigen (§ 9 Abs. 2 FamFG). Seine Beteiligtenstellung kann sich in einzelnen Verfahren aus § 7 Abs. 2 Nr. 1 FamFG ergeben, wenn es als **Inhaber der elterlichen Sorge** durch das Verfahren unmittelbar selbst betroffen ist[46] (siehe oben → Rn. 34). Sofern das FamFG in den §§ 151 ff. FamFG das Jugendamt benennt, ist das Jugendamt in seiner Funktion als **sozialpädagogische Fachbehörde** gemeint – hier in der Regel der **Allgemeine Sozialdienst (ASD)** als Teil des Jugendamtes – das seiner Verpflichtung zur Mitwirkung in Verfahren vor dem Familiengericht nach § 50 SGB VIII nachkommt.

37 In Kinderschutzverfahren ist das Jugendamt nach dem zum 1.1.2013 geänderten § 162 Abs. 2 S. 1 FamFG nunmehr Muss-Beteiligter. Im Übrigen wird dem Jugendamt nach § 162 Abs. 2 S. 2 FamFG die **Wahlmöglichkeit** eingeräumt, ob es sich über seine Anhörung hinaus am Verfahren beteiligen will, was in der Praxis sehr selten geschieht. Der Gesetzgeber hat davon abgesehen, dem Jugendamt in allen Kindschaftssachen per se eine Beteiligtenstellung einzuräumen, da dies die Verfahren schwerfälliger machen und einen unnötigen Arbeitsaufwand für Gerichte und Jugendämter mit sich bringen würde.[47] Will sich das Jugendamt beteiligen, so ist es bei Stellung eines Antrages nach § 162 Abs. 2 S. 2 FamFG zwingend zu beteiligen. Der Antrag kann in jedem Stadium des Verfahrens gestellt werden. Von einem solchen Antrag ist auch dann auszugehen, wenn das Jugendamt in einem Antragsverfahren einen Sachantrag[48] stellt oder von seinem Beschwerderecht nach § 162 Abs. 3 S. 2 FamFG Gebrauch macht.[49] Ob das Jugendamt überhaupt berechtigt ist, Sachanträge zu stellen, was zu verneinen ist[50], ist eine andere Frage.

38 Auch **ohne Beteiligtenstellung** hat das Jugendamt **Rechte und Pflichten**. Neben dem **Anhörungsrecht** nach § 162 Abs. 1 FamFG (siehe unten → Rn. 84), sind dem Jugendamt alle **Entscheidungen**, zu denen es anzuhören war, **bekannt zu machen und es ist von allen Terminen zu benachrichtigen** (§ 162 Abs. 3 S. 1 FamFG). Ferner ist das Jugendamt zum frühen Termin nach § 155 Abs. 2 FamFG und zum Erörterungstermin nach § 157 FamFG[51] zu laden. Der Anhörungspflicht steht allerdings auch eine **Verpflichtung** des Jugendamts zur **Mitwirkung** während der gesamten Dauer des Verfahrens gegenüber.[52] Die Verpflichtung des Jugendamtes, das Gericht in Kindschaftssachen bei Maßnahmen, die die Person des Kindes betreffen, zu unter-

---

[44] Vgl. BGH ZKJ 2017, 26; *Lack* ZKJ 2010, 189.
[45] Vgl. dazu *Oberloskamp* ZKJ 2016, 336.
[46] *Hoffmann* JAmt 2011, 299; 2009, 413 (416).
[47] BT-Drs. 16/6308, 241.
[48] BT-Drs. 16/6308, 241: Sach- oder Verfahrensantrag.
[49] Keidel/*Engelhardt* FamFG § 162 Rn. 10; Heilmann/*Dürbeck* FamFG § 162 Rn. 22.
[50] *Oberloskamp* ZKJ 2016, 336 (341); *Katzenstein* FPR 2011, 20, 22.
[51] Vgl. dazu *Berneiser* ZKJ 2016, 255 und 2016, 291.
[52] FK-SGB VIII/*Trenczek* § 50 Rn. 11.

stützen und im Verfahren mitzuwirken, ergibt sich aus § 50 Abs. 1 S. 2 SGB VIII.[53] Es hat eine **gutachtliche Stellungnahme**[54] abzugeben (im Hinblick auf den frühen Termin nach § 155 Abs. 2 FamFG dort auch mündlich), ist aber bei fehlender Anordnung seines persönlichen Erscheinen nicht zum **Erscheinen** in Terminen verpflichtet.[55] Es soll das Gericht durch fachkundigen Rat unterstützen und zu den zu treffenden Entscheidungen Stellung nehmen.[56] Nach zutreffender, aber umstrittener Ansicht hat es grundsätzlich auch einen Entscheidungsvorschlag zu machen.[57] Ist das Jugendamt nicht Beteiligter, stehen ihm trotz seiner besonderen Funktion die Beteiligtenrechte (siehe unten → Rn. 43) zwar nicht zu. Gleichwohl sind ihm **Schriftsätze** der übrigen Beteiligten und ein eingeholtes **Sachverständigengutachten** zu übersenden, weil es sonst nicht dazu in der Lage ist, seine fachliche Äußerung auf hinreichenden Grundlagen zu fertigen und sein Recht zur Beschwerde auszuüben.[58] In Vormundschaftsverfahren obliegt dem Jugendamt gem. § 53 SGB VIII die Aufgabe, dem Familiengericht geeignete Personen als Vormund oder Pfleger vorzuschlagen (§ 53 Abs. 1 und 4 SGB VIII) und die Vormünder und Pfleger zu beraten und zu überwachen (§ 53 Abs. 2 und 3 S. 1 SGB VIII). Das Jugendamt ist ferner verpflichtet, dem Familiengericht mitzuteilen, wie es dem Mündel ergeht, ferner, wenn festgestellte Mängel nicht im Einvernehmen mit dem Vormund oder Pfleger behoben werden können oder es von der Gefährdung von Mündelvermögen Kenntnis erlangt (§ 53 Abs. 3 S. 2–4 SGB VIII). Zur Akteneinsicht ausführlich unten → Rn. 61 ff., zum Beschwerderecht des Jugendamtes gem. §§ 162 Abs. 3 S. 2, 59 Abs. 3 FamFG siehe unten → Rn. 128, zur Kostentragungspflicht → Rn. 165, zur Unterstützung bei der Vollstreckung → Rn. 121.

c) Beteiligtenfähigkeit. Die Fähigkeit, Beteiligter in einem familiengerichtlichen 39 Verfahren zu sein, ergibt sich aus § 8 FamFG. Verfahrensbeteiligter kann demnach jede natürliche und juristische Person sein, ferner Behörden (zB Jugendamt, Standesamt und Betreuungsbehörde) und Vereinigungen, Personengruppen und Einrichtungen, soweit ihnen ein Recht zustehen kann.

d) Rechte der Beteiligten/Informations- und Belehrungspflichten des Ge- 40 **richts.** Wer Beteiligter am Verfahren ist, hat zunächst das Recht, hierauf **hingewiesen** zu werden (§ 7 Abs. 4 S. 2 FamFG). Beteiligte sind vor einer beabsichtigten Verweisung oder Abgabe **anzuhören** (§§ 3 Abs. 1, 4 FamFG). Ihnen wird das Verschulden ihres gesetzlichen Vertreters zugerechnet (§ 9 Abs. 4 FamFG). Sie können sich durch einen Anwalt oder einen Bevollmächtigten vertreten lassen (§ 10 FamFG), mit Beiständen erscheinen und Akteneinsicht nehmen (§ 13 FamFG). Auch das Verschulden ihres Verfahrensbevollmächtigten wird ihnen nach § 11 S. 5 FamFG, § 85 ZPO zugerechnet. Ihnen sind Schriftstücke, die eine Termin- oder Fristbestimmung enthalten, **bekannt** zu **geben** (§ 15 FamFG). Ein verfahrenseinleitender Antrag ist ihnen gem. § 23 Abs. 2 FamFG vom Gericht zu übermitteln. Eine ausdrückliche Verpflichtung des Gerichts, etwa zur Übersendung schriftlicher Erklärungen oder Beweisergebnisse

---

[53] Wiesner/*Dürbeck* Anhang 3 Rn. 5.

[54] *Oberloskamp* ZKJ 2016, 336, 341; zur Abgrenzung von Bericht und Gutachten vgl. auch *Oberloskamp/Borg-Laufs/Mutke*, 27 ff.

[55] BT-Drs. 17/10490, 20; Heilmann/*Dürbeck* SGB VIII § 50 Rn. 7.

[56] OLG Köln FamRZ 1995, 1593.

[57] BGH FamRZ 1986, 895; ZfJ 1954, 234; OLG Stuttgart FamRZ 2006, 1857; *Oberloskamp* ZKJ 2016, 336 (340 f.) auch zu möglichen Ausnahmen; aA: Wiesner/*Wapler* SGB VIII § 50 Rn. 50.

[58] DIJuF-Rechtsgutachten JAmt 2010, 25; *Hoffmann* FPR 2011, 304 (305 f.); aA: *Heilmann* FamRZ 2010, 1391; *Lack* ZKJ 2010, 189 (191).

an die Beteiligten findet sich im FamFG nicht.[59] Eine solche lässt sich jedoch aus § 37 Abs. 2 FamFG ableiten, wonach das Gericht seine Entscheidung, die in Rechte eines Beteiligten eingreift, nur auf solche Tatsachen und Beweisergebnisse stützen darf, zu denen sich der Beteiligte **äußern** konnte. Das gleiche folgt aus dem durch Art. 103 GG garantierten Recht auf Gewährung **rechtlichen Gehörs**. Beteiligte können selbst Anträge stellen, soweit nicht ihre Vertretung durch einen Rechtsanwalt vorgesehen ist (§ 25 Abs. 1 FamFG) und sonstige verfahrensrechtliche Erklärungen abgeben. Sie können ferner Ablehnungsgesuche gegen Richter und Sachverständige vorbringen. § 28 FamFG garantiert ihnen **Hinweispflichten** des Gerichts und § 30 Abs. 3 FamFG die Gelegenheit zur **Stellungnahme** zu einer Beweisaufnahme. Durch § 33 FamFG ist die Verpflichtung zum **persönlichen Erscheinen** geregelt, und § 34 FamFG sieht das Recht der Beteiligten vor, persönlich angehört zu werden. § 36 FamFG normiert das Recht der über den Gegenstand verfügungsberechtigten Beteiligten, einen **Vergleich** abzuschließen und §§ 81 ff. FamFG regeln die mögliche **Kostentragungspflicht** der Beteiligten. Schließlich knüpft auch das Recht zur Bewilligung staatlicher **Verfahrenskostenhilfe** (§§ 76 ff. FamFG) an die Beteiligteneigenschaft an.[60]

41 **7. Verfahrensfähigkeit/Stellung Minderjähriger.** Von der Beteiligtenfähigkeit zu unterscheiden ist die Verfahrensfähigkeit. Sie regelt, wer im Verfahren **selbst** auftreten und wirksame verfahrensrechtliche **Erklärungen abgeben,** insbesondere wirksame **Anträge** stellen oder Vertreter beauftragen kann.[61] Die Verfahrensfähigkeit ist in § 9 FamFG geregelt und verweist zusätzlich auf §§ 53–58 ZPO. Verfahrensunfähige Personen werden durch ihre nach bürgerlichen Recht dazu befugten Personen vertreten (§ 9 Abs. 2 FamFG).

42 Die Verfahrensfähigkeit beginnt grundsätzlich mit der Vollendung des **18. Lebensjahres** (§ 9 Abs. 1 Nr. 1 FamFG). § 9 Abs. 1 Nr. 2 FamFG erweitert die Verfahrensfähigkeit auf die nach dem bürgerlichen Recht **beschränkt Geschäftsfähigen,** soweit sie für den Gegenstand des Verfahrens als geschäftsfähig anerkannt sind. Dies betrifft zB die Fälle, in denen der Minderjährige mit Genehmigung des Familiengerichts gem. §§ 112, 113 BGB zum Betrieb eines Erwerbsgeschäft oder zur Eingehung eines Dienst- oder Arbeitsvertrages ermächtigt worden ist.[62] § 9 Abs. 1 Nr. 3 FamFG erstreckt die Verfahrensfähigkeit auf die Minderjährigen, die das **14. Lebensjahr vollendet** haben. Sie sind in Verfahren, **die ihre Person betreffen** und in denen sie ein ihnen nach **bürgerlichem Recht zustehendes Recht geltend machen,** verfahrensfähig. Nach der Gesetzesbegründung soll die Akzessorietät zwischen materiellem und formellem Recht hergestellt werden.[63] So soll beispielsweise dem mindestens 14 Jahre alten Minderjährigen ermöglicht werden, das ihm nach § 1671 Abs. 1 Nr. 1 Abs. 2 Nr. 1 BGB zustehende Widerspruchsrecht bei der Übertragung der elterlichen Sorge oder das ihm gem. § 1778 Abs. 1 Nr. 5 BGB bei der Berufung des benannten Vormundes zustehende Widerspruchsrecht eigenständig, ohne Mitwirkung des gesetzlichen Vertreters, geltend zu machen. Aus § 9 Abs. 1 Nr. 3 FamFG ist auch abzuleiten, dass verfahrensfähige Minderjährige analog § 107 BGB einen **Geschäftsbesorgungsvertrag mit einem Rechtsanwalt** schließen und diesem **Vollmacht** erteilen können.[64] Deshalb kann

[59] BT-Drs. 16/6308, 194.
[60] OLG Hamm FamRZ 2016, 1003; *Dürbeck/Gottschalk* Rn. 47.
[61] *Schael* FamRZ 2009, 265 (267).
[62] Vgl. *Heiter* FamRZ 2009, 85 mit detaillierten Ausführungen zur Verfahrensfähigkeit Minderjähriger.
[63] BT-Drs. 16/9733, 288.
[64] OLG Dresden NJW 2014, 2451; Heilmann/*Dürbeck* FamFG § 60 Rn. 2.

ihnen auch Verfahrenskostenhilfe zu bewilligen und ein Anwalt beizuordnen sein.[65] Die bereits erfolgte Bestellung des Verfahrensbeistandes ist in diesem Fall nach § 158 Abs. 5 FamFG nachträglich aufzuheben. (Zur Anhörung von Minderjährigen siehe unten → Rn. 82, zum Beschwerderecht von Minderjährigen siehe unten → Rn. 128 und zur Verfahrensfähigkeit in Unterbringungsverfahren siehe unten → Rn. 178).

Kinder, die das 14. Lebensjahr noch nicht vollendet haben, sind nicht verfahrensfähig. Für sie handeln ihre gesetzlichen Vertreter (§ 1629 Abs. 1 BGB). Teilweise wurde vertreten, den Eltern müssten in Fällen, in denen das Interesse des Minderjährigen zu dem Interesse seiner Eltern in **erheblichen Gegensatz** stehe, die **Vertretungsmacht** gem. §§ 1629 Abs. 2 S. 3, 1796 BGB **entzogen** und dem Minderjährigen ein Ergänzungspfleger bestellt werden.[66] Diese Auffassung hat der BGH jedoch zu Recht abgelehnt, weil die eigenen Interessen des Kindes bereits hinreichend durch die Bestellung eines Verfahrensbeistandes gewahrt sind und die gleichzeitige Bestellung eines Ergänzungspflegers und eines Verfahrensbeistandes das Verfahren noch schwerfälliger machen würde.[67]

8. Bevollmächtigte/Vollmacht. In Kindschaftssachen besteht weder in der ersten 43
Instanz vor dem Amtsgericht noch in der zweiten Instanz vor dem Oberlandesgericht Anwaltszwang (§ 114 FamFG). Deshalb können sich die Beteiligten in Kindschaftssachen **selbst vertreten** (§ 10 Abs. 1 FamFG). Die Beteiligten und ihre gesetzlichen Vertreter können sich gleichwohl durch eine **dritte Person** vertreten lassen. Die Vertreter werden Bevollmächtigte genannt, da sie zur Vertretung bevollmächtigt werden. Geregelt ist die Vertretung durch Bevollmächtigte in § 10 FamFG. Die Beteiligten können sich durch einen **Rechtsanwalt** vertreten lassen oder durch die in § 10 Abs. 2 Nr. 1–3 FamFG aufgeführten Personen, wobei die **Aufzählung** abschließend ist. Gesetzgeberisches Ziel der nur eingeschränkt zulässigen Vertretung durch Nichtanwälte war der Schutz der Anwaltschaft vor dem Eindringen von Nichtanwälten in die Rechtsberatung.[68] **Nichtvertretungsbefugte** werden vom Gericht durch unanfechtbaren Beschluss **zurückgewiesen** (§ 10 Abs. 3 FamFG). Sind die an sich nach Abs. 2 zulässigen Bevollmächtigten nicht in der Lage, das Sach- und Streitverhältnis sachgerecht darzustellen, kann ihnen das Gericht die weitere Vertretung **untersagen**.

Die Bevollmächtigen, die nicht Anwälte sind, müssen die Vollmacht, also den Nach- 44
weis, dass sie von dem Beteiligten oder seinem gesetzlichen Vertreter bevollmächtigt sind, zur **Akte** reichen; sie kann auch nachgereicht werden (§ 11 FamFG). Rechtsanwälte müssen keine Vollmacht vorlegen, es genügt zunächst, wenn sie behaupten, bevollmächtigt zu sein. Beim Bestreiten der Vertretungsbefugnis wird der Rechtsanwalt (oder Notar) zur Vorlage der Vollmacht aufgefordert und hat sie vorzulegen.

9. Beistand. Von den Bevollmächtigten zu unterscheiden sind die Beistände iSd 45
§ 12 FamFG. Der Beistand unterstützt den Beteiligten in Terminen und **tritt neben dem Beteiligten** auf, nicht anstatt ihm.[69] Er benötigt deshalb auch keine Verfahrensvollmacht. Die Beteiligten können gem. § 12 FamFG in Begleitung von Beiständen zum Termin erscheinen. Beistand kann sein, wer als Bevollmächtigter zur Vertretung befugt ist. Das Gericht kann aber andere Personen gem. § 12 S. 3 FamFG als Beistand

---

[65] OLG Dresden NJW 2014, 2451; OLG Stuttgart ZKJ 2014, 289; Heilmann/*Dürbeck* FamFG § 76 Rn. 5.

[66] Staudinger/*Veit* BGB § 1795 Rn. 53.

[67] BGH ZKJ 2011, 465; *Schael* FamRZ 2009, 265, 269.

[68] *Zimmermann* Rn. 38.

[69] Keidel/*Zimmermann* FamFG § 12 Rn. 5.

zulassen, wenn dies **sachdienlich** ist und hierfür nach den Umständen des Einzelfalls ein Bedürfnis besteht. In Betracht kommen insbesondere Freunde, Bekannte und Nachbarn oder Sozialarbeiter und Vertreter gemeinnütziger Organisationen. Letztere können auch wiederholt bei Gericht als Beistand (in verschiedenen Verfahren) auftreten, da sich das Bedürfnis nach deren Unterstützung aus der Art ihrer Tätigkeit zwangsläufig ergibt (Beispiel: die Sozialarbeiterin in einem Frauenhaus), die Tätigkeit andererseits nicht auf die Unterstützung bei Gericht ausgerichtet ist. Bei der **Begutachtung durch einen Sachverständigen** hat ein Beteiligter auch ein Recht zur Anwesenheit eines Beistands während der Exploration.[70]

46 **10. Verfahrensbeistand.** Vom Beistand im Sinne des § 12 FamFG zu unterscheiden ist der Verfahrensbeistand des Kindes.[71] Der Verfahrensbeistand ist der eigenständige Interessenvertreter des am Verfahren beteiligten Kindes und gesetzlich geregelt in § 158 FamFG. Der Begriff des Verfahrensbeistands soll die Aufgabe und Funktion des „Anwalts des Kindes" deutlicher zum Ausdruck bringen als der vormalige Begriff des „Verfahrenspflegers".[72] Der Verfahrensbeistand hat nicht – wie der Pfleger – Teile der elterlichen Sorge inne, sondern er steht „neben" dem Inhaber der elterlichen Sorge.

§ 158 FamFG enthält eine **Verpflichtung** des Familiengerichts zur Bestellung eines Verfahrensbeistands, wenn das Kriterium der **Erforderlichkeit** erfüllt ist. Er gilt auch in Verfahren vor dem Rechtspfleger.[73]

47 § 158 Abs. 1 FamFG enthält insoweit die Grundnorm für die Bestellung eines Verfahrensbeistandes.[74] Danach ist dem Kind ein Verfahrensbeistand zu bestellen, wenn dies zur **Wahrung seiner Interessen** erforderlich ist, ohne dass es auf das Vorliegen der Voraussetzungen des Absatz 2 ankommt. Dieser enthält sodann 5 **Fallgruppen,** in denen die Bestellung eines Verfahrensbeistands **in der Regel** erforderlich ist:

48 Nach § 158 Abs. 2 **Nr. 1** FamFG ist die Bestellung in der Regel erforderlich, wenn zwischen dem Kind und seinem gesetzlichen Vertreter ein **erheblicher Interessengegensatz** besteht.

Das Bestehen eines solchen Interessengegensatzes ist anzunehmen, wenn die Autonomiekonflikte zwischen den Eltern und den heranwachsenden Kindern nicht mehr einvernehmlich gelöst werden[75] oder die Mutter den Umgang des minderjährigen Kindes mit dem Vater ohne triftigen Grund unterbinden will, obwohl das Kind eine gute Beziehung zum Vater hat.[76]

49 § 158 Abs. 2 **Nr. 2** FamFG sieht die Bestellung für erforderlich an in Verfahren nach den **§§ 1666 und 1666a BGB,** wenn die teilweise oder vollständige Entziehung der elterlichen Sorge in Betracht kommt, weil es sich hierbei um schwerwiegende Eingriffe in das Elternrecht handelt, die weit reichende Folgen für das Kind haben. Der Interessenskonflikt ergibt sich in derartigen Fällen zumeist aus dem – gegebenenfalls im Rahmen des Verfahrens noch zu klärenden – Fehlverhalten der Eltern gegenüber ihren Kindern und der sich hieraus ergebenden Konfliktsituation, insbesondere dem Loyalitätskonflikt, in den Kinder in diesen Fällen geraten.[77]

---

[70] OLG Hamm ZKJ 2015, 198.

[71] Ausführlich zum Verfahrensbeistand nach dem neuen FamFG: *Lack/Salgo* FPR 2012, 353; *Veit* FF 2008, 476.

[72] BT-Drs. 16/6308, 238.

[73] Vgl. dazu *Leeb* RpflStud 2015, 1.

[74] Keidel/*Engelhardt* FamFG § 158 Rn. 9

[75] *Trenczek* ZKJ 2009, 97 (100).

[76] *Musielak/Borth* FamFG § 158 Rn. 5.

[77] Heilmann/*Keuter* FamFG § 158 Rn. 15.

Wenn eine **Trennung des Kindes** von der Person erfolgen soll, in deren **Obhut** es sich befindet, so sieht § 158 Abs. 2 **Nr. 3** FamFG die Bestellung eines Verfahrensbeistandes vor. Die Erforderlichkeit begründet sich aus den erheblichen Auswirkungen, die eine Trennung auf das Kind haben kann, wobei das Kind hier zumeist im Mittelpunkt der gegensätzlichen Interessen der Verfahrenbeteiligten steht, die jeweils das Ziel verfolgen, das Kind in ihre Obhut zu nehmen bzw. zu belassen. Die Vorschrift findet Anwendung unabhängig davon, wer die Trennung anstrebt und ist nicht auf Verfahren nach §§ 1666, 1666a BGB beschränkt.[78] 50

Eine Bestellung gem. § 158 Abs. 2 **Nr. 4** FamFG wird ferner für erforderlich angesehen in Verfahren, die die **Herausgabe** des Kindes oder eine **Verbleibensanordnung** zum Gegenstand haben. Von der Regelung umfasst sind Verfahren nach § 1632 Abs. 1 und 2 BGB (Herausgabeverlangen des Personenberechtigten) oder nach §§ 1632 Abs. 4, 1682 BGB (Verbleibensanordnung zugunsten der Pflegeperson oder der Bezugsperson). Auch hier geht es wie bei Nr. 3 um den Aufenthalt des Kindes und eine mögliche Herauslösung aus seinem Lebensumfeld.[79] 51

Gem. § 158 Abs. 2 **Nr. 5** ist FamFG die Bestellung eines Verfahrensbeistandes ebenfalls regelmäßig erforderlich, wenn der **Ausschluss** oder eine **wesentliche Beschränkung des Umgangsrechts** in Betracht kommt (vgl. § 1684 Abs. 4 BGB). Dieses Regelbeispiel bezieht sich auf Fälle, in denen das Recht eines Elternteils, Umgang mit seinem Kind zu haben, vollständig ausgeschlossen oder eingeschränkt werden soll, auch wenn eine zeitlich Befristung dieser Anordnung im Raume steht.[80] Auch hier findet ein tiefer Eingriff in Elternrechte aufgrund eines Konfliktes statt, in dem zumeist beide Eltern die Interessen ihres Kindes längst aus den Augen verloren haben oder ein Elternteil seine Elternrechte missbraucht hat.[81] Nr. 5 gilt schließlich auch dann, wenn die Anordnung begleiteter Umgangskontakte im Raum steht.[82] 52

Die Regelbeispiele sind nicht abschließend und können daher als Orientierung zur Auslegung des Begriffs der Erforderlichkeit in Absatz 1 dienen.[83] Im Übrigen bestellt die Praxis heute auch außerhalb der Regelbeispiele von § 158 Abs. 2 FamFG in den weit überwiegenden Verfahren nach § 151 Nr. 1–3 FamFG zu Recht einen Verfahrensbeistand für die betroffenen Kinder. 53

Hat das Gericht die Erforderlichkeit einer Verfahrensbeistandsbestellung festgestellt, muss es zwingend einen Verfahrensbeistand bestellen.[84] Sieht das Gericht trotz Vorliegens eines Regelbeispiels von einer Bestellung ab, bedarf dies **besonderer Gründe**, die das Gericht in der Endentscheidung im Einzelnen darzulegen hat (§ 158 Abs. 3 S. 3 FamFG).[85] Unterlässt es dies, stellt dieses Versäumnis einen schweren Verfahrensfehler dar, der auf Antrag im Beschwerdeverfahren gemäß § 69 Abs. 1 S. 3 FamFG zur Aufhebung der Entscheidung und Zurückverweisung des Verfahrens an das Amtsgericht führen kann.[86] Von der **Bestellung** kann beispielsweise ausnahmsweise dann **abgesehen** werden, wenn sich alle Beteiligten über das Ziel des Verfahrens einig sind,[87] wenn es sich um eine Entscheidung von geringer Tragweite 54

---

[78] Prütting/Helms/*Hammer* FamFG § 158 Rn. 9.
[79] Keidel/*Engelhardt* FamFG § 158 Rn. 17.
[80] *Bumiller/Harders/Schwamb* FamFG § 158 Rn. 11.
[81] *Musielak/Borth* FamFG § 158 Rn. 9.
[82] OLG Saarbrücken FamRZ 2010, 2085.
[83] *Trenczek* ZKJ 2009, 97 (100).
[84] *Bumiller/Harders/Schwamb* FamFG § 158 Rn. 5.
[85] BT-Drs. 16/6308, 238.
[86] OLG Hamm FamRZ 2012, 725; Heilmann/*Dürbeck* FamFG § 69 Rn. 7.
[87] Vgl. BT-Drs. 16/6308, 238.

handelt[88] oder dem Kind ein **Umgangsergänzungspfleger**[89] bestellt wurde.[90] Es sollte nur in **Ausnahmefällen** von einer Bestellung abgesehen werden, da der Verfahrensbeistand diejenige Person im Verfahren ist, die ausschließlich die Interessen des Kindes wahrnimmt, dem Kind das Verfahren und seine Auswirkungen auf das Kind kindgerecht vermittelt und im Interesse des Kindes Rechtmittel einlegen kann. Die Bestellung des Verfahrensbeistandes muss im Anfangsstadium des Verfahrens[91] geprüft werden und ggf. noch vor der Kindesanhörung und vor der Einholung eines Sachverständigengutachtens erfolgen.[92] Die Entscheidung über die Bestellung, die Aufhebung oder Ablehnung einer Bestellung ist nicht selbständig anfechtbar (§ 158 Abs. 3 S. 4 FamFG).

55 Die Auswahl des Verfahrensbeistandes steht im pflichtgemäßen Ermessen des Gerichts, wobei hinsichtlich der zur Verfügung stehenden Sachkenntnis der Verfahrensbeistände immer die besonderen Umstände des Falles zu berücksichtigen sind.[93] Die Praxis bestellt überwiegend Rechtsanwälte oder Sozialpädagogen.[94] Nicht bestellt werden können Mitarbeiter des Jugendamts[95] oder der vom Gericht beauftragte Sachverständige.[96] Auch ein bereits bestellter Umgangspfleger sollte wegen der Vermeidung von Doppelfunktionen und möglicher Interessenskollisionen nicht berücksichtigt werden. Die Frage der Eignung hat sich ausschließlich an den gesetzlichen Vorgaben in § 158 Abs. 4 FamFG zu orientieren, berufsrechtlich bestehende Mindeststandards, wie etwa die des BVEB eV, sind nicht für das Familiengericht verpflichtend.[97]

56 Gesetzlich geregelt sind die **Aufgaben** und die **Rechtsstellung** des Verfahrensbeistandes in § 158 FamFG Abs. 3 und 4. Der Verfahrensbeistand wird durch seine Bestellung kraft Gesetzes zum Beteiligten des Verfahrens (§ 158 Abs. 3 S. 2 FamFG). Damit stehen ihm umfassende **Verfahrensrechte** zu, wie Akteneinsicht, Teilnahme am Termin etc.[98] Aus seiner Stellung als Beteiligter folgt, dass er Rechtsmittel im eigenen Namen einlegen kann, allerdings muss die **Rechtmitteleinlegung im Interesse des Kindes** erfolgen (§ 158 Abs. 4 S. 5 FamFG). Einem **gerichtlich gebilligten Vergleich** nach § 156 Abs. 2 FamFG muss er zustimmen[99] (siehe unten → Rn. 111). Aus seiner Stellung als Beteiligter folgt auch, dass er nicht wegen Besorgnis der Befangenheit abgelehnt werden kann.[100] Der Verfahrensbeistand ist jedoch nicht gesetzlicher Vertreter des Kindes, dies stellt § 158 Abs. 4 S. 6 FamFG klar. Auch Kosten dürfen ihm nicht auferlegt werden (§ 158 Abs. 8 FamFG).

57 Von der gesetzlichen Einführung des früheren Verfahrenspflegers war bis zum Inkrafttreten des FamFG die Frage umstritten, ob der Verfahrensbeistand reiner Interessenvertreter des Kindes ist, also ausschließlich den Kindeswillen ins gerichtliche Verfahren einbringen soll,[101] oder aber auch Gesichtspunkte des Kindeswohls.[102]

---

[88] Heilmann/*Keuter* FamFG § 158 Rn. 8.
[89] Anerkannt durch BGH ZKJ 2016, 419; zum Streitstand *Heilmann* FamRZ 2014, 1753.
[90] OLG Brandenburg FamRZ 2008, 1748.
[91] § 158 Abs. 3 S. 1 FamFG spricht insoweit von *„so früh wie möglich"*.
[92] HB-VB/*Heilmann* Rn. 1357.
[93] Prütting/Helms/*Hammer* FamFG § 158 Rn. 27.
[94] Zu den Anforderungen vgl. *Salgo* FPR 2006, 12.
[95] OLG Naumburg FamRZ 2000, 300; OLG Hamm FamRZ 2014, 600.
[96] Keidel/*Engelhardt* FamFG § 158 Rn. 33.
[97] KG ZKJ 2014, 285.
[98] *Zimmermann* Rn. 362.
[99] OLG München ZKJ 2015, 116 m. Anm. *Dürbeck*.
[100] Keidel/*Engelhardt* FamFG § 158 Rn. 39; vgl. auch OLG Celle FGPrax 2003, 128 zu § 50 FGG aF.
[101] So ua *Will* JAmt 2001, 158 (160); OLG Dresden FamRZ 2002, 968; OLG Rostock FamRZ 2002, 969.
[102] HB-VB/*Salgo* Rn. 66 f.

Durch die gesetzliche Neuregelung in § 158 Abs. 4 S. 1 FamFG ist nunmehr festgelegt, dass der Verfahrensbeistand **das Interesse des Kindes** festzustellen und im gerichtlichen Verfahren zur Geltung zu bringen hat (§ 158 Abs. 4 S. 1 FamFG). Danach soll der Verfahrensbeistand in erster Linie den **Kindeswillen ermitteln und** in das gerichtliche Verfahren einbringen, er kann darüber hinaus aber auch **weitere Gesichtspunkte** und etwaige Bedenken vortragen.[103] Er hat bei seiner Stellungnahme sowohl den Kindeswillen als auch das Kindeswohl einzubeziehen.[104] Der Gesetzgeber hat damit klargestellt, dass er nicht allein dem vom Kind geäußerten Willen verpflichtet ist. Der Verfahrensbeistand hat das Kind in geeigneter Weise über das Verfahren zu informieren (§ 158 Abs. 4 S. 2 FamFG).

Wie aus § 158 Abs. 4 S. 3 FamFG ersichtlich ist es grundsätzlich nicht Aufgabe des Verfahrensbeistandes, **Gespräche mit den Eltern und anderen Bezugspersonen** zu führen und am Zustandekommen einer einvernehmlichen Regelung mitzuwirken. Es steht aber nach der vorgenannten Vorschrift im **Ermessen** des Gerichts, dem Verfahrensbeistand diesen Aufgabenkreis zusätzlich zu übertragen. Hierbei ist ein großzügiger Maßstab anzulegen, denn es ist schwer nachzuvollziehen, wie der Verfahrensbeistand ohne Gespräche mit den Eltern und weiteren, dem Kind nahe stehenden Personen und ohne Beobachtungen des Umfeldes des Kindes dessen Wohl ermitteln soll.[105] Nur wenn ihm der erweiterte Aufgabenkreis von § 158 Abs. 4 S. 3 FamFG übertragen ist, hat er auch eine **datenschutzrechtliche Befugnis** zur Erhebung und Weiterleitung von Daten bei den in Abs. 4 S. 3 bezeichneten Personen und Institutionen.[106] 58

Die **Vergütung** der Verfahrensbeistände ist in § 158 Abs. 7 FamFG geregelt. Wird die Verfahrensbeistandschaft **berufsmäßig** ausgeübt, was anlässlich der Bestellung ausdrücklich im Beschluss enthalten sein muss, erhält der Verfahrensbeistand eine pauschale Vergütung von 350,00 EUR (§ 158 Abs. 7 S. 2 FamFG), allerdings für jeden Rechtszug, also auch insbesondere im Beschwerdeverfahren nach §§ 58 ff. FamFG erneut in voller Höhe. Sofern ihm die zusätzliche Aufgabe übertragen wurde, Gespräche mit den Eltern und weiteren Bezugspersonen zu führen und am Zustandekommen einer einvernehmlichen Lösung mitzuwirken, erhöht sich die Vergütung auf 550,00 EUR (§ 158 Abs. 7 S. 3 FamFG). In diesem Betrag sind bereits entstandene Aufwendungen (zB besonders hohe Fahrtkosten[107]) des Verfahrensbeistandes und die von ihm abzuführende Umsatzsteuer enthalten (§ 158 Abs. 7 S. 4 FamFG). Nach wohl überwiegender Auffassung kann er auch die ihm entstandenen **Dolmetscherkosten** für Gespräche mit dem nicht deutschsprachigen Kind und/oder seiner Eltern nicht getrennt in Rechnung stellen.[108] Berufsmäßig ausgeübt wird die Verfahrensbeistandschaft dann, wenn dem Verfahrensbeistand Verfahrensbeistandschaften in einem so großen Umfang übertragen sind, dass er sie nur im Rahmen einer Berufsausübung führen kann.[109] Im Übrigen erhält der Verfahrensbeistand die Gebühr für jedes Kind gesondert, für das er bestellt ist.[110] Ist er sowohl in einer Hauptsache als auch in einem einstweiligen Anordnungsverfahren bestellt, erhält er ebenfalls jeweils 59

---

[103] BT-Drs. 16/6308, 239.
[104] BT-Drs. 16/6308, 239.
[105] Vgl. *Trenczek* ZKJ 2009, 97 (101).
[106] Vgl. dazu ausführlich *Morat/Kramer* ZKJ 2014, 139; HB-VB/*Bauer* Rn. 392 ff.
[107] BGH NJW 2014, 157; 2013, 3724,
[108] OLG München ZKJ 2016, 26; OLG Hamm ZKJ 2014, 333; aA: OLG Frankfurt FamRZ 2014, 1135; Heilmann/*Keuter* FamFG § 158 Rn. 50.
[109] Vgl. § 1 VBVG.
[110] BGH FamRZ 2011, 467.

gesondert die volle Vergütungspauschale.[111] Dies gilt auch dann, wenn verschiedene Gegenstände (zB Sorge- und Umgangsrecht) in einem einzigen Verfahren behandelt werden.[112] Dies gilt aber nicht für die Auswahl des Vormunds innerhalb eines Verfahrens nach § 1666 BGB.[113] Der Anspruch entsteht im Übrigen mit der Aufnahme seiner Amtstätigkeit. Es genügt, dass er in irgendeiner Weise im Interesse des Kindes nach außen erkennbar tätig geworden ist, wobei allein die Kenntnisnahme des Bestellungsbeschlusses[114] oder der noch nicht begründeten Beschwerdeschrift nicht ausreichend ist.[115]

Der **ehrenamtliche** Verfahrensbeistand erhält nur Ersatz seiner Aufwendungen (§ 158 Abs. 7 iVm § 277 Abs. 1 S. 1 FamFG iVm § 1835 Abs. 1, 2 BGB). Eine Vergütung für seine Tätigkeit erhält er nicht. Fahrtkosten kann er entsprechend § 5 JVEG abrechnen (§ 1835 Abs. 1 S. 1 BGB). Gemäß § 1835 Abs. 1 S. 3 FamFG ist der Anspruch binnen einer Ausschlussfrist von 15 Monaten seit Entstehen der Aufwendung[116] geltend zu machen. Eine Behörde oder ein Verein erhalten nach § 277 Abs. 1 S. 2 BGB keinen Aufwendungsersatz.

60 Dem Verfahrensbeistand dürfen keine **Verfahrenskosten** auferlegt werden (§ 158 Abs. 8 FamFG). Dies folgt aus seiner Stellung als ausschließlicher Interessenvertreter des Kindes. Der Verfahrensbeistand nimmt keine eigenen Interessen in dem Verfahren wahr.[117] Das Kostenprivileg gilt allerdings nicht im Kostenfestsetzungsverfahren betreffend die Vergütung des Verfahrensbeistands.[118]

61 11. **Akteneinsicht.** Soweit nicht schwerwiegende Interessen eines Beteiligten oder eines Dritten entgegenstehen, können die **Beteiligten** die Gerichtsakten auf der Geschäftsstelle des Gerichts einsehen (§ 13 Abs. 1 FamFG). Bei Verfahrensbeteiligten und ihren Bevollmächtigten nimmt das Gesetz grundsätzlich ein **berechtigtes Interesse** an der Akteneinsicht an. Ein schwerwiegender Grund, der der Akteneinsicht entgegensteht, kann beispielsweise die mit der Kenntnisnahme eines psychiatrischen Gutachtens durch den Betroffenen selbst verbundene **Gefahr** für dessen psychische Gesundheit sein, oder aber in einem Gewaltschutz- oder Kinderschutzverfahren das Geheimhaltungsinteresse des Gewaltbetroffenen oder Kindes an seinem aktuellen Aufenthalt.[119]

62 Gem. § 13 Abs. 2 FamFG kann auch am Verfahren **nicht beteiligten** Personen Einsicht in die Gerichtsakten gestattet werden, soweit sie ein berechtigtes Interesse glaubhaft machen und schutzwürdige Interessen nicht entgegenstehen. Die Einsicht der Akten und die Erteilung von Abschriften ist insoweit zu versagen, als § 1758 BGB (Schutz des Adoptionsgeheimnisses) entgegensteht (§ 13 Abs. 2 FamFG). Glaubhaft gemacht werden müssen die Umstände, aus denen sich nach dem gewöhnlichen Lauf der Dinge das berechtigte Interesse ergibt.[120] Ob ein **berechtigtes Interesse gegeben** ist, ist von Fall zu Fall zu entscheiden. Das Interesse kann sich auf bestimmte Teile der Akten beschränken.[121] In solchen Fällen darf auch nur in beschränktem Umfang Ein-

---

[111] BGH FamRZ 2011, 199.
[112] BGH NJW 2012, 3100; OLG München FamRZ 2013, 966.
[113] OLG Frankfurt ZKJ 2014, 113.
[114] BGH FamRZ 2012, 1630.
[115] OLG Nürnberg ZKJ 2015, 77; OLG Celle ZKJ 2012, 489.
[116] BGH FF 2017, 42; OLG Brandenburg ZKJ 2008, 123; Heilmann/*Keuter* FamFG § 158 Rn. 49.
[117] *Bumiller/Harders/Schwamb* FamFG § 158 Rn. 23.
[118] OLG Celle ZKJ 2012, 489.
[119] Keidel/*Sternal* FamFG § 13 Rn. 23.
[120] Prütting/Helms/*Jennissen* § 13 Rn. 26.
[121] Vgl. *Bumiller/Harders/Schwamb* FamFG § 13 Rn. 11.

sicht gewährt werden und es dürfen nur in beschränktem Umfang Abschriften aus den Akten erteilt werden. Dem nicht beteiligten **Jugendamt** kann nach Maßgabe von § 13 Abs. 2 FamFG als Drittem bei Vorliegen eines berechtigten Interesses Akteneinsicht gewährt werden.[122] In Kindschaftssachen können nicht formal beteiligte Pflegepersonen des Kindes (§ 161 FamFG) ebenfalls ein berechtigtes Interesse an der Kenntnis des Akteninhalts haben[123], ebenso nicht mehr sorgeberechtigte Eltern an der Kenntnis der Vormundschaftsakte.[124] Wird eine familiengerichtliche Genehmigung versagt, so kann der Vertragsgegner des Mündels nicht Erteilung von Abschriften verlangen, die für die Entscheidung des Gerichts von Bedeutung waren, und zwar auch nicht mit der Begründung, die Erteilung der Genehmigung sei arglistig hintertrieben worden. Auch ein berechtigtes Interesse gewährt kein unbedingtes Recht auf Akteneinsicht. So können **schutzwürdige Interessen** Beteiligter aus der Persönlichkeits- und Vermögenssphäre entgegenstehen.[125] Das Familiengericht hat nach pflichtgemäßem Ermessen zu entscheiden, ob Akteneinsicht gewährt wird oder **Abschriften** erteilt werden, so zum Beispiel, wenn die Akten Erkenntnisse enthalten, die für den Antragsteller ohne Bedeutung sind oder deren Geheimhaltung im Interesse des Mündels dem Informationsbedürfnis des Antragsteller übergeordnet ist. So können etwa die Personalien der Pflegepersonen des Kindes zu schwärzen sein.

Über die Erteilung der Akteneinsicht an Beteiligte oder Dritte entscheidet jedenfalls **63**
während eines laufenden Kindschaftsverfahrens gemäß § 13 Abs. 7 FamFG das Gericht des jeweiligen Rechtszugs, bei Kollegialorganen der Vorsitzende des Senats.[126] Da es sich um eine Zwischenentscheidung handelt, ist die Entscheidung gegenüber einem **Beteiligten** nicht mit der Beschwerde nach § 58 FamFG **anfechtbar,**[127] sondern nur im Rahmen der Endentscheidung. **Dritte** können demgegenüber die Verweigerung der Akteneinsicht mit der Beschwerde nach § 58 FamFG anfechten.[128] Ist das Verfahren dagegen bereits **abgeschlossen**, so trifft der Direktor oder Präsident des Amtsgerichts die Entscheidung über die Akteneinsicht nicht als einen Akt der Rechtsprechung, sondern in Form eines **Justizverwaltungsakts.**[129] Dessen Anfechtbarkeit richtet sich nach §§ 23 ff. EGGVG. Soweit Akteneinsicht gewährt wird, können sich die Berechtigten Auszüge, Ausfertigungen, und Abschriften auf ihre Kosten von der Geschäftstelle erteilen lassen; die Abschrift ist auf Verlangen von der Geschäftsstelle zu beglaubigen (§ 13 Abs. 3 FamFG). Akten sind grundsätzlich während der üblichen Dienststunden auf der Geschäftsstelle einzusehen.[130] Das dient der Ordnung bei den Gerichten und der Erhaltung der Akten. Einem Rechtsanwalt, Notar oder einer beteiligten Behörde kann das Gericht die Akten auch in deren Amts- und Geschäftsräume überlassen (§ 13 Abs. 4 FamFG), ein Anspruch hierauf bzw. auf die Überlassung von Beweisstücken (zB Originalurkunden) besteht nicht.

---

[122] Prütting/Helms/*Hammer* FamFG § 162 Rn. 14 auch zum Umfang der Einsicht.

[123] OLG Celle FamRZ 2011, 1080; Heilmann/*Cirullies* FamFG § 13 Rn. 4.

[124] AG Freiburg FamRZ 2014, 231; Prütting/Helms/*Jennissen* FamFG § 13 Rn. 35.

[125] Vgl. Keidel/*Sternal* FamFG § 13 Rn. 36.

[126] KG MDR 2014, 983.

[127] Keidel/*Sternal* FamFG § 13 Rn. 67; Heilmann/*Cirullies* FamFG § 13 Rn. 9; aA: Haußleiter/*Gomille* FamFG § 13 Rn. 12; Zöller/*Geimer* FamFG § 13 Rn. 9: sofortige Beschwerde nach §§ 567 ff. ZPO.

[128] OLG Hamburg JAmt 2015, 318; OLG Düsseldorf ZKJ 2014, 161; OLG Hamm FGPrax 2013, 136; OLG Celle ZKJ 2012, 157.

[129] OLG Hamm FamRZ 2012, 51; Heilmann/*Dürbeck* FamFG § 58 Rn. 11; aA: KG FamRZ 2011, 1415; OLG Jena NJW-RR 2012, 139; Keidel/*Sternal* FamFG § 13 Rn. 72: Akt der Rechtsprechung.

[130] *Bumiller/Harders/Schwamb* FamFG § 13 Rn. 12.

III. Verfahrensablauf

64 **1. Verfahrensarten.** Bei allen Verfahren vor dem Familiengericht und damit auch in Kindschaftssachen ist zu unterscheiden zwischen Antragsverfahren und Amtsverfahren.

65 **a) Amtsverfahren.** Amtsverfahren nach § 24 FamFG sind solche Verfahren, die von Amts wegen, entweder auf bloße Anregung von Außen oder durch das Gericht selbst, eingeleitet werden. Eines Antrages bedarf es nicht. Hierzu zählen beispielsweise die Verfahren wegen Verdachts der Kindeswohlgefährdung nach §§ 1666, 1666a BGB und auch Umgangssachen[131] nach § 151 Nr. 2 FamFG mit Ausnahme von Verfahren nach § 1686a BGB. Rechtfertigende Grundlage dafür ist das öffentliche Interesse, das die Allgemeinheit an der Ordnung bestimmter Rechtsverhältnisse hat, und zwar auch dann, wenn die Beteiligten die Ordnung dieser Rechtsverhältnisse nicht selbst betreiben können. Deshalb können die Beteiligten die Einleitung und Durchführung eines familiengerichtlichen Verfahrens nicht verhindern. Liegen nach dem Gesetz bestimmte Voraussetzungen für ein Tätigwerden des Gerichts vor, so hat das Gericht von Amts wegen tätig zu werden, sobald es vom Vorliegen dieser Voraussetzungen Kenntnis erlangt. Oftmals wird das Gericht von Bürgern oder Behörden über einen Sachverhalt unterrichtet, der Anlass zur Überprüfung oder Einschreiten gibt. § 24 FamFG bestimmt, dass von jedermann die Einleitung des Verfahrens **angeregt** werden kann. Die Anregung ist allerdings kein Rechtsschutzgesuch und muss nicht beschieden werden.[132] Jedoch hat das Gericht eine Benachrichtigungspflicht, wenn es der Anregung nicht folgt (§ 24 Abs. 2 FamFG). Soweit sich die Ablehnung der Verfahrenseinleitung als Eingriff in die subjektiven Rechte desjenigen, der ein Interesse an der Einleitung des Verfahrens hat, darstellt (wie zB bei Ablehnung eines Abänderungsverfahrens nach § 1696 Abs. 1 BGB, § 166 Abs. 1 FamFG) ist die Entscheidung ausnahmsweise **nach § 58 FamFG anfechtbar**.[133]

66 **b) Antragsverfahren.** Im Antragsverfahren nach § 23 FamFG bildet der Antrag die notwendige Voraussetzung der gerichtlichen Tätigkeit. Hier darf das Gericht nur auf Antrag das Verfahren einleiten und entscheiden. Ob ein **Antragserfordernis** besteht, ergibt sich aus den materiellen Rechtsvorschriften (zum Beispiel nach § 1631 Abs. 3 BGB: Antrag der Eltern auf Unterstützung bei der Ausübung der Personensorge, § 1632 Abs. 3 S. 1 BGB: Streitigkeiten über die Herausgabe eines Kindes, § 1671 Abs. 1 und 2 BGB: Antrag auf Übertragung der elterlichen Sorge, § 1626a Abs. 2 BGB: Antrag auf Herstellung gemeinsamer Sorge, § 1686a BGB: Antrag auf Auskunft oder Umgang des leiblichen nichtrechtlichen Vater des Kindes, § 1889 BGB: Antrag des Vormund auf Entlassung, § 1747 BGB: Ersetzung der Einwilligung eines Elternteils). Anträge können nur von Verfahrensbeteiligten gestellt werden, die an dem betreffenden Rechtsverhältnis beteiligt sind, so dass das Jugendamt dazu nicht rechtlich imstande ist.[134] Der **Inhalt** des Antrages ist in § 23 FamFG geregelt, der allerdings nur wenige Vorgaben enthält. Die strengen formalen Anforderungen der ZPO (§ 253 ZPO) gelten hier nicht. Der Antrag soll begründet werden, die Stellung eines Sachan-

---

131 OLG Frankfurt ZKJ 2013, 127; *Heilmann* NJW 2012, 16, 20.

132 Prütting/Helms/*Ahn-Roth* FamFG § 24 Rn. 10.

133 OLG Frankfurt ZKJ 2015, 275 zur Abänderung einer Umgangsentscheidung; OLG Hamm FGPrax 2010, 143; Heilmann/*Dürbeck* FamFG § 58 Rn. 3; aA: BGH Rpfleger 2012, 445; MüKoFamFG/*Ulrici* § 24 Rn. 13

134 Prütting/Helms/*Hammer* FamFG § 162 Rn. 20; *Oberloskamp* ZKJ 2016, 336 (341).

trages ist nicht erforderlich, es genügt, wenn das Rechtschutzgesuch ein Rechtschutzziel erkennen lässt.[135]

2. Verfahrensgrundsätze. Die zur Feststellung von entscheidungsrelevanten Tatsachen erforderlichen Ermittlungen hat das Gericht gemäß § 26 FamFG **von Amts wegen** durchzuführen (Untersuchungs- oder Amtsermittlungsgrundsatz). Danach hat das Gericht, ohne an das Vorbringen und etwaige Beweisangebote der Beteiligten gebunden zu sein, von Amts wegen die zur Feststellung der Tatsachen erforderlichen Ermittlungen anzustellen und die geeignet erscheinenden Beweise aufzunehmen.[136] Die **Ermittlungspflicht** erstreckt sich damit auf die Erforschung des **gesamten,** für die Entscheidung wesentlichen **Sachverhalts.** Die Beteiligten können das Gericht durch Angabe von Tatsachen und Beweismitteln unterstützen. Es besteht aber keine Pflicht, Beweise anzubieten. Ein Beteiligter kann nicht wegen Beweisfälligkeit mit seinem Begehren zurückgewiesen werden, ein Vorbringen kann auch nicht als verspätet zurückgewiesen werden. Das Gegenteil zum Amtsermittlungsgrundsatz ist der im Verfahren nach der Zivilprozessordnung herrschende **Beibringungsgrundsatz.** Er spielt in Kindschaftssachen keine Rolle, kommt aber über § 113 Abs. 1 S. 2 FamFG in Ehe- und Familienstreitsachen zur Geltung. 67

3. Verfahrenseinleitung. Das kindschaftsrechtliche Verfahren wird also entweder durch einen Antrag oder von Amts wegen in Gang gesetzt (siehe oben → Rn. 64 ff.). **Anträge und Erklärungen** können von den Beteiligten **schriftlich** oder **zur Niederschrift der Geschäftsstelle** des zuständigen Amtsgerichts abgegeben werden, soweit eine Vertretung durch einen Rechtsanwalt nicht vorgeschrieben ist (§ 25 Abs. 1 FamFG). Auch per Fax kann die schriftliche Erklärung eingereicht werden, mit E-Mail nur, wenn dies per Rechtsverordnung bei dem betreffenden Gericht zugelassen ist (§ 14 Abs. 2, 4 FamFG). Telefonisch kann ein Antrag nicht gestellt werden.[137] 68

Mit der Einleitung von Amts wegen oder aufgrund eines Antrages wird das Verfahren in Gang gesetzt. Hiervon zu unterscheiden ist die Frage, wie das Verfahren fortan betrieben wird.

4. Verfahrensleitung. Nach Einleitung des Verfahrens ist den Beteiligten **rechtliches Gehör** zu gewähren (Art. 103 GG), soweit nicht die Dringlichkeit entgegensteht. Ein Antrag soll den Beteiligten vom Gericht übermittelt werden (§ 23 Abs. 2 FamFG). Das Gericht hat darauf hinzuwirken, dass sich die Beteiligten rechtzeitig über alle erheblichen Tatsachen **erklären** und ungenügende Angaben ergänzen. Ferner hat es die Beteiligten nach § 28 Abs. 1 S. 2 FamFG auf rechtliche Gesichtspunkte **hinzuweisen**, wenn seine rechtliche Beurteilung von denen eines Beteiligten abweicht und das Gericht seine Entscheidung darauf stützen will. Das Gericht ist verpflichtet, auf die Beseitigung von Formfehlern und **sachdienliche Anträge** hinzuwirken (§ 28 Abs. 2 FamFG). Die **Hinweise des Gerichts** nach dieser Vorschrift soll es im Interesse einer Verfahrensbeschleunigung so früh wie möglich erteilen (§ 28 Abs. 3 FamFG). § 28 Abs. 4 FamFG verpflichtet das Gericht, von Terminen und persönlichen Anhörungen einen **Vermerk** zu fertigen, darin sind die wesentlichen Vorgänge des Termins bzw. das Ergebnis einer Anhörung aufzunehmen. Der Vermerk kann auch erst nach der Verhandlung erstellt werden und ist von einem Protokoll, welches in Anwesenheit der Beteiligten diktiert und teilweise zwecks Genehmigung vorzulesen und welches nur in 69

---

[135] *Musielak/Borth* FamFG § 23 Rn. 3.

[136] Keidel/*Sternal* FamFG § 26 Rn. 22.

[137] OLG Köln OLGR 2001, 341.

einem förmlichen Verfahren (vgl. § 164 ZPO) berichtigt werden kann, zu unterscheiden. Der Vermerk dient der Transparenz des Verfahrens, der Wahrung rechtlichen Gehörs und soll dem Beschwerdegericht die Entscheidung erleichtern, ob es die Verfahrenshandlungen wiederholt (vgl. § 68 Abs. 3 S. 2 FamFG).[138]

70 **5. Ermittlungen.** Das Gericht hat von Amts wegen Ermittlungen zur Feststellung der entscheidungserheblichen Tatsachen durchzuführen (§ 26 FamFG). Die Beteiligten sind gehalten, bei der Ermittlung des Sachverhalts **mitzuwirken** (§ 27 Abs. 1 FamFG). Allerdings stellt § 27 Abs. 1 FamFG keine Rechtsgrundlage für eine **Verpflichtung zur Mitwirkung an medizinischen Untersuchungen** oder Begutachtungen dar.[139] Eine Ausnahme hiervon besteht nur nach § 178 FamFG in Abstammungssachen. § 27 Abs. 2 FamFG statuiert eine Wahrheitspflicht der Beteiligten.

71 Der Grundsatz der **amtlichen Erforschung des Sachverhalts** gilt in gleicher Weise für alle Angelegenheiten des Gerichts. Er gilt ebenso für Verfahren, die nur auf Antrag eines Beteiligten durchgeführt werden. Die Ermittlungspflicht entfällt nur insoweit, als einem Beteiligten Glaubhaftmachung obliegt,[140] zum Beispiel nach § 18 Abs. 3 FamFG (Glaubhaftmachung der Tatsachen, die die Wiedereinsetzung in den vorherigen Stand begründen) oder nach § 51 Abs. 1 FamFG im antragsabhängigen Verfahren der einstweiligen Anordnung. Aus dem Amtsermittlungsgrundsatz folgt, dass das Familiengerichtgericht durch die Stellung, die die Beteiligten in dem Verfahren einnehmen, nicht gebunden ist. Erklärungen, Anerkenntnisse, Verzichtsleistungen und dergleichen besitzen daher lediglich die Bedeutung einer Erkenntnisquelle, deren Verwertung dem pflichtgemäßen Ermessen des Gerichts überlassen ist.

72 Die Ermittlungspflicht umfasst die Erforschung des gesamten, für die Entscheidung wesentlichen Sachverhalts einschließlich der **Prüfung der Zuständigkeit** in örtlicher, sachlicher, funktionaler und internationaler Hinsicht.[141]

Der Familienrichter ist verpflichtet, Entscheidungen des Prozessgerichts oder des Strafgerichts bei seinen Entscheidungen angemessen zu berücksichtigen. Eine **Aussetzung** seines Verfahrens (§ 21 FamFG) im Hinblick auf ein strafgerichtliches Verfahren zB wegen Kindesmisshandlung oder eine Kindesvernachlässigung würde jedoch dem Beschleunigungsgrundsatz nach § 155 FamFG widersprechen. Sofern es nicht um Kindschaftsverfahren geht, die den Aufenthalt, das Umgangsrecht, die Herausgabe des Kindes oder eine Kindeswohlgefährdung betreffen, ist eine Aussetzung nach § 21 FamFG möglich, sollte aber auf Ausnahmefälle beschränkt sein, da die Aussetzung zumeist zu einer großen Verzögerung führt. Die Kenntnis **ausländischen Rechts** muss sich das Gericht erforderlichenfalls selbst verschaffen.[142] § 293 ZPO, wonach ausländisches Recht unter Beweis gestellt werden muss, sofern es dem Gericht nicht bekannt ist, findet keine Anwendung.[143]

73 Bei der **Auswahl der Ermittlungsmaßnahmen** ist das Gericht grundsätzlich frei. Es entscheidet nach **pflichtgemäßem Ermessen**, ob es sich zur Beschaffung der für seine Entscheidung erheblichen Tatsachen mit formlosen Ermittlungen begnügen will (**Freibeweis** gem. § 29 FamFG, siehe unten → Rn. 91) oder aber ob es eine förmliche Beweisaufnahme nach den Vorschriften der Zivilprozessordnung (**Strengbeweis** gem.

---

138 BT-Drs. 16/6308, 187.

139 OLG Frankfurt FamRZ 2015, 1521; OLG Nürnberg FamRZ 2014, 677; ausführlich zu den Folgen fehlender Mitwirkung in Kindschaftssachen: *Fahl* NZFam 2015, 848.

140 OLG Bremen FamRZ 2013, 1916; Heilmann/*Cirullies* FamFG § 26 Rn. 3.

141 Keidel/*Sternal* FamFG § 26 Rn. 47.

142 BayObLG FamRZ 1999, 101; NJW-RR 1994, 467.

143 OLG Köln Rpfleger 1989, 66; Keidel/*Sternal* FamFG § 26 Rn. 26.

§ 30 FamFG, siehe unten → Rn. 92) durchführt. Die Art und Weise der Durchführung der Ermittlungen wird allerdings durch die für die Kindschaftssachen speziellen Vorschriften der §§ 155 ff. FamFG (Bestellung eines Verfahrensbeistandes, Anhörung des Minderjährigen, Beteiligung des Jugendamtes, Anhörung der Eltern, Mitwirkung der Pflegepersonen, Einholung eines Sachverständigengutachtens ua) und insbesondere durch den Beschleunigungsgrundsatz (§ 155 FamFG) beeinflusst. In diesem Zusammenhang ist auch das **kindliche Zeitempfinden** mit zu berücksichtigen.[144]

6. Gerichtstermine. Meist unverzichtbar zur Ermittlung des Sachverhalts und zur Wahrung rechtlichen Gehörs ist die mündliche Erörterung des Sachverhalts mit den Beteiligten in einem Gerichtstermin. 74

Kindschaftssachen, die den Aufenthalt des Kindes, das Umgangsrecht oder die Herausgabe des Kindes betreffen oder Verfahren wegen Kindeswohlgefährdung nach den §§ 1666 und 1666a BGB sind zwingend mit den Beteiligten in einem Termin zu erörtern und zwar **binnen einen Monats** (§ 155 Abs. 2 FamFG, hierzu ausführlich siehe unten → Rn. 89). Für Verfahren nach §§ 1666, 1666a BGB enthält § 157 Abs. 1 FamFG Vorgaben zum Inhalt des mündlichen Erörterungstermins[145]. In diesem Termin soll das Gericht mit den Eltern, dem Jugendamt – und in geeigneten Fällen auch dem Kind[146] – besprechen, wie eine Kindeswohlgefährdung abgewendet werden kann und dabei insbesondere auf die Eltern einwirken, dass diese die Gefährdung erkennen und notwendige Maßnahmen ergreifen, um diese abzuwenden. Zugleich soll das Gericht die Eltern darauf hinweisen, welche Konsequenzen die Verweigerung für notwendig befundener Hilfen haben kann und auf eine Kooperation mit dem Jugendamt hinwirken. In Realisierung dessen hat das Gericht das **persönliche Erscheinen** der Eltern anzuordnen (§ 157 Abs. 2 FamFG). Der frühe Erörterungstermin des § 155 Abs. 2 FamFG und der Erörterungstermin nach § 157 FamFG können miteinander verbunden werden.[147] 75

Auch § 156 FamFG (**Hinwirken auf Einvernehmen**) enthält inhaltliche Vorgaben für Verfahren, die die elterliche Sorge bei Trennung und Scheidung, den Aufenthalt des Kindes, das Umgangsrecht oder die Herausgabe des Kindes betreffen (siehe unten → Rn. 110 f.). 76

Auf alle übrigen Fälle finden §§ 32, 33 FamFG Anwendung. Danach steht es dem Gericht frei, ob es die Sache mit den Beteiligten in einem Termin erörtern will (§ 32 Abs. 1 FamFG). Eine Verpflichtung zur persönlichen Anhörung besteht allgemein nur in den in § 34 Abs. 1 FamFG genannten Fällen. In Kindschaftssachen sind aber die vorrangigen §§ 159 ff. FamFG zu beachten. Selbst wenn **mündlich erörtert** wird, ist der **gesamte Akteninhalt** Entscheidungsgrundlage und nicht der Stoff der mündlichen Verhandlung.[148] Das Gericht kann demnach – vorbehaltlich §§ 159 ff. FamFG – zwischen schriftlichem und mündlichem Verfahren wählen. Dabei ist zu beachten, dass **rechtliches Gehör** nicht notwendigerweise mündlich, sondern auch schriftlich durch Übersendung von Schriftstücken und Einräumung von Stellungnahmefristen hierzu gewährleistet werden kann. Allerdings kann es Beteiligte geben, die sich schrift- 77

---

[144] *Heilmann*, Kindliches Zeitempfinden und Verfahrensrecht, 65 ff.

[145] Ausführlich *Berneiser* ZKJ 2016, 255 und 2016, 291; *Schumann* FPR 2011, 203.

[146] Eine Beteiligung des Kindes wird nur bei ältern Kindern und insbesondere dann in Betracht kommen, wenn es um deren künftigen Aufenthalt, zB Unterbringung in einer Jugendhilfeeinrichtung, geht.

[147] BT-Drs. 16/6308, 237; *Salgo* FF 2010, 352 (359).

[148] *Zimmermann* Rn. 87.

lich nur bedingt ausdrücken können und besser dazu in der Lage sind, ihre Interessen persönlich kundzutun.

78 **Termine** können **verlegt** werden (§ 32 Abs. 1 FamFG iVm § 227 ZPO), jedoch muss in den Fällen, in denen ein früher Erörterungstermin in den Kindschaftssachen des § 155 FamFG nach den §§ 155 Abs. 2, 157 Abs. 1 FamFG anberaumt wurde, beachtet werden, dass eine Terminsverlegung gem. § 155 Abs. 2 S. 4 FamFG nur aus zwingenden Gründen in Betracht kommt (siehe unten → Rn. 89), und ein kurze Ladungsfrist wird unter diesen Umständen „angemessen" sein (vgl. § 32 Abs. 2 FamFG).

79 Zum Termin zur mündlichen Verhandlung kann das Gericht einen Beteiligten persönlich laden und ihn persönlich anhören, wenn dies zur Sachverhaltsaufklärung sachdienlich erscheint (§ 33 Abs. 1 FamFG). Dann ist der Beteiligte zum Erscheinen verpflichtet und kann sich nicht darauf beschränken, seinen Bevollmächtigten zu schicken. Selbstverständlich kann er aber in Begleitung seines Bevollmächtigten erscheinen. Die Ladung des Beteiligten soll durch Zustellung erfolgen, wenn das Erscheinen des Beteiligten ungewiss ist (§ 33 Abs. 2 FamFG). Nur wenn die ordnungsgemäße Zustellung der Ladung nachgewiesen werden kann und der Beteilige in der Ladung auf die Folgen seines Ausbleibens hingewiesen wurde, kann gegen den unentschuldigt zum Termin nicht erschienen Beteiligten ein **Ordnungsgeld** (Höhe 5 bis 1.000 EUR, Art. 6 Abs. 1 EGStGB) verhängt werden (§ 33 Abs. 3 S. 1 FamFG). Die Festsetzung des Ordnungsgeldes kann wiederholt werden, im Falle des wiederholten unentschuldigten Ausbleibens kann sogar die Vorführung des Beteiligten angeordnet werden (§ 33 Abs. 3 S. 3 FamFG). Gegen die Verhängung eines Ordnungsmittels ist die sofortige Beschwerde nach §§ 567 ff. ZPO statthaft (§ 33 Abs. 3 S. 5 FamFG).

80 **7. Anhörung der Beteiligten.** Nach § 34 FamFG hat die **persönliche** Anhörung der Beteiligten zu erfolgen, wenn dies zur **Wahrung rechtlichen Gehörs** erforderlich ist (§ 34 Abs. 1 Nr. 1 FamFG) oder wenn dies im FamFG oder einem anderen **Gesetz** vorgeschrieben ist (§ 34 Abs. 1 Nr. 2 FamFG), hierzu zählt insbesondere die persönliche Anhörung von Kindern und Eltern nach §§ 159, 160 FamFG (siehe unten → Rn. 82 f.). Zur Wahrung rechtlichen Gehörs wird eine Anhörung erforderlich sein, wenn anzunehmen ist, dass der Beteiligte nicht in der Lage ist, sich schriftlich auszudrücken.[149] Die Anhörung kann ohne Hinzuziehung weiterer Beteiligter erfolgen. Sie ist von den Terminen zur mündlichen Verhandlung nach §§ 32, 155 Abs. 2 FamFG und dem Erörterungstermin nach § 157 Abs. 1 FamFG zu unterscheiden, die persönlichen Anhörungen können jedoch gelegentlich der genannten Termine durchgeführt werden.[150]

81 Die Gewährung rechtlichen Gehörs zum Inhalt der Anhörung kann durch Übersendung des Anhörungsvermerks erfolgen. Der Beteiligte, dem rechtliches Gehör gewährt werden soll, ist darauf hinzuweisen, dass das Verfahren ohne ihn beendet werden kann, wenn er unentschuldigt zum Termin nicht erscheint (§ 34 Abs. 3 S. 2 FamFG).

82 In allen Kindschaftssachen ist die persönliche Anhörung des **Kindes** ausdrücklich vorgesehen.[151] Diese **Verpflichtung** des Gerichts folgt für **Minderjährige,** die das **14. Lebensjahr vollendet** haben, aus § 159 Abs. 1 FamFG. Es besteht **kein Ermessen** des Gerichts, außer in Verfahren, die ausschließlich das Vermögen des Kindes betreffen (§ 159 Abs. 1 S. 2 FamFG). Nach § 159 Abs. 2 FamFG sind auch Kinder, die

---

149 Prütting/Helms/*Abramenko* FamFG § 34 Rn. 9.

150 Heilmann/*Fink* FamFG § 155 Rn. 16.

151 Ausführlich *Hennemann* NZFam 2014, 871; *Krumm* FamFR 2013, 265; *Schweppe/Bussian* ZKJ 2012, 13.

noch nicht das 14. Lebensjahr vollendet haben, persönlich anzuhören, wenn ihre **Neigungen, Bindungen** oder ihr **Wille** für die Entscheidung von Bedeutung sind oder wenn eine persönliche Anhörung aus sonstigen Gründen angezeigt ist. Auch ist naturgemäß das Alter des Kindes ein entscheidendes Kriterium. Die Rechtsprechung geht in Sorge- und Umgangsrechtsfällen davon aus, dass die Anhörung von Kindern ab dem 3. Lebensjahr geboten sein kann.[152] § 159 Abs. 3 FamFG stellt klar, dass es sich hierbei um eine Muss-Vorschrift handelt, von der nur aus **schwerwiegenden Gründen** abgesehen werden darf. Das Unterbleiben der Anhörung stellt, sofern keine Ausnahme vorliegt, einen **Verfahrensfehler** dar, der mit der Beschwerde angegriffen werden kann und gemäß § 69 Abs. 1 S. 3 FamFG auf Antrag zur Aufhebung der Entscheidung und Zurückverweisung des Verfahrens führen kann.[153] § 159 FamFG gilt entgegen weit geübter Praxis auch in den vom **Rechtspfleger** geführten Kindschaftssachen (zB nach §§ 1674, 1686 BGB).[154] Hat das Kind einen **Verfahrensbeistand,** soll die Anhörung in seiner Anwesenheit stattfinden (§ 159 Abs. 4 S. 3 FamFG)[155], wozu auch die Beteiligung des Verfahrensbeistandes an dem Gespräch mit dem Kind gehört. Ein **Anwesenheitsrecht der Eltern** oder deren Verfahrensbevollmächtigter besteht nicht.[156] Das Kind hat grundsätzlich ein **Informationsrech**t über den Gegenstand, Ablauf und möglichen Ausgang des Verfahrens. Im Übrigen dient die Anhörung der Ermittlung des **Kindeswillens**[157] als einer von mehreren Kriterien für die nach den materiell-rechtlichen Vorgaben vorzunehmende Kindeswohlprüfung. Das Kind soll in geeigneter Weise informiert werden, soweit nicht Nachteile für seine Entwicklung zu befürchten sind (§ 159 Abs. 4 S. 1 FamFG). In Verfahren nach §§ 1666, 1666a soll gem. § 157 FamFG das Gericht in geeigneten Fällen auch mit dem Kind erörtern, wie der (möglichen) Kindeswohlgefährdung begegnet werden kann. Eine (förmliche) Vernehmung des Kindes als Zeuge findet nicht statt (§ 163a FamFG). Die „Technik“ der Befragung richtet sich vorwiegend nach dem Alter des Kindes und seines Entwicklungsstands.[158] Die Anhörung muss nicht zwingend im Gerichtssaal oder Dienstzimmer des Gerichts stattfinden. Gerade größere Gerichte verfügen über kindgerechte Spielzimmer, auch eine Anhörung des Kindes in seiner vertrauten Umgebung zu Hause ist zulässig, vor allem wenn dies die Belastungen für das Kind reduziert.[159]

Eine **persönliche Anhörung der Eltern** muss in Verfahren nach §§ 1666 und 1666a **83**
BGB erfolgen (§ 160 Abs. 1 S. 2 FamFG) sowie in Verfahren, die die Person des Kindes betreffen (§ 160 Abs. 1 S. 1 FamFG). In allen anderen Fällen, etwa in Fällen der Vermögenssorge, muss das Gericht die Eltern anhören, aber nicht persönlich (§ 160 Abs. 2 FamFG). Eine Anhörung darf nur aus **schwerwiegenden Gründen** unterbleiben (§ 160 Abs. 3 FamFG), ggfs. ist die Anhörung nachzuholen (§ 160 Abs. 4 FamFG). Von der Anhörung des **nichtsorgeberechtigten Elternteils** darf abgesehen werden, wenn von seiner Anhörung keine Aufklärung zu erwarten ist (§ 160 Abs. 2 S. 2

---

152 BVerfG FamRZ 2007, 105; 2007, 1078; OLG Frankfurt FamRZ 1997, 571; *Krumm* FamFR 2013, 265 (266).

153 OLG Hamm FamRZ 2012, 725; OLG Saarbrücken NJW 2011, 2306; Heilmann/*Dürbeck* FamFG § 69 Rn. 7; aA: OLG Schleswig NJW-RR 2013, 777.

154 OLG Frankfurt FamRZ 2015, 1521: Verfahren nach § 1674 BGB; OLG Schleswig ZKJ 2013, 129; *Dürbeck* ZKJ 2014, 266.

155 Vgl. BGH FamRZ 2010, 1060.

156 BGH NJW 1987, 1024; Heilmann/*Heilmann* FamFG § 159 Rn. 21.

157 Zur Bedeutung vgl. *Peschel-Gutzeit* NZFam 2014, 433.

158 Vgl. ausführlich Heilmann/*Heilmann* FamFG § 159 Rn. 29ff.

159 Heilmann/*Heilmann* FamFG § 159 Rn. 26.

FamFG), beispielsweise wenn noch nie oder seit langer Zeit kein Kontakt zum Kind bestand. Im Übrigen gilt die Anhörungspflicht aber unabhängig von der Verteilung des Sorgerechts. Das Unterbleiben der Anhörung stellt, sofern keine begründete Ausnahme vorliegt, einen **Verfahrensfehler** dar, der – auch bei vom Rechtspfleger geführten Verfahren – mit der Beschwerde angegriffen und gemäß § 69 Abs. 1 S. 3 FamFG auf Antrag zur Aufhebung der Entscheidung und Zurückverweisung des Verfahrens führen kann.[160]

84 § 162 Abs. 1 FamFG sieht die **Anhörung des Jugendamts** in Verfahren vor, die die Person des Kindes betreffen, zwingend vor (vgl. bereits → Rn. 38).[161] Weitere Anhörungsfälle finden sich in § 194 FamFG (Adoption), § 176 FamFG (Abstammung), §§ 204, 205 FamFG (Ehewohnung) und §§ 212, 213 FamFG (Gewaltschutz). Die von § 162 FamFG erfassten Anhörungstatbestände finden sich im materiellen Recht des BGB und Spezialgesetzen, wie das RKEG oder NamÄG.[162] Verfahren, die die Person des Kindes betreffen, sind nicht nur solche, die die elterliche Sorge oder die Personensorge betreffen. Umfasst von der Vorschrift sind vielmehr **alle Kindschaftssachen**, die das Kind betreffen und nicht ausschließlich vermögensrechtlicher Natur sind.[163] Unterbleibt die Anhörung wegen Gefahr im Verzug, so ist sie unverzüglich nachzuholen (§ 162 Abs. 1 S. 2 FamFG). Die Anhörung macht das Jugendamt noch nicht zum Beteiligten (siehe oben → Rn. 38). Unterbleibt die Anhörung des – örtlich zuständigen[164] – Jugendamts, stellt dies einen schweren Verfahrensfehler dar, der zur Aufhebung der Entscheidung und Zurückverweisung an das Ausgangsgericht führen [165] und Grund zur Ablehnung des Gerichts wegen Befangenheit sein kann.[166]

85 Die Mitwirkung und insbesondere die Anhörung von **Pflegepersonen**, sowie von Personen, bei denen das Kind aufgrund einer Entscheidung nach § 1682 BGB lebt (Ehegatten, Lebenspartner oder Umgangsberechtigte), ist in § 161 FamFG vorgesehen (siehe hierzu oben → Rn. 32). Hier genügt im Regelfall eine schriftliche Anhörung.[167]

86 In vielen Fällen ist eine Anhörung von Beteiligten oder Dritten auch in den materiellrechtlichen Vorschriften vorgesehen, zB §§ 1826, 1847, 1779 Abs. 1, 3 BGB, §§ 2 Abs. 2, 3 RKEG, ob sie persönlich erfolgen muss, ergibt sich aus den Vorschriften des FamFG, insbesondere § 33 FamFG.

87 Damit der **Inhalt** der Anhörung vom Rechtsmittelgericht **überprüft** werden kann, muss der wesentliche Inhalt einer Anhörung vom Gericht schriftlich niedergelegt werden, entweder in einem **Vermerk** oder in einem Protokoll (§ 29 Abs. 3 FamFG).

88 **8. Vorrang- und Beschleunigungsgebot.** Mit § 155 FamFG wurde ein ausdrückliches Beschleunigungs- und Vorranggebot für Kindschaftssachen, die den Aufenthalt des Kindes, das Umgangsrecht oder die Herausgabe des Kindes betreffen bzw. für Verfahren wegen Gefährdung des Kindeswohls gesetzlich geregelt. Die Norm soll dem

---

[160] OLG Frankfurt FamRZ 2015, 1521; OLG Bremen ZKJ 2015, 202; OLG Brandenburg Beschl. v. 29.8.2012 – 3 UF 77/12, BeckRS 2014, 07026.

[161] Vgl. dazu *Oberloskamp* ZKJ 2016, 336.

[162] Vgl. die ausführliche Darstellung nahezu aller Anhörungstatbestände bei Wiesner/*Dürbeck* Anh. 3 Rn. 31 ff.

[163] BT-Drs. 16/6308, 241.

[164] OLG Frankfurt Beschl. v. 9.8.2016 – 5 UF 169/16, BeckRS 2016, 16690.

[165] BGH NJW 1987, 1024; OLG Köln OLGR 2009, 438; *Lack* ZKJ 2010, 189.

[166] OLG Frankfurt JAmt 2010, 567.

[167] Heilmann/*Heilmann* FamFG § 161 Rn. 26.

Gesichtspunkt Rechnung tragen, dass der **Faktor Zeit** in den genannten Verfahren einen maßgeblichen Einfluss auf das Kindeswohl hat.[168] Die tatsächlichen Verhältnisse, in denen das Kind lebt, verändern sich täglich, zugleich ist jeder Tag, in denen keine Regelung erfolgt, ein Tag an dem das Kind möglicherweise gefährdet ist, zu Unrecht nicht herausgegeben wird, keinen Umgang haben darf und die Bindung zu den Eltern/dem Elternteil geschädigt wird. Mit dem Beschleunigungsgebot sollen ferner die Besonderheiten des **kindlichen Zeitempfindens** berücksichtigt werden.[169] bzw. die **kindlichen Entwicklungsprozesse.**[170] Die Beschleunigung des Verfahrens entspricht also im Zweifel dem Kindeswohl.[171] Es bedarf daher immer vor der Einleitung von im Rahmen der Amtsermittlung sich anbietenden Ermittlungsschritten einer Abwägung zwischen dem zu erwartenden Erkenntnisgewinn und den Nachteilen, die insbesondere für das Kind von der Verfahrensverzögerung zu erwarten sind.[172] Eine solche Abwägung sollte auch erfolgen, bevor das Verfahren wegen einer Mediation oder der Inanspruchnahme einer außergerichtlichen Beratung (§§ 156 Abs. 1, 36a FamFG) ausgesetzt wird. Das Vorrang- und Beschleunigung gilt in jeder Lage des Verfahrens, auch in der Beschwerdeinstanz und soll die gesamte gerichtliche Tätigkeit leiten, also auch die Aktenbearbeitung.

Seine ausdrückliche Ausgestaltung findet sich in § 155 Abs. 2 FamFG wieder, wo- **89**
nach das Gericht in den in Abs. 1 genannten Fällen **binnen einen Monats** nach Beginn des Verfahrens die Sache mit den Beteiligten **mündlich verhandeln** soll. Die bevorzugte Erledigung der in § 155 Abs. 1 FamFG genannten Kindschaftssachen soll notfalls auch zu Lasten anderer anhängiger Sachen erfolgen, so dass eine Bearbeitungsstufenfolge hinsichtlich der bei den Familiengerichten anhängigen Verfahren vorgegeben ist. Ist die Terminierung innerhalb einen Monats, wie von § 155 Abs. 2 FamFG für die genannten Verfahren vorgesehen, nicht möglich, so muss notfalls ein anderer Termin, der nicht so dringlich ist, aufgehoben werden. Auch die anderen Verfahrensbeteiligten werden sich auf den Beschleunigungsgrundsatz einzustellen haben. In der Praxis sind vor allem Jugendämter überfordert, diese Frist bei der Fertigung ihrer fachlichen Stellungnahme einzuhalten. Gem. § 155 Abs. 2 S. 4 FamFG ist eine **Terminsverlegung** nur aus **zwingenden Gründen**, wie zB Krankheit, zulässig. Nicht ausreichend ist eine Terminskollision des Verfahrensbevollmächtigten, außer bei dem anderen Termin handelt es sich ebenfalls um eine Kindschaftssache.[173] Das Vorranggebot findet seinen Ausdruck auch in der Verpflichtung des Gerichts, dem Sachverständigen mit dem Gutachten zugleich eine Frist, innerhalb derer das Gutachten einzureichen ist, zu setzen (§ 163 Abs. 1 FamFG, siehe unten → Rn. 95). Zur gesetzlichen Neuregelung der sog Beschleunigungsbeschwerde und Bedeutung der Rechtsprechung des EGMR vgl. → Rn. 135.

9. Beweisverfahren.[174] Bereits oben unter → Rn. 73 wurde im Rahmen der vom **90**
Gericht durchzuführenden Ermittlungen erörtert, dass das FamFG zwei Beweisverfahren zur Verfügung stellt: das Gericht kann nach pflichtgemäßem Ermessen zwischen Freibeweisverfahren und dem Strengbeweisverfahren wählen.

---

[168] Vgl. MüKoFamFG/*Heilmann* § 155 Rn. 1 f.

[169] Vgl. hierzu ausführlich *Heilmann,* Kindliches Zeitempfinden und Verfahrensrecht, 18 ff.

[170] Vgl. hierzu HB-VB/*Heilmann* Rn. 1333 ff.

[171] MüKoFamFG/*Heilmann* § 155 Rn. 29.

[172] OLG Frankfurt NJW-RR 2007, 369; *Rasche* FF 2009, 192.

[173] Heilmann/*Fink* FamFG § 155 Rn. 25.

[174] Ausführlich *Köhler* NZFam 2014, 97; *Meyer-Wehlage* NZFam 2014, 126; *Gomille* NZFam 2014, 100.

91 **a) Freibeweis.** Wie sich dem Wortlaut entnehmen lässt, ist das Gericht **frei in der Wahl** seiner Beweismittel. Dies folgt auch aus § 29 Abs. 1 S. 1 FamFG. Das Gericht ist nicht an die fünf Beweismittel der ZPO gebunden (Zeugen, Augenschein, Urkunde, Parteivernehmung und Sachverständigenbeweis) und auch nicht an Beweisanträge der Beteiligten (§ 29 Abs. 1 S. 2 FamFG). Es bedarf keines Beweisbeschlusses und keines Termins zur Beweisaufnahme. Das Gericht kann somit telefonische Auskünfte einholen, Akten beiziehen und Gespräche mit bei Gericht vorsprechenden Beteiligten führen.[175] Die im Freibeweisverfahren befragten Personen heißen **„Auskunftspersonen"**, die Vorschriften über die Vernehmung bei Amtsverschwiegenheit (§ 376 ZPO) und das Recht der Zeugnisverweigerung (§§ 383 bis 390 ZPO) gelten entsprechend (§ 29 Abs. 2 FamFG). Ein Ordnungsgeld kann gegen die nicht erschienene Auskunftsperson nicht verhängt werden, ebenso wenig zur Erzwingung einer Auskunft oder eines Gutachtens.[176] Hier bleibt dem Gericht nur die Möglichkeit, eine förmliche, zwangsmittelbewehrte Beweisaufnahme einzuleiten.[177] Im Freibeweisverfahren ist **kein Protokoll** in der Form der §§ 159 ff. ZPO vorgeschrieben (aber auch nicht untersagt und in der Praxis durchaus üblich), das Gericht muss das Ergebnis der Beweiserhebung lediglich im Wege eines **Vermerks aktenkundig** machen (§ 29 Abs. 3 FamFG). Auch beim Freibeweis muss der Grundsatz rechtlichen Gehörs gewahrt werden (Art. 103 GG), weshalb in der Entscheidung keine Umstände verwertet werden dürfen, zu denen sich die Beteiligten nicht äußern konnten.

92 **b) Strengbeweis.** In Kindschaftssachen ist die Durchführung einer **förmlichen Beweisaufnahme** nicht gesetzlich vorgesehen (vgl. § 30 Abs. 2 FamFG). Eine förmliche Beweisaufnahme ist in § 177 Abs. 2 FamFG für die dort genannten Abstammungssachen vorgesehen. Das Familiengericht entscheidet im Übrigen nach **pflichtgemäßem Ermessen**, ob es die entscheidungserheblichen Tatsachen durch förmliche Beweisaufnahme feststellt (§ 30 Abs. 1 FamFG). Sie soll über die Richtigkeit einer Tatsache stattfinden, wenn das Gericht seine Entscheidung maßgeblich auf die Feststellung dieser Tatsache stützen will und ihre Richtigkeit von einem der Beteiligten bestritten wird (§ 30 Abs. 3 FamFG). Konnte sich im Freibeweisverfahren eine Tatsache nicht bestätigen lassen, ist das Gericht zwar grundsätzlich nicht verpflichtet, nochmals strengbeweislich vorzugehen. Eine förmliche Beweisaufnahme kann jedoch nach der Gesetzesbegründung angezeigt sein, wenn ein Beteiligter einen Beweisantrag nach § 29 Abs. 2 FamFG gestellt hat, dem das Gericht auch nachgegangen ist, sich jedoch nicht von der Wahrheit der Behauptung überzeugen konnte. Voraussetzung ist ferner, dass es sich um eine für die Entscheidung maßgebliche Tatsache handelt, die weiterhin von den Beteiligten substantiiert bestritten wird.[178] Gem. § 30 Abs. 1 FamFG erfolgt die förmliche Beweisaufnahme nach den Vorschriften der ZPO. Soll ein Sachverständigengutachten eingeholt werden, bedarf es gemäß § 30 Abs. 1 FamFG, § 358 ZPO eines **Beweisbeschlusses**, der das Beweisthema so konkret wie möglich bezeichnen muss.[179] Das Ergebnis der Beweisaufnahme ist in einem Protokoll gem. § 30 Abs. 1 FamFG, §§ 159 ff.

---

175 *Musielak/Borth* FamFG § 29 Rn. 3.

176 *Zimmermann* Rn. 80.

177 BT-Drs. 16/6308, 189.

178 BT-Drs. 16/6308, 190.

179 Vgl. *Ernst* FamRB 2016, 361 und *Bergmann* FamRB 2016, 364 jeweils mit zahlreichen Formulierungsbeispielen.

ZPO festzuhalten.[180] Im Übrigen besteht bei der förmlichen Beweisaufnahme Beteiligtenöffentlichkeit.[181]

c) Freie Beweiswürdigung. Das Gericht entscheidet nach seiner freien, aus dem gesamten Inhalt des Verfahrens gewonnenen Überzeugung (§ 37 Abs. 1 FamFG). Die Vorschrift entspricht § 286 ZPO und regelt das Beweismaß, gleichermaßen für den Frei- und Strengbeweis. Frei ist die Beweiswürdigung, weil sie an keine Beweisregeln gebunden ist. Um einer willkürlichen Überzeugungsbildung vorzubeugen, muss das Gericht die wesentlichen Grundlagen seiner Beweiswürdigung in seiner Entscheidung darlegen.[182] 93

d) Glaubhaftmachung. In bestimmten Fällen verlangt das Gesetz von Beteiligten die Glaubhaftmachung, beispielsweise im Rahmen einer antragsabhängigen einstweiligen Anordnung (§ 51 Abs. 1 S. 2 FamFG) oder beim Antrag auf Wiedereinsetzung in den vorherigen Stand (§ 18 Abs. 3 FamFG). Wer eine tatsächliche Behauptung glaubhaft zu machen hat, kann sich **aller Beweismittel** bedienen, auch zur **Versicherung an Eides Statt** zugelassen werden (§ 31 Abs. 1 FamFG, der § 294 ZPO entspricht). Zumeist erfolgt sie durch eidesstattliche Versicherung eines Beteiligten oder Zeugen, Vorlage von – auch unbeglaubigten – Urkunden und Schriftstücken, anwaltliche Versicherung etc. Eidesstattliche Versicherungen müssen eine eigene Darstellung der glaubhaft zu machenden Tatsache enthalten. Nicht ausreichend ist deshalb die Bezugnahme auf die Angaben oder Schriftsätze Dritter (zB Schriftsatz des Verfahrensbevollmächtigten).[183] Ist einem Beteiligten die Glaubhaftmachung gesetzlich aufgegeben, braucht das Gericht insoweit zunächst keine eigenen Ermittlungen anzustellen. Weiterhin ist zu beachten, dass in diesen Fällen eine Beschränkung auf **präsente Beweismittel** besteht (§ 31 Abs. 2 FamFG). Das bedeutet, dass beispielsweise im Termin zur mündlichen Verhandlung über eine einstweilige Anordnung nur solche Beweismittel zur gebotenen Glaubhaftmachung berücksichtigt werden, die im Termin zur Verfügung stehen, so dass etwa ein Zeuge von dem jeweiligen Beteiligten selbst zu dem Termin mitzubringen ist, soweit ihn das Gericht nicht geladen hat. 94

e) Sachverständigengutachten. Oftmals benötigt das Gericht in Kindschaftssachen, hier insbesondere in Fällen, in denen es um die elterliche Sorge, den Umgang, die Herausnahme oder die Frage geht, wie einer Kindeswohlgefährdung zu begegnen ist, die Unterstützung einer auf den Gebieten der **(Kinder-) Psychologie, Psychiatrie, Medizin oder Sozialpädagogik** ausgebildeten Person, weil seine eigene Sachkenntnis zur Beantwortung der Fragestellung nicht ausreicht. In diesem Fall muss ein Sachverständigengutachten eingeholt werden. Wird in Kindschaftssachen zur Ermittlung einer Entscheidungsgrundlage die Erstellung eines schriftlichen Sachverständigengutachtens angeordnet, so hat das Gericht dem Sachverständigen zugleich eine **Frist** zu setzten, innerhalb derer das Gutachten erstattet werden muss (§ 30 Abs. 1 FamFG, § 407a Abs. 1 ZPO). Der Sachverständige muss also bei Eingang des Gutachtenauftrages prüfen, ob seine **Kapazitäten** ausreichen, um das Gutachten innerhalb der gesetzten Frist zu erstatten. Ist dies nicht der Fall, muss er das Gericht informieren, gegebenenfalls den Auftrag ablehnen.[184] Er kann Fristverlängerung beantragen, allerdings 95

[180] Umstr., wie hier: Thomas/Putzo/*Reichold* FamFG § 30 Rn. 8; *Zimmermann* Rn. 77, 83; aA: Keidel/*Sternal* FamFG § 29 Rn. 26.

[181] *Gomille* NZFam 2014, 100 (102 f.).

[182] Vgl. Keidel/*Meyer-Holz* FamFG § 37 Rn. 10 ff.

[183] BGH NJW 1996, 1682; Zöller/*Greger* ZPO § 294 Rn. 4.

[184] BT-Drs. 16/6308, 242.

sollte hiermit sorgsam umgegangen werden, da anderenfalls das dieser Vorschrift zugrunde liegende Beschleunigungsgebot ins Leere läuft. Versäumt der Sachverständige die Frist, so **soll** gegen ihn ein **Ordnungsgeld** festgesetzt werden (§ 30 FamFG, § 411 Abs. 2 ZPO).

Die Tätigkeit psychologischer, psychiatrischer oder pädagogischer Sachverständiger steht bereits seit Jahren insbesondere in den Medien und seitens von Interessensverbänden stark in der Kritik. Es wird den Sachverständigen wissenschaftliche und methodische Inkompetenz, mangelnde Qualifikation, Voreingenommenheit und ein zu enges Verhältnis zu den Familienrichtern und Jugendämtern vorgeworfen. Auch die Dauer der Erstellung der Gutachten und häufige Verzögerungen wird – sicher nicht zu Unrecht – bemängelt, weil sie wegen des kindlichen Zeitempfindens den Ausgang gerichtlicher Verfahren stark beeinflusst. Eine Ende 2014 veröffentlichte Studie zweier Psychologieprofessoren der Fernuniversität Hagen[185] und eine Entscheidung des Bundesverfassungsgerichts vom 19.11.2014[186] zur Nichtverwertbarkeit eines (völlig indiskutablen) psychologischen Sachverständigengutachtens und schließlich der Einfluss diverser Lobbyistengruppen haben nunmehr den Gesetzgeber dazu veranlasst, die Tätigkeit von Sachverständigen neu gesetzlich zu regeln. Durch das **Gesetz zur Änderung des Sachverständigenrechts** und zur weiteren Änderung des FamFG v. **11.10.2016**[187] hat der Gesetzgeber hierauf reagiert und das Sachverständigenrecht in FamFG und ZPO einer Neuregelung unterzogen, die jedoch am Ende nicht zu sehr weitreichenden Änderungen geführt haben. So **kann** das Familiengericht nach § 404 Abs. 2 ZPO die Beteiligten **vor der Auswahl** der Person des Sachverständigen **anhören**, ohne dass dies, wie dies zunächst vom Gesetzgeber beabsichtigt war, verpflichtend ist. Nach § 163 Abs. 1 S. 2 FamFG nF soll ein Sachverständiger mit **pädagogischer oder sozialpädagogischer Berufsqualifikation** nur bestellt werden, wenn der Erwerb ausreichender diagnostischer und analytischer Kenntnisse durch eine anerkannte Zusatzqualifikation nachgewiesen ist. Verschärft wurden auch die Regelungen, nach welchen das Gericht säumigen Sachverständigen ein nunmehr erhöhtes Ordnungsgeld auferlegen soll (vgl. §§ 407a Abs. 2, 411 Abs. 2 S. 4 ZPO nF). Was die **inhaltliche Qualität von Sachverständigengutachten** im Kindschaftsrecht und deren Überprüfbarkeit anbelangt, hat eine Expertengruppe aus Vertretern verschiedener Professionen zwischenzeitlich im Auftrag des BMJV methodische und inhaltliche **Mindestanforderungen** erarbeitet und veröffentlicht.[188]

96 Eine **Mitwirkung der Eltern** bei der Begutachtung ist im Übrigen nicht erzwingbar,[189] mangelnde Mitwirkung kann sich allenfalls bei der späteren Kostenregelung nachteilig auswirken (siehe unten → Rn. 165). Das **Kind** darf einer Begutachtung nur unterzogen werden, wenn die Eltern einwilligen; die Einwilligung kann jedoch nach § 1666 Abs. 3 Nr. 5 BGB ersetzt werden.[190]

97 In Verfahren, die die Person des Kindes betreffen, kann das Gericht nach § 163 Abs. 2 FamFG ein sogenanntes **„lösungsorientiertes Gutachten"** einholen. Hier soll der Sachverständige bei der Erstellung des Gutachtens auf eine einvernehmliche Lösung mit den Beteiligten hinarbeiten. Von dieser Möglichkeit sollte sorgfältig Gebrach gemacht werden, da sich nicht jeder Fall dafür eignet und dem Sachverständigen

---

185 *Salewski/Stürmer* ZKJ 2015, 1.
186 BVerfG FamRZ 2015, 112.
187 BGBl. 2016 I 2222; vgl. dazu *Stößer* FamRZ 2016, 1902.
188 Vgl. ZKJ 2016, 17 = NZFam 2015, 937; vgl. dazu *Kindler* JAmt 2016, 230; *Kannegießer/Orth/Rotax/Salzgeber* NZFam 2015, 944.
189 OLG Naumburg FamRZ 2006, 282; vgl. dazu *Fahl* NZFam 2015, 848.
190 OLG Frankfurt FF 2000, 176.

eine Rolle auferlegt wird, die sich von seiner originären Rolle als diagnostischer Entscheider grundlegend unterscheidet und im Fall, dass die Herbeiführung einer einvernehmlichen Lösung misslingt, eine erhöhte Gefahr mit sich bringt, dass der Sachverständige wegen Besorgnis der Befangenheit abgelehnt wird.[191]

10. Mitteilungen des Gerichts (insbesondere Ladungen)/Bekanntgabe. Dokumente (gemeint sind Schriftstücke, wie sich aus § 15 Abs. 2 FamFG ergibt), deren Inhalt eine **Termins- oder Fristbestimmung** enthält oder den Lauf einer Frist in Gang setzt, sind den Beteiligten gem. § 15 Abs. 1 FamFG bekannt zugeben. Wie die Bekanntgabe erfolgen muss, ist in § 15 Abs. 2 geregelt: durch **Zustellung** nach den §§ 166 bis 195 ZPO, also auch Ersatzzustellung und Niederlegung, oder dadurch, dass das Schriftstück unter der Anschrift des Adressaten **zur Post gegeben** wird. Der Zugang wird fingiert, der Brief gilt **3 Tage nach Aufgabe** zur Post als bekannt gegeben, sofern nicht der Beteiligte glaubhaft macht, das ihm das Schriftstück nicht oder erst zu einem späteren Zeitpunkt zugegangen ist (§ 15 Abs. 2 S. 2 FamFG). Enthält das Schriftstück keine Termins- oder Fristbestimmung und auch keinen fristauslösenden Inhalt, kann eine formlos Übersendung erfolgen (§ 15 Abs. 3 FamFG). Das **Jugendamt** ist nach § 162 Abs. 3 S. 1 FamFG von allen Terminen zu benachrichtigen und es sind ihm alle Entscheidungen bekanntzumachen. 98

11. Fristen. Der Lauf einer Frist beginnt, soweit nicht anderes bestimmt ist, mit der Bekanntgabe (§ 16 Abs. 1 FamFG). Für die Fristen gelten die §§ 222 und 224 Abs. 2 und 3 sowie 225 ZPO entsprechend (§ 16 Abs. 2 FamFG). Für die **Berechnung der Fristen** sind die Bestimmungen der §§ 187 bis 193 BGB maßgebend (§ 16 Abs. 2 FamFG iVm § 222 Abs. 1 ZPO). Fällt das Ende einer Frist auf einen Sonntag, einen allgemeinen Feiertag oder Sonnabend (Samstag), so endet die Frist mit dem Ablauf des nächstfolgenden Werktages (§ 222 Abs. 2 ZPO). Das Verfahren der Fristverlängerung richtet sich nach § 224 Abs. 2 und 3 ZPO, eine wiederholte Verlängerung darf nur nach Anhörung der übrigen Beteiligten bewilligt werden, das folgt aus § 225 Abs. 2 ZPO. Die Ablehnung eines Fristverlängerungsantrages ist nicht anfechtbar (§ 225 Abs. 3 ZPO). 99

12. Wiedereinsetzung. Versäumt jemand ohne sein Verschulden eine **Frist,** so ist ihm auf seinen Antrag hin Wiedereinsetzung in den vorherigen Stand zu gewähren (§ 17 Abs. 1 FamFG). In Kindschaftssachen betrifft die Vorschrift in erster Linie die Versäumung der Beschwerdefrist nach § 63 FamFG. Verschulden bedeutet Vorsatz und jede Form der Fahrlässigkeit; das **Fehlen des Verschuldens** wird unwiderleglich vermutet, wenn eine **Rechtsbehelfsbelehrung** unterblieben oder fehlerhaft ist (§ 17 Abs. 2 FamFG). Das Verschulden eines gesetzlichen Vertreters steht dem Verschulden eines Beteiligten gleich (§ 9 Abs. 4 FamFG). Das Verschulden des Bevollmächtigten (zB des Rechtsanwalts) wird ebenfalls dem Beteiligten zugerechnet (§ 85 Abs. 2 ZPO auf den § 11 S. 5 FamFG verweist). Voraussetzungen für die Bewilligung von Wiedereinsetzung ist ein **Antrag,** der binnen zwei Wochen nach Wegfall des Hindernisses zu stellen ist (§ 18 Abs. 1 FamFG). Die Form des Antrages richtet sich nach den Vorschriften, die für die versäumte Verfahrenshandlung gelten (§ 18 Abs. 2 FamFG). Voraussetzung ist ferner eine genaue Darlegung aller Umstände, die für die Frage von Bedeutung sind, auf welche Weise und durch wessen Verschulden es zur Fristversäumnis gekommen ist.[192] Aus dem Sachverhalt muss sich ergeben, dass die 100

---

[191] *Ernst* FuR 2009, 345 (347).
[192] BGH NJW-RR 2005, 793.

Säumnis nicht auf einem Verschulden des Fristadressaten oder seines Bevollmächtigten beruht. Die Tatsachen zur Begründung des Antrages sind **glaubhaft** zu machen (§ 18 Abs. 3 iVm § 31 FamFG), zB durch Vorlage eines Attests, gegebenenfalls sind die Tatsachen eidesstattlich zu versichern. Hat ein Beteiligter die Beschwerde rechtsirrtümlich bei dem Oberlandesgericht statt bei dem nach § 64 Abs. 1 FamFG maßgeblichen Amtsgericht eingelegt und dadurch die Beschwerdefrist versäumt, kommt Wiedereinsetzung in den vorherigen Stand dann in Betracht, wenn das Oberlandesgericht seine Pflicht, die Beschwerdeschrift **im ordentlichen Geschäftsgang** an das zuständige Amtsgericht **weiterzuleiten,**[193] verletzt hat und bei rechtzeitiger Weiterleitung die Frist gewahrt worden wäre.[194] Hat das Amtsgericht, wie in der Praxis leider häufig, eine **falsche Rechtsmittelbelehrung** erteilt und ist der Beschwerdeführer nicht anwaltlich vertreten, so bestimmt bereits § 17 Abs. 2 FamFG das fehlende Verschulden. War er allerdings anwaltlich vertreten, so wird in den meisten Fällen von einem nach § 11 S. 5 FamFG, § 85 Abs. 2 ZPO zuzurechnenden Anwaltsverschulden auszugehen sein, da dieser nicht auf die Rechtsmittelbelehrung vertrauen darf, sondern in eigener Verantwortung die Voraussetzungen des Rechtsmittels zu überprüfen hat und erwartet werden darf, dass er das Verfahrensrecht kennt.[195]

IV. Verfahrensabschluss

101 Das Verfahren endet in der jeweiligen Instanz durch Beschluss (Endentscheidung nach § 38 FamFG), Vergleich (§ 36 FamFG) oder Rücknahme oder Erledigung (in Antragsverfahren nach § 22 FamFG). Besonderheiten bestehen bei einem Vergleich in Umgangssachen und bei der Übertragung der Allein- oder Mitsorge für ein Kind.

102 **1. Entscheidung durch Beschluss.** Das Gericht entscheidet durch Endbeschluss, soweit durch die Entscheidung der Verfahrensgegenstand ganz oder teilweise erledigt wird (§ 38 Abs. 1 FamFG). Hiervon zu unterscheiden sind Zwischen- und Nebenentscheidungen, zB die Bewilligung von Verfahrenskostenhilfe, Verhängung eines Ordnungsgeldes ua, die nicht unter § 38 FamFG fallen.

103 **a) Inhalt und Bekanntmachung des Beschlusses.** Der Beschluss muss **begründet** werden (§ 38 Abs. 3 FamFG). Keiner Begründung bedarf es in den in § 38 Abs. 4 Nr. 1–3 FamFG aufgeführten Fällen. Jeder Beschluss ist den Beteiligten bekannt zu geben (§ 41 Abs. 1 FamFG). Das kann mündlich, in Anwesenheit der Beteiligten durch **Verlesen der Beschlussformel** geschehen (§ 41 Abs. 2 S. 1 FamFG). Gleichwohl ist der Beschluss den Beteiligten noch **zusätzlich schriftlich** bekannt zu geben (§ 41 Abs. 2 S. 4 FamFG). Die schriftliche Bekanntgabe erfolgt im Übrigen im Wege der förmlichen Zustellung nach ZPO-Regeln oder formlos durch Aufgabe zur Post (§ 15 Abs. 2 FamFG). Ist der Beschluss anfechtbar, so ist er demjenigen förmlich zuzustellen, dessen erklärtem Willen er nicht entspricht (§ 41 Abs. 1 S. 2 FamFG). Schweigt der Beteiligte, dem die Entscheidung eigentlich nicht zusagt, so muss ihm die Entscheidung nicht zugestellt werden, die Zustellung wäre aber gleichwohl zulässig.[196] Der Beschluss, der eine **Genehmigung eines Rechtsgeschäfts** beinhaltet, ist auch dem

[193] BGH NJW-RR 2014, 2; MDR 2013, 994; NJW 2012, 1205; 2011, 3240; Heilmann/*Dürbeck* FamFG § 64 Rn. 1.

[194] BGH FamRZ 2012, 1205.

[195] BGH FamRZ 2014, 826; 2011, 100; dies gilt auch für das Jugendamt, vgl. OLG Frankfurt v. 10.10.2016 – 4UF 208/16, BeckRS 2016, 112724.

[196] *Zimmermann* Rn. 107.

Betroffenen (zB dem Mündel/Pflegling) bekannt zu geben (§ 41 Abs. 3 FamFG). Der Auffassung, dass bei der familienrechtlichen Genehmigung nach §§ 1810ff. BGB für ein Mündel zur Entgegennahme des Genehmigungsbeschlusses im Hinblick auf § 1796 BGB ein Ergänzungspfleger zu bestellen ist, was ein Teil der Rechtsprechung und Literatur[197] bejahte, hat sich der BGH[198] zu Recht nicht angeschlossen. Dem **Jugendamt** sind nach § 162 Abs. 3 S. 1 FamFG alle Entscheidungen des Gerichts bekanntzugeben.

Eine Entscheidung, gegen die das **Kind** sein Beschwerderecht (§ 60 FamFG) ausüben kann, ist dem Kind selbst bekannt zu machen, wenn es das **14. Lebensjahr** vollendet hat und nicht geschäftsunfähig ist (§ 164 FamFG). Die Begründung der Entscheidung soll dem Kind jedoch dann nicht oder nicht vollständig mitgeteilt werden, wenn zu befürchten ist, dass die Kenntnisnahme gesundheitliche Folgen hat oder sich nachteilige Folgen für die Entwicklung des Kindes oder dessen Erziehung ergeben könnten (§ 164 S. 2 FamFG).

b) Wirksamwerden der Entscheidung. Der Beschluss wird mit seiner **Bekanntgabe** gegenüber demjenigen Beteiligten, für den er bestimmt ist, wirksam (§ 40 Abs. 1 104
FamFG). Es kommt weder auf die Rechtskraft oder eine Verkündung an, **Ausnahme:** der Beschluss, der die Genehmigung eines Rechtsgeschäfts zum Gegenstand hat, wie etwa die Genehmigung eines Grundstückkaufvertrages nach § 1821 Nr. 4 BGB, wird erst mit **Rechtskraft wirksam** (§ 40 Abs. 2 FamFG). Ebenso wird ein Beschluss, durch den die Ermächtigung oder die Zustimmung eines anderen zu einem Rechtsgeschäft ersetzt wird, erst mit Rechtskraft wirksam (§ 40 Abs. 3 FamFG). **Erlassen** ist ein Beschluss, der nicht den anwesenden Beteiligten verlesen wurde, aber bereits dann, wenn er der Geschäftsstelle des Gerichts übergeben wurde (§ 38 Abs. 3 S. 3 FamFG).[199]

c) Abänderungsbefugnis/Berichtigungen, Ergänzungen. Die Entscheidungen 105
des Familiengerichts in Kindschaftssachen müssen **geänderten Verhältnissen** angepasst werden können, da sie ständigen Veränderungen unterliegen. § 166 FamFG regelt die Abänderung und Überprüfung von Entscheidungen und gerichtlich gebilligten Vergleichen. Die Vorschrift stellt die **verfahrensrechtliche Ergänzung zu § 1696 BGB** dar und ist für den Bereich der Kindschaftssachen **lex specialis** zu § 48 FamFG.[200] § 1696 Abs. 1 S. 1 BGB ist in Verfahren zum Sorge- und Umgangsrecht anwendbar, wenn nicht eine der in § 1696 Abs. 1 S. 2 und 3 BGB genannten Spezialvorschriften oder die kindesschutzrechtliche Aufhebungsvorschrift des § 1696 Abs. 2 BGB eingreift.[201] § 1696 Abs. 1 BGB sieht die Verpflichtung des Familiengerichts vor, seine Anordnungen zu ändern, wenn dies aus **triftigen**, das Wohl des Kindes nachhaltig berührenden **Gründen** angezeigt ist. Gemäß § 1696 Abs. 2 BGB sind Entscheidungen nach §§ 1666–1667 BGB aufzuheben, wenn infolge nachträglicher Änderung von Umständen eine Gefahr für das Wohl des Kindes nicht mehr besteht.

In den Kindschaftssachen des **§ 151 Nr. 4–8 FamFG** findet § 166 Abs. 1 FamFG und 106
damit auch § 1696 BGB **keine Anwendung.** Grund hierfür ist, dass der Regelungsgegenstand der in Nummer 4 bis 8 des § 151 FamFG aufgeführten Kindschaftssachen nicht das Sorge- und Umgangsrecht im engeren Sinne ist.[202] Zum anderen sind für die

[197] OLG Celle FamRZ 2013, 651; OLG Köln FamRZ 2012, 579; *Musielak/Borth* FamFG § 41 Rn. 11.
[198] BGH JAmt 2014, 348.
[199] Vgl. OLG Frankfurt Beschl. v. 13.1.2016 – 4 UF 272/15, BeckRS 2016, 02468.
[200] Heilmann/*Gottschalk* FamFG § 166 Rn. 2.
[201] BT-Drs. 16/6308, 346.
[202] MüKoFamFG/*Heilmann* § 166 Rn. 6.

Änderung von Bestellungsentscheidungen im Vormundschafts- und Pflegschaftsrecht die §§ 1886ff. BGB leges speciales gegenüber § 1696 BGB.[203] Absatz 1 findet hingegen Anwendung in Fällen des § 1837 Abs. 4 BGB, der auf die §§ 1666, 1666a BGB verweist und auf den Vormund und Pfleger (über § 1915 BGB) unmittelbar Anwendung findet.[204]

107 § 166 Abs. 2 FamFG entspricht § 1696 Abs. 3 BGB aF und sieht die **periodische Überprüfung kindesschutzrechtlicher Maßnahmen** vor, wenn diese von längerer Dauer sind.

108 § 166 Abs. 3 FamFG schließlich statuiert eine **Überprüfungspflicht** in Fällen, in denen von der Anordnung von **Maßnahmen** nach §§ 1666, 1666a BGB **abgesehen** wurde und zwar in einem angemessenen Zeitabstand. Mit der Überprüfungspflicht soll der Gefahr entgegengewirkt werden, dass es – entgegen der Annahme des Gerichts – nicht gelingt, die Kindeswohlgefährdung abzuwenden und das Gericht hiervon nichts erfährt.[205] Das Überprüfungsverfahren ist ein **nicht förmliches informelles Verfahren eigener Art**, das entgegen der Handhabe vieler Amtsgerichte **aktenmäßig im Ursprungsverfahren** stattzufinden hat[206] und für das Verfahrenskostenhilfe nicht bewilligt werden kann.[207] Eine nochmalige Überprüfung soll aber in ganz offensichtlich unbegründeten Fällen unterbleiben, insbesondere dann, wenn auch das Jugendamt keine gerichtlichen Maßnahmen für erforderlich hält.[208]

Die Vorschrift des § 166 FamFG betrifft nur die Abänderung von Hauptsacheentscheidungen. Die Abänderung von Entscheidungen, die im **einstweiligen Anordnungsverfahren** getroffen wurden, richtet sich nach § 54 Abs. 1 FamFG (hierzu unten → Rn. 159).

109 **Berichtigungen und Ergänzungen** eines Beschlusses sind unter den Voraussetzungen der §§ 42, 43 FamFG möglich.

110 **2. Einvernehmen, Beratung, Mediation, Vergleich.** Die Überzeugung, dass **einvernehmliche Lösungen** unter den Beteiligten eine größere Akzeptanz finden und oftmals, sofern im frühen Stadium zu erreichen, ein langes, mühsames gerichtliches Verfahren mit Anhörungen, Sachverständigengutachten etc. entbehrlich machen können und damit im Interesse des betroffenen Kindes liegen, legt dem Gericht die Verpflichtung auf, in Verfahren, die die elterliche Sorge bei Trennung und Scheidung, den Aufenthalt, das Umgangsrecht oder die Herausgabe des Kindes betreffen, in **jeder Lage des Verfahrens** darauf hinzuwirken, dass die Beteiligten eine einvernehmliche Regelung treffen (§ 156 Abs. 1 FamFG).[209] Dies gilt aber ausdrücklich dann nicht, wenn eine einvernehmliche Regelung **dem Kindeswohl widersprechen** würde, was zB bei Fällen häuslicher Gewalt in Frage kommt.[210] Das Kindeswohl hat also insoweit **Vorrang vor der Elternautonomie.**[211] Das Gericht soll die Beteiligten auf die Möglichkeiten der Beratung durch die Beratungsstellen der Jugendhilfe, der Mediation und auf sonstige Möglichkeiten der außergerichtlichen Streitbeilegung hinweisen (§ 156 Abs. 1 S. 2 und 3 FamFG). Schließlich kann das Gericht auch die Beteiligten zur

---

203 Staudinger/*Coester* BGB § 1696 Rn. 28.
204 Heilmann/*Gottschalk* FamFG § 166 Rn. 3.
205 BT-Drs. 16/6308, 243.
206 OLG Frankfurt FamRZ 2016, 926; Prütting/Helms/*Hammer* FamFG § 166 Rn. 17.
207 OLG Frankfurt FamRZ 2016, 926.
208 BT-Drs. 16/6308, 243.
209 Ausführlich *Wegener* NZFam 2015, 799.
210 Vgl. BT-Drs. 16/6308, 236.
211 Heilmann/*Wegener* FamFG § 156 Rn. 34; *Zorn* Rpfleger 2009, 421 (429).

Wahrnehmung an einer Beratung verpflichten, allerdings ist die Anordnung nicht mit Zwangsmitteln durchsetzbar (§ 156 Abs. 1 S. 4 und 5 FamFG). Dies gilt auch dann, wenn eine Beratungsverpflichtung in einem Umgangsvergleich vereinbart wurde.[212] Die Weigerung kann allenfalls Kostennachteile haben (§ 81 Abs. 2 Nr. 5 FamFG).

Gelingt es den Beteiligten, Einvernehmen über den Umgang oder die Herausgabe zu erzielen, so sieht § 156 Abs. 2 FamFG vor, die gefundene Regelung als Vergleich aufzunehmen, sofern das Gericht ihn billigt.[213] Eine Billigung hat zu erfolgen, wenn die gefundene Regelung nicht dem **Kindeswohl** widerspricht (§ 156 Abs. 2 S. 2 FamFG). Der gerichtlich gebilligte Vergleich kommt zunächst dadurch zustande, dass das Gericht die einvernehmliche Regelung protokolliert, den Beteiligten nochmals vorspielt und die Beteiligten die Regelung genehmigen. Nach heute zutreffender hM bedarf es darüber hinaus einer Endentscheidung iSd § 38 Abs. 1 S. 1 BGB in Form eines Billigungsbeschlusses, was schon daraus folgt, dass die Billigung selbst mit der Beschwerde nach §§ 58 ff. FamFG anfechtbar ist.[214] Auch ist nicht der **gerichtlich gebilligte** Vergleich selbst **Vollstreckungstitel** (§ 86 Abs. 1 Nr. 2 FamFG), sondern der Billigungsbeschluss.[215] Der Beschluss muss zudem den Warnhinweis nach § 89 Abs. 2 FamFG[216] enthalten. Beteiligte sind nicht nur die Eltern, sondern alle Personen, die gem. § 7 FamFG Beteiligtenstellung haben, also das Kind, das Jugendamt, sofern es seine Beteiligung beantragt hat (siehe oben → Rn. 37), der Verfahrensbeistand. Unter anderem hat das zur Folge, dass einem von den Eltern ausgearbeiteten Vergleich von Seiten des beteiligten Jugendamtes und des Verfahrensbeistandes sowie sonstiger **Beteiligter (zB Vormund) zugestimmt** werden muss.[217] 111

Lehnt einer der Beteiligten die Einigung ab, kann kein Vergleich protokolliert werden. Das Gericht muss dann gegebenenfalls durch Beschluss entscheiden, kann aber die getroffene nicht einstimmige Einigung seiner Entscheidung zugrunde legen, falls sie dem Wohl des Kindes am besten entspricht.[218] Kommt es im ersten Termin nicht zur einer einvernehmlichen Regelung, so muss das Gericht mit den Beteiligten und dem Jugendamt die Möglichkeit einer **einstweiligen Anordnung** erörtern (§ 156 Abs. 3 S. 1 FamFG), in Umgangsverfahren, die noch nicht entscheidungsreif sind, soll das Gericht, nach vorheriger Anhörung des Kindes, eine solche erlassen (§ 156 Abs. 3 S. 2 u. 3 FamFG). Damit soll verhindert werden, dass während einer, unter Umständen im Hinblick auf ein einzuholendes Gutachten, langen Verfahrensdauer, der Umgang ungeregelt bleibt, was zu einer faktischen Umgangsverhinderung führen würde und die Gefahr einer Entfremdung des Kindes von dem nicht betreuenden Elternteil mit sich bringen würde.[219] 112

---

212 OLG Frankfurt ZKJ 2015, 195.

213 Ausführlich zum Umgangsvergleich *Ernst* NZFam 2015, 804.

214 OLG Hamm FamRZ 2015, 1988; OLG München ZKJ 2015, 116 m. Anm. *Dürbeck*; 2012, 76; OLG Naumburg FamFR 2012, 44; Johannsen/Henrich/*Büte* FamFG § 156 Rn. 10; *Hammer* FamRZ 2011, 1268 (1271 f.); aA: OLG Frankfurt FamRZ 2012, 573; *Heilmann* NJW 2012, 887 (889).

215 OLG Frankfurt FamRZ 2012, 573; KG FamRZ 2011, 588; Zöller/*Feskorn* FamFG § 86 Rn. 3.

216 Zu den inhaltlichen Anforderungen: OLG Hamm NZFam 2016, 279.

217 Vgl. BT-Drs. 16/6308, 237, str.; aA *Trenczek* ZKJ, 2009, 97 (103), der eine Zustimmung der übrigen Beteiligten nur für erforderlich hält, wenn durch den Vergleich in deren materielle Rechtsposition eingegriffen wird und bei Kindern die Elternverantwortung nach Art. 6 Abs. 2 GG dem Kindeswillen vorgehen soll, soweit die Regelung nicht dem Kindeswohl widerspricht; wie hier: OLG München ZKJ 2015, 116 (Verfahrensbeistand abwesend); *Heilmann/Wegener* FamFG § 156 Rn. 65.

218 *Heilmann* FamRZ 2010, 1391; NJW 2012, 887 (889).

219 *Heilmann*, Kindliches Zeitempfinden und Verfahrensrecht, 24 ff.

Ebenfalls der Beilegung des Verfahrens durch eine einvernehmliche Lösung in Konfliktfällen dient der durch das Gesetz zur Förderung der Mediation und anderer Verfahren der außergerichtlichen Konfliktbeilegung vom 21.7.2012 geschaffene § 36 Abs. 5 FamFG, wonach das Gericht die Beteiligten für den Versuch einer gütlichen Einigung vor einem **Güterichter** verweisen kann,[220] wovon die Praxis durchaus häufig und mit Erfolg Gebrauch macht. § 36a FamFG ermöglicht darüber hinaus die Aussetzung des Verfahrens während der Dauer einer **außergerichtlichen Mediation**.

113 **3. Rücknahme/Erledigung des Antrages.** In **Amtsverfahren** ist die Rücknahme eines Antrages bzw. der Anregung **wirkungslos** (§ 22 Abs. 4 FamFG), das Verfahren wird von Amts wegen betrieben und zum Abschluss gebracht. Dies wird häufig in Umgangssachen übersehen. Die Beteiligten können hierüber nicht disponieren. Auch die Mitteilung des Jugendamtes nach § 8a SGB VIII stellt keinen Antrag dar, sondern ist die Anregung für die Einleitung eines Verfahrens wegen des Verdachts der Kindeswohlgefährdung nach § 24 FamFG (siehe oben → Rn. 65). Deshalb beendet eine Rücknahme der einleitenden Mitteilung das Verfahren nicht. Stellt der Rechtspfleger fest, dass das Kind nicht unter elterlicher Sorge steht, schließt er das Verfahren über die Bestellung eines Vormundes (§ 1773 BGB) auch dann nicht ab, wenn die Person, die die Bereitschaft zur Übernahme der Vormundschaft angezeigt und dadurch das Verfahren eingeleitet hat, diese später zurückzieht.

114 Anders ist es im **Antragsverfahren,** wie etwa in Verfahren nach §§ 1671 Abs. 1 und 2, 1626a Abs. 2, 1686a BGB. Hier hat der Antragsteller das Recht, bis zur Rechtskraft der Endentscheidung, seinen Antrag zurückzunehmen (§ 22 Abs. 1 S. 1 FamFG). Die Zustimmung der Beteiligten ist zur Rücknahme eines Antrages nur nach Erlass einer Endentscheidung erforderlich (§ 22 Abs. 1 S. 2 FamFG). § 22 Abs. 1 S. 2 FamFG gilt allerdings nicht bei Antragsrücknahme im einstweiligen Anordnungsverfahren.[221] Eine bereits ergangene Entscheidung wird wirkungslos. Erklären sämtliche Beteiligte eines Antragsverfahrens, dass sie das Verfahren beenden wollen, zB durch „übereinstimmende Erledigungserklärung", ergeht gem. § 22 Abs. 3 FamFG keine Entscheidung. In diesem Fall wird das Verfahren vom Gericht nicht mehr betrieben und die Akte nach der AktO weggelegt. Es ist dann nur noch über die Kosten zu entscheiden (§ 81 Abs. 1 S. 3 FamFG). Dagegen muss ein Amtsverfahren auch bei übereinstimmender Erledigung weiter betrieben werden (§ 22 Abs. 4 FamFG).

115 Aber auch in Amtsverfahren kann eine **Erledigung** eintreten, zB durch das Volljährigwerden des Kindes in Verfahren nach § 1666 ff. BGB oder durch den Tod des Mündels in Verfahren wegen der Anordnung oder Aufhebung der Vormundschaft. Die **Erledigung der Hauptsache** ist in diesen Fällen von Amts wegen festzustellen.[222]

V. Vollstreckung

116 Werden gerichtliche Entscheidungen und Anordnungen nicht befolgt, müssen sie zwangsweise umgesetzt werden, da sie anderenfalls ein stumpfes Schwert darstellen und dem Betroffenen nicht weiter helfen würden. Zu unterscheiden ist zwischen der Durchsetzung verfahrensleitender Anordnungen und der Vollstreckung von Endentscheidungen.

---

[220] Ausführlich *Benesch* NZFam 2015, 807.
[221] OLG Hamburg FamRZ 2015, 2185.
[222] Heilmann/*Cirullies* FamFG § 22 Rn. 4.

1. Durchsetzung verfahrensleitender Anordnungen. § 35 FamFG regelt die Durchsetzung gerichtlicher Anordnungen, die **innerhalb eines Verfahrens** erlassen werden und sieht als Maßnahmen der Durchsetzung die Verhängung von **Zwangsgeld, Zwangshaft**, sowie **Maßnahmen nach §§ 883, 886, 887 ZPO** vor. Es handelt sich um Beugemittel, mit denen die gerichtliche Anordnung erzwungen werden soll. Eine verfahrensleitende Anordnung ist zB Aufforderung an den Vormund, die Schlussrechnung nach § 1890 BGB einzureichen. Nicht hierunter fällt etwa die Verpflichtung zur Befolgung von Anordnungen durch den Pfleger oder Vormund nach **§ 1837 Abs. 3 BGB** oder die Verhängung eines Zwangsgeldes, um den Vormund zur Übernahme der Vormundschaft anzuhalten, da es sich hierbei um vorrangige Spezialregelungen handelt und § 35 FamFG nur in Betracht kommt „... sofern ein Gesetz nicht etwas anderes bestimmt ...".[223] 117

§ 35 FamFG selbst stellt **keine Rechtsgrundlage** für eine Verpflichtung dar. Die Verpflichtung muss vielmehr ausdrücklich gesetzlich geregelt sein, wie in den obigen Beispielen. Aber auch das reicht noch nicht aus, um sie zwangsweise durchzusetzen. Zunächst muss die gesetzlich normierte Verpflichtung in eine gerichtliche Anordnung umgesetzt werden. Diese muss eine Verpflichtung zur Vornahme oder Unterlassung einer Handlung enthalten, der der Verpflichtete nicht nachkommt. Voraussetzung für die Verhängung eines Zwangsmittels ist ferner, dass in der gerichtlichen Entscheidung auf die Folgen der Zuwiderhandlung hingewiesen wird (§ 35 Abs. 2 FamFG). § 35 Abs. 2 FamFG gilt insoweit auch im Rahmen der Aufsicht über den Vormund nach § 1837 BGB.[224] 118

Die **Hinweispflicht** kann nicht mehr nachträglich erfolgen, vielmehr ist der Hinweis stets in die gerichtliche Anordnung aufzunehmen.[225] Falls die Beitreibung des Zwangsgeldes nicht möglich ist oder keinen Erfolg verspricht, sieht § 35 Abs. 1 S. 2 u. 3 FamFG die Verhängung von Zwangshaft vor. Dies gilt allerdings nicht im Rahmen von § 1837 Abs. 3 BGB im Verhältnis zum Vormund. Nach § 35 Abs. 5 FamFG findet gegen die Entscheidung über das Zwangsgeld die sofortige Beschwerde nach §§ 567 ff. ZPO statt. Gegen den Vereins- und Amtsvormund kann nach § 1837 Abs. 3 S. 2 BGB kein Zwangsgeld verhängt werden. 119

2. Vollstreckung verfahrensabschließender Entscheidungen. Die Vollstreckung verfahrensabschließender Entscheidungen ist in **§§ 86–96a FamFG** geregelt, sie gelten für Familiensachen nach § 111 FamFG und somit auch für Kindschaftssachen. Der Abschnitt ist in drei Teile gegliedert. Die §§ 86, 87 FamFG enthalten allgemeine Vorschriften, die den Begriff des Vollstreckungstitels definieren und das Verfahren der Vollstreckung regeln. Das Vollstreckungsverfahren ist ein **selbstständiges Verfahren** mit einem eigenständigen Rechtsmittelzug.[226] Nach wohl überwiegender Auffassung finden im Vollstreckungsverfahren die **Anhörungsvorschriften** für Kindschaftssachen gemäß §§ 159 ff. FamFG entsprechende Anwendung, so dass Eltern, Kind und Jugendamt anzuhören sind.[227] Gem. § 86 FamFG können **Beschlüsse, gerichtlich** 120

---

[223] Staudinger/*Veit* BGB § 1837 Rn. 55; *Schulte-Bunert* FuR 2009, 125 (126).

[224] Heilmann/*Dürbeck* BGB § 1837 Rn. 11.

[225] *Schulte-Bunert* FuR 2009, 125, 127; wohl auch OLG München FGPrax 2010, 168; aA: Nachholung zulässig: KG FamRZ 1966, 317; Keidel/*Zimmermann* FamFG § 35 Rn. 15.

[226] BGH FamRZ 2015, 2147.

[227] Keidel/*Giers* FamFG § 92 Rn. 2; MüKoFamFG/*Schumann* § 162 Rn. 4 und MüKoFamFG/*Zimmermann* § 92 Rn. 2; *Cirullies* ZKJ 2010, 174 (177); offen gelassen von OLG Karlsruhe FamRZ 2011, 1669; aA: OLG Karlsruhe FamRZ 2015, 2000; *Musielak/Borth* FamFG § 92 Rn. 2; Zöller/*Feskorn* FamFG § 92 Rn. 2; Thomas/Putzo/*Hüßtege* FamFG § 92 Rn. 1.

gebilligte Vergleiche (zB nach § 156 Abs. 2 FamFG) und **Vollstreckungstitel** nach § 794 ZPO vollstreckt werden. Sobald Beschlüsse **wirksam** sind (§ 40 FamFG, siehe oben → Rn. 104), können sie vollstreckt werden (§ 86 Abs. 2 FamFG). Sie müssen also weder rechtskräftig sein, noch für vollstreckbar erklärt werden. Allerdings kann bei Einlegung der Beschwerde gegen die Hauptsacheentscheidung (§ 58 FamFG) die Aussetzung der Vollziehung bzw. Wirksamkeit gemäß § 64 Abs. 3 FamFG begehrt werden. Die Vollstreckung darf aber nur beginnen, wenn der Beschluss bereits **zugestellt** wurde oder aber gleichzeitig zugestellt wird (§ 87 Abs. 2 FamFG). In Verfahren, die von Amts wegen eingeleitet werden, wird das Gericht auch hinsichtlich der Vollstreckung tätig. Dies ist in § 87 Abs. 1 FamFG geregelt. Zwar kann der Berechtigte die Vollstreckung beantragen, dass Gericht muss dem Antrag aber nicht entsprechen (§ 87 Abs. 1 S. 2 FamFG). In Antragsverfahren erfolgt die Vollstreckung nur aufgrund des Antrages des Berechtigten. Der **Gerichtsvollzieher** ist befugt, polizeiliche Hilfe in Anspruch zu nehmen (§ 87 Abs. 3 FamFG). Die Rechtsmittel gegen Beschlüsse im Vollstreckungsverfahren sind in § 87 Abs. 4 FamFG (sofortige Beschwerde nach §§ 567 ff. ZPO) geregelt; die Kosten in § 87 Abs. 5 FamFG.

121 Die Vollstreckung von Entscheidungen über die Regelung des **Umgangs** und der **Herausgabe** von Personen hat eine gesonderte, ausführliche Reglung in §§ 88 bis 94 FamFG erfahren. Bei einem Titel über die Regelung des Umgangsrechts findet die Vollstreckung nur statt, wenn dieser einen **vollstreckungsfähigen Inhalt** hat. Hierzu bedarf es einer konkreten Regelung über die Art, den Ort und die Zeit des Umgangs.[228] Eine solche ist auch nicht bei der Anordnung **begleiteten Umgangs** entbehrlich.[229] Die Vollstreckung erfolgt nach § 88 Abs. 1 FamFG durch das Gericht, in dessen Bezirk die Person (dh das Kind) zum Zeitpunkt der Einleitung der Vollstreckung ihren gewöhnlichen Aufenthalt hat. Das **Jugendamt** muss dem Gericht gem. § 88 Abs. 2 FamFG Unterstützung leisten. § 88 Abs. 2 knüpft an die Regelung von § 9 IntFamRVG an. Danach unterstützt das Jugendamt die Gerichte durch Auskunft über die Situation und Lage des Kindes, ferner bei der Sicherung des Aufenthaltes des Kindes, bei der Ausübung des Rechts auf persönlichen Umgang und bei der Vollstreckung gerichtlicher Entscheidungen.[230] Die Anwesenheit eines Mitarbeiters des Jugendamtes soll sicherstellen, dass das Kindeswohl so wenig wie möglich durch die Vollstreckung beeinträchtigt wird und die Anwendung von Gewalt nicht erforderlich wird.[231] Das Jugendamt unterstützt den im Auftrag des Gerichts tätigen Gerichtsvollzieher.[232] Entsprechend der Regelung in § 35 Abs. 2 FamFG ist auch im Rahmen der Vollstreckung von Umgangs- und Herausgabeentscheidungen ein Hinweis auf die Folgen des Zuwiderhandelns nach § 89 Abs. 2 FamFG vorgesehen, der bereits im Beschluss enthalten sein muss (sog **Warnhinweis**).[233] Er hat er über sämtliche in Betracht zu ziehenden Ordnungsmittel belehren[234] und seine Erteilung oder Nichterteilung ist selbständig nach § 58 FamFG anfechtbar.[235]

122 Die vormaligen Zwangsmittel sind nunmehr im Bereich des Umgangs und der Kindesherausgabe **Ordnungsgeld** und **Ordnungshaft** (§ 89 FamFG). Nach dem Wortlaut des § 89 Abs. 1 FamFG steht die Verhängung von Ordnungsmitteln im **Ermessen** des Gerichts. Dem Gericht ist damit die Möglichkeit eingeräumt, zu prüfen, ob die Ver-

---

[228] BGH ZKJ 2012, 190; Heilmann/Gottschalk BGB § 1684 Rn. 28.

[229] OLG Frankfurt FamRZ 2016, 1787; FamFR 2013, 525.

[230] Heilmann/*Cirullies* FamFG § 88 Rn. 3.

[231] BT-Drs 16/6308, 218.

[232] *Bumiller/Harders/Schwamb* FamFG § 88 Rn. 3.

[233] BGH NJW-RR 2016, 1153.

[234] OLG Hamm NZFam 2016, 279.

[235] BVerfG ZKJ 2011, 219; Heilmann/*Dürbeck* FamFG § 58 Rn. 3.

hängung von Ordnungsmitteln dem **Kindeswohl** dient.[236] Allerdings unterbleibt im Vollstreckungsverfahren eine erneute Kindeswohlprüfung im Hinblick auf die titulierte Pflicht.[237] Es kann Ordnungsgeld oder, wenn dieses nicht beigetrieben werden kann oder keinen Erfolg verspricht, Ordnungshaft verhängt werden. Soweit bei einer vollstreckbaren Umgangsregelung auch dem **Vormund** Pflichten auferlegt worden sind, kommt auch die Verhängung von Ordnungsmitteln gegen ihn in Betracht. Dies gilt auch für das Jugendamt als Amtsvormund.[238] Da Ordnungsmittel auch Sanktionscharakter haben, sind sie auch dann zu verhängen, wenn sich Verstöße in der Zukunft nicht wiederholen können, zB weil das Kind volljährig geworden ist oder ein Obhutswechsel stattgefunden hat.[239]

Die Verhängung des Ordnungsmittels hat zu **unterbleiben** oder muss wieder **aufgehoben** werden, wenn den Verpflichteten **kein Verschulden** trifft. Dies folgt aus § 89 Abs. 4 FamFG. Der Verpflichtete muss die Gründe, die für die Nichtbefolgung des Titels ursächlich waren, im Einzelnen darlegen. Beruft er sich auf den entgegenstehenden Willen des Kindes, muss er im Einzelnen vortragen, wie er erzieherisch auf das Kind eingewirkt hat, um es zum Umgang zu bewegen.[240] Von Bedeutung wird in diesem Zusammenhang insbesondere das Alter des Kindes sein. 123

Die Anwendung **unmittelbaren Zwangs** ist in § 90 FamFG geregelt und ist ultima ratio. Die Anwendung von **Gewalt gegen das Kind** ist zur Herausgabe zum Zwecke der Realisierung des Umgangsrecht nicht zulässig (§ 90 Abs. 2 S. 1 FamFG) und darf im Übrigen nur zugelassen werden, wenn dies unter Berücksichtigung des Kindeswohls gerechtfertigt ist und mildere Mittel zur Durchsetzung nicht ausreichen (§ 90 Abs. 2 S. 2 FamFG). 124

Außerhalb von Umgang und Kindesherausgabe werden Titel, aufgrund derer **nicht vertretbare Handlungen** vorzunehmen sind (zB das Kind einem Arzt vorzustellen) nach § 95 Abs. 1 Nr. 3 FamFG mit Zwangsgeld oder Zwangshaft nach § 888 ZPO vollstreckt, zur Erzwingung von Duldungen oder Unterlassungen (zB Kontaktverbot nach § 1666 BGB für einen Dritten) mit Ordnungsgeld und Ordnungshaft nach § 95 Abs. 1 Nr. 4 FamFG, § 890 ZPO. 125

VI. Rechtsmittel[241]

Wie bereits oben unter → Rn. 102 dargelegt, ergehen alle Endentscheidungen durch Beschluss, (§ 38 FamFG). Damit jeder Beteiligte weiß, wie er sich gegen eine Entscheidung „wehren“ kann, muss jeder Beschluss mit einer **Rechtsmittelbelehrung** versehen sein (§ 39 FamFG). Wird die Entscheidung innerhalb der zulässigen Rechtsbehelfsfrist nicht angegriffen oder verzichten die Beteiligten auf Rechtsmittel, wird die Entscheidung formell rechtskräftig (§ 45 FamFG), eine Abänderung kann dann nur noch unter den Voraussetzungen von §§ 48, 166 FamFG erfolgen (siehe oben → Rn. 105). In Kindschaftssachen stehen den Beteiligten gegen die erstinstanzlichen Entscheidungen folgende Rechtmittel zur Verfügung, die zu einer **Überprüfung durch die zweite Instanz** führen: 126

---

[236] *Giers* FamRB 2009, 87 (90).
[237] BGH NJW-RR 2012, 324.
[238] BGH ZKJ 2014, 251.; OLG Frankfurt ZKJ 2013, 167;
[239] BGH NJW 2004, 506; OLG Frankfurt FamFR 2013, 327.
[240] BGH FamRZ 2012, 533; BT-Drs. 16/6308, 218.
[241] Ausführlich *Fischer* FuR 2014, 645; 2014, 700; 2015, 28.

- die Beschwerde nach § 58 ff. FamFG gegen Endentscheidungen
- die sofortige Beschwerde entsprechend §§ 567 ff. ZPO gegen im FamFG genante Zwischenentscheidungen

127 **1. Beschwerde.** Zentrales Rechtsmittel im FamFG ist die Beschwerde (§ 58 FamFG). Die Beschwerde steht jedem Beteiligten gegen eine ihn beschwerende Endentscheidung zu (§ 59 FamFG). Auch die **Kostenentscheidung** ist in Hauptsacheverfahren isoliert mit der Beschwerde nach § 58 FamFG anfechtbar, einer Mindestbeschwerdesumme iSd § 61 Abs. 1 FamFG bedarf es nicht.[242] Beschwerdegericht ist in allen Familiensachen das Oberlandesgericht (§ 119 Abs. 1 Nr. 1 lit. a und b GVG). Die Beschwerde ist befristet, die **Beschwerdefrist** beträgt in der Regel **einen Monat** (§ 63 Abs. 1 FamFG). Die **kürzere 2-Wochenfrist** gilt bei Beschwerden gegen einstweilige Anordnungsbeschlüsse (§ 63 Abs. 2 Nr. 1 FamFG) sowie Beschlüssen, deren Gegenstand die Genehmigung eines Rechtsgeschäfts (wie zB nach §§ 1821, 1822 BGB) ist (§ 63 Abs. 2 Nr. 2 FamFG). Die Beschwerdefrist beginnt gem. § 63 Abs. 3 FamFG mit der schriftlichen Bekanntgabe, spätestens fünf Monate nach Erlass des Beschlusses. Die Beschwerde ist innerhalb der Frist **beim erstinstanzlichen Gericht einzulegen** (§ 64 Abs. 1 S. 1 FamFG). Wird **Verfahrenskostenhilfe** für eine beabsichtigte Beschwerde beantragt, ist dieser Antrag nach dem zum 1.1.2013 neu eingefügten § 64 Abs. 1 S. 2 FamFG ebenfalls beim Amtsgericht einzulegen.[243] Hierbei handelt es sich um eine **ausschließliche Eingangszuständigkeit**, die Einlegung des Rechtsmittels beim Beschwerdegericht wahrt die Frist nicht.[244] Allerdings hat in diesem Fall das Beschwerdegericht die bei ihm eingegangene Beschwerdeschrift **im ordentlichen Geschäftsgang** an das zuständige Amtsgericht weiterzuleiten (vgl. → Rn. 100). Zum Inhalt der Beschwerdeschrift und der Beschwerdebegründung vgl. §§ 64 Abs. 2, 65 FamFG. Eine **Begründungspflicht besteht in Kindschaftssachen nicht**, denn § 65 Abs. 1 FamFG besagt, dass die Beschwerde begründet werden „soll". Gleichwohl sollte von einer Begründung nur in Ausnahmefällen abgesehen werden, da hierdurch die Erfolgsaussichten oftmals gesteigert werden und das Beschwerdegericht gemäß § 68 Abs. 3 S. 2 FamFG ohne erneute mündliche Verhandlung entscheiden kann.

128 Beschwerde kann nur einlegen, wer **beschwerdeberechtigt** ist. Wer das ist, ist in § 59 FamFG geregelt. Die Beschwerde steht nach Abs. 1 demjenigen zu, der durch die Entscheidung in seinen **eigenen Rechten** beeinträchtigt ist. Entscheidend ist die eigene **materielle Beschwer**.[245] Eine nur mittelbare Beeinträchtigung wirtschaftlicher, persönlicher oder ideeller Interessen reicht nicht aus, um eine Beschwerdeberechtigung zu begründen.[246] Auf die **Beteiligtenstellung** in erster Instanz kommt es hingegen nicht an. Es ist unerheblich, ob der Beschwerdeberechtigte tatsächlich Beteiligter des erstinstanzlichen Verfahrens war oder er aufgrund seiner Rechtsbetroffenheit hätte hinzugezogen werden müssen. Umgekehrt ist ein Beteiligter im erstinstanzlichen Verfahren nicht beschwerdeberechtigt, wenn er vom Ergebnis der Entscheidung in seiner materiellen Rechtstellung nicht betroffen ist.[247] In Antragsverfahren steht die Beschwerde nur dem **Antragsteller** zu, dessen Antrag zurückgewiesen wurde (§ 59 Abs. 2 FamFG). Dessen ungeachtet verbleibt es aber in Kindschaftssachen bei den Beschwerderechten des Jugendamts, des Verfahrensbeistands und des verfahrensfähigen

---

[242] BGH NJW 2014, 3523.
[243] Zum vormaligen Streitstand vgl. BGH FamRZ 2013, 1567; Heilmann/*Dürbeck* FamFG § 64 Rn. 643.
[244] Vgl. *Schürmann* FamRB 2009, 24 (25).
[245] OLG Düsseldorf MDR 2013, 114; OLG Hamm NJW-RR 2012, 388.
[246] BGH NJW 1999, 3718 (3719).
[247] BT-Drs. 16/6308, 204.

Kindes. Die Beschwerdeberechtigung von **Behörden** (zB des Jugendamtes nach § 162 Abs. 3 S. 2 FamFG) bestimmt sich gem. § 59 Abs. 3 FamFG nach den besonderen Vorschriften des FamFG oder eines anderen Gesetzes. Sie müssen dann weder in eigenen Rechten beeinträchtigt noch in erster Instanz beteiligt gewesen sein. Besteht eine solche Sonderregelung nicht, hängt auch das Beschwerderecht einer Behörde von seiner materiellen Beschwer ab. So wird etwa ein Beschwerderecht der Staatsanwaltschaft verneint, wenn sie sich gegen eine Entscheidung des Amtsgericht wendet, in der dem im Ermittlungsverfahren beschuldigten Kindesvater Teile des Sorgerechts nicht entzogen wurden und deshalb Ergänzungspfleger bestellt worden ist.[248] Die Beschwerdeberechtigung des Jugendamtes in Kindschaftssachen ergibt sich aus § 162 Abs. 3 S. 2 FamFG. In allen Verfahren, in denen das **Jugendamt** gem. § 162 Abs. 1 FamFG anzuhören war, ist ihm die Entscheidungen des Gerichts bekannt zu machen. Gegen diese Beschlüsse kann das Jugendamt Beschwerde einlegen. Es ist nicht vorausgesetzt, dass das Jugendamt in der ersten Instanz auf seinen Antrag hin beteiligt wurde. Damit soll ihm ein Handeln im Interesse der Rechtswahrung ermöglicht werden.[249]

Sorgeberechtigte **Eltern** sind sowohl durch den Entzug ihres Sorgerechts nach § 1666 BGB als auch durch die Anordnung einer Vormundschaft und die Auswahl des Vormunds in eigenen Rechten betroffen.[250] Nach wohl hM sind auch **nicht sorgeberechtigte** Eltern durch die Auswahlentscheidung im Rahmen einer Vormundschaft in eigenen Rechten betroffen und daher beschwerdeberechtigt.[251] Dies gilt aber nicht in Bezug auf nach § 1837 BGB getroffene Entscheidungen im Zusammenhang mit der Beratung und Aufsicht des Vormunds[252], gegen die Ablehnung von Aufsichtsmaßnahmen gegenüber dem Vormund[253] und gegen den Austausch eines Ergänzungs- oder Umgangspflegers.[254] Ein wegen einer Maßnahme nach § 1666 BGB nicht mehr sorgeberechtigter Elternteil ist aber gegen die Übertragung des Sorgerechts vom Vormund auf den anderen Elternteil beschwerdeberechtigt, soweit er selbst das Sorgerecht beansprucht.[255]

Nicht bei der Auswahl berücksichtigte **Verwandte und Verschwägerte** und auch die **Pflegepersonen** sind dagegen mangels Bestehen eines subjektiven Rechts auf Auswahl zum Vormund nicht beschwerdeberechtigt.[256] Auch in Verfahren nach §§ 1666, 1696 Abs. 2 BGB (Entzug oder Rückübertragung der elterlichen Sorge) wird Pflegeeltern kein Beschwerderecht zugebilligt.[257] Beschwerdeberechtigt sind Pflegeeltern aber bei Entscheidungen über Verbleibensanordnungen nach § 1632 Abs. 4 BGB[258] und

---

248 BGH MDR 2014, 1407; OLG Frankfurt FamRZ 2014, 678.

249 BT-Drs. 16/6308, 179.

250 OLG Celle JAmt 2012, 674; OLG Brandenburg FamRZ 2012, 237.

251 OLG Frankfurt FamRZ 2016, 1473; OLG Saarbrücken NJOZ 2015, 7; OLG Brandenburg FamRZ 2013, 54; Heilmann/*Dürbeck* BGB § 1779 Rn. 19; aA: OLG Düsseldorf FamRZ 2015, 1046; *Hoffmann* FamRZ 2014, 1167 (1171); differenzierend OLG München FamRZ 2016, 1475: nur wenn ihr Vorschlag nicht erwogen wurde.

252 OLG Hamm ZKJ 2012, 74; Heilmann/*Dürbeck* FamFG § 59 Rn. 5.

253 *Völker/Clausius* § 9 Rn. 22.

254 OLG Koblenz FamRZ 2016, 1004; OLG Frankfurt FamRZ 2012, 570; OLG Celle FamRZ 2012, 1826.

255 BGH FamRZ 2016, 1146.

256 BVerfG NZFam 2014, 734; FamRZ 2014, 1841; BGH ZKJ 2013, 451; FamRZ 2013, 1380; kritisch *Keuter* ZKJ 2015, 67; zu einem Ausnahmefall bei einem Pflegekind vgl. OLG Karlsruhe FamRZ 2013, 1665.

257 BGH FamRZ 2004, 102; NJW 1999, 3718.

258 OLG Frankfurt ZKJ 2014, 292; OLG Hamm FamRZ 2005, 2081.

nach zutreffender Ansicht auch bei Entscheidung zur Regelung des elterlichen Umgangsrechts.[259]

Ein **Kind,** das unter elterlicher Sorge steht oder ein unter Vormundschaft stehender **Mündel** kann, soweit er das 14. Lebensjahr vollendet hat und nicht geschäftsunfähig ist, in allen seine Person betreffenden Angelegenheiten bzw. in sonstigen Angelegenheiten, in denen es vor einer Entscheidung angehört werden musste, ohne Mitwirkung seines gesetzlichen Vertreters das Beschwerderecht ausüben. Dies regelt § 60 FamFG. Es bedarf aber auch einer materiellen Beschwer iSd § 59 FamFG.[260] Die Verfahrensfähigkeit erstreckt sich auf das gesamte Beschwerdeverfahren, der Minderjährige kann deshalb alle Verfahrenshandlungen wirksam vornehmen und einen Bevollmächtigten bestellen (vgl. → Rn. 42). Hauptfälle sind in der Praxis Beschwerden des Kindes gegen seine Unterbringung nach § 1631b BGB und gegen den Entzug des elterlichen Sorgerechts.[261]

Der **Vormund** – auch das Jugendamt in seiner Funktion als **Amtsvormund** – ist zur Beschwerde berechtigt gegen seine Auswahl als Vormund.[262] Als **Amtsvormund** steht dem Jugendamt aber kein Beschwerderecht gegen die Anordnung der Vormundschaft selbst zu.[263] Gegen eine familiengerichtliche Weisung im Rahmen der Aufsicht besteht hingegen ein Beschwerderecht.[264] Ebenso besteht ein Beschwerderecht für den Vormund, wenn ihm in einer Umgangsregelung Pflichten auferlegt worden sind.[265]

129 Ein **Anwaltszwang** besteht in Kindschaftssachen auch beim Beschwerdegericht nicht (vgl. § 10 Abs. 1 FamFG), sofern es sich bei der Kindschaftssache nicht um eine Folgesache zur Scheidung handelt (vgl. § 114 FamFG).

130 Das Familiengericht kann in Kindschaftssachen einer Beschwerde nach § 58 FamFG **nicht abhelfen** (§ 68 Abs. 1 S. 2 FamFG). Das Oberlandesgericht ist eine zweite Tatsacheninstanz, so dass grundsätzlich die für das erstinstanzlichen Verfahren geltenden Vorschriften Anwendung finden (§ 68 Abs. 3 S. 1 FamFG). Es kann aber von der Vornahme einzelner Verfahrenshandlungen, wie die persönliche Anhörung des Kindes und der Eltern absehen, wenn diese bereits in der ersten Instanz vorgenommen wurden und von einer erneuten Durchführung keine zusätzlichen Erkenntnisse zu erwarten sind (§ 68 Abs. 3 S. 2 FamFG). Sofern das Oberlandesgericht die Beschwerde nicht als unzulässig verwirft (§ 68 Abs. 2 FamFG), entscheidet es in der Sache selbst durch Beschluss (§ 69 Abs. 1 S. 1 FamFG), dieser ist zu begründen (§ 69 Abs. 2 FamFG). Das Oberlandesgericht kann die Beschwerde gemäß § 68 Abs. 4 FamFG auf den Einzelrichter übertragen. Ungeachtet des in Kindschaftssachen geltenden Beschleunigungsgrundsatzes kommt auch eine Aufhebung der Entscheidung und Zurückverweisung an das Amtsgericht (§ 69 Abs. 1 S. 2, 3 FamFG), vor allem in Fällen unzulässiger Teilentscheidungen und – antragsabhängig – bei schweren Verfahrensfehlern in Betracht.[266]

131 **2. Sofortige Beschwerde. Neben- und Zwischenentscheidungen** sind nur dann anfechtbar, wenn dies im Gesetz ausdrücklich bestimmt ist. Das Rechtsmittel gegen diese Entscheidungen ist die sofortige Beschwerde in entsprechender Anwendung

---

[259] OLG Hamburg FamRZ 2009, 1001; *Heilmann* ZKJ 2014, 58, aA die wohl hM: BGH FamRZ 2005, 975; OLG Köln FamRZ 2011, 233; Johannsen/Henrich/*Althammer* FamFG § 59 Rn. 5a.

[260] OLG Nürnberg JAmt 2012, 99.

[261] Zur Beschwerdeberechtigung in diesen Fällen vgl. BVerfG FamRZ 2008, 845; Staudinger/*Coester* BGB § 1666 Rn. 302 einerseits und die hiervon abweichende Auffassung des OLG Düsseldorf ZKJ 2011, 185.

[262] OLG Frankfurt JAmt 2014, 170; OLG München FamRZ 2012, 1071.

[263] BGH ZKJ 2012, 149; OLG Frankfurt JAmt 2014, 170.

[264] DIJuF-Rechtsgutachten JAmt 2014, 204.

[265] OLG Nürnberg, Beschl. v. 19.7.2016 – 7 UF 746/16, BeckRS 2016, 17556.

[266] Vgl. Heilmann/*Dürbeck* FamFG § 69 Rn. 5 ff.

der §§ 567–572 ZPO. In Familiensachen unterliegen der sofortigen Beschwerde: die Zurückweisung eines Ablehnungsgesuchs (§ 6 Abs. 2 FamFG); die Ablehnung einer Hinzuziehung weiterer Beteiligter (§ 7 Abs. 5 FamFG); die Aussetzung des Verfahrens (§ 21 Abs. 2 FamFG); die Verhängung eines Ordnungsmittels gegen einen Beteiligten (§ 33 Abs. 3 FamFG); die Anordnung von Zwangsmaßnahmen (§ 35 Abs. 5 FamFG); die Berichtigung eines Beschlusses (§ 42 Abs. 3 FamFG); Beschlüsse im Verfahrenskostenhilfeverfahren (§ 76 Abs. 2 FamFG), Kostenfestsetzungsbeschlüsse (§ 85 FamFG, § 104 Abs. 3 ZPO) und Beschlüsse im Vollstreckungsverfahren (§ 87 Abs. 4 FamFG). Die **Beschwerdefrist** beträgt in der Regel **zwei Wochen**, eine Ausnahme bildet die Verfahrenskostenhilfe, hier beträgt die Beschwerdefrist einen Monat (§ 76 Abs. 2 FamFG iVm § 569 Abs. 1 ZPO iVm § 127 Abs. 2 S. 3 ZPO). Das Gericht hat eine **Abhilfebefugnis** (§ 572 ZPO).

Sind **Zwischen- und Nebenentscheidungen unanfechtbar**, so kann man sie nur zusammen mit der Hauptsacheentscheidung vom Beschwerdegericht überprüfen lassen **132**
(§ 58 Abs. 2 FamFG). Zu nennen sind hier etwa einem Ablehnungsgesuch gegen einen Richter oder Sachverständigen stattgebende Entscheidungen, die Zurückweisung einer Fristverlängerung oder Terminsverlegung, die Bestellung eines Verfahrensbeistands und grundsätzlich auch **Beweisbeschlüsse** (§ 30 Abs. 1 FamFG, § 355 Abs. 2 ZPO)[267]. Letztere sind aber dann in Ausnahmefällen analog §§ 567 ff. ZPO mit der sofortigen Beschwerde anfechtbar, wenn die angeordnete Beweiserhebung unzulässig in höchstpersönliche Rechte eines Beteiligten eingreift und sich als objektiv willkürlich darstellt, wie etwa bei der Anordnung einer ärztlichen Untersuchung eines Elternteils.[268]

**3. Weitere Rechtsmittel. a) Rechtsmittel gegen Entscheidungen des Rechts- 133
pflegers.** Gegen Beschlüsse des Rechtspflegers sind dieselben Rechtsmittel wie gegen Beschlüsse des Richters gegeben (§ 11 Abs. 1 RPflG). Entscheidet der Rechtspfleger beispielsweise über die Verfahrenskostenhilfe, so ist diese Entscheidung mit der sofortigen Beschwerde mit einer Frist von einem Monat anfechtbar (§ 11 Abs. 1 RPflG iVm § 76 Abs. 2 FamFG iVm § 569 Abs. 1 ZPO iVm § 127 Abs. 2 S. 3 ZPO). Entscheidet der Rechtspfleger hingegen in einer Meinungsverschiedenheit zwischen mehreren (§ 1797 Abs. 1 S. 2 BGB) oder verschiedenen (§ 1798 BGB) Vormündern oder beschließt er die Entlassung des Einzelvormundes (§ 1886 BGB), ist die Beschwerde nach § 11 Abs. 1 RpflG, § 58 Abs. 1 FamFG das statthafte Rechtsmittel, da es sich insoweit um verfahrensabschließende Entscheidungen des Rechtspflegers handelt.[269] Ist gegen die Entscheidung nach den allgemeinen verfahrensrechtlichen Vorschriften ein Rechtsmittel nicht gegeben, zB weil in vermögensrechtlichen Angelegenheiten der in § 61 Abs. 1 FamFG festgesetzte Beschwerdewert nicht erreicht ist, so findet gem. § 11 Abs. 2 RPflG die **Erinnerung** statt (siehe unten → Rn. 136).

b) Rechtsbeschwerde. Gegen Entscheidungen des Oberlandesgerichts als Be- **134**
schwerdegericht in Kindschaftssachen ist die Rechtsbeschwerde nach §§ 70 ff. FamFG zum Bundesgerichtshof (§ 133 GVG) vorgesehen. Die Rechtsbeschwerde ist in der Regel aber nur statthaft, wenn sie vom Beschwerdegericht **zugelassen** worden ist (§ 70 Abs. 1 FamFG), was in Kindschaftssachen aber selten vorkommt. Die Rechtsbeschwerde ist zuzulassen, wenn die Rechtssache **grundsätzliche Bedeutung** hat (§ 70 Abs. 2 S. 1 Nr. 1 FamFG). Das ist der Fall, wenn eine klärungsbedürftige Rechtsfrage

---

[267] Vgl. BGH FamRZ 2007, 1728.

[268] BGH FamRZ 2007, 1002; OLG Frankfurt ZKJ 2015, 328; OLG Nürnberg FamRZ 2014, 677; ablehnend: *Fischer* FuR 2014, 700 (701).

[269] Vgl. *Musielak/Borth* FamFG § 58 Rn. 5.

zu entscheiden ist, die in einer Vielzahl von Fällen auftreten kann.[270] Sie ist ferner zuzulassen, wenn die **Fortbildung des Rechts** oder die **Sicherstellung einer einheitlichen Rechtsprechung** dies erfordert (§ 70 Abs. 2 S. 1 Nr. 2 FamFG). Lässt das Beschwerdegericht die Rechtsbeschwerde zu, so ist das Rechtsbeschwerdegericht daran **gebunden** (§ 70 Abs. 2 S. 2 FamFG). Hat das Oberlandesgericht die Rechtsbeschwerde nicht zugelassen, ist eine Nichtzulassungsbeschwerde (wie sie für den Zivilprozess in § 544 ZPO vorgesehen ist) nicht gegeben. Es verbleibt dann nur noch die Möglichkeit, gegen die Entscheidung des Oberlandesgerichts als letzte Instanz **Verfassungsbeschwerde** beim Bundesverfassungsgericht einzulegen (§ 90 Abs. 2 BVerfGG), sofern der Beschwerdeführer behauptet, in seinen Grundrechten oder in seinem Anspruch auf rechtliches Gehör (Art. 103 Abs. 1 GG) verletzt zu sein. In Kinderschutzverfahren nach § 1666 BGB hat das BVerfG in seinen jüngsten, sehr elternrechtsfreundlichen Entscheidungen[271] mit der Ausweitung seines Prüfungsmaßstabes bei Verfassungsbeschwerden im Sinne einer „Superrevision" faktisch eine Überprüfung zweitinstanzlicher Entscheidungen geschaffen, von der heute in der Praxis rege Gebrauch gemacht wird. In **Unterbringungssachen** nach § 151 Nr. 6 und 7 FamFG ist die Rechtsbeschwerde eröffnet, **ohne** dass es einer **Zulassung** bedürfte (§ 70 Abs. 3 S. 1 Nr. 2 FamFG). Die Rechtsbeschwerde ist **binnen eines Monats bei Bundesgerichtshof** durch einen beim BGH zugelassenen Rechtsanwalt einzulegen (§ 71 Abs. 1 FamFG). Sie ist zu begründen (§ 71 Abs. 2 FamFG). § 71 Abs. 1 S. 2 FamFG regelt den notwendigen Inhalt der Rechtsbeschwerde, § 71 Abs. 3 FamFG den notwendigen Inhalt der Begründung. Die Rechtsbeschwerde kann nur darauf gestützt werden, dass die angefochtene Entscheidung auf der Verletzung formellen oder materiellen Rechts beruht (§ 72 Abs. 1 FamFG). Damit grenzt die Vorschrift den Prüfungsumfang ein, das Vorbringen neuer Tatsachen und Beweise scheidet regelmäßig aus. In Verfahren der **einstweiligen Anordnung** ist die Rechtsbeschwerde durchgängig unstatthaft (§ 70 Abs. 4 FamFG).

135 **c) Rechtsbehelfe bei Verzögerung des Verfahrens.** Durch das Gesetz über den Rechtsschutz überlanger Gerichtsverfahren und strafrechtlicher Ermittlungsverfahren[272] wurde mit §§ 198 ff. GVG ein neuer Entschädigungsanspruch für betroffene Verfahrensbeteiligte als Folge diverser Beanstandungen des EGMR[273] geschaffen. Durch die gesetzliche Einführung dieser Entschädigungsregelung hielt der BGH in der Folgezeit die früher in Ausnahmefällen zulässige **Untätigkeitsbeschwerde** für nicht mehr statthaft.[274] Diese Rechtslage hat der **EGMR**[275] jedoch für **Umgangssachen** iSd § 151 Nr. 2 FamFG für nicht mit Art. 8, 13 EMRK vereinbar erklärt, so dass der Gesetzgeber jedenfalls in den beschleunigt zu bearbeitenden Kindschaftssachen iSd § 155 Abs. 1 FamGKG zu einer Wiedereinführung einer Untätigkeitsbeschwerde gezwungen worden ist. Am 11.10.2016 wurde das Gesetz zur Änderung des Sachverständigenrechts und zur weiteren Änderung des Gesetzes über das Verfahren in Familiensachen und in den Angelegenheiten der freiwilligen Gerichtsbarkeit verkündet.[276]

---

[270] BGH NJW 2004, 2222.

[271] Vgl. etwa BVerfG FamRZ 2016, 439; 2016, 22; 2015, 2120; ZKJ 2014, 242; FamRZ 2014, 907; JAmt 2014, 415; zur berechtigten Kritik vgl. *Heilmann* NJW 2014, 2904; *Hammer* FF 2014, 428; *Lack/Heilmann* ZKJ 2014, 308.

[272] BGBl. 2011 I 2302.

[273] Vgl. etwa EGMR NJW 2010, 3355.

[274] BGH NJW 2013, 385.

[275] EGMR FamRZ 2015, 469.

[276] BGBl. 2016 I 2222; vgl. dazu *Keuter* FamRZ 2016, 1817.

In § 155b FamFG ist dort für Kindschaftssachen iSd § 155 Abs. 1 FamFG eine qualifizierte **Beschleunigungsrüge** vorgesehen, die nach dessen Abs. 3 zugleich als Verzögerungsrüge iSd § 198 Abs. 3 S. 1 GVG gilt. In § 155c FamFG findet sich nunmehr für die vorbezeichneten eilbedürftigen Kindschaftssachen eine gesetzliche Regelung der sog. **Beschleunigungsbeschwerde.** Diese muss nach § 155c Abs. 1 FamFG binnen zwei Wochen nach Zurückweisung der Beschleunigungsrüge nach § 155b Abs. 2 FamFG eingelegt werden, sie ist auch statthaft bei Verzögerung des Beschwerde- und Rechtsbeschwerdeverfahrens.

4. Erinnerung nach § 11 Abs. 2 RPflG. Kein Rechtsmittel sondern Rechtsbehelf 136
ist die Erinnerung nach § 11 Abs. 2 RPflG, denn sie macht das Verfahren nicht in der nächst höheren Instanz anhängig. Sie findet statt, wenn nach den allgemeinen verfahrensrechtlichen Vorschriften ein Rechtsmittel nicht gegeben ist. Das kommt insbesondere in Verfahren auf Festsetzung der Vergütung des Vormundes gemäß § 168 FamFG in Betracht, wenn die Beschwerdesumme von 600 EUR nicht überschritten ist oder bei Zwischenentscheidungen des Rechtspflegers, die mit der sofortigen Beschwerde nicht angreifbar sind (zB die Anordnung eines Gutachtens zur Ermittlung des Alters des Betroffenen). Auch soweit Angehörige oder Pflegepersonen nicht nach § 59 FamFG gegen ihre Nichtberücksichtigung bei der Vormundsauswahl beschwerdeberechtigt sind (vgl. → Rn. 128), findet die Erinnerung gegen die Entscheidung des Rechtspflegers Anwendung.[277] Für die Erinnerungsberechtigung genügt, anders als bei § 59 FamFG, dass der Erinnerungsführer ein berechtigtes Interesse an der Entscheidung hat und in dem betreffenden Verfahren beteiligt worden ist.[278] Die Erinnerung nach § 11 Abs. 2 S. 1 RPflG ist innerhalb einer Frist von zwei Wochen einzulegen. Der Rechtspfleger kann der Erinnerung abhelfen (§ 11 Abs. 2 S. 2 RPflG). Erinnerungen, denen er nicht abhilft, legt er dem Familienrichter des Amtsgerichts zur Entscheidung vor (§ 11 Abs. 2 S. 3 RPflG). Auf die Erinnerung sind im Übrigen die Vorschriften über die Beschwerde sinngemäß anzuwenden (§ 11 Abs. 2 S. 4 RPflG). Das Erinnerungsverfahren ist gerichtsgebührenfrei (§ 11 Abs. 4 RpflG).

VII. Verfahrenskostenhilfe

Auch wer **mittellos** ist, soll Anträge bei Gericht stellen und sich im gerichtlichen 137
Verfahren von einem Verfahrensbevollmächtigten vertreten lassen dürfen. Der Staat muss im Hinblick auf Art. 3 Abs. 1, 19 Abs. 4, 20 Abs. 3 GG gewährleisten, dass jede Person in gleicher Weise Zugang zu den Gerichten hat (sog **Rechtsschutzgleichheit**).[279] In den Verfahren nach dem FamFG kommt der Staat dieser Verpflichtung dadurch nach, dass er mittellosen Personen Verfahrenskostenhilfe nach Maßgabe von §§ 76–78 FamFG bewilligt. In § 76 Abs. 1 FamFG werden die **Vorschriften über die Prozesskostenhilfe** in der ZPO weitgehend für **anwendbar** erklärt. Danach sind die Rechtsnormen der ZPO, also die §§ 114–126 ZPO entsprechend anwendbar, sofern das FamFG keine abweichenden Bestimmungen enthält.

Ganz gleich ob es sich um ein Antragverfahren handelt, oder um ein Verfahren, 138
welches von Amts wegen eingeleitet wird, Verfahrenskostenhilfe wird immer **nur auf Antrag** bewilligt (§ 76 Abs. 1 FamFG iVm § 117 Abs. 1 ZPO). Im FamFG-Verfahren können nur formell iSd § 7 FamFG am Verfahren **Beteiligte** Verfahrenskostenhilfe be-

[277] BVerfG FamRZ 2014, 1435; BGH ZKJ 2013, 451; Heilmann/*Heilmann* RpflG § 11 Rn. 12.
[278] BGH ZKJ 2013, 451.
[279] BVerfG NJW 1991, 413; ausf. *Dürbeck/Gottschalk* Rn. 1; *Zuck* NJW 2012, 37.

anspruchen.[280] Außerdem müssen diese **in eigenen Rechten betroffen** sein,[281] woran es etwa fehlt, wenn ein nicht sorgeberechtigter Eltern wegen des Umgangsrechts oder des Sorgerechts des anderen Elternteils Verfahrenskostenhilfe begehrt.[282]

139 Voraussetzung ist zunächst, dass die beabsichtigte Rechtsverfolgung oder Rechtsverteidigung **hinreichende Aussicht auf Erfolg** bietet und zudem **nicht mutwillig** ist (§ 76 Abs. 1 FamFG iVm § 114 ZPO). Der Amtsermittlungsgrundsatz begründet insofern keine Ausnahme.[283] Hinreichende Erfolgsaussicht muss in tatsächlicher und rechtlicher Beziehung bestehen.[284] Verfahrenskostenhilfe darf nicht aus Rechtsgründen versagt werden, wenn die entscheidungserheblichen Rechtsfragen zweifelhaft und noch nicht eindeutig in der Rechtsprechung geklärt sind und die Gefahr besteht, dass die Rechtsverfolgung in das summarische Verfahren der Verfahrenskostenhilfe **vorverlagert** wird.[285] Dies gilt auch bei zweifelhafter Rechtslage in tatsächlicher Hinsicht. In **Umgangsverfahren** ist beispielsweise Erfolgsaussicht zu bejahen, wenn zu erwarten ist, dass durch die von Amts wegen im Interesse des Kindeswohls zu treffende Entscheidung eine Verbesserung der Lage für das Kind erreicht werden kann.[286] Eine hinreichende Erfolgsaussicht in Verfahren nach §§ 1666, 1666a BGB liegt bereits dann vor, wenn mit der Verfahrensbeteiligung eines Elternteils zumindest auch das Kindeswohl gefördert wird, hier ist ein großzügiger Maßstab geboten.[287] Dies wird auch außerhalb von Kinderschutzverfahren zu gelten haben, da sich die Erfolgsaussicht eines Rechtsbegehrens in Kindschaftssachen häufig erst nach persönlicher Anhörung der Beteiligten und des Kindes beurteilen lassen.[288] **Mutwillig** ist nach der Legaldefinition von § 114 Abs. 2 ZPO eine Verfahrensführung, wenn ein Beteiligter, der nicht kostenarm ist, bei verständiger Würdigung aller Umstände von der Rechtsverfolgung oder Rechtsverteidigung absehen würde, obwohl eine Erfolgsaussicht besteht. In Umgangssachen kann Mutwilligkeit nicht allein deshalb angenommen werden, weil ein Beteiligter vor Stellung seines VKH-Antrages nicht beim **Jugendamt** um Beratung und Vermittlung nachgesucht hat.[289] Auch den VKH-Antrag eines wegen vorsätzlicher Tötung der Kindesmutter in Strafhaft befindlichen Vaters wegen der Regelung des Umgangs mit seinem Kind hält der BGH für nicht mutwillig.[290] In der **Rechtsmittelinstanz** ist die Erfolgsaussicht/Mutwilligkeit der Rechtsverfolgung nur für den Beschwerdeführer zu prüfen. Für die übrigen Beteiligten braucht in dem höheren Rechtszug nicht geprüft werden, ob die Rechtsverfolgung oder Rechtsverteidigung hinreichende Aussicht auf Erfolg bietet oder mutwillig erscheint (§ 76 Abs. 1 FamFG iVm § 119 Abs. 1 S. 2 ZPO).

140 Weitere Voraussetzung für die Bewilligung von Verfahrenskostenhilfe ist, dass der Beteiligte nach seinen **persönlichen und wirtschaftlichen Verhältnissen** die Kosten

[280] BT-Drs. 16/6308, 213; OLG Frankfurt FamRZ 2012, 570.
[281] BGH FamRZ 2015, 133.
[282] OLG Frankfurt FamRZ 2015, 1312 (Ls.) = BeckRS 2015, 00241; FamRZ 2013, 46; OLG Karlsruhe MDR 2012, 529.
[283] BT-Drs. 16/9733, 360.
[284] Keidel/*Zimmermann* FamFG § 76 Rn. 13.
[285] BVerfG NJW 2016, 1377; NZFam 2014, 1104; BGH FamRZ 2013, 369; 2007, 1006.
[286] Vgl. OLG Hamm FamRZ 2008, 429.
[287] OLG Schleswig NZFam 2016, 132; OLG Karlsruhe FamRZ 2015, 1903.
[288] OLG Hamm FamRZ 2011, 1604; Heilmann/*Dürbeck* FamFG § 76 Rn. 29; aA: OLG Rostock FamRZ 2011, 1660.
[289] Str.; wie hier: OLG Karlsruhe ZKJ 2016, 109; OLG Stuttgart FamRZ 2011, 1160; *Dürbeck* ZKJ 2013, 330; aA: OLG Brandenburg FamRZ 2015, 1040; FuR 2014, 181; OLG Hamm NZFam 2015, 510.
[290] BGH FamRZ 2016, 1058 m. krit. Anm. von *Heilmann*.

der Verfahrensführung nicht, nur zum Teil oder nur in Raten aufbringen kann (§ 76 Abs. 1 FamFG iVm § 114 ZPO). Für die Frage, ob der Beteiligte **mittellos** ist, ist zu berücksichtigen, dass er sein **Einkommen** einzusetzen hat (§ 76 Abs. 1 FamFG iVm § 115 Abs. 1 S. 1 ZPO), zu dem alle Einkünfte in Geld oder Geldeswert gehören (§ 115 Abs. 1 S. 2 ZPO). Das sind in der Regel laufende Einkünfte aus Gehalt, Rente, Pension oder der Gewinn Selbständiger. Zu den Einkünften zählen ferner Urlaubs- und Weihnachtsgeld, Wohngeld, Arbeitslosengeld und Kindergeld, soweit es nicht zum Unterhalt minderjähriger Kinder zu verwenden ist.[291] Von den Einkünften sind die in § 115 Abs. 1 S. 3 ZPO genannten Beträge (Einkommensteuer und Sozialversicherungsbeiträge, Freibetrag für Erwerbstätige, für den Beteiligten, mittellose Ehegatten und unterhaltsberechtigte Kinder)[292] abzusetzen. Weiterhin sind Aufwendungen für Wohnungsmiete und berücksichtigungswürdige Schulden und angemessene Privatversicherungen in Abzug zu bringen. Von dem nach den Abzügen verbleibenden Teil des monatlich einzusetzenden Einkommens ist unabhängig von der Zahl der Rechtszüge die Hälfte in **Monatsraten** gemäß § 115 Abs. 2 ZPO von dem Beteiligten selbst aufzubringen. Nach § 115 Abs. 3 ZPO ist auch vorhandenes **Vermögen** einzusetzen, soweit dies zumutbar ist. Zum **Vermögen** zählen bewegliche und unbewegliche Sachen, Forderungen und sonstige Rechte, Verbindlichkeiten sind abzusetzen. Nicht zumutbar ist die Verwertung von Vermögen, welches in § 90 Abs. 2 SGB XII aufgeführt ist, insbesondere ein selbst gewohntes angemessenes Familienheim und ein Schonbetrag von 2.600 EUR. Von diesen schützenswerten Gegenständen darf die Bewilligung von Verfahrenskostenhilfe nicht abhängig gemacht werden. Einzusetzen sind aber Lebensversicherungen, soweit nicht im Einzelfall eine unbillige Härte vorliegt[293] oder diese nach § 90 Abs. 2 Nr. 2 SGB XII staatlich gefördert ist. Besteht eine Rechtsschutzversicherung für die Kosten des Verfahrens, kann Verfahrenskostenhilfe nicht gewährt werden,[294] ebenso nicht, wenn der Beteiligte einen realisierbaren unterhaltsrechtlichen Anspruch auf Zahlung eines **Verfahrenskostenvorschusses** (als unterhaltsrechtlichen Sonderbedarf) nach §§ 1361a Abs. 4, 1610 BGB hat.[295]

Der Antrag ist nach § 117 Abs. 1 ZPO bei dem mit der Sache befassten Gericht zu **141** stellen. Ist der Rechtspfleger funktionell zuständig, so entscheidet er auch über die Verfahrenskostenhilfe (§ 4 RPflG). In dem Antrag sind die Tatsachen und die Beweismittel, die den Antrag rechtfertigen, mitzuteilen (§ 76 Abs. 1 FamFG iVm § 117 Abs. 1 S. 2 ZPO).[296] Dem Antrag sind eine **Erklärung des Beteiligten über seine persönlichen und wirtschaftlichen Verhältnisse** (Familienverhältnisse, Beruf, Vermögen, Einkommen und Lasten) sowie entsprechende Belege beizufügen (§ 76 Abs. 1 FamFG iVm § 117 Abs. 2 ZPO). Auf der Grundlage einer sich aus § 117 Abs. 3 ZPO ergebenden Ermächtigung sind für diese Erklärung Formulare eingeführt worden, die bei den Gerichten erhältlich sind und die nach § 117 Abs. 4 ZPO zwingend zu verwenden sind. Die Erklärung des Beteiligten nach § 117 Abs. 2 ZPO soll die gerichtliche Prüfung der persönlichen und wirtschaftlichen Voraussetzungen ermöglichen. Werden Belege nicht eingereicht und auch auf besondere Anforderung hin nicht innerhalb einer vom Gericht gesetzten Frist vorgelegt oder bestimmte Fragen nicht oder nicht genügend beantwortet, kann Verfahrenskostenhilfe versagt werden (§ 118 Abs. 2 S. 4

291 BGH FamRZ 2005, 605.
292 Ausführlich *Dürbeck/Gottschalk* Rn. 244 ff.
293 BGH NJW 2010, 2887.
294 *Zöller/Geimer* ZPO § 115 Rn. 49c.
295 *Dürbeck/Gottschalk* Rn. 354 ff.
296 § 117 Abs. 1 S. 1 ZPO spricht insoweit von Streitverhältnis.

ZPO). Die Erklärung über die persönlichen und wirtschaftlichen Verhältnisse des Antragstellers ist nach § 117 Abs. 2 S. 2 ZPO einem anderen Beteiligten zugänglich zu machen, wenn dieser gegen den Antragsteller einen materiell-rechtlichen Auskunftsanspruch (zB das Kind gegen einen Elternteil nach § 1605 BGB) hat. [297]

142 Die Entscheidung über die **Bewilligung** von Verfahrenskostenhilfe erfolgt nach Anhörung der anderen Beteiligten nach Maßgabe von § 77 FamFG durch **Beschluss**, der dem Beteiligten oder seinem Vertreter bekannt zu geben ist (§ 15 FamFG). Ein Beschluss, durch den Verfahrenskostenhilfe versagt wird, ist zu begründen. Er ist mit der **sofortigen Beschwerde** in entsprechender Anwendung der §§ 567–572, 127 Abs. 2–4 ZPO anfechtbar (§ 76 Abs. 2 FamFG, siehe oben → Rn. 131). Die Beschwerdefrist beträgt hier einen Monat (§ 127 Abs. 2 S. 3 ZPO). Zuständig ist bei dem Oberlandesgericht gemäß § 568 S. 1 ZPO der Einzelrichter.[298]

143 Hinsichtlich der **Beiordnung eines Rechtsanwalts** tritt in Kindschaftssachen an die Stelle des § 121 Abs. 1 ZPO die speziellere Regelung des § 78 FamFG. Da in diesen Verfahren eine anwaltliche Vertretung nicht vorgeschrieben ist, wird dem Beteiligten ein Rechtsanwalt nur beigeordnet, wenn dies wegen der **Schwierigkeit der Sach- und Rechtslage** erforderlich erscheint (§ 78 Abs. 2 FamFG). Die Schwere des Eingriffs in die Rechte eines Beteiligten rechtfertigt die Beiordnung eines Rechtsanwalts im Rahmen der Verfahrenskostenhilfe in der Regel alleine grundsätzlich nicht.[299] Der BGH hat seit Inkrafttreten des FamFG bereits in drei Entscheidungen zur Auslegung von § 78 Abs. 2 FamFG Stellung genommen.[300] Demnach beurteilt sich die Frage der Schwierigkeit der Sach- und Rechtslage nicht allein nach objektiven Kriterien, sondern auch nach den subjektiven Fähigkeiten des Betroffenen und auch der Umstand, dass andere Beteiligte anwaltlich vertreten sind, soll mit zu berücksichtigen sein. Damit ist in den allermeisten Kindschaftssachen die Notwendigkeit einer anwaltlichen Vertretung nicht ernsthaft in Zweifel zu ziehen.[301]

144 Das Gericht soll die Bewilligung der Verfahrenskostenhilfe **aufheben,** wenn der Antragsteller das Gericht über die sachlichen Voraussetzungen für die Bewilligung der Verfahrenskostenhilfe getäuscht hat, absichtlich oder grob nachlässig unrichtige oder unvollständige Angaben über die für die Bewilligung der Verfahrenskostenhilfe maßgebenden persönlichen und wirtschaftlichen Verhältnisse gemacht hat (§ 76 Abs. 1 FamFG iVm § 124 Abs. 1 Nr. 1 und 2 ZPO). Weitere Aufhebungstatbestände sind das Nichtvorliegen der die für die Bewilligung maßgebenden persönlichen und wirtschaftlichen Voraussetzungen im Zeitpunkt der Bewilligung § 124 Abs. 1 Nr. 3 ZPO), das Nichtmitwirken im Überprüfungsverfahren nach § 120a ZPO (§ 124 Abs. 1 Nr. 2 Alt. 2 ZPO), die Nichtanzeige von Einkommens- oder Vermögensverbesserungen oder eines Wohnsitzwechsels (§ 124 Abs. 1 Nr. 4 ZPO) und der Zahlungsverzug mit mindestens drei Monatsraten (§ 124 Abs. 1 Nr. 5 ZPO).[302] Mit der Aufhebung fallen alle Wirkungen der Verfahrenskostenhilfe nach §§ 121, 122 ZPO weg. Demgemäß kann die Staatskasse unbeschränkt Gerichts- und Gerichtsvollzieherkosten und auf sie nach § 59 RVG übergegangene Ansprüche eines beigeordneten Rechtsanwalts erheben. Neu ausgestaltet wurde zum 1.1.2014 das Überprüfungsverfahren nach § 120a ZPO. Im Gegensatz zur alten Rechtslage in § 120 Abs. 4 ZPO aF bestehen nunmehr Offen-

---

[297] Ausführlich *Härtl* NZFam 2014, 1032.

[298] Weitere Einzelheiten zum Beschwerdeverfahren bei *Dürbeck/Gottschalk* § 15.

[299] BT-Drs. 16/6308, 214.

[300] BGH NJW 2016, 959; FamRZ 2012, 1290; 2010, 1427.

[301] Weitere Einzelheiten bei Heilmann/*Dürbeck* FamFG § 78 Rn. 3 ff.

[302] Einzelheiten bei Zöller/*Geimer* ZPO § 124 Rn. 3 ff. und *Dürbeck/Gottschalk* § 14.

barungspflichten für den Beteiligten in Bezug auf Veränderungen seines Einkommens, Vermögens und seiner Wohnanschrift. Auch besteht eine Pflicht zur Einreichung einer neuen Erklärung über seine persönlichen und wirtschaftlichen Verhältnisse.[303]

VIII. Einstweilige Anordnungen

Kann über einen Antrag oder einen Sachverhalt nicht sogleich abschließend entschieden werden, weil zunächst die Beteiligten anzuhören oder zB ein Sachverständigengutachten eingeholt werden muss, besteht jedoch ein **dringendes Bedürfnis für die Regelung** des derzeitigen Zustandes, so kann das Gericht nach §§ 49 ff. FamFG eine **einstweilige Anordnung**[304] erlassen. In Kindschaftssachen kommen diese nicht selten vor. Zu nennen sind etwa schwerwiegende Kinderschutzverfahren nach § 1666 BGB[305] oder § 1684 Abs. 4 BGB (zB bei Kindesmissbrauch) oder in Fällen des eigenmächtigen Veränderns des Aufenthaltsortes eines Kindes.[306] Das gleiche gilt, wenn beispielsweise die Eltern an der Ausübung der elterlichen Sorge gehindert sind (§ 1693 BGB) oder ein Vormund noch nicht bestellt oder aber verhindert ist (§ 1846 BGB). Schließlich häufen sich Fälle, in denen einem Elternteil eine vermeintlich gefährliche Urlaubsreise mit dem Kind per einstweiliger Anordnung untersagt werden soll.[307] Darüber hinaus bestehen einige Sonderschriften, in Kindschaftssachen, insbesondere §§ 156 Abs. 3, 157 Abs. 3 FamFG. 145

Das einstweilige Anordnungsverfahren stellt gemäß § 51 Abs. 3 FamFG gegenüber dem Hauptsacheverfahren ein **selbständiges Verfahren** dar und setzt **kein gleichartiges Hauptsacheverfahren** voraus. Die erste gerichtliche Anordnung soll nach dem Willen des Gesetzgebers möglichst eine weitere Entscheidung entbehrlich machen, wenn die Beteiligten mit der einstweiligen Regelung zufrieden sind.[308] In Kindschaftssachen gilt dies indes nur mit Einschränkungen. Da das Gericht in Amtsverfahren **von Amts wegen tätig** wird, muss es daher – zB in Verfahren nach § 1666 BGB – auch nach Erlass einer einstweiligen Anordnung ein Hauptsacheverfahren einleiten, sofern nicht ausnahmsweise das Hauptsacheverfahren aufgrund der endgültigen Regelung im einstweiligen Anordnungsverfahren entbehrlich geworden ist. Das Gericht muss das Hauptsachverfahren auch einleiten, wenn einer der Beteiligten dies beantragt (§ 52 Abs. 1 FamFG). § 52 Abs. 1 S. 2 und 3 FamFG ermöglicht es aber dem Gericht, eine Frist von bis zu drei Monaten zu bestimmen, vor deren Ablauf ein solcher Antrag unzulässig ist. Dies mag in Umgangsverfahren sinnvoll sein, in denen eine künftige Hauptsacheentscheidung voraussichtlich der vorläufigen Entscheidung nichts Wesentliches hinzufügen wird und es sinnvoll erscheint, zunächst die vorläufige Regelung umzusetzen und Ruhe in die Familie zu bringen. Dies gilt jedoch nicht in Kindschaftssachen, die den Aufenthalt oder eine Kindeswohlgefährdung zum Gegenstand haben, da es hier dem Beschleunigungsgrundsatz widersprechen würde, notwendige Amtsermittlungen, zB in Form eines Sachverständigengutachtens, zunächst einzu- 146

---

[303] Eingehend *Dörndorfer* NZFam 2015, 349.

[304] Ausführlich *Giers* NZFam 2014, 207.

[305] KG NJOZ 2012, 1482.

[306] OLG Nürnberg FamRZ 2013, 1588; OLG Saarbrücken 2011, 1740; OLG Naumburg Beschl. v. 18.10.2011 – 8 UF 204/11, BeckRS 2011, 29337.

[307] OLG Frankfurt FamRZ 2016, 1595 (Türkei); KG FamRZ 2016, 2111 (Vereinigtes Königreich); OLG Karlsruhe FamRZ 2015, 150 (Ukraine).

[308] BT-Drs. 16/6308, 201.

stellen.[309] Durch die angeordnete **Sperrfrist** würde ein Zustand verfestigt, der lediglich auf der Basis einer vorläufigen Tatsachengrundlage zur vorübergehenden Befriedung oder Sicherung geschaffen wurde. In Verfahren, die nur auf **Antrag** eingeleitet werden (zB § 1671 Abs. 1 und 2 BGB oder § 1 GewSchG), findet § 52 Abs. 2 FamFG Anwendung. Danach hat das Gericht auf Antrag dem Beteiligten, der die einstweilige Anordnung erwirkt hat, eine Frist zu setzten, innerhalb derer dieser einen Antrag auf Einleitung des Hauptsacheverfahrens stellt.

147 **1. Voraussetzungen.** Voraussetzung für den Erlass einer einstweiligen Anordnung ist zunächst ein **Antrag** (§ 51 Abs. 1 S. 1 FamFG), sofern es sich um ein Antragsverfahren (zB nach §§ 1632 Abs. 3, 1671 BGB) handelt. In **Amtsverfahren** (§§ 1666, 1684 BGB) prüft das Gericht den Erlass einer einstweiligen Anordnung **von Amts wegen** und zwar in **jedem Stadium des Verfahrens**.

Die begehrte einstweilige Anordnung kann in einem Antragsverfahren nur erlassen werden, wenn eine materiellrechtliche Anspruchsgrundlage für den begehrten Anspruch besteht, zB ein Anspruch auf Erlass einer Anordnung nach dem GewSchG nach §§ 823, 1004 BGB (§ 49 Abs. 1 FamFG).

148 Ferner muss ein **dringendes Bedürfnis** für ein sofortiges Tätigwerden des Gerichts bestehen (§ 49 Abs. 1 FamFG). Das ist der Fall, wenn für den Betroffenen ein Nachteil zu erwarten ist, wenn nicht sofort eine Entscheidung ergeht. Ein solcher **Nachteil** wird in **Umgangsverfahren** immer angenommen, da hier stets die Gefahr der Entfremdung des Kindes droht, wenn der Umgangsberechtigte keinen Umgang hat.[310] Deshalb regelt § 156 Abs. 3 FamFG, dass in den Fällen, in denen im Termin zur mündlichen Verhandlung keine Entscheidungsreife vorliegt, eine einstweilige Anordnung, die den Umgang regelt oder aber ausschließt, erlassen werden soll. Auch bei Verfahren wegen **Gefährdung des Kindeswohl** nach den §§ 1666, 1666a BGB steht stets die Dringlichkeit von schützenden Maßnahmen im Raum, weshalb § 157 Abs. 3 FamFG dem Gericht die Verpflichtung auferlegt, unverzüglich nach Verfahrenseinleitung den Erlass einer einstweiligen Anordnung zu prüfen. Da zumindest die psychischen Folgen des mit einer Herausnahme verbundenen Entzugs der elterlichen Sorge meist nicht mehr rückgängig zu machen sind, ist das Gericht jedoch verpflichtet, bereits im Eilverfahren alle zur Verfügung stehenden Aufklärungs- und Prüfungspflichten voll auszuschöpfen.[311] Das BVerfG hat in den zuvor erwähnten Entscheidungen die Anforderungen an die Sachaufklärung im einstweiligen Anordnungsverfahren sehr hoch angesetzt.[312] Im Übrigen sollte aber eine Änderung des sozialen Umfeldes des Kindes nicht erfolgen, wenn der Ausgang des Verfahrens völlig offen ist.[313]

149 Durch die einstweilige Anordnung darf die **Hauptsache nicht vorweggenommen** werden.[314] Das ergibt sich aus dem Charakter der einstweiligen Anordnung, die nur eine vorläufige Regelung darstellen soll und aus dem Wortlaut des § 49 Abs. 1 FamFG „… eine vorläufige Maßnahme treffen …“. Das Kriterium der Vorläufigkeit darf jedoch nicht zu eng ausgelegt werden, anderenfalls eine Umgangsregelung im Wege der einstweiligen Anordnung nicht ergehen dürfte, da die bis zum Zeitpunkt der Entscheidung in der Hauptsache vergangene Zeit nicht neu geregelt werden kann.[315] Demnach darf

---

[309] Heilmann/*Cirullies* FamFG § 52 Rn. 2.
[310] BT-Drs. 16/6308, 237.
[311] BVerfG FamRZ 2015, 2120; 2002, 1021; JAmt 2014, 406.
[312] Zu Recht kritisch *Heilmann* NJW 2014, 2904.
[313] OLG Karlsruhe FamRZ 2008, 633.
[314] BT-Drs. 16/6308, 199.
[315] Vgl. *Zimmermann* Rn. 120.

auch die dringend notwendige Operation des noch nicht unter Vormundschaft stehenden Minderjährigen nach § 1846 BGB im Wege der einstweiligen Anordnung angeordnet werden, obwohl hierdurch vollendete Tatsachen geschaffen werden.

Gem. § 114 Abs. 4 Nr. 1 FamFG sind die Verfahren auf Erlass einer einstweiligen Anordnung generell vom **Anwaltszwang** ausgenommen. 150

2. Verfahrensablauf. Zuständig ist das Gericht, das auch zur Entscheidung in der Hauptsache berufen wäre (§ 50 Abs. 1 FamFG). Ist noch kein Hauptsacheverfahren anhängig, bestimmt sich die **Zuständigkeit** demnach nach den allgemeinen Vorschriften, bei Anhängigkeit der Hauptsache ist das Gericht des ersten Rechtszuges zuständig. Befindet sich das Hauptsacheverfahren in der Beschwerdeinstanz, so ist das Beschwerdegericht auch zuständig für den Erlass einer einstweiligen Anordnung. In besonders dringenden Fällen kann gem. § 50 Abs. 2 FamFG auch das Amtsgericht entscheiden, in dessen Bezirk sich die Person oder die Sache befindet, auf die sich die einstweilige Anordnung bezieht. 151

Sofern ein Antrag erforderlich ist, muss dieser begründet und seine Voraussetzungen müssen **glaubhaft (vgl. → Rn. 94)** gemacht werden (§ 51 Abs. 1 S. 2 FamFG). Das gilt auch fürdas Vorliegen des Anordnungsgrundes. 152

Eine mündliche Verhandlung ist nicht zwingend, vielmehr kann die Dringlichkeit der Sache es erforderlich machen, dass das Gericht zunächst ohne mündliche Verhandlung entscheidet (vgl. § 51 Abs. 2 FamFG). § 155 Abs. 2 FamFG findet hier keine Anwendung.[316] Die Anhörungsvorschriften sind gleichwohl zu beachten (§§ 34, 156 Abs. 3, 157 ff. FamFG).[317] Muss die **Anhörung** wegen der Eilbedürftigkeit zunächst unterbleiben, ist sie umgehend nachzuholen (§§ 159 Abs. 3, 160 Abs. 4, 162 Abs. 1 S. 2 FamFG). Eine förmliche Beweisaufnahme wird nicht durchgeführt, es genügt ein der Glaubhaftmachung entsprechender geringerer Grad an Wahrscheinlichkeit dahin, dass eine **überwiegende Wahrscheinlichkeit** für das glaubhaft gemachte Geschehen genügt, [318] 153

§ 49 Abs. 2 FamFG beschreibt die in Betracht kommenden Anordnungen, die Aufzählung ist nicht abschließend.[319] In Betracht kommen auch rechtsgestaltende und feststellende Entscheidungen wie zB der vorläufige Entzug (§ 1666 BGB) oder die Übertragung der elterlichen Sorge (§ 1671 BGB), die Anordnung einer Vormundschaft oder Pflegschaft zB für unbegleitet eingereiste minderjährige Flüchtlinge (§§ 1773, 1909 BGB) oder die Entlassung des Einzelvormundes wegen Gefährdung des Mündelinteresses (§ 1886 BGB). **Flankierende Maßnahmen** (zB Ge- oder Verbote im Zusammenhang mit der Ausübung des Umgangs, Anordnung der Herausgabe persönlicher Gegenstände des Mündels) sollen vom Gericht erlassen werden, ohne dass es eines entsprechenden Antrages bedarf.[320] Die Entscheidung ergeht durch **Beschluss,** es handelt sich um eine Endentscheidung iSd § 38 FamFG. Im Hinblick auf den vorläufigen Regelungscharakter erwachsen die Regelungen nicht in materielle Rechtskraft.[321] Sie werden aber **formell rechtskräftig** und bilden für die Zeit ihrer Geltung einen Titel, der die zwangsweise Durchsetzung ermöglicht. Gleichwohl besteht gemäß § 54 Abs. 1 FamFG die Möglichkeit, eine einmal ergangene einstweilige Anordnung wegen einer Veränderung rechtlicher oder tatsächlicher Gesichtspunkte von Amts wegen und bei 154

---

316 MüKoFamFG/*Heilmann* § 155 Rn. 47.

317 OLG Schleswig FamRZ 2014, 1383; Heilmann/*Cirullies* FamFG § 51 Rn. 6.

318 OLG Saarbrücken FPR 2011, 234; Keidel/*Giers* FamFG § 51 Rn. 6.

319 BT-Drs. 16/6308, 199.

320 BT-Drs. 16/6308, 199.

321 *Musielak/Borth* FamFG § 54 Rn. 1.

Antragsverfahren auf Antrag **abzuändern**. Nach zutreffender Ansicht handelt es sich sowohl in kostenrechtlicher als auch in verfahrensrechtlicher Hinsicht um die Fortführung des ursprünglichen Verfahrens.[322]

155 Die **Vollstreckung** von einstweiligen Anordnungen erfolgt nach §§ 86 ff. FamFG. Die Anordnung der sofortigen Wirksamkeit bedarf es nicht, da einstweilige Anordnungen schon von ihrer Rechtsnatur her vollziehbar sind. Titel ist die einstweilige Anordnung (§ 86 Abs. 1 Nr. 1 FamFG). Einer Vollstreckungsklausel bedarf es grundsätzlich nicht, vgl. §§ 53 Abs. 1, 86 Abs. 3 FamFG. Grundsätzlich muss der Titel vor der Vollstreckung oder zumindest gleichzeitig zugestellt werden. § 53 Abs. 2 FamFG macht hiervon eine Ausnahme, sofern ein entsprechendes Bedürfnis besteht. Dann kann das Gericht anordnen, dass die Vollstreckung vor der Zustellung zulässig ist. Gemäß § 55 Abs. 1 FamFG kann die Vollstreckung oder Wirksamkeit der einstweiligen Anordnung vorläufig ausgesetzt werden.[323]

156 Die Entscheidung muss eine **eigene Kostenentscheidung** enthalten (§§ 51 Abs. 4, 82 FamFG). Der **Verfahrenswert** entspricht im Regelfall der Hälfte des Hauptsachewerts (§ 41 FamGKG).

157 **3. Rechtsbehelfsverfahren.** Wer mit dem Inhalt der einstweiligen Anordnung nicht einverstanden ist, hat folgende Möglichkeiten, um dagegen vorzugehen:

158 Sofern die einstweilige Anordnung ohne vorherige mündliche Verhandlung ergangen ist, gibt es zunächst nur die Möglichkeit, einen Antrag auf **mündliche Verhandlung** gem. § 54 Abs. 2 FamFG zu stellen. Die Beschwerde ist insoweit noch nicht statthaft (§ 57 S. 1 und 2 FamFG). Ausgenommen hiervon sind nach § 57 S. 2 FamFG nur **Unterbringungssachen**, bei denen auch vor mündlicher Erörterung das Beschwerdegericht angerufen werden kann. Wird zu Unrecht Beschwerde vor einer mündlichen Erörterung eingelegt, so hebt das Oberlandesgericht auf Antrag die Vorlageverfügung des Amtsgerichts auf und verweist das Verfahren an das Erstgericht zurück.

159 Sofern die einstweilige Anordnung aufgrund mündlicher Verhandlung ergangen ist (und nur dann), kann ein Antrag auf **Abänderung** nach § 54 Abs. 1 FamFG gestellt werden. Voraussetzung ist, dass **neue Tatsachen** eingetreten sind, die eine neue Beurteilung des Sachverhalts erfordern. Sofern es sich um ein Antragsverfahren handelt, bedarf es eines Antrages (§ 54 Abs. 1 FamFG), in Amtsverfahren muss das Gericht von sich aus tätig werden.

160 Das eigentliche Rechtsmittel gegen den einstweiligen Anordnungsbeschluss ist die Beschwerde gem. § 58 Abs. 1 FamFG. Sie findet nach § 57 S. 2 FamFG jedoch nur in den dort aufgeführten Fällen statt und zwar sofern das Gericht **aufgrund mündlicher Erörterung** die **elterliche Sorge** für ein Kind geregelt hat, über die **Herausgabe des Kindes** an den anderen Elternteil, über einen Antrag auf **Verbleiben eines Kindes bei einer Pflege- oder Bezugsperson**, über einen Antrag nach den §§ 1, 2 Gewaltschutzgesetz oder über einen Antrag auf Wohnungszuweisung entschieden hat. In allen anderen Fällen sind die einstweiligen Anordnungsbeschlüsse unanfechtbar. Dies betrifft insbesondere Umgangs-, Vormundschafts- und Unterhaltssachen. In diesen Fällen kann auch die Kostenentscheidung nicht isoliert angefochten werden.[324]

Für die Beschwerde gegen eine einstweilige Anordnung oder deren Ablehnung gilt nach § 63 Abs. 2 Nr. 1 FamFG eine **Frist von zwei Wochen**.

---

[322] OLG Nürnberg BeckRS 2012, 18632; Zöller/*Feskorn* FamFG § 54 Rn. 6 und 8.

[323] Vgl. etwa OLG Frankfurt FamRZ 2016, 1595.

[324] OLG München FamRZ 2011, 496; Heilmann/*Dürbeck* FamFG § 58 Rn. 7.

4. Außerkrafttreten der einstweiligen Anordnung. Die einstweilige Anordnung tritt dann außer Kraft, wenn eine andere Regelung wirksam wird, es sei denn, das Gericht hat einen früheren Zeitpunkt für das Außerkrafttreten bestimmt (§ 56 Abs. 1 FamFG). Dies ist insbesondere in Kindschaftssachen der Erlass der Hauptsacheentscheidung. In Antragsverfahren gibt es darüber hinaus die in § 56 Abs. 2 Nr. 1–4 FamFG genannten Gründe, die an die Beendigung des Hauptsacheverfahrens anknüpfen. **161**

IX. Vermittlungsverfahren

Hält sich ein Elternteil nicht an eine gerichtliche Entscheidung oder einen gerichtlich gebilligten Vergleich über den **Umgang,** so kann der andere Elternteil beim Familiengericht ein Vermittlungsverfahren gem. § 165 FamFG beantragen. Von der Vorschrift umfasst werden nur Umgangsregelungen, die die Eltern betreffen, sie findet demnach keine Anwendung, wenn der Umgang zwischen den Kindern und den Großeltern, den übrigen in § 1685 BGB genannten Personen oder dem Vormund geregelt wurde.[325] Streitig ist, ob für das Vermittlungsverfahren ein Rechtsanwalt nach § 78 FamFG beigeordnet werden kann, was jedoch grundsätzlich zu bejahen ist.[326] Gelingt im Vermittlungsverfahren eine Einigung nicht, so stellt dies das Familiengericht durch unanfechtbaren Beschluss fest und prüft die Verhängung von Ordnungsmitteln oder die Abänderung einer bestehenden Umgangsregelung[327] (§ 165 Abs. 5 FamFG). **162**

X. Kosten

In Familiensachen ist gem. § 81 Abs. 1 S. 3 FamFG stets über die Kosten zu entscheiden. **163**

Was unter Kosten zu verstehen ist, definiert § 80 FamFG. Kosten sind zum einen **Gerichtskosten,** also Gebühren, die durch die Tätigkeit des Gerichts entstehen, und Auslagen, zB die Kosten des Verfahrensbeistandes oder Sachverständigen oder die Kosten der Zustellung. Für die Gerichtskosten in Familiesachen ist das **FamGKG** maßgeblich. Hier ist geregelt, ob durch die Tätigkeit des Gerichts überhaupt Kosten entstehen (*hieran fehlt es zB in Unterbringungssachen, vgl. KV FamGKG Vorbem. 1.3.1 Abs. 1 Nr. 2*), wenn ja in welcher Höhe und wer **Kostenschuldner** ist. Kosten sind auch die zur Durchführung des Verfahrens notwendigen Aufwendungen der Beteiligten. Hierunter fallen ua erstattungsfähige Auslagen für notwendige Reisen und der Ersatz wegen Zeitversäumnis. Dies wird klargestellt in § 80 S. 2 FamFG durch Verweisung auf § 91 Abs. 1 S. 2 ZPO. Zu den notwendigen Aufwendungen zählen ferner die **Anwaltskosten.** Da jedoch ein Verweis auf § 91 Abs. 2 S. 1 ZPO in § 80 S. 2 FamFG fehlt, gehören die gesetzlichen Gebühren und Auslagen eines Rechtsanwalts (nach dem Rechtsanwaltsvergütungsgesetz – RVG), nicht stets zu den erstattungsfähigen Kosten.[328] **164**

---

[325] OLG Bremen FamRZ 2015, 2190.

[326] OLG Zweibrücken AGS 2016, 141 = BeckRS 2015, 11587; OLG Brandenburg FamRZ 2009, 1080; OLG Frankfurt FamRZ 2009, 1079; Heilmann/*Dürbeck* FamFG § 78 Rn. 7; **aA:** OLG Köln FamRZ 2015, 1921; OLG Frankfurt NJW-RR 2013, 962.

[327] Einzelheiten bei Heilmann/*Gottschalk* FamFG § 165 Rn. 10.

[328] Zu den Einzelheiten siehe Prütting/Helms/*Feskorn* FamFG § 80 Rn. 2ff.

165 Die Kosten kann das Gericht gem. § 81 Abs. 1 S. 1 FamFG den Beteiligten ganz oder zum Teil **auferlegen**. Es kann aber auch anordnen, dass von der Erhebung der Kosten **abzusehen** ist (§ 81 Abs. 1 S. 2 FamFG).[329] Die Entscheidung erfolgt nach **billigem Ermessen**. Kriterien sind zB das Unterliegen eines Beteiligten, die Verfahrensführung, das Vorbringen unwahrer Behauptungen. Gerade in Kindschaftssachen hat aber die Frage des Obsiegens oder Unterliegens von Verfahrensbeteiligten auch für die Kostenverteilung zu Recht zumindest im ersten Rechtszug eine untergeordnete Bedeutung, weil oberste Richtschnur für den Ausgang des Verfahrens das Kindeswohl ist.[330] Im Anwendungsbereich von § 81 Abs. 1 FamFG ist es daher im Regelfall angemessen, die Beteiligten in gleichem Maße an den Gerichtskosten zu beteiligen und von einer Erstattung außergerichtlicher Auslagen abzusehen. In § 81 Abs. 2 FamFG sind dagegen Fälle geregelt, in denen es billigem Ermessen entspricht, die Kosten des Verfahrens einem Beteiligten ganz oder zumindest teilweise aufzuerlegen. In Kindschaftssachen von Relevanz ist die in § 81 Abs. 2 Nr. 4 FamFG getroffene Regelung, wonach dem Beteiligten die Kosten des Verfahrens auferlegt werden sollen, der durch schuldhaftes Verletzen seiner Mitwirkungspflicht das Verfahren erheblich verzögert hat, was etwa bei der Weigerung eines Elternteils an der Erstellung eines Sachverständigengutachtens in Betracht kommt,[331] der Anordnung, an einer Beratung durch die Beratungsstellen und -dienste der Träger der Kinder- und Jugendhilfe teilzunehmen (§ 156 Abs. 1 S. 4 FamFG), nicht nachgekommen ist und seine mangelnde Mitwirkung nicht genügend entschuldigt hat. Da auch Behörden Beteiligte sein können (§ 8 Abs. 3 FamFG), kommen sie sowohl als Erstattungsgläubiger als auch Erstattungsschuldner in Betracht.[332] Auch dem **Jugendamt oder Amtsvormund** können daher Kosten auferlegt werden.[333] § 2 Abs. 1 FamGKG schließt dies nicht aus, wie dessen Abs. 3 zeigt. Auch soweit das Jugendamt nicht Beteiligter ist, könnten ihm Kosten als Dritter iSd § 81 Abs. 4 FamFG unter den dortigen Voraussetzungen auferlegt werden, was aber in der Praxis kaum vorkommen wird. Gleichwohl werden dem Jugendamt auch bei einer Auferlegung der Verfahrenskosten nach § 2 Abs. 2 FamGKG, § 64 Abs. 3 S. 2 SGB X **Gerichtskosten** nicht in Rechnung gestellt, was aber nicht die außergerichtlichen Kosten der Beteiligten (insbes. Rechtsanwaltsgebühren) umfasst. Gleichwohl soll § 64 Abs. 3 S. 2 SGB X einer Heranziehung des Amtsvormundes zur Tragung der Gerichtskosten im Regelfall entgegenstehen.[334] **Nichtbeteiligten** dürfen keine Kosten auferlegt werden, außer das Tätigwerden des Gerichts wurde durch sie durch grobes Verschulden veranlasst (§ 81 Abs. 4 FamFG). Auch einem **minderjährigen Beteiligten** dürfen die Kosten von Verfahren, die seine Person betreffen, nicht auferlegt werden (§ 81 Nr. 3 FamFG), gleiches gilt nach § 158 Abs. 8 FamFG für den Verfahrensbeistand.

166 Über die **Kosten** ist in der Endentscheidung zu befinden (§ 82 FamFG). Die Kostenentscheidung ist in Hauptsacheverfahren isoliert anfechtbar (§§ 58 ff. FamFG).

---

[329] Diese Regelung betrifft aber nur die Gerichtskosten. Auf die Anwaltskosten kann das Gericht nur über die Verfahrenskostenhilfe Einfluss nehmen.

[330] OLG Jena FuR 2016, 361; OLG Naumburg FamRZ 2014, 687; OLG Bremen NJW-RR 2013, 963; KG FamRZ 2012, 1162; aA: OLG Brandenburg NZFam 2015, 227.

[331] OLG Schleswig FamRZ 2016, 1481; KG ZKJ 2015, 464; OLG Celle NZFam 2014, 916 = BeckRS 2014, 17188.

[332] *Zimmermann* Rn. 222.

[333] Keidel/*Zimmermann* FamFG § 81 Rn. 39.

[334] BGH ZKJ 2017, 26.

Wie hoch der **Verfahrenswert**, nachdem sich die Höhe der Gebühren berechnet, ist, regelt das FamGKG. Die Kosten für die Tätigkeit des anwaltlichen Verfahrensbevollmächtigten sind im RVG geregelt.[335] **167**

XI. Verfahren bei der Auswahl und Bestellung eines Vormundes/Pflegers

1. Auswahl. Als Vormund/Pfleger ist **berufen**, wer von den Eltern des Mündels als Vormund benannt ist (§ 1776 Abs. 1 BGB).[336] Die Eltern können einen Vormund nur bestimmen, wenn ihnen zur Zeit ihres Todes die Sorge für die Person und das Vermögen des Kindes zusteht (§ 1777 Abs. 1 BGB). Der Vormund wird durch letztwillige Verfügung, das heißt durch Testament oder einseitige Verfügung im Erbvertrag (§§ 1937, 2278 Abs. 2, 2299 Abs. 1 BGB) berufen (§ 1777 Abs. 3 BGB). Ein Benennungsrecht besteht nicht für den Fall des sonstigen Wegfalls des Sorgerechts, zB durch Entziehung oder Geschäftsunfähigkeit. **168**

Die gemäß § 1776 BGB als Vormund Berufenen haben grundsätzlich **ein Recht auf Bestellung.** Werden sie bei der Auswahl übergangen, steht ihnen das Recht der Beschwerde nach § 58 FamFG zu.[337] Aus besonderen Gründen (§ 1778 Abs. 1 BGB) ist es allerdings möglich, eine als Vormund berufene Person ohne ihre Zustimmung zu **übergehen,** **169**

- wenn sie nach §§ 1780 bis 1784 BGB nicht zum Vormund bestellt werden kann oder soll;
- wenn sie an der Übernahme der Vormundschaft verhindert ist oder die Übernahme ablehnt;[338]
- wenn sie die Übernahme verzögert;
- wenn ihre Bestellung das Wohl des Mündels gefährden würde;
- wenn der Mündel, der das 14. Lebensjahr vollendet hat, der Bestellung widerspricht, es sei denn, der Mündel ist geschäftsunfähig.

Das Familiengericht (Rechtspfleger) prüft bei einem berufenen Vormund nur, ob ein gesetzlicher Ausschlussgrund vorliegt oder eine objektive Gefährdung des Mündelinteresses gegeben ist. Der von den Eltern Benannte ist wie das Mündel gemäß § 7 Abs. 2 Nr. 1 FamFG am Verfahren zu beteiligen.

Ist die Vormundschaft nicht einem Berufenen zu übertragen, so hat das Familiengericht nach Anhörung des Jugendamtes den Vormund auszuwählen (§ 1779 Abs. 1 BGB).[339] Der Rechtspfleger (oder Richter im Verfahren nach § 1666 BGB) ist in der Auswahl zwar frei. Die Auswahlkriterien ergeben sich aber aus § 1779 Abs. 2 BGB. Bei der Auswahl unter mehreren geeigneten Personen sind der mutmaßliche Wille der Eltern, die persönlichen Bindungen des Kindes, die **Verwandtschaft oder Schwägerschaft** zu berücksichtigen. Hieraus wird ein **Vorrang der Auswahl von Verwandten** beim Entzug elterlicher Sorge nach § 1666 BGB abgeleitet, den das BVerfG immer wieder betont.[340] Auf das religiöse Bekenntnis des Mündels ist Rücksicht zu nehmen, da dem Vormund im Rahmen der Personensorge auch die religiöse Erziehung des Mündels obliegt. Zunächst ist, falls keine geeigneten Verwandten oder Verschwägerten vorhanden sind, in erster Linie ein geeigneter **Vormund gleichen Bekenntnisses** zu berücksichtigen. Doch **170**

---

[335] Einzelheiten bei Heilmann/*Dürbeck* FamFG § 80 Rn. 3 ff.

[336] Ausführlich *Müller* ZEV 2012, 298.

[337] Staudinger/*Veit* BGB § 1776 Rn. 16

[338] MüKoBGB/*Spickhoff* § 1776 Rn. 3.

[339] Ausführlich *Hoffmann* FamRZ 2014, 1084; 2014, 1167.

[340] BVerfG JAmt 2015, 324.

geht ein bekenntnisfremder geeigneter Einzelvormund einer bekenntnisgebundenen Vereinsvormundschaft vor.[341] Bei der Auswahl des Vormundes hat das Familiengericht die Bestimmungen über die **Auswahl** (§ 1779 BGB), **Unfähigkeit** zur Vormundschaft (§ 1780 BGB), Untauglichkeit zum Vormund (§ 1781 BGB), **Ausschließung** durch die Eltern (§ 1782 iVm §§ 1776, 1777 BGB), Übernahmepflicht (§ 1785 BGB) und Ablehnungsrecht (§ 1786 BGB) zu beachten. Zu weiteren Einzelheiten *Hoffmann* § 2 Rn. 9ff.

171 **2. Ermittlungen.** Der Vormund wird nach **Anhörung des Jugendamtes** ausgewählt (§ 1779 Abs. 1 BGB). Eine Eignungsanfrage an das Jugendamt ist deshalb stets erforderlich. Sie ist nur dann nicht erforderlich, wenn das Jugendamt bereits seinerseits einen Vormund vorgeschlagen hat. Nur in Eilfällen kann eine vorherige Anhörung des Jugendamts unterbleiben. In solchen Fällen ist die Auswahl vorbehaltlich des Ergebnisses der Eignungsanfrage möglich. Beteiligt am Verfahren sind nach § 7 Abs. 2 Nr. 1 FamFG das Kind und nach zutreffender Ansicht auch die nicht sorgeberechtigten Eltern.[342] Pflegepersonen und in Betracht kommende Verwandte können nach § 7 Abs. 3 FamFG auf Antrag beteiligt werden. Ebenso ist die auszuwählende Person Beteiligter.[343] Durch einen „Antrag" auf Übertragung der Vormundschaft für ein Findelkind erlangt der Antragsteller nicht das Recht, Beteiligter zu dem entsprechenden Verfahren zu werden.[344]

Anzuhören ist auch im Auswahlverfahren nach Maßgabe von §§ 159ff. FamFG. Diese werden ergänzt durch § 1779 Abs. 3 BGB, wonach Verwandte und Verschwägerte angehört werden sollen, wenn dies ohne erhebliche Verzögerung und ohne unverhältnismäßige Kosten geschehen kann. Ist kein geeigneter Einzelvormund vorhanden, so darf auch ein vom Landesjugendamt für geeignet erklärter rechtsfähiger Verein mit seiner Einwilligung zum Vormund bestellt werden (sog **Vereinsvormundschaft,** geregelt in § 1791a BGB; ausführlich hierzu *Elmauer* in §§ 14 und 15). Die Führung der Vormundschaft erfolgt durch einzelne Mitglieder des Vereins. Doch sind Personen, die den Mündel als Erzieher in einem Heim des Vereins betreuen, von der Ausübung der Vormundschaft ausgeschlossen, damit eine Überwachung durch eine weitere Person gewährleistet ist (§ 1791a Abs. 3 S. 1 BGB). Ist ein geeigneter Einzelvormund nicht vorhanden, kann auch das örtlich zuständige (§ 87c Abs. 3 und 4 SGB VIII) Jugendamt zum Amtsvormund bestellt werden (§ 1791b BGB). Das Jugendamt kann als Vormund von den Eltern weder benannt noch ausgeschlossen werden (§ 1791b Abs. 1 S. 2 BGB). Der Rechtspfleger oder Richter entscheidet durch Beschluss. Wird ein Berufsvormund ausgewählt, hat der Beschluss zu enthalten, dass das Amt **berufsmäßig ausgeübt** wird (§ 1836 Abs. 1 S. 2 BGB). Unterbleibt dies, ist eine Nachholung im späteren Vergütungsfestsetzungsverfahren ausgeschlossen.[345] Macht der Rechtspfleger oder Richter von seinem Auswahlermessen in § 1779 BGB überhaupt keinen Gerbrauch und ordnet ohne vorherige Anhörung von Kind und Jugendamt Amtsvormundschaft für ein unbegleitet eingereistes Kind an, so leidet die Entscheidung an einem schweren Verfahrensfehler und ist auf Antrag nach § 69 Abs. 1 S. 3 FamFG aufzuheben und an das Amtsgericht zurückzuverweisen.[346] **Be-**

---

[341] BayOblG FamRZ 1966, 323.

[342] Staudinger/*Veit* BGB § 1779 Rn. 62; Heilmann/*Dürbeck* BGB § 1779 Rn. 16; aA: OLG Hamm FamRZ 2012, 799: nur anzuhören; *Hoffmann* FamRZ 1167, 1168: nur nach § 7 Abs. 3 FamFG.

[343] OLG Frankfurt Beschl. v. 27.11.2015 – 4 UF 353/14, BeckRS 2016, 02469; *Hoffmann* FamRZ 2014, 1167 (1168).

[344] OLG Hamburg FamRB 2015, 379.

[345] BGH FamRZ 2014, 736; 2014, 653; 2014, 1283; NJW 2014, 863; ausführlich *Bestelmeyer* FGPrax 2014, 93.

[346] OLG Celle FamRZ 2016, 647.

schwerdeberechtigt sind im Übrigen das verfahrensfähige Kind, die Eltern, das Jugendamt und der ausgewählte Vormund, nicht aber nicht berücksichtigte Verwandte und die Pflegepersonen (vgl. → Rn. 128). Letzteren verbleibt bei einer Entscheidung durch den Rechtspfleger nur die Erinnerung nach § 11 Abs. 2 RpflG (→ Rn. 136).

3. Bestellung. Erst mit der Bestellung (§ 1789 BGB) erlangt der Ausgewählte die rechtliche Stellung eines Vormundes. Es handelt sich um einen mitwirkungsbedürftigen **öffentlich-rechtlichen Verwaltungsakt** der freiwilligen Gerichtsbarkeit.[347] Auch erst ab diesem Zeitpunkt können Vergütungs- und Aufwendungsersatzansprüche entstehen. Der Vormund erhält eine sog **Bestallungsurkunde**, die unter anderem den Namen und die Zeit der Geburt des Mündels und den Namen des Vormundes enthalten soll. Die Bestallungsurkunde des Pflegers enthält darüber hinaus den Wirkungskreis der Pflegschaft. Zuständig ist nach § 3 Nr. 2a RpflG der Rechtspfleger. Die förmliche Bestellung erfordert die persönliche Anwesenheit des Vormunds, von der auch bei Berufsvormündern nicht abgesehen werden kann.[348] Nach S. 1 ist der Vormund vom Rechtspfleger durch Verpflichtung zu treuer und gewissenhafter Amtsführung zu bestellen, wobei dies nach S. 2 mittels Handschlag an Eides statt zu erfolgen hat. Keine förmliche Bestellung nach § 1789 BGB findet gemäß §§ 1791a Abs. 2, 1791b Abs. 2 BGB für den Amts- und Vereinsvormund statt. Hier erfolgt die Bestellung durch Übersendung des gerichtlichen Beschlusses. In **Eilfällen,** in denen eine vorherige Anhörung des Jugendamtes ausnahmsweise unterbleiben darf, wird der Vormund/Pfleger gemäß § 1790 BGB unter dem Vorbehalt der Entlassung bestellt. 172

XII. Vergütungsfestsetzungsverfahren (§ 168 FamFG)

Die Frage, ob Vormünder für ihre Tätigkeit eine **Vergütung** und Ersatz ihrer Aufwendungen verlangen können, ist in §§ 1835, 1835a, 1836 BGB und im VBVG geregelt (siehe *Hoffmann* § 4 Rn. 1 ff.). Diese materiell-rechtlichen Vorschriften sind auch auf den Pfleger (§ 1915 Abs. 1 S. 1 BGB) anwendbar, werden aber durch § 1915 Abs. 1 S. 2 BGB ergänzt. 173

Die Vorschrift des § 168 FamFG enthält das entsprechende **anzuwendende Verfahrensrecht** für die Festsetzung von Aufwendungsersatz und Vergütung des Vormundes und Pflegers.[349] Kraft Verweisung gilt sie auch für die Vergütung des Verfahrensbeistands (§ 158 Abs. 7 S. 6 FamFG) und für den Umgangspfleger (§ 1684 Abs. 4 S. 6 BGB, § 277 Abs. 5 S. 2 FamFG). Die Ansprüche des Vormunds und Pflegers auf Aufwendungsersatz oder Vergütung können sich sowohl gegen den Mündel als auch gegen die Staatskasse richten, was in §§ 1835 ff. BGB näher bestimmt ist. Auf entsprechenden **Antrag** des Vormundes, Pflegers oder des Mündels oder aber auch **von Amts wegen**[350] setzt das Gericht durch Beschluss Vorschuss, Ersatz von Aufwendungen oder Aufwandentschädigung (§ 168 Abs. 1 Nr. 1 FamFG) bzw. Vergütung oder Abschlagszahlung hierauf (§ 168 Abs. 1 Nr. 2 FamFG) fest. 174

Der Ersatz von Aufwendungen oder eine Aufwandsentschädigung (§§ 1835, 1835a BGB) können grundsätzlich nur **festgesetzt** werden, wenn sie aus der Staatskasse verlangt werden können oder dem Pfleger nicht die Vermögenssorge übertragen ist (§ 168 Abs. 1 Nr. 1 FamFG). Grund hierfür ist, dass ein Vormund, dem auch die Vermögens- 175

[347] Palandt/*Götz* BGB § 1789 Rn. 1.
[348] OLG Stuttgart FamRZ 2011, 846; *Bestelmeyer* FamRZ 2011, 950; aA: *Keuter* FamRZ 2010, 1955.
[349] Ausführlich Heilmann/*Dürbeck* FamFG § 168 Rn. 1 ff.
[350] OLG Celle NJW 2010, 2446.

sorge übertragen ist, berechtigt ist, seine Ansprüche unmittelbar aus dem Mündelvermögen zu erfüllen. Die Staatskasse haftet nur dann wegen der Aufwendungen des Vormunds, wenn der Mündel mittellos ist (§ 1835 Abs. 4 BGB). Mittellosigkeit liegt vor, wenn der Mündel den Aufwendungsersatz (oder die Vergütung) aus seinem nach den Kriterien des Sozialgesetzbuches einzusetzenden Vermögen oder Einkommen (§ 1836c BGB) nicht, nur zum Teil oder nur in Raten oder nur im Wege der gerichtlichen Geltendmachung von Unterhaltsansprüchen (§ 1836d BGB) aufbringen kann. Ein Vergütungsanspruch des Vormunds besteht im Übrigen nur, wenn die Vormundschaft berufsmäßig geführt wird (§ 1836 Abs. 1 BGB, § 1 Abs. 1, 2 S. 1 VBVG). Der Vergütungsanspruch richtet sich gegen den **Mündel**, nur wenn dieser **mittellos** ist, kann der Vormund die Vergütung aus der **Staatskasse** verlangen (§ 1 Abs. 2 S. 2 VBVG).

Mit dem Beschluss über die Höhe der Ansprüche des Vormunds gegenüber der Staatskasse bestimmt das Gericht auch die Höhe und Zeitpunkt der Zahlungen, die der Mündel nach den §§ 1836c und 1836e BGB an die Staatskasse zu zahlen hat (§ 168 Abs. 1 S. 2 FamFG, siehe hierzu auch *Hoffmann* § 4 Rn. 4 ff.).

176 Vor der Festsetzung ist der Mündel anzuhören (§ 168 Abs. 4 FamFG). Eine **Interessenkollision** besteht, wenn der Anspruchsteller mit dem gesetzlichen Vertreter identisch ist, die dadurch zu lösen ist, dass dem Mündel für das Vergütungsfestsetzungsverfahren ein **Ergänzungspfleger** bestellt wird.[351]

Zur Zuständigkeit und zum Verfahren vgl. im Übrigen Hoffmann § 4 Rn. 14 ff. Der Beschluss nach § 168 FamFG ist mit der Beschwerde nach §§ 58 ff. FamFG anfechtbar. Die Beschwerdesumme von 600 EUR muss überschritten sein (§ 61 Abs. 1 FamFG).

XIII. Unterbringungsverfahren Minderjähriger (§ 167 FamFG)

177 Verfahren betreffend die **Genehmigung** einer freiheitsentziehenden Unterbringung von Minderjährigen nach den §§ 1631b, 1800, 1915 BGB bzw. die **Anordnung** einer freiheitsentziehenden Unterbringung nach den Landesgesetzen über die Unterbringung psychisch Kranker sind Kindschaftssachen (§ 151 Nr. 6 und 7 FamFG). Gleichwohl werden die verfahrensrechtlichen Vorschriften für Kindschaftssachen im Wesentlichen durch die **spezielleren Vorschriften** über die in Buch 3 geregelten **Unterbringungssachen Volljähriger (§§ 312–339 FamFG)** ersetzt (§ 167 Abs. 1 S. 1 FamFG). Die Vorschriften über das Verfahren in Kindschaftssachen werden vollständig verdrängt, für ihre unmittelbare oder entsprechende Anwendung bleibt kein Raum.[352] Der Verweis in § 167 Abs. 1 S. 1 FamFG reicht jedoch nur soweit, wie sich aus § 167 Abs. 1 S. 2 und den Abs. 2 bis 6 FamFG nichts anderes ergibt.

Um den Besonderheiten von Unterbringungsverfahren Minderjähriger Rechnung zu tragen, sehen die Abs. 1 S. 2 sowie 2 bis 6 spezielle, auf Verfahren betreffend Minderjährige abgestimmte, Regelungen vor:

Während Erwachsene in Unterbringungsverfahren einen Verfahrenspfleger erhalten (§ 317 FamFG), tritt in Unterbringungsverfahren Minderjähriger an die Stelle des Verfahrenspflegers der Verfahrensbeistand (§ 167 Abs. 1 S. 2 FamFG). Demnach richten sich die Voraussetzungen der Bestellung noch nach § 317 FamFG, die Rechtsfolgen seiner Bestellung jedoch nach § 158.[353]

178 Der **Minderjährige** ist ohne Rücksicht auf seine Geschäftsfähigkeit **verfahrensfähig,** sobald er sein 14. Lebensjahr vollendet hat (§ 167 Abs. 3 FamFG). Somit hat der Min-

---

351 MüKoFamFG/*Heilmann* § 168 Rn. 13

352 MüKoFamFG/*Heilmann* § 167 Rn. 4.

353 Heilmann/*Fink* FamFG § 167 Rn. 14.

derjährige – auch für den Fall der Geschäftsunfähigkeit – ab dem 14. Lebensjahr auf Grund der dann eintretenden Verfahrensfähigkeit alle verfahrensrechtlichen Befugnisse.

Nicht zu verwechseln mit der Verfahrensfähigkeit ist die Fähigkeit, materiell-rechtliche Erklärungen abzugeben. Um eine solche handelt es sich bei der sog **Freiwilligkeitserklärung,** mit der sich der Minderjährige mit seinem Verbleib in einer geschlossenen Einrichtung einverstanden erklärt. Hierfür bedarf es seiner Einsichts- und Einwilligungsfähigkeit.[354] Ob diese besteht, darüber muss sich der Richter im Rahmen von § 167 Abs. 1 S. 1 FamFG iVm § 319 FamFG selbst einen unmittelbaren Eindruck verschaffen.[355] Die Ansicht, dass eine Freiwilligungserklärung generell nicht dazu geeignet ist, eine gerichtliche Entscheidung über die Unterbringung entbehrlich zu machen,[356] dürfte insoweit abzulehnen sein.

Neben dem Minderjährigen sind die in § 167 Abs. 4 FamFG genannten Personen (sorgeberechtigte Eltern, Vormund oder Pfleger, Pflegeeltern) zwingend **anzuhören.** Insoweit wird der Kreis der persönlich anzuhörenden Personen des § 320 FamFG erweitert. Eine persönliche Anhörung setzt voraus, dass die Anhörung bei gleichzeitiger Anwesenheit mündlich, nicht fernmündlich, durchgeführt wird.[357] Der BGH verlangt darüber hinaus, dass das Kind **nach Einholung eines Sachverständigengutachtens** im Hauptverfahren – ggf. auch nochmals – angehört werden muss, um mit ihm die Ergebnisse des Gutachtens zu erörtern.[358] Die Frage, wer im Unterbringungsverfahren zu **beteiligen** ist oder kann, regelt § 167 Abs. 1 FamFG iVm § 315 FamFG. Nach § 315 Abs. 1 Nr. 2 FamFG ist auch der Vormund zu beteiligen.[359]

Während der **Sachverständige** in Verfahren bei Unterbringungssachen Erwachse- 179
ner ein Arzt für Psychiatrie sein soll oder zumindest ein Arzt mit Erfahrung auf dem Gebiet der Psychiatrie sein muss (vgl. § 321 Abs. 1 S. 4 FamFG), soll der Sachverständige in den Unterbringungsverfahren Minderjähriger nach § 151 Nr. 6 und 7 FamFG in der Regel ein Arzt für Kinder- und Jugendpsychiatrie oder – psychotherapie sein (§ 167 Abs. 6 S. 1 FamFG). In Kindschaftssachen nach § 151 Nr. 6 FamFG kann das Gutachten auch durch einen Psychotherapeuten, Psychologen, Pädagogen oder Sozialpädagogen erstattet werden, wenn dieser in Fragen der Heimerziehung ausgewiesen ist. Nach der Gesetzesbegründung soll dies aber nur ausnahmsweise geschehen.[360] Besondere Anforderungen gelten zum Teil bei der Unterbringung in einer geschlossenen Einrichtung der Kinder- und Jugendhilfe.[361]Im **einstweiligen Anordnungsverfahren,** das in der Praxis im Vordergrund steht, genügt nach § 331 S. 1 Nr. 2 FamFG ein **qualifiziertes ärztliches Zeugnis** über den Zustand des Kindes und die Notwendigkeit seiner Unterbringung. Gemäß § 333 Abs. 1 FamFG beträgt die Dauer einer einstweiligen Anordnung höchstens sechs **Wochen,** wobei sie bis zu einer Gesamtdauer von drei Monaten verlängert werden kann. Über diesen Zeitraum hinaus bedarf es einer Hauptsacheentscheidung über die Unterbringung. Keiner familiengerichtlichen Genehmigung bedürfen derzeit noch nächtliche **Fixierungsmaßnahmen,** der BGH hat die analoge Anwendung von § 1906 Abs. 4 BGB auf Minderjährige abgelehnt,[362] weil die auch persönliche Verantwortung von Eltern bzw. Vormund nicht vergleichbar sei mit

---

354 Staudinger/*Salgo* BGB § 1631b Rn. 8.Rn
355 MüKoFamFG/*Heilmann* § 167 Rn. 28.
356 So aber *Salgo* FPR 2011, 546 (548); Heilmann/*Fink* BGB § 1631b Rn. 4.
357 MüKoFamFG/*Heilmann* § 167 Rn. 33.
358 BGH ZKJ 2012, 444.
359 Heilmann/*Fink* FamFG § 167 Rn. 54; aA: *Oberloskamp* ZKJ (2016) 336, 342.
360 BT-Drs. 16/6308, 243.
361 Vgl. eingehend Hoffmann FamRZ 2017, 337.
362 BGH ZKJ 2013, 449; aA: OLG Frankfurt ZKJ 2013, 76; Staudinger/*Salgo* BGB § 1631b Rn. 14.

der bloßen rechtlichen Verantwortung des Betreuers und das Kind hinreichend durch § 1666 BGB geschützt sei. Allerdings beabsichtigt der Gesetzgeber, § 163 1b BGB dahin zu ändern, dass Kürzung auch freiheitsentziehende Maßnahmen genehmigungsbedürftig sein sollen (Gesetzesentwurf der BReg. v. 30.11.2016, BR-Drs. 793/16).

Wird die Unterbringung genehmigt (§ 151 Nr. 6 FamFG), so hat das Jugendamt die Eltern, den Vormund oder den Pfleger auf deren Wunsch bei der **Zuführung zur Unterbringung** zu unterstützen (§ 167 Abs. 5 FamFG). Daraus folgt eine Verpflichtung des Jugendamtes, den gesetzlichen Vertretern sozialpädagogisches Fachpersonal zur Verfügung zu stellen,[363] nicht jedoch Fahrzeuge. Letzteres ist im Hinblick auf versicherungsrechtliche- und haftungsrechtliche Konsequenzen abzulehnen, zumal das Jugendamt über keine speziellen Fahrzeuge verfügen wird.[364] Das Jugendamt seinerseits ist befugt, ohne dass es einer richterlichen Anordnung bedürfte, die Unterstützung der polizeilichen Vollzugsorgane nachzusuchen (§ 167 Abs. 1 S. 1 iVm § 326 Abs. 2 S. 2 FamFG).

Letztlich ist als Besonderheit in Verfahren betreffend die Unterbringung Minderjähriger noch die in § 167 Abs. 2 FamFG geregelt **Mitteilungspflicht** von Bedeutung, die sicherstellen soll, dass bei Auseinanderfallen der Zuständigkeit des Gerichts, welches mit der Unterbringung befasst ist und dem Gericht, welches eine Vormundschaft oder Pflegschaft führt, beide Gerichte informiert sind. Zur örtlichen Zuständigkeit siehe oben → Rn. 18.

Hinsichtlich der Verfahrensvorschriften über die Unterbringung im Übrigen wird auf die nach § 167 Abs. 1 S. 1 FamFG anwendbaren Vorschriften der §§ 312–339 FamFG verwiesen.

Zur Anfechtbarkeit einstweiliger Anordnungen in Unterbringungsverfahren siehe oben → Rn. 157.

§ 4 Persönliche Rechte und Pflichten von Vormund und Pfleger

Inhalt

[363] *Musielak/Borth* FamFG § 167 Rn. 7.
[364] Vgl. *Walther* R&P 2007, 165 (167), aA *Zimmermann* Rn. 373.

I. Ersatz von Aufwendungen, pauschalierte Aufwandsentschädigung

1. Aufwendungen. Aufwendungen sind freiwillige Ausgaben aus dem Vermögen des Vormunds für das Wahrnehmen seiner Aufgaben. Aufwendungen sind dem Vormund zu erstatten, soweit er sie den Umständen nach für erforderlich und notwendig halten durfte (§ 670 BGB). Dies sind alle Ausgaben, die ein sorgfältig abwägender Vormund für erforderlich und notwendig halten durfte.[1] Aufwendungen sind etwa: Portokosten, Telefon- und Telefaxgebühren, Fotokopierkosten, Reisekosten, Dolmetscherkosten, Steuern und Kosten eines Rechtsstreits, die sich als notwendige Folge der Amtsführung ergeben etc.[2] Zu den erstattungsfähigen Aufwendungen zählen auch die Tätigkeiten des Vormunds, die zu seinem Gewerbe und seinem Beruf gehören, § 1835 Abs. 3 BGB, wenn ein anderer Vormund für diese einen Dritten beauftragen würde, etwa einen Rechtsanwalt, Notar, Steuerberater, Wirtschaftsprüfer, Architekten, Arzt, Sachverständigen oder Handwerker. Die Höhe des Anspruchs richtet sich in diesen Fällen nach den üblichen oder festgelegten Entgelten für derartige Dienste, bei Ärzten nach der GOÄ, bei Anwälten nach RVG, bei Architekten nach HOAI.[3] 1

Nach § 1835 Abs. 2 S. 1 Hs. 1 BGB sind auch die Kosten einer angemessenen Versicherung gegen Schäden zu erstatten, die dem Kind durch einen ehrenamtlichen Vormund oder die dem ehrenamtlichen Vormund dadurch entstehen können, dass er einem Dritten zum Ersatz eines durch die Führung des Amts verursachten Schadens verpflichtet ist. Dies gilt nach § 1835 Abs. 2 S. 1 Hs. 2 BGB ausdrücklich nicht für die Kosten der Haftpflichtversicherung des Halters eines PKW. In den meisten Bundesländern sind ehrenamtliche Vormünder durch eine Sammelversicherung des zuständigen Justizministers bei verschiedenen Versicherungsträgern haftpflichtversichert. Ehrenamtliche Vormünder sind zudem kraft Gesetzes unfallversichert (§ 2 Abs. 1 Nr. 9 oder Nr. 10 SGB VII). Ein Berufsvormund kann keine Versicherungskosten geltend machen, § 1835 Abs. 2 S. 2 BGB. 2

Für Vermögensschäden, also für unfreiwillige Vermögensopfer des Vormunds, kommt eine Erstattung nur ausnahmsweise in Betracht, nämlich wenn der Vormund freiwillig ein im Interesse des Kindes unbedingt erforderliches Schadensrisiko eingegangen ist.[4]

Keine erstattungsfähige Aufwendung ist grundsätzlich die eigene Arbeitskraft. Dies ergibt sich aus dem Grundsatz der Unentgeltlichkeit des Amts, § 1836 Abs. 1 S. 1 BGB. Eine Erstattung kommt ausnahmsweise in Betracht, wenn eine wichtige Angelegenheit durch den Vormund nicht außerhalb seiner Arbeitszeit erledigt werden kann. Es handelt sich insoweit um den Ersatz von ausgefallenen Einnahmen, nicht um eine Vergütung.[5] Erstattungsfähig sind ferner Kosten in Zusammenhang mit der Beratung und Unterstützung eines ehrenamtlichen Vormunds im Hinblick auf eine bestimmte Vormundschaft, etwa Fahrtkosten zur Beratungsstelle.[6] 3

§ 1835a BGB ermöglicht einem **Vormund** eine **pauschalierte Aufwandsentschädigung** für das Führen einer Vormundschaft ohne Nachweis konkreter Aufwendungen. Die pauschale Aufwandsentschädigung beträgt das 19-fache des Höchstbetrags der

---

[1] Jürgens/*von Crailsheim* BGB § 1835 Rn. 5.
[2] Jürgens/*von Crailsheim* BGB § 1835 Rn. 6ff.
[3] Jürgens/*von Crailsheim* BGB § 1835 Rn. 15.
[4] MüKoBGB/*Kroll-Ludwigs* § 1835 Rn. 22.
[5] Jürgens/*von Crailsheim* BGB § 1835 Rn. 10; *Seitz* BtPrax 1992, 85.
[6] Jürgens/*von Crailsheim* BGB § 1835 Rn. 13; *Seitz* BtPrax 1992, 85.

Zeugenentschädigung nach § 22 JVEG von derzeit 21 EUR, demnach aktuell 399 EUR im Jahr. Der Anspruch kann nur geltend gemacht werden, wenn kein Vergütungsanspruch nach § 1836 BGB besteht.[7] Eine pauschalierte Aufwandsentschädigung kommt demnach primär für ehrenamtliche Vormünder – auch für Verwandte des Kindes – in Betracht.

4 **2. Ersatzpflicht des Kindes.** Die Ersatzpflicht des Kindes für die Aufwendungen bzw. die Verpflichtung zur Zahlung der pauschalierten Aufwandsentschädigung ergibt sich aus § 1835 Abs. 1 BGB. Ein Vormund kann seinen Anspruch dadurch geltend machen, dass er sich den Ersatz seiner Aufwendungen bzw. seine pauschalierte Aufwandsentschädigung unmittelbar aus dem Vermögen des Kindes entnimmt. Der Vormund unterliegt insoweit der familiengerichtlichen Aufsicht nach §§ 1837 ff. BGB. Im Streitfall entscheidet über Grund und Höhe des Anspruchs nicht das Familiengericht, sondern das allgemeine Zivilgericht.[8] Für einen Pfleger gilt dies nur, wenn er auch Pfleger mit dem Wirkungskreis Vermögenssorge ist. Ansonsten muss ein Pfleger den Anspruch gegenüber dem Kind im Verfahren nach § 168 FamFG (vgl. II) festsetzen lassen.[9]

5 **3. Ersatzanspruch gegenüber der Staatskasse.** Ist das Kind mittellos, hat der Vormund einen Anspruch nach § 1835 Abs. 4 BGB auf Ersatz seiner Aufwendungen bzw. nach § 1835a Abs. 3 BGB auf pauschalierte Aufwandsentschädigung gegenüber der Staatskasse. Ein Anspruch auf Aufwendungsersatz bzw. auf die pauschalierte Aufwandsentschädigung gegenüber der Staatskasse ist wie eine Vergütung durch die Staatskasse im Verfahren nach § 168 FamFG (vgl. II) festzusetzen. Bei einer Vereinsvormundschaft oder einer Vormundschaft des Jugendamts gelten Besonderheiten. Zwar haben auch diese einen Anspruch auf Ersatz ihrer Aufwendungen. Sie können jedoch keinen Vorschuss verlangen und haben keinen Ersatzanspruch gegenüber der Staatskasse, erhalten demnach ihre Aufwendungen bei Mittellosigkeit des Kindes nicht ersetzt, § 1835 Abs. 5 S. 1 BGB. Ebenso besteht nach § 1835a Abs. 5 BGB kein Anspruch auf eine pauschalierte Aufwandsentschädigung. In der Praxis erfolgt eine Finanzierung der Tätigkeit der Vereine teilweise durch die örtlichen Träger der Kinder- und Jugendhilfe.[10]

6 **4. Mittellosigkeit.** Mittellosigkeit liegt nach § 1836d BGB vor, wenn das Kind den Aufwandsersatz – oder die Vergütung – nicht, nur teilweise oder nur in Raten bzw. nur im Wege gerichtlicher Geltendmachung von Unterhaltsansprüchen aufbringen kann. Die Frage der Mittellosigkeit entscheidet sich durch eine vergleichende Berechnung zwischen den Kosten der Vormundschaft und dem einzusetzenden Einkommen und Vermögen des Kindes.

Das einzusetzende Einkommen und Vermögen bestimmt sich nach § 1836c BGB. § 1836c Nr. 1 BGB verweist bezüglich des Einkommens auf die Vorschriften der §§ 82, 85 Abs. 1, 86, 87 SGB XII.

Zum **Einkommen** gehören alle Einkünfte nach § 82 Abs. 1 SGB XII in Geld oder Geldwert mit Ausnahme von Leistungen nach dem SGB XII und bestimmten weiteren Sozialleistungen, insbesondere der Grundrente nach dem BVG und dem OEG. Auf § 83 Abs. 2 SGB XII, nachdem Schmerzensgeld nicht als Einkommen anzusehen ist, wird in § 1835c Nr. 1 BGB nicht ausdrücklich verwiesen. Allerdings ist diese Wertung

[7] Jürgens/*von Crailsheim* BGB § 1835a Rn. 1.
[8] Keidel/*Engelhardt* FamFG § 168 Rn. 2.
[9] Keidel/*Engelhardt* FamFG § 168 Rn. 2.
[10] DIJuF-Gutachten JAmt 2016, 260.

des Gesetzgebers bei der Ermessensentscheidung nach § 87 SGB XII zu berücksichtigen, sodass die Berücksichtigung von Schmerzensgeld regelmäßig ausscheiden wird.[11] Zinseinkünfte aus angelegtem Schmerzensgeld sind als Einkommen zu berücksichtigen.[12] Als Einkommen gelten nach § 1836c Nr. 1 BGB generell auch Unterhaltsansprüche. Ein Unterhaltsanspruch wird demnach anders als im Sozialrecht unabhängig davon berücksichtigt, ob Unterhaltsleistungen dem Kind tatsächlich zur Verfügung stehen.[13] Unterhaltansprüche bleiben nach § 1835a Abs. 3 S. 2 BGB bezogen auf Aufwandsentschädigungen jedoch unberücksichtigt.

Nach Ermittlung des Einkommens ist die konkrete Einkommensgrenze zu errechnen und dem Einkommen gegenüberzustellen.

Als **Vermögen** muss das Kind nach § 1835c Nr. 2 BGB sein gesamtes verwertbares 7
Vermögen im Sinne des § 90 SGB XII einsetzen, sofern es sich nicht um sogenanntes Schonvermögen handelt. Einzusetzen ist das verfügbare Aktivvermögen. Verbindlichkeiten, selbst wenn es sich um titulierte oder durch öffentlich-rechtlichen Leistungsbescheid festgesetzte Forderungen handelt, bleiben unberücksichtigt.[14]

Zum Schonvermögen zählen nach § 90 Abs. 2 Nr. 9 SGB XII iVm DVO zu § 90 SGB XII kleinere Barbeträge. Weiter bleibt Vermögen unberücksichtigt, dessen Berücksichtigung eine unzumutbare Härte darstellen würde, § 90 Abs. 3 SGB XII. Die Berücksichtigung angesparten Schmerzensgeld ist nach der Rechtsprechung regelmäßig eine unzumutbare Härte.[15] Hingegen stellt die Anrechnung von angesparter Beschädigtengrundrente oberhalb des Schonvermögens regelmäßig keine besonder Härte da.[16]

II. Vergütung

1. Grundsatz der Unentgeltlichkeit. Ausgehend von dem Grundgedanken des 8
BGB, dass das Führen einer Vormundschaft ein Ehrenamt ist, werden Vormundschaften nach § 1836 Abs. 1 S. 1 BGB grundsätzlich unentgeltlich geführt. Sie werden entgeltlich geführt, wenn das Gericht bei der Bestellung des Vormunds feststellt, dass der Vormund die Vormundschaft berufsmäßig führt, § 1836 Abs. 1 S. 2 BGB.[17] Berufsmäßigkeit liegt im Regelfall vor, wenn der Vormund mehr als zehn Vormundschaften führt oder die für die Führung der Vormundschaften erforderliche Zeit voraussichtlich 20 Wochenstunden nicht unterschreitet, § 1 Abs. 1 VBVG. Die Vergütung richtet sich nach dem Vormünder- und Betreuervergütungsgesetz (VBVG), § 1836 Abs. 1 S. 3 BGB. Bei **Mittellosigkeit** (siehe I 4.) des Kindes besteht ein Anspruch des Berufsvormundes auf Vergütung aus der Staatskasse § 1836 Abs. 1 S. 2 BGB iVm § 1 Abs. 2 S. 2 VBVG. Dem Jugendamt oder einem zum Vormund bestellten Verein kann keine Vergütung bewilligt werden, § 1836 Abs. 3 BGB.

Auch dem ehrenamtlich tätigen Vormund kann ausnahmsweise eine Vergütung zu- 9
gebilligt werden § 1836 Abs. 2 BGB, wenn Umfang oder Schwierigkeit der vormundschaftlichen Geschäfte dies rechtfertigen, sofern das Kind nicht mittellos ist. Die Höhe

---

11 Jürgens/*von Crailsheim* BGB § 1835c Rn. 4.
12 BSG SGb 2012, 596; *Hoffmann* JAmt 2015, 421.
13 Jürgens/*von Crailsheim* BGB § 1835c Rn. 5.
14 Jürgens/*von Crailsheim* BGB § 1835c Rn. 12.
15 BVerfG SGb 2011, 702; BSG FEVS 60, 1.
16 SG Braunschweig Urt. v. 19.9.2014 – S 32 SO 198/12, BeckRS 2016, 73157; OVG Lüneburg DÖV 2014, 47; *Hoffmann* JAmt 2015, 421.
17 DIJuF-Rechtsgutachten JAmt 2014, 392.

der Vergütung richtet sich dann nicht nach dem VBVG, sondern unterliegt dem Ermessen des Familiengerichts. In Betracht kommt eine Zeitvergütung ebenso wie ein Pauschalbetrag.[18]

10 **2. Vergütung des Berufsvormundes.** Ein Berufsvormund hat – neben einem Anspruch auf Ersatz seiner Aufwendungen – einen Anspruch auf Vergütung. Dabei erhält ein Berufsvormund anders als ein Berufsbetreuer keine pauschale Vergütung, sondern eine Vergütung der für das Führen der Vormundschaft aufgewandten und erforderlichen Zeit, § 3 Abs. 1 S. 1 VBVG. Eine Vergütung nach § 3 VBVG erhält auch ein Vormundschaftsverein analog § 7 VBVG, wenn einer seiner Mitarbeiter persönlich zum Vormund bestellt wird.[19]

In Abhängigkeit von der beruflichen Qualifikation des Berufsvormunds beträgt die **Höhe des Stundensatzes** nach § 3 VBVG 19,50 EUR, 25 EUR bzw. 33,50 EUR.

11 **Nicht vergütungsfähig** sind Tätigkeiten vor der Bestellung bzw. nach Ende des Amts – etwa nach des Tod des Kindes oder nach Erreichen der Volljährigkeit sowie der Zeitaufwand für allgemeine Fortbildungen.[20]

Zu vergüten sind etwa:

- die Zeiten des persönlichen Kontakts mit dem Kind,
- die Aktenführung,
- die Erstellung des Vermögensverzeichnisses und der Abrechnung,
- der Zeitaufwand für die Delegation von Arbeiten, die nicht der persönlichen Amtsführung vorbehalten sind.[21]

Sämtliche abgerechneten Tätigkeiten unterliegen der Erforderlichkeitsprüfung durch das Gericht.

Es empfiehlt sich für den Berufsvormund, eine Dokumentation seines Zeitaufwandes bei Gericht einzureichen. Neben der Vergütung erhält der Berufsvormund auch die fällige Umsatzsteuer, § 3 Abs. 1 S. 2 VBVG.

12 Bei einer **besonderen Schwierigkeit** der vormundschaftlichen Geschäfte kann das Familiengericht nach **§ 3 Abs. 3 VBVG** die Höhe des nach § 3 Abs. 1 VBVG anzusetzenden Stundensatzes anheben, sofern das Kind **nicht mittellos** ist. Der Anspruch entsteht materiell-rechtlich mit der Ausübung der Tätigkeit, ist aber erst fällig, wenn das Familiengericht die Vergütung festgesetzt hat, § 168 Abs. 1 FamFG. Eine Selbstentnahme der Vergütung aus dem Einkommen und Vermögen des Kindes ohne Festsetzung der Vergütung durch das Familiengericht ist nicht zulässig.

13 Der Bewilligungsbeschluss des Familiengerichts ist ein Vollstreckungstitel im Sinne des § 86 Abs. 1 Nr. 1 FamFG. Besteht wegen Mittellosigkeit des Kindes ein Vergütungsanspruch gegen die Staatskasse, hat der Vormund die Wahl, seine Vergütung nach § 168 Abs. 1 S. 1 FamFG festsetzen zu lassen oder die Vergütung im Wege der Prüfung und Anweisung durch den Urkundsbeamten im vereinfachten Verfahren gem. § 168 Abs. 1 S. 4 FamFG iVm JVEG zu erhalten.

14 Zuständig für die Festsetzung der Vergütung und falls erforderlich des Aufwendungsersatzes bzw. der pauschalierten Aufwandsentschädigung ist der **Rechtspfleger, § 3 Nr. 2a RPflG.** Die Festsetzung erfolgt auf Antrag oder von Amts wegen.

Vor der Festsetzung hat das Familiengericht die materiell-rechtlichen Voraussetzungen des jeweiligen Anspruches nach Grund und Höhe von Amts wegen zu prüfen. Ein

---

[18] Jürgens/*von Crailsheim* BGB § 1836 Rn. 9.

[19] BGH NJW 2011, 2727.

[20] Jürgens/*von Crailsheim* BGB § 1836 Rn. 5f.

[21] Jürgens/*von Crailsheim* BGB § 1836 Rn. 4.

(Berufs-)Vormund hat daher seine Aufwendungen, ein Berufsvormund eine plausible Dokumentation seiner Tätigkeiten und der auf diese verwandten Stunden vorzulegen.

Es ist zu prüfen, ob das Kind mittellos ist. Auf Verlangen des Familiengerichts sind die tatsächlichen Angaben insoweit **glaubhaft zu machen**, § 168 Abs. 2 FamFG. Das **Kind ist** nach § 168 Abs. 4 FamFG im Festsetzungsverfahren **anzuhören**. **15**

Zudem ist durch das Familiengericht festzustellen, ob der Anspruch auf Vergütung, Ersatz von Aufwendungen bzw. pauschalierte Aufwandsentschädigung erloschen ist. Nach **§ 2 VBVG** erlischt der Anspruch auf Vergütung, wenn er nicht binnen **15 Monaten** nach seiner Entstehung beim Familiengericht geltend gemacht werden. Der Anspruch auf Erstattung von Aufwendungen erlischt nach § 1835 Abs. 1 S. 3 BGB ebenfalls, wenn er nicht binnen 15 Monaten nach seiner Entstehung gerichtlich geltend gemacht wird. Der Anspruch auf pauschalierte Aufwandsentschädigung erlischt nach § 1835a Abs. 4 BGB, wenn er nicht binnen drei Monaten nach Ablauf des Jahres, in dem er entstanden ist, geltend gemacht wird.

Der Festsetzungsbeschluss, der mit einer Rechtsmittelbelehrung versehen sein muss §§ 38, 39 FamFG, kann mit der **Beschwerde gem. § 58 ff. FamFG** angegriffen werden, sofern der Beschwerdewert 600 EUR übersteigt oder die Beschwerde wegen ihrer grundsätzlichen Bedeutung durch den Rechtspfleger zugelassen wurde. Übersteigt der Beschwerdewert 600 EUR nicht, so ist gegen den Festsetzungsbeschluss die Erinnerung statthaft, § 11 Abs. 2 S. 1 RPflG. **16**

– in dieser Aufl. nicht besetzt – **17, 18**

IV. Zivilrechtliche Haftung

1. Haftung gegenüber dem Kind. Nach § 1833 Abs. 1 S. 1 BGB ist ein Vormund dem Kind für den auf seiner Pflichtverletzung beruhenden Schaden verantwortlich, wenn ihn ein Verschulden trifft, er also vorsätzlich oder fahrlässig handelte. **§ 1833 BGB** begründet ein gesetzliches familienrechtliches Schuldverhältnis[22] und ist **spezialgesetzliche Norm** gegenüber anderen Regelungen zur Haftung im BGB. Gegenüber Dritten haftet ein Vormund nicht nach § 1833 BGB. **19**

Maßstab des Verschuldens sind nach überwiegender Ansicht die Fähigkeiten des konkreten Vormunds. Daher gilt für einen professionellen Einzelvormund oder eine Fachkraft im Jugendamt ein strengerer Maßstab als für einen ehrenamtlichen Vormund oder einen Verwandten.[23] Unerheblich ist, ob die Pflichtverletzung auf einem Tun oder einem Unterlassen beruht, die rechtsgeschäftliche Vertretung oder ein tatsächliches Handeln betrifft. Pflichtverletzungen sind demnach bezogen auf Angelegenheiten der Personen- ebenso wie der Vermögenssorge[24] denkbar. Pflichtverletzungen sind etwa: der Verzicht auf einen adäquaten Versicherungsschutz des Kindes,[25] das Versäumen von Fristen, eine verspätete oder unterlassene Antragsstellung bei einem Sozialleistungsträger,[26] eine rechtswidrige Unterbringung oder rechtswidrige andere freiheitsentziehende Maßnahmen etc. Ein Vormund verletzt seine Pflichten auch,

---

22 MüKoBGB/*Kroll-Ludwigs* § 1833 Rn. 1.

23 *Deinert/Lütgens/Meier* Haftung Rn. 274 ff.

24 Bzgl. der Vermögenssorge vgl. etwa BGH FamRZ 2005, 358.

25 OLG Brandenburg FamRZ 2008, 916: Krankenversicherung; *Hoffmann* Personensorge § 12 Rn. 29 ff.: Haftpflichtversicherung.

26 BGH FamRZ 2011, 1144; LG Köln FamRZ 2006, 1874.

wenn er es unterlässt, in schwierigen Fragen das Familiengericht, § 1837 Abs. 1 BGB, oder das Jugendamt, § 53 Abs. 2 SGB VIII, um Beratung und Unterstützung zu bitten.

20 Die Haftung als Vormund **beginnt** mit der **Bestellung** – auch bei Bestellung des Jugendamts demnach bereits vor der Delegation des Amts auf eine Fachkraft – und endet grundsätzlich mit der Beendigung der Vormundschaft oder der Entlassung des Vormunds. Dies gilt auch, wenn die Vormundschaft zwar beendet bzw. der Vormund entlassen ist, der ehemalige Vormund aber weiterhin nach außen „als Vormund" handelt und dem Kind dadurch schuldhaft einen Schaden zufügt.

Daneben kann § 823 Abs. 1 BGB Anspruchsgrundlage eines Schadensersatzanspruchs sein, wenn bestimmte absolute Rechtsgüter wie Körper, Leben, Freiheit etc. eines Kindes oder Jugendlichen durch das Verhalten des Vormunds verletzt werden. Bei bloßen Vermögensschäden kommt eine deliktische Haftung nicht in Betracht.

21 Wie Eltern kommt einem Vormund die **Haftungserleichterung des § 1664 BGB** zu Gute, wenn er das Kind für längere Zeit in seinen Haushalt aufgenommen hat, §§ 1793 Abs. 1 S. 3, 1664 BGB. Denkbar ist dies insbesondere in den Fällen, in denen ein Kind oder ein Jugendlicher bei Verwandten oder bei Pflegeeltern lebt, die auch zu seinem Vormund bestellt wurden. Der Vormund hat dann nur für die Sorgfalt einzustehen, die er auch in eigenen Angelegenheiten anzuwenden pflegt. Kommt die Haftungserleichterung zum Tragen, haftet ein Vormund dem Kind im Ergebnis meist nur bei vorsätzlichen oder grob fahrlässigen und nicht bei bloß fahrlässigen Verhalten – etwa bezogen auf eine vom Vormund verschuldete Schädigung des Kindes im Autoverkehr. Im Grundsatz ist von einer Geltung der Haftungserleichterungen für alle Handlungen im Bereich der elterlichen Sorge und demnach auch bei einer Verletzung von Aufsichtspflichten auszugehen, da die Norm auf umfassende Wirkung angelegt ist.[27]

22 Eine **familiengerichtliche Genehmigung** der Handlungen des Vormunds wirkt weder im Bereich der Personen- noch der Vermögenssorge haftungsausschließend, vielmehr haben Vormund und Gericht jeweils eigenständige Prüfungspflichten.[28] Erteilt das Gericht beispielsweise eine Genehmigung für eine freiheitsentziehende Unterbringung nach § 1631b BGB, ist eine nachfolgende, freiheitsentziehende Unterbringung gleichwohl eine rechtswidrige Freiheitsentziehung, wenn die Voraussetzungen für die Unterbringung gegen den Willen des Kindes nach Erteilen der Genehmigung entfallen sind. Ausnahmsweise kann eine Genehmigung zum Fehlen eines Verschuldens führen, und zwar, wenn es bei der Genehmigung im Wesentlichen um Rechtsfragen geht, dem Gericht die für deren Beantwortung maßgeblichen Tatsachen bekannt sind und der Vormund, insbesondere, wenn er juristisch nicht vorgebildet ist, deshalb davon ausgehen darf, beim Abschluss des genehmigten Rechtsgeschäfts pflichtgemäß zu handeln.[29]

Delegiert ein Vormund seine Aufgaben auf Dritte, ist Art und Umfang der Haftung davon abhängig, welche Aufgaben zur Ausübung übertragen wurden: Bei nicht delegierbaren, an sich durch einen Vormund höchstpersönlich wahrzunehmende Aufgaben, haftet ein Vormund bei einer Schädigung von Rechtsgütern des Kindes durch den Dritten nicht für das Verschulden des Dritten, sondern für eigenes Verschulden, nämlich für die **unzulässige Delegation**.[30]

23 War die **Delegation** von Aufgaben **zulässig**, haftet der Vormund nach Maßgabe des § 278 BGB, da er sich des Dritten zur Erfüllung seiner Pflichten bedient. Nach § 278

[27] MüKoBGB/*Huber* § 1664 Rn. 11 f.

[28] OLG Brandenburg FamRZ 2015, 1229; BGH FamRZ 2003, 1924; MüKoBGB/*Kroll-Ludwigs* § 1833 Rn. 7.

[29] BGH FamRZ 2003, 1924; *Deinert/Lütgens/Meier* Haftung Rn. 281 ff.

[30] MüKoBGB/*Kroll-Ludwigs* § 1833 Rn. 9.

BGB hat er demnach ein Verschulden des Dritten im gleichen Umfang wie eigenes Verschulden zu vertreten. Delegiert ein Vormund hingegen Tätigkeiten, die er selbst nicht vorzunehmen braucht, kann oder darf – beispielsweise Ärzten oder Rechtsanwälten vorbehaltene Tätigkeiten –, haften er nach überwiegender Ansicht nur für die sorgfältige Auswahl, Information und Kontrolle des Dritten.[31] In beiden Konstellationen kommt dem Vormund die Haftungserleichterung des § 1664 BGB zugute, wenn das Kind auf längere Dauer in seinem Haushalt aufgenommen wurde. Der Dritte selbst haftet nach allgemeinen Regeln gegenüber dem Kind oder Jugendlichen für jedes Verschulden. Der Umfang seiner Ersatzpflicht verändert sich nicht dadurch, dass das Kind auch Ansprüche gegenüber seinem Vormund hat.

Hat ein Vormund seine Pflichten verletzt, so ist für das Geltendmachen von Schadensersatzansprüchen ein Pfleger zu bestellen, da der Vormund an einer Vertretung des Kindes verhindert ist, §§ 1629 Abs. 2 S. 1, 1795 Abs. 2 S. 1, 1795 Abs. 1 Nr. 1, 3 und Abs. 2, 181, 1909 Abs. 1 S. 1 BGB, sofern er nicht aufgrund der Pflichtverletzungen entlassen wird. Wird der Vormund wegen Pflichtwidrigkeiten entlassen, gehört das Geltendmachen von Schadensersatzansprüchen des Kindes zu den Aufgaben des ihm nachfolgenden Vormunds.[32]

2. Haftung gegenüber einem Dritten. In der Regel bestehen keine vertraglichen 24
Ansprüche Dritter gegen einen Vormund, da dieser als gesetzliche Vertreter im Namen des Kindes oder Jugendlichen, demnach „im fremden Namen" handelt. Die Wirkungen des rechtsgeschäftlichen Handelns des Vormunds als gesetzlichem Vertreter treffen dann allein das Kind oder den Jugendlichen. Wird das Kind Vertragspartner eines in seinem Namen durch seinen Vormund geschlossenen Vertrags, haftet allein das Kind dem Dritten aus diesem Schuldverhältnis.

Nur **ausnahmsweise**[33] bestehen Ansprüche Dritter unmittelbar gegenüber einem Vormund, nämlich wenn:
- bei Vertragsschluss für den Dritten nicht erkennbar war, dass der Vormund für das Kind, also in fremdem Namen, handeln wollte,
- wenn ein Vormund ein besonderes persönliches Vertrauen in Anspruch genommen oder ein unmittelbares Eigeninteresse an dem Vertrag hatte oder
- wenn ein Vormund nicht im Rahmen seiner Vertretungsmacht gehandelt hat.[34]

Zudem kommt eine Haftung nach § 832 Abs. 1 BGB wegen **Verletzung von Auf-** 25
sichtspflichten in Betracht, wenn das Kind einen Dritten widerrechtlich schädigt, denn Vormünder sind wie zur Personensorge berechtigte Eltern kraft Gesetzes zur Aufsicht über das Kind oder den Jugendlichen verpflichtet, § 1631 Abs. 1 BGB. Eine Ersatzpflicht besteht nicht, wenn der Aufsichtspflichtige seinen Aufsichtspflichten genügt hat oder der Schaden auch bei gehöriger Aufsichtsführung entstanden wäre. Bei einer **Delegation von Aufsichtspflichten** ist entscheidend, ob der Vormund den ihm verbleibenden Pflichten – insbesondere Information, Aufsicht und Kontrolle der Dritten – nachgekommen ist. Dabei trifft ihn als Aufsichtspflichtigen die Beweislast. Die Befürchtung, dass der Vormund Schadensersatzansprüchen ausgesetzt sein könnten, berechtigt nicht zu einer freiheitsentziehenden Unterbringung des Kindes.

In Ausnahmefällen kann auch eine Haftung des Vormunds wegen Verletzung von Verkehrssicherungspflichten nach § 823 Abs. 1 BGB in Betracht kommen, nämlich dann, wenn sich das Kind aufgrund seiner Persönlichkeitseigenschaften als eine potentielle Ge-

---

[31] MüKoBGB/*Kroll-Ludwigs* § 1833 Rn. 9.
[32] *Deinert/Lütgens/Meier* Haftung Rn. 342 ff.
[33] LG Flensburg FamRZ 2008, 2232.
[34] Vgl. zu Einzelheiten *Deinert/Lütgens/Meier* Haftung Rn. 456 ff.

fahr für Rechtsgüter Dritter darstellt – etwa bei einer bekannten Neigung zum Zündeln – und es in einem konkreten Fall tatsächlich zu einer Schädigung von Rechtsgütern Dritter kommt – beispielsweise zum Anzünden und Abbrennen eines Gebäudes.[35]

26 **3. Besonderheiten bei Amts- bzw. Vereinsvormundschaft.** Wurde das Jugendamt zum Vormund bestellt bzw. ist es kraft Gesetzes Vormund geworden, hat es nach § 55 Abs. 2 SGB VIII das Führen der Vormundschaft einer Fachkraft zu übertragen. Die mit der Wahrnehmung der Amtsvormundschaft betraute Fachkraft haftet weder dem Kind noch einem Dritten unmittelbar. Dies gilt sowohl für Amtshaftungsansprüche nach § 839 BGB iVm Art. 34 GG[36] als auch für die Haftung eines Vormunds gegenüber einem Minderjährigen nach § 1833 BGB sowie die Haftung gegenüber Dritten für das Verletzen von Aufsichtspflichten nach § 832 BGB.[37] Gegenüber dem Kind oder Dritten haftet bei einer Pflichtverletzung durch die Fachkraft vielmehr **allein das Jugendamt** – bzw. der Träger der öffentlichen Jugendhilfe. Sofern die Fachkraft nicht vorsätzlich oder grob fahrlässig handelte, kann der Träger der öffentlichen Jugendhilfe bei ihm auch keinen Regress nehmen, Art. 34 S. 2 GG (zu Einzelheiten vgl. *Kunkel* § 15 Rn. 85 ff.). Dies gilt auch für diejenigen Fachkräfte, deren Arbeitsverhältnis sich nach den Regelungen des TVöD richtet.

Wurde ein **Verein** zum Vormund bestellt und bedient er sich einer Fachkraft zur Führung der Vormundschaft, haftet er dem Kind für ein Verschulden dieser Personen nach §§ 1791a Abs. 3 S. 2, 31 BGB. Wurde hingegen unmittelbar die Fachkraft zum Vormund bestellt, haftet diese selbst dem Kind nach § 1833 BGB. Der Verein hat jedoch im Rahmen des Verfahrens zur Erlaubniserteilung durch das Landesjugendamt nachzuweisen, dass er für einen hinreichenden Versicherungsschutz seiner Angestellten gesorgt hat, § 54 Abs. 2 S. 2 SGB VIII.

V. Entlassung

27 **1. Entlassung des Einzelvormundes.** Das Familiengericht hat einen Einzelvormund **von Amts wegen** zu entlassen, wenn
- die Fortführung des Amts durch den Einzelvormund das Interesse des Kindes gefährden würde, § 1886 Alt. 1 BGB,
- in der Person des Vormunds einer der in § 1778 BGB aufgeführten Untauglichkeitsgründe vorliegt, § 1886 Alt. 2 BGB,
- bei Beamten oder Geistlichen die Erlaubnis des Dienstherrn versagt oder von diesem zurückgenommen wird, § 1888 BGB.

Das Gesetz führt für eine **Gefährdung der Interessen** des Kindes beispielhaft ein pflichtwidriges Verhalten des Vormunds an. Es ist auch eine objektive Gefährdung von Interessen des Kindes ausreichend. Die Gefährdung muss nur drohen bzw. zumindest mit gewisser Wahrscheinlichkeit zu erwarten sein. Das Familiengericht hat entsprechend des Verhältnismäßigkeitsgrundsatzes zu prüfen, ob andere Mittel, insbesondere Maßnahmen der familiengerichtlichen Aufsicht, §§ 1837 ff. BGB, ein Aufheben von Befreiungen, § 1857 BGB, oder das Bestellen eines Gegenvormunds, § 1792 BGB, ausreichen, um eine Gefährdung von Interessen des Kindes abzuwenden.

28 Die Vielzahl an **Einzelfallentscheidungen** in der Rechtsprechung lässt sich wie folgt strukturieren:

---

[35] *Deinert/Lütgens/Meier* Haftung Rn. 526 ff.
[36] *Hoffmann/Proksch* in FK-SGB VIII § 55 Rn. 32.
[37] Wiesner/*Walther* SGB VIII § 55 Rn. 87; *Hoffmann/Proksch* in FK-SGB VIII § 55 Rn. 32.

- Objektive Hinderungsgründe wie Krankheit des Vormunds, große Entfernung zwischen Wohnsitz des Vormunds und des Kindes
- Subjektive Hinderungsgründe wie Überforderung, fehlende Fachkenntnis, treuwidriges Verhalten
- Unüberbrückbare Differenzen zwischen Vormund und Kind
- Mangelnde Kooperation des Vormunds mit Dritten – Jugendamt, Familiengericht etc.[38]

Eine Entlassung ist nicht erforderlich, wenn eine Person zum Vormund bestellt wurde, die im Zeitpunkt ihrer Bestellung geschäftsunfähig war, § 1780 BGB. Tritt Geschäftsunfähigkeit erst nach der Bestellung ein, ist hingegen eine Entlassung ebenso erforderlich wie bei der Bestellung eines Minderjährigen, § 1781 Nr. 1 BGB, bzw. einer Person, für die ein Betreuer bestellt wurde, § 1781 Nr. 2 BGB.

Ein **Beamter** oder Geistlicher ist zu entlassen, wenn die ihm erteilte Erlaubnis für das Führen einer Vormundschaft bestandskräftig zurückgenommen wird bzw. erst gar nicht erteilt wird, wenn er bereits vor seiner Verbeamtung die Vormundschaft führte §§ 1888, 1784 BGB. Diese Regelung bezieht sich ausschließlich auf bestellte Einzelvormünder und nicht auf Beamte des Jugendamts, auf die die Führung der Vormundschaft nach § 55 Abs. 2 SGB VIII übertragen wurde, denn in diesen Fällen ist das Jugendamt selbst und nicht der Beamte zum Vormund bestellt.

Auf seinen **Antrag** hin ist ein Einzelvormund ferner zu entlassen, wenn ein **wichtiger Grund** vorliegt, § 1889 Abs. 1 BGB. Das Gesetz führt als Beispiel für einen wichtigen Grund den Eintritt eines Umstands an, der den Vormund nach § 1786 Abs. 1 Nr. 2–7 BGB berechtigen würde, die Übernahme der Vormundschaft von vornherein abzulehnen (vgl. die Ausführungen in *Hoffmann* → § 2 Rn. 13). Die Entlassung gemäß den § 1889 Abs. 1 BGB dient demnach den Interessen des Vormunds. Liegt einer der in § 1786 Abs. 1 Nr. 2–7 BGB genannten Gründe oder ein anderer wichtiger Grund vor, verbleibt dem Familiengericht kein Beurteilungsspielraum, sondern besitzt der Vormund einen **Rechtsanspruch** auf seine Entlassung.[39] 29

Das Familiengericht ist an die Entlassungsgründe gebunden. Die Entlassung eines Vormunds ohne Vorliegen eines der genannten Gründe kommt nur in Betracht, wenn eine Bestellung unter Vorbehalt, § 1790 BGB, erfolgte.

Erfolgt eine Entlassung gegen den Willen eines Vormunds nach § 1886 BGB bzw. wird seinem Entlassungsantrag nach § 1889 Abs. 1 BGB nicht entsprochen, kann der Vormund gegen die familiengerichtliche Entscheidung Beschwerde einlegen, §§ 58f. FamFG. Ab Vollendung des vierzehnten Lebensjahres ist das ebenfalls nach §§ 58f. FamFG zur Beschwerde befugte Kind berechtigt, ohne Mitwirkung seines gesetzlichen Vertreters gegen eine Entlassung bzw. Nichtentlassung Beschwerde einzulegen, § 60 FamFG. Die Beschwerdeberechtigung des Jugendamts ergibt sich in dieser Konstellation aus, § 162 Abs. 3 S. 2 FamFG.

2. Entlassung des Jugendamts bzw. des Vereins. Gemäß § 1887 BGB hat das Familiengericht das Jugendamt oder den Verein als Vormund zu entlassen und eine andere Person zum Vormund zu bestellen, wenn dies dem Wohl des Kindes dient und eine **andere** als Vormund **geeignete Person** vorhanden ist (zu Einzelheiten vgl. *Hoffmann* → § 2 Rn. 9f.). Daneben hat das Familiengericht das Jugendamt auf seinen Antrag hin zu entlassen, wenn eine andere als Vormund geeignete Person vorhanden ist und das Wohl des Kindes dieser Maßnahme nicht entgegensteht, § 1889 Abs. 2 BGB. Ein 30

[38] Vgl. diese und weitere Beispiele bei MüKoBGB/*Spickhoff* § 1886 Rn. 9.
[39] MüKoBGB/*Spickhoff* § 1889 Rn. 3.

Verein ist auf seinen Antrag hin ferner zu entlassen, wenn ein wichtiger Grund – etwa zu geringe Mittel, Fehlen geeigneter Fachkräfte – vorliegt, § 1889 Abs. 2 S. 2 BGB.

§ 1887 BGB und § 1889 Abs. 2 S. 1 BGB setzen demnach beide voraus, dass eine andere geeignete Person vorhanden ist, unterscheiden sich jedoch bzgl. der weiteren Voraussetzungen für eine Entlassung. Bei § 1887 BGB ist zunächst zu prüfen, ob die Bestellung einer anderen Person zum Vormund – gerade auch im Vergleich zum weiteren Führen der Vormundschaft durch das Jugendamt – dem Wohl des Kindes dient. Erst dann ist zu prüfen, ob eine andere geeignete Person vorhanden ist. Hingegen ist nicht erforderlich, dass das Führen der Vormundschaft durch das Jugendamt die Interessen des Kindes gefährdet, wie dies Voraussetzung für eine Entlassung des Einzelvormunds nach § 1886 BGB ist. Beide Regelungen entsprechen dem gesetzlichen **Vorrang** der **ehrenamtlichen Einzelvormundschaft** vor Vereins- und Amtsvormundschaft des Jugendamts, §§ 1791a, 1791b BGB. § 1887 BGB und § 1889 Abs. 2 S. 1 BGB gelten jedoch auch bei einer Vormundschaft des Jugendamts kraft Gesetzes.[40]

31 Die Rechtsprechung nimmt bei einer Entlassung zugunsten eines ehrenamtlichen Einzelvormunds – etwa den Pflegeeltern oder den Großeltern – **Kindeswohldienlichkeit** bereits dann an, wenn die Bestellung des ehrenamtlichen Einzelvormunds den Interessen des Kindes nicht zuwiderläuft,[41] so dass sich bezogen auf eine Entlassung zugunsten ehrenamtlicher Einzelvormünder letztlich keine Unterschiede mehr zwischen den Voraussetzungen einer Entlassung nach § 1887 BGB und einer nach § 1889 Abs. 2 BGB ergeben, denn bei einer Entlassung nach § 1889 Abs. 2 S. 1 BGB hat das Gericht von vornherein nur zu prüfen, ob der Bestellung das Wohl des Kindes entgegensteht. Diese Interpretation führt zu einem Gleichklang beider Vorschriften bezogen auf ehrenamtliche Vormünder, denn geeignete Person im Sinne des § 1889 Abs. 2 S. 1 BGB ist nur ein ehrenamtlicher Vormund. Bei einer anderen Interpretation des § 1889 Abs. 2 S. 1 BGB würde die Intention des § 1791b BGB ins Leere laufen. Letztlich ist das Jugendamt oder ein Verein zu entlassen, sobald sich ein geeigneter ehrenamtlicher Vormund findet.[42] Hingegen setzt eine Entlassung des Jugendamts als Vormund zugunsten der Bestellung eines Berufsvormunds voraus, dass die Entlassung den Interessen des Kindes dienlich ist. Es muss also eine Verbesserung der Interessenwahrnehmung zu erwarten sein. Es ergibt sich demnach ein **unterschiedlicher Prüfungsmaßstab** je nach dem, ob statt des Jugendamts ein ehrenamtlicher Vormund oder ein Berufsvormund bestellt werden soll.

32 Den Interessen des Kindes dienlich ist eine Vormundschaft durch einen **Berufsvormund** insbesondere bei Konflikten zwischen den Interessen des Kindes und den Interessen des Jugendamts[43] – etwa bei unterschiedlichen Auffassungen zwischen den Fachkräften der Sozialen Dienste und den Fachkräften des Sachgebiets Vormundschaft/Pflegschaft über den Verbleib des Kindes in der Pflegefamilie oder seine Rückkehr zur Herkunftsfamilie, die Anerkennung eines Stiefvaters als Pflegefamilie im Sinne des § 33 SGB VIII nach Tod der Mutter eines Kindes, der Fortsetzung einer kostenintensiven Maßnahme nach § 35 SGB VIII etc. Interessenkollisionen können sich jedoch auch aus der Einbindung des Jugendamts in die Struktur des örtlichen Trägers erge-

---

[40] MüKoBGB/*Spickhoff* § 1887 Rn. 1.

[41] LG Heilbronn FamRZ 2004, 134.

[42] OLG Stuttgart FamRZ 2013, 1318; OLG Nürnberg FamRZ 2012, 1959; vgl. zu Vor- und Nachteilen der Bestellung von Pflegeeltern zum Vormund auch DIJuF-Gutachten JAmt 2013, 205 sowie DIJuF-Gutachten JAmt 2012, 325.

[43] Vgl. etwa OLG Brandenburg FamRZ 2015, 1621: „Bestehen Zweifel an einer bedarfsgerechten Einzelunterbringung des Kindes im Ausland, ist die dies nicht korrigierende Amtsvormundschaft aufzuheben und ein Einzelvormund zu bestellen.“

ben – etwa wenn die Ausländerbehörde eine Abschiebung des Kindes in seinen Heimatstaat plant.[44]

Gemäß § 1887 Abs. 2 BGB ergeht die Entscheidung über die Entlassung des Jugendamts oder des Vereins nach § 1887 BGB von Amts wegen oder auf Antrag. Antragsberechtigt sind nach Vollendung seines vierzehnten Lebensjahrs das Kind, das Jugendamt oder der Verein sowie jeder, der ein berechtigtes Interesse des Kindes geltend macht. Das Jugendamt und der Verein sollen nach § 1887 Abs. 2 S. 3 BGB einen Antrag stellen, wenn sie davon Kenntnis erhalten, dass ihre Entlassung dem Wohl des Kindes dient. Gemäß § 1887 Abs. 3 BGB soll das Familiengericht vor seiner Entscheidung das Jugendamt oder den Verein hören. Eine Entlassung nach § 1889 Abs. 2 BGB erfolgt nur auf Antrag des Vereins oder des Jugendamts.

Erfolgt eine Entlassung gegen den Willen eines Jugendamts oder eines Vereins nach 33
§ 1887 BGB bzw. wird einem Entlassungsantrag eines Jugendamts oder eines Vereins nach § 1889 Abs. 2 BGB nicht entsprochen, kann das Jugendamt oder der Verein gegen die familiengerichtliche Entscheidung **Beschwerde** einlegen, §§ 58 f. FamFG. Ab Vollendung des vierzehnten Lebensjahres ist das ebenfalls nach §§ 58 f. FamFG zur Beschwerde befugte Kind berechtigt, ohne Mitwirkung seines gesetzlichen Vertreters gegen eine Entlassung bzw. Nichtentlassung Beschwerde einzulegen, § 60 FamFG.

VI. Strafrechtliche Verantwortung

1. Verletzen von Garantenpflichten. Ein Vormund besitzt aufgrund seines Rechts 34
und seiner Pflicht zur elterlichen Sorge wie zur Sorge berechtigte Eltern eine Garantenstellung gegenüber dem Kind, §§ 1793 Abs. 1, 1797, 1800, 1626 BGB. Dies gilt auch, wenn nicht ein Einzelvormund, also eine natürliche Person, zum Vormund bestellt wurde, sondern das Jugendamt oder ein Verein. In diesem Fall besitzt die Garantenstellung die Fachkraft des Jugendamts, auf die die Vormundschaft nach § 55 Abs. 2 SGB VIII delegiert wurde, oder der Mitarbeiter des Vereins, der mit der Führung der Vormundschaft beauftragt wurde, denn strafrechtliche Verantwortung ist immer **individuelle Verantwortung** einer natürlichen Person.[45]

Folge der Garantenstellung ist, dass eine strafrechtliche Verantwortung auch für **ein Unterlassen** der Abwendung einer Verletzung von Rechtsgütern des Kindes durch das Handeln Dritter oder das Nichteingreifen in einen Geschehensablauf bestehen kann, § 13 Abs. 1 StGB. Eine Garantenstellung kann so zu einer Strafbarkeit wegen Unterlassens bezogen auf diejenigen Tatbestände im StGB führen, in denen an sich ein Tun beschrieben wird – wie bei allen vorsätzlichen und fahrlässigen Körperverletzungs-, §§ 223 ff. StGB, und Tötungsdelikten, §§ 211 ff. StGB.

Als Verletzen einer Garantenpflicht ist nur das Unterlassen einer Handlung anzusehen, die **rechtlich geboten** und **physisch-real möglich** gewesen wäre. Gerade gegenüber Jugendlichen können Handlungsmöglichkeiten mangels Befugnis, Zwang auf den Jugendlichen auszuüben, an Grenzen stoßen.

Das Unterlassen muss für die Tatbestandverwirklichung zudem **ursächlich** (kau- 35
sal) gewesen sein. Dies ist es, wenn beim Handeln mit an Sicherheit grenzender Wahrscheinlichkeit der Tatbestand nicht verwirklicht worden wäre – beispielsweise durch Eingreifen gegenüber den das Kind misshandelnden Eltern. Zudem muss das Unterlassen eine objektive Sorgfaltspflichtverletzung darstellen, das Verwirklichen des Tatbe-

[44] Zu einer derartigen Konstellation OLG Naumburg FamRZ 2005, 1861.
[45] Vgl. insgesamt *Hoffmann* ZKJ 2007, 389.

stands demnach in seinem Endergebnis objektiv voraussehbar und vermeidbar gewesen sein. Hingegen ist nicht erforderlich, dass alle Einzelheiten des Kausalgeschehens absehbar waren.

Wie die elterliche Sorge so ist auch die auf ihr beruhende Garantenstellung nicht auf Dritte übertragbar. Mit der Beauftragung eines Dritten, Befugnisse aus der elterlichen Sorge auszuüben, entstehen bei dem Dritten vielmehr eine eigenständige Garantenstellung und selbstständige Garantenpflichten. Zugleich verändert sich der Inhalt der Garantenpflichten des Vormunds: zunächst zu einer Pflicht zur sorgfältigen Auswahl und Information des Dritten, während der Aufgabenwahrnehmung dann zu Kontroll- und Überwachungspflichten.[46] In der Praxis stellt sich insbesondere bei einer Amtsvormund- bzw. -pflegschaft die Frage, in welchem Umfang und auf welche Weisen Pflichten zulässig auf Fachkräfte des Allgemeinen Sozialen Dienstes eines Jugendamts delegiert werden können.

36 **2. Verletzen von Fürsorge- und Erziehungspflichten.** Ein Vormund kann sich ferner wegen Verletzens von Fürsorge- und Erziehungspflicht strafbar machen, § 171 StGB. Den Tatbestand dieses Delikts verwirklicht, wer seine Fürsorge- und Erziehungspflicht gegenüber einem Kind oder einem Jugendlichen unter sechzehn Jahren durch sein Tun oder Unterlassen gröblich verletzt und dadurch den ihm Schutzbefohlenen in die Gefahr bringt, in seiner körperlichen oder psychischen Entwicklung erheblich geschädigt zu werden, einen kriminellen Lebenswandel zu führen oder der Prostitution nachzugehen. Die Verpflichtung zur Fürsorge und Erziehung auf Grund von Gesetz, Übertragung durch Behörden, Vertrag oder faktische Übernahme ist bei § 171 StGB demnach bereits Tatbestandsmerkmal, und der Tatbestand selbst zielt unmittelbar auch auf ein Unterlassen des Täters ab, so dass eine Garantenstellung nicht zu prüfen ist. Eine gröbliche Pflichtverletzung liegt regelmäßig nur bei wiederholten und dauerhaften Verstößen vor.

§ 5 Vormundschaften und Pflegschaften mit Auslandsbezug

Inhalt

[46] Bringewat NJW 1998, 944; OLG Saarbrücken JAmt 2007, 311.

I. Einleitung

1 **1. Fälle mit Auslandsbezug.** Bei der Anordnung, Änderung oder Beendigung der Vormundschaft sowie bei der Bestellung oder Entlassung eines Vormunds können sich Bezüge zu ausländischem Recht insbesondere ergeben, wenn das Kind nicht oder bisher nicht in Deutschland lebt oder ins Ausland verzieht. Von untergeordneter Bedeutung ist dagegen die Staatsangehörigkeit des Kindes.

Dabei wird der Begriff der Vormundschaft rechtsvergleichend nicht einheitlich verstanden.[1] So ist traditionell in Rechtsordnungen des common law der Vormund („guardian“) nur der nach dem Tod der Eltern eingesetzte Vertreter.[2] In anderen Rechtsordnungen wird innerhalb der elterlichen Sorge die Vermögenssorge der

[1] Zur unterschiedlichen Ausgestaltung dieses Rechtsinstituts vgl. *Zitelmann/Schweppe/Zenz*, 109 ff.
[2] Vgl. etwa S. 5 Children Act 1989 (England und Wales).

Vormundschaft zugeordnet, so dass Eltern auch Vormünder ihres Kindes sind.[3] Im Folgenden wird unter dem Begriff „Vormundschaft" die elterliche Verantwortung für Minderjährige behandelt, die wegen des Todes der Eltern, des Ruhens der elterlichen Sorge oder (teilweisem) Sorgerechtsentzug nicht (mehr) unter elterlicher Sorge stehen, unter Einbeziehung der Ergänzungspflegschaft nach § 1909 Abs. 1 S. 1 BGB und der gesetzlichen Amtsvormundschaft (§ 1791c BGB).

Nachfolgend werden die rechtlichen Grundlagen familiengerichtlicher Verfahren mit Auslandsbezug[4] dargestellt, wobei auch auf Tätigkeitsbereiche des Vormunds eingegangen wird, in denen sich ein Auslandsbezug ergeben kann. Die Vormundschaft für minderjährige unbegleitete Flüchtlinge wird gesondert behandelt (siehe unten § 9).

Verfahrensrechtlich stellen sich bei Fällen mit Auslandsbezug vor allem folgende Fragen: 2

- Sind deutsche Gerichte **international zuständig**?
- Hat das deutsche Verfahren hinter einem evtl. bereits **anhängigen ausländischen Verfahren** zurückzustehen?
- Wird eine im Ausland getroffene **Entscheidung** im Inland **anerkannt**?
- Bestehen (wechselseitige) Pflichten zur **internationalen Kooperation**?

Materiell ist zu klären, **welches nationale Recht** Anwendung findet.

2. Die maßgeblichen Regelwerke. a) Überblick. Die soeben aufgeworfenen **verfahrensrechtlichen Fragen** werden zumeist von der sog **Brüssel IIa-Verordnung** beantwortet,[5] die insbesondere Regelungen zur internationalen Zuständigkeit und zur Anerkennung und Vollstreckung von Entscheidungen aus anderen EU-Mitgliedstaaten (mit Ausnahme Dänemarks) enthält.[6] Die Brüssel IIa-VO, häufig auch als EuEheVO bezeichnet, hat Vorrang vor bestehenden staatsvertraglichen oder nationalen Regelungen (Art. 60, 61 Brüssel IIa-VO). Außerhalb des Anwendungsbereichs der Brüssel IIa-VO bestimmt sich die internationale Zuständigkeit nach kollisionsrechtlichen Übereinkommen wie dem KSÜ bzw. dem MSA. Regelungen zur Anerkennung und Vollstreckung ausländischer Entscheidungen enthält zudem das Europäische Übereinkommen über die Anerkennung und Vollstreckung von Entscheidungen über das Sorgerecht für Kinder und die Wiederherstellung des Sorgerechts (ESÜ), das vor allem im Verhältnis zur Türkei greift. Nationales Recht (§ 99 FamFG bzw. §§ 108 ff. FamFG) gelangt nur subsidiär zur Anwendung. 3

Die Brüssel IIa-VO enthält keine Bestimmungen zum anwendbaren materiellen Recht. Dieses unterliegt den einschlägigen staatsvertraglichen (vgl. Art. 62 Brüssel IIa-VO) und nationalen Kollisionsnormen. Insoweit gelangen das Haager Kinder- 4

[3] § 2 dänisches Vormundschaftsgesetz; § 3 norwegisches Gesetz über die Vormundschaft für Unmündige; näher *Bergmann/Ferid*, Länderberichte zu Dänemark, S. 39, und Norwegen, S. 63 f.; diese gesetzlichen Vormundschaften sind kollisionsrechtlich der elterlichen Sorge, nicht der Vormundschaft, zuzuordnen, so Staudinger/*Henrich* EGBGB Art. 21 Rn. 96; MüKoBGB/*Lipp* EGBGB Art. 24 Rn. 21.

[4] Zu möglichen Fallkonstellationen familiengerichtlicher Verfahren mit Auslandsbezug und ihrer praktischen Relevanz siehe allgemein *Menne* FamRZ 2016, 1223.

[5] Verordnung (EG) Nr. 2201/2003 des Rates über die Zuständigkeit und die Anerkennung und Vollstreckung von Entscheidungen in Ehesachen und in Verfahren betreffend die elterliche Verantwortung und zur Aufhebung der Verordnung (EG) Nr. 1347/2000; hierzu allgemein: Praxisleitfaden zur Anwendung der Brüssel IIa Verordnung (2014), verfügbar unter *www.ec.europa.eu/justice/civil/files/brussels_ii_practice_guide_de.pdf*.

[6] Dänemark nimmt an der Brüssel IIa-VO nicht teil, siehe Art. 2 Nr. 3 Brüssel IIa-VO sowie Erwägungsgrund 31 zur Brüssel IIa-VO, ist jedoch Vertragsstaat des KSÜ (hierzu unten → Rn. 11), so dass dessen Regelungen im Verhältnis zu Dänemark greifen.

schutzübereinkommen[7] (KSÜ) bzw. das Haager Minderjährigenschutzübereinkommen (MSA) zur Anwendung (dazu unten → Rn. 15). Nur ausnahmsweise ist für die Wirkungen des Eltern-Kind-Verhältnisses Art. 21 EGBGB heranzuziehen.[8] Auch Art. 24 EGBGB, der das auf Vormundschaft, Betreuung und Pflegschaft anzuwendende Recht behandelt, wird in seinem Anwendungsbereich für Minderjährige durch das KSÜ bzw. das MSA verdrängt.[9]

Damit gilt in den meisten Fälle folgendes: die Brüssel IIa-VO regelt die internationale Zuständigkeit sowie weitere verfahrensrechtliche Fragen; dem KSÜ ist zu entnehmen, welches materielle Recht auf die Vormundschaftssache anzuwenden ist.

5 **b) Brüssel IIa-VO.** Die Brüssel IIa-VO gilt nach ihrem Art. 1 Abs. 1 lit. b für Verfahren, welche die Zuweisung, die Ausübung, die Übertragung sowie die (vollständige oder teilweise) Entziehung der **elterlichen Verantwortung** für Kinder betreffen. Zur elterlichen Verantwortung zählen nach Art. 2 Nr. 7 S. 1 Brüssel IIa-VO „die gesamten Rechte und Pflichten, die einer natürlichen oder juristischen Person betreffend die Person oder das Vermögen eines Kindes“ zustehen, was insbes. das Sorge- und Umgangsrecht umfasst. **Vormundschaft, Pflegschaft** und entsprechende Rechtsinstitute werden in Art. 1 Abs. 2 lit. b Brüssel IIa-VO ausdrücklich erwähnt und dem Anwendungsbereich der Verordnung zugeordnet. Bei dem Inhaber des Sorgerechts kann es sich somit um die Eltern, aber auch um einen Vormund handeln. Das Sorgerecht umfasst nach Art. 2 Nr. 9 Brüssel IIa-VO auch das Recht zur Bestimmung des Aufenthaltsortes des Kindes, womit etwa Ergänzungspflegschaften mit dem Wirkungskreis „Aufenthaltbestimmungsrecht“ umfasst sind.

In den Anwendungsbereich der Brüssel IIa-VO und des KSÜ fällt auch die **kafala** nach islamischem Recht.[10]

Art. 1 Abs. 3 Brüssel IIa-VO schließt bestimmte Bereiche, wie Abstammung und Adoption, vom Anwendungsbereich der Verordnung aus. Die Abgrenzung kann im Einzelfall schwierig sein. So sind zwar „Trusts und Erbschaften“ nach Art. 1 Abs. 3 lit. f Brüssel IIa-VO von der Verordnung nicht erfasst, die Genehmigung einer Vereinbarung zur Erbauseinandersetzung, die der für ein für minderjähriges Kind bestellte Verfahrenspfleger (Kurator – im Sinne einer Ergänzungspflegschaft nach §§ 1795, 1909 BGB) für dieses abgeschlossen hat, fällt jedoch als die Ausübung der elterlichen Verantwortung im Sinne von Art. 1 Abs. 1 lit. b Brüssel IIa-VO betreffende Maßnahme in den Anwendungsbereich der Brüssel IIa-VO.[11]

6 Verfahren zur **Anordnung oder Beendigung der Vormundschaft bzw. Pflegschaft** oder der **Bestellung oder Entlassung** eines Vormunds oder Pflegers fallen ebenso wie Verfahren zur näheren **Ausgestaltung der Vormundschaft oder Pflegschaft** in den Anwendungsbereich der Brüssel IIa-VO. Dies betrifft etwa Verfahren zur Entziehung der Vertretungsmacht (im deutschen Recht § 1796 BGB) oder zur teilweisen Entziehung der Sorge und zur Entscheidung von Meinungsverschiedenheiten zwischen mehreren Vormündern (etwa nach §§ 1797, 1798 BGB).

---

[7] Haager Übereinkommen über die Zuständigkeit, das anzuwendende Recht, Vollstreckung und Zusammenarbeit auf dem Gebiet der elterlichen Verantwortung und der Maßnahmen zum Schutz von Kindern v. 19.10.1996. Für eine aktuelle Übersicht sämtlicher Vertrags- und Beitrittsstaaten im Verhältnis zu Deutschland s. *www.bundesjustizamt.de/sorgerecht.*

[8] Zu entsprechenden Fallgruppen vgl. Staudinger/*Henrich* EGBGB Art. 21 Rn. 82.

[9] Hierzu Palandt/*Thorn* EGBGB Art. 24 Rn. 2; Staudinger/*v. Hein* EGBGB Art. 24 Rn. 1.

[10] Vgl. hierzu *Andrae* § 6 Rn. 131; zum KSÜ: *Lagarde* Bericht Nr. 23; Palandt/*Thorn* EGBGB Art. 24 Anh. Rn. 16.

[11] EuGH NJW 2016, 387.

Die Brüssel IIa-VO ist schließlich auch anzuwenden, wenn das Gericht Maßnahmen der Vermögensverwaltung oder Rechtsgeschäfte zu **genehmigen (zur Vermögenssorge/Genehmigung siehe § 10)** oder diesbezügliche Anordnungen zu treffen hat, wie sich aus Art. 1 Abs. 2 lit. c und e ergibt.[12] 7

Tritt eine Vormundschaft oder Pflegschaft kraft Gesetzes ein (etwa eine **Amtsvormundschaft** nach § 1791c BGB), so ist, da sich insoweit keine verfahrensrechtlichen Fragen stellen, die Brüssel IIa-VO zunächst nicht anzuwenden. Soweit aber zu einem späteren Zeitpunkt Entscheidungen zur Ausgestaltung oder Beendigung der Vormundschaft bzw. Pflegschaft zu fällen sind, werden dabei auftretende verfahrensrechtliche Fragen wiederum von der Brüssel IIa-VO erfasst. 8

Die Brüssel IIa-VO bezieht sich nur auf Verfahren, die **Kinder** betreffen.[13] Sie enthält aber selbst keine Bestimmung, bis zu welchem Alter eine Person als „Kind" anzusehen ist. Nach einer Auffassung ist im Wege einer autonomen Auslegung auf eine Altersgrenze von 18 Jahren abzustellen.[14] Nach der hM ist die Eigenschaft als „Kind" nach dem Personalstatut und damit durch deutsche Gerichte und Behörden als Vorfrage nach Art. 7 Abs. 1 S. 1 EGBGB (hierzu → Rn. 23) selbstständig anzuknüpfen.[15] Zur Frage der Altersfeststellung bei unbegleiteten Minderjährigen → § 9 Rn. 14. 9

Obgleich Art. 1 Abs. 1 Brüssel IIa-VO den Anwendungsbereich der Verordnung auf **„Zivilsachen"** beschränkt, erfasst die Brüssel IIa-VO auch Maßnahmen, die nach dem Recht der Mitgliedstaaten dem öffentlich-rechtlichen Kindesschutz zuzurechnen sind, wie in die elterliche Sorge eingreifende Maßnahmen von Sozial- und Jugendbehörden.[16] 10

c) Staatsvertragliche Übereinkommen. *aa) Haager Kinderschutzübereinkommen (KSÜ).* Mit Wirkung zum 1.1.2011 wurde das Haager Minderjährigenschutzübereinkommen (MSA)[17] weitgehend durch das **Haager Kinderschutzübereinkommen (KSÜ)**[18] abgelöst, das ua Regelungen zum anwendbaren Recht enthält. Im Verhältnis zu Vertragsstaaten des KSÜ, die zugleich Vertragsstaaten des MSA sind, ist nur noch das KSÜ anzuwenden (Art. 51 KSÜ). 11

---

[12] Wobei die Verordnung nur unmittelbar das Vermögen schützende Maßnahmen, nicht aber etwaige Zivilklagen umfasst, vgl. Althammer/*Arnold* Brüssel IIa-VO Art. 1 Rn. 27 unter Hinweis auf Erwägungsgrund 9 zur Brüssel IIa-VO.

[13] Für Erwachsene gilt das Haager Übereinkommen vom 13.1.2000 über den internationalen Schutz von Erwachsenen, das für Deutschland am 1.1.2009 in Kraft getreten ist. Der Vertragstext sowie weitere Informationen sind ebenfalls unter *www.bundesjustizamt.de* unter der Rubrik „Internationales Betreuungsrecht" verfügbar.

[14] So zB Staudinger/*Pirrung (2009)* EGBGB Vorbem. zu Art. 19, C 19; MüKoFamFG/*Gottwald* Brüssel IIa-VO Art. 1 Rn. 14.

[15] So die hM; vgl. Althammer/*Arnold* Brüssel IIa-VO Art. 1 Rn. 20; MüKoBGB/*Helms* EGBGB Art. 21 Rn. 21; näher hierzu etwa *Solomon* FamRZ 2004, 1409 (1410 f.).

[16] EuGH FamRZ 2012, 1466 (1468); FamRZ 2009, 843 (844); FamRZ 2008, 125; Althammer/*Arnold* Brüssel IIa-VO Art. 1 Rn. 3.

[17] Haager Übereinkommen über die Zuständigkeit der Behörden und das anzuwendende Recht auf dem Gebiet des Schutzes von Minderjährigen v. 5.10.1961.

[18] Haager Übereinkommen über die Zuständigkeit, das anzuwendende Recht, Vollstreckung und Zusammenarbeit auf dem Gebiet der elterlichen Verantwortung und der Maßnahmen zum Schutz von Kindern v. 19.10.1996. Zum Vertragstext sowie zum Erläuternden Bericht zum Übereinkommen von Lagarde siehe *www.bundesjustizamt.de/sorgerecht*, wo unter der Rubrik „Staatenliste" auch eine aktuelle Übersicht sämtlicher Vertrags- und Beitrittsstaaten im Verhältnis zur Bundesrepublik Deutschland verfügbar ist. Zu Hinweisen zur Anwendung des KSÜ siehe „Practical Handbook on the Operation of the 1996 Hague Child Protection Convention", 2014, abrufbar unter *www.hcch.net.*

12 Der personale Anwendungsbereich des Übereinkommens umfasst Kinder bis zur Vollendung des 18. Lebensjahres, Art. 2 KSÜ.

Gem. Art. 53 Abs. 1 KSÜ ist das KSÜ auf Maßnahmen anzuwenden, die in einem Staat getroffen werden, nachdem das Übereinkommen für diesen Staat in Kraft getreten ist.

13 Für die Anerkennung und Vollstreckung ausländischer Entscheidungen findet das KSÜ nach Art. 53 Abs. 2 KSÜ Anwendung, wenn die anzuerkennende Maßnahme getroffen wurde, nachdem das KSÜ für den Staat, in dem die Maßnahme getroffen wurde, und für den ersuchten Staat in Kraft getreten ist.

Aufgrund des in Art. 61 Brüssel IIa-VO statuierten grundsätzlichen Vorrangs der Brüssel IIa-VO gegenüber dem KSÜ findet für Bereiche, die auch in der Brüssel IIa-VO geregelt sind, grundsätzlich die EU-Verordnung Anwendung. Nach Art. 61 lit. a Brüssel IIa-VO richtet sich die internationale Zuständigkeit ausschließlich nach der Brüssel IIa-VO, wenn das Kind seinen gewöhnlichen Aufenthalt in einem EU-Mitgliedstaat hat. Das KSÜ ist für die Bestimmung der internationalen Zuständigkeit nur heranzuziehen, wenn das Kind seinen gewöhnlichen Aufenthalt außerhalb der EU in einem KSÜ-Vertragsstaat hat. Selbst wenn das Kind seinen gewöhnlichen Aufenthalt im Hoheitsgebiet eines Drittstaats hat, der dem KSÜ angehört, ist in Fragen der Anerkennung und Vollstreckung mitgliedstaatlicher Entscheidungen nach Art. 61 lit. b Brüssel IIa-VO allein die Brüssel IIa-VO anwendbar (näher unter → Rn. 79). Auch auf ein konkurrierendes Verfahren in einem anderen EU-Mitgliedstaat sowie die Kooperation zwischen den Mitgliedstaaten greifen allein die Vorschriften der Brüssel IIa-VO. Für verfahrensrechtliche Fragen ist das KSÜ nur in den Fällen relevant, welche die Anerkennung von Entscheidungen aus Vertragsstaaten des KSÜ betreffen, die nicht der EU angehören, oder dort anhängige konkurrierende Verfahren (siehe unten → Rn. 79, 54).

14 Anders verhält es sich bei der Frage nach dem **anwendbaren Recht**. Da die Brüssel IIa-VO hierzu keine Regelung enthält, bleibt insoweit gem. Art. 62 Brüssel IIa-VO das KSÜ uneingeschränkt anwendbar (dazu näher unten → Rn. 96 ff.). Es kommt daher regelmäßig zu einer kombinierten Anwendung von Brüssel IIa-VO und KSÜ: Die Brüssel IIa-VO ist für die internationale Zuständigkeit und weitere verfahrensrechtliche Fragen heranzuziehen; das KSÜ bestimmt das anwendbare materielle Recht.

15 *bb) Haager Minderjährigenschutzübereinkommen (MSA).* Das **Haager Minderjährigenschutzübereinkommen (MSA)** hat durch die Brüssel IIa-VO und das KSÜ wesentlich an Bedeutung verloren. Zunächst wird das MSA gem. Art. 60 lit. a Brüssel IIa-VO in verfahrensrechtlichen Fragen von der Brüssel IIa-VO weitgehend verdrängt, zudem ist im Verhältnis zwischen Staaten, die Vertragsstaaten des KSÜ und die zugleich des MSA sind, ausschließlich das KSÜ anzuwenden (Art. 51 KSÜ). Das MSA war bisher in seiner Anwendung im Wesentlichen auf das Verhältnis zur Türkei beschränkt, die allerdings mit Wirkung zum 1.2.2017 dem KSÜ beigetreten ist.[19]

16 *cc) Haager Kindesentführungsübereinkommen (HKÜ).* Für Sorgerechtskonflikte mit Auslandsbezug von erheblicher praktischer Bedeutung ist schließlich das Haager Kindesentführungsübereinkommen (HKÜ).[20] Entwickelt, um grenzüberschreitende

[19] Zum verbliebenen Anwendungsbereich des MSA, der theoretisch noch die chinesiche Provinz Macau als ehemaligem Überseegebiet Portugals erfasst, siehe *Andrae* § 6 Rn. 3.

[20] Haager Übereinkommen vom 25.10.1980 über die zivilrechtlichen Aspekte internationaler Kindesentführung. Zum Vertragstext des HKÜ, dem Erläuternden Bericht (*Pérez-Vera*) sowie einer aktuellen Übersicht der Vertragsstaaten siehe *www.bundesjustizamt.de/sorgerecht.*

Auseinandersetzungen über das Sorgerecht zu lösen, in deren Verlauf ein Elternteil das gemeinsame Kind in einen anderen Staat verbringt oder dort nach Ablauf eines vereinbarten Umgangskontakts zurückhält, enthält das HKÜ einen Rückführungsmechanismus, der beinhaltet, dass auf Antrag einer Person, Behörde oder sonstigen Stelle, die die Verletzung eines Sorgerechts im Sinne des Art. 3 HKÜ geltend macht, grundsätzlich die Rückführung des Kindes anzuordnen ist (Art. 8 iVm Art. 12 HKÜ), sofern nicht eng auszulegende Ausnahmetatbestände vorliegen.[21] Für Rückführungsverfahren vor deutschen Gerichten enthält das IntFamRVG besondere Regelungen, die insb. eine Zuständigkeitskonzentration und Besonderheiten für das Beschwerdeverfahren, wie eine Zweiwochenfrist für Einlegung und Begründung der Beschwerde (§ 40 Abs. 2 S. 2 IntFamRVG) umfassen.

Für den Bereich der Vormundschaft ist zu beachten, dass auch ein Vormund bzw. Ergänzungspfleger im Falle der (teilweisen) Entziehung der elterlichen Sorge die Verletzung des Sorgerechts bzw. des Aufenthaltsbestimmungsrechts (Art. 5 lit. a HKÜ) geltend machen kann und auch die Geltendmachung der Verletzung von Rechten Dritter denkbar ist.[22]

dd) Europäisches Sorgerechtsübereinkommen (ESÜ).[23] Dieses wurde durch den Europarat als Rechtshilfeübereinkommen für die Anerkennung und Vollstreckung ausländischer Entscheidungen konzipiert.[24] Es wirkt nur im Verhältnis der Vertragsstaaten untereinander, wird in seinem Anwendungsbereich durch die Brüssel IIa-VO verdrängt (Art. 60 lit. d Brüssel IIa-VO) und ist daher im Wesentlichen auf die Anerkennung von Sorgerechtsentscheidungen im Verhältnis zur Türkei beschränkt. Siehe hierzu unten → Rn. 82. 17

ee) Sonstige Staatsverträge. Sonstige Staatsverträge spielen im Bereich des internationalen Vormundschaftsrechts praktisch keine Rolle mehr. Die noch geltenden **bilateralen Anerkennungs- und Vollstreckungsabkommen** enthalten keine Regelungen zur Anerkennung von Schutzmaßnahmen im Rahmen des Eltern-Kind-Verhältnisses.[25] 18

Einzig das deutsch-iranische Niederlassungsabkommen von 1929, das jedoch nur für Kinder greift, die wie ihre Eltern nur die iranische Staatsangehörigkeit besitzen und in Deutschland wohnen, ist noch zu beachten (hierzu → Rn. 109).

3. Nationales Recht. a) internationale Zuständigkeit. Die Vorschriften des nationalen Rechts zur internationalen Zuständigkeit – namentlich § 99 FamFG – werden durch die Brüssel IIa-VO und das KSÜ bzw. das MSA verdrängt (vgl. näher unten 19

---

21 Zum Rückführungsmechanismus des HKÜ vgl. *Andrae* § 6 Rn. 217ff.; Heilmann/Schweppe HKÜ Art. 8ff.; *Nehls*, Praktischer Leitfaden zum Haager Übereinkommen über die zivilrechtlichen Aspekte internationaler Kindesentführung, ZKJ 2014, 62.

22 Letzteres ist strittig; vgl. hierzu *Schweppe*, Kindesentführungen und Kindesinteressen, S. 57; OLG München FamRZ 2005, 1002 (1003) zum Rechtsinstitut des „ward of court" nach englischem bzw. schottischem Recht.

23 Europäisches Übereinkommen vom 20.5.1980 über die Anerkennung und Vollstreckung von Entscheidungen über das Sorgerecht für Kinder und die Wiederherstellung des Sorgeverhältnisses. Zum Vertragstext des ESÜ sowie einer aktuellen Übersicht der Vertragsstaaten siehe *www.bundesjustizamt.de/sorgerecht*.

24 Zur Konzeption des ESÜ und dem Verhältnis zu anderen Regelungen vgl. *Schulz* FamRZ 2003, 336 (339ff.).

25 Vgl. Staudinger/*Henrich* EGBGB Art. 21 Rn. 184ff. Zur Abgrenzung der Anwendungsbereiche der jeweils mit Israel, Norwegen oder Tunesien bestehenden Abkommen wird auf die Vorauflage verwiesen. Die Frage, inwiefern das deutsch-schweizerische Anerkennungs- und Vollstreckungsübereinkommen zur Anwendung gelangen könnte, ist durch den Beitritt der Schweiz zum KSÜ obsolet.

→ Rn. 43). Für die Anerkennung ausländischer Entscheidungen ist das deutsche Recht (§§ 108f FamFG) nur insoweit von Bedeutung, als es sich nicht um eine Entscheidung aus einem EU-Mitgliedstaat oder einem Vertragsstaat von KSÜ, ESÜ oder MSA handelt (vgl. näher unten → Rn. 83).

20 **b) Verfahrensrecht.** Für die Umsetzung der internationalen Regelungsmechanismen ist schließlich nationales Recht maßgeblich. **Das Internationale Familienrechtsverfahrensgesetz (IntFamRVG)** enthält hierzu Zuständigkeits- und Verfahrensregelungen für die Durch- bzw. Ausführung der Brüssel IIa-VO, des KSÜ, des HKÜ und des ESÜ.[26]

21 **c) Anwendbares Recht.** *aa) Grundsätze.* Das Einführungsgesetz zum BGB (EGBGB) enthält Bestimmungen zum in der Sache anwendbaren Recht (sog Kollisionsrecht). Art. 3 EGBGB stellt klar, dass unmittelbar anwendbaren EU-Recht und Regelungen in völkerrechtlichen Vereinbarungen, soweit sie unmittelbar anwendbares innerstaatliches Recht geworden sind, gegenüber den Regelungen des EGBGB vorrangig sind.

Somit ist für die Bestimmung des auf Sorgeverhältnisse anzuwendenden Rechts das EGBGB (Art. 21 EGBGB) nur ausnahmsweise einschlägig, weil grundsätzlich das KSÜ greift (hierzu unten → Rn. 98 bzw. → Rn. 110 zum verbleibenden Anwendungsbereich von Art. 21 EGBGB). Dies gilt auch für Art. 24 EGBGB (Vormundschaft).

Weiter enthält das EGBGB allgemeine kollisionsrechtliche Grundsätze, die insgesamt für die Rechtsanwendung zu beachten sind, aber auch im konkreten Fall zur Anwendung gelangen können.

22 *bb) Vorbehalt nach Art. 6 EGBGB.* Nach Art. 6 EGBGB ist die Rechtsnorm eines anderen Staates nicht anzuwenden, wenn ihre Anwendung zu einem Ergebnis führt, das mit wesentlichen Grundsätzen des deutschen Rechts, insbesondere mit Grundrechten unvereinbar ist.[27] Die Anerkennung einer ausländischen Sorgerechtsentscheidung darf jedoch nur versagt werden, wenn die Sorgeregelung im konkreten Fall zu einem mit dem deutschen Recht – insbesondere mit dem Kindeswohl – nicht zu vereinbarenden Ergebnis führt.[28]

23 *cc) Volljährigkeit.* Einschlägig ist das EGBGB mangels anderweitiger Regelung für die Frage, ob eine Person als minderjährig oder volljährig gilt. Dies richtet sich gemäß Art. 7 Abs. 1 S. 1 EGBGB nach dem jeweiligen Heimatrecht; wobei Rück- und Weiterverweisungen durch das Recht des Heimatstaats zu beachten sind (vgl. Art. 4 Abs. 1 EGBGB). Letzteres bedeutet, dass bei Anwendung ausländischen Rechts zu prüfen ist, ob dieses ebenfalls auf das (eigene) Heimatrecht oder etwa auf den (gewöhnlichen) Aufenthalt bzw. den Wohnsitz abstellt, so dass ggf. doch das Recht des Aufenthaltsstaats zur Anwendung gelangt.[29]

Zu beachten ist, dass international zwar weitgehend die Volljährigkeitsgrenze von 18 Jahren gilt, jedoch in einzelnen Staaten die Volljährigkeit erst mit Vollendung des

---

[26] Zum IntFamRVG siehe *Schulz* FamRZ 2011, 1273.

[27] Sog *ordre public* Vorbehalt; vgl. hierzu aktuell BGH FamRZ 2016, 1251 (Mitmutterschaft nach südafrikanischem Recht) sowie *Coester-Waltjen* IPRax 2016, 132.

[28] BeckOK BGB/*Heiderhoff* EGBGB Art. 21 Rn. 20; BGH FamRZ 1993, 316 bzw. 1053 (jeweils zum iranischen Recht).

[29] Zur Anknüpfung an Staatsangehörigkeit, Wohnsitz oder gewöhnlichen Aufenthalt nach der jeweiligen Rechtsordnung vgl. Staudinger/*Hausmann* (2013) Art. 7 EGBGB Rn. 6–9. Bei Mehrstaatlern und Staatenlosen sind Unter- und Hilfsanknüpfungen in Art. 5 Abs. 1 und Abs. 2 EGBGB zu beachten.

19. (so zB in Algerien und einigen Provinzen Kanadas) bzw. 21. (so etwa in Ägypten und Liberia) Lebensjahrs eintritt.

Auch für die Einrichtung bzw. Beendigung einer Vormundschaft ist die Vorfrage, ob die betroffene Person minderjährig ist oder nicht, nach dem gemäß Art. 7 Abs. 1 EGBGB berufenen Recht zu beantworten.[30] Eine für einen Minderjährigen in Deutschland angeordnete bzw. geführte Vormundschaft endet somit erst, wenn die Volljährigkeit nach dem Heimatrecht erreicht ist.[31] Zu den sich hieraus ergebenden Konsequenzen für die Vormundschaft für unbegleitete Minderjährige und zur Wirkung der verlängerten Vormundbestellung → § 9 Rn. 28.

Das Heimatrecht ist weiter maßgeblich für die Frage, ob eine nicht volljährige Person durch – wirksame bzw. anzuerkennende – Eheschließung eine erweiterte bzw. die volle Geschäftsfähigkeit erlangt (Art. 7 Abs. 1 S. 2 EGBGB).[32]

dd) Minderjährigenehe. Ob eine Ehe wirksam zustande gekommen ist, richtet sich gemäß Art. 13 EGBGB grundsätzlich nach dem Heimatrecht. Die Anerkennung von Ehen Minderjähriger und der damit ggf. verbundenen vorzeitigen Mündigkeit unterliegt dem Vorbehalt des Art. 6 EGBGB. Nach wohl einhelliger Auffassung ist die Anerkennung ausgeschlossen, wenn ein Partner bei Eheschließung das 14. Lebensjahr noch nicht vollendet hatte.[33] Unter Beachtung der Gründe für die Altersgrenze von 16 Jahren für die Befreiung vom Erfordernis der Ehemündigkeit im deutschen Recht nach § 1303 BGB begegnet aber auch die Anerkennung der zwischen einer Vierzehnjährigen und einem Volljährigen geschlossenen Ehe erheblichen Bedenken, unabhängig davon, ob sie nach dem Heimatrecht möglich und wirksam geschlossen ist.[34] **24**

ee) Vormundbestellung. Unabhängig von der Frage der Anerkennung der Ehe und eines etwaigen nach Heimatrecht von Gesetzes wegen durch die Eheschließung begründeten Sorgerechts des Ehemanns besteht für minderjährige Ehepartner jedenfalls ein Bedürfnis für die Anordnung einer Vormundschaft,[35] wobei die Tätigkeit des Vormunds bei Anerkennung der Ehe für verheiratete Minderjährige nach § 1633 BGB auf die Vertretung in persönlichen Angelegenheiten beschränkt ist. **25**

Zur Frage der Anerkennung von Minderjährigenehen sowie zur Bestellung eines Vormunds → § 9 Rn. 23.

---

30 MüKoBGB/*Lipp* EGBGB Art. 24 Rn. 27.

31 OLG Karlsruhe FamRZ 2015, 1820; FamRZ 2015, 2182; vgl. auch unter Anwendung von Art. 24 EGBGB: OLG Bremen FamRZ 2013, 312; FamRZ 2016, 990; zu den Konsequenzen für die Tätigkeit des Vormunds vgl. DIJuF-Rechtsgutachten JAmt 2015, 92.

32 Eine Länderübersicht zu Volljährigkeit, beschränkter bzw. Teilgeschäftsfähigkeit und vorzeitiger Mündigkeit aufgrund von Eheschließung enthält Staudinger/*Hausmann* (2013) EGBGB Anh. zu Art. 7.

33 Vgl. DIJuF-Rechtsgutachten JAmt 2016, 127 (129); MüKoBGB/*Coester* EGBGB Art. 13 Rn. 38; anders AG Tübingen ZfJ 1992, 48.

34 Zur Versagung der Anerkennung vgl. KG FamRZ 2012, 1495; *Mankowski* FamRZ 2016, 1274 (1275); MüKoBGB/*Coester* EGBGB Art. 13 Rn. 38, ders. jedoch differenzierend in StAZ 9/2016, 257 (260 f.); eine Anerkennung befürwortend DIJuF-Rechtsgutachten JAmt 2016, 127 (129); OLG Bamberg FamRZ 2016, 1270. Die durch das OLG zugelassene Rechtsbeschwerde zum BGH (XII ZB 292/16) wurde eingelegt und war bis Drucklegung nicht beschieden. Zum Reformbedarf vgl. etwa *Coester* FamRZ 2017, 77 (79).

35 Vgl. DIJuF-Rechtsgutachten JAmt 2016, 370 (371 f.); *Coester* StAZ 2016, 257 (262), wobei die Frage der vorzeitigen Mündigkeit durch die Ehe unberücksichtigt bleibt.

II. Internationale Zuständigkeit

26 **Übersicht: Internationale Zuständigkeit**

Internationale Zuständigkeit

Grundsatz: Gewöhnlicher Aufenthalt des Kindes maßgeblich! → *Rn. 28*

- **in EU-Staaten** (außer DK)

	Art. 8 Brüssel IIa-VO	→ *Rn. 27*
	→ fortdauernde Zuständigkeit auch nach Begründung eines neuen gewöhnlichen Aufenthalts	→ *Rn. 29*
Sonderregelungen		
Umgang	**Art. 9 Brüssel IIa-VO**	→ *Rn. 31*
Kindesentführung (vgl. HKÜ)	**Art. 10 Brüssel IIa-VO**	→ *Rn. 32*
Scheidungsverbund	**Art. 12 Abs. 1 Brüssel IIa-VO**	→ *Rn. 35*
Eilzuständigkeit	**Art. 20 Brüssel IIa-VO**	→ *Rn. 38*

- **nach KSÜ**

	Art. 5 Abs. 1 KSÜ	→ *Rn. 39*
	→ keine fortdauernde Zuständigkeit	→ *Rn. 40*
Sonderregelungen		
Scheidungsverbund	**Art. 10 KSÜ**	→ *Rn. 41*
Kindesentführung (vgl. HKÜ)	**Art. 7 KSÜ**	→ *Rn. 41*
Eilzuständigkeit	**Art. 11** bzw. **12 KSÜ**	→ *Rn. 41*

- **nach MSA**

	Art. 1 MSA	→ *Rn. 42*
	→ keine fortdauernde Zuständigkeit	
Sonderregelungen		
Heimatzuständigkeit	**Art. 4 MSA**	→ *Rn. 42*
Eilzuständigkeit	**Art. 9 MSA**	→ *Rn. 42*

- **Rückgriff auf § 99 FamFG** nur bei gewöhnlichem Aufenthalt des Kindes in Drittstaat, der nicht Vertragsstaat eines Übereinkommens ist:

§ 99 Abs. 1 S. 1 Nr. 1 FamFG (deutsche Staatsangehörigkeit) → *Rn. 43*
§ 99 Abs. 1 S. 2 FamFG (Fürsorgebedürfnis) → *Rn. 43*

Beachte zudem:

Abgabe von Verfahren	**Art. 15 Brüssel IIa-VO**	→ *Rn. 58*
bzw.	**Art. 8 und 9 KSÜ**	→ *Rn. 41*

1. Internationale Zuständigkeit nach der Brüssel IIa-VO. a) Überblick. Die internationale Zuständigkeit für Entscheidungen über die elterliche Verantwortung wird aus der Sicht deutscher Gerichte und Behörden grundsätzlich von der Brüssel IIa-VO geregelt. Grundnorm ist hierbei **Art. 8 Abs. 1 Brüssel IIa-VO.** International zuständig ist demnach der Mitgliedstaat, in dem das Kind im Zeitpunkt der Anrufung des Gerichts oder der Behörde seinen **gewöhnlichen Aufenthalt** hat. Die Staatsangehörigkeit des Kindes hat im Rahmen des Art. 8 Abs. 1 Brüssel IIa-VO keine Bedeutung. Der Zeitpunkt der Anrufung des Gerichts wird durch Art. 16 Brüssel IIa-VO näher bestimmt (siehe unten → Rn. 50).[36] 27

b) Internationale Zuständigkeit nach Art. 8 Brüssel IIa-VO. *aa) Der gewöhnliche Aufenthalt.* Nach der Rechtsprechung des Gerichtshofs der Europäischen Union (EuGH) ist unter dem **„gewöhnlichen Aufenthalt“** iSd Art. 8 Abs. 1 Brüssel IIa-VO der Ort zu verstehen, „der Ausdruck einer gewissen sozialen und familiären Integration des Kindes ist. Hierfür sind insb. die Dauer, die Regelmäßigkeit und die Umstände des Aufenthalts in einem Mitgliedstaat sowie die Gründe für diesen Aufenthalt und den Umzug der Familie in diesen Staat, die Staatsangehörigkeit des Kindes, Ort und Umstände der Einschulung, die Sprachkenntnisse sowie die familiären und sozialen Bindungen des Kindes in dem betreffenden Staat zu berücksichtigen“.[37] Dabei kann die Absicht der Eltern, sich mit dem Kind dauerhaft in einem anderen Mitgliedstaat niederzulassen, ein Indiz für die Verlagerung des gewöhnlichen Aufenthalts sein.[38] Maßgeblich sind die Verhältnisse im Einzelfall. Eine bestimmte Aufenthaltsdauer ist nicht erforderlich, die in der deutschen Rechtsprechung häufig genannte Frist von sechs Monaten[39] kann nur als Indiz gelten. Gerade bei kleineren Kindern kann ein neuer gewöhnlicher Aufenthalt früher zu bejahen sein, da hier für die Frage der Eingliederung in der neuen Umgebung primär die Bindungen zu Bezugspersonen in der häuslichen Umgebung maßgeblich sind.[40] Der gewöhnliche Aufenthalt eines Kindes ist jedoch nicht an den gewöhnlichen Aufenthalt des gesetzlichen Vertreters gebunden.[41] Ein Kind kann seinen gewöhnlichen Aufenthalt auch in einer Pflegefamilie oder in einer stationären Einrichtung der Jugendhilfe haben. Bei der Begründung des gewöhnlichen Aufenthalts handelt es sich um einen rein faktisch geprägten Vorgang, so dass bei langer Verweildauer des Kindes und bei vollständiger Eingliederung in seine soziale Umwelt ein neuer gewöhnlicher Aufenthalt des Kindes auch gegen den Willen des sorgeberechtigten Elternteils begründet werden kann.[42] Allerdings kann in diesen Fällen der neu begründete gewöhnliche Aufenthalt unter den Voraussetzungen von Art. 10 Brüssel IIa-VO unbeachtlich sein (siehe unten → Rn. 32 ff.). Auch die ausländerrechtliche Illegalität des Aufenthalts steht der Begründung eines gewöhnlichen Aufenthalts nicht entgegen. 28

[36] Zur näheren Erläuterung siehe Althammer/*Schäuble* Brüssel IIa-VO Art. 16 Rn. 2 ff.

[37] EuGH FamRZ 2009, 843 (845).

[38] Nach EuGH FamRZ 2009, 843 (845) gilt dies jedenfalls dann, wenn sich diese Niederlassungsabsicht in bestimmten äußeren Umständen, wie der Anmietung einer Wohnung im Zuzugsstaat, manifestiert.

[39] Vgl. etwa OLG Stuttgart NJW 2012, 2043 (2044); OLG Hamm ZKJ 2013, 35.

[40] Hierzu EuGH FamRZ 2011, 617 (619).

[41] Vgl. MüKoBGB/*Siehr* EuEheVO Art. 8 Rn. 5.

[42] BGH FamRZ 2005, 1540 (1543); vgl. auch MüKoBGB/*Siehr* EuEheVO Art. 8 Rn. 8.

Auf der Grundlage der Definition des EuGH lassen sich auch die Fälle lösen, in denen ein Aufenthalt im Inland von begrenzter bzw. ungewisser Dauer ist. Maßgeblich ist das Ausmaß der jeweils erreichten sozialen Integration.

Streitig ist, ob ein mehrfacher gewöhnlicher Aufenthalt möglich ist.[43]

29 *bb) Fortdauernde Zuständigkeit.* Nach Art. 8 Abs. 1 Brüssel IIa-VO führt ein **Wechsel des gewöhnlichen Aufenthalts nach Anrufung des Gerichts** nicht zum Wegfall der internationalen Zuständigkeit. Dies wird auch als **perpetuatio fori bezeichnet.**[44] Maßgeblich ist, ob sich der gewöhnliche Aufenthalt des Kindes in dem durch Art. 16 Brüssel IIa-VO festgelegten Zeitpunkt (noch) in Deutschland befunden hat.

Die fortdauernde Zuständigkeit kann dazu führen, dass internationale Zuständigkeit und gewöhnlicher Aufenthalt auseinanderfallen.

30 *cc) Begründung des gewöhnlichen Aufenthalts erst im laufenden Verfahren.* Eine internationale Zuständigkeit auf Grundlage von Art. 8 Brüssel IIa-VO kann auch zu bejahen sein, wenn der gewöhnliche Aufenthalt noch nicht in dem durch Art. 16 Brüssel IIa-VO bestimmten Zeitpunkt, also idR bei Anhängigkeit, vorliegt, sondern erst im laufenden Verfahren begründet wird, sofern nicht zuvor ein (zuständiges) ausländisches Gericht in derselben Rechtssache angerufen wurde.[45]

Es genügt daher die Feststellung, dass ein gewöhnlicher Aufenthalt (spätestens) im laufenden Verfahren begründet wurde. Zu den sich hieraus ergebenden Fragen bei der Bewältigung positiver Kompetenzkonflikte siehe unten → Rn. 47.

31 **c) Weitere Zuständigkeiten nach der Brüssel IIa-VO.** *aa) Fortdauer der Zuständigkeit für Umgangsverfahren, Art. 9 Brüssel IIa-VO.* Nach Art. 9 Brüssel IIa-VO verbleibt es für einen Zeitraum von drei Monaten nach einem rechtmäßigen Umzug in einen anderen Mitgliedstaat für die Abänderung bestehender Umgangsregelungen bei der Zuständigkeit des bisherigen Aufenthaltsstaats.[46]

32 *bb) Internationale Zuständigkeit, Art. 10 Brüssel IIa-VO (Kindesentführung).* Art. 10 Brüssel IIa-VO beruht auf dem Grundgedanken, dass eine einmal nach Art. 8 Abs. 1 Brüssel IIa-VO begründete internationale Zuständigkeit bestehen bleibt, wenn sich der gewöhnliche Aufenthalt des Kindes infolge einer **widerrechtlichen Kindesentführung** ändert. Dem Elternteil, der das Kind ohne Zustimmung des anderen Elternteils in einen anderen Staat verbringt, ist es damit verwehrt, durch seine widerrechtliche Handlung zuständigkeitsrechtliche „Fakten" zu schaffen.

Ein Rückgriff auf Art. 10 Brüssel IIa-VO ist nicht erforderlich, wenn bereits vor der Begründung eines neuen gewöhnlichen Aufenthalts ein Verfahren im vormaligen Aufenthaltsstaat eingeleitet worden ist, da sich in diesem Fall der Fortbestand der internationalen Zuständigkeit im vormaligen Aufenthaltsstaat bereits aus Art. 8 Abs. 1 Brüssel IIa-VO und dem Grundsatz der fortdauernden Zuständigkeit (oben → Rn. 29) ergibt.

Art. 10 Brüssel IIa-VO greift nur, wenn in Folge des Verbringens das Kind bereits einen neuen gewöhnlichen Aufenthalt in einem anderen EU-Mitgliedstaat begründet hat.[47] Für den Fall der Entführung eines Kindes in einen **Drittstaat greift** Art. 10

[43] Dafür: Prütting/Helms/*Hau* FamFG vor §§ 98–106 Rn. 23 mwN; *Völker/Clausius* § 11 Rn. 94; ablehnend etwa Althammer/*Schäuble* Brüssel IIa-VO Art. 8 Rn. 8; Palandt/*Thorn* EGBGB Art. 5 Rn. 10.

[44] Vgl. BGH FamRZ 2010, 720; Andrae § 6 Rn. 49.

[45] BGH FamRZ 2010, 720; Althammer/*Schäuble* Brüssel IIa-VO Art. 8 Rn. 15; Thomas/Putzo/*Hüßtege* EheVO Art. 8 Rn. 5.

[46] Zum Anwendungsbereich von Art. 9 Brüssel IIa-VO vgl. Althammer/*Schäuble*, Art. 9 Rn. 1 f.

[47] Althammer/*Schäuble* Brüssel IIa-VO Art. 10 Rn. 6; Thomas/Putzo/*Hüßtege* EheVO Art. 10 Rn. 1; Prütting/Gehrlein/*Völker/Dimmler* Brüssel IIa-VO Art. 10 Rn. 2.

Brüssel IIa-VO nicht. Mit Begründung eines neuen gewöhnlichen Aufenthalts kann sich in dieser Konstellation die internationale Zuständigkeit nur aus dem KSÜ bzw. dem MSA oder aber – über Art. 14 Brüssel IIa-VO – aus § 99 FamFG ergeben.[48]

Art. 10 Brüssel IIa-VO ist damit nur in den Fällen eines widerrechtlichen Verbringens einschlägig, in denen im Zeitpunkt des Entstehens eines neuen gewöhnlichen Aufenthalts im vormaligen Aufenthaltsstaat noch kein Verfahren anhängig war und das Kind von einem EU-Mitgliedstaat in einen anderen verbracht wurde. In diesen Fällen bleibt es nach Art. 10 Brüssel IIa-VO grundsätzlich bei der internationalen Zuständigkeit der Gerichte im vormaligen Aufenthaltsstaat.

Das **„widerrechtliche Verbringen oder Zurückhalten eines Kindes"** wird in Art. 2 33
Nr. 11 Brüssel IIa-VO in Anlehnung an das HKÜ (siehe oben → Rn. 16) konkretisiert. Voraussetzung ist hiernach, dass mit dem Verbringen oder Zurückhalten ein bestehendes Sorgerecht verletzt und dieses Sorgerecht tatsächlich ausgeübt wurde. Dies umfasst auch den Fall, dass ein Kind ohne Zustimmung eines Vormunds bzw. Ergänzungspflegers mit dem Wirkungskreis „Aufenthaltsbestimmungsrecht" ins Ausland verbracht wird.

Ob ein **Sorgerecht** besteht, richtet sich nach dem Recht des Mitgliedstaats, in dem 34
das Kind zuvor seinen gewöhnlichen Aufenthalt hatte, vgl. Art. 3 HKÜ. Maßgeblich sind also die Vorschriften dieses Staates über das kraft Gesetzes bestehende Sorgerecht (vgl. hierzu unten Art. 16 KSÜ → Rn. 101) sowie etwaige dort ergangene Entscheidungen, in denen das Sorgerecht geregelt wurde.

Die durch Art. 10 Brüssel IIa-VO angeordnete Fortdauer der internationalen Zuständigkeit des bisherigen Aufenthaltsstaats entfällt, wenn die sorgeberechtigte Person oder Behörde dem Verbringen oder Zurückhalten zugestimmt hat,[49] bzw. die sorgeberechtigte Person nicht binnen Jahresfrist einen Rückführungantrag nach dem HKÜ im *neuen Aufenthaltsstaat* stellt oder im *vormaligen Aufenthaltsstaat* Sorgerechtsentscheidungen erlassen werden, in denen eine Rückführung des Kindes nicht angeordnet wird.[50] Allein der Umstand, dass ein Antrag auf Rückführung nach dem HKÜ im neuen Aufenthaltsstaat abgelehnt worden ist, bringt die internationale Zuständigkeit des vormaligen Aufenthaltsstaats des Kindes demgegenüber nicht in Wegfall, wie sich aus dem komplexen Regelungsmechanismus in Art. 11 Abs. 6–8 Brüssel IIa-VO ergibt, der die Zuständigkeit des bisherigen Aufenthaltsstaats stärkt.[51]

cc) Vereinbarungen über die Zuständigkeit, Art. 12 Brüssel IIa-VO. Art. 12 Brüssel 35
IIa-VO sieht begrenzte Möglichkeiten für eine **Gerichtsstandsvereinbarung** vor.[52]

Art. 12 Abs. 1 Brüssel IIa-VO enthält eine Verbundzuständigkeit für den Fall, dass eine Ehesache anhängig ist und zumindest einer der Ehegatten die elterliche Verantwortung hat. Die Vorschrift ist damit auf Sorgerechtsstreitigkeiten im Rahmen von Scheidungsverfahren beschränkt.

Art. 12 Abs. 3 Brüssel IIa-VO ermöglicht unabhängig von einer anhängigen Ehesache eine Vereinbarung über die internationale Zuständigkeit, wenn eine wesentliche Bindung des Kindes zu einem Mitgliedstaat besteht. Eine solche wird insbeson-

---

[48] Althammer/*Schäuble* Brüssel IIa-VO Art. 10 Rn. 8.

[49] Siehe Art. 10 lit. a Brüssel IIa-VO.

[50] Zur differenzierten Regelung des Art. 10 lit. b Brüssel IIa-VO im Einzelnen vgl. etwa Althammer/*Schäuble* Brüssel IIa-VO Art. 10 Rn. 1ff.

[51] Zum komplexen Regelungsmechanismus von Art. 10 iVm Art. 11 Brüssel IIa-VO siehe die Übersicht in Heilmann/*Schweppe* HKÜ Art. 12 Rn. 22.

[52] Zu den Voraussetzungen der Anwendung von Art. 12 Brüssel IIa-VO siehe *Coester-Waltjen* FamRZ 2005, 241 (242f.).

dere dann vermutet, wenn einer der Träger der ehelichen Verantwortung dort seinen gewöhnlichen Aufenthalt hat oder das Kind diesem Mitgliedstaat angehört (Art. 12 Abs. 3 lit. a Brüssel IIa-VO).

Voraussetzung für die Anwendung des Art. 12 Brüssel IIa-VO ist in beiden Fallgruppen, dass alle Parteien des Verfahrens bzw. sämtliche Träger der elterlichen Verantwortung (somit auch der Vormund) die Zuständigkeit dieses Gerichts anerkannt haben und die Zuständigkeit im Einklang mit dem Wohl des Kindes steht. Obgleich diese Regelungen vor allem in Sorgerechtsstreitigkeiten zwischen Eltern von Bedeutung sind, ist ihre Anwendung in Vormundschaftssachen nicht per se ausgeschlossen. Der Kreis der Parteien dürfte sich bei Verfahren in Deutschland grundsätzlich nach der Beteiligtenstellung (§ 7 FamFG) bestimmen, wobei das Kind selbst nicht Partei iSd Art. 12 Abs. 3 Brüssel IIa-VO ist.

36 *dd) Hilfszuständigkeit bei fehlendem gewöhnlichem Aufenthalt und Flüchtlingen, Art. 13 Brüssel IIa-VO.* Art. 13 Abs. 1 Brüssel IIa-VO enthält eine Hilfszuständigkeit für den Fall, dass der gewöhnliche Aufenthalt des Kindes nicht feststellbar ist und sich aus Art. 8 oder 12 Brüssel IIa-VO keine Zuständigkeit eines Mitgliedstaats ergibt. Maßgeblich ist in diesen Fällen der **einfache Aufenthalt** des Kindes. Nach Abs. 2 gilt Abs. 1 entsprechend für **Flüchtlinge oder Vertriebene**. Soweit allerdings der Betroffene in dem Zufluchtsstaat bereits seinen gewöhnlichen Aufenthalt begründet hat, bedarf es keines Rückgriffs auf Art. 13 Brüssel IIa-VO; vielmehr ist in diesem Fall Art. 8 Brüssel IIa-VO einschlägig. Zu Verfahren betreffend unbegleitete Minderjährige → § 9.

37 *ee) Rückgriff auf nationales Recht, Art. 14 Brüssel IIa-VO.* Art. 14 Brüssel IIa-VO gestattet den Rückgriff auf nationales Zuständigkeitsrecht sofern nach Art. 8–13 Brüssel IIa-VO keine internationale Zuständigkeit irgendeines EU-Mitgliedstaats besteht (was nach Art. 17 Brüssel IIa-VO vorab zu prüfen ist) und kein vorrangiger Staatsvertrag – namentlich das KSÜ – greift. Liegen diese Voraussetzungen vor, gelangt nationales Recht und damit § 99 FamFG zur Anwendung (hierzu → Rn. 19).

38 **d) Besonderheiten für einstweilige Maßnahmen.** Einstweilige Maßnahmen kommen im Vormundschaftsrecht und Pflegschaftsrecht vor allem dann in Betracht, wenn ein Vormund oder Pfleger noch nicht bestellt oder an der Erfüllung seiner Pflichten verhindert ist (vgl. etwa § 1846 BGB).

Grundsätzlich gilt, dass ein nach Art. 8 ff. Brüssel IIa-VO zuständiges Gericht sowohl für das Hauptsacheverfahren als auch für einstweilige Maßnahmen international zuständig ist.

Art. 20 Brüssel IIa-VO ermöglicht einem für das Hauptsacheverfahren nicht zuständigen Gericht den Rückgriff auf Vorschriften des staatsvertraglichen oder nationalen Rechts für den Erlass einstweiliger Maßnahmen in „dringenden Fällen" unter folgenden Voraussetzungen: Die Maßnahme muss dringend sein, wobei sich dies sowohl auf die Situation des Kindes als auch auf die praktische Unmöglichkeit bezieht, den die elterliche Verantwortung betreffenden Antrag vor dem Gericht zu stellen, das für die Entscheidung in der Hauptsache zuständig ist. Die betroffenen Personen müssen sich in dem Staat aufhalten, in dem die Anordnung ergeht, und schließlich muss die Maßnahme vorübergehender Art sein.[53]

---

[53] BGH ZKJ 2016, 222 im Anschluss an EuGH FamRZ 2010, 525 (mit Anm. *Henrich* FamRZ 2010, 526); EuGH FamRZ 2010, 1521 (1523). Nach BGH ZKJ 2016, 222 und EuGH FamRZ 2010, 525 soll nicht nur die Anwesenheit des Kindes selbst, sondern auch des Elternteils, in dessen Sorgerecht eingegriffen wird, erforderlich sein. Letzteres kritisiert *Andrae* NZFam 2016, 307 (316).

Die nach Art. 20 Abs. 1 Brüssel IIa-VO getroffenen Maßnahmen treten automatisch außer Kraft, wenn das für die Hauptsache zuständige Gericht die Maßnahmen getroffen hat, die es für angemessen hält (Art. 20 Abs. 2 Brüssel IIa-VO). Damit ist ein Konflikt evtl. widerstreitender Entscheidungen ausgeschlossen.

Zur Frage der Anerkennung von auf Grundlage von Art. 20 Abs. 1 Brüssel IIa-VO getroffenen Entscheidungen nach den Art. 21 ff. Brüssel IIa-VO siehe unten → Rn. 67.

2. Zuständigkeit nach Vorschriften außerhalb der Brüssel IIa-VO. a) Anwendung des KSÜ. Die Grundnorm für die internationale Zuständigkeit findet sich in Art. 5 Abs. 1 KSÜ. Maßgeblich ist hiernach – wie auch in Art. 8 Abs. 1 Brüssel IIa-VO – der gewöhnliche Aufenthalt des Kindes. 39

Das KSÜ ist für die Bestimmung der internationalen Zuständigkeit wegen des Vorrangs der Brüssel IIa-VO (Art. 61 lit. a Brüssel IIa-VO) jedoch nur ausnahmsweise maßgeblich. Es gilt folgende **Abgrenzungsregel**: Die Brüssel IIa-VO ist für die Fragen der internationalen Zuständigkeit immer dann heranzuziehen, wenn das Kind seinen gewöhnlichen Aufenthalt in Deutschland oder aber einem anderen Mitgliedstaat der EU hat. Das KSÜ für die Bestimmung der internationalen Zuständigkeit maßgeblich für Kinder mit gewöhnlichem Aufenthalt in einem Vertragsstaat des KSÜ im Verhältnis zu weiteren Vertragsstaaten des KSÜ, die nicht der Brüssel IIa-VO angehören.[54]

Art. 61 lit. a Brüssel IIa-VO legt nicht fest, auf welchen **Zeitpunkt** es für die Abgrenzung von Verordnung und KSÜ ankommt. Diese Frage kann relevant werden, wenn es während des laufenden Verfahrens zu einem **Wechsel des gewöhnlichen Aufenthalts** des Kindes kommt.

Verlegt ein Kind während der Rechtshängigkeit eines Verfahrens in einem außereuropäischen KSÜ-Vertragsstaat seinen gewöhnlichen Aufenthalt von diesem KSÜ-Vertragsstaat in die EU, so sieht das KSÜ grundsätzlich einen Wegfall der internationalen Zuständigkeit des vormaligen Aufenthaltsstaats vor (Art. 5 Abs. 2 KSÜ). Aufgrund des Wegfalls der internationalen Zuständigkeit wird das im KSÜ-Vertragsstaat geführte Verfahren unzulässig. In diesem Fall besteht aus der Sicht der Gerichte und Behörden in den EU-Mitgliedstaaten kein Grund mehr dafür, weiterhin das KSÜ und nicht die Brüssel IIa-VO zur Anwendung zu bringen. Die Brüssel IIa-VO ist somit im Ergebnis bereits mit Begründung des gewöhnlichen Aufenthalts in der EU anwendbar.[55] 40

Sofern das Kind zu Beginn eines in Deutschland stattfindenden Verfahrens seinen gewöhnlichen Aufenthalt in der EU hat, ihn sodann aber – noch während des Verfahrens – in einen KSÜ-Vertragsstaat außerhalb der EU verlegt, richtet sich die Zuständigkeit nach dem KSÜ, womit die Zuständigkeit deutscher Gerichte entfällt, da das KSÜ im Gegensatz zu Art. 8 Abs. 1 Brüssel IIa-VO keine Fortdauer der Zuständigkeit kennt (vgl. Art. 5 Abs. 2 KSÜ).[56] Dies gilt selbst dann, wenn sich das Verfahren bereits in der Rechtsmittelinstanz befindet. Im Verhältnis zu Vertragsstaaten des KSÜ, die nicht durch die Brüssel IIa-VO gebunden sind, gilt damit folgendes: Verzieht ein Elternteil während eines in Deutschland laufenden Verfahrens mit dem Kind etwa in die Schweiz und begründet das Kind dort einen neuen gewöhnlichen Aufenthalt,

---

[54] Zur Abgrenzung der Zuständigkeiten vgl. *Andrae* § 6 Rn. 19 ff.

[55] Soweit das KSÜ ausnahmsweise doch – wie etwa bei der Kindesentführung, Art. 7 KSÜ – eine *Fortdauer der Zuständigkeit* vorsieht, ist die Konkurrenzproblematik über Art. 13 KSÜ zu lösen, womit das Verfahren in dem vormaligen Aufenthaltsstaat Vorrang hat.

[56] Ausdrücklich *Lagarde* Bericht Nr. 42; *Andrae* § 6 Rn. 27.

so kommt es zu einem Wechsel der internationalen Zuständigkeit, das Verfahren in Deutschland wird unzulässig.[57]

Art. 5 Abs. 1 wird ergänzt durch die Zuständigkeiten nach Art. 6ff. KSÜ. Darüber hinaus kann sich jeder Vertragsstaat nach Maßgabe des Art. 55 lit. a KSÜ die Zuständigkeit seiner Behörden vorbehalten, Maßnahmen zum Schutz des in seinem Hoheitsgebiet befindlichen Vermögens eines Kindes zu treffen.[58]

Die Art. 6ff. KSÜ ähneln stark den Art. 9ff. Brüssel IIa-VO, da der EU-Verordnungsgeber die Zuständigkeitsregeln des KSÜ zum Vorbild nahm. Unterschiede ergeben sich lediglich bei der Ausgestaltung im Einzelnen.

41 Art. 6 KSÜ entspricht weitgehend Art. 13 Brüssel IIa-VO. Hiernach ist abweichend von Art. 5 KSÜ bereits der einfache Aufenthalt des Kindes zuständigkeitsbegründend, wenn es sich um ein **Flüchtlingskind** handelt (Abs. 1). Er reicht auch dann aus, wenn der **gewöhnliche Aufenthalt** des Kindes **nicht festgestellt werden kann** (Abs. 2). Art. 6 KSÜ greift anders als Art. 13 Brüssel IIa-VO selbst dann ein, wenn im Einzelfall die internationale Zuständigkeit eines anderen KSÜ-Vertragsstaats besteht.[59]

Art. 7 KSÜ regelt die Zuständigkeit für Fälle widerrechtlichen Verbringens von Kindern. Die Norm knüpft wie Art. 10 Brüssel IIa-VO an die im HKÜ geregelten Grundsätze und Fristen an. Allerdings kommt es im Rahmen des Art. 7 KSÜ eher zu einem Wechsel der Zuständigkeit in den neuen Aufenthaltsstaat des Kindes als bei Art. 10 Brüssel IIa-VO. So kann etwa – anders als im Falle von Art. 10 Brüssel IIa-VO – eine Abweisung eines Rückführungsantrags nach dem HKÜ im neuen Aufenthaltsstaat dazu führen, dass die internationale Zuständigkeit im vormaligen Aufenthaltsstaat entfällt.

Art. 8 und 9 KSÜ entsprechen in ihrer Grundstruktur Art. 15 Brüssel IIa-VO → Rn. 58. Wie dort ist ein Zuständigkeitstransfer möglich, wenn nach der übereinstimmenden Auffassung der Gerichte im verweisenden und im annehmenden Staat das Gericht im annehmenden Staat besser in der Lage ist, das Kindeswohl im Einzelfall zu beurteilen. Das entsprechende Verfahren vor deutschen Gerichten ist in § 13a IntFamRVG geregelt.

Art. 10 KSÜ entspricht in seinem Grundgedanken Art. 12 Abs. 1 Brüssel IIa-VO. Art. 11, 12 KSÜ stellen Parallelvorschriften zu Art. 20 Brüssel IIa-VO dar.

Hinzuweisen bleibt noch einmal darauf, dass die Zuständigkeitsregeln des KSÜ aus der Sicht deutscher Gerichte und Behörden nur zur Anwendung gelangen, wenn die Art. 8–13 Brüssel IIa-VO nicht greifen (Art. 61 lit. a Brüssel IIa-VO). Daneben lässt Art. 20 Abs. 1 Brüssel IIa-VO bei **einstweiligen Maßnahmen** in „dringenden Fällen" einen Rückgriff auf staatsvertragliches Zuständigkeitsrecht zu (vgl. bereits oben → Rn. 38).

42 **b) Anwendung des MSA.** Auch das MSA wird ausweislich Art. 60 lit. a Brüssel IIa-VO im Verhältnis der Mitgliedstaaten von der Brüssel IIa-VO verdrängt. Weiter ist das KSÜ als Nachfolgeübereinkommen anzuwenden, wenn ein Staat auch Vertragsstaat des KSÜ ist (Art. 51 KSÜ).

---

57 So der Fall OLG Karlsruhe FamRZ 2014, 1565 (1566).

58 Die „Staatenliste" unter *www.bundesjustizamt.de/sorgerecht* führt auf, welche Staaten entsprechende Vorbehalte erklärt haben.

59 Dies ergibt sich aus der Formulierung in Art. 10 KSÜ, der „unbeschadet der Artikel 5 bis 9" zur Anwendung gelangt, also eine gegenüber Art. 6 zusätzliche, nicht aber diesen verdrängende Zuständigkeit vorsieht.

Das MSA ist mit dem Beitritt der Türkei zum KSÜ für die Bestimmung der internationalen Zuständigkeit nur noch übergangsweise im Verhältnis zur Türkei einschlägig.[60] Auch das MSA knüpft an den gewöhnlichen Aufenthalt an (Art. 1 MSA). Es enthält daneben aber eine konkurrierende Zuständigkeit der Heimatbehörden (Art. 4 MSA), die jedoch folgenden Anforderungen unterliegt und daher als nachrangig gegenüber der Aufenthaltszuständigkeit anzusehen ist: Das Kind muss (auch) die Staatsangehörigkeit des angerufenen Gerichtsstaats besitzen, das Wohl des Kindes muss den Erlass von Maßnahmen erfordern und die zuständigen Institutionen im Staat des gewöhnlichen Aufenthalts sind über die beabsichtigte Maßnahme zu informieren.[61] Eine Fortdauer der Zuständigkeit ist im MSA nicht vorgesehen.

c) Nationales Zuständigkeitsrecht (§ 99 FamFG). Nationales Zuständigkeitsrecht 43
kommt, wie § 97 Abs. 1 FamFG deklaratorisch klarstellt, nur dann zur Anwendung, wenn keine vorrangige Regelung des EU-Rechts oder eines Staatsvertrags greift. Für Vormundschaftssachen bedeutet dies, dass auf nationale Zuständigkeitsregeln nur zurückgegriffen werden kann, wenn die Brüssel IIa-VO, das KSÜ bzw. das MSA einen Rückgriff auf das nationale Recht zulassen (siehe bereits oben → Rn. 26).

Ein Rückgriff auf § 99 FamFG kommt letztlich nur in Betracht, wenn das Kind seinen gewöhnlichen Aufenthalt in einem Drittstaat hat, dh einem Staat, für den weder die Brüssel IIa-VO noch das KSÜ oder das MSA greift.[62]

Nach § 99 FamFG sind die deutschen Gerichte zuständig, wenn das Kind Deutscher ist (Abs. 1 S. 1 Nr. 1), seinen gewöhnlichen Aufenthalt im Inland hat (Abs. 1 S. 1 Nr. 2) oder es der Fürsorge durch ein deutsches Gericht bedarf (Abs. 1 S. 2). Relevanz können hierbei lediglich Abs. 1 S. 1 Nr. 1 (Staatsangehörigkeit des Kindes) und Abs. 1 S. 2 (Fürsorgezuständigkeit) erlangen. In den Fällen des Abs. 1 S. 1 Nr. 2 (gewöhnlicher Aufenthalt des Kindes im Inland) folgt die internationale Zuständigkeit deutscher Gerichte idR aus Art. 8 Abs. 1 Brüssel IIa-VO.

Im Fall einer **doppelten oder mehrfachen Staatsangehörigkeit** des Kindes genügt 44
es für die Anwendung des § 99 Abs. 1 S. 1 Nr. 1 FamFG, wenn das Kind auch die deutsche Staatsangehörigkeit hat. Es kommt nicht darauf an, ob es sich hierbei um die „effektive" Staatsangehörigkeit handelt.[63]

Die Fürsorgezuständigkeit nach § 99 Abs. 1 S. 2 FamFG kann als Hilfszuständigkeit nur zur Anwendung kommen, wenn das Kind eine ausländische Staatsangehörigkeit besitzt und seinen gewöhnlichen Aufenthalt in einem Drittstaat hat.[64] Denkbar ist weiter ein Fürsorgebedürfnis aufgrund im Inland belegenen Vermögens.[65] Für minderjährige Flüchtlinge, die noch keinen gewöhnlichen Aufenthalt in Deutschland begründet haben, greift dagegen die Zuständigkeit nach Art. 13 Brüssel IIa-VO.

§ 99 FamFG lässt offen, ob deutsche Gerichte auch dann zuständig bleiben, wenn nach Verfahrenseröffnung die zuständigkeitsbegründenden Umstände wegfallen. Im Falle des Abs. 1 S. 1 Nr. 1 (Staatsangehörigkeit) ist eine Fortdauer der Zuständigkeit anzunehmen.[66] Demgegenüber entspricht es dem Sinn und Zweck des Abs. 1 S. 2 (Für-

---

[60] Zum verbleibenden Anwendungsbereich des MSA vgl. *Andrae* § 6 Rn. 20.

[61] Zu den Anforderungen an die Anwendung der Heimatzuständigkeit vgl. BGH FamRZ 2002, 1182 (1184); FamRZ 1997, 1070 (1071); OLG Zweibrücken FamRZ 2014, 1555 (1556).

[62] Keidel/*Engelhardt* § 99 Rn. 40.

[63] Etwa Bumiller/Harders/*Bumiller* § 99 Rn. 5; Keidel/*Engelhardt* § 99 Rn. 42; anders KG FamRZ 1998, 440 (441 f.) zum im Wesentlichen gleichlautenden § 35b FGG.

[64] *Andrae* § 6 Rn. 79.

[65] Keidel/*Engelhardt* § 99 Rn. 47.

[66] Bumiller/Harders/*Bumiller* § 99 Rn. 3.

sorgezuständigkeit), dass die internationale Zuständigkeit entfällt, wenn das Kind der Fürsorge durch ein deutsches Gericht nicht mehr bedarf.[67]

45 Zu beachten ist, dass bei Entscheidung auf Grundlage einer Zuständigkeit nach § 99 FamFG materiell nicht deutsches, sondern das Recht des Staates des gewöhnlichen Aufenthalts zur Anwendung gelangt, vgl. dazu unten → Rn. 110.

§ 99 Abs. 2 und 3 FamFG enthalten für die Anordnung von Vormundschaften bzw. die Abgabe bestehender Vormundschaften Sonderregelungen, die eine gewisse **Flexibilisierung** der aus § 99 Abs. 1 FamFG folgenden internationalen Zuständigkeit vorsehen. Zu Einzelfragen siehe unten → Rn. 60.

III. Anhängige ausländische Verfahren; Abgabe von Verfahren bzw. Vormundschaften

46 **1. Einleitung.** Wie auf der Ebene des nationalen Rechts (vgl. § 2 Abs. 1 FamFG) kann es auch in internationalen Fällen dazu kommen, dass mehrere Verfahren über ein und denselben Gegenstand vor verschiedenen Gerichten – eines im Inland und eines im Ausland – betrieben werden. In internationalen Fällen ist diese Problematik von noch größerer Bedeutung als bei Inlandsfällen. Denn die Antwort auf die Frage, welches Verfahren den Vorrang hat, entscheidet zugleich darüber, welches Verfahrensrecht zur Anwendung gelangt und – über die vom jeweiligen Gericht herangezogenen Kollisionsnormen – mittelbar auch darüber, nach welchem materiellen Recht der Fall behandelt wird.

Sowohl die Brüssel IIa-VO als auch das KSÜ enthalten zur Lösung dieser Frage Regelungen zur anderweitigen Rechtshängigkeit, die jeweils auf das Prioritätsprinzip abstellen (vgl. → Rn. 47ff. bzw. 55.).

Das MSA sieht demgegenüber keinen Rechtshängigkeitseinwand vor. Das deutsche Recht bietet unter den Voraussetzungen des § 99 Abs. 2 und Abs. 3 FamFG die Möglichkeit der Nichtausübung der Zuständigkeit bzw. der Abgabe an ein (besser geeignetes) ausländisches Gericht (vgl. Rn. 60).

47 **2. Konkurrierendes Verfahren in einem anderen EU-Mitgliedstaat (Art. 16, 19 Abs. 2 Brüssel IIa-VO). a) Einführung.** Obgleich nach der Systematik der Brüssel IIa-VO stets nur ein Mitgliedstaat international zuständig sein soll – im Regelfall der Mitgliedstaat, in dem sich zum Zeitpunkt der Rechtshängigkeit (Art. 16 Brüssel IIa-VO) der gewöhnliche Aufenthalt des Kindes befindet – sind positive Kompetenzkonflikte nicht ausgeschlossen.

Hat das Kind etwa seinen gewöhnlichen Aufenthalt in Italien, und wird dort ein Sorgeverfahren anhängig gemacht, so bleibt die internationale Zuständigkeit Italiens erhalten, auch wenn das Kind im laufenden Verfahren seinen gewöhnlichen Aufenthalt in Italien verliert (fortdauende Zuständigkeit, siehe oben → Rn. 29). Sobald aber ein neuer gewöhnlicher Aufenthalt in Deutschland begründet wird, entsteht dort zugleich eine internationale Zuständigkeit nach Maßgabe von Art. 8 Abs. 1 Brüssel IIa-VO. In diesem Fall konkurriert das Verfahren in Italien mit einem – später anhängig gemachten – Verfahren in Deutschland.

Kompetenzkonflikte können sich zudem ergeben, wenn ein Gericht in Italien den gewöhnlichen Aufenthalt des Kindes in Italien bejaht, während ein Gericht in Deutschland aufgrund einer abweichenden Würdigung der Tatsachenlage einen ge-

[67] KG FamRZ 1998, 440 (442) zu § 35b FGG.

wöhnlichen Aufenthalt des Kindes in Deutschland annimmt. Ferner kann es sich so verhalten, dass das Gericht in Deutschland – abweichend von jenem in Italien – davon ausgeht, der in Italien erlangte gewöhnliche Aufenthalt sei aufgrund einer rechtswidrigen Kindesentführung entstanden und daher gem. Art. 10 Brüssel IIa-VO unbeachtlich. Auch hier muss der positive Kompetenzkonflikt nach Maßgabe der Art. 16, 19 Brüssel IIa-VO entschieden werden.

Die Brüssel IIa-VO stimmt mit dem nationalen deutschen Verfahrensrecht (§ 2 Abs. 1 FamFG) insoweit überein, als bei konkurrierenden Verfahren der **Prioritätsgrundsatz** gilt. Das früher rechtshängig gewordene Verfahren geht dem später rechtshängig gewordenen Verfahren vor (Art. 19 Abs. 2 Brüssel IIa-VO).

b) Voraussetzungen des Rechtshängigkeitseinwands nach Art. 16, 19 Abs. 2 Brüssel IIa-VO. *aa) Anwendungsbereich.* Art. 19 Abs. 2 Brüssel IIa-VO betrifft allein die anderweitige Rechtshängigkeit in einem anderen EU-Mitgliedstaat.[68] Sind Gerichte bzw. Behörden eines **Nichtmitgliedstaats** (unter Einschluss Dänemarks) mit der Vormundschaftssache befasst, ist Art. 19 Brüssel IIa-VO nicht einschlägig. 48

bb) Verfahrensgegenstand. Art. 19 Abs. 2 setzt voraus, dass es sich um ein Verfahren betreffend die elterliche Verantwortung für ein Kind wegen **„desselben Anspruchs"** handelt. Dieser Begriff ist unter Berücksichtigung der Intention, miteinander unvereinbare Entscheidungen zu verhindern, autonom auszulegen. 49

Es genügt, wenn der „Kernpunkt der Streitigkeit" identisch ist (sog **Kernpunkttheorie**), [69] wobei auf das Ziel der jeweiligen Anträge abzustellen ist.[70] Verfahrensidentität ist nicht nur für gegenläufige Anträge auf Übertragung der elterlichen Sorge bezüglich ein und desselben Kindes anzunehmen, sondern auch dann, wenn die Verfahren in ihrer Zielrichtung im Einzelnen voneinander abweichen, wie etwa Anträge betreffend elterliche Sorge und Herausgabe des Kindes.[71] Auch eine Identität der Beteiligten ist nicht zwingend.[72]

Zwischen **Verfahren des einstweiligen Rechtsschutzes** nach Art. 20 Brüssel IIa-VO und einem Hauptsacheverfahren besteht keine Verfahrensidentität, wenn das zuerst angerufene Gericht nur zum vorläufigen Rechtsschutz nach Art. 20 Brüssel IIa-VO berufen und das später angerufene Gericht für die Hauptsache zuständig ist.[73]

cc) Zeitpunkt der Rechtshängigkeit. Nach Art. 19 Abs. 2 Brüssel IIa-VO ist der Einwand der Rechtshängigkeit von dem Gericht zu beachten, das **„später angerufen"** worden ist. Der Zeitpunkt der Anrufung des Gerichts wird von Art. 16 Brüssel IIa-VO definiert. 50

Bei auf Antrag einzuleitenden Verfahren kommt es nach dem jeweiligen Recht alternativ auf die **Einreichung des Schriftstücks bei Gericht** (lit. a) – so etwa in Deutschland – oder die **Übergabe** des Schriftstücks an die für die Zustellung zuständige Behörde (lit. b) an.

---

[68] Behördliche Verfahren sind ebenfalls erfasst, vgl. Art. 2 Nr. 1 Brüssel IIa-VO.

[69] EuGH FamRZ 2011, 534 (535).

[70] Vgl. EuGH FamRZ 2011, 534; Althammer/*Althammer* Brüssel IIa-VO Art. 19 Rn. 17; Thomas/Putzo/*Hüßtege* EuEheVO Art. 19 Rn. 4.

[71] Näher Prütting/Gehrlein/*Völker/Dimmler*, Art. 19 Brüssel IIa-VO Rn. 4; Althammer/*Althammer* Brüssel IIa-VO Art. 19 Rn. 17.

[72] EuGH FamRZ 2011, 534 (535).

[73] Hierzu EuGH FamRZ 2011, 534 (535); Prütting/Gehrlein/*Völker/Dimmler* Art. 19 Brüssel IIa-VO Rn. 4.

Dies steht jedoch unter dem Vorbehalt, dass es der Antragsteller in der Folge nicht versäumt, die ihm nach dem jeweiligen nationalen Verfahrensrecht obliegenden Maßnahmen zu treffen, um die noch fehlende Zustellung des Schriftstücks an den Antragsgegner zu bewirken (lit. a) bzw. das Schriftstück bei Gericht einzureichen (lit. b).

Für **von Amts wegen** einzuleitende Verfahren ist auf den **ersten aktenkundigen Niederschlag der Verfahrenseinleitung** abzustellen.[74]

Wird im Inland ein die Vormundschaft oder Pflegschaft betreffendes Verfahren anhängig, *bevor* ein gewöhnlicher Aufenthalt des Kindes und damit eine internationale Zuständigkeit deutscher Gerichte entstanden sind, so ist im Rahmen der Art. 16, 19 Brüssel IIa-VO auf den Zeitpunkt abzustellen, in dem im Inland eine internationale Zuständigkeit erstmals entstanden ist. War zu diesem Zeitpunkt das ausländische Verfahren bereits iSd Art. 16 anhängig, so hat sich das deutsche Gericht für unzuständig zu erklären und dem ausländischen Verfahren den Vorrang zu lassen (siehe dazu → Rn. 52). Alternativ kommt ein Vorgehen nach Art. 15 Brüssel IIa-VO in Betracht (vgl. dazu → Rn. 58).

51 *dd) Keine Anerkennungsprognose.* Im Rahmen der Brüssel IIa-VO ist eine **Prognose**, ob die ausländische Entscheidung im Inland nach Maßgabe von Art. 23 Brüssel IIa-VO (siehe hierzu → Rn. 68) anerkennungsfähig wäre, nicht zulässig.[75]

52 **c) Wirkungen der Rechtshängigkeit.** Ist das Verfahren in einem anderen Mitgliedstaat anhängig, führt dies nicht zur Unzulässigkeit des zweiten Verfahrens; vielmehr ist das zweite Verfahren auszusetzen, bis das Gericht in dem anderen Mitgliedstaat über seine internationale Zuständigkeit entschieden hat (Art. 19 Abs. 2, 3 Brüssel IIa-VO).

Die Prüfung seiner internationalen Zuständigkeit obliegt allein dem erstbefassten Gericht bzw. einem ihm übergeordneten Gericht in diesem Mitgliedstaat.[76] Das zweitbefasste Gericht hat diese Entscheidung abzuwarten. Die internationale Zuständigkeit steht erst fest, wenn das erstangerufene Gericht diese durch Zwischen- oder Endentscheidung formell rechtskräftig festgestellt hat.[77] Die **Zwischenentscheidung** eines deutschen Gerichts über die internationale Zuständigkeit unterliegt der Beschwerde.[78]

Bejaht das erstbefasste Gericht seine internationale Zuständigkeit, so erklärt sich das zweitbefasste Gericht für unzuständig (Art. 19 Abs. 3 S. 1 Brüssel IIa-VO). Verneint das erstbefasste Gericht seine internationale Zuständigkeit, kann das zweitbefasste Gericht sein ausgesetztes Verfahren fortsetzen. Wird die Entscheidung über die internationale Zuständigkeit erst zusammen mit der Entscheidung in der Sache **rechtskräftig**, so scheidet eine Anwendung des Art. 19 Abs. 3 Brüssel IIa-VO aus. Es kommt dann nicht mehr der Rechtshängigkeitseinwand, sondern nur der Einwand der rechtskräftigen Entscheidung in derselben Sache in Betracht (dazu unten → Rn. 73).

53 Im Kontext mit Art. 16, 19 Brüssel IIa-VO **kommt auch die Abgabe des Verfahrens nach Art. 15 Brüssel IIa-VO in Betracht.** Hat etwa das Kind seinen gewöhnlichen Aufenthalt in den Niederlanden, wird dort ein Verfahren anhängig gemacht, und erwirbt das Kind nachfolgend seinen gewöhnlichen Aufenthalt in Deutschland, wo

---

[74] Althammer/*Schäuble* Brüssel IIa-VO Art. 16 Rn. 8 verweist hierzu auf die entsprechende Anwendung von Art. 14 lit. c EU-Erbrechts-VO, wonach der „Zeitpunkt, zu dem die Sache beim Gericht eingetragen wird" maßgeblich ist.

[75] Thomas/Putzo/*Hüßtege* Art. 19 EuEheVO Rn. 1; Althammer/*Althammer* Brüssel IIa-VO Art. 19 Rn. 20.

[76] Thomas/Putzo/*Hüßtege* Art. 19 EuEheVO Rn. 6.

[77] *Andrae* § 2 Rn. 82.

[78] Vgl. OLG Stuttgart FamRZ 2014,1930 (1931) zur isolierten Anfechtbarkeit der Zwischenentscheidung über die internationale Zuständigkeit.

ebenfalls ein Verfahren eingeleitet wird, so setzt sich im Rahmen von Art. 16, 19 Brüssel IIa-VO grundsätzlich das Verfahren in den Niederlanden durch. Das Verfahren ist in den Niederlanden zu führen; in Deutschland ist es auszusetzen. Sofern es dem Kindeswohl entspricht, das Verfahren nicht (mehr) in den Niederlanden, sondern in Deutschland durchzuführen, können die Gerichte sich unter den Voraussetzungen des Art. 15 Brüssel IIa-VO über eine Abgabe an das Gericht in Deutschland verständigen (vgl. näher → Rn. 58).

3. Konkurrierendes Verfahren in einem Drittstaat. a) Konkurrierendes Verfahren in einem KSÜ-Vertragsstaat. *aa) Anwendungsbereich.* Auch das KSÜ enthält in Art. 13 eine Regelung für Fälle doppelter Rechtshängigkeit, die allerdings nur dann Anwendung findet, wenn es sich um ein konkurrierendes Verfahren in einem KSÜ-Vertragsstaat handelt, der nicht EU-Mitgliedstaat ist. Soweit das konkurrierende Verfahren in einem EU-Mitgliedstaat anhängig ist, sind aus deutscher Sicht allein die Art. 16, 19 Brüssel IIa-VO heranzuziehen. 54

bb) Regelungsgrundzüge. Gemäß Art. 13 KSÜ dürfen die nach Art. 5–10 KSÜ an sich zuständigen Gerichte und Behörden keine Maßnahmen treffen, wenn bei Einleitung des Verfahrens bereits bei anderen nach Art. 5–10 KSÜ zuständigen Gerichten und Behörden eines anderen Mitgliedstaats entsprechende Maßnahmen beantragt worden sind und diese Maßnahmen noch geprüft werden. 55

Nach Art. 13 KSÜ gilt ebenso wie bei Anwendung von Art. 16, 19 Brüssel IIa-VO das **Prioritätsprinzip**. Die konkurrierenden Verfahren müssen sich, wie sich aus dem Merkmal „entsprechende Maßnahmen" ergibt, auf denselben Verfahrensgegenstand beziehen, was etwa für Sorgeverfahren, die ein und dasselbe Kind betreffen, zu bejahen ist.

Maßgeblich für den Vorrang ist nach Art. 13 KSÜ, dass bestimmte Maßnahmen bei „Einleitung" des Verfahrens in dem einen Staat bereits in dem anderen Staat „beantragt" worden sind. Für Antragsverfahren ist auf den Zeitpunkt des Antragseingangs bei Gericht abzustellen. Bei Verfahren, die von Amts wegen eingeleitet werden, ist der Zeitpunkt der erstmaligen aktenkundigen behördlichen oder gerichtlichen Befassung maßgeblich.

Art. 13 setzt weiter voraus, dass die Maßnahmen bei dem **zuerst angerufenen** Gericht **noch geprüft** werden. Hierdurch soll verhindert werden, dass ein Vertragsstaat durch Untätigkeit die Zuständigkeit anderer Vertragsstaaten blockiert.[79]

Art. 13 KSÜ bestimmt, dass das später befasste Gericht „seine Zuständigkeit nicht ausüben" darf, also keine Entscheidung in der Sache treffen oder das Verfahren nicht weiterbetreiben darf. Nach dem Wortlaut wäre das später eingeleitete Verfahren **auszusetzen,**[80] nach Maßgabe des nationalen Verfahrensrechts kommt aber auch eine Zurückweisung des Antrags in Betracht.

Art. 13 Abs. 2 KSÜ stellt klar, dass die beschriebene Rechtshängigkeitssperre nicht besteht, wenn das zuerst mit dem Verfahren befasste Gericht auf die Ausübung seiner Zuständigkeit verzichtet, wobei Maßstab hierfür das Kindeswohl ist.[81]

b) Konkurrierendes Verfahren in einem MSA-Vertragsstaat. Das MSA enthält keine Regelung zur doppelten Rechtshängigkeit. Nach der Konzeption des MSA sollten positive Kompetenzkonflikte aufgrund der Zuständigkeitsregelungen bereits weitgehend ausgeschlossen werden. 56

---

[79] *Siehr* RabelsZ 62 (1998), 464 (486).

[80] *Andrae* § 6 Rn. 99

[81] *Lagarde* Bericht Nr. 80, auch zum Verhältnis zu Art. 8 und 9 KSÜ.

Aus Art. 4 MSA, der eine konkurrierende Zuständigkeit der Gerichte und Behörden des Staates, dem das Kind angehört, enthält, ergibt sich allerdings ein Vorrang der im Heimatstaat getroffenen Maßnahmen. Im Heimatstaat getroffene Maßnahmen treten an die Stelle von Maßnahmen, welche die Behörden des Staates getroffen haben, in dem der Minderjährige seinen gewöhnlichen Aufenthalt hat. Die Maßnahmen von Behörden des Aufenthaltsstaats werden durch die Maßnahmen der Heimatbehörden automatisch **ersetzt (Art. 4 Abs. 4 MSA).**

57 **c) Konkurrierendes Verfahren in einem sonstigen Drittstaat.** Soweit das konkurrierende Verfahren in einem Drittstaat anhängig ist, der keinem der genannten Übereinkommen angehört, ist auf das autonome deutsche Recht zurückzugreifen. Dies sieht keinen formalisierten Rechtshängigkeitseinwand vor, sondern flexible, am Kindeswohl im Einzelfall orientierte Lösungen.[82] In diesem Kontext ermöglichen § 99 Abs. 2 und 3 FamFG den Verzicht auf die Anordnung der Vormundschaft im Inland bzw. die Abgabe einer Vormundschaft ins Ausland.

58 **4. Abgabe von Verfahren bzw Vormundschaften. a) Abgabe von Verfahren nach Art. 15 Brüssel IIa-VO.** Art. 15 Brüssel IIa-VO gestattet ausnahmsweise[83] die Abgabe eines anhängigen Verfahrens an ein Gericht eines anderen Mitgliedstaats, das den Fall besser beurteilen kann. Voraussetzung hierfür ist eine **besondere Bindung des Kindes zu dem anderen Mitgliedstaat.** Abs. 3 zählt nicht abschließend[84] bestimmte Anknüpfungsmomente auf, bei denen eine Beziehung zu einem anderen Mitgliedstaat vermutet wird.

Dabei erfolgt keine bindende Verweisung an das andere Gericht, sondern entweder die Aussetzung des Verfahrens und die Aufforderung an die Beteiligten, einen Antrag beim Gericht des anderen Mitgliedstaats zu stellen oder ein direktes Ersuchen an das andere Gericht, sich für zuständig zu erklären (Art. 15 Abs. 1 iVm Abs. 4 bzw. 5 Brüssel IIa-VO). Eine Abgabe nach Art. 15 Brüssel IIa-VO kommt nur dann in Betracht, wenn sowohl das ersuchende als auch das ersuchte Gericht davon überzeugt sind, dass die Abgabe dem Wohl des Kindes dient. Zur Klärung dieser Frage ist eine enge Zusammenarbeit der Gerichte erforderlich. Zu empfehlen ist eine direkte Kommunikation der Gerichte per Telefon oder E-Mail, wobei auch die Unterstützung der Zentralen Behörden der Mitgliedstaaten (dazu unten → Rn. 86) oder der Richternetzwerke (dazu unten → Rn. 114) in Anspruch genommen werden kann.[85] Der Inhalt einer direkten richterlichen Kommunikation ist den Beteiligten jedenfalls im Vermerkwege mitzuteilen.[86]

Die Abgabe kann auch auf Antrag eines Gerichts eines anderen Mitgliedstaats hin erfolgen (Abs. 2 lit. c). Dabei muss mindestens einer der Beteiligten den Antrag stellen bzw. diesem zugestimmt haben (Abs. 2 lit. a bzw. d). Gegen den gemeinsamen Willen der Beteiligten kann damit keine Zuständigkeit eines anderen Gerichts begründet werden. Als Parteien im Sinne des Art. 15 Brüssel IIa-VO sind wiederum die an dem Verfahren Beteiligten (§ 7 FamFG) anzusehen, nicht aber das betroffene Kind selbst (siehe oben → Rn. 35).[87]

---

[82] Vgl. BT-Drs. 10/504, 95 (zum gleichlautenden § 47 FGG): es bedürfe „einer elastischen Regel, die … den Gerichten Ermessenspielraum gibt".

[83] Vgl. KG FamRZ 2006, 1618.

[84] Althammer/*Schäuble* Brüssel IIa-VO Art. 15 Rn. 6.

[85] Praxisleitfaden der Europäischen Kommission für die Anwendung der Brüssel IIa-VO (2014), S. 36f.

[86] Prütting/Gehrlein/*Völker/Dimmler* Brüssel IIa-VO Art. 15 Rn. 2.

[87] Prütting/Gehrlein/*Völker/Dimmler* Brüssel IIa-VO Art. 15 Rn. 3.

59 Ein Vorgehen nach Art. 15 Brüssel IIa-VO kommt insb. dann in Betracht, wenn das Kind während eines in Deutschland anhängigen Verfahrens seinen gewöhnlichen Aufenthalt in einem anderen EU-Mitgliedstaat begründet. In diesem Fall bleibt die einmal nach Art. 8 Abs. 1 Brüssel IIa-VO entstandene internationale Zuständigkeit deutscher Gerichte bestehen (siehe oben → Rn. 29). Es kann jedenfalls dann sinnvoll sein, die Gerichte und Behörden im neuen Aufenthaltsstaat mit der Sache zu befassen, wenn ein (neuer) Vormund mit Sitz in dem neuen Aufenthaltsstaat zu bestellen ist.

Das entsprechende Verfahren ist in § 13a IntFamRVG für Ersuchen deutscher Gerichte ins Ausland (Abs. 1) und für eingehende Ersuchen ausländischer Gerichte (Abs. 2) geregelt. Besonders zu beachten sind die beschränkten Anfechtungsmöglichkeiten, die in § 13a Abs. 4 IntFamRVG abschließend geregelt sind. Danach sind Zwischenentscheidungen, die zur Abgabe des Verfahrens ins Ausland führen können, anfechtbar, sämtliche anderen Beschlüsse im Rahmen des Art. 15 Brüssel IIa-VO sind unanfechtbar (§ 13a Abs. 5 IntFamRVG).[88] Die Zwischenentscheidung über die Ablehnung der Abgabe nach Art. 15 Brüssel IIa-VO soll angesichts der Bedeutung der internationalen Zuständigkeit allerdings nach § 58 FamFG (zum Verfahrensrecht allg. → § 3 Rn. 127) anfechtbar sein.[89]

60 **a) Abgabe von Verfahren bzw. Vormundschaften nach § 99 FamFG.** *aa) Anordnung einer Vormundschaft (§ 99 Abs. 2 FamFG).* § 99 Abs. 2 FamFG bezieht sich auf den Fall, dass für die **Anordnung einer Vormundschaft** sowohl die deutschen Gerichte als auch die Gerichte eines anderen Staates zuständig sind und die Vormundschaft in dem anderen Staat anhängig ist. In diesem Fall kann die Anordnung der Vormundschaft im Inland unterbleiben, wenn dies im Interesse des Kindes liegt. Maßgeblich ist hierbei, ob die im Ausland anhängige Vormundschaft dem Kind den gleichen Schutz gewährt wie eine Vormundschaft nach deutschem Recht.[90] Dabei wird es auch darauf ankommen, in welchem Land der Vormund in erster Linie tätig werden muss.

61 *bb) Abgabe einer Vormundschaft (§ 99 Abs. 3 FamFG).* § 99 Abs. 3 FamFG sieht für bereits bestehende Vormundschaften (auch Amtsvormundschaften) die Möglichkeit einer Abgabe an ein – ebenfalls zuständiges – ausländisches Gericht bzw. eine ausländische Behörde vor, wenn dies im Interesse des Kindes liegt, der Vormund seine Zustimmung erteilt und der ausländische Staat sich zur Übernahme bereit erklärt. Verweigert der Vormund seine Zustimmung, so kann das dem Familiengericht im Rechtszug übergeordnete OLG die fehlende Zustimmung des Vormunds ersetzen (Abs. 2). Der Beschluss ist nicht anfechtbar (Abs. 3). Die Abgabe der Vormundschaft bewirkt ihre Beendigung im Inland, so dass der Vormund zu entlassen ist.[91]

Bei Anwendung von Abs. 2 sowie Abs. 3 steht die Entscheidung über die Anordnung bzw. die Abgabe der Vormundschaft im pflichtgemäßen Ermessen des Gerichts.[92] § 99 Abs. 2 und 3 FamFG sind jeweils einseitig formuliert, aber allseitig auszulegen,[93] so dass auch ein deutsches Familiengericht nach entsprechender Absprache eine im Ausland angeordnete Vormundschaft übernehmen und hier einen Vormund bestellen kann.[94]

---

[88] Althammer/*Schäuble* Brüssel IIa-VO Art. 15 Rn. 17.
[89] OLG Stuttgart FamRZ 2014, 1930 (1931 f.).
[90] Keidel/*Engelhardt* § 99 Rn. 48; MüKoFamFG/*Rauscher* § 99 Rn. 71.
[91] Vgl. Keidel/*Engelhardt* § 99 Rn. 53.
[92] BT-Drs. 10/504, 95; Keidel/*Engelhardt* § 99 Rn. 48, 52; Staudinger/*v. Hein* EGBGB Art. 24 Rn. 125 ff.
[93] BT-Drs. 10/504, 92; Keidel/*Engelhardt* § 99 Rn. 50.
[94] MüKoFamFG/*Rauscher* § 99 Rn. 79.

62 *cc) Anwendung des § 99 FamFG auf gesetzliche Amtsvormundschaften.* Wenngleich § 99 FamFG nach seinem Wortlaut auf die anzuordnende Vormundschaft abstellt, kommt eine entsprechende Anwendung auch für die gesetzliche Amtsvormundschaft (hierzu → § 17 Rn. 4) in Betracht.[95] Es kann sinnvoll sein, dass eine im Inland eingetretene gesetzliche Amtsvormundschaft von Behörden eines anderen Staates übernommen wird, etwa dann, wenn ein Kind ins Ausland verzieht. Allerdings scheidet eine Überleitung der Vormundschaft nach § 87c Abs. 2 SGB VIII (hierzu → § 16 Rn. 33) auf eine Behörde im Ausland aus. Zu beachten ist weiter, dass der inländische gewöhnliche Aufenthalt Tatbestandsvoraussetzung für das Entstehen und den Bestand der gesetzlichen Amtsvormundschaft nach § 1791c BGB ist,[96] weshalb die gesetzliche Amtsvormundschaft sich bei einem Wechsel des gewöhnlichen Aufenthalts in das Ausland nicht fortsetzt.[97] Im Ergebnis wird man ohne Anrufung des Gerichts (entsprechend § 87c Abs. 4 SGB VIII) und die Prüfung, ob die Voraussetzungen für die Übernahme bzw. Errichtung einer Vormundschaft im Ausland vorliegen, nicht zu einer Beendigung der gesetzlichen Amtsvormundschaft gelangen.

Zu bedenken ist weiter, dass der ausländische Staat möglicherweise in seiner Rechtsordnung keine der deutschen Amtsvormundschaft entsprechende Institution kennt[98] und die Voraussetzungen für die Einrichtung einer Vormundschaft nach Maßgabe des dortigen materiellen Rechts prüft.

IV. Anerkennung und Vollstreckung ausländischer Entscheidungen

63 **1. Einleitung.** Soweit das Gericht seine internationale Zuständigkeit bejaht, hat es zu prüfen, ob für das Verfahren relevante ausländische Entscheidungen vorliegen.

Ist das inländische Verfahren auf Anordnung der Vormundschaft oder Pflegschaft und **Bestellung eines Vormunds/Pflegers** gerichtet, so ist zu fragen, ob nicht bereits ein Vormund/Pfleger durch eine im Inland anzuerkennende Entscheidung eines ausländischen Gerichts bestellt worden ist. In diesem Fall besteht für eine entsprechende deutsche Entscheidung kein Raum. Ähnliches gilt, wenn ein Vormund oder Pfleger bestellt, aber zwischenzeitlich durch eine ausländische Entscheidung wieder entlassen worden ist. Ein inländisches Verfahren, das auf Bestellung des Vormunds oder Pflegers gerichtet ist, wäre in dieser Konstellation nur veranlasst, wenn die ausländische Entscheidung über die Entlassung des (wirksam bestellten) Vormunds oder Pflegers im Inland anzuerkennen ist.

64 Ist das inländische Verfahren auf die **Entlassung** eines im Ausland bestellten Vormunds/Pflegers oder auf Beschränkung seiner Vertretungsmacht gerichtet, so ist zunächst zu fragen, ob die ausländische Entscheidung über die Bestellung im Inland überhaupt anzuerkennen ist. Nur wenn dies der Fall ist, wurde aus der Sicht des deutschen Gerichts ein Vormund bzw. Pfleger wirksam bestellt, der durch eine inländische

[95] Zu Ergebnis ebenso Staudinger/*v. Hein* (2014) EGBGB Art. 24 Rn. 56, 125, der § 99 Abs. 3 FamFG sogar direkt anwenden will, da die weit gefassten Abs. 2 und 3 der Norm auch kraft Gesetzes eingetretene Vormundschaften miterfassten.

[96] BeckOGK/*Hoffmann* BGB § 1791c Rn. 29.

[97] *Andrae* § 6 Rn. 126.

[98] Der deutschen Amtsvormundschaft vergleichbar ist etwa die „Amtsobsorge" (früher „Amtswalterschaft") des Jugendwohlfahrtsträger im österreichischen Recht (§ 207 S. 2 ABGB), die unter der Voraussetzung eintritt, dass das Kind im Inland geboren wird und kein Elternteil mit der Vermögensverwaltung und der Vertretung des Kindes betraut ist, was für die Kinder minderjähriger Mütter zutrifft.

Entscheidung entlassen werden kann oder dessen Befugnisse verändert werden können. Generell setzt die Abänderung einer ausländischen Entscheidung durch inländische Gerichte voraus, dass die ausländische Entscheidung im Inland anzuerkennen ist (zur Abänderung ausländischer Entscheidungen siehe unten → Rn. 84).

Ob eine ausländische Entscheidung anzuerkennen ist, richtet sich – soweit es sich um die Entscheidung eines anderen EU-Mitgliedstaats handelt –, nach Art. 21 ff. Brüssel IIa-VO. Dies betrifft nicht nur die Anerkennung gerichtlicher, sondern auch im Rahmen des dem öffentlichen Recht unterliegenden Kindesschutzes erlassene behördliche Entscheidungen – soweit diese nach ihrer Rechtsordnung entsprechende Geltung beanspruchen und damit funktional äquivalent sind – wie der EuGH etwa für eine nach schwedischem Recht durch den Sozialausschuss ausgesprochene und durch das Verwaltungsgericht bestätigte sofortige Inobhutnahme und die Unterbringung eines Kindes außerhalb der eigenen Familie in einer Pflegefamilie entschieden hat.[99] 65

Handelt es sich um eine Entscheidung aus einem Vertragsstaat des KSÜ, der nicht Mitglied der EU ist, sind die entsprechenden Vorschriften des KSÜ anzuwenden. Das MSA ist insoweit ohne Bedeutung, da im Verhältnis zur Türkei bereits bisher das ESÜ einschlägig war. Im Übrigen richtet sich die Anerkennung ausländischer Entscheidungen nach §§ 108 ff. FamFG.

2. Anerkennung von Entscheidungen anderer EU-Mitgliedstaaten (Art. 21 ff. Brüssel IIa-VO). a) Wirkungen und Voraussetzungen der Anerkennung. *aa) Wirkungen.* Entscheidungen anderer EU-Mitgliedstaaten werden grundsätzlich ***ipso iure*** anerkannt, Art. 21 Abs. 1 Brüssel IIa-VO. Es bedarf also keines inländischen förmlichen Anerkennungsverfahrens. Art. 21 Abs. 3 Brüssel IIa-VO sieht aber ein deklaratorisches **Anerkennungsfeststellungsverfahren** vor (dazu → Rn. 76). 66

bb) Geltung für einstweilige Maßnahmen. Auf **einstweilige Maßnahmen** finden Art. 21 ff. Brüssel IIa-VO nach der Rechtsprechung nur dann Anwendung, soweit das Gericht, das die zur Anerkennung stehende Entscheidung erlassen hat, auch für das Hauptsacheverfahren zuständig ist.[100] Ist die Entscheidung dagegen auf Grundlage von Art. 20 Brüssel IIa-VO ergangen, ist die Anerkennung und Vollstreckung nur auf Grundlage nachrangiger Übereinkommen oder nationalem Recht möglich.[101] 67

cc) Versagungsgründe (Art. 23 Brüssel IIa-VO). Nach Art. 21 Brüssel IIa-VO ist die Anerkennung der ausländischen Entscheidung die Regel; die Nichtanerkennung ist die Ausnahme. Art. 23 Brüssel IIa-VO enthält eine abschließende Auflistung der Gründe für die Versagung der Anerkennung für Entscheidungen über die elterliche Verantwortung. Diese betreffen vor allem die Verletzung verfahrensrechtlicher Grundsätze. Von besonderer praktischer Relevanz ist dabei die Versagung der Anerkennung wegen fehlender Kindesanhörung (Art. 23 lit. b Brüssel IIa-VO), bei dessen Anwendung die unterschiedliche Ausgestaltung der Verfahrensbeteiligung von Kindern innerhalb der Mitgliedstaaten der EU erhebliche Probleme aufwirft.[102] Art. 24 Brüssel IIa-VO verbietet ausdrücklich die Überprüfung der Zuständigkeit des Gerichts, das die zur Anerkennung gestellte Entscheidung erlassen hat. 68

Nach lit. a wird eine Entscheidung nicht anerkannt, wenn die Anerkennung der **öffentlichen Ordnung** des Mitgliedstaats, in dem sie beantragt wird, offensichtlich widerspricht, wobei das Wohl des Kindes zu berücksichtigen ist. Nach seiner Grund- 69

---

[99] So EuGH FamRZ 2008, 125 zum Anwendungsbereich der Brüssel IIa-VO.
[100] BGH ZKJ 2016, 222 mit Anmerkung *Schweppe* ZKJ 2016, 220; BGH FamRZ 2011, 542 (543).
[101] EuGH FamRZ 2010, 1521; BGH FamRZ 2011, 542 (543 f.).
[102] Vgl. hierzu *Menne* FamRB 2015, 250 und 398.

konzeption ist dieser Vorbehalt auf (gravierende) Ausnahmefälle beschränkt.[103] Art. 26 Brüssel IIa-VO verbietet ausdrücklich, die ausländische Entscheidung „in der Sache selbst" nachzuprüfen (sog Verbot der *révision au fond*).

70 Lit. b, c und d betreffen die Verletzung des **rechtlichen Gehörs**. Lit. b regelt den Fall, dass das betroffene **Kind – ausgenommen in dringenden Fällen –** nicht die Möglichkeit hatte, gehört zu werden und damit zugleich wesentliche verfahrensrechtliche Grundsätze des Mitgliedstaats, in dem die Anerkennung beantragt worden ist, verletzt wurden. Soweit deutsche Gerichte die Anerkennung davon abhängig machen, dass im Ausgangsverfahren eine richterliche Kindesanhörung entsprechend den Anforderungen des § 159 FamFG durchgeführt wurde,[104] was angesichts der unterschiedlichen Ausgestaltung der Beteiligung von Kindern in den Mitgliedstaaten der EU[105] in vielen Fällen zur Versagung der Anerkennung führt, so widerspricht dies der Verpflichtung zur wechselseitigen Anerkennung gerichtlicher Entscheidungen, die Grundlage der Brüssel IIa-VO ist.[106] Im Hinblick auf die Verpflichtung, wechselseitig auch unterschiedliche Formen für die Beteiligung von Kindern zu respektieren, sollte die Anerkennung nicht versagt werden, wenn die Beteiligung des Kindes im Ausgangsverfahren im Einklang mit den dortigen Verfahrensvorschriften erfolgte, und dabei etwa das Kind vor der Gerichtsverhandlung durch einen Psychologen oder Sozialarbeiter angehört wurde, der dem Gericht Bericht erstattete.[107]

71 Lit. c betrifft den Fall, dass der „betreffenden Person", was in Abgrenzung zur „Partei" etwa auch den nicht sorgeberechtigten Elternteil einbezieht,[108] das verfahrenseinleitende Schriftstück oder ein gleichwertiges Schriftstück **nicht** so **rechtzeitig** und in einer Weise **zugestellt** wurde, dass sie sich verteidigen konnte.

72 Lit. d schließlich betrifft den Fall, dass eine Person die Nichtanerkennung mit der Begründung beantragt, die Entscheidung habe in ihre **elterliche Verantwortung** iSd Art. 2 Nr. 7 Brüssel IIa-VO (vgl. oben → Rn. 5) eingegriffen. Diese Vorschrift kann etwa eingreifen, wenn eine Vormundschaft unter Missachtung bzw. Verkennung eines bestehenden Sorgerechts angeordnet wurde.[109] Umgekehrt kann die Anerkennung nach lit. d auch dann versagt werden, wenn eine Entscheidung über eine Sorgerechtsverteilung zwischen den Eltern ergeht, obwohl eine Amtsvormundschaft oder eine zuvor durch eine andere Entscheidung angeordnete Vormundschaft besteht.[110] Die Frage, ob eine elterliche Verantwortung der betreffenden Person besteht oder nicht, ist nach den kollisionsrechtlichen Regelungen des Anerkennungsstaats zu beurteilen.

---

[103] Vgl. *Andrae* § 6 Rn. 162; Althammer/*Weller* Brüssel IIa-VO Art. 23 Rn. 2 nennt als Beispiel die Zuweisung der elterlichen Sorge allein aufgrund Religionszugehörigkeit.

[104] So etwa OLG München FamRZ 2015, 602 (603); *Carl*, Kindesanhörung, Rn. 167; *Völker/Clausius* § 11 Rn. 73; *Andrae* § 6 Rn. 168; Thomas/Putzo/*Hüßtege* EuEheVO Art. 23 Rn. 2, jeweils unter Bezugnahme auf Erwägungsgrund 19 zur Brüssel IIa-VO.

[105] Vgl. zur Praxis der Kindesanhörung in anderen EU-Staaten *Carl* Rn. 175 ff. sowie *Menne* FamRB 2015, 398.

[106] Siehe die Vorgaben im aktuellen Praxisleitfaden zur Anwendung der Brüssel IIa Verordnung (2014), S. 78; sowie den Vorschlag zur Neufassung der Brüssel IIa-VO, S. 17. Zur Diskussion siehe auch *Schweppe*, Festschrift Salgo (2016), S. 244 ff.

[107] Althammer/*Weller* Brüssel IIa-VO Art. 23 Rn. 3; Heilmann/*Schweppe* Brüssel IIa-VO Art. 23 Rn. 8 f.; MüKoFamFG/*Gottwald* Brüssel IIa-VO Art. 23 Rn. 3; vgl. auch Praxisleitfaden zur Anwendung der Brüssel IIa Verordnung (2014), S. 78.

[108] Vgl. Althammer/*Weller* Brüssel IIa-VO Art. 23 Rn. 5; für eine Beschränkung auf formell Verfahrensbeteiligte dagegen *Andrae* § 6 Rn. 165; MüKoFamFG/*Gottwald* Brüssel IIa-VO Art. 23 Rn. 6.

[109] In diesem Kontext sind insbesondere nach Art. 16 KSÜ beachtliche gesetzliche Zuweisungen der elterlichen Sorge zu beachten, die vom innerstaatlichen Recht abweichen (vgl. → Rn. 101).

[110] Vgl. MüKoFamFG/*Gottwald* Brüssel IIa-VO Art. 23 Rn. 9.

Lit. e und f betreffen die Unvereinbarkeit der anzuerkennenden Entscheidung mit anderen im Anerkennungsstaat wirksamen Entscheidungen. Nach lit. e ist gemäß dem Grundsatz, dass Entscheidungen über die elterliche Verantwortung abänderbar sind (vgl. unten → Rn. 84), eine Entscheidung nicht anzuerkennen, soweit sie mit einer späteren Entscheidung, die in dem Mitgliedstaat, in dem die Anerkennung beantragt wird, ergangen ist, unvereinbar ist. Insoweit wird davon ausgegangen, dass die jüngere Entscheidung eine Abänderung der älteren Entscheidung darstellt, also die ältere Entscheidung im Rahmen der neuen Entscheidung berücksichtigt wurde.[111] 73

Nach dem Wortlaut muss die Unvereinbarkeit zu einer Entscheidung über die **elterliche Verantwortung** (vgl. Art. 2 Nr. 7 Brüssel IIa-VO) bestehen. Grundsätzlich einzubeziehen sind jedoch auch Entscheidungen, die nur mittelbar die elterliche Verantwortung betreffen, etwa mit Blick auf den Status des Kindes die Feststellung oder Anfechtung der Vaterschaft und die Adoption.[112]

Lit. f betrifft den Fall zweier Entscheidungen aus unterschiedlichen Staaten, die miteinander unvereinbar sind. Auch hier hat die spätere Entscheidung Vorrang vor der früheren Entscheidung. Bei der späteren Entscheidung kann es sich um eine Entscheidung aus einem anderen Mitgliedstaat oder einem der Brüssel IIa-VO nicht angehörenden Drittstaat, in dem das Kind seinen gewöhnlichen Aufenthalt hat, handeln.[113] 74

Die spätere Entscheidung muss im Anerkennungsstaat die Voraussetzungen für die Anerkennung erfüllen. Handelt es sich um einen EU-Mitgliedstaat, gelten für die Anerkennung die Art. 21 ff. Brüssel IIa-VO. Im Übrigen greifen die entsprechenden Übereinkommen und subsidiär das deutsche Recht (vgl. dazu unten → Rn. 79 ff.).

dd) Wirkung der Anerkennung. Der Umfang bzw. die Wirkung der Anerkennung richtet sich nach der sog. **Wirkungserstreckungslehre.**[114] Danach entfaltet die ausländische Entscheidung im Inland die gleichen Wirkungen wie im ausländischen Entscheidungsstaat. Gegenstand der Anerkennung sind alle prozessualen Wirkungen der Entscheidung und damit auch – mit Blick auf die Befugnisse des Vormunds – entsprechende Gestaltungswirkungen. Eine ausländische Entscheidung kann damit uU weitergehende Wirkungen haben als eine entsprechende inländische Entscheidung. 75

Was die Befugnisse des Vormunds betrifft, ist Art. 15 Abs. 3 KSÜ zu beachten: Die „Ausübung“ der elterlichen Verantwortung richtet sich nach dem Recht des Staates, in dem das Kind seinen gewöhnlichen Aufenthalt hat. Wechselt der gewöhnliche Aufenthalt des Kindes, so bestimmt sich damit die „Ausübung“ der elterlichen Verantwortung nach dem Recht des Staates des neuen gewöhnlichen Aufenthalts. Art. 15 Abs. 3 KSÜ hat insbes. Bedeutung für die Frage, für welche Rechtsgeschäfte der Vormund oder Pfleger einer Genehmigung bedarf.

b) Deklaratorisches Anerkennungsfeststellungsverfahren. Da Entscheidungen anderer EU-Mitgliedstaaten automatisch anerkannt werden, bedarf es für die Anerkennung keiner inländischen Entscheidung. Allerdings kann über die Anerkennung oder Nichtanerkennung einer Entscheidung – namentlich über das Vorliegen von Anerkennungsversagungsgründen nach Art. 23 Brüssel IIa-VO – Unklarheit entstehen. Deshalb sieht die Brüssel IIa-VO in Art. 21 Abs. 3 vor, dass jede Partei, die ein Inter- 76

---

[111] *Andrae* § 6 Rn. 169.

[112] *Andrae* § 6 Rn. 170; Thomas/Putzo/*Hüßtege* EuEheVO Art. 23 Rn. 1.

[113] Vgl. MüKoBGB/*Siehr* EuEheVO Art. 23 Rn. 8; Staudinger/*Pirrung* (2009) EGBGB Vorbem. zu Art. 19, C 129.

[114] Althammer/*Weller* Brüssel IIa-VO Art. 21 Rn. 3; MüKoFamFG/*Gottwald* Brüssel IIa-VO Art. 21 Rn. 1.

esse hat, eine Entscheidung über die Anerkennung oder Nichtanerkennung der Entscheidung beantragen kann.

Als potentielle **Antragsteller** kommen die Eltern, das Kind, der Vormund, bei entsprechendem Interesse aber auch staatliche Behörden wie das Jugendamt oder die Staatsanwaltschaft in Betracht.[115]

77 **c) Erteilung der Vollstreckbarerklärung.** Art. 28 ff. Brüssel IIa-VO regeln das Verfahren auf Erteilung der Vollstreckbarerklärung (sog. Exequaturverfahren) als Voraussetzung für die Vollstreckung und damit die Durchsetzung ausländischer Entscheidungen. Nach Art. 31 Brüssel IIa-VO ist bei Anträgen auf Vollstreckbarerklärung dem Antragsgegner bzw. sonstigen materiell Betroffenen in der ersten Instanz keine Gelegenheit zur Stellungnahme zu geben. Ihnen wird rechtliches Gehör erst gewährt, wenn sie gegen die Entscheidung Beschwerde einlegen. Im Hinblick auf eine Entscheidung des EuGH, wonach Art. 31 Brüssel IIa-VO in den Verfahren auf Nichtanerkennung keine Anwendung findet,[116] hat in dieser Konstellation nach der Ausführungsregelung in § 32 IntFamRVG die Beteiligung des Antragsgegners vorab zu erfolgen.[117]

78 Das Verfahren zur Anerkennung und Vollstreckbarerklärung nach der Brüssel IIa-VO ist im Einzelnen im **IntFamRVG** geregelt, das insb. Regelungen zur örtlichen Zuständigkeit enthält. § 10 IntFamRVG iVm § 12 IntFamRVG sehen eine Zuständigkeitskonzentration vor. Zuständig für den Bezirk eines Oberlandesgerichts ist das Amtsgericht, in dessen Bezirk das Oberlandesgericht seinen Sitz hat.[118]

79 **3. Anerkennung und Vollstreckung von Entscheidungen aus Drittstaaten. a) Entscheidungen eines KSÜ-Vertragsstaats.** Art. 23 f. KSÜ regeln die **Anerkennung von Entscheidungen anderer KSÜ-Staaten**. Diese Vorschriften sind aus deutscher Perspektive nur dann einschlägig, wenn es sich um eine Entscheidung eines KSÜ-Vertragsstaats handelt, der nicht zugleich Mitgliedstaat der EU ist. Bei Entscheidungen anderer EU-Mitgliedstaaten sind gem. **Art. 61 lit. b Brüssel IIa-VO** allein die Vorschriften der Verordnung anzuwenden (siehe oben → Rn. 13).

Art. 23 Abs. 1 KSÜ sieht – wie die Brüssel IIa-VO und das MSA – eine Anerkennung ausländischer Entscheidungen kraft Gesetzes (ipso iure) vor. Art. 23 Abs. 2 KSÜ enthält eine Aufzählung der Anerkennungsversagungsgründe. Art. 27 untersagt – wie Art. 26 Brüssel IIa-VO – eine inhaltliche Überprüfung der ausländischen Entscheidung.

80 Anders als Art. 24, 23 lit. a Brüssel IIa-VO gestattet Art. 23 Abs. 2 lit. a KSÜ die Versagung der Anerkennung, wenn die Maßnahme von einer Behörde getroffen wurde, die nicht nach Art. 5–14 KSÜ zuständig war. Nach Art. 25 KSÜ sind die Gerichte bzw. Behörden des Staates, in dem die Anerkennung der Entscheidung geltend gemacht wird, an die Tatsachenfeststellungen gebunden, auf welche das Gericht bzw. die Behörde des Staates, in dem die Maßnahme getroffen wurde, ihre Zuständigkeit gestützt haben. Eine Überprüfung, ob die tatsächlichen Feststellungen zum gewöhnlichen Aufenthalt zutreffend waren, oder ob eine auf Art. 10 KSÜ gestützte Zuständigkeit wirklich dem Kindeswohl entsprach, ist damit ausgeschlossen.[119]

---

[115] Althammer/*Weller* Brüssel IIa-VO Art. 21 Rn. 12; MüKoFamFG/*Gottwald* Brüssel IIa-VO Art. 21 Rn. 9; Thomas/Putzo/*Hüßtege* EuEheVO Art. 21 Rn. 7.

[116] EuGH FamRZ 2008, 1729 (mit Anm. *Schulz*).

[117] Hierzu *Wagner* IntFamRVG § 32 Rn. 5.

[118] Siehe hierzu die Rubrik „Zuständige Gerichte“ unter *www.bundesjustizamt.de/sorgerecht*.

[119] *Lagarde* Bericht Nr. 131.

Die in Art. 23 Abs. 2 KSÜ aufgelisteten Anerkennungsversagungsgründe sind weitgehend identisch mit den Anerkennungsversagungsgründen nach Art. 23 Brüssel IIa-VO. Dies beruht darauf, dass das KSÜ den Verfassern der Brüssel IIa-VO als Vorbild diente. Insoweit gelten die Ausführungen zu Art. 23 Brüssel IIa-VO entsprechend (siehe oben → Rn. 68ff.).

Art. 23 Abs. 2 lit. b KSÜ bezieht sich auf den Fall, dass dem Kind kein rechtliches Gehör gewährt wurde. Lit. c betrifft das rechtliche Gehör der Person, die geltend macht, durch die Entscheidung in ihrer elterlichen Verantwortung beeinträchtigt zu sein. Lit. d enthält den allgemeinen Vorbehalt der Unvereinbarkeit mit der öffentlichen Ordnung des Anerkennungsstaats mit dem Zusatz, dass das Wohl des Kindes zu berücksichtigen ist.

Lit. e, der die Versagung der Anerkennung gestattet, wenn die Entscheidung mit einer später im Staat des gewöhnlichen Aufenthalts des Kindes getroffenen Entscheidung unvereinbar ist, sofern die spätere Entscheidung die für ihre Anerkennung im ersuchten Staat erforderlichen Voraussetzungen erfüllt, greift nur für Entscheidungen, die in Nichtvertragsstaaten erlassen wurden. Art. 23 KSÜ enthält somit keine Vorschrift zur Nichtanerkennung, wenn die spätere Entscheidung in einem KSÜ-Vertragsstaat getroffen wurde. Dem KSÜ liegt insoweit die Vorstellung zugrunde, dass zwischen den Vertragsstaaten ohnehin stets die letzte Entscheidung maßgeblich ist.[120]

Lit. f bezieht sich auf Entscheidungen zur Unterbringung des Kindes; hiernach kann die Anerkennung versagt werden, wenn das Verfahren nach Art. 33 KSÜ nicht eingehalten wurde. Zur grenzüberschreitenden Unterbringung von Kindern siehe nachfolgend → Rn. 94.

Art. 24 KSÜ eröffnet entsprechend Art. 21 Abs. 3 Brüssel IIa-VO auf Antrag die selbständige Feststellung der Anerkennung. Das entsprechende Verfahren ist in §§ 32 iVm 16ff. IntFamRVG geregelt.

Erfordert eine anzuerkennende Maßnahme eine **Vollstreckung**, so wird sie nach Art. 26 Abs. 1 KSÜ auf Antrag in dem ersuchten Vertragsstaat für vollstreckbar erklärt. Für die Vollstreckbarerklärung bzw. Registrierung zur Vollstreckung wendet der ersuchte Staat sein eigenes Recht an. Das entsprechende Verfahren ist in §§ 16ff. IntFamRVG geregelt.

b) Entscheidungen eines MSA-Vertragsstaats. Nach Art. 7 S. 1 MSA sind Maß- 81
nahmen, welche die zuständigen Gerichte und Behörden getroffen haben, in allen Vertragsstaaten anzuerkennen. Die Regelung hat jedoch keine praktische Bedeutung, da für die Türkei bislang das ESÜ greift und ab dem 1.2.2017 auch das KSÜ.

c) Anerkennung und Vollstreckung nach dem ESÜ. Das ESÜ enthält in Art. 7ff 82
Regelungen zur Anerkennung und Vollstreckung von Entscheidungen anderer Vertragsstaaten. Diese sind insb. im Verhältnis zur Türkei von Bedeutung, da Entscheidungen, welche Sorgerechtsregelungen für Kinder mit türkischer Staatsangehörigkeit betreffen, erst nach Durchführung des Anerkennungsverfahrens in der Türkei durch türkische Behörden (auch Auslandsvertretungen) anerkannt werden.[121]

d) Anerkennung von Entscheidungen aus sonstigen Drittstaaten. Soweit we- 83
der die Brüssel IIa-VO noch die genannten staatsvertraglichen Regeln einschlägig sind, richtet sich die Anerkennung ausländischer Entscheidungen nach §§ 108ff. FamFG.

---

120 *Siehr* RabelsZ 62 (1998), 464 (494).

121 Zu näheren Erläuterungen und entsprechenden Vordrucken siehe *www.bundesjustizamt.de/sorgerecht.*

§ 109 FamFG normiert bestimmte Voraussetzungen, unter denen eine Anerkennung einer ausländischen Entscheidung – ausnahmsweise – ausgeschlossen ist. Dies ist nach § 109 Abs. 1 Nr. 1 FamFG etwa der Fall, wenn die Gerichte des anderen Staates nach deutschem Recht nicht zuständig sind. Dies umfasst die Überprüfung der **„Anerkennungszuständigkeit"** des ausländischen Staates in spiegelbildlicher Anwendung von § 99 FamFG.[122] Ein ausländisches Gericht ist daher zuständig, wenn das Kind die Staatsangehörigkeit des Gerichtsstaats besitzt (§ 99 Abs. 1 S. 1 Nr. 1 FamFG), seinen gewöhnlichen Aufenthalt im Gerichtsstaat hat (§ 99 Abs. 1 S. 1 Nr. 2 FamFG) oder im Gerichtsstaat ein Fürsorgebedürfnis bestand (§ 99 Abs. 1 S. 2 FamFG).

Eine Anerkennung ist darüber hinaus ausgeschlossen, wenn einem Beteiligten, der sich zur Hauptsache **nicht geäußert** hat und sich hierauf beruft, das verfahrenseinleitende Dokument nicht ordnungsgemäß oder nicht so rechtzeitig mitgeteilt worden ist, dass er seine Rechte wahrnehmen konnte (§ 109 Abs. 1 Nr. 2 FamFG).[123]

Nach § 109 Abs. 1 Nr. 3 FamFG scheidet eine Anerkennung auch dann aus, wenn die Entscheidung mit einer hier erlassenen[124] oder einer anzuerkennenden früheren ausländischen Entscheidung oder wenn das ihr zugrunde liegende Verfahren mit einem früher hier rechtshängig gewordenen Verfahren **unvereinbar** ist. Die nachträgliche Abänderung von Entscheidungen über die elterliche Sorge wegen geänderter Umstände (im deutschen Recht nach Maßgabe von § 1696 BGB) ist damit jedoch nicht ausgeschlossen.

Schließlich scheidet eine Anerkennung der ausländischen Entscheidung aus, wenn die Anerkennung der Entscheidung zu einem Ergebnis führt, das mit **wesentlichen Grundsätzen des deutschen Rechts** offensichtlich unvereinbar ist (§ 109 Abs. 1 Nr. 4 FamFG). Hierbei kommt, wie die Vorschrift hervorhebt, insbes. Grundrechtsverstößen besondere Bedeutung zu.[125] Maßgeblich ist, ob das Ergebnis der Anwendung ausländischen Rechts im konkreten Fall zu den Grundgedanken des deutschen Rechts und den in ihnen enthaltenen Gerechtigkeitsvorstellungen in so starkem Widerspruch steht, dass es nach den hiesigen Vorstellungen untragbar erscheint.[126]

84 **4. Die Abänderung anzuerkennender Entscheidungen im Inland.** Aus der Anerkennung einer ausländischen Entscheidung im Inland folgt nicht, dass diese nicht durch inländische Gerichte **abgeändert** werden kann. Die Brüssel IIa-VO setzt implizit voraus, dass Entscheidungen ausländischer Gerichte abgeändert werden können, wie sich bereits aus Art. 23 lit. e und f Brüssel IIa-VO ergibt, wonach später erlassene Entscheidungen einer zuvor erlassenen Entscheidung vorgehen und einer Anerkennung dieser Entscheidung entgegenstehen.[127] Dieser Grundsatz gilt unabhängig davon, ob für die Anerkennung die Brüssel IIa-VO, das KSÜ (bzw. das ESÜ) oder nationales Recht zur Anwendung gelangt.

Soweit deutsche Gerichte eine ausländische Entscheidung abändern wollen, ist zuerst zu prüfen, ob sie (nunmehr) **international zuständig** sind. Die internationale Zuständigkeit richtet sich nach den oben dargestellten Regeln, also primär nach der Brüssel IIa-VO, ggf. auch nach dem KSÜ bzw. nach § 99 FamFG. Sodann ist in einem

---

[122] Vgl. Keidel/*Zimmermann* § 109 Rn. 3; MüKoFamFG/*Rauscher* § 109 Rn. 11.
[123] Zu den Voraussetzungen siehe Keidel/Zimmermann § 109 Rn. 5ff.
[124] Die inländische Entscheidung muss dabei nicht notwendig vor der ausländischen Entscheidung ergangen sein, Keidel/*Zimmermann* § 109 Rn. 15.
[125] Zu Beispielen aus der deutschen Rechtsprechung vgl. Keidel/*Zimmermann* § 109 Rn. 19ff.
[126] Vgl. BGH FamRZ 2015, 1479: Adoption; FamRZ 2015, 240 (241): rechtliche Elternschaft bei Leihmutterschaft; FamRZ 2009, 1816 (1818): Vaterschaftsfeststellung.
[127] Vgl. MüKoBGB/*Siehr* EuEheVO Art. 23 Rn. 7.

zweiten Schritt zu prüfen, ob die ausländische Entscheidung im **Inland anzuerkennen** ist,[128] was sich bei Entscheidungen anderer Mitgliedstaaten nach Art. 21 ff. Brüssel IIa-VO und iÜ nach den Regeln des KSÜ (des ESÜ) bzw. nach §§ 108 ff. FamFG richtet.

Die Abänderung unterliegt dem nunmehr (nach Statutenwechsel) **anwendbaren Sachrecht**. Dabei gilt auch für Entscheidungen ausländischer Gerichte der Grundsatz, dass Entscheidungen über die elterliche Sorge nicht in materielle Rechtskraft erwachsen, sondern nach Maßgabe des nationalen Rechts (hier § 1696 BGB) abänderbar sind (zum Verfahren allgemein → § 3 Rn. 105).[129] 85

V. Internationale Kooperation

1. Zentrale Behörden. Im Rahmen grenzüberschreitender Konflikte um das Sorge- und Umgangsrecht kommt der internationalen Kooperation eine erhebliche Bedeutung zu. Hat etwa ein deutsches Gericht über die Bestellung oder Entlassung eines Vormunds oder dessen Amtsführung zu entscheiden, und befand oder befindet sich das Kind längere Zeit im Ausland bzw. verlegt es nach Verfahrensbeginn seinen Aufenthalt dorthin, so können Informationen durch ausländische Gerichte und Behörden für die inländische Entscheidung von besonderer Wichtigkeit sein. Dasselbe gilt umgekehrt, wenn ein mit einer Vormundschaftssache befasstes ausländisches Gericht Informationen über die Situation des Kindes in Deutschland erhalten will. 86

Um die Zusammenarbeit zwischen den Mitgliedstaaten institutionell zu gewährleisten regeln die Brüssel IIa-VO, HKÜ, KSÜ und ESÜ die Errichtung **Zentraler Behörden**. Für Deutschland ist dies das Bundesamt für Justiz in Bonn, § 3 IntFamRVG.[130] Die Aufgaben der Zentralen Behörde sind in §§ 4–7 IntFamRVG geregelt, wobei § 4 und § 5 differenzierte Regelungen für Übersetzungen ein- und ausgehender Ersuchen enthalten. § 6 Abs. 1 IntFamRVG enthält eine allgemeine Tätigkeitsbeschreibung, die bereits die Zusammenarbeit mit „zuständigen Stellen" im In- und Ausland beinhaltet. Dies betrifft insb. die Einschaltung der örtlich zuständigen Jugendämter, deren Aufgaben nochmals gesondert in § 9 IntFamRVG geregelt sind. Im Rahme des HKÜ und des ESÜ übernimmt die Zentrale Behörde nach § 6 Abs. 2 IntFamRVG zudem die Einleitung von Verfahren und ist dabei in Rückführungsverfahren auch als Bevollmächtigte für den Antragsteller tätig, wobei die Einschaltung von Rechtsanwälten üblich ist. § 7 IntFamRVG schließlich weist der Zentralen Behörde die Aufgabe zu, den Aufenthalt des Kindes zu ermitteln. § 7 Abs. 2 IntFamRVG eröffnet hierzu Ermittlungsmethoden, die üblicherweise Strafverfolgungszwecken dienen, wie den Zugriff auf Daten des Kraftfahrtbundesamtes und Sozialbehörden. Nach § 7 Abs. 3 IntFamRVG kann die Zentrale Behörde darüber hinaus die Ausschreibung zur Aufenthaltsermittlung durch das Bundeskriminalamt veranlassen. 87

2. Kooperation mit EU-Mitgliedstaaten. Für die Brüssel IIa-VO bestimmt Art. 54 S. 1 Brüssel IIa-VO, dass die Zentralen Behörden Informationen über nationale Rechtsvorschriften und Verfahren zur Verfügung stellen und Maßnahmen ergreifen, um die Durchführung der Brüssel IIa-VO zu verbessern und die Zusammenarbeit untereinander zu stärken. 88

---

[128] BGH NJW-RR 1986, 1130.

[129] BGH NJW-RR 1986, 1130; OLG Hamm FamRZ 2015, 346;OLG Frankfurt FamRZ 2000, 1425 (1426); dazu ausführlich Staudinger/*Henrich* (2014) EGBGB Art. 21 Rn. 254.

[130] Zu näheren Informationen über das Bundesamt für Justiz als Zentrale Behörde siehe *www.bundesjustizamt.de/sorgerecht*.

Art. 55 Brüssel IIa-VO verpflichtet die Zentralen Behörden der Mitgliedstaaten zur Zusammenarbeit in konkreten Einzelfällen. Hierbei können sie ergänzend andere Behörden – insb. die zuständigen Jugendämter – und Einrichtungen einschalten.

89 Art. 55 Brüssel IIa-VO enthält eine beispielhafte – nicht abschließende – Auflistung der wichtigsten Aufgabenbereiche. Danach haben die Zentralen Behörden **Informationen über die Situation des Kindes**, laufende Verfahren oder das Kind betreffende Entscheidungen einzuholen oder auszutauschen. Soweit also ein inländisches Gericht über die Änderung einer bestehenden Vormundschaft entscheiden möchte, aber das Kind – zumindest zeitweilig – seinen Aufenthalt in einem anderen EU-Mitgliedstaat hat, kann es sich mithilfe der Zentralen Behörden Informationen über die Situation des Kindes im Ausland verschaffen. Ferner kann es sich Informationen darüber verschaffen, ob in einem anderen EU-Mitgliedstaat bereits eine Vormundschaft besteht oder ein Verfahren betrieben wird, das ggf. nach Maßgabe von Art. 16, 19 Brüssel IIa-VO dem inländischen Verfahren vorgeht.

Weiter informieren und unterstützen die Zentralen Behörden bei der Anerkennung und Vollstreckung von Entscheidungen, insb. über das Umgangsrecht und die Rückführung des Kindes. Möchte also ein ausländischer Vormund die Herausgabe eines Kindes erreichen, das seinen gewöhnlichen Aufenthalt in Deutschland hat, so kann er sich der Hilfe der Zentralen Behörden bedienen.

90 Schließlich soll die Verständigung der Gerichte bei Sorgerechtsverfahren im Anschluss an HKÜ Verfahren nach Maßgabe von Art. 11 Abs. 6 und 7 Brüssel IIa-VO und im Bereich des **Zuständigkeitstransfers nach Art. 15 Brüssel IIa-VO** erleichtert werden. Erwägt ein Gericht die Abgabe eines Verfahrens über Art. 15 Brüssel IIa-VO an das Gericht eines anderen Mitgliedstaats, so kann die Kontaktaufnahme über die Zentrale Behörde aber auch direkt erfolgen.[131]

Einzelheiten zum Unterstützungsantrag regelt Art. 57 Brüssel IIa-VO. So sind dem Antrag alle die Ausführung des Antrags erleichternden Informationen beizufügen, Art. 57 Abs. 1 S. 2 Brüssel IIa-VO.

91 § 9 IntFamRVG macht schließlich deutlich, dass das **Jugendamt** die Gerichte sowie die Zentrale Behörde bei allen Maßnahmen nach dem IntFamRVG zu unterstützen hat. Dabei geht die Mitwirkungsverpflichtung insb. in HKÜ-Verfahren über die allgemeine Mitwirkung in Verfahren vor den Familiengerichten nach § 50 Abs. 1 SGB VIII hinaus und umfasst etwa, Kontakte zu ausländischen Jugendbehörden zu vermitteln und im Rahmen des Herausgabeverfahrens durch Gespräche und Aufklärung unbedachte Reaktionen, wie etwa das Verstecken des Kindes, zu verhindern.[132]

92 **3. Kooperation mit Vertragsstaaten der Haager Übereinkommen. a) Kooperation mit KSÜ-Vertragsstaaten.** Art. 30 KSÜ enthält eine allgemeine Aufgabenbeschreibung der Zentralen Behörden. Art. 31 KSÜ enthält eine beispielhafte Auflistung der wichtigsten Unterstützungsmaßnahmen im Einzelfall.

Art. 32 lit. a KSÜ sieht hierzu vor, dass die Zentrale Behörde des Vertragsstaats, in dem das Kind seinen gewöhnlichen Aufenthalt hat und in dem es sich befindet, unmittelbar oder mit Hilfe staatlicher Behörden oder sonstiger Stellen auf begründetes Ersuchen einen Bericht über die Lage des Kindes zu erstatten hat. Art. 32 lit. b KSÜ ermöglicht, die zuständige Behörde mit der Prüfung zu beauftragen, ob Maßnahmen zum Schutz der Person oder des Vermögens des Kindes erforderlich sind.

---

[131] Eine Liste der Zentralen Behörden enthält die Kommentierung Staudinger/*Pirrung* (2009) EGBGB Vorbem. zu Art. 19, E 19.

[132] RegE BT-Drs. 15/3981, 21 f.; *Wagner* IntFamRVG § 9 Rn. 2.

Art. 34 Abs. 1 KSÜ regelt ausdrücklich die direkte Kommunikation der Gerichte und Behörden der Vertragsstaaten, wobei die Staaten sich vorbehalten können, dass Ersuchen über die jeweilige Zentrale Behörde zu übermitteln sind (Art. 34 Abs. 2 KSÜ).[133] Zwischen den Vertragsstaaten können weitergehende Vereinbarungen getroffen werden, welche die Zusammenarbeit noch erleichtern (Art. 39 KSÜ).

b) Kooperation mit MSA-Vertragsstaaten. Das MSA sieht keine Zentralen Behörden vor, enthält aber einzelne Vorschriften, welche die Kooperation der Vertragsstaaten betreffen (Art. 10) bzw. konkrete Mitteilungspflichten enthalten (Art. 4 Abs. 2, Art. 11). 93

4. Grenzüberschreitende Unterbringung. Sowohl die Brüssel-IIa-VO (Art. 56) als auch das KSÜ (Art. 33) enthalten für ihren Anwendungsbereich jeweils besondere Vorschriften zur **grenzüberschreitenden Unterbringung** von Kindern und Jugendlichen.[134] Dabei ist **vor** der Unterbringung (mit Ausnahme der Unterbringung in einer Pflegefamilie unter den Voraussetzungen von Art. 56 Abs. 4 Brüssel IIa-VO) die Zustimmung der zuständigen Behörde des ersuchten Staates einzuholen.[135] Das entsprechende Konsultationsverfahren ist in §§ 45 ff. IntFamRVG geregelt. 94

5. Innerstaatliche Regelungen. Im Rahmen von § 99 Abs. 2 und 3 FamFG (vgl. hierzu oben → Rn. 60) ist eine Kooperation mit den zuständigen Stellen im Ausland sinnvoll, wenngleich eine Konsultationspflicht nicht ausdrücklich vorgesehen ist. Durch Abstimmung mit ausländischen Behörden kann etwa geklärt werden, ob es im Interesse des Kindes ist, die Vormundschaft im anderen Staat zu führen, oder ob eine Anordnung im Inland zum Schutz des Kindes erforderlich ist. 95

Für die Behörden und Gerichte kann – da es an der Unterstützung durch eine Zentrale Behörde fehlt – die Ermittlung der jeweils zuständigen Behörden oder Gerichte im Ausland schwierig sein. Auch können Sprachschwierigkeiten die Kommunikation erschweren. Um hier die Kontaktaufnahme und gegenseitige Abstimmung zu erleichtern, empfiehlt es sich, den **Internationalen Sozialdienst** einzuschalten.[136] Dieser ist darauf spezialisiert, die Kommunikation zwischen in- und ausländischen Fachstellen im Interesse der betroffenen Kinder sicherzustellen. Über seine Zweigstellen im Ausland erreicht der Internationale Sozialdienst die jeweils zuständige örtliche Behörde oder das zuständige Gericht und es können die notwendigen Abklärungen vorgenommen werden.

Die Kommunikation mit Stellen im Ausland ist weiter sinnvoll, um zu verhindern, dass im Ausland ungeachtet der in Deutschland bestehenden Vormundschaft nochmals eine eigene Vormundschaft angeordnet wird und umgekehrt. Dabei ist in grenzüberübergreifenden Konstellationen allerdings nicht zu verhindern, dass Gerichte bzw. Behörden (auch Konsulate) bei Anwendung des jeweils eigenen Heimatrechts zu abweichenden Bewertungen des Sachverhalts gelangen,[137] wobei dies letztlich über die Frage der Anerkennung zu lösen ist.

---

[133] Diesen Vorbehalt haben zahlreiche Staaten erklärt, wie der Staatenliste unter *www.bundesjustizamt.de* zu entnehmen ist.

[134] Vgl. hierzu näher die Hinweise und Merkblätter unter *www.bundesjustizamt.de/sorgerecht* sowie allg. *Andrae* § 6 Rn. 201 ff. und im Einzelnen *Eschelbach/Rölke* JAmt 2014, 494.

[135] Zum Erfordernis der Zustimmung sowie zum Verhältnis zu einstweiligen Anordnungen vgl. EuGH FamRZ 2012, 1466 (1471).

[136] Internationaler Sozialdienst, Deutscher Zweig eV, Michaelkirchstr. 17/18, 10179 Berlin; *http://www.issger.de/*.

[137] Zu dem Problem der Doppelvormundschaft zur Frage der Ausstellung von Reisepässen in einem deutsch-kroatischen Fall vgl. DIJuF-Gutachten JAmt 2007, 592.

VI. Anwendbares Recht

96 **1. Überblick.** Die Brüssel IIa-VO regelt verfahrensrechtliche Fragen, legt aber nicht fest, welches materielle Recht anzuwenden ist. Dies ist den Staatsverträgen – dem KSÜ bzw. dem MSA – bzw. hilfsweise dem nationalen Recht zu entnehmen.

Nach KSÜ und MSA ist im Regelfall das Recht des Staates anzuwenden, der international zuständig ist. Es besteht also ein Gleichlauf zwischen der internationalen Zuständigkeit und dem anwendbaren Recht. Deutsche Gerichte und Behörden haben damit regelmäßig deutsches Recht anzuwenden.

Dieser Grundsatz wird aber verschiedentlich durchbrochen. Im Ausnahmefall haben daher deutsche Gerichte und Behörden ausländisches Recht anzuwenden. So kommt es zur Anwendung ausländischen Sachrechts, wenn die Zuständigkeit deutscher Gericht aufgrund deutscher Staatsangehörigkeit nach § 99 Abs. 1 S. 1 Nr. 1 FamFG bejaht wird, aber die Kinder ihren gewöhnlichen Aufenthalt in einem Drittstaat haben. Das anzuwendende Recht richtet sich in diesem Fall nach Art. 21 EGBGB und damit nach dem gewöhnlichen Aufenthalt (hierzu → Rn. 110).

97 **Übersicht: Anwendbares Recht**

Anwendbares Recht

Grundsatz: Gleichlauf von internationaler Zuständigkeit und anwendbarem Recht!

- ***internationale Zuständigkeit folgt aus KSÜ oder aus Brüssel IIa-VO:***
  - Anwendung eigenen Rechts, Art. 15 Abs. 1 KSÜ → *Rn. 98*
  - Ausweichklausel, Art. 15 Abs. 2 KSÜ → *Rn. 99*
  - Art. 16 KSÜ von Gesetzes wegen (oder durch Vereinbarung) erworbenes Sorgerecht → *Rn. 101*

  Sorgerechtsstatut wandelbar (Wechsel des gewA führt zu Wechsel im anzuwendenden Recht → *Rn. 101*
  Schutz wohlerworbener Rechte (Art. 16 Abs. 3 KSÜ) → *Rn. 103*
  Hinzuerwerb von Rechten (Art. 16 Abs. 4 KSÜ) → *Rn. 104*

- ***internationale Zuständigkeit folgt aus MSA:*** Art. 2 MSA → *Rn. 108*

- ***internationale Zuständigkeit folgt aus § 99 FamFG:***
  Art. 21 EGBGB (gewöhnlicher Aufenthalt) → *Rn. 110*
  In dieser Konstellation gelangt ***ausländisches Sachrecht zur Anwendung !***

2. Regelungen zum anwendbaren Recht im KSÜ. a) Das auf Schutzmaßnahmen anwendbare Recht (Art. 15 KSÜ). *aa) Grundsatz (Art. 15 Abs. 1 KSÜ).* Nach Art. 15 Abs. 1 KSÜ wenden die Gerichte und Behörden der Vertragsstaaten ihr eigenes Recht an. Art. 15 KSÜ behandelt das auf **Schutzmaßnahmen** iSd Art. 1 lit. b KSÜ anwendbaren Recht. Die Zuweisung, das Erlöschen sowie der Inhalt der elterlichen Verantwortung kraft Gesetzes ohne Einschreiten eines Gerichts oder einer Verwaltungsbehörde (Art. 1 lit. c KSÜ) richtet sich demgegenüber nach Art. 16 ff. KSÜ.[138] 98

Nach herrschender Meinung findet Art. 15 KSÜ auch dann Anwendung, wenn sich die internationale Zuständigkeit nicht aus dem KSÜ selbst, sondern aus der Brüssel IIa-VO ergibt.[139]

Art. 15 Abs. 1 besagt, dass die nach Art. 5–14 KSÜ zuständigen Behörden ihr eigenes Recht anwenden. Die Vorschrift verwirklicht also einen **Gleichlauf** zwischen der internationalen **Zuständigkeit** nach dem KSÜ und dem **anwendbaren Recht**. Im Ergebnis gilt dies auch, wenn sich die internationale Zuständigkeit nicht aus dem KSÜ selbst, sondern aus der Brüssel IIa-VO ergibt.[140]

Art. 15 Abs. 1 KSÜ ist auch dann anzuwenden, wenn sich eine internationale Zuständigkeit nur aus der Brüssel IIa-VO nicht aber aus dem KSÜ ergibt, und wenn hierbei eine vom gewöhnlichen Aufenthaltsort des Kindes abweichende Rechtsordnung zur Anwendung gelangt. Soweit nach Art. 9 Brüssel IIa-VO (der im KSÜ keine Entsprechung hat) und Art. 10 Brüssel IIa-VO (der über die Parallelnorm des Art. 7 KSÜ zT hinausgeht) sowie Art. 12 Brüssel IIa-VO eine vom (aktuellen) gewöhnlichen Aufenthalt abweichende Zuständigkeit eröfffnet ist, wenden die (weiterhin) zuständigen Gerichte ihr eigenes Sachrecht an.[141]

Sofern in diesen Konstellationen das Kindesinteresse die Anwendung des Aufenthaltsrechts erfordert, ist dies über Art. 15 Abs. 2 KSÜ möglich.

bb) Ausweichklausel (Art. 15 Abs. 2 KSÜ). Nach Art. 15 Abs. 2 KSÜ können die zuständigen Gerichte, soweit es der Schutz der Person oder des Vermögens des Kindes erfordert, ausnahmsweise das Recht eines anderen Staates anwenden oder berücksichtigen, zu dem der Sachverhalt eine enge Verbindung hat. 99

Dabei handelt es sich um eine auf Ausnahmefälle begrenzte **Ausweichklausel**, die nur greift, wenn zu diesem Recht eine **enge Verbindung** besteht und die Anwendung dieser anderen Rechtsordnung durch das **Kindesinteresse** geboten ist, wobei nicht die engste Verbindung, sondern das Kindeswohl maßgeblich ist.[142]

Absatz 2 kann, wenn die Gerichte am gewöhnlichen Aufenthaltsort entscheiden, im Einzelfall zu einer Anwendung des **Heimatrechts** des Kindes führen.

Die Anwendung oder Berücksichtigung eines anderen Rechts iSd Absatz 2 kommt etwa in Betracht, wenn mit einer **baldigen Rückkehr** des Kindes in seinen Heimatstaat zu rechnen ist.[143] Ferner kann über Absatz 2 das Recht am neuen gewöhnlichen

---

[138] Zur Abgrenzung im Einzelnen vgl. *Lagarde* Bericht Nr. 98.

[139] OLG Karlsruhe FamRZ 2013, 1238; Palandt/*Thorn* Anh. EGBGB Art. 24 Rn. 21; Staudinger/*Pirrung* (2009) EGBGB Vorbem. zu Art. 19, C 216, G 101; Andrae § 6 Rn. 104 (mit der Einschränkung, dass das Kind seinen gewöhnlichen Aufenthalt in der EU hat bzw. als Flüchtlingskind oder Kind ohne gewöhnlichen Aufenthalt seinen schlichten Aufenthalt in einem Mitgliedstaat der EU hat).

[140] Zöller/*Geimer* Anh II A EheVO Art. 1 Rn. 47, Art. 8 Rn. 11 ff.; Palandt/*Thorn* Anh. EGBGB Art. 24 Rn. 21.

[141] Zöller/*Geimer* Anh. II A EheVO Art. 8 Rn. 12 f.

[142] Deutlich in diesem Sinne *Lagarde* Bericht Nr. 89; Andrae § 6 Rn. 107; Geimer/Schütze/*Gruber* E 6 KSÜ Art. 15 Rn. 18; Staudinger/*Pirrung* (2009) EGBGB Vorbem. zu Art. 19, G 102.

[143] *Lagarde* Bericht Nr. 89.

Aufenthalt des Kindes angewendet oder berücksichtigt werden, wenn bei Anwendung von Art. 8 Brüssel IIa-VO deutsche Gerichte nur aufgrund des Grundsatzes der fortdauernden Zuständigkeit (weiterhin) zuständig sind.

Die Anwendung von Absatz 2 ist schließlich in Erwägung zu ziehen, wenn nur nach dem ausländischen Recht nicht aber nach dem im Staat des angerufenen Gerichts geltenden Recht eine gerichtliche oder behördliche Entscheidung überhaupt notwendig ist. So kann es sinnvoll sein, über Absatz 2 das Recht des Staates anzuwenden, in dem sich Vermögen des Kindes befindet (Belegenheitsrecht), wenn nach diesem Recht eine behördliche Genehmigung für die Verfügung über dieses Vermögen erforderlich ist, das Recht des Staates des angerufenen Gerichts dagegen von einer Genehmigungsfreiheit ausgeht.[144] Dass eine das Kind betreffende Handlung – etwa eine Operation des Kindes – außerhalb des Aufenthaltsstaats vorzunehmen ist, reicht dagegen für die Anwendung von Absatz 2 allein nicht aus.[145]

100 *cc) Anwendbares Recht im Fall des Aufenthaltswechsels (Art. 15 Abs. 3 KSÜ).* Art. 15 Abs. 3 bestimmt, dass mit dem Wechsel des **gewöhnlichen Aufenthalts** des Kindes auf die Durchführung bzw. die Umsetzung von im früheren Aufenthaltsstaat getroffenen Maßnahmen das Recht des neuen Aufenthaltsstaats anzuwenden ist. Die Vorschrift unterscheidet zwischen **Bestand und Inhalt** der getroffenen Maßnahme einerseits und den Bedingungen und Modalitäten der **Anwendung** der Maßnahme in dem neuen Aufenthaltsstaat andererseits.[146] Die im bisherigen Aufenthaltsstaat getroffenen Maßnahmen bleiben trotz des Aufenthaltswechsels bestehen. Die Bedingungen und Modalitäten der Anwendung richten sich allerdings nach dem Recht des neuen Aufenthaltsstaats. So unterliegt eine nach deutschem Recht angeordnete Vormundschaft für ein Kind, das nunmehr seinen gewöhnlichen Aufenthalt in Österreich hat, nicht (mehr) den Vorschriften für die Führung der Vormundschaft in §§ 1793 ff. BGB, sondern §§ 213 ff. ABGB (besondere Pflichten und Rechte anderer mit der Obsorge betrauter Personen).

Damit wird die Durchführung von nach Maßgabe der Art. 23 ff. KSÜ anzuerkennenden Entscheidungen im neuen Aufenthaltsstaat gewährleistet. Sofern die Umsetzung wegen der unterschiedlichen rechtlichen Grundlagen nicht möglich ist, bleibt die Möglichkeit, im Staat des neuen gewöhnlichen Aufenthalts neue Maßnahmen unter Aufhebung bzw. Abänderung der bisherigen Maßnahmen anzuordnen (arg. Art. 14 KSÜ).[147]

Die Abgrenzung zwischen dem Bestand und Inhalt der Entscheidung und ihrer bloßen Anwendung kann im Einzelfall schwierig sein.[148] Um dem Zweck des Art. 15 Abs. 3 KSÜ gerecht zu werden, ist der Begriff der „Anwendung" der Maßnahme eher weit auszulegen. Die Bestellung eines Pflegers oder Vormunds als solche gilt auch im neuen Aufenthaltsstaat fort. Sieht das Recht am neuen Aufenthaltsort allerdings vor, dass bestimmte Rechtsgeschäfte eines Vormunds oder Pflegers durch ein Gericht zu genehmigen sind, betrifft dies lediglich die Modalitäten der Anwendung iSd Absatz 3.[149] Es ist insoweit das Recht am neuen Aufenthaltsort anzuwenden. Soweit es

[144] *Lagarde* Bericht Nr. 89.
[145] *Lagarde* Bericht Nr. 89 (mit einer Ausnahme für den Fall, dass das Recht am Operationsort zwingend eine Genehmigung nach diesem Recht voraussetzt).
[146] *Siehr* RabelsZ 62 (1998), 464 (488).
[147] *Lagarde* Bericht Nr. 91; *Andrae* § 6 Rn. 108.
[148] *Lagarde* Bericht Nr. 90.
[149] *Lagarde* Bericht Nr. 91.

demgegenüber um die Frage geht, ob einzelne Schutzmaßnahmen bei Erreichen eines bestimmten Alters des Kindes automatisch erlöschen, betrifft dies das Bestehen der Maßnahme als solches (das „Ob“) und nicht nur deren Anwendung.

b) Anwendbares Recht außerhalb von Schutzmaßnahmen. *aa) Elterliche Sorge kraft Gesetzes (Art. 16 Abs. 1 KSÜ).* Nach Art. 16 Abs. 1 KSÜ richten **Zuweisung oder Erlöschen der elterlichen Verantwortung kraft Gesetzes sich nach dem Recht des gewöhnlichen Aufenthalts**. Zu beachten ist dabei, dass in vielen Staaten den Eltern die elterliche Sorge von Gesetzes wegen gemeinsam zusteht, unabhängig davon, ob die Eltern miteinander verheiratet sind oder nicht.[150] Der Anwendungsbereich bezieht sich umfassend auf **die Rechte, Befugnisse und Pflichten des Trägers der elterlichen Verantwortung (vgl. Art. 1 Abs. 2 KSÜ)**, einschließlich der gesetzlichen Vertretungsmacht des Trägers der elterlichen Verantwortung (vgl. Art. 19 KSÜ); nicht erfasst wird die Geschäftsfähigkeit an sich, also die Frage, ob das Kind für bestimmte Rechtsgeschäfte überhaupt einer gesetzlichen Vertretung bedarf.[151] 101

Art. 16 KSÜ betrifft allerdings nur die Fälle, in denen sich die elterliche Verantwortung **kraft Gesetzes** ohne Einschreiten eines Gerichts oder einer Verwaltungsbehörde bestimmt. Unter Art. 16 KSÜ fällt auch die gesetzliche Amtsvormundschaft nach § 1791c BGB.[152]

Bedarf es zur Zuweisung oder dem Entzug der elterlichen Verantwortung einer gerichtlichen oder behördlichen Entscheidung, ist nicht Art. 16 KSÜ, sondern Art. 15 KSÜ maßgeblich.[153] Nach Art. 21 Abs. 1 KSÜ handelt es sich bei Art. 16 KSÜ um eine Sachnormverweisung, so dass im Verhältnis der Vertragsstaaten untereinander stets das jeweilige materielle Recht zur Anwendung gelangt. Eine Rück- oder Weiterverweisung (*renvoi*) ist nicht vorgesehen. Anders ist dies bei einem gewöhnlichen Aufenthalt des Kindes in einem Nichtvertragsstaat, wo Art. 21 Abs. 2 KSÜ zu beachten ist.[154]

Die Anknüpfung nach Absatz 1 ist **grundsätzlich wandelbar, wie** sich auch aus Absatz 4 ergibt. Mit dem **Wechsel des gewöhnlichen** Aufenthalts des Kindes kommt es also zu einem **Wechsel im anwendbaren Recht.**

Von der Wandelbarkeit der Anknüpfung werden allerdings in Absatz 2 und Absatz 3 **Ausnahmen** gemacht.

bb) Elterliche Sorge durch Vereinbarung (Art. 16 Abs. 2 KSÜ). Nach Art. 16 Abs. 2 KSÜ kommt es für die Zuweisung oder das Erlöschen der elterlichen Verantwortung durch **Vereinbarung oder ein einseitiges Rechtsgeschäft** auf den gewöhnlichen Aufenthalt in dem Zeitpunkt an, in dem die Vereinbarung wirksam wird. Eine solche Vereinbarung ist etwa die Sorgeerklärung nach §§ 1626a Abs. 1 Nr. 1, 1626b BGB.[155] 102

[150] Dabei genügt in vielen Staaten die Anerkennung bzw. Feststellung der Vaterschaft für die Begründung der gemeinsamen elterlichen Sorge, in anderen Staaten ist ein Zusammenleben der Eltern erforderlich, vgl. hierzu die Aufstellung bei *Jurczyk/Walper*, S. 91 ff.

[151] *Lagarde* Bericht Nr. 101.

[152] Vgl. DIJuF-Rechtsgutachten JAmt 2016, 380; *Andrae* § 6 Rn. 126.

[153] *Lagarde* Bericht Nr. 98.

[154] Vgl. *Lagarde* Bericht Nr. 116; Andrae § 6 Rn. 120: Bei Verweisung auf das Recht eines Drittstaats, dessen Recht wiederum auf das Recht eines anderen Drittstaats verweist, das wiederum die Verweisung annimmt, ist der Verweiskette zu folgen.

[155] *Lagarde* Bericht Nr. 98 verweist auf skandinavische Rechtsordnungen, welche die Begründung der gemeinsamen elterlichen Sorge von der Mitteilung an die entsprechenden Behörden abhängig machen.

Ein Wechsel des gewöhnlichen Aufenthalts nach Zustandekommen der Vereinbarung bzw. nach Abgabe der Erklärung, aber noch vor deren Wirksamwerden, führt zu einem Wechsel im anwendbaren Recht.[156]

103 *cc) Schutz erworbener Rechte (Art. 16 Abs. 3 KSÜ).* Nach Art. 16 Abs. 3 KSÜ bleibt die **elterliche Verantwortung** nach dem Recht des Staates des gewöhnlichen Aufenthalts des Kindes auch nach dem Wechsel dieses gewöhnlichen Aufenthalts **fortbestehen.** So erwirbt der Vater für ein in Belgien geborenes Kind mit gewöhnlichem Aufenthalt in Belgien mit Feststellung der Vaterschaft – und zwar unabhängig vom gewöhnlichen Aufenthalt des Vaters – ein Mitsorgerecht, das bei einem Umzug nach Deutschland und dem damit verbundenen Wechsel des gewöhnlichen Aufenthalts des Kindes fortbesteht, auch wenn die Voraussetzungen für die Begründung der gemeinsamen elterlichen Sorge nach deutschem Recht (Sorgeerklärung oder gerichtliche Entscheidung) nicht vorliegen.[157] Allerdings greift Art. 16 Abs. 3 KSÜ nur für die Zukunft (*ex nunc*), nicht aber rückwirkend für vor Inkrafttreten des KSÜ erworbene Sorgerechtspositionen.[158]

104 *dd) Hinzuerwerb von Rechten (Art. 16 Abs. 4 KSÜ):* Aus Art. 16 Abs. 4 KSÜ folgt, dass auch diejenigen sorgeberechtigt sind, die nach dem **neuen Aufenthaltsrecht** als sorgeberechtigt angesehen werden. Es ist maW eine **kombinierte Anwendung** des durch Absatz 3 berufenen alten Aufenthaltsrechts und des durch Absatz 4 berufenen neuen Aufenthaltsrechts vorzunehmen.[159] Wird im vorgenannten Beispiel das Kind in Deutschland geboren und begründet durch Umzug nach Belgien dort einen neuen gewöhnlichen Aufenthalt, so führt dies – die Feststellung der Vaterschaft vorausgesetzt, zur Begründung der gemeinsamen elterlichen Sorge.

Die kombinierte Anwendung von altem und neuem Aufenthaltsrecht kann zu einer Kumulation von Sorgeberechtigten führen. Im Fall von Meinungsverschiedenheiten zwischen diesen Sorgeberechtigten kann der neue Aufenthaltsstaat (vgl. Art. 5 Abs. 2 KSÜ) Schutzmaßnahmen iSd Art. 15 KSÜ ergreifen, also insbes. die elterliche Verantwortung (neu) regeln.[160]

Dies gilt auch bei mehrfachem Wechsel des gewöhnlichen Aufenthalts des Kindes, so dass sämtliche Personen sorgeberechtigt sind, die nach einer vormaligen oder aktuellen Aufenthaltsrechtsordnung als sorgeberechtigt angesehen werden.

105 *ee) Anwendbares Recht bei Aufenthaltswechsel (Art. 17 KSÜ).* Die Ausübung der elterlichen Verantwortung richtet sich nach dem Recht des Staates des gewöhnlichen Aufenthalts und ist ebenfalls wandelbar (Art. 17 KSÜ). Damit gilt also nur das Recht am neuen gewöhnlichen Aufenthaltsort des Kindes. Entsprechend der Regelung in Art. 15 Abs. 3 KSÜ wird unterschieden zwischen der Zuweisung der elterlichen Verantwortung und ihrer Ausübung.[161] Von der Ausübung der elterlichen Verantwor-

[156] So wird etwa eine Sorgeerklärung frühestens mit dem Zeitpunkt der Geburt wirksam, vgl. hierzu KG FamRZ 2011, 1516 (1517); als weitere Konstellationen nennt *Lagarde* (Bericht Nr. 104) Vereinbarungen für den Fall der Scheidung sowie testamentarische Erklärungen.

[157] Zu weiteren Beispielen siehe „Practical Handbook on the Operation of the 1996 Hague Child Protection Convention" 2014, S. 96 f.

[158] Klarstellend BGH NJW-RR 2016, 1473; so auch Palandt/*Thorn* (IPR) Anh. EGBGB 24 Rn. 17; Staudinger/*Pirrung* EGBGB Vorbem. zu Art. 19 G 199; eine Rückwirkung bejahend dagegen *Andrae* § 6 Rn. 113; offen gelassen durch BGH FamRZ 2011, 796 (798).

[159] Bildlich *Lagarde* Bericht Nr. 107: an den Zug des vormaligen Aufenthaltsstaats werde ein Waggon des neuen Aufenthaltsstaats angehängt.

[160] *Lagarde* Bericht Nr. 108, 110; Staudinger/*Pirrung* (2009) EGBGB Vorbem. zu Art. 19, G 111.

[161] Vgl. *Lagarde* Bericht Nr. 109; Geimer/Schütze/*Gruber* E 6 KSÜ Art. 17 Rn. 1.

tung sind insb. Vorschriften umfasst, die Entscheidungen des Trägers der elterlichen Verantwortung von einer gerichtlichen oder behördlichen Genehmigung abhängig machen. Sieht etwa das Recht im Staat des neuen gewöhnlichen Aufenthalts vor, dass bestimmte Rechtsgeschäfte, die der Träger der elterlichen Verantwortung nach dem Recht des ersten Staates allein vornehmen konnte, nur mit behördlicher oder gerichtlicher Zustimmung vorgenommen werden können, so ist diese Zustimmung einzuholen.[162]

ff) Entzug der elterlichen Verantwortung, (Art. 18 KSÜ). Art. 18 KSÜ stellt klar, **106**
dass zum Schutz des Kindes auch Maßnahmen ergriffen werden können, die in das von Gesetzes wegen zugewiesene Sorgerecht eingreifen.

c) Sonderregel für den Abschluss von Rechtsgeschäften (Art. 19 KSÜ). Art. 19 **107**
KSÜ enthält eine Sonderregel zugunsten eines gutgläubigen Dritten für die durch den gesetzlichen Vertreter abgeschlossenen Rechtsgeschäfte. Beim Abschluss eines Rechtsgeschäft unter Anwesenden, für das nach dem Recht des Abschlussstaats dem für das Kind Handelnden die **gesetzliche Vertretungsmacht** zustehen würde, diese dem Handelnden aber tatsächlich nicht zusteht, weil nicht das Recht des Abschlussstaats, sondern das – abweichende – Recht des gewöhnlichen Aufenthalts des Kindes zur Anwendung gelangt, greift – zugunsten des Dritten – **alternativ** das **Recht des Abschlussorts.** Dies gilt allerdings nicht, wenn der Dritte wusste oder hätte wissen müssen, dass sich die elterliche Verantwortung nicht nach dem Recht des Abschlussortes bestimmt.[163]

Das auf die gesetzliche Vertretungsmacht anwendbare Recht und das Recht des Abschlussstaats können insb. auseinanderfallen, wenn das Kind seinen **gewöhnlichen Aufenthalt in einem anderen Staat** als dem Abschlussstaat hat (Art. 16 Abs. 1 KSÜ).

Art. 19 KSÜ gilt für **sämtliche Rechtsgeschäfte unter Anwesenden** im Hoheitsgebiet desselben Staates (Absatz 2) und umfasst damit auch bedeutsame Rechtsgeschäfte familien- oder erbrechtlicher Natur sowie Immobiliengeschäfte.[164]

Distanzgeschäfte sind vom Schutz von Art. 19 KSÜ ausgenommen.[165]

Die Vorschrift greift nicht ein, wenn der Dritte weiß oder zumindest hätte wissen müssen, dass sich die gesetzliche Vertretungsmacht nach einem ausländischen Recht oder nach einer anzuerkennenden ausländischen Entscheidung richtet.

Dabei schadet **bereits leichte Fahrlässigkeit.**[166] Bei **bedeutsamen Rechtsgeschäften,** etwa Immobiliengeschäften, sind erhöhte Anforderungen an die erforderliche Sorgfalt des Dritten zu stellen.[167]

Art. 19 KSÜ führt dazu, dass die gesetzliche Vertretungsmacht dann, wenn sie nach dem an sich gem. Art. 15, 16 KSÜ anwendbaren Recht nicht besteht, nach dem **Recht des Abschlussortes** beurteilt wird.

---

162 *Lagarde* Bericht Nr. 109.

163 Ausführlich zu den von Art. 19 KSÜ erfassten Fallgruppen *Lagarde* Bericht Nr. 111 ff.

164 *Lagarde* Bericht Nr. 114; Geimer/Schütze/*Gruber* E 6 KSÜ Art. 19 Rn. 10; *Siehr* RabelsZ 62 (1998), 464 (492); *Andrae* § 6 Rn. 129; Staudinger/*Pirrung* (2009) EGBGB Vorbem. zu Art. 19, G 115.

165 *Lagarde* Bericht Nr. 113; zu den Distanzgeschäften zählen auch telefonisch abgeschlossene Geschäfte: *Krah,* Das Haager Kinderschutzübereinkommen, S. 238; MüKoBGB/*Siehr* KSÜ Art. 19 Rn. 4.

166 *Krah,* S. 239; BeckOGK/*Markwardt* KSÜ Art. 19 Rn. 8–11.

167 *Lagarde* Bericht Nr. 114

108 **3. Regelungen zum anwendbaren Recht im MSA.** Das MSA ist, was die Bestimmung des anwendbaren Rechts anbelangt, auch dann anwendbar, wenn sich die internationale Zuständigkeit nicht aus dem MSA selbst, sondern aus der Brüssel IIa-VO ergibt. Insoweit gelten im Wesentlichen die Argumente, die für die Anwendung des KSÜ angeführt worden sind (vgl. oben → Rn. 98).

Aus Art. 2 MSA ergibt sich ein Gleichlauf zwischen der internationalen Zuständigkeit und dem anwendbaren Recht. Auch hier gelten ähnliche Erwägungen wie bei Art. 15 Abs. 1 KSÜ. Art. 3 MSA verpflichtet zur Anerkennung von nach dem Heimatrecht bestehenden gesetzlichen Sorgerechtszuweisungen.

109 **4. Regelungen zum anwendbaren Recht in bilateralen Staatsverträgen.** Das deutsch-iranische Niederlassungsabkommen von 1929 wird vom KSÜ nicht berührt. Es gilt nur für Kinder, die wie ihre Eltern ausschließlich die iranische Staatsangehörigkeit besitzen und in Deutschland wohnen.[168]

110 **5. Regelungen zum anwendbaren Recht im EGBGB. a) Wirkungen des Eltern-Kind-Verhältnisses (Art. 21 EGBGB).** Art 21 EGBGB knüpft im Einklang mit KSÜ und MSA für die Bestimmung des anwendbaren Rechts an den gewöhnlichen Aufenthalt des Kindes an. Der Anwendungsbereich von Art. 21 EGBGB ist durch den Vorrang des KSÜ bzw. MSA allerdings praktisch beschränkt auf Fälle, in denen ein Kind seinen gewöhnlichen Aufenthalt in einem Staat hat, der weder der EU angehört noch Vertragsstaat des KSÜ oder MSA ist und die Zuständigkeit deutscher Gerichte aus § 99 Abs. 1 Nr. 1 FamFG (deutsche Staatsangehörigkeit) folgt.[169] In dieser Konstellation haben deutsche Gerichte nach Art. 21 EGBGB (unter Beachtung etwaiger Rück- und Weiterverweisungen, Art. 4 EGBGB)[170] das Recht des gewöhnlichen Aufenthalts – mithin ausländisches Recht – anzuwenden.[171]

Auf Grundlage von Art. 21 EGBGB iVm Art. 7 EGBGB sind weiter Schutzmaßnahmen für junge Erwachsene denkbar, die nach ihrem Heimatrecht noch nicht volljährig sind (zur Frage der Volljährigkeit nach Heimatrecht oben → Rn. 23).[172]

111 **b) Vormundschaft, Betreuung und Pflegschaft (Art. 24 EGBGB).** Nach Art. 24 Abs. 1 EGBGB unterliegen Entstehung, Änderung und Ende der Vormundschaft dem Heimatrecht. Die Norm wird durch das KSÜ bzw. das MSA verdrängt und findet damit für Kinder mit gewöhnlichem Aufenthalt in Deutschland keine Anwendung.[173] Dies gilt auch für die gesetzliche Amtsvormundschaft nach § 1791c BGB, die als Zuweisung der elterlichen Sorge von Gesetzes wegen im Sinne des Art. 16 Abs. 1 KSÜ unter das KSÜ fällt.[174]

Der Inhalt einer angeordneten Vormundschaft unterliegt, wie auch vorläufige Maßregeln, dem Recht des anordnenden Staates, Art. 24 Abs. 3 EGBGB.

---

[168] RGBl. 1930 II 1006; 1931 I 9; BGBl. 1955 II 839; Staudinger/*Henrich* (2014) EGBGB Art. 21 Rn. 11.

[169] Vgl. Staudinger/*Henrich* (2014) EGBGB Art. 21 Rn. 82.

[170] Zur Problematik etwaiger Rückverweisungen im Rahmen von Art. 21 EGBGB vgl. *Dutta* FamRZ 2016, 146.

[171] Vgl. etwa zur Anwendung norwegischen Sachrechts bei einem Umzug nach Norwegen: OLG Brandenburg Beschl. v. 3.3.2014 – 9 UF 275/11, BeckRS 2014, 06655 sowie aktuell BGH NJW-RR 2016, 1473 zur Wirksamkeit der Namensbestimmung im Geburtsregister.

[172] *Völker/Clausius* § 11 Rn. 68.

[173] BeckOK BGB/Heiderhoff EGBGB Art. 24 Rn. 1 f.; Palandt/*Thorn* EGBGB Art. 24 Rn. 2.

[174] DIJuF-Rechtsgutachten JAmt 2016, 380; BeckOK BGB/*Heiderhoff* EGBGB Art. 24 Rn. 17.

VII. Tätigkeiten mit Auslandsbezug

Neben der Mitwirkung an der Unterbringung eines Kindes in einem Heim oder einer Pflegefamilie im Ausland (hierzu → Rn. 94) kommen weitere Bereiche in Betracht, welche ein Tätigwerden des Vormunds für das Kind im Ausland erfordern, etwa die Geltendmachung von Ansprüchen im Ausland, die Verwaltung von im Ausland belegenem Vermögen oder die Abgabe von Erklärungen in Vertretung des Kindes bei namensrechtlichen Angelegenheiten oder in Fragen der Staatsangehörigkeit. Maßgeblich ist insoweit stets das jeweilige nationale Recht.[175] 112

Ein weiterer Tätigkeitsbereich mit Auslandsbezug ist die Annahme bzw. Ausschlagung von Erbschaften. Für Erbfälle in einem EU-Mitgliedstaat (mit Ausnahme Dänemarks, Irland und des Vereinigten Königreichs) greift seit dem 17.8.2015 die EU-Erbrechts-VO, wonach grundsätzlich die Gerichte des Mitgliedstaats, in dem der Erblasser seinen letzten gewöhnlichen Aufenthalt hatte, für den Erbfall zuständig sind, und auch materiell das Recht dieses Mitgliedstaats Anwendung findet.[176] Grundsätzlich unterliegen die Annahme der Erbschaft, aber auch die Voraussetzungen, unter denen die Erbenhaftung auf den Nachlass beschränkt werden kann, ebenso wie die Ausschlagung dem maßgeblichen nationalen Erbrecht.[177]

Die Frage, ob die Vertretungsmacht des Vormunds auch diese Rechtsgeschäfte umfasst, ist dagegen als Teil des anzuwendenden Vormundschaftsrechts zu qualifizieren.[178]

VIII. Hinweise für die Praxis

Beim Umgang mit ausländischen Gerichten und Behörden ist grundsätzlich zu beachten, dass diese die rechtlichen Fragen aus ihrer Perspektive nach dem jeweils anzuwendenden Recht beurteilen. Ob die in Deutschland erfolgte Bestellung des Vormunds im Ausland anzuerkennen ist, beurteilen die dortigen Gerichte und Behörden nach ihren eigenen Vorschriften über die Anerkennung. Diese können im Einzelfall der Anerkennung eines in Deutschland bestellten Vormunds entgegenstehen. Dies kann dazu führen, dass ein aus deutscher Sicht wirksam bestellter Vormund im Ausland nicht als Vertreter des Kindes anerkannt wird. 113

Weitere Probleme können sich daraus ergeben, dass der ausländische Staat für die Beurteilung vormundschaftsrechtlicher Fragen sein eigenes Recht zur Anwendung

---

[175] Einen Überblick zum jeweiligen nationalen Recht bietet die Loseblattsammlung Bergmann/Ferid/Henrich, Internationales Ehe- und Familienrecht, die das materielle Familienrecht der einzelnen Staaten enthält.

[176] Verordnung (EU) Nr. 650/2012 des Europäischen Parlaments und des Rates vom 4.7.2012 über die Zuständigkeit, das anzuwendende Recht, die Anerkennung und Vollstreckung von Entscheidungen und die Annahme und Vollstreckung öffentlicher Urkunden in Erbsachen sowie zur Einführung eines Europäischen Nachlasszeugnisses die darauf beruhende Durchführungsverordnung (EU) Nr. 1329/2014 vom 9.12.2014 zur Festlegung der Formblätter.

[177] Die Sammlung Ferid/Firsching/Dörner/Hausmann, Internationales Erbrecht, umfasst das materielle Erbrecht sowie das entsprechende Kollisionsrecht der wichtigsten Staaten. Für die EU-Staaten ist zudem auf die jeweiligen Länderinformationen im Europäischen Justizportal *www.e-justice.europa.eu/home.do* unter der Rubrik „Erbrecht" zu verweisen, die entsprechenden Erläuterungen zum Sorgerecht liegen dagegen noch nicht vollständig in deutscher Übersetzung vor.

[178] Zur Frage der Abgrenzung der Anwendungsbereiche von Brüssel IIa-VO und EU-Erbrechts-VO vgl. EuGH NJW 2016, 387.

bringt. Hat hiernach der Vormund geringere Kompetenzen als nach deutschem Recht, kann das seine Handlungsmöglichkeiten im Ausland begrenzen.

114 Als Informationsquelle zu empfehlen ist die Internetseite des Bundesamts für Justiz, die unter *www.bundesjustizamt.de/sorgerecht* die Texte der maßgeblichen Übereinkommen und Erläuternden Berichte, eine Liste mit den jeweiligen Vertrags- bzw. Beitrittsstaaten unter Angabe des jeweiligen Inkrafttretens im Verhältnis zu Deutschland, Hinweise zur Rückführung entführter Kinder und zu grenzüberschreitenden Umgangs- und Sorgerechtskonflikten (auch unter der Rubrik „Broschüre"), Informationen zur grenzüberschreitenden Unterbringung von Kindern und Vordrucke, etwa zur Anerkennung deutscher Sorgerechtsentscheidungen in der Türkei, enthält. In Rückführungsverfahren nach dem HKÜ bietet der Verein MiKK eV ein besonderes Mediationsangebot.[179] Im Bereich der Amtsvormundschaft besteht zudem die Möglichkeit, die Unterstützung des Deutschen Instituts für Jugendhilfe und Familienrecht in Heidelberg (*www.dijuf.de*) in Anspruch zu nehmen, während die deutsche Zweigstelle des Internationalen Sozialdienstes (ISD) unter *www.zank.de* allgemein zugängliche Informationen und Unterstützung bietet. Sofern ein familiengerichtliches Verfahren anhängig ist, in dem etwa die Frage der grenzüberschreitenden Abgabe des Verfahrens oder einer bereits bestehenden Vormundschaft in Frage steht, kann das Familiengericht einen Verbindungsrichter aus dem europäischen bzw. dem internationalen Haager Verbindungsrichternetzwerk einschalten.[180]

[179] Weitere Informationen unter *www.mikk-ev.de*; hierzu auch Heilmann/*Wegener*, S. 1362 ff.

[180] Hierzu *Carl*/*Menne* NJW 2009, 3537 sowie die Hinweise unter *www.bundesjustizamt.de/sorgerecht*.

2. Kapitel. Vormundschaft für Minderjährige

§ 6 Funktionen einer und Anlässe für eine Vormundschaft

Inhalt

I. Funktionen einer Vormundschaft

1 Eine Vormundschaft für ein Kind oder einen Jugendlichen – einen Minderjährigen[1] – wird erforderlich, wenn die Eltern weder in den die Person noch in den das Vermögen betreffenden Angelegenheiten des Kindes oder Jugendlichen zur elterlichen Sorge – zur rechtlichen Vertretung, zu tatsächlichen Handlungen, zur Erziehung – befugt bzw. verpflichtet sind. Der Staat muss dem Kind oder Jugendlichen dann im Rahmen seiner öffentlich-rechtlichen Verpflichtung zur **Rechtsfürsorge** statt der Eltern eine Person an die Seite stellen, die Befugnisse zur Vertretung und zum Wahrnehmen der anderen Befugnisse und Pflichten aus der elterlichen Sorge besitzt. Die Regelungen zur elterlichen Sorge selbst sind familienrechtliche und demnach zivilrechtliche Regelungen eines Rechtsverhältnisses zwischen Privaten. Die Tätigkeit eines Vormunds ist daher dem Zivilrecht und nicht dem öffentlichen Recht zuzuordnen.

2 Die Aufgaben eines Vormunds umfassen alle Bestandteile der **Personen- und Vermögenssorge** im BGB, § 1793 BGB. Wie sorgeberechtigte Eltern hat ein Vormund demnach auch die Pflicht und das Recht, das Kind zu pflegen, zu erziehen, zu beaufsichtigen und seinen Aufenthalt zu bestimmen, § 1631 Abs. 1 BGB. Auch wenn er häufiger als Eltern diesen Pflichten durch die Beauftragung durch Dritte und nicht höchstpersönlich nachkommen wird, ist ein persönlicher Kontakt zwischen ihm und dem Kind oder Jugendlichen unerlässlich. Dementsprechend macht § 1793 Abs. 1a S. 1 BGB zur Verpflichtung des Vormunds, mit dem Mündel persönlichen Kontakt zu halten, und konkretisiert § 1793 Abs. 1a S. 2 BGB, dass der Vormund das Kind oder den Jugendlichen in der Regel einmal im Monat in dessen üblicher Umgebung aufsuchen soll, sofern nicht im Einzelfall kürzere oder längere Besuchsabstände oder ein anderer

[1] Nach Art. 7 EGBGB unterliegt die Beurteilung der Geschäftsfähigkeit eines Ausländers seinem Heimatrecht. Art. 24 Abs. 1 EGBGB regelt, dass sich Beginn und Ende einer Vormundschaft nach dem Heimatrecht richten. Nur der Inhalt einer angeordneten Vormundschaft richtet sich nach Art. 24 Abs. 3 EGBGB nach deutschem Recht. Aufgrund dieser Regelung kann auch für einen Menschen, der das 18. Lebensjahr vollendet hat, ein Vormund zu bestellen sein, da nach seinem Heimatrecht ein Vertretungsbedarf besteht, vgl. insgesamt *Schwarz* § 9 Rn. 28 ff.

Ort geboten sind. § 55 Abs. 3 S. 2 SGB VIII verpflichtet ausdrücklich die Fachkraft, die die Aufgaben des Jugendamts als Vormund wahrnimmt, zu einem Kontakt im gleichen Umfang.[2]

3 Die Rechtstellung eines Vormunds unterscheidet sich von der zur Sorge berechtigter Eltern dadurch, dass seine Position nicht durch Art. 6 Abs. 2 S. 1 GG vor staatlichen Eingriffen geschützt ist. Der Vormund erwirbt seine Befugnisse ausschließlich durch den Staat – unmittelbar kraft Gesetzes (vgl. *Hoffmann* → § 2 Rn. 26f.) oder durch das Familiengericht (vgl. *Hoffmann* → § 2 Rn. 3ff.). Auf grundgesetzlicher Ebene besitzt er keine Abwehrrechte gegen staatliche Eingriffe in seine Rechtsstellung. Seine Amtsführung unterliegt auch einer stärkeren Kontrolle durch das Familiengericht (vgl. *Hoffmann* → § 2 Rn. 35ff.) als die Ausübung von elterlicher Sorge durch die Eltern eines Kindes oder Jugendlichen.

4 Nach den Vorstellungen des Gesetzgebers sollte das Führen von Vormundschaften durch ehrenamtliche Privatpersonen („**Einzelvormundschaft**") die Regel sein, hingegen die Bestellung des Jugendamts oder eines Vereins zum Vormund die Ausnahme, §§ 1791a Abs. 1 S. 1, 1791b Abs. 1 BGB (vertiefend Kunkel → § 16 Rn. 14). Nur bei den kraft Gesetzes eintretenden Vormundschaften bestimmte der Gesetzgeber ausdrücklich das Jugendamt zum Vormund, §§ 1751 Abs. 1 S. 2, 1791c BGB.

5 In der Praxis wird hingegen die Mehrzahl der Vormundschaften als **Amtsvormundschaft** durch das Jugendamt (zu deren Besonderheiten *Kunkel* §§ 16ff.) geführt. Das genaue Verhältnis zwischen Einzelvormundschaft und Amtsvormundschaft lässt sich derzeit nicht feststellen, da in der Statistik der Kinder- und Jugendhilfe des Statistischen Bundesamts nur die Amtsvormundschaften und -pflegschaften hingegen nicht die Einzelvormundschaften ausgewiesen werden[3] und eine entsprechende Statistik für die Tätigkeit der Gerichte nicht geführt wird. Auch das Verhältnis zwischen Vereins- und Amtsvormundschaft variiert regional erheblich, ohne dass exakte statistische Daten verfügbar sind. Insbesondere in Bayern und Nordrhein-Westfalen hat sich eine Tradition der Bestellung von Vereinen – etwa des Sozialdiensts katholischer Frauen (SkF) – erhalten.

6 Der Anteil an ehrenamtlichen Vormündern unter den Einzelvormündern, die nicht in verwandtschaftlichen oder sonstigen engen Beziehungen zum Minderjährigen stehen, ist verschwindend gering. Von besonderer Bedeutung ist eine ehrenamtliche Vormundschaft in diesem Sinne allein für bestimmte, besondere Gruppen – etwa für unbegleitete, minderjährige Ausländer. Für das Gewinnen von mehr ehrenamtlichen Einzelvormündern müssten wohl zunächst die strukturellen Voraussetzungen geschaffen werden.

II. Anlässe für eine Vormundschaft

7 **1. Allgemeines.** Die Konstellationen, in denen Eltern weder zur Vermögens- noch zur Personensorge für ihr Kind befugt sind, sind vielgestaltig und werden vom Gesetz nicht einheitlich behandelt. Sind Eltern teilweise zur elterlichen Sorge – etwa zur Vermögenssorge – befugt, ist keine Vormundschaft, sondern eine Pflegschaft anzuordnen.

[2] Bei Umzug ins Ausland vgl. DIJuF-Gutachten JAmt 2016, 210 und DIJuF-Gutachten JAmt 2014, 522; bei Dauerpflege vgl. DIJuF-Gutachten JAmt 2014, 204 sowie insgesamt Katzenstein JAmt 2013, 234 und Bohnert ZKJ 2012, 471.

[3] Für das Jahr 2014 verzeichnet die Kinder- und Jugendhilfestatistik: 5323 Amtsvormundschaften kraft Gesetzes, 35825 Amtsvormundschaften nach Bestellung und 32808 Amtspflegschaften nach Bestellung.

In zwei Konstellationen entsteht eine **Vormundschaft** des Jugendamts **kraft Gesetzes:** beim Ruhen der elterlichen Sorge nach Einwilligung in die Adoption, § 1751 Abs. 1 S. 1, 2 BGB, wenn nicht schon vor dem Erteilen der Einwilligung ein Vormund bestellt wurde, und beim Ruhen der elterlichen Sorge eines minderjährigen Elternteils, wenn dessen Kind bei der Geburt eines Vormunds bedarf, da weder der andere Elternteil zur Sorge berechtigt ist, noch vorgeburtlich ein Vormund bestellt wurde, §§ 1673 Abs. 2, 1675, 1678, 1791c BGB. 8

Im Übrigen ist Voraussetzung einer Vormundschaft, dass das **Familiengericht** die Vormundschaft für den Einzelfall **anordnet,** § 1774 S. 1 BGB, einen Vormund auswählt, § 1779 BGB, und bestellt, § 1789 BGB. Dieser Abschnitt befasst sich primär mit den Gründen, die das Anordnen einer Vormundschaft durch das Familiengericht erforderlich machen (hinsichtlich der Vormundschaften kraft Gesetzes *Kunkel* → § 17 Rn. 3 ff.). Auch verfahrensrechtliche Fragen werden zuvörderst an anderer Stelle erörtert (vgl. *Dürbeck* → § 3 Rn. 168 ff.). 9

2. Tod eines Elternteils. Die elterliche Sorge endet mit dem Tod eines Elternteils, § 1677 BGB. Der Tod eines Elternteils ist jedoch grundsätzlich kein Anlass für eine Vormundschaft. Bei vorheriger gemeinsamer elterlicher Sorge, ist **der andere Elternteil** weiterhin, dann aber allein zur Sorge befugt ist, § 1680 Abs. 1 BGB. War der verstorbene Elternteil vor seinem Tod allein zur elterlichen Sorge befugt, hat das Familiengericht vor der Anordnung einer Vormundschaft vorrangig zu prüfen hat, ob dem noch lebenden Elternteil die elterliche Sorge zu übertragen ist, da dies dem Wohl des Kindes nicht widerspricht, § 1680 Abs. 2 BGB. 10

Die beste aller denkbaren Alternativen braucht die Übertragung des Sorgerechts auf den anderen Elternteil nicht zu sein,[4] so dass allein bessere Fördermöglichkeiten für das Kind oder den Jugendlichen nicht entscheidend sind.[5] Abgelehnt wurde die Übertragung des Sorgerechts auf den Kindesvater beispielsweise in einem Fall, in dem diesem jegliches Verständnis und Gespür für die Traumatisierung des Kindes durch den gewaltsamen Tod der Mutter, die durch einen Ehrenmord getötet worden war, fehlte. Der Kindesvater war zudem möglicherweise selbst in die Gewalthandlung verstrickt, lehnte Kontakte des Kindes zu den Großeltern mütterlicherseits ab, wollte solche zur Halbschwester ebenfalls nur unter engen Voraussetzungen zulassen. Es bestand zudem keine Bindung zwischen ihm und dem Kind.[6] Eine Übertragung der elterlichen Sorge auf den Vater durch das Familiengericht widerspricht auch dem Kindeswohl, wenn Vater und Kind sich gegen eine Übertragung der elterlichen Sorge auf den Vater aussprechen und übereinstimmend vorschlagen, dass die Eltern der verstorbenen Mutter als Vormund eingesetzt werden,[7] bzw. dann, wenn sich allein ein älteres Kind oder ein Jugendlicher gegen die Übertragung aussprechen.[8] Denkbar ist bis zur abschließenden Prüfung das Anordnen einer vorläufigen Vormundschaft.[9] 11

– in dieser Aufl. nicht belegt – 12

Zusammenfassend ist bei Tod eines Elternteils eine Vormundschaft demnach nur anzuordnen, wenn beim Tod eines Elternteils der andere Elternteil bereits verstorben war, dessen elterliche Sorge ruht, §§ 1673 ff. BGB, ihm die elterliche Sorge durch das 13

---

[4] BVerfG FamRZ 2008, 2185; AG Torgau Beschl. v. 26.5.2005 – 1 F 64/05, BeckRS 2005, 30986647.
[5] BVerfG FamRZ 2006, 385.
[6] OLG Hamm Beschl. v. 19.9.2007 – 5 UF 57/07, BeckRS 2008, 01836, bestätigt durch BVerfG FamRZ 2008, 381.
[7] AG Hamburg-Barmbek FamRZ 2009, 997.
[8] OLG Köln FamRZ 2012, 1654.
[9] OLG Köln FamRZ 2015, 1978.

Familiengericht entzogen wurde, §§ 1666, 1666a BGB oder ihm die elterliche Sorge nicht zu übertragen ist, § 1680 Abs. 2 BGB.

14 Die gleichen Regelungen wie beim Tod eines Elternteils gelten, wenn ein Elternteil zwar nicht verstorben, aber für tot erklärt wurde oder der Zeitpunkt seines Todes nach den Vorschriften des **Verschollenheitsgesetzes** festgestellt wurde, § 1681 Abs. 1 BGB.

15 **3. Nicht zu ermittelnder Familienstand.** Ist weder der Vater noch die Mutter eines Kindes (und damit der Familienstand nicht) feststellbar, was bei Abgabe des Kindes in einer **Babyklappe**, aber auch bei einem unbegleiteten, minderjährigen Ausländer[10] in Betracht kommt, ist nach § 1773 Abs. 2 BGB ebenfalls Vormundschaft anzuordnen (vgl. insgesamt zu dieser Problematik Schwarz § 9). Auch wenn in diesen Konstellationen unklar ist, ob das Kind oder der Jugendliche noch lebende Eltern besitzt, ist nicht zuvor das Ruhen der elterlichen Sorge nach § 1674 Abs. 1 BGB festzustellen, da § 1773 Abs. 2 BGB als speziellere Regelung für diese Konstellationen anzusehen ist.[11] Bei einer **vertraulichen Geburt** im Sinne des Gesetzes zum Ausbau der Hilfen für Schwangere und zur Regelung der vertraulichen Geburt ruht nach § 1674a BGB die elterliche Sorge der Mutter des Kindes kraft Gesetzes. Bezogen auf die Mutter des Kindes ist daher eine Anordnung des Ruhens der elterlichen Sorge nicht erforderlich und tritt an sich eine Amtsvormundschaft des Jugendamts kraft Gesetzes nach § 1791c BGB ein.[12] Ergeben sich im Kontext der vertraulichen Geburt keine näheren, verlässlichen Hinweise auf den Status des leiblichen Vaters zum Kind, ist jedoch wie beim Ablegen des Kindes in einer Babyklappe unmittelbar eine Vormundschaft nach § 1773 Abs. 2 BGB wegen nicht ermittelbaren Familienstands anzuordnen, denn der leibliche Vater des Kindes könnte qua Ehe mit der Mutter des Kindes auch rechtlicher und sorgeberechtigter Vater des Kindes sein und sein elterliche Sorge ruht nicht kraft Gesetzes nach § 1674a BGB. Da eher selten bekannt sein dürfte, ob die Mutter verheiratet ist oder nicht, wird bei einer vertraulichen Geburt daher regelmäßig eine Vormundschaft anordnen zu sein.[13] Ist der Familienstand lediglich bestritten (unklar), liegen die Voraussetzungen für die Anordnung einer Vormundschaft nicht vor. Es ist eine Pflegschaft anzuordnen, da nicht feststeht, ob der Familienstand nicht zu ermitteln ist.[14]

15a Nach § 1788 des **Diskussionsentwurfs eines Gesetzes zu Änderung des Vormundschaftsrechts** wird das Jugendamt bei einer vertraulichen Geburt iSd § 25 Abs. 1 Schwangerschaftskonfliktgesetz Amtsvormund des vertraulich geborenen Kinds kraft Gesetzes, wäre demnach bei einer vertraulichen Geburt keine Bestellung eines Vormunds mehr erforderlich.

16 **4. Entzug der elterlichen Sorge.** Gefährden die Eltern das Wohl ihres Kindes, kann das Familiengericht hierauf durch einen teilweisen oder vollständigen Entzug der elterlichen Sorge reagieren, §§ 1666 Abs. 1, Abs. 3 Nr. 6, 1666a BGB. Das Gericht hat bei seiner Entscheidung den **Verhältnismäßigkeitsgrundsatz** zu beachten. Ein Entzug der elterlichen Sorge kommt daher nur in Betracht, wenn weniger in die elterlichen Rechte einschneidende Maßnahmen – etwa Ge- und Verbote, § 1666 Abs. 3 Nr. 1–4 BGB oder das Erteilen einer Vollmacht zur Wahrnehmung von Befugnissen

---

[10] Vgl. zur Unbegleitetheit *Schwarz* → § 9 Rn. 18 ff.; zur Minderjährigkeit *Schwarz* → § 9 Rn. 14 ff.

[11] Zur unterschiedlichen Praxis der Gerichte vgl. BT-Drs. 16/7220, 11 f., 32.

[12] DIJuF-Gutachten JAmt 2013, 516; aA Staudinger/*Coester* § 1674a Rn. 3: Anordnung einer Vormundschaft erforderlich.

[13] Wie hier BeckOGK/*Schwedler* BGB§ 1674a Rn. 46.

[14] Staudinger/*Veit* BGB § 1773 Rn. 31.

aus der elterlichen Sorge an das Jugendamt oder einen anderen Dritte[15] – ausscheiden. Zudem ist zu prüfen, ob ein teilweiser Entzug der elterlichen Sorge zur Abwendung der Kindeswohlgefährdung ausreicht. In der Praxis findet sich daher heute immer seltener ein vollständiger Entzug der elterlichen Sorge. Wird die elterliche Sorge nur teilweise entzogen, ist nicht Vormundschaft, sondern Pflegschaft anzuordnen, um dem Kind in den den Eltern entzogenen Teilen der elterlichen Sorge eine Vertretung zu ermöglichen.

Zudem ist zu beachten, dass bei gemeinsamer elterlicher Sorge und Entzug der elterlichen Sorge nur eines Elternteils der andere Elternteil kraft Gesetzes allein zur elterlichen Sorge befugt ist, wenn ihm nicht ebenfalls die elterliche Sorge entzogen wird, § 1680 Abs. 3, Abs. 1 BGB, oder seine elterliche Sorge ruht, §§ 1673 ff. BGB. Wurde einem alleinsorgeberechtigten Elternteil die elterliche Sorge entzogen, hat das Gericht vorrangig zu prüfen, ob dem anderen Elternteil die elterliche Sorge zu übertragen ist, da eine Übertragung auf den anderen Elternteil dem Wohl des Kindes nicht widerspricht, §§ 1680 Abs. 3, Abs. 2 BGB. Bis zur abschließenden Prüfung kommt das Anordnen einer vorläufigen Vormundschaft in Betracht.[16] 17

5. Ruhen der elterlichen Sorge. Das BGB kennt verschiedene Konstellationen eines **Ruhens** der elterlichen Sorge **kraft Gesetzes** – bei rechtlichen Hindernissen, etwa bei Geschäftsunfähigkeit eines Elternteils, § 1673 Abs. 1 BGB, bei beschränkter Geschäftsfähigkeit, § 1673 Abs. 2 S. 1 BGB, nach Erteilen der Einwilligung in die Adoption, § 1751 Abs. 1 S. 1 BGB, und für die Mutter des Kindes bei einer vertraulichen Geburt, § 1674a BGB – und ein Ruhen der elterlichen Sorge wegen eines tatsächlichen Hindernisses, § 1674 Abs. 1 BGB. Das Ruhen wegen eines tatsächlichen Hindernisses setzt die **familiengerichtliche Feststellung** voraus, dass ein Elternteil die elterliche Sorge auf längere Zeit nicht ausüben kann. Beim Ruhen der elterlichen Sorge aufgrund eines rechtlichen Hindernisses kommt einer familiengerichtlichen Entscheidung hingegen allein deklaratorische Bedeutung[17] zu. Beim Ruhen der elterlichen Sorge kraft Gesetzes entsteht eine Amtsvormundschaft des Jugendamts kraft Gesetzes, §§ 1751 Abs. 1 S. 2, 1791c BGB, und ist keine Vormundschaft durch das Familiengericht anzuordnen. Eine Ausnahme von diesen Grundsätzen gilt im Kontext des Ruhens der elterlichen Sorge der Mutter eines vertraulich geborenen Kindes nach § 1674a BGB. Ergeben sich im Kontext der vertraulichen Geburt keine näheren, verlässlichen Hinweise auf den Status des leiblichen Vaters zum Kind, ist nach § 1773 Abs. 2 BGB eine Vormundschaft wegen nicht ermittelbaren Familienstands anzuordnen, denn der leibliche Vater des Kindes könnte qua Ehe mit der Mutter des Kindes auch rechtlicher und sorgeberechtigter Vater des Kindes sein, dessen Sorge nicht kraft Gesetzes ruht.[18] Da der Amtsvormundschaft des Jugendamts kraft Gesetzes in dieser Monographie ein eigenes Kapitel gewidmet ist (vgl. *Kunkel* §§ 16 ff.), befasst sich dieser Abschnitt nur mit dem Ruhen der elterlichen Sorge wegen eines tatsächlichen Hindernisses, § 1674 BGB. 18

Nach § 1788 des Diskussionsentwurfs eines Gesetzes zu Änderung des Vormundschaftsrechts wird das Jugendamt bei einer vertraulichen Geburt iSd § 25 Abs. 1 Schwangerschaftskonfliktgesetz Amtsvormund des vertraulich geborenen Kinds kraft 18a

---

[15] Ausführlich zu Voraussetzungen und Grenzen von Sorgerechtsvollmachten *Hoffmann* JAmt 2015, 6; *Hoffmann* BtPrax 2014, 151 und *Hoffmann* FamRZ 2011, 1544.

[16] OLG Köln FamRZ 2015, 1978.

[17] OLG Rostock FamRZ 2008, 1090.

[18] Wie hier BeckOGK/*Schwedler* BGB § 1674a Rn. 46.

Gesetzes, wäre demnach bei einer vertraulichen Geburt keine Bestellung eines Vormunds mehr erforderlich.

19 Zu beachten ist, dass die Geschäftsunfähigkeit, § 104 Nr. 2 BGB, eines Menschen seit Inkrafttreten des Betreuungsrechts eine Frage seiner tatsächlichen Verfassung und nicht Folge einer betreuungsgerichtlichen Entscheidung ist. Oder in anderen Worten: Die **Bestellung eines Betreuers** hat unabhängig vom Aufgabenkreis des Betreuers und auch bei einer Betreuung für alle Angelegenheiten keine Auswirkungen auf die elterliche Sorge. Wegen der mit Unsicherheiten behafteten Feststellung, ob ein Mensch geschäftsunfähig ist oder nicht, kann in diesen Konstellationen eine deklaratorische Feststellung des Ruhens der elterlichen Sorge wegen Geschäftsunfähigkeit erforderlich sein. In der Praxis erfolgt in nicht ganz eindeutigen Konstellationen eher ein Sorgerechtsentzug nach §§ 1666, 1666a BGB wegen unverschuldeter Kindeswohlgefährdung.[19] Es ist dann die Anordnung einer Vormundschaft und Auswahl sowie Bestellung eines Vormunds erforderlich.

20 Eine **tatsächliche Verhinderung** an der Ausübung der Befugnisse aus der elterlichen Sorge für längere Zeit wird von den Familiengerichten nur selten angenommen. Eine bloße räumliche Trennung genügt regelmäßig nicht, da die Eltern mit dem Wahrnehmen von Befugnissen aus der elterlichen Sorge Dritte beauftragen, ihnen eine Sorgerechtsvollmacht erteilen können. Allerdings setzt diese Art der Ausübung von elterlicher Sorge voraus, dass ein Kontakt zwischen dem Kind, dem Sorgerechtsbevollmächtigten und den sorgeberechtigten Eltern besteht.[20] So führt eine angetretene Haftstrafe[21] nur dann zu einer tatsächlichen Verhinderung, wenn sie von längerer Dauer ist und der Elternteil keine Möglichkeit hat, seine Vorstellungen durch Delegation von Befugnissen auch aus der Haftanstalt heraus umzusetzen.

21 Solange die elterliche Sorge ruht, ist ein Elternteil nicht berechtigt, sie auszuüben, § 1675 BGB. Sofern der andere Elternteil in dem Moment, in dem das Familiengericht das tatsächliche Hindernis feststellt, zur Sorge berechtigt ist, übt er die elterliche Sorge kraft Gesetzes allein aus, § 1678 Abs. 1 Hs. 1 BGB.

War der Elternteil, dessen elterliche Sorge ruht, hingegen vor der familiengerichtlichen Feststellung des Ruhens der elterlichen Sorge von Anfang an allein zur elterlichen Sorge berechtigt, § 1626a Abs. 3 BGB oder wurde ihm die elterliche Sorge nach Trennung oder Scheidung nach § 1671 Abs. 1 BGB durch das Familiengericht übertragen, ist der andere Elternteil nicht kraft Gesetzes zur elterlichen Sorge befugt, § 1678 Abs. 1 Hs. 2 BGB.

22 Einem Vater, dem die elterliche Sorge nie zugestanden hat, da die Mutter zuvor nach § 1626a Abs. 3 BGB allein sorgeberechtigt war, ist durch das Familiengericht die elterliche Sorge zu übertragen, wenn keine Aussicht besteht, dass der Grund, wegen dessen die elterliche Sorge der zuvor zur Sorge berechtigten Mutter ruht, wegfallen wird, und wenn dies dem Wohl des Kindes nicht widerspricht, § 1678 Abs. 2 BGB. Beim Ruhen der elterlichen Sorge wegen eines tatsächlichen Hindernisses wird eher selten keine Aussicht bestehen, dass das tatsächliche Hindernis und damit der Grund für das Ruhen der Sorge wegfallen wird. Denkbar ist dies etwa bei einem voraussichtlich dauerhaften Aufenthalt in einer Einrichtung aufgrund eines bestimmten Krankheits-

---

[19] Vgl. etwa OLG Hamm FamRZ 2015, 1906; OLG Brandenburg JAmt 2013, 664.

[20] OLG Hamm, FamRZ 2015, 1906; ausführlich zu Voraussetzungen und Grenzen von Sorgerechtsvollmachten *Hoffmann* JAmt 2015, 6; *Hoffmann* BtPrax 2014, 151 und *Hoffmann* FamRZ 2011, 1544; zum Ruhen bei unbegleitet einreisenden Minderjährigen *Weissinger* Rpfleger 2017, 8.

[21] OLG Hamm FamRZ 2012, 1657; OLG Brandenburg ZKJ 2009, 293; OLG Brandenburg FamRZ 2009, 237; OLG Frankfurt FamRZ 2007, 753.

bilds, hingegen nicht, wenn ein Elternteil sich in Strafhaft befindet. In der Praxis wird in dieser Konstellation meistens ein (teilweiser) Sorgerechtsentzug nach §§ 1666, 1666a BGB erfolgen, der dann eine Prüfung der Übertragung der elterlichen Sorge auf den Vater nach § 1680 Abs. 3 BGB zur Folge hat.

Eine Übertragung der elterlichen Sorge auf den anderen Elternteil, dem die elterliche Sorge aufgrund einer Entscheidung des Familiengerichts nach § 1671 BGB nicht mehr zusteht, kommt nicht auf Grundlage von § 1678 Abs. 2 BGB, sondern nur auf Grundlage einer Entscheidung nach § 1696 Abs. 1 BGB in Betracht, nachdem eine Entscheidung zum Sorgerecht zu ändern ist, wenn dies aus triftigen, das Wohl des Kindes nachhaltig berührenden Gründen angezeigt ist. **23**

Ist der andere Elternteil bereits verstorben, ruht seine elterliche Sorge ebenfalls, oder wurde ihm das Sorgerecht nach §§ 1666, 1666a BGB entzogen, ist Vormundschaft anzuordnen.

§ 7 Beginn und Ende der Vormundschaft

Inhalt

I. Beginn einer Vormundschaft

1. Beginn der Vormundschaft, Beginn des Amts. In den Fällen, in denen eine Vormundschaft des Jugendamts **kraft Gesetzes** entsteht, beginnt sie, sobald die Tatsachen vorliegen, die nach dem Gesetz die Entstehung herbeiführen – also beim Ruhen der elterlichen Sorge beider Elternteile nach Einwilligung in die Adoption, § 1751 Abs. 1 BGB, bzw. mit der Geburt eines Kindes, dessen Eltern nicht mit einander verheiratet sind und das eines Vormunds bedarf, § 1791c Abs. 1 BGB. Zu beachten ist, dass eine Adoptionsvormundschaft des Jugendamts kraft Gesetzes nach § 1751 Abs. 1 S. 2 BGB nicht begründet wird, wenn die Eltern eines Kindes während einer bereits bestehenden Vormundschaft eine Einwilligung in die Adoption erteilen. Dies gilt sowohl für eine nach § 1791c BGB kraft Gesetzes entstandene Amtsvormundschaft[1] – also in den Fällen, in denen der in die Annahme einwilligende Elternteil noch minderjährig ist – als auch bei einer Vormundschaft, die auf einer gerichtlichen Anordnung beruht. Die Bescheinigung des Familiengerichts über den Eintritt einer Vormundschaft kraft Gesetzes, § 1791c Abs. 3 BGB, § 190 FamFG, dokumentiert allein, dass eine Vormundschaft besteht. 1

In den übrigen Fällen beginnt die Vormundschaft mit ihrer **Anordnung** durch das **Familiengericht**, das vor der Anordnung zu prüfen hat, ob die materiell-rechtlichen Voraussetzungen für die Anordnung vorliegen, § 1773 BGB. Das Gericht hat die Vormundschaft von Amts wegen anzuordnen, § 1774 S. 1 BGB. Die Anordnung erfolgt durch Beschluss (zu Einzelheiten familiengerichtlicher Verfahren in Kindschaftssachen vgl. *Dürbeck* → § 3). 2

---

[1] OLG Köln FamRZ 1992, 352.

3 Eine Vormundschaft kann **schon vor der Geburt** des Kindes **angeordnet** werden, § 1774 S. 2 BGB, wenn zu erwarten ist, dass bei der Geburt ein Anlass für eine Vormundschaft bestehen wird – beispielsweise, da ein Elternteil nach der Geburt voraussichtlich alleinsorgeberechtigt wäre, da er und/oder der andere Elternteil keine Sorgeerklärungen abgeben wollen oder der andere Elternteil bereits verstorben ist, der Elternteil selbst bei der Geburt jedoch noch minderjährig sein wird und seine elterliche Sorge daher ruht, §§ 1673 Abs. 2, 1675 BGB. Wirksam wird die gerichtliche Anordnung erst mit der Geburt des Kindes.

4 Die Anordnung einer Vormundschaft führt zu keiner Vertretungsbefugnis. Eine **Vertretungsbefugnis** besteht erst nach Auswahl und Bestellung einer bestimmten Person bzw. eines Jugendamts oder Vereins zum Vormund durch das Familiengericht. Mit der Anordnung ist die Vormundschaft beim anordnenden Gericht anhängig. Dieses Gericht ist daher auch für die weiteren, die Vormundschaft betreffenden Angelegenheiten, insbesondere Auswahl und Bestellung eines Vormunds zuständig (vgl. zu Einzelheiten des Auswahl- und Bestellungsverfahrens *Dürbeck* → § 3 Rn. 168 ff.). Zeitliche Verzögerungen zwischen Anordnung der Vormundschaft und Auswahl sowie Bestellung eines Vormunds können im Einzelfall mit einer Pflegschaft gemäß § 1909 Abs. 3 BGB überbrückt werden. Diese Vorgehensweise wird sich primär für Konstellationen anbieten, in denen die Person, die zum Vormund bestellt werden soll, schon feststeht, aber ihre Bestellung aus rechtlichen oder tatsächlichen Gründen aktuell noch nicht möglich ist, beispielsweise beim Vorhandensein eines älteren Bruders oder einer älteren Schwester, die demnächst volljährig wird. Für den Zeitraum zwischen Anordnung und Auswahl sowie Bestellung kommt ferner eine unmittelbare Vertretung des Kindes oder Jugendlichen durch das Familiengericht auf Grundlage des § 1846 BGB in Betracht. Sofern das Kind oder der Jugendliche durch das Jugendamt in Obhut genommen wurde, besitzt zudem das Jugendamt Befugnisse zur Vertretung des Kindes, § 42 Abs. 2 S. 4 SGB VIII. Das Jugendamt besitzt ferner während der vorläufigen Inobhutnahme eines unbegleiteten minderjährigen Ausländers sorgerechtliche Befugnisse, § 42a Abs. 3 SGB VIII. Während des Zeitraums zwischen Anordnung sowie Auswahl und Bestellung können die Regelungen über die Geschäftsführung ohne Auftrag nicht zur Anwendung kommen, da es noch keinen Geschäftsherrn gibt. Aus den gleichen Gründen scheidet ein Handeln als Vertreter ohne Vertretungsmacht aus, das nachträglich durch den später ausgewählten und bestellten Vormund genehmigt werden könnte. Niemand kann eine Handlung nachträglich genehmigen, die zu einem Zeitpunkt erfolgte, in dem er selbst nicht zu dieser Handlung befugt gewesen ist.

5 **2. Beginn bei Fehlen materiell-rechtlicher Voraussetzungen.** Umstritten ist, inwieweit die Anordnung einer Vormundschaft sowie die Auswahl und die Bestellung eines Vormunds auch dann wirksam sind, wenn die materiell-rechtlichen Voraussetzungen für eine Anordnung oder Auswahl gar nicht vorgelegen haben oder wenn Verfahrensfehler vorliegen. Im Folgenden wird sich ausschließlich mit den Meinungen auseinandergesetzt, die zum Fehlen von materiell-rechtlichen Voraussetzungen für die Anordnung einer Vormundschaft bzw. für die Auswahl eines Vormunds vertreten werden. Die wohl überwiegende Meinung geht dabei davon aus, dass Anordnung und Auswahl beim Fehlen materiell-rechtlicher Voraussetzungen **grundsätzlich rechtswirksam** und nur bei elementaren Verstößen gegen materielles Recht nichtig sind.[2]

---

[2] Vgl. mit weiteren Nachweisen BeckOGK/Hoffmann BGB § 1774 Rn. 36 ff.; **aA** MüKoBGB/*Spickhoff* § 1774 Rn. 10, auch nach seiner Ansicht ist die gleichwohl erfolgende Bestellung eines Vormunds jedoch wirksam, wenn sich das Fehlen der Voraussetzungen des § 1773 nicht leicht und sicher, sondern erst nach langwierigen Amtsermittlungen feststellen lässt.

Daraus ergibt sich bezogen auf eine rechtsfehlerhafte Anordnung einer Vormundschaft, dass die Vormundschaft und damit auch das Amt des Vormunds zwar sofort wieder enden, § 1882 BGB, aber Handlungen des vermeintlichen Vormunds nach § 1893 BGB wirksam sind, wenn er nicht positive Kenntnis bzw. fahrlässige Unkenntnis vom Fehlen der materiell-rechtlichen Voraussetzungen für die Anordnung hatte.[3] Eine wirksame, aber mit materiell-rechtlichen Fehlern behaftete Auswahlentscheidung ist beim Vorliegen der materiell-rechtlichen Voraussetzungen für das Anordnen einer Vormundschaft bis zu ihrer Aufhebung wirksam.[4] Dabei ist zu beachten, dass § 48 FamFG eine gerichtliche Aufhebung einer Entscheidung von Amts wegen nicht schon dann ermöglicht, wenn das Gericht die ursprüngliche Entscheidung für ungerechtfertigt erachtet, sondern nur in den Fällen, in denen sich die der Entscheidung zugrunde liegende Rechtslage nachträglich wesentlich geändert hat. Es bedarf daher einer Anfechtung der Auswahlentscheidung durch Einlegen einer Beschwerde (vgl. zu Einzelheiten *Dürbeck* → § 3 Rn. 127 ff., 171 ff.). 6

Im Hinblick auf bestimmte materiell-rechtliche Voraussetzungen für die **Anordnung einer Vormundschaft** bzw. die Auswahl eines Vormunds besteht nicht in jedem Fall Einigkeit darüber, ob ihr Fehlen bereits zur Nichtigkeit der gerichtlichen Anordnungs- bzw. Auswahlentscheidung führt oder nicht: Wohl übereinstimmend wird angenommen, dass die Anordnung einer Vormundschaft für ein bereits verstorbenes Kind oder einen bereits verstorbenen Jugendlichen nichtig ist.[5] Mangels Anordnung sind auch die auf sie bezogene Auswahl- und Bestellungsentscheidungen unwirksam.[6] Bei Zweifeln an der Minderjährigkeit – etwa bei einem unbegleiteten jungen Ausländer – ist ein Vormund zu bestellen. [7] Erfolgt die Anordnung einer Vormundschaft, obgleich die Eltern oder ein Elternteil zur Sorge berechtigt sind oder bereits eine andere Vormundschaft angeordnet sowie ein Vormund ausgesucht und bestellt wurde, ist die Anordnung der Vormundschaft ebenfalls nicht nichtig.[8] Das gleiche gilt für die Bestellung eines Vormunds für einen Volljährigen.[9] 7

Bei **Auswahl** einer geschäftsunfähigen, natürlichen Person zum Vormund ist deren Auswahl und Bestellung nichtig.[10] Wird ein Vormund erst nach seiner Auswahl und Bestellung geschäftsunfähig, ist er hingegen zu entlassen. Die Auswahl und Bestellung eines Vereins, dem keine wirksame Erlaubnis erteilt wurde, ist nicht nichtig. Fehlt es an einer Anerkennung oder wird eine Anerkennung widerrufen, ist der Verein vielmehr zu entlassen.[11] Hingegen ist die Auswahl und Bestellung eines Minderjährigen oder einer Person, für die ein Betreuer bestellt wurde, ebenso wirksam[12] wie die Auswahl und Bestellung einer von den Eltern ausgeschlossenen Person[13] oder eines Beam- 8

---

[3] BeckOGK/*Hoffmann* BGB § 1774 Rn. 38.

[4] Zu Einzelheiten vgl. BeckOGK/*Hoffmann* BGB § 1779 Rn. 123 ff.; *Hoffmann* FamRZ 2011, 1185 und *Hoffmann* FamRZ 2011, 249.

[5] So Staudinger/*Veit* § 1791b Rn. 32; MüKoBGB/*Spickhoff* § 1774 Rn. 8; BeckOGK/*Hoffmann* BGB § 1774 Rn. 39.

[6] BeckOGK/*Hoffmann* BGB § 1779 Rn. 39.

[7] BeckOGK/*Hoffmann* BGB § 1773 Rn. 36.

[8] BeckOGK/*Hoffmann* BGB § 1774 Rn. 37; Staudinger/*Veit* § 1774 Rn. 33; **aA** MüKoBGB/*Spickhoff* § 1774 Rn. 9.

[9] AG Lahr FamRZ 2002, 1285; BeckOGK/*Hoffmann* BGB § 1774 Rn. 37; **aA** Staudinger/*Veit* § 1774 Rn. 32 bezogen auf die Anordnung einer Vormundschaft für einen zweifelsfrei Volljährigen.

[10] BeckOGK/*Hoffmann* BGB § 1780 Rn. 10.

[11] KG FamRZ 2006, 1481; BeckOGK/*Hoffmann* BGB § 1791a Rn. 17; MüKoBGB/*Spickhoff* § 1791a Rn. 6.

[12] BeckOGK/*Hoffmann* BGB § 1781 Rn. 12.

[13] BeckOGK/*Hoffmann* BGB § 1782 Rn. 26.

ten oder Angestellten im öffentlichen Dienst, für den keine Erlaubnis des Dienstherrn vorliegt.[14] Die Bestellung eines Vereins ist auch wirksam, wenn seine Einwilligung nicht vorliegt, denn der Verein kann sich nachträglich mit der Bestellung einverstanden erklären. Lehnt der Verein eine nachträgliche Gestattung ab, ist die Bestellung des Vereins als fehlerhaft aufzuheben.[15] Hingegen kann das Familiengericht einen Einzelvormund ohne seine Mitwirkung nicht wirksam bestellen.

9 Die Wirksamkeit der unberechtigten Anordnung einer Vormundschaft und einer auf ihr fußenden Bestellung eines Vormunds hat keine Wirkungen auf die Befugnisse sorgeberechtigter Eltern oder eines bereits volljährigen Betroffenen.[16] Eltern bleiben neben einem aufgrund unwirksamer Anordnung bestellten Vormund weiterhin zur Sorge berechtigt, ein bereits geschäftsfähiges „Mündel" behält seine Fähigkeit, rechtsgeschäftlich zu handeln. Bei einer unberechtigten Anordnung, Auswahl und Bestellung eines Vormunds haben demnach sowohl die Eltern als auch der Vormund die Befugnis, den Minderjährigen zu vertreten, bzw. kann das „Mündel" sich weiterhin selbst vertreten. Im Falle einander widersprechender Handlungen der Eltern bzw. des „Mündels" und des Vormundes ist die **zeitlich frühere Handlung** wirksam. Eltern bzw. „Mündel" haben jedoch die Möglichkeit, Erklärungen des Vormunds zu widerrufen, Verträge zu kündigen etc., sofern die allgemeinen Voraussetzungen für einen Widerruf oder eine Kündigung vorliegen.

II. Ende einer Vormundschaft

10 Das Ende der Vormundschaft für ein Kind ist vom Ende der Führung der Vormundschaft durch einen bestimmten Vormund – etwa beim Wechsel von Amtsvormundschaft des Jugendamts zur Vormundschaft durch einen Einzelvormund – zu unterscheiden. Mit dem Ende der Führung der Vormundschaft durch einen bestimmten Vormund enden nur dessen Rechte und Pflichten, jedoch nicht die angeordnete Vormundschaft an sich. Im Folgenden ist Gegenstand der Darstellung allein das Ende der Vormundschaft selbst und nicht des Amts eines bestimmten Vormunds (vgl. insoweit *Hoffmann* → § 4 Rn. 27 ff.). Mit dem Ende der Vormundschaft endet zugleich das Amt des Vormunds.

11 Grundsätzlich endet die Vormundschaft **kraft Gesetzes** sobald der Anlass für die Vormundschaft wegfällt, § 1882 BGB. Das Familiengericht kann das Ende der Vormundschaft von Amts wegen deklaratorisch feststellen.[17] Teilweise entfällt der Anlass selbst nur durch familiengerichtliche Entscheidung – etwa bei einer Rückübertragung der elterlichen Sorge nach § 1696 Abs. 2 BGB bei vorherigem Entzug der elterlichen Sorge nach §§ 1666, 1666a BGB oder durch das Entstehen einer Sorgeberechtigung der Adoptiveltern eines Kindes nach Ausspruch der Annahme durch das Familiengericht, § 1752 BGB. Mit Rechtskraft dieser Entscheidung endet die Vormundschaft dann kraft Gesetzes, da die materiell-rechtlichen Voraussetzungen für eine Vormundschaft nicht mehr vorliegen. Ist die Vormundschaft wegen eines nicht zu ermittelnden Familienstandes angeordnet worden, endet die Vormundschaft hingegen ohne Weiteres mit Ermittlung des Familienstands.

---

[14] BeckOGK/*Hoffmann* BGB § 1784 Rn. 17.
[15] BeckOGK/*Hoffmann* BGB § 1791a Rn. 27; **aA** MüKoBGB/*Spickhoff* § 1791a Rn. 8.
[16] BeckOGK/*Hoffmann* BGB § 1774 Rn. 42 f.; Staudinger/*Veit* § 1774 Rn. 32.
[17] MüKoBGB/*Spickhoff* § 1882 Rn. 13.

Die Vormundschaft endet grundsätzlich mit dem Tod des Kindes kraft Gesetzes. 12
Hingegen ist nach § 1884 BGB ein aufhebender Beschluss notwendig, wenn das Kind durch richterliche Erklärung für tot erklärt oder seine Todeszeit nach den Vorschriften des Verschollenheitsgesetzes festgestellt wird. Allein das **tatsächliche Verschollensein** beendet eine Vormundschaft nicht. Eine derartige Todeserklärung kommt im Rahmen eines Aufgebotsverfahrens bei Verschollenen in Betracht, also bei Personen, deren Aufenthalt während längerer Zeit unbekannt ist, ohne dass Nachrichten darüber vorliegen, ob sie in dieser Zeit noch gelebt haben oder gestorben sind, und nach den Umständen ernstliche Zweifel an ihrem Fortleben begründet werden. Da ein derartiges gerichtliches Verfahren bezüglich eines verschollenen Minderjährigen nicht in Betracht kommt, weil nach § 3 Abs. 2 VerschG eine Todeserklärung nicht vor dem Ende des Jahres zulässig ist, in dem der Verschollene das fünfundzwanzigste Lebensjahr vollendet hätte, ist die Regelung des § 1884 BGB nur für betreute Volljährige von Belang.

Fällt der ursprüngliche Anlass weg, liegt aber bereits im Zeitpunkt des Wegfalls **ein** 13
anderer Anlass vor, so endet die Vormundschaft nicht und bedarf es daher keiner erneuten Anordnung einer Vormundschaft.[18] Es muss jedoch erneut eine Auswahlentscheidung nach § 1779 BGB getroffen werden, da die Eignung sich jeweils bezogen auf die konkret anliegenden Aufgaben des Vormunds bezieht. Etwas anderes ist anzunehmen, wenn beide Anlässe eng verwandt sind.[19]

Wird ein **Minderjähriger volljährig**, endet die Vormundschaft auch dann, wenn 14
dem nunmehr Volljährigen ein Betreuer zu bestellen ist, weil er seine Angelegenheiten aufgrund einer geistigen oder seelischen Behinderung bzw. einer psychischen Krankheit auch als Volljähriger nicht selbst regeln kann, § 1896 Abs. 1 BGB. Der bisherige Vormund kann zum Betreuer bestellt werden. Das Bestellen eines Betreuers ist auch für einen noch Minderjährigen möglich, der das siebzehnte Lebensjahr vollendet hat, wenn anzunehmen ist, dass bei Eintritt der Volljährigkeit eine Betreuung erforderlich sein wird, § 1908a BGB. Besteht Personenkontinuität zwischen Vormund und Betreuer, braucht diese Person, falls ein Einwilligungsvorbehalt, § 1903 BGB, bezüglich der Vermögensverwaltung angeordnet wurde, ein etwaiges Vermögen nicht herauszugeben und nur Rechnung zu legen, §§ 1840f. BGB, jedoch nicht Rechenschaft abzulegen, § 1890 S. 1 BGB. Eine personale Kontinuität wird in der Praxis regelmäßig nur möglich sein, wenn für den Betroffenen bereits als Minderjähriger ein ehrenamtlicher Einzelvormund ausgewählt und bestellt worden war.

Ruhte die elterliche Sorge aus **rechtlichen Gründen** wegen Geschäftsunfähigkeit 15
oder beschränkter Geschäftsfähigkeit eines Elternteils, § 1673 BGB, endet die Vormundschaft grundsätzlich kraft Gesetzes mit (Wieder-)Erlangen der unbeschränkten Geschäftsfähigkeit. Die Vormundschaft für das Kind eines minderjährigen und demnach beschränkt geschäftsfähigen Elternteils endet daher grundsätzlich kraft Gesetzes, wenn der minderjährige Elternteil volljährig und daher unbeschränkt geschäftsfähig wird. Wurde einem minderjährigen Elternteil, für dessen Kind Amtsvormundschaft des Jugendamts nach § 1791c BGB bestand, bereits während der Minderjährigkeit sein Personennebensorgerecht entzogen und ist ihm bei Erreichen der Volljährigkeit die elterliche Sorge wegen Gefährdung des Kindeswohls, §§ 1666, 1666a BGB, vollständig zu entziehen, wächst ihm das Personennebensorgerecht, § 1673 Abs. 2 S. 2 BGB, mit Erreichen der Volljährigkeit nicht zu, sondern der Sorgerechtsentzug bleibt insoweit

---

[18] MüKoBGB/*Spickhoff* § 1882 Rn. 14; Staudinger/*Veit* § 1882 Rn. 14.
[19] Staudinger/*Veit* § 1882 Rn. 15.

wirksam.[20] Hinsichtlich der übrigen Teile der elterlichen Sorge fehlt es jedoch an einer entsprechenden gerichtlichen Entscheidung, so dass der Elternteil mit Erreichen der Volljährigkeit bis zu einer gerichtlichen Entscheidung insoweit sorgerechtliche Befugnisse – etwa die Befugnis zur Vermögenssorge – erhält. Die Amtsvormundschaft kraft Gesetzes selbst endet nach allgemeinen Regel, so dass letztlich erst nach einem vollständigen Entzug der elterlichen Sorge durch das Familiengericht Vormundschaft angeordnet und ein Vormund ausgewählt und bestellt werden kann.

16 Lagen dem **Ruhen** der elterlichen Sorge **tatsächliche Hindernisse** zugrunde, § 1674 BGB, ist das nunmehrige Fehlen dieser tatsächlichen Hindernisse – etwa die Entlassung aus der Strafhaft – durch das Gericht festzustellen, denn die elterliche Sorge lebt nach § 1674 Abs. 2 BGB erst dann wieder auf, wenn das Familiengericht feststellt, dass der Grund des Ruhens nicht mehr besteht. Mit Rechtskraft dieser Entscheidung endet die Vormundschaft nach allgemeinen Regeln.

§ 8 Die Personensorge

Inhalt

[20] OLG Karlsruhe FamRZ 2005, 1272.

I. Einleitung

1. Die Stellung des Vormunds. Gemäß § 1793 Abs. 1 S. 1 BGB hat der Vormund hat das Recht und die Pflicht, für die Person und das Vermögen des Mündels zu sorgen, insbesondere das Mündel in persönlichen und Vermögensangelegenheiten zu vertreten. 1

Für die in diesem Abschnitt behandelte Personensorge bestimmt § 1800 BGB, dass das Recht und die Pflicht des Vormunds, für die Person des Mündels zu sorgen, sich nach §§ 1631–1633 BGB bestimmen.

Der Vormund hat gegenüber dem Mündel damit eine **elternähnliche Stellung** inne. Eltern wird das Recht zur Pflege und Erziehung ihrer Kinder indes nicht verliehen, es steht ihnen vielmehr als **natürliches Recht** (Art. 6 Abs. 2 S. 1 GG) zu, das kraft Gesetzes **unmittelbar** eintritt. Demgegenüber begründet sich die Stellung des Vormundes stets erst durch einen staatlichen Hoheitsakt.[1]

[1] BVerfGE 10, 302 (328).

2 Die elternähnliche Stellung des Vormunds ist durch den im Rahmen Betreuungsrechtsänderungsgesetz vom 25.6.1998[2] neugefassten § 1775 Abs. 1 S. 1 BGB gestärkt worden. Danach kann ein **Ehepaar gemeinschaftlich** zu Vormündern bestellt werden. Eine solche gemeinsame Vormundschaft von Ehegatten ist nach Auffassung des Gesetzgebers in besonderem Maße geeignet, den personalen Bezug zwischen Vormund und Mündel zu verdeutlichen und damit die Vormundschaft dem **Eltern-Kind-Verhältnis anzunähern.**[3] Dies gilt insbesondere (aber nicht nur) in den Fällen, in denen das Kind in den Haushalt des Vormunds aufgenommen worden ist.

Die Bestellung von Partnern einer eingetragenen Lebenspartnerschaft oder nichtehelichen Lebensgemeinschaft als gemeinsame Vormünder ist nach wie vor ausgeschlossen.

Die elternähnliche Stellung des Vormunds spiegelt sich auch in § 1797 Abs. 2 S. 2 BGB, wonach jeder Vormund die Vormundschaft **selbständig** führt. Dies gilt auch für die Amtsvormundschaft, denn gemäß § 55 SGB VIII überträgt das Jugendamt die Vormundschaft **einzelnen** seiner Beamten oder Angestellten.

Hinsichtlich der Eltern hat der Gesetzgeber die Reihenfolge in § 1631 Abs. 1 („die Pflicht und das Recht") geändert, während es in § 1793 Abs. 1 S. 1 BGB bei der alten Reihenfolge („das Recht und die Pflicht") geblieben ist. Inhaltliche Unterschiede ergeben sich dadurch aber nicht.

3 **2. Rechte und Pflichten des Vormunds.** Gemäß §§ 1800, 1631 Abs. 1 BGB hat der Inhaber der Personensorge **insbesondere** die Pflicht und das Recht, das Kind zu pflegen, zu erziehen, zu beaufsichtigen und seinen Aufenthalt zu bestimmen. Durch das Wort „insbesondere" wird deutlich, dass die Aufzählung nicht abschließend, sondern nur beispielhaft für den Inhalt der Personensorge ist.

Dem Vormund obliegt die rechtliche und tatsächliche Vertretung des Mündels (dazu → Rn. 100 ff.).

II. Die Dauer der Personensorge

4 Die Personensorge (und damit die Vormundschaft) enden,

- wenn das Kind verstirbt (Umkehrschluss aus § 1698b BGB). Die Entscheidung über Bestattungsart, Bestattungsort und die Gestaltung der Grabstätte steht als Ausfluss des Totensorgerechts den nächsten leiblichen Familienangehörigen zu[4]
- am Tag der Volljährigkeit des Mündels, also am Tag der Vollendung des 18. Lebensjahres (§ 2 BGB).

Heiratet das minderjährige Mündel (was nur möglich ist, wenn das Mündel mindestens 16 Jahre alt ist, der Ehegatte volljährig und das Familiengericht eine Befreiung erteilt, § 1303 Abs. 2 BGB) so beschränkt sich die Personensorge gemäß § 1633 BGB allein auf die **Vertretung in persönlichen Angelegenheiten** (zum Begriff siehe unten → Rn. 102). Mit der Heirat erlischt hingegen das Recht der **tatsächlichen Personensorge**, insbesondere das Aufenthaltsbestimmungsrecht. Der verheiratete Minderjährige ist gemäß § 1353 Abs. 1 S. 2 BGB seinem Ehegatten zur ehelichen Lebensgemeinschaft verpflichtet.[5] Der Verlust der tatsächlichen Personensorge ist endgültig und lebt

[2] BGBl. I 1580.
[3] BT-Drs 13/7158, 21.
[4] Staudinger/*Peschel-Gutzeit* BGB § 1626 Rn. 38.
[5] Palandt/*Götz* § 1633 Rn. 1.

auch durch das Ende der Ehe (gleich ob durch Scheidung oder Tod des Ehepartners) nicht wieder auf.[6]

III. Pflege und Erziehung des Mündels

1. Grundsätzliches. Unter **Pflege** wird die Sorge für das leibliche Wohl des Kindes, seine Unterbringung, Verpflegung, Bekleidung sowie die Sorge für seine Gesundheit verstanden.[7] Auf die Gesundheitsfürsorge wird später[8] gesondert eingegangen. 5

Die **Erziehung** umfasst die Einwirkung auf die geistige, seelische und sittliche Entwicklung des Kindes in einer seinen Fähigkeiten, Anlagen und sonstigen Verhältnissen entsprechenden Weise.[9] Zur religiösen Kindererziehung[10] und zur Schul- und Berufsausbildung,[11] die ebenfalls zur Erziehung gehören, wird auf die späteren Kapitel verwiesen.

Die Begriffe „Pflege" und „Erziehung" überschneiden sich, da die Fragen, wie das Kind ernährt, wie es gekleidet wird usw., nicht nur die Pflege, sondern auch die Erziehung des Kindes betreffen.

2. Erziehungsziel und Erziehungsstil. Nach der Urfassung des BGB vom 1.1.1900 stand das Kind unter der **elterlichen Gewalt**, die bei bestehender Ehe vom Vater allein ausgeübt wurde. Der im Jahr 1980[12] vollzogene Begriffswandel zur **elterlichen Sorge** macht deutlich, um was es geht. Kinder, die ja selbst Grundrechtsträger sind, sind **nicht** bloßes Erziehungs**objekt**. 6

Ziel der Erziehung ist die Entwicklung des Kindes zu einem **selbstverantwortlichen und selbstständigen** Menschen.[13] § 1 Abs. 1 SGB VIII (KJHG) konstatiert entsprechend ein Recht auf Erziehung zu einer **eigenverantwortlichen und gemeinschaftsfähigen Persönlichkeit.**

Mit der Volljährigkeit endet die Personensorge nach dem Gesetz. Ziel muss es daher sein, dass sie zu diesem Zeitpunkt tatsächlich überflüssig und gegenstandslos wird.[14] Elterliche Sorge ist somit auf ihre **allmähliche Selbstverflüchtigung** angelegt.[15]

Der Entwicklung des Kindes zu einer selbstbestimmten und selbstverantwortlichen Persönlichkeit trägt der Gesetzgeber in zahlreichen **Einzelregelungen** Rechnung, indem er dem Kind ab einem bestimmten Alter eigene Zuständigkeiten und Verantwortlichkeiten zuweist. Vergleiche hierzu beispielhaft 7

- die beschränkte Geschäftsfähigkeit nach §§ 106 ff. BGB ab dem 7. Lebensjahr. Bei der Anwendung des § 110 BGB („**Taschengeldparagraph**") ist jedoch zu beachten, dass die **Mittelüberlassung zur freien Verfügung** dem Minderjährigen **kein** vom Willen des gesetzlichen Vertreters autonomes unbeschränktes Verfügungsrecht einräumt. Vielmehr kann der gesetzliche Vertreter die Mittelüberlassung durchaus mit **Einschränkungen für bestimmte Verwendungsarten** koppeln.[16] Ein von einem

---

[6] § 1633 BGB („... ist oder war").
[7] BeckOK BGB/*Veit* § 1631 Rn. 3.
[8] → Rn. 65 ff.
[9] BeckOK BGB/*Veit* § 1631 Rn. 3.
[10] → Rn. 16.
[11] → Rn. 15.
[12] BGBl. 1979 I 1061.
[13] BT-Drs. 8/2788, 34.
[14] Vgl. BVerfG NJW 1982, 1375.
[15] Staudinger/*Salgo* BGB § 1631 Rn. 25.
[16] *Lange* in jurisPK-BGB § 110 Rn. 32.

Minderjährigen ohne Zustimmung des gesetzlichen Vertreters geschlossener Kaufvertrag über beispielsweise eine Spielzeugpistole nebst Munition gilt **nicht** nach § 110 BGB als wirksam, wenn der Minderjährige **wusste**, dass seine Eltern mit der Verwendung des ihm grundsätzlich zur freien Verfügung überlassenen Taschengeldes **für einen derartigen Kauf nicht** einverstanden waren.[17] Auf den **guten Glauben des Vertragspartners**, dass die Voraussetzungen des § 110 BGB vorliegen, kommt es **nicht** an, da diesem beim Kontrahieren mit Minderjährigen generell die (vorsorgliche) Einholung einer Einwilligung nach § 107 BGB angesonnen werden kann.[18]

- die Haftung für die Schädigung anderer nach § 828 Abs. 2, Abs. 3 BGB ab dem 7. Lebensjahr, im Straßenverkehr ab dem 10. Lebensjahr
- die beschränkte Testierfähigkeit nach §§ 2229, 2233 BGB ab dem 16. Lebensjahr
- die strafrechtliche Verantwortlichkeit nach §§ 1, 3 JGG ab dem 14. Lebensjahr
- Ablehnung oder Wechsel des religiösen Bekenntnisses gemäß § 5 S. 1, 2 RKEG ab dem 14. Lebensjahr

8 **Allgemein** bestimmt **§ 1626 Abs. 2 BGB** für die elterliche Sorge (auch die Vermögenssorge): *„Bei der Pflege und Erziehung berücksichtigen die Eltern die wachsende Fähigkeit und das wachsende Bedürfnis des Kindes zu selbständigem verantwortungsbewusstem Handeln. Sie besprechen mit dem Kind, soweit es nach dessen Entwicklungsstand angezeigt ist, Fragen der elterlichen Sorge und streben Einvernehmen an.“*

§ 1793 Abs. 1 S. 2 BGB erklärt § 1626 Abs. 2 BGB für **den Vormund ausdrücklich für entsprechend anwendbar**, ohne dass es darauf ankäme, dass der Vormund den Mündel in seinen Haushalt aufgenommen hat.

Ein rein auf Gehorsam ausgerichteter und auf Unterwerfung unter den Willen der Eltern abzielender autoritärer Erziehungsstil, wie er Jahrzehnte hindurch gang und gäbe war, ist damit gesetzlich untersagt und kann zu Maßnahmen nach § 1666 BGB führen.[19] Leitbild ist stattdessen ein **partnerschaftlicher Erziehungsstil**. Die Meinung des Kindes ist nach § 1626 Abs. 2 S. 1 BGB zu berücksichtigen, nicht gesagt ist damit allerdings, dass dem Willen des Kindes auch in jedem Fall zu folgen wäre.

§ 1626 Abs. 2 S. 2 BGB gebietet daher Gesprächsbereitschaft und Bemühen um Einvernehmen. Dem Kind soll verdeutlicht werden, **warum** die Eltern welche Entscheidung anstreben. Nach Möglichkeit soll das Einvernehmen zum bewussten und gewollten Mitwirken gewonnen werden.[20] Die letzte Entscheidung verbleibt aber bei dem Sorgerechtsinhaber, er darf die Entscheidung nur nicht über den Kopf des Kindes hinweg treffen.[21]

Verstöße gegen § 1626 Abs. 2 S. 1, 2 BGB, die unterhalb der Eingriffsschwelle des § 1666 BGB liegen bleiben indes ungesühnt. Ein Schlichtungsverfahren entsprechend §§ 1628, 1630 Abs. 2 BGB ist bei einem Eltern-Kind-Konflikt **nicht** vorgesehen.

9 **3. Recht auf gewaltfreie Erziehung.** Die einvernehmlich mit dem Kind oder vom Sorgerechtsinhaber allein getroffenen Entscheidungen sind umzusetzen. Gebote und Verbote sind einzuhalten.

---

[17] AG Freiburg NJW-RR 1999, 637.

[18] *Derleder/Thielbar*, Handys, Klingeltöne und Minderjährigenschutz, NJW 2006, 3233, die das Gesagte für den im Aufsatztitel genannten Bereich bekräftigen.

[19] OLG Karlsruhe FamRZ 1989, 1322.

[20] BT-Drs. 7/2788, 44.

[21] Palandt/*Götz* § 1626 Rn. 23.

Die Ursprungsfassung des BGB erlaubte dem Vater dazu den Einsatz angemessener Zuchtmittel (§ 1631 BGB aF). Demgegenüber gewährt § 1631 Abs. 2 S. 1 BGB in der seit 6.7.2000[22] geltenden Fassung dem Kind ein **Recht auf eine gewaltfreie Erziehung.** Nach § 1631 Abs. 2 S. 2 BGB sind **körperliche Bestrafungen, seelische Verletzungen und andere entwürdigende Maßnahmen unzulässig.**

Das **Gewaltverbot** in § 1631 Abs. 2 S. 1 BGB ist sowohl aus entwicklungspsychologischen, soziologischen, medizinischen, pädagogischen als auch verfassungsrechtlichen Gründen aufgenommen worden.[23] Gewalterfahrung des Kindes kann Angst, Aggressionen, Neurosen und letztlich Gewaltkriminalität zur Folge haben.[24] Gewaltanwendung ist mit der Würde des Menschen (Art. 1 Abs. 1 S. 1 GG) und der freien Entfaltung der Persönlichkeit (Art. 2 Abs. 1 S. 1 GG) nicht vereinbar.[25]

a) Verbot körperlicher Bestrafung. Jegliche körperliche Bestrafung ist unzulässig, auch wenn sie nicht die Intensität einer Misshandlung erreicht.[26] Die „Tracht Prügel", das Schlagen mit der Faust oder der flachen Hand (Ohrfeige[27]), aber auch schon der „Klaps auf den Po" sind verboten.[28] Auch das Beißen des Kindes in das Gesäß (vorgeblich zu Erziehungszwecken) stellt eine unzulässige körperliche Bestrafung dar.[29] „Klapse" auf Hände und Unterarme verstoßen gegen das Recht auf gewaltfreie Erziehung und können eine Änderung des Aufenthaltsbestimmungsrechts begründen.[30] 10

Erst recht verboten ist das „Durchschütteln", insbesondere eines Säuglings, da dieses zu schwersten Verletzungen (Schütteltrauma) führen kann.

Nach heute herrschender Meinung kann eine körperliche Bestrafung des Kindes **strafrechtlich nicht mehr gerechtfertigt** sein.[31] Mit der Neufassung des § 1631 Abs. 2 BGB ist der früher angenommene Rechtfertigungsgrund des Gewohnheitsrechts entfallen. Fraglich kann strafrechtlich allenfalls noch sein, ob ganz leichte Züchtigungen (der berühmte „Klaps auf den Po") die Schwelle zur Körperverletzung nach § 223 StGB schon überschreiten.

Gerechtfertigt kann eine Gewaltanwendung jedoch sein, um das Kind oder Dritte vor einer unmittelbar bevorstehenden Gefahr zu bewahren (zB Festhalten oder Wegreißen des Kindes von der Bahnsteigkante, gewaltsames Entreißen des Feuerzeugs oder des Kfz-Schlüssels).

b) Verbot seelischer Verletzungen. Der Begriff der seelischen Verletzung hat den als zu eng empfundenen Begriff der seelischen Misshandlung abgelöst.[32] Verboten sind danach alle kränkenden oder herabsetzenden Verhaltensweisen der Eltern. 11

Unzulässig sind alle Maßnahmen von Eltern oder von Dritten mit Duldung der Eltern, die das Kind dem Gespött und der Verachtung anderer Personen preisgeben und so seine Selbstachtung in unverhältnismäßiger Weise verletzen. Eine seelische Misshandlung liegt auch dann vor, wenn ein Kind vor seinen Freunden oder anderen

---

[22] Gesetz zur Ächtung der Gewalt in der Erziehung v. 2.11.2000 (BGBl. I 1479); sa BT-Drs. 14/1247, 3.
[23] BeckOK BGB/Veit § 1631 Rn. 16.
[24] *Ostendorf/Hinghaus/Kasten* FamRZ 2005, 1514.
[25] BT-Drs. 14/1247, 5.
[26] BT-Drs. 14/1247, 8.
[27] BGH StV 1992, 106.
[28] Staudinger/*Salgo* BGB § 161 Rn. 86.
[29] OLG Jena FamRZ 2003, 1319.
[30] OLG Jena FamRZ 2003, 806.
[31] BeckOK StGB/Eschelbach § 223 Rn. 34 mwN; LG Berlin ZKJ 2006, 103 ff.; aA Lackner/*Kühl* StGB § 223 Rn. 11, der darauf abstellt, ob die Erziehungsmaßnahme zugleich entwürdigend ist.
[32] BT-Drs. 12/6343, 8.

Dritten herabgesetzt, wenn es wegen jeder Kleinigkeit kritisiert und nie gelobt wird oder die Eltern kaltherzig und lieblos mit ihm umgehen.[33]

Eine seelische Verletzung kann auch in einem altersunangemessenen Alleinlassen, im Einsperren im Dunkeln oder in der dauernden Nichtbeachtung oder Missachtung liegen.[34]

Erfasst vom Verbot seelischer Verletzungen wird auch das Miterleben von häuslicher Gewalt der Eltern untereinander (mittelbare Gewalt).[35]

12 **c) Verbot anderer entwürdigender Maßnahmen.** Bereits die körperliche Bestrafung und die seelische Verletzung sind entwürdigende Maßnahmen, „**andere** entwürdigende Maßnahmen" sind daher **Auffangtatbestand** zu allen in § 1631 Abs. 2 BGB beschriebenen unzulässigen Verhaltensweisen. Die Abgrenzung zur seelischen Verletzung ist schwierig, letztlich aber unnötig. Eine **abschließende Aufzählung** aller entwürdigenden Maßnahmen ist **nicht** möglich, da diese nicht eindeutig für alle denkbaren Fälle im Voraus definiert werden können.[36]

Andere entwürdigende Maßnahmen sind (soweit in ihnen nicht bereits eine seelische Verletzung gesehen werden kann) **beispielsweise** das Fesseln oder Festgurten des Kindes, das Nacktausziehen müssen vor den Eltern, die Kontrolle der Geschlechtsorgane bei einer 14jährigen,[37] das Kurzschneiden der Haare aus „Erziehungsgründen".

13 **d) Kein Züchtigungsrecht Dritter.** Auch Dritten steht ein Züchtigungsrecht des Kindes weder aus eigenem noch aus übertragenem Recht zu.

Lehrern ist dies durch die einschlägigen Landesgesetze **dienstrechtlich** untersagt, auch eine Berufung auf Gewohnheitsrecht ist (jetzt) ausgeschlossen.[38] **Arbeitgebern** verbietet § 31 JArbSchG die körperliche Züchtigung.

Auch alle anderen Dritten (zB: Pflegeeltern, Busfahrern, Bademeistern, Passanten etc.) steht ein Züchtigungsrecht nicht zu.

Da die Personensorgeberechtigten kein Züchtigungsrecht haben, können sie ein solches auch nicht (wie früher angenommen) auf Dritte übertragen.

14 **e) Erlaubte Erziehungsmaßnahmen.** Ebenso wenig wie die unzulässigen Erziehungsmaßnahmen abschließend aufgezählt werden können, können die erlaubten Erziehungsmaßnahmen abschließend benannt werden.[39]

Erlaubt sind Ermahnungen, Fernseh- und Computerverbot oder zeitliche Beschränkung, Ausgehverbote, Verbote sich an einem bestimmten Ort (zB: Disco, Bahnhofsmilieu) aufzuhalten, Hausarrest, Taschengeldkürzungen und der Entzug anderer Vergünstigungen. Die Wegnahme von im Eigentum des Kindes stehenden Gegenständen (zB Handy) ist ausschließlich aus erzieherischen Gründen und nur vorübergehend (zB während der Hausaufgaben) zulässig.[40]

15 **4. Ausbildung und Beruf.** Als Hauptanwendungsfall[41] der in § 1626 BGB postulierten **partnerschaftlichen Erziehung** bestimmt § 1631a BGB ausdrücklich, dass die Personensorgeberechtigten in Angelegenheiten der Ausbildung und des Berufes ins-

---

[33] BT-Drs. 12/6343, 15.

[34] *Staudinger/Salgo* BGB § 1631 Rn. 87.

[35] *Oberloskamp* ZfJ 2004, 267.

[36] BT-Drs. 8/2788, 35.

[37] BayOblG DAVorm 1983, 78.

[38] *Fischer* StGB § 223 Rn. 19.

[39] Palandt/*Götz* § 1631 Rn. 9.

[40] *Hoffmann,* Personensorge § 5 Rn. 25 ff.

[41] Palandt/*Götz* § 1631a Rn. 1.

besondere auf die **Eignung und Neigung** des Kindes **Rücksicht** zu nehmen haben. In Zweifelsfällen sollen sie den Rat eines Lehrers oder einer anderen geeigneten Person einholen.

Es soll vermieden werden, dass das Kind aus falsch verstandenem Prestigedenken oder als Ersatz für unerfüllte eigene Berufswünsche in eine Ausbildung oder einen Beruf gedrängt wird, für den es sich nicht eignet.[42] Unter Ausbildung ist dabei sowohl die schulische als auch die außerschulische Entwicklung von Fähigkeiten vor und außerhalb eines Berufs zu verstehen.[43] Die Ausbildung dient der Entwicklung von Anlagen, Begabungen sowie dem Erwerb von Fertigkeiten, die für den beruflichen Werdegang unerlässlich sind.[44]

Durch die Verwendung des Begriffs „insbesondere" wird deutlich, dass Eignung und Neigung zwar vorrangige, aber nicht ausschließliche Kriterien sind. Als weitere Aspekte kommen Arbeitsmarktchancen sowie Konstitution und Gesundheit des Kindes in Betracht.

5. Die religiöse Erziehung des Mündels. Gemäß § 1801 BGB obliegt dem Vormund grundsätzlich auch die religiöse Erziehung des Mündels. 16

Ob und in welchem Bekenntnis der Mündel zu erziehen ist, ist im „Gesetz über die religiöse Kindererziehung" (RKEG) vom 15.7.1921[45] geregelt. Bekenntnis ist dabei jede Zugehörigkeit zu einer Religions- oder Weltanschauungsgemeinschaft, aber auch die Nichtzugehörigkeit zu einer dieser Gemeinschaften.

Das Recht, das Bekenntnis des Kindes zu bestimmen, ist grundsätzlich Sache der Eltern (§ 1 RKEG).[46] Haben die Eltern eine Bestimmung getroffen, so kann sie der Vormund oder Pfleger **nicht** ändern (§ 3 Abs. 2 S. 6 RKEG), auch dann nicht, wenn er Alleinvormund ist. Dies gilt insbesondere dann, wenn den Eltern **nach** der Bestimmung das Sorgerecht entzogen worden ist.

Steht einem Elternteil zusammen mit einem Vormund die elterliche Sorge zu, so geht die Bestimmung des mitsorgeberechtigten Elternteils vor (§ 3 Abs. 1 RKEG), der Vormund kann sie nicht verhindern.

Nur dem **Allein**vormund kann daher ein **Erstbestimmungsrecht** zustehen. Will er es ausüben, so hat er gemäß § 3 Abs. 2 S. 2 RKEG die **Genehmigung des Familiengerichts** einzuholen. Vor der Genehmigung sind die Eltern sowie erforderlichenfalls Verwandte, Verschwägerte und die Lehrer des Kindes zu hören, wenn dies ohne erhebliche Verzögerung oder unverhältnismäßige Kosten geschehen kann. § 1779 Abs. 3 S. 2 BGB gilt entsprechend. Das Kind ist zu hören, wenn es das **zehnte Lebensjahr** vollendet hat.

Dem **Einzel**vormund (**nicht** dem Amts- oder Vereinsvormund) **kann** gemäß § 1801 Abs. 1 BGB vom **Familiengericht** die Sorge für die religiöse Erziehung entzogen werden, wenn er nicht dem Bekenntnis angehört, dem auch das Mündel angehört **und gewichtige Gründe** vorliegen, die befürchten lassen, dass die religiös-weltanschauliche **Erziehung des Mündels nachteilig beeinflusst** wird. Dies kann dann der Fall sein, wenn der – im Übrigen durchaus geeignete – Vormund wegen seines anderen Glaubensbekenntnisses der religiösen Erziehung des Mündels nicht das nötige Interesse oder Verständnis entgegengebracht hat und es in dieser Hinsicht an der erforderlichen Sorge hat fehlen lassen, so dass die Besorgnis gerechtfertigt ist, der Vormund werde 17

---

[42] BT-Drs. 8/2788, 37.

[43] Palandt/*Götz* § 1631a Rn. 1.

[44] BeckOK BGB/*Veit* § 1631a Rn. 2.

[45] RGBl. 1921 I 939 – dieses Gesetz ist weiterhin in Kraft, Abdruck etwa in dtv 5577 als Nr. 7.

[46] Zur Kollision mit der Schulpflicht siehe BVerfG NJW 2015, 44 und BVerfG NJW 2009, 3151.

auch künftig um die religiöse Erziehung des Mündels nicht pflichtgemäß bemüht sein. Bekenntnisverschiedenheit liegt auch vor, wenn einer von beiden einem Bekenntnis und der andere keinem Bekenntnis angehört. Für den Bereich der religiösen Erziehung ist dann ein bekenntnisgleicher Mitvormund oder Pfleger zu bestellen.

Gemäß § 1801 Abs. 2 BGB hat der Amts- oder Vereinsvormund bei einer Unterbringung des Mündels (nicht notwendig freiheitsentziehende) auf das religiöse Bekenntnis oder die Weltanschauung des Mündels und seiner Familie Rücksicht zu nehmen.

Gemäß § 5 RKEG endet die elterliche Sorge für die religiöse Kindererziehung mit Vollendung des **vierzehnten Lebensjahres** des Kindes. Es ist nun **religionsmündig** und kann frei entscheiden, ob und welcher Religions- oder Weltanschauungsgemeinschaft es angehören will.

IV. Das Aufenthaltsbestimmungsrecht

18 **1. Allgemeines.** Der Personensorgeberechtigte bestimmt den tatsächlichen Aufenthalt des Kindes.

Im Regelfall geschieht dies bei **intakter Familie** konkludent durch Aufnahme des Kindes in den elterlichen Haushalt.

Als Personensorgeberechtigter ist der Vormund berechtigt, aber nicht verpflichtet, das Mündel in seinen Haushalt aufzunehmen. Tut er dies, gelten gemäß § 1793 I 3 BGB zusätzlich für ihn die §§ 1618 a, 1619, 1664 BGB entsprechend.[47]

Der Personensorgeberechtigte kann jedoch auch bestimmen (bei einem Amtsvormund wird dies die Regel sein), dass sich das Kind in einem Kinderheim, bei Pflegeltern, in einem Internat oder vorübergehend in einem Krankenhaus oder Sanatorium oder in einem Ferienlager aufzuhalten hat. Das Kind hat dem Folge zu leisten und darf den Aufenthaltsort nicht ohne Zustimmung des Sorgeberechtigten verlassen.

Eingeschränkt wird das Aufenthaltsbestimmungsrecht durch die Schulpflicht und bei Maßnahmen nach dem JGG.

In das dem Vormund zustehende Aufenthaltsbestimmungerecht kann das Familiengericht nur gemäß §§ 1837 II–IV, 1666 BGB eingreifen.

19 **2. Die zivilrechtliche mit Freiheitsentziehung verbundene Unterbringung des Kindes.** Für eine Unterbringung des Kindes, die mit Freiheitsentziehung verbunden ist, bedürfen die Eltern gemäß § 1631 b BGB der **Genehmigung des Familiengerichts**.

§ 1631 b BGB gilt auch für den Vormund (§ 1800 BGB) und den Pfleger (§ 1915 BGB), aber auch für eine Unterbringungsmaßnahme, die das Familiengericht nach §§ 1846, 1915 BGB als einstweilige Maßregel anordnen will, weil ein Vormund oder Ergänzungspfleger noch nicht bestellt ist oder an der Erfüllung seiner Pflichten verhindert ist.[48]

Durch das „Gesetz zur Erleichterung familiengerichtlicher Maßnahmen bei Gefährdung des Kindeswohls" vom 4.7.2008[49] ist § 1631 b BGB mit Wirkung vom 12.7.2008 dahingehend ergänzt worden, dass die Unterbringung **nur** dann zulässig ist, **wenn sie zum Wohl des Kindes,** insbesondere zur Abwendung einer erheblichen Selbst- oder Fremdgefährdung, **erforderlich** ist und der Gefahr nicht auf andere Weise, auch nicht durch andere öffentliche Hilfen, begegnet werden kann.

---

[47] Dazu mehr unter → Rn. 122ff.

[48] Keidel/*Engelhardt* § 151 FamFG Rn. 14.

[49] BGBl. I 1188.

Die alte Fassung des § 1631 b BGB stellte nur das **formale** Erfordernis einer familiengerichtlichen Genehmigung für die Unterbringung auf, ohne selbst inhaltliche Kriterien für die Zulässigkeit der Unterbringung zu nennen.

Nun ist klargestellt, dass die Genehmigung der Unterbringung **zwingend** voraussetzt, dass die Unterbringung zur Abwendung einer Gefahr für das Kindeswohl, insbesondere einer Selbst- oder Fremdgefährdung erforderlich und geeignet sein muss und keine milderen Mittel zur Abwendung der Gefahr zur Verfügung stehen dürfen, also verhältnismäßig ist.[50]

a) Freiheitsentziehende Unterbringung. Eine freiheitsentziehende Unterbringung liegt dann vor, wenn das Maß der in einem **bestimmten Alter üblichen Freiheitsbeschränkungen** an Dauer oder Stärke überschritten wird.[51] Dies ist **nicht** der Fall bei einer Unterbringung in einer Pflegefamilie oder bei Bekannten bzw. Verwandten, in einem Internat mit gewöhnlicher Bewegungsfreiheit oder in einem sog. **offenen Heim.**[52] 20

Eine mit Freiheitsentziehung verbundene Unterbringung liegt aber stets bei **geschlossenen Heimen und Anstalten** sowie **geschlossenen Abteilungen** von Heimen und Anstalten vor.[53] Zweifelhaft und eine Frage des Einzelfalls ist eine Unterbringung in einer **halboffenen** Einrichtung.

Die Einweisung zu einer stationären Kur oder zur längeren Beobachtung (Sucht- oder Drogenklinik und ähnliches) wird regelmäßig mit einer Freiheitsentziehung verbunden sein.[54]

Ob das **Einverständnis des Kindes** mit der freiheitsentziehenden Unterbringung die familiengerichtliche Genehmigung entbehrlich macht, ist umstritten.[55] Wegen der bei dem in Frage kommenden Personenkreis stets fraglichen Einsichtsfähigkeit und insbesondere im Hinblick auf die bei ihm typischerweise vorkommenden Stimmungsschwankungen sollte **stets** die Genehmigung des Familiengerichts als **Kontrollinstanz** eingeholt werden.

Unterbringungsähnliche Maßnahmen wie die Beschränkung der Freiheit durch mechanische Vorrichtungen (Bettgitter uÄ), Medikamente oder auf andere Weise sind, gleichgültig, ob sie in einer offenen, halboffenen oder einer geschlossenen Anstalt vorgenommen werden, unterfallen **nicht** dem § 1631b BGB.[56] 21

Ob in diesen Fällen eine Genehmigung nach § 1906 IV BGB analog einzuholen ist, ist vom BGH[57] verneint worden. Gegen eine entsprechende Anwendung des § 1906 IV BGB spricht, dass diese Vorschrift Erwachsene betrifft, die unter Betreuung stehen. Ein mit familiengerichtlicher Genehmigung verbundener Eingriff in die Elternrechte bedarf aber einer **ausdrücklichen** gesetzlichen Regelung, und eben diese fehlt.[58] Insbesondere hat der Gesetzgeber, dem die Problematik bekannt war, bei der Neufassung des § 1631 b BGB von einer Regelung abgesehen.

---

[50] *Rohmann* FPR 2009, 351.
[51] BT-Drs. 8/2788 51.
[52] BT-Drs. 8/2788 38.
[53] BVerfG FamRZ 2007, 1627.
[54] Marschner/Volckart/Lesting BGB § 1631b Rn. 5.
[55] vgl. LG Berlin FamRZ 1991, 365; *Hoffmann,* Personensorge § 7 Rn. 13 einerseits, BeckOK BGB/Veit § 1631 b Rn. 5 andererseits.
[56] AG Hamburg-Barmbeck FamRZ 2009, 792.
[57] BGH NJW 2013, 1646.
[58] So auch Keidel/*Engelhardt* § 151 FamFG Rn. 14.

Daraus folgt, dass unterbringungsähnliche Maßnahmen ohne richterliche Genehmigung zulässig sind, wenn sie **ausschließlich** der Gefahrenabwehr (und nicht etwa Erziehungszwecken) dienen und erforderlich, geeignet und verhältnismäßig sind.[59]

Nach Auffassung des BGH[60] ist es dem Gesetzgeber überlassen, ob die Anordnung eines familiengerichtlichen Genehmigungsvorbehalts das geeignete, erforderliche und verhältnismäßige Mittel ist, Kinder vor ungerechtfertigten unterbringungsähnlichen Maßnahmen zu schützen.

In einem REntwurf eines Gesetzes zur Einführung eines familienrechtlichen Genehmigungsvorbehalts für freiheitsentziehende Maßnahmen bei Kindern vom 30.11.2016 schlägt die Bundesregierung nunmehr vor,[61] einen solchen Genehmigungsvorbehalt einzuführen, wenn bei einem Aufenthalt des Kindes in einer Anstalt einem Heim oder einer sonstigen Einrichtung dem Kind die Freiheit durch mechanische Vorrichtungen, Medikamente oder auf andere Weise für einen längeren Zeitraum oder regelmäßig in nicht alterstypischer Weise entzogen werden soll. Die Ergreifung solcher Maßnahmen im elterlichen Haushalt soll nach dem Entwurf weiterhin genehmigungsfrei bleiben. Ob dieser Referentenentwurf Gesetzeskraft erlangt, bleibt abzuwarten.

22 **b) Das Unterbringungsverfahren in der Hauptsache.** Seit Inkrafttreten des FamFG am 1.9.2009 handelt es sich bei dem Genehmigungsverfahren zur Unterbringung des Minderjährigen um eine **Kindschaftssache** im Sinne der §§ 111 Nr. 2, 151 Nr. 6, 167 FamFG. § 167 FamFG verweist seinerseits auf die im Verfahren in Unterbringungssachen geltenden Vorschriften der §§ 312–339 FamFG. Die örtliche Zuständigkeit des Gerichts richtet sich nach § 152 FamFG.

Ist zwischen den Eltern des gemeinschaftlichen Kindes eine Ehesache (§§ 111 Nr. 1, 121 FamFG) anhängig, so ist das Gericht der Ehesache auch für das Genehmigungsverfahren nach § 1631 b BGB zuständig (§ 152 I FamFG). Ansonsten ist das Gericht zuständig, in dessen Bezirk der Minderjährige seinen gewöhnlichen Aufenthalt hat (§ 152 II FamFG). Lebt das Kind in einem Heim und ist eine Rückkehr in den elterlichen Haushalt nicht beabsichtigt, so hat das Kind dort seinen gewöhnlichen Aufenthalt, und das Familiengericht ist zuständig, in dessen Bezirk das Heim gelegen ist.[62] Hat der Mündel keinen gewöhnlichen Aufenthalt im Inland, so ist das Amtsgericht zuständig, in dessen Bezirk das Bedürfnis nach Fürsorge bekannt wird (§ 152 III FamFG).

Der Antrag (und die spätere Entscheidung, § 323 I FamFG) **müssen** eine **nähere Bezeichnung der Unterbringungsmaßnahme** enthalten. Es ist anzugeben, ob die Unterbringung in einer psychiatrischen Klinik **oder** in einer geschlossenen Einrichtung der Jugendhilfe erfolgen soll.[63] Die Ausrichtung dieser beiden Alternativen der Unterbringung ist unterschiedlich, die erforderliche Prüfung des Kindeswohls kann daher **nur** bei Angabe der **Unterbringungsart** erfolgen.[64] Eine namentliche Benennung der Einrichtung ist indes nicht erforderlich, die konkrete Auswahl steht im Ermessen des Personensorgeberechtigten.

23 In einem **Hauptsacheverfahren** auf Genehmigung einer Unterbringung nach § 1631 b BGB **muss** der Richter **vor** der Entscheidung das Folgende veranlassen:

---

59 So auch *Hoffmann,* Personensorge § 7 Rn. 17.
60 BGH NJW 2013, 1646
61 BR-Drs. 793/16
62 OLG München NJW 2006, 3446.
63 *Bumiller/Harders/Schwamb* § 167 FamFG Rn. 26.
64 BVerfG FamRZ 2007, 1629.

• Es ist ein **Sachverständigengutachten** über die Notwendigkeit der Unterbringung einholen (§ 321 I 1 FamFG). Als Sachverständiger soll ein Arzt für Kinder- und Jugendpsychiatrie und – Psychotherapie bestellt werden (§ 167 VI 1 FamFG). Kommt die Unterbringung in einem geschlossenen Heim in Betracht, so kann auch ein in Fragen der Heimerziehung ausgewiesener Psychotherapeut, Psychologe, Pädagoge oder Sozialpädagoge zum Sachverständigen bestellt werden (§ 167 VI 2 FamFG). 24

Der Sachverständige hat den betroffenen Minderjährigen **persönlich** zu untersuchen oder zu befragen (§ 321 I 2 FamFG). Erscheint der Betroffene zur Untersuchung nicht, so kann er gemäß §§ 322, 283 FamFG durch das Jugendamt als der zuständigen Behörde im Sinne des § 283 I FamFG vorgeführt werden. Dieses kann sich dazu der Hilfe der Polizei bedienen (§ 283 II 2 FamFG). Die Anwendung von Gewalt und das Betreten der Wohnung ist dabei nur auf ausdrückliche Entscheidung des Gerichts zulässig (§ 283 II 1, III 1 FamFG)

Das Gutachten soll sich auch auf die voraussichtliche Dauer der Unterbringung erstrecken (§ 321 I 3 FamFG).

• Der Richter hat den Minderjährigen **persönlich** (**nicht** im Wege der Rechtshilfe, 25
§ 319 IV FamFG) anzuhören **und** sich einen persönlichen Eindruck von ihm zu verschaffen (§ 319 I 1 FamFG). Den persönlichen Eindruck verschafft sich das Gericht, soweit dies erforderlich ist, **in der üblichen Umgebung** des Betroffenen (§ 319 I 2 FamFG). Die Anhörung erschöpft sich nicht in der Gewährung rechtlichen Gehörs, sondern soll den Richter in die Lage versetzen, sich ein klares und umfassendes Bild von dem Betroffenen zu machen.[65]

Anlässlich der Anhörung ist der Betroffene über den möglichen Verlauf des Verfahrens zu unterrichten (§ 319 II FamFG). Liegt das Sachverständigengutachten bereits vor, so ist es mit ihm zu erörtern, andernfalls ist er über die Person des Sachverständigen in Kenntnis zu setzen.[66]

Die Anhörung darf **nur** unterbleiben, wenn die persönliche Anhörung erhebliche Nachteile für die Gesundheit des Betroffenen befürchten lässt oder der Betroffene offensichtlich nicht in der Lage ist, seinen Willen kundzutun (§ 34 II FamFG). Die Entscheidung über etwaige Nachteile für die Gesundheit kann nur auf Grundlage eines **ärztlichen Attestes** ergehen (§ 319 III FamFG). Die nach § 34 II unterbliebene Anhörung des Minderjährigen ersetzt **nicht** die Pflicht des Richters, sich einen Eindruck von dessen persönlicher Umgebung zu machen.

Erscheint der Betroffene zur Anhörung trotz Ladung nicht bzw. wird nicht angetroffen, so kann das Gericht seine Vorführung durch das Jugendamt anordnen.[67] Die Durchsetzung erfolgt nach § 35 FamFG.

Unterbleibt die Anhörung, so ist die Freiheitsentziehung rechtswidrig. Die Nachholung der Anhörung bewirkt **keine rückwirkende Heilung**.[68]

• Dem Minderjährigen ist gemäß §§ 167 I 2, 317 I 1 FamFG ein **Verfahrensbeistand** 26
zu bestellen, wenn dies zur Wahrnehmung der Interessen des Betroffenen erforderlich erscheint. Dies ist insbesondere der Fall, wenn von seiner persönlichen Anhörung abgesehen werden soll (§ 317 I 2 FamFG). Die Bestellung eines Verfahrensbeistands soll unterbleiben (bzw. aufgehoben werden), wenn der Betroffene durch eine Rechtsanwalt oder anderen geeigneten Verfahrensbevollmächtigten vertreten wird (§ 317 IV FamFG).

---

[65] BVerfG FamRZ 2007, 1628.
[66] KG FamRZ 2007, 1043.
[67] *Bumiller/Harders/Schwamb* § 319 FamFG Rn. 7.
[68] OLG Hamm FamRZ 2008, 1116.

Die **Nichtbestellung** eines Verfahrensbeistandes ist in dem Beschluss, in dem eine Unterbringung genehmigt wird, zu **begründen** (§ 317 II FamFG).

Der Gesetzgeber hat bei der Bestellung des Beistandes (auch aus Kostengründen[69]) den ehrenamtlichen Verfahrensbeiständen Vorrang eingeräumt (§ 317 III FamFG). Von einer ehrenamtlich tätigen Person ohne spezifische Fachkenntnisse kann jedoch eine kritische Überprüfung der Ermittlungsergebnisse, insbesondere des eingeholten Sachverständigengutachtens, kaum erwartet werden.[70] In der Praxis wird daher richtigerweise zumeist ein Rechtsanwalt als Verfahrensbeistand bestellt.

Die Frage, ob die Bestellung, Nichtbestellung oder Aufhebung der Bestellung eines Verfahrensbeistandes gesondert anfechtbar ist, war unter der Geltung des FGG umstritten. Sie ist durch den Gesetzgeber durch §§ 317 VI, 276 VI FamFG jetzt negativ entschieden worden.

Für die Vergütung und den Aufwendungsersatz des Verfahrensbeistands gilt gemäß § 158 VII FamFG § 277 FamFG entsprechend.

27 • Persönlich anzuhören sind gemäß § 167 IV FamFG ferner die Personensorgeberechtigten, die gesetzlichen Vertreter und die Pflegeltern, gemäß § 320 FamFG ist auch das Jugendamt anzuhören.

28 Ein Minderjähriger, der das **14. Lebensjahr vollendet** hat, gilt gemäß § 167 III FamFG ohne Rücksicht auf seine Geschäftsfähigkeit in dem Verfahren als **verfahrensfähig**. Dies bedeutet, dass er selbstständig und **ohne Beteiligung Dritter, insbesondere des Vormunds**, sich zur Sache einlassen, Einwendungen vortragen, Verfahrenskostenhilfe beantragen und insbesondere Rechtsmittel einlegen kann. Dies gilt **auch**, wenn ein Verfahrensbeistand für ihn bestellt ist, so dass ein vom Minderjährigen eingelegtes Rechtsmittel vom Verfahrensbeistand nicht gegen den Willen des Minderjährigen zurückgenommen werden kann.[71]

29 Wird die Genehmigung erteilt, geschieht dies mit zu begründendem (§ 38 III 1 FamFG) Beschluss, der gemäß § 323 FamFG in der Beschlussformel die nähere Bezeichnung der Unterbringungsmaßnahme (vgl. oben → Rn. 22) und den Zeitpunkt, zu dem die Maßnahme endet, nennen **muss**.

Die Höchstdauer der Unterbringung beträgt gemäß § 329 I 1. Alt. FamFG **ein Jahr**, nur bei offensichtlich langer Unterbringungsbedürftigkeit **zwei Jahre** (§ 329 I Alt. 2 FamFG).

Eine jeweilige Verlängerung ist gemäß § 329 II 1 FamFG möglich. Bei einer Unterbringung von einer Gesamtdauer von mehr als **vier Jahren** soll das Gericht in einem Verlängerungsverfahren keinen Sachverständigen bestellen, der den Betroffenen bisher behandelt oder begutachtet hat oder in der Einrichtung tätig ist, in der der Betroffene untergebracht ist (§ 329 II 2 FamFG).

30 Grundsätzlich werden Beschlüsse über die Genehmigung einer Unterbringung erst mit Rechtskraft wirksam (§ 324 I FamFG). Das Gericht kann jedoch die **sofortige Wirksamkeit** anordnen (§ 324 II FamFG). In diesem Fall wird die Genehmigung mit deren Bekanntgabe an den Betroffenen, den Verfahrensbeistand oder durch Übergabe an die Geschäftsstelle des Gerichts zum Zwecke der Bekanntgabe wirksam.

Wie **jede** Endentscheidung im FamFG-Verfahren (§ 39 FamFG) ist der Beschluss mit einer Rechtsbehelfsbelehrung zu versehen.

---

[69] Prütting/Helms/*Roth* § 317 FamFG Rn. 12.
[70] Keidel/*Budde* § 276 FamFG Rn. 8.
[71] *Musielak/Borth* § 167 FamFG Rn. 5.

Rechtsmittel ist die **Beschwerde** (§ 58 I FamFG), die binnen einer **Frist von einem Monat** (§ 63 FamFG) schriftlich oder zur Niederschrift bei der Geschäftsstelle **des Gerichts einzulegen ist, das die Entscheidung erlassen hat** (§ 64 I FamFG). 31

Anwaltszwang für das Beschwerdeverfahren besteht **nicht**.

Der Minderjährige hat ein **eigenes Beschwerderecht** (§ 167 III FamFG und nochmals klarstellend § 60 FamFG).

Die Frist beginnt jeweils mit der schriftlichen Bekanntgabe des Beschlusses an die Beteiligten. Auch dem Minderjährigen, der das 14. Lebensjahr vollendet hat, ist der Beschluss bekannt zu machen.[72] Fehlt die vorgeschriebene Rechtsbehelfsbelehrung oder war sie unvollständig oder fehlerhaft und wird die Frist versäumt, so wird bei einem Antrag auf Wiedereinsetzung in den vorherigen Stand vermutet, dass die Fristversäumung unverschuldet war (§ 17 II FamFG).

Die Beschwerde **soll** gemäß § 65 I FamFG – muss aber nicht – begründet werden. Neues Vorbringen ist zulässig (§ 65 III FamFG). Allein auf die Unzuständigkeit des erstinstanzlichen Gerichts kann die Beschwerde nicht gestützt werden (§ 65 IV FamFG).

Gegen die Beschwerdeentscheidung des OLG ist die **Rechtsbeschwerde** zum BGH möglich. Sie bedarf **keiner gesonderten** Zulassung (§ 70 III 1 Nr. 2 FamFG). 32

Sie kann gemäß § 10 IV 1 FamFG bzw. § 114 II FamFG nur durch einen beim BGH zugelassenen Rechtsanwalt eingelegt und begründet werden.

Die Rechtsbeschwerde ist binnen einer Frist von einem Monat nach der schriftlichen Bekanntgabe der Beschwerdeentscheidung durch eine Beschwerdeschrift bei dem Rechtsbeschwerdegericht einzulegen (§ 71 I 1 FamFG). Sie muss die Bezeichnung des Beschlusses enthalten, gegen den die Rechtsbeschwerde eingelegt werden soll und die Erklärung, dass Rechtsbeschwerde eingelegt werden soll, enthalten und **unterschrieben** sein (§ 71 I 2 FamFG).

Die Rechtsbeschwerde, die **binnen der Monatsfrist zu begründen** ist (§ 71 II 1 FamFG), kann nur darauf gestützt werden, die angefochtene Entscheidung beruhe auf einer Verletzung des Rechts (§ 72 I 1 FamFG). Das Recht ist verletzt, wenn eine Rechtsnorm nicht oder nicht richtig angewendet worden ist (§ 72 I 2 FamFG).

Nach der Vorbemerkung 1.3.1 vor Nr. 1310 der Anlage 1 FamGKG werden für ein Verfahren, das die Genehmigung der Unterbringung eines Minderjährigen zum Gegenstand hat, **keine Gerichtsgebühren** erhoben. 33

Bis zum Inkrafttreten des FamFG am 1.9.2009 stellte sich für Eltern, Vormünder oder Pfleger nach Genehmigung der Unterbringung sehr häufig das praktische Problem der Zuführung des (widerspenstigen) Minderjährigen zu der in Aussicht genommenen Einrichtung. 34

§ 167 VI FamFG stellt nunmehr **ausdrücklich** klar, dass bei der Zuführung des Minderjährigen zu der Unterbringung **das Jugendamt** unterstützend tätig zu sein hat. Das Jugendamt ist damit nunmehr Anlaufstelle.[73] Es hat Spezialfahrzeuge und/oder den Transport begleitendes Fachpersonal zur Verfügung zu stellen. Zur Anwendung von „Gewalt" bedarf es dabei gemäß § 326 II 1 FamFG einer ergänzenden richterlichen Anordnung, die bereits mit der Unterbringungsgenehmigung verbunden werden kann.[74] In diesem Fall kann sich das Jugendamt der Polizei im Wege der Amtshilfe bedienen (§ 326 II 2 FamFG).

---

72 *Musielak/Borth* aaO.
73 Keidel/*Engelhardt* § 167 FamFG Rn. 10.
74 Keidel/*Engelhardt* § 168 FamFG Rn. 10.

35 **c) Das Unterbringungsverfahren in Eilfällen.** In der Praxis kommt es recht häufig vor, dass kurzfristig und kurzzeitig eine Unterbringung im Wege der **einstweiligen Anordnung** genehmigt werden soll. Nach der Systematik des am 1.9.2009 in Kraft getretenen FamFG handelt es sich bei der einstweiligen Anordnung um ein **selbständiges Verfahren**, das unabhängig von einem Verfahren in der Hauptsache betrieben werden kann.

Eine Genehmigung einer freiheitsentziehenden Unterbringung kann im Wege der einstweiligen Anordnung gemäß § 331 FamFG erfolgen, wenn **kumulativ** die folgenden Voraussetzungen vorliegen:

36 • Es müssen dringende Gründe für die Annahme bestehen, dass die Voraussetzungen für die Genehmigung der Unterbringung gegeben sind **und** es muss ein dringendes Bedürfnis für ein sofortiges Tätigwerden besteht.

37 • Es muss ein ärztliches Zeugnis über den Zustand des Betroffenen vorliegen. Dieses muss zeitnah sein und konkrete Angaben über die beabsichtigte Behandlung und den gewünschten Behandlungserfolg sowie über die Nachteile enthalten.[75]

38 • Dem Minderjährigen **ist** ein Verfahrensbeistand bestellt und dieser ist angehört worden

39 • Der Minderjährige ist persönlich zu der beantragten Genehmigung der Unterbringung angehört worden. Im einstweiligen Anordnungsverfahren kann die richterliche Anhörung auch im Wege der Rechtshilfe vorgenommen werden.

40 Bei **gesteigerter Dringlichkeit (Gefahr im Verzug)** kann das Gericht die Genehmigung sogar **vor** Bestellung und Anhörung des Verfahrensbeistands und **vor** Anhörung des Betroffenen aussprechen (§ 332 FamFG).

In keinem Fall kann vor Erlass der einstweiligen Anordnung jedoch auf die Vorlage des ärztlichen Zeugnisses verzichtet werden.[76]

Die Steigerung der Formulierung im Verhältnis zu § 331 S. 1 Nr. 1 (*„dringendes Bedürfnis für ein sofortiges Tätigwerden"*) bedeutet, dass der Erlass der einstweiligen Anordnung zur Abwendung einer nachhaltigen Gefahr so dringend erforderlich sein muss, dass nicht einmal die Durchführung der Anhörungen abgewartet werden kann.[77] Die Bestellung des Verfahrensbeistands und die Anhörungen sind dann gemäß § 332 S. 2 FamFG **unverzüglich** nachzuholen.

Die Genehmigung der Unterbringung durch einstweilige Anordnung ist auf eine Höchstdauer von **sechs Wochen** beschränkt. Eine Verlängerung durch eine neue einstweilige Anordnung ist – auch mehrfach – **nach Anhörung eines Sachverständigen** möglich, darf eine Gesamtdauer von **drei Monaten** jedoch nicht überschreiten (§ 333 FamFG).

Die **Frist** für die Einlegung der auch hier zulässigen **Beschwerde** (klarstellend insoweit seit 1.1.2013: § 57 S. 2 1. Alt. FamFG) verkürzt sich gemäß § 63 II Nr. 1 FamFG auf **zwei Wochen**.

41 **3. Die öffentlich-rechtliche mit Freiheitsentziehung verbundene Unterbringung des Kindes.** Psychisch kranke Menschen können nach den öffentlich-rechtlichen Vorschriften des jeweiligen Bundeslandes untergebracht werden. Handelt es sich bei dem psychisch Erkrankten um einen Minderjährigen, so liegt eine Kindschaftssache im Sinne des § 151 Nr. 7 FamFG vor und das Familiengericht ist zur Entscheidung berufen.

---

[75] OLG Köln FGPrax 2006, 232.

[76] *Bumiller/Harders/Schwamb* § 332 FamFG Rn. 3.

[77] Keidel/*Engelhardt* § 332 FamFG Rn. 1.

Die landesrechtlichen Vorschriften finden sich in

Baden-Württemberg: PsychKHG vom 25.11.2014, GVBl. S. 534
Bayern: Unterbringungsgesetz i. d. F. vom 5.4.1992, GVBl. S. 60
Berlin: PsychKG vom 17.6.2016, GVBl. S. 336
Brandenburg: BbgPsychKG vom 5.5.2009, GVBl. S. 134
Bremen: PsychKG vom 19.12.2000, Gbl. S. 471
Hamburg: HmbPsychKG vom 27.9.1995, GVBl. S. 111
Hessen: Freiheitsentziehungsgesetz vom 19.5.1952, GVBl. S. 111
Mecklenburg-Vorpommern: PsychKG M-V vom 14.7.2016, GVOBl. S. 593
Niedersachsen: NPsychKG vom 16.6.1997, Nds.GVBl. S. 272
Nordrhein-Westfalen: PsychKG vom 17.12.1999, GV.NRW S. 662
Rheinland-Pfalz: PsychKG vom 17.11.1995, GVBl. 473
Saarland: Unterbringungsgesetz vom 11.11.1992, Amtsbl. S. 1271
Sachsen: Sächs. PsychKG vom 10.10.2007, SächsGVBl. 422
Sachsen-Anhalt: PsychKG LSA vom 30.1.1992, GVBl LSA S. 88
Schleswig-Holstein PsychKG vom 14.1.2000, GVOBl. 206
Thüringen: Thür.PsychKG vom 5.2.2009, GVBl. S. 10

V. Der Herausgabeanspruch

1. Allgemeines. Ausfluss des Rechts, den Aufenthalt des Kindes zu bestimmen, ist 42
das Recht gemäß § 1632 I BGB die Herausgabe des Kindes von jedem zu verlangen, der es den Aufenthaltsbestimmungsberechtigten **widerrechtlich vorenthält.**

Herausgabeberechtigt können daher sowohl der Vormund[78] als auch der Pfleger,[79] dem das Aufenthaltsbestimmungsrecht zusteht, sein.

Herausgabeverpflichtet ist jeder Dritte, aber auch ein Elternteil, dem das Aufenthaltsbestimmungsrecht nicht zusteht.[80]

Vorenthalten setzt im Regelfall ein **aktives Tun** voraus. Ein rein passives Verhalten, wie zum Beispiel das reine Dulden des Kindes in der Wohnung, genügt nicht.[81] Ein Vorenthalten kann sich daher durch Einsperren, Verschleppen, Verstecken, Verheimlichen des Aufenthaltsorts, Weitergabe (zB durch Unterbringung bei Dritten), Errichten physischer Hindernisse oder Verwehren des Zutritts zu dem Kind ergeben. Auch die nachhaltige Beeinflussung des Kindes kann ein Vorenthalten bedeuten.[82]

Widerrechtlich ist das Vorenthalten, wenn es ohne rechtfertigenden Grund geschieht.

Ausgeschlossen ist die Widerrechtlichkeit, wenn der Aufenthalt des Kindes auf gesetzlicher oder richterlicher Grundlage (zB Schulpflicht, Jugendstrafe oder Jugendarrest) festgelegt ist.[83]

Eine Widerrechtlichkeit scheidet ferner aus, wenn der Aufenthaltsbestimmungsberechtigte wirksam eingewilligt hat. In Betracht kommen insoweit die Hilfe zur Erziehung nach § 27 SGB VIII oder die widerrufliche Zustimmung zu einem Aufenthalt des Kindes bei einem Dritten.

---

[78] OLG Brandenburg FamRZ 2000, 1038.
[79] Palandt/*Götz* § 1632 BGB Rn. 3.
[80] OLG Zweibrücken FamRZ 2005, 745.
[81] Palandt/*Götz* § 1632 BGB Rn. 3.
[82] OLG Zweibrücken FamRZ 1983, 297.
[83] Palandt/*Götz* § 1632 BGB Rn. 3.

43 **2. Die Verbleibensanordnung – der besondere Schutz der Pflegekinder.** Art. 8 I der Europäische Menschenrechtskonvention bestimmt, dass jede Person **das Recht auf Achtung ihres Privat- und Familienlebens**, ihrer Wohnung und ihrer Korrespondenz hat.

Gemäß **Art. 6 II GG** sind Pflege und Erziehung der Kinder das **natürliche Recht der Eltern** und die **zuvörderst ihnen** obliegende Pflicht.

Die Inpflegenahme eines Kindes stellt also **vom Grundsatz her** immer nur eine **vorübergehende Maßnahme** dar, die zu beenden ist, sobald die Umstände es erlauben. Alle Durchführungsmaßnahmen haben daher mit dem anzustrebenden **Ziel der Zusammenführung der leiblichen Eltern mit ihrem Kind** in Einklang zu stehen. Die Fremdunterbringung eines Kindes muss daher institutionell auf Zeit angelegt sein. Das Ziel ist entweder die Rückführung des Kindes zu den leiblichen Eltern oder die Adoption des Kindes durch die Pflegeeltern oder Dritte.[84]

Mit Urteil vom 22.8.2000 hat das BVerfG[85] entschieden, dass auch das sich während des Pflegeverhältnisses zwischen dem Kind und der Pflegeperson entwickelnde Verhältnis unter dem **verfassungsrechtlichen** Schutz, zwar nicht unter dem des Art. 6 II, dafür aber unter dem des Art. 6 I, III GG steht.

In dem Spannungsverhältnis leibliche Eltern – Kind – Pflegeltern muss das Wohl des Kindes den Ausschlag geben.[86] Das Wohl des Pflegekindes wird dadurch besonders geschützt, dass ein widerrechtliches Vorenthalten dann **nicht** vorliegt, wenn das Gericht eine **Verbleibensanordnung** nach § 1632 IV BGB getroffen hat.

Eine solche Anordnung kann auf Antrag der Pflegeperson oder von Amts wegen ergehen. Das Kind hat kein eigenes Antragsrecht.

Voraussetzungen für eine Verbleibensanordnung sind kumulativ:

44 **a) Längere Zeit in Familienpflege.** Familienpflege bedeutet dabei **nicht** ein Pflegeverhältnis im Sinne der §§ 33, 44 SGB VIII, es genügt vielmehr jedes faktische Pflegeverhältnis familienähnlicher Art, gleichgültig ob ein Pflegevertrag oder eine etwa erforderliche Pflegeerlaubnis vorliegt.[87] Eine Familienpflege kann daher auch nach Widerruf der Pflegerlaubnis noch vorliegen.[88]

Eine Unterbringung des Kindes in einem Kinderheim ist dagegen keine Familienpflege.[89]

Hat das Kind längere Zeit bei einem Stiefelternteil, den Großeltern oder volljährigen Geschwistern gelebt, ergeht eine Verbleibensanordnung nicht nach § 1632 II BGB, vielmehr gilt dann die Sondernorm des § 1682 BGB.

45 Der Begriff der „längeren Zeit“ ist entsprechend dem kindlichen Zeitgefühl[90] nicht absolut, sondern relativ zu verstehen. Es kommt darauf an, ob das Kind in der Pflegefamilie seine Bezugswelt gefunden hat.[91] Eine solche **„Verwurzelung“** kann bei einem Kleinkind bereits nach mehreren Monaten eingetreten sein,[92] bei älteren Kindern dürfte die Schwelle bei einem Jahr liegen.

[84] OLG Köln FamRZ 2008, 808 unter Bezugnahme auf EGMR FamRZ 2005, 585 und BVerfG FamRZ 2005, 783.
[85] BVerfG FamRZ 2000, 1489.
[86] BVerfG FamRZ 1985, 39.
[87] BGH FamRZ 2001, 1449.
[88] BayObLG NJW 1984, 2168.
[89] LG Frankfurt FamRZ 1984, 729.
[90] OLG Köln FamRZ 2007, 658.
[91] BayObLG NJW-RR 1969, 369.
[92] OLG Frankfurt FamRZ 2004, 720.

b) Geplante Verbringung in den Haushalt der Eltern. Das Kind soll vor einer Wegnahme durch die leiblichen Eltern geschützt werden.[93] § 1632 IV BGB gilt aber auch, wenn ein Vormund oder Pfleger das Kind der Pflegeperson wegnehmen[94] und in den Haushalt der Ursprungsfamilie verbringen will. 46

Will der Vormund oder Pfleger das Kind von einer Pflegestelle in eine andere Pflegestelle verbringen, so gilt § 1632 IV BGB **nicht.**[95] In diesen Fällen darf die Trennung von den bisherigen Pflegeeltern dann erfolgen, wenn eine Gefährdung des Kindeswohls nicht zu befürchten ist.[96]

c) Kindeswohlgefährdung. Im Hinblick auf das grundgesetzlich geschützte Elternrecht ist für ein erfolgreiches Herausgabeverlangen **nicht** erforderlich, dass es dem Wohl des Kindes dient,[97] vielmehr kann eine Verbleibensanordnung zugunsten der Pflegeltern **nur** dann ergehen, wenn durch die Rückführung in den elterlichen Haushalt das Wohl des Kindes gefährdet wäre. 47

Der Gefahrbegriff entspricht dabei dem des § 1666 BGB.[98] Erforderlich ist also eine **begründete gegenwärtige Besorgnis,** dass eine Änderung des Aufenthalts, der Betreuung und Erziehung zu schweren und nachhaltigen **körperlichen oder seelischen Schäden** beim Kind führen kann.[99]

Ob durch die Wegnahme des Kindes das Kindeswohl gefährdet ist, hängt von einer **Gesamtabwägung** zwischen den Kindesinteressen, den Rechten der Pflegeperson, der leiblichen Eltern oder des als Vormund bestellten Großelternteils ab.[100] Entscheidendes Kriterium ist indes letztlich immer das **Wohl des Kindes.** 48

Zu berücksichtigen sind bei der Abwägung

- die Dauer der Familienpflege und eine mögliche Entfremdung zwischen Kind und leiblichen Eltern[101]
- die Persönlichkeit des Kindes[102]
- etwaige Defizite der leiblichen Eltern (Überforderung, Erkrankung)[103]
- der Wille des Kindes[104]
- Belange und Wünsche der Pflegefamilie[105]
- der Anlass der Inpflegenahme[106]

Die Entscheidung des Gerichts kann im Regelfall nur auf der Grundlage eines **aktuellen kinderpsychologischen Sachverständigengutachtens** erfolgen[107] und ist eine Frage des Einzelfalls.

---

[93] BeckOK BGB/Veit § 1632 Rn. 43.
[94] BVerfG FamRZ 2004, 771; KG FamRZ 2006, 278.
[95] OLG Köln FamRZ 2007, 658; AG Siegen FamRZ 2009, 1501.
[96] AG Siegen aaO.
[97] Palandt/*Götz* § 1632 BGB Rn. 14.
[98] OLG Frankfurt FamRZ 2009, 1499.
[99] BVerfG FamRZ 2006, 1593.
[100] BVerfG FamRZ 2005, 783.
[101] OLG Frankfurt FamRZ 2007, 720.
[102] BayObLG FamRZ 1995, 626.
[103] OLGB Hamm FamRZ 2007, 659.
[104] OLG Karlsruhe FamRZ 2004, 722; OLG Stuttgart JAmt 2007, 371.
[105] OLG Köln FamRZ 2007, 658.
[106] OLG Celle FamRZ 1990, 191.
[107] OLG Frankfurt FamRZ 2002, 1277.

49 **3. Das Verfahren bei Herausgabeverlangen und Verbleibensanordnung.** Es handelt sich um eine Kindschaftssache im Sinne der § 111 Nr. 2, 151 Nr. 3 FamFG. Örtlich zuständig ist das Gericht, in dessen Bezirk das Kind seinen gewöhnlichen Aufenthalt hat (§ 152 II FamFG).

Das Verfahren unterliegt dem **Vorrang- und Beschleunigungsgebot** des § 155 I FamFG. Innerhalb eines Monats nach Beginn des Verfahrens soll die Sache mit den Beteiligten zu erörtert werden. Das Jugendamt **ist** in diesem Termin zu hören (§ 155 II 2, 3 FamFG). Wird kein Einvernehmen erzielt kann das Gericht gemäß § 156 III 1 FamFG eine einstweilige Anordnung erlassen.

50 Hat das Kind das 14. Lebensjahr vollendet, so **muss** es gemäß § 159 I 1 FamFG vom Richter persönlich angehört werden. Jüngere Kinder sind anzuhören, wenn die Neigungen, Bindungen oder der Wille des Kindes von Bedeutung sind (§ 159 II 1 FamFG), also faktisch immer bei Kindern ab einem Alter von 3 Jahren.[108] Im Gegensatz zu einer Anhörung bei einer Unterbringungsmaßnahme (§ 319 I 1, 2 FamFG) ist das Sich-Verschaffen eines persönlichen Eindrucks in der gewohnten Umgebung des betroffenen Kindes **nicht vorgeschrieben**, kann sich aber auch bei Kindern unter 3 Jahren empfehlen.

Gemäß § 158 II Nr. 3 FamFG ist dem Kind im Regelfall ein Verfahrensbeistand zu bestellen.

51 Die **Vollstreckung** einer Herausgabeanordnung erfolgt nach § 90 FamFG. Sind Ordnungsmittel (Ordnungsgeld und Ordnungszwang) erfolglos geblieben, versprechen keinen Erfolg oder ist die alsbaldige Vollstreckung unbedingt geboten, so kann das Gericht durch ausdrücklichen (regelmäßig gesonderten[109]) Beschluss die Anwendung unmittelbaren Zwangs anordnen.

Unmittelbarer Zwang gegen das Kind darf dabei nur zugelassen werden, wenn dies unter Berücksichtigung des Kindeswohls gerechtfertigt ist und die Durchsetzung der Verpflichtung mit milderen Mitteln nicht möglich ist (§ 90 II 2 FamFG).

Soll die Wohnung des Verpflichteten nach dem Kind durchsucht werden, so bedarf es hierzu – wenn der Verpflichtete den Zutritt nicht gestattet – gemäß § 91 I 1 FamFG eines weiteren richterlichen Beschlusses. Der Begriff der „Wohnung" ist weit gefasst und umfasst auch Geschäftsräume sowie mit der Wohnung verbundenen Räume.[110]

Würde das Zuwarten bis zum Erlass des Durchsuchungsbeschlusses den Erfolg der Durchsuchung gefährden, so darf ausnahmsweise ohne vorherigen Beschluss durchsucht werden (§ 91 I 2 FamFG). Ein solcher Fall liegt vor, wenn anzunehmen ist, dass der Verpflichtete das Kind bis zum Erlass des Durchsuchungsbeschlusses wegschaffen wird.[111]

52 Die Herausgabeverpflichtung trifft nicht nur die im Beschluss des Gerichts ausdrücklich genannte Person, sondern jeden Dritten, welcher die tatsächliche Obhut über die herauszugebenden Kinder im Auftrag und nach Weisung des Verpflichteten ausübt.

Der Dritte ist in diesem Falle nämlich nur scheinbar Berechtigter, gleichsam Obhutsdiener. Ein solches **Obhutsverhältnis** kann vor Vollstreckungszugriff nicht schützen, insbesondere wenn der Dritte im Einvernehmen oder gar auf Veranlassung des Verpflichteten die Obhut ausübt, um die herauszugebenden Kinder der Vollstreckung zu entziehen.[112] Zur Wegnahme des Kindes darf die Wohnung des Dritten von den

---

[108] Keidel/*Engelhardt* § 159 FamFG Rn. 8; BVerfG FamRZ 2010, 1662.
[109] So Keidel/*Giers* § 90 FamFG Rn. 6.
[110] *Musielak/Borth* § 91 FamFG Rn. 2.
[111] Keidel/*Giers* § 91 FamFG Rn. 3.
[112] OLG Zweibrücken FamRZ 2004, 1592.

Vollstreckungsbeamten wiederum nur aufgrund richterlicher Anordnung oder bei Gefahr im Verzug betreten werden.[113]

VI. Das Recht zur Bestimmung des Umgangs

Das Umgangsbestimmungsrecht (§ 1632 II BGB) gibt den Personensorgeberechtigten das Recht und die Pflicht, den Umgang des Kindes mit anderen Personen zu überwachen, schädliche Einflüsse Dritter nach Möglichkeit zu verhindern und das Kind vor Belästigungen zu schützen. Zu diesem Zweck können sie Weisungen sowie **Umgangsverbote** gegenüber dem Kind und/oder gegenüber **Dritten** erteilen.[114] 53

1. Der Umgang mit den rechtlichen Eltern. Die rechtlichen Eltern (gemeint ist hier auf Vaterseite der rechtlich **als Vater geltende** Mann, nicht der tatsächliche biologische Erzeuger, zu diesem siehe → Rn. 62a) des Kindes sind **nicht** Dritte im Sinne des § 1632 II BGB, auch dann nicht, wenn ihnen das Sorgerecht für ihr Kind nicht zusteht.[115] 54

Gemäß der Sonderregel des § 1684 I BGB hat das Kind das Recht auf Umgang mit jedem Elternteil; jeder Elternteil ist zum Umgang mit dem Kind verpflichtet und berechtigt (man beachte die Reihenfolge des Gesetzes).[116]

Das Gesetz geht in § 1626 III 1 BGB davon aus, dass es **in der Regel zum Wohl des Kindes** gehört, mit beiden Elternteilen **Umgang** zu haben.

Das Familiengericht kann daher das Umgangsrecht eines Elternteils **nur** dann **einschränken** oder **ausschließen**, wenn dies zum **Wohl des Kindes erforderlich** ist (§ 1684 IV 1 BGB). Dies bedeutet, der besuchswillige Elternteil muss nicht darlegen, dass der Umgang mit dem Kind diesem dienlich ist, dies wird vom Gesetz vermutet.[117] Gemäß § 1684 IV 2 BGB darf das Umgangsrecht für längere Zeit oder auf Dauer nur eingeschränkt oder ausgeschlossen werden, wenn eine konkrete Gefahr für das Kindeswohl droht.[118]

Im Rahmen einer **gestuften Kindeswohlprüfung**[119] ist bei jeder den Umgang einschränkenden Maßnahme der **Verhältnismäßigkeitsgrundsatz** zu beachten[120] und zwar nicht nur zur Bestimmung, ob eine zeitweilige, längerfristige oder dauernde Beschränkung oder ein zeitweiliger, längerfristiger oder dauernder Ausschluss in Betracht kommt, sondern auch zur Bestimmung, ob statt eines Ausschlusses eine Beschränkung ausreicht.[121] Vor einem gänzlichen Ausschluss des Umgangsrechts ist also stets zu prüfen, ob zB ein begleiteter Umgang als mildere Maßnahme der Kindeswohlgefährdung wirksam begegnen kann.

Als **unzureichend** für einen **Ausschluss des Umgangsrechts** wurden angesehen: 55

- das geringe Alter des Kindes[122] (eine Übernachtung beim Umgangsberechtigten ist auch schon im Kindergartenalter möglich[123])

---

113 BVerfG NJW 2000, 943.
114 Palandt/*Götz* § 1632 BGB Rn. 9.
115 BeckOK BGB/*Veit* § 1632 Rn. 14; BVerfG FamRZ 2010, 1622.
116 Zur Durchsetzung der Umgangspflicht gegen einen umgangsunwilligen Elternteil vgl. BVerfG FamRZ 2008, 845.
117 Palandt/*Götz* § 1684 BGB Rn. 24.
118 So schon BVerfG FamRZ 1983, 872 unter Vorwegnahme der heutigen gesetzlichen Regelung.
119 BeckOK BGB/*Veit* § 1684 Rn. 41.
120 BVerfG FamRZ 2005, 871.
121 BVerfG FamRZ 2005, 1815.
122 OLG Karlsruhe FamRZ 1999, 184.
123 OLG Frankfurt FamRZ 2002, 978 für 4-Jährigen.

- mangelnde Unterhaltszahlungen[124]
- strafgerichtliche Verurteilung oder Inhaftierung des Berechtigten[125]
- völlige Entfremdung zwischen Kind und Umgangsberechtigten[126]
- nur spärliche Umgangskontakte zwischen leiblichem Vater und Kind, das kurz nach der Geburt in eine Adoptiv-Pflegefamilie kam (Fall *Görgülü*)[127]
- fehlende Erziehungsfähigkeit des Umgangsberechtigten[128]
- Aids-Infektion des Umgangsberechtigten[129]
- Krankheit des Kindes[130]
- Sektenzugehörigkeit des Umgangsberechtigten[131]

56 Einschränkungen und Ausschlüsse des Umgangsrechts sind hingegen in den folgenden Fällen von der Rechtsprechung vorgenommen worden:

- Wahrnehmung des Umgangsrechts, um das Kind aus der Pflegefamilie herauszulösen[132]
- Notwendigkeit für das Kind, eine dauerhafte Beziehung zu seinen Pflegeeltern aufzubauen und fehlende Akzeptanz der Pflegeeltern durch die umgangsberechtigten Eltern[133]
- (drohende) Misshandlungen des Kindes[134]
- langjährige Alkoholerkrankung[135]
- **nachgewiesener** sexueller Missbrauch des Kindes;[136] bei **bloßem Verdacht** des sexuellen Missbrauchs in der Regel kein Ausschluss, sondern Anordnung begleiteten Umgangs[137]

57 Heftig umstritten ist die Frage, wie mit dem Umgangsrecht zu verfahren ist, wenn das Kind den Umgang mit dem Umgangsberechtigten ablehnt:

Der Kindeswille ist beachtlich, (aber nicht **allein** ausschlaggebend), da er auch bei kleinen Kindern Ausdruck von Bindungen ist.[138] Darüber hinaus ist er ein Akt der Selbstbestimmung, wenn das Kind nach seinem Reifestand die Bedeutung des persönlichen Umgangs verstehen und ohne den Sorgeberechtigten selbständige Entscheidungen treffen kann.[139] Eine feste Altersgrenze kann nicht gezogen werden,[140] im Regelfall

---

[124] So schon OLG Hamm FamRZ 1966, 317.
[125] OLG Hamm FamRZ 2003, 951.
[126] OLG Köln FamRZ 2005, 1276, Volltext in BeckRS 2004, 11632.
[127] EGMR FamRZ 2004, 1456, 1459; BVerfG NJW 2004, 3407, 3412; FamRZ 2005, 173, 175; a. A. OLG Naumburg FamRZ 2004, 1510, 1511 alle zu diesem Fall.
[128] OLG Celle FamRZ 2007, 1178.
[129] OLG Hamm NJW 1989, 2336, erst recht nicht bei bloßem Verdacht OLG Hamm FamRZ 2007, 971.
[130] KG FamRZ 1989, 656 (Neurodermitis); OLG Brandenburg FamRZ 2003, 111 (ausgenommen stationärer Krankenhausaufenthalt oder ärztlich bescheinigte Transportunfähigkeit).
[131] AG Göttingen FamRZ 2003, 112 (Zeugen Jehovas).
[132] OLG Bamberg FamRZ 1993, 726.
[133] OLG Stuttgart FamRZ 2002, 1279, ebenso OLG Hamm FamRZ 2000, 1108 bei schwerwiegenden Konflikten zwischen beiden Eltern und Pflegeltern.
[134] OLG Celle FamRZ 2007, 66 mAnm *Fabricius-Brand.*
[135] OLG Koblenz FamRZ 2007, 926.
[136] AG Kerpen FamRZ 1998, 254; strittig: *Lorenzen-Linke/Balloff* FamRZ 1993, 1032 schlagen einen begleiteten Umgang vor.
[137] OLG Hamburg FamRZ 2002, 566; OLG Brandenburg FPR 1999, 245; OLG Celle FamRZ 1998, 973; je nach Intensität des Verdachts soll aber auch hier ein Ausschluss des Umgangsrechts erforderlich sein (OLG Oldenburg FamRZ 2006, 882).
[138] BVerfG FamRZ 2007, 1078.
[139] BeckOK BGB/*Veit* § 1684 Rn. 33.
[140] OLG Karlsruhe FamRZ 2005, 1698.

wird ab einem Alter von 12–14 Jahren eine Umgangsregelung gegen den Willen schon praktisch nicht durchsetzbar sein.

Kleinere Kinder sind mit erzieherischen Mitteln zum Umgang anzuhalten. Der **ablehnende Wille des Kindes** muss auf einer inneren Ablehnung beruhen, der tatsächliche oder auch eingebildete, nicht sachgerecht verarbeitete Erlebnisse zugrunde liegen.[141]

Im Zweifelsfall ist ein kinderpsychiatrisches Sachverständigengutachten einzuholen. Dabei wird zu prüfen sein, worauf der ablehnende Wille des Kindes beruht und ob das Kind nach einer Eingewöhnungsphase (Umgang unter Aufsicht des Sachverständigen) seinen Widerstand gegen den Kontakt aufgibt oder ob er nicht auszuräumen ist. Würde das Kind bei einem dann zu erzwingenden Kontakt Schaden in seiner Entwicklung nehmen, so ist das Umgangsrecht – bei jüngeren Kindern wegen der Gefahr der Entfremdung zeitlich befristet – auszuschließen.[142]

Dauer und Umfang des Umgangs sind im Gesetz nicht geregelt. Im Regelfall ent- **58**
spricht ein alle vierzehn Tage von Samstagmorgen bis Sonntagabend stattfindender Besuch dem Kindeswohl. Hinzu kommen Besuche an einem der Feiertage zu Weihnachten, Ostern und Pfingsten und zum Geburtstag des Umgangsberechtigten und ein länger andauernder Ferienaufenthalt.[143]

2. Der Umgang mit den Großeltern, Geschwistern und anderen engen Be- 59
zugspersonen. Für den Umgang des Kindes mit seinen Großeltern und Geschwistern enthält § 1685 I BGB eine **weitere** Sonderregel. Zu den Geschwistern zählen alle voll- und halbbürtigen Geschwister, die leiblichen und die durch Adoption hinzutretenden.[144] Für das Umgangsrecht der Großeltern und Geschwister ist es unerheblich, ob jemals eine häusliche Gemeinschaft mit dem Kind bestanden hat.

Ferner können gemäß § 1685 II BGB die **engen** Bezugspersonen des Kindes um- 60
gangsberechtigt sein, **wenn diese für das Kind tatsächliche Verantwortung tragen oder getragen haben (sozial-familiäre Beziehung)**. Im Rahmen der gesetzlichen Vermutung des § 1685 II 2 BGB ist die Übernahme tatsächlicher Verantwortung anzunehmen, wenn die Bezugsperson längere Zeit mit dem Kind in häuslicher Gemeinschaft gelebt hat. Das Merkmal „enge Bezugsperson des Kindes" setzt somit keinen aktuellen persönlich vertrauten Bezug des Kindes zum Umgangsbegehrenden voraus, es kommt vielmehr darauf an, dass die betreffende Person tatsächlich Verantwortung für das Kind getragen hat und daher zumindest in der Vergangenheit eine enge Bezugsperson für das Kind war.[145] Zu den engen Bezugspersonen können daher auch die früheren Pflegeltern oder die früheren Partner eines Elternteils gehören. Der leibliche, aber nicht rechtliche Vater des Kindes ist **nur** dann umgangsberechtigt, wenn zwischen ihm und dem Kind eine sozial-familiäre Beziehung besteht oder bestanden hat.[146] Nicht umgangsberechtigt ist die leibliche Mutter, die ihr Kind kurz nach der Geburt zur Adoption freigegeben hat.[147]

Während bei den leiblichen Eltern die **Kindeswohldienlichkeit** des Umgangs gesetzlich vermutet wird,[148] muss sie bei einem Umgangswunsch der Großeltern, Ge-

---

141 OLG Brandenburg ZfJ 2002, 231; AG Frankfurt FamRZ 2005, 295, 296 („erklärbare Gründe").
142 OLG Naumburg FamRZ 2002, 564.
143 Vom OLG Frankfurt bereits bei einem 4 1/2 jährigen Kind zugebilligt FamRZ 2007, 664.
144 Palandt/*Götz* § 1685 BGB Rn. 7.
145 BGH FamRZ 2005, 705.
146 OLG Karlsruhe NJW 2007, 922.
147 OLG Schleswig FamRZ 2004, 1057.
148 Siehe oben → Rn. 54.

schwister und sonstigen engen Bezugspersonen von diesen nachgewiesen und **positiv festgestellt** werden, um einen Umgang durchsetzen zu können.

Haben bereits in der Vergangenheit gute und intensive Beziehungen zu den Großeltern bestanden und hat das Kind den Wunsch, diese aufrechtzuerhalten, so entsprechen weitere Umgangskontakte im regelmäßig dem Wohl des Kindes.[149]

Dem Kindeswohl ist es indes **nicht** dienlich, wenn das Kind durch den Umgang mit Großeltern, Geschwistern oder sonstigen Berechtigten in einen Loyalitätskonflikt mit dem Personensorgeberechtigten gerät.[150]

61 **3. Der Umgang mit anderen Dritten.** Die Personensorge umfasst das Recht, den Umgang des Kindes auch mit Wirkung für und gegen Dritte zu bestimmen (§ 1632 II BGB).

Damit das Kind zu einer **eigenverantwortlichen und gemeinschaftsfähigen Persönlichkeit** heranwachsen kann[151] muss es mit familienfremden, auch dem Weltbild des Personensorgeberechtigten nicht entsprechenden Personen Kontakt haben können.

62 Eine Grenze ist erst dann erreicht, wenn **triftige und sachliche Gründe** vorhanden sind, die eine **Kindeswohlgefährdung im Sinne des § 1666 BGB** naheliegen lassen,[152] was etwa bei Kontakten zu Drogen, Alkohol, Prostitution und zweifelhaften religiösen und politischen Sekten der Fall sein kann. Dabei ist aber zu berücksichtigen, dass sich Umgangsverbote im jugendlichen Alter auch kontraproduktiv („der Reiz des Verbotenen") auswirken können.

Liegen keine **konkreten** Anhaltspunkte für eine besondere Gefährlichkeit oder Schädlichkeit des Umgangs des Jugendlichen mit einer anderen Person vor, ist eine Kontrolle dieses Umgangs im Wege des Umgangsverbots nicht sinnvoll und dem Kindeswohl eher abträglich.[153]

Auch bei der Regelung des Umgangs wird der Personensorgeberechtigte die Maßstäbe der §§ 1618 a, 1626 II 1,2 BGB zu berücksichtigen haben, das heißt, das Umgangsverbot ist zu **begründen** und mit dem Kind zu besprechen.

Wirksame Umgangsverbote können nicht nur den persönlichen Kontakt, sondern auch den per Brief, Telefon, SMS oder Computer verbieten.

62a **4. Der Umgang mit dem leiblichen, aber nicht rechtlichem Vater.** Durch die Urteile des Europäischen Gerichtshofs für Menschrechte (EGMR) in den Sachen Anayo/Deutschland [154] und Schneider/Deutschland[155] war der Gesetzgeber gezwungen, die Rechte des leiblichen, aber nicht rechtlichen Vaters zu stärken. Der am 4.7.2013 in Kraft getretene § 1686a BGB verschafft dem leiblichen, nicht rechtlichen Vater unter bestimmten Voraussetzungen ein Umgangs- und Auskunftsrecht. Pflichten (Unterhaltspflicht oder eine Umgangspflicht) treffen ihn hingegen nicht, weshalb manche von einer „Elternschaft light" sprechen.[156]

---

[149] OLG Hamm FamRZ 2000, 1601.
[150] OLG Karlsruhe FamRZ 2008, 566.
[151] Siehe → Rn. 6.
[152] Palandt/*Götz* § 1632 BGB Rn. 10.
[153] AG Bad Säckingen FamRZ 2002, 689: Ablehnung eines Umgangsverbots bei Schenkung eines schwarzen T-Shirts mit der Aufschrift „Skingirl" durch einen 58-jährigen Mann an eine 16-Jährige.
[154] FamRZ 2011, 269
[155] FamRZ 2011, 1715
[156] Beck OK BGB/*Veit* § 1686a BGB Rn. 2.

Voraussetzung ist zunächst, dass ein anderer Mann gemäß § 1592 Nr. 1 BGB (Heirat) oder Nr. 2 BGB (Vaterschaftsanerkennung) als Vater des Kindes gilt. Hat das Kind keinen rechtlichen Vater, bleibt dem leiblichen Vater nur der Weg, die Vaterschaft nach § 1592 Nr. 3 BGB feststellen zu lassen, was aber zur „vollen" Vaterschaft führt.

Im Rahmen des Umgangs-oder Auskunftsverfahren ist die tatsächliche Vaterschaft des antragstellenden Mannes inzident zu prüfen.

Die Geltendmachung der Rechte des § 1686a BGB setzt weiter voraus, dass der leibliche Vater ein ernsthaftes Interesse an dem Kind gezeigt hat. Mit diesem Tatbestandsmerkmal soll dem Umstand Rechnung getragen werden, dass Rechte anderer Betroffener von nicht minderem Rang gleichermaßen auf dem Spiel stehen.[157] Zugleich ist den Gerichten mit dem Terminus des ernsthaften Interesses ein großer Beurteilungsspielraum gegeben.

Für ein Umgangsrecht nach § 1686a Nr. 1 BGB muss schließlich hinzukommen, dass der Umgang dem Wohl des Kindes dient (**positive Kindeswohlprüfung**).

Für den Auskunftsanspruch nach § 1686a Nr. 2 BGB hingegen genügt, dass der leibliche Vater ein berechtigtes Interesse an der Auskunft über die persönlichen Verhältnisse des Kindes hat und die Erteilung der Auskunft dem Kindeswohl nicht widerspricht (**negative Kindeswohlprüfung**).

Der Gesetzgeber stellt die **Reihenfolge der Prüfung** von biologischer Vaterschaft und Vereinbarkeit des Umgangsrechts mit dem allgemeinen Kindeswohl in das Ermessen des Gerichts.[158] Das BVerfG hat hingegen klargestellt, dass die Reihenfolge der Prüfung der Tatbestandsvoraussetzungen nicht von Praktikabilitätserwägungen allein abhängig gemacht werden darf. Wegen der familiären Auswirkungen der Abstammungsklärung könne es zur Vermeidung unnötiger Eingriffe in das Familiengrundrecht geboten sein, die Abstammungsklärung erst herbeizuführen, nachdem die sonstigen Tatbestandsvoraussetzungen von geklärt sind. Sei hingegen absehbar, dass die Feststellung der sonstigen Anspruchsvoraussetzungen für die Betroffenen ungleich belastender ist, könne es umgekehrt geboten sein, zuerst die Abstammungsklärung vorzunehmen.[159]

5. Verfahrensrechtliches. Zur Entscheidung über alle vorgenannten Streitigkei- 63
ten über das Umgangsrecht ist das Familiengericht gemäß §§ 111 Nr. 2, 151 Nr. 2 FamFG berufen. Ist eine Ehesache zwischen den Eltern des Kindes nicht anhängig, ist das Familiengericht örtlich zuständig, in dessen Bezirk das Kind seinen gewöhnlichen Aufenthalt hat (§ 152 II FamFG). Es entscheidet der Richter (§ 14 I Nr. 16 RPflG).

Eine vom Gericht getroffene Umgangsregelung oder ein von den Beteiligten ge- 64
schlossener Vergleich zur Regelung des Umgangs, der vom Familiengericht gemäß § 156 II FamFG gebilligt worden ist, kann bei **schuldhaften** Verstößen gemäß § 89 I FamFG durch Ordnungsgeld, ersatzweise Ordnungshaft oder sofort durch Ordnungshaft vollstreckt werden. Hierauf sind die Beteiligten zuvor hinzuweisen (§ 89 II FamFG).

Wird das Recht eines **leiblichen Elternteils** (**nicht** der übrigen Umgangsberechtigten) **dauerhaft** oder **wiederholt** verletzt, so kann das Gericht nach der ab 1.9.2009 geltenden Neufassung des Gesetzes darüber hinaus eine Pflegschaft für die Durch-

---

[157] BT-Drs. 17/12163, 13.
[158] BT-Drs.17/12163, 13.
[159] BVerfG FamRZ 2015, 119.

führung des Umgangs anordnen (§ 1684 II 3 BGB). Diese Umgangspflegschaft umfasst das Recht des zu bestellenden Umgangspflegers, die Herausgabe des Kindes zur Durchführung des Umgangs zu verlangen und für die Dauer des Umgangs dessen Aufenthalt zu bestimmen (§ 1684 II 4 BGB). Die Anordnung einer solchen Umgangpflegschaft ist zu befristen.

Die **Anwendung unmittelbaren Zwangs** gegen das Kind zur Durchsetzung des Umgangsrechts ist indes **nicht** zulässig (§ 90 II 1 FamFG).

VII. Die medizinische Versorgung des Mündels

65 **1. Allgemeines.** Zu der nach § 1631 I BGB geschuldeten Pflege gehört auch, dass der Personensorgeberechtigte für die notwendige medizinische Betreuung des Kindes sorgt.

Nach ganz überwiegender juristischer Auffassung[160] stellt **jede ärztliche Behandlung** (auch die Blutentnahme oder die Verordnung eines Medikaments[161]) sowohl straf- wie auch zivilrechtlich eine **Körperverletzung** (§ 223 StGB) dar.

Erst die **ausdrückliche Einwilligung** (§ 630d BGB) des zuvor umfassend aufgeklärten Patienten (§ 630e BGB) beseitigt die Rechtswidrigkeit (des nach den Regeln der ärztlichen Kunst) durchgeführten Eingriffs und damit die Strafbarkeit und die zivilrechtliche Haftung (§ 823 I BGB) des Arztes. Nur in Not- und Eilfällen, in denen der Eingriff zwingend erforderlich und unaufschiebbar ist und die Einwilligung nicht oder nicht rechtzeitig (zB wegen Bewusstlosigkeit) erlangt werden kann, ist von einer mutmaßlichen Einwilligung des Patienten auszugehen, also davon, dass der Einwilligungsberechtigte eingewilligt hätte, wenn er dazu in der Lage gewesen wäre.[162]

66 Umstritten ist, wem bei einem Minderjährigen die **Einwilligungskompetenz** für ärztliche Behandlungen oder Eingriffe zusteht.

Während das Reichsgericht[163] selbst bei einer gewissen Verstandesreife den Willen des Kindes für unbeachtlich hielt und allein auf die Einwilligung der Eltern abstellte, hat der BGH in einer Grundsatzentscheidung aus dem Jahr 1958[164] entschieden, dass es sich bei der Einwilligung in eine ärztliche Behandlung nicht um eine rechtsgeschäftliche Willenserklärung, sondern um die Gestattung oder Ermächtigung zur Vornahme tatsächlicher Handlungen handelt.

Damit sind die §§ 107ff. BGB **nicht** (nach Auffassung des BGH auch **nicht analog**) anwendbar.

Dies bedeutet, es ist im Einzelfall danach zu fragen, ob der Minderjährige in der Lage ist, die **Bedeutung und Tragweite des ärztlichen Eingriffs** nach Aufklärung durch den Arzt (vgl. § 630e Abs. 5 BGB) zu ermessen, das **Für und Wider abzuwägen** und danach zu entscheiden.

- Ist dies – wie etwa bei Kleinkindern – **nicht** der Fall, so ist der Personensorgeberechtigte **allein** entscheidungsbefugt. Ist der Eingriff lebensnotwendig, so kann die Befugnis der sich weigernden Eltern[165] notfalls durch das Familiengericht gemäß § 1666 III Nr. 5 BGB entzogen und ersetzt werden.

---

160 Statt aller Palandt/*Sprau* § 823 BGB Rn. 148.
161 BGH NJW 2005, 1716.
162 Palandt/*Sprau* § 823 BGB RN. 152.
163 RG JW 1911, 748.
164 BGH FamRZ 1959, 200.
165 zB Bluttransfusion bei Zeugen Jehovas.

- Besitzt hingegen das Kind die nötige Verstandesreife, so steht ihm ein **Vetorecht** zu. **Gegen den erklärten Willen** des einsichtsfähigen Minderjährigen darf der Arzt den Eingriff **nicht vornehmen.**[166]
  Dies gilt **auch** für den Abbruch oder die Fortführung **lebenserhaltener Maßnahmen.** Der einsichtsfähige Minderjährige kann sich daher **gegen** eine medizinische Behandlung entscheiden, auch wenn diese Entscheidung einen früheren Todeseintritt wahrscheinlich macht.[167]

Für die Frage, wann ein Minderjähriger über die notwendige Einsichtsfähigkeit verfügt, gibt es **keine feste Altersgrenze.** Insbesondere kann nicht generalisierend gesagt werden, unter Vierzehnjährige besäßen nicht die nötige Einsichts- und Willensfähigkeit.[168] Der Arzt wird in **jedem Einzelfall** im Laufe des Aufklärungsgespräches die Einsichtsfähigkeit des Minderjährigen ermitteln und über sie entscheiden müssen.[169] Im Regelfall wird jedoch der Arzt den gesetzlichen Vertreter in die Entscheidungsfindung einbeziehen – schon um einen späteren Streit um die Einsichtsfähigkeit zu verhindern.[170] **67**

Vom BGH bislang nicht entschieden und umstritten ist die Frage, ob dem einsichtsfähigen Minderjährigen **nur** ein Vetorecht zusteht oder ob er in eine ärztliche Behandlung **allein**, das heißt ohne oder gar gegen den Willen des Sorgeberechtigten, wirksam einwilligen kann. **68**

Zum Teil wird vertreten auch der einsichtsfähige Minderjährige brauche **stets** auch die Einwilligung des Personensorgeberechtigten,[171] andere halten die Einwilligung des einsichtsfähigen Minderjährigen **allein** für ausreichend.[172] Eine vermittelnde Meinung[173] stellt auf die Schwere des Eingriffs ab: In geringfügige Eingriffe wie Zahnbehandlung, diagnostische Blutentnahmen,[174] Behandlung von Erkältungskrankheiten u. ä. könne der einsichtsfähige Minderjährige allein einwilligen, nur für schwerwiegende oder gefährliche Eingriffe sei **auch** die Einwilligung des Sorgeberechtigten erforderlich.

Überlagert wird dieses Problem dadurch, dass der Minderjährige für den Abschluss des **Behandlungsvertrages** als rechtsgeschäftlicher Erklärung **stets** der Einwilligung seines gesetzlichen Vertreters bedarf (§ 107 BGB).[175] **69**

Wenn der Minderjährige ohne Begleitung zum Arztbesuch geschickt wird, dürfte allerdings von einer konkludenten Zustimmung der Personensorgeberechtigten zu einer „üblichen und erwartbaren" Behandlung auszugehen sein.

Für Minderjährige, die das **15. Lebensjahr** vollendet haben und in der **gesetzlichen Krankenversicherung** versichert sind, wird diese „Härte"[176] dadurch gemildert, dass sie im Rahmen der **Sozialrechtsmündigkeit** gemäß § 36 I 1 SGB I Sozialleistungen selbst beantragen und entgegennehmen können. Ihnen ist daher auf Antrag eine Versicherungskarte auszustellen und zu übergeben. 70

---

[166] BGH FamRZ 2007, 130; BGH NJW 1991, 2344.
[167] *Hoffmann,* Personensorge § 10 Rn. 5.
[168] Staudinger/*Peschel-Gutzeit* § 1626 BGB Rn. 94; entsprechende Gesetzesentwürfe (BT-Drs. 7/2060 4; 8/111 3) sind vom Bundestag **nicht** verabschiedet worden.
[169] BGH NJW 1970, 511.
[170] *Hoffmann,* Personensorge § 10 Rn. 8.
[171] OLG Hamm NJW 1998, 3424.
[172] *Zorn,* Das Recht der elterlichen Sorge Rn. 276.
[173] Staudinger/*Peschel-Gutzeit* § 1626 BGB Rn. 93.
[174] OLG Naumburg DAVormund 2000, 495 Blutentnahme für Vaterschaftstest.
[175] Es sei denn, er kann die Behandlungskosten mit seinem Taschengeld (§ 110 BGB) decken.
[176] So der Ausdruck von *Zorn* Rn. 280.

Allerdings **soll** der Leistungsträger den gesetzlichen Vertreter über die Beantragung und die erbrachten Leistungen informieren (§ 36 I 2 SGB I). Ferner kann der gesetzliche Vertreter gemäß § 36 II 1 SGB I durch **schriftliche** Erklärung gegenüber dem Leistungsträger das Antragsrecht des Kindes einschränken.

In der Praxis wird die vorgeschilderte Problematik dadurch entschärft, dass sich kaum ein Arzt finden dürfte, der bei einem in seiner Praxis allein erscheinenden Minderjährigen vor einem über eine bloße „Routinebehandlung" hinausgehenden Eingriff nicht die Einwilligung der Personensorgeberechtigten einholen würde. Dies schon deshalb, weil sich der Arzt im Hinblick auf eine später möglicherweise in Zweifel gezogene Einwilligungsfähigkeit des Kindes abzusichern versuchen wird.

Bei sogenannten „Individuellen Gesundheitsleistungen" (IGeL), also ärztlichen Leistungen, die nicht Teil des Leistungskatalogs der Krankenklasse sind, und bei anderen medizinisch nicht indizierten Behandlungen (zB Schönheitsoperation) kann der Minderjährige einen wirksamen Behandlungsvertrag ohne Einwilligung seines gesetzlichen Vertreters **nicht** schließen.

71 **2. Empfängnisverhütung.** Nach dem Vorstehenden ist **gegen** den Willen der einsichtsfähigen Minderjährigen eine Empfängnisverhütung (zB durch „3-Monatsspritze", „Spirale") **nicht** zulässig. Ob die Minderjährige mit Kinderwunsch tatsächlich in der Lage ist, die Bedeutung und Tragweite einer Schwanger- und Mutterschaft zu ermessen, ist eine Frage des Einzelfalls.

Umgekehrt setzt die Verordnung empfängnisverhütender Mittel auf den **alleinigen Wunsch** der Minderjährigen voraus, dass diese umfassend über die Risiken aufgeklärt wird und diese erfassen kann.

72 **3. Schwangerschaftsabbruch.** Das Bundesverfassungsgericht hat in seinen beiden Entscheidungen zum Schwangerschaftsabbruch[177] deutlich gemacht, dass **das Lebensrecht des Ungeborenen** staatlichen Schutz genießt und **grundsätzlich Vorrang** vor dem ebenfalls verfassungsrechtlich geschützten Recht der Schwangeren auf freie Entfaltung ihrer Persönlichkeit hat.

73 Der Gesetzgeber hat den ihm verbliebenen Spielraum in dem Schwangeren- und Familienhilfeänderungsgesetz (SFHÄndG)[178] umgesetzt. In diesem Gesetz sind die heutige Fassung der §§ 218 ff. StGB, das Schwangerschaftskonfliktgesetz (SchKG) und das Gesetz zur Hilfe für Frauen bei Schwangerschaftsabbrüchen in besonderen Fällen (SchHG) enthalten.

Danach ist ein Schwangerschaftsabbruch gemäß **§ 218 StGB grundsätzlich** strafbar.

Gemäß **§ 218a I StGB** gilt der **Tatbestand** des § 218 StGB als **nicht erfüllt**, wenn die Schwangere in den ersten zwölf Wochen der Schwangerschaft nach Beratung nach dem SchKG, die mindestens drei Tage vor dem Eingriff stattgefunden hat, den Abbruch durch einen Arzt auf ihr Verlangen vornehmen lässt.

Gemäß **§ 218a II StGB** ist der Abbruch **nicht rechtswidrig** (obgleich der Tatbestand des § 218 StGB erfüllt ist), wenn der Abbruch der Schwangerschaft unter Berücksichtigung der gegenwärtigen und zukünftigen Lebensverhältnisse der Schwangeren nach ärztlicher Erkenntnis angezeigt ist, um eine Gefahr für das Leben oder die Gefahr einer schwerwiegenden Beeinträchtigung des körperlichen oder seelischen Gesundheitszustandes der Schwangeren abzuwenden, und die Gefahr nicht auf eine andere für sie zumutbare Weise abgewendet werden kann.

Gleiches gilt gemäß **§ 218a III StGB** in den Fällen der kriminologischen Indikation.

---

[177] FamRZ 1975, 262 und NJW 1993, 1751.
[178] BGBl. 1999 I 1050.

Ferner bleibt die Schwangere gemäß **§ 218a IV StGB straffrei**, wenn sie den Abbruch nach Beratung nach dem SchKG durch einen Arzt bis zur 22. Schwangerschaftswoche vornehmen lässt.

Daraus folgt, dass ein **Abbruch der Schwangerschaft gegen den Willen der Minderjährigen stets unzulässig** ist. 74

Ist die minderjährige Schwangere entsprechend reif und einsichtsfähig und kann sie die Tragweite ihres Entschlusses erkennen, ist ein Abbruch der Schwangerschaft gegen ihren Willen bereits aufgrund des ihr zustehenden **Vetorechts**[179] unzulässig. Bei Personensorgeberechtigten, die die Minderjährige zum Abbruch der Schwangerschaft drängen ist vielmehr umgekehrt an Maßnahmen nach § 1666 BGB zu denken.[180]

Aufgrund des vom Bundesverfassungsgerichts[181] postulierten Vorrangs des Schutzes des ungeborenen Lebens kann bei einer einwilligungsunfähigen Schwangeren nichts anderes gelten.[182] Ein Schwangerschaftsabbruch ist auch dann nicht möglich.

Etwas anderes kommt nur dann in Betracht, wenn Leben oder Gesundheit der schwangeren Minderjährigen bei Fortsetzung der Schwangerschaft akut gefährdet sind.[183]

Heftig umstritten sind hingegen die Fälle, in denen die **Minderjährige den Abbruch will, der gesetzliche Vertreter dies aber ablehnt.** 75

Auch hier wird zunächst zu fragen sein, ob die Minderjährige die geistige und sittliche Reife besitzt, um die **Bedeutung und Tragweite des Eingriffs zu beurteilen** und um eine Gefühl von Mutterschaft und Verantwortung für das werdende Leben zu entwickeln.[184]

Bei der Einsichtsfähigkeit kommt es sowohl auf die Fähigkeit zur medizinischen Selbstbestimmung (Fähigkeit, die Art des ärztlichen Eingriffs und dessen Risiken und Folgen für den eigenen Körper zu erfassen) als auch auf die Fähigkeit zur Rechtsgüterabwägung (Fähigkeit, das Recht des Ungeborenen auf körperliche Integrität gegen das Recht der Schwangeren auf Selbstbestimmung abzuwägen) an.[185]

Es erscheint nicht vertretbar, allen Minderjährigen generell diese Fähigkeit abzusprechen.[186]

Auch wenn die Einsichtsfähigkeit bejaht wird, lehnt ein Teil der Rechtsprechung und Literatur ein **Alleinentscheidungsrecht** der Minderjährigen ab.[187] Es ist nach dieser Auffassung dann (nur) zu prüfen, ob sich die ablehnende Haltung des Sorgeberechtigten als Sorgerechtsmissbrauch darstellt und eine Ersetzung der Zustimmung nach § 1666 III Nr. 5 BGB in Betracht kommt.[188] 76

---

179 Siehe oben → Rn. 66.

180 Vgl. AG Dorsten DAVorm 1978, 131.

181 BVerfG NJW 1993, 1751.

182 So schon OLG Celle MDR 1960, 136 für den Vormund, der gegen den Willen der geisteskranken Schwangeren dem Abbruch zustimmen wollte.

183 *Zorn* Rn. 285.

184 Verneint von LG Berlin FamRZ 1980, 285 bei einer heroinabhängigen und sich prostituierenden Sechzehnjährigen.

185 Staudinger/*Peschel-Gutzeit* § 1626 BGB Rn. 98.

186 So aber anscheinend AG Celle FamRZ 1987, 738 mit der Begründung, es lägen keine Anhaltspunkte dafür vor, dass die Minderjährige „ihren Altersgenossen im durchschnittlichen Entwicklungsstand soweit voraus wäre, dass für sie in diesem Zusammenhang etwas anderes gelten könnte".

187 So OLG Hamm NJW 1998, 3424; OLG Naumburg FamRZ 2004, 1806, das die Frage nach der Einwilligungsfähigkeit der Minderjährigen erst gar nicht stellt.

188 Sorgerechtsmissbrauch bejaht von AG Neunkirchen FamRZ 1988, 876 und LG Köln FamRZ 1987, 207.

Demgegenüber vertritt ein anderer Teil der Rechtsprechung und Literatur die Auffassung, bei vorhandener Verstandesreife und Einsichtsfähigkeit und unter den Voraussetzungen des § 218a StGB müsse die **minderjährige Frau allein- und letztentscheidend** sein.[189] Bemerkenswert in diesem Zusammenhang ist eine in einem Arzthaftungsprozess ergangene Entscheidung des LG Köln,[190] wonach eine Verpflichtung der behandelnden Gynäkologin zur Unterrichtung der Eltern über die bei einer Minderjährigen bestehende Schwangerschaft **nicht** besteht, wenn die Minderjährige für die Entscheidung über die Fortführung der Schwangerschaft die **erforderliche Einsichtsfähigkeit vermittelt**, für den medizinischen Schutz der Minderjährigen bei Fortführung der Schwangerschaft kein besonderes Risiko zu prognostizieren ist und die Minderjährige zudem eine **Unterrichtung der Eltern ausdrücklich untersagt hat.**

77 Der Auffassung, der der Schwangeren das Alleinentscheidungsrecht zubilligt, ist zu folgen. Wenn das BVerfG[191] dem Gesetzgeber ein Konzept auferlegt hat, das gleichermaßen den Schutz des ungeborenen Lebens wie die Achtung des Personensorgerechts der Frau wahren muss, kann mit familienrechtlichen Mitteln ein nach § 218a StGB gerechtfertigter Schwangerschaftsabbruch nicht verhindert werden. Im Hinblick auf die Abwägung höchstpersönlicher Rechtsgüter und die lebenslangen, weit über die Dauer des Sorgerechts hinausreichenden **Folgen einer Mutterschaft** muss die Letztentscheidung bei der **einsichtsfähigen** Minderjährigen liegen.[192]

78 Es bleibt die Frage nach der Mitwirkungspflicht des gesetzlichen Vertreters bei dem rechtsgeschäftlichen Regeln folgenden **Abschluss des Behandlungsvertrages.**

Bei gesetzlich Krankenversicherten hat die Krankenkasse die Kosten eines nicht rechtswidrigen Schwangerschaftsabbruchs zu tragen (§ 24b SGB V). Die Kosten für die Beratung nach § 219 II 2 StGB in Verbindung mit §§ 5, 6 SchKG sind von der Krankenkasse unabhängig vom Bestehen eines Versicherungsverhältnisses ebenfalls zu tragen. Daneben gewährt § 1 I SchHG Frauen ebenfalls **ohne Rücksicht auf das Bestehen eines Versicherungsverhältnisses** einen Anspruch auf Zahlung der Kosten des Abbruchs, wenn der Schwangeren die Aufbringung der Kosten nicht zuzumuten ist.

Diese Sozialleistungen kann die Minderjährige ab **einem Alter von 15 Jahren ohne Mitwirkung des gesetzlichen Vertreters** gemäß § 36 I 1 SGB I allein beantragen.[193]

Wegen dieser Kostenfreiheit wird im Übrigen die Auffassung vertreten, der Abschluss des Behandlungsvertrages bringe dem Minderjährigen lediglich rechtliche Vorteile, weswegen nach § 107 BGB die Einwilligung des gesetzlichen Vertreters nicht erforderlich sei.[194]

79 **4. Sterilisation.** Die Sterilisation eines Kindes ist gemäß § 1631c S. 1, 2 BGB[195] ausnahmslos **verboten.**

---

[189] LG München FamRZ 1979, 850; AG Schlüchtern FamRZ 1998, 968; Staudinger/*Peschel-Gutzeit* § 1626 BGB Rn. 98.
[190] LG Köln BeckRS 2008, 20631.
[191] FamRZ 1993, 1751.
[192] *Zorn* Rn. 286.
[193] Siehe dazu oben → Rn. 70.
[194] *Zorn* Rn. 287, was aber zweifelhaft erscheint, da es bei § 107 BGB nicht auf einen wirtschaftlichen, sondern auf einen rechtlichen Vorteil ankommt und dem Minderjährigen aus dem Behandlungsvertrag auch Pflichten treffen können.
[195] Eingefügt durch das Betreuungsgesetz vom 19.12.1990 (BGBl. I 2002).

Das Verbot gilt auch für den Vormund und das Kind selbst. Etwaige Einwilligungserklärungen des Kindes oder des Sorgeberechtigten sind **nichtig**. Bei gleichwohl durchgeführter Sterilisation treffen den Vormund und den Arzt Schadensersatzpflichten.

Etwas anderes gilt **nur**, wenn aus anderen **zwingenden** medizinischen Gründen bei einem Mädchen die Gebärmutter entfernt werden **muss.**[196]

Es darf keine Ergänzungspflegschaft zum Zwecke der Sterilisation eingerichtet werden (§ 1631c S. 3 BGB).

5. Beschneidung. Mit Urteil vom 7.5.2012 hatte das Landgericht Köln[197] entschieden, dass die Beschneidung eines Jungen als nicht von der elterlichen Einwilligung abgedeckte Körperverletzung strafbar sei. Der die Beschneidung durchführende Arzt wurde nur deshalb nicht verurteilt, weil das Landgericht ihm einen unvermeidbaren Verbotsirrtum (§ 17 StGB) zubilligte. In zukünftigen Fällen hätten – wenn sich diese Rechtsansicht durchgesetzt hätte – die Beteiligten mit einer Bestrafung rechnen müssen. Der Gesetzgeber nahm die Entscheidung des LG Köln zum Anlass, die Beschneidung von Knaben gesetzlich zu regeln. 79a

Während die Beschneidung eines weiblichen Kindes ausnahmslos verboten und in § 226a StGB als Verbrechen unter Strafe gestellt ist, kann den Eltern eines männlichen Kindes nunmehr gemäß dem zum 28.12.2012 in Kraft getretenen § 1631 d BGB die Beschneidung (Abtrennung der Penisvorhaut) erlaubt sein. Die Vorschrift betrifft nur die medizinisch nicht indizierte Beschneidung, bei medizinischer Indikation (zB Phimose) bestimmt sich die Einwilligungsmöglichkeit der Eltern nach allgemeinen Grundsätzen.

Die Vorschrift betrifft zunächst nur männliche Kinder, die **nicht** selbst **einsichts- und urteilsfähig** sind. Besitzt hingegen das Kind die nötige Verstandesreife, so steht ihm ein **Vetorecht** zu. **Gegen den erklärten Willen** des einsichtsfähigen Minderjährigen darf der Eingriff **nicht vorgenommen werden.**[198] Aber auch der Wille des nichteinsichtsfähigen Kindes ist nicht bedeutungslos, sondern muss im Rahmen der Prüfung des Kindeswohls (§ 1631 d Abs. 1 S. 2 BGB) berücksichtigt werden.[199]

Die Eltern und das einsichtsfähige Kind müssen vor dem Eingriff ordnungsgemäß und umfassend aufgeklärt werden.[200]

Der Eingriff ist nach den Regeln der ärztlichen Kunst durchzuführen, was regelmäßig nur bei Tätigwerden eines Arztes gewährleistet ist. Lediglich in den ersten sechs Monaten nach der Geburt des Kindes dürfen auch von einer Religionsgesellschaft dazu vorgesehene Personen Beschneidungen durchführen, wenn sie dafür besonders ausgebildet und, ohne Arzt zu sein, für die Durchführung der Beschneidung vergleichbar befähigt sind.

6. Impfungen. Mit der Abschaffung der Impfpflicht gegen Pocken in den Jahren 1975 und 1976 gibt es in Deutschland keine gesetzlich vorgeschriebenen Impfungen mehr. Es liegt im pflichtgemäßen Ermessen der Personensorgeberechtigten, ob und welche Impfungen sie bei dem Kind durchführen lassen. Die Entscheidung darüber, ob und in welchem Umfang ein Kind geimpft werden soll, betrifft keine Angelegenheit des täglichen Lebens iSd § 1687 Abs. 1 Satz 2 BGB, sondern ist eine Angelegenheit, 80

---

[196] *Hoffmann*, Personensorge § 9 Rn. 101.
[197] LG Köln NJW 2012, 2128.
[198] Vgl. oben FN 66; Palandt/*Götz* § 1631d BGB Rn. 5.
[199] *Spickhoff* FamRZ 2013, 337
[200] OLG Hamm FamRZ 2013, 1818.

deren Regelung für das Kind von erheblicher Bedeutung ist (§ 1628 BGB), weil sie mit der Gefahr von Risiken und Komplikationen verbunden ist.[201]

81 **7. Organ-, Knochenmark- und Blutspende.** Organ**lebend**spenden sind bei Minderjährigen gemäß § 8 I Nr. 1a Transplantationsgesetz (TPG) ausgeschlossen. Über eine Organentnahme bei einem verstorbenen Kind entscheiden die nächsten Familienangehörigen als Totensorgeberechtigte.[202]

82 Die **Entnahme von Knochenmark** bei einem Minderjährigen ist gemäß § 8a TPG nur zulässig, wenn **kumulativ**

- die Verwendung des Knochenmarks für Verwandte ersten Grades oder Geschwister der minderjährigen Person vorgesehen ist,
- die Übertragung des Knochenmarks auf den vorgesehenen Empfänger nach ärztlicher Beurteilung geeignet ist, bei ihm eine lebensbedrohende Krankheit zu heilen,
- ein geeigneter Spender nach § 8 Abs. 1 Satz 1 Nr. 1 im Zeitpunkt der Entnahme des Knochenmarks nicht zur Verfügung steht,
- der gesetzliche Vertreter entsprechend § 8 Abs. 2 aufgeklärt worden ist und in die Entnahme und die Verwendung des Knochenmarks eingewilligt hat. Dabei ist § 1627 BGB entsprechend anzuwenden. Die minderjährige Person ist durch einen Arzt entsprechend § 8 Abs. 2 aufzuklären, soweit dies im Hinblick auf ihr Alter und ihre geistige Reife möglich ist. Lehnt die minderjährige Person die beabsichtigte Entnahme oder Verwendung ab oder bringt sie dies in sonstiger Weise zum Ausdruck, so ist dies zu beachten. Ist die minderjährige Person in der Lage, Wesen, Bedeutung und Tragweite der Entnahme zu erkennen und ihren Willen hiernach auszurichten, so ist auch ihre Einwilligung erforderlich.

Personen unter 18 Jahren sind von der **Blutspende** ausgeschlossen.[203]

83 **8. Medizinische Forschung.** In die klinische Prüfung von Arzneimitteln dürfen Minderjährige gemäß § 40 IV AMG nur einbezogen werden, wenn die Arzneimittel zum Erkennen oder Verhüten von Krankheiten bei Kindern oder Jugendlichen bestimmt ist, die Prüfung bei Erwachsenen keine ausreichenden Ergebnisse erwarten lässt und neben der Einwilligung des Personensorgeberechtigten auch die Einwilligung des einsichtsfähigen Minderjährigen vorliegt. Es darf eine angemessene Entschädigung gezahlt werden. Erklärt der Minderjährige, nicht an der klinischen Prüfung teilnehmen zu wollen, oder bringt er dies in sonstiger Weise zum Ausdruck, so ist dies zu beachten, und zwar auch dann, wenn er noch nicht einwilligungsfähig ist.

Gleiches gilt gemäß § 41 II AMG bei der Prüfung von Arzneimitteln gegen eine Krankheit unter der der Minderjährige leidet und gemäß § 17 MPG für Medizinprodukte (= Instrumente, Apparate, Vorrichtungen, Stoffe und Zubereitungen aus Stoffen oder andere Gegenstände einschließlich der für ein einwandfreies Funktionieren des Medizinproduktes eingesetzten Software zur Erkennung, Verhütung, Überwachung, Behandlung oder Linderung von Krankheiten, Verletzungen oder Behinderungen).

84 **9. Der Abbruch lebenserhaltender Maßnahmen.** Wie bereits oben[204] dargestellt steht dem einsichtsfähigen Jugendlichen das Alleinentscheidungsrecht über die Frage des Abbruchs oder der Weiterführung lebenserhaltener Maßnahmen zu.

---

[201] OLG Frankfurt NJW-RR 2016, 389

[202] Siehe oben → Rn. 4; Für die Rangfolge widerstreitender Entscheidungen sollen die landesrechtlichen Bestattungsgesetze Anhaltspunkte geben; (AG Berlin-Schöneberg FamRZ 1979, 633).

[203] Tabelle 2.1.4.2. der Richtlinien zur Gewinnung von Blut und Blutbestandteilen und zur Anwendung von Blutprodukten (Hämotherapie) zu §§ 12 und 18 des Transfusionsgesetzes.

[204] → Rn. 66.

Fraglich ist, wie bei nicht (oder nicht mehr) einsichts- und einwilligungsfähigen Minderjährigen zu verfahren ist.

Mit dem am 1.9.2009 in Kraft getretenen § 1901a BGB hat der Gesetzgeber klargestellt, dass **nur Volljährige** eine **Patientenverfügung** errichten können (§ 1901a I 1 BGB). Für Minderjährige, auch für einsichtsfähige Minderjährige, besteht diese Möglichkeit **nicht**. Eine analoge Anwendung der Vorschrift scheidet im Hinblick auf die eindeutige Entscheidung des Gesetzgebers aus.

Entscheidungsbefugt über die Frage des Abbruchs der Behandlung ist bei dem ein- **85**
willigungsunfähigen Kind somit (allein) der Personensorgeberechtigte. Er – und dies gilt auch für den Vormund – kann diese Entscheidung nach der hier vertretenen Auffassung **nicht** delegieren und auch nicht **allein** wegen der Schwere und Endgültigkeit der Entscheidung bei dem Familiengericht die Einsetzung eines Pflegers verlangen und/oder um **gerichtliche Genehmigung** nachsuchen.[205]

Der Vormund hat allerdings **stets** die Möglichkeit, den Sachverhalt dem Familiengericht mitzuteilen und damit ein **Amtsverfahren nach §§ 1666, 1666a BGB** einzuleiten.

Die Deutsche Akademie für Kinder- und Jugendmedizin empfiehlt in ihrer Stellungnahme „Begrenzung lebenserhaltender Therapie im Kindes- und Jugendalter“[206] aus dem Jahre 2008 den Ärzten im Konfliktfall mit den Personensorgeberechtigten die Anrufung des Gerichts.

Die **höchstpersönliche** Entscheidung des Sorgeberechtigten ist dann vom Familiengericht nach hiesiger Auffassung **nur** unter dem Aspekt eines Sorgerechtsmissbrauchs zu überprüfen. Dabei stellt das Ablehnen einer weiteren Behandlung nicht per se einen Sorgerechtsmissbrauch dar.[207] Dies ist vielmehr eine Frage des Einzelfalls.

Ein Sorgerechtsmissbrauch liegt jedenfalls immer dann vor, wenn nach ärztlichem Rat mit einer Gesundung oder wenigstens Besserung zu rechnen ist.

Im Übrigen können die von der Bundesärztekammer herausgegebenen Empfehlungen und Leitlinien[208] eine Entscheidungshilfe sein.

Lässt sich bei einem **Erwachsenen** der wirkliche oder mutmaßliche Wille nicht feststellen, so ist nach Auffassung des BGH[209] auf die **allgemeinen Wertvorstellungen** abzustellen.

Ob sich diese Rechtsprechung auf den Behandlungsabbruch bei einem Minderjäh- **86**
rigen übertragen lässt, erscheint fraglich. Nach der Entscheidung des OLG Hamm haben die Eltern die Entscheidung für **ihr Kind** nicht nach allgemeinen Wertvorstellungen, sondern **„nach ihren eigenen elterlichen Wertewelt“** zu treffen.[210]

Dabei hatten die Eltern zu dem Gesundheitszustand ihres Kindes (K) vorgetragen:

K befindet sich im apallischen Syndrom, welches nach sicherer ärztlicher Bewertung irreversibel ist. Dies bedeutet nach schulmedizinischem Konsens, dass sie für immer ohne Bewusstsein ist und für immer kognitive Denkvorgänge der Großhirnrinde unmöglich sind, weil für diese eben eine Funktion der Großhirnrinde (Pallium) notwendig ist, welche bei K irreversibel geschädigt ist (apallisch). Selbstverständlich reagiert K auf verschiedene Reize. Dies wird von Strukturen des Gehirns unter der Großhirnrinde (basale Strukturen) geleistet. Infolge der Schädigung leidet K an schwersten Spastiken aller vier Quadranten des Körpers (Tetraspastik). Dadurch ist K völlig steif und es hat sich sogar die Wirbelsäule verdreht. Der Zustand hat sich in den letzten Wochen

---

205 OLG Brandenburg FamRZ 2000, 1033.

206 *www.dakj.de*

207 OLG Hamm FamRZ 2007, 2098; *Hoffmann,* Personensorge § 10 Rn. 15.

208 DÄBl. A 2007, 891; DÄBl. A 2004, 1298.

209 BGH FamRZ 2003, 748.

210 OLG Hamm FamRZ 2007, 2098.

tendenziell verschlechtert. Sie kann nur für den Außenstehenden mangels Schmerzsymptomatik einen Eindruck des Zufriedenseins vermitteln, den K mangels Funktion der Großhirnrinde selbst jedoch nicht bewusst empfinden kann. Damit wird eine Zufriedenheit auf basaler Wahrnehmungsebene postuliert. Nach außen zeigt sich lediglich eine Symptomlosigkeit, die nicht mit Zufriedenheit gleichzusetzen ist. Um K aber symptomlos zu machen, bedarf es einer noch intensiveren Medikamentengabe (ggf. auch über die „Spastikpumpe"), wonach selbst Ks basale Reaktionen mehr oder weniger zum Erliegen kommen würden. So ist K schon in den letzten Wochen praktisch nur noch im Tiefschlaf zu halten. So würde ihr weiteres Leben aussehen.

K liegt so lange nicht im Sterben, solange die infolge der Großhirnzerstörung verloren gegangene Fähigkeit der natürlichen Aufnahme von Flüssigkeit und Nahrung durch Infusion kalorischer Flüssigkeit über die PEG (Perkutane endoskopische Gastrostomie -Ernährungssonde durch die Bauchdecke direkt in den Magen) substituiert wird. So lange werden voraussichtlich Nieren, Herz und Lunge – und damit der Kreislauf – „funktionieren". Ohne den Erhalt dieser lebenswichtigen Körperfunktionen wäre längst der Tod eingetreten. K's verbliebene Körperfunktionen können noch jahrelang künstlich erhalten werden.

Art. 6 GG schütze – so das OLG Hamm – gerade auch die individuelle Werteordnung einer bestimmten Familie, so dass die Eltern so entscheiden könnten, wie sie auch über ihre eigene Behandlung entschieden hätten.

Die Entscheidung der Eltern stelle daher **keinen** Fall des Sorgerechtsmissbrauchs dar.

Die Rechtsstellung des Vormunds und des Pflegers ist zwar nicht grundgesetzlich geschützt, ihre Rechte und Pflichten sind jedoch elternähnlich, so dass für sie die gleichen Maßstäbe anzuwenden sind.[211]

Allerdings: Die Entscheidung des OLG Hamm ist durch das BVerfG im Wege der einstweiligen Anordnung bis zur Entscheidung in der Hauptsache aufgehoben worden.[212] Durch den Tod des Kindes ist es zu einer solchen Hauptsacheentscheidung nicht mehr gekommen.

VIII. Die Aufsicht über das Mündel

87 Gemäß § 1631 I Alt. 3 BGB umfasst das Recht der Personensorge die Pflicht, das Kind zu beaufsichtigen. Die Aufsichtspflicht soll das Kind vor Selbstgefährdung und vor der Gefährdung durch Dritte schützen.[213]

§ 1631 I Alt. 3 BGB ist kein Schutzgesetz im Sinne des § 823 II BGB,[214] die Vorschrift dient ausschließlich dem Schutz des Mündels, nicht dem Schutz der Allgemeinheit.[215]

Für Schäden, die das Kind Dritten zufügt, haftet es selbst nach Maßgabe des § 828 BGB, der Aufsichtspflichtige nach § 832 BGB.

88 **1. Die Aufsichtspflichtigen.** Die Aufsichtspflicht trifft kraft Gesetzes den Personensorgeberechtigten, also nach § 1800 BGB auch den **Vormund**.

Werden Dritte (zB eine Pflegefamilie, Tagesmutter, Kindergartenpersonal, Internat, Ferienlager, Reiterhofaufenthalt und ähnliches mehr) mit der unmittelbaren Beaufsichtigung des Mündels beauftragt, so endet damit die Aufsichtspflicht des Vormunds **nicht**.

---

211 So auch *Hoffmann,* Personensorge § 10 Rn. 27.
212 BVerfG FamRZ 2007, 2046.
213 Staudinger/*Salgo* § 1631 BGB Rn. 31.
214 Staudinger/*Donau* § 823 BGB Rn. 22.
215 Vgl. BGH FamRZ 1987, 904; aA früher Palandt/*Diederichsen* § 1631 BGB Rn. 3.

Sie wandelt sich vielmehr in eine Pflicht zur sorgfältigen Auswahl, Information, Unterweisung und Kontrolle des das Kind unmittelbar Beaufsichtigenden.[216] Dazu gehört auch, dass der Sorgeberechtigte dem Dritten „besondere Eigenarten" des Kindes (zB Neigung zum „Zündeln") mitteilt. Verletzen beide (Sorgeberechtigter und beauftragter Dritter) ihre Aufsichtspflicht, so haften sie gemäß § 840 I BGB als Gesamtschuldner.

Die Aufsichtspflicht der Sorgerechtsberechtigten besteht nicht, solange das Sorgerecht nicht ausgeübt werden kann, weil der Minderjährige im Rahmen der Hilfe zur Erziehung (§§ 27, 33–35a, 38 SGB VIII) oder Erziehungsmaßregeln nach §§ 9, 12 JGG oder einer Anordnung nach § 1666a I BGB in einem Heim untergebracht ist.

Ist den Eltern die Personensorge entzogen, so haben sie **grundsätzlich** auch keine Aufsichtspflicht mehr gegenüber ihrem Kind.[217]

Etwas anderes gilt jedoch, wenn sich das Kind **im Rahmen des Besuchsrechts** bei den leiblichen Eltern aufhält. Für diese Zeit, in der ihnen auch das Aufenthaltsbestimmungsrecht zusteht[218] und in der sie „faktisch" die Personensorge ausüben,[219] trifft sie auch die Aufsichtspflicht. Gleiches gilt demgemäß für die anderen **Umgangsberechtigten** (Großeltern, Geschwister und andere enge Bezugspersonen[220]) für die Dauer der Ausübung des Umgangs.

Die **gesetzliche Aufsichtspflicht** trifft ferner alle, denen eine Befugnis zur **(Mit-)** 89
Entscheidung in Angelegenheiten des täglichen Lebens des Kindes zusteht. Das sind die **Pflegeltern** (§ 1688), der **nichtsorgeberechtigte Elternteil** (§ 1687a BGB), bei dem sich das Kind tatsächlich aufhält, **der Ehegatte** (§ 1687b BGB) oder **Lebenspartner** (§ 9 I LPartG) des alleinsorgeberechtigten Elternteils. Die diesem Personenkreis gesetzlich zugebilligte Rechtsstellung entspricht eine korrespondierende Pflichtenstellung zur Aufsicht.

2. Der Schutz vor Selbst- und Fremdgefährdung. Die Aufsichtspflicht nach 90
§ 1631 I 3. Alt. BGB besteht darin, das Kind vor Schäden an Körper, Seele, Eigentum und Vermögen zu bewahren.

Dazu gehört insbesondere auch, das Kind vor Straftaten Dritter zu bewahren.[221] Bei einer **gröblichen Verletzung** der Aufsichtspflicht kommt bei einem unter **sechzehnjährigen Kind** bei Vorliegen der weiteren Voraussetzungen eine **Strafbarkeit gemäß § 171 StGB** in Betracht.

Zur Aufsichtspflicht gehört schließlich, dass die Sorgeberechtigten die Einhaltung der Schulpflicht kontrollieren und durchsetzen.[222]

3. Die Haftung gegenüber Dritten. § 832 BGB füllt die Haftungslücke, die 91
durch § 828 BGB entsteht: Kinder unter sieben Jahren haften für den von ihnen bei einem Dritten angerichteten Schaden nicht (§ 828 I BGB). Erst wenn sie 7 Jahre alt sind (im Straßenverkehr ab 10 Jahren, § 828 II BGB) **und** das Unrecht ihres Tuns erkannt haben, haben sie selbst für den angerichteten Schaden zivilrechtlich einzustehen (§ 828 III BGB).

---

[216] *Hoffmann,* Personensorge § 13 Rn. 75.
[217] OLG Düsseldorf NJW 1959, 2120.
[218] OLG Frankfurt FamRZ 1999, 1008.
[219] BGH FamRZ 1988, 810.
[220] Siehe → Rn. 105.
[221] BGH FamRZ 1984, 883: Verurteilung einer Mutter wegen Beihilfe, die ihren Ehemann, der die Töchter aus erster Ehe sexuell missbrauchte, nicht zur Anzeige brachte.
[222] Vgl. BVerfG FamRZ 2006, 1094; BVerfG NJW 2009, 3151.

Statt (ggf. aber auch neben dem Kind[223]) haftet der Aufsichtspflichtige unter den Voraussetzungen des § 832 BGB.

§ 832 BGB stellt dabei **zwei Vermutungen** auf: Kommt ein Dritter durch ein Kind zu Schaden, so wird vermutet, dass **a)** der Aufsichtspflichtige seine Aufsichtspflicht schuldhaft verletzt hat, indem er die im konkreten Fall erforderlichen Handlungen ganz oder teilweise unterlassen hat und **b)** zwischen der Verletzung der Aufsichtspflicht und dem entstandenen Schaden ein ursächlicher Zusammenhang besteht.[224] Es ist Sache des Aufsichtspflichtigen die Vermutungen des § 832 I 2 BGB zu widerlegen.

92 **4. Maß und Inhalt der Aufsicht.** Ein Fernhalten eines Kindes von jeglicher Gefahr ist unmöglich.

Es würde zudem dem erklärten Erziehungsziel des § 1626 II BGB, nämlich der Entwicklung des Kindes zu einem **selbstverantwortlichen und selbstständigen** Menschen[225] widersprechen. Das Kind **muss** (auch) lernen, mit Gefahren umzugehen. Eine **Überbehütung (overprotection)** des Kindes liefe diesem Ziel zuwider. *„Zum Spiel der Kinder gehört auch, Neuland zu entdecken und zu erobern, weshalb keine Anforderungen an die Sorgfaltspflicht der Eltern gestellt werden dürfen, die den notwendigen Entwicklungsprozess zur Selbständigkeit stören."*[226]

Es kann daher nur versucht werden, einen vernünftigen Ausgleich zwischen den kollidierenden Zielen zu finden.

Im Einzelfall hängt das Maß der erforderlichen Aufsicht vom Alter (nur als widerlegbare Vermutung oder als Indiz, da es keine festen Altersgrenzen gibt, an denen sich Art und Weise der Aufsicht orientieren könnte), von der körperlichen, seelischen und sozialen Entwicklung und Reife, von den Fortschritten der Erziehung, von persönlichen Erfahrungen, Eigenarten und Charaktereigenschaften, von den geistigen Fähigkeiten, vom Stand der Ausbildung, von den örtlichen Gegebenheiten, vielen anderen Bedingtheiten des jeweiligen Minderjährigen und anderen situativen Faktoren ab.[227]

Das **Haftungsprivileg des § 1664 BGB**[228] kann der Vormund, in dessen Haushalt der Mündel **nicht lebt, nicht für sich in Anspruch nehmen.**[229] Er haftet dem Mündel daher unbeschränkt.

Einzelfälle:

93 **a) Kleinkinder bis 5 Jahre.** *aa) Haftung bzw. Mithaftung des Aufsichtspflichtigen angenommen.*

- Mitverschulden der Mutter, wenn Kind auf Baustelle läuft und dort in eine nicht abgesicherte Grube stürzt[230]
- Das zur Unfallzeit 2 ¾ Jahre alte Kind hatte sich mit seiner Mutter in einem Ladenlokal einer kleinen Ortschaft aufgehalten, war jedoch dort der Mutter ausgerissen und hüpfte auf der Gehwegfläche vor dem Laden umher. Die Mutter bemerkte dies bei einem Blick durch die Schaufensterscheibe, holte das Kind aber nicht in den Laden zurück. Beim Umherhüpfen geriet das Kind auf die Fahrbahn. Hier wurde es durch einen Pkw eines erfasst und verletzt[231]

---

223 Vgl. OLG Oldenburg VersR 2005, 807.
224 Palandt/*Sprau* § 832 BGB Rn. 1.
225 Siehe → Rn. 6.
226 BGH FamRZ 1984, 985; BGH NJW 2012, 2425.
227 Staudinger/*Salgo* § 1631 BGB Rn. 44.
228 Beschränkung auf die eigenübliche Sorgfalt; vgl. Palandt/*Götz* § 1664 BGB Rn. 1.
229 Umkehrschluss aus § 1793 I 3 BGB.
230 OLG München BauR 1999, 1037.
231 BGH FamRZ 1979, 284.

- Wenn ein gefahrenträchtiges Handeln naheliegt, weil das 3-jährige Kind bereits einmal versucht hat, selbständig den Elektroherd einzuschalten, darf sich der Aufsichtspflichtige nicht auf eine bloße Ermahnung beschränken. Er muss eine weitere Beschäftigung mit dem Herd unterbinden oder jedenfalls (hier: vor dem Verlassen der Wohnung) überprüfen, ob sich das Kind wieder an dem Herd zu schaffen gemacht hat.[232]
- Feuerzeug und Streichhölzer sind sicher zu verwahren. Dem für ein vierjähriges Kind aufsichtspflichtigen Vater ist daher eine fahrlässige Pflichtverletzung vorzuwerfen, wenn er nach seiner Rückkehr aus dem Nachtdienst und während er sich mit seinem Kind allein in der Wohnung aufhält, einschläft und keinerlei Vorkehrungen dagegen getroffen hat, dass sein in der Tasche einer abgelegten Hose vorhandenes Feuerzeug von seinem Kind gefunden und zum Spielen benutzt wird.[233]
- Ein zum Kartoffelschälen benutztes Schälmesser darf auch bei nur kurzfristiger Abwesenheit nicht in der Nähe spielender fünfjähriger Kinder liegenbleiben, auch dann nicht, wenn zwar eine weitere aufsichtspflichtige Person anwesend ist, diese aber mit anderen Aufgaben beschäftigt ist und evtl. nichts von der Gefahrenlage weiß. Verletzt ihr Sohn in ihrer Abwesenheit einen gleichaltrigen Spielkameraden mit dem Messer, ist die Mutter zum Schadenersatz verpflichtet. Kein Mitverschulden der ebenfalls anwesenden Mutter des verletzten Kindes.[234]
- Kinder, die sich in einer größeren Gruppe auf dem Außengelände eines Kindergartens aufhalten, sind so zu beaufsichtigen, dass eine relativ engmaschige Kontrolle **jedes** Kindes sichergestellt ist. Die Aufsichtskräfte müssen zwar nicht jedes Kind ununterbrochen im Auge haben, es geht aber nicht an, das Kinder im Kindergartenalter, auch wenn sie bislang nicht auffällig wurden, sich über einen längeren Zeitraum selbst überlassen bleiben. Es ist eine Kontrolle im Abstand von wenigen Minuten geboten. Die Kinder hatten vorbeifahrende Autos mit Steinen beworfen.[235]

bb) Haftung bzw. Mithaftung des Aufsichtspflichtigen abgelehnt. **94**

- 79-jährige stürzt über im Kaufhaus freiherumlaufende 3 ½-Jährige, das Kind müsse nicht permanent im Auge behalten werden.[236]
- Bei einem gemeinsamen Spaziergang von Mutter, Großmutter und einem 4 ½ Jahre alten Kind in einer Spielstraße stellt die Unterbrechung des Sichtkontaktes für einen Zeitraum von 2 bis 5 Minuten keine Aufsichtspflichtverletzung dar, wenn das Kind sich weder widersetzlich gezeigt hat, noch vorher bereits die Neigung gezeigt hat, fremde Gegenstände zu beschädigen und dann Autos mit Steinen bewirft und mit einem Stein auf der Motorhaube kritzelt.[237]
- Losreisen eines 2–3-jährigen Kindes von der Hand des Vaters und Rennen auf Fahrbahn.[238]

---

232 OLG Düsseldorf NJW-RR 2002, 235.
233 OLG Hamm NJW-RR 1996, 136.
234 OLG Hamm MDR 1999, 677.
235 OLG Köln MDR 1999, 997.
236 AG Konstanz Urteil vom 10.5.2007 – 4 C 43/07; BeckRS 2007, 16979.
237 LG Frankfurt (Oder) Schaden-Praxis 2005, 120.
238 LG Köln NJW 2007, 2563.

95 **b) Kinder von 6 bis 10 Jahren.** *aa) Haftung bzw. Mithaftung des Aufsichtspflichtigen angenommen.*

- Bei der Teilnahme am Feuerwerk in der Silvesternacht dürfen die Eltern ein 7 ½ jähriges Kind nicht aus den Augen lassen und haben in Rechnung zu stellen und zu verhindern, dass Blindgänger gesucht und erneut gezündet werden.[239]
- Beim Schieben eines Einkaufswagens auf einem Supermarktparkplatz muss die Mutter verhindern, dass Autos beschädigt werden.[240]
- Eltern verletzen ihre Aufsichtspflicht, wenn sie ihr sechs Jahre altes Kind nicht eindringlich auf die Gefahren hinweisen, die beim Umgang mit Spielzeugpistolen insbesondere dann drohen, wenn anstelle der zugehörigen Pfeile mit Saugnäpfen Stöcke oder andere Gegenstände verwendet werden; angesichts der Verbreitung und Beliebtheit solcher Spielzeugwaffen unter Kindern gilt dies selbst dann, wenn das Kind selbst solch eine Waffe nicht besitzt.[241]
- Ein Zehnjähriger, dessen Neigung zum Zündeln der Mutter bekannt war, steckt zusammen mit einem Freund ein Papierlager in Brand.[242]
- Ein besonders schwieriger, retardierter 9-jähriger Junge zündelte auf dem Heuboden mit einem Feuerzeug, das er kurz zuvor gefunden hatte, so dass das Gebäude abbrannte. Der BGH sah eine Aufsichtsverletzung wegen der **besonderen Aggressivität** des Kindes.[243]

96 *bb) Haftung bzw. Mithaftung des Aufsichtspflichtigen abgelehnt*

- Die bloße Feststellung einer „*Milieuschädigung*" des Minderjährigen reicht **nicht** aus, um den Aufsichtspflichtigen zu einer **Überwachung auf Schritt und Tritt** zu verpflichten. Hierfür bedarf es vielmehr konkreter Feststellungen, die die Annahme rechtfertigen, dass als Folge besonderer Aggressionsbereitschaft oder sonstiger Verhaltensstörungen des Minderjährigen stets mit gefährlichen Streichen zu rechnen ist.[244]
- Ein 7-jähriger Junge hatte **zugesehen**, wie ein Freund auf dem Dachboden eines Mietshauses einen Papierstapel angezündet hatte. Das OLG hatte der Klage gegen die Eltern des „Zuschauers" stattgegeben, weil psychische Beihilfe vorgelegen habe und die Eltern das Kind vor der Teilnahme am Zündeln hätten warnen müssen. Der BGH hob das Urteil auf, weil damit die Anforderungen an die Aufsichtspflicht überspannt seien.[245]
- Wenn ein Minderjähriger im Alter von elf Jahren bisher noch keine Sachbeschädigungen begangen hat, verletzen die Eltern ihre Aufsichtspflicht nicht, wenn sie den Minderjährigen, nachdem dieser von den Nachbarn aufgefordert worden ist, anderswo Fußball zu spielen, lediglich vom Fenster aus im Sinne der Nachbarn zurechtweisen und der Junge dann später aus Rache das Auto des Nachbarn mit einem Nagel zerkratzt.[246]
- Ist ein PKW ordnungswidrig und verkehrsbehindernd geparkt und ein Rad fahrendes siebenjähriges Kind verursacht deswegen einen Schaden an dem Auto haben die

---

[239] OLG Schleswig NJW-RR 1999, 606.
[240] AG Schwabach ZfS 2004, 447.
[241] OLG Düsseldorf NJW-RR 1998, 98.
[242] BGH FamRZ 1996, 600 gegen die Vorinstanzen, die die Klage abgewiesen hatten.
[243] BGH FamRZ 1996, 65.
[244] BGH FamRZ 1997, 799.
[245] BGH FamRZ 1990, 1214.
[246] AG Köln VersR 1997, 492.

Eltern ihre Aufsichtspflicht nicht verletzt, insbesondere müssen sie ihr Kind nicht zum Absteigen auffordern.[247]

- Wenn ein siebenjähriges Kind während eines Kindergartenfestes herumtollt, dabei eine Bierbank umkippt und hierdurch das in einer Handtasche befindliche Mobiltelefon eines Festbesuchers beschädigt wird, haften die Eltern des Kindes nicht für den Schaden.[248]

c) Kinder ab 11 Jahren. *aa) Haftung bzw. Mithaftung des Aufsichtspflichtigen bejaht* 97

- Ein 14-jähriger bewahrt mit Kenntnis der Eltern in seinem Zimmer eine Axt und ein Buschmesser auf. Er identifiziert sich mit dem Helden einer gewaltverherrlichenden Videofilmreihe. Dann müssen die Eltern damit rechnen, dass der Sohn mit diesen Waffen Menschen verletzen kann und sie ihm wegnehmen.[249]
- Ein 15-jähriger verletzt mit seinem Luftgewehr einen Freund. Seine Mutter hatte ihm das Gewehr gekauft. Sie war deshalb zu besonderer Beobachtung, Belehrung und Beaufsichtigung ihres Sohnes verpflichtet. Bei Luftgewehren, die zum Spielen bestimmt sind, ist eine eindringliche und ersichtliche Unterweisung und Überwachung des Jugendlichen erforderlich.[250]
- Das Überlassen von gefährlichen Feuerwerkskörpern (sog. China-Böllern), die nur für Volljährige zugelassen sind, an den 15-jährigen Sohn, stellt eine Aufsichtspflichtverletzung dar.[251]
- Bei einem dreizehnjährigen Kind sind erzieherische Hinweise auf die generelle Gefährlichkeit des Umgangs mit Wurfgeschossen wie Schneebällen oder Steinen, mit Zwillen und ähnlich verletzungsgeeigneten Gegenständen geboten.[252]
- Der Träger eines Heimes für straffällig gewordene Jugendliche unterliegt **besonders strengen Anforderungen** an seine Aufsichtspflicht bei der Betreuung schwer erziehbarer Kinder. Dies beinhaltet auch die Pflicht (zB durch entsprechendes Aufsichtspersonal) Schutzmaßnahmen zu treffen, um ein Entweichen aus dem Heim zu unterbinden. Dem Aufsichtspflichtigen ist im Rahmen ein gewisser Freiraum für vertretbare pädagogische Maßnahmen zu belassen Gleichwohl ist bei heimuntergebrachten Jugendlichen, die schon Straftaten begangen haben und dazu neigen, wiederum Straftaten zu begehen, das höchste Maß an Aufsicht geboten.[253]

bb) Haftung bzw. Mithaftung des Aufsichtspflichtigen abgelehnt. 98

- Hat der fast 17jährige Sohn in der Vergangenheit keinen Anlass zu der Befürchtung gegeben, dass er gegenüber Dritten in massiver Weise gewalttätig werden würde, so liegt keine Verletzung der Aufsichtspflicht vor, wenn die Eltern ihren Sohn während eines Urlaubs in der Familienwohnung zurücklassen, damit er von dort aus zur Arbeit gehen und die Berufsschule besuchen kann.[254]
- Eine 16-jährige verwandte beim Grillen ausnahmsweise Spiritus, um das Feuer wieder anzuzünden. Dabei entstand erheblicher Schaden. Dies ist keine Aufsichtspflichtverletzung der Eltern, weil bislang immer ungefährliche Anzünder verwandt worden waren.[255]

---

247 AG München Urteil vom 30.7.2009 (331 C 5627/09).
248 AG München FamRZ 2006, 416.
249 OLG München ZfS 2002, 170.
250 OLG Frankfurt MDR 1997, 1028.
251 OLG Braunschweig VersR 2005, 838.
252 OLG Celle FamRZ 1998, 233.
253 LG Zweibrücken NJW-RR 2005, 1546.
254 OLG Hamm OLGZ 1992, 95.
255 BGH rfS 1992, 233; anders dagegen BGH NJW 1976, 1684, wo einem 12-jährigen Jungen von den

- Eine ständige Kontrolle von 11-jährigen normal entwickelten Kindern, die zuvor nie durch Zündeln und/oder Sachbeschädigung auffällig geworden sind, ist nicht zu fordern. In diesem Alter muss Kindern ein Spielen im Freien ohne Aufsicht erlaubt sein, wozu auch die Eroberung und das Entdecken von Neuland gehört. An einem ländlich geprägten Ort ist ein mehrstündiges unbeaufsichtigtes Spielen von Kindern dieser Altersgruppe ohne ständige Aufmerksamkeitskontrolle durch die Eltern der Normalfall. Eltern ist es daher nicht als Verletzung der Aufsichtspflicht vorzuwerfen, wenn sie es gestattet haben, dass sich 11-jährige Jungen nachmittags in der Zeit von 15 bis 18 Uhr unbeaufsichtigt in einem Gartenhaus aufgehalten haben, wo sie durch „Zündeln" einen Brand verursacht haben.[256]
- Eltern genügen ihrer Aufsichtspflicht über ein normal entwickeltes 13-jähriges Kind, das ihre grundlegenden Gebote und Verbote befolgt, regelmäßig bereits dadurch, dass sie das Kind über die Rechtswidrigkeit einer Teilnahme an Internettauschbörsen belehren und ihm eine Teilnahme daran verbieten. Eine Verpflichtung der Eltern, die Nutzung des Internets durch das Kind zu überwachen, den Computer des Kindes zu überprüfen oder dem Kind den Zugang zum Internet (teilweise) zu versperren, besteht grundsätzlich nicht. Zu derartigen Maßnahmen sind Eltern erst verpflichtet, wenn sie konkrete Anhaltspunkte dafür haben, dass das Kind dem Verbot zuwiderhandelt.[257]

Wird über einen Internetanschluss eine Rechtsverletzung begangen, ist eine tatsächliche Vermutung für eine Täterschaft des Anschlussinhabers nicht begründet, wenn zum Zeitpunkt der Rechtsverletzung (auch) andere Personen diesen Anschluss benutzen konnten. Dies ist insbesondere dann der Fall, wenn der Internetanschluss zum Zeitpunkt der Rechtsverletzung nicht hinreichend gesichert war oder bewusst anderen Personen zur Nutzung überlassen wurde. Der Anschlussinhaber trägt insoweit eine sekundäre Darlegungslast. Dieser entspricht er dadurch, dass er vorträgt, ob andere Personen und gegebenenfalls welche anderen Personen selbständigen Zugang zu seinem Internetanschluss hatten und als Täter der Rechtsverletzung in Betracht kommen. Insoweit ist der Anschlussinhaber im Rahmen des Zumutbaren auch zu Nachforschungen verpflichtet.[258]

99 **5. Versicherungen.** Aus dem Vorstehenden wird deutlich, dass der Abschluss einer **Privathaftpflichtversicherung** sowohl für den Mündel als auch für den Vormund selbst **dringend anzuraten** ist.

Erhält der Mündel Hilfen zur Erziehung in Einrichtungen der Jugendhilfe so wird angenommen, aus § 39 SGB VIII ergebe sich eine Verpflichtung des öffentlichen Trägers der Jugendhilfe zur Absicherung des Risikos im Rahmen der Annexleistungen.[259] Befindet sich das Kind in einer Pflegefamilie, so ist zu prüfen, ob eine entsprechende Privathaftpflicht der Pflegeeltern besteht, da das Mündel dann als im Haushalt der Pflegeeltern lebendes Kind mit in den Versicherungsschutz einbezogen ist. Über die Aufnahme des Kindes in den Haushalt ist die Versicherungsgesellschaft zu informieren.

Eltern das selbständige Grillen unter Verwendung von Spiritus zum Anzünden der Holzkohle gestattet worden war.

[256] OLG Zweibrücken NJW-RR 2007, 173; ähnlich OLG Frankfurt NJW-RR 2005, 1188 für einen knapp 14-Jährigen, der bereits durch Zündeln aufgefallen war.

[257] BGH NJW 2013, 1441

[258] BGH NJW 2014, 2360.

[259] DIJuF Gutachten JAmt 2008, 321.

Gemäß § 1835 II BGB sind dem ehrenamtlichen Vormund die Kosten für eine Versicherung gegen Schäden, die er dem Mündel oder einem Dritten zufügt, zu ersetzen. Die meisten Bundesländer haben inzwischen insoweit eine Gruppenversicherung für ehrenamtliche Vormünder abgeschlossen. Nicht von dieser Vorschrift umfasst werden allerdings die Kosten für eine Kraftfahrzeughaftpflichtversicherung (§ 1835 II Hs. 2).

Ausgeschlossen ist die Eintrittspflicht der Privathaftpflichtversicherung für vorsätzlich verursachte Schäden (§ 81 I VVG[260]). Wird der Schaden grobfahrlässig herbeigeführt, ist der Versicherer gemäß § 81 II VVG berechtigt, seine Leistung in einem der Schwere des Verschuldens des Versicherungsnehmers entsprechenden Verhältnis zu kürzen.

Bei der Gebäudefeuerversicherung wird ein konkludenter Regressverzicht des Versicherers für die Fälle angenommen, in denen der Wohnungsmieter einen Brandschaden durch einfache Fahrlässigkeit verursacht hat.[261]

IX. Die Vertretung des Mündels

Gemäß § 1629 I 1 BGB umfasst die elterliche Sorge die Vertretung des Kindes. 100

Es ist zu unterscheiden zwischen der **tatsächlichen Personensorge** nach § 1626 I 2 BGB einerseits und der **gesetzlichen Vertretung** nach § 1629 I 1 BGB (Vertretung in **persönlichen Angelegenheiten**) andererseits.

Die Abgrenzung zwischen tatsächlicher Personensorge und Vertretung in persönlichen Angelegenheiten ist schwierig, teilweise kommt es zu Überschneidungen.

1. Die tatsächliche Personensorge. Zu der tatsächlichen Personensorge zählen 101
- das Erziehungsrecht, das Aufenthaltsbestimmungrecht, der Herausgabeanspruch, das Recht, den Umgang zu bestimmen und die Einwilligung in die ärztliche Behandlung[262]
- die Geburtsanzeige bei dem Standesamt gemäß §§ 16, 17 Personenstandsgesetz (PStG) (zugleich auch Vertretung in persönlichen Angelegenheiten)
- die Bestimmung des Vornamens und seiner Schreibweise[263]
- die Bestimmung des Geburtsnamens gemäß §§ 1617 ff. BGB
- die Verwendung des Arbeitsverdienstes des Minderjährigen
- das Vaterschaftsanerkenntnis des minderjährigen Vaters gemäß §§ 1592 I Nr. 2, 1596 BGB (zugleich auch Vertretung in persönlichen Angelegenheiten)
- die Einwilligung in Vaterschaftstests[264]
- der Abschluss von Verträgen mit Casting-Agenturen oÄ mit einem „Verkauf“ von Persönlichkeitsrechten
- die Entscheidung über die Stellung eines Anfechtungsantrages nach § 1600a BGB.

---

[260] = § 152 VVG aF.

[261] BGH NJW 2001, 1353.

[262] soweit nicht der Minderjährige aufgrund seiner Einsichtsfähigkeit allein zuständig ist, siehe oben → Rn. 66.

[263] Das Geschlecht des Kindes muss dabei eindeutig und zutreffend angezeigt werden, ggf. ist ein zweiter Name beizugeben; OLG Hamm FamRZ 2002, 637 („*Ogün*“); OLG Hamm FamRZ 2005, 389 („*Kai*“).

[264] Vgl. BGH FamRZ 2005, 340.

102 **2. Die Vertretung in persönlichen Angelegenheiten.** Die gesetzliche Vertretung nach § 1629 I 1 BGB umfasst alle Rechtsgeschäfte und rechtsgeschäftsähnlichen Handlungen, welche die Eltern **unter Abgabe einer eigenen Willenserklärung im Namen des Kindes vornehmen** (§ 164 BGB).[265]

Zur Vertretung des Kindes in persönlichen Angelegenheiten gehören im Regelfall:

- die Mitwirkung bei der Einbenennung nach § 1618 I 3 BGB
- die Mitwirkung bei der Adoption gemäß §§ 1746, 1750 III BGB
- die Einwilligung zur Eheschließung des minderjährigen Kindes[266]
- der Abschluss des ärztlichen Behandlungsvertrages[267]
- die Einwilligung in die Beendigung lebenserhaltender Maßnahmen[268]
- die Ermächtigung des Kindes in Dienst oder Arbeit zu treten (§§ 112, 113 BGB)
- die Geltendmachung von Unterhaltsansprüchen
- die Abwehr von Straftaten gegen das Kind durch Strafantragstellung, die Erhebung der Privatklage und die Einleitung des Klageerzwingungsverfahrens gemäß § 172 ff. StPO
- die Wahl des Verteidigers und die Einlegung von Rechtsmitteln gemäß § 67 II, V JGG
- die Vertretung des Kindes in Prozessen, die persönliche Angelegenheiten betreffen (die Geltendmachung von Schmerzensgeld gemäß § 847 BGB gehört indes zur Vermögenssorge)
- Zeugnis- und Eidesverweigerungsrechte im Strafprozess (§§ 52, 63 StPO) und im Zivilprozess (§§ 383, 384 ZPO)

103 **3. Notwendigkeit der Abgrenzung.** Die Abgrenzung zwischen der tatsächlichen Personensorge und der Vertretung in persönlichen Angelegenheiten ist nur dann notwendig, wenn tatsächliche Personensorge und Vertretung des Kindes in persönlichen Angelegenheiten auseinanderfallen.

Dies ist der Fall,

104 • wenn ein Elternteil in der Geschäftsfähigkeit beschränkt ist. Gemäß § 1673 II 2 steht ihm die Personensorge dann **neben** dem gesetzlichen Vertreter des Kindes zu, er selbst ist zur Vertretung des Kindes **nicht** berechtigt. Ist der gesetzliche Vertreter des Kindes ein Vormund oder Pfleger und kommt es zu Meinungsverschiedenheiten, geht die Meinung des minderjährigen Elternteils vor (§ 1673 II 3 BGB). Misslingt der nach §§ 1673 II Hs. 2, 1627 S. 2 BGB notwendige Einigungsversuch, entscheidet gemäß § 1628 BGB das Familiengericht.

105 • wenn der Minderjährige verheiratet ist (oder war[269]). Die Vertretung der Eltern des minderjährigen Ehegatten beschränkt sich auf die Vertretung in persönlichen Angelegenheiten. Insbesondere erlöschen das Recht der Eltern zur Erziehung und zur Aufenthaltsbestimmung und der Herausgabeanspruch. Dieses Recht geht auch nicht auf den volljährigen Ehegatten über, vielmehr gelten für die Ehegatten untereinander die §§ 1353 BGB.[270] Der verheiratete Minderjährige unterliegt keinen erzieherischen Einwirkungen der Eltern mehr, so dass auch Maßnahmen nach §§ 1666 ff. ausscheiden, soweit es die tatsächliche Personensorge angeht. Ein nach § 1666

---

[265] Palandt/*Götz* § 1629 BGB Rn. 1.

[266] BayObLG FamRZ 1983, 66.

[267] Wobei es den Personensorgeberechtigten freisteht, den Vertrag im eigenen Namen oder im Namen des Kindes abzuschließen.

[268] Siehe dazu → Rn. 84 ff.

[269] Die Aufhebung der Ehe führt **nicht** zum Wiederaufleben der vollständigen elterlichen Sorge.

[270] Palandt/*Götz* § 1633 BGB Rn. 2.

schwebendes Verfahren erledigt sich in der Hauptsache, wenn der Minderjährige während des Verfahrens heiratet.

- wenn für das Kind gemäß § 1630 BGB ein Pfleger bestellt ist. Dies gilt auch, wenn die Pflegerbestellung durch die Eltern oder die Pflegeperson initiiert ist. 106
- wenn ein gesetzliches Vertretungsverbot besteht (§§ 1629 II 1, 1795 BGB) oder die Vertretungsmacht entzogen ist (§§ 1629 II 3, 1796 BGB). 107

Will das **minderjährige Kind heiraten**, so ist sowohl die Einwilligung des gesetzlichen Vertreters als auch des sonstigen Inhabers der elterlichen Sorge notwendig, so dass es auf die Unterscheidung **nicht** ankommt. 108

Gleiches gilt für die Stellung eines **Strafantrages**: Diesen können der gesetzliche Vertreter in den persönlichen Angelegenheiten und derjenige, dem die Sorge für die Person des Antragsberechtigten zusteht, stellen (§ 77 III StGB), und zwar unabhängig voneinander (§ 77 IV StGB).

Kommt es zu **Meinungsverschiedenheiten** zwischen dem Inhaber der tatsächlichen Personensorge und dem gesetzlichen Vertreter des Kindes in persönlichen Angelegenheiten, so entscheidet das Familiengericht nach § 1630 II BGB. Es handelt sich um eine Kindschaftssache im Sinne der §§ 111 Nr. 2, 151 Nr. 1 FamFG.[271] Es entscheidet der Richter.[272]

X. Der Mündel in der Pflegefamilie

Im Rahmen einer Amtsvormundschaft wird der Mündel im Regelfall bei Dritten untergebracht sein und seinen Aufenthalt haben. 109

Die sich daraus ergebende Problematik der „Ferne" des Vormunds vom tatsächlichen Alltag seines Mündels versucht § 1688 BGB zu lösen. Zweck der durch das Kindschaftsrechtsreformgesetz eingefügten Vorschrift war es, die Entscheidung und Vertretung durch Pflegepersonen unter Bereinigung des § 38 KJHG aF in das System der Alleinbefugnisse der §§ 1687 ff. BGB einzugliedern.[273]

1. Die angesprochenen Personengruppen. § 1688 BGB gewährt **drei** Personengruppen die Entscheidungsbefugnis hinsichtlich der Angelegenheiten des täglichen Lebens des Kindes. Es sind dies: 110

- gemäß § 1688 I 1 BGB die **Pflegepersonen**, bei denen ein Kind **seit längerer Zeit in Familienpflege** lebt. Wie bereits oben[274] angesprochen genügt insoweit jedes faktische Pflegeverhältnis familienähnlicher Art, gleichgültig ob ein Pflegevertrag oder eine etwa erforderliche Pflegeerlaubnis vorliegt. Der Begriff der „längeren Zeit" ist entsprechend dem kindlichen Zeitgefühl[275] nicht absolut, sondern relativ zu verstehen. Es kommt darauf an, ob das Kind in der Pflegefamilie seine Bezugswelt gefunden hat.[276] Eine solche „Verwurzelung" kann bei einem Kleinkind bereits nach mehreren Monaten eingetreten sein,[277] bei älteren Kindern dürfte die Schwelle bei einem Jahr liegen. 111

[271] Keidel/*Engelhardt* § 151 FamFG Rn. 5.
[272] § 14 I Nr. 4 RPflG.
[273] BT-Drs. 13/4899 108.
[274] → Rn. 45.
[275] OLG Köln FamRZ 2007, 658.
[276] BayObLG NJW-RR 1969, 369.
[277] OLG Frankfurt FamRZ 2004, 720

112 • Die gleichen Rechte haben nach § 1688 II BGB Personen, die nach § 34 SGB VIII **(Heim, betreutes Wohnen)**, § 35 SGB VIII **(Einzelbetreuung)**, § 35a Abs. 1 Satz 2 Nr. 3 und 4 SGB VIII **(Eingliederungshilfe)** die Betreuung und Erziehung eines Kindes übernommen haben.

113 • Hat das Gericht zu eine **Verbleibensanordnung** nach § 1632 IV BGB (Pflegeperson) oder § 1682 BGB (Stiefelternteil, Großeltern, Geschwister oder andere enge Bezugspersonen des Kindes) getroffen, so erhält die Person zugunsten die Verbleibensanordnung getroffen worden ist, gemäß § 1688 IV BGB ebenfalls die Entscheidungsbefugnis hinsichtlich der Angelegenheiten des täglichen Lebens mit der Maßgabe, dass die Befugnisse nur noch durch das Familiengericht eingeschränkt oder ausgeschlossen werden können.

114 **2. Die Entscheidungsbefugnis für Angelegenheiten des täglichen Lebens.** Entscheidungen des täglichen Lebens („Alltagssorge“) sind nach der Legaldefinition des § 1687 I 3 BGB in der Regel solche, die **häufig vorkommen** und die **keine schwer abzuändernden Auswirkungen** auf die Entwicklung des Kinds haben. Entscheidend dabei sind die individuellen Verhältnisse der betroffenen Familie.[278]

Bei der Regelung von Alltagsangelegenheiten vertreten die Pflegepersonen **nicht** das Kind, sondern den Personensorgeberechtigten (mittelbare Stellvertretung).[279]

115 Von **erheblicher Bedeutung** und damit **nicht zur Alltagssorge** gehörig sind:

- die Bestimmung des gewöhnlichen Aufenthalts des Kindes[280]
- die religiöse Erziehung des Kindes[281]
- die Grundsatzentscheidung, mit welchen Bezugspersonen das Kind Umgang haben soll[282]
- die Wahl des Kindergartens oder der Kindertagesstätte[283]
- die Entscheidung über Schulart und Schule.[284] In der Regel sind aber die Pflegeeltern bzw. Heimerzieher über die schulischen Angelegenheiten, über die Stärken und Schwächen des Kindes oft besser informiert als der Vormund. Deshalb sollten die Inhaber der elterlichen Sorge nicht nur gemäß § 1631a I BGB **auf die Eignung und Neigung des Kindes Rücksicht nehmen,**[285] sondern die für das Kind im Alltag **Verantwortlichen** in die zu treffende Schulwahlentscheidung **einbeziehen.**[286]
- die Grundsatzentscheidung, aber auch die Wahl der konkreten Ausbildungsstelle wie der Abschluss des Ausbildungsvertrages sind Angelegenheiten von erheblicher Bedeutung[287]

---

[278] Palandt/*Götz* § 1687 BGB Rn. 7.

[279] Palandt/*Götz* § 1688 BGB Rn. 3.

[280] OLG Zweibrücken FamRZ 2000, 1042.

[281] BGH NJW 2005, 2080; das AG Lübeck (FamRZ 2003, 549) hält die Frage, ob das Kind an dem von der Mutter gewünschten Datum oder an einem etwas späteren Zeitpunkt getauft werden soll, nach der grundsätzlichen Entscheidung über das Ob der Taufe nicht mehr von erheblicher Bedeutung.

[282] OLG Jena FamRZ 2009, 894.

[283] OLG Frankfurt FamRZ 2009, 894, OLG Brandenburg JAmt 2005, 47; anders aber OLG Brandenburg BeckRS 2008, 10933 = NJOZ 2008, 2663 für den Fall, dass der Wechsel der Kindertagesstätte allein aus Bequemlichkeitsgründen erfolgt und zur Zeitersparnis der Abholer führen soll.

[284] OLG Dresden FamRZ 2003, 1489, ebenso AG Lemgo (FamRZ 2004, 49) für die Frage des Wechsels zu einer Waldorfschule; VG Schleswig (BeckRS 2003, 22968) zu der Frage, ob gegen die Nichtversetzung eines Schülers verwaltungsgerichtlich vorgegangen werden soll.

[285] Siehe dazu schon → Rn. 15.

[286] Staudinger/*Salgo* § 1688 Rn. 25.

[287] BT-Drs. 13/4899 107.

- die Frage, ob und gegen was das Kind geimpft werden soll, weil eine Impfung mit der Gefahr von Komplikationen und Nebenwirkungen verbunden ist[288]
- die Behandlung eines unter ADHS leidenden Kindes mit Ritalin oder ähnlichen Medikamenten[289] und alle anderen schwerwiegenden medizinischen Entscheidungen
- Piercing und Tätowierungen[290]
- die Durchführung einer Sprachreise in das Ausland in Zeiten einer politischen Krise[291]
- Reisen kleiner Kinder in ihnen nicht umfassend bekannte Kulturkreise[292]
- die Beantragung eines Kinderausweises oder Kinderreisepasses[293]
- Verträge mit Casting-Agenturen o. ä. über die Verwertungsrechte an Foto oder Filmaufnahmen des Kindes
- Kürzung oder vollständige Aussetzung des Taschengeldes[294]

Nicht von erheblicher Bedeutung und damit zum Bereich der **Alltagssorge** gehören: 116

- die Bestimmung von Schlafenszeiten, Essen und Kleidung
- die Bestimmung von Ausgehzeiten und die Erlaubnis zum Besuch von Sport- und Freizeitveranstaltungen
- die Wahrnehmung alltäglicher Schulangelegenheiten (Unterschrift unter Zeugnisse, Teilnahme an Elternsprechtagen und Elternversammlungen) und die Anmeldung zum Nachhilfeunterricht[295]
- die Erlaubnis zur Mitgliedschaft in Sportvereinen[296]
- die Regelung des Fernseh- und Computerkonsum und der „Handy"-Nutzung
- die medizinische Versorgung bei Bagatellerkrankungen wie grippalen Infekten, einfache Wundversorgung, zahnärztliche Routinebesuche
- die Zustimmung zu Foto oder Filmaufnahmen rein zu Erinnerungszwecken

Gemäß § 1688 I 2 BGB sind die Pflegepersonen darüber hinaus **ausdrücklich** befugt, den Arbeitsverdienst des Kindes zu verwalten sowie Unterhalts-,[297] Versicherungs-, Versorgungs- und sonstige Sozialleistungen für das Kind geltend zu machen 117

---

288 Kammergericht FamRZ 2006, 142.

289 OLG Bamberg FamRZ 2003, 1403.

290 Staudinger/*Salgo* § 1688 BGB Rn. 27.

291 AG Heidenheim FamRZ 2003, 1225; AG Freising FamRZ 2004, 968.

292 OLG Köln FamRZ 2005, 644 (Katar); OLG Frankfurt FamRZ 2007, 364 (Kolumbien); OLG Frankfurt NZFam 2016, 860 (Türkei); teilweise anders OLG Karlsruhe (FamRZ 2008, 1368) für europäische Reiseziele.

293 Siehe dazu die „Allgemeine Verwaltungsvorschriften zur Durchführung des Passgesetzes (PassVwV)" v. 17.12.2009 (GMBl. S. 1686):
6.1.3.6 Ist für die minderjährige Person ein Vormund oder ein Pfleger für Angelegenheiten der Aufenthaltsbestimmung bestellt, kann nur dieser den Antrag stellen.
6.1.3.7 Für Minderjährige, die in Familienpflege leben, kann allein die Pflegeperson die Ausstellung eines Passes für das Kind beantragen, wenn ihr das Familiengericht das Aufenthaltsbestimmungsrecht übertragen hat (§ 1630 Absatz 3 BGB). Die Übertragung des Aufenthaltsbestimmungsrechts kann auch in einer Übertragung der gesamten Personensorge enthalten sein. Zum Nachweis ist die Entscheidung des Familiengerichts vorzulegen. Die Übertragung des Aufenthaltsbestimmungsrechts kann auch auf der Entscheidung eines ausländischen Gerichts beruhen, wenn diese Entscheidung in Deutschland anzuerkennen ist.

294 *Hoffmann,* Personensorge § 5 Rn. 24.

295 OLG Düsseldorf NJW-RR 2005, 1529; OLG Naumburg FamRZ 2006, 261.

296 Palandt/*Götz* § 1688 BGB Rn. 4.

297 Die Geltendmachung von Unterhalt gegenüber den Sorgeberechtigten gehört hierzu nicht; BeckOK BGB/*Veit* § 1688 Rn. 7.

und zu verwalten. Zu den Sozialleistungen gehören Leistungen nach dem BAföG und §§ 27 ff. SGB VIII,[298] nicht aber die Eingliederungshilfe nach den §§ 53 ff. SGB XII.[299]

118 § 1688 I 3 BGB verweist auf § 1629 I 4 BGB.

Dies bedeutet, den Pflegepersonen steht bei **Gefahr im Verzug** ein **Notvertretungsrecht** auch in Angelegenheiten erheblicher Bedeutung zu.

119 **3. Einschränkungen und Erweiterungen der Befugnisse. a) Einschränkung der Befugnisse.** Das Vorstehende gilt, solange nicht der Inhaber der elterlichen Sorge etwas anders bestimmt (§ 1688 III 1 BGB). Der Personensorgeberechtigte kann die Befugnisse der in Absatz I und II des § 1688 BGB genannten Pflegepersonen durch **einseitige Erklärung einschränken**.

Solange keine entsprechende Erklärung des Inhabers der elterlichen Sorge vorliegt, greifen zugunsten der Pflegepersonen die genannten Befugnisse ein. Absätze I und II enthalten also eine Beweislastverteilung zugunsten der Pflegeperson. Der Inhaber der elterlichen Sorge trägt dagegen die Beweislast für eine Einschränkung oder einen Ausschluss der gesetzlichen Befugnisse.[300]

Sofern der Inhaber der Personensorge durch eine Erklärung nach § 1688 III 1 BGB die Vertretungsmacht der Pflegeperson soweit einschränkt, dass dies eine dem Wohl des Kindes oder des Jugendlichen förderliche Erziehung nicht mehr ermöglicht, sowie bei sonstigen Meinungsverschiedenheiten **sollen** die Beteiligten gemäß **§ 38 SGB VIII** das **Jugendamt** einschalten.

Schränkt der Personensorgeberechtigte die Befugnisse der Pflegepersonen nicht ein und ist das Wohl des Kindes gefährdet, so hat das Familiengericht von Amts wegen bzw. auf Anregung die Befugnisse einzuschränken oder gar auszuschließen.

120 Befindet sich das Kind jedoch aufgrund einer **Verbleibensanordnung** bei einer Pflegeperson, den Großeltern, Stiefeltern, Geschwistern oder einer sonstigen engen Bezugsperson, kann der Personensorgeberechtigte in die Rechte dieser Personen **nicht einseitig** einschränkend eingreifen, eine Einschränkung oder Ausschließung der Befugnisse ist dann **nur** durch das Familiengericht möglich (§ 1688 IV BGB).

121 **b) Erweiterung der Befugnisse.** Der Sorgerechtsinhaber kann die Befugnisse der fremdbetreuenden Personen **einseitig** auf „**Kernbereiche**" der elterlichen Sorge, etwa durch die Erteilung von Vollmachten nach § 167 BGB, erweitern, soweit dadurch nicht die Schwelle des unzulässigen Verzichts auf das Sorgerecht erreicht wird. [301]

XI. Der Mündel im Haushalt des Vormunds

122 Der Vormund ist berechtigt, aber nicht verpflichtet, den Mündel in seinen Haushalt aufzunehmen.

Tut er dies auf längere Dauer,[302] so gelten gemäß § 1793 I 3 BGB die §§ 1618a, 1619, 1664 BGB entsprechend. Damit soll der in diesen Fällen noch elternähnlicheren Stellung des Vormunds Rechnung getragen und auch insoweit der personelle Bezug des Vormundschaftsamtes stärker verdeutlicht werden.[303]

---

[298] OVG Lüneburg FamRZ 1997, 707; aA Staudinger/*Salgo* § 1688 BGB Rn. 28.
[299] OVG Weimar FamRZ 2002, 1725.
[300] BeckOK BGB/Veit § 1688 Rn. 8.
[301] Palandt/*Götz* § 1688 BGB Rn. 6.
[302] Zum Begriff siehe oben → Rn. 45.
[303] BT-Drs. 13/7158 S. 21.

1. Pflicht zu Beistand und Rücksicht; Dienstleistungen in Haus und Geschäft. 123
Lebt der Mündel im Haushalt des Vormunds, so sind gemäß § 1618a BGB gegenseitig **Beistand und Rücksicht** im täglichen Zusammenleben geschuldet.[304] Der Mündel schuldet gemäß § 1619 BGB nach seinen Kräften und seiner Lebensstellung entsprechend Dienste (Mithilfe) im Haushalt und ggf. im Geschäft des Vormunds. Eine Stunde Mitarbeit im Haushalt täglich ist dabei bei einem 14 Jährigen für angemessen gehalten worden.[305] Eine Entlohnungspflicht für diese Tätigkeiten besteht **nicht**.[306]

2. Beschränkte Haftung. Gemäß § 1664 I BGB beschränkt sich die Haftung des 124
Vormunds auf die Sorgfalt, die er in eigenen Angelegenheiten anzuwenden pflegt. Dies bedeutet: Wird dem Mündel bei Ausübung der elterlichen Sorge durch ein Tun oder Unterlassen[307] des Vormunds ein Schaden zugefügt, so haftet er dem Kind bei **Vorsatz oder grober Fahrlässigkeit**. Für leichte Fahrlässigkeit haftet der Vormund dann nicht, wenn er in eigenen Angelegenheiten mit der gleichen Fahrlässigkeit zu verfahren pflegt.[308]

Einigkeit besteht darüber, dass die Haftungserleichterung des § 1664 I BGB **nicht** bei der Verletzung von Pflichten im Straßenverkehr gilt.[309]

Die Haftungserleichterung des § 1664 I gilt auch, wenn der Schaden durch **die Verletzung der Aufsichtspflich**t entstanden ist.[310]

§ 9 (geflohene) unbegleitete Minderjährige

Inhalt

---

304 Beistand gewähren und Rücksicht auf die Belange des Mündels muss natürlich auch der Vormund nehmen, der das Mündel nicht in seinen Haushalt aufgenommen hat.

305 BGH FamRZ 1973, 536.

306 Palandt/*Götz* § 1619 BGB Rn. 5; nach Auffassung des LG Freiburg (FamRZ 1984, 76) selbst dann nicht, wenn das Kind beim Hausbau der Eltern überobligatorisch tätig gewesen ist. Es dürfte sich von selbst verstehen, dass dies für einen Vormund nicht gelten kann.

307 ZB Nichtherbeirufen eines Arztes bei einer Erkrankung.

308 Staudinger/*Engler* § 1684 BGB Rn. 30; der Vormund, der den Mündel nicht in den eigenen Haushalt aufgenommen hat, haftet hingegen immer auch für leichte Fahrlässigkeit.

309 Palandt/*Götz* § 1664 BGB Rn. 4; OLG Hamm NJW 1993, 542.

310 OLG Karlsruhe FamRZ 2009, 707; so jetzt auch: Palandt/*Götz* § 1664 BGB Rn. 3.

1 Nach Angaben der Vereinten Nationen erleben wir aktuell die größte Flüchtlingskrise der Welt – noch nie waren so viele Menschen zur Flucht gezwungen wie in den Jahren 2015 und 2016. Unter den Fliehenden sind laut dem Kinderhilfswerk der Vereinten Nationen (unicef) rund 28 Millionen Minderjährige. Davon haben 2015 weltweit 100.000 alleinreisende Minderjährige Asyl beantragt.[1]

Die Mehrheit der Flüchtlinge findet in Nachbarländern Zuflucht; nach Angaben des Flüchtlingshilfswerks der Vereinten Nationen (UNHCR) nimmt Europa lediglich 6 % der weltweit Fliehenden auf.[2] Dennoch macht sich auch hier die steigende Zahl an Fliehenden bemerkbar.

Nach Angabe des Bundesamts für Migration und Flüchtlinge (BAMF) – der in Deutschland zuständigen Behörde für Asylverfahren – haben 22.255 alleinreisende Minderjährige im Jahr 2015 einen Asylantrag gestellt. Im Jahr 2014 erreichten das BAMF noch 4.398 Asylanträge von alleinreisenden Minderjährigen.[3]

Diese Minderjährigen fallen unter das deutsche Kinder und Jugendschutzsystem.

Mit Stand vom 23.8.2016 werden 53.937 alleinreisende Minderjährige und junge Volljährige von der deutschen Jugendhilfe versorgt.[4]

2 Alleinreisende Minderjährige werden im internationalen Recht als eine besonders schutzbedürftige Personengruppe definiert.[5] Die europäische Union berücksichtigt die besondere Schutzbedürftigkeit und hat den Vorrang des Kindeswohls in allen Verfahren zum „internationalen Schutz" festgeschrieben. Zuletzt auch im sogenannten gemeinsamen europäischen Asylsystem (GEAS), das 2013 verabschiedet wurde. In Deutschland werden diese Verfahren im täglichen Sprachgebrauch verkürzt unter dem Begriff „Asylverfahren" geführt.[6]

Auf Grundlage der UN Kinderrechtskonvention und Art. 24 der EU-Grundrechtcharta gelten insbesondere für unbegleitete Minderjährige[7] Sonderregelungen aufgrund ihrer besonderen Schutzbedürftigkeit. Dies betrifft die Aufnahme im Schutzland,[8] den Zugang zum und die Durchführung vom Asylverfahren[9] und die Bestimmung des

[1] Stand September 2016 *https://www.unicef.de/presse/2016/report-kinder-entwurzelt/121912Ric.*

[2] *http://www.unhcr.org/figures-at-a-glance.html.*

[3] Bundesfachverband Unbegleitete Minderjährige Flüchtlinge eV (BumF eV) „Inobhutnahmen von unbegleiteten Minderjährigen im Jahr 2014, Auswertung der Erhebung des BumF.", S. 4, *www.b-umf.de.*

[4] BumF eV „Auswertung Bestandszahlen vom 23.8.2016: Unbegleitete junge Flüchtlinge in der Jugendhilfe". *www.b-umf.de.*

[5] *http://www.unhcr-centraleurope.org.*

[6] Im laufenden Text wird aus Gründen der Verständlichkeit ebenfalls der Begriff „Asylverfahren" verwandt, wenn es sich um Verfahren beim Bundesamt für Migration und Flüchtlinge handelt.

[7] Teilweise gelten diese Regelungen auch für begleitete Minderjährige.

[8] Kapitel IV Richtlinie 2013/33/EU des europäischen Parlaments und des Rates vom 26.6.2013 zur Festlegung von Normen für die Aufnahme von Personen, die internationalen Schutz beantragen (AufnahmeRL 2013/33).

[9] Art. 25 Richtlinie 2013/32/EU des europäischen Parlaments und des Rates vom 26.6.2013 zu gemeinsamen Verfahren für die Zuerkennung und Aberkennung des internationalen Schutzes (VerfahrensRL 2013/33/EU) sowie Art. 31 Richtlinie 2011/95/EU des europäischen Parlaments und des Rates vom 13.12.2011 über Normen für die Anerkennung von Drittstaatsangehörigen oder Staatenlosen als Personen mit Anspruch auf internationalen Schutz, für einen einheitlichen Status für Flüchtlinge oder für Personen mit Anrecht auf subsidiären Schutz und für den Inhalt des zu gewährenden Schutzes (QualifikationsRL 2011/95/EU).

für das Asylverfahren zuständigen Mitgliedstaates[10] sowie die Ausreise und Rückführung.[11]

Deutschland hat die AufnahmeRL 2013/33/EU und die VerfahrensRL 2013/32/EU nicht in deutsches Recht umgesetzt. Dennoch sind die Schutzregelungen für Minderjährige seit Ablauf der Umsetzungsfrist am 20.7.2015 für die deutschen Verfahren verbindlich, da die Regelungen hinreichend bestimmt sind und so unmittelbar Anwendung finden. Dies ist unstrittig, sie wurden bei allen Gesetzgebungsverfahren nach dem 20.7.2015 mit berücksichtigt.[12] Das GEAS wird seit Sommer 2016 überarbeitet. Allerdings bleiben die besonderen Schutzstandards für unbegleitete Minderjährige erhalten.[13]

Eine Schutzmaßnahme für alleinreisen Minderjährige, die ihnen in den Mitgliedsländern der EU zu gewähren ist, ist eine umfassende rechtliche qualifizierte Vertretung: die Vormundschaft.

I. Bezeichnung: Unbegleitete Minderjährige Ausländer (UMA), unbegleitete minderjährige Flüchtlinge (UMF), unbegleitete Minderjährige (uM)

Seit mehreren Jahren wird über die rechtlich korrekte Bezeichnung der geflüchteten Minderjährigen gestritten. Mit dem „Gesetzes zur Verbesserung der Unterbringung, Versorgung und Betreuung ausländischer Kinder und Jugendlicher“,[14] das am 1.11.2015 in Kraft trat, wurde der Begriff „unbegleitete minderjährige Ausländer“ (UMA) eingeführt. Dies sollte dem Umstand Rechnung tragen, dass bei der Aufnahme durch die Jugendhilfe noch nicht über die rechtliche Flüchtlingseigenschaft der jungen Menschen entschieden ist.[15] 3

Allerdings führt dieser Begriff in der Praxis zu Problemen: Rein vom Wort her fallen unter diese Bezeichnung auch Unionsbürger. Aber: Unbegleitete minderjährige Unionsbürger sind rechtlich keine „UMA“. Sie unterliegen nicht einer Umverteilung im Rahmen der Inobhutnahme und sie fallen grundsätzlich nicht unter besondere Regelungen des GEAS.

Das Gesetzgebungsverfahren bezog sich sowohl in seiner Beauftragung durch die Regierungschefs als auch in seiner Begründung und einer damit verbundenen Datenerhebung ausschließlich auf geflohene unbegleitete Minderjährige und beinhaltete auch ein Heraufsetzen der Handlungsfähigkeit von 16 auf 18 Jahre im Aufenthaltsrecht.[16]

---

[10] Art. 6, 8 Verordnung (EU) Nr. 604/2013 des europäischen Parlaments und des Rates vom 26.6.2013 zur Festlegung der der Kriterien und Verfahren zur Bestimmung des Mitgliedstaats, der für die Prüfung eines von einem Drittstaatsangehörigen oder Staatenlosen in einem Mitgliedstaat gestellten Antrags auf internationalen Schutz zuständig ist (Dublin III-VO).

[11] Art. 10 Richtlinie 2008/115/EG des europäischen Parlaments und des Rates vom 16.12.2008 über gemeinsame Normen und Verfahren in den Mitgliedstaaten zur Rückführung illegal aufhältiger Drittstaatsangehöriger (RückführungsRL 2008/15/EU).

[12] zB im „Gesetzentwurf zur Verbesserung der Unterbringung, Versorgung und Betreuung ausländischer Kinder und Jugendlicher vom 7.9.2015“ BT- Drs. 18/5921, 23.

[13] Vorschläge der EU-Kommission 2016/0224 (COD), 2016/0222 – 0224 vom 13.7.2016.

[14] BGBl. 2015 I 1802.

[15] Aussage des BMFSFJ bei der Verbändeanhörung zum Gesetzentwurf am 24.2.2015.

[16] Ergebnisprotokoll der Ministerpräsidentenkonferenz vom 11.12.2014 TOP 3, *www.bundesregierung,de* sowie BT-Drs.18/5912, 1 lit. A.

Ebenso wurden besondere Regelungen zu Alterseinschätzung[17] und Familienzusammenführung im Rahmen des GEAS eingeführt.[18]

Dennoch kommt es in der Praxis zu Verwirrung, insbesondere bei Akteuren, die neu mit dem Thema unbegleitete Minderjährige befasst sind, da der Gesetzestext selber keine Klarstellung enthält und die Gesetzesbegründungen nicht jedem bekannt sind.

4 Der Begriff „UMA" ist aber auch aus pädagogischer Sicht problematisch: Durch die Bezeichnung „unbegleitete minderjährige Ausländer" kann es zu Fehlinterpretationen der tatsächlichen Bedürftigkeit der Minderjährigen kommen. Geflohene, unbegleitete Minderjährige wurden in der Regel zum Verlassen ihres Heimatlandes gezwungen, zumeist durch existentielle Bedrohungen wie Bürgerkrieg. Dazu kommen die besonderen Gefahren auf der Flucht, denen Minderjährige aufgrund ihrer Schutzlosigkeit ausgesetzt sind und der heimliche, zumeist illegale Grenzübertritt. Diese besondere Situation bildet der Begriff UMA nicht ab.[19]

UMA ist daher keine Bezeichnung, die zu einer genauen Benennung der jungen Menschen genutzt werden kann.

In Anlehnung an das Asyl – und Aufenthaltsrecht wird im Folgenden der Begriff „unbegleitete Minderjährige" benutzt. Dies entspricht auf europäischer Ebene sowohl dem Wortlaut der Richtlinien und Verordnung im Rahmen des GEAS[20] als auch der Praxis des BAMF.[21]

II. Die Stellung von unbegleiteten Minderjährigen im deutschen Recht

5 Im Jahr 2010 nahm die Bundesrepublik Deutschland einen Vorbehalt zur UN Kinderrechtskonvention zurück, der Kinder und Jugendlichen in asyl- und aufenthaltsrechtlichen Verfahren von den Konventionsrechten ausgeschlossen hatte. Mit Rücknahme des Vorbehalts wurde eine vollständige Gleichbehandlung von unbegleiteten Minderjährigen mit anderen Minderjährigen im deutschen Recht erreicht. Dies hat nicht nur Gesetzesänderungen zur Folge gehabt, sondern auch zu einer Klarstellung bei der Anwendung bestehender Gesetze geführt:

So wird nun von Seiten des Asyl und Aufenthaltsrecht die vorrangige Zuständigkeit für unbegleitete Minderjährige der Kinder- und Jugendhilfe in allen laufenden Gesetzgebungsverfahren anerkannt.

6 **1. Unbegleitete Minderjährige in der Kinder- und Jugendhilfe.** Unbegleitete Minderjährige haben mit Einreise nach Deutschland **Anspruch auf Leistungen der Kinder und Jugendhilfe**. Das Jugendamt ist gemäß § 6 Abs. 1 S. 2 iVm §§ 42, 42a SGB VIII zur Inobhutnahme dieser Minderjährigen verpflichtet. Mit der Inobhutnahme hat der Minderjährige Anspruch auf Duldung gemäß § 60a AufenthG.[22]

---

17 § 42f SGB VIII.

18 § 42b Abs. 4 Nr. 3 SGB VIII: Ausschluss der Umverteilung bei Anwendbarkeit der EU Verordnung 604/2013 (Dublin III-VO).

19 Siehe auch BumF e.V. „Kritik an der Bezeichnung ‚unbegleitete minderjährige Ausländer_in'", *www.b-umf.de*.

20 Art. 2 lit j) Dublin III-VO; Art. 2 lit. e) AufnahmeRL 2013/33/EU; Art. 2 lit m) VerfahrensRL 2013/32/EU.

21 *www.bamf.de*

22 Klarstellend die Begründung zum Ankunftsnachweis im Integrationsgesetz: BT-Drs. 266/16, 54.

Damit ergibt sich für alle Minderjährigen ein Anspruch auf Leistungen der Kinder- und Jugendhilfe nach § 6 Abs. 2 SGB VIII. Unbegleitete Minderjährige sind mit anderen Minderjährigen in Anspruch und Leistungen gleichgestellt.[23]

Dabei sind **Jugendhilfeleistungen gegenüber dem Asylbewerberleistungsgesetz** (AsylbLG) grundsätzlich **vorrangig.** 7

§ 10 Abs. 1 SGB VIII sieht vor, dass Jugendhilfeleistungen dann nicht zur Anwendungen kommen, wenn in anderen Rechtsvorschriften entsprechende Leistungen vorgesehen sind.

§ 6 AsylbLG ermöglicht mit einem faktischen Rückgriff auf das SGB XII Leistungen für junge behinderte Menschen und ist in diesem Bereich vorrangig.[24]

In den anderen Bereichen enthält das AsylbLG jedoch keine gleichwertigen Leistungen für unbegleitete Minderjährige und junge volljährige Geflohene. Die nach § 1 iVm § 7 Abs. 1 Nr. 1–4 SGB VIII zu erbringenden Leistungen dienen dem Minderjährigenschutz sowie der Erziehung und Persönlichkeitsentwicklung von Minderjährigen und jungen Menschen bis 27 Jahre. Das Asylbewerberleistungsgesetz hingegen dient der Sanktionierung von Fehlverhalten und soll Anreize für eine illegale Einreise ausschließen.[25] Damit sind es keine gleichwertige Leistungen.[26] Eine Kürzung des jugendhilferechtlichen Leistungsanspruchs in Anlehnung an das AsylbLG ist daher nicht möglich, insbesondere nicht in der Krankenhilfe.

Durch die ausschließliche Zuständigkeit der Jugendhilfe werden unbegleitete Minderjährige nicht im Rahmen des Asyl- und Aufenthaltsrecht bundesweit verteilt. 8

Allerdings wurde durch das „Gesetz zur Verbesserung der Unterbringung, Versorgung und Betreuung ausländischer Kinder und Jugendlicher"[27] am 1.11.2015 eine **jugendhilferechtliche Umverteilung im Rahmen der Inobhutnahme** geschaffen.[28] Der Inobhutnahme nach § 42 SGB VIII wurde ein besonderes Verfahren vorgeschaltet. Die sogenannte „vorläufige Inobhutnahme" nach § 42a–§ 42f SGB VIII enthält spezielle materielle Regelungen für Aufnahme, landesbezogene jugendhilferechtliche Zuständigkeit und die tatsächliche Identifizierung von unbegleiteten Minderjährigen. Gemäß § 42b SGB VIII ist eine jugendhilferechtliche Umverteilung der Minderjährigen in eine andere Kommune oder auch in ein anderes Bundesland vorgesehen, wenn eine vom Bundesverwaltungsamt errechnete jugendhilferechtliche Aufnahmequote erfüllt ist und es dem Kindeswohl nicht widerspricht.

§ 42d Abs. 3 S. 2 SGB VIII schreibt die Veranlassung einer Vormundschaft vor, wenn die vorläufige Inobhutnahme im Zeit der Übergangsregelung bis zum 31.12.2016 über einen Monat hinaus verlängert wird. Dies entspricht den europarechtlichen Vorgaben des Art. 24 Abs. 1 S. 1 AufnahmeRL 2013/33/EU, wonach eine rechtliche Vertretung zeitnah einzurichten ist. Weitere verbindliche Regelungen zur Vormundschaftsbestel-

---

23 Das BMFSFJ hat am 23.8.2016 einen Arbeitsentwurf zur SGB VIII-Reform den Fachverbänden zur Diskussion vorgelegt. Der Arbeitsentwurf sieht eine faktische Beschränkung des Leistungszugangs von unbegleiteten Minderjährigen bei der Kinder – und Jugendhilfe vor. Zum Zeitpunkt der Drucklegung lag jedoch noch kein Referentenentwurf vor; der Arbeitsentwurf ist abrufbar unter: *www.b-umf.de/de/themen/sgb-viii-novellierung*.

24 DIJuF-Rechtsgutachten JAmt 2015, 145.

25 Entwurf eines Gesetzes zur Änderung des Asylverfahrensgesetzes, des Asylbewerberleistungsgesetzes und weiterer Gesetze (Asylverfahrensbeschleunigungsgesetz) vom 29.9.2015, BT-Drs. 18/6185, B. Lösungen, 1.

26 DIJuF-Rechtsgutachten JAmt 2015, 145 mwN; zur Hilfe zur Erziehung bei Verwandtenunterbringung: DIJuF Rechtsgutachten JAmt 2016, 197.

27 BGBl. 2015 I 1802.

28 Umfassende Information unter: *www.b-umf.de/de/themen/umverteilung*.

lung wurden vom Gesetzgeber nicht festgelegt. Damit ist die Einrichtung einer Vormundschaft im Rahmen der vorläufigen Inobhutnahme nicht zwingend aber möglich und liegt im Ermessen der kommunalen Behörden und des Familiengerichts.

9 **2. Unbegleitete Minderjährige im Asylverfahren.** Unter Berücksichtigung der UN Kinderrechtskonvention und dem GEAS wurde die **Handlungsfähigkeit von 16- und 17-Jährigen im Asylverfahren** zum 24.10.2015 beendet.[29] Seitdem müssen Minderjährige eine rechtliche Vertretung haben, die den Asylantrag für sie stellt. Damit steigt die Notwendigkeit eines asyl- und aufenthaltsrechtlichen Clearings im Rahmen der Jugendhilfe sowie einer fachlich qualifizierte Betreuung im Asylverfahren selber.[30]

Seit dem 20.7.2015 ist das **Jugendamt berechtigt**, für einen in Obhut genommen unbegleiteten Minderjährigen **einen Asylantrag zu stellen.**

Das BAMF hat im „Leitfaden zur unmittelbaren innerstaatlichen Anwendung der Richtlinie 2013/32/EU des Rates vom 26.6.2013" dem Jugendamt im Rahmen seiner Notfallvertretung in der Inobhutnahme ein Recht auf die Stellung eines Asylantrags nach § 12 AsylG eingeräumt. Dies gilt in den Fällen, *„wenn die Stelle (…) auf der Grundlage einer Würdigung der persönlichen Umstände des Minderjährigen der Auffassung sind, dass der Minderjährige möglicherweise internationalen Schutz benötigt"*.[31]

Zum Zeitpunkt der asylrechtlichen Anhörung muss jedoch ein Vormund bestellt sein, sonst findet die Anhörung nicht statt.[32] So ist es nun rechtlich möglich, dass bei Vormundbestellung bereits ein Asylantrag gestellt worden ist.

10 **3. Unbegleitete Minderjährigen im Aufenthaltsrecht.** Das Aufenthaltsrecht wird im Gegensatz zum Asylrecht kommunal durch die lokalen Ausländerbehörden angewandt.

Hier wurde die **Handlungsfähigkeit von 16- und 17-Jährigen zum 1.11.2015 beendet.**[33] Damit ist auch gegenüber der Ausländerbehörde eine fachlich qualifizierte Vertretung zwingend notwendig.

Aufgrund der besonderen Schutzbedürftigkeit von unbegleiteten Minderjährigen, gibt es darüber hinaus, Ausnahmeregelungen bei der Anwendung. Es besteht ein besonderer **Schutz vor Abschiebung** (erzwungene Ausreise) aufgrund der Minderjährigkeit.

So ist aufgrund des Minderjährigenschutzes die Abschiebung eines unbegleiteten Minderjährigen nach § 58 Abs. 1a AufenthG nur in Ausnahmefällen unter Wahrung des Kindeswohls zulässig. Das Bundesverwaltungsgericht hat 2013 dazu Schutzstandards für unbegleitete Minderjährige gemäß der europäischen Vorgaben festgelegt: *„Die Ausländerbehörden- und ggf. die Verwaltungsgerichte – müssen sich in jedem Einzelfall die Überzeugungsgewissheit davon verschaffen, dass die Übergabe des unbegleiteten Minderjährigen an eine in der Vorschrift genannte Person oder Einrichtung"* – Familienangehörige Sorgeberechtige oder geeignete Aufnahmeeinrichtung –

[29] Asylverfahrensbeschleunigungsgesetz BGBl. 2015 I 1722.

[30] Zu den Aufgaben des Vormunds bei damals noch bestehender Handlungsfähigkeit von 16- und 17-Jährigen: Rieger JAmt 2015, 118.

[31] BAMF „Leitfaden zur unmittelbaren innerstaatlichen Anwendung der Richtlinie 2013/32/EU des Rates vom 26.6.2013 (Verfahrensrichtlinie)" vom 20.7.2015, S. 3, abrufbar unter: *www.b-umf.de*.

[32] BAMF Dienstanweisung Asyl uM vom 18.1.2016 (DA uM 18.1.2016).

[33] Gesetz zur Verbesserung der Unterbringung, Versorgung und Betreuung ausländischer Kinder und Jugendlicher BGBl. 2015 I 1802.

„nicht nur möglich ist, sondern tatsächlich auch erfolgen wird (konkrete Möglichkeit der Übergabe)".[34]

Folglich ist eine erzwungene Ausreise ausgeschlossen, wenn der Nachweis nicht erbracht werden kann. Die Zuständigkeit liegt dabei bei der Ausländerbehörde.

Sie kann nicht auf den Vormund als Interessenvertretung des unbegleiteten Minderjährigen übertragen werden, da die Ausübung von Zwang zur Durchsetzung einer Ausreisepflicht nie im Interesse eines Minderjährigen sein kann. Dies widerspricht den Aufgaben eines Vormunds.

4. Unbegleitete Minderjährige im Strafrecht: Besondere Schutzbedürftigkeit. Unbegleitete Minderjährige sind besonders gefährdet, Opfer von Ausbeutung und Menschenhandel zu werden. In Bezug auf die **Gefahr von Ausbeutung und Menschenhandel** wurde in §§ 232a, 233, 233a StGB zum 23.9.2016 ein neuer Straftatbestand geschaffen, bzw. bestehende Straftatbestände erweitert. So wird nun die *„Ausnutzung einer Zwangslage oder der Hilflosigkeit, die mit ihrem Aufenthalt in einem fremden Land verbunden ist"* für ausbeuterische Zwecke, unter anderem auch für die Begehung von Straftaten, sanktioniert. Der Opferschutz wurde von 14 auf 21 Jahre erhöht um dem erhöhten Schutzbedarf gerecht zu werden.[35] Damit ist bei der fachlichen Betreuung von unbegleiteten Minderjährigen, die strafbare Handlungen begehen zu prüfen, ob sie Opfer von – nun strafbarer – Ausbeutung sind und Maßnahmen zu ihrem Schutz zu installieren sind. 11

III. Einrichtung der rechtlichen Vertretung (Vormundschaft)[36]

Die Vormundschaft bei unbegleiteten Minderjährigen richtet sich inhaltlich nach den allgemeinen deutschen Vormundschaftsvorschriften. Diese werden durch internationale und europarechtliche Regelungen flankiert (vgl. 1. Kapitel § 5 Vormundschaft und Pflegschaft mit Auslandsbezug). Die deutsche Zuständigkeit der Einrichtung einer Vormundschaft für unbegleitete Minderjährige ergibt sich aus Art. 3 lit c) iVm Art. 6 KSÜ.[37] 12

Da die Voraussetzungen für eine gesetzliche Vormundschaft nach §§ 1773, 1774, 1791c BGB im Regelfall bei unbegleiteten Minderjährigen nicht vorliegen,[38] ist eine Vormundschaft durch das Familiengericht einzurichten.

Abweichend von der **Verpflichtung zur Informationsübermittlung** nach dem Wiener Übereinkommen über konsularische Beziehungen von 1969 (WÜK)[39] ist die konsularische Vertretung des Herkunftsstaates bei unbegleiteten Minderjährigen nicht zu benachrichtigen. Nach Art. 5 lit. h) WÜK ist grundsätzlich der Herkunftsstaat eines Minderjährigen zu benachrichtigen, wenn eine Vormundschaft oder Pflegschaft erforderlich ist: So sollen die Interessen des minderjährigen Staatsangehörigen gewahrt werden. 13

---

[34] BVerwG NVwZ 2013, 1489 Rn. 17, 18.

[35] BR- Drs. 464/16; G v. 11.10.2016 (BGBl. I 2226).

[36] Es wird im Folgenden der Begriff "Vormundschaft" benutzt, da es sich um die umfänglichste Vertretung handelt. Mehr unter → Rn. 42 ff.

[37] P. Lagarde „Erläuternder Bericht zu dem Übereinkommen vom 19. Oktober 1996 über die Zuständigkeit, das anzuwendende Recht, die Anerkennung, Vollstreckung und Zusammenarbeit auf dem Gebiet der elterlichen Verantwortung und der Maßnahmen zum Schutz von Kindern"; BR-Drs. 14/09, 42 Rn. 21; 45 Rn. 44.

[38] Ausnahme ist das in Deutschland nach Ankunft geborene Kind einer unbegleiteten Minderjährigen.

[39] BGBl. 1969 II 1585.

Es ist unstrittig, dass Gerichte Behörden im Sinne des WÜK sind.[40]

Neben der Einrichtung der Vormundschaft ist aber eine weitere Voraussetzung, dass der Minderjährige ein tatsächliches Interesse am Schutz des Herkunftsstaates hat. Dies kann aber bei unbegleiteten Minderjährigen, die ihr Herkunftsland verlassen haben, zum Zeitpunkt der Vormundbestellung nicht vorausgesetzt werden. Vielmehr spricht die Flucht an sich gegen ein Interesse, die staatliche Vertretung des Landes zu benachrichtigen, dass wegen fehlenden staatlichen Schutzes oder aufgrund von Verfolgung verlassen wurde. Da eine Prüfung einer möglichen Flüchtlingseigenschaft den Asylantrag und damit eine Vormundbestellung voraussetzt, kann zum Zeitpunkt des Vormundschaftsverfahrens die Benachrichtigung des Herkunftslandes sogar eine Gefährdung der zurück gebliebenen Familienmitglieder darstellen.[41] Eine Übermittlungsverpflichtung nach WÜK im Rahmen eines Vormundschaftsverfahrens bei unbegleiteten Minderjährigen besteht daher nicht.

14 **1. Ermittlung: Minderjährigkeit (Alterseinschätzung).**[42] Voraussetzung für die Bestellung eines Vormundes ist gemäß § 1773 Abs. 1 BGB die mögliche Minderjährigkeit. Dies stellt solange kein Problem dar, wie Geburten dokumentiert sind, Ausweispapiere vorliegen oder es sich sichtbar um Kinder handelt. Eine Person ist minderjährig, wenn sie jünger als 18 Jahre ist – nach deutschem Recht[43] ebenso sowie nach Europarecht.[44]

Bei unbegleiteten Minderjährigen ist die Ermittlung der möglichen Minderjährigkeit jedoch oftmals problematisch: Eine Vielzahl der unbegleiteten Minderjährigen hat keine (echten) Dokumente. In einigen Herkunftsländern werden Geburten gar nicht oder nur zeitverzögert registriert und dokumentiert. Dies hat neben der fehlenden Geburtsurkunde auch zur Folge, dass die betroffenen jungen Menschen ihr Geburtsdatum teilweise selber nicht kennen und entsprechend dazu auch keine verlässlichen Angaben machen können. In anderen Herkunftsstaaten ist die Beschaffung von Dokumenten durch innerstaatliche Konflikte oder staatliche Verfolgung erschwert. Oder Dokumente werden auf der Flucht verloren, gestohlen oder absichtlich vernichtet, um vermeintlich in einer besseren Ausgangslage zu sein.

Die Mehrheit der unbegleiteten Minderjährigen, die 2015 in Deutschland vom Jugendamt in Obhut genommen worden sind, war zwischen 15 und 17 Jahren[45]. Auch 2016 wurden mehrheitlich unbegleitete Minderjährige dieser Altersgruppe in Obhut genommen.[46]

Bei ihnen ist häufig eine Minderjährigkeit nicht mehr auf den ersten Blick erkennbar. Daher muss das Alter ermittelt werden.

15 Geht der Veranlassung der Vormundschaft eine Inobhutnahme nach §§ 42a, 42 SGB VIII voraus, kann das Familiengericht sich auf eine **Alterseinschätzung des Jugend-**

---

[40] DIJuF Rechtsgutachten JAmt 2016, 140.

[41] Zur Gefahr der Verfolgung von Familienangehörigen in Eritrea: European Asylum Support Office (EASO) Bericht über Herkunftsländer – Informationen Länderfokus: Eritrea Mai 2015, 43 Nr. 3.8.3, *www.easo.europa.eu*.

[42] Im vorliegenden Text wird wegen der Unmöglichkeit der konkreten Altersbestimmung von Alterseinschätzung gesprochen, entgegen dem mehrheitlich in Gesetzen genutzten Begriff der „Altersfeststellung".

[43] § 2 BGB .

[44] Art. 2 lit. i) Dublin III-VO; Art. 2 lit. d) AufnahmeRL 2013/33/EU; Art. 2 lit. l) VerfahrensRL 2013/32/EU.

[45] Aussagen der Landeszentralenstellen zur jugendhilferechtlichen Umverteilung gegenüber dem Bundesverwaltungsamt.

[46] Antwort auf die kleine Anfrage Bündnis 90/ Die Grünen, BT-Drs. 18/9136.

amts stützen. Auch für die Inobhutnahme ist Voraussetzung, dass die Person unter 18 Jahren ist (§ 7 Abs. 1 Nr. 1, Nr. 2 iVm §§ 42, 42a SGB VIII). Mit dem „Gesetz zur Verbesserung der Unterbringung, Versorgung und Betreuung ausländischer Kinder und Jugendlicher“[47] wurde in § 42f SGB VIII das Jugendamt als zuständige Behörde etabliert, deren Alterseinschätzung im Rahmen des Asylverfahrens übernommen werden.[48]

Vor Einführung des § 42f SGB VIII kollidierten unterschiedliche Alterseinschätzung miteinander. So konnte auch die Ausländerbehörde zur ausländerrechtlichen Identitätssicherung nach § 49 Abs. 3, 6 AufenthG ein medizinisches Gutachten zum Alter einzuholen.

Zwar wurde in verschiedenen Gesetzgebungsverfahren erfolglos versucht, eine Verbindlichkeit der Alterseinschätzung eines Jugendamts für alle Behörden festzulegen.[49] Allerdings ist die Alterseinschätzung des § 42f SGB VIII vorrangig, da nur diese Regelung den europarechtlichen Mindeststandards unter Berücksichtigung des Kindeswohls nach Art. 25 Abs. 5 VerfahrensRL 2013/32/EU entspricht.

Denn nach den europäischen Vorgaben ist eine medizinische Alterseinschätzung nur in Zweifelsfällen als letztes Mittel möglich und bedarf der Einwilligung des Minderjährigen oder seines Vertreters, wobei eine Weigerung kein Ablehnungsgrund im Asylverfahren sein darf.[50] Unter Berücksichtigung des Kindeswohl ist nach durchgeführter Alterseinschätzung im Zweifel die Person als minderjährig einzustufen. Diesen Verfahrensregelung liegt eine Studie des europäischen Unterstützerbüro Asyl (EASO) zugrunde, die 2013 bei einem Vergleich aller bekannten Alterseinschätzungsverfahren festgestellt haben, dass es nicht möglich ist, das aktuelle Alter einer Person festzustellen.[51] Es wurden die Methoden der Altersermittlung aller EU-Mitgliedstaaten und der Länder Norwegen, Schweiz, Australien, Neuseeland und USA ausgewertet – von medizinisch bis psychologisch.

Damit kann Alter nach den Vorgaben des § 42f SGB VIII nur durch das Jugendamt als zuständige Behörde geschätzt werden. Wenn eine Minderjährigkeit nicht ausgeschlossen werden kann, ist die Person in Obhut zu nehmen und als minderjährig zu behandeln.[52]

Eine Alterseinschätzung durch das Jugendamt muss allerdings unter Berücksich- 16
tigung des **Amtsermittlungsgrundsatzes nach § 26 FamFG** vom Gericht bewertet werden.

Das Gericht darf und muss von einer vorgegeben Alterseinschätzungen abweichen, wenn es Zweifel an den Aussagen des Jugendamts hat. Dies betrifft auch die Fälle, in denen das Jugendamt die Person als volljährig eingeschätzt hat. Der Bundesgerichtshof hat 2015 in einem Verfahren zur Verhängung von Abschiebehaft Aussagen zu Standards und Umfang der gerichtlichen Amtsermittlung bei Alterseinschätzung

---

[47] BGBl. 2015 I 1802.

[48] DA uM 18.1.2016.

[49] Statt aller: Stellungnahme des Bundesrats zum „Gesetz zur Verbesserung der Unterbringung, Versorgung und Betreuung ausländischer Kinder und Jugendlicher“ BR-Drs. 349/15, 3.

[50] Art. 25 Abs. 5 lit. c) VerfahrensRL 2013/32/EU.

[51] EASO 2013: Praxis der Altersbestimmung in Europa, 6, abrufbar in englischer und deutscher Sprache unter: *www.http://easo.europa* (EASO Handbuch 2013).

[52] Es bestand bereits vor der gesetzlichen Neuregelungen Einigkeit über die Notwendigkeit einer Alterseinschätzung durch das Jugendamt und Mindeststandards, siehe dazu Bundesarbeitsgemeinschaft Landesjugendämter (BAGLJÄ): „Handlungsempfehlungen zum Umgang mit unbegleiteten minderjährigen Flüchtlingen“ beschlossen auf der 116. Arbeitstagung vom 14. – 16.5.2014, abrufbar unter: *www.bagljae.de/archiv/empfehlungen-und-arbeitshilfen/index.php*.

getroffen.[53] Diese sind auf den Umfang der Amtsermittlung in Vormundschaftsverfahren übertragbar. Die Einrichtung einer Vormundschaft ist eine Schutzmaßnahme. Wird diese Schutzmaßnahme trotz möglicher Minderjährigkeit verweigert, so ist die Schwere des Eingriffs mit der eines Freiheitsentzugs vergleichbar. Demnach sind eigene gerichtliche Ermittlungen durchzuführen, wenn die Alterseinschätzung des Jugendamts keine konkreten Tatsachen enthält, auf deren Grundlage die einschätzenden Jugendamtsmitarbeitenden zu dem Ergebnis gelangt sind.[54] Im Umkehrschluss bedeutet dies: Das Gericht darf sich auf Aussagen des Jugendamts verlassen, wenn diese umfassend sind und konkrete Tatsachen die Alterseinschätzung des Jugendamts untermauern.

Fehlt es an einer Alterseinschätzung durch das Jugendamt, da keine Inobhutnahme erfolgt ist, obliegt es dem Gericht bei Zweifeln eine Alterseinschätzung im Rahmen der Amtsermittlung durchzuführen. Dabei sind die Verfahrensstandards des Art. 25 Abs. 5 VerfahrensRL 213/32/EU für die gerichtliche Einschätzung verbindlich.

Die Ermittlung des Gerichts muss dabei dem **Grundsatz der Verhältnismäßigkeit** unter Berücksichtigung des Kindeswohls entsprechen. Es gilt dabei auch hier der Grundsatz im Zweifel für die Minderjährigkeit.[55] Unter Berücksichtigung der **Eingriffsintensität medizinischen Alterseinschätzungen** und ihrer fehlenden tatsächlichen Beweiskraft, ist dabei eine medizinische Alterseinschätzung im Regelfall unverhältnismäßig.[56]

Altersangaben aus anderen Staaten sind nicht bindend. In der EASO Studie 2013 wurde festgestellt, dass es keine einheitlichen Standards zur Alterseinschätzung gibt, weder in Bezug auf das Verfahren noch in Bezug auf die Auswertung der Ergebnisse. Folglich unterliegen auch diese Alterseinschätzungsverfahren dem Amtsermittlungsgrundsatz und können nicht ungeprüft übernommen werden.

Auch **Eigenangaben der Betroffen** sind nicht bindend, sondern bedürfen unter der Berücksichtigung des Kindeswohls einer Prüfung.[57]

Als **fiktives Geburtsdatum** ist daher unter Berücksichtigung des Minderjährigenschutzes der letzte Tag des geschätzten Jahres einzutragen. Nur so kann eine Schutzlücke vermieden werden.[58]

Eine **Veränderung** der gerichtlichen Entscheidung ist notwendig und möglich, wenn neue Informationen – meist in Form von Dokumenten – vorgelegt werden.

17 Die **Alterseinschätzung** des Familiengerichts ist dabei im Rahmen des Asyl- und Aufenthaltsrechts **verbindlich**. Das Bundesverwaltungsgericht hat 2015 in einer Entscheidung über die Anwendbarkeit der Dublin III-VO eine Verbindlichkeit von familiengerichtlichen Vormundschaftsentscheidungen für asylrechtliche Verfahren angenommen.[59] Demnach ist die Einschätzung des Jugendamts in Kombination mit der Bestellung eines Vormundes durch das örtliche deutsche Familiengericht ein ausrei-

[53] BGH NVwZ 2015, 840.

[54] BGH NVwZ 2015, 840 Rn. 9.

[55] BumF eV „Alterseinschätzung – Verfahrensgarantien für eine kindeswohlorientierte Praxis, Juni 2015“, *www.b-umf.de*.

[56] Stellungnahme der Zentralen Kommission zur Wahrung ethischer Grundsätze in der Medizin und ihren Grenzgebieten (Zentrale Ethikkommission) bei der Bundesärztekammer „Medizinische Altersschätzung bei unbegleiteten jungen Flüchtlingen“, September 2016, abrufbar unter: *www.b-umf.de*.

[57] BVerwG NVwZ 2016, 157 iVm OVG Saarlouis NVwZ-RR 2015, 354 Entscheidungsgründe Abs. 3.

[58] BVerwG NJW 1985, 576; OVG Münster NVwZ-RR 2006, 574.

[59] BVerwG NVwZ 2016, 157 iVm OVG Saarlouis NVwZ-RR 2015, 354 Entscheidungsgründe Abs. 3.

chender Beleg für eine Minderjährigkeit auch im Sinne des asylrechtlichen Verfahrens und genügt dem Anspruch an ausreichende Sachverhaltsaufklärung.

2. Ermittlung: Unbegleitet. Gemäß § 1773 BGB ist eine Vormundschaft einzurichten, wenn der Minderjährige nicht unter elterlicher Sorge steht, keine Vertretungsberechtigung durch die Eltern vorliegt oder wenn nicht ermittelt werden kann, ob es noch Eltern gibt. **18**

Bei allein oder in Fluchtgemeinschaft mit anderen Minderjährigen einreisenden Betroffenen, ist dies unzweifelhaft.

Problematisch gestaltet es sich, wenn Minderjährige in **Fluchtgemeinschaft mit volljährigen Personen** einreisen, die nicht ihre Eltern sind. Die Anzahl dieser Minderjährigen ist statistisch nicht erfasst, ua weil in der Praxis den Jugendämtern unklar ist, ob und in welchen Konstellationen es sich um Minderjährige handelt, die in Obhut zu nehmen sind, und in welchen Fällen eine Vormundschaft zu veranlassen ist.

Die in der Praxis bekannten Fälle und Konstellationen betreffen Geschwister und besonders schutzbedürftige Minderjährige, für die eine Flucht ohne Begleitung schwer zu meistern ist. Dies sind jüngere Minderjährige, die aufgrund ihres Alters nicht in der Lage sind, alleine zu fliehen, und Mädchen, die aufgrund ihres Geschlechts noch stärker als ihre männlichen Altersgenossen von Ausbeutung und Missbrauch auf der Flucht betroffen sind.[60]

Im Rahmen der Jugendhilfe wird dann häufig von einer Vertretungsberechtigung der volljährigen Personen kraft einer **Erziehungsberechtigung** gemäß § 7 Abs. 6 SGB VIII ausgegangen. In diesen Fällen wird gemäß der „Auslegungshilfe des BMFSFJ für die Umsetzung des Gesetzes zur Verbesserung der Unterbringung, Versorgung und Betreuung ausländischer Kinder und Jugendlicher" nicht in Obhut genommen.[61] Eine Vormundschaft wird in Einzelfällen, aber nicht regelhaft, vom Jugendamt veranlasst.

Eine angenommen Erziehungsberechtigung reicht aber für eine rechtliche Vertretung von unbegleiteten Minderjährigen nicht aus.

Nach Art. 2 lit. i), j) Dublin III-VO ist ein unbegleiteter Minderjährige jemand, der *„ohne Begleitung eines für ihn nach dem Recht oder nach den Gepflogenheiten des betreffenden Mitgliedstaats verantwortlichen Erwachsenen in das Hoheitsgebiet der Mitgliedstaaten einreist, solange er sich nicht tatsächlich in der Obhut eines solchen Erwachsenen befindet; dies schließt einen Minderjährigen ein, der nach Einreise in das Hoheitsgebiet eines Mitgliedstaats dort ohne Begleitung zurückgelassen wird"*. In diesen Fällen ist gemäß Art. 6 Abs. 2 Dublin III-VO ist für diese Minderjährigen zwingend ein rechtlich qualifizierter Vertreter zu bestimmen. Ein Asylverfahren kann der Minderjährige gemäß Art. 7 Abs. 2, 3 VerfahrensRL 2013/32/EU ohne diesen Vertreter weder beantragen noch durchführen. Da grundsätzlich jeder unbegleitete Minderjährige einen Anspruch auf Prüfung einer möglichen Asylantragstellung hat, ist es für die Verpflichtung unerheblich, ob nach Vormundbestellung tatsächlich ein Asylverfahren durchgeführt wird.

Eine festgestellte Erziehungsberechtigung durch das Jugendamt entspricht nicht den Anforderungen eines rechtlich qualifizierten Vertreters im asyl – und aufenthaltsrechtlichen Verfahren, da die Entscheidung über die Asylantragstellung unter Berücksich-

---

[60] Laut statistischem Bundesamt sind über 90 % der in Obhut genommen unbegleiteten Minderjährigen männlich, *www.destatis.de.*

[61] FAQ Auslegungshilfe des BMFSFJ zur Umsetzung des Gesetzes zur Verbesserung der Unterbringung, Versorgung und Betreuung ausländischer Kinder und Jugendlicher, abgedruckt in JAmt 2016, 300.

tigung des Kindeswohls und der sozialpädagogischen Aspekte erfolgen muss.[62] Asylanträge von Erziehungsberechtigten werden daher vom Bundesamt für Migration und Flüchtlinge nicht angenommen.[63]

Ein Vormund ist zwingend zu bestellen.

19 Bei (anderen) **Vollmachten** hängt eine verpflichtende Vormundbestellung von Begründung und Umfang ab. Vollmachten sind nach § 167 BGB in Deutschland formlos möglich. Allerdings ist Voraussetzung für eine wirksame Vollmacht, dass die ausstellende Person tatsächlich berechtigt ist. In der Praxis fehlt es zumeist an Dokumenten, die eine tatsächliche Elternschaft der Vollmacht erteilenden Person belegen bzw. an Nachweisen dafür, dass die Unterschrift (oder der Daumenabdruck) auf dem Papier tatsächlich von dem Elternteil stammen. In einigen Fällen wird behauptet, dass eine Vollmacht mündlich erteilt wurde, so dass nicht mal ein Dokument vorliegt.

In all diesen Fällen muss eine Vormundschaft eingerichtet werden, um eine Missbrauchs- und Abhängigkeitssituation für die Minderjährigen[64] und einen rechtswidrigen Eingriff in das Sorgerecht der Eltern auszuschließen.

Auch bei einer nachweislich durch den Sorgerechtsinhaber ausgestellten Vollmacht muss geklärt werden, ob eine Bevollmächtigung in dem getätigten Umfang einen rechtswidrigen Eingriff in das elterliche Sorgerecht darstellt. Das Sorgerecht ist nicht nur ein Recht, sondern auch eine Pflicht (§ 1626 BGB). Dies hat zur Folge, dass Sorgerecht nicht vollständig und dauerhaft abgegeben werden kann, nur einzelne Teile der tatsächlichen Ausübung können sachlich und zeitlich begrenzt an Dritte weitergegeben werden. Der Sorgerechtsinhaber ist weiterhin nach § 1626 Abs. 1, 2 BGB für die Wahrung des Kindeswohls zuständig. Dies hat zur Folge, dass bei Entscheidungen, die einen entscheidenden Einfluss auf die weitere Entwicklung des Minderjährigen haben, der Sorgerechtsinhaber entsprechend § 1687 Abs. 1 BGB gegenüber dem Bevollmächtigten sein Einverständnis geben muss.[65]

Bei Minderjährigen sind die Klärung der aufenthaltsrechtlichen Perspektive und die Antragstellung bei den entsprechenden Behörden grundlegend für ihren weiteren Lebensweg und ihre Entwicklung und sind daher Angelegenheiten von erheblicher Bedeutung. Diese bleiben dem Sorgerechtsinhaber vorbehalten, so dass eine Vollmacht im Umfang einer Generalvollmacht nicht für eine rechtlich qualifizierte Vertretung ausreicht. Es muss dennoch das Einverständnis des Sorgerechtsinhabers eingeholt werden.

Auch in diesen Fällen ist daher ein Vormund zu bestellen.

20 Bei nachweislichen Vollmachten, die gezielt auf die Ausübung eines **Teilbereichs der elterlichen Sorge** ausgestellt sind, kommt es im Einzelfall darauf an, ob der Bevollmächtigte unter Berücksichtigung des Kindeswohls in der Lage ist, seine Vertretungsmacht wahrzunehmen.[66]

Dies kann insbesondere problematisch sein, wenn dem Bevollmächtigten aufgrund fehlender Kenntnisse des deutschen Systems für eine am Kindeswohl orientierten Ver-

---

[62] Art. 23 Abs. 2 AufnahmeRL 2013/33/EU, Art. 6 Abs. 3 Dublin III-VO; Art. 25 Abs. 1 lit a) VerfahrensRL 2013/32/EU.

[63] DA Asyl uM 18.1.2016; *www.bamf.de/DE/Fluechtlingsschutz/UnbegleiteteMinderjaehrige/unbegleitete-minderjaehrige-node.html.*

[64] Siehe dazu auch die neuen rechtlichen Regelungen zur Bekämpfung von Menschenhandel unter § 9 III. 4.

[65] Wiesner/*Schmid-Obkirchner* § 38 Rn. 28a; Hoffmann JAmt 2015, 6 (8).

[66] Kann zB angenommen werden bei Rechtsanwälten für Asyl und Aufenthaltsrecht.

tretung nicht in der Lage ist und seine getroffene oder nicht getroffene Entscheidungen sogar einen gefährdenden Charakter haben können.[67]

Dazu kommt, dass es sich die Vertretungsbefugnis nur auf Teilbereiche bezieht, die eine Bestellung eines rechtlichen Vertreters in anderen Bereichen des Sorgerechts weiterhin nötig machen.

Unter Berücksichtigung des genannten ist grundsätzlich ein Vormund zu bestellen, um den Schutz von unbegleiteten Minderjährigen sicherzustellen. Mit der Bestellung zum Vormund erhält der Bevollmächtigen Zugang zum Hilfs – und Beratungsangebote des Gericht nach §1837 BGB und der Jugendhilfe nach § 53 Abs. 2 SGB VIII, so dass gefährdendem Verhalten aufgrund von Überforderung entgegen gewirkt werden kann.

3. Ermittlung: fehlende Ausübung der elterlichen Sorge. Die Einrichtung einer Vormundschaft nach § 1773 BGB setzt voraus, dass die Eltern die Sorge nicht ausüben. (→ § 6 Rn. 7ff.). 21

Bei unbegleiteten Minderjährigen sind unterschiedliche Konstellationen denkbar.

Bei dem **nachweislichen Tod der gemeinsam sorgeberechtigten Eltern** nach § 1677 BGB bildet dies die Grundlage für die Vormundbestellung. In der Praxis ist dieser Fall problematisch, da insbesondere in Krisen und Kriegsregionen der tatsächliche Nachweis über den Tod der Eltern zumeist nicht erbracht werden kann. Bei einem Tod auf der Flucht ist der Nachweis grundsätzlich nicht erbringbar.

Bei einer **nachweislichen Kindeswohlgefährdung** durch die Eltern ist die Grundlage für eine Vormundbestellung ein Entzug der elterlichen Sorge gemäß § 1666 Abs. 1 BGB. Dies ist aber nicht bereits dann anzunehmen, wenn Eltern ihre Kinder alleine auf die Flucht schicken. Vielmehr dient gerade das Wegschicken von den eigenen Kindern aus den Krisen- und Konfliktregionen dem Schutz der Minderjährigen. Ein Entzug der elterlichen Sorge kommt jedoch in Betracht, wenn der Minderjährige auch vor den Eltern flieht. Dies kann der Fall sein, wenn beispielsweise weiblicher Beschneidung oder Zwangsheirat von den Eltern initiiert wird. In diesen Fällen ist ein Entzug notwendig, um den Minderjährigen dauerhaft vor dem elterlichen Zugriff zu schützen.

Die häufigste Form ist das **Feststellen des Ruhens der elterlichen Sorge** nach 22
§ 1674 Abs. 1 BGB. Das Ruhen setzt dabei voraus, dass die elterliche Sorge auf längere Zeit nicht ausgeübt werden kann. Dabei reicht eine tatsächliche Abwesenheit der Eltern grundsätzlich nicht aus, da über elektronische und digitale Medien die Eltern ihr Sorgerecht auch von ferne ausüben können.[68] Allerdings ist Voraussetzung für die tatsächliche Ausübung der elterlichen Sorge Kenntnisse und Möglichkeit der Ausübung. Aufgrund der besonderen Schutzbedürftigkeit von unbegleiteten Minderjährigen, ist eine qualifizierte rechtliche Vertretung für Minderjährige, deren Eltern sich nicht ebenfalls im Aufnahmeland befinden, zwingend notwendig.[69] Eine Asylantragstellung eines Erwachsen, der sich nicht ebenfalls innerhalb des Anwendungsbereichs des GEAS aufhält, ist unter Berücksichtigung des Art. 7 VerfahrensRL 2013/32/EU ausgeschlossen.

Hintergrund der europarechtlichen Regelung ist, dass unbegleitete Minderjährige als besonders schutzbedürftig gelten und eine tatsächliche Ausübung der elterlichen Sorge aufgrund der Fluchtsituation nicht möglich ist auch wenn digitaler Kontakt besteht. In der heutigen Zeit ist ein vollständiger Kontaktverlust nur noch gegeben,

[67] ZB in Bezug auf medizinische Untersuchungen oder auch im Asyl- und Aufenthaltsrecht.

[68] Palandt/*Götz* § 1674 Rn. 1 mwN.

[69] Art. 6 Abs. 2 iVm Art. 2 lit. i) + j) Dublin III-VO.

wenn das Mobiltelefon verloren wird, oder tatsächlich kein Internetzugang besteht. Der Suchdienst des Roten Kreuzes hat auf diese Entwicklung reagiert, indem er eine neue Form der Suche über das Internet eingerichtet hat.[70]

Allerdings ist der Begriff „Kontakt“ relativ in Krisenregionen, in denen Strom und Wasser umkämpfte Ressourcen sind. Eine rechtliche Vertretung ist durch diese Art der Kommunikation nicht möglich. Dazu kommt, dass den Eltern die tatsächliche Ausübung der elterlichen Sorge insbesondere in Bezug auf Beantragung von Schutz und Versorgung wegen fehlender Kenntnisse der Strukturen im Aufnahmeland nicht möglich ist. Sie sind entweder in der Krisenregion selber schutzlos oder ebenfalls auf der Flucht. Eine Befassung und ein Verständnis über die spezielle deutsche Behörden und Antragsstruktur sind ihnen nicht möglich. Das Ruhen der elterlichen Sorge ist festzustellen.

23 **4. Sonderproblematik: Ehen von Minderjährigen.**[71] Nach deutschem Recht ist gemäß § 1303 Abs. 1 BGB eine Eheschließung zwischen zwei nach deutschem Recht Volljährigen möglich. In Ausnahmefällen kann nach § 1303 Abs. 2 BGB eine Ehe auch zwischen einer volljährigen und einer minderjährigen Person ab 16 Jahren geschlossen werden, wenn das Familiengericht dies genehmigt. Eine Eheschließung von zwei minderjährigen Personen sieht das deutsche Recht nicht vor.

Allerdings ist nach Art. 13 Abs. 1 EGBGB grundsätzlich eine im Ausland wirksam geschlossenen Ehe wirksam, Dies gilt auch für die Ehewirkungen der im Ausland geschlossenen Ehe nach Art. 14 Abs. 1 EGBGB. Als Folge der Eheschließung wird in der Praxis zumeist der volljährige Ehegatte nach Heimatrecht der Vormund für seine minderjährige Partnerin. Die elterliche Sorge erlischt.[72] Wird dies in Deutschland anerkannt, ist eine Vormundschaftsbestellung für den erloschenen Sorgerechtsbereich nicht mehr möglich. Eine Anerkennung der Wirksamkeit ist in den Fällen ausgeschlossen, in denen sie mit den Grundsätzen des deutschen Rechts gemäß Art. 6 EGBGB unvereinbar ist. (→ § 5 Rn. 21 ff.).

Bei geflohenen syrischen minderjährigen Mädchen ist nach Angabe der Organisation *Save The Children* die Anzahl von Eheschließungen seit Ausbruch des Krieges gestiegen. Demnach werden syrische Mädchen mit älteren Jungen oder Männern auch deshalb verheiratet, um ihnen Schutz vor Verfolgung und auf der Flucht zu geben.[73] Diese Form der Eheschließung ist dabei nicht ohne weiteres mit einer Zwangsehe gleichzusetzen. Es sind „Schicksalsgemeinschaften“, die erst eine Flucht ermöglicht haben und für beide Betroffenen häufig die einzige Konstante waren. Mädchen sind bei einer Flucht auf den Schutz und die Vertretung des männlichen Partners angewiesen. Ein alleiniger Grenzübertritt ist in einigen Staaten ohne männliche Begleitung rechtlich ausgeschlossen.[74] Diese Schicksalsgemeinschaft wird häufig auch in Deutschland weitergeführt.

---

[70] *https://familylinks.icrc.org/europe/en/Pages/home.aspx.*

[71] Unmittelbar vor dem Druck dieser Auflage hat das Bundeskabinett am 5. April 2017 den Regierungsentwurf eines Gesetzes zur Bekämpfung von Kinderehen beschlossen; der Text ist auf der website des BMJV einsehbar. Nach dem Entwurf soll das Ehemündigkeitsalter auf 18 Jahre heraufgesetzt werden. Ferner sollen Ehen, bei denen einer der Ehegatten im Zeitpunkt der Eheschließung das 16. Lebensjahr noch nicht vollendet hatte, unwirksam sein. Eines gerichtlichen Aufhebungsverfahrens soll es für diese Ehen nicht bedürfen. Diese Grundsätze sollen auch für nach ausländischem Recht wirksam geschlossene Minderjährigenehen gelten.

[72] Ausführungen zum syrischen Personenstandsrecht OLG Bamberg FamRZ 2016, 1270.

[73] Save The Children TOO YOUNG TO WED The growing problem of child marriage among Syrian girls in Jordan 2014.

[74] Bspw. Iran; siehe auch *www.auswaertiges-amt.de/Laenderinformationen.*

Es handelt es sich bei dem Ehemann nicht immer um einen Volljährigen. Es gibt auch die Konstellation, in denen beide Ehepartner unter 18 Jahren sind, wobei der Junge zumeist älter ist. Um die verschiedenen Konstellationen abzudecken, wird im nachfolgenden Text von „Minderjährigenehen" gesprochen.[75]

Eine **erzwungene Eheschließung** und damit verbundene Ehefolgen sind in Deutschland nicht wirksam, da sie mit den Grundsätzen des deutschen Rechts nach Art. 6 EGBGB nicht vereinbar ist. Zwangsheirat ist gemäß § 237 iVm § 5 Abs. 6 lit c) StGB eine Straftat, die unabhängig vom Tatort in Deutschland verfolgt wird. [76] Ein Vormund ist zu bestellen. 24

Eine **Ehe mit und von Minderjährigen unter 14 Jahren** ist unabhängig von einer Rechtmäßigkeit im Herkunftsland in ihren Folgen ebenfalls nicht wirksam, da auch sie gegen Grundsätze des deutschen Rechts nach Art. 6 EGBGB verstößt.

Eine Ehe beinhaltet im Regelfall auch den Vollzug, dh den Geschlechtsverkehr. Eine Ehe unter 14 Jahren ist mit den Grundsätzen des deutschen Strafrechts nicht vereinbar und kann nicht anerkannt werden. Der Geschlechtsverkehr mit einer Person unter 14 Jahren fällt unter den strafrechtlichen Tatbestand des „sexuellen Missbrauchs von Kindern" nach § 176 StGB. Dies gilt auch, wenn der Ehepartner ebenfalls minderjährig ist.

Das Verbot ist dabei absolut, sodass es auf die Einwilligung des Minderjährigen nicht ankommt – diese Straftat wird dabei nach § 5 Abs. 8 StGB auch unabhängig vom Tatort bei deutschen Staatsbürgen im Ausland verfolgt.[77] Ein Vormund ist zu bestellen.

Bei **Ehen zwischen Minderjährigen über 14 Jahren** besteht ebenfalls die Verpflichtung zur Vormundbestellung, unabhängig von ihrer möglichen Wirksamkeit. 25

Sind beide Ehepartner minderjährig, greift ohne Bedenken das Unterstützungssystem der Jugendhilfe ein. Gemäß §§ 42, 42a iVm § 7 Abs. 1 Nr. 2 SGB VIII ist das Jugendamt verpflichtet, Personen unter 18 Jahren in Obhut zu nehmen, unabhängig von einer möglichen früheren oder späteren Volljährigkeit im Heimatland.[78]

Eingebunden in das Jugendhilfesystem ist gemäß § 42 Abs. 2 S. 4 SGB VIII die Vormundschaft für beide Minderjährigen beim Familiengericht zu veranlassen. Dies entspricht den europarechtlichen Vorgaben des GEAS; wonach eine rechtliche Vertretung für Personen unter 18 Jahren zwingend einzurichten ist.[79]

Bei **Ehen zwischen Minderjährigen über 14 Jahren und Volljährigen** muss im Einzelfall geprüft werden, ob diese wirksam sein können. 26

Dies setzt zunächst voraus, dass diese als Ehe bezeichnete Beziehung im Herkunftsland als staatliche anerkannte wirksame Eheschließung gilt.

Nicht jede förmlich durchgeführte Ehezeremonie ist tatsächlich eine wirksame und staatlich anerkannte Eheschließung im Herkunftsland. Es kann sich auch um rein religiöse Eheversprechen handeln. Diese Eheversprechen sind in den Herkunftsländern nicht verbindlich und keine wirksam geschlossene Ehe. Allerdings können in den Herkunftsländern solche Eheversprechen im Nachhinein anerkannt werden, wenn der Geschlechtsverkehr vollzogen wird und/oder die Ehegattin schwanger wird.[80] Dies hängt

[75] In der aktuellen Diskussion werden auch andere Begriffe, bspw. „Frühehe" oder „Kinderehe", benutzt.

[76] Unstrittig, so auch OLG Bamberg FamRZ 2016, 1270.

[77] Unstrittig, so auch OLG Bamberg FamRZ 2016, 1270.

[78] Zur Auswirkung unterschiedlicher Volljährigkeitsgrenzen im Herkunftsland → Rn. 28.

[79] Art. 6 Abs. 2 Dublin III-VO; Art. 24 Abs. 1 AufnahmeRL 2013/33/EU; Art. 25 Abs. 1 lit a) VerfahrensRL 2013/32/EU.

[80] Siehe zu syrischem Recht für Sunniten die Ausführungen des Auswärtigen Amtes im Verfahren vor dem OLG Bamberg FamRZ 2016, 1270.

mit einem Legitimationsverbot in Scharia-basierten Rechtssystemen zusammen. So kann unehelichen Kindern in einigen Staaten keine Geburtsurkunde ausgestellt werden.[81] Daher ist eine Anerkennung der Ehe im Nachhinein im Sinne des Kindeswohls für das aus der Beziehung entstandene Kind möglich. Es ist im Einzelfall zu prüfen, ob ein solches Eheversprechen in Deutschland Wirksamkeit entfaltet, insbesondere wenn die Geburt des Kindes in Deutschland erfolgt.

27 Bei einer im Herkunftsland wirksam geschlossenen Ehe ist zu prüfen, ob diese Ehe und damit verbundenen Ehewirkungen mit den Grundsätzen des deutschen Rechts vereinbar sind und daher auf eine Vormundbestellung verzichtet werden kann.

Bei Ehen mit einer/einem Minderjährigen zwischen 14 und 16 Jahren muss geprüft werden, ob dies mit dem deutschen Sexualstrafrecht kollidiert und somit nach Art. 6 EGBGB mit Grundsätzen des deutschen Rechts unvereinbar ist. Nach § 174 Abs. 1 Nr. 1, Alt. 3 StGB ist es strafbar, sexuelle Handlung an Personen unter 16 Jahren vorzunehmen, die einem zur Betreuung der Lebensführung anvertraut sind. Diese Straftat wird gemäß § 5 Abs. 8 StGB auch bei deutschen Staatsangehörigen im Ausland verfolgt und kann daher zu den Grundsätzen des deutschen Rechts zugerechnet werden.

Einvernehmliche Geschlechtsverkehr zwischen zwei Personen über 14 Jahren ist nach deutschem Recht nicht verboten, jedoch muss wegen des Alters ausgeschlossen werden, dass es sich um ein Abhängigkeitsverhältnis handelt, wo der schwächere bzw. jüngere Partner aufgrund der psychischen oder physischen Abhängigkeit in den Geschlechtsverkehr einwilligt. Wie bereits ausgeführt, sind Mädchen auf der Flucht auf den Ehepartner angewiesen – sowohl auf seinen Schutz bei Grenzübertritt als auch auf seine faktische rechtliche Vertretung. Auf diesem Hintergrund erscheint es schwierig, die Position des Ehemanns nicht mit dem einer Person gleichzusetzen, der die minderjährige Frau „zur Lebensführung anvertraut" wurde.

Auch wenn nach Ende der Flucht keine Notwendigkeit der Betreuung durch den volljährigen Ehemann mehr besteht, kann nicht automatisch vom Ende einer physische und psychische Abhängigkeit ausgegangen werden, die zur weiteren Einwilligung in den Geschlechtsverkehr führt. Würde die Wirksamkeit der Ehe dennoch anerkannt, könnten sich gemäß § 180 Abs. 1 StGB „Schaffung der Gelegenheit zu sexuellen Handlungen Minderjähriger" strafbar gemacht werden.[82] Daher sollte grundsätzlich ein außerehelicher Vormund bestellt werden.

Ehen zwischen 16- Jährigen und Volljährigen sind auch nach deutschem Recht möglich und können somit wirksam sein. Aber auch hier kann eine außereheliche Vormundbestellung geboten sein, auch hier muss nach deutschem Sexualstrafrecht gemäß § 174 Abs. 1 Nr. 2 StGB das Bestehen eines Abhängigkeitsverhältnisses ausgeschlossen werden.

Dabei sollte bedacht werden, dass anders als in Deutschland aufgewachsene und verheiratete Paare mit einer Minderjährigen, die minderjährige Ehefrau keine Kenntnis vom deutschen Schutz- und Hilfesystem hat. Sie kann auch nicht – anders als im Herkunftsland – auf den Schutz und der Unterstützung durch die eigene Familie zurückgreifen. Sie ist in Deutschland damit stärker auf den Ehemann angewiesen, als im Herkunftsland, da das Schutzsystem der Familie, das in Problemfällen vermittelnd tätig werden kann, im Herkunftsland zurück geblieben ist.

---

[81] Bspw. in Ägypten: Bergmann/Ferid/*Heinrich* Ordner I.

[82] Zutreffend KG FamRZ 2012, 1495; zu einer anderen Einschätzung gelangt das OLG Bamberg FamRZ 2016, 1270 mAnm Mankowski; die durch das OLG zugelassene Rechtsbeschwerde zum BGH (XII ZB 292/16) wurde eingelegt und war bis Drucklegung nicht beschieden.

Auch der volljährige Ehemann ist nicht (mehr) in sein familiäres Hilfe- und Unterstützersystem eingebunden, sondern befindet sich nun am Ende der Flucht in derselben Lage der Unkenntnis über System und Ablauf wie die minderjährige Ehefrau. Damit ist auch hier die Bestellung eines außerehelichen Vormunds für den Einzelfall zu prüfen.

5. Sonderproblematik: Unterschiedliche Volljährigkeitsgrenzen. Eine Vormundschaft ist gemäß § 1773 BGB für Minderjährige einzurichten. Bei Vormundbestellung mit Auslandsbezug ist dabei aber nach Art. 24 Abs. 1 S. 1 iVm Art. 7 Abs. 1 EGBGB das Volljährigkeitsalter im Herkunftsland bei der Vormundbestellung zu berücksichtigen. (vgl. 1. Kapitel § 5 Vormundschaft und Pflegschaft mit Auslandsbezug Rn. 21). 28

Liegt die **Volljährigkeit im Herkunftsstaat unterhalb der deutschen Volljährigkeitsgrenze** von 18 Jahren ist dies für die deutsche Vormundbestellung ohne Auswirkungen. Gemäß der europarechtlichen Regelungen und dem KSÜ ist bis zum 18. Lebensjahr verpflichtend ein Vormund zu bestellen (vgl. 1. Kapitel § 5 Vormundschaft und Pflegschaft mit Auslandsbezug).

Liegt das **Volljährigkeitsalter über der deutschen Volljährigkeitsgrenze** ist nach Art. 7 Abs. 1 EGBGB die Person erst mit Eintritt der im Heimatland geltenden Volljährigkeit geschäftsfähig – auch in Deutschland. Dies gilt unabhängig davon, ob die Person einen Flüchtlingsstatus in Deutschland erlangt hat oder erlangen kann.[83] Damit ist ein Vormund bis zur Volljährigkeit im Herkunftsland zu bestellen.[84] Dies ist auch dann der Fall, wenn die Person bei Einreise bereits nach deutschem Recht volljährig ist, da die Rechtswirkung des Art. 7 Abs. 1 EGBGB nicht an der Einreise nach Deutschland anknüpft, sondern an die Herkunft.[85]

Die verlängerte Vormundbestellung bei unbegleiteten Minderjährigen ist dabei in ihrer **rechtlichen Auswirkung** ausschließlich auf den Rechtsverkehr mit Privaten beschränkt. 29

Die „verspätete Volljährigkeit 18+" spielt weder für die Anwendung des Asyl- und Aufenthaltsrechts noch im Jugendhilferecht nach SGB VIII eine Rolle.

Dort ist die jeweils die Vollendung des 18. Lebensjahrs ausschlaggebend.

Das SGB VIII ist gemäß § 1 Abs. 1 iVm § 7 Abs. 1 Nr. 4 SGB VIII bis zur Vollendung des 27. Lebensjahrs anwendbar. Der Anspruch auf die zu gewährenden Leistungen wird vom Gesetz selber in § 7 SGB VIII definiert, so dass es für einen Anspruch auf Kinder – und Jugendhilfeleistungen nur auf das tatsächliche Alter ankommt.

Die spätere Volljährigkeit kann jedoch aus pädagogischer Sicht bei dem Antrag und der Gewähr für Hilfen für junge Volljährige nach § 41 Abs. 1 Satz 1 SGB VIII herangezogen werden, um eine Notwendigkeit der Hilfe zur Persönlichkeitsentwicklung zu belegen.[86]

Im Rahmen des Asyl- und Aufenthaltsrecht gilt als Volljährigkeitsgrenze ebenfalls die Vollendung des 18. Lebensjahrs: Gemäß Art. 2 lit. i) Dublin III-VO werden als minderjährig *„Staatenlose oder Drittstaatsangehörige unter 18 Jahren"* definiert. Damit ist der Minderjährigenschutz im Asylrecht und Aufenthaltsrecht auf den Zeit-

---

[83] Zu dieser Diskussion siehe in Gänze OLG Karlsruhe FamRZ 2015, 1820.

[84] Das aktuelle Volljährigkeitsalter in den Herkunftsländern kann bei den deutschen Auslandsvertretungen erfragt werden: *www.auswaertiges-amt.de/DE/AAmt/Auslandsvertretungen/Uebersicht.*

[85] OLG Hamm FamRZ 2015, 1635.

[86] Dabei sind mögliche rechtliche Neuerungen des SGB VIII zu berücksichtigen, die für die 19. Wahlperiode geplant sind, siehe oben Fn. 23.

punkt der Vollendung des 18. Lebensjahrs begrenzt. Es besteht kein Anspruch auf eine asylrechtliche Vertretung nach dem 18. Lebensjahr.[87] Eine Abschiebung eines im Herkunftsland noch als minderjährig geltenden 18-Jährigen ist nach § 80 Abs. 2 Satz 3 AufenthG ebenfalls möglich.

IV. Geeignete rechtliche Vertretung

30 Die Auswahl und Bestellung der rechtlichen Vertretung bei unbegleiteten Minderjährigen richtet sich nach den allgemeinen deutschen Vormundschaftsvorschrift (→ § 2 Rn. 9 ff. sowie → § 3 Rn. 171 ff.).

So steht auch hier nach §§ 1776, 1777 BGB den Eltern ein **Benennungsrecht** für den Fall ihres Todes zu, dass postmortal wirkt.

Dies ist bei unbegleiteten Minderjährigen nicht ausgeschlossen, aber selten. Wie bei der Vollmacht, muss auch hier der Nachweis erbracht, werden, dass es sich bei den verfügenden Personen tatsächlich um die sorgeberechtigten Eltern handelt. Des Weiteren muss das vorgelegte Dokument den deutschen Ansprüchen einer wirksamen Verfügung entsprechen.[88]

Im Regelfall wählt das Familiengericht gemäß § 1779 BGB unter Beteiligung des Jugendamts die geeignete rechtliche Vertretung aus. Das Jugendamt macht dem Familiengericht gemäß § 53 Abs. 1 SGB VIII Vorschläge, wobei diese für das Gericht jedoch nicht verbindlich sind.

Nach § 1779 Abs. 2 BGB ist dabei der mutmaßlichen Willens der Eltern, ein mögliches Verwandtschaftsverhältnis sowie die religiöse Überzeugung bei der Auswahl zu berücksichtigen. Dies entbindet das Familiengericht aber nicht von der Prüfung, ob die betreffende Person zur Führung der Vormundschaft geeignet ist. Die gerichtliche Prüfung ist dabei nicht auf das Vorliegen von gesetzlichen Ausschlussgründen nach §§ 1780 ff. BGB beschränkt, sondern beinhaltet, ob die die Bestellung **dem Kindeswohl entspricht**.[89] Die Entscheidung darüber liegt dabei im Ermessen des Familiengerichts.[90] Dabei ist die jeweilige Eignung des Vormunds von den konkreten Bedürfnissen und Bedarfen des Minderjährigen abhängig.

Unbegleitete Minderjährige sind keine homogene Gruppe, sondern kommen aus unterschiedlichen sozialen Schichten und religiösen Hintergründen. Sie haben unterschiedliche Erfahrungen im Herkunftsland und auf der Flucht gemacht und gehen damit je nach persönlicher Entwicklung auch unterschiedlich um. Daher ist auch bei ihnen die individuelle Persönlichkeit bei der Auswahl des Vormunds ausschlaggebend.

31 Allerdings muss bei unbegleiteten Minderjährigen die **besondere Schutzlosigkeit**, die mit ihrem Aufenthalt in einem fremden Land verbunden ist, berücksichtigt werden. Unbegleitete Minderjährige sind mehr als andere gefährdet, Opfer von Menschenhandel und Ausbeutung zu werden. Der bestehende Straftatbestand wurde daher erweitert.[91] Es besteht ein besonderes Abhängigkeitsverhältnis zum Vormund, ua wegen der sprachlichen Barriere und der fehlenden Kenntnis über das deutsche Behörden- und Beratungssystem. Im Rahmen der am Kindeswohl orientierten Eignungsprüfung ist dies zu berücksichtigen.

[87] *www.bamf.de/DE/Fluechtlingsschutz/UnbegleiteteMinderjaehrige/unbegleitete-minderjaehrige-node.html.*

[88] Dazu Staudinger/*Veit* § 1777 Rn. 18 f.

[89] BVerfG FamRZ 2014, 1435 Rn. 30 (mAnm *Hoffmann*).

[90] Palandt/*Götz* § 1779 Rn. 5.

[91] §§ 232, 233a, 233 StGB, siehe → Rn. 11.

Bei der Eignung sind ebenfalls die besonderen fachlich-sachlichen Anforderungen an eine rechtliche Vertretung bei unbegleiteten Minderjährigen zu berücksichtigen. Die europäische Union hat dabei Mindestanforderungen an die Eignung eines Vertreters formuliert. Zwar überlässt sie die rechtliche Ausgestaltung der Vertretung dem nationalen Recht ihrer Mitgliedstaaten, aber sie gibt vor, dass ein Vertreter **rechtlich qualifiziert** sein muss und über **Fachkenntnisse** im Rahmen des europäischen Asyl- und Schutzsystems verfügt.[92]

Als weitere Anforderungen an die rechtliche Vertretung wird die Würdigung des Kindeswohls festgeschrieben, die nach den europäischen Vorgaben die „*Möglichkeit der Familienzusammenführung, das Wohlergehen und die soziale Entwicklung des Minderjährigen gemäß seines Hintergrunds, Sicherheit und Schutz in Bezug auf Menschenhandel, Beteiligung des/der Minderjährigen gemäß seiner Reife*"[93] umfasst.

In das deutsche System übersetzt beinhaltet damit eine rechtliche Vertretung einer fachlich qualifizierten aufenthalts – und asylrechtlichen Perspektivabklärung, die Befassung mit möglichen psychischen und physischen Folgen der Flucht, Geltend machen von Ansprüchen gegenüber er Jugendhilfe, Integration und Fragen zur Herkunftsfamilie.[94]

1. Die ehrenamtliche Einzelvormundschaft. Bei der Bestellung eines rechtlichen 32
Vertreters ist die ehrenamtliche Einzelvormundschaft gemäß § 1791b Abs. 1 iVm § 1779 Abs. 2 BGB vorrangig. Dies gilt erst recht, wenn es sich um Verwandte gleichen Glaubens handelt, die von den Eltern als rechtliche Vertretung gewollt sind. Dabei ist ein ehrenamtlicher Einzelvormund auch geeignet, wenn er in der Lage ist, sich – ähnlich wie die Eltern – mit den Unterstützung und Beratungsleistungen die Interessen des Minderjährigen wahrzunehmen. (→ § 2 Rn. 11).

In **Fluchtgemeinschaft eingereiste volljährige Personen** sind unabhängig vom mutmaßlichen Willen der Eltern und des Minderjährigen nicht als Vormund geeignet.

Die in Fluchtgemeinschaft eingereisten volljährigen Personen sind ebenso wie der unbegleitete Minderjährige in Bezug auf Behördenzugang und Asyl- und Aufenthaltsrecht hilfsbedürftig und können nicht die geforderte Erfahrung und Fachkenntnis nachweisen.

Aufgrund der asyl- und aufenthaltsrechtlichen räumlichen Beschränkungen,[95] besteht faktisch kein Zugang zum bestehenden Unterstützer und Helfersystem für ehrenamtliche Einzelvormünder der Jugendhilfe (§ 53 Abs. 2 SGB VIII) und des Familiengerichts (§ 1837 BGB). Hinzu kommen fehlender tatsächliche Kenntnisse über das Unterstützer und Hilfesystem. Neben der fehlenden fachlichen Kenntnis ist auch ihre persönliche Eignung fraglich. So haben nicht nur Minderjährige traumatische Erlebnis, Ausbeutungs- und Hafterfahrungen auf der Flucht. Auch Erwachsene können an den psychische und physische Folgen einer Flucht leiden.

Anders verhält es sich mit **nachweislichen Verwandten mit sicherem Aufenthalt** 33
in Deutschland. Liegen keine gesetzlichen Ausschlussgründe vor, ist im Einzelfall zu prüfen, ob und inwieweit die nötige Kenntnis und Erfahrung in Bezug auf das deutsche System vorliegen. In diesen Fällen muss aber unter Berücksichtigung des Kindeswohls im Einzelfall ein Interessenkonflikt ausgeschlossen werden. Die Angst um nahe

---

[92] Art. 6 Abs. 2 Dublin III-VO; Art. 24 Abs. 1 AufnahmeRL 2013/33/EU; Art. 25 Abs. 1 lit. a) VerfahrensRL 2013/32/EU.

[93] Art. 6 Abs. 3 Dublin III-VO, Art: 23 Abs. 2 AufnahmeRL 2013/33/EU; Art. 25 Abs. 1 lit a) VerfahrensRL 2013/32/EU.

[94] Staudinger/*Veit* § 1779 Rn. 16 mwN.

[95] Sog Residenzpflicht, für das Asylverfahren siehe § 56 AsylG.

Angehörige, die sich noch im Herkunftsland oder ebenfalls auf der Flucht befinden, kann beispielsweise zu einem Interessenkonflikt führen. Der Minderjährige ist für die Familie Verbindungs- und Informationsperson für die Situation im Herkunftsland. Es muss daher bei der Eignungsprüfung durch das Familiengericht sichergestellt werden, dass die Interessen und das Wohl des einzelnen Minderjährigen im Vordergrund stehen und nicht das Wohlergehen der im Herkunftsland oder auf der Flucht befindlichen Familie. Die Sorge und Angst um die Familie ist verständlich, kann jedoch einer persönlichen Eignung als Vormund widersprechen.

Fehlende Kenntnisse der deutschen Sprache schließen eine Eignung als Vormund nicht grundsätzlich aus. Allerdings muss der zukünftige Vormund in der Lage sein, die Interessen seines Minderjährigen entsprechend zu vertreten. Er muss trotz der fehlenden Sprachkenntnisse die Erklärungen über die gewissenhafte Führung der Vormundschaft nach § 1789 BGB verstehen und die Versicherung abgeben können, sowie der Berichtspflicht gegenüber dem Familiengericht gemäß §§ 1837 ff. BGB nachkommen können. Ist die Person aufgrund eines bestehenden Helfersystems in der Lage diese Anforderungen zu erfüllen, kann sie trotz fehlender Sprachkenntnisse als ehrenamtlicher Einzelvormund geeignet sein.[96]

34 Eine ehrenamtliche Einzelvormundschaft bei unbegleiteten Minderjährigen kann auch von **engagierten Einzelpersonen** wahrgenommen werden.[97]

Liegen keine Ausschlussgründe vor, ist hier neben dem Willen des Minderjährigen und der persönlichen Eignung zu prüfen, ob die notwendigen Kenntnisse und Erfahrungen vorliegen. Dies kann gewährleistet sein, wenn eine Anbindung an einen Verein besteht, der sich auf die unbegleitete Minderjährige spezialisiert haben und entsprechende Fortbildungen und Beratungsangebote.

Auch bei einer fehlenden Anbindung an Vereine kann die Person geeignet sein, wenn sie sich eines Hilfs – und Unterstützerangebotes bedienen kann. Dies muss jedoch geprüft werden.

Eine Eignung kann aber nicht automatisch aufgrund des beruflichen Hintergrunds einer Person angenommen werden. So sind Personen aus rechtlichen Berufen nicht per se geeignet. Auch hier muss sichergestellt sein, dass bspw. der mit Steuerrecht befasste Anwalt, sich Kenntnisse und Erfahrungen im aufenthalts – und asylrechtlichen Bereich im Rahmen von Hilfs – und Unterstützungsangeboten holen kann.

Aufgrund der bereits mehrfach angesprochene besonderen Abhängigkeit und der grundsätzlichen Gefahr von Ausbeutung ist die Vorlage eines erweiterten Führungszeugnisses dabei zwingend.

Die ehrenamtliche Vormundschaft wird unentgeltlich geführt, es besteht jedoch ein Anspruch auf Aufwandsentschädigung nach § 1835a BGB.

35 **2. Amtsvormundschaft, Berufsvormundschaft, Vereinsvormundschaft.** Fehlt es an einem geeigneten ehrenamtlichen Einzelvormund, kann das Gericht gleichrangig zwischen einer Amtsvormundschaft durch das Jugendamt, einer Berufsvormundschaft oder einer Vereinsvormundschaft wählen (→ § 2 Rn. 15 ff.).

Die **Gleichrangigkeit** von Amts-, Berufs-, und Vereinsvormundschaft bei unbegleiteten Minderjährigen wird auch nicht durch die Neuregelungen der Zuständigkeit der Amtsvormundschaft im Rahmen der vorläufigen Inobhutnahme in Frage gestellt.[98]

---

[96] Zu Verwandten ohne Deutschkenntnisse als Pflegepersonen DIJuF-Rechtsgutachten JAmt 2016, 195.

[97] Allgemeiner Überblick *Hansbauer* JAmt 2016, 290.

[98] Eingeführt durch das Gesetz zur Verbesserung der Unterbringung, Versorgung und Betreuung ausländischer Kinder und Jugendlicher, BGBl. 2015 I 1802.

Die neue Zuständigkeitsregelung des § 88a SGB VIII soll im Falle einer Amtsvormundschaft ein Auseinanderfallen der Zuständigkeit des Kostenträger einerseits und der Wahrnehmung der Amtsvormundschaft andererseits vermeiden.[99] Allerdings unter Berücksichtigung des Kindeswohls. Bei einer Vormundbestellung sind fiskalische Interessen unter Berücksichtigung Kindeswohls nachrangig.[100] Es besteht daher bei unbegleiteten Minderjährigen, bei denen kein ehrenamtlicher Einzelvormund zur Verfügung steht, kein Vorrang des Amtsvormunds gegenüber dem Berufsvormund.[101] Die Bestellung richtet sich ausschließlich nach der Eignung.

Eine **Amtsvormundschaft** wird gemäß §§ 1779 Abs. 1 und Abs. 2, 1791b BGB eingerichtet. Im Rahmen der Eignung bei unbegleiteten Minderjährigen ist auch hier zu prüfen, inwieweit die notwendigen Kenntnisse im asyl- und aufenthaltsrechtlichen Verfahren vorliegen. Der BGH hat 2013 unter Berücksichtigung der europäischen Vorgaben mehrfach eine grundsätzliche Eignung des Amtsvormunds für einen unbegleiteten Minderjährigen bejaht.[102] **36**

Allerdings wird in den Ausführungen nicht auf die eigene Fachkompetenz des Jugendamts abgestellt, sondern darauf, dass das Jugendamt als Vormund grundsätzlich verpflichtet und in der Lage ist, sich bei komplizierten Sachverhalten Beratung zu holen.

Die Inanspruchnahme von Beratung setzt jedoch voraus, dass der komplexe Sachverhalt und die damit auftauchenden rechtlichen und tatsächlichen Fragen und Probleme vom Vormund entsprechend überblickt und identifiziert werden können. Ist bereits dies nicht gegeben, fehlt es an einer Eignung als „rechtlich qualifizierter Vertreter“ nach Art. 6 Abs. 2 Dublin III-VO. Damit ist zu prüfen, ob im konkreten Fall die Amtsvormundschaft über die entsprechende Kenntnisse im Asyl- und Aufenthaltsrecht verfügt, um die Vertretung umfassend wahrzunehmen.

Eine grundsätzliche Eignung des Jugendamts kann dabei auch nicht mit der steigenden Zahl der unbegleiteten Minderjährigen und der durch die Neuregelungen zur vorläufigen Inobhutnahme[103] entstandene bundesweite Verteilung hergeleitet werden.[104]

Das „Gesetz zur Verbesserung der Unterbringung, Versorgung und Betreuung ausländischer Kinder und Jugendlicher“ enthält weder Regelungen zur Qualifizierung von Amtsvormündern noch einen besonderen Beratungsanspruch für Amtsvormünder von unbegleiteten Minderjährigen.

Die Amtsvormundschaft ist ein selbstständiger Aufgabenbereich innerhalb der Organisationsstruktur des Jugendamts, so dass zwar keine Vergütung für das Führen der Vormundschaft erfolgt, aber durch das Anstellungsverhältnis beim Jugendamt dennoch eine faktische Bezahlung für die Arbeit erfolgt.

Es kommt auch die Bestellung eines **Berufsvormunds** in Betracht, wenn es dem Kindeswohl entspricht. Auch hier ist im Rahmen der Eignung zu prüfen, ob die fachlich notwendigen Kenntnisse für eine rechtlich qualifizierte Vertretung vorliegen. Ein Sonderfall der Eignung des Berufsvormunds für unbegleiteten Minderjährigen bei entsprechender Fachkenntnis ist gegeben, wenn die Amtsvormundschaft im Konflikt mit den asyl- und aufenthaltsrechtlichen Behörden steht und somit eine am Kindeswohl orientierter Wahrnehmung nicht möglich ist (→ § 2 Rn. 15). **37**

---

99 BT-Drs. 18/5921, 29: Begründung zu § 88a Abs. 4.

100 OLG Hamm FamRZ 2012, 798.

101 So im Ergebnis aber OLG Schleswig BeckRS 2016, 09125.

102 BGH FamRZ 2013, 1206 Rn. 18f. sowie BGH FamRZ 2014, 472 Rn. 9.

103 Eingeführt durch das „Gesetz zur Verbesserung der Unterbringung, Versorgung und Betreuung ausländischer Kinder und Jugendlicher“, BGBl. 2015 I 1802.

104 So jedoch OLG Schleswig BeckRS 2016, 09125.

Die Vergütung des Berufsvormunds kann für eine Eignung nicht ausschlaggebend sein.

Im Gegensatz zu den anderen Arten der Vormundschaft wird die Vormundschaft nach § 1836 Abs. 1 S. 2 BGB berufsmäßig geführt und entsprechend nach einem Stundensatz gemäß des Vormünder- und Betreuervergütungsgesetz (VBVG) bezahlt.

Dies unterscheidet die Berufsvormundschaft von allen anderen Arten der Vormundschaften, die nach § 1836 Abs. 1 S. 1 BGB grundsätzlich kein Anspruch auf Vergütung haben (→ § 4 Rn. 8 ff.).

Die Vergütung kann für eine Eignung jedoch nicht ausschlaggebend sein; fiskalische Erwägungen sind unter Berücksichtigung des Kindeswohls bei Vormundsbestellung nachrangig.[105]

Eine weitere Möglichkeit ist die Bestellung eines **Vormundschaftsvereins** gemäß § 1791a BGB. Bei den Vormundschaften für unbegleitete Minderjährige ist dabei zu unterscheiden zwischen ehrenamtlichen Einzelvormündern, die durch einen Verein betreut werden, und einem Vereinsvormund, der als Mitarbeiter eines nach § 54 SGB VIII vom Landesjugendamt anerkannten Vereins bestellt wird. (zur Vereinsvormundschaft 4. Kapitel Besonderheiten bei der Vereinsvormundschaft/-pflegschaft/-beistandschaft und Verfahrensbeistandschaft).

Soll ein Verein bestellt werden, so ist im Rahmen der Eignung zu prüfen, ob der Verein als solcher geeignet ist und einwilligt. Die Vereinsvormundschaft ist für unbegleitete Minderjährige dann geeignet, wenn der Verein aufgrund seiner Ausrichtung und Fachkenntnis den Minderjährigen entsprechend vertreten kann.[106]

38 **3. Pflegschaft.** Grundsätzlich sollte für einen unbegleiteten Minderjährigen eine rechtliche Vertretung in Form einer Vormundschaft eingerichtet werden, damit neben der fachlich-rechtlich qualifizierten Vertretung auch die pädagogischen Anforderungen erfüllt werden.[107] In Ausnahmefälle und kann aber auch eine Ergänzungspflegschaft nach § 1909 BGB eingerichtet werden.

Es ist dabei zwischen einer alleinigen Ergänzungspflegschaft nach § 1909 Abs. 3 BGB und einer Ergänzungspflegschaft zusätzlich zu einer bestehenden Vormundschaft nach § 1909 Abs. 1 BGB zu unterscheiden.

Eine **alleinige Ergänzungspflegschaft** nach § 1909 Abs. 3 BGB kommt bei unbegleiteten Minderjährigen in Betracht, wenn die Voraussetzungen für eine Vormundschaftsbestellung vorliegen, aber eine Vormundschaft aufgrund zeitlicher Verzögerungen noch nicht eingerichtet wurde. Bei unbegleiteten Minderjährigen dauerte nach einer bundesweiten Umfrage des BumF e.V. mit Stand vom Februar 2016 die Einrichtung einer Vormundschaft 4–6 Monate und länger.[108] Dies hängt neben einer möglichen Überlastung der Gerichte auch mit dem vorgeschalteten Verfahren der vorläufigen Inobhutnahme und der Umverteilung zusammen. Damit hat sich die Zeit in der Inobhutnahme verlängert.[109] Dies ist mit der europäischen Vorgabe, nach der eine rechtliche Vertretung für unbegleitete Minderjährige aufgrund ihres beson-

[105] OLG Hamm FamRZ 2012, 798.

[106] Weiterführend DIJuF-Rechtsgutachten JAmt 2016, 142; *Elmauer/Kauermann-Walter* JAmt 2016, 116.

[107] Siehe dazu die Ausführungen zur Eignung → Rn. 31.

[108] BumF eV „ Die Aufnahmesituation unbegleiteter minderjähriger Flüchtlinge in Deutschland“, Juli 2016, *www.b-umf.de*.

[109] BumF eV „Auswertung Bestandszahlen vom 23.8.2016: Unbegleitete junge Flüchtlinge in der Jugendhilfe“, *www.b-umf.de*.

deren Schutzbedarfs zeitnah einzurichten ist, nicht vereinbar.[110] Zwar ist vor der Bestellung des Vormunds das Jugendamt berechtigt einen Asylantrag für den Minderjährigen zu stellen, aber ohne eine qualifizierte rechtliche Vertretung ist das Weiterführen des Asylverfahrens nicht möglich.[111] Auch eine umfassende pädagogische Betreuung und Perspektivabklärung ist dementsprechend nicht gewährleistet. Dies ist insbesondere bei 17-jährigen Minderjährigen problematisch, die über das Warten auf die Vormundschaftsbestellung volljährig werden. Daher besteht für den Übergang die Möglichkeit, eine Ergänzungspflegschaft mit verschiedenen Wirkungskreisen einzurichten. Unter Berücksichtigung des notwendigen Umfangs der rechtlichen Vertretung wird empfohlen eine Ergänzungspflegschaft mit den Wirkungskreisen Asyl- und Aufenthaltsrecht, Aufenthaltsbestimmungsrecht, Gesundheit, Antrag auf Hilfe zur Erziehung und Familienzusammenführung einzurichten. Aufgrund der Eilbedürftigkeit sollte eine Ergänzungspflegschaft zunächst im Rahmen der einstweiligen Anordnung nach § 49 FamFG eingerichtet werden (zum Verfahren der einstweiligen Anordnung auch 1. Kapitel § 3 Das familiengerichtliche Verfahren/ Verfahren in Kindschaftssachen).

Eine **zusätzliche Ergänzungspflegschaft** zur Vormundschaft gemäß § 1909 Abs. 1 39
S. 1 BGB ist rechtlich möglich, wenn der Vormund an der Besorgung der Vormundschaft verhindert ist. Bei einer Vormundschaft für unbegleitete Minderjährige wurde dies in Vergangenheit in den Fällen angenommen, wenn dem Vormund die nötige Erfahrung und Fachkenntnis im Asyl- und Aufenthaltsrecht fehlten. Der BGH hat jedoch mehrfach entschieden, dass die fehlende Fachkenntnis eines Vormunds keine Verhinderung der Ausübung der Vormundschaft im Sinne des § 1909 Abs. 1 S. 1 BGB ist, da es dem Vormund möglich ist, sich externe Beratung zu holen.[112] Eine Ergänzungspflegschaft, die allein auf der mangelnden Fachkenntnis des Vormunds beruht, kann daher nicht mehr zusätzlich eingerichtet werden. Allerdings gibt es die Möglichkeit einer „Mitvormundschaft".

4. Mitvormundschaft. Grundsätzlich sind Vormundschaften als Alleinvormund- 40
schaften zu führen. Aber in Ausnahmefällen kann die Vormundschaft gemeinschaftlich (§§ 1797 Abs. 1, 1775 BGB) oder geteilt in einzelne Teilbereiche (§§ 1797 Abs. 2, 1775 BGB) von mehreren Personen als Mitvormundschaft geführt werden.

Eine Mitvormundschaft kann nach § 1775 S. 1 BGB bei **Ehepaaren** eingerichtet werden. Dies ist bei der Vormundbestellung für unbegleitete Minderjährige relevant, wenn sich ein Ehepaar gemeinsam für eine ehrenamtliche Vormundschaft entscheidet. Unter Berücksichtigung der Regelungen zur eingetragenen Lebenspartnerschaft ist eine Übertragbarkeit auf diese möglich.[113] Dabei soll die Vormundschaft zumeist gemeinschaftlich gemäß § 1797 Abs. 1 BGB geführt werden, um die gegenseitige Unterstützung zu gewährleisten.

Eine weitere Möglichkeit einer Mitvormundschaft besteht nach § 1775 S. 2 BGB, wenn **„besondere Gründe"** für eine Bestellung mehrerer Vormünder vorliegen.

Eine fehlende Fachkenntnis und Erfahrung eines Amtsvormunds im Asyl- und Aufenthaltsrecht kann ein besonderer Grund für die Bestellung eines weiteren Vormundes sein. Dies ist in der Rechtsprechung allerdings umstritten.

---

[110] Art. 24 Abs. 1 AufnahmeRL 2013/33/EU; Art. 6 Abs. 1 Dublin III-VO; Art. 25 Abs. 1 VerfahrensRL 2013/32/EU.

[111] Siehe dazu → Rn. 18 .

[112] Es wird in Gänze verwiesen auf: BGH FamRZ 2013, 1206; BGH FamRZ 2014, 472.

[113] *Fritsche* NK-BGB § 1775 Rn. 2.

So wird entsprechend der BGH-Rechtsprechung zur Ergänzungspflegschaft vorgebracht, dass sich der bestellte Vormund beim Führen der Vormundschaft externe Hilfe und Beratung bedienen kann.[114] Dabei wird verkannt, dass dazu ein Mindestmaß an Verständnis für Asyl- und Aufenthaltsrecht bestehen muss, um eine Einschätzung treffen zu können, dass eine Beratung und Hilfestellung im konkreten Fall tatsächlich notwendig ist und in welchem Umfang.

In anderen komplexen Rechtsgebieten besteht daher grundsätzlich eine Pflicht zur Genehmigung durch das Familiengericht nach §§ 1820 ff. BGB.

Dies ist jedoch für die Besonderheiten im Asyl- und Aufenthaltsrecht nicht vorgesehen.

41 Im Gegensatz zu anderen Vormundschaften zeichnet sich die Vormundschaft für unbegleitete Minderjährige jedoch gerade dadurch aus, dass sie ein Rechtsgebiet in die Vormundschaft mit hineinbringt, dass sonst bei Führen von Vormundschaften keine Bewandtnis hat: Das europäische Asylsystem mit Schutzstandards und besonderen vom deutschen Recht abweichenden Regelungen zur Familienzusammenführung. Eine rechtlich qualifizierte Vertretung beinhaltet eine Vertretung gemäß des GEAS.

Auch bei der Bestellung eines Amtsvormunds muss dessen Eignung geprüft werden. Fehlen dem Amtsvormund die Kenntnisse und Erfahrungen für die Erfassung des komplexen asyl – und aufenthaltsrechtlichen Sachverhalts und die Identifizierung der möglichen Probleme, ist er für die Vormundschaft im Bereich des Asyl- und Aufenthaltsrechts ungeeignet und kann daher dafür auch nicht bestellt werden. Ist der Amtsvormund aber unter Berücksichtigung des Kindeswohls für alle anderen Bereich geeignet, liegt darin ein besonderer Grund für eine Mitvormundschaft. Es ist daher der ständigen Rechtsprechung des 6. Senats des OLG Frankfurt zu folgen, die in diesen Fällen einen Mitvormund bestellt.[115]

Auch im Rahmen einer ehrenamtlichen Einzelvormundschaft ist die Bestellung eines Mitvormunds für asyl- und aufenthaltsrechtliche Belange denkbar. Insbesondere, wenn sich erst beim Führen der Vormundschaft herausstellt, dass die notwendige Fachkenntnisse zur Interessenvertretung des unbegleiteten Minderjährigen fehlen aber der ehrenamtliche Vormund sonst insgesamt geeignet ist und ein Vertrauensverhältnis zwischen dem Minderjährigen und dem Vormund erfolgreich aufgebaut worden ist.

Dann kann das Familiengericht dem Vormund die Vertretungsmacht in diesen Belangen gemäß § 1796 Abs. 1 BGB entziehen und einen Mitvormund mit dem Teilvertretung betrauen.[116] Aufgrund des klar abtrennbaren Wirkungskreises der asyl- und aufenthaltsrechtlichen Belange erscheint grundsätzlich eine Aufteilung der Mitvormundschaft nach Wirkungskreis gemäß § 1797 Abs. 2 BGB in diesen Konstellationen ratsam.

Die Mitvormundschaft kann von einem als Berufsvormund tätigen Rechtskundigen übernommen werden, sodass ein Vergütungsanspruch nach § 1836 Abs. 1 S. 2 BGB iVm VBVG besteht.

---

[114] OLG Frankfurt BeckRS 2015, 03489; Palandt/*Götz* § 1775 Rn. 1 mwN.
[115] OLG Frankfurt BeckRS 2016, 12821.
[116] *Fritsche* NK-BGB § 1886 Rn. 2.

V. Beendigung der Vormundschaft

Die Beendigung einer Vormundschaft bei unbegleiteten Minderjährigen richtet sich ebenfalls nach den allgemeinen deutschen Vormundschaftsregelungen der §§ 1882 ff. BGB. 42

Es ist zwischen einem Wechsel der Vormundschaft, die eine Entlassung des vorherigen Vormunds nach §§ 1886 ff. BGB voraussetzt und dem rechtlichen Ende der Vormundschaft wegen Wegfall der Voraussetzungen nach §§ 1882, 1773 BGB zu unterscheiden.

1. Wechsel der Vormundschaft. Eine Entlassung eines Vormundes kann aus unterschiedlichen Gründen erfolgen (→ § 4 Rn. 27 ff.). Wird ein Vormund entlassen, ist umgehend ein neuer Vormund zu bestellen. 43

Die **Entlassung eines Einzelvormunds von Amts wegen** nach § 1886 BGB erfolgt, wenn das Interesse des Minderjährigen gefährdet ist.[117] Dies setzt nicht zwingend ein pflichtwidriges Verhalten voraus, es reicht eine objektive Gefährdung.[118]

Bei einem unbegleiteten Minderjährigen kann eine objektive Gefährdung in der fehlenden Fachkenntnis in asyl- und aufenthaltsrechtlichen Belangen liegen, wenn dem nicht durch Bestellung eines Mitvormunds entgegen gewirkt werden kann.

Ebenfalls ein Grund für eine Entlassung, ist die Überforderung des Vormunds, wenn sich während des Führens der Vormundschaft ein besonderer Betreuungsbedarf bei dem Minderjährigen herausstellt, zB wenn der Minderjährige Opfer von Menschenhandel geworden ist und eine Gefährdung auch in Deutschland weiter fortbesteht.

Bei unbegleiteten Minderjährigen kommt auch eine Entlassung wegen pflichtwidrigen Verhaltens in Betracht, zB wenn der Einzelvormund entgegen der gesetzlichen Regelungen zum Minderjährigenschutz aktiv eine Abschiebung des Minderjährigen gegen dessen Willen und Interesse betreibt[119] oder trotz bestehenden Anhaltspunkte für einen Anspruch auf Asyl die Stellung eines Asylantrags verweigert.

Bei pflichtwidrigem Verhalten eines Amtsvormunds findet § 1886 BGB keine Anwendung.

Stattdessen kann das Familiengericht in diesen Fällen gemäß § 1837 Abs. 2 S. 1 BGB Gebote oder Verbote aufgeben, allerdings nur dem Jugendamt als Ganzes gegenüber und nicht der nach § 55 Abs. 2 SGB VIII eingesetzte Fachkraft. Der als Amtsvormund eingesetzte Mitarbeitende ist nur gegenüber der Jugendamtsleitung als Dienstherr verantwortlich.[120] Nur diese kann ihn im Einzelfall von dem Führen der Vormundschaft entheben.

Eine **Entlassung des Jugendamts oder Vereins** ist unter den Voraussetzungen des § 1887 oder § 1889 BGB möglich und setzt voraus, dass eine andere Person zur Führung der Vormundschaft im Interesse des Minderjährigen besser geeignet ist. Dies kann auch auf Antrag des Jugendamts erfolgen. 44

[117] Auf die Entlassung von Beamten und Religionsdienern nach §1888 BGB wird nicht eingegangen, da im Umgang mit uM zum Zeitpunkt der Drucklegung keine Fälle bekannt waren. Ebenso wenig auf die Entlassung auf Antrag gemäß § 1889 Abs. 1 BGB.

[118] *Fritsche* NK-BGB § 1886 Rn. 3.

[119] Zu Pflichten des Vormunds bei einer Abschiebungsvorbereitung → Rn. 10.

[120] Wiesner/*Walther* § 55 Rn. 84 ff.

Nach § 1887 Abs. 1 BGB § 1889 Abs. 2 BGB ist eine Entlassung von Amts wegen oder auf Antrag des Jugendamts zu veranlassen, wenn das Jugendamt gemäß § 56 Abs. 4 iVm § 53 Abs. 1 SGB VIII eine andere geeignetere Person vorschlägt und es so dem Wohl des Minderjährigen dient.

Bei unbegleiteten Minderjährigen kann aufgrund der Verpflichtung zur zeitnahen Bestellung[121] zunächst ein Amtsvormund bestellt werden. So kann sichergestellt werden, dass der Minderjährige umfassend rechtlich und pädagogisch vertreten wird. Zusätzlich kann ermittelt werden, was neben fachlichen Kenntnissen im Asyl- und Aufenthaltsrecht an weiteren fachlichen und persönlichen Anforderungen für die Führung einer Vormundschaft bei dem Minderjährigen bestehen. Erst dann ist es dem Jugendamt möglich, dem Familiengericht gemäß § 53 Abs. 1 Alt. 1 SGB VIII einen Vorschlag für eine geeignete Einzelperson zu machen. Dies kann ein ehrenamtlicher Einzelvormund sein oder auch ein Berufsvormund, wenn es keinen geeigneten ehrenamtlicher Einzelvormund gibt.

Das faktische „Vorschalten" eines Amtsvormunds setzt dabei jedoch voraus, dass die eingesetzte Amtsvormundschaft zur Führung der Vormundschaft für den unbegleiteten Minderjährigen fachlich und personell in der Lage ist. Dies ist kommunal sehr unterschiedlich und hängt neben der personellen und finanziellen Ausstattung der Kommune auch von dem insgesamt bestehenden Arbeitsaufkommen der Amtsvormundschaft vor Ort ab.

Auch bei einer Interessenkollision zwischen dem Minderjährigen und den Interessen des Amtsvormunds ist die Bestellung eines Berufsvormunds als geeignetere Person angebracht.

Bei unbegleiteten Minderjährigen kann dies insbesondere die Verweigerung von (kostenintensiven) Jugendhilfeleistungen sein, wenn diese aufgrund von „fehlender Bleiberechtsperspektive" nicht gewährt werden um Kosten einzusparen.[122]

45 Nach § 1887 Abs. 2 S. 2 BGB kann auch ein Minderjähriger ab 14 Jahren selber einen Antrag auf Entlassung des Jugendamts beim Familiengericht stellen. Auch hier ist die Eignung der anderen Person zu prüfen. Bei unbegleiteten Minderjährigen ist dabei zu prüfen, ob entgegen dem Willen des Minderjährigen die Person dennoch nicht zur Führung der Vormundschaft geeignet ist.[123]

46 **2. Rechtliches Ende der Vormundschaft.** Eine Vormundschaft endet von Amts wegen, wenn gemäß §§ 1882, 1773 BGB die rechtlichen Voraussetzungen nicht mehr vorliegen. (→ § 7 Rn. 10 ff.). Das Familiengericht muss die Feststellung der Beendigung der Vormundschaft auf Grundlage des Amtsermittlungsgrundsatzes nach § 26 FamFG treffen.

So endet die Vormundschaft mit **Erreichen der Volljährigkeit**.

Bei unbegleiteten Minderjährigen ist auch hier die das Volljährigkeitsalter im Herkunftsland ausschlaggebend, soweit es über dem deutschen Volljährigkeitsalter liegt – spiegelbildlich zur Einrichtung der Vormundschaft.[124]

Eine Vormundschaft endet auch, wenn die **elterliche Sorge wieder ausgeübt** werden kann.

Bei unbegleiteten Minderjährigen, bei denen das Ruhen der elterlichen Sorge nach § 1674 Abs. 1 BGB festgestellt wurde, lebt das Sorgerecht der Eltern wieder auf, wenn

---

[121] Art. 24 Abs. 1 AufnahmeRL 2013/33/EU; Art. 6 Abs. 1 Dublin III-VO; Art. 25 Abs. 1 VerfahrensRL 2013/32/EU.

[122] Auch hier ist die angekündigte SGB VIII-Reform zu berücksichtigen, siehe Fn. 23.

[123] → Rn. 33.

[124] → Rn. 14 ff.

die elterliche Sorge wieder tatsächlich ausgeübt werden kann und somit der Grund für das Ruhen nicht mehr besteht (§ 1674 Abs. 2 BGB).

Dies setzt die tatsächliche Anwesenheit der Eltern am Aufenthaltsort des Minderjährigen voraus. Gemäß der europäischen Regelungen ist ein minderjähriger unbegleitet *„solang er sich nicht tatsächlich in der Obhut eines solchen Erwachsenen befindet (...)"*.[125]

Der Aufenthalt der Eltern in Deutschland reicht folglich nicht aus. Vielmehr müssen die Eltern auch tatsächlich Zugang zum Minderjährigen haben. Dabei ist zu berücksichtigen, das eine innerdeutsche Familienzusammenführung mehrere Monate dauern kann, da die Eltern ausschließlich unter das Asyl- und Aufenthaltsrecht fallen, der Minderjährige jedoch unter die Jugendhilfe und das Familienrecht. Sowohl das Asyl- und Aufenthaltsrecht als auch die Jugendhilfe führen unabhängig voneinander bundesweite Verteilverfahren durch und haben eigene Regelungen zu Kosten und Zuständigkeiten. Bei der notwendigen Abstimmung müssen alle betroffenen Behörden beteiligt werden, was mehrere Monate dauern kann. **47**

Solange besteht der Grund für das festgestellte Ruhen der elterlichen Sorge weiter.

Aber selbst wenn die Eltern und Minderjähriger sich am selben Ort aufhalten, ist nicht direkt nach Ankunft automatisch die tatsächliche Ausübung der elterlichen Sorge gegeben.

Es ist im Einzelfall die besondere Situation der Eltern nach der Ankunft zu berücksichtigen, in der sie selber hilfsbedürftig sind. Der Grund des Ruhens kann daher unter Berücksichtigung des Art. 6 Abs. 1 GG auch noch für einen zeitlich begrenzten Zeitraum weiterbestehen.

Die Vormundschaft endet mit der Feststellung des Familiengerichts, dass der Grund des Ruhens nicht mehr besteht.

Andere spezielle Gründe für den Wegfall der Vormundbestellung bei unbegleiteten Minderjährigen gibt es grundsätzlich nicht.

Insbesondere besteht eine Vormundschaft in folgenden Fällen weiter:

Bei **nachweislich ausgereisten unbegleiteten Minderjährigen** besteht der Anlass für die Vormundschaft weiter. **48**

Die Vormundschaft nach § 1773 BGB endet nicht dadurch, dass sich der Minderjährige zeitweise oder auch dauerhaft nicht bzw. nicht mehr in Deutschland aufhält.[126]

Diese Regelung ist eine konsequente Weiterführung der Regelung, dass Vormundschaften auch vom Ausland aus grundsätzlich weitergeführt werden können.

Bei einer Ausreise mit Einwilligung des Vormunds ist die Vormundschaft dabei solange weiterzuführen, bis sichergestellt ist, dass der Minderjährige entsprechend der Formulierung der europäischen Vorgaben *„sich in der tatsächlichen Obhut eines"* (für ihn) *„verantwortlichen Erwachsenen befindet"*.[127]

Bei unbegleiteten Minderjährigen, die im Rahmen einer erweiterten Familienzusammenführung in einen anderen Vertragsstaat des Haager Kinderschutzübereinkommens ausreisen ist dies zeitlich konkretisiert: Die Vormundschaft besteht als Schutzmaßnahme gemäß Art. 14 iVm Art. 6 Abs. 1, Art. 5 Abs. 1 KSÜ fort, bis sie entweder durch eine andere Schutzmaßnahme im ausgereisten Staat ersetzt oder beendet wird.[128]

[125] Art. 2 lit. j) Dublin III-VO; Art. 2 lit. e) AufnahmeRL 2013/33/EU; Art. 2 lit. m) VerfahrensRL 2013/32/EU iVm QualifikationsRL 2011/05/EU.

[126] RG Gruchot 43, 496: der Minderjährige war in diesem Fall nach Kanada ausgewandert.

[127] Art. 2 lit. j) Dublin III-VO; Art. 2 lit. e) AufnahmeRL 2013/33/EU; Art. 2 lit. m) VerfahrensRL 2013/32/EU iVm QualifikationsRL 2011/05/EU.

[128] „Practical Handbook on the Operation of the 1996 Hague Child Protection Convention" 2014, The Hague Conference on Private International Law, Kapitel 8, abrufbar unter: *www.hcch.net*.

49 Ist die Ausreise ohne Kenntnis und Einwilligung des Vormunds erfolgt, gelten dieselben Regelungen wie bei verschwundenen unbegleiteten Minderjährigen (siehe unten).

Es sei denn, der Vormund stimmt der Ausreise und dem Verbleib des Minderjährigen im Ausland zu und der Staat ist zur Übernahme des Minderjährigen bereit.

Der Vormund als Inhaber des Aufenthaltsbestimmungsrechts kann aber einer freiwilligen Ausreise nur in den Fällen zustimmen, in denen das Kindeswohl sichergestellt ist.

Dies ist sowohl in den Fällen problematisch, in denen die Ausreise ohne Kenntnis des Vormunds erfolgt ist, als auch in den Fälle wo der unbegleitete Minderjährige in ein Kriegs- und Krisengebiet zurückkehren möchte. Gemäß der pflichtgemäßen Führung einer Vormundschaft, muss bei der Vertretung von den Interessen des Minderjährigen auch sein Wohl berücksichtigt werden. Dies bedeutet, dass bei der vom Minderjährigen gewollten Ausreise in ein Drittland oder in das Herkunftsland der Maßstab des Bundesverwaltungsgerichts zur gezwungenen Ausreise anzulegen ist. So ist auch hier eine Ausreise ausgeschlossen, wenn keine konkrete Möglichkeit der Übergabe an einen Familienangehörigen, Sorgeberechtigten oder an eine geeignete Einrichtung besteht.[129] Dabei ist auch die Situation im Herkunftsland zu beurteilen, bspw. Kriegshandlungen am Ort der gewollten Rückkehr.

50 Bei **verschwundenen unbegleiteten Minderjährigen** besteht die Vormundschaft im Sinne eines umfassenden Minderjährigenschutzes verpflichtet weiter, im Zweifelsfall bis zur Volljährigkeit. Dies gilt nicht nur für unbegleitete Minderjährige.

Allerdings sind unbegleitete Minderjährige besonders gefährdet, aufgrund ihrer Hilflosigkeit, die mit ihrem Aufenthalt in einem fremden Land verbunden ist, Opfer von Ausbeutung und Menschenhandel zu werden.[130] Diese Gefahr besteht dabei auch dann, wenn der Minderjährige sein Verschwinden angekündigt hat, zB da er zu einem Verwandten in eine anderen Region oder ein anderes Land möchte.

Es gibt keine statistischen Daten darüber, ob diese als „abgängig" bezeichneten Minderjährigen tatsächlich am angegebenen Zielort ankommen und ob es sich bei der als „verwandt" angegebenen Person tatsächlich um eine geeignete Bezugs- und Betreuungsperson im Sinne des Kindeswohls handelt. Neben der zwingenden Vermisstenanzeige ist die Vormundschaft weiterzuführen, solange es keine Kenntnis über den Aufenthalt und der konkreten Sicherstellung des Kindeswohls gibt.

§ 10 Die Vermögenssorge

Inhalt

[129] BVerwG NVwZ 2013, 1489 Rn. 17, 18; siehe auch → Rn. 22.

[130] Dazu → Rn. 27.

A. Rechtsgrundlagen für die Ausübung der Vermögenssorge

1 **1. Einführung.** Gemäß § 1626 Abs. 1 S. 2 BGB umfasst die elterliche Sorge für ein minderjähriges Kind neben der Sorge für die Person des Kindes (Personensorge, dazu → § 8 Rn. 1 ff.) auch die Sorge für das **Vermögen** des Kindes. Auch im Bereich der Vermögenssorge wird grundsätzlich – wie bei der Personensorge – zwischen der **tatsächlichen Vermögenssorge** und der **Vertretung** in Vermögensangelegenheiten

(§ 1629 BGB) unterschieden.[1] Sie umfasst alle tatsächlichen und rechtlichen Maßnahmen, die darauf abzielen, das Kindesvermögen zu verwalten, zu erhalten und zu vermehren, wobei der Gedanke der Fremdnützigkeit im Vordergrund steht.[2] Soweit den Eltern das Sorgerecht nicht mehr zufällt, insbesondere weil es ihnen nach § 1666 BGB entzogen wurde,[3] das Sorgerecht ruht (§§ 1673, 1674 BGB) oder sie verstorben sind und deshalb ein Vormund für das Kind bestellt wurde, hat der Vormund nach § 1793 Abs. 1 S. 1 BGB auch das Recht und die Pflicht, für das Vermögen des Mündels zu sorgen, insbesondere den Mündel zu vertreten. Gemäß § 1915 Abs. 1 iVm § 1909 Abs. 1 BGB gilt dies entsprechend, wenn den Eltern nur Teile des Sorgerechts einschließlich der Vermögenssorge entzogen (vgl. §§ 1666, 1667 BGB) worden sind, sie an der Ausübung bestimmter Rechtsgeschäfte gehindert sind (vgl. § 1629 Abs. 2 S. 1 BGB) oder ihnen die Vertretungsbefugnis für einzelnen Rechtshandlungen entzogen wurde (§ 1629 Abs. 2 S. 3 BGB). Nach § 1915 Abs. 1 BGB gelten im Übrigen die Bestimmungen über die Verwaltung von Mündelvermögen für den Pfleger grundsätzlich entsprechend. Auf das im Jahr 1992 eingeführte **Betreuungsrecht** für erwachsene Personen sind gem. § 1908i BGB die §§ 1795–1797 Abs. 1 S. 2, §§ 1798, 1799, 1802 Abs. 1 S. 1, Abs. 2, 3, §§ 1803, 1804, 1805–1821, 1822 Nr. 1–4, 6–13, §§ 1823–1825, 1828–1831, 1833–1836a, 1837 Abs. 1–3, §§ 1839–1841, 1843, 1845, 1846, 1857a, 1888, 1890, 1892–1894 BGB sinngemäß anzuwenden.

2. Grundsätze. Nach welchen Prinzipien der Vormund/Pfleger das Mündelvermögen zu verwalten hat, kommt im Gesetz nur mittelbar in § 1811 BGB zum Ausdruck, in dem von einer **wirtschaftlichen Vermögensverwaltung** die Rede ist. Dabei steht an erster Stelle die **Erhaltung des Mündelvermögens,**[4] daneben soll aber auch das Vermögen nach Möglichkeit **vermehrt** werden, wie dies in § 1806 BGB (verzinsliche Anlegung von Mündelgeld) zum Ausdruck kommt. Allerdings gilt auch im Bereich der Vermögenssorge der in §§ 1793 Abs. 1 S. 2, 1626 Abs. 2 BGB geregelte Grundsatz der Mitberücksichtigung der wachsenden **Selbständigkeit des Mündels**, der – in begrenztem Rahmen – auch pädagogische Erwägungen bei vermögensmäßigen Entscheidungen rechtfertigen kann.[5] Im Übrigen steht jedoch hinter allen Vorschriften, die sich mit der Ausübung der Vermögenssorge durch den Vormund befassen, der tragende Grundsatz der fremdnützigen **Sicherung des Mündelvermögens**. Dem Vormund ist – anders als den Eltern, vgl. § 1649 Abs. 2 BGB – jede eigennützige Verwendung des Mündelvermögens untersagt (§ 1805 BGB). Etwaigen Verstößen wird durch die Haftungsnormen der §§ 1834 BGB (Verzinsungspflicht) und § 1833 BGB (Schadensersatz bei Verschulden) sowie durch strafrechtliche Schutzgesetze iSd § 823 Abs. 2 BGB, wie zB §§ 246, 266 StGB, begegnet. Das Mündel soll vor Schaden durch schlechte oder ungetreue Verwaltung bewahrt werden. Innerhalb der gesetzlichen gezogenen Grenzen verbleibt dem Vormund jedoch auch im Bereich der Vermögenssorge ein zu beachtender **Ermessensspielraum.**[6] 2

Der vorgenannten gesetzlichen Zielsetzung dienen im Wesentlichen drei Gruppen von Rechtsnormen:

---

[1] Staudinger/*Peschel-Gutzeit* BGB § 1626 Rn. 64.

[2] Gernhuber/*Coester-Waltjen* § 63 Rn. 1.

[3] Zum Entzug der Vermögenssorge vgl. KG FamRZ 2009, 2102; OLG Frankfurt NJW-RR 2005, 1382; Staudinger/*Coester* § 1666 BGB Rn. 243 ff.

[4] RGZ 137, 320 (323); Staudinger/*Veit* BGB § 1793 Rn. 16.

[5] BeckOGK/*Fröschle* BGB § 1802 Rn. 5, etwa bei der Zustimmung zu vom Mündel selbst getroffenen Dispositionen.

[6] DIJuF-Rechtsgutachten JAmt 2014, 632.

- Zunächst soll dem **Familiengericht**, das die Tätigkeit des Vormunds nach § 1837 BGB zu **beaufsichtigen** hat, die Möglichkeit eingeräumt werden, sich über das Mündelvermögen und die Tätigkeit des Vormunds zu **informieren**. Hierzu begründet § 1802 BGB die Verpflichtung des Vormunds zur Einreichung eines **Vermögensverzeichnisses**. In § 1839 BGB ist ergänzend eine allgemeine **Auskunftspflicht** des Vormunds gegenüber dem Gericht festgehalten, und die §§ 1840–1843 BGB bzw. §§ 1890–1892 BGB befassen sich mit seiner **Rechnungslegungspflicht**.
- Im Rahmen der §§ 1806–1811 BGB unterwirft das Gesetz den Vormund gewissen Richtlinien bei der **Vermögensanlage**, und die §§ 1814–1820 BGB beinhalten Vorschriften hinsichtlich der Verwaltung und Verwahrung von Wertpapieren bzw. Kostbarkeiten.
- In den §§ 1811, 1812, 1813 und §§ 1821–1831 BGB schließlich werden der **Genehmigung- bzw. Gestattungsvorbehalt** zugunsten des Gerichts bzw. des Gegenvormunds bei bestimmten Rechtsgeschäften des Vormunds und damit zusammenhängende Verfahrensweisen geregelt.

Außerhalb des BGB haben für die Ausübung der Vermögenssorge durch den Vormund die verfahrensrechtlichen Bestimmungen des FamFG Bedeutung. Sie regeln die Tätigkeit des Rechtspflegers im Rahmen seiner Aufsicht und Entscheidungen, die Frage der Beteiligung und Anhörung von Beteiligten, die Vollziehung und Vollstreckung und Rechtsmittel gegen getroffene gerichtliche Entscheidungen (*Dürbeck* → § 3 Rn. 1 ff.).

3 **3. Rechtspolitischer Ausblick.** Die zum Teil noch aus dem 19. Jahrhundert stammenden gesetzlichen Regelungen des BGB im Bereich der vormundschaftlichen Vermögenssorge stehen zu Recht seit geraumer Zeit in der Kritik, weil sie veraltet, zu weitgehend und zu unsystematisch sind.[7] Bereits im Koalitionsvertrag der gegenwärtigen Regierungsparteien ist eine Reform des Vormundschaftsrechts vereinbart worden, die jedoch nach derzeitigem Stand frühestens in der nächsten Legislaturperiode umgesetzt werden wird. Wie den sog Eckpunkten für die weitere Reform des Vormundschaftsrechts des BMJV v. 13.10.2014[8] entnommen werden kann, hat der Gesetzgeber erkannt, dass gerade die gesetzliche Regelung der Vermögenssorge modernisiert und entbürokratisiert werden muss. Dabei soll die Vermögenssorge künftig im Betreuungsrecht geregelt und von dort aus in das Vormundschaftsrecht verwiesen werden, wie dem Diskussionsteilentwurf des BMJV zur Reform des Vormundschaftsrechts vom 18.8.2016 zu entnehmen ist.[9] So sollen etwa die Vorschriften über die Vermögensanlage nach §§ 1806 ff. BGB vereinfacht und dem modernen Zahlungsverkehr angepasst werden, Gestattungsvorbehalte in Anzeigepflichten umgewandelt werden, der Katalog von mündelsicheren Anlagen (§ 1807) auf die gegenwärtigen Verhältnisse zugeschnitten und zahlreiche Genehmigungsvorbehalte nach den „sperrigen" §§ 1812, 1821, 1822 BGB entfallen. Die weitere Entwicklung wird abzuwarten sein. Dabei wird der Gesetzgeber auch die gegenwärtige Entwicklung der Rentabilität der traditionellen festverzinslichen Vermögensanlageformen ins Auge fassen müssen, zumal unter Einfluss der Niedrigzinspolitik der Europäischen Zentralbank es derzeit kaum möglich ist, ohne Eingehung von erheblichen Verlustrisiken Vermögen gewinnbringend anzu-

---

[7] Vgl. etwa *Hoffmann* BtPrax 2000, 242 zu § 1807 BGB und der damit einhergehenden gerichtlich genehmigten „Vernichtung" von Mündelvermögen; *Meier/Reinfarth*, 128.

[8] BMJV, Eckpunkte für die weitere Reform des Vormundschaftsrechts, ZKJ 2015, 145.

[9] Einsehbar unter: *http://www.bmjv.de/DE/Themen/FamilieUndPartnerschaft/Vormundschaft/Vormundschaft_node.html*

legen, geschweige denn den Wertverlust infolge der Inflation durch hinreichende Zinserträge auszugleichen.[10]

B. Allgemeine Pflichten bei der Ausübung der Vermögenssorge

I. Erstellung von Vermögensverzeichnissen

1. Bedeutung des Vermögensverzeichnisses. Das Vermögensverzeichnis gemäß 4
§ 1802 BGB hat **zentrale Bedeutung** bei der Ausübung der Vermögenssorge im Rahmen der Vormundschaft. Es bildet die Grundlage der Überwachung durch das Familiengericht und den Ausgangspunkt für die Verantwortlichkeit des Vormunds und soll die **Abgrenzung** des Mündelvermögens vom eigenen Vermögen des Vormunds ermöglichen und so die Durchsetzung des Herausgabeanspruchs des Mündels bei Erreichen der Volljährigkeit gewährleisten.[11] Die Gegenüberstellung der Vermögensverzeichnisse zu Beginn und zum Ende eines Rechnungsabschnitts bietet insbesondere die Möglichkeit der Überprüfung der **Vollständigkeit und Richtigkeit** der Abrechnung. Das Familiengericht kann seiner Überwachungspflicht nur dann genügen, wenn es zunächst in geeigneter Weise über den Bestand des Vermögens informiert wird, und es ist auch erst dann in der Lage, dem Vormund die notwendigen Hinweise und Aufklärungen zur ordnungsgemäßen Vermögensverwaltung zu erteilen. Wegen dieser grundlegenden Bedeutung ist der Erstellung des Vermögensverzeichnisses besondere Sorgfalt zu widmen. Vorsätzliches Verheimlichen von Vermögenswerten durch den Vormund stellt eine Pflichtwidrigkeit dar und kann unter Umständen sogar dessen strafrechtliche Verantwortlichkeit begründen. Dies nicht zuletzt deshalb, weil das Vermögensverzeichnis bei Beendigung der Vermögensverwaltung auch Ausgangspunkt für den Herausgabeanspruch des Mündels bzw. seines Gesamtrechtsnachfolgers nach § 1890 BGB bildet. Das vom Vormund erstellte und vom Gericht überprüfte Vermögensverzeichnis dient schließlich auch der **Gerichtskostenabrechnung** (vgl. Nr. 1311, 1312 KV FamGKG) und ist uU auch Kriterium bei der Bemessung der **Vormundsvergütung** nach § 1836 Abs. 1 BGB (→ § 4 Rn. 20ff.). Für Berufsvormünder regelt die Vergütung im Übrigen das VBVG.

2. Allgemeine Grundsätze. Die Verzeichnispflicht des § 1802 BGB ist öffent- 5
lich-rechtlicher Natur.[12] Eine **Befreiung** von der Verpflichtung zur Einreichung des Vermögensverzeichnisses kann weder durch das Familiengericht, noch durch Dritte, auch nicht durch letztwillige Verfügung der Eltern oder eines Schenkers, erteilt werden.[13] Es müssen also in gleicher Weise auch Erbschaften und Schenkungen trotz andersgerichteter Anordnungen des Erblassers oder Zuwendenden nach § 1803 BGB verzeichnet werden. Eine Befreiung kraft Gesetzes besteht aber in einzelnen Bundesländern wie zB Bayern und Baden-Württemberg für den **Amtsvormund**, soweit die Länder von der Ermächtigung des § 56 Abs. 2 S. 3 SGB VIII Gebrauch gemacht haben.[14]

---

10 Vgl. dazu *König* BtPrax 2013, 192.

11 OLG Schleswig FGPrax 2004, 238; MüKoBGB/*Kroll-Ludwigs* § 1802 Rn. 1.

12 BeckOGK/*Fröschle* BGB § 1802 Rn. 10.

13 Palandt/*Götz* § 1802 Rn. 1.

14 Die jeweiligen Landesbestimmungen können der Übersicht bei Staudinger/*Veit* BGB § 1791b Rn. 29 entnommen werden.

6 **a) Umfang der Verzeichnungspflicht, Mitwirkung Dritter, Zeitpunkt der Vorlage.** Das Vermögensverzeichnis hat das **gesamte Vermögen** zu umfassen, unabhängig davon, ob und in welchem Umfang es tatsächlich der Verwaltung des Vormunds unterliegt.[15] Dh auch bei angeordneter Testamentsvollstreckung oder Pflegschaft ist der Nachlass, an dem das Mündel beteiligt ist, mit in das Vermögensverzeichnis aufzunehmen, um dem Gericht einen vollständigen Überblick über die Vermögensverhältnisse insgesamt zu verschaffen und ggf. auch die Rechtmäßigkeit des Ausschlusses einzelner Vermögensgegenstände von der Verwaltung durch den Vormund überprüfen zu können.[16] Anderes gilt hier nur unter Umständen für den **Ergänzungspfleger.** Soweit sein Wirkungskreis nicht allgemein auf die Vermögenssorge oder Vermögensverwaltung geht, beschränkt sich seine Verpflichtung darauf, die Vermögensteile oder Bereiche zu verzeichnen, deren Verwaltung ihm durch den Wirkungskreis zugewiesen ist. Bei **Mitvormündern** ist zu unterscheiden. Sind sie iSd § 1797 Abs. 1 BGB gemeinschaftlich bestellt, so haben sie auch das Verzeichnis gemeinsam zu erstellen.[17] Mitvormünder mit getrennten Wirkungskreisen im Bereich der Vermögenssorge (§ 1797 Abs. 2 BGB) haben dagegen nach zutreffender Ansicht nur das von ihnen zu verwaltende Vermögen zu verzeichnen.[18]

7 Der Vormund kann sich bei der Aufnahme des Verzeichnisses der **Hilfe eines Beamten,** eines **Notars** oder eines anderen **Sachverständigen** bedienen, § 1802 Abs. 2 BGB. Einen Sachverständigen wird der Vormund nur bei der Bewertung einzelner Vermögensgegenstände hinzuziehen, und zwar nach vorheriger Rücksprache mit dem Familiengericht, zumal die hierfür entstehenden Kosten nach §§ 1835 Abs. 1, 670 BGB vom Mündel zu tragen sind.[19] Hierbei darf die Rollenverteilung zwischen dem Vormund als demjenigen, der das Vermögensverzeichnis zu erstellen, und dem Gericht, das es zu überprüfen hat, nicht vollends aufgegeben werden. Das Familiengericht muss gegebenenfalls, dh, wenn sich das eingereichte Verzeichnis als **unzutreffend** darstellt, die Aufnahme durch eine zuständige Behörde oder durch einen zuständigen Beamten oder Notar anordnen, § 1802 Abs. 3 BGB. Die zuständige Behörde ergibt sich aus den landesrechtlichen Vorschriften, § 61 Abs. 1 Nr. 2 BeurkG.

8 Vermögensverzeichnisse sind zu erstellen ganz allgemein **zu Beginn** der Vermögensverwaltungstätigkeit, § 1802 BGB, und bei ihrer **Beendigung** im Rahmen der Schlussabrechnung, § 1890 BGB. Außerdem hat die periodische Rechnungslegung gem. § 1840 BGB ein Vermögensverzeichnis zum **Abschluss des Rechnungszeitraums** zu enthalten, das ggf. das Anfangsverzeichnis für die nächste Abrechnung darstellt. Bei einem **Vormundswechsel** muss der neue Vormund grundsätzlich kein eigenes Vermögensverzeichnis einreichen, da das von seinem Vorgänger im Rahmen von dessen Schlussabrechnung vorgelegte Verzeichnis nach Prüfung durch das Gericht übernommen werden kann.[20] Dies entbindet ihn jedoch nicht von der Verpflichtung, den aufgezeichneten Bestand des Vermögens zu überprüfen und erforderlichenfalls das Verzeichnis zu berichtigen oder zu ergänzen.[21] Denkbar ist es auch, dass der bisherige Vormund seiner Verpflichtung zur Schlussabrechnung nicht oder nur mit wesentlicher Verspätung nachkommt. Dann ist sein Amtsnachfolger gehalten, ein eigenes Vermö-

[15] Gernhuber/*Coester-Waltjen* § 72 Rn. 12; Soergel/*Zimmermann* BGB § 1802 Rn. 1.
[16] KG RJA 17, 34; BeckOGK/*Fröschle* BGB § 1802 Rn. 33.
[17] MüKoBGB/*Kroll-Ludwigs* § 1802 Rn. 8.
[18] Soergel/*Zimmermann* BGB § 1802 Rn. 3; aA: Staudinger/*Veit* BGB § 1802 Rn. 9.
[19] Staudinger/*Bienwald* BGB § 1835 Rn. 34 ff.
[20] MüKoBGB/*Kroll-Ludwigs* § 1802 Rn. 10.
[21] Staudinger/*Veit* BGB § 1802 Rn. 7.

gensverzeichnis als Grundlage für seine Tätigkeit und Rechenschaftspflicht gegenüber dem Gericht einzureichen. Wenn dem Mündel nach Anordnung der Vormundschaft Vermögen zufällt, so ist dieses nach § 1802 Abs. 1 BGB gesondert zu verzeichnen und das Verzeichnis dem Familiengericht vorzulegen. Dies ist dahingehend zu verstehen, dass grundsätzlich nicht nur das vom Vormund vorgefundene, sondern auch das **später hinzugekommene Vermögen** verzeichnet werden muss.[22] Es wird jedoch in der Regel genügen, wenn das hinzuerworbene Vermögen am Ende des entsprechenden Abrechnungszeitraums im Vermögensverzeichnis mit den erforderlichen Erläuterungen erscheint. Bis dahin dürfte es für den Vormund ausreichend sein, das Gericht im Rahmen seiner Berichtspflicht nach § 1840 Abs. 2 BGB über den Vermögensanfall zu informieren. Unabhängig hiervon gilt die Rechnungslegungspflicht hinsichtlich des neu hinzugekommenen Vermögens ab Anfall. Bei einer Vermögensgesamtheit, also insbesondere Erbschaften oder Beteiligungen hieran, bedingt dies wiederum, dass gelegentlich der periodischen Abrechnung insoweit ein gesondertes Verzeichnis zum Zeitpunkt des Erwerbs vorgelegt wird, das Ausgangspunkt für die Abrechnung über das hinzugekommene Vermögen bildet. Dessen ungeachtet dürfte es sich beim Erwerb von bedeutenden und differenziert zusammengesetzten Vermögen empfehlen, diesbezüglich ein gesondertes Vermögensverzeichnis außerhalb der allgemeinen Abrechnung zu erstellen und dem Gericht vorzulegen. Ausgenommen von dem zu erstellenden Nachtragsverzeichnis sind regelmäßige Zu- und Abflüsse, wie Zinsen oder Mieteinnahmen, die in die periodische Rechnungslegung fallen.

Das Anfangsverzeichnis ist vom Vormund an sich **unaufgefordert** einzureichen. 9
Allgemein wird hierzu jedoch eine Frist gesetzt, die im pflichtgemäßen Ermessen des Gerichts liegt. Zu berücksichtigen sind hier sowohl der Umfang des Vermögens und seine Zusammensetzung, als auch die Fachkunde und Vertrauenswürdigkeit des Vormunds. Es dürfte einerseits nicht sinnvoll sein, die Fristen zu kurz zu bemessen mit der Konsequenz, dass womöglich eine mehrfache Ergänzung oder Berichtigung des Vermögensverzeichnisses notwendig wird. Andererseits kann ein zu langes Zuwarten seitens des Gerichts bei einem unerfahrenen Vormund zur Folge haben, dass es zu spät die notwendigen Informationen erhält, um frühzeitig die geeigneten Hinweise und Auflagen für eine an den spezifischen Erfordernissen ausgerichtete Vermögensverwaltung geben zu können. Auf Säumnis des Vormunds wird das Familiengericht mit dem Hinweis (§ 35 Abs. 2 FamFG) auf und ggf. der Verhängung von **Zwangsgeld** nach § 1837 Abs. 3 S. 1 BGB zu reagieren haben, soweit nicht Amts- oder Vereinsvormundschaft vorliegt (vgl. § 1837 Abs. 3 S. 2 BGB).

b) Stichtag für das Anfangsvermögen ist nach dem Gesetzeswortlaut der Zeit- 10
punkt der „Anordnung der Vormundschaft“, § 1802 Abs. 1 BGB. Dieser Zeitpunkt wird von den Familiengerichten zu Recht als maßgeblicher Stichtag betrachtet,[23] stimmt aber nicht mit dem **Zeitpunkt der Verpflichtung** des Vormundes nach § 1789 BGB überein. Der Vormund ist daher gehalten, Vorgänge aus der Zeit vor der Bestellung zu erfassen und soll mit dieser Regelung angehalten werden, zweifelhaften Vorgängen im Bereich der Vermögensverwaltung ab dem Anordnungszeitpunkt nachzugehen und eventuell daraus resultierende Herausgabe- und Bereicherungsansprüche zu erfassen. Nachdem das Vermögensverzeichnis Ausgangspunkt für die Rechnungslegung ist, muss er formell über Zeiträume abrechnen, für die das Vermögen noch nicht seiner Vermögensverwaltung unterlag.

---

[22] BeckOK BGB/*Bettin* BGB § 1802 Rn. 2.
[23] Staudinger/*Veit* BGB § 1802 Rn. 24; *Drews* Rpfleger 1980, 178 (179).

11 Die entgegengesetzte Auffassung wird in der Literatur und auch Teilen der Rechtsprechung vertreten.[24] Für das Anfangsvermögensverzeichnis soll der Zeitpunkt der Verpflichtung maßgebend sein. Für diese Auffassung spricht zwar, dass der Vormund erst bei der Verpflichtung über seine Aufgaben unterrichtet wird und erst dann seine Bestallungsurkunde erhält. Ohne die Bestallungsurkunde ist er rechtlich nicht dazu in der Lage, auf die im Rahmen der Vermögensverwaltung erforderlichen Informationen zuzugreifen, da er keine Auskünfte von Banken, Behörden ua ohne Vorlage der Bestallungsurkunde erhält.

Eine vermittelnde Lösung stellt für den Zeitpunkt des Anfangsvermögensverzeichnisses auf das Wirksamwerden der Anordnung, also auf die Mitteilung an den Vormund ab, § 40 Abs. 1 FamG, und nicht auf seine Verpflichtung.

Da die Bestellung zum Vormund mit der Bekanntgabe der gerichtlichen Entscheidung wirksam wird, ist der Stichtag für das Vermögensverzeichnis der Tag der Bekanntgabe und nicht der Tag der Verpflichtung.[25]

12 Zu befriedigenden Ergebnissen führt jedoch nur die zuerst genannte Ansicht. Für die Frage der Erstellung des Vermögensverzeichnisses kommt es nicht darauf an, ab welchen Zeitpunkt der Vormund rechtlich dazu in der Lage ist, das Vermögen des Mündels zu verwalten. Auch der Wortlaut des Gesetzes spricht eindeutig dafür, dass nicht der Zeitpunkt der Bestellung des Vormunds oder die Wirksamkeit der gerichtlichen Entscheidung für die Bestimmung des Stichtags entscheidend sein kann.

13 **3. Inhalt und Form des Vermögensverzeichnisses. a) Allgemeines.** Das Gesetz enthält keine Vorschriften über Form und Inhalt des Vermögensverzeichnisses. Die Länderjustizverwaltungen stellen jedoch zum großen Teil **Formulare** zu Verfügung, die auch online verfügbar sind.[26] Was im Einzelnen wie detailliert zu erfassen und zu bezeichnen ist, bestimmt grundsätzlich der Zweck des Vermögensverzeichnisses als Grundlage der Vermögensverwaltung und vor allem der Aufsicht durch das Gericht. Der Wandel in der wertmäßigen Einschätzung von Vermögensgegenständen innerhalb der letzten Jahrzehnte kann sicherlich nicht unberücksichtigt bleiben, wenn es um die Sorgfaltspflicht bei der Erstellung des Vermögensverzeichnisses geht. **Kleidung, Bücher, Haushaltsgeräte und in gewissem Umfang auch Möbel** stellen meist nur als **Sachgesamtheit** einen gewissen Wert dar. Wenn hier, ohne dass es bei wirtschaftlicher Betrachtungsweise sinnvoll erscheint, zu sehr ins Detail gegangen wird, erschwert dies häufig unnötigerweise die Aufgabe sowohl des Gerichts, als auch des Vormunds. Schließlich muss über den Verbleib eines jeden einzelnen, gesondert aufgeführten Gegenstands Rechenschaft abgelegt werden, sei es gegenüber dem Gericht bei der Rechnungslegung, oder gegenüber dem Mündel bei Eintritt der Volljährigkeit. Insbesondere soweit wertmäßig relativ unbedeutende Dinge dem Mündel selbst überlassen werden, ist eine Spezifizierung meist nicht veranlasst.[27] Ansonsten gilt der Grundsatz, dass Vermögensgegenstände so im Einzelnen zu bezeichnen sind, dass ihre **Identität zweifelsfrei bestimmbar** ist. Wie dies für die verschiedenen Vermögensgegenstände zu geschehen hat, wird im einzelnen unten dargestellt, wobei der Aufbau des Vermögensverzeichnisses auch von Art und Umfang des Vermögens abhängig ist.[28] Aus § 1802 BGB ergibt sich zwar keine Verpflichtung des Vormunds, zum Nachweis des Ver-

---

[24] LG Berlin DAVorm 1981, 311; MüKoBGB/*Kroll-Ludwigs* § 1802 Rn. 2; *Spanl* Rpfleger 1990, 278.
[25] Jürgens/*v. Crailsheim* BGB § 1802 Rn. 3, 4.
[26] Vgl etwa *www.olg-frankfurt-justiz-hessen. de:* „Vermögensverzeichnis".
[27] OLG Schleswig BtPrax 2004, 201; Staudinger/*Veit* BGB § 1802 Rn. 14.
[28] Vgl. etwa *Birkenfeld* FamRZ 1976, 197.

mögensbestands **Belege** vorzulegen.[29] Das Familiengericht kann jedoch im Rahmen des § 1837 Abs. 1 BGB verlangen, dass Unterlagen eingereicht werden. In der Praxis wird meist so verfahren, dass dem Vormund oder Pfleger bereits anlässlich seiner Verpflichtung mit der Aushändigung des Formulars für das Vermögensverzeichnis aufgegeben wird, bestimmte Unterlagen vorzulegen. Auch wenn insoweit eine Ausrichtung nach kostenrechtlichen Gesichtspunkten seitens des Familiengerichts unverkennbar ist, kann hiergegen nichts eingewandt werden, da sich der Vormund diese Unterlagen und Belege für die Ausübung seiner Vermögensverwaltungstätigkeit ohnehin besorgen muss. Das Gericht greift andererseits nicht in die Kompetenz des Vormunds ein, wenn es sich unmittelbar Unterlagen von dritter Seite beschafft, wie zB Grundbuchauszüge, Brandversicherungsurkunden, Saldenbestätigungen usw.

Im Rahmen seiner Verpflichtung, die Vermögensgegenstände genau zu bezeichnen, 14
hat der Vormund **Wertangaben**[30] zu machen. Unter Wert ist hier der **Verkehrswert** zu verstehen. Bei neu erworbenen Gegenständen kann der Anschaffungspreis angesetzt werden, evtl. einschließlich der Erwerbsnebenkosten. Wird ein Vermögensgegenstand später, dh zu einem Zeitpunkt veräußert, zu dem das auf einen früheren Zeitpunkt abzustellende Vermögensverzeichnis noch nicht errichtet wurde, bestehen keine Bedenken, den Verkaufspreis anzusetzen. Ob schließlich für die Bewertung ein Sachverständiger beizuziehen ist, richtet sich nach den Umständen des Einzelfalles. Allgemein sollte im Hinblick auf die hierdurch für das Mündel entstehenden Kosten nur dann ein Sachverständiger beauftragt werden, wenn die Wertermittlung noch einem weiteren Zweck außer der Wertangabe im Vermögensverzeichnis dient, zB der Bestandserfassung im Rahmen von Schätzungen von beweglichen Gegenständen oder der Schaffung einer Verhandlungsgrundlage für einen späteren Verkauf. Im Übrigen genügen **Schätzungen.**[31]

b) Schema. Das Vermögensverzeichnis ist zu unterteilen in Aktiva einerseits und 15
Passiva andererseits, die dann in einem Abgleich mit Ausweisung des Reinvermögens gegenüberzustellen sind. In den üblichen Formularen werden die Begriffe Vermögensgegenstände für das Aktivvermögen und Schulden oder Verbindlichkeiten für die Passiva verwendet, da sie allgemein verständlicher sind. In Anlehnung an die bei den Gerichten im Gebrauch befindlichen Formulare ist folgendes **Schema** zu empfehlen:

---

29 KG OLGE 18, 290; Palandt/*Götz* § 1802 Rn. 2.

30 OLG Schleswig BtPrax 2004, 201; Erman/*Saar* BGB § 1802 Rn. 2.

31 OLG Koblenz MittBayNot 2015, 54 (zu § 1640 BGB); Jürgens/*v. Crailsheim* BGB § 1802 Rn. 4; BeckOGK/*Fröschle* BGB § 1802 Rn. 43.

Amtsgericht:
Geschäftsnummer:

Verzeichnis über das Vermögen

des Mündels/Pfleglings:
geboren am:
Stichtag:

I. Vermögensgegenstände (Aktivvermögen)

1. Grundbesitz (Grundstücke, Häuser, Wohnungseigentum, Erbbaurechte):
   - Lage (Straße, Hausnummer, Ort):
   - Grundbuchbezeichnung (Amtsgericht, Gemarkung, Band, Blatt, Flur-Nummer):
   - Grundstücksgröße, bebaut oder unbebaut
   - bei Eigentumswohnungen, Miteigentumsanteil, Bezeichnung des Sondereigentums:
   - Einheitswert:
   - Brandversicherungswert (Brandversicherungsstammsumme):
   - Baujahr:
   - Zustand des Gebäudes (gut, mittel, schlecht):
   - Verkehrswert (evtl. Kaufpreis zum Zeitpunkt ...):
   - Anteilsverhältnis:

   Haus/Wohnung wird bewohnt durch:
   Bei Mehrfamilienhaus: Anzahl der Wohnungen:
2. Erwerbsgeschäft (Handelsgeschäft, Handwerksbetrieb):
   - Handelsregister-Nr. beim Amtsgericht:
   - Unternehmens- und Ertragswert:
3. Bargeld:
4. Guthaben bei Geldinstituten (Bank-, Sparkassen-, Postgiro- und Postsparguthaben, Bausparguthaben):
   - Konto-Nummer, Name und Sitz des Geldinstituts:
5. Wertpapiere:
   - Depot-Nummer, Name und Sitz des verwahrenden Geldinstituts:
   - bei sonstiger Verwahrung, börsenmäßige Bezeichnung:
   - Kurswerte:
6. Forderungen (Ansprüche jeglicher Art):
   a) Hypotheken- und Grundschuldforderungen, Leibrenten, Nießbrauchs- und Wohnungsrechte (Jahreswert):
      - Schuldner:
      - grundbuchmäßige Bezeichnung des Sicherungsobjekts:

   b) Darlehensforderungen:
   c) sonstige Forderungen:
7. Lebensversicherungen:
   - Rückkaufswert einschließlich Gewinnbeteiligung:
8. Kunstgegenstände, Antiquitäten, Schmuck, Gold, Silberbesteck, wertvolle Teppiche, Münz- und Briefmarkensammlungen:
9. Hausrat:
10. Gegenstände des persönlichen Gebrauchs:

11. Handwerkszeug, Maschinen, Geräte und Warenvorräte, soweit nicht in Nr. 2.) enthalten:
12. Fahrzeuge:
13. Beteiligungen an:
    a) ungeteilten Erbengemeinschaften:
    b) Gesellschaften:
       – Name, Rechtsform, Handelsregister-Nr. beim Amtsgericht:
       – Anteilsverhältnis (Nominalkapital):
       – Verkehrswert:
14. sonstige Vermögenswerte:

Aktivvermögen insgesamt: ______

II. Verbindlichkeiten

1. Grundstücksbelastungen (Hypotheken, Grundschulden, Rentenschulden oder Reallasten):
   – belastetes Grundstück:
2. Sonstige Verbindlichkeiten:
   a) gegenüber Geldinstituten (Soll-Salden auf Konten, Darlehensschulden):
   b) gegenüber sonstigen Gläubigern:
      – Name und Anschrift des Gläubigers (Schuldgrund, Verzinsung):

Verbindlichkeiten insgesamt: ______

III. Zusammenstellung

Vermögensgegenstände, Wert insgesamt: ......

abzüglich Verbindlichkeiten: ______

Reinvermögen: ______

Die Vollständigkeit und Richtigkeit des vorstehenden Vermögensverzeichnisses wird versichert.

______, den ______ ______

Ort Datum Unterschrift

c) Die einzelnen Posten des Vermögensverzeichnisses. *aa)* **Grundbesitz** ist zunächst nach der Lage (Adresse) und nach der Grundbuchbezeichnung zu beschreiben. Wenn nur die Postanschrift bekannt ist, kann die Grundbuchbezeichnung bei den Gemeindeverwaltungen bzw. Vermessungsämtern erfragt werden. Es ist unerlässlich, dass das Gericht einen **Grundbuchauszug** erhält, sei es über den Vormund, sei es unmittelbar vom Grundbuchamt. Zu den im Regelfall erforderlichen Informationen bzw. Unterlagen gehört auch der Einheitswertbescheid und bei bebauten Grundstücken eine Abschrift der Brandversicherungsurkunde.[32] 16

[32] Jürgens/*v. Crailsheim* BGB § 1802 Rn. 4

17 Von den gültigen **Einheitswertbescheiden** erteilen die örtlich zuständigen Finanzämter für Grundbesitz und Verkehrssteuern auf Anfrage kostenfrei Kopien. Es genügt insoweit die postalische Bezeichnung und bei Teileigentum zusätzlich die Nummer des Sondereigentums. Abschriften der Brandversicherungsurkunden sind von den Brandversicherungen bei Angabe der adressenmäßigen Bezeichnung zu erhalten. Der Vormund kann sich bei dieser Gelegenheit vergewissern, dass eine **Brandversicherung** tatsächlich besteht. Zu Eigentumswohnungen, die immer mehr eine dominierende Rolle beim Grundbesitz spielen, sollte, wenn vorhanden, auch eine Kopie der Teilungserklärung dem Gericht vorgelegt werden. Gerade beim Grundbesitz muss das Familiengericht durch zusätzliche Beschreibungen und Erläuterungen in die Lage versetzt werden, sich ein Bild über das Objekt zu machen, das es allein aus den rechtlichen Identifikationsmerkmalen nicht erhält. Hierzu gehören bei unbebauten Grundstücken Angaben über die Nutzungsart und über die Bebaubarkeit, dh ob es etwa in einem Flächennutzungs- oder Bebauungsplan, ggf. mit welcher Nutzungsmöglichkeit (Geschossflächenzahl) ausgewiesen ist. Insoweit erteilen die notwendigen Auskünfte die Gemeindeverwaltungen bzw. die örtlichen Baubehörden. Bei Baugrundstücken kann dann über die Kommunalverwaltungen der jüngste Richtwert nach dem Baugesetzbuch erfragt werden. Dieser bildet die Grundlage für die kostenrechtliche Bewertung. Unter Umständen ersetzt er jedoch auch ein Gutachten, das bei der Beurteilung der Genehmigungsfähigkeit eines Kaufvertrags über das Grundstück notwendig wäre. Hausgrundstücke sind nach ihrer Nutzungsart zu bezeichnen, dh als Ein- oder Zweifamilienhausgrundstück, als Gewerbeobjekt oder Mietwohngrundstück. In diesem Zusammenhang sollten Erläuterungen über **Anzahl und Größe der Wohnungen** bzw. Nutzfläche, Baujahr und Bauzustand des Gebäudes gegeben werden. Auch auf etwaige **Mietverhältnisse** und ggf. den Mietvertrag ist einzugehen, wenngleich die näheren Erläuterungen insoweit unter Umständen in den Bereich der Beschreibung der Einkommensverhältnisse des Mündels zu verlagern sind.

18 Gehört der Grundbesitz nur zu einem Teil zum Vermögen des Mündels, ist das **Beteiligungsverhältnis** anzugeben. Dies gilt für Bruchteils- und Miteigentumsanteile. Soweit es sich um einen erbengemeinschaftlichen Miteigentumsanteil handelt, sollte dieser unter der Rubrik Grundbesitz nur aufgeführt werden, wenn die Erbengemeinschaft im Übrigen auseinandergesetzt ist. Ansonsten ist die Beteiligung des Mündels an einer Erbengemeinschaft, zu der Grundbesitz gehört, unter dem Posten Beteiligungen zu verzeichnen. Nach zutreffender Ansicht genügt nicht das bloße Verzeichnis des Anteils, sondern es ist ein Verzeichnis des gesamten Vermögens der jeweiligen Gesellschaft oder Gemeinschaft einzureichen.[33]

19 Hat der Vormund Unterlagen oder Angaben zur Verfügung, die spezielle Aussagen über den Verkehrswert des konkreten Grundbesitzes zulassen, sind diese dem Familiengericht zugänglich zu machen. Eine abstrakte Wertberechnung aufgrund allgemeiner Bewertungskriterien kann nie so zuverlässig und genau sein, wie zB ein kurz vor dem Stichtag bezahlter Kaufpreis, verschiedene ernsthafte Kaufangebote aus jüngster Zeit, die Verkehrswertschätzung eines Sachverständigen, in welchem Zusammenhang auch immer sie erstellt wurde, oder schließlich entsprechende Zahlen für vergleichbaren Grundbesitz in unmittelbarer örtlicher Nähe zum Bewertungsobjekt.

20 *bb*) Bei **Erwerbsgeschäften** des Mündels ist zunächst anzugeben, um welche Art des Geschäfts es sich hierbei handelt, ob es einen Firmennamen trägt, unter welcher Handelsregisternummer es gegebenenfalls eingetragen ist. Nicht zu verzeichnen sind

---

[33] Staudinger/*Veit* BGB § 1802 Rn. 16 .

an dieser Stelle Beteiligungen an Handelsgesellschaften, selbst wenn das Mündel 100 % der Anteile hält. Auch Handwerksbetriebe gehören grundsätzlich hierher.

Bei der Wertangabe hat der Vormund zu berücksichtigen, ob das Erwerbsgeschäft weitergeführt werden kann, ob eine Veräußerung beabsichtigt ist oder ob nur eine Liquidierung in Frage kommt. In den beiden ersten Fällen bestimmt sich der Verkehrswert sowohl nach dem Substanz- als auch nach dem Ertragswert.[34] Er wird entweder durch das Gericht im Rahmen der kostenrechtlichen Behandlung oder durch einen von der zuständigen Industrie- und Handelskammer zu benennenden Sachverständigen ermittelt. Gegebenenfalls können auch Kaufangebote oder der später erzielte Kaufpreis angesetzt werden. Bei voraussichtlicher Liquidierung dagegen sind zweckmäßigerweise die zum Betriebsvermögen gehörenden Vermögensgegenstände – aufgeteilt in den jeweiligen Sparten des Vermögensverzeichnisses – auszuweisen, also zB unter Grundbesitz, Maschinen, Bankguthaben etc. 21

Hiervon abgesehen, beschreibt der Vormund das dem Mündel gehörende Erwerbsgeschäft zunächst durch Vorlage der jüngsten **Bilanz.** Gemeint ist hier an sich die Handelsbilanz, die jedoch meist mit der Steuerbilanz identisch ist. Es gibt auch Betriebe, die nicht im technischen Sinne bilanzieren, sondern mit einer Einnahmen-Ausgaben-überschussrechnung arbeiten. Dann ist diese Abrechnung, die das wirtschaftliche Ergebnis eines Jahres repräsentiert, vorzulegen. Die Bilanz oder Überschussrechnung für sich genügt jedoch nicht, um das Gericht in der erforderlichen Weise von diesem Vermögenswert des Mündels zu informieren. Bei keinem anderen Vermögensgegenstand ist es so wichtig, dass das Gericht vom Vormund in die Lage versetzt wird, eine ordnungsgemäße Verwaltung des Vermögens zu überwachen und rechtzeitig notwendige Hinweise zu geben. In keinem anderen Bereich dürften auch die Risiken für das Mündelvermögen größer sein als hier. Die Verzögerung eines letztendlich unabwendbaren Verkaufs eines Erwerbsgeschäfts kann mit unverhältnismäßigen Vermögensverlusten verbunden sein. Die Entscheidung hat zwar ausschließlich der Vormund zu treffen, ist dieser jedoch wirtschaftlicher Laie, so dürften Anregungen des Gerichts zB zur Einschaltung von Fachleuten für die Beurteilung der wirtschaftlichen Situation des Betriebs und der Aussichten bei einer Weiterführung äußerst hilfreich sein. 22

Die letzte Bilanz bildet nur die Grundlage für die **erste Beurteilung** der Vermögenslage des Betriebs. Genauere Aussagen über die Ertragssituation geben die Bilanzen von mehreren Jahren. Anhand dieser kann zunächst der betriebswirtschaftliche Wert ermittelt werden, also der Wert, den das Unternehmen besitzt, wenn es fortgeführt wird. Ergänzend sind die stillen Reserven zu berücksichtigen. Diese entstehen dadurch, dass Vermögensgegenstände des Betriebs nach steuer- oder handelsrechtlichen Grundsätzen in höherem Maße abgeschrieben werden, als tatsächlich ein Wertverlust eintritt; oder aber der Bilanzansatz ist von Anfang an mit dem gegenüber dem Verkehrswert meist wesentlich niedrigeren Einheitswert in der Bilanz erfolgt. 23

Die stillen Reserven stellen sich dann als Differenz zwischen dem Verkehrswert (möglicher Kaufpreis bei einer Veräußerung) und dem Buchwert dar. Während es bei sonstigen Gegenständen des Anlagevermögens nicht zu sehr darauf ankommen dürfte, solche stille Reserven gesondert zu ermitteln, da diese nicht ohne Liquidierung realisiert werden können, und die Berechnung des Unternehmenswerts von einer Fortführung ausgeht, muss bei Betriebsgrundstücken und -bauten wegen der wirtschaftlich meist bedeutenden Abweichung zwischen dem Buchwert und dem Verkehrswert eine gesonderte Wertermittlung vorgenommen werden. Diese vollzieht sich nach den 24

[34] aA: BeckOGK/*Fröschle* BGB § 1802 Rn. 45: Bilanzbuchwert genügt.

gleichen Grundsätzen wie beim Grundbesitz, der unmittelbar zum Mündelvermögen gehört. Es sind deshalb auch hier Grundbuchauszüge, Einheitswertbescheide und Brandversicherungsurkunden vorzulegen.

25 Diese Ausführungen beziehen sich sämtlich auf den wahren, den effektiven Wert eines Unternehmens. Steuerlich und letztlich auch handelsrechtlich steht dem Mündel als Inhaber eines Betriebs zunächst nur das in der Bilanz ausgewiesene Kapital zu. Wenn ein Firmenwert und stille Reserven vorhanden sind, dann repräsentiert eben dieses Nominalkapital den nach obigen Grundsätzen ermittelten Verkehrswert des Unternehmens.

26 Im Vermögensverzeichnis muss daher zunächst einmal das **Eigenkapital** (Guthaben auf Kapitalkonto), so wie es in der Bilanz ausgewiesen ist, angegeben werden. Daneben ist der **Firmenwert,** der Verkehrswert des Betriebs, zu verzeichnen und zwar vermindert um dieses Eigenkapital, wenn der Verkehrswert für das Unternehmen insgesamt, also einschließlich des Eigenkapitals ermittelt wurde. Nicht selten kommt es vor, dass zu einem relativ kleinen Betrieb wertvoller Grundbesitz gehört, der steuerlich nur mit einem niedrigen Buchwert angesetzt ist. Ein Firmenwert und sonstige stille Reserven existieren nicht. Der Verkehrswert des Geschäfts setzt sich dann zusammen aus dem Eigenkapital laut Bilanz einerseits und der Differenz zwischen dem Verkehrs- und dem Buchwert des Grundbesitzes andererseits.

27 Auf jeden Fall empfiehlt es sich, mit Rücksicht auf die Rechnungslegung beim Anfangsvermögensverzeichnis immer eine Trennung zwischen dem Betriebswert als solchem und dem Eigenkapital (Kapitalkonto) vorzunehmen. Ersterer kann bei den folgenden Vermögensverzeichnissen als Konstante in der Regel für mehrere Jahre unverändert übernommen werden, vorausgesetzt, dass sich in den wertbildenden Faktoren zwischenzeitlich keine einschneidenden Umgestaltungen vollzogen haben. Das Kapitalkonto dagegen unterliegt ständigen Schwankungen, es spiegelt den Geschäftsablauf wieder und ist mit dem jeweiligen Stand zum Schluss eines Abrechnungszeitraums zu verzeichnen. Hier muss notwendigerweise auch die Problematik der „privaten“ Einnahmen und Ausgaben angesprochen werden, die über Geschäftskonten abgewickelt werden. Nach **§ 1841 Abs. 2 S. 1 BGB** genügt bei einem Erwerbsgeschäft mit kaufmännischer Buchführung die Vorlage eines aus den Büchern gezogenen **Jahresabschlusses** anstelle der sonst notwendigen Einnahmen-/Ausgabengegenüberstellung. Werden nun, wie dies bei Einzelfirmen und Personenhandelsgesellschaften üblich ist, im Rahmen des Geschäftsbetriebs persönliche Zahlungen für den Inhaber geleistet oder aber auch private Einnahmen für ihn getätigt, die mit dem Geschäftsbetrieb unmittelbar nichts zu tun haben, so könnte sich der Vormund durch Vorlage der Bilanz der Abrechnungspflicht über diese Einnahmen und Ausgaben entziehen. Es muss daher für notwendig erachtet werden, dass der Vormund bei seiner Rechnungslegung die Zahlungsvorgänge, die den privaten Bereich eines Mündels betreffen, aus der Bilanz bzw. der damit verbundenen Gewinn- und Verlustrechnung herauszieht, gesondert aufzeichnet und zum Gegenstand der üblichen Abrechnung gegenüber dem Familiengericht macht. Gewöhnlich enthält die zur Vorlage beim Finanzamt erstellte Bilanz in ihren Erläuterungen eine Übersicht über das private Konto (Kapitalkonto, Einlagenkonto). Diese ist jedoch in erster Linie nach steuerlichen Gesichtspunkten ausgerichtet. Das Finanzamt ist grundsätzlich im Einzelnen nicht daran interessiert, ob zB für die ausgewiesenen Zahlungen ein Rechtsgrund bestand, ob sie wirtschaftlich vernünftig sind etc. Diese abrechnungstechnischen Überlegungen lassen es als sinnvoll erscheinen, bereits im Anfangsvermögensverzeichnis das Kapitalkonto getrennt vom sonstigen Verkehrswert des Erwerbsgeschäfts als solchem auszuweisen. Die sich dann in den nachfolgenden Vermögensverzeichnissen in diesen beiden Posten ergebenden

Veränderungen sind im Rahmen der Rechnungslegung zu erläutern und nachzuweisen; soweit sie geschäftlich bedingt sind, durch Vorlage einer Bilanz, soweit sie ihre Grundlage im privaten Bereich finden, durch eine spezielle Aufstellung über die Einnahmen und Ausgaben nebst Belegen.

Wenn **Vermögensgegenstände zum Betriebsvermögen** gehören und eine Liqui- 28
dierung nicht unmittelbar bevorsteht, sind sie nicht gesondert in den übrigen Bereichen des Vermögensverzeichnisses aufzuführen. Die Zuordnung zum Betriebsvermögen hat nach steuerlichen Kriterien zu erfolgen. Eine klare **Trennung** zwischen dem Privatvermögen und dem Betriebsvermögen ist außerordentlich wichtig. Zum einen muss für das Gericht erkennbar sein, welche Vermögenswerte von der vereinfachten Abrechnung des § 1841 Abs. 2 BGB durch Vorlage der Bilanz mit Gewinn- und Verlustrechnung erfasst werden und über welche durch eine Einnahmen-/Ausgabengegenüberstellung nebst Erläuterungen gemäß § 1841 Abs. 1 BGB abzurechnen ist. Zum anderen sind bei etwaigen Verfügungen über Gegenstände des Betriebsvermögens steuerliche Gegebenheiten zu berücksichtigen, die von einschneidender Bedeutung sein können. So ist grundsätzlich der Unterschied zwischen dem Buchwert eines Gegenstands des Betriebsvermögens und dem Verkaufserlös zunächst in vollem Umfang einkommensteuerpflichtig. Bei Grundbesitz kann dies wegen der in den letzten Jahrzehnten unverhältnismäßig hohen Wertsteigerungen dazu führen, dass das Mündel aus nahezu dem gesamten Kaufpreis für ein Betriebsgrundstück, lediglich vermindert um den meist sehr niedrigen Buchwert, Einkommensteuer zu entrichten hat. Das Gericht muss anhand der gesonderten Ausweisung im Vermögensverzeichnis erkennen können, wo eine steuerlich unbedenkliche Verfügungsmöglichkeit besteht und wo nicht. Gewisse Probleme gibt in diesem Zusammenhang bei kleinen Erwerbsgeschäften, die nicht bilanzieren, das Geschäftskonto auf. Über dieses Konto werden häufig sämtliche, den Inhaber betreffenden Einnahmen und Ausgaben abgewickelt, unabhängig davon, ob sie privater oder geschäftlicher Natur sind. Überwiegen hier die privaten Kontobewegungen und sind die sonstigen Gegenstände des Betriebsvermögens nach ihrer Anzahl und ihrem Wert relativ unbedeutend, kann es geboten sein, das Konto von vornherein unter der Rubrik „Guthaben bei Geldinstituten" zu führen.

cc) Das **Bargeld** spielt wohl meist nur beim Anfangsverzeichnis eine Rolle, dh der 29
Vormund hat hier Barmittel zu verzeichnen, die er bei seiner Amtsübernahme in Empfang nimmt. Mit Rücksicht auf die Verzinsungspflicht gem. § 1806 BGB sind diese, soweit sie nicht unmittelbar zur Bestreitung barer Ausgaben benötigt werden, unverzüglich verzinslich anzulegen, soweit dies in Zeiten von Zinssätzen im Bereich von 0 % bzw. 0,5 % realisierbar ist (vgl. → Rn. 3 und → Rn. 68). **Bargeldverfügungen** sollten grundsätzlich auf das unbedingt notwendige Maß beschränkt werden, dh auch da, wo wegen eines laufenden Bedarfs eine längerfristige verzinsliche Anlage nicht in Betracht kommt, ist die Einzahlung auf einem Girokonto – schon aus Gründen der Sicherheit – geboten. Der Vormund sollte sich gleich zu Beginn seiner Tätigkeit Gedanken darüber machen, wie er die Abwicklung der Bargeldverwaltung künftig handhabt, und dies bei dem Erstvermögensverzeichnis entsprechend berücksichtigen. Je nach den Umständen kann es angezeigt sein, dem Mündel oder Pflegling Bargeld für den Unterhalt oder Taschengeld zur freien Verfügung zu überlassen (§ 1806 letzter Hs. BGB). Findet er daher bei seiner Amtsübernahme relativ geringfügige Barbeträge bereits in unmittelbarer Verwaltung des Mündels vor und bewegen sich diese im Rahmen dessen, was diesem sinnvollerweise zur freien Verfügung verbleiben sollte, ist zu überlegen, ob der Bargeldbestand im Vermögensverzeichnis als solcher genau zu verzeichnen ist. In solchen Fällen genügt bei den allgemeinen Erläuterungen zum Vermögensverzeichnis der Hinweis, dass sich das Mündel in unmittelbarem Besitz von Barmitteln in bescheidenem

Umfang befindet, die es selbst verwaltet. Hierdurch stellt sich von vornherein nicht die Frage der genauen Abrechnung über dieses Bargeld, die der Vormund ja doch nur mit dem Hinweis beantworten könnte, dass er hierüber nicht selbst verfügt hat. In diese Rubrik gehört auch das Kassen-Konto, die Handkasse oder das Kanzleikonto, das von Rechtsanwälten oder Steuerberatern für ihr Mündel geführt wird.

30 *dd)* Bei der weitaus größten Zahl der Vormundschaften und Pflegschaften dürften die **Guthaben bei Geldinstituten** den Mittelpunkt der Vermögensverwaltung darstellen. So wichtig wie dieser Bereich für die Tätigkeit des Vormunds auch im Verhältnis gegenüber dem Gericht ist, so unproblematisch stellt sich naturgemäß der Ansatz im Vermögensverzeichnis dar.

31 Der Vormund wird unverzüglich nach seiner Amtsübernahme bei der Bank oder Sparkasse unter **Vorlage seiner Bestallungsurkunde** (§ 1791 BGB) seine Verfügungsberechtigung anzeigen. Damit verbunden ist ein Ersuchen, die Salden der Mündelkonten zum Stichtag, dem Zeitpunkt der Übergabe des Bestellungsbeschlusses auf die Geschäftsstelle des Gerichts oder die Bekanntgabe des Beschlusses, zu bestätigen. Zweckmäßigerweise sollte das Geldinstitut bei dieser Gelegenheit ggf. auf die familiengerichtliche **Sperre gem. § 1809 BGB**, dh auf die Notwendigkeit der **familiengerichtlichen Genehmigung** (§ 1812 BGB) von Verfügungen des Vormunds über die Konten, mit Ausnahme der Girokonten im Guthabensbereich, hinweisen und eine Bestätigung über die Vormerkung dieser Sperre verlangt werden.

32 Neben dem Namen und der Anschrift der Bank oder Sparkasse sind im Vermögensverzeichnis auch Angaben über die Art der Konten zu machen. Häufig enthalten nämlich die Saldenbestätigungen keine Aussagen darüber, ob es sich um Sparkonten, ggf. mit welcher Kündigungsfrist, um Festgeld- oder Girokonten handelt. Die ehestmögliche Information hierüber versetzt das Familiengericht in die Lage, über Genehmigungen von Kontoverfügungen sachgerecht entscheiden bzw. den Vormund auf die Notwendigkeit der Genehmigung von Verfügungen, zB die Verringerung zu hoher Girokontoguthaben hinweisen zu können. Sparbriefe gehören in der Regel bei den Kontoguthaben verzeichnet, und zwar dann, wenn sich die Sparbriefurkunde nicht in einem Wertpapier-Depot, sondern in unmittelbarer Verwahrung des Kontoinhabers befindet. Diese Sparbriefe repräsentieren letztlich ähnlich wie ein Sparbuch ein Sparguthaben mit einer gewissen Laufzeit, innerhalb der Verfügungen nicht möglich sind. Es ist hier darauf zu achten, dass gelegentlich die Nummern der Sparbriefe mit denen des Kontos, für das sie ausgestellt sind, nicht übereinstimmen. Im Vermögensverzeichnis sind dann beide Nummern anzugeben. Außerdem sollte der Fälligkeitszeitpunkt, dh das Datum, zu dem der Sparbrief eingelöst wird, verzeichnet werden.

33 *ee)* **Wertpapiere** sind im Vermögensverzeichnis so zu bezeichnen, dass kein Zweifel an ihrer Identität besteht. Nach den heute üblichen Verkehrsgepflogenheiten ist davon auszugehen, dass Wertpapiere in einem **Kunden-Depot** eines Geldinstituts verwahrt werden. Diese erteilen regelmäßig zum Ende eines Kalenderjahres einen **Depot-Auszug mit Kurswertberechnung**, der zum Bestandteil des Vermögensverzeichnisses gemacht werden kann. In ihm sind alle Daten enthalten, die für eine ausreichende Identitätsbestimmung der verwahrten Papiere notwendig sind. Beim Beginn einer Vormundschaft oder Pflegschaft erstellt die Bank oder Sparkasse auf Anforderung des Vormunds zusammen mit den Saldenbestätigungen für die Konten eine gesonderte Kurswertberechnung zum Stichtag, die ebenfalls die erforderlichen Bestimmungsmerkmale aufweist. Zu jedem Wertpapier-Depot gehört ein sogenanntes **Korrespondenzkonto,** auf dem die Coupons- und Dividendengutschriften erfolgen und über das auch Käufe, Verkäufe, Einlösungen und die Belastung von Depot-Gebühren abgewickelt werden. Im Vermögensverzeichnis sollte dieses Konto besonders,

als dem Depot zugeordnet ausgewiesen werden, zB als Depot- oder Wertpapiererträgniskonto. Entsprechende Wertbestätigungen erteilt auch die Bundesschuldenverwaltung für verzinsliche Schatzanweisungen des Bundes, die im Schuldbuch eingetragen sind.

Wegen der **Hinterlegungsverpflichtung** des § 1814 BGB dürfte die Notwendigkeit 34
für den Vormund, Wertpapiere des Mündels selbst zu bezeichnen, allenfalls beim Erstvermögensverzeichnis gegeben sein, nämlich dann, wenn er bei seiner Amtsübernahme Wertpapiere in Natur übernimmt. Eine Ausnahmegenehmigung des Familiengerichts nach § 1817 BGB zur persönlichen Verwahrung durch den Vormund ist mangels Gründen, die eine solche Verwahrung durch den Vormund für längere Zeit rechtfertigen könnten, kaum vorstellbar. Es empfiehlt sich für den Vormund, die Einreichung vorgefundener Wertpapiere in ein Bank-Depot gleich mit dem Ersuchen zu verbinden, eine Kurswertberechnung zum Stichtag zu erteilen. Diese sollte dann auch eine Bestätigung über den Wert fälliger, aber noch nicht eingelöster Coupons oder Dividendenscheine enthalten. Hierdurch erspart es sich der Vormund, die einzelnen Wertpapiere selbst zu bezeichnen und nach ihren Kurswerten zum Stichtag zu forschen, der dann meist schon einige Zeit zurückliegt.

Zu den Identitätsmerkmalen von **festverzinslichen Wertpapieren** gehört die Be- 35
zeichnung des Ausgebers oder Schuldners (zB Landesbank, Deutsche Bodenkreditanstalt, Bundesrepublik Deutschland), des Wertpapier-Typs (zB Pfandbrief, Kommunal-Obligationen, Anleihe, Schuldverschreibung usw.), des Zinssatzes und schließlich des Ausgabe- und Endfälligkeitszeitpunkts. Des Weiteren sind die Serien-Nummer und die Wertpapier-Kennnummer anzugeben. Die mengenmäßige Bezeichnung erfolgt durch Angabe des Nominalbetrags, wobei die Stückelung, dh ob es sich zB bei nominal 100 000 EUR um 10 Stücke zu nominal 10 000 EUR handelt, in der Regel zweitrangige Bedeutung hat. Schließlich spielt auch bei festverzinslichen Wertpapieren der **Kurswert** eine wesentliche Rolle. Während sich dieser früher wegen der nur sehr geringfügigen Veränderung des allgemeinen Zinsniveaus und mehr oder weniger einheitlicher Laufzeiten, bei Pfandbriefen häufig 30 Jahre, kaum vom Nominalwert unterschied, offenbart sich heutzutage in den zum Teil beachtlichen Abweichungen des Kurswertes vom Nominalbetrag, ob und in welchem Umfang die Verzinsung des Papiers von den augenblicklich marktüblichen Zinsen für neuausgegebene Wertpapiere mit entsprechender Laufzeit abweicht. Es ist darauf zu achten, dass sogenannte abgezinste Papiere, zB Sparkassenbriefe und Finanzierungsschätze des Bundes, von den Geldinstituten zwar im Depot-Auszug verzeichnet, jedoch mit keiner Kurswertangabe versehen werden. Diese Wertpapiere besitzen zwar im eigentlichen Sinne keinen Kurswert; der Erwerber zahlt den nach Ende der Laufzeit fälligen Einlösungsbetrag, vermindert um die bis dahin angefallenen Zinsen, wobei ein zwischenzeitlicher Verkauf nicht möglich ist. Dennoch repräsentiert das Papier während der Laufzeit natürlich einen Wert, wenngleich er nicht vorzeitig realisierbar ist. Dieser kann von der Bank auf Wunsch genau berechnet werden. Es ist jedoch auch als ausreichend anzusehen, wenn der ungefähre Wert als Differenz zwischen dem Endbetrag und den bis zur Einlösung noch auflaufenden Zinsen verzeichnet wird.

Die börsenmäßige Beschreibung von **Aktien** beinhaltet die Bezeichnung der Gesell- 36
schaft sowie ggf. die Unterscheidung nach Stamm- oder Vorzugsaktie, Inhaber- oder Namensaktie. Außerdem ist jeder Aktie eine Wertpapier-Kennnummer zugeordnet. Die mengenmäßige Bestimmung erfolgt durch Angabe der Stückzahl. Werden Aktien nicht an der Börse gehandelt, haben sie also keinen amtlichen Kurswert, so muss der Wert entweder von Veräußerungsvorgängen der letzten Zeit abgeleitet, oder der vom zuständigen Finanzamt ermittelte gemeine Wert zugrunde gelegt werden.

37 Schließlich sind ggf. auch noch Beteiligungen an **Investmentgesellschaften bzw. Investmentfonds**, dh Aktien-, Renten- und Mischfonds, bei den Wertpapieren zu verzeichnen. Diese besitzen ebenfalls einen Kurswert, der auf Anteilsscheine bezogen ist und der von den Geldinstituten in gleicher Weise wie bei den Aktien im Rahmen von Kurswertberechnungen und Depot-Auszügen bestätigt wird.

38 *ff)* Unter den **Forderungen** sind Ansprüche jeglicher Art zu verzeichnen, soweit sie sich nicht gegen Geldinstitute richten oder Bestandteile von Firmenvermögen darstellen. Es bietet sich hier eine Unterteilung in **dinglich gesicherte und in sonstige Forderungen** an. Hypotheken- und Grundschuldforderungen mit privaten Gläubigern haben heute bei weitem nicht mehr die Bedeutung wie früher. Nachdem Banken, Sparkassen und insbesondere Bausparkassen umfassende, an die individuellen Bedürfnisse angepasste Finanzierungsmöglichkeiten anbieten, ist die Gewährung von Darlehen durch Privatpersonen im Wesentlichen in den Bereich der familieninternen Finanzierung zurückgedrängt worden.

39 **Hypotheken- und Grundschuldforderungen** werden zunächst bestimmt nach dem Nominalbetrag, der Bezeichnung als Buch- oder Briefgrundschuld oder Hypothek, dem eingetragenen Zinssatz nebst Zeitpunkt des Verzinsungsbeginns, dem Schuldner und dem grundbuchmäßigen Beschrieb des Sicherungsobjekts. Zur Bezeichnung in schuldrechtlicher Hinsicht gehört die augenblickliche **Valuta**, dh der effektive Schuldstand, der Schuldgrund, der vereinbarte Zinssatz, der Zeitpunkt der Fälligkeit, evtl. die Höhe der laufenden Zins- und Tilgungsraten und ggf. der Rückstand an fälligen Zinsen. Sinnvollerweise wird eine Kopie des zugrundeliegenden Darlehensvertrags vorgelegt. Ist ein Grundschuld- oder Hypothekenbrief erteilt, interessiert der Verbleib bzw. die Aufbewahrungsform der Urkunde.

40 Unter den Forderungen sind auch **Ansprüche auf wiederkehrende Leistungen** zu verzeichnen. Nur soweit Einkünfte zu kapitalisieren sind, also Ausfluss eines Kapitalwerts darstellen, bilden diese einen Bestandteil des Vermögens. Ansonsten sollten sie außerhalb des Vermögensverzeichnisses unter einem gesonderten Titel **„Einkommensverhältnisse“** lediglich im Hinblick auf die allgemeine Informationspflicht gem. §§ 1839, 1840 BGB aufgeführt werden. Hierauf wird unten bei → Rn. 183 ff. noch näher eingegangen. Zu kapitalisieren sind ganz allgemein Ansprüche auf wiederkehrende Leistungen, die ihre Grundlage in individuellen privatrechtlichen Verträgen haben, also nicht Sozial- oder Betriebsrenten, Pensionen oÄ. Zu denken ist zB an **Leibrentenansprüche** mit dinglicher Absicherung im Rahmen eines Grundstücksüberlassungsvertrags, **Rentenabfindungen** als Gegenleistung für die Übertragung einer Geschäftsbeteiligung oder für einen Erb- oder Pflichtteilsverzicht und **Altenteilsrechte,** die anlässlich der Hofübergabe bestellt wurden. Auch Wohnungsrechte, Nießbrauchsansprüche und Renten, die von **Lebensversicherungen** anstelle einer fälligen Versicherungssumme gewählt wurden, gehören hierher.

41 Angegeben werden müssen der **Schuldner** der Leistungen, die zu Grunde liegende Vereinbarung, die grundbuchmäßige Bezeichnung des **Sicherungsobjekts** und schließlich die Höhe der Zahlungen und die Zahlungsweise (monatlich, vierteljährlich). Bei **Nießbrauchsrechten** sollte man den durchschnittlichen Jahresnettoertrag anhand der Ergebnisse früherer Jahre ermitteln. Steht dem Mündel ein **Wohnungsrecht** zu, verlangt eine genaue Kennzeichnung die Bezeichnung der Grundbuchstelle und die Beschreibung der Wohnung nach Lage, Ausstattung und Größe. Hier ist es ganz wesentlich, ob es sich um ein entgeltliches oder unentgeltliches Wohnungsrecht handelt, ob es von dem Berechtigten nur persönlich ausgeübt oder Dritten überlassen werden kann. Für die Wertangabe ist auszugehen von dem Mietwert für vergleichbare Wohnungen bzw. bei entgeltlichem Wohnungsrecht von der Differenz zu diesem Miet-

wert. Altenteilsrechte, die in der Regel im Rahmen von Hofübergabeverträgen eingeräumt werden, können die verschiedensten Ansprüche auf Sach- und Dienstleistungen zum Gegenstand haben. Eine Entschädigung für Leistungen, die vom Berechtigten aus persönlichen Gründen nicht in Anspruch genommen werden können, muss zB nach Art. 18 BayAGBGB durch eine Geldrente abgegolten werden, die danach zu bemessen ist, was für den Verpflichteten die Befreiung von der Leistungspflicht bedeutet. Dieser Grundsatz dürfte in diesem Zusammenhang ganz allgemein für die Bewertung von Rechten und Ansprüchen, die nicht auf wiederkehrende Geldleistungen gerichtet sind, zur Anwendung kommen.

Für die Kapitalisierung dieser Leibrenten-, Wohnungs-, Nießbrauchs- und Altenteilsrechte ist Ausgangspunkt der **Jahreswert**. Dessen Multiplizierung mit den Faktoren, wie sie sich aus der Vorschrift des § 52 GNotKG ergeben, führt zu dem im Vermögensverzeichnis anzugebenden Wert. Dieser Wertansatz dient auch der Gerichtskostenberechnung. Selbstverständlich darf der auf diese Weise berechnete Wert dann nicht ohne nähere Nachprüfung zur Grundlage der Bemessung einer Gegenleistung im Rahmen einer späteren Verfügung über das Recht gemacht werden. **42**

Darlehensforderungen sind nach dem Schuldner, dem Darlehensbetrag, der Verzinsung und der Rückzahlungsfälligkeit zu verzeichnen, und zwar einschließlich etwaiger rückständiger Zinsen. Die Vorlage des Darlehensvertrages sowie zusätzliche Angaben, die Aufschluss über die Werthaltigkeit der Forderung geben, ermöglichen es dem Gericht, Hinweise auf zweckmäßig erscheinende Maßnahmen, wie Abschluss einer Tilgungsvereinbarung, Kündigung oder Titulierung, zu geben. Ist die Rückzahlungsforderung uneinbringlich, muss dies vom Vormund entsprechend dargelegt werden. Die Forderung wird dann mit Null angesetzt, da sie keinen aktuellen Vermögenswert mehr repräsentiert, sollte jedoch als Erinnerungsposten Bestandteil des Vermögensverzeichnisses bleiben. Unter **sonstige Forderungen** schließlich sind alle geldwerten Ansprüche zu verzeichnen, soweit sie nicht den anderen Bereichen des Vermögensverzeichnisses zugeordnet werden können, wie zB Rückgewähransprüche gegen Banken. Für die Bezeichnung und die Bewertung gelten die gleichen Grundsätze wie für die Darlehensforderungen. **43**

gg) Besteht für das Mündel ein **Lebensversicherungsvertrag,** sind anzugeben die Versicherungsgesellschaft, die versicherte Person, der Zeitpunkt der Fälligkeit und schließlich die Versicherungssumme. Hierher gehören ausschließlich Lebens- oder Kapitalversicherungen, bei denen das Mündel die Versicherungsnehmereigenschaft besitzt. Nur dann stehen ihm vermögenswerte Ansprüche vor Fälligkeit der Versicherungssumme aus dem laufenden Versicherungsvertrag zu. Diese Ansprüche bestehen im **Rückkaufswert** einschließlich der Gewinnbeteiligung[35]. Die Versicherungsgesellschaft erteilt auf Anforderung hierüber jederzeit eine Bestätigung. Aus technischen Gründen sind diese meist auf das Ende eines Kalenderjahres abgestellt. Für das Erstvermögensverzeichnis muss es als zulässig angesehen werden, wenn Bestätigungen zur Vorlage kommen, die auf einen Zeitpunkt lauten, der nicht mehr als ein Jahr vom Stichtag abweicht. **44**

hh) Bei den **Haushalts- und Einrichtungsgegenständen (vgl. dazu bereits → Rn. 13)** ist in besonderem Maße der Wandel in den Wertvorstellungen innerhalb der letzten Jahrzehnte zu berücksichtigen. Nirgends sonst klaffen der Anschaffungswert und ein möglicher Veräußerungswert so auseinander wie bei den Sachen, die unter der Rubrik Einrichtungsgegenstände zusammenzufassen sind. Es dürfte nichts dagegen einzuwenden sein, dass grundsätzlich, dh dann, wenn keine besonderen Umstände **45**

[35] Jürgens/*v. Crailsheim* BGB § 1802 Rn. 4.

vorliegen, die Wohnungseinrichtung mit einem **Pauschalwert** angegeben wird, ohne dass die einzelnen Gegenstände eine gesonderte Aufzählung erfahren.[36] Eine solche Handhabung dürfte zumindest vom Rechtsgedanken her durch die an sich nur für die Eltern geltende Bestimmung des § 1640 Abs. 1 S. 3 BGB gedeckt sein. Zu berücksichtigen ist ferner, dass dann, wenn Einzelgegenstände und nicht die Sachgesamtheit pauschal verzeichnet werden, bei Beendigung der Vormundschaft oder Pflegschaft konsequenterweise der Nachweis über den Verbleib geführt werden muss, was dann zu Schwierigkeiten führen kann, wenn die Benutzung dem Mündel oder Pflegling selbst überlassen war. Hinsichtlich der Anforderungen, die an die Sorgfaltspflicht des Vormunds in diesem Bereich zu stellen sind, wird man sich immer an den Umständen des Einzelfalls orientieren müssen. Ausschlaggebend ist hier neben der Wertrelation zum übrigen Vermögen und der subjektiven Bedeutung der Sachen für das Mündel der Umstand, wer den unmittelbaren Besitz ausübt. Verwaltet das Mündel selbst die Gegenstände, dürfte es nur darauf ankommen, dass der Wert insgesamt festgehalten wird; ist der Besitz einem Dritten überlassen, zB bei Vermietung einer möblierten Wohnung des Mündels, gebietet schon die ordnungsgemäße Gestaltung des Rechtsverhältnisses zu diesem Dritten eine genaue Verzeichnung der überlassenen Gegenstände. Wenn hier eine gewisse Großzügigkeit empfohlen wird, so aus Gründen der Zweckmäßigkeit, der besseren Übersichtlichkeit halber und unter dem Aspekt der Konzentration auf das Wesentliche. Die Grenze der Pauschalierung und Zusammenfassung ist dort erreicht, wo dem Vormund die Möglichkeit eröffnet würde, den Verbleib nicht unbedeutender Vermögensgegenstände des Mündels im Dunkeln zu lassen oder dem Gericht die Beurteilung der Ausgewogenheit von Leistung und Gegenleistung bei Verfügungen des Vormunds über Hausratsgegenstände zu erschweren. Keine Wertangabe ist erforderlich, bei Gegenständen, wie zB **Haustieren** des Mündels, bei denen ein Affektionsinteresse im Vordergrund steht.[37]

46 *ii)* Selbstverständlich unterliegen **Antiquitäten und Kunstgegenstände** in diesem Zusammenhang, auch soweit sie als Bestandteil einer Einrichtung anzusehen sind, einer gesonderten Betrachtung. Sie sollten auf jeden Fall genau bezeichnet und individuell mit dem **Schätzwert** angegeben werden. Diesen können in der Regel nur Sachverständige ermitteln, die erforderlichenfalls über die zuständigen Industrie- und Handelskammern in Erfahrung zu bringen sind. Gerade bei Kunst-, Münz- oder Briefmarkensammlungen muss eine solche Schätzung als unerlässlich angesehen werden, nicht zuletzt deshalb, weil damit auch eine genaue, mit fachkundigen Bezeichnungen versehene Auflistung erstellt wird. Die Wertbestimmung gibt dem Vormund auch eine Entscheidungshilfe für die angemessene Aufbewahrungsform und Beurteilung der Notwendigkeit und des Umfangs eines Versicherungsschutzes. Schätzungen, die von Versicherern im Rahmen der Hausratversicherung vorgenommen werden, erfüllen den gleichen Zweck, allerdings darf nicht übersehen werden, dass die so ermittelten Werte am Wiederbeschaffungswert orientiert sind. Gerade bei Antiquitäten und Sammlerobjekten unterscheidet sich dieser ganz wesentlich von dem Wert, der bei einem Verkauf oder einer Versteigerung zu erzielen ist. Wertabschläge von 50 % oder mehr können hier durchaus angemessen sein. Bei **Gold-** und in geringem Umfang auch **Silbermünzen** ist zu unterscheiden zwischen sogenannter Bankware und echten Sammlermünzen. Erstere haben täglich neu notierte Preise, die sich nahezu ausschließlich am Edelmetallkurs orientieren und entweder aus der Tageszeitung oder von der Bank in Erfahrung gebracht werden können. Die Bestimmung und Bewertung

[36] Staudinger/*Veit* BGB § 1802 Rn. 14.
[37] BeckOGK/*Fröschle* BGB § 1802 Rn. 44.

von sonstigen Münzen, die kein aktuelles Zahlungsmittel darstellen, sollte Sachverständigen vorbehalten bleiben. Das gleiche gilt für **Briefmarkensammlungen.** Meist bestehen hier Wertvorstellungen, die von den realen Verwertungsmöglichkeiten stark abweichen. Gegenüber den Preisangaben in den gebräuchlichen Katalogen sind Abstriche von 50 % bis 70 % in der Regel gerechtfertigt.

Für die Posten „Gegenstände des persönlichen Gebrauchs" kann auf die Ausfüh- 47
rungen oben unter → Rn. 13 verwiesen werden. Es ist allenfalls ein Erinnerungswert anzusetzen, der nicht über 500 EUR liegen dürfte.

Handwerkszeug, Maschinen, Geräte und **Warenvorräte** sind meist Bestandteil 48
eines Erwerbsgeschäfts, eines Handwerks- oder Landwirtschaftsbetriebs und damit in Nr. 2.) des Vermögensverzeichnisses bereits enthalten. Soweit dies nicht der Fall ist, sollte man sich ebenfalls mit pauschalen Ansätzen begnügen.

Unter **Fahrzeugen** sind PKWs, Krafträder, Boote uÄ zu verzeichnen. Die Beschrei- 49
bung erfordert Angaben über Baujahr, Erhaltungszustand, ggf. amtliches Kennzeichen und Veräußerungswert. Unter Umständen besteht Veranlassung, jährlich Abschreibungen auf den Wert vorzunehmen, bei PKWs und Krafträdern durchschnittlich in 5 Jahresraten bezogen auf den Anschaffungspreis.

jj) Eine relativ große Rolle spielen die **Beteiligungen** des Mündels **an Erbenge-** 50
meinschaften und **Gesellschaften**. Gerade Minderjährigen fällt Vermögen häufig im Wege der Erbfolge oder Schenkung zu. Das einer Erbengemeinschaft zustehende Vermögen, an dem das Mündel beteiligt ist, muss gesondert nach denselben Grundsätzen aufgezeichnet werden, wie sein sonstiges Vermögen, dh mit der gleichen Einteilung, den entsprechenden Beschreibungen und Nachweisen.

Findet der Erwerb während einer bestehenden Vormundschaft oder Pflegschaft 51
statt, so hat der Vormund bzw. Pfleger nach dem Wortlaut der Bestimmung des § 1802 Abs. 1 BGB ein **Zwischenverzeichnis** unabhängig von der jährlichen Rechnungslegung zu erstellen. Hierauf kann jedoch verzichtet werden, wenn die Jahresabrechnung in Kürze ansteht und in dieser über den Vermögensanfall berichtet wird. Wesentlich ist auf jeden Fall die Verzeichnung des erbengemeinschaftlichen Vermögens zum Zeitpunkt des Anfalls, dh zum Todestag des Erblassers und dann zum Ende des jeweiligen Abrechnungszeitraums, und zwar unabhängig davon, ob dieses Vermögen sich in Verwaltung des Vormunds oder der eines Dritten, also zB eines Miterben oder Testamentsvollstreckers befindet. Es hat sich in der Praxis als sinnvoll erwiesen, auch dann, wenn das Mündel zum Alleinerben berufen ist, das Nachlassvermögen nicht nur zum Todestag, sondern auch zu den späteren Abrechnungszeitpunkten so lange als gesonderte Vermögensgesamtheit auszuweisen, als es nicht in das sonstige Vermögen integriert wurde, dh zB die Nachlasskonten auf den Namen des Mündels umgeschrieben und die Nachlassverbindlichkeiten berichtigt wurden. Besonders bei vielfältig zusammengesetzten Nachlässen kann diese Handhabung zweckmäßig sein. Besteht dagegen der Nachlass nur aus einem oder zwei Vermögensgegenständen, zB Grundbesitz, spricht nichts dagegen, diesen von Anfang an in der entsprechenden Rubrik ggf. unter Angabe des Beteiligungsverhältnisses unmittelbar aufzunehmen.

Probleme entstehen in der Regel da, wo über den Nachlass, an dem das Mündel be- 52
teiligt ist, durch einen **Miterben** oder einen **Dritten** Verfügungen getroffen werden, die nicht sämtliche Miterben betreffen, die also bei einer Erbauseinandersetzung in der einen oder anderen Richtung ausgleichungspflichtig sind. Die Erbquote, bezogen auf das zum Ende eines Abrechnungszeitpunkts vorhandene Nachlassvermögen, gibt dann die effektive Beteiligung des Mündels an dem Vermögen der Erbengemeinschaft nicht zutreffend wieder. Es ist hier erforderlich, dass neben der quotenmäßigen Beteiligung am Nachlass ein Ausgleichssaldo, entweder als Forderung oder als Verbindlich-

keit des Mündels festgehalten wird. Dies einmal im Hinblick auf die Notwendigkeit, das effektive Mündelvermögen möglichst genau zu erfassen, zum anderen jedoch auch zur Vorbereitung einer etwaigen Erbauseinandersetzung.

53 Auf die besondere Problematik bei der Verwaltung erbengemeinschaftlichen Vermögens, insbesondere im Zusammenhang mit der Rechnungslegung, wird unten bei → Rn. 192 ff. noch näher einzugehen sein.

54 *kk)* Für die **Beteiligung** des Mündels **an BGB- oder Handelsgesellschaften** gelten ähnliche Grundsätze. BGB-Gesellschaften treten häufig als Eigentümer von Haus- und Grundbesitz auf. Besteht das Vermögen der Gesellschaft lediglich in einem oder zwei Grundstücken und einem Hausverwaltungskonto, so kann es als zulässig erachtet werden, wenn die Beteiligung an diesem Vermögen zum einen unter dem Posten Grundbesitz und zum anderen bei den Bankguthaben mit dem entsprechenden Anteil aufgeführt wird, obwohl rechtlich die Beteiligung des Mündels an der entsprechenden Vermögensgesamtheit und nicht an den einzelnen Vermögensgegenständen der Gesellschaft besteht.

55 Ist das Mündel Gesellschafter einer **OHG,** einer **KG** oder einer **GmbH,** so sind dem Familiengericht mit dem Vermögensverzeichnis der Gesellschaftsvertrag mit Nachträgen, ggf. die Satzung, der Betriebseinheitswertbescheid und, soweit Grundbesitz im Betriebsvermögen vorhanden ist, auch die für die entsprechende Wertbestimmung erforderlichen Unterlagen vorzulegen. Des Weiteren werden die jüngste und zur Wertermittlung auch die Bilanzen der vorhergehenden zwei Jahre benötigt. Nicht ausreichend ist die bloße Verzeichnung des dem Mündel zustehenden Gesellschaftsanteils.[38] Hiervon ausgehend sind im Vermögensverzeichnis die genaue Bezeichnung der Gesellschaft und die quotenmäßige Beteiligung des Mündels hieran anzugeben. Der Wert dieser Beteiligung ist bei der OHG vorrangig bestimmt durch den Anteil an dem in der Bilanz ausgewiesenen Kapital, das eine sich aufgrund der Geschäftsvorgänge ständig ändernde Größe darstellt. Auch die wertmäßige Beteiligung an der KG oder GmbH besteht zunächst in einem Anteil an dem Nominalkapital, so wie es im Gesellschaftsvertrag festgelegt ist. Der tatsächliche Wert der Beteiligung unterscheidet sich jedoch zumeist ganz wesentlich von dem nominellen Anteil. Es gilt hier das oben unter → Rn. 20 ff. Ausgeführte entsprechend.

56 Zum einen steht dem Mündel mit seiner Beteiligung auch ein Anteil an den in den Bilanzansätzen nicht zum Ausdruck kommenden **stillen Reserven** zu. Zum anderen werden, zumindest bei der OHG und KG, für die Gesellschafter interne Konten geführt, die Vorgänge wie Gewinngutschriften, Entnahmen, private Steuerzahlungen etc erfassen und deren Salden – obwohl zum Vermögen der Gesellschaften gehörend –, unabhängig von der gesellschaftsrechtlichen Beteiligung des Mündels, gesondert berücksichtigt werden müssen. Diese als Privat-, Einlage- oder auch Kapitalkonto II bzw. III bezeichneten Gesellschafterkonten bedürfen einer genaueren Betrachtung:

57 Bei der **OHG** mit der unmittelbaren, nicht auf die Einlage beschränkten Haftung der Gesellschafter hat ein Guthaben oder ein negativer Saldo auf dem Einlage- bzw. Privatkonto im Verhältnis gegenüber der Gesellschaft an sich zweitrangige Bedeutung, da ihm diese streng genommen nicht als Dritte gegenübersteht, von der er etwas verlangen bzw. der er etwas schulden könnte. Vielmehr handelt es sich hierbei – von steuerlichen Aspekten abgesehen – nur um Rechnungsposten, die wesentliche Auswirkungen letztlich nur im Verhältnis zu den anderen Gesellschaftern haben. Dh, wenn zB der eine von zwei OHG-Gesellschaftern abweichend von dem im Gesellschaftsvertrag vereinbarten Beteiligungsverhältnis mehr entnimmt als der andere, so verschiebt

[38] Soergel/*Zimmermann* BGB § 1802 Rn. 2.

sich hierdurch die Beteiligung der Gesellschafter am Gesellschaftsvermögen. Nachdem gerade BGB- und OHG-Gesellschafter in der Regel einen Teil ihres privaten finanziellen Bereichs weitgehend in das Firmenvermögen integrieren, also von Gesellschaftskonten Zahlungen leisten, die der Privatsphäre zuzuordnen sind, kommt der gesonderten Ausweisung dieses Gesellschafterkontos im Vermögensverzeichnis eine nicht zu unterschätzende Bedeutung zu. Dies nicht zuletzt auch deshalb, weil die Bewegungen auf diesem Konto bei der Rechnungslegung einer gesonderten Darlegung bedürfen, es insoweit also nicht mit der Vorlage der Bilanz gem. § 1841 Abs. 2 BGB getan ist. Ist also das Mündel an einer BGB-Gesellschaft oder an einer OHG beteiligt, erscheinen insoweit im Vermögensverzeichnis immer zwei Posten. Zum einen die Einlage, die feste Beteiligung am Kapital, etwa erhöht um den Anteil an den stillen Reserven, und zum anderen der Saldo auf dem Gesellschafterkonto.

Ähnlich sieht es bei der **Kommanditgesellschaft** aus, an der das Mündel als Kommanditist oder eher selten als Komplementär beteiligt ist. Hier werden für den Gesellschafter oft mehrere Konten geführt, zB Kapitalkonto I, II und auch III. Das erste Konto weist die unveränderliche Stammeinlage aus, das zweite meist Gewinngutschriften und Verlustbeteiligungen, und über das dritte Konto werden private Einnahmen und Ausgaben abgewickelt. Während bei der OHG die gesonderte Darstellung des Gesellschafterkontos wegen seines Einflusses auf die effektive Beteiligung am Gesellschaftsvermögen und im Hinblick auf die Rechnungslegung angezeigt ist, haben die beweglichen Kapitalkonten bei der KG uU auch unmittelbare Bedeutung für die Haftung im Außenverhältnis. Ohne hier auf die Probleme im Zusammenhang mit der Bestimmung des § 172 HGB einzugehen, die Darstellung sämtlicher für das Mündel in der KG geführten Konten im Vermögensverzeichnis ist jedenfalls unerlässlich. In den letzten Jahren kamen, insbesondere für steuerliche Zwecke, zahlreiche Kommanditgesellschaften zur Gründung, die eine kaum mehr überschaubare Anzahl von Kommanditisten aufweisen. Es dürfte hier müßig sein, bei einer vielleicht 1 %-igen Beteiligung des Mündels am Nominalkapital einen etwa darüber hinausgehenden Verkehrswert des Gesellschaftsvermögens insgesamt anhand der üblichen Unterlagen ermitteln zu wollen. Vielmehr genügt hier die Angabe der Einlage des Mündels bzw. der Gegenleistung, die sich beim Ausscheiden oder durch Abtretung des Anteils erzielen lässt. Handelt es sich um eine reine Abschreibungsgesellschaft, ist nach Erfüllung des steuerlichen Zwecks, nämlich der Verlustzuweisung, der Wert der Beteiligung nicht selten mit Null anzusetzen. Dies trifft auch auf eine Beteiligung an ua geschlossenen Schiffsbeteiligungen oder Immobilienfonds zu. 58

Gehört zum Mündelvermögen ein **GmbH-Anteil,** ist zunächst die Einlage und deren Verhältnis zum Gesamtnominalkapital anzugeben. Der Verkehrswert der Beteiligung bestimmt sich wiederum nach einem etwaigen Kauf- oder Veräußerungspreis oder wird nach dem Substanz- und Ertragswertberechnungsverfahren ermittelt. Privat- oder Kapitalkonten wie bei der Personengesellschaft gibt es nicht, auch nicht für den Alleingesellschafter bei der GmbH. Besitzt das Mündel, aus welchen Gründen auch immer, gegen die Gesellschaft eine Forderung oder umgekehrt, ist dies als Darlehensverhältnis anzusehen und in der Rubrik „sonstige Forderungen" bzw. „Verbindlichkeiten" zu verzeichnen. 59

ll) Der Abschnitt **Verbindlichkeiten** sollte untergliedert werden in solche, die auf Grundvermögen des Mündels abgesichert sind, und in sonstige Schulden. Daneben müssen auch **Haftungsverpflichtungen** angegeben werden, selbst wenn der Eintritt des Haftungsfalls eher fern liegt. 60

Ebenso wie auf der Aktivseite Hypotheken- und Grundschuldforderungen der genauen Bezeichnung hinsichtlich des Schuldners, des Nominalbetrags, des Zinssatzes, 61 der Laufzeit und der Valuta zum Stichtag bedürfen, müssen diese Angaben umgekehrt auch aus der Sicht des Schuldners verzeichnet werden. Bei mehreren Grundstücken des Mündels ist bei dem jeweiligen Schuldposten das entsprechende Sicherungsobjekt anzugeben. Der genauen grundbuchmäßigen Bezeichnung bedarf es nicht mehr, da diese bereits in den Aufzeichnungen auf der Aktivseite enthalten ist.

62 Soweit Hypotheken oder Grundschulden nicht mehr valutieren, sollten sie dennoch mit Wertansatz Null im Vermögensverzeichnis erscheinen. Außerdem sind der im Grundbuch eingetragene Gläubiger und der Verbleib des etwa erteilten Grundschuld- oder Hypothekenbriefs anzugeben. Hinsichtlich der gegen das Mündel gerichteten Rentenrechte oder Belastungen von Vermögenswerten mit Rentenlasten sowie Nießbrauchs-, Wohnungs- und ähnlichen Rechten Dritter – ob dinglich gesichert oder nicht – gilt das bei den Aktivposten Ausgeführte entsprechend.

63 Zu achten ist darauf, dass Schulden, insbesondere Verbindlichkeiten gegenüber Kreditinstituten, die Gegenstand des Betriebsvermögens sind, nicht zusätzlich unter den Passiva des Vermögensverzeichnisses aufgeführt werden dürfen, wenn sie bereits in dem in der Rubrik „Erwerbsgeschäft" oder „Handwerksbetrieb" angegebenen Wert enthalten sind. Soll-Salden auf Kontokorrent-Konten gehören grundsätzlich auch auf der Passivseite verzeichnet. Es kann sich jedoch als sinnvoll erweisen, sie mit in den Posten „Guthaben bei Banken, Sparkassen etc" aufzunehmen, nämlich dann, wenn beim gleichen Institut noch weitere Konten mit Guthaben bestehen. Ausgeworfen wird dann der sich aus sämtlichen Konten ergebende Haben-Saldo.

64 *mm)* Das Verzeichnis ist nach § 1802 Abs. 1 S. 1 BGB insgesamt mit der **Versicherung der Vollständigkeit und Richtigkeit** zu versehen. Eine Versicherung der Richtigkeit **an Eides statt** iSd § 260 Abs. 2 BGB ist gesetzlich nicht vorgesehen.[39] Insbesondere beim Erstvermögensverzeichnis kann es oft viele Monate dauern, bis sich der Vormund Klarheit über den Bestand des Vermögens und den Wert einzelner Vermögensgegenstände verschafft hat. Mitunter ist endgültige Gewissheit erst nach Jahren zu erlangen; man denke hierbei zB an Forderungen, die in einem Rechtsstreit befangen sind. Es empfiehlt sich, die Vorlage des Vermögensverzeichnisses nicht davon abhängig zu machen, dass es in allen Punkten als abschließend und vollständig bezeichnet werden kann. Vielmehr ist ggf. unter Hinweis auf bestehende Ungewissheiten die Versicherung der Vollständigkeit und Richtigkeit des Vermögensverzeichnisses dahingehend einzuschränken, dass die Angaben dem derzeitigen Erkenntnisstand entsprechen.[40]

65 Soweit ein **Gegenvormund** vorhanden ist, hat ihn der Vormund bei der Aufnahme des Verzeichnisses zuzuziehen, § 1802 Abs. 1 S. 2 BGB. In der Praxis richtet sich der Umfang, in dem der Gegenvormund sich an der Erstellung des Vermögensverzeichnisses beteiligt, immer danach, inwieweit der Vormund selbstständig in der Lage ist, mit diesem Bereich seiner Aufgaben zurechtzukommen. Ein juristischer Laie als Vormund wird den fachkundigen Gegenvormund schon bei der Beschaffung der notwendigen Informationen und Unterlagen beiziehen und mehr oder weniger gemeinsam mit ihm das Vermögensverzeichnis erarbeiten. Bei unkomplizierten Vermögen und entsprechender Vorbildung des Vormunds dagegen beschränkt sich der Gegenvormund in der Regel darauf, das Vermögensverzeichnis zu überprüfen und dann unter Bestätigung der Vollständigkeit und Richtigkeit dem Familiengericht vorzulegen. Ist kein Gegenvormund bestellt, so erfordert die Errichtung des Vermögensverzeichnisses nicht eigens die Bestellung eines Gegenvormunds.[41]

---

[39] Staudinger/*Veit* BGB § 1802 Rn. 27.
[40] Zustimmend BeckOGK/*Fröschle* BGB § 1802 Rn. 13.
[41] MüKoBGB/*Kroll-Ludwigs* § 1802 Rn. 9.

nn) Mit dem nach vorstehenden Grundsätzen aufgezeichneten Vermögensverzeichnis entspricht der Vormund den Erfordernissen der Bestimmung des § 1802 BGB. Darüber hinaus hat er jedoch im Hinblick auf seine **Auskunftsverpflichtung** nach § 1839 BGB auch über die **Einkommenssituation** zu berichten. Gerade das Erstvermögensverzeichnis, das noch nicht mit einer Abrechnung verbunden ist, besitzt keine Aussagekraft hinsichtlich der regelmäßigen Einkünfte des Mündels, es sei denn, diese bestehen in aktivierungspflichtigen Leibrentenansprüchen. Es empfiehlt sich daher, insbesondere dem Anfangsvermögensverzeichnis einen Abschnitt **„Einkommensverhältnisse des Mündels“** anzufügen, der eine Darstellung der laufenden Einkünfte beinhaltet. Die Beschreibung umfasst das gesamte Einkommen wie Renten, Unterhalt, Pensionen, Arbeitseinkommen, Sozialleistungen, Miet- und Pachteinnahmen, Leibrenten, Krankengeld, Arbeitslosengeld uÄ. Entsprechend der Auszahlungsweise sind die Monats-, Vierteljahres- oder Jahresbeträge anzugeben, der besseren Übersichtlichkeit halber unabhängig davon, ob für das eine oder andere Einkommen im Vermögensverzeichnis bereits ein Kapitalisierungswert ausgewiesen ist. Auch dem Vermögensverzeichnis, das zum Ende eines Rechnungsabschnitts als Bestandteil der Jahresabrechnung vorgelegt wird, sollte diese zusammenfassende Darstellung der Einkommensverhältnisse beigefügt werden, gleich, ob sich die einzelnen Zahlungseingänge aus den Einnahmen-/Ausgabenaufstellungen ergeben. 66

Soweit für bestimmte Einkunftsarten **Bescheide, Rentenmitteilungen usw.** erteilt werden, sind diese vorzulegen. Dies gilt auch bei der jährlichen Rechnungslegung, soweit eine Änderung in der Höhe der Bezüge eingetreten ist. Zu strenge Maßstäbe sollten hier jedoch nicht angelegt werden, wenn die Zahlungen aus den Gutschriften auf dem Mündelkonto ersichtlich sind und die Veränderungen, wie zB bei den Sozialrenten, ihre Grundlage in allgemein bekannten gesetzlichen Bestimmungen haben. 67

II. Anlage von Mündelgeld

Das BGB enthält zwar keine allgemeine Vorschrift darüber, nach welchen Grundsätzen Mündelvermögen zu verwalten ist, eine Reihe von Normen beschäftigen sich jedoch konkret damit, wie der Vormund Mündelgeld anzulegen hat. Ausgangsbestimmung ist § 1806 BGB, der das **Gebot zur verzinslichen Anlage** von Mündelgeld enthält. § 1807 BGB führt die **Anlageformen** für Mündelgeld auf, die vom Gesetzgeber als **besonders geeignet** erachtet werden, und § 1811 BGB eröffnet die Möglichkeit für eine **andersartige Anlegung**. Die Bestimmungen der §§ 1809 und 1810 BGB befassen sich dann mit den Regeln zur Verwaltung des angelegten Geldvermögens, die in erster Linie der Überwachungsmöglichkeit durch das Familiengericht dienen. Die Zins- und Kapitalmarktpolitik der **Europäischen Zentralbank (EZB)** als Reaktion auf die Finanzkrise innerhalb der Europäischen Union hat jedoch inzwischen auch das Vormundschaftsrecht erreicht. So hat die EZB den Leitzins Anfang März 2016 auf 0 % gesenkt. Infolgedessen gewährten bereits vier Wochen später 96 deutsche Banken und Sparkassen keine Zinsen mehr auf Tagesgeldkonten,[42] im Juli 2016 waren es bereits 157.[43] Die meisten übrigen Geldhäuser gewähren nur noch Zinsen von nicht mehr als 0,05 %. Auch der Zinssatz für 10-jährige Staatsanleihen wurde im Juni 2016 auf 0 % gesenkt, im Juli 2016 wurden sogar Bundesanleihen mit negativer Verzinsung ausgegeben. Im August 2016 hat das erste Geldinstitut Negativzinsen für Tagesgut- 68

[42] Handelsblatt v. 8.4.2016, „Hundert Banken bieten 0,0 Prozent“.
[43] Focus v. 12.7.2016.

haben ab 100.000 EUR erhoben.[44] Soweit zT Direktbanken noch etwas höhere Zinsen gewähren, liegen diese kaum über 0,5 %, sodass gegenwärtig die Zinserträge nicht ausreichen, Verluste infolge der Inflation zu kompensieren. Höhere Renditen versprechen auch andere festverzinsliche Anlagen, wie Bundesschatzbriefe, nicht. Aus Sicht betroffener Vormünder besteht ein in der Literatur als **„Anlagedilemma“**[45] bezeichnetes Problem, als das Ziel des Erhalts und der Mehrung des Mündelvermögens unter den gegenwärtigen Kapitalmarktbedingungen nicht erreicht werden kann. Ein Ausweg aus diesem Dilemma kann sicher nicht darin bestehen, den Vormund im Rahmen der Aufsicht oder unter dem Druck einer möglichen Haftung für die inflationsbedingte Schmälerung des Mündelvermögens in risikoreiche und spekulative Geldanlageformen zu zwingen.[46] Gerade bei geringem Mündelvermögen im nicht sechsstelligen Bereich werden sichere, aber nur geringfügig verzinste Anlagen – wie auch von Millionen anderer betroffener nicht unter Vormundschaft stehender erwachsener Menschen – auch vom Mündel hinzunehmen sein.

69 **1. Verzinsungsgebot.** Zunächst ist festzustellen, dass unter **Geld** im Sinne des § 1806 BGB ausschließlich Bargeld und täglich fällige und daher praktisch unverzinsliche Guthaben auf Girokonten zu verstehen sind.[47] Dh auch kurzfristig verfügbare verzinsliche Geldforderungen, wie Termingelder mit einmonatiger Laufzeit, müssen wegen § 1806 BGB nicht anders angelegt werden. Nachdem sich also das **Verzinsungsgebot des § 1806 BGB** und die daran anknüpfenden Anlagevorschriften der §§ 1807 ff. BGB nur auf das bei Übernahme der Vormundschaft bereits vorhandene oder später hinzuerworbene, nicht angelegte Geld beziehen, kann aus dieser Bestimmung keine Verpflichtung des Vormunds abgeleitet werden, bereits bestehende Vermögensanlagen in die gesetzlich vorgesehene Anlageformen umzuwandeln oder etwa beim Familiengericht Ausnahmegenehmigungen nach § 1811 BGB für die Beibehaltung der übernommenen Vermögensteile, die nicht in Geld bestehen, zu beantragen.[48] Dies bedeutet allerdings nicht, dass der Vormund nicht aufgerufen wäre, speziell anlässlich der Übernahme der Verwaltung zu überprüfen, ob die vorgefundenen Vermögensanlagen mit den Grundsätzen einer ordnungsgemäßen Wirtschaft vereinbar sind und ob nicht zur Wahrnehmung der Vermögensinteressen des Mündels nach § 1793 Abs. 1 S. 1 BGB eine Umschichtung zur Vermeidung von Risiken, zu einer Verbesserung der Wirtschaftlichkeit oder auch nur zu einer besseren Anpassung an die persönlichen Verhältnisse des Mündels führt.[49]

70 Fraglich ist, ob aus dem Wortlaut des § 1806 BGB eine unmittelbare Verpflichtung des Vormunds abgeleitet werden kann, das Bargeld, das nicht für die laufenden Ausgaben bereitzuhalten ist, ausschließlich in der in § 1807 BGB vorgesehenen Form verzinslich anzulegen oder sich für eine andere Anlage eine Ausnahmegenehmigung nach § 1811 BGB durch das Familiengericht erteilen zu lassen. Diese Frage ist umstritten. Nach der einen – noch in der Vorauflage vertretenen Meinung – soll es dem Vormund nicht verwehrt sein, sich **frei zu entscheiden,** vorhandenes Geld auch in andere, nicht verzinsliche Anlagen, wie zB in ein Grundstück, Gold oder Unternehmen, zu investieren, ohne dass dafür eine Genehmigung des Familiengerichts erfor-

---

[44] Süddeutsche Zeitung v. 11.8.2016.
[45] *König* BTPrax 2013, 192.
[46] Vgl. LG Lübeck NJW-RR 2015, 1485.
[47] *Gleißner* Rpfleger 1985, 482.
[48] MüKoBGB/*Kroll-Ludwigs* § 1806 Rn. 6.
[49] Vgl. BGH BtPrax 2009, 290; *Meier/Reinfarth*, 133.

derlich sein soll.[50] Nach der zutreffenden hL erfordert jedoch der Schutzzweck der §§ 1806, 1807 BGB für den Fall der Investition von Bargeld in eine nicht verzinsliche Anlage eine Gestattung des Familiengerichts nach § 1811 BGB, da sonst Spekulationsgeschäfte nicht hinreichend einer richterlichen Kontrolle zum Wohl des Mündels unterzogen werden würden.[51]

Die **Verzinsungs-** oder besser **Anlegungsverpflichtung** aus § 1806 BGB gilt nicht 71 hinsichtlich des nach einer ordnungsgemäßen Verwaltung **zur Bestreitung von Ausgaben** bereitzuhaltenden Geldes. Der hier für den Vormund gesteckte Rahmen wird bestimmt durch das Verhältnis zwischen dem möglichen Zinsverlust einerseits und den wirtschaftlichen Vorteilen einer sofortigen Verfügbarkeit der Geldmittel bzw. des Aufschiebens einer geplanten Anlegung andererseits. Grundsätzlich entsprach der Vormund seiner Verpflichtung aus § 1806 BGB nach bisher einhelliger Auffassung bereits dann vollständig, wenn er Mündelgeld auf einem Sparkonto mit gesetzlicher Kündigungsfrist anlegte. Ob dies auch unter Geltung der gegenwärtigen historischen Niedrigzinsphase bei Zinssätzen von 0,0–0,05 % (→ Rn. 68) gelten kann, erscheint zumindest bei höheren Vermögen mehr als zweifelhaft. Hier wird zumindest ein Teil des Vermögens in als weitgehend sicher geltende Anlageformen wie Wertpapierfonds führender inländischer Unternehmen zu investieren sein. Es wird dem Vormund in diesen Fällen aber jedenfalls zu gestatten sein, für einen kurzen Übergangszeitraum eine der in § 1807 BGB genannten Anlageformen zu nutzen, mögen sie auch nicht oder nur geringfügig verzinslich sein. Die Auffassung, der Vormund müsse die bestmögliche Anlage des Mündelvermögens wählen[52], widerspricht aber im Übrigen dem Normzweck von § 1806 BGB. Ob und in welchem Umfang es gerechtfertigt ist, die wenig bzw. nicht ertragreichen Anlageformen von § 1807 BGB für einen längeren Zeitraum beizubehalten, ist eine Frage der Wirtschaftlichkeit, die nichts mit § 1806 BGB, sondern mit dem Wahrung des Mündelinteresses nach § 1793 Abs. 1 S. 1 BGB zu tun hat. Die kurzfristigen Dispositionsmöglichkeiten bei Spar- oder Tagesgeldkonten sind so weitgehend, so dass diese Anlageform auch dann angezeigt ist, wenn mittelfristig eine andere Geldanlage geplant wird. Der Vormund muss in seine Überlegungen, ob und in welchem Umfang er vorübergehend Geld auf einem Sparkonto anlegt, allerdings den Umstand einbeziehen, dass er bei späteren Abhebungen der familiengerichtlichen Genehmigung nach § 1812 BGB bedarf, was eine oft nicht unwesentliche Verzögerung in der Verfügbarkeit bedeutet.

All diese Gegebenheiten hat der Vormund bei der Entscheidung zu berücksich- 72 tigen, welche Geldbeträge er zinslos für die Ausgaben sinnvollerweise bereithalten sollte. Die Höhe des bereitzuhaltenden Betrages richtet sich nach den individuellen Lebensverhältnissen des Mündels, wobei dem Vormund hier ein **Ermessen** zuzubilligen ist.[53] Ohne zu verkennen, dass je nach der individuellen Situation Abweichungen nach oben durchaus gerechtfertigt sein können, wird man bei den **laufenden Ausgaben** die Obergrenze beim ca. zwei- bis dreifachen regelmäßigen Monatsbedarf anzusetzen haben.

---

[50] BayObLG OLGE 42, 112; OLG Frankfurt NJW 1953, 67; Soergel/*Zimmermann* BGB § 1806 Rn. 3, 38: Staudinger/*Veit* BGB § 1802 Rn. 18; MüKoBGB/*Kroll-Ludwigs* § 1806 Rn. 8; Palandt/*Götz* § 1806 Rn. 3; Erman/*Saar* BGB § 1806 Rn. 2.

[51] *Fiala*, 98; Staudinger/*Veit* BGB § 1802 Rn. 18; MüKoBGB/*Kroll-Ludwigs* § 1806 Rn. 8; Palandt/*Götz* § 1806 Rn. 3; Erman/*Saar* BGB § 1806 Rn. 2.

[52] AG Bremen NJW 1993, 205.

[53] LG Darmstadt MDR 1960, 585; Erman/*Saar* § 1806 BGB Rn. 3.

73 Sind **größere Investitionen** geplant, zB ein Grundstückskauf, so wird angesichts der derzeitigen Zinsflaute der Vormund nach § 1806 Hs. 2 BGB nicht verpflichtet sein, vorübergehend für eine verzinsliche Anlage in den Anlageformen des § 1807 BGB zu sorgen. Nur soweit die Zinsen sich wieder nach oben hin stabilisieren sollten, kann ein Untätigsein unwirtschaftlich sein und nach § 1833 BGB zum Schadensersatz verpflichten, wenn der Vormund nicht von der Möglichkeit Gebrauch macht, die Mittel kurzfristig anzulegen, bis er sie benötigt, zB als Termingeld mit monatlicher Fälligkeit oder als Geldmarktfond mit täglicher Verfügbarkeit. Die Bestimmung des § 1806 BGB umfasst nur dasjenige zum Mündelvermögen gehörende Geld, soweit der Vormund nicht von seiner Verwaltung ausgeschlossen ist. **Von Dritten verwaltetes Geld** (zB Testamentsvollstrecker, Pfleger) unterfällt § 1806 BGB nicht.[54] Ebenso ist **gesamthänderisch gebundenes Geld** (zB Erbengemeinschaft) nicht erfasst.[55] Dagegen unterfallen auch die vom Mündel selbst verwalteten, nicht verbrauchten Gelder dem Anwendungsbereich der Norm.[56] Bei Verstoß gegen § 1806 BGB besteht eine Schadensersatzpflicht des Vormunds nach § 1833 BGB, wobei der Schaden grundsätzlich in den Zinsen bestehen dürfte, die in dem fraglichen Zeitraum üblicherweise auf einem Sparkonto mit gesetzlicher Kündigungsfrist oder Tagesgeldkonto gewährt worden wären. Das Familiengericht und ggf. der Gegenvormund haben die Einhaltung der Vorschrift des § 1806 BGB zu überwachen. Vor allem dann, wenn sich aus dem Erstvermögensverzeichnis, aus der Abrechnung oder aus Genehmigungsanträgen ergibt, dass der Vormund größere Geldbeträge verwaltet oder in Empfang nehmen wird, ist das Familiengericht aufgerufen, sich zu vergewissern, wann welche Anlage beabsichtigt ist oder bereits vollzogen wurde.

74 **2. Mündelsichere Geldanlagen. a) Vorbemerkung.** Basierend auf der Vorschrift des § 1806 BGB wird in § 1807 BGB die technische Behandlung der Mündelgeldanlage und -verwaltung geregelt. Der Gesetzgeber greift mit dieser Vorschrift massiv in die Entscheidungsfreiheit des Vormunds ein, um eine Gefährdung des Mündelvermögens durch unsachgemäßes und pflichtwidriges Verhalten des Vormunds zu vermeiden. Diese vom Gesetzgeber geschaffenen Anlageformen werden dem Wandel der wirtschaftlichen Verhältnisse heute kaum mehr gerecht und dürften bei der anstehenden Reform des Vormundschaftsrechts bis auf § 1807 Abs. 1 Nr. 5 BGB entfallen.[57] Der Vormund macht sich zwar nicht schadensersatzpflichtig, wenn er sich an die Anlagevorschriften des BGB hält, er sollte sich aber nicht einem verfügbaren Angebot anderer Geldanlagemöglichkeiten verschließen, um eine rentablere Geldanlage zu erreichen. Der Vormund muss sich aber einer **konservativen Anlagepolitik** befleißigen, eher das Risiko minimieren und dafür einen geringeren Ertrag in Kauf nehmen; er soll jedoch, sofern möglich, immer die bestmöglich verzinsliche Anlageform wählen, die – jedenfalls in Zeiten höherer Kapitalmarktzinsen – meistens nicht das Sparbuch oder Tagesgeldkonto darstellt.

75 Der Gesetzgeber selbst hat bereits in der Vergangenheit erkannt, dass die wirtschaftliche Entwicklung die Bestimmungen in § 1807 BGB zumindest teilweise überholt hat. So wurde 1980 bei der Neuregelung des elterlichen Sorgerechts die strenge Bindung an den begrenzten Katalog der mündelsicheren Anlagen aufgegeben und den Eltern in § 1642 BGB eine freiere Stellung bei der Anlegung von Geld des Kindes eingeräumt, die nur an die Grundsätze einer wirtschaftlichen Vermögensverwaltung gebunden ist.

---

[54] OLG Celle OLGZ 1967, 483 (485); Palandt/*Götz* § 1806 Rn. 3.
[55] Gernhuber/*Coester-Waltjen* § 72 Rn. 26; aA: KG OLGE 4, 359 (360).
[56] BayObLGZ 17, 124 (128); MüKoBGB/*Kroll-Ludwigs* § 1806 Rn. 4.
[57] Vgl. BMJV, Eckpunkte für die weitere Reform des Vormundschaftsrechts, ZKJ 2016, 145.

Es gibt letztlich keinen Grund dafür, warum Entsprechendes nicht auch für den Vormund gelten soll, zumal wenn dieser in stärkerem Maße als die Eltern der Überwachung durch das Familiengericht unterliegt.

Bis zu einer entsprechenden Gesetzesänderung wird man sich im Wesentlichen mit der Ausnahmevorschrift des § 1811 BGB behelfen müssen, die jedoch in Zeiten extrem niedriger Zinsen sich immer mehr zu einer Regelvorschrift entwickelt. In der Praxis stellt denn auch oft die als Ausnahme gedachte andersartige Anlegung die Regel dar. Hinzukommt, dass der größte Teil der in § 1807 BGB vorgesehenen Anlageformen heute nahezu bedeutungslos ist.[58]

b) Die Geldanlagen nach § 1807 BGB. **§ 1807 BGB** bestimmt abschließend den Katalog der Geldanlagen, die vom Gesetzgeber für sicher und geeignet zur Mündelgeldanlage angesehen werden. Will der Vormund hiervon abweichen, bedarf er einer **Ausnahmegenehmigung** durch das Familiengericht nach § 1811 BGB. Allerdings haben weder Rechtsgeschäfte, die mit diesen Vorschriften nicht im Einklang stehen, deren **Nichtigkeit** zur Folge, noch besteht ein Anspruch des Mündels auf Einhaltung bzw. Versagung der Ausnahmegenehmigung. § 1807 BGB ist insoweit lediglich eine **Ordnungsvorschrift.**[59] Vielmehr hat das Mündel lediglich die Möglichkeit, **Schadensersatzansprüche** nach § 1833 BGB geltend zu machen, wenn aufgrund verfehlter Geldanlage ein Schaden eingetreten ist.[60] Denkbar wäre auch eine vorbeugende Unterlassungsklage des Mündels gegen seinen Vormund. Diese Überlegung dürfte jedoch nur theoretischer Natur sein, da bei einer unmittelbaren Gefährdung des Mündelvermögens vorrangig das Familiengericht verpflichtet wäre, die geeigneten Maßnahmen zur Unterbindung des pflichtwidrigen Verhaltens des Vormunds nach Maßgabe von § 1837 BGB zu ergreifen. Obwohl im Gesetz nicht besonders getrennt, sind in der Praxis zwei Gruppen von Anlagearten zu unterscheiden, nämlich die in § 1807 Abs. 1 Nr. 1-Nr. 4, Abs. 2 BGB geregelten Forderungen und Wertpapiere einerseits und die Einlagen bei Geldinstituten andererseits, die in § 1807 Nr. 5 BGB aufgeführt werden. 76

aa) Bei den **Hypotheken- und Rentenforderungen** und Wertpapieren haben die wirtschaftlichen Entwicklungen in den letzten Jahren die Schwerpunkte in einer Weise verlagert und konzentriert, dass einzelnen Anlageformen letztlich nur noch historische Bedeutung zukommt. Es ist hier insbesondere an die in § **1807 Abs. 1 Nr. 1 BGB** aufgeführten Mündelanlagen in Forderungen zu denken, für die eine **sichere Hypothek an einem inländischen Grundstück** besteht oder in **sicheren Grundschulden** oder Rentenschulden an einem inländischen Grundstück.[61] Wenn überhaupt, dann spielt diese Anlageform nur noch bei der Darlehensgewährung im Familienbereich eine Rolle, wo nicht nur rein wirtschaftliche Momente zu berücksichtigen sind. Es ist dann zu prüfen, ob bei der beabsichtigten Geldanlage nach den landesrechtlichen Vorschriften, auf die § 1807 Abs. 2 BGB verweist, Mündelsicherheit gegeben ist.[62] 77

Ebenfalls nicht unter § 1807 Abs. 1 Nr. 1 BGB fällt die Bestellung einer Restkaufgeldhypothek oder einer Sicherungshypothek oder -grundschuld für eine Pflichtteilsforderung, ein Auseinandersetzungsguthaben oÄ. Hier geht es nicht um die Anlage von Mündelgeld, sondern um die Absicherung einer Forderung.[63]

---

58 Vgl. ausführlich *König* BtPrax 2013, 192; *Fritsche* Rpfleger 2007, 53.
59 Staudinger/*Veit* BGB § 1807 Rn. 51.
60 BayObLG FamRZ 2005, 389; *Wesche* BtPrax 2003, 56.
61 *König* BtPrax 2013, 192 (193).
62 Vgl. dazu BeckOGK/*Fröschle* BGB § 1807 Rn. 17–17.2.
63 MüKoBGB/*Kroll-Ludwigs* § 1807 Rn. 12.

78 *bb)* Als mündelsicher deklariert das Gesetz in § 1807 Abs. 1 Nr. 2 BGB ferner die verbrieften **Forderungen gegen den Bund und die Länder** sowie Forderungen, die in deren Schuldbüchern eingetragen sind. Es ist hier zu denken an die Bundesobligationen, Bundesschatzbriefe, Finanzierungsschätze des Bundes und Anleihen der Länder. Bereits seit 2012 vermag die Bruttorendite von Bundesschatzbriefen die aktuelle Inflationsrate nicht mehr auszugleichen.[64]. Ob Forderungen gegen Mitgliedsstaaten des Euroraumes ebenfalls als mündelsicher im Sinne dieser Vorschrift sind, dürfte – entgegen der hier in der Vorauflage vertretenen Auffassung – mehr als zweifelhaft sein. Für eine Ausdehnung der Vorschrift über ihren Wortlaut hinaus besteht insoweit keine Veranlassung

79 Auch auf die in § 1807 Abs. 1 Nr. 3 BGB genannten Forderungen, deren **Verzinsung vom Bund oder einem Bundesland gewährleistet** wird, braucht nicht näher eingegangen zu werden. Kommen Schuldverschreibungen, die durch eine derartige Garantie Mündelsicherheit erlangen, zur Emission, wird dies von den ausgebenden Geldinstituten jeweils mit entsprechenden Nachweisen bekanntgemacht. Diese Schuldverschreibungen mit staatlicher Zinsbürgschaft – nur die Verzinsung, nicht jedoch auch die Rückzahlung muss gewährleistet sein – waren in der wirtschaftlichen Aufbauphase nach dem Zweiten Weltkrieg häufiger anzutreffen als heute. Hierher gehören zB Inhaberschuldverschreibungen der Kreditanstalt für Wiederaufbau.

80 *cc)* Ferner haben gemäß § 1807 Abs. 1 Nr. 4 BGB **Wertpapiere**, insbesondere Pfandbriefe, einerseits und **verbriefte Forderungen** gegen kommunale Körperschaften bzw. deren Kreditanstalten andererseits als mündelsicher zu gelten, wenn sie von der Bundesregierung mit Zustimmung des Bundesrats als zur **Anlage von Mündelgeld geeignet erklärt** werden. Dieser Bestimmung kommt insoweit Bedeutung zu, als neben den öffentlichen Schuldverschreibungen nach § 1807 Abs. 1 Nr. 2 BGB diese Wertpapiere bzw. Schuldverschreibungen, insbesondere der öffentlichen Sparkassen, wirtschaftlich gesehen den weitesten Raum bei den Mündelgeldanlagen einnehmen dürften, wenn man von den Sparkontoeinlagen einmal absieht. Zu nennen sind hier etwa Schuldverschreibungen der Kreditanstalt für Wiederaufbau (§ 4 Abs. 3 KfwG) oder Pfandbriefe iSd § 1 Abs. 1 Nr. 3a MündelPfandBrV. Der Vormund, der die Geldanlage auswählt, oder das Gericht, das über eine Anlagegenehmigung zu entscheiden hat, wird bei der Bank oder Sparkasse, über die der Erwerb abgewickelt werden soll, ohne weiteres Auskünfte über die Mündelsicherheit des einen oder anderen Wertpapiers und deren Rechtsgrundlage erhalten.

81 *dd)* § 1807 Abs. 1 Nr. 5 BGB wurde durch die Einführung des Betreuungsrechts geändert. Danach sind neben den Anlagen bei einer **inländischen öffentlichen Sparkasse** auch Anlagen bei **anderen Kreditinstituten** (Genossenschaftsbanken, Privatbanken, Großbanken) mündelsicher, sofern diese einer **Einlagensicherung** angehören. Mündelsicher sind damit nur Anlagen bei Kreditinstituten, die dem Einlagensicherungsfonds angehören, der privatrechtlich organisiert ist.[65] Gesetzliche Grundlage sind das EinSiG und das AnlEntG. Auskünfte über die Kreditinstitute, die der Einlagensicherung angehören, erteilt der Bundesverband der deutschen Banken, Burgstraße 28, 10178 Berlin, und der Bundesverband der Deutschen Volks- und Raiffeisenbanken, Heussallee 5, 53113 Bonn, sowie die Landeszentralbanken. Durch spezialgesetzliche Regelungen sind die Schuldverschreibungen der Deutschen Genossenschaftsbank, der Kreditanstalt für Wiederaufbau, der Lastenausgleichsbank, der Landwirtschaftlichen Rentenbank und der Deutschen Siedlungs- und Landesrentenbank für mündelsicher

---

[64] *König* BtPrax 2013, 192 (193).

[65] Vgl. dazu Staudinger/*Veit* BGB § 1807 Rn. 49 f.; *König* BtPrax 2013, 192 (193).

erklärt worden.[66] Der Vormund muss sich daher bei seiner Anlageentscheidung vergewissern, ob das Kreditinstitut, bei dem er eine Anlage tätigt, auch dieser Einlagensicherung angehört. Erforderlich ist auch, dass die vom Vormund gewählte Anlageart vom Einlagensicherungsfond der Banken gedeckt ist. Daran fehlt es bei **Inhaberschuldverschreibungen** dieser Bank.[67] Eine Ausnahme gilt für Schuldverschreibungen iSd § 2 Abs. 3 S. 3 EinSiG.[68] Gehört das Kreditinstitut nicht der Einlagensicherung an, muss der Vormund eine Genehmigung nach § 1811 BGB beantragen. Hierzu gehören zB ausländische Kreditinstitute, die mit besseren Zinsen locken, aber nicht der Einlagensicherung angehören.

3. Andersartige Anlegung. **§ 1811 BGB** bildet die gesetzliche Grundlage für die Möglichkeit einer Mündelgeldanlage außerhalb der in § 1807 BGB vorgesehenen Anlageformen.[69] Es ist hier zu denken an nicht mündelsichere **festverzinsliche Wertpapiere, Investmentanteile**[70] und **Aktien.** Auch Privatdarlehen und sonstige Beteiligungen an Kapitalgesellschaften fallen hierunter. Letztere stehen jedoch meist unter dem Genehmigungsvorbehalt des § 1822 Nr. 3 BGB. Der Erwerb von Aktien oder anderen Gesellschaftsanteilen fällt aber nicht unter § 1811 BGB, sondern unter den Genehmigungsvorbehalt von § 1822 Nr. 4 BGB, wenn der Mündel dadurch einen beherrschenden Einfluss auf die Gesellschaft gewinnt.[71] 82

Während der Vormund früher besondere, in den individuellen Verhältnissen der betreffenden Vormundschaft liegende Gründe nach § 1811 BGB dartun musste, um eine Ausnahmegenehmigung für die andersartige Geldanlage zu erhalten, sollte es nun am Familiengericht sein, eine Verweigerung der Genehmigung zur anderweitigen Anlage damit zu begründen, dass die beabsichtigte Art der Anlegung im konkreten Fall den Grundsätzen einer wirtschaftlichen Vermögensverwaltung zuwiderlaufen würde.[72] 83

Trotz der unschwer nachvollziehbaren Motivation des Gesetzgebers zur Neufassung des § 1811 BGB und dessen nach dem Wortlaut recht eindeutigen Inhalts ging die Rechtsprechung des Reichsgerichts[73] von einer äußerst restriktiven Auslegung des § 1811 BGB aus. Diese restriktive Auslegung hat die Rechtsprechung aufgegeben und orientiert sich heute an den **Grundsätzen der wirtschaftlichen Vermögensverwaltung**, die auf Grund einer **umfassenden Prüfung der Vor- und Nachteile**, ausgerichtet an den Umständen des Einzelfalles, zu beurteilen sind.[74] 84

Die vormals herrschende Auffassung in der Rechtsprechung, Anlagen nach §§ 1807, 1809 BGB müssten der Regelfall bleiben, ist weder mit dem Wortlaut von § 1811 S. 2 BGB vereinbar, noch lässt sie sich mit der gegenwärtigen Entwicklung der Zinsen für die dort genannten, als besonders sicher geltenden Anlageformen in Einklang bringen. Nach heute vorherrschender Ansicht entscheidet das Familiengericht nach pflichtgemäßem Ermessen unter Abwägung aller Vor- und Nachteile einer Anlage anhand der 85

---

[66] MüKoBGB/*Kroll-Ludwigs* § 1807 Rn. 21.
[67] *Spanl*, 152.
[68] Vgl. dazu BeckOGK/*Fröschle* BGB § 1807 Rn. 32.
[69] Aus Sicht des Amtsvormunds unter Haftungskriterien: DIJuF-Rechtsgutachten JAmt 2014, 565.
[70] Nach einer Untersuchung des Bundesverbandes Investment und Assetmanagement entfielen 58 % aller Genehmigungen nach § 1811 BGB auf offene Immobilienfonds, vgl. *König* BtPrax 2013, 192 (194).
[71] BGH DNotZ 2004, 152; *Fröschle*, 84.
[72] *DIJuF*-Rechtsgutachten JAmt 2014, 321 (322).
[73] RGZ 128, 309.
[74] Vgl. etwa die sorgfältige Entscheidung von LG Lübeck NJW-RR 2015, 1485 zu von ihm genehmigten Anlagen in ausländische Immobilienfonds.

Umstände des Einzelfalles über die Gestattung der beabsichtigten Anlage.[75] Maßgebliche Kriterien sind dabei die **Rentabilität** der beabsichtigten Anlage – im Vergleich zu den in § 1807 BGB genannten Formen – und naturgemäß deren **Sicherheit**, wobei § 1811 BGB nicht bezweckt, den Mündel vor jedem erdenklichen Risiko zu schützen.[76] Letzteres vor allem deshalb, weil risikolose gewinnbringende Anlagen gerade in der heutigen Zeit nicht existieren. Hinzutritt eine Beurteilung der jeweils vorliegenden **volkswirtschaftlichen und ggf. politischen Entwicklung**.[77] Dabei spielt auch die **Art und Größe des Mündelvermögens** eine entscheidende Rolle. Gerade bei größeren Vermögen jenseits des sechsstelligen Bereichs, was im Bereich Vormundschaft gegenüber der Betreuung die Ausnahme ist, ist eine **Streuung** zwischen verschiedenen Anlageformen sinnvoll und entspricht der wirtschaftlichen Vernunft.[78] Vom Familiengericht ist dabei eine Abwägung zwischen der Wirtschaftlichkeit und der Sicherheit der betreffenden Anlage vorzunehmen. Soweit sich diese in einem verhältnismäßigen Rahmen bewegen und nur ein Teil des Vermögens investiert werden soll, können auch (ausländische) **offene Immobilienfonds** genehmigungsfähig sein.[79] Die gleichen Grundsätze gelten bei **Wertpapierfonds oder Aktien**, vor allem wenn diese längerfristig angelegt sind[80] und sich etwa auf führende börsennotierte Unternehmen konzentrieren[81]. Bei ausländischen Wertpapieren oder Fondsanteilen ist bei der Prüfung besondere Vorsicht geboten, wenn ihre Sicherheit nicht den Standards nach § 1807 BGB entspricht, ihre Genehmigungsfähigkeit aber keineswegs ausgeschlossen.[82] Die Beteiligung an einer KG, deren Komplementärin eine GmbH ist und die ausschließlich auf dem **ausländischen Immobilienmarkt** tätig ist, wurde zu Recht als nicht gestattungsfähig angesehen.[83] Auch den **Rechtspflegern** beim Familiengericht muss im Übrigen zugemutet werden, sich soweit mit wirtschaftlichen Fragen und modernen Vermögensanlageformen auseinanderzusetzen, dass sie beurteilen können, welche Anlageformen außerhalb des § 1807 BGB unter dem Aspekt der größtmöglichen Sicherheit noch vertretbar sind und welche nicht innerhalb der sich danach ergebenden Grenzen liegen. Gegebenenfalls ist im Rahmen der **Amtsermittlungspflicht** nach § 26 FamFG ein **Sachverständigengutachten** einzuholen, etwa durch einen Experten eines Bankenverbandes oder der Finanzdienstleistungsaufsicht.[84] Im Übrigen ist das Jugendamt als **Amtsvormund** gemäß § 56 Abs. 2 S. 2 SGB VIII als Amtsvormund von der Notwendigkeit der familiengerichtlichen Gestattung nach § 1811 BGB befreit, was durchaus fragwürdig erscheint.[85] Allerdings bestimmt § 56 Abs. 3 SGB VIII, dass das Jugendamt nur mit Genehmigung des Familiengerichts Mündelgeld unter den dort genannten Voraussetzungen auf eigenen Sammelkonten anlegen kann, was jedoch in der Praxis keine große Rolle mehr spielt.[86]

---

[75] LG Lübeck NJW-RR 2015, 1485; OLG München FamRZ 2009, 1860; OLG Frankfurt FamRZ 2003, 59; Staudinger/*Veit* BGB § 1811 Rn. 18.

[76] BGH NJW 1987, 1070; LG Kempten FamRZ 2009, 724; Palandt/*Götz* § 1811 Rn. 2.

[77] OLG Frankfurt FamRZ 2003, 59.

[78] LG Lübeck NJW-RR 2015, 1485; OLG München FamRZ 2009, 1860.

[79] LG Lübeck NJW-RR 2015, 1485; OLG Frankfurt FamRZ 2003, 59.

[80] OLG München FamRZ 2009, 1860; OLG Köln FamRZ 2001, 708; OLG Schleswig Rpfleger 2000, 112.

[81] *Knauss* ErbR 2007, 77 (80); Staudinger/*Veit* BGB § 1809 Rn. 56 und § 1811 Rn. 22 f.

[82] LG Lübeck NJW-RR 2015, 1485; LG Bielefeld NJW 1970, 203; MüKoBGB/*Kroll-Ludwigs* § 1811 Rn. 16.

[83] LG Darmstadt NJW 1979, 274.

[84] OLG Frankfurt FamRZ 2003, 59; Rpfleger 1984, 147; Staudinger/*Veit* BGB § 1811 Rn. 30.

[85] Zu Recht kritisch MüKoBGB/*Kroll-Ludwigs* § 1811 Rn. 20.

[86] Wiesner/*Walther* SGB VIII § 56 Rn. 17.

4. Sperrvermerk und Beteiligung des Familiengerichts. Das BGB kennt zwei Vorschriften, in denen die Sicherung der **vom Vormund vorgenommenen Mündelgeldanlagen** im Verhältnis gegenüber dem Familiengericht bzw. dem Gegenvormund geregelt wird, nämlich die der §§ 1809 und 1810 BGB. Die übrigen Bestimmungen der §§ 1812ff. beschäftigen sich mit Mündelvermögen ganz allgemein, unabhängig davon, ob es vom Vormund neu angelegt wurde oder ob er dieses bei Amtsübernahme vorgefunden und lediglich in seine Verwaltung übernommen hat. Auf sie wird unten bei den Ausführungen zur familiengerichtlichen Genehmigung (→ Rn. 107ff.) näher eingegangen. 86

a) Versperrte Anlegung, § 1809 BGB. Auch wenn **§ 1809 BGB** allgemein auf schon zur Zeit der Anordnung der Vormundschaft **vorhandene Bank- und Spareinlagen** entsprechend angewandt wird,[87] so regelt diese Bestimmung primär die **Sperre** für die vom Vormund getätigten Mündelgeldanlagen. Sie gilt gemäß § 1857a BGB kraft Gesetzes[88] nicht für den **Amts- und Vereinsvormund.** Ein **Dispens** kann im Übrigen beim Familiengericht nach § 1817 BGB beantragt werden. 87

Nach dieser Vorschrift sollen Guthaben bei mündelsicheren Sparkassen oder mündelsicheren Banken iSd § 1807 Abs. 1 Nr. 5 BGB nur mit der Bestimmung angelegt werden, dass zur Erhebung des Geldes die **Genehmigung** des Gegenvormunds oder des **Familiengerichts** erforderlich ist. Zweck ist es, unkontrollierte Verfügungen des Vormunds über das entsprechende Mündelvermögen zu verhindern. Der Vormund ist danach verpflichtet, durch eine schuldrechtliche Abrede mit dem Geldinstitut sich selbst einer **Verfügungsbeschränkung** zu unterwerfen. Dies ist notwendig, weil der allgemeine Genehmigungsvorbehalt des § 1812 BGB durch § 1813 Abs. 1 Nr. 2 BGB und insbesondere Nr. 3 für das vom Vormund angelegte Mündelgeld durchbrochen wird.[89] So ist denn auch in § 1813 Abs. 2 S. 1 BGB festgestellt, dass die Befreiung vom Erfordernis der Genehmigung für die Rückzahlung von Geld, das der Vormund angelegt hat, nicht gilt, wenn er bei der Anlage gemäß § 1809 BGB etwas anderes bestimmt hat. Auf andere als die in § 1807 Abs. 1 Nr. 5 BGB genannte Arten verzinslicher Anlegung, insbesondere nach § 1807 Abs. 1 Nr. 1–4 BGB[90] und – entgegen der in der Vorauflage vertretenen Auffassung – auch nach § 1811 BGB ist die Vorschrift nicht entsprechend anzuwenden. Hier bieten §§ 1812, 1813 BGB hinreichenden Schutz. § 1809 BGB gilt im Übrigen auch für Verfügungen eines vom Vormund beauftragten **Bevollmächtigten,**[91] sodass auch Auszahlungen an ihn genehmigungsbedürftig nach § 1812 BGB sind. 88

Aus dem Charakter der **Kontosperre** nach § 1809 BGB als einer obligatorischen Verfügungsbeschränkung und Beschränkung der Vertretungsmacht im Verhältnis Mündel, vertreten durch den Vormund, einerseits und dem Geldinstitut andererseits folgt, dass letzteres es grundsätzlich ablehnen kann, eine solche Vereinbarung überhaupt zu treffen. Der Vormund handelt dann pflichtwidrig, wenn er wegen dieser **Weigerung** das Mündelgeld nicht anderweitig anlegt.[92] Die Satzung öffentlicher Sparkassen beinhaltet in der Regel bereits Bestimmungen über die versperrte Anlage von Mündelgeld, sodass es insoweit einer besonderen Vereinbarung nicht bedarf. 89

---

[87] *Fiala*, 124; *Spanl*, 179f.; Staudinger/*Veit* BGB § 1809 Rn. 4; aA: BeckOGK/*Fröschle* BGB § 1809 Rn. 5.

[88] Palandt/*Götz* § 1857a Rn. 1.

[89] Palandt/*Götz* § 1809 Rn. 1.

[90] *Fritsche* NK-BGB § 1809 BGB Rn. 3.

[91] KG NJW-Spezial 2015, 264.

[92] RGZ 79, 9 (15); Soergel/*Zimmermann* BGB § 1809 Rn. 5.

90 Die Sperre bezieht sich grundsätzlich nur auf das „angelegte" Geld, nicht jedoch auf die **Zinsen** oder die nur vorübergehend deponierten Gelder, die für die Bestreitung laufender Ausgaben bereitgehalten werden.[93] Die Abgrenzung, wann gutgeschriebene Zinsen, die auf dem Konto verbleiben, als dem Kapital zugeschlagen, dh wieder angelegt gelten, und damit der Kontosperre unterliegen, ist nicht einfach. Es ist auf § 248 Abs. 2 BGB, der Ausnahme vom Zinseszinsverbot zu achten. Im Ergebnis wird dort festgehalten, dass trotz der Handhabung der Banken und Sparkassen, die zum 31.12. eines Jahres fällig werdenden Zinsen ebenfalls wieder zu verzinsen, diese ihren Charakter als Zinsen und damit als Nutzungen im Sinne des § 1813 Nr. 4 BGB nicht verlieren. Erst wenn diese in angemessener Frist – nach den AGB der Sparkassen und Banken sind dies 2 Monate[94] – nicht abgehoben worden sind, würden sie als dem Kapital zugeschlagen gelten und für den Vormund nicht mehr ohne Genehmigung des Gegenvormunds oder des Familiengerichts verfügbar sein.

91 Diese Erörterungen dürften inzwischen wohl nur mehr theoretische Bedeutung besitzen. In den letzten Jahrzehnten hat nämlich das Sparkonto mit gesetzlicher Kündigungsfrist oder das Tagesgeldkonto in gewissem Umfang durchaus den Charakter eines Kontos zur Abwicklung laufender Einnahmen und Ausgaben übernommen, soweit sich diese im Bereich der frei verfügbaren Geldbeträge bzw. im Rahmen der dreimonatigen Kündigungsfrist bewegen. Letztlich ist es sicherlich eher dem Vormund zuzumuten, eine vielleicht nicht notwendige Genehmigung einzuholen, als von dem Bankangestellten eine Überprüfung zu verlangen, ob es sich bei der begehrten Abhebung noch um eine genehmigungsfreie Verfügung über Zinsen oder gar über nur vorübergehend deponiertes, zur Bestreitung von Ausgaben bereitgehaltenes Mündelgeld im Sinne des § 1806 S. 2 BGB handelt. Nachdem die Nichtbeachtung der Auszahlungssperre die Bank von ihrer Rückzahlungsverpflichtung nicht befreit, wird sie sich in Zweifelsfällen nicht dem Risiko aussetzen, das mit einer Rückzahlung ohne Genehmigung des Familiengerichts oder Gegenvormunds verbunden ist. In der Praxis hat sich daher eine Handhabung herausgebildet, die dahin geht, dass der Vormund die Sperre grundsätzlich hinsichtlich sämtlicher Verfügungen über das Anlagekonto vormerken lässt, sich also einer etwas weitergehenden Beschränkung unterwirft, als dies nach den gesetzlichen Bestimmungen eigentlich notwendig wäre. Etwas anderes gilt allenfalls für **Termingelder.** Wenn hier vereinbart ist, dass die monatlich oder vierteljährlich gutgeschriebenen Zinsen automatisch auf einem Girokonto verbucht werden, sind für die jeweiligen Überträge keine Genehmigungen erforderlich, da hier die Abgrenzung zwischen Kapital und Zinsen eindeutig ist.

92 Anzumerken ist noch, dass die **Kündigung** einer Spareinlage zum Ablauf der vereinbarten Kündigungsfrist nicht als Verfügung gilt, die im Rahmen der Sperre nach § 1809 BGB, wohl aber nach § 1812 BGB der familiengerichtlichen Genehmigung bedarf.[95] Die Erhebung des Guthabens nach Ablauf der Kündigungsfrist stellt dann wieder einen genehmigungspflichtigen Vorgang gem. § 1809 BGB dar.

93 Die **Kontosperre** wird technisch so verfügt, dass der Vormund die Bank ersucht, vorzumerken, dass Verfügungen über das betreffende Konto der Genehmigung durch das Familiengericht oder durch den Gegenvormund bedürfen. Gleichzeitig bittet er um eine Bestätigung über die Vormerkung dieser Sperre. Wird diese von der Bank erteilt, besitzen der Vormund und das Familiengericht, denen die Bescheinigung vorgelegt wird, die Gewissheit, dass die Abrede über die Sperre Inhalt der Vertragsbezie-

---

[93] aA: MüKoBGB/*Kroll-Ludwigs* § 1809 Rn. 2.

[94] Jürgens/*v. Crailsheim* BGB § 1813 Rn. 13.

[95] Palandt/*Götz* § 1812 Rn. 10.

hungen zwischen dem Mündel und dem Geldinstitut geworden ist, mit entsprechender Haftungsfolge bei Nichtbeachtung durch die Bank, da diese Mündelgeld nicht mit **schuldbefreiender Wirkung** an den vormund auszahlen kann. Soweit ein Legitimationspapier, insbesondere also ein Sparbuch ausgestellt ist, wird der Sperrvermerk dort eingetragen. Unterbleibt die Eintragung, aus welchen Gründen auch immer, so muss die Bank dennoch den vereinbarten Genehmigungsvorbehalt gegen sich gelten lassen, weil die Genehmigung hier Wirksamkeitsvoraussetzung für die Verfügung ist. § 808 Abs. 1 S. 1 BGB gilt dann nicht.[96] Eine Abhebung ohne diese Genehmigung befreit die Bank insoweit nicht von ihrer Verpflichtung zur Rückzahlung des ihm überlassenen Geldes, dh der Haben-Saldo verringert sich insoweit nicht. Das Familiengericht oder der Gegenvormund können nicht von sich aus bei der Bank die Sperre veranlassen, da diese nicht Vertreter des Mündels sind und somit nicht im Namen des Mündels die erforderliche Vereinbarung über die Verfügungsbeschränkung schließen können. Dies hindert jedoch das Gericht nicht, die Sperrbestätigung unmittelbar bei der Sparkasse oder der Bank anzufordern. Besonders bei den Geldinstituten, die schon nach ihrer Satzung Mündelgeld nur im Rahmen des § 1809 BGB verwahren dürfen, es also einer gesonderten Abrede mit dem Vormund im Einzelfall nicht bedarf, ist dies ein durchaus üblicher Weg. Unabhängig hiervon hat das Familiengericht schon bei Erteilung der Anlagegenehmigung nach § 1810 BGB darauf hinzuwirken, dass der Vormund die Sperre veranlasst und sie ihm unverzüglich nachweist, sei es durch Vorlage einer Bestätigung, sei es durch den in das Sparbuch eingetragenen Sperrvermerk. Das Gericht kann mit diesem Nachweis nicht bis zur nächsten Rechnungslegung warten, sondern muss sich im Rahmen seiner Aufsichtspflicht bereits vorher entsprechend vergewissern.[97] Zu beachten ist schließlich auch, dass die Vereinbarung des Vormunds mit der Bank über die Kontosperre für das Mündel ein Recht begründet, so dass die Entsperrung eines Kontos wiederum eine Verfügung darstellt, die ihrerseits genehmigungspflichtig ist, und zwar nach § 1812 BGB.[98] § 1809 BGB gilt nicht für den befreiten Vormund, § 1852 Abs. 2 BGB, und den Amts- und Vereinsvormund, § 1857a BGB. Wenn die Vormundschaft beendet ist, wird die nach § 1809 BGB verfügte Sperre gegenstandslos. Einer gesonderten diesbezüglichen Bestätigung des Gerichts bedarf es nicht. Das Geldinstitut kann über das Geburtsdatum den Eintritt der Volljährigkeit oder anhand des Beschlusses über die Beendigung der Vormundschaft bzw. Pflegschaft selbst feststellen, dass die Verfügungsmacht des Vormunds beendet und damit die Sperre entfallen ist.

b) Genehmigungserfordernis. **§ 1810 BGB** stellt die Mündelgeldanlage nach den 94
§§ 1806, 1807 BGB grundsätzlich unter den **Genehmigungsvorbehalt** des Gegenvormunds bzw. des Familiengerichts, es sei denn, ein Gegenvormund ist nicht vorhanden und die Vormundschaft wird von **mehreren Vormündern gemeinschaftlich** geführt. Der Zweck der Vorschrift liegt darin, zu gewährleisten, dass der Vormund sich bei der Mündelgeldanlage an die Vorschriften der §§ 1806, 1807 BGB hält. Die Bank, bei der ein Konto angelegt oder Wertpapiere erworben werden sollen, wird von sich aus nämlich kaum darauf hinweisen, dass es sich im Einzelfall nicht um eine mündelsichere Geldanlage im Sinne des Gesetzes handelt. Im Außenverhältnis, dh für die **Wirksamkeit des Anlagerechtsgeschäfts**, ist die Genehmigung nach § 1810 BGB ohne Bedeutung, sie stellt nur eine **Ordnungsvorschrift** dar.[99] In der Regel wird auch nichts

---

[96] RGZ 85, 416 (422); Staudinger/*Veit* BGB § 1809 Rn. 11.
[97] MüKoBGB/*Kroll-Ludwigs* § 1809 Rn. 10; Jürgens/*von Crailsheim* BGB § 1809 Rn. 5.
[98] Soergel/*Zimmermann* BGB § 1809 Rn. 6.
[99] Erman/*Saar* BGB § 1810 Rn. 1.

dagegen einzuwenden sein, wenn der Vormund zunächst nach § 1807 BGB Wertpapiere erwirbt oder ein Konto eröffnet und sodann nachträglich die Genehmigung des Gegenvormunds oder des Familiengerichts einholt. Wegen der nur internen Bedeutung der Genehmigung wird man an den Antrag auf Genehmigung keine besonderen Anforderungen stellen. Insbesondere dann, wenn die Genehmigung letztlich nur eine Formsache ist, kann allein in der Mitteilung des Vormunds über die Anlage der Antrag auf Genehmigung nach § 1810 gesehen werden. Dies gilt nur, soweit sich das Anlagegeschäft im Rahmen der mündelsicheren Geldanlagen nach § 1807 BGB bewegt. Andernfalls steht ja nicht die Genehmigung nach § 1810 BGB, sondern die nach § 1811 BGB zur Anwendung. Zuwiderhandlungen gegen diese Vorschrift können den Vormund nach § 1833 BGB schadensersatzpflichtig machen, wobei die Kausalität zwischen dem unterlassenen Genehmigungsantrag und einem Schaden für das Mündel nur für wenige Fälle denkbar sein dürfte. Unabhängig hiervon stellen nachhaltige Verstöße gegen die Vorschriften über die Mündelgeldanlage unter Umständen eine Pflichtwidrigkeit dar, die das Familiengericht zur Einleitung von Zwangsmaßnahmen nach Maßgabe von § 1837 BGB veranlassen kann.

95 Die **Genehmigung des Gegenvormunds** wird durch die Genehmigung des Familiengerichts ersetzt. Ein **Beschwerderecht** bei Erteilung der Genehmigung durch das Familiengericht steht dem Gegenvormund nur dann zu, wenn seine nach § 1826 BGB erforderliche Anhörung unterblieben ist, weil er nur dann in eigenen Rechten iSd § 59 Abs. 1 FamFG verletzt worden ist.[100] Im Falle der Ablehnung der Genehmigung durch das Familiengericht kann der Vormund nach zutreffender Ansicht sowohl im Namen des Mündels als auch in eigenem Namen **Beschwerde** nach § 58 FamFG einlegen, weil er in seiner Amtsführung und seinem Recht auf Vermögenssorge unmittelbar beeinträchtigt ist.[101]

96 § 1810 BGB gilt nicht bei befreiter Vormundschaft und für den **Amts- und Vereinsvormund (§ 1857a BGB).**

III. Gesetzliche Vorschriften für die Verwaltung von Mündelvermögen

97 Es gibt im Gesetz nur den mittelbaren Hinweis in § 1811 S. 2 BGB, wie der Vormund das Mündelvermögen ganz allgemein zu verwalten hat, nämlich nach den **Grundsätzen einer wirtschaftlichen Vermögensverwaltung**. Hinsichtlich der technischen Behandlung einzelner Vermögensteile im Rahmen der Verwaltung durch den Vormund ist in den Vorschriften der §§ 1809, 1810 BGB zunächst lediglich auf die von ihm selbst getätigten Geldanlagen abgestellt. Entsprechende Regelungen, die unabhängig von der Herkunft der verschiedenen Vermögensteile gelten, enthalten darüber hinaus die Bestimmungen des § 1805 BGB, der §§ 1814 ff. BGB und schließlich des § 1801 BGB. Auch die Vorschrift des § 1803 BGB gehört an sich hierher. Wegen seiner verhältnismäßig geringen Bedeutung für die allgemeine vormundschaftsrechtliche Vermögensverwaltungspraxis wird diese jedoch unten bei → Rn. 289 ff. im Rahmen der Grundsätze der Verwaltung von Nachlassvermögen behandelt.

98 **1. Prinzip der Vermögenstrennung, § 1805 BGB.** Aus dem Verbot des § 1805 S. 1 BGB, Mündelvermögen für eigene Zwecke des Vormunds oder Gegenvormunds zu verwenden, folgt, dass das Mündelvermögen absolut getrennt von dem des Vormunds bzw. Gegenvormunds zu halten ist. Dies ist auch durch Umkehrschluss aus § 1805

[100] KG RJA 10, 167 (170).
[101] MüKoBGB/*Kroll-Ludwigs* § 1810 Rn. 8.

S. 2 BGB zu entnehmen. Wenn es dem **Jugendamt als Amtsvormund** ausdrücklich gestattet wird, zB bei der Sparkasse der Gebietskörperschaft, zu der es gehört, Mündelgeld anzulegen (§ 55 Abs. 3 S. 2 SGB VIII), bedeutet dies, dass im Übrigen das verwaltete Mündelvermögen nicht mit dem des Vormunds vermischt werden darf. Das Mündel soll im Übrigen zunächst davor geschützt werden, dass Gläubiger des Vormunds in sein Vermögen vollstrecken können.[102] Zum anderen müssen das Mündel bei Volljährigkeit oder der neue Vormund bei einem etwaigen Vormundwechsel die Verwaltung des Mündelvermögens übernehmen können, ohne dass es hierzu eines besonderen rechtsgeschäftlichen Übertragungsakts durch den bisherigen Amtsinhaber bedarf.[103] Hieraus folgt insbesondere, dass nicht nur Vermögensanlagen, wie zB Wertpapiere oder Sparguthaben, sondern auch laufende Konten grundsätzlich nicht auf den Namen des Vormunds, sondern nur auf den des Mündels lauten dürfen. Entsprechendes gilt zunächst auch für **Anderkonten oder offene Treuhandkonten** von Vormündern, insbesondere Rechtsanwälten, Notaren und Steuerberatern. Zwar besteht hier ein Schutz des Mündels vor persönlichen Gläubigern des Vormunds im Rahmen von § 771 ZPO bzw. § 47 InsO. Dies ändert jedoch nichts daran, dass es dem Mündel oder dem neuen Vormund unzumutbar ist, sich hinsichtlich des Mündelgelds oder der Mündelgeldanlagen auf Zahlungs- oder Herausgabeansprüche gegen den bisherigen Vormund oder Rechtsbehelfe im Rahmen der Insolvenz oder Zwangsvollsteckung verweisen zu lassen. Sie unterfallen daher nach zutreffender Ansicht § 1805 BGB.[104]

Folge von Verstößen. Wird § 1805 BGB vom Vormund nicht beachtet, sind von 99
ihm getätigte Rechtsgeschäfte **nicht unwirksam**, da § 1805 BGB nicht als gesetzliches Verbot iSd § 134 BGB gilt.[105] Im Verhältnis zum Mündel können bei schuldhaften Verstößen **Schadensersatzansprüche** nach § 1833 BGB, bei Vorsatz auch nach §§ 826, 823 Abs. 2 BGB iVm §§ 266, 246 StGB entstehen. Bei Eigenverwendung von Geldmitteln greift die **Verzinsungspflicht** des § 1834 BGB. Das Familiengericht kann im Rahmen seiner **Aufsicht** nach § 1837 Abs. 2–4 BGB einschreiten und Ge- und Verbote anordnen und diese mit Zwangsgeld durchsetzen.[106] Verbote des § 1805 BGB sind grundsätzlich denkbar, jedoch nur in der Form, dass eine vertragliche Grundlage für die Inanspruchnahme von Mündelvermögen durch den Vormund geschaffen wird. Dieses Rechtsgeschäft, zB ein Darlehensvertrag, unterliegt dann einer doppelten Überprüfung. Zunächst wird mit Rücksicht auf §§ 1795 Abs. 2, 181 BGB gemäß § 1909 Abs. 1 BGB ein Ergänzungspfleger bestellt werden müssen, der zu prüfen hat, ob das Rechtsgeschäft im Interesse des Mündels gelegen ist. Schließlich hat auch noch das Familiengericht die Kontrollmöglichkeit bei der Genehmigung des durch den Ergänzungspfleger abgeschlossenen Vertrags.

2. Verwahrung von Wertpapieren, §§ 1814–1820 BGB. Die §§ 1814 ff. BGB 100
behandeln die Pflichten des Vormunds im Zusammenhang mit der Verwahrung von Inhaberpapieren bzw. Wertpapieren ganz allgemein. Zusammengefasst stellt sich der Inhalt der einzelnen Bestimmungen wie folgt dar:

- § 1814 BGB: ordnet die gesperrte Hinterlegung bei den Hinterlegungsstellen (der Amtsgerichte) oder Geldinstituten gem. § 1807 Abs. 1 Nr. 5 BGB an.

---

[102] LG Krefeld Rpfleger 2001, 302; *Fritsche* NK-BGB § 1805 Rn. 1.
[103] Erman/*Saar* BGB § 1805 Rn. 1.
[104] LG Münster BtPrax 2012, 219 für ein offenes Treuhandkonto; OLG Köln FamRZ 1997, 899 ; aA: Staudinger/*Veit* BGB § 1805 Rn. 9; Erman/*Saar* BGB § 1805 Rn. 4.
[105] RG JW 1917, 228; Palandt/*Götz* § 1805 Rn. 1.
[106] Vgl. LG Münster BtPrax 2012, 219 zum Betreuer.

- §§ 1815 und 1816 BGB: befassen sich mit der Umschreibung von Inhaberpapieren in Buchforderungen bzw. deren Sperre als Ersatz für die Hinterlegung.
- § 1817 BGB: gibt dem Familiengericht die Möglichkeit, den Vormund von den Hinterlegungs- bzw. Sperrpflichten nach den §§ 1814, 1816 zu befreien.
- § 1818 BGB: erweitert die Hinterlegungspflicht bei entsprechender Anordnung durch das Familiengericht auf sonstige Wertpapiere und Kostbarkeiten.
- §§ 1819 und 1820 BGB: regeln schließlich die Genehmigungspflicht von Verfügungen über hinterlegte bzw. umgeschriebene Wertpapiere und hinterlegte Kostbarkeiten einschließlich der entsprechenden Verpflichtungsgeschäfte.

101 Die von den Familiengerichten allgemein geübte Praxis hat die Anwendung der Vorschriften der §§ 1814 ff. BGB weitestgehend auf die Einhaltung von deren allgemeinen Schutzzweck reduziert. Nachdem die rechtsgeschäftlichen Verfügungen über Wertpapiere bereits gemäß § 1812 BGB genehmigungspflichtig sind, geht es bei den §§ 1814 ff. BGB in erster Linie darum, die tatsächliche Verfügungsherrschaft des Vormunds einzuschränken bzw. unter die Kontrolle des Familiengerichts zu stellen.[107] Dies wird heute jedoch nur mehr in geringem Umfang durch die Handhabung des gesetzlichen Instrumentariums der §§ 1814–1816 BGB erreicht. Vielmehr stellt die Hinterlegung von Wertpapieren nach § 1814 BGB oder die Umschreibung von Inhaberpapieren nach den §§ 1815, 1816 BGB gegenüber der Verwahrung von Wertpapieren in einem gesperrten Depot bei einer Geschäftsbank oder Sparkasse den Ausnahmefall dar, was allgemein von den Familiengerichten zu Recht durchaus akzeptiert wird.

102 Durch die Änderung von § 1814 BGB wurden die bis zur Gesetzesänderung bestehenden Schwierigkeiten der Hinterlegung von Wertpapieren bei Geschäftsbanken behoben. § 1814 BGB regelt nun, dass bei den in § 1807 Abs. 1 Nr. 5 BGB genannten Kreditinstituten Wertpapiere mit der Bestimmung hinterlegt werden dürfen, dass die Herausgabe der Papiere nur **mit familiengerichtlicher Genehmigung** erfolgen darf. In der Praxis wird die Abrede zwischen Vormund und Geldinstitut über die familiengerichtliche Sperre meist vereinfacht so vereinbart, dass „Verfügungen über das Depot“ nur mit Genehmigung des Gegenvormunds oder des Familiengerichts zulässig sein sollen. Diese untechnische Formulierung umfasst dann sowohl die Herausgabe der Wertpapiere an den Vormund, als auch dessen rechtsgeschäftliche Verfügungen hierüber. Umgekehrt erstreckt sich die Genehmigung des Familiengerichts zur Veräußerung eines im Depot verwahrten Wertpapiers auch auf dessen Entnahme. In ihrem Wortlaut unterscheiden die Bestimmungen der § 1814 ff. BGB nicht zwischen solchen Wertpapieren, die vom Vormund bei Amtsübernahme vorgefunden wurden, und solchen, die er selbst für das Mündel erworben hat. Die Rechtsprechung[108] verneint die Anwendbarkeit, wenn sich die vorgefundenen Wertpapiere in einem Bank-Depot befinden.

103 Die in § 1815 BGB vorgesehene **Umschreibung** von Inhaberpapieren auf den Namen des Mündels wird heute allgemein nicht mehr praktiziert, weil sie nicht mehr zeitgemäß ist. Einschränkungen sind insoweit lediglich hinsichtlich der vom Bund ausgegebenen Wertpapiere zu machen. Insoweit ist es durchaus nicht unüblich, die entsprechenden Forderungen in das von der Bundesschuldenverwaltung geführte Schuldbuch zugunsten des Mündels mit dem familiengerichtlichen Sperrvermerk eintragen zu lassen. Dies ist jedoch letztlich nur dann sinnvoll, wenn nicht schon wegen eines sonstigen Wertpapierbestands des Mündels ein Depot bei einer Bank existiert und eini-

---

[107] Staudinger/*Veit* BGB § 1814 Rn. 1.

[108] RGZ 137, 320 (322); LG Hamburg MDR 1957, 420; MüKoBGB/*Kroll-Ludwigs* § 1814 Rn. 6; Palandt/*Götz* § 1814 Rn. 3; aA: Staudinger/*Veit* BGB § 1814 Rn. 12 ff.

germaßen sicher ist, dass Verfügungen vor Ende der Laufzeit der umzuschreibenden Papiere nicht in Frage kommen.

Soweit § 1818 BGB dem Familiengericht die Möglichkeit eröffnet, **Kostbarkeiten** durch den Vormund hinterlegen zu lassen, besitzt diese Vorschrift nahezu keine praktische Bedeutung mehr.

3. Schenkungsverbot, § 1804 BGB. Aus gutem Grund ist es dem Vormund grund- 104
sätzlich untersagt, Schenkungen zu Lasten des Mündelvermögens vorzunehmen. Ein Verstoß gegen diese Vorschrift macht das Rechtsgeschäft nach § 134 BGB **unheilbar nichtig,**[109] und zwar trotz etwa erteilter familiengerichtlicher Genehmigung und unheilbar auch durch eine nachträgliche Genehmigungserklärung des inzwischen volljährig gewordenen Mündels.[110] Für die Unwirksamkeit spielt es keine Rolle, ob die Schenkung unmittelbar durch den Vormund oder durch das Mündel selbst mit seiner Genehmigung erfolgt. Ferner ist es ohne Bedeutung, ob es sich um eine Handschenkung oder um ein Schenkungsversprechen handelt. Auch **gemischte Schenkungen** (zB Verkauf unter Marktwert) fallen unter § 1804 BGB.[111] Der Schenkungsbegriff als solcher ist in § 516 Abs. 1 BGB gesetzlich definiert. Er erfordert auf Seiten des Mündels eine Zuwendung aus seinem Vermögen, gleich welcher Art, eine hierdurch bedingte Bereicherung bei dem Bedachten sowie die Einigkeit über die Unentgeltlichkeit, das heißt, über das Fehlen einer Gegenleistung. Keine Schenkungen sind im Hinblick auf § 517 BGB der Pflichtteilsverzicht, der **Erbverzicht** und die Erbschafts- und Vermächtnisausschlagung, so dass diese Rechtsgeschäfte zwar genehmigungsbedürftig sind (vgl. § 1822 Nr. 2 BGB), nicht jedoch unter § 1804 BGB fallen.[112]

Ausgenommen vom Schenkungsverbot sind gem. § 1804 S. 2 BGB unentgeltliche Zuwendungen, durch die einer **sittlichen Pflicht** oder einer auf den Anstand zu nehmenden Rücksicht entsprochen wird. Die Begriffsbestimmung für diese sog **Anstandsschenkung** ist identisch mit der in § 534 BGB. Ohne Frage ist zum Schutz des Minderjährigen hier eine äußerst zurückhaltende Handhabung geboten. Die **Ausnahme vom Schenkungsverbot** soll lediglich verhindern, dass eine bei Würdigung aller Umstände schlechthin zwingend gebotene unentgeltliche Zuwendung nur deshalb undurchführbar wäre, weil der Schenker in seiner Geschäftsfähigkeit beschränkt ist. Nach Auffassung der Rechtsprechung kommt es darauf an, ob die Schenkung nach den Umständen des Einzelfalls in einer solchen Art und Weise sittlich geboten ist, dass das Unterlassen der Schenkung als Verletzung einer sittlichen Pflicht anzusehen wäre.[113] Wesentliche Gesichtspunkte sind hier die Stellung des Mündels, die Beziehung zum Vertragspartner, die beiderseitigen Vermögensverhältnisse, der Gegenstand und Zweck des Vertrages sowie die Anschauungen der Beteiligten über Sitte und Anstand. Handelt es sich bei den Vertragspartnern um Familienangehörige, so kommt dem Aspekt des Friedens und Zusammenhalts in der Familie eine besondere Bedeutung zu.[114]

Wenn es um ein Rechtsgeschäft geht, das nach sonstigen Vorschriften, insbesondere gem. den §§ 1812 und 1821, 1822 BGB der Genehmigung bedarf, macht § 1804 S. 2

---

[109] KG BtPrax 2012, 123: schuldrechtliches und dingliches Geschäft; Palandt/*Götz* § 1804 Rn. 1; aA: *Canaris* JZ 1987, 993: § 1804 BGB sei verfassungswidrig.

[110] BayObLG FamRZ 1996, 1359; Rpfleger 1988, 22.

[111] OLG Frankfurt FamRZ 2008, 542; OLG Hamm NJW1992, 1170.

[112] BayObLG FamRZ 1989, 428; MüKoBGB/*Kroll-Ludwigs* § 1804 Rn. 9.

[113] BGH FamRZ 1984, 580 (581); OLG Frankfurt FamRZ 2008, 544; LG Kassel FamRZ 2013, 579.

[114] BayObLG BtPrax 1996, 183; OLG Hamm FamRZ 1987, 751.

BGB diese nicht entbehrlich.[115] Bei den hier wohl am häufigsten in Frage kommenden Schenkungen von Geldleistungen, die an sich keinen Genehmigungstatbestand erfüllen, ist der Vormund gehalten, diese auf jeden Fall von einem nach § 1809 BGB gesperrten Konto vorzunehmen, damit er im Rahmen des Abhebungsgenehmigungsverfahrens die Beurteilung des Rechtsgeschäfts durch das Familiengericht erfährt. Soll die Zuwendung an den Vormund selbst oder seinen in § 1795 Abs. 1 Nr. 1 BGB genannten Angehörigen vorgenommen werden, hat die Prüfung der Wirksamkeit des Rechtsgeschäfts in Ansehung des § 1804 BGB durch das Familiengericht schon bei der Ermittlung des Bedürfnisses für die Anordnung einer Ergänzungspflegschaft nach § 1909 BGB zu erfolgen.[116]

Schließlich ist noch darauf hinzuweisen, dass die familiengerichtliche Genehmigung als solche zwar die Unwirksamkeit einer Schenkung nach § 1804 BGB nicht beseitigen würde; wenn aber das Familiengericht bei der Prüfung der Genehmigungsfähigkeit eines unentgeltlichen Rechtsgeschäfts nach anderen Vorschriften, zB § 1821 Abs. 1 Nr. 1 BGB zu dem Ergebnis kommt, dass dieses unter Berücksichtigung aller materiellen und immateriellen Belange des Mündels zu dessen Wohl ist, beinhaltet die Genehmigung zugleich die Feststellung, dass der Ausnahmetatbestand des § 1804 S. 2 BGB gegeben ist.[117] § 1804 BGB gilt im Übrigen auch für Mittel, die dem Mündel im Rahmen von § 110 BGB zur freien Verwendung überlassen wurden, so dass der Mündel nicht rechtlich imstande, die Mittel weiter zu verschenken.[118]

IV. Die familiengerichtliche Genehmigung

105 **1. Allgemeines. a) Rechtsnatur.** Das Erfordernis der familiengerichtlichen Genehmigung für bestimmte Rechtsgeschäfte oder -handlungen stellt eine ganz wesentliche **Einschränkung** der Entscheidungsfreiheit und der **Vertretungsmacht** des Vormunds dar. Die **Rechtsnatur** der Genehmigung ist nicht unbestritten. Einigkeit besteht jedoch dahingehend, dass es sich um einen **staatlichen Hoheitsakt der freiwilligen Gerichtsbarkeit** handelt.[119] Darüber, inwieweit sie auch rechtsgeschäftliche Elemente beinhaltet und damit der Anwendung von Vorschriften des BGB über Willensmängel zugänglich ist, sind die Meinungen geteilt. Während früher verbreitet die Auffassung vertreten wurde, die Genehmigung habe auch privatrechtliche Wirkungen und insofern rechtsgeschäftliche Eigenschaften,[120] ist heute davon auszugehen, dass zB die Bestimmungen des BGB über Willensmängel, insbesondere über die Anfechtung, auch nicht analog anwendbar sind.[121] Eine Aufhebung oder Abänderung von Genehmigungen, kann ausschließlich nach den Verfahrensvorschriften der §§ 42–44, 48 Abs. 1 und 3, 68, 69 FamFG erfolgen.[122]

106 **b) Innen- und Außengenehmigung.** Ohne dass in den entsprechenden gesetzlichen Bestimmungen eine solche Unterscheidung ausdrücklich genannt würde, verlangt eine Betrachtung der Systematik der familiengerichtlichen Genehmigung die

[115] BayObLG FamRZ 1988, 210; Palandt/*Götz* § 1804 Rn. 2.
[116] BayObLG NJW-RR 2003, 4.
[117] OLG Hamm FamRZ 1987, 751.
[118] RGZ 74, 234; Staudinger/*Veit* BGB § 1804 Rn. 11.
[119] BGH NJW 1952, 1410; RGZ 99, 72 (74); Staudinger/*Veit* § 1828 Rn. 7.
[120] RGZ 137, 345; Palandt/*Götz* § 1828 Rn. 2.
[121] Gernhuber/*Coester-Waltjen* § 60 Rn. 52; Erman/*Saar* BGB § 1828 Rn. 4.
[122] MüKoBGB/*Kroll-Ludwigs* § 1828 Rn. 6.

Trennung in zwei Arten der Genehmigung, nämlich der **Innen- und der Außengenehmigung.**[123] Die Begriffe sind abgeleitet von den unterschiedlichen Rechtswirkungen bzw. Rechtsfolgen.

Bei den **Innengenehmigungen** handelt es sich um **Ordnungsvorschriften**, die nur das Innenverhältnis zwischen dem Vormund und dem Mündel bzw. dem Gericht treffen und nicht das Außenverhältnis zwischen dem Mündel bzw. Vormund einerseits und einem Dritten, meist dem Vertragspartner des Mündels, andererseits berühren. Liegt eine nach dem Gesetz vorgeschriebene Innengenehmigung nicht vor, sei es, dass sie nicht beantragt, sei es, dass sie vom Gericht verweigert wurde, hat dies keinen Einfluss auf die Wirksamkeit des Rechtsgeschäfts. Mit Innengenehmigungen hat man es zu tun, wenn im Gesetz Begriffe wie „soll" oder „kann gestatten" verwendet werden. Die wichtigsten Fälle sind §§ **1810, 1811 und 1823 BGB.**[124] Die Vorschriften, die sich auf das Verhältnis Vormund/Dritter beziehen, zB §§ 1828–1831 BGB und § 48 Abs. 3 FamFG, haben hier keine Geltung. Die Innengenehmigungen sind für das Familiengericht ein Instrument zur Erfüllung der ihm nach § 1837 BGB übertragenen Aufgabe zur **Überwachung** des Vormunds.[125] Handelt der Vormund ohne eine erforderliche Innengenehmigung, stellt dies eine **Pflichtwidrigkeit** dar, die das Gericht unter Umständen zu Zwangsmaßnahmen gegen den Vormund veranlassen kann. Auch eine Schadensersatzpflicht des Vormunds, der mit bindender Wirkung für sein Mündel ein Rechtsgeschäft ohne die notwendige Genehmigung abschließt, ist nach § 1833 BGB denkbar. 107

Weitaus bedeutsamer sind die **Außengenehmigungen.** Sie stellen einen wesentlichen Bestandteil des Rechtsgeschäfts dar, das der Vormund mit dem Dritten abschließt. Sie begrenzen die **Vertretungsmacht** des Vormunds. Liegt die Genehmigung, aus welchen Gründen auch immer, nicht vor, wird das Rechtsgeschäft nicht wirksam, weil die gesetzliche Vertretungsmacht des Vormunds insoweit eingeschränkt ist. Es gelten insoweit §§ 177 ff. BGB, wobei § 177 BGB (schwebende Unwirksamkeit des Geschäfts) modifiziert wird durch die speziellere Regelung von § 1829 BGB. Im Gesetz sind in der Regel die Begriffe „kann nur verfügen, wenn die Genehmigung vorliegt" oder „bedarf der Genehmigung" verwendet. Die wichtigsten Außengenehmigungen sind in den §§ **1812, 1821 und 1822 BGB** genannt. 108

c) Vorherige und nachträgliche Genehmigung. Der Begriff „Genehmigung" hat im Rahmen der vormundschaftsrechtlichen Vorschriften unter dem Aspekt des zeitlichen Bezugs zum Rechtsgeschäft die gleiche Bedeutung als Oberbegriff wie die „Zustimmung" des § 182 BGB, der hier aber nicht anwendbar ist.[126] Unterschieden wird lediglich zwischen der **vorherigen und die nachträglichen Genehmigung.** Innengenehmigungen können immer sowohl vorher als auch im Nachhinein erteilt werden. Bei Außengenehmigungen dagegen ist zu differenzieren zwischen **Verträgen** – also mehrseitigen Geschäften – und **einseitigen Rechtsgeschäften.**[127] Während bei ersteren die Genehmigung vorher und nachträglich erteilt werden kann, muss bei einseitigen Willenserklärungen die Genehmigung vor Abschluss des Rechtsgeschäfts erteilt sein, § 1831 S. 1 BGB. Zu nennen sind die Kündigung, Anfechtung, Aufrechnung, 109

---

[123] Ausführlich *Wesche* RpflStud 2015, 114; Rpfleger 2010, 403; *Fiala/Müller/Braun* Rpfleger 2002, 389.

[124] *Fiala/Müller/Braun* Rpfleger 2002, 389 (390).

[125] *Wesche* Rpfleger 2010, 403.

[126] Staudinger/*Veit* BGB § 1828 Rn. 8.

[127] Vgl. *Fiala*, 40 f.

Annahme oder Ausschlagung einer Erbschaft oder Vollmachtserteilung[128] (zur Frage der Wirksamkeit → Rn. 138). Bei **zweiseitigen Rechtsgeschäften** kann es durchaus sinnvoll sein, die Genehmigung für den Vertrag erst nach Abschluss einzuholen. Zum einen sind der Umfang der Vereinbarung und seine einzelnen Bedingungen genau bestimmt; sodass das Familiengericht weiß, was es konkret genehmigt, und der Vormund sowie der Vertragsgegner brauchen keine Zweifel darüber haben, ob eine bereits erteilte Genehmigung das vom Vormund abgeschlossene Rechtsgeschäft auch tatsächlich vollinhaltlich abdeckt. Zum anderen wird das Rechtsgeschäft nicht wie bei der vorher erteilten Genehmigung sofort mit Abschluss wirksam, sondern der Vormund hat nach § 1829 Abs. 1 S. 2 BGB nochmals die freie Möglichkeit, die Übereinstimmung des Vertrags mit den Mündelinteressen zu überprüfen und ihn erforderlichenfalls doch noch scheitern zu lassen. Da jedoch das Familiengericht bei der Nachgenehmigung mit einem in allen Einzelheiten bereits feststehenden Vertrag konfrontiert wird, der möglicherweise schon erhebliche notarielle Beurkundungskosten verursacht hat, ist fraglich, ob bei besonders bedeutsamen Rechtsgeschäften das Gericht bereits vorher um eine Stellungnahme ersucht werden kann, ob eine Genehmigung **in Aussicht gestellt** werden kann. Diese Frage ist mit der heute vorherrschenden Auffassung – entgegen der noch in der Vorauflage vertretenen Meinung – zu verneinen,[129] da sie im Gesetz nicht vorgesehen ist. Auch der noch unter Geltung der §§ 18, 55, 62 FGG aF zulässige **Vorbescheid** ist im Hinblick auf § 40 Abs. 2 und 3 FamFG entfallen.[130]

110 Hinsichtlich der **Innengenehmigungen zur Geldanlage** nach den §§ 1810, 1811 BGB kann die Frage, ob der Vormund sinnvollerweise die Genehmigung vor dem Geldanlagegeschäft oder im Nachhinein beantragt, nicht so einfach beantwortet werden. Bei Vorausgenehmigung ist nicht auszuschließen, dass das vom Vormund ausgewählte Wertpapier nach Vorliegen der gerichtlichen Genehmigung nicht mehr oder nur zu ungünstigeren Bedingungen zu erhalten ist. Umgekehrt läuft der Vormund Gefahr, dass er sich seinem Mündel gegenüber schadensersatzpflichtig macht, wenn er ein nach außen wirksames Vermögensanlagegeschäft tätigt, das dann vom Gericht nicht genehmigt wird. Dem Einzelvormund, insbesondere dem geschäftlich unerfahrenen, wird grundsätzlich zu empfehlen sein, die Genehmigung vorher zu beantragen.

111 Ansonsten ist die Einholung der nachträglichen Genehmigung zweckmäßig, wenn es sich um eine solche nach § 1810 BGB handelt. Es kann dann mit dem Genehmigungsantrag bereits die Abrechnung des Geldinstituts mit den exakten Daten vorgelegt werden. Genehmigungen nach § 1811 BGB dagegen sollten stets vorher beantragt werden, vor allem wenn sich nach Art und Inhalt des beabsichtigten Anlagegeschäfts Zweifel über die Genehmigungsfähigkeit aufdrängen. Auch wenn kein unmittelbarer Schaden für das Mündelvermögen droht, so muss es für den Vormund doch belastend sein, wenn er Vermögensteile für sein Mündel verwaltet, zu deren Anlage das Gericht die Genehmigung versagt hat.

Die Genehmigungen nach den §§ 1812, 1819 und 1820 BGB sind in der Regel Vorausgenehmigungen, da Dritte in der Weise beteiligt sind, dass sie im Rahmen von Rechtsgeschäften Leistungen an das Mündel bzw. den Vormund bewirken sollen. Sie werden daher zur Vermeidung der Gefahr von Rechtsverlusten bzw. Schadensersatzverpflichtungen im eigenen Interesse darauf bestehen, dass der Vormund die gerichtliche Genehmigung nachweist, bevor sie das Rechtsgeschäft mit ihm abschließen.

---

[128] MüKoBGB/*Kroll-Ludwigs* § 1831 Rn. 3.

[129] KG OLGZ 1966, 78; MüKoBGB/*Kroll-Ludwigs* § 1828 Rn. 14; Staudinger/*Veit* BGB § 1828 Rn. 68.

[130] KG FamRZ 2010, 1170; *Zorn* Rpfleger 2009, 421.

d) Umfang der Genehmigung. Die familiengerichtliche Genehmigung bezieht sich immer auf das einzelne Rechtsgeschäft, und zwar so, wie es dem Gericht unterbreitet wurde.[131] Bei der **nachträglichen Genehmigung** eines schriftlichen Vertrages ist daher der **Umfang der Genehmigung** eindeutig und unzweifelhaft bestimmt. 112

Mündliche Nebenabreden, die dem Gericht nicht bekannt werden, sind deshalb von der Genehmigung nicht erfasst. Damit ist jedoch das gesamte Rechtsgeschäft nicht genehmigt, denn es hätte in seiner Gesamtheit, als Einheit, so wie es zwischen dem Vormund und dem Vertragspartner abgeschlossen wurde, der Genehmigung bedurft. Für eine Anwendung des § 139 BGB (Teilunwirksamkeit) ist hier kein Raum.[132] Stellt sich das Rechtsgeschäft auch unter Berücksichtigung der nicht genehmigten Teile als genehmigungsfähig dar, so kann ihm das Gericht durch nachträgliche Genehmigung immer noch zur Wirksamkeit verhelfen. 113

Bei **vorherigen Genehmigungen** muss der wesentliche Inhalt des beabsichtigten Rechtsgeschäfts angegeben werden. Maßgeblich ist die Bedeutung einzelner Vertragsbedingungen für die Abschätzung von Vor- und Nachteilen sowie Risiken durch das Familiengericht. Nachdem gerade bei Grundstücksgeschäften häufig auch Bestimmungen über die Vertragsabwicklung von nicht zu unterschätzender Tragweite sind, dürfte es letztlich unerlässlich sein, dass sich in solchen Fällen der Vormund vom beurkundenden Notar vorweg einen **Vertragsentwurf** fertigen lässt, den er dem Gericht vorlegt. Die Genehmigung des Verpflichtungsgeschäfts umfasst in der Regel stillschweigend auch die Genehmigung der erforderlichen Erfüllungsgeschäfte und umgekehrt, soweit dem Gericht das Kausalgeschäft bei Genehmigung bekannt ist.[133] Es ist jedoch durchaus denkbar, dass der Vormund für das Verpflichtungsgeschäft und das Erfüllungsgeschäft – vgl. § 1821 Nr. 1 und 4 BGB – zwei getrennte Genehmigungen des Gerichts erhalten möchte, damit er das Verfahren nach § 1829 Abs. 1 BGB getrennt durchführen kann. Dann muss er dies bereits im Genehmigungsantrag deutlich zum Ausdruck bringen. Die Genehmigung zur Bestellung eines Grundpfandrechts enthält nicht bereits die Genehmigung zum Abschluss eines Darlehensvertrags mit dem Grundpfandrechtsgläubiger.[134] 114

e) Das Genehmigungsverfahren. *aa)* Das gerichtliche Genehmigungsverfahren[135] wird in der Regel durch einen **„Antrag" des Vormunds** in Gang gesetzt, der jedoch rechtlich eine Anregung ist, da vormundschaftliche Genehmigungsverfahren **Amtsverfahren** iSd § 24 FamFG sind.[136] Dies bedeutet jedoch nicht, dass das Gericht auf Anregung eines Dritten, der vom Vormund hierzu nicht ermächtigt ist, eine Genehmigung erteilen darf. Genauso wenig kann eine Genehmigung gegen den Willen des Vormunds ausgesprochen werden, da dies mit seiner Eigenständigkeit in der Führung der Vermögensverwaltung nicht vereinbar wäre.[137] In der Praxis kommt es nicht selten vor, dass das Gericht anlässlich der Prüfung der Jahresabrechnung des Vormunds feststellt, dass ein genehmigungsbedürftiger Sachverhalt vorliegt, ohne dass der Vormund eine Genehmigung beantragt hatte. Bei Innengenehmigungen, also insbesondere bei denen der laufenden Verwaltung, dürfte es unbedenklich sein, wenn das Gericht 115

[131] RGZ 132, 76; MüKoBGB/*Kroll-Ludwigs* § 1828 Rn. 9.
[132] MüKoBGB/*Kroll-Ludwigs* § 1828 Rn. 9; aA: Gernhuber/*Coester-Waltjen* § 60 Rn. 46; Staudinger/*Veit* BGB § 1828 Rn. 37.
[133] RGZ 130, 148; BayObLG Rpfleger 1985, 235; Palandt/*Götz* § 1828 Rn. 13.
[134] OLG Celle NJW 1954, 1729.
[135] Ausführlich *Wesche* RpflStud 2015, 114.
[136] BGH DNotZ 1967, 320; *Wesche* RpflStud 2015, 114.
[137] BGH DNotZ 1967, 320; Palandt/*Götz* § 1828 Rn. 17.

diese Rechtsgeschäfte nachträglich genehmigt, ohne dass noch ein ausdrücklicher Antrag vom Vormund gestellt wird. Es ist kaum vorstellbar, dass dieser zuerst Verfügungen trifft, die nach außen hin auf jeden Fall rechtswirksam sind, dann aber deren Sanktionierung durch das Gericht nicht mehr erwünscht ist. Eine fehlende Genehmigung hätte dann im Übrigen allenfalls Bedeutung für eine etwaige Schadensersatzpflicht gegenüber dem Mündel. Anders kann es sich bei Außengenehmigungen verhalten. Selbst wenn der Vormund durch Abschluss des genehmigungsbedürftigen Rechtsgeschäfts zum Ausdruck gebracht hat, dass er zu der im Namen des Mündels getroffenen Verfügung steht, sollte sich das Gericht im Zweifel durch Rückfrage beim Vormund vergewissern, dass dieser nach wie vor das Rechtsgeschäft wirksam werden lassen will, und ihn vorsorglich auf das Erfordernis der Mitteilung nach § 1829 Abs. 1 S. 2 BGB hinweisen.

116 Die mit Abstand häufigsten Genehmigungen beziehen sich auf **Bankabhebungen** bzw. **Überweisungen gemäß § 1812 BGB.** Benötigt der Vormund Mittel von einem gesperrten Konto, reicht er zweckmäßigerweise beim Gericht einen schriftlichen Antrag in zweifacher Fertigung ein, der die Bezeichnung des Kontos, die Höhe des Abhebungsbetrags und den Verwendungszweck beinhaltet. Ggf. sind auch Belege, insbesondere Rechnungen, die bezahlt werden müssen, vorzulegen. Das Familiengericht erteilt die Genehmigung durch einen **förmlichen Beschluss** nach Maßgabe von §§ 38 ff. FamFG. Die vor Inkrafttreten des FamFG zum Teil bestehende Praxis der Rechtspfleger, durch einen entsprechenden Vermerk oder durch die Anbringung eines Stempels mit Unterschrift und dem Dienststempel auf einer Ausfertigung des Antrags, die dem Vormund zurückgegeben wurde, zu entscheiden, ist mit dem Gesetz nicht zu vereinbaren. Wenn es um die Genehmigung einer Überweisung geht, empfiehlt es sich für den Vormund, dem Genehmigungsantrag das bereits ausgefüllte Überweisungsformular beizufügen. Soweit Kreditinstitute keine schriftlichen Überweisungen mehr akzeptieren, sondern Aufträge nur fernmündlich oder online annehmen, wird ein schriftlicher und zu begründender Antrag zu stellen sein, der alle notwendigen Informationen enthält. Eine vorherige Unterzeichnung des Überweisungsauftrags durch den Vormund ist nicht notwendig.

117 *bb)* Ein etwa bestellter **Gegenvormund** ist dann, wenn die Genehmigung durch ihn im Gesetz vorgesehen ist, zB in den §§ 1810, 1812 BGB, primär, dh vorrangig vor dem Gericht für die Erteilung der Genehmigung zuständig, wobei dessen Genehmigung immer durch das Gericht ersetzt werden kann.

118 Die **funktionelle Zuständigkeit** innerhalb des Gerichts liegt beim **Rechtspfleger**, § 3 Nr. 2a RPflG. Sachverhalte, bei denen ein so enger Zusammenhang besteht, dass eine getrennte Bearbeitung durch den Rechtspfleger und den Richter nicht sachdienlich wäre, werden vom Richter behandelt, §§ 5 Abs. 1 Nr. 4, 6 RPflG.

119 Bei den Genehmigungsverfahren handelt es sich um **Amtsermittlungsverfahren,** dh das Gericht hat die zur Feststellung der Tatsachen erforderlichen Ermittlungen zu veranlassen und die geeignet erscheinenden Beweise zu erheben, § 26 FamFG.[138] Dabei hat es nach pflichtgemäßem Ermessen zu entscheiden, ob diese im Freibeweisverfahren, also formlos, oder im Strengbeweisverfahren gemäß §§ 29 Abs. 1, 31 FamFG erhoben werden, wobei letzteres die Ausnahme bildet und nur dann in Frage kommt, wenn Tatsachen unter den Beteiligten streitig sind und wenn ansonsten keine ausreichende Aufklärung zu erzielen ist. Zunächst wird das Familiengericht vom Vorbringen des Vormunds ausgehen. Es ist in erster Linie seine Aufgabe, dem Gericht die entschei-

[138] KG FamRZ 1963, 467; Staudinger/*Veit* BGB § 1828 Rn. 62.

dungserheblichen Tatsachen darzulegen. Dies geschieht in der Regel durch Vorlage von Urkunden und Belegen.

Die Frage, wer als **Beteiligter des** Verfahrens gilt, bestimmt sich nach § 7 FamFG. Muss-Beteiligte nach § 7 Abs. 2 Nr. 1 FamFG, weil unmittelbar in eigenen Rechten betroffen, sind der Vormund[139] und im Hinblick auf § 41 Abs. 3 FamFG (Bekanntgabe der Entscheidung an den Mündel) und die Gesetzesmaterialien[140] der Mündel.[141] Nicht Beteiligter am Verfahren ist hingegen der Vertragspartner des beabsichtigten Rechtsgeschäfts, da dessen Rechtspositionen nur mittelbar betroffen sind.[142] Anzuhören im Verfahren ist nach § 159 FamFG der Mündel, soweit nur die Vermögenssorge betroffen ist, kann je nach Art der Angelegenheit (zB § 1812 BGB) von der persönlichen Anhörung nach § 159 Abs. 1 S. 2 BGB abgesehen werden. Für den Mündel selbst ergibt sich die **Anhörungspflicht** für das Gericht ausdrücklich aus § 159 FamFG, für nicht sorgeberechtigte Eltern gilt § 160 BGB. Danach ist gemäß § 159 Abs. 1 S. 2 FamFG bei vermögensrechtlichen Angelegenheiten des Mündels unter 14 Jahren dessen persönliche Anhörung erforderlich, wenn es auf seine Neigungen, Bindungen oder seinen Willen ankommt, so zB bei der Genehmigung eines Lehr- oder Dienstvertrags nach § 1822 Nr. 6, 7 BGB bzw. wenn es zur Feststellung des Sachverhalts angezeigt erscheint. Bei einem über 14 Jahre alten Mündel soll die persönliche Anhörung darüber hinaus erfolgen, wenn dies nach Art der Angelegenheit angezeigt erscheint. Ob hier das Gericht Veranlassung sehen muss, das Mündel anzuhören, richtet sich nach dessen Alter und Verständigkeit, nach Umfang und Bedeutung des zu genehmigenden Rechtsgeschäfts und insbesondere danach, wie weit dessen Auswirkungen über den Eintritt der Volljährigkeit hinausreichen. Da § 159 FamFG den früheren § 1827 BGB ersetzt, soll eine Anhörung grundsätzlich in den Fällen erfolgen, die in § 1827 BGB aF genannt waren. Es sind dies die Genehmigung eines **Lehr- oder Dienstvertrags,** § 1822 Nr. 6, 7 BGB, die Genehmigungen nach § 1821 und § 1822 Nr. 3 BGB, sowie die zu Beginn oder bei Auflösung eines **Erwerbsgeschäfts** gemäß § 1823 BGB. Unter den Voraussetzungen von §§ 160–162 FamFG sind Eltern, Pflegepersonen und das Jugendamt zu hören, allerdings nur soweit das Verfahren die Person des Kindes betrifft[143], wie dies bei §§ 1823, 1822 Nr. 6 und 7 BGB der Fall ist.

cc) Die Prüfung des Gerichts im Genehmigungsverfahren umfasst zunächst die **Genehmigungsbedürftigkeit** und dann die Genehmigungsfähigkeit. In der Praxis sollte 120
die Frage, ob ein Rechtsgeschäft der Genehmigung bedarf, aus der Sicht des Gerichts keine vorrangige Rolle spielen. Bestehen Zweifel darüber, ob einer der im Gesetz abschließend aufgeführten Genehmigungstatbestände vorliegt, so schadet es nicht, wenn eine an sich nicht notwendige Genehmigung erteilt wird. Hierdurch kann, gerade bei Genehmigungen mit Außenwirkung, eine mögliche Rechtsunsicherheit verhindert werden. Die Alternative zu einer solchen „vorsorglichen" Genehmigung stellt das sog **„Negativattest"** dar, dh eine Feststellung des Gerichts dahingehend, dass Genehmigungsbedürftigkeit nicht vorliegt. Die Entscheidung, dass ein Rechtsgeschäft keiner familiengerichtlichen Genehmigung bedarf, hat jedoch nicht die Wirkung einer Genehmigung.[144] Damit kann ein nach Erteilung eines Negativattests geschlossenes

---

139 Staudinger/*Veit* BGB § 1828 Rn. 59; aA: *Oberloskamp* ZKJ 2016, 336 (341).

140 BT-Drs. 16/6308, 197.

141 hM: Staudinger/*Veit* BGB § 1793 Rn. 60; *Wesche* RpflStud 2015, 114 (115); *Schael* FamRZ 2009, 265 (266); *Harders* DNotZ 2009, 725 (730).

142 Keidel/*Zimmermann* FamFG § 7 Rn. 13; MüKoFamFG/*Pabst* § 7 Rn. 7.

143 BGH NJW 2012, 685; FamRZ 2011, 1788; MüKoFamFG/*Schumann* § 160 FamFG Rn. 5; *Zorn* Rpfleger 2009, 421 (429).

144 BGH NJW 1966, 652.

Rechtsgeschäft gleichwohl nach § 1829 BGB schwebend unwirksam sein, falls doch entgegen des Attests eine familiengerichtliche Genehmigung erforderlich war.[145] Das Negativattest begründet jedoch in Folgeprozessen, in denen um die Wirksamkeit eines Rechtsgeschäfts gestritten wird, die Vermutung seiner Richtigkeit[146] und sichert den Vormund mangels Verschuldens vor Schadensersatzansprüchen ab.[147]

121 *dd)* Bei der Beurteilung der **Genehmigungsfähigkeit** steht an erster Stelle die Prüfung der Wirksamkeit des Rechtsgeschäfts. Ein fehlerhaftes Geschäft kann nicht genehmigt werden. Das Gericht hat den Vormund auf etwaige Mängel, zB Formfehler oder Vertretungsausschlüsse gemäß § 1795 BGB[148], hinzuweisen und auf die Beseitigung heilbarer Mängel hinzuwirken, also zu veranlassen, dass eine fehlende Form nachgeholt oder ein Ergänzungspfleger gemäß § 1909 Abs. 1 BGB bestellt wird, der die notwendigen Erklärungen abgibt. Bloße Zweifel über die Wirksamkeit berechtigen das Gericht nicht, die Genehmigung zu versagen[149] oder das Genehmigungsverfahren bis zur Klärung noch offener Rechtsfragen auszusetzen. Dies schließt jedoch nicht aus, dass das Familiengericht im Hinblick auf das mit der Klärung der Wirksamkeit des Rechtsgeschäfts verbundene Prozessrisiko oder wegen eines möglichen Schadens, etwa durch eine erforderliche Mittelbereitstellung auf nicht absehbare Zeit, zu dem Ergebnis kommt, dass das Geschäft insgesamt mehr Nachteile für das Mündel bringt und daher nicht genehmigungsfähig ist.[150] Im Übrigen ist für die Entscheidung des Gerichts ausschließlich das **Mündelwohl** maßgebend. Zu berücksichtigen sind dabei die wirtschaftlichen und auch die persönlichen Interessen des Mündels. Zu genehmigen sind Geschäfte, die nach Art und Umfang des vorhandenen Vermögens den Regeln **vernünftiger Vermögensverwaltung** entsprechen.[151] Es ist jedoch darauf zu achten, dass nicht über Gebühr in die Eigenständigkeit des Vormunds eingegriffen wird. Bei den genehmigungsbedürftigen Verfügungen, zu deren Vornahme das Mündel verpflichtet ist, beschränkt sich die Prüfungspflicht auf das Bestehen einer solchen Verpflichtung. Unrichtig ist es daher zB, wenn das Gericht die Kontofreigabegenehmigung nach § 1812 BGB zur Bezahlung eines vom Vormund beauftragten Dienstleisters mit der Begründung verweigert, die Einschaltung eines Dienstleisters sei nicht notwendig gewesen und daher nicht im Interesse des Mündels gelegen. Vielmehr hat das Gericht nur zu prüfen, ob der Dienstleister eine Forderung gegen das Mündel erworben hat. Dies ist dann der Fall, wenn ein rechtswirksamer Vertrag zwischen dem Mündel, vertreten durch den Vormund, einerseits und dem Dienstleister andererseits abgeschlossen und von diesem die vereinbarte Leistung erbracht wurde. Da der Dienst- oder Werkvertrag als solcher nicht genehmigungsbedürftig ist, würde sich das Gericht bei einer Versagung der Kontofreigabe hinsichtlich eines Verzugsschadens des Dienstleisters ersatzpflichtig machen. Ob umgekehrt der Vormund mit der Beauftragung des Dienstleisters seine Amtspflichten verletzt hat, ist eine andere Frage, die jedenfalls nicht in diesem Genehmigungsverfahren zu berücksichtigen ist, sondern eine Frage der Aufsicht nach § 1837 BGB darstellt.

122 Auch wenn sich die Entscheidung des Gerichts zunächst ausschließlich am **Mündelinteresse** zu orientieren hat, können die **Belange von Angehörigen** mit berücksich-

---

[145] BayObLG FamRZ 1974, 320; Soergel/*Zimmermann* BGB § 1828 Rn. 18; Gernhuber/*Coester-Waltjen* § 60 Rn. 64.
[146] LG Meiningen FamRZ 2008, 1375.
[147] MüKoBGB/*Kroll-Ludwigs* § 1828 Rn. 23.
[148] Vgl. dazu *Weissinger* FamRB 2015, 188.
[149] BayObLG FamRZ 1969, 434; BayObLGZ 1963, 1 (7); MüKoBGB/*Kroll-Ludwigs* § 1828 Rn. 22.
[150] KG OLGE 12, 347 (349); Soergel/*Zimmermann* BGB § 1828 Rn. 10.
[151] MüKoBGB/*Kroll-Ludwigs* § 1828 Rn. 19; Palandt/*Götz* § 1828 Rn. 4.

tigt werden. Dies jedoch immer nur mittelbar, nämlich soweit hierdurch wiederum dem Wohl des Mündels entsprochen wird. Ideelle und familiäre Gesichtspunkte können jedenfalls nicht allein die Genehmigung eines wirtschaftlich nachteiligen Vertrages rechtfertigen.[152] Ähnliches gilt für das öffentliche Interesse. Hierauf hat das Gericht bei der Beachtung über die Genehmigung allenfalls in zweiter Linie abzustellen. Durch die Berücksichtigung der gesetzlichen Bestimmungen über die Anfechtbarkeit und Nichtigkeit von Rechtsgeschäften, die auf unredliche Weise zustande gekommen sind oder einen gesetzwidrigen oder sittenwidrigen Inhalt besitzen, ist den Belangen der Öffentlichkeit in ausreichendem Maße Rechnung getragen. Es bedarf nicht noch eines zusätzlichen Korrektivs durch das Gericht. Allerdings schließt dies nicht aus, dass das Gericht neben anderen Gründen auch die Auswirkungen des Rechtsgeschäfts auf das Ansehen des Mündels in der Öffentlichkeit in seine Entscheidung mit einbezieht.

ee) Größte Zurückhaltung ist angezeigt, wenn das Gericht die Genehmigung mit **123** einer **Bedingung oder Auflage** verbinden will. Knüpft das Gericht an die Genehmigung eine **aufschiebende Bedingung,** ist dies als Ablehnung der Genehmigung des beabsichtigten oder bereits abgeschlossenen Rechtsgeschäfts, verbunden mit der Inaussichtstellung der Genehmigung oder der Vorausgenehmigung eines anderen Rechtsgeschäfts, anzusehen, das der Bedingung entspricht.[153] **Auflösende Bedingungen** sind gänzlich unzulässig, da die Abhängigkeit der Wirksamkeit des Rechtsgeschäfts von ungewissen künftigen Ereignissen zu einer unerträglichen Rechtsunsicherheit führen würde.[154] Auch **Auflagen** an den Vormund, die mit der Erteilung der Genehmigung verbunden werden, sind fragwürdig und nach zutreffender Ansicht dann unzulässig, wenn sie über den Anwendungsbereich von § 1837 Abs. 2 BGB hinaus dem Vormund ein bestimmtes Verhalten oder Unterlassen aufzwingen sollen.[155] Ihre Nichteinhaltung hat zwar keinen Einfluss auf die Wirksamkeit des Rechtsgeschäfts, es wird hier jedoch in unzulässiger Weise in die Gestaltungsfreiheit des Vormunds eingegriffen. Das Gericht sollte statt dessen vor Erteilung der Genehmigung mit dem Vormund abklären, ob dieser bereit ist, nach Erteilung der Genehmigung die Maßnahmen zu treffen, die das Gericht von ihm erwartet, also insbesondere zB eine bestimmte Form der Wiederanlage des Erlöses aus einem Grundstücksgeschäft zu wählen.

ff) Das Familiengericht entscheidet über die Genehmigung durch **Beschluss** (§ 38 **124** Abs. 1 FamFG). Dieser ist nach § 38 Abs. 3 FamFG zu **begründen** und nach § 41 FamFG den Beteiligten, insbesondere dem Vormund, **bekannt zu geben**. Die Bekanntgabe des Beschlusses an den Mündel ist in § 41 Abs. 3 FamFG zwingend vorgesehen. Da im Bereich der Vermögenssorge auch über 14-jährige Minderjährige nicht verfahrensfähig sind (vgl. § 9 Abs. 1 Nr. 3 FamFG), erfolgt die Zustellung der Entscheidung an den gesetzlichen Vertreter (§ 9 Abs. 2 FamFG). Der Bestellung eines **Ergänzungspflegers** für die Entgegennahme der Entscheidung bedarf es nur dann, wenn die Voraussetzungen einer Interessenskollision nach § 1796 BGB vorliegen, was vom Bundesgerichtshof in dem von ihm entschiedenen Fall verneint worden ist.[156]

---

[152] OLG Celle NJW-RR 2012, 73; vgl. dazu auch BGH FamRZ 1986, 970.

[153] Gernhuber/*Coester-Waltjen* § 60 Rn. 62f.

[154] BayObLG FamRZ 1974, 320; Palandt/*Götz* § 1828 Rn. 11.

[155] Staudinger/*Veit* BGB § 1828 Rn. 45; aA: BayObLGZ 22, 325 (331).

[156] BGH FamRZ 2014, 640; Heilmann/*Dürbeck* BGB § 1796 Rn. 5; aA: ein Ergänzungspfleger sei stets wegen Verstoßes gegen § 1795 BGB zu bestellen: OLG Celle FamRZ 2013, 651; OLG Köln FamRZ 2012, 579; KG FamRZ 2010, 1171; *Zorn* Rpfleger 2010, 425.

125 **f) Beschwerdeberechtigung.** Verweigert das Gericht die Genehmigung, besitzt das Mündel, gesetzlich vertreten durch den Vormund (§ 9 Abs. 2 FamFG), ein **Beschwerderecht** gemäß § 59 FamFG, oder das Mündel selbst, soweit es das 14. Lebensjahr vollendet hat, nach § 60 iVm § 159 FamFG. Einem Dritten, insbesondere dem **Vertragspartner**, steht ein Beschwerderecht nach § 59 FamFG grundsätzlich nicht zu, da das Recht des Dritten durch Versagung der Genehmigung grundsätzlich nicht verletzt wird.[157] Etwas anderes gilt, wenn eine bereits erteilte Genehmigung wieder aufgehoben und versagt wurde und der Vertragsgegner geltend macht, dass die Genehmigung ihm gegenüber gemäß § 1829 Abs. 1 wirksam und damit gemäß § 48 Abs. 3 FamFG unwiderruflich geworden ist.[158] Schließlich muss auch von einem Beschwerderecht des Vertragspartners ausgegangen werden, wenn dieser vorbringt, das Rechtsgeschäft habe keiner gerichtlichen Genehmigung bedurft und seine Rechtslage würde durch den förmlichen Bestand des die Genehmigung versagenden Beschlusses beeinträchtigt.[159]

126 Ob dem **Vormund** aus eigenem Recht nach § 59 FamFG gegen die Versagung der gerichtlichen Genehmigung ein Beschwerderecht zusteht, ist strittig.[160] Man wird dem Vormund ein eigenes Beschwerderecht aber zuerkennen müssen, da er in seiner Rechtsstellung und Amtsführung durch die Versagung der gerichtlichen Genehmigung zu einem Rechtsgeschäft unmittelbar betroffen wird und durchaus ein berechtigtes persönliches Interesse an der Feststellung haben kann, dass er mit dem Abschluss eines Rechtsgeschäfts nicht den Interessen seines Mündels zuwidergehandelt hat.

127 Erteilt das Gericht die Genehmigung, ist der Vormund mangels Rechtschutzbedürfnisses grundsätzlich nicht beschwerdeberechtigt, da er es in der Hand hat, von der Genehmigung keinen Gebrauch nach § 1829 BGB zu machen, falls seit seinem Antrag eine Änderung in der Sachlage eingetreten ist und das genehmigte Rechtsgeschäft nicht mehr dem Wohl des Mündels entspricht. Sollte das Gericht versehentlich in gesetzwidriger Weise die Genehmigung dem Vertragsgegner unmittelbar zugeleitet haben, wird das Rechtsgeschäft nicht wirksam und für eine Beschwerde des Vormunds namens seines Mündels fehlt es an einem unmittelbaren Eingriff in den materiellen Rechtsbereich. Das Mündel selbst hat im Rahmen des § 59, 60, 159 FamFG gegen die Erteilung der Genehmigung ein Beschwerderecht, wenn die dortigen Voraussetzungen gegeben sind. Auch der Gegenvormund, der vom Gericht entgegen § 1826 BGB nicht gehört wurde, kann Beschwerde einlegen. Schließlich steht auch dem Vormund selbst ein Beschwerderecht zu, wenn einem Ergänzungspfleger die Genehmigung zu einem Rechtsgeschäft erteilt wird, das in seinen Zuständigkeitsbereich fällt.[161]

128 Erlässt das Familiengericht ein **Negativattest,** sind sowohl der Vormund für sein Mündel als auch das Mündel selbst unter den Voraussetzungen der §§ 59, 60 FamFG beschwerdeberechtigt.[162] Auch die Verweigerung eines Negativattests ist anfechtbar.[163]

Die **Beschwerdefrist** beträgt im Übrigen in Fällen der Genehmigung eines Rechtsgeschäfts gemäß § 63 Abs. 2 Nr. 2 BGB lediglich **zwei Wochen**.

---

157 OLG Celle FamRZ 2012, 1066; OLG München FamRZ 2009, 1861; BayOblG FamRZ 1995, 302; Heilmann/*Dürbeck* BGB § 1821 Rn. 22.

158 BGH FamRZ 2016, 296; OLG Celle NJW-RR 2012, 73; Staudinger/*Veit* BGB § 1828 Rn. 86.

159 OLG Hamm FamRZ 1984, 1036; Keidel/*Meyer-Holz* FamFG § 59 Rn. 6.

160 Bejahend Staudinger/*Veit* BGB § 1828 Rn. 83; MüKoBGB/*Kroll-Ludwigs* § 1828 Rn. 51; Heilmann/*Dürbeck* BGB § 1821 Rn. 22; aA: OLG Stuttgart FGPrax 2001, 199; Palandt/*Götz* § 1828 Rn. 18: nur für das Mündel.

161 BGHZ 44, 325 zur Anfechtbarkeit des Negativattests; MüKoBGB/*Kroll-Ludwigs* § 1828 Rn. 54.

162 MüKoBGB/*Kroll-Ludwigs* § 1828 Rn. 58.

163 LG Mühlhausen FamRZ 2012, 1324.

2. Wirksamwerden von Genehmigung und Rechtsgeschäft. a) Genehmigungen, die Rechtsgeschäfte zum Gegenstand haben, werden grundsätzlich erst **wirksam mit der Rechtskraft,** §§ 40 Abs. 2, 45 FamFG. Ab diesem Zeitpunkt kann der Beschluss nicht mehr abgeändert werden, § 48 Abs. 3 FamFG. Für die Außengenehmigungen gelten zusätzlich die §§ 1828 bis 1832 BGB, und zwar auch dann, wenn ein Rechtsgeschäft genehmigt wird, das ein beschränkt geschäftsfähiges Mündel mit Zustimmung des Vormunds vornimmt, oder wenn der Vormund ein Rechtsgeschäft zwar im eigenen Namen, aber für das Mündel oder zugleich für das Mündel abschließt.[164] Abweichend vom Grundsatz des § 182 BGB ist in § 1828 geregelt, dass das Gericht die Genehmigung zu einem Rechtsgeschäft **nur dem amtierenden Vormund** gegenüber erklären kann. Damit soll gewährleistet sein, dass der Vormund auch nach Erteilung der Genehmigung die Möglichkeit offenbehält, von ihr Gebrauch zu machen oder nicht (→ Rn. 133).[165] Deshalb wird die Genehmigung nur wirksam, wenn sie der Vormund direkt vom Gericht erhält, dh sie **muss an ihn adressiert** sein. Eine Mitteilung an einen anderen kann der Vormund auch nicht nachträglich genehmigen. Die formlose Bekanntgabe an den Verfahrensbevollmächtigten des Vormunds genügt (§ 15 Abs. 3 FamFG).[166] Der Vormund darf unter keinen Umständen übergangen werden. Er allein soll die Kontrolle über das Zustandekommen des Rechtsgeschäfts (vgl. § 1829 Abs. 1 S. 2 BGB) haben. Die Vorschrift des § 1828 BGB ist zwingend und kann nicht durch Parteivereinbarung abgedungen oder geändert werden.[167] 129

b) Während § 1828 BGB das Wirksamwerden der Genehmigung im Verhältnis zum Vormund regelt, bestimmt § 1829 BGB, wie das **Rechtsgeschäft im Verhältnis Mündel zum Vertragspartner wirksam** wird, zu dem die Genehmigung und zwar die nachträgliche erteilt wurde. 130

aa) Hat der Vormund, was seiner freien Entscheidung überlassen bleibt, die Genehmigung vorher eingeholt, wird der **Vertrag** mit Abschluss wirksam, wenn er sich im Rahmen der erteilten Genehmigung hält. Weicht er hiervon nicht nur in unwesentlichen Details ab, so muss das Gericht den tatsächlich abgeschlossenen Vertrag insgesamt erneut BGB genehmigen.. Schließlich wird bei der nachträglichen Genehmigung dem Vormund über das Verfahren gemäß § 1829 Abs. 1 S. 2 BGB bei einseitiger Bindung des Vertragsgegners noch eine zusätzliche Frist eingeräumt, zu überdenken, ob sich das Rechtsgeschäft nach wie vor als vorteilhaft für das Mündel darstellt. § 1829 Abs. 1 S. 2 BGB bestimmt, dass die Genehmigung sowie deren Verweigerung dem anderen Teil gegenüber erst wirksam wird, wenn sie ihm **durch den Vormund mitgeteilt** wird. Dem Vormund soll bis zuletzt die Freiheit belassen werden, zu entscheiden, ob er das Rechtsgeschäft zur Wirksamkeit gelangen lassen will oder nicht. Hierauf kann der Vormund nicht im Voraus verzichten.[168] Unzulässig sind auch sämtliche Vereinbarungen, die eine Einschränkung oder Aufhebung dieses Rechts bedeuten, zB durch eine Vertragsformulierung wie „die Genehmigung gilt als mitgeteilt".[169] Solange der Vormund noch keine Mitteilung gemacht hat, ist das Rechtsgeschäft nach § 1829 Abs. 1 S. 1 BGB schwebend unwirksam. Während dieser Zeit ist der **Vertragspartner** an das Rechtsgeschäft gebunden, nicht jedoch das Mündel. Der Vormund ist nicht verpflichtet, die Genehmigung einzuholen und mitzuteilen, sein Handeln wird 131

[164] Palandt/*Götz* § 1828 BGB Rn. 2.

[165] RGZ 59, 277; 7130, 151.

[166] BGH NJW 1954, 1925.

[167] MüKoBGB/*Kroll-Ludwigs* § 1828 Rn. 1.

[168] Staudinger/*Veit* BGB § 1829 Rn. 9.

[169] OLG Düsseldorf NJW 1959, 391; MüKoBGB/*Kroll-Ludwigs* § 1829 Rn. 13.

ausschließlich durch das Mündelinteresse bestimmt. Er haftet auch nicht nach Maßgabe von §§ 311 Abs. 2, 241 Abs. 2, 280 Abs. 1 BGB gegenüber dem Vertragspartner.[170] In der Praxis stößt der Vormund, der in Erwägung zieht, von der gerichtlichen Genehmigung keinen Gebrauch zu machen, nicht selten auf Unverständnis beim Vertragspartner, zumal wenn dieser bereits erhebliche Investitionen im Vertrauen auf das Zustandekommen des Rechtsgeschäfts gemacht hat. Der Vormund ist jedoch gleichwohl dazu verpflichtet, bis zuletzt das Wohl seines Mündels im Auge zu behalten, auch wenn er sich dem Vorwurf aussetzt, sich mit dem Zurückhalten der gerichtlichen Genehmigung zu seinem eigenen Verhalten beim Abschluss des Vertrags in vermeintlich treuwidriger Weise in Widerspruch zu setzen. Er darf nicht daran gehindert sein, die sich aus § 1829 Abs. 1 S. 2 BGB ergebenden Möglichkeiten taktisch einzusetzen, zB einen bereits genehmigten notariellen Kaufvertrag über ein Grundstück des Mündels vor Mitteilung der Genehmigung zu benützen, um von einem Dritten ein noch höheres Kaufangebot zu erhalten. Legitim ist es schließlich auch, wenn der Vormund die Mitteilung von zusätzlichen Zugeständnissen oder einseitigen Versprechen seitens des Vertragspartners abhängig macht. Bestimmungen in einem Vertrag, wonach Kosten im Zusammenhang mit dem Vertragsabschluss vom Mündel zu tragen sind, falls die gerichtliche Genehmigung nicht erteilt oder nicht mitgeteilt wird, sind rechtlich irrelevant, da auch diese Verpflichtung nicht zum Tragen kommt, wenn der Vertrag insgesamt keine Wirksamkeit erlangt. Diese Überlegungen und Grundsätze sollen jedoch nicht bedeuten, dass sich der Vormund bei Abschluss eines genehmigungspflichtigen Vertrages unredlich oder gar arglistig verhalten kann, eine Haftung nach § 826 BGB ist durch § 1829 Abs. 1 S. 2 BGB nicht ausgeschlossen.[171] Der Vormund sollte, auch ohne rechtliche Verpflichtung, den Vertragspartner darauf aufmerksam machen, dass es sich bei dem Erfordernis der familiengerichtlichen Genehmigung nicht nur um eine Formsache handelt und die Wirksamkeit der Vereinbarung bis zuletzt von der Mitteilung der Genehmigung abhängt. Umgekehrt ist aber auch das Familiengericht gehalten, bei Rechtsgeschäften mit größerer Tragweite den Vormund, vor allem wenn es sich um einen juristischen Laien handelt, im Zusammenhang mit dem Genehmigungsverfahren auf die sich aus § 1829 Abs. 1 S. 2 BGB ergebenden Möglichkeiten und Verpflichtungen hinzuweisen und ihn insbesondere darauf aufmerksam zu machen, dass er sich auch nach Erteilung der Genehmigung noch einem günstigeren Angebot von dritter Seite offenzuhalten hat.

132 Für den Vertragsgegner besteht die Möglichkeit, den sich aus § 1829 Abs. 1 S. 2 BGB ergebenden Schwebezustand und damit seine einseitige Bindung dadurch zu beenden, dass er den Vormund zur **Mitteilung über die gerichtliche Genehmigung auffordert**. Gemäß § 1829 Abs. 2 BGB gilt die Genehmigung als verweigert, wenn sie nicht binnen vier Wochen nach Empfang der Aufforderung vom Vormund mitgeteilt wird. Sei es, weil die Existenz dieser Bestimmung weithin relativ unbekannt ist, sei es, weil der Vertragspartner es im allgemeinen nicht riskieren möchte, das Rechtsgeschäft endgültig aufs Spiel zu setzen, jedenfalls kommt es in der Praxis sehr selten zur Aufforderung nach § 1829 Abs. 2 BGB. Dessen ungeachtet besteht für das Mündel durchaus die Gefahr, dass das Zustandekommen eines für ihn besonders vorteilhaften Rechtsgeschäfts scheitert, einfach weil der Vormund nicht in der Lage ist, innerhalb der kurz bemessenen 4-Wochen-Frist die Genehmigung des Gerichts beizubringen. Die Aufforderung des anderen Teils kann nämlich bereits erfolgen, bevor die Genehmigung erteilt,[172] ja

---

[170] Staudinger/*Veit* BGB § 1829 Rn. 11.
[171] Gernhuber/*Coester-Waltjen* § 60 Rn. 52.
[172] RGZ 130, 148.

sogar bevor sie beantragt ist. Aus diesem Grunde sollte der Vormund das Gericht bei bedeutenden Rechtsgeschäften schon vor Abschluss des Vertrags in geeigneter Form informieren und die zur Beurteilung der Genehmigungsfähigkeit notwendigen Unterlagen, zB ein Verkehrswertgutachten, vorlegen.

Die **Mitteilung der Genehmigung** stellt eine **empfangsbedürftige Willenserklärung**[173] dar, so dass die allgemeinen Regeln über Willenserklärungen, insbesondere die §§ 116ff. BGB Anwendung finden.[174] Sie ist **grundsätzlich formfrei,** kann also auch durch schlüssiges Verhalten erfolgen. Jedenfalls muss der Vormund in irgendeiner Weise dem Vertragspartner gegenüber zum Ausdruck bringen, dass der Vertrag nunmehr Geltung haben soll.[175] Die Mitteilung muss durch den amtierenden Vormund gemacht werden, ohne dass es darauf ankäme, ob er den Vertrag geschlossen hat.[176] Nach **Eintritt der Volljährigkeit** ist der bisherige Vormund nicht mehr in der Lage, die Mitteilung nach § 1829 BGB vorzunehmen, vielmehr ist es am Mündel selbst, nach § 1829 Abs. 3 BGB ggf. die Wirksamkeit des Vertrags herbeizuführen.[177] Die Mitteilung kann erst dann erfolgen, wenn die **gerichtliche Genehmigung** in **Rechtskraft** (§ 40 Abs. 2 FamFG) erwachsen ist, eine zuvor erklärte Mitteilung bleibt ohne Wirkung und wird auch nicht durch die spätere Rechtskraft geheilt.[178] 133

Der Vormund kann sich nicht nur bei der Entgegennahme der Genehmigung nach § 1828 BGB, sondern auch bei der Mitteilung an den Vertragspartner nach § 1829 Abs. 1 S. 2 **vertreten lassen,** und zwar auch durch ein und dieselbe Person. Dies ist bei Grundstücksgeschäften durchaus die Regel. Hierbei werden der **beurkundende Notar** und meist auch zusätzlich eine oder mehrere seiner Angestellten im Rahmen des Vertrags vom Vormund bevollmächtigt, die Genehmigung entgegenzunehmen und mitzuteilen. Gleichzeitig erteilt der andere Teil den gleichen Personen **Vollmacht,** die Mitteilung für ihn entgegenzunehmen. Für rechtlich zulässig wird auch erachtet, wenn die Vertragsteile den beurkundenden Notar bevollmächtigen, Genehmigungen gegenseitig mitzuteilen und diese Mitteilungen jeweils in Empfang zu nehmen.[179] Bei einer solchen Konstruktion wird das Rechtsgeschäft grundsätzlich wirksam, wenn die vom Gericht an den Notar unmittelbar übermittelte Genehmigung bei diesem eingeht. Allerdings können die mittels einer solchen **Doppelbevollmächtigung** vorgenommenen Rechtshandlungen nicht als rein innerer Akt Wirksamkeit erlangen; vielmehr muss der innere Vorgang der Kenntnisnahme von der Genehmigung und der Mitteilung irgendwie nach außen zum Ausdruck kommen.[180] Üblicherweise geschieht dies durch Einreichung der Urkunde seitens des Notars beim Grundbuchamt. Der Vorteil einer solchen Handhabung liegt darin, dass die Rechtshandlungen nach den §§ 1828, 1829 Abs. 1 S. 2 BGB als Wirksamkeitsvoraussetzungen für das Rechtsgeschäft in der für § 29 GBO erforderlichen Form dem Grundbuchamt nachgewiesen werden können, ohne dass sie zusätzlich beurkundet werden müssen. Der Wortlaut der Vollmachtserklärungen muss sich deutlich auf den Empfang nach § 1828 BGB, die Mitteilung nach § 1829 Abs. 1 S. 1 BGB und die Entgegennahme der Mitteilung jeweils hinsichtlich der gleichen Vertragsbestimmung beziehen. Eine allgemeine Formulierung wie zB „wird 134

---

[173] BayObLG NJW 1960, 2188.
[174] Soergel/*Zimmermann* BGB § 1829 Rn. 4.
[175] BGHZ 15, 97; Palandt/*Götz* § 1829 Rn. 4.
[176] MüKoBGB/*Kroll-Ludwigs* § 1829 Rn. 21.
[177] RGZ 130, 124 (128).
[178] KG FamRZ 2016, 324; BT-Drs. 16/6308, 347; Staudinger/*Veit* BGB § 1829 Rn. 20.
[179] KG FamRZ 2016, 324; OLG Jena NotBZ 2016, 115; OLG Düsseldorf NJW 1959, 391; Staudinger/*Veit* BGB § 1829 Rn. 24 mwN.
[180] BayObLG FamRZ 1998, 1325.

bevollmächtigt, alle mit der Durchführung des Vertrags zusammenhängenden Erklärungen abzugeben" genügt nicht.[181] Ganz wesentlich ist es auch, dass sich der Vormund durch die Vollmachtserteilung nicht endgültig seiner Rechte aus §§ 1828, 1829 Abs. 1 S. 1 BGB begibt, dh, dass die Vollmacht jederzeit **frei widerruflich** sein muss. Will der Vormund zwar die Vorteile der Bevollmächtigung des Notars in Anspruch nehmen, andererseits aber durchaus das Verfahren weiter im Griff behalten, so sollte er nach Abschluss des Vertrags, unabhängig von den beurkundeten Vollmachten und Anträgen, das Gericht formlos ersuchen, die Genehmigung entgegen der Anweisung in der Urkunde nicht dem Notar unmittelbar, sondern ihm persönlich zu übermitteln. Er kann dann die Wirksamkeit des Rechtsgeschäfts nach seinem Belieben eintreten lassen, wenn er die Genehmigung seinerseits dem Notar zuleitet. Erteilt das Gericht die Genehmigung und übermittelt sie im Rahmen der Vollmachten direkt an den Notar, sollte es dennoch dem Vormund eine Abschrift von der Genehmigung überlassen, damit dieser über den Stand des Verfahrens informiert bleibt. Generell unzulässig sind Formulierungen, die dem Vormund das Recht beschneiden, über das Wirksamwerden der Genehmigung bis zuletzt zu entscheiden.[182]

135 Wird die Erteilung der Genehmigung **mitgeteilt,** erlangt das Rechtsgeschäft **rückwirkend** zum Vertragsabschluss **Wirksamkeit.** Umgekehrt ist das Rechtsgeschäft endgültig unwirksam, wenn die Verweigerung der Genehmigung zur Mitteilung kommt. Dem steht es gleich, wenn der Vormund dem Vertragsgegner mitteilt, dass er von der erteilten Genehmigung keinen Gebrauch machen will oder wahrheitswidrig behauptet, dass das Familiengericht die Erteilung der Genehmigung versagt habe.[183] Nach Mitteilung der Erteilung bzw. der Verweigerung kann die Genehmigung nicht mehr geändert werden, weder vom Familiengericht noch vom Beschwerdegericht, § 48 Abs. 3 FamFG. Hat der Vormund der **Wahrheit zuwider** – egal ob bewusst oder nicht[184] – gegenüber dem Vertragspartner das Vorliegen einer familiengerichtlichen Genehmigung behauptet, so ist der Vertragspartner nach § 1831 BGB berechtigt, seine Willenserklärung zu **widerrufen**. Die Vorschrift gilt aber nur, wenn die wahrheitswidrige Behauptung anlässlich des Vertragsschlusses erklärt wurde, also dann nicht, wenn erst nach der vertraglichen Vereinbarung die wahrheitswidrige Erklärung durch den Vormund erfolgt.[185]

136 *bb)* **Einseitige Rechtsgeschäfte** bedürfen nach § 1831 BGB grundsätzlich der **vorherigen Genehmigung** durch das Familiengericht. Zu den einseitigen Rechtsgeschäften zählen zB die Ausübung eines Vorkaufsrechts, die Kündigung, Anfechtung, Aufrechnung, die Ausschlagung einer Erbschaft und auch die Ermächtigung nach § 112 BGB. Die Bestimmung des § 1831 BGB soll den Dritten davor schützen, dass er sich einer dauernden Ungewissheit über die Wirksamkeit des Rechtsgeschäfts gegenübersieht, die er hier mangels einer Möglichkeit, wie sie bei Verträgen nach § 1829 Abs. 2 BGB gegeben ist, von sich aus nicht beenden könnte.[186] An diesem Schutzzweck orientiert sich auch die Beantwortung der Frage, wann die Vorausgenehmigung tatsächlich vorliegen muss. Danach genügt es, dass die Genehmigung erteilt ist, wenn das einseitige Rechtsgeschäft wirksam wird, was zB nicht unbedingt der Zeitpunkt der Beurkundung sein muss.[187] Bei einer empfangsbedürftigen Willenserklärung gegenüber

[181] OLG Zweibrücken BeckRS 2016, 03392; MüKoBGB/*Kroll-Ludwigs* § 1829 Rn. 17.
[182] Vgl. etwa BayObLG FamRZ 1989, 1113 (1115).
[183] MüKoBGB/*Kroll-Ludwigs* § 1829 Rn. 24.
[184] Palandt/*Götz* § 1830 Rn. 1.
[185] Soergel/*Zimmermann* BGB § 1830 Rn. 9.
[186] RGZ 118, 145 (147); Soergel/*Zimmermann* BGB § 1831 Rn. 11.
[187] Palandt/*Götz* § 1831 Rn. 2.

einem Abwesenden muss die Genehmigung vorliegen und nach den § 1828 BGB, § 40 FamFG dem Vormund mitgeteilt sein, wenn sie dem Dritten zugeht, § 130 Abs. 1 S. 1 BGB. Bei Erklärungen gegenüber dem Grundbuchamt, zB nach § 875 BGB, genügt es, wenn die Genehmigung erst nach Eingang beim Grundbuchamt erteilt wird, da dieses die Möglichkeit hat, die rechtliche Unsicherheit durch eine Zwischenverfügung zu beseitigen, der Schutzgedanke des § 1831 BGB also nicht zum Zuge kommt.[188]

Bei der **Erbschaftsausschlagung** gegenüber dem Nachlassgericht reicht es aus, wenn die Genehmigung des Familiengerichts innerhalb der Frist des § 1944 BGB nachgereicht wird.[189] In der Praxis wird denn auch regelmäßig zuerst vom Nachlassgericht die **Ausschlagungserklärung** mit dem Antrag auf Erteilung der familiengerichtlichen Genehmigung protokolliert und dann der Nachlassakt an das für das Mündel zuständige Familiengericht weitergeleitet. Genügend ist hier sogar die spätere Erteilung der Genehmigung, wenn sie nur innerhalb der Frist des § 1944 BGB beantragt wurde, da es sich bei dem Fehlen der gerichtlichen Genehmigung um einen fristhemmenden Fall höherer Gewalt handelt, § 206 BGB.[190] Eine solche Auslegung ist sinnvoll, da sich eine Überschuldung des Nachlasses oft erst relativ spät herausstellt und insbesondere wenn mehrere örtlich zuständige Familiengerichte beteiligt sind, diesen eine rechtzeitige Einsichtnahme in die Nachlassakten als der entscheidenden Informationsquelle kaum möglich ist. Liegt die gerichtliche Genehmigung unter Berücksichtigung obiger Gesichtspunkte nicht vor, ist das Rechtsgeschäft nach § 1831 S. 1 BGB **unheilbar unwirksam** und muss ggf. wiederholt werden. Liegt die Genehmigung vor, so kann das Rechtsgeschäft nach § 1831 S. 2 BGB gleichwohl unwirksam sein, wenn der Vormund die (schriftliche) Genehmigung nicht vorlegt und der andere Teil das Rechtsgeschäft aus diesem Grund **unverzüglich zurückweist**. In formaler Hinsicht ist eine Beschlussausfertigung mit **Rechtskraftzeugnis** (§ 46 FamFG) erforderlich, weil nur dann erkennbar ist, ob im Hinblick auf § 40 Abs. 2 S. 1 FamFG eine wirksame Genehmigung vorliegt. 137

3. Die einzelnen Genehmigungstatbestände. a) Genehmigungen der laufenden Verwaltung. Hierher gehören zunächst die Anlagegenehmigungen der §§ 1810, 1811 BGB, die Genehmigungen zur Verfügung über versperrte Anlagen gemäß § 1809 BGB und schließlich die Genehmigungen nach den §§ 1817, 1819 und 1820 BGB im Zusammenhang mit der Hinterlegung und Verfügung über Wertpapiere und Kostbarkeiten. Im Einzelnen wurde auf sie bereits oben unter → Rn. 85 ff. bzw. → Rn. 102 ff. eingegangen. Es handelt sich mit Ausnahme der Genehmigungen nach den §§ 1819, 1820 BGB um Innengenehmigungen. 138

aa) Neben diesen nehmen wohl die **Genehmigungen nach § 1812 Abs. 1 BGB** den breitesten Raum im Rahmen der laufenden Verwaltung ein.[191] Danach stehen, soweit nicht bereits Genehmigungsbedürftigkeit gemäß den §§ 1819–1822 BGB gegeben ist, unter Genehmigungsvorbehalt: **Verfügungen über eine Forderung**, Verfügungen über ein **anderes Recht**, kraft dessen das Mündel eine Leistung verlangen kann, Verfügungen über ein **Wertpapier**, und Rechtsgeschäfte, mit denen die **Verpflichtung zu einer der genannten Verfügungen** eingegangen werden soll. Die Vorschrift gilt nicht für den befreiten Vormund (§§ 1852 Abs. 2, 1855 BGB) und den **Amts- und Vereinsvormund** (§§ 1857a, 1852 Abs. 2 BGB). 139

---

188 OLG Celle Rpfleger 1980, 187; Gernhuber/*Coester-Waltjen* § 60 Rn. 50.
189 BGH FamRZ 1966, 504.
190 OLG Frankfurt/Main DNotZ 1966, 613; MüKoBGB/*Kroll-Ludwigs* § 1831 Rn. 7.
191 Eingehend *Lamberz* FamRZ 2012, 162.

140 Unter **Verfügungen** versteht man die rechtsgeschäftliche Übertragung, Belastung, Aufhebung oder inhaltliche Änderung bzw. Rangänderung eines bestehenden, als bestehend gedachten oder künftig entstehenden Rechts.[192] Zu den Verfügungen gehört insbesondere auch die **Annahme einer geschuldeten Leistung**, wie sich aus § 1813 BGB ergibt,[193] mit Ausnahme der Fälle des § 1813 Abs. 1 Nr. 3, wenn es sich um die Annahme angelegter Gelder handelt. Das Recht, über das verfügt wird, muss dem Mündel allein oder **gemeinsam mit anderen**[194] zustehen, und der Vormund muss im Rahmen seiner gesetzlichen Vertretungsmacht handeln. **Nicht genehmigungsbedürftig** sind daher Verfügungen, die durch den vertretungsberechtigten Gesellschafter einer **OHG** oder **KG**, an welcher das Mündel beteiligt ist, getroffen werden.[195] Ebenfalls nicht erfasst ist der Abschluss von **Dienstverträgen** (§ 611 BGB) für den Mündel als Dienstherrn, auch wenn der Mündel zu regelmäßiger Vergütung – außerhalb von § 1822 Nr. 5 BGB (→ Rn. 176) – verpflichtet wird, da schuldrechtliche Verträge keine Verfügung darstellen,[196] Wegen der weitreichenden Beschränkungen der Vertretungsmacht des Vormunds in § 1812 BGB ist die Frage immer noch umstritten, ob der Anwendungsbereich im Wege teleologischer Reduktion **einzugrenzen** ist. Abzulehnen ist jedenfalls die Ansicht, diejenigen Verfügungen auszugrenzen, die sich mehr als Akte der Personensorge als Vermögenssorge darstellen,[197] weil diesem Ansatz schon gesetzessystematische Gründe entgegenstehen. Nach der noch in der Vorauflage vertretenen Auffassung soll eine einschränkende Auslegung der Vorschrift gänzlich abzulehnen sein, weil eine Beschränkung auf Geldforderungen zu willkürlichen Ergebnisse führe und das Erfordernis der Sicherheit und Klarheit im Rechtsverkehr eine eindeutige Orientierung am Wortlaut des Gesetzes verlange.[198] Der BGH hat in einem obiter dictum ausgeführt, dass aus historischen und teleologischen Gründen Verfügungen über bewegliche Sachen – auch Geld und Kostbarkeiten – dem Anwendungsbereich von § 1812 Abs. 1 BGB entzogen seien.[199] Dem ist im Ergebnis zuzustimmen. § 1812 BGB ist – das zeigt auch eine Gesamtschau mit § 1813 BGB – dahin zu verstehen, dass er sich entsprechend seiner konkreten Zielrichtung ausschließlich auf **Forderungen** und andere Rechte beziehen, die auf **Geldleistungen** lauten.

Besonderer Vorsicht bedarf der Umgang des Vormunds mit **rechtlich zweifelhaften Forderungen** Dritter gegen Mündel. Bestehen keine hinreichenden Erfolgsaussichten einer möglichen Rechtsverfolgung, wird der vom Vormund beabsichtigten Erfüllung der Forderung die Genehmigung nach § 1812 BGB zu versagen sein.[200]

141 **Forderungen** im Sinne des § 1812 BGB sind schuldrechtliche Ansprüche jeder Art, sowohl vertragliche als auch gesetzliche und unabhängig davon, ob der Vormund sie bei Amtsantritt vorfindet oder ob sie erst später entstanden sind.[201] Unter die **anderen Rechte** im Sinne des § 1812 BGB fallen alle Ansprüche, die nicht den Forderungen zuzurechnen (Hypotheken, Grundschulden, Reallasten)[202] sind, wozu auch ding-

[192] BGH NJW 2010, 1456; 1951, 545 (547).
[193] Staudinger/*Veit* BGB § 1812 Rn. 13.
[194] KG OLGE 5, 410 (411).
[195] RGZ 115, 153; Palandt/*Götz* § 1812 Rn. 4.
[196] BGH FamRZ 2010, 207.
[197] So MüKoBGB/*Kroll-Ludwigs* § 1812 Rn. 13; Erman/*Saar* BGB § 1812 Rn. 6.
[198] So *Band* in der Vorauflage Rn. 142; *Lamberz* FamRZ 2012, 162 (163); BeckOK BGB/*Bettin* § 1812 Rn. 4.
[199] BGH FamRZ 2010, 207.
[200] BGH NJW-RR 2013, 323.
[201] OLG Frankfurt WM 1974, 73; MüKoBGB/*Kroll-Ludwigs* § 1812 Rn. 15.
[202] Vgl. *Fiala/Müller/Braun* Rpfleger 2002, 389 (398).

liche Ansprüche gehören.[203] Die Ausübung von Gestaltungsrechten, fällt für sich allein nicht unter § 1812 BGB, es sei denn, sie hat das unmittelbare Erlöschen oder die unmittelbare Veränderung eines Leistungsanspruchs oder eines sonst auf Leistung gerichteten Rechts zur Folge, wie dies etwa bei der Anfechtung, der Abtretung oder der Kündigung anzunehmen ist.[204] Ohne Anspruch auf Vollständigkeit dürfen einige nach § 1812 Abs. 1 BGB genehmigungsbedürftige Verfügungen aufgeführt werden, wobei auf die in der Praxis eher bedeutungslose Gliederung in Verfügungen über „Forderungen" oder „andere Rechte" verzichtet wird:

- Einziehung von Ansprüchen aus Kaufverträgen über bewegliche Sachen,
- Einziehung von Renten,
- Einziehung von einmaligen Leistungen, zB Schmerzensgeld, Schadensersatzansprüchen, Versicherungsleistungen,
- Einziehung von Mietzinsforderungen, soweit nicht unter § 1813 Nr. 4 BGB fallend, Kündigung einer Darlehensforderung
  Abhebungen von Sparkonten,
- Kündigung von Festgeldern,
- Kündigung von Mietverträgen, auch für die vom Mündel selbst bewohnte Wohnung,[205]
- Entlastungserklärung bei Wechsel des Vormunds.

Auf die Genehmigungsbedürftigkeit von Löschungsbewilligungen und Nacherbenerklärungen des Mündels nach § 1812 BGB wird unter → Rn. 153 ff. bei den jeweiligen Tatbeständen näher eingegangen. **142**

bb) Die Frage, ob auch eine gerichtliche Genehmigung im Zusammenhang mit **Girokonten** – dem heute absolut vorrangigen Instrument zur Abwicklung des laufenden Zahlungsverkehrs – erforderlich ist, war vor der gesetzlichen Neuregelung von § 1813 Abs. 1 Nr. 3 BGB zum 1.9.2009 höchst umstritten.[206] Sie betrifft die Eröffnung und Auflösung des Kontos, zum anderen aber auch die einzelnen Verfügungen selbst, insbesondere Abhebungen und Überweisungen. Geld auf einem Girokonto unterliegt nicht der Anlegungspflicht des § 1806 Hs. 1 BGB. Das Girokonto stellt vielmehr den Ersatz für die Bargeldkasse des Vormunds dar, das der Bestreitung des Mündelunterhalts und der laufenden Aufwendungen dient. Weder bei der Eröffnung eines Girokontos durch den Vormund noch bei Einzahlungen auf das Konto handelt es sich demnach um Geldanlagen. Die Vorschriften der §§ 1807–1811 BGB kommen daher **nicht** zur Anwendung.[207] Die **Eröffnung eines Girokontos** durch den Vormund ist also **nicht genehmigungsbedürftig,** und das Konto muss auch nicht nach § 1809 BGB gesperrt werden. Nach zutreffender Ansicht ist auch die Auflösung des Girokontos nicht genehmigungspflichtig.[208] Oft wird dem Vormund bei Abschluss des Girokontovertrags mit der Bank die Möglichkeit eingeräumt, das **Konto zu überziehen,** also einen Kredit für das Mündel aufzunehmen. Hier besteht Genehmigungspflicht nach § 1822 Nr. 8 BGB.[209] Um zu verhindern, dass bei jeder einzelnen Überziehung eine neue Genehmigung nach § 1822 Nr. 8 BGB eingeholt werden muss, sollte mit der Bank oder Sparkasse im Rahmen der Eröffnung eines Girokontos ein **Kreditrahmen** **143**

---

[203] Staudinger/*Veit* BGB § 1812 Rn. 16.
[204] Erman/*Saar* BGB § 1812 Rn. 8.
[205] Jürgens/*v. Crailsheim* BGB § 1812 Rn. 8.
[206] Zum früheren Streitstand *Grziwotz* FamRZ 2008, 1908.
[207] Palandt/*Götz* § 1806 Rn. 5.
[208] LG Hamburg NJW-RR 2011, 513; Staudinger/*Veit* BGB § 1813 Rn. 21.
[209] KG FamRZ 2010, 402; *Kunkel* Rpfleger 1997, 1 (2).

für Überziehungen vereinbart werden und diese Vereinbarung einer Genehmigung durch das Familiengericht zugeführt werden.

144 Das Problem, inwieweit **Verfügungen,** insbesondere Überweisungen oder Abhebungen zu Lasten des Girokontos **genehmigt werden müssen,** ist durch die Neuregelung des § 1813 Abs. 1 Nr. 3 BGB geklärt. Zunächst ist aber festzustellen, dass die Verfügungen im Rahmen eines Girokontos grundsätzlich unter dem Genehmigungsvorbehalt des § 1812 Abs. 1 BGB stehen, und zwar unabhängig davon, ob das Girokonto vom Vormund übernommen oder von ihm erst angelegt wurde. Eine unterschiedliche Behandlung ist allerdings insoweit geboten, als es um die Frage geht, inwieweit die Ausnahmeregelungen des § 1813 Abs. 1 Nr. 2 und Nr. 3 BGB zum Zuge kommen. **Bei Verfügungen über Guthaben auf Girokonten oder Kontokorrentkonten bedarf der Vormund keiner mehr Genehmigung, § 1813 Abs. 1 Nr. 3 BGB**. Hat der Vormund das Girokonto selbst errichtet, kann er über dieses nach § 1813 Abs. 1 Nr. 3 BGB frei verfügen. Eine allgemeine Ermächtigung für das Girokonto nach 1825 BGB ist nicht mehr erforderlich, solange das Girokonto im Haben geführt werden kann. Zu beachten ist, dass nach § 1812 BGB die Einziehung von Forderungen des Mündels genehmigungspflichtig ist. Dies gilt jedoch nicht, wenn Geld zurückbezahlt wird, das der Vormund **selbst** angelegt hat (§ 1813 Abs. 1 Nr. 3 Alt. 2 BGB). Dies gilt auch für Geld, das ein früherer Vormund, nicht aber für solches, das ein Dritter für den Mündel angelegt hat.[210]

145 Gelegentlich kommt es vor, dass für **Sparkonten** insgesamt, oder in einem gewissen Rahmen, vom Familiengericht allgemeine Verfügungsermächtigungen erteilt werden. Soweit es sich um Sparkonten handelt, die der Vormund nicht selbst angelegt hat, bedeutet eine solche Verfügung des Gerichts gemäß § 1825 Abs. 1 BGB die **Befreiung** von der nach § 1812 BGB für die einzelnen Kontoverfügungen gegebenen Genehmigungspflicht. Hat dagegen der Vormund das Konto selbst angelegt und lediglich nach § 1809 BGB sperren lassen, erfasst die Ermächtigung gleichzeitig die Genehmigung zur Abänderung des zwischen dem Vormund und der Bank im Rahmen des § 1809 BGB abgeschlossenen Sicherungsvertrags. Für Sparkonten bedeutsam ist die Freigrenze von 3.000 EUR des § 1813 Abs. 1 Nr. 2 BGB, wonach bei einem Guthabenstand bis 3.000 EUR Verfügungen des Vormunds genehmigungsfrei sind. Die Regelung in § 1813 Abs. 1 Nr. 2 BGB darf aber nicht so missverstanden werden, dass es auf den Wert der einzelnen Abhebung oder Überweisung ankäme. Ist der Guthabenstand – ohne Zinsen und Kosten[211] – höher als 3.000 EUR, so bedürfen auch Abhebungen unter 3.000 EUR der Genehmigung nach § 1812 BGB.[212] § 1813 Abs. 1 Nr. 3 BGB erfasst im Übrigen nicht die Erhebung von Geld, das nach § 1807 Abs. 1 Nr. 1–4 angelegt ist (§ 1813 Abs. 2 S. 2 BGB) oder bei dessen Anlegung – insbesondere bei den Anlagen nach §§ 1807 Abs. 1 Nr. 5 BGB) – ein Sperrvermerk Geltung beansprucht (§ 1813 Abs. 2 S. 1 BGB).

Weitere genehmigungsfreie Verfügungen sind nach § 1813 Abs. 1 Nr. 1 BGB solche, deren Gegenstand nicht in Geld oder Wertpapieren besteht, nach § 1813 Abs. 1 Nr. 4 BGB wenn der Anspruch zu den Nutzungen des Mündelvermögens gehört (zB Kapital- und Mietzinsen) und nach § 1813 Abs. 1 Nr. 5 BGB, wenn der Anspruch auf Erstattung von Kosten der Kündigung (nicht der Kündigung selbst) oder der Rechtsverfolgung oder auf sonstige Nebenleistungen gerichtet ist. Im Übrigen kann das

---

[210] Staudinger/*Veit* BGB § 1813 Rn. 24.
[211] Erman/*Saar* BGB § 1813 Rn. 3.
[212] MüKoBGB/*Kroll-Ludwigs* § 1813 Rn. 9.

Familiengericht nach § 1825 BGB dem Vormund eine Befreiung von § 1812 BGB erteilen, insbesondere wenn er ein Erwerbsgeschäft des Mündels zu führen hat.

b) Genehmigungen in Grundstücksangelegenheiten. Im Folgenden soll eine Übersicht über die einzelnen Genehmigungstatbestände in **Grundstücksangelegenheiten** gegeben werden, wobei auf die jeweilige Position des Mündels abgestellt[213] wird: 146

aa) Das Mündel als **Erwerber**[214] 147

- Der **rechtsgeschäftliche entgeltliche Erwerb eines Grundstücks** (Verpflichtungsgeschäft) **ist genehmigungspflichtig** nach § 1821 Abs. 1 Nr. 5 BGB. Hierzu gehören insbesondere Kaufvertrag, Tauschvertrag, die Ausübung eines Vorkaufsrechts gem. § 464 BGB oder § 2034 BGB.[215] Auch das Gebot in der Zwangsversteigerung wird erfasst.[216] **Nicht genehmigungspflichtig** sind nach dieser Bestimmung der unentgeltliche Erwerb und der Erwerb kraft Gesetzes, also etwa durch Erbfolge, § 1922 BGB, und die Erbteilsübertragung, § 2033 BGB. Soweit der Erwerb auf einem entgeltlichen oder unentgeltlichen Rechtsgeschäft zwischen Vormund oder dessen Angehörigen und Mündel beruht, ist § 1795 BGB zu beachten, vgl. hier → Rn. 232 ff. Als unentgeltlich gelten auch Schenkungen, bei denen bestehende Grundpfandrechte oder Mietverhältnisse nach § 566 BGB übernommen werden.[217]
- Der **Darlehensvertrag** gemäß § 488 Abs. 1 BGB zur Finanzierung des Kaufpreises ist zu genehmigen nach der gesetzlichen Regelung des § 1822 Nr. 8 BGB.
- Der **Sicherungsvertrag,** dh die Vereinbarung zwischen dem Mündel als Sicherungsgeber einer Grundschuld und dem Finanzierungsgläubiger als Sicherungsnehmer bedarf der Genehmigung nach § 1821 Abs. 1 Nr. 4 iVm Nr. 1 BGB[218] (siehe hierzu unter → Rn. 152).
- Die Eintragung einer **Auflassungsvormerkung** nach § 883 BGB zugunsten des Mündels ist nicht genehmigungspflichtig, da weder über ein Grundstück des Mündels verfügt noch eine Verpflichtung zu einer solchen Verfügung eingegangen wird.
- Die **Entgegennahme der Auflassung** ist ebenfalls nicht genehmigungspflichtig nach § 1821 Abs. 1 Nr. 2 BGB, da der Übereignungsanspruch des Mündels lediglich erfüllt wird und damit kein Rechtsverlust für das Mündel eintritt.[219]
- Die **Löschung der Auflassungsvormerkung** zugunsten des Mündels bedarf keiner Genehmigung nach § 1821 Abs. 1 Alt. 2, wenn das Mündel mit dem Rang der Vormerkung als Eigentümer eingetragen wird.[220]
- Die **Bestellung von Grundpfandrechten** zur Kaufpreisfinanzierung oder von sonstigen Rechten im Rahmen des Erwerbs durch den Mündel ist nicht genehmigungsbedürftig. § 1821 Abs. 1 Alt. 1 BGB liegt nicht vor, da es sich lediglich um eine Erwerbsmodalität handelt und nicht um die Belastung eines bereits zum Mündelvermögen gehörenden Grundstücks, das über § 1821 BGB geschützt werden soll.[221]

---

213 In Anlehnung an den Aufbau von *Mayer-Stolte* Rpfleger-Jahrb. 1980, 339.

214 Ausführlich *Braeuer/Pätzold* FamFR 2013, 433.

215 MüKoBGB/*Kroll-Ludwigs* § 1821 Rn. 44.

216 *Brüggemann* FamRZ 1990, 1 (5).

217 OLG Hamm NJW-RR 2014, 1350; BayObLG Rpfleger 1968, 18; zu einem Ausnahmefall bei der Übernahme weitergehender Verpflichtungen aus bestehenden Mietverhältnissen vgl. KG FamRZ 2011, 736.

218 *Böttcher* Rpfleger 1987, 489 (490).

219 Heilmann/*Dürbeck* BGB § 1821 Rn. 9.

220 Staudinger/*Veit* BGB § 1821 Rn. 36.

221 BGH NJW 1998, 453; Palandt/*Götz* § 1821 Rn. 10.

148 *bb)* Das Mündel als **Veräußerer** des Grundstücks[222]

- Ohne Bedeutung ist es, ob das Mündel im Rahmen einer Bruchteils- oder Gesamthandsgemeinschaft lediglich mitberechtigt ist.[223]
- Das **Verpflichtungsgeschäft** ist genehmigungsbedürftig nach § 1821 Abs. 1 Nr. 4 BGB. Hierher gehören insbesondere Kaufvertrag, Tauschvertrag, Erbauseinandersetzung, Umwandlung von Gesamthandeigentum in Bruchteilseigentum und umgekehrt.[224] Die Genehmigung des Verpflichtungsgeschäftes deckt in der Regel auch das Verfügungsgeschäft und umgekehrt.
- Die **Auflassungserklärung des Mündels nach § 925 BGB** ist genehmigungsbedürftig gemäß § 1821 Abs. 1 Nr. 1 BGB.

149 *cc)* Das Mündel als **Eigentümer**

- **Verfügungen** über ein Grundstück des Mündels oder ein grundstücksgleiches Recht wie Erbbaurecht, Wohnungseigentum und Teileigentum sowie die Eingehung einer **Verpflichtung** zu einer solchen Verfügung sind gem. § 1821 Abs. 1 Nr. 1 iVm § 1821 Abs. 1 Nr. 4 BGB genehmigungspflichtig. Hierher gehören insbesondere:
- Der **Verzicht** auf das Eigentum, § 928 BGB.
- Die **Zustimmung** bei subjektiv dinglichen Rechten gemäß § 876 S. 2 BGB, § 21 GBO.
- Die **Bestandteilszuschreibung,** § 819 Abs. 2 BGB, ist grundsätzlich nicht genehmigungsbedürftig, da sie keine nachteiligen Rechtswirkungen für das Mündel hat, es sei denn, das Stammgrundstück ist mit Grundpfandrechten belastet, die sich gemäß § 1131 BGB auf das zugeschriebene Grundstück erstrecken.
- Die **Grundstücksvereinigung und -teilung** ist nicht genehmigungsbedürftig, da es sich um keine Verfügung über das Grundstück im Rechtssinne handelt.
- Genehmigungsbedürftig ist die Bestellung von **Rechten in Abteilung II des Grundbuchs,** also insbesondere Dienstbarkeiten, §§ 1018–1093, Vorkaufsrecht, § 1094, Reallast, § 1105 BGB. Bei Rentenverpflichtungen ist auf die zusätzliche Genehmigungsbedürftigkeit nach § 1822 Nr. 5 BGB zu achten, wenn die Rentenpflicht länger als ein Jahr nach Volljährigkeit des Mündels fortdauert.
- Ebenfalls hierher gehört die **Bestellung eines Erbbaurechts,** § 1 ErbbauRG.
- Die **Änderung des Inhalts** eines der genannten Rechte, soweit hierdurch eine Erweiterung (Erschwerung) der Haftung begründet wird, ist gleichfalls genehmigungsbedürftig.[225]
- Die **Auflassungsvormerkung,** § 883 BGB, ist zwar kein dingliches Recht, hat aber in gewissem Umfang dingliche Wirkung, die als Verfügung über das Grundstück angesehen wird, so dass Genehmigungsbedürftigkeit gegeben ist.[226]
- Nicht genehmigungsbedürftig ist die Bestellung einer **Vormerkung** für den mit letztwilliger Verfügung zugewandten Nießbrauch am Grundstück des minderjährigen Erben.[227]
- Genehmigungsbedürftig ist die Bestellung von **Rechten in Abteilung III des Grundbuchs,** also von Hypotheken, Grund- und Rentenschulden, auch der **Eigentümergrundschuld,** da es sich nach **herrschender Meinung** insoweit um ein echtes Grundpfandrecht handelt und die Bestellung somit eine Grundstücksbelastung dar-

---

[222] Ausführlich *Weber* DNotZ 2015, 498.
[223] Heilmann/*Dürbeck* BGB § 1821 Rn. 9.
[224] Palandt/*Götz* § 1821 Rn. 15; MüKoBGB/*Kroll-Ludwigs* § 1821 Rn. 44, 45.
[225] *Böttcher* Rpfleger 1987, 485 ff.
[226] Heilmann/*Dürbeck* BGB § 1821 Rn. 11.
[227] *Mayer-Stolte* Rpfleger-Jahrb. 1980, 345.

stellt.[228] Im Zusammenhang mit der **Sicherungsgrundschuld** als der heute bedeutendsten Form des Realkredits sind noch weitere Genehmigungstatbestände zu beachten. Der Genehmigung bedarf neben der Grundschuldbestellung als solcher auch das schuldrechtliche Verpflichtungsgeschäft zur Bestellung der Grundschuld, nämlich der **Sicherungsvertrag**, und zwar nach §§ 1821 Abs. 1 Nr. 4 iVm 1821 Abs. 1 Nr. 1 Alt. 1 BGB. Schriftlich niederlegt wird meist nicht die Sicherungsvereinbarung als solche, sondern lediglich ihr wesentlicher Inhalt in Form der sog Zweckerklärung (auch Zweckbestimmungserklärung). In dieser wird festgehalten, welche Forderungen durch die Grundschuld abgesichert werden sollen. Die Zweckerklärung für sich ist nicht genehmigungsbedürftig, und zwar unabhängig davon, ob sie gleichzeitig oder nachträglich mit der Grundschuldbestellung erfolgt.[229] Allerdings ist darauf zu achten, dass es in der Praxis üblich ist, die Zweckbestimmungserklärung dem Familiengericht zur Genehmigung vorzulegen. Der Genehmigungsantrag ist dann so auszulegen, dass er sich auf den Sicherungsvertrag mit seinem durch die Zweckerklärung wesentlich bestimmten Inhalt bezieht. Entsprechendes gilt für die auf einen solchen Antrag ergehende Genehmigung. Genehmigungsbedürftig ist allerdings eine Änderung der Zweckbestimmungserklärung als solcher nach § 1812 BGB, da hierin eine Verfügung über den Rückgewähranspruch liegt.[230] Im Übrigen umfasst die Genehmigung zur Grundschuldbestellung in der Regel auch den Sicherungsvertrag und umgekehrt. Auch die Inhaltsänderung von Hypotheken-, Grund- und Rentenschulden, die auf dem Grundstück des Mündels lasten, muss zu ihrer Wirksamkeit genehmigt werden, wenn hierdurch eine Haftungserweiterung zu Lasten des Mündels eintritt, zB bei der Vereinbarung einer Zinserhöhung, bei Verlängerung der Kündigungsfrist oder Änderung der Fälligkeit.[231] Das gleiche gilt für die Zustimmung des Mündels als Grundstückseigentümer zur Umwandlung der Belastungsform und Forderungsauswechselung, § 1180 BGB, soweit damit eine Haftungserweiterung – wie bei der Umwandlung von einer Hypothek in eine Grundschuld, nicht aber umgekehrt[232] – verbunden ist.[233] Strittig ist dagegen, ob die Bewilligung einer Vormerkung der Genehmigung bedarf, was aber zu bejahen ist.[234]

Eine Reihe von **Verfügungen und Rechtsänderungen bei Grundpfandrechten,** die das Grundstück eines Mündels belasten, sind zwar nicht nach § 1821 BGB, aber nach **§ 1812 BGB** genehmigungsbedürftig. Hierzu zählt zunächst die Zustimmung des Mündels als Grundstückseigentümer zur Löschung des Grundpfandrechts, § 1183 BGB, § 27 GBO. Die herrschende Meinung sieht darin einen Verzicht auf den Erwerb des Grundpfandrechts als Eigentümerrecht und damit eine Verfügung über dieses künftige Recht.[235] Die Zustimmung des Eigentümers zum Rangrücktritt gemäß § 880 Abs. 2 S. 2 BGB bedarf ebenfalls nicht der Genehmigung nach § 1821 Abs. 1 Alt. 1 BGB,[236] aber wohl als Verfügung über ein künftiges Eigentümerrecht nach § 1812 BGB.

---

228 Palandt/*Götz* § 1821 Rn. 10.

229 *Spanl/Böttcher* Rpfleger-Jahrb 1990, 193 (212 f.); MüKoBGB/*Kroll-Ludwigs* § 1821 Rn. 27.

230 *Böttcher* Rpfleger 1987, 491; Fiala, 147.

231 Palandt/*Götz* § 1821 Rn. 10.

232 MüKoBGB/*Kroll-Ludwigs* § 1821 Rn. 26; aA: Gernhuber/*Coester-Waltjen* § 60 Rn. 97.

233 Palandt/*Götz* § 1821 Rn. 9.

234 OLG Frankfurt NJW 1997, 719; Heilmann/*Dürbeck* BGB § 1821 Rn. 11; MüKoBGB/*Kroll-Ludwigs* § 1821 Rn. 25; aA: LG Stade MDR 1975, 933.

235 *Böttcher* Rpfleger 1987, 485 (488); MüKoBGB/*Kroll-Ludwigs* § 1821 Rn. 30; *Brüggemann* FamRZ 1990, 1 (5).

236 Staudinger/*Veit* BGB § 1821 Rn. 35.

Entsprechendes wie bei der Auflassungsvormerkung dürfte für die **Löschungsvormerkung** gelten, dh es ist von der Genehmigungsbedürftigkeit nach § 1821 Abs. 1 Nr. 1 BGB auszugehen.[237]

Unter keinem Gesichtspunkt genehmigungspflichtig sind dagegen die Eintragung einer Zwangssicherungshypothek gemäß § 866 ZPO und die Unterwerfung unter die sofortige Zwangsvollstreckung nach § 800 ZPO.[238]

150 *dd)* Das Mündel als **Berechtigter bzw. Gläubiger von Grundstücksrechten**

- Als Inhaber eines **Anspruchs auf Übertragung des Eigentums** an einem Grundstück sind genehmigungsbedürftig nach § 1821 Abs. 1 Nr. 2 BGB die Abtretung, die Aufhebung, die Verpfändung oder der Verzicht, bezogen auf den Auflassungsanspruch, ein Wiederkaufsrecht, § 456 BGB, und auf Ankaufs- und Optionsrechte. Zu beachten ist, dass nach § 1821 Abs. 1 Nr. 4 BGB bereits das entsprechende Verpflichtungsgeschäft, in dessen Rahmen eine solche Verfügung getroffen wird, der Genehmigung bedarf.
- Entsprechendes gilt gemäß § 1821 Abs. 1 Nr. 1 Alt. 2 BGB für **Verfügungen über Rechte an einem Grundstück** bzw. für die Eingehung der Verpflichtung zu solchen Rechtsgeschäften. Zu denken ist hier an die rechtsgeschäftliche Aufhebung eines Rechts in Abteilung II des Grundbuchs, § 875 BGB, die Inhaltsänderung oder den Rangrücktritt. Des Weiteren fallen unter die Genehmigungspflicht nach § 1821 Abs. 1 Nr. 1 Alt. 2 BGB die Übertragung und Verpfändung einer subjektiv persönlichen Reallast mit Ausnahme von Verfügungen über Einzelleistungen, die gemäß § 1107 BGB den Hypothekenzinsen gleichgestellt und damit gem. § 1821 Abs. 2 BGB nicht genehmigungsbedürftig sind.[239] Bei den Einzelleistungen ist dann allerdings noch die Genehmigungsbedürftigkeit nach § 1812 BGB zu prüfen, wobei jedoch meist die Bestimmung des § 1813 Nr. 4 BGB zum Zuge kommen wird. Genehmigungsbedürftig sind schließlich auch Rechtsgeschäfte des Mündels, mit denen er über eine Forderung verfügt, die auf die Begründung oder Übertragung eines Rechts an einem Grundstück oder auf die Befreiung eines Grundstücks von einem solchen Recht gerichtet ist, § 1821 Abs. 1 Nr. 2 Alt. 2 und 3 BGB.
- Wegen der Ausnahmebestimmung des **§ 1821 Abs. 2 BGB** könnte der Vormund grundsätzlich ohne Genehmigung über **Hypothekenforderungen** des Mündels verfügen. Allerdings sind auch hier andere Genehmigungstatbestände zu berücksichtigen. Der Abschluss des Darlehensvertrags, mit dem die durch die Hypothek zu sichernde Forderung begründet wird, stellt eine Form der Geldanlage dar und ist damit gemäß § 1810 bzw. § 1811 BGB genehmigungsbedürftig, wobei es sich jedoch nur um eine Innengenehmigung handelt, die auf die Wirksamkeit des Rechtsgeschäfts keinen Einfluss hat. Die Einziehung der durch die Hypothek gesicherten Forderung bedarf dagegen der Außengenehmigung nach § 1812 BGB, soweit nicht eine Ausnahme nach § 1813 BGB vorliegt. In der Regel wird der Vormund bei Rückzahlung des hypothekarisch gesicherten Darlehens eine löschungsfähige Quittung erteilen. Die Genehmigung für die löschungsfähige Quittung umfasst auch die Genehmigung für die Geldannahme und umgekehrt.[240] Auch bei der Abtretung und Verpfändung der Hypothekenforderung ist die Genehmigungspflicht nach § 1812 BGB zu berücksichtigen, allerdings wird je nach dem zugrundeliegenden Rechtsgeschäft die Genehmigung nach § 1822 Nr. 8 oder Nr. 10 BGB vorran-

[237] Heilmann/*Dürbeck* BGB § 1821 Rn. 11; aA: MüKoBGB/*Kroll-Ludwigs* § 1821 Rn. 27.
[238] RGZ 146, 308; Staudinger/*Veit* BGB § 1821 Rn. 40.
[239] *Mayer-Stolte* Rpfleger-Jahrb. 1980, 347.
[240] MüKoBGB/*Kroll-Ludwigs* § 1812 Rn. 31.

gig sein. Schließlich spielt in diesem Zusammenhang auch das Genehmigungserfordernis nach § 1822 Nr. 13 BGB eine Rolle, nämlich, wenn zB eine Hypothek unter Fortbestand der Forderung gelöscht, der Zins herabgesetzt oder eine Verkehrshypothek in eine Sicherungshypothek umgewandelt werden soll. Nach dieser Bestimmung bedürfen ferner der Genehmigung der Verzicht auf die Hypothek, die Verteilung der Gesamthypothek, die Pfandfreigabe und der Rangrücktritt mit einer dem Mündel zustehenden Hypothek.

- Auch die Verfügung über eine **Grundschuld** ist gemäß § 1821 Abs. 2 BGB nicht zu den Rechten des § 1821 Abs. 1 Nr. 1 BGB zu zählen und damit von den dort normierten Genehmigungstatbeständen ausgenommen. Allerdings besteht auch hier bei der Übertragung, Verpfändung und Löschung eine Genehmigungspflicht nach § 1812 BGB, da der Vormund über ein Recht verfügt, kraft dessen das Mündel eine Leistung verlangen kann. Nicht dagegen greift die Bestimmung des § 1822 Nr. 13 BGB ein, wenn bei bestehenbleibender Forderung über eine Sicherungsgrundschuld verfügt wird. Der Sicherungsvertrag als solcher begründet keine Sicherheit für die Forderung, sondern beschränkt lediglich das Recht des Mündels bezüglich der Verwertbarkeit der ihm zustehenden Grundschuld. Ist also ein Gegenvormund vorhanden, so kann dieser die Löschung der Sicherungsgrundschuld nach § 1812 Abs. 1 BGB genehmigen, was bei Genehmigungsbedürftigkeit nach § 1822 Nr. 13 BGB nicht möglich wäre.
- Eine differenzierte Betrachtungsweise ist angezeigt, wenn der Vormund die **Löschung** einer dem Mündel zustehenden **Eigentümergrundschuld** bewilligt, gleich ob diese für das Mündel eingetragen oder außerhalb des Grundbuchs, zB gemäß §§ 1163, 1177 BGB entstanden ist. Nahezu unbestritten bedarf die Löschung einer solchen Eigentümergrundschuld dann der familiengerichtlichen Genehmigung nach § 1812 BGB, wenn sie vorrangig ist. Sie stellt nämlich ein Recht im Sinne des § 1812 Abs. 1 S. 1 BGB dar, kraft dessen das Mündel eine Leistung verlangen kann,[241] was sich insbesondere im Zwangsversteigerungsverfahren zeigt. Auch dann, wenn es sich um eine letztrangige Eigentümergrundschuld handelt, besteht nach heute hM in der Rechtsprechung[242] und Literatur[243] Genehmigungspflicht. Nachdem auch eine letztrangige Eigentümergrundschuld dem Mündel im Zwangsversteigerungsverfahren gewisse, wenn auch sehr eingeschränkte Rechte verleiht, ist auch im Interesse der Rechtsklarheit der Auffassung zu folgen, wonach die Löschung einer dem Mündel zustehenden Eigentümergrundschuld unabhängig von der Rangstelle immer der Genehmigung bedarf.

ee) Grundbuchberichtigung und Änderung **151**

- Die **Bewilligung der Grundbuchberichtigung,** durch die formelle Rechte des Mündels als Buchberechtigter betroffen werden, ist nach zutreffender Ansicht[244] und entgegen der hM[245] nicht genehmigungspflichtig, wenn die Unrichtigkeit nach den §§ 22, 29 GBO urkundlich nachgewiesen ist. Liegen solche Urkunden jedoch nicht vor, dann erfordert der Schutzgedanke der §§ 1812, 1821, 1822 BGB, von der Genehmigungspflicht der Berichtigungsbewilligung auszugehen, aber selbstverständlich nur soweit, als die Bewilligungserklärung bei richtiger Grundbucheintragung überhaupt genehmigungsbedürftig wäre.

---

241 BGH NJW 1975, 1356.

242 OLG München FamRZ 2011, 1249; BayObLG FamRZ 1984, 1268.

243 *Böttcher* Rpfleger 1987, 487 (488); MüKoBGB/*Kroll-Ludwigs* § 1812 Rn. 33.

244 MüKoBGB/*Kroll-Ludwigs* § 1821 Rn. 30.

245 KG OLGE 25, 390; Soergel/*Zimmermann* BGB § 1821 Rn. 3; Staudinger/*Veit* BGB § 1821 Rn. 24.

Die Bewilligung der Eintragung einer Abänderung der Gemeinschaftsordnung nach dem WEG im Grundbuch ist als Verfügung iSd § 1821 Abs. 1 Nr. 1 BGB zu qualifizieren und bedarf der familiengerichtlichen Genehmigung.[246]

152 *ff)* Das Mündel im Zwangsversteigerungsverfahren

- Der **Antrag auf Anordnung der Versteigerung** eines nicht dem Mündel gehörenden Grundstücks bedarf keiner Genehmigung.
- Dies gilt auch in Ansehung der Genehmigungspflicht nach § 1821 Abs. 1 Nr. 1 BGB für den **Antrag auf Versteigerung zur Aufhebung der Gemeinschaft,** an der das Mündel selbst beteiligt ist.[247] Allerdings besteht hier eine Genehmigungspflicht für den Vormund nach der Regelung des § 181 Abs. 2 S. 2 ZVG. Die Rücknahme des Zwangsversteigerungsantrags bedarf nur dann der Genehmigung, wenn bereits Beschlagnahmewirksamkeit eingetreten ist, § 22 ZVG, und wenn der Vormund für sein Mündel als lediglich dinglich persönlicher Gläubiger handelt.[248] Die Abgabe von **Geboten in der Zwangsversteigerung** namens des Mündels ist in analoger Anwendung des § 1821 Abs. 1 Nr. 5 BGB genehmigungsbedürftig.[249] Es muss sich hier notwendigerweise um eine Vorausgenehmigung handeln, die das vom Vormund abzugebende Gebot der Höhe nach limitiert. Nachdem sich im Zwangsversteigerungsverfahren die vom Ersteher zu erbringende wirtschaftliche Gegenleistung zusammensetzt aus dem Bargebot und aus dem Wert der stehenbleibenden Rechte (§ 49 ZVG), muss die Genehmigungsverfügung des Familiengerichts die Obergrenze des Meistgebots einschließlich der bestehenbleibenden Rechte summenmäßig bestimmen.[250] Ein ohne Genehmigung abgegebenes Gebot ist nach § 71 Abs. 2 ZVG zurückzuweisen, erfolgt dies nicht, so führt allerdings auch ein ohne Genehmigung abgegebenes Gebot im Falle der Zuschlagserteilung zum gesetzlichen Eigentumserwerb des Mündels nach § 90 Abs. 1 ZVG.[251]
- Genehmigungspflichtig ist ferner nach § 1821 Abs. 1 Nr. 2 und 4 BGB die **Abtretung der Rechte des Mündels aus dem Meistgebot,** § 81 Abs. 2 ZVG.[252] Ist das Mündel Ersteher, bedarf die Vereinbarung des Bestehenbleibens einer nach den Versteigerungsbedingungen erloschenen Belastung der Genehmigung nach § 1821 Abs. 1 Nr. 1 BGB.[253] Auch der umgekehrte Fall, nämlich dass das Mündel als Gläubiger einer Hypothek mit dem Ersteher das Bestehenbleiben vereinbart, unterliegt der Genehmigungspflicht, allerdings nach § 1812 BGB.
- Die **Entgegennahme des auf das Recht des Mündels entfallenden Erlösanteils bedarf gleichfalls der Genehmigung** nach § 1812 BGB. Schließlich muss auch die Zustimmung zum Teilungsplan durch das Familiengericht genehmigt werden, und zwar nach § 1822 Nr. 2 BGB, wenn ein Grundstück aus einem Nachlass versteigert wurde, an dem das Mündel beteiligt war.

153 **c) Genehmigungen in erbrechtlichen Angelegenheiten.**[254] *aa)* Das Mündel als **Erbe** und künftiger Erbberechtigter

---

[246] OLG Hamm FamRZ 2016, 727.
[247] RGZ 136, 358; Palandt/*Götz* § 1821 Rn. 11.
[248] *Eickmann* Rpfleger 1983, 201.
[249] *Brüggemann* FamRZ 1990, 1 (5).
[250] *Eickmann* Rpfleger 1983, 201.
[251] Palandt/*Götz* § 1821 Rn. 15.
[252] *Eickmann* Rpfleger 1983, 203.
[253] *Stöber* ZVG Rn. 543.
[254] Ausführlich zur Vermögenssorge im Rahmen erbrechtlicher Angelegenheiten *Jordans* MDR 2014, 379.

- Genehmigungspflichtig nach **§ 1822 Nr. 1 BGB** ist der schuldrechtliche Vertrag unter künftigen gesetzlichen Erben, in dessen Rahmen sich das Mündel verpflichtet, eine Verfügung über seine (bereits angefallene) Erbschaft oder seines künftigen gesetzlichen Erbteils zu treffen (vgl. § 311b Abs. 5 BGB). Der dingliche Teil eines solchen Rechtsgeschäfts dürfte in der Regel in einem Erbverzicht des Mündels liegen. Dieser ist nach § 2347 Abs. 2 S. 2 BGB genehmigungsbedürftig.
- Die Verpflichtung zur Verfügung über eine dem Mündel bereits angefallene Erbschaft, zB in Form des Erbschaftskaufs, §§ 2371, 2385 BGB, der Nießbrauchsbestellung am Erbteil, § 1089 BGB, und des Verzichts auf Zuweisung eines Anspruchs im Rahmen der Auseinandersetzung des Nachlasses, wird ebenfalls von der Genehmigungspflicht des § 1822 Nr. 1 Hs. 1 BGB erfasst.[255] Das Verfügungsgeschäft über den Anteil des Mündels an einer angefallenen Erbschaft unterliegt dagegen der Genehmigungspflicht nach § 1822 Nr. 1 Hs. 2 BGB. Die familiengerichtliche Genehmigung zum Verpflichtungsgeschäft umfasst auch immer die Genehmigung für die Verfügung.[256] **154**
- Zu den nach **§ 1822 Nr. 2 BGB** genehmigungsbedürftigen Erklärungen gehört die **Erbschaftsausschlagung,**[257] aber auch die Anfechtung der Erbschaftsannahme gemäß § 1957 Abs. 1 BGB.[258] Gemäß § 56 Abs. 2 S. 3 SGB VIII kann der **Amtsvormund** aufgrund Landesrechts von § 1822 Nr. 2 BGB **befreit** werden.[259] Der Vormund hat die Ausschlagung gegenüber dem Nachlassgericht innerhalb der Frist des § 1944 BGB zu erklären. § 1831 BGB findet nach hM auf die Ausschlagung keine Anwendung.[260] Auf die Problematik im Zusammenhang mit dem Wirksamwerden der entsprechenden Erklärung des Vormunds im Hinblick auf die Vorschrift des § 1831 BGB wurde bereits oben unter → Rn. 138f. hingewiesen. Es genügt mithin, dass die Erbschaftsausschlagung und Anregung der Genehmigungserteilung innerhalb der Ausschlagungsfrist erfolgt. Die Erbschaftsannahmeerklärung ist nicht genehmigungsbedürftig. Bei seiner Entscheidung über die Genehmigung der Ausschlagung einer Erbschaft hat das Familiengericht den **Amtsermittlungsgrundsatz** (§ 26 FamFG) und insbesondere auch die Werthaltigkeit der Erbschaft von Amts wegen zu ermitteln.[261] Ist der Nachlass überschuldet, wird die Genehmigung zu erteilen sein[262], umgekehrt wird sie bei Werthaltigkeit im Regelfall zu versagen sein, wenn nicht besondere persönliche Umstände die Nichtannahme der Erbschaft rechtfertigen. Erteilt das Familiengericht die Genehmigung, so ist der Vormund jedenfalls dann mangels Beschwer nicht zur Beschwerde nach § 59 FamFG berechtigt, wenn er noch nicht von ihr gegenüber dem Nachlassgericht Gebrauch gemacht hat (vgl. §§ 1829 Abs. 1 S. 2, 1831 S. 1 BGB).[263]

  Von § 1822 Nr. 2 BGB erfasst ist auch der Pflichtteilsverzicht und die Ausschlagung eines Vermächtnisses.

---

[255] Vgl. Palandt/*Götz* § 1822 Rn. 3.

[256] Staudinger/*Veit* BGB § 1822 Rn. 4 und 7.

[257] Ausführlich *Horn* ZEV 2016, 20.

[258] Heilmann/*Dürbeck* BGB § 1822 Rn. 6.

[259] Vgl. *Joos* JAmt 2014, 554; zu den einzelnen landesrechtlichen Bestimmungen Wiesner/*Walther* SGB VIII § 56 Rn. 14 und Staudinger/*Veit* BGB § 1591b Rn. 29.

[260] OLG Brandenburg ZEV 2014, 540; OLG Zweibrücken NJW-RR 1996, 710; LG Berlin NJOZ 2008, 512; *Horn* ZEV 2016, 20.

[261] OLG Saarbrücken FamRZ 2016, 260; OLG Schleswig ZKJ 2013, 261.

[262] OLG Brandenburg NJW-Spezial 2014, 136.

[263] OLG Koblenz FamRZ 2014, 1037; Staudinger/*Heilmann* BGB § 1643 Rn. 62.

- Der Genehmigungspflicht des § 1822 Nr. 2 BGB unterliegt schließlich auch der **Erbteilungsvertrag,**[264] und zwar sowohl das Verpflichtungsgeschäft als auch das dingliche Rechtsgeschäft, wobei die Genehmigung für das eine auch das andere erfasst. Hierbei spielt es keine Rolle, ob es sich um eine gerichtliche oder außergerichtliche, um eine vollständige oder nur um eine Teilerbauseinandersetzung handelt. Die Erhebung der **Teilungsklage,** § 2042 BGB, ist dagegen genehmigungsfrei.[265]

155 Letztendlich bedarf auch ein **Erbvertrag,** den das Mündel als Erblasser schließt, § 2275 Abs. 2 BGB, und die **Aufhebung** eines solchen Vertrags, § 2290 Abs. 3 BGB, der familiengerichtlichen Genehmigung. In der Praxis dürfte die in § 2275 Abs. 2 BGB vorgesehene Konstellation – Erbvertrag des Minderjährigen mit seinem Ehegatten oder Verlobten – nur sehr selten vorkommen.

156 *bb)* Das Mündel als **Nacherbe**

Die Zustimmung des Mündels zu **Verfügungen des Vorerben** bedarf dann der Genehmigung, wenn diese Verfügungen bei Vornahme durch das Mündel selbst ihrerseits genehmigungspflichtig wären, also insbesondere die Rechtsgeschäfte des § 1821 Abs. 1 Nr. 1 BGB und des § 1812 BGB.[266] Auch der Verzicht auf die Eintragung oder die Löschung des Nacherbenvermerks muss durch das Familiengericht genehmigt werden, da eine zugunsten des Mündels bestehende Sicherheit aufgehoben oder geändert wird, § 1822 Nr. 13 BGB.[267]

157 *cc)* Das Mündel als **Pflichtteilsberechtigter**

Die Verpflichtung, also das schuldrechtliche Geschäft zur Verfügung über den künftigen Pflichtteil des Mündels, die nur in der Form des § 311b Abs. 5 BGB begründet werden kann, bedarf nach § 1822 Nr. 1 BGB der gerichtlichen Genehmigung. Desgleichen hängt die Wirksamkeit der dinglichen Verzichtserklärung auf den künftigen **Pflichtteilsanspruch** von der Genehmigung des Gerichts ab, allerdings nach §§ 2346 Abs. 1 S. 2, § 2347 Abs. 1, Abs. 2 S. 2 BGB. Demgegenüber bezieht sich die Genehmigungspflicht des § 1822 Nr. 2 BGB nur auf den bereits entstandenen Pflichtteilsanspruch, dh auf den **Erlassvertrag über die Pflichtteilsforderung** des Mündels.[268] Schließlich bedarf auch die **Ausschlagung eines Vermächtnisses,** § 2180 BGB, der Genehmigung, § 1822 Nr. 2 BGB, nicht jedoch die Annahmeerklärung und die Anfechtung der Vermächtnisannahme nach § 2180 Abs. 3 BGB[269] und der äußerst seltene Verzicht auf eine letztwillige Zuwendung gemäß § 2353 S. 3 iVm § 2347 BGB.

158 **d) Genehmigungen in Handelssachen.**[270] *aa)* Das Mündel als Erwerber und Inhaber eines **Erwerbsgeschäftes**

- Mit Herabsetzung des Volljährigkeitsalters auf 18 Jahre haben die Genehmigungsvorschriften, die sich mit dem minderjährigen Mündel als Erwerber oder Inhaber eines Erwerbsgeschäfts befassen, vielfach an praktischer Bedeutung verloren. Von großer Bedeutung sind aber Fragen der Beteiligung von Minderjährigen an Gesellschaften, obgleich sie im Regelfall nicht das Vormundschaftsrecht, sondern das Eltern-Kind-Verhältnis betreffen, auf das die betreffenden Vorschriften von § 1822 BGB gemäß § 1643 Abs. 1 BGB entsprechend anzuwenden sind.

---

[264] Heilmann/*Dürbeck* BGB § 1822 Rn. 5.
[265] MüKoBGB/*Kroll-Ludwigs* § 1822 Rn. 10.
[266] MüKoBGB/*Kroll-Ludwigs* § 1812 Rn. 25.
[267] Vgl. dazu Staudinger/*Avenarius* BGB § 2100 Rn. 112 f.
[268] Erman/*Saar* BGB § 1822 Rn. 3; aA: Staudinger/*Veit* BGB § 1822 Rn. 16.
[269] Palandt/*Götz* § 1822 Rn. 8.
[270] Eingehend und zu Recht kritisch *Flume* FamRZ 2016, 277.

- Nach § 1822 Nr. 3 BGB bedarf ein Vertrag, der auf den **entgeltlichen Erwerb oder die Veräußerung eines Erwerbsgeschäfts** gerichtet ist, der familiengerichtlichen Genehmigung. Als Erwerbsgeschäft ist anzusehen der Inbegriff von Rechten und Rechtspositionen, welcher der selbständigen und regelmäßigen Ausübung einer Erwerbstätigkeit mit Gewinnerzielungsabsicht dient und dadurch eine Sinneinheit bildet.[271] Die Art der Tätigkeit ist gleichgültig, erfasst sind auch freie Berufe, Künstler und Wissenschaftler.[272] Dem Genehmigungsvorbehalt unterliegt hierbei nach zutreffender Ansicht nur der schuldrechtliche Vertrag,[273] wobei jedoch durchaus auch einzelne Verfügungen im Rahmen des Kaufvertrags nach anderen Vorschriften genehmigungsbedürftig sein können. Die Genehmigung ist bei der **Anmeldung zum Handelsregister** vorzulegen. Das Erwerbsgeschäft muss nicht im Ganzen übertragen werden, es genügt der Erwerb im Wege der Anteilsübertragung (sog Share Deal).[274] Nach der Rechtsprechung reicht es aus, wenn nur Teile einer Gesellschaft erworben oder veräußert werden, mit denen ein beherrschender Einfluss auf das Unternehmen ausgeübt werden kann oder nur Minderjährige an der Gesellschaft beteiligt sind.[275] 159
- **Gründet oder liquidiert** der Vormund ein Erwerbsgeschäft für das Mündel, so gilt § 1823 BGB. Hierbei handelt es sich jedoch lediglich um eine **Innengenehmigung**, so dass das Registergericht die Eintragung nicht vom Nachweis der erteilten Genehmigung abhängig machen kann. Weder nach dieser Vorschrift noch nach § 1822 Nr. 3 BGB genehmigungsbedürftig ist die Fortführung oder Änderung eines bestehenden Erwerbsgeschäfts. Allerdings kann die Änderung so grundlegend sein, dass diese qualitativ einer Neugründung gleichkommt und damit wieder die Genehmigungspflicht nach § 1823 BGB eintritt. Im Übrigen besteht bei Führung eines Erwerbsgeschäfts die Möglichkeit einer allgemeinen Ermächtigung nach § 1825 BGB. 160
- Ebenfalls familiengerichtlich genehmigt werden muss die **Ermächtigung** des Minderjährigen durch den Vormund **zum selbständigen Betrieb** eines Erwerbsgeschäfts, § 112 Abs. 1 BGB, sowie die Rücknahme dieser Ermächtigung, § 112 Abs. 2 BGB. Es handelt sich hierbei um eine Außengenehmigung zu einer einseitigen, durch das Mündel empfangsbedürftigen Willenserklärung; sie muss also gemäß § 1831 BGB bereits vor Erteilung der Ermächtigung vorliegen.[276]
- Schließlich ist in diesem Zusammenhang noch die Genehmigungspflicht zur **Prokuraerteilung (§ 48 HGB)** durch das Mündel gem. § 1822 Nr. 11 BGB erwähnenswert. 161

bb) Die Beteiligung des Mündels an **Gesellschaften** 162

- Der **Abschluss eines Gesellschaftsvertrags,** der zum Betrieb eines Erwerbsgeschäfts eingegangen wird, dh der Vertrag zur Gründung einer OHG, KG oder BGB-Gesellschaft, sowie der **Beitritt zu einer bereits bestehenden** Personen- oder Kapitalgesellschaft bedarf der Genehmigung nach § 1822 Nr. 3 BGB.[277] Ausgenommen sind Gesellschaften, die ausschließlich Vermögensverwaltung betreiben.[278] Ein wegen fehlender Genehmigung nach § 1822 Nr. 3 BGB unwirksamer Gesellschaftsvertrag schließt die Haftung des Mündels für Gesellschaftsverbindlichkeiten aus, auch wenn die übrigen volljährigen Gesellschafter hierfür nach den Regeln für die

---

[271] RGZ 133, 7.
[272] Palandt/*Götz* § 1822 Rn. 5.
[273] Staudinger/*Veit* BGB § 1822 Rn. 43; aA: Soergel/*Zimmermann* BGB § 1822 Rn. 1.
[274] BGH ZEV 2003, 375; Staudinger/*Veit* BGB § 1822 Rn. 42; aA: *Flume* FamRZ 2016, 277 (279).
[275] BGH ZEV 2003, 375; vgl. dazu Staudinger/*Veit* BGB § 1822 Rn. 60.
[276] Staudinger/*Veit* BGB § 1831 Rn. 4.
[277] BayObLG FamRZ 1990, 208; Heilmann/*Dürbeck* BGB § 1822 Rn. 12.
[278] OLG Zweibrücken NJW-RR 1999, 1174.

faktische Gesellschaft einstehen müssen.[279] Bei der Entscheidung über eine etwaige Genehmigung sind alle in Betracht kommenden Umstände sorgfältig unter dem Gesichtspunkt des Mündelinteresses abzuwägen.[280]

- Nicht genehmigungspflichtig ist eine in einem OHG-Gesellschaftsvertrag enthaltene **Nachfolgeklausel (§ 139 HGB), aufgrund derer ein Erbe anstelle des Erblassers Gesellschafter wird.**[281]

163 • Im Hinblick auf die Entscheidung des Bundesverfassungsgerichts vom 13.5.1986[282] hat der Gesetzgeber aber § 1629a BGB eingefügt (vgl. → Rn. 238 ff.). Die Schutzvorschrift des § 1822 Nr. 3 BGB ist nach § 1629a BGB in den Fällen anzuwenden, in denen über ein ererbtes Erwerbsgeschäft eine unbegrenzte Schuldenhaftung des Minderjährigen begründet werden könnte. Konkret bezog sich die Entscheidung des Bundesverfassungsgerichts auf die Fortführung eines Erwerbsgeschäfts durch eine Erbengemeinschaft unter Beteiligung eines Minderjährigen ohne Abschluss eines Gesellschaftsvertrags.

164 • Strittig ist nach wie vor, inwieweit die **Änderung eines Gesellschaftsvertrags** für das Mündel durch das Familiengericht genehmigt werden muss. Der Bundesgerichtshof verneint im Hinblick auf den Wortlaut des § 1822 Nr. 3 BGB die Genehmigungsbedürftigkeit.[283] Es wird jedoch vor allem im Hinblick auf die oben zitierte Entscheidung des Bundesverfassungsgerichts der Gegenauffassung beizutreten sein,[284] wonach auch die Änderung des Gesellschaftsvertrags, insbesondere der Eintritt oder Austritt eines Gesellschafters, der Genehmigung bedarf. Eine andere Betrachtungsweise würde dazu führen, dass ein mit familiengerichtlicher Genehmigung geschlossener Gesellschaftsvertrag ohne eine solche Genehmigung in seinem wesentlichen Inhalt grundlegend zum Nachteil des Mündels umgestaltet werden könnte.

165 • Tritt das Mündel im **Rahmen eines Rechtsgeschäfts** in eine Personengesellschaft ein, so liegt keine zusätzliche Genehmigungsbedürftigkeit nach **§ 1823** BGB vor, es verbleibt bei § 1822 Nr. 3 BGB.[285]

166 Zu beachten ist noch, dass bei Verfügungen über Grundbesitz einer Personengesellschaft, an der das Mündel beteiligt ist, die Notwendigkeit der Genehmigung nach § 1821 BGB entfällt, wenn der vertretungsberechtigte Gesellschafter (auch Liquidator) handelt.[286]

167 • Der **Erwerb einer GmbH-Beteiligung** durch Neugründung sowie dessen Veräußerung wird nach der herrschenden Meinung als genehmigungspflichtig nach § 1822 Nr. 3 BGB angesehen.[287] Beim Erwerb eines GmbH-Geschäftsanteils ist § 1822 Nr. 3 Alt. 1 BGB dann verwirklicht, wenn die GmbH noch nicht in das Handelsregister eingetragen ist,[288] das Mündel sämtliche Gesellschaftsanteile oder zumindest einen erheblichen Geschäftsanteils von über 50 % erwirbt oder an der Gesellschaft nur Minderjährige beteiligt sind.[289]

---

[279] BGH FamRZ 1983, 254.
[280] OLG Hamm FamRZ 1983, 648; MüKoBGB/*Kroll-Ludwigs* § 1822 Rn. 29.
[281] BGH NJW 1971, 1268; Staudinger/*Veit* BGB § 1822 Rn. 83.
[282] NJW 1986, 1859.
[283] BGH WM 1972, 1368 (1370); NJW 1961, 724; ebenso Staudinger/*Veit* BGB § 1822 Rn. 94.
[284] *Brüggemann* FamRZ 1990, 124 (127); *Kölmel* RNotZ 2010, 21; Soergel/*Zimmermann* BGB § 1822 Rn. 26.
[285] MüKoBGB/*Kroll-Ludwigs* § 1823 Rn. 3.
[286] Staudinger/*Veit* BGB § 1793 Rn. 4.
[287] Gernhuber/*Coester-Waltjen* § 60 Rn. 5.
[288] BGH FamRZ 1989, 605.
[289] BGH ZEV 2003, 375; kritisch *Flume* FamRZ 2016, 277.

e) Die sonstigen Genehmigungen des § 1822 BGB. 168

- Das Verpflichtungsgeschäft zur **Verfügung über das Mündelvermögen im Ganzen** ist nach § 1822 Nr. 1 BGB genehmigungspflichtig.
- Zu den genehmigungsbedürftigen Rechtsgeschäften zählt schließlich auch der **Pachtvertrag über ein Landgut oder einen gewerblichen Betrieb,** § 1822 Nr. 4 BGB. Erfasst wird hier der Pachtvertrag gemäß § 581 BGB, wobei das Mündel sowohl auf der Pächter-, als auch auf der Verpächterseite stehen kann. Beim Gewerbebetrieb ist § 22 HGB zu beachten. Die Dauer des Vertrags spielt hier keine Rolle. 169
- Einen breiten Raum in der familiengerichtlichen Praxis nehmen die Genehmigungen nach **§ 1822 Nr. 5 BGB** ein. Danach bedürfen zunächst **Miet- oder Pachtverträge** der Genehmigung, wenn sich die Laufzeit länger als ein Jahr über den Eintritt der Volljährigkeit hinaus erstreckt. Hierher gehören insbesondere Mietverträge über Wohnraum[290] und Heimverträge, wobei vor allem erstere in der Regel auf unbestimmte Dauer abgeschlossen werden. Bei Mietverträgen über Wohnraum, die auf **unbestimmte Dauer** geschlossen werden, ist nach der hier vertretenen Auffassung zu differenzieren. Ist das Mündel Vermieter, ist wegen der nur eingeschränkten Kündigungsmöglichkeiten des Mündels von einer Genehmigungspflichtigkeit nach § 1822 Nr. 5 BGB auszugehen.[291] Ist das Mündel dagegen Mieter, wird die Möglichkeit der ordentlichen Kündigung für eine Freistellung vom Genehmigungserfordernis genügen müssen.[292] 170

  Gelegentlich wird die Ansicht geäußert, dass Mietverträge über Wohnraum, bei denen das Mündel als Vermieter auftritt, wegen des ausgeprägten Mieterschutzes faktisch eine so starke Bindung für das Mündel darstellen, dass sie unabhängig von der Vertragsdauer, also auch wenn sie auf unbestimmte Zeit abgeschlossen sind, der Genehmigung nach § 1822 Nr. 5 BGB bedürften. Dieser Auffassung muss entgegengetreten werden. Die Kündigungsmöglichkeit eines solchen Vertrags seitens des Mündels hängt von so vielen individuellen Gegebenheiten ab, die zum Zeitpunkt des Vertragsabschlusses noch nicht abgesehen werden können, dass es die Rechtssicherheit gebietet, bei der Beurteilung der Genehmigungsbedürftigkeit allein auf die tatsächlich vereinbarte Vertragsdauer abzustellen. Ebenfalls mit dem Hinweis auf das Erfordernis der Rechtssicherheit wird vom BGH die entsprechende Anwendung des § 1822 Nr. 5 BGB auf die Fälle verneint, bei denen das Mündel als Grundstückserwerber gem. § 566 Abs. 1 BGB in Mietverträge eintritt, deren Abschluss für ihn an sich genehmigungsbedürftig wäre.[293] Hier ist auch zu berücksichtigen, dass das Mündel nicht aufgrund eines Vertrages, sondern kraft Gesetzes in ein Mietverhältnis eintritt.[294]

  Nicht selten wird im übrigen in der Praxis übersehen, dass dann, wenn eine Hausverwaltung für das Mündel im Rahmen einer vom Vormund erteilten Vollmacht tätig ist, die von ihr geschlossenen Mietverträge selbstverständlich ebenfalls vom Familiengericht genehmigt werden müssen, wenn die Voraussetzungen des § 1822 Nr. 5 BGB vorliegen. 171
- Die Bestimmung gilt schließlich auch für andere Verträge, die das Mündel über das 18. Lebensjahr hinaus zu **wiederkehrenden Leistungen** verpflichten, also zB für 172

---

290 Zu den Pflichten des Vormunds beim Abschluss von Mietverträgen, wie zB dem Abschluss einer Haftpflichtversicherung vgl. DIJuF-Rechtsgutachten JAmt 2015, 262.

291 LG Wuppertal FamRZ 2007, 1269; MüKoBGB/*Kroll-Ludwigs* § 1822 Rn. 42.

292 LG Münster FamRZ 1994, 531; Heilmann/*Dürbeck* § 1822 Rn. 16; aA: Staudinger/*Veit* BGB § 1822 Rn. 120.

293 BGH FamRZ 1983, 372.

294 OLG Hamm NJW-RR 2014, 1350; Heilmann/*Dürbeck* BGB § 1822 Rn. 14.

Lebensversicherungsverträge, Raten- und Bausparverträge, Leibrentenvereinbarungen usw. Allerdings fallen hierunter nicht einseitige Verpflichtungserklärungen des Mündels, wie zB ein **Unterhaltsanerkenntnis**, allerdings nur soweit sie nicht über die Anerkennung einer gesetzlichen Unterhaltspflicht hinausgehen.[295] Von der Genehmigungspflicht befreit nicht der Umstand, dass der Vormund dem Mündel die für die wiederkehrenden Leistungen notwendigen Mittel gemäß § 110 BGB zur freien Verfügung überlässt, denn es geht bei § 1822 Nr. 5 BGB ausschließlich um die Bindung nach der Volljährigkeit.[296]

173 Durch eine **vorzeitige Kündigungsmöglichkeit** des Mündels wird die Genehmigungspflicht dann nicht beseitigt, wenn die vorzeitige Lösung aus dem Vertrag für das Mündel mit **Vermögenseinbußen** verbunden ist.[297] Die Abfindung der Ansprüche durch Auszahlung des **Rückkaufswerts** bei vorzeitiger Kündigung eines Lebensversicherungsvertrags stellt regelmäßig einen solchen wirtschaftlichen Nachteil dar.[298] Bleibt ein nach § 1822 Nr. 5 BGB genehmigungsbedürftiger Vertrag ohne familiengerichtliche Genehmigung, ist Teilwirksamkeit gemäß § 139 BGB, dh Geltung bis zur Vollendung des 18. Lebensjahres dann anzunehmen, wenn die Parteien bei Vertragsabschluss einen entsprechenden Willen geäußert haben oder ein solcher unterstellt werden kann.[299] Letzteres dürfte möglich sein, wenn die Vertragsschließenden fortlaufende, im Austauschverhältnis zueinander stehende Leistungen erbringen, zB bei einem Mietvertrag.[300] Im Übrigen ist die Ansicht des BGH[301] abzulehnen, dass § 1822 Nr. 5 BGB dann nicht bei einem unbefristeten Vertrag gegeben sei, wenn nach den konkreten Umständen des Einzelfalles, zB wegen des Alters des Vertragspartners, die Wahrscheinlichkeit groß sei, dass der Vertrag vor Vollendung des 19. Lebensjahres des Mündels ende.[302]

174 • In § 1822 Nr. 6 und Nr. 7 BGB werden **Lehr-, Dienst- oder Arbeitsverträge** mit einer Laufzeit von mehr als einem Jahr der Genehmigungspflicht unterstellt. Dies gilt jedoch nicht, wenn das Mündel auf der Arbeitgeberseite steht (hier gilt aber ggf. § 1822 Nr. 5 BGB), in diesem Fall gilt auch § 1812 Abs. 1 BGB mangels Verfügung nicht.[303] Die Ermächtigung durch den Vormund nach § 113 BGB befreit nicht von dem Genehmigungserfordernis, da nach § 113 Abs. 1 S. 2 BGB die allgemeine Ermächtigung bei den Rechtsgeschäften keine Wirkung entfaltet, für die der Vormund der Genehmigung durch das Gericht bedarf. Die Bestimmungen des § 1822 Nr. 6 und Nr. 7 BGB gelten auch für Verträge von unbestimmter Dauer, wenn sie nicht mit Wirkung vor Ablauf eines Jahres mit ordentlicher Kündigung aufgelöst werden können oder eine solche Kündigung zwar zulässig, aber mit erheblichen Rechtsnachteilen für das Mündel verbunden ist.[304] Nicht anzuwenden sind Nr. 6 und 7 auf die Kündigung der betreffenden Verträge.[305] Gemäß § 56 Abs. 2 S. 2 SGB VIII gelten sie auch nicht für den Amtsvormund. Verfahrensrechtlich ist zu beachten, dass hier ein Fall der Personensorge vorliegt, so dass die Anhörungsvorschriften nach

---

[295] OLG Oldenburg DAVorm 1962, 124.
[296] *Schilken* FamRZ 1978, 643.
[297] BGH NJW 1958, 1393; OLG Hamm NJW-RR 1992, 1186; Palandt/*Götz* § 1822 Rn. 15.
[298] BGH NJW 1958, 1393.
[299] MüKoBGB/*Kroll-Ludwigs* § 1822 Rn. 44.
[300] BGH NJW 1962, 734.
[301] BGH FamRZ 1969, 209 bei einer Kaufpreisrente.
[302] Wie hier Staudinger/*Veit* BGB § 1822 Rn. 119; *Kölmel* RNotZ 2010, 1 (21).
[303] BGH FamRZ 2010, 207.
[304] MüKoBGB/*Kroll-Ludwigs* § 1822 Rn. 48.
[305] Soergel/*Zimmermann* BGB § 1822 Rn. 34.

§§ 159 ff. FamFG zu beachten sind, auch kann ein Verfahrensbeistand nach § 158 FamFG bestellt werden und auch das Jugendamt ist nach § 162 FamFG anzuhören.

- Nach § 1822 Nr. 8 BGB bedarf die **Kreditaufnahme** durch das Mündel der gerichtlichen Genehmigung. Hierunter fällt der schuldrechtliche Darlehensvertrag gem. § 488 Abs. 1 BGB, auch in Form des Überziehungskredits (vgl. → Rn. 145). Nicht erfasst wird der (gewöhnliche) Abzahlungskauf,[306] anders aber bei verbundenen Verträgen iSd § 358 Abs. 3 BGB.[307] 175
- Die Bestimmung des § 1822 Nr. 9 BGB dürfte für den Minderjährigen praktisch kaum von Bedeutung sein, soweit es um die Ausstellung von **Inhaberschuldverschreibungen** im eigentlichen Sinne oder **Wechsel** geht. Strittig ist die Genehmigungsbedürftigkeit des im Namen des Mündels ausgestellten **Inhaberschecks.** Allgemein wird das Erfordernis der Genehmigung hier zu Recht[308] verneint, und auch die Gegenmeinung nimmt den Barscheck, der für die Abhebung vom Girokonto verwendet wird, von der Genehmigungspflicht aus.[309] Die Verwendung von Schecks durch den Vormund ist schon aus abrechnungstechnischen Gründen zu vermeiden (→ Rn. 2, → Rn. 8), es sei denn, lediglich als Mittel zur Barabhebung, wobei die Funktion des Schecks dann auf die einer Quittung beschränkt ist. Ist das Bezogene ein Girokonto im Guthaben, ist diese Verfügung nach § 1813 Abs. 1 Nr. 3 BGB genehmigungsfrei. 176
- Bei der Vorschrift des § 1822 Nr. 10 BGB spielt in der Praxis vor allem die erste Alternative eine Rolle, nämlich die **Übernahme einer fremden Verbindlichkeit.** Die **herrschende Meinung** beschränkt die Anwendung dieser Bestimmung auf solche Fälle, bei denen das Mündel eine „Subsidiär-Haftung"[310] übernehmen soll, dh im Falle der Inanspruchnahme gegen den Erstschuldner eine entsprechende Erstattungsforderung erlangen würde. Danach fallen unter § 1822 Nr. 10 BGB nicht die Rechtsgeschäfte, in deren Rahmen das Mündel eine fremde Schuld als eigene übernimmt, zB bei einem Grundstückskaufvertrag die auf dem Grundstück lastenden Verbindlichkeiten unter Anrechnung auf den Kaufpreis.[311] Genehmigungspflichtig nach § 1822 Nr. 10 BGB ist dagegen die Übernahme der gesamtschuldnerischen Haftung für eine fremde Schuld, zB beim Erwerb von Miteigentum durch die Haftung nach § 427 BGB für die Kaufpreisschuld auch der übrigen Erwerber.[312] Auch Bürgschaft, Schuldübernahme, Schuldbeitritt und Erfüllungsübernahme sind erfasst. Der Genehmigung nach § 1822 Nr. 10 BGB bedarf schließlich auch die Bestellung von Pfandrechten an Gegenständen des Mündelvermögens für fremde Verbindlichkeiten.[313] Zum Schutz des Mündels wird Genehmigungsbedürftigkeit auch dann angenommen, wenn sich die Haftung für eine fremde Schuld als gesetzliche Folge eines Rechtsgeschäfts darstellt: so zB – nach nicht unbestrittener Ansicht – wenn ein GmbH-Anteil erworben wird, bevor die Stammeinlage vollständig einbezahlt ist und das Mündel nach § 24 GmbHG haften kann, der Schutzzweck des § 1822 Nr. 10 BGH also tangiert ist.[314] 177

---

306 BGH WM 1972, 698.
307 Staudinger/*Veit* BGB § 1822 Rn. 148.
308 MüKoBGB/*Kroll-Ludwigs* § 1822 Rn. 60; Gernhuber/*Coester-Waltjen* § 60 Rn. 114.
309 Soergel/*Zimmermann* § 1822 Rn. 38; *Sennekamp* NJW 1971, 1785 (1786).
310 RGZ 63, 76; Gernhuber/*Coester-Waltjen* § 60 VI 6; Heilmann/*Dürbeck* BGB § 1822 Rn. 22.
311 RGZ 110, 173 (175); Gernhuber/*Coester-Waltjen* § 60 Rn. 116.
312 BGH NJW 1973, 1276; MüKoBGB/*Kroll-Ludwigs* § 1822 Rn. 64.
313 RGZ 63, 76; OLG Königsberg JW 1933, 2072.
314 KG NJW 1962, 54; Gernhuber/*Coester-Waltjen* § 60 Rn. 118.

178 • § 1822 Nr. 12 BGB stellt den **Abschluss eines Vergleichs** oder eines **Schiedsvertrages** unter den Genehmigungsvorbehalt. Dabei sind Vergleiche bis zu einem Gegenstandswert von 3000 EUR nicht genehmigungspflichtig. Grundsätzlich sind auch Prozessvergleiche genehmigungspflichtig, es sei denn, der Vergleich stimmt mit einem **schriftlichen oder protokollierten Vergleichsvorschlag des Gerichts** überein. Ein Vergleichsvorschlag des Vorsitzenden Richters oder Berichterstatters und auch des Güterichters (vgl. § 36 Abs. 5 FamFG) genügt. In diesem Falle bedarf es nicht mehr der familiengerichtlichen Genehmigung, da der Schutz des Mündels eine erneute gerichtliche Überprüfung nicht mehr gebietet. Für alle übrigen Vergleiche bedarf es der familiengerichtlichen Genehmigung und der Mitteilungspflicht der Genehmigung seitens des Vormunds an den Gegner gem. § 1829 Abs. 1 S. 2 BGB.

179 • Bei der **Berechnung des Gegenstandswerts,** der grundsätzlich im Zivilprozess nach §§ 3 ff. ZPO (für das Verfahren vor den Familiengerichten gelten §§ 33 ff. FamGKG[315]) zu erfolgen hat, ist nicht vom Vergleichsbetrag, sondern vom Gegenstandswert des Verfahrens auszugehen. Fordert der Vormund für sein Mündel von einem Dritten, der die Berechtigung in vollem Umfang bestreitet, einen Betrag in Höhe von 10 000 EUR und einigt man sich schließlich auf die Zahlung von 2500 EUR ist dieser Vergleich genehmigungsbedürftig, weil der Bestand einer Forderung in Höhe von 10 000 EUR strittig war.

180 • Die nach § 1822 Nr. 13 BGB genehmigungsbedürftigen Fälle der **Aufgabe oder Minderung einer Sicherheit** für eine Forderung des Mündels wurden im Wesentlichen bereits oben → Rn. 148 ff. bei den Genehmigungen im Rahmen von Grundstücksangelegenheiten und Nachlasssachen behandelt. Ergänzend hierzu sind als genehmigungsbedürftig nach dieser Vorschrift noch zu erwähnen die Aufgabe von Sicherungseigentum und die Entlassung eines Bürgen oder eines Gesamtschuldners aus der Haftung.[316]

V. Erteilung von Auskünften und Rechnungslegung

181 **1. Erteilung von Auskünften.** Das Familiengericht (§ 1837 BGB) bzw. der vorgeschaltete Gegenvormund bedürfen zur Wahrnehmung ihrer Aufsichtsfunktion gegenüber dem Vormund umfassender Aufklärung über die wirtschaftlichen Verhältnisse des Mündels und deren Entwicklung. Diese erhalten sie durch das **Vermögensverzeichnis** (§ 1802 BGB, vgl. dazu → Rn. 4 ff.), die **Abrechnung** (§§ 1840, 1841 BGB) und schließlich durch die **allgemeinen Auskünfte** (§§ 1799 Abs. 2, 1839 BGB) über die Führung der Vormundschaft. Die §§ 1839 bzw. 1799 Abs. 2 BGB schließen eine Lücke im umfassenden Informationsanspruch des Gerichts und des Gegenvormunds. Nachdem zwischen der Vorlage des Anfangsvermögensverzeichnisses und der ersten Rechnungslegung bzw. zwischen den einzelnen Abrechnungsabschnitten Zeiträume von über einem Jahr liegen können, besteht die wesentliche Bedeutung der Auskunftspflicht nach § 1839 BGB, die **jederzeit** besteht, für das Familiengericht darin, sich durch allgemeine oder gezielte Anfragen frühzeitig in einen Erkenntnisstand zu bringen, der es ihm ermöglicht, Fehlentscheidungen vorzubeugen und vor allem bei Pflichtwidrigkeiten nach § 1837 Abs. 2 BGB einzuschreiten. Das Auskunftsrecht, das auch gegenüber dem **Amtsvormund** besteht,[317] greift im Bereich der Vermögenssorge

---

[315] Vgl. dazu die Kommentierung von BeckOK-Streitwert/*Dürbeck* „Vergleich" Rn. 1 ff.

[316] Heilmann/*Dürbeck* BGB § 1822 Rn. 27.

[317] Zu dessen Beaufsichtigung ausführlich *Gojowczyk* Rpfleger 2013, 1.

insbesondere auch da Platz, wo der Vormund zwar der formellen Rechnungslegungspflicht nach § 1841 BGB Genüge geleistet hat, das Familiengericht jedoch zur abschließenden Beurteilung von wirtschaftlichen Vorgängen noch zusätzliche Angaben und Erläuterungen benötigt. Schließlich gelangt das Gericht bei Pflegschaften, deren Wirkungskreis nicht die Verwaltung des Vermögens oder einzelner Vermögensteile umfasst, oder in den Fällen, in denen die Rechnungslegung entfällt, nur auf der Grundlage des § 1839 BGB zu den Erkenntnissen, derer es zur Überwachung der Tätigkeit des Vormunds oder Pflegers bedarf.

So spielt § 1839 BGB in der täglichen Praxis der Beziehungen zwischen dem Gericht 182
und dem Vormund eine durchaus bedeutende Rolle. Auseinandersetzungen darüber, wie weit im Einzelnen die Auskunftspflicht geht, sind dagegen relativ selten, hierzu ergangene Gerichtsentscheidungen finden sich kaum. So wenig wie das Gericht an Vorgängen und Daten interessiert ist, die für die Beurteilung der Tätigkeit des Vormunds im Rahmen der gesetzlichen Bestimmungen nicht relevant sind, so wenig kann dem Vormund – schon aus Haftungsgründen – daran gelegen sein, Vorgänge und Sachverhalte zu verschweigen, die Gegenstand seines Aufgabenbereichs sind, es sei denn, er will gezielt Pflichtwidrigkeiten verheimlichen. Gerade dann aber bietet die Befugnis aus § 1839 BGB dem Familiengericht die Möglichkeit zur Einleitung der erforderlichen **Zwangsmaßnahmen** gegen den Vormund nach Maßgabe von § 1837 Abs. 2 und 3 BGB. Das Familiengericht hat aber das Ermessen und die Selbstständigkeit der Amtsführung des Vormunds stets zu achten und darf nicht selbst Entscheidungen in Ansehung von Geschäften des Mündels an Stelle des Vormunds treffen.[318] Nicht selten sind dagegen Meinungsverschiedenheiten zwischen dem Gericht und dem Vormund darüber, wie häufig und in welchem Umfang zwischen den einzelnen Rechnungsabschnitten über die gewöhnliche Tätigkeit berichtet werden muss. Eine sinnvolle Handhabung des Instruments des § 1839 BGB durch das Gericht wird sich sowohl an dem Umfang der Vermögensverwaltung und der Bedeutung anstehender Geschäfte als auch an der Person des Vormunds orientieren. Genauso wie es zB vertretbar ist, bei jahrelang laufender Vermögensverwaltung durch einen Berufsvormund sich mit der Berichterstattung anlässlich der Rechnungslegung bzw. der Vorlage des Vermögensverzeichnisses zu begnügen, kann es für das Gericht bei einem unerfahrenen Vormund oder Pfleger geboten sein, nicht erst die Abrechnung abzuwarten, sondern sich über Zwischenberichte zu informieren, um erforderlichenfalls auf den Vormund rechtzeitig einwirken oder gar mit geeigneten Zwangsmitteln einschreiten zu können. Es bedarf auf Seiten des Gerichts einiger Erfahrung und auch Augenmaßes, von den Möglichkeiten des § 1839 BGB in angemessener Weise Gebrauch zu machen. Der Vormund, der häufig unentgeltlich Zeit und Arbeit aufwendet, um die Mündelinteressen nach außen im Geschäftsverkehr umfassend zu wahren, sollte nicht durch überflüssige Berichtsanforderungen zusätzlich belastet werden. Andererseits kündigen sich nicht selten Pflichtwidrigkeiten des Vormunds gerade dadurch an, dass Auskunftsersuchen des Gerichts hartnäckig ignoriert werden. Nach § 1837 Abs. 2 BGB kann das Gericht dann durch die Anordnung von Zwangsgeld versuchen, die **Auskunftserteilung zu erzwingen.** Hierbei hat das Gericht jedoch nicht aus dem Auge zu verlieren, dass es letztlich nicht um die Berichterstattungsverpflichtung als solche, sondern in erster Linie um das Erlangen von notwendigen Informationen geht. Kann das Gericht also aufgrund anderweitig gewonnener Erkenntnisse abschätzen, dass der Vormund seine Tätigkeit im Übrigen ordnungsgemäß handhabt, ist mit Zwangsmitteln Zurückhaltung geboten. Dies gilt insbesondere für die **Entlassung,** die nach § 1886 BGB grund-

[318] OLG Hamm FamRZ 2012, 1312; OLG München FamRZ 2009, 2115; *Bienwald* RpflStud 2014, 61.

sätzlich auch wegen der Verletzung der Auskunftspflicht des § 1839 BGB möglich ist. Der Verstoß gegen die Verpflichtung aus § 1839 BGB muss Hand in Hand gehen mit einer objektiven Gefährdung des Mündelinteresses, um eine Entlassung zu rechtfertigen. Diese ist gegeben, wenn die Aufsichtsführung durch das Gericht unmöglich gemacht wird, indem trotz wiederholter Anfragen und ggf. Zwangsmitteln Auskünfte zur Rechnungslegung nicht erteilt und Abrechnungen nicht berichtigt und ergänzt werden.[319] Sollte die Weigerung zur Auskunftserteilung letztlich dazu gedient haben, eine Pflichtwidrigkeit des Vormunds zu verdecken, erfährt eine zunächst unter Heranziehung des § 1839 BGB begründete Entlassung hierdurch nachträglich ihre zusätzliche Rechtfertigung.

183 Die Auskunftsverpflichtung des Vormunds gilt auch bei **Amts- und Vereinsvormundschaft** und bei **befreiter Vormundschaft.**[320] Sie spielt hier sogar noch eine wesentlichere Rolle, weil die Information durch die Rechnungslegung entfällt (§§ 1857a, 1854 BGB). Zwar kann gegen den Amts- und Vereinsvormund nach § 1837 Abs. 3 S. 2 BGB kein Zwangsgeld verhängt werden, es verbleiben beim Amtsvormund aber die Möglichkeit einer Dienstaufsichtsbeschwerde[321] und beim Vereinsvormund dessen Entlassung nach § 1886 BGB. Grundsätzlich kann das Familiengericht in entsprechender Anwendung des § 1799 Abs. 2 BGB auch **Einsicht** in die sich auf die Vormundschaft beziehenden Papiere und die Vorlage von **Belegen** und Bescheinigungen verlangen.[322] Die Reichweite dieser Pflichten bildet auch hier das Bedürfnis des Gerichts, die Informationen in einer Form zu erhalten, die es ihm ermöglicht, seinen Aufsichtsaufgaben vor allem im Hinblick auf etwaige Pflichtverletzungen (§ 1837 Abs. 2 BGB) gerecht zu werden. Es besteht für das Familiengericht nicht nur ein Recht, sondern eine Pflicht zum Einschreiten.[323] Es ist nicht unüblich, dass das Gericht unmittelbar bei Behörden, Geldinstituten oder sonstigen Dritten Auskünfte, Bescheinigungen und Bestätigungen einholt. Hiergegen bestehen insbesondere bei privaten und nicht geschäftsgewandten Vormündern keine Bedenken, soweit es sich seitens des Gerichts oder auch des Gegenvormunds um Maßnahmen der Hilfestellung und Unterstützung handelt. Dies gilt insbesondere auch für Auskunftsersuchen gegenüber Ämtern und Behörden, bei denen das Gericht über die Amtshilfe häufig effektivere Möglichkeiten besitzt. Bedenklich kann eine solche Übung jedoch dort werden, wo das Gericht oder der Gegenvormund ohne das zumindest unterstellte Einverständnis des Vormunds diesen übergeht und in seine **eigenverantwortliche Amtsführung** (§ 1793 Abs. 1 BGB) eingreift. Gerade weil das Gericht in der Regel keinen unmittelbaren Anspruch auf Auskunftserteilung gegenüber Dritten besitzt, die in Rechtsbeziehungen zum Mündel stehen, muss es sich grundsätzlich auf die Möglichkeiten beschränken, die ihm die Bestimmung des § 1839 BGB einräumt, nämlich den Vormund anzuhalten, Informationen zu erteilen und Bestätigungen vorzulegen, die dieser aufgrund seiner Stellung als gesetzlicher Vertreter des Mündels seinerseits von Dritten verlangen kann. Steht allerdings eine **Gefährdung des Kindswohls** im Raum, erlaubt § 1837 Abs. 4 BGB iVm § 1666 Abs. 4 BGB auch gerichtliche Maßnahmen gegenüber **Dritten**, der nach zutreffender Ansicht entgegen des Wortlauts in dringenden Fällen auch im Bereich der Vermögenssorge anzuwenden ist.[324]

---

319 BayObLG BtPrax 2003, 218.
320 OLG Saarbrücken DAVorm. 1995, 248; *Gojowczyk* Rpfleger 2013, 1.
321 BT-Drs. 17/2617, 8; Heilmann/*Dürbeck* BGB § 1837 Rn. 14.
322 Palandt/*Götz* § 1839 Rn. 1.
323 *Bienwald* RpflStud 2014, 61 (62).
324 Staudinger/*Coester* BGB § 1666 Rn. 249.

Mit **Beendigung der Vormundschaft erlischt auch der Auskunftsanspruch** des Gerichts.[325] Dann sind nur noch das **Mündel** selbst bzw. seine Rechtsnachfolger berechtigt, den umfassenden Anspruch auf Auskunft und Rechnungslegung gemäß **§ 1890 S. 1 BGB** gegen den früheren Vormund geltend zu machen und erforderlichenfalls beim Familiengericht einzuklagen.[326] Nach zutreffender Ansicht ist hier in analoger Anwendung von § 266 Abs. 1 Nr. 4 FamFG der Rechtsweg zu den Familiengerichten eröffnet.[327] Eine verfahrensrechtliche Einbindung des **Familiengerichts** (und Gegenvormunds) besteht nur nach Maßgabe von § 1892 BGB (vgl. hier → Rn. 221 ff.). In diesem Zusammenhang kann nach heute h. M. das Familiengericht den Vormund trotz bereits erfolgter Beendigung seiner Aufsicht wegen seiner aus § 1892 BGB bestehenden Nachfürsorge den Vormund durch (weiteres) Zwangsgeld zur Einreichung der Schlussrechnung anhalten.[328] 184

Tritt nicht die Beendigung der Vormundschaft ein, sondern findet lediglich ein **Vormundwechsel** statt, gilt das Vorstehende entsprechend. Allerdings stellt sich die Situation insoweit etwas anders dar, als das Vormundschaftsverfahren weiter bei Gericht anhängig ist und dieses mittelbar über den neuen Vormund auf die Erteilung erforderlicher Auskünfte durch den früheren Vormund hinwirken kann. Bedeutsam ist dies insbesondere dann, wenn der Vormundwechsel seinen Grund gerade darin hatte, dass der frühere Vormund wegen unterlassener Auskunftserteilung und Rechnungslegung entlassen wurde. Da einer solchen Maßnahme in der Regel die erfolglose Verhängung von Zwangsmitteln (§ 1837 Abs. 3 S. 1 BGB) voranging, hat sich dieses Zwangsmittel bereits als unzulänglich herausgestellt. Zwar besteht auch hier eine Befugnis zu weiteren Maßnahmen gegen den früheren Vormund, insbesondere weiteren Zwangsmitteln (→ Rn. 186). Weiteres Vorgehen in dieser Richtung wäre aber sicherlich nicht effektiv. Vielmehr hat der neue Vormund, unabhängig von der etwaigen Verpflichtung seines Vorgängers aus § 1890 BGB gegenüber dem Gericht, unverzüglich, erforderlichenfalls im Wege des Stufenverfahrens beim Familiengericht analog § 266 Abs. 1 Nr. 4 FamFG (→ Rn. 186) die Auskunfts-, Rechnungslegungs- und Herausgabeansprüche seines Mündels geltend zu machen. Ihn hierauf hinzuweisen und zum Tätigwerden in dieser Richtung anzuhalten dürfte ggf. sachgerechter sein, als zB zu versuchen, über die Verhängung weiterer Zwangsgelder etwas zu erreichen, was schon in der Vergangenheit nicht gelungen ist. 185

2. Rechnungslegung.[329] **a) Allgemeines.** Der Rechnungslegung des Vormunds nach § 1840 BGB kommt **die entscheidende Bedeutung bei der Überwachungsfunktion** des Familiengerichts zu, soweit es den vermögensrechtlichen Tätigkeitsbereich des Vormunds angeht. 186

Ganz allgemein ist derjenige, der für Dritte Vermögenswerte verwaltet oder Vermögensinteressen wahrnimmt, diesen gegenüber **rechenschaftspflichtig.** Dies gilt zB im Verhältnis Testamentsvollstrecker gegenüber Erben, § 2218 BGB, für den geschäftsführenden Gesellschafter gegenüber seinen Mitgesellschaftern, § 713 BGB, und für die Eltern nach Beendigung der Vermögenssorge gegenüber dem Kind, § 1698 BGB. Es handelt sich hierbei letztlich immer um Variationen eines Auftragsverhältnisses im 187

---

[325] BayObLG FamRZ 1996, 511; Soergel/*Zimmermann* BGB § 1839 Rn. 2.

[326] OLG Jena FamRZ 2013, 1837; OLG Schleswig FamRZ 2006, 574.

[327] OLG Dresden FamRZ 2012, 146; LG Koblenz FamRZ 2011, 1090; Palandt/*Götz* BGB § 1843 Rn. 2 und § 1890 Rn. 1.

[328] OLG Schleswig FamRZ 2006, 574; LG Saarbrücken FamRZ 2010, 328; Gernhuber/*Coester-Waltjen* § 73 Rn. 19; Staudinger/*Veit* BGB § 1892 Rn. 11.

[329] Grundlegend *Birkenfeld* FamRZ 1976, 197.

weiteren Sinne, für die entweder durch direkte Verweisung oder in entsprechender Anwendung die zentrale Bestimmung des § 666 BGB gilt.

188 Nicht anders gestalten sich vom Grundgedanken her insoweit zunächst die Rechtsbeziehungen zwischen dem Vormund oder Pfleger einerseits und dem Mündel bzw. Pflegling andererseits. Nachdem die Beauftragung bei der Vormundschaft im Regelfall durch das Gericht erfolgt und das Mündel selbst entweder kraft Gesetzes zumindest während des Bestehens der Vormundschaft oder Pflegschaft daran gehindert ist, die Überprüfungsfunktion auszuüben, übernimmt diesen Aufgabenbereich das Familiengericht. So stellen denn die **Abrechnungen** des Vormunds noch mehr als die Auskünfte, die er im Rahmen des § 1839 BGB erteilt, den Ausgangspunkt zur Beurteilung der Tätigkeit des Vormundes durch das Gericht und ggf. durch den Gegenvormund dar. Umgekehrt kann anhand der Abrechnung jederzeit nachvollzogen werden, ob das Gericht seinen Aufgaben bei der Überwachung des Vormunds im **vermögensrechtlichen Bereich** gerecht wurde oder ob es zB verabsäumt hat, rechtzeitig einzuschreiten. Diese zentrale Funktion der Abrechnung bei der Verwaltung von Vermögen durch den Vormund bedingt daher, dass einerseits an die Rechnungslegung als solche, andererseits aber auch an die Überprüfung der Abrechnung durch das Gericht eher strengere Maßstäbe anzulegen sind, als dies womöglich im Verhältnis zwischen Auftraggeber und Auftragnehmer üblich ist. Nicht zuletzt muss hier berücksichtigt werden, dass das Gericht bei der Überwachung seinerseits wiederum nicht eigene, sondern die Interessen eines Dritten, nämlich des Mündels, wahrnimmt.

189 Grundsätzlich ist jeder Vormund oder Pfleger, der Vermögen verwaltet, zur Rechnungslegung (§ 1840 Abs. 2 BGB) verpflichtet. **Ausgenommen** sind lediglich der **Amts- und der Vereinsvormund** nach §§ 1857a, 1854 BGB.[330] Außerdem können der Vater oder die Mutter den von ihnen benannten Vormund gemäß §§ 1854 Abs. 1 bzw. 1855 BGB von der Verpflichtung zur periodischen Abrechnung, nicht aber von der Schlussrechnung **befreien**. Zu beachten ist ferner, dass auch ein zum Betreuer für einen Volljährigen bestellter Elternteil, Ehegatte oder Abkömmling des Betreuten nach § 1908i Abs. 2 Satz 2 iVm § 1857a BGB nicht laufend abrechnen muss. Entsprechendes gilt auch für den Ergänzungspfleger nach § 1917 Abs. 2 BGB, wenn der benannte Pfleger durch die letztwillige Verfügung oder bei der Zuwendung von der periodischen Abrechnungspflicht befreit wurde. Die im Gesetz geregelten Fälle der Befreiung sind abschließend, dh das Familiengericht kann von sich aus dem Vormund oder Pfleger die Abrechnungsverpflichtung nicht erlassen. Sind mehrere **Mitvormünder** bestellt, denen die Vermögensverwaltung gemeinschaftlich unterliegt (§ 1797 Abs. 1 BGB), haben sie auch gemeinschaftlich abzurechnen. Bei einer Aufteilung nach Wirkungskreisen (§ 1797 Abs. 2 BGB) trifft jeden Vormund eine eigene Pflicht zur Abrechnung.[331]

190 **b) Gegenstand der Abrechnungspflicht.** Gelegentlich tauchen Probleme bei der Frage auf, ob gewisse Vermögensteile dann, wenn sie kraft Gesetzes in Mitverwaltung oder ausschließlicher **Verwaltung Dritter** stehen, **Gegenstand der Abrechnungspflicht** des Vormunds sind. Der Wortlaut des § 1840 Abs. 2 BGB ist an sich eindeutig. Der Vormund hat über **seine** Vermögensverwaltung dem Gericht Rechnung zu legen. Zu seiner Vermögensverwaltung gehören nicht die Teile des Mündelvermögens, die der Verwaltung eines anderen unterstehen.[332] Die ist insbesondere dann der Fall, wenn das Mündel Erbe oder Miterbe eines Nachlasses ist, für den **Testamentsvollstreckung** angeordnet ist. Selbst wenn Vormund und Testamentsvollstrecker im Übrigen perso-

[330] Vgl. dazu *Bienwald* FamRZ 2015, 295 und RpflStud 2015, 129.
[331] MüKoBGB/*Kroll-Ludwigs* § 1840 Rn. 5.
[332] Staudinger/*Veit* BGB § 1840 Rn. 22.

nengleich sind, entfällt hinsichtlich des Nachlassvermögens die Rechnungslegungspflicht gegenüber dem Familiengericht;[333] nicht zuletzt aus der Überlegung heraus, dass der Testamentsvollstrecker seine Legitimation zur Verwaltung des Nachlasses von seiner Ernennung durch den Erblasser bzw. durch das Nachlassgericht und nicht von seiner Bestellung zum Vormund durch das Familiengericht ableitet. Dies ändert jedoch nichts daran, dass der Testamentsvollstrecker dem Mündel gegenüber nach den §§ 2218, 666 BGB rechnungslegungspflichtig ist. Nachdem jedoch der Vormund insoweit gehindert ist, die Überprüfungsrechte seines Mündels wahrzunehmen, hat das Familiengericht **Ergänzungspflegschaft** anzuordnen, § 1909 BGB.[334] Der Wirkungskreis einer solchen Pflegschaft sollte zweckmäßigerweise nicht auf die Überprüfung der Abrechnung des Testamentsvollstreckers beschränkt werden, sondern die Wahrnehmung aller Rechte des Mündels gegenüber dem Testamentsvollstrecker umfassen, da ja auch Auskunftsrechte durch das Mündel wahrzunehmen und die Testamentsvollstreckervergütungsfrage zu klären sein könnten. Der so bestellte Ergänzungspfleger ist seinerseits gegenüber dem Familiengericht nicht rechnungslegungspflichtig. In diesen Fällen greift vielmehr die Auskunfts- und Rechenschaftspflicht des Vormunds bzw. Ergänzungspflegers nach § 1839 BGB; dh er hat, parallel zum sonstigen Mündelvermögen, die der Testamentsvollstreckung unterliegenden Vermögenswerte zu den jeweiligen Stichtagen zu verzeichnen und über seine Prüfung der Abrechnung des Testamentsvollstreckers und die Veränderungen im Nachlassvermögensbestand zu berichten. Belege muss er allenfalls im Rahmen des § 1839 BGB und in entsprechender Anwendung des § 1799 Abs. 2 BGB zum Nachlassverzeichnis, nicht jedoch als Einnahmen- und Ausgabennachweis vorlegen.

Nicht ganz so eindeutig stellt sich die Situation bei den **sonstigen Fällen der Verwaltung** von Vermögensteilen des Mündels **durch Dritte** dar. Hierher gehören insbesondere die Fälle, in denen erbengemeinschaftliches Vermögen, an dem das Mündel beteiligt ist, durch einen anderen Miterben verwaltet wird; ferner wenn eine Hausverwaltung oder ein berufsmäßiger Vermögensverwalter eingeschaltet ist. Schließlich ergibt sich eine ähnliche Konstellation bei der Verwaltung durch einen Nießbrauchsberechtigten oder Pfandgläubiger. Nur über das Vermögen, das er selbst und unmittelbar verwaltet, kann der Vormund im Sinne des § 1841 Abs. 1 BGB abrechnen, dh die Einnahmen und Ausgaben zusammenstellen und Belege vorlegen. Befreit von der Abrechnungspflicht ist er danach zweifellos hinsichtlich der Vermögenswerte, die kraft Gesetzes unmittelbar seiner Verwaltungs- und Verfügungsmacht entzogen sind, also – wie oben dargestellt – beim Testamentsvollstrecker. Beim **Nießbrauch oder Pfandrecht eines Dritten** an einem dem Mündel gehörenden Vermögensgegenstand ist eine differenzierte Betrachtungsweise angebracht. Grundsätzlich sind der Nießbrauchsberechtigte nach § 1036 BGB und der Nutzungspfandgläubiger nach §§ 1205, 1213 ff. BGB berechtigt, den Vermögensgegenstand in Besitz zu nehmen und zu verwalten. Machen sie von diesem Recht unter vollständigem Ausschluss der Verwaltungsbefugnis des Vormunds uneingeschränkt Gebrauch, ist diesem nicht zuzumuten, über die fremde Vermögensverwaltung in der Form des § 1841 Abs. 1 BGB Rechnung zu legen.[335] Bleibt dagegen aufgrund rechtsgeschäftlicher Vereinbarung mit dem Pfandrechtsgläubiger oder Nießbrauchsberechtigten die Verwaltung beim Vormund, wird zB nur der Jahresüberschuss der Verwaltung dem Nießbrauchsnehmer überlassen, so muss der Vormund als voll abrechnungspflichtig angesehen werden. Nicht anders ist die Situa- 191

[333] Soergel/*Zimmermann* BGB § 1840 Rn. 4.
[334] *Damrau* ZEV 1994, 1; vgl. auch OLG Nürnberg FamRZ 2002, 272.
[335] Palandt/*Götz* BGB § 1840 Rn. 3.

tion, wenn der Vormund sich bei der Verwaltung bestimmter Vermögensgegenstände **dritter fachkundiger Hilfspersonen** bedient und ihnen **durch Rechtsgeschäft** die Verwaltungs- und Verfügungsbefugnis in Teilbereichen überlässt. Genauso wenig wie er sich hierdurch seiner diesbezüglichen Verantwortung für die Vermögensverwaltung entledigen kann, wird er insoweit von seiner Rechnungslegungspflicht befreit. Er hat dann eben im Rahmen des mit dem Dritten bestehenden Vertragsverhältnisses sicherzustellen, dass er die für seine Abrechnung notwendigen Daten und Belege erhält.[336] Dies bedeutet jedoch nicht, dass das Gericht oder der Gegenvormund im Einzelfall bei ihren Anforderungen hinsichtlich der Vorlage von Belegen oder überhaupt der Form der Abrechnung nicht gewisse Zugeständnisse machen können. Hierher gehören zB die Fälle, in denen größere professionelle **Hausverwaltungen** ihren Kunden lediglich zusammenfassende Überschussabrechnungen ohne Vorlage von Belegen erteilen. Entscheidend wird hier letztlich die Frage sein, wie weit der Vormund die Verwaltung des jeweiligen Vermögensgegenstands berechtigterweise dem Dritten überlassen hat und ob insoweit die Einnahmen und Ausgaben über ein auf den Namen des Mündels oder des Dritten lautendes Konto abgewickelt werden.

192 Nicht selten gehört das Mündel einer **Erbengemeinschaft (§ 2032 BGB)** an, bei der die Verwaltung des Nachlasses aus Zweckmäßigkeitsgründen oder einfach wegen tatsächlicher Gegebenheiten einem Miterben überlassen wird. Auch wenn hier der Vormund nicht selbst unmittelbar Verfügungen über Nachlassgegenstände treffen kann (§ 2033 Abs. 2 BGB), ist er gleichwohl über die von der Erbengemeinschaft, vertreten durch einen Miterben, vorgenommenen Einnahmen und Ausgaben rechenschaftspflichtig. Auch hier wird jedoch das Gericht die Probleme, die dadurch gegeben sind, dass der Vormund letztlich fremdes Handeln zu vertreten und nachzuweisen hat, durch eine gewisse Großzügigkeit bei der Belegprüfung ausgleichen.

193 Schließlich muss in diesem Zusammenhang auch auf die Abrechnungspflicht des Vormunds für Vermögenswerte eingegangen werden, die dem **Mündel ganz oder teilweise zur freien Verfügung** oder Dritten zur Verwendung für das Mündel überlassen wurden (§ 110 BGB). Hier ist eindeutig festzustellen, dass dann, wenn der Vormund, erforderlichenfalls mit Genehmigung des Gerichts oder Gegenvormunds, sich berechtigterweise seiner Verfügungsmacht für Einkommens- oder Vermögensteile begeben hat, er für deren Verwendung nicht mehr im einzelnen rechenschaftspflichtig ist. Seine Aufgabe besteht zunächst darin, nach pflichtgemäßem Ermessen und unter Würdigung aller Umstände zu entscheiden, was er dem Mündel frei überlassen kann. Hat er diese Entscheidung, deren Angemessenheit er laufend überprüfen muss und die er auch jederzeit abändern oder aufheben kann, einmal getroffen und dies auch gegenüber dem Familiengericht gerechtfertigt, sind diese Einkommens- oder Vermögensbereiche der unmittelbaren Überwachungspflicht des Gerichts entzogen.[337] Hierbei spielt die Form der Überlassung keine Rolle, dh der Vormund muss weder Nachweise darüber vorlegen, wie der Mündel im Einzelnen die Barmittel oder Kontoguthaben verwendet hat, noch ist eine förmliche Abrechnung zB über ein Konto vorzulegen, das dem Mündel zur freien Verfügung überlassen wurde. In dem Augenblick, in dem der Vormund jedoch selbst Verfügungen über ein solches Konto trifft, lebt seine Abrechnungspflicht wieder auf. Allerdings trifft ihn die personensorgerechtliche Plicht, die Verwendung der Geldmittel zu kontrollieren. Im Übrigen erscheint es zweckmäßig, mehrere Konten einzurichten, nämlich eines, über das ausschließlich das Mündel selbst verfügt, und solche, die vom Vormund verwaltet werden. Selbstverständlich

---

[336] Staudinger/*Veit* BGB § 1840 Rn. 22.

[337] LG Mönchengladbach FamRZ 2010, 1190; Palandt/*Götz* § 1840 Rn. 3.

bleibt bei solchen Regelungen die Rechenschafts- und Nachweispflicht des Vormunds für die an das Mündel selbst oder auf sein von ihm verwaltetes Konto geleisteten Zahlungen bestehen. Werden solche Zahlungen zB durch den Arbeitgeber oder durch einen Rententräger unmittelbar auf ein dem Mündel zur freien Verfügung stehendes Konto überwiesen, ist der Nachweis über diese Zahlungen durch den Vormund in Form von Gehaltsbescheinigungen, Rentenbescheiden oder Rentenanpassungsmitteilungen gegenüber dem Gericht zu führen. Sinngemäß gelten diese Grundsätze auch für die Überlassung von Geldmitteln an Dritte zur Verwendung für das Mündel. Es ist hier zu denken an Haushaltsgeld, Betreuungsentgelt, Unterhalt, Pflegevergütung oÄ. Der Vormund wird hier zunächst den angemessenen Bedarf feststellen, indem er sich über einen längeren Zeitraum die Ausgaben von Angehörigen oder Betreuern aufzeichnen lässt, und dann eine monatliche Pauschale festsetzen. Über diese braucht ihm der Zahlungsempfänger dann nicht mehr jeweils abzurechnen, und umgekehrt ist er dem Gericht gegenüber nicht mehr im Einzelnen nachweispflichtig.

Nicht zuletzt gehören zu diesem Problemkreis auch die Fälle, in denen der Vor- **194**
mund an der **Verwaltung** von Vermögensteilen, insbesondere Konten, dadurch **zeitweise faktisch gehindert** ist, dass er erst einige Zeit nach seiner Bestellung von deren Existenz erfährt. Praktisch treten insoweit Schwierigkeiten – zumindest in gewissem Umfang – nahezu nach jeder Neuanordnung einer Vormundschaft oder Pflegschaft auf, bei der bereits Vermögen vorhanden ist. In der Zeitspanne zwischen der Verpflichtung und der Ermittlung der Bankverbindung bzw. der Anzeige der Verwaltungsbefugnis des Vormunds oder Pflegers an das Geldinstitut können Wochen, oft Monate vergehen. Nicht selten werden in dieser Zeit Kontoverfügungen entweder durch den Kontoinhaber selbst, den früheren gesetzlichen Vertreter oder durch Bevollmächtigte getroffen, und Kontoauszüge und Belege gelangen nicht in die Hände des Vormunds bzw. Pflegers. Dieser muss selbstverständlich diese Vorgänge, erforderlichenfalls unter Einholung von Zweitschriften der Belege, rekonstruieren, um etwa hieraus resultierende Ansprüche des Mündels zu ermitteln. Eine formelle Abrechnungspflicht dürfte den Vormund insoweit jedoch nicht treffen, da er ja letztlich nur über das von ihm verwaltete Vermögen abrechnen muss und er unfreiwillig und unverschuldet zeitweise an der Verwaltung dieser Vermögenswerte gehindert war. Allerdings ist er nicht davon entbunden, im Rahmen des § 1839 BGB dem Gericht oder Gegenvormund zu berichten, was seine diesbezüglichen Ermittlungen ergeben haben. Letztendlich dürfte eine derart differenzierte Betrachtung jedoch nur dann sinnvoll sein, wenn die unverschuldete Verzögerung bei der Verwaltungsübernahme durch den Vormund einen längeren Zeitraum, also mindestens einige Monate umfasst. Ansonsten ist es ihm durchaus zuzumuten, dass er den Zeitraum zwischen der Bestellung und deren Anzeige an die Bank in seine Erstabrechnung mit einbezieht und hierzu erforderlichenfalls Ersatzbelege beschafft. Eine Rechnungslegungspflicht entfällt schließlich gänzlich, wenn der Mündel **vermögenslos** ist, was jedoch dem Familiengericht gegenüber nach § 1839 BGB zu erklären ist.[338]

c) Rechnungslegungszeitraum. § 1840 Abs. 3 BGB ordnet **jährliche Rechnungs-** **195**
legung an, bezieht sich also auf die periodische Rechnungslegung. Für die **Schlussabrechnung** gemäß § 1890 BGB gegenüber dem Mündel oder seinen Amtsnachfolger ist der **Abrechnungszeitraum** durch den Zeitpunkt der Beendigung der Vormundschaft bzw. der Entlassung des Vormunds bestimmt. Das **Rechnungsjahr** wird vom Familiengericht bestimmt, § 1840 Abs. 3 S. 2 BGB. In der Regel ist dies das Kalenderjahr.

[338] Staudinger/*Veit* BGB § 1840 Rn. 28.

Der erste Abrechnungszeitraum, der mit dem Vermögensverzeichnis zum Zeitpunkt der Amtsübernahme durch den Vormund beginnt, umfasst daher nahezu ausnahmslos eine geringere Zeit als ein Jahr. Eine Erweiterung des **ersten** Abrechnungszeitraums über ein Jahr hinaus ist gemäß § 1840 Abs. 2, 3 und 4 BGB nicht zulässig. Für eine Verkürzung des Rechnungsjahres des Vormundes auf eine Zeitdauer von weniger als einem Jahr fehlt es an der Rechtsgrundlage, und das Familiengericht hat insoweit kein Ermessen.[339]

196 Als Abrechnungszeitraum sollte immer das Kalenderjahr, dh der 31.12. als Zeitpunkt des die Abrechnung abschließenden Vermögensverzeichnisses bestimmt werden. Hierfür spricht eine Vielzahl von praktischen Erwägungen. So werden die Abrechnungen Dritter, wie Banken oder Versicherungen, die ggf. in die Rechnungslegung des Vormunds einbezogen werden müssen, ebenfalls in der Regel kalenderjährlich oder zumindest mit Abschluss zum 31.12. erteilt; die Gutschrift von Zinsen auf Spareinlagen erfolgt zum Jahresende, die Banken erteilen Depotauszüge mit Wertberechnungen – ohne Berechnung besonderer Kosten – ebenfalls zum 31.12. eines Jahres, und schließlich kann der Vormund eine Abrechnung, die ein Kalenderjahr umfasst, als Grundlage von Steuererklärungen für sein Mündel benützen.

197 § 1840 Abs. 4 BGB räumt dem Gericht die Möglichkeit ein, bei Verwaltungen **von geringem Umfang den Rechnungslegungsabschnitt von einem Jahr auf bis zu drei Jahre zu erweitern,** jedoch erst dann, wenn die **erste Abrechnung vorgelegt** ist. Der Begriff „Verwaltung von geringem Umfange" kann sich sowohl auf die Höhe des verwalteten Vermögens als auch auf die Veränderungen im Vermögensbestand, insbesondere die Anzahl von Kontobewegungen, beziehen. Lebt zB ein Mündel im eigenen, wertmäßig durchaus bedeutenden Einfamilienhaus und verwaltet sein Arbeits- oder Renteneinkommen selbst, so ist es sicherlich sinnvoll, wenn das Gericht den Vormund über das in seiner Verwaltung stehende Sparguthaben, bei dem lediglich jährlich die Zinsen gutgeschrieben werden, nur alle zwei oder drei Jahre abrechnen lässt. Umgekehrt wird durchaus jährliche Rechnungslegung zweckmäßig sein, wenn der Vormund bei ansonsten geringem Vermögen ein Girokonto des Mündels mit umfangreichem Geldfluss verwaltet. Ganz allgemein wäre eine großzügigere Handhabung der Möglichkeit des § 1840 Abs. 4 BGB durch die Gerichte zur Entlastung der Vormünder, aber auch der Gerichte selbst, wünschenswert. Dies gilt insbesondere dann, wenn das verwaltete Vermögen lediglich gesperrte Konten oder Wertpapier-Depots mit geringem Umsatz umfasst, da das Gericht durch den Genehmigungsvorbehalt (§ 1812 BGB) eine laufende Kontrollmöglichkeit besitzt, ohne unbedingt auf die Vorlage der Abrechnung angewiesen zu sein.

198 **d) Die Kosten der Rechnungslegung** fallen grundsätzlich dem Mündelvermögen zur Last. Werden sie nicht unmittelbar aus diesem bezahlt, sondern vom Vormund verauslagt, besitzt dieser einen Auslagenerstattungsanspruch nach § 1835 Abs. 1 BGB iVm § 670 BGB. Denkbar sind hier die Kosten für die Beschaffung von Ersatzbelegen, aber auch für die Einschaltung von Sachverständigen oder sonstigen Dritten, wie zB Hausverwaltungen. Bei umfangreichen und komplizierten Abrechnungen ist es vertretbar, wenn der Vormund fachkundige Hilfe, zB eines Steuerberaters, in Anspruch nimmt oder sich eines auf diesem Gebiet versierten Rechtsanwalts bedient. Hierbei ist jedoch zu berücksichtigen, dass die Abrechnungspflicht eine der zentralen und grundsätzlich persönlich zu leistenden Aufgaben des Vormunds darstellt. Wenn er sie auf Kosten des Mündels delegiert, müssen hierfür triftige Gründe sprechen. Zu-

---

[339] LG Frankfurt Rpfleger 1993, 336.

mindest kann dieser Umstand bei einer etwaigen Vergütungsfestsetzung nach § 1835 BGB nicht unberücksichtigt bleiben.

e) Art der Rechnungslegung. Die Rechenschaftspflicht des 1841 Abs. 1 BGB richtet sich nach § 259 BGB.[340] Sie geht in der Beschreibung der Art der Rechnungslegung allerdings etwas weiter als die allgemeine Bestimmung des § 259 Abs. 1 BGB. Während letztere lediglich eine geordnete Zusammenstellung der Einnahmen oder der Ausgaben und, soweit Belege erteilt zu werden pflegen, die Vorlage von Belegen verlangt, muss nach § 1841 Abs. 1 BGB noch zusätzlich über den Abgang und Zugang des Vermögens Auskunft erteilt werden. Die Jahresabrechnung muss die Einnahmen und Ausgaben im Rechnungsjahr so schriftlich klar und übersichtlich darstellen, so dass das Familiengericht ohne sachverständige Hilfe einer Überblick über alle Vorgänge erhält und seiner eigenen Verpflichtung nach b§ 1843 BGB nachkommen kann.[341] Die **bloße Vorlage von Unterlagen und Belegen** genügt zur Erfüllung der Verpflichtung aus § 1841 BGB nicht, auch nicht die Vorlage eines Kassenbuches, wenn dieses nicht alle Einnahmen und Ausgaben verzeichnet.[342] Dennoch lässt die Formulierung des § 1841 Abs. 1 BGB erkennen, dass das Verzeichnis des Vermögens zu Beginn, zumindest jedoch das zum Ende eines Rechnungsabschnitts, als notwendiger Bestandteil der Abrechnung im Sinne dieser Bestimmung anzusehen ist. 199

Die danach geforderte **Abrechnung im weiteren Sinne** umfasst: 200

1. Die Aufzeichnung des Vermögens zu Beginn des Abrechnungszeitraums (entweder Zeitpunkt der Amtsübernahme oder des Abschlusses der vorhergehenden Abrechnung),
2. die Aufklärung über Veränderungen im Vermögensbestand,
3. das Verzeichnis des Vermögens am Ende des Rechnungsabschnitts und schließlich
4. die **Abrechnung im engeren Sinne** (bestehend aus der chronologisch ausgerichteten Darstellung von Kontobewegungen und Zahlungsvorgängen unter Vorlage von Belegen und gezahlten Rechnungen).

Diese Grundsätze haben Eingang gefunden in die bei den Familiengerichten in Gebrauch befindlichen **Abrechnungsformulare.**

Sie enthalten zunächst Rubriken für den **Anfangsvermögensbestand**, entweder aufgeteilt nach Einzelposten oder summarisch zusammengefasst. Daran schließen sich an die **Einnahmen**, gruppiert nach **Einkunftsarten** wie Arbeitseinkommen, Renten, Pensionen, Unterhaltszahlungen, Kapitalerträge, Einkünfte aus Vermietung und Verpachtung sowie sonstige Einnahmen. Dem werden dann gegenübergestellt die **Ausgaben** im Rechnungszeitraum, ebenfalls unterteilt, zB nach Aufwendungen für Unterhalt (Bekleidung, Verpflegung), für Miete, Steuern und Gebühren, Vergütungen und Auslagen des Vormunds, sonstige Ausgaben und sonstige Vermögensminderungen. Schließlich bildet den Abschluss das Verzeichnis des **Vermögens** am Ende des Rechnungsabschnitts. Diese zusammenfassende Übersicht über die Vermögensentwicklung und die getätigten Einnahmen und Ausgaben ist zu ergänzen um lückenlose chronologische Aufstellungen über die Bewegungen auf den **Mündelkonten**, und zwar gesondert für jedes einzelne Konto, und ggf. um entsprechende Aufzeichnungen über Einnahmen und Ausgaben, die der Vormund über seine Handkasse abgewickelt hat. Zu diesen Kontoaufstellungen gehören dann noch die **Unterlagen** wie Kontoauszüge, Belege, Sparbücher und Rechnungen in Kopie. 201

[340] OLG Jena FamRZ 2013, 1837; OLG Schleswig FamRZ 2006, 574.
[341] LG Paderborn BtPrax 2013, 112; Palandt/*Götz* § 1841 Rn. 1.
[342] BayObLG BtPrax 1993, 237; MüKoBGB/*Kroll-Ludwigs* § 1841 Rn. 3.

202 Diese Form der Abrechnung hat sich in der Praxis sowohl aus der Sicht des Vormunds als auch aus der des überprüfenden Familiengerichts oder Gegenvormunds bewährt. Der Vormund wird bei der Aufzeichnung des Vermögens zu Beginn des Rechnungsabschnitts, das identisch sein muss mit dem zum Ende des vorausgegangenen Abrechnungszeitraums bzw. mit dem Anfangsvermögensverzeichnis, notwendigerweise daran erinnert, über welche Vermögensgegenstände er im einzelnen Rechnung zu legen hat. Selbstverständlich muss es im Zweifel auch genügen, wenn er insoweit auf das bereits bei den Gerichtsakten befindliche Vermögensverzeichnis Bezug nimmt. Die zusammenfassende Gegenüberstellung von Einnahmen und Ausgaben, getrennt nach den Einkunfts- bzw. Aufwendungsarten, ist ebenfalls sinnvoll, da sie dem Vormund und dem Gericht einen Überblick über die wirtschaftliche Situation des Mündels gibt.

203 Zu weitgehend und durch die gesetzlichen Bestimmungen nicht gedeckt ist jedoch das nicht selten formblattmäßig festgelegte Ansuchen an den Vormund, die rechnerische Richtigkeit der Abrechnung anhand dieser Gegenüberstellung in Verbindung mit dem Anfangs- und Endvermögensbestand bis auf den letzten Cent genau nachzuweisen. Damit soll das Anfangsvermögen vermehrt um die Summe der einzelnen Einnahmengruppen und vermindert um die Summe der zusammengefassten Ausgabenposten rechnerisch exakt das Endvermögen ergeben.

Wesentlich sind die chronologisch aufgebauten Einnahmen- und Ausgabenaufstellungen für die einzelnen Konten. Lässt sich mit deren Hilfe anhand der vorliegenden Belege lückenlos die rechnerische Richtigkeit der Abrechnung im engeren Sinne feststellen, ist der Vormund nicht verpflichtet, noch zusätzlich Verprobungen vorzunehmen.

204 Selbstverständlich besteht für den Vormund grundsätzlich keine Bindung an den Gebrauch eines Formulars. Gerade bei großen und vielfältig zusammengesetzten Vermögen kann es zweckmäßig sein, sich dieser nicht zu bedienen und eine eigene Form des Abrechnungsberichts zu wählen. Eine abschließende **Versicherung** des Vormunds dahin, dass die vorgelegte Rechnung richtig und vollständig ist, ist gesetzlich nicht vorgesehen.

205 In der Praxis hat sich ein **Aufbauschema** bewährt, das wie folgt aussieht:

„Bericht, Vermögensverzeichnis und Rechnungslegung für die Zeit vom ... bis ...“

I. Persönliche Verhältnisse:

II. Vermögensverzeichnis zum ... (Ende des Rechnungsabschnitts):

Aufzeichnung des Vermögens, soweit unverändert mit vereinfachter Beschreibung der einzelnen Posten. Versicherung der Vollständigkeit und Richtigkeit.

III. Veränderungen im Vermögensbestand:

Erläuterungen und Erklärungen, soweit einzelne Posten des Vermögensverzeichnisses gegenüber dem Anfangsverzeichnis bzw. dem Verzeichnis zum Ende des letzten Abrechnungszeitraums hinzugekommen oder weggefallen sind.

IV. Einnahmen und Ausgaben:

Aufzählung und Verweisung auf die als Anlage beigefügten Aufstellungen zu den einzelnen Konten und die Belege der Abrechnung im engeren Sinne sowie Versicherung der Vollständigkeit und Richtigkeit der Abrechnung.

V. Einkommensverhältnisse:

Summarische Darstellung des Mündeleinkommens, getrennt nach den verschiedenen Einkunftsarten.

VI. Bemerkungen:

Soweit erforderlich: Erläuterungen und Ergänzungen zu den sich aus den Kontoaufstellungen ergebenden Einnahmen und Ausgaben.

Diese Gliederung bietet dem Vormund eine gewisse Orientierungshilfe und Gedächtnisstütze für den notwendigen Inhalt des Abrechnungsberichts, andererseits engt sie ihn nicht unnötig ein.

Das **Kernstück der Abrechnung** bilden in der Regel die **Kontoaufstellungen** in 206
Verbindung mit den dazugehörenden Belegen. Diese Übersichten über die getätigten Einnahmen und Ausgaben müssen für das Gericht vorab erkennen lassen, welche Verfügungen im Einzelnen getroffen bzw. welche Einnahmen erzielt wurden. Der Vergleich mit den Belegen, also zunächst den Kontoauszügen bzw. Sparbucheintragungen und dann den Überweisungsdurchschriften, Abbuchungs- und Gutschriftsbelegen, muss einerseits die Richtigkeit der Kontoaufstellung ergeben, andererseits nachweisen, dass weitere Kontobewegungen nicht erfolgt sind, die Abrechnung hinsichtlich des jeweiligen Kontos also vollständig ist. Unter dem Gesichtspunkt der besseren Überprüfbarkeit und Übersichtlichkeit ist es dringend zu empfehlen, für jedes einzelne Konto sowie ggf. für die Handkasse eine gesonderte Aufstellung zu fertigen und auch die dazugehörenden Belege für jedes einzelne Konto gesondert zusammenzufassen.

Eine solche **Kontoübersicht** könnte wie folgt aussehen: 207

Aufstellung über das Girokonto (Sparkonto) Nr. .... bei der .... lautend auf .... Vormundschaft (Pflegschaft), in der Zeit vom .... bis zum 31. 12. .:				
Datum:	Einnahmen:	Ausgaben:	Bezeichnung des Vorgangs:	Beleg-Nr.:
1.1.	400 EUR		Anfangssaldo	
3.1.	350 EUR		von Dt. Rentenversicherung, Waisenrente	1
6.1.		150 EUR	Januar Taschengeld an Mündel	2

Am Ende dieser Übersicht steht – allerdings nicht notwendigerweise – eine Gegen- 208
überstellung der Summen sämtlicher Einnahmen und Ausgaben, wobei die Differenz zwischen beiden zuzüglich des Anfangssaldos dann den Endsaldo ergeben müsste. Teilweise fertigen Banken heute bei Anforderung zu Beginn des Jahres Computerausdrucke über sämtliche Kontobewegungen innerhalb eines Jahres an, die in etwa dem vorstehenden Schema entsprechen.

Die Kontoaufstellungen bilden den wesentlichen Bestandteil der Abrechnung und 209
bleiben nach erfolgter Rechnungsprüfung durch das Gericht, dh nach Kontrolle der

Übereinstimmung der dortigen Angaben mit den vorgelegten Belegen, bei den Gerichtsakten, während die Belege dem Vormund zurückgegeben werden. Dies bedeutet, dass die Bezeichnung der Zahlungsvorgänge so detailliert zu erfolgen hat, dass später auch ohne die Belege eine Identifizierung der Kontobewegungen jederzeit möglich ist. Letzteres kann erforderlich werden im Zusammenhang mit der Überprüfung der nachfolgenden Abrechnung oder, wenn sich das volljährig gewordene Mündel bzw. ein neu bestellter Vormund anhand der Gerichtsakten ein Bild von den Zahlungsvorgängen in der Vergangenheit machen möchte, ohne die Belege der früheren Jahre durcharbeiten zu müssen.

Gemessen an diesen Erfordernissen sind daher die Einnahmen oder Ausgaben grundsätzlich zu beschreiben nach Zahlungsempfänger bzw. -absender, Zahlungsgrund und, soweit Rechnungen erteilt werden, nach Rechnungsdatum. Also zB: „an Glaserei F., Reparatur Küchenfenster, Rechnung vom 17.12.2016." Bei regelmäßig wiederkehrenden Zahlungen genügt die einmalige Angabe des Leistungsträgers bzw. Zahlungsempfängers. Also zunächst zB „Waisenrente von der Deutsche Rentenversicherung Bund, Januar 2016" und im folgenden dann „Rente Februar, Rente März usw.". Desgleichen „Heimkosten und Taschengeld an Pflegeheim Haus Sonnenschein, Januar 2016" und dann „Heimkosten, Taschengeld, Februar, März usw.". Es ist keine Frage, dass der Sorgfaltsmaßstab, der an die Genauigkeit der Bezeichnung anzulegen ist, davon abhängt, ob es sich um einmalige, außergewöhnliche oder solche Vorgänge handelt, die aus den sonstigen Umständen und auch aus früheren Abrechnungen leicht nachvollzogen werden können.

210 § 1841 Abs. 1 BGB beschränkt sich darauf festzustellen, dass der Vormund der geordneten Zusammenstellung der Einnahmen und Ausgaben **Belege** beizufügen hat, sofern solche üblicherweise erteilt zu werden pflegen. Wenngleich der Umfang der Vorlagepflicht vom Gesetzgeber konsequenterweise besser daran orientiert worden wäre, was das Gericht oder der Gegenvormund zur Überprüfung der Vollständigkeit und Richtigkeit der Abrechnung in rechnerischer und sachlicher Hinsicht unbedingt benötigen, eröffnet diese Formulierung dem Gericht einen gewissen Spielraum bei der Rechnungsprüfung. Unbedingt vorzulegen sind zunächst **Kontoauszüge,** also die Tages- oder Monatsauszüge für Girokonten, für Festgeldkonten und seltener für Sparkonten, soweit ein Sparbuch nicht ausgestellt ist. Zu den Girokontoauszügen gehören Abbuchungs- bzw. Gutschriftenbelege, jedoch nur, soweit die Geldinstitute heute Belege überhaupt erteilen. Wegen des beleglosen Giroverkehrs erscheint heute auf den Kontoauszügen unmittelbar die Bezeichnung der Leistungsart, des Zahlungsabsenders und auch der Versicherungs-Nummer oÄ. Entsprechendes gilt umgekehrt für die Abbuchungen zB von Telefongebühren, Krankenversicherungsbeiträgen, Mietzinszahlungen usw., wenn dem Zahlungsempfänger eine Abbuchungsermächtigung erteilt wurde. In diesen Fällen ist der Kontoauszug ohne weiteres als ausreichender Beleg anzuerkennen. Bei Daueraufträgen genügt die einmalige Vorlage der **Dauerauftragsbestätigung** der Bank als Zahlungsbeleg. Allerdings kann es für die sachliche Rechnungsprüfung notwendig sein, dem Familiengericht zusätzlich Rechnungen vorzulegen, anhand derer die Rechtmäßigkeit der durch Dauerauftrag geleisteten Zahlungen nachgeprüft werden kann.

211 Der Vormund sollte sich im Übrigen ganz allgemein den Zahlungsverkehr von Anfang an schon so einrichten, dass er bei den späteren Abrechnungen sich und dem Familiengericht möglichst wenige Probleme schafft. Hierzu gehört es unbedingt, soweit wie möglich bargeldlos zu arbeiten und Zahlungen durch **Überweisungsaufträge** an die Bank und nicht durch Scheckhingabe zu leisten. Bei Bar- oder Scheckzahlungen ist immer zusätzlich zum Abbuchungs- bzw. Ausgabebeleg noch die Vorlage von

gesonderten Quittungen des Zahlungsempfängers notwendig, da die Bezeichnung auf dem Kontoauszug „bar" oder „Scheck" nicht erkennen lässt, an wen geleistet wurde. Erfolgt dagegen die Zahlung durch Überweisungsauftrag, reicht die entsprechende Durchschrift. Wegen des beleglosen Giroverkehrs wird heute keine Durchschrift der Überweisung mit Bezahltstempel von den Banken erteilt. Vielmehr erkennt man die Zahlung aus dem Girokontoauszug. Zur Sicherheit sollte sich der Vormund jedoch eine Kopie der Überweisung für die Unterlagen anfertigen. Beim heute gebräuchlichen **Online-Banking** sind die Überweisungsbelege auszudrucken und dem Gericht vorzulegen.

Bei **Sparkonten** dient in der Regel zunächst das Sparbuch als Beleg für die hierü- 212
ber abgewickelten Einnahmen und Ausgaben, genauso wie die Kontoauszüge bei den Girokonten. Erteilt die Bank zusätzliche Belege, zB für Wertpapier-Zinsgutschriften, sollten auch diese vorgelegt werden. Unbedingt notwendig ist dies, wenn, was heute durchaus nicht unüblich ist, vom Sparkonto unmittelbar Überweisungen getätigt werden. Auf die vom Kammergericht getroffene Entscheidung,[343] wonach das Sparbuch kein Beleg im Sinne des § 1841 Abs. 1 BGB sei, weil es als sogenanntes qualifiziertes Legitimationspapier einen tatsächlichen Vermögenswert besitzt, soll hier nicht näher eingegangen werden. Allerdings sollte das Gericht in diesem Zusammenhang daran denken, dass es dem Vormund das Sparbuch nicht über Gebühr lange zur Rechnungsprüfung vorenthalten darf, da dieser sonst möglicherweise notwendige Verfügungen nicht treffen kann.

Zu erwähnen sind hier noch **Sparbriefe** und **Sparkassenzertifikate.** Es handelt sich 213
hierbei letztlich immer nur um Urkunden für Sparkonten mit bestimmter Laufzeit ohne die Möglichkeit vorzeitiger Kündigung. Bewegungen auf diesen Konten sind während der Laufzeit nur denkbar in Form von Zinsgutschriften in der vereinbarten Höhe und evtl. Übertrag der Zinsen auf ein anderes Konto. Nachdem ein solcher Übertrag dann auf einem anderen Mündelkonto als Zahlungseingang erscheinen muss, ist während der Laufzeit des Sparbuchs oder Zertifikats die Vorlage von Belegen und Bescheinigungen nicht erforderlich. Dies bedeutet allerdings nicht, dass der Vormund nicht im Zusammenhang mit dem Vermögensverzeichnis den Besitznachweis führen bzw. eine Wertbestätigung vorlegen muss.

Die **Belege sind dem Vormund nach erfolgter Rechnungsprüfung zurückzuge-** 214
ben, der sie innerhalb der im Geschäftsverkehr allgemein üblichen oder steuerlich gebotenen Fristen aufzubewahren hat. Da die Haftungsansprüche gegen den Vormund (§ 1833 BGB) nach § 195 BGB iVm § 207 Abs. 1 S. 2 Nr. 3 BGB in 3 Jahren nach Beendigung der Vormundschaft verjähren,[344] müssen auch die Unterlagen des Vormunds so lange aufbewahrt werden.[345] Obwohl häufig die gleichen Belege, die dem Familiengericht vorgelegt werden müssen, im Rahmen der Einkommen- und Vermögenssteuerveranlagung benötigt werden, dürften sich zeitliche Überschneidungen im Zusammenhang mit der Rechnungsprüfung durch das Gericht nur selten ergeben. In der Regel ist der Rechnungsbericht beim Gericht wesentlich früher einzureichen, als die Steuererklärungen abzugeben sind.

f) Rechnungslegung bei Erwerbsgeschäft § 1841 Abs. 2 BGB. Ist das **Mündel** 215
Inhaber eines Erwerbsgeschäfts mit kaufmännischer Buchführung oder hieran beteiligt, so beschränkt § 1841 Abs. 2 BGB die Abrechnungspflicht des Vormunds inso-

---

343 KGJ 50, 31.

344 OLG Saarbrücken FamRZ 2012, 801; Staudinger/*Veit* § 1833 BGB Rn. 55.

345 *Schlimm* BtPrax 1997, 192.

weit auf die Vorlage eines aus den Büchern gezogenen **Jahresabschlusses.** Unter **Erwerbsgeschäft** ist jede berufsmäßig ausgeübte, auf selbständigen Erwerb gerichtete Tätigkeit mit Gewinnerzielungsabsicht anzusehen, gleichgültig, ob es sich um Handel, forstwirtschaftlichen Betrieb, Handwerk, Landwirtschaft, wissenschaftliche oder künstlerische Tätigkeit oder um eine sonstige Erwerbstätigkeit handelt.[346] Zusätzliches Erfordernis für die Anwendbarkeit des § 1841 Abs. 2 ist die kaufmännische Buchführung. Wie diese beschaffen sein muss, ergibt sich aus den §§ 242 ff. HGB. Den Jahresabschluss bilden nach § 242 Abs. 2 und 3 HGB **Bilanz** und **Gewinn- und Verlustrechnung**.

Der Grundgedanke des § 1841 Abs. 2 BGB ist der, dass der Vormund zur Erfüllung seiner Abrechnungspflicht gegenüber dem Familiengericht nicht noch mal eine Arbeit wiederholen soll, die er oder ein Dritter, zB ein Steuerberater, unter steuerlichem oder handelsrechtlichem Aspekt, bereits erbracht hat. Das Familiengericht kann aber im Bedarfsfall nach § 1841 Abs. 2 S. 2 BGB auch die Vorlegung der Bücher und sonstiger Belege verlangen. Soweit keine kaufmännische Buchführung zu betreiben ist, ist die sog **Überschussrechnung**, also letztlich durch Abzug der Ausgaben von den Einnahmen vorzulegen. Dies insbesondere deshalb, weil das Gericht in jedem Fall die Möglichkeit besitzt, nach § 1841 Abs. 2 S. 2 BGB zusätzlich noch die Vorlage von Büchern und Belegen zu verlangen.

216 Größte Aufmerksamkeit ist in diesem Zusammenhang dem Problem zu widmen, auf das oben unter → Rn. 20 ff. beim Vermögensverzeichnis bereits hingewiesen wurde. Soweit im Rahmen des Erwerbsgeschäfts für das Mündel **Privateinnahmen und -ausgaben** getätigt wurden, kann die nach steuerlichen oder handelsrechtlichen Gesichtspunkten errichtete Bilanz oder Überschussrechnung für sich allein oft nicht für eine umfassende Rechnungsprüfung durch das Gericht oder den Gegenvormund ausreichen. Der Vormund ist hier verpflichtet, eine zusätzliche Aufstellung über die nicht betrieblich bedingten Zahlungen, die dem Privatbereich des Mündels angehören, vorzulegen. Allerdings dürfte insoweit auf die Vorlage von Kontobelegen verzichtet werden können, da diese bei der Verbuchung bereits geprüft wurden. Diese Aufstellung stellt sich als Aufgliederung der in der Bilanz bzw. der Gewinn- und Verlustrechnung nur zusammengefasst als Entnahmen und Einlagen ausgewiesenen Posten bzw. als Übersicht über das als Privat-, Kapital- oder Darlehenskonto des Mündels geführte Konto dar. In dieser Aufstellung erscheinen dann zB bei Gesellschaftsbeteiligungen Gewinngutschriften oder Verlustbelastungen, Zinsen für Darlehen an die Gesellschaft oder auch umgekehrt, die für das Mündel bezahlten Ertrags- und Vermögenssteuern und schließlich eben auch rein private Einnahmen und Ausgaben, die über Betriebskonten abgewickelt wurden. Bei den Grundsätzen zur Erstellung des Vermögensverzeichnisses wurde bereits ausgeführt, dass es nicht nur sinnvoll, sondern letztlich notwendig ist, neben dem Vermögenswert für das Erwerbsgeschäft oder die Kapitalbeteiligung auch das innerhalb des Betriebs für das Mündel geführte Konto, welche Bezeichnung auch immer es trägt, gesondert auszuweisen. Erscheint dieses Konto im Anfangsvermögensverzeichnis, weiß der Vormund, dass er im Rahmen der künftigen Abrechnungen neben der Vorlage der Bilanz die Entwicklung dieses Kontos im Einzelnen darzustellen hat.

217 **3. Rechnungsprüfung. a) Durch den Gegenvormund.** Ist ein Gegenvormund vorhanden oder zu bestellen, so hat der Vormund zunächst ihm die Rechnung vorzulegen, § 1842 S. 1 BGB. Die Abrechnungsverpflichtung gegenüber dem Gegen-

---

[346] RGZ 133, 7.

vormund ist im Gesetz etwas weiter gefasst als die gegenüber dem Familiengericht gemäß § 1841 BGB. Dem Gegenvormund ist jeweils das Vermögen nicht nur zu verzeichnen, sondern auch **nachzuweisen**. Tatsächlich spielt diese Unterscheidung kaum eine Rolle. Auch die Abrechnung, die bei Fehlen eines Gegenvormunds unmittelbar beim Gericht eingereicht wird, beinhaltet üblicherweise zumindest ein Endvermögensverzeichnis, das, soweit überhaupt angezeigt, auch mit entsprechenden Belegen verbunden ist. Wenn der Vormund im Rahmen seiner Abrechnung Sparbücher sowie Konto- und Wertpapierdepotauszüge vorlegt, stellen diese Belege eben den entsprechenden Vermögensnachweis dar. Soweit es um den Nachweis sonstiger Wertgegenstände geht, dürfte der Gegenvormund von seinen Rechten nach § 1799 Abs. 2 BGB Gebrauch machen, ohne dass dies unbedingt etwas mit der Rechnungslegung zu tun hat. Die Existenz von Grundbesitz ist so und so nur einmal durch Vorlage eines Grundbuchauszugs nachzuweisen. Letztlich unterscheidet sich die dem Gegenvormund vorzulegende Abrechnung nicht von der, die an das Gericht weiterzuleiten ist. Auch der Umfang der Überprüfung ist nicht verschieden: sowohl der Gegenvormund als auch das Familiengericht haben eine Prüfung in rechnerischer und auch in sachlicher Hinsicht vorzunehmen. In der Praxis wird also der Vormund seine nach den oben aufgezeigten Grundsätzen erstellte Abrechnung dem Gegenvormund vorlegen, der sie nach Überprüfung unter Beifügung eines Prüfungsberichts an das Gericht weiterleitet. Häufig ist es so, dass ein Gegenvormund gerade deshalb bestellt wurde, weil dieser in besonderem Maße Fachkunde auf rechtlich-wirtschaftlichem und abrechnungstechnischem Gebiet besitzt, wogegen der Vormund seine Bestellung in erster Linie von den persönlichen Verbindungen zum Mündel ableitet. Hier wird sich der Gegenvormund nicht auf die bloße Überprüfung der Abrechnung beschränken, sondern bereits bei deren Erstellung durch den Vormund mitwirken, ohne dass hierdurch nach außen die klare Aufgabentrennung durchbrochen wird. Letztere dokumentiert sich darin, dass der Vormund die Vollständigkeit und Richtigkeit des Vermögensverzeichnisses und der Abrechnung versichert, wogegen der Gegenvormund sie lediglich bestätigt.

Ein formularmäßiges Schema für den Aufbau des Prüfungsberichts des Gegenvormunds ist nicht gebräuchlich. Es kann jedoch durchaus die Gliederung, wie oben unter → Rn. 207 für den Abrechnungsbericht des Vormunds vorgeschlagen, übernommen werden, allerdings mit der Maßgabe, dass die Zielsetzung des Prüfungsberichts in der Bestätigung und nicht, wie beim Vormund, in der Erklärung der Vollständigkeit und Richtigkeit von Vermögensverzeichnis und Abrechnung besteht. Bei befreiter Vormundschaft beschränken sich die Rechte des Gegenvormunds auf die Prüfung des Vermögens, § 1854 Abs. 3 BGB. Die Rechnungslegung entfällt ihm gegenüber genauso wie gegenüber dem Familiengericht.

Auch **nach Beendigung der Vormundschaft** hat der ehemalige Vormund dem **218**
Gegenvormund die Abrechnung vorzulegen, § 1891 Abs. 1 BGB, der sie dann gemäß § 1892 Abs. 1 BGB als „Durchgangsstation" an das Familiengericht weiterleitet. Das Vermögen muss aber nicht mehr ihm, sondern dem ehemaligen Mündel oder dem neuen Vormund nachgewiesen werden. Zwar erlischt mit Eintritt der Volljährigkeit oder dem Ableben des Mündels das Amt des Vormunds und damit auch das des Gegenvormunds, im Interesse der Abwicklung der Vormundschaft behält der Gegenvormund jedoch noch seine Befugnisse bzw. seine Verpflichtung, soweit das zur Erreichung dieses Zwecks erforderlich ist. Selbstverständlich entfällt die Abrechnungspflicht gegenüber dem Gegenvormund, wenn das volljährig gewordene Mündel auf die Schlussabrechnung gegenüber dem Gegenvormund und dem Gericht verzichtet und Entlastung erteilt. Einen solchen Verzicht kann jedoch nicht ein neu bestellter

Vormund aussprechen. Im Übrigen hat der Vormund die Rechnung nach § 1891 Abs. 1 S. 2 BGB mit **Bemerkungen** zu versehen, zu den seine Prüfung ihm Anlass gibt.

219 **b) Durch das Familiengericht.** Die Rechnungsprüfung durch das Familiengericht hat in rechnerischer und sachlicher Hinsicht zu erfolgen, § 1843 Abs. 1 BGB.

220 Die **rechnerische Überprüfung** hat zwei Komponenten. Zum einen ist die **zahlenmäßige Übereinstimmung** der aufgezeichneten Einnahmen und Ausgaben mit den vorgelegten Belegen festzustellen.[347] Zum anderen ist der Rechnungsabschluss auf seine Richtigkeit hin zu kontrollieren, dh es muss überprüft werden, ob der Anfangsbestand an Geldmitteln, vermehrt um die Einnahmen und vermindert um die Ausgaben, den ausgewiesenen Endbestand ergibt. Es genügt, wenn dies getrennt für jedes einzelne Konto festgestellt wird. Die Überprüfung, die grundsätzlich dem Rechtspfleger beim Gericht obliegt, kann hinsichtlich ihres rechnerischen Teils Hilfspersonen übertragen werden. Bei größeren Gerichten wird die rechnerische Prüfung regelmäßig sogenannten Rechnungsbeamten übertragen (oftmals auch Richter) und es werden in Ausnahmefällen auch Sachverständige hinzugezogen,[348] wenn das Mündelvermögen eine bestimmte Höhe übersteigt. Die durch diese Tätigkeit der Rechnungsbeamten anfallenden Kosten sind vom Mündel zu tragen. Nach Abschluss seiner Überprüfung erstellt der Rechnungsbeamte einen Bericht entsprechend dem des Gegenvormunds, allerdings beschränkt auf Feststellungen im rechnerischen Bereich. Dieser Bericht bestätigt ggf. die Ordnungsmäßigkeit der Abrechnung, ihren Anschluss an das Endvermögensverzeichnis des vorangegangenen Abrechnungszeitraums und weist schließlich das Reinvermögen zum Ende des Rechnungsabschnitts aus. Er beinhaltet ferner uU Beanstandungen und Bemerkungen oder stellt ggf. fest, dass die Abrechnung in der vorliegenden Form nicht überprüfbar ist oder zur Überprüfung noch Belege fehlen. Der Rechnungsbeamte ist jedoch nicht befugt, sich unmittelbar an den Vormund zu wenden, sei es wegen erforderlicher Korrekturen oder Erläuterungen der Abrechnung, sei es, weil noch Rechnungsbelege fehlen. Vielmehr hat der zuständige Rechtspfleger den Vormund zur Erledigung der Beanstandungen zu veranlassen. In der Regel geschieht dies durch Überlassung einer Abschrift des Prüfungsberichts des Rechnungsbeamten. Dessen Beschränkung auf den rechnerischen Bereich der Prüfung schließt jedoch nicht aus, dass er eine sachliche Vorprüfung vornimmt, um dem Gericht Hinweise für dessen nachfolgende sachliche Prüfung zu geben. Unzulässig ist allerdings die Anordnung einer Ergänzungspflegschaft nur zur Überprüfung der Rechnungslegung des Vormunds.[349]

221 Die **sachliche Prüfung** umfasst zwei Bereiche. Zunächst ist festzustellen, ob die Abrechnung **vollständig** ist, dh, ob alle Einnahmen und Ausgaben, ganz allgemein alle Vermögensverfügungen während des Abrechnungszeitraums, erfasst und richtig aufgezeichnet sind. Danach hat das Familiengericht anhand der Angaben in der Abrechnung auch eine Würdigung der gesamten wirtschaftlichen Tätigkeit des Vormunds im Rechnungsabschnitt sowohl in sachlicher als auch in rechtlicher Hinsicht vorzunehmen. Soweit nicht bereits anlässlich von Kontofreigabeanträgen eine Überprüfung vorgenommen wurde, muss das Gericht die Angemessenheit von Ausgaben bzw. die Rechtmäßigkeit von Zahlungen kontrollieren. Ob der Vormund die **erforderlichen Genehmigungen eingeholt** und die **Anlegungs- bzw. Hinterlegungsvorschriften** beachtet hat, gehört zum rechtlichen Teil der sachlichen Rechnungsprü-

[347] Palandt/*Götz* § 1843 Rn. 1.

[348] Zur Zulässigkeit vgl. OLG Naumburg FamRZ 2012, 800.

[349] BayObLG Rpfleger 1981, 302; MüKoBGB/*Kroll-Ludwigs* § 1843 Rn. 6.

fung.[350] Das Gericht kann, soweit erforderlich, vom Vormund gemäß § 1843 Abs. 1 S. 2 BGB eine **Berichtigung oder Ergänzung** der Abrechnung verlangen. Hierher gehören zunächst die weitaus am häufigsten Fälle, in denen das Gericht zur Überprüfung noch zusätzliche Erklärungen oder Unterlagen benötigt oder irrtümliche Angaben oder Versäumnisse des Vormunds bei der Rechnungslegung richtiggestellt sehen will. Nachdem das Gericht – von der Korrektur von Rechenfehlern vielleicht einmal abgesehen – **nicht befugt** ist, von sich aus diese Ergänzungen oder Berichtigungen **selbst** vorzunehmen,[351] muss es den Vormund notfalls mit Zwangsmitteln (§ 1837 Abs. 3 BGB) hierzu anhalten. Dies kann sich jedoch nur auf Berichtigungs- bzw. Ergänzungsverlangen beziehen, die dadurch ausgelöst wurden, dass der Vormund Rechnungsvorgänge versehentlich weggelassen oder in anderer Weise eingeordnet hat, als dies das Gericht für zutreffend erachtet. Angesprochen ist hier demnach nur der Bereich der Abrechnung im engeren Sinne, also die Aufzeichnung der Zahlungsvorgänge. Da solche entweder tatsächlich erfolgt sind oder nicht in ersterem Falle dann auch notwendigerweise in der Abrechnung erscheinen müssen, geht es meist nur um technische Berichtigungen, dh dieser Bereich ist nur selten Gegenstand von echten Meinungsverschiedenheiten zwischen dem Vormund und dem Gericht. Ganz anders zu werten sind die Fälle, in denen der Vormund nach Auffassung des Gerichts zu Unrecht aus dem Mündelvermögen Leistungen an sich oder an Dritte erbracht oder Zahlungen für sich vereinnahmt hat, die nicht ihm, sondern dem Mündel zustehen. Insoweit kann eine Berichtigung der Abrechnung durch das Gericht nicht dadurch verlangt werden, dass diese Ausgaben gestrichen bzw. die Einnahmen hinzugefügt werden, da die Zahlungsvorgänge nun einmal in dieser oder in anderer Weise effektiv erfolgt sind. Es geht dann vielmehr darum, ob das Vermögensverzeichnis zum Ende des Abrechnungszeitraums um einen Anspruch des Mündels gegen seinen Vormund (§ 1833 BGB) oder einen Dritten wegen dieser unberechtigten Leistungen zu ergänzen ist oder nicht. Kommt der Vormund der Aufforderung des Familiengerichts zu einer derartigen „Berichtigung" – meist gleichbedeutend mit dem Anerkenntnis eines Anspruchs des Mündels gegen sich selbst – nicht nach, so kann diese nicht nach § 1837 Abs. 2 BGB erzwungen werden. Vielmehr ist dann ein gemäß § 1909 BGB Ergänzungspfleger zu bestellen, der im Gerichtswege die Ansprüche des Mündels gegen den Vormund geltend macht. Dies ergibt sich aus § 1843 Abs. 2 BGB, der die Klärung von strittigen Ansprüchen zwischen Vormund und Mündel auch während bestehender Vormundschaft den Gerichten zuweist. Es handelt sich dann um Familiensachen analog § 266 Abs. 1 Nr. 4 FamFG (→ Rn. 186).

4. Die Schlussabrechnung bei Ende des Vormundsamts. § 1890 BGB re- 222
gelt das Verfahren der **Schlussabrechnung** des bisherigen Amtsinhabers beim **Vormundwechsel**, bei Beendigung der Vormundschaft durch Eintritt der **Volljährigkeit**, beim **Ableben** des Mündels und schließlich bei sonstiger Beendigung der Vormundschaft oder Pflegschaft. Anders als bei der periodischen Rechnungslegung trifft die Verpflichtung zur Schlussabrechnung auch den **Amts-**[352] (§ 56 Abs. 1 SGB VIII) **und Vereinsvormund**,[353] also auch das Jugendamt als Amtsvormund und den nach § 1854 BGB befreiten Vormund.[354] Ob dies bei diesen Personen dazu führen kann, dass sie

[350] Staudinger/*Veit* BGB § 1843 Rn. 1 f.
[351] OLG Naumburg FamRZ 2012, 800.
[352] Zum Umfang *DIJuF*-Rechtsgutachten DAVorm 1982, 151.
[353] OLG Stuttgart Rpfleger 1979, 61.
[354] OLG Düsseldorf FamRZ 1996, 374.

uU über einen zurückliegenden Zeitraum von bis zu 18 Jahren jede Ausgabe und Einnahme, insbesondere Kontenverfügungen in der Schlussabrechnung aufzulisten haben, erscheint fragwürdig, weil damit die eigentlich ausgeschlossene periodische Rechnungslegung an das Ende der Vormundschaft verlagert werden würde. Gleichwohl enthält das Gesetz für befreite Vormünder und Amts- und Vereinsvormundschaft keine Erleichterung, so dass entgegen der Ansicht eines Teils der Rechtsprechung[355] alle Kontenverfügungen auch über längere Zeiträume aufzulisten sind. Gleich, worauf die Beendigung des Vormunds- oder Pflegeramtes zurückzuführen ist, also unabhängig davon, ob das bisherige Mündel oder seine Rechtsnachfolger gemäß § 1890 BGB ihrerseits einen Anspruch auf Rechnungslegung besitzen, der bisherige Amtsinhaber genügt seiner Abrechnungspflicht auf jeden Fall dann, wenn er dem Gericht gegenüber abrechnet, § 1890 S. 2 BGB. Bei Eintritt der Volljährigkeit – der häufigste Fall des § 1890 BGB – hat der Vormund grundsätzlich auch die Möglichkeit, dem Mündel gegenüber abzurechnen. § 1890 S. 1 BGB geht von dieser Möglichkeit aus. Dessen ungeachtet besteht aber die Pflicht des (vormaligen) Vormunds, die Rechnung nach § 1892 Abs. 1 BGB dem Familiengericht vorzulegen. Nachdem das (volljährige) Mündel als (materiell-rechtlicher) Inhaber des Rechnungslegungsanspruchs von § 1890 BGB einen **Verzicht gemäß § 397 BGB auf die Schlussabrechnung** aussprechen kann, wird in der Praxis sehr häufig diese Form der Schlussabwicklung gewählt; dh der Vormund legt eine entsprechende Verzichtserklärung seines Mündels vor, mit der Folge, dass eine abschließende Prüfung durch das Familiengericht und den Gegenvormund gemäß §§ 1891, 1892 BGB nicht stattfindet. Dies ist insbesondere dann gerechtfertigt, wenn der Mündel vermögenslos war oder die Vermögensverwaltung einfach und überschaubar. Dessen ungeachtet kann der volljährige Mündel aber auch in den verbleibenden Fällen erheblicher und schwieriger Vermögensverwaltung auf seinen Rechnungslegungsanspruch verzichten oder sich außergerichtlich mit dem Vormund einigen, so dass eine abschließende Schlussabrechnung gegenüber dem Familiengericht überflüssig und sinnlos wäre.[356] Anders dürfte die Rechtslage dagegen sein, wenn der Mündel noch minderjährig ist und bei einem Vormundswechsel gegenüber dem früheren Vormund auf die Schlussabrechnung verzichtet. Für einen Forderungsverzicht wäre nach zulässiger Auffassung nach § 1812 BGB eine familiengerichtliche Genehmigung erforderlich.[357]

223 Gibt das Mündel keine entsprechende Verzichtserklärung ab, so hat der Vormund seine Schlussabrechnung – nach Beteiligung des Gegenvormunds nach § 1891 Abs. 1 BGB – beim **Familiengericht einzureichen**, § 1892 Abs. 1 BGB. Auch nach Beendigung des Vormundsamts obliegt dem Familiengericht eine Restfürsorge für das Mündel. Es steht ihm nicht nur das Recht zu, sondern obliegt ihm die Verpflichtung, erforderlichenfalls durch Androhung von Zwangsgeldern nach § 1837 Abs. 3 BGB die Vorlage der Schlussabrechnung zu erzwingen. Allerdings sind die Befugnisse des Gerichts hier beschränkt auf die **formelle** rechtliche Abwicklung der Vormundschaft. Grundsätzlich ist zwar der Umfang der Prüfungspflicht nach § 1843 Abs. 1 BGB nicht unterschieden von der des § 1892 Abs. 2 BGB. Während jedoch bei laufendem Verfahren das Gericht im Hinblick auf eine unverändert bestehende Verantwortlichkeit für das Mündel unbedingt eine ordnungsgemäße Abrechnung, notfalls durch Aufforderung des Vormunds zur Berichtigung und Ergänzung, erreichen muss, ist es bei der

---

[355] LG Hechingen BeckRS 2015, 20499; zu Recht kritisch auch die Anmerkung von *Papenmeier* in NZFam 2016, 93.

[356] Gernhuber/*Coester-Waltjen* § 73 Rn. 22; Staudinger/*Veit* BGB § 1892 Rn. 8.

[357] Palandt/*Götz* § 1892 Rn. 5; *Fritsche* NK-BGB § 1892 Rn. 4.

Schlussabrechnung gemäß § 1892 Abs. 2 BGB nur gehalten, zwischen den Beteiligten zu vermitteln und auf die **formelle Erfüllung der Rechnungslegung** hinzuwirken.[358] Dies unter dem Gesichtspunkt, dass jetzt der eigentliche Inhaber des Rechnungslegungsanspruchs des § 1890 BGB nicht länger daran gehindert ist, diesen – notfalls beim Prozessgericht – selbst geltend zu machen, also nicht mehr der Fürsorge des Gerichts, sondern allenfalls dessen Hilfe bedarf.

Beim **Wechsel der Person des Vormunds** gilt Vorstehendes hinsichtlich der Schlussabrechnungspflicht des bisherigen Amtsinhabers entsprechend. Allerdings kann der neue Vormund nicht auf die Vorlage der Schlussabrechnung verzichten (vgl. → Rn. 224). Wurde der vormalige Vormund wegen des Verdachts von Unregelmäßigkeiten aus dem Amt entlassen oder kommt dieser seiner Verpflichtung zur Schlussabrechnung gegenüber dem Gericht oder dem neuen Vormund nicht nach, dürfte es für letzteren meist sinnvoller sein, beim Familiengericht (analog § 266 Abs. 1 Nr. 4 FamFG) im Wege des Stufenantrages gem. §§ 113 Abs. 1 S. 2 FamFG, § 254 ZPO den Rechnungslegungsanspruch seines Mündels nach § 1890 BGB geltend zu machen, als abzuwarten, ob es dem Familiengericht gelingt, mit (weiteren) Zwangsgeldern die Vorlage der Schlussabrechnung zu erreichen. Zum einen stellen die drohenden Prozesskosten ein zusätzliches Druckmittel dar, zum anderen kann nach erfolgter Rechnungslegung beim Streitgericht erforderlichenfalls sofort in die zweite Stufe, dh in die Bezifferung bzw. der Bezeichnung des Zahlungs- oder Herausgabeantrags, eingetreten werden. Die Zeit bis zur Erlangung eines vollstreckbaren Titels wird hierdurch wesentlich verkürzt. **224**

§ 1892 Abs. 2 S. 2 BGB sieht vor, dass das Familiengericht nach Prüfung der Rechnung durch Verhandlung mit den Beteiligten auf eine Abnahme der Schlussrechnung **hinwirken** soll. Beteiligt sind in der **Abnahmeverhandlung** insoweit der (vormalige) Vormund, das ggf. volljährige oder verfahrensfähige Mündel und ein Amtsnachfolger des betreffenden Vormunds. Das Erscheinen des vormaligen Vormunds und des volljährigen Mündels kann nicht erzwungen werden.[359] Erkennt der volljährige Mündel oder sein neuer Vormund die Richtigkeit der Schlussabrechnung an, so ist dies durch Protokollierung zu beurkunden (§§ 1 Abs. 2, 59 BeurkG, § 1892 Abs. S. 2 BGB). Abzugrenzen ist die Entlastung aber von der bloßen Quittierung des Erhalts der Abschlussrechnung. Die Entlastungserklärung als negatives Schuldanerkenntnis (§ 397 Abs. 2 BGB) kann als Verzicht auf materiell-rechtliche Haftungsansprüche auszulegen sein.[360] In diesem Fall kann bei einem Irrtum die Rückforderung des Anerkenntnisses nach § 812 Abs. 2 BGB gefordert werden.[361] Erfolgt keine Entlastung, auf die der Vormund im Übrigen keinen Anspruch hat, so sind die Beteiligten vom Familiengericht auf die Möglichkeit, den Rechtsweg zu den Gerichten zu beschreiten, zu verweisen. **225**

Eine umfassende Entlastungserklärung des volljährig gewordenen Mündels könnte folgenden Wortlaut haben: **226**

---

[358] BayObLG Rpfleger 1997, 476; Soergel/*Zimmermann* BGB § 1892 Rn. 3.
[359] Palandt/*Götz* § 1892 Rn. 4.
[360] RGZ 115, 368; OLG Köln FamRZ 1996, 249.
[361] OLG Köln FamRZ 1996, 249; Staudinger/*Veit* BGB § 1892 Rn. 21 mwN.

Entlastungserklärung:

In dem Vormundschaftsverfahren ....,
geb. ...., Aktenzeichen des Gerichts: ....,
verzichte ich nach Eintritt der Volljährigkeit auf Schlussabrechnung des vormaligen Vormunds ....
gegenüber dem Familiengericht (nachdem dieser mir gegenüber unmittelbar abgerechnet hat). Dem Familiengericht und dem früheren Vormund erteile ich Entlastung. (Der Erhalt des vom Vormund verwalteten Vermögens wird bestätigt).
............................., den ....
Unterschrift

Wegen der doch weitreichenden Bedeutung der Entlastung sind sowohl der Vormund als auch das Gericht gehalten, dem Mündel oder seinen Rechtsnachfolgern Aufklärung über den rechtlichen Inhalt der Erklärung und den Umstand zu erteilen, dass ein Anspruch auf Erteilung der Entlastung nicht besteht.

227 Wenn der **neue Vormund** seinem Vorgänger im Amt Entlastung erteilt, ist diese Erklärung nach obigen Grundsätzen genehmigungspflichtig nach § 1812 BGB.[362]

C. Ausschluss und Entziehung der Vertretungsmacht

I. Allgemeines

228 Außerhalb der Fälle, in denen der Vormund das Mündel rechtsgeschäftlich nur mit Genehmigung des Familiengerichts vertreten kann, gibt es auch Konstellationen, in denen seine Vertretungsmacht kraft Gesetzes ausgeschlossen ist (§ 1795 BGB) oder in denen ihm das Familiengericht für ein einzelnes Geschäft die Vertretungsmacht durch Beschluss entzieht (§ 1796 BGB). In solchen Fällen ist dann gemäß § 1909 BGB ein Ergänzungspfleger für das Mündel zu bestellen, der dann anstelle des Vormunds die Entscheidung zu treffen hat, ob und mit welchem Inhalt das Geschäft abgeschlossen wird. Hierauf ist im Kapitel Pflegschaft für Minderjährige (§ 11 Rn. 26ff.) näher eingegangen. In dem vorliegenden Abschnitt sollen lediglich praktisch bedeutsame Fälle von §§ 1795, 1796 BGB im Bereich der Vermögenssorge des Vormunds erläutert werden.

II. Der Ausschluss der Vertretungsmacht im Bereich der Vermögenssorge

229 **§ 1795 BGB** schränkt die Vertretungsmacht des Vormunds für die dort genannten Fälle ein. Die Vorschrift gilt gemäß § 1629 Abs. 2 BGB auch im Verhältnis von sorgeberechtigten Eltern zu ihren minderjährigen Kindern. Lediglich klarstellende Funktion hat der Hinweis in § 1795 Abs. 2 BGB auf das **Verbot von Insichgeschäften** nach § 181 BGB, das auch für den Vormund Geltung beansprucht. Im Übrigen liegt den in § 1795 Abs. 1 BGB genannten Fallgruppen der gesetzgeberische Gedanke zugrunde, dass diese Geschäfte für den Mündel schon **abstrakt so gefährlich** sind, dass sie auch nicht bei fehlender Gefährlichkeit im Einzelfall eine andere Handhabung erlauben.[363]

[362] Palandt/*Götz* § 1892 Rn. 5.
[363] BGH NJW 1968, 936.

Für andere als in § 1795 BGB genannte Fälle von Interessenskollisionen zwischen Mündel und Vormund ist auf § 1796 BGB abzustellen. Über den Wortlaut hinaus gilt § 1795 BGB auch für den vom Jugendamt als Amtsvormund oder vom Vereinsvormund mit der Wahrnehmung der Vormundschaft betrauten Beamten oder Mitarbeiter iSd § 55 Abs. 2 SGB VIII und § 1791a Abs. 3 BGB.[364]

1. Rechtsgeschäfte des Mündels mit dem Ehegatten, Lebenspartner oder Verwandten des Vormunds (§ 1795 Abs. 1 Nr. 1 BGB). Nach dieser Bestimmung kann der Vormund sein Mündel wegen der vermuteten Interessenskollision nicht bei Rechtsgeschäften mit seinem (gegenwärtigen)[365] **Ehegatten**, seinem **Lebenspartner** und seinen **Verwandten in gerader Linie** iSd § 1589 S. 1 BGB (Eltern, Großeltern, Kinder, Enkel des Vormunds) vertreten. Geschäfte mit Seitenverwandten (zB Geschwister) sind nicht erfasst, können aber unter § 1796 BGB fallen.[366] Unter den Begriff der Rechtsgeschäfte fallen auch einseitige Rechtsgeschäfte im Namen des Mündels (wie zB Kündigungen) und solche, bei denen der Ehegatte oder Verwandte zwar nicht Vertragspartei ist, aber unmittelbar von dem Vertrag begünstigt ist, wie zB bei einem Vertrag zugunsten Dritter iSd § 328 BGB.[367] Unzulässig ist auch eine Umgehung des Vertretungsverbots durch Unterbevollmächtigung eines Dritten durch den Vormund für die Vertretung des Mündels oder durch nachträgliche Genehmigung gemäß §§ 108, 184 BGB eines vom Mündel selbst geschlossenen Rechtsgeschäfts.[368] 230

Von § 1795 Abs 1 Nr. 1 BGB bestehen jedoch **zwei wichtige Ausnahmen**. Im Gesetz sind genannt solche Geschäfte, die ausschließlich **in der Erfüllung einer Verbindlichkeit** bestehen, Nach zutreffender Ansicht kann der Vormund sein Mündel in diesem Zusammenhang auch bei Erfüllung einer gesetzlichen Verbindlichkeit vertreten, die nach dem Gesetz mit nachteiligen rechtlichen Nebenfolgen für den Mündel verbunden sind, wie dies vor allem bei der Übereignung eines (vermieteten) Grundstücks aufgrund eines Vermächtnisses an den Mündel in Bezug auf den Eintritt in ein Mietverhältnis nach § 566 BGB der Fall ist.[369] Als ungeschriebene Ausnahme sind weiterhin, wie bei § 181 BGB, Rechtsgeschäfte anerkannt, die dem Mündel einen **lediglich rechtlichen Vorteil** verschaffen.[370] Hier haben vor allem Fälle der oft steuerlich oder erbrechtlich motivierten **Schenkung und Übereignung von Grundstücken**[371] in der Praxis Bedeutung. Dabei hat vor allem der dingliche Rechtserwerb für sich betrachtet keine Rechtsnachteile, auch wenn mit ihm Lasten, wie Steuern, Abgaben oder ein Nießbrauch oder eine Grundschuld, verbunden sind.[372] Anders sieht der BGH die Frage der Nachteiligkeit hier bei der Übereignung eines **vermieteten Grundstücks**, weil der Mündel nach § 566 BGB in das Mietverhältnis eintritt.[373] Auch die Übereignung von Wohneigentum gilt als nachteilig im Hinblick auf die nach dem WEG verbundene Mitgliedschaft in der Wohnungseigentümergemeinschaft.[374]

---

[364] Heilmann/*Dürbeck* BGB § 1795 Rn. 2; MüKoBGB/*Spickhoff* § 1795 Rn. 29.

[365] Der geschiedene Ehegatte ist nicht umfasst, vgl. OLG Düsseldorf NJW 1965, 400.

[366] BGH FamRZ 1955, 100.

[367] Palandt/*Götz* § 1795 Rn. 4.

[368] Erman/*Saar* BGB § 1795 Rn. 3a.

[369] OLG München FamRZ 2013, 494; NJW-RR 2012, 137; Heilmann/*Dürbeck* BGB § 1795 Rn. 7; aA: OLG München ZEV 2011, 263; *Jänicke/Braun* NJW 2013, 2474.

[370] BGH FamRZ 1975, 480; OLG Frankfurt FPR 2013, 397.

[371] Vgl. ausführlich *Braeuer/Pätzold* FamFR 2013, 433.

[372] BGH FamRZ 2005, 359; MüKoBGB/*Spickhoff* § 1795 Rn. 20.

[373] BGH NJW 2010, 3643; NJW 2005, 1430.

[374] BGH FamRZ 2010, 2065; vgl. auch *Medicus* JZ 2011, 159.

231 **2. Rechtsgeschäfte, die die Übertragung oder Belastung einer durch Pfandrecht, Hypothek, Schiffshypothek oder Bürgschaft gesicherten Forderung des Mündels gegen den Vormund oder die Aufhebung oder Minderung dieser Sicherheit zum Gegenstand haben oder die Verpflichtung des Mündels zu einer solchen Verfügung begründen (§ 1795 Abs. 1 Nr. 2 BGB).** Die hL wendet die Vorschrift zu Recht auch auf die Sicherungsgrundschuld an,[375] nach zutreffender Ansicht ist sie aber nicht auf durch Sicherungsübereignung gesicherte Forderungen anzuwenden. Hauptanwendungsfall ist die Übertragung einer hypothekarisch gesicherten Forderung des Mündels gegen den Vormund.

232 **3. Vertretung des Mündels in Rechtsstreitigkeiten mit den in Nr. 1 bezeichneten Personen sowie über eine in Nr. 2 genannte Angelegenheit (§ 1795 Abs. 1 Nr. 3 BGB).** Die Vorschrift ist zB dann einschlägig, wenn der Vormund ein Großelternteil des Mündels ist und das Kind seinen Unterhaltsanspruch gegen einen Elternteil gerichtlich geltend macht, der das Kind des Vormunds ist.

233 **4. Verbot von Insichgeschäften (§§ 1795 Abs. 2 BGB iVm § 181 BGB).** Verboten sind dem Vormund weiterhin Geschäfte, die er als Vertreter des Mündels mit sich selbst abschließen würde. Unerheblich ist, ob der Vormund das Geschäft mit sich selbst oder in Vertretung eines Dritten abschließt, und auch die Prozessvertretung in Insichprozessen ist erfasst.[376] Nicht anzuwenden ist die Vorschrift auf die Ausschlagung einer Erbschaft des Mündels, als deren Folge der Vormund Alleinerbe wird, da Empfänger der Erklärung das Nachlassgericht ist.[377] Hier bietet § 1822 Nr. 2 BGB und ggf. auch § 1796 BGB hinreichenden Schutz.[378] Wie bei § 1795 Abs. 1 Nr. 1 BGB gilt auch im Rahmen von § 181 BGB die Ausnahme der Zulässigkeit des Selbstkontrahierens, wenn dies ausschließlich der **Erfüllung einer Verbindlichkeit** des Mündels dient, was insbesondere bei den Ansprüchen des Vormunds auf Aufwendungsersatz (§ 1835 BGB) und ggf. Vergütung (§ 1836 BGB) anzunehmen ist, wenn sich der Vormund aus dem Mündelvermögen befriedigt.[379] Als ungeschriebene Ausnahme gilt bei § 181 BGB auch der Fall, dass ein Rechtsgeschäft dem Mündel einen **lediglich rechtlichen Vorteil** verschafft.[380] Hier haben ebenfalls Fälle der Schenkung von Grundstücken an den Mündel die größte praktische Bedeutung. Der BGH hat inzwischen die früher von ihm vertretene Lehre von der Gesamtbetrachtung zwischen Verpflichtungs- und Verfügungsgeschäft aufgegeben und bezieht bei der Prüfung der Vorteilshaftigkeit des Erfüllungsgeschäfts das Grundgeschäft nicht mehr mit ein.[381] Als nicht lediglich rechtlich vorteilhaft wird in der Rechtsprechung die schenkweise Übertragung eines Erbteils wegen der damit verbundenen Haftung für die Erblasserschulden[382] und die Schenkung einer Photovoltaikanlage wegen der damit verbundenen Verkehrssicherungspflichten und steuerlichen Folgen[383] gesehen. Auch bei der

---

375 Soergel/*Zimmermann* BGB § 1795 Rn. 36; Erman/*Saar* BGB § 1795 Rn. 10; aA: Staudinger/*Veit* BGB § 1795 Rn. 46.

376 BGH NJW 1996, 658; Palandt/*Ellenberger* § 181 Rn. 5.

377 BayObLG Rpfleger 1983, 482; aA: MüKoBGB/*Spickhoff* § 1795 Rn. 5.

378 Heilmann/*Dürbeck* BGB § 1795 Rn. 14.

379 BayObLG Rpfleger 1981, 302.

380 BGH NJW 1982, 84; ausführlich *Heuser* JR 2013, 125.

381 BGHZ 161, 170; ausführlich zur Entwicklung der Rspr. Staudinger/*Veit* BGB § 1795 Rn. 28.

382 OLG Frankfurt NJW-RR 2015, 842.

383 OLG Dresden NJW 2016, 1027.

gemeinsamen Gründung einer BGB-Gesellschaft[384] und bei Rechtsgeschäften im Rahmen einer Erbauseinandersetzung, die nicht innerhalb des gesetzlichen Rahmens von §§ 2042 ff. BGB bleibt,[385] kommt § 181 BGB zum Tragen.

5. Rechtsfolgen. Nimmt der Vormund ein unter § 1795 Abs. 1 und 2 BGB fallendes Geschäft vor, führt dies nach hM zur **schwebenden Unwirksamkeit** nach §§ 177 ff. BGB.[386] Es kann also nach Bestellung eines Ergänzungspflegers nach § 1909 BGB oder durch den zwischenzeitlich volljährigen Mündel (§108 Abs. 3 BGB) mit Rückwirkung nach § 184 Abs. 1 BGB noch **genehmigt** werden.[387] Einseitige Rechtsgeschäfte sind dagegen nach § 180 S. 1 BGB nichtig. 234

III. Die Entziehung der Vertretungsmacht nach § 1796 BGB

§ 1796 BGB ergänzt die für den Vormund bestehenden Vertretungsverbote des § 1795 BGB und bietet dem Familiengericht die Möglichkeit, in anderen Fällen der Interessenskollision die Vertretungsmacht des Vormunds **für einzelne Angelegenheiten oder für einen bestimmten Kreis von Rechtsgeschäften** zu entziehen. Anders als bei § 1795 BGB bedarf es im Einzelfall aber der Feststellung eines **konkreten Interessenskonflikts** und der konkreten **Gefahr**, dass der Vormund Eigeninteressen oder Interessen ihm nahe stehender Personen iSd § 1795 Abs. 1 Nr. 1 BGB den Vorzug gibt.[388] Die Entscheidung liegt entgegen dem Wortlaut der Norm nicht im Ermessen des Familiengerichts, das zudem die **Verhältnismäßigkeit** des Eingriffs in das Sorgerecht des Vormunds zu beachten hat.[389] Die Bedeutung der Vorschrift in der Praxis liegt eher im Bereich der Personensorge (→ § 11 Rn. 26 ff.). Im Bereich der **Vermögenssorge** sind als Anwendungsfälle die Ausschlagung einer Erbschaft des Mündels[390], in deren Folge der Vormund Alleinerbe werden würde, die Verbindung der Ämter des Testamentsvollstreckers und des Vormunds[391] oder der Abschluss von Rechtsgeschäften mit Seitenverwandten des Vormunds[392] zu nennen. Für das **gerichtliche Verfahren** ist nach § 3 Nr. 2a RpflG der Rechtspfleger des Familiengerichts zuständig. Erkennt der Vormund den Interessenskonflikt, hat er eine Entscheidung nach § 1909 BGB beim Familiengericht anzuregen. Eine Mitteilungspflicht anderer Gerichte folgt aus § 22a FamFG. Die Entscheidung des Familiengerichts ist konstitutiv. Erst ab Wirksamkeit der Entscheidung (§ 40 FamFG) fehlt dem Vormund die Vertretungsmacht. Beschwerdeberechtigt im Bereich der Vermögenssorge sind der Vormund[393] und das Mündel. Nicht beschwerdeberechtigt sind nicht sorgeberechtigte Eltern.[394] Der bestellte Ergänzungspfleger kann sich nur gegen seine Auswahl, nicht aber gegen die Anordnung der Pflegschaft beschweren.[395] 235

---

384 OLG Nürnberg FamRZ 2015, 1407.
385 OLG München Rpfleger 2016, 22.
386 BGH FamRZ 1961, 473; OLG Frankfurt FPR 2013, 397; Staudinger/*Veit* BGB § 1795 Rn. 69.
387 BGH NJW 1976, 104; Palandt/*Götz* § 1795 Rn. 14.
388 BGH NJW 1955, 217; OLG Brandenburg ZEV 2011, 594; OLG Frankfurt NJW-RR 2005, 1382.
389 BGH ZKJ 2011, 465; FamRZ 1999, 738; Heilmann/*Dürbeck* BGB § 1796 Rn. 3.
390 OLG Zweibrücken FamRZ 2012, 1961; OLG Köln FamRZ 2011, 231.
391 OLG Nürnberg 2002, 72; OLG Hamm FamRZ 1993, 122.
392 OLG Köln FamRZ 2001, 430; Staudinger/*Veit* BGB § 1796 Rn. 11.
393 BGH FamRZ 2011, 1788,
394 Heilmann/*Dürbeck* BGB § 1796 Rn. 9.
395 BGH NJW 2012, 685.

D. Die Beschränkung der Schuldenhaftung des Mündels (§ 1629a BGB)

236 **1. Allgemeines.** Die zum 1.1.2009 geschaffene Vorschrift des § 1629a BGB[396] stellt eine Reaktion des Gesetzgebers auf die Entscheidung des BVerfG[397] aus dem Jahr 1986 dar, nach der die Regeln der elterlichen Vertretungsmacht insoweit als verfassungswidrig anzusehen waren, als Eltern die Möglichkeit hatten, für ihre minderjährigen Kinder Schulden in einem Umfang zu begründen, dass diesen nach Erreichen der Volljährigkeit eine eigenverantwortliche wirtschaftliche Lebensführung verwehrt worden wäre. Nach § 1629a Abs. 1 BGB kann die **Haftung eines volljährig gewordenen Kindes** im Wege der **Einrede** für Verbindlichkeiten, die die Eltern oder sonstige vertretungsberechtigte Personen – wie der Vormund – im Rahmen ihrer Vertretungsmacht durch Rechtsgeschäft oder sonstige Handlungen für das Kind begründet haben, auf den Bestand des **bei Eintritt der Volljährigkeit vorhandene Kindesvermögen beschränkt** werden. Der von § 1629a BGB gewährte Schutz vor einer Überschuldung von Kindern wird im Privatrecht ergänzt durch Regelungen wie zB § 179 Abs. 3 S. 2 BGB, die Nichtanwendung der bereicherungsrechtlichen Saldotheorie,[398] der handelsregisterrechtlichen Rechtsscheinhaftung nach § 15 Abs. 3 HGB[399] und der Lehre von der fehlerhaften Gesellschaft[400] auf Minderjährige.

237 **2. Erfasste Verbindlichkeiten.** Die Vorschrift erfasst auch Geschäfte, die der Vormund auf Grund **anderweitiger Vertretungsmacht** (zB als Testamentsvollstrecker oder geschäftsführender Gesellschafter) für das Mündel begründet hat.[401] Wie Abs. 1 S. 1 zu entnehmen ist, sind auch Schulden infolge einer während der Minderjährigkeit erfolgten **Erbschaft** in den Anwendungsbereich miteinbezogen. Abs. 1 Hs. 2 bezieht schließlich auch solche Verbindlichkeiten mit ein, die der Minderjährige gemäß §§ 107, 108, 111 BGB mit Zustimmung des Vormunds **selbst** vorgenommen hat. Nicht vom Schutz des § 1629a Abs. 1 BGB umfasst sind nach Abs. 2 dagegen Verbindlichkeiten aus dem **selbständigen Betrieb eines Erwerbsgeschäfts**, das der Minderjährige mit familiengerichtlicher Genehmigung nach § 112 BGB geführt hat[402] und weiterhin solche aus Rechtsgeschäften, die allein der **Befriedigung der persönlichen Bedürfnisse des Kindes** dienen. Wie der Kreis der zuletzt genannten Geschäfte zur Befriedigung persönlicher Bedürfnisse zu bestimmen ist, ist umstritten.[403] Nach zutreffender Ansicht beschränkt sich der Anwendungsbereich auf Kleingeschäfte des täglichen Lebens und altersadäquate Konsumgeschäfte einschließlich Dauerschuldverhältnissen, wie zB Handy- oder Fitnessstudioverträge.[404] Zweifelhaft ist, ob darunter auch nach dem Tod seines gesetzlichen Vertreters kraft Gesetzes gemäß §§ 563, 563b BGB übernommene Mietschulden fallen, was zu verneinen sein dürfte.[405]

---

[396] Ausführlich *Melchers* FuR 2009, 6; 2009, 85.
[397] BVerfGE 72, 155.
[398] BGHZ 126, 105.
[399] *Canaris* § 6 Rn. 54.
[400] BGHZ 17, 165.
[401] Staudinger/*Coester* BGB § 1629a Rn. 18; *Glockner* FamRZ 2000, 1397 (1401).
[402] Vgl. dazu *Christmann* ZEV 2000, 45.
[403] Vgl. zum Streitstand *Melchers* FuR 2009, 6 (7 ff.).
[404] Staudinger/*Coester* BGB § 1629a Rn. 35 f.
[405] Vgl. DIJuF-Rechtsgutachten JAmt 2016, 209.

3. Geltendmachung. Erst ab Volljährigkeit des Mündels[406] kann die Haftungsbeschränkung des § 1629a Abs. 1 BGB geltend gemacht werden. Sie tritt nicht kraft Gesetzes ein, sondern sie muss als **Einrede** erhoben werden, andernfalls die unbeschränkte Haftung fortbesteht. Sie ist zwar an keine Frist gebunden, sollte aber im Hinblick auf die Vermutungsregeln von § 1629a Abs. 4 BGB und die Beweislast in Bezug auf den Begründungszeitpunkt der Verbindlichkeit und den Vermögensbestand zum Zeitpunkt der Volljährigkeit möglichst frühzeitig gegenüber Gläubigern erhoben werden. Nach zutreffender Ansicht braucht aber die Einrede der Haftungsbeschränkung nicht bereits im Erkenntnisverfahren erhoben werden, um die Präklusionswirkung des § 767 Abs. 2 BGB in einer späteren Vollstreckungsabwehrklage auszuschließen.[407] 238

4. Rechtsfolgen. Wird die Einrede der beschränkten Minderjährigenhaftung zu Recht erhoben, so finden nach § 1629a Abs. 1 S. 2 BGB die für die **beschränkte Erbenhaftung** geltenden Vorschriften der **§§ 1990, 1991 BGB** entsprechende Anwendung. Im Ergebnis besteht damit lediglich eine Haftung mit dem zum Zeitpunkt der Volljährigkeit bestehenden Vermögen. Reicht dies zur Befriedigung der Gläubiger nicht aus, so steht dem volljährig gewordenen Mündel die sog **Erschöpfungseinrede** zu.[408] Da der Mündel die Beweislast für den Bestand seines Vermögens gegenüber seinen Gläubigern trägt, kommt in diesem Zusammenhang der Schlussrechnung des Vormunds nach § 1890 BGB besondere Bedeutung zu. 239

E. Wirtschaftliche Grundsätze bei der Anlage und der Verwaltung von Mündelvermögen

I. Allgemeine Grundsätze

Seit Inkrafttreten des BGB mit seinen rechtlichen Grundlagen für die Anlage und die Verwaltung von Mündelvermögen haben sich die wirtschaftlichen Gegebenheiten nicht nur im Rahmen des räumlichen Geltungsbereichs des Gesetzes, sondern auch international grundlegend geändert. Der Wandel der Zeit dokumentiert sich ua in der vielfältigen Ausweitung des Angebots an Vermögensanlagen, der Möglichkeit der Vermögensbildung und Vermögensstreuung breiterer Bevölkerungsschichten, in der enormen Geschwindigkeit, mit der sich der stetige Wechsel von finanziellen Eckdaten vollzieht, in der zunehmenden Komplexität wirtschaftlicher Verflechtungen und deren systemrelevanter Bedeutung für die die nationalen und internationalen Gemeinschaften und der nahezu vollständigen Ausbreitung des bargeldlosen Zahlungsverkehrs. Auch seit Erscheinen der letzten Auflage haben Ereignisse, wie die bereits seit 2007 bestehende globale Finanz- und Bankenkrise und auch die derzeit verbreitete Niedrigzinspolitik der Europäischen Zentralbank die Vermögensverwaltung im Bereich des Vormundschaftsrechts nachhaltig beeinflusst. Vor diesem Hintergrund sind auch die nachfolgend skizzierten Grundsätze des Vormundschaftsrechts zu sehen und kritisch zu hinterfragen. 240

---

[406] OLG Hamm NJOZ 2012, 123.

[407] Str., wie hier OLG Hamm FamRZ 2012, 156; Palandt/*Götz* § 1629a Rn. 4; aA: OLG Köln FamRZ 2010, 1927.

[408] *Behnke* NJW 1998, 3078.

241 **1. Konservative Verwaltung.** Es entspricht dem traditionellen Verständnis des Vormundschaftsrechts, dass die Vermögensverwaltung „konservativ" zu erfolgen habe (→ Rn. 74 ff.). Dies allerdings nicht in dem Sinne, dass der Vormund nur das **bewahren** soll, was ihm überlassen wurde, sondern sich durchaus zu bemühen hat, das Mündelvermögen im Rahmen seiner Möglichkeiten zu **mehren**. Konservativ bedeutete dabei in der Vergangenheit in erster Linie, bei der Möglichkeit der Entscheidung zwischen hoher Rendite und geringem Risiko einer Geldanlage immer der zweiten Alternative den Vorzug zu geben. Dies bedeutete aber auch wiederum nicht, dass sich der Vormund stets darauf zurückziehen konnte, lediglich seinen gesetzlichen Mindestverpflichtungen zur verzinslichen Geldanlage durch Verwaltung eines Sparkontos mit gesetzlicher Kündigungsfrist nachzukommen, da dies bei Vorhandensein alternativer sicherer Anlageformen bei einer entsprechenden Geldentwertungsrate und unter Berücksichtigung der Steuerlast für den Mündel eine Vermögensminderung bedeuten konnte. Diese durchaus berechtigten Grundsätze lassen sich aber bei der gegenwärtigen Kapitalmarktlage kaum mehr realisieren (→ Rn. 68). Nennenswerte Erträge sind im Bereich festverzinslicher Anlagen derzeit nicht zu realisieren. Gerade bei kleineren und mittleren Vermögen, wie sie in der Praxis im Vordergrund stehen, wird eine Vermögensanlage im spekulativen Kapitalmarkt unter Eingehung von erheblichen Verlustrisiken nicht traditioneller, konservativer Verwaltung im Sinne der §§ 1806 ff. BGB entsprechen. Bei größeren Vermögen, etwa im mindestens sechsstelligen Bereich, wird der Vormund dagegen nicht umhin kommen, einen Teil des Vermögens außerhalb festverzinslicher Anlageformen unter Eingehung vertretbaren Risiken, etwa in Aktien oder Wertpapierfonds, anzulegen haben. Ein umsichtiger und verantwortungsvoller Vormund wird im Übrigen auch immer die Überlegungen walten lassen, die für ihn in eigenen wirtschaftlichen Angelegenheiten ausschlaggebend sind, und dann überprüfen, ob sie vereinbar sind mit dem für Mündelvermögen geltenden allgemeinen Sicherheitsvorbehalt bzw. den besonderen Anforderungen, die gerade für die Vormundschaft gestellt werden. Letztere können ihre Grundlage in der Person des Mündels, aber auch in der des Vormunds haben. Sie können bedingt sein durch die besondere Struktur des verwalteten Vermögens, aber auch durch äußere Gegebenheiten.

242 **2. Familiäre Interessen.** Zu unterscheiden ist hier vorweg, ob es um die Verwaltung vorhandenen oder übernommenen Vermögens oder um die Neuanlage geht. Der Minderjährige verfügt in der Regel fast ausschließlich über Vermögen, das er geschenkt erhalten oder geerbt hat. Für den Vormund ist es durchaus ein zu beachtender Gesichtspunkt, dass er dem mutmaßlichen Willen des Erblassers oder Schenkers, auch wenn dieser nicht ausdrücklich festgehalten ist, am ehesten dann entspricht, wenn er die gegebene Vermögensstruktur beibehält. In diesen Bereich der Überlegungen fällt auch eine etwa gebotene Rücksichtnahme auf **familiäre Interessen** oder traditionelle Bindungen. So ist der Vormund zB nicht immer grundsätzlich gehalten, die Beteiligung seines Mündels an einer Erbengemeinschaft durch eine Erbauseinandersetzung zu beenden, nur weil sich bei einer andersartigen Anlegung des Auseinandersetzungsguthabens womöglich ein höherer Ertrag erzielen ließe. Ganz allgemein können Rendite-Gesichtspunkte bis zu einem gewissen Grade zurücktreten, wo es um die Erhaltung von Familienbesitz für das Mündel geht. Allerdings müssen solche Erwägungen ihre Grenze dort finden, wo unverhältnismäßige wirtschaftliche Einbußen hingenommen oder nicht vertretbare Risiken beibehalten würden. In besonderem Maße gilt dies zB dann, wenn das Mündel Firmenvermögen, die Beteiligung an Handelsgesellschaften oder extrem risikobehafteten Aktienbesitz erwirbt. Dennoch ist es durchaus denkbar, dass die Berücksichtigung der Familienbelange zwar eine Entscheidung

zur Beibehaltung übernommener Vermögenswerte trägt, bei der Neuanlage dieser Gesichtspunkt jedoch gegenüber anderen Überlegungen zurücktreten müsste. Ganz allgemein wird es dem Vormund immer leichter sein, Argumente für die Beibehaltung von gegebenen Vermögensstrukturen zu finden, als eine Umschichtung oder Neuanlage zu rechtfertigen.

3. Bindung über Volljährigkeit, Bezug zur Lebenssituation des Mündels. Je 243
nach Einzelfall hat der Vormund bei seinen Erwägungen ferner zu berücksichtigen, wie lange er sinnvollerweise das Mündel mit der Anlegung seines Vermögens **wirtschaftlich oder rechtlich binden** sollte. Beschränkt sich die Festlegung auf einen Zeitraum, der vor Eintritt der Volljährigkeit endet, gelten die allgemeinen Grundsätze, dh es ist abzuwägen, inwieweit sich durch eine längerfristige Bindung eine höhere Rendite oder ein größeres Maß an Ertragssicherung erzielen lässt. Würde jedoch zB die Fälligkeit einer Anlage erst mehrere Jahre nach Beendigung der Vormundschaft eintreten oder ein Mietvertrag für eine dem Mündel gehörende Eigentumswohnung erst enden, wenn dieser schon lange Zeit volljährig ist, stellt sich die Frage, unter welchen Voraussetzungen der Vormund sein Mündel überhaupt in dieser Weise wirtschaftlich binden darf. Hier ist gerade auch die gesetzgeberische Wertung von § 1629a BGB (Beschränkung der Haftung des Minderjährigen, → Rn. 238 ff.) zu beachten.

Selbstverständlich bestehen keinerlei Bedenken gegen eine solche längerfristige Anlage oder Bindung, wenn das Mündel, das ein oder zwei Jahre vor der Volljährigkeit steht, in den Entscheidungsprozess miteinbezogen wird und zustimmt. Nachdem es sich hier in der Regel um genehmigungsbedürftige Rechtsgeschäfte iSd §§ 1821, 1822 BGB handelt, wird das Familiengericht hierauf zu achten haben. Überhaupt muss der Vormund unter Berücksichtigung des Alters seines Mündels ganz allgemein prüfen, ob eine bestimmte Vermögensdisposition mit den Lebensverhältnissen, mit den beruflichen Plänen und der Ausbildungssituation des Mündels nach Beendigung der Vormundschaft in Einklang zu bringen ist.

4. Fähigkeiten und Kenntnisse des Vormunds. Diese setzen auch Maßstäbe für 244
die Anforderungen, die an die Vermögensverwaltung des Vormunds zu stellen sind. Der Maßstab muss niedriger liegen bei einem Vormund, der sein Amt in erster Linie den persönlichen Beziehungen zum Mündel verdankt. Umgekehrt bedeutet dies, dass dem Familiengericht bei der Auswahl des Vormunds unter diesem Aspekt eine große Verantwortung obliegt. Es entspricht letztlich nicht den Mündelinteressen, wenn einem nicht fachkundigen Vormund ausschließlich unter Beachtung des persönlichen Moments eine bedeutsame Vermögensverwaltung übertragen wird, die ihn überfordert. Einen Ausweg bietet hier die in der Praxis viel zu selten gehandhabte Aufteilung in Mitvormundschaften (§ 1775 BGB) mit persönlichem und vermögensrechtlichem Wirkungskreis. Beim Amtsvormund wird eine solche aber nicht bereits dann erfolgen können, wenn Vermögensangelegenheiten in einem überschaubaren Rahmen anfallen.[409] Jedenfalls sollte ein Vormund, dessen eigene wirtschaftliche Erfahrungen eher bescheiden sind, sich nicht dazu verleiten lassen, bei der Verwaltung von Mündelvermögen in Bereiche einzutreten, in denen er ausschließlich auf die Beratung durch Dritte angewiesen ist. Auch der ihm zur Verfügung stehende zeitliche Spielraum ist zu beachten. Wenn er nur sehr begrenzt Zeit für die Führung der Vormundschaft aufwenden kann, darf er nicht Vermögensanlagen tätigen, deren Verwaltung ihn insoweit absehbar überfordert.

[409] OLG Düsseldorf FamRZ 2015, 678.

245 Es ist keine Frage, dass der Vormund bestrebt sein muss, Vermögensvorteile für sein Mündel zu erlangen und zu sichern. Dem hier geforderten **Engagement des Vormunds** sind jedoch unabhängig von der Beschränkung durch seine persönlichen Möglichkeiten auch allgemeine Grenzen, wie sie etwa derzeit bei den Kapitalmarktzinsen bestehen, gesetzt. Es kann von ihm letztlich nicht verlangt werden, dass er in seinem Bemühen, Gewinne für das Mündel zu realisieren, wesentlich über das hinausgeht, was ihm bei verständiger Würdigung üblicherweise an Arbeits- und Zeitaufwand zuzumuten ist.

246 **5. Ansehen in der Öffentlichkeit.** Grenzen in der Aufgabenwahrung durch den Vormund sollten auch da gesetzt sein, wo sein Vorgehen im Namen des Mündels in der Öffentlichkeit Anstoß erregt. So würde es, um bei obigem Beispiel zu bleiben, dem Vormund nicht gut anstehen, wenn er mit allen rechtlichen Mitteln versucht hätte, langjährige Mieter aus ihren Wohnungen zu vertreiben, um einen höchstmöglichen Verkaufserlös zu erzielen. Auch bei einer hochpreisigen Vermietung einer Immobilie an eine Kommune zum Zwecke der Unterbringung von Flüchtlingen können regional Ressentiments auch das Ansehen des Mündels beschädigen. Überhaupt sollte sich der Vormund eher Zurückhaltung auferlegen, als sich auf fragwürdige rigorose Praktiken einzulassen, die zwar durchaus geeignet wären, den Gewinn für das Mündel zu optimieren, die jedoch mit dem Ansehen und der Stellung des Familiengerichts, das letztlich immer hinter dem Handeln des Vormunds steht, nicht vereinbar sind. Umgekehrt bedeutet dies wiederum nicht, dass er, sei es aus Mitleid oder übergroßem Verständnis für Dritte, sei es aus einer vermeintlichen sittlichen Verpflichtung, finanzielle Zugeständnisse macht, die auf eine Vermögensbeeinträchtigung des Mündels hinauslaufen. Ein gewissenhafter Vormund wird hier im Einzelfall im Einvernehmen mit dem Gericht sicherlich einen vernünftigen und vertretbaren Weg finden.

247 **6. Kollision der Interessen des Vormunds und des Mündels.** Nicht zuletzt sollte bei den allgemeinen Grundsätzen der Bereich angesprochen werden, wo sich die **finanziellen Interessen des Mündels** und die des **Vormunds** berühren. Gelegentlich besteht hinsichtlich einzelner Vermögensgegenstände des Mündels eine rechtliche oder wirtschaftliche Verflechtung mit Eigenvermögen des Vormunds, die diesen bei Verwaltungsentscheidungen in einen Interessenkonflikt bringen kann, wobei hier nicht an die Fälle gedacht ist, die nach § 1909 Abs. 1 BGB die Bestellung eines Ergänzungspflegers notwendig machen (vgl. → Rn. 230 ff.).

248 Der Vormund, der zB in Erbengemeinschaft mit dem Mündel ein Hausgrundstück besitzt, kann bei der Frage, ob und in welchem Umfang er Investitionen für Renovierungsarbeiten erbringen soll, seine eigenen Belange wohl kaum völlig außer acht lassen. Entsprechendes wird auch bei gemeinschaftlicher Beteiligung an einem Erwerbsgeschäft gelten. Schließlich gehören hierher zB auch die Konstellationen, dass ein Vormund für das Mündel auf dessen Kosten eine Wohnung anmietet, in dieser jedoch selbst wohnt, um das Mündel dort zu betreuen, oder dass der Vormund bei gemeinsamer Haushaltsführung mit dem Mündel in gewissem Umfang an dem ihm aus dem Mündelvermögen überlassenen Haushaltsgeld partizipiert.

249 In all diesen Fällen steht es außer Frage, dass der Vormund vorrangig die Interessen seines Mündels zu berücksichtigen hat, Entscheidungen also zunächst losgelöst von den eigenbezogenen Vorstellungen ausschließlich an dessen Wohl zu orientieren sind. Ergibt sich im Zuge der hieran ausgerichteten Maßnahmen und Rechtsgeschäfte mittelbar ein **Vorteil für den Vormund,** so ist dies unbedenklich. Er muss also seine Handlungsweise nicht von vorneherein danach ausrichten, unter allen Umständen zu

vermeiden, sich selbst auch zu begünstigen. Allerdings ist die Grenze da zu ziehen, wo dem Vorteil des Vormunds, wenn auch nur mittelbar, eine Vermögensbeeinträchtigung des Mündels gegenübersteht, und sei es auch nur in Form einer Gewinnreduzierung. Ganz allgemein hat der Vormund grundsätzlich Leistungen Dritter, die er im Zusammenhang mit der Ausübung seines Amtes erhält, insbesondere zB Provisionszahlungen, dem Mündelvermögen zukommen zu lassen, auch wenn das Mündel selbst hierauf dem Dritten gegenüber keinen Anspruch besitzen würde. Auf jeden Fall muss der Vormund nach außen hin klar und unmissverständlich zum Ausdruck bringen, dass seine Entscheidungen nicht von irgendwelchen Zuwendungen an ihn persönlich abhängig sind. Die Ansprüche des Vormunds auf Vergütung bzw. Aufwendungsersatz sind in den §§ 1836, 1835 BGB iVm VBVG abschließend geregelt. Eine Honorierung, die sich außerhalb dieser Vorschriften bewegt, ist zumindest höchst fragwürdig. Als unproblematisch dagegen muss es angesehen werden, wenn der Vormund mit einem Dritten vereinbart, dass dieser dem Mündel dessen Verpflichtungen aus § 1835 Abs. 1, 3 BGB oder unter Umständen auch aus § 1836 BGB gegenüber dem Vormund abnimmt. So ist es zB nicht unüblich, wenn ein Rechtsanwalt als Vormund berufliche Dienste erbringt, etwa einen komplizierten Vertrag ausarbeitet, und mit dem Vertragsgegner vereinbart, dass dieser die Verpflichtung des Mündels zur Anwaltsgebührenerstattung gemäß § 1835 Abs. 1, 3 BGB mit schuldbefreiender Wirkung für das Mündel unmittelbar gegenüber dem Vormund übernimmt. Voraussetzung hierfür ist jedoch zum einen, dass ein Anspruch des Vormunds nach § 1835 Abs. 3 BGB auch tatsächlich entstanden ist, und zum anderen, dass der Vertragstext keine Zweifel an der rechtlichen Natur der Zahlung als Schuldübernahme durch den Vertragsgegner lässt. Gelegentlich kommt es auch vor, dass ein Steuerberater oder Rechtsanwalt auf Ersuchen eines an sich berufenen Verwandten diesem das Vormundsamt quasi abnimmt. Wenn dieser dann bereit ist, für die Entlastung von der Führung der Vormundschaft eine Vergütung im Rahmen des § 1836 BGB zu übernehmen, bestehen auch hiergegen keine Bedenken, da letztlich nur das Mündel von einer möglichen Zahlungsverpflichtung befreit wird.

II. Grundsätze bei der Anlage und Verwaltung bestimmter Vermögensgegenstände

1. Grundvermögen. Grundbesitz im weitesten Sinne galt immer schon als die 250
sichere Form der Geldanlage schlechthin und damit als in besonderem Maße geeignet, den Anforderungen gerecht zu werden, die an die Verwaltung von Mündelvermögen zu stellen sind. Während die sonstigen Geldanlagen durch Inflation und Währungsreformen in der Vergangenheit zum Teil nahezu vollständig entwertet wurden, blieb Grundvermögen hiervon weitestgehend verschont. Selbst die Zerstörung von Gebäuden im zweiten Weltkrieg konnte längerfristig gesehen der Werthaltigkeit von Immobilienbesitz nichts anhaben, da die nach dem Kriege eingetretenen Wertsteigerungen bei Grund und Boden den Verlust mehr als kompensierten. Diese Erfahrungen der Vergangenheit und der Gegenwart (anhaltende globale Finanzkrise seit 2008/2009 – drastische Wertsteigerungen und Verteuerung von Immobilien infolge der Niedrigzinspolitik in den letzten Jahren) prädestinieren Immobilien immer noch zur Anlage von Mündelvermögen. Hinzu kommt, dass die Verwaltung von Grundeigentum in der Regel keine besonderen Fachkenntnisse beim Vormund voraussetzt und auch kein kurzfristiges Reagieren auf Marktveränderungen erfordert. Allerdings sehen gerade anlässlich der gegenwärtigen Explosion der Immobilienpreise Experten die Ge-

fahr einer Immobilieblase,[410] so dass jedenfalls beim Neuerwerb von Grundeigentum in Ballungsgebieten derzeit beträchtliche Risiken bestehen. Für den Vormund und das Familiengericht bedeuten diese Erkenntnisse gegenwärtig zweierlei:

Zum einen darf Grundbesitz aus Mündelvermögen nur bei Vorliegen besonderer Umstände veräußert werden. Nicht notwendigerweise muss – bei der gegenwärtigen Marktlage – bei der Entscheidung über die Neuanlage von Mündelvermögen dem Erwerb von Immobilien der Vorrang gegenüber anderen Anlageformen eingeräumt werden. Zum Grunderwerb dürfte der Vormund auch nur in den seltensten Fällen über ausreichende flüssige Mittel verfügen. Andererseits bieten Eigentumswohnungen dem Vormund eher die Möglichkeit, diese sichere Anlageform zu wählen, da der Kapitaleinsatz verhältnismäßig nicht so hoch sein muss wie bei der Investition in ein ganzes Hausgrundstück. Allgemeine Regeln, wie Mündelvermögen im Idealfall strukturiert sein soll, können kaum aufgestellt werden, da eine große Anzahl von Faktoren, wie zB die Höhe des Vermögens, notwendiger Renditebedarf, Wohnsitz des Mündels und schließlich auch die obigen allgemeinen Grundsätze individuell in der einen oder anderen Richtung Vorrang genießen können.

Bei derartigen weit reichenden Entscheidungen ist auch das Verfahrensrecht von Bedeutung. Gemäß § 159 Abs. 1 S. 2 FamFG ist das Mündel nach Vollendung des vierzehnten Lebensjahres in vermögensrechtlichen Angelegenheiten anzuhören, wenn dies nach der Art der Angelegenheit angezeigt erscheint. Wegen der Tragweite von Grundstückskaufverträgen dürfte eine solche Anhörung des Mündels im Regelfall geboten sein, wenngleich sicherlich das Alter des Mündels und die Wertrelation des Grundstücksgeschäfts zum übrigen Vermögen eine nicht unwesentliche Rolle spielen. Selbstverständlich ist das über 14 Jahre alte Mündel in jedem Fall in den Entscheidungsprozess miteinzubeziehen, wenn es um den Kauf oder Verkauf der Familienwohnung geht (vgl. §§ 1793 Abs. 1 S. 2, 1626 Abs. 2 BGB).

251 **a) Kauf von Grundbesitz.** Steht der Vormund vor der Entscheidung, für sein Mündel einen bestimmten Grundbesitz zu erwerben, wird er unter anderem zu prüfen haben, welchen Nettoertrag die Immobilie besitzt, wie sich der bauliche Zustand darstellt, ob also in absehbarer Zeit zusätzliche Investitionen erforderlich sind, wie es mit der Wiederverkäuflichkeit steht und ob mit Wertsteigerungen gerechnet werden kann. Natürlich dürfen an die **Rendite von Immobilien** nicht die gleichen Anforderungen gestellt werden wie zB bei festverzinslichen Wertpapieren. Die höhere Sicherheit und mitunter auch die Wertsteigerungschancen müssen mit einem gewissen Abschlag auf die Rendite bezahlt werden. Wenngleich auch diese Sätze großen Schwankungen unterliegen, abhängig von der Gegend und den Veränderungen in den Marktgegebenheiten, sollte man von Immobilien mit Wohnraum eine nachhaltige Nettorendite erwarten können, welche der Belastung von Tilgung und Zinsen gegenüber zu stellen ist und bei welcher auch das Risiko künftiger Zinssteigerungen mit zu berücksichtigen ist. Als Nettorendite ist hier der Jahresüberschuss aus der Vermietung nach Berücksichtigung zumindest der steuerlichen Wertabschreibungen bezogen auf den Erwerbspreis anzusehen. Bei renovierungsbedürftigen Gebäuden sind die absehbar anstehenden Renovierungskosten rechnerisch den Anschaffungskosten hinzuzurechnen. Ist das Haus oder die Eigentumswohnung zum Selbstbezug für das Mündel bestimmt, muss dieser Rechnung der ersparte Aufwand für Mietzins zugrunde gelegt werden, wobei mit Rücksicht auf die besonderen Verhältnisse des Mündels bei den Anforderungen an die Rendite durchaus Abstriche gemacht werden können. Ganz allgemein gilt, dass

[410] Vgl. etwa focus.de v. 17.6.2016: „Immobilienblase hat Deutschland längst erfasst".

zB ein Einfamilienhaus in der Regel meist nicht die Verzinsung bringt wie ein Mietshaus mit mehreren Wohnungen, da sich bei letzterem der Kaufpreis in erster Linie an Ertragsgesichtspunkten orientiert, wogegen der Preis von Einfamilienhäusern zusätzlich auch vom individuellen Wohnwert bestimmt wird. Der Kauf eines unbebauten Grundstücks durch den Vormund sollte heute zu den Ausnahmefällen gehören. Bei den gegebenen Verhältnissen sind der Ertrag und die Wertsteigerungsaussichten von rein landwirtschaftlichem Grundbesitz sehr begrenzt. Etwas anderes gilt allenfalls, wenn wirtschaftliche Überlegungen zB die Vergrößerung eines landwirtschaftlichen Anwesens des Mündels geboten erscheinen lassen. Der Kauf von Bauland ohne eigene Bebauungsabsicht erfordert meist einen relativ hohen Kapitaleinsatz, bei dem mangels Rendite ausschließlich auf die Wertsteigerung in der Zukunft gerechnet wird. Da der Vormund mit dem ihm überlassenen Mündelvermögen nicht spekulieren soll, ist er stattdessen gehalten, rentierlichen Grundbesitz zu erwerben. Erst recht muss dies für unbebaute Grundstücke gelten, deren Bebaubarkeit noch nicht absolut feststeht.

Auch der **steuerliche Aspekt** kann beim Erwerb einer Immobilie eine Rolle spielen. **252**
So kann bei der Einkommensteuerveranlagung durch die Abschreibungsmöglichkeiten bei den Einnahmen aus Vermietung und Verpachtung per Saldo eine zu niedrige Rendite der Immobilie wieder ausgeglichen werden. Weiter ist zu berücksichtigen, ob der augenblickliche Ertrag nachhaltig erzielbar ist oder nur auf besonderen, vorübergehenden Umständen beruht. Ein langfristiger Mietvertrag wird zB bei gewerblichen Immobilien meist als Vorteil anzusehen sein, wenn der Mieter hinreichend solvent und der Mietzins mit einer Wertsicherungsklausel gekoppelt ist. Bei Wohnraum dagegen muss beachtet werden, dass wegen der geltenden Mieterschutzbestimmungen von Seiten des Vermieters Veränderungen, wenn überhaupt, nur sehr schwer durchzusetzen sind, auch wenn der Mietvertrag nicht über längere Zeit geschlossen ist. Bei Wohnraummietverhältnissen kann nach § 557b BGB die Miete an den Preisindex für die Lebenshaltung aller privater Haushalte gebunden werden. Ein Mietverhältnis kann daher insbesondere bei Ein- oder Zweifamilienhäusern einen entscheidenden Wertminderungsfaktor darstellen, insbesondere wenn der Mietzins relativ niedrig bemessen ist oder wenn mittelfristig ein Wiederverkauf ins Auge gefasst wird.

Beabsichtigt ein Vormund, für das Mündel Grundbesitz zu kaufen, erscheint es **253**
sinnvoll, dass er das Familiengericht zunächst von seiner Absicht informiert. Dieses ist dann in der Lage, bereits in einem frühen Stadium des Verfahrens, dh noch vor oder während der Kaufvertragsverhandlungen dem Vormund die notwendigen Hinweise hinsichtlich der Genehmigungsvoraussetzungen zu geben.

Im Vordergrund der Beurteilung durch das Gericht steht die **Angemessenheit des Kaufpreises.** Diese ist am ehesten durch die Vorlage eines Sachverständigengutachtens nachzuweisen. In der Regel wird jedoch der Vormund, der von einem Makler oder über ein Zeitungsinserat eine Immobilie angeboten erhält, kaum in der Lage sein, kurzfristig eine umfassende Begutachtung durchführen zu lassen. Also muss er sich bemühen, dem Gericht anderweitig die Angemessenheit des Kaufpreises darzutun oder es zumindest mit den Daten zu versorgen, die dieses benötigt, um eine eigene Wertermittlung vorzunehmen. Sehr hilfreich sind in diesem Zusammenhang Angaben über Käufe oder Verkäufe aus jüngster Zeit in der Nachbarschaft sowie überschlägige Schätzungen von Banken zur Ermittlung des Beleihungswerts. Der amtliche Richtwert nach dem Baugesetzbuch, allgemein bekannte Durchschnittspreise je qm Wohnfläche bei Eigentumswohnungen, hochgerechnete Kaufpreise aus der Vergangenheit für das in Rede stehende Objekt, Informationen von nicht beteiligten Maklern oder Zeitungsinserate, in denen vergleichbarer Grundbesitz angeboten wird, sind sämtlich Mittel, anhand derer sich das Gericht neben den allgemeinen Bewertungsgrundsätzen ein Urteil über die Angemessenheit des Kaufpreises bilden kann. Nicht zuletzt gehören hierher auch die Erfahrungen, die der Vormund selbst bei der Suche nach geeignetem Grundbesitz und bei vorangegangenen Kaufvertragsverhandlungen gemacht hat.

254 **b) Verkauf von Grundbesitz.** Soll Grundbesitz, der dem Mündel gehört, verkauft werden, hat die **Prüfung der Notwendigkeit der Veräußerung** zunächst absoluten Vorrang vor sonstigen Überlegungen. Die Aussicht auf eine bessere Kapitalverzinsung kann für sich nur dann den Verkauf von Immobilien aus dem Mündelvermögen rechtfertigen, wenn der Erlös wieder in Grundbesitz investiert wird, was aber angesichts der derzeitigen Entwicklung der Immobilienpreise nur selten der Fall sein wird. Hierbei darf sich das Gericht in der Regel nicht auf eine allgemeine Absichtserklärung des Vormunds verlassen. Dieser hat vielmehr ganz konkret anzugeben, was er zu welchen Bedingungen für sein Mündel als **Ersatzobjekt** zu kaufen gedenkt.

255 Auch ein vom Mündel nicht aufzubringender **Renovierungskostenbedarf** kann einen Verkauf rechtfertigen. Allerdings hat der Vormund zunächst zu prüfen, ob er durch Aufnahme von Fremdmitteln die Renovierungsarbeiten abdecken und durch zulässige Mieterhöhungen die Finanzierungszinsen zumindest teilweise wieder ausgleichen kann. Unwirtschaftlich und wenig umsichtig wäre es, wenn der Vormund zB in einen Altbau für Teilrenovierungen Geld investierte, obwohl über kurz oder lang ein Verkauf doch unvermeidlich ist, bei dem dann diese Investitionen meist nicht mehr oder nur zu einem geringen Teil honoriert würden. Im Zweifel hat der Vormund einen Fachmann zu Rate zu ziehen, der Wirtschaftlichkeitsberechnungen durchführt. Keinesfalls darf jedoch die Scheu des Vormunds vor dem mit der Durchführung solcher Maßnahmen immer verbundenen Mehraufwand an Zeit und Arbeit Grund für einen Verkauf sein.

256 Schließlich kann der Verkauf von Grundbesitz auch zwingend geboten sein, wenn der **Erlös zur Finanzierung des Unterhalts** oder der Ausbildung des Mündels unbedingt benötigt wird. Allerdings hat auch hier der Vormund vorweg jede Möglichkeit einer anderweitigen Beschaffung der erforderlichen Mittel zu prüfen. So sieht das SGB XII verschiedene Formen der Unterstützung vor, deren Gewährung nicht vom Einsatz des eigenen Vermögens abhängig gemacht wird, insbesondere wenn dieses in Grundbesitz besteht. Unter Umständen können Sozialhilfemittel auch darlehensweise gegen Absicherung auf dem Mündelgrundstück gewährt werden.

257 Ergibt sich in Ansehung der vorstehenden Kriterien ausnahmsweise die grundsätzliche Genehmigungsfähigkeit des Verkaufs, so haben zunächst der Vormund und dann das Gericht wie beim Grundstückskauf die **Angemessenheit des Preises** zu prüfen. Da hier dem Vormund jedoch wesentlich mehr Zeit zur Vorbereitung des Rechtsgeschäfts zur Verfügung steht, ist ihm auf jeden Fall zuzumuten, dass er ein Verkehrswertgutachten erstellen lässt. Der so ermittelte Verkehrswert stellt jedoch in der Regel nur die untere Grenze dessen dar, was beim Verkauf erzielt werden muss. Darüber hinaus ist der Vormund gehalten, alles zu unternehmen, um einen höchstmöglichen Kaufpreis zu erzielen, was zunächst voraussetzt, dass er sein Verkaufsangebot einem größeren Kreis von Interessenten zugänglich macht. Dies erfolgt am einfachsten in der Weise, dass der Grundbesitz in einer Tageszeitung, sei es durch den Vormund selbst, sei es über einen von ihm beauftragten Makler, ausgeschrieben wird. Hierüber, nämlich über den Umfang seiner Bemühungen, den meistbietenden Kaufinteressenten zu ermitteln, hat er dem Gericht im Genehmigungsverfahren zu berichten. Im Übrigen soll er sich bis zuletzt, dh bis zur Erteilung der familiengerichtlichen Genehmigung bzw. deren Mitteilung an den Vertragsgegner, einem noch höheren Kaufpreisangebot offenhalten. Es ist für ihn durchaus legitim, wenn er die Abhängigkeit der Rechtswirksamkeit

des Vertrags von der familiengerichtlichen Genehmigung nutzt, den Preis bis zuletzt hinaufzutreiben. Allerdings darf es sich hierbei nicht so verhalten, dass er sich bzw. das Mündel Schadensersatzansprüchen aussetzt oder durch unseriöse Geschäftsgebaren das Ansehen des Mündels oder des Gerichts in der Öffentlichkeit beeinträchtigt.

Neben der Höhe des Kaufpreises spielt auch die **Bonität** des **Käufers** eine bedeutende Rolle. Als ausreichend dürfte eine formlose Bestätigung einer Bank anzusehen sein, dass der Käufer über ausreichende Mittel zur Finanzierung des Kaufpreises verfügt bzw. dass die Finanzierung durch die Bank gesichert ist. Es begegnet keinen Bedenken, wenn das Mündel bei Abschluss des Kaufvertrags eine Grundschuld zugunsten des den Käufer finanzierenden Geldinstituts bestellt, wenn in der Urkunde die Auszahlungsansprüche des Käufers gegen dessen Bank an das Mündel abgetreten werden. **258**

Auch beim Verkauf sind die üblichen Verträge der Notariate so gestaltet, dass das **Risiko einer Schädigung für das Mündel begrenzt** ist auf die Haftung für die Notargebühren bzw. auf die Kosten der Löschung der Auflassungsvormerkung zugunsten des etwa insolvent gewordenen Käufers. Vorsicht ist jedoch angebracht, wenn der Vormund die **Zweckbestimmungserklärung** für die Finanzierungsschuld des Erwerbers mitunterzeichnen soll. **259**

c) Verwaltung von Grundbesitz. Übernimmt der Vormund die Verwaltung von Grundbesitz, gleich in welcher Form, so gehört es zu seinen ersten Aufgaben, den Versicherungsschutz zu überprüfen. Entgegen landläufiger Meinung handelt es sich bei der Gebäudebrandversicherung nicht um eine Pflichtversicherung; es wird zwar nur sehr selten vorkommen, dass im Rahmen einer Gebäudeversicherung insoweit kein Versicherungsschutz besteht, eine Überprüfung ist jedoch unbedingt angebracht. Diese kann durch Anforderung einer Zweitschrift der Brandversicherungsurkunde, die auch für das Vermögensverzeichnis benötigt wird, erfolgen. Ferner sollten eine Grundstückshaftpflichtversicherung und ggf. auch eine Öltankversicherung abgeschlossen sein. Zum vollständigen Versicherungsschutz gehört dann noch die Gebäudeversicherung, die Leitungswasser-, Sturm- und in der Regel auch Hagelschäden und Elementarschäden absichert. Hat der Vormund Zweifel, ob solche Versicherungen bereits bestehen, sollte er dennoch vorsichtshalber möglichst unverzüglich entsprechende Verträge abschließen, damit auf jeden Fall ein Versicherungsschutz gewährleistet ist. Er geht damit kein Risiko ein, da zwischen den Versicherungsgesellschaften Vereinbarungen dahingehend bestehen, dass bei etwaiger Doppelversicherung der zuletzt abgeschlossene Vertrag unter voller Prämienerstattung wieder aufgehoben wird. Der Vormund muss sich im Klaren darüber sein, dass ihm zwar in den seltensten Fällen ein Vorwurf wegen des Eintritts eines Schadensfalls im Zusammenhang mit der Verwaltung des Mündelgrundbesitzes gemacht werden kann. **260**

2. Kontenanlage und -verwaltung. In welcher Form der Vormund Vermögenswerte seines Mündels bei Geldinstituten verwalten lässt, bestimmt sich zunächst danach, in welchen Zeiträumen die Mittel wieder verfügbar sein müssen. Der früher geltende Grundsatz, dass der Zinssatz für Kontoguthaben mit der Dauer der Bindung steigt, gilt derzeit im Rahmen festverzinslicher Anlagen nicht mehr in dieser Form. Ganz allgemein bietet sich folgende Dreiteilung an: **261**

Ein Girokonto für die Abwicklung der laufenden Einnahmen und Ausgaben, ein Sparkonto mit gesetzlicher Kündigungsfrist oder ein Tagesgeldkonto, auf das nicht benötigte Überschüsse von Girokonto übertragen bzw. auf dem Mittel zum Auffüllen des Girokontos bereitgehalten werden, und schließlich ein Wertpapier-Depot für die längerfristigen Anlagen.

262 **a) Girokonten.** Guthaben auf Girokonten werden heute in der Regel gar nicht mehr oder nur mit 0,05 % jährlich verzinst, der Vormund kommt also seiner Verpflichtung aus § 1806 BGB zur verzinslichen Geldanlage formal nicht nach, wenn er auf dem Girokonto ein unverhältnismäßig hohes Guthaben belässt, das er nicht innerhalb von drei Monaten benötigt. Das Gericht hat zwar den Vormund bei Verstößen auf diese Erfordernisse hinzuweisen. Es ist jedoch zu bedenken, dass auch die Vermögensanlage in Sparkonten oder sonstige festverzinsliche Wertanlagen derzeit kaum mehr als 0,5 % Zinsen einbringen, so dass sich die berechtigte Frage stellt, inwieweit hier reale Alternativen bestehen. Handelt es sich nur um relativ geringe Beträge, können schon die Bankgebühren für die Umbuchungen und das Porto für die Kontoauszüge, die Übermittlung des Sparbuchs und den Genehmigungsantrag an das Gericht den kurzfristigen bescheidenen Zinsgewinn nahezu aufzehren. Hält der Vormund den Girokontobestand zu knapp, besteht darüber hinaus die Gefahr, dass das Konto durch Abbuchungen vorübergehend einen Soll-Saldo aufweist. Die dann belasteten Überziehungszinsen sind unverhältnismäßig höher als der Zinsvorteil, der durch den zu hoch bemessenen Übertrag auf das Sparkonto erzielt wird.

263 Fallen im Übrigen jährlich nur wenige Buchungen an, sollte aber überlegt werden, ob diese zur Einsparung der nicht unbeachtlichen Kontoführungsgebühren für das Girokonto nicht besser über ein Sparkonto abgewickelt werden können. Im Übrigen ist der Vormund gut beraten, den Zahlungsverkehr auf dem Girokonto von Anfang an auf die Erfordernisse im Hinblick auf die Abrechnung gegenüber dem Gericht auszurichten.

264 Regelmäßig wiederkehrende Zahlungen werden heutzutage mit **Dauerauftrag oder Abbuchungsermächtigung** abgewickelt. Beide Formen haben Vor- und Nachteile. Die Erteilung, Änderung und der Widerruf von Daueraufträgen sind mit nicht unerheblichen Bankgebühren verbunden. Änderungsaufträge können von der Bank nur bis zu einem bestimmten Zeitpunkt vor der nächsten Ausführung berücksichtigt werden. Erfolgt eine Überzahlung, weil der Dauerauftrag nicht rechtzeitig geändert oder gelöscht wurde, kann sich der Vormund wegen der Erstattung nur an den Zahlungsempfänger wenden, was unter Umständen ein gewisses Risiko darstellt. Bei Abbuchungsermächtigungen wiederum besteht die Gefahr, dass das Konto möglicherweise überraschend und auch mit einem dem Zahlungsempfänger letztlich nicht zustehenden Betrag belastet wird. Allerdings hat der Vormund dann ggf. noch die Möglichkeit, der Abbuchung durch das Geldinstitut zu widersprechen.[411] Dieses storniert die Belastung, ohne dass es der Beteiligung des Zahlungsempfängers bedarf. Gibt die Bank die Lastschrift zurück, sei es auf Widerspruch des Vormunds, sei es mangels Deckung des Kontos, entstehen beim Dritten Gebühren, die dieser unter Umständen dem Mündel wieder in Rechnung stellen kann. Der Vormund hat also dann, wenn er sich das Ausschreiben von Überweisungsformularen für regelmäßige Zahlungen ersparen oder die Gefahr vermeiden möchte, Zahlungstermine zu übersehen, zunächst zu prüfen, durch welche Zahlungsmodalität absehbar die geringsten Kosten entstehen und das Risiko einer Vermögensgefährdung für das Mündel möglichst gering gehalten wird. Bei dieser Beurteilung stehen im Vordergrund zum einen die Vertrauenswürdigkeit des Zahlungsempfängers, zum anderen die Häufigkeit von Änderungen in der Höhe des regelmäßig wiederkehrenden Zahlungsbetrags.

265 Oft empfiehlt es sich, für das Mündel mehrere Girokonten zu führen. So zB, wenn das Mündel Eigentümer von vermieteten Immobilien ist. Der Vormund selbst und auch das Gericht haben eine bessere Übersicht über Mietzinseingang und Ertragssituation, wenn sämtliche Einnahmen und Ausgaben für das oder die Vermietungsob-

---

[411] Vgl. § 675j Abs. 2 BGB.

jekte über ein Girokonto und die sonstigen Zahlungsvorgänge für das Mündel über ein anderes Girokonto abgewickelt werden. Außerdem wird dem Vormund bzw. dem beauftragten Steuerberater die Arbeit erleichtert, wenn er die Erklärung über die Einnahmen aus Vermietung und Verpachtung im Rahmen der Einkommensteuerveranlagung zu fertigen hat. Bei mehreren größeren Objekten kann es auch durchaus vorteilhaft sein, für jedes einzelne ein eigenes Mietenkonto zu führen.

b) Sparkonten. Das **Sparkonto** mit gesetzlicher, dh dreimonatiger Kündigungsfrist oder **Festgeldkonten**, zB bei Direktbanken, stellen wohl die häufigste Form der Mündelgeldanlage dar. Der Vormund genügte in der Vergangenheit mit ihr seiner gesetzlichen Mindestverpflichtung aus § 1806 BGB, und der Höhe der Einlage sind nach unten und bei Vorliegen besonderer Umstände letztlich auch nach oben keine Grenzen gesetzt. Bei den gegenwärtigen Zinsen im Bereich von 0,05 % (→ Rn. 68) sind sie jedoch derzeit keine nennenswerte Alternative zum Girokonto. Immerhin lassen sich derzeit bei Direktbanken noch Zinsen von bis zu 0,5 % für Guthaben unter 100.000 EUR erzielen. 266

c) Prämien- und Bausparkonten. Kurz einzugehen ist noch auf das Prämiensparen und auf Bausparverträge. Ob sich diese Formen der Geldanlage anbieten, hängt in erster Linie von der persönlichen und wirtschaftlichen Situation des Mündels ab, wobei die sich doch recht häufig ändernden gesetzlichen Bestimmungen der staatlichen Sparförderungen eine wesentliche Rolle spielen. Da Prämiensparverträge meist eine relativ lange Laufzeit besitzen, muss der Vormund abwägen zwischen dem finanziellen Vorteil von staatlichen Sparprämien bzw. Steuervorteilen und den Nachteilen, die mit der langfristigen Bindung bei verhältnismäßig bescheidenen Zinsen verbunden sind. Außerdem stellt sich hier häufig das schon mehrfach angesprochene Problem, inwieweit der Vormund sein Mündel faktisch in seiner Dispositionsfreiheit über das achtzehnte Lebensjahr hinaus (vgl. § 1629a BGB) beschränken darf. Befindet sich das Mündel in einem Ausbildungsverhältnis und gewährt der Arbeitgeber vermögenswirksame Leistungen, so dürfte der Abschluss eines Sparvertrags auf jeden Fall geboten sein, wenn nicht anderweitig, zB über eine Kapitalversicherung, die Möglichkeit besteht, diese Leistungen mit all ihren steuerlichen Vorteilen zu beanspruchen. Bei Bausparverträgen ist zu berücksichtigen, dass bei Abschluss eine nicht unerhebliche Gebühr anfällt. Außerdem ist die Verzinsung der Einlagen im Hinblick darauf relativ gering bemessen, dass der Bausparer bei Zuteilung einen Anspruch auf das zinsgünstige Bauspardarlehen erwirbt. Steht daher von vorneherein fest, dass das Mündel keine Gelegenheit haben wird, das Bauspardarlehen bestimmungsgemäß zu beanspruchen, muss der Vormund sehr genau überlegen, ob diese Geldanlageform für sein Mündel nicht ungeeignet ist. Besitzt der Mündel bei Übernahme der Vormundschaft bereits einen Altvertrag mit günstigen Konditionen, hat der Vormund im Hinblick auf die in der Rechtsprechung[412] noch nicht geklärte Rechtslage die Pflicht, sich den Versuchen der Bausparkassen, Kunden von Altverträgen zur Beendigung der Verträge zu bewegen, zu widersetzen, bis die Frage vom Bundesgerichtshof geklärt werden wird. 267

3. Wertpapieranlagen. Das Angebot an Geldanlageformen im Wertpapierbereich entwickelte sich in den letzten Jahrzehnten in so vielfältiger und differenzierter Weise, dass der Vormund, der Mündelvermögen ab einer gewissen Größenordnung verwaltet, sich grundsätzlich der Beratung durch einen Wertpapierfachmann anvertrauen sollte, 268

---

[412] OLG Stuttgart ZIP 2016, 910: nicht kündbar; aA: OLG Koblenz WM 2016, 2074 = BeckRS 2016, 14571; OLG Köln v. 23.3.2015 – 13 U 104/14, BeckRS 2015, 11455.

der heute bei jeder Zweigstelle eines Geldinstituts zur Verfügung steht. Dies entbindet ihn jedoch nicht, sich mit gewissen Grundbegriffen und Besonderheiten von verschiedenen Wertpapieranlagen unter dem Aspekt der Eignung für die Investition von Mündelgeldern zu beschäftigen.

269 **a) Aktien.** So sehr die Aktie im Wirtschaftsleben eine hervorragende Rolle spielt, so wenig erschien sie in der Vergangenheit für die Anlage von Mündelvermögen geeignet. Bei der derzeitigen Null-Zinspolitik der Europäischen Zentralbank und der fehlenden Aussicht auf Renditen im Rahmen festverzinslicher Anlagen, sind sie jedoch eine der wenigen Möglichkeiten, Vermögen mit nennenswerter Rendite anzulegen. Nicht geeignet sind so jedoch als Anlage des Mündelvermögens insoweit, als der Vormund auf Gewinne infolge von kurzfristigen Veränderungen des Kurswerts spekuliert. Der Chance der Erhöhung des Kurswerts einer Aktie steht nämlich immer in gleicher Weise das Risiko des Verlusts gegenüber. Nachdem die Aufgabe des Vormunds vorrangig darin liegt, das Mündelvermögen vor Verlusten zu bewahren und im übrigen einen angemessenen Ertrag zu erwirtschaften, bietet sich die Aktie nur insoweit zur Anlage von Mündelgeld an, als sich mittel- oder langfristig Erträge aus Dividenden oder Kurswerterhöhungen erzielen lassen. Allerdings erfordert der Kauf und Verkauf von Aktien zumindest gewisse Fachkenntnisse und Erfahrung, über die der Vormund in der Regel nicht selbst verfügt. Zudem sind ständige Marktbeobachtung und schnelles Reagieren notwendig. Auch ist zu bedenken, dass selbst bei etablierten Aktiengesellschaften die Gefahr von Verlusten infolge nicht vorhersehbarer Ereignisse besteht, man denke etwa an den jüngsten Skandal manipulierter Dieselmotoren in der Automobilindustrie oder die Kursverluste der Aktien der beiden deutschen Großbanken. In den seltensten Fällen dürfte der Vormund bereit und in der Lage sein, die hierfür erforderliche Zeit zu investieren; ganz abgesehen davon, dass die Einholung der familiengerichtlichen Genehmigung zum Kauf oder Verkauf ein echtes Hemmnis bei der Abwicklung von Aktiengeschäften darstellt, die meist telefonisch oder online kurzfristig abgeschlossen werden müssen. Findet allerdings der Vormund bei Übernahme der Vermögensverwaltung bereits Aktien vor oder erwirbt das Mündel von Todes wegen ein Aktiendepot, so ist er aus diesen grundsätzlichen Erwägungen heraus nicht gehalten, sich sofort von diesen Wertpapieren zu trennen. Eine langfristige Umstrukturierung in der Weise, dass anstelle von Aktien festverzinsliche Wertpapiere erworben werden, mit dem Ziel, eine Mischung im Verhältnis von vielleicht ⅓ zu ⅔ zu erhalten, wäre zwar erstrebenswert. Allein hierdurch sind jedoch Aktienverkäufe zur Unzeit nicht gerechtfertigt. Ein günstiger Zeitpunkt zum Verkauf ist jedenfalls dann gegeben, wenn der Vormund die Möglichkeit besitzt, gegenüber dem Zeitpunkt, als er die Verwaltung übernahm, Kursgewinne zu realisieren. Das Abwarten noch höherer Kurse wäre in dieser Situation wieder in erster Linie spekulativ und daher mit den Grundsätzen der Verwaltung von Mündelvermögen nicht vereinbar. Selbstverständlich hängen die Notwendigkeit als solche, aber auch der Umfang und der Zeitraum des Vollzugs einer Umschichtung davon ab, um welche Aktien es sich handelt. Dividendenstarke deutsche Publikumsaktien sind eher und länger haltenswert als ausländische Werte mit hochspekulativem Charakter, bei denen zusätzlich auch noch das Währungsrisiko hinzukommt.

270 Wie bei jeder anderen Anlageform im Bankbereich, muss der Vormund für das Mündel auch bei der Aktienanlage einen **Freistellungsauftrag** (801 EUR) bei der Bank stellen, damit das Mündel diesen Steuerfreibetrag für Kapitalerträge erhält.

271 Schließlich ist noch darauf hinzuweisen, dass der durch den Verkauf von Aktien realisierte Kursgewinn als Spekulationsgewinn der Einkommensteuer unterliegt, wenn

der Zeitraum zwischen Kauf und Verkauf weniger als ein Jahr beträgt (§ 23 Abs. 1 Nr. 2 EStG).

b) Investmentanteile. Zunehmende Bedeutung auch für die Mündelgeldanlage haben in den vergangenen Jahrzehnten die Investmentfonds gewonnen. Je nach dem Anlagekonzept der Investmentgesellschaft ist zu unterscheiden zwischen **Aktien-, Renten-, Misch- und Immobilienfonds.** Meist sind die Fonds noch zusätzlich spezialisiert auf inländische und/oder ausländische Wertpapiere, auf Aktien bestimmter Branchen oder ausgesuchte Spezialwerte. Als **Immobilienfonds** werden verschiedene Gesellschaftsformen bezeichnet, die Kapital von mehreren Anlegern bündeln, um dieses in Immobilien zu investieren. Bei einem offenen Immobilienfonds kann Kapital jederzeit in kleineren Mengen eingezahlt und wieder abgezogen werden und es wird – anders als bei einem geschlossenen Fonds – in eine nicht abschließend festgelegte Anzahl von Immobilien investiert, die dann in rechtlicher Hinsicht ein Sondervermögen darstellen. **272**

Das Grundprinzip der Investmentgesellschaften für **Aktienfonds** liegt im Wesentlichen darin, durch breite Streuung das Kursrisiko weitgehend einzuschränken, ohne dem Anleger die Chance zu nehmen, an allgemeinen Kurssteigerungen teilzunehmen. Aufgrund der derzeitigen historischen Niedrigzinsphase, die es derzeit nicht ermöglicht Gelder festverzinslich zu einem Zinssatz anzulegen, der oberhalb der Inflationsrate liegt, kann ein Vormund im Rahmen einer wirtschaftlichen Vermögensverwaltung durchaus gehalten sein, eine risikobegrenzte rentablere Anlageform für einen Teil des Vermögens zu finden. Gerade bei größeren Vermögen im sechsstelligen Bereich ist eine Streuung des Vermögens durch verschiedene Anlageformen nach den Grundsätzen einer wirtschaftlichen Vermögensverwaltung sinnvoll, wobei hier insbesondere Anteile an Aktien- oder Immobilienfonds im Einzelfall sinnvoll sein können.[413] Allerdings sollte bei einem Aktienfonds der Fonds beschränkt sein auf Aktien deutscher und europäischer Unternehmen (Unternehmen aus den Ländern der Europäischen Union) und, wenn aus Gründen der Anlagesicherheit, auf Spitzenwerte. Die großen Aktien- und Investmentgesellschaften geben regelmäßig über die Banken Rechenschaftsberichte heraus, aus denen die Zusammensetzung des einzelnen Fonds-Vermögens ersichtlich ist. Gerade wenn ein Vormund nicht die notwendigen Kenntnisse besitzt oder sich aus zeitlichen Gründen mit Wertpapieranlagen nicht zu eingehend beschäftigen kann, stellt sich die Beteiligung an einem Wertpapier-Fonds als ein Weg dar, das Mündel über die Erfahrung von Fachleuten an wirtschaftlichen Entwicklungen teilhaben zu lassen, ohne unvertretbare Risiken einzugehen. Dies gilt insbesondere auch für Rentenfonds, die inländische, festverzinsliche Wertpapiere verwalten. Hier werden durch die breite Streuung Schwankungen in den Renditen der zu verschiedenen Zeiten ausgegebenen Wertpapiere ausgeglichen. Allerdings sollte sich der Vormund auf die großen Investmentgesellschaften beschränken, hinter denen meist Großbanken stehen. Durch das Investmentgesetz und das Gesetz über Kapitalanlagegesellschaften sind im Übrigen den Investmentgesellschaften Schranken gesetzt, die einer unmittelbaren Gefährdung der Beteiligung entgegenwirken. Bei Immobilienfonds ist der Frage der Anlagesicherheit besondere Aufmerksamkeit zu schenken, da in der Vergangenheit Fälle von Illiquidität und einer Aussetzung der Anteilsrücknahme zu verzeichnen waren. Hier wird auch im Rahmen der familiengerichtlichen Genehmigung nach § 1811 BGB sehr sorgfältig und mit hohem Aufwand von den zuständigen Rechtspflegern und Richtern die Genehmigungsfähigkeit zu prüfen sein.[414]

---

[413] LG Lübeck FamRZ 2016, 399.

[414] Mustergültig LG Lübeck FamRZ 2016, 399.

273 Die Besitzbescheinigungen **(Zertifikate)** über die Beteiligung am Fonds-Vermögen werden im Übrigen wie sonstige Wertpapiere in einem Depot bei der Bank oder bei der Investmentgesellschaft verwahrt. Sie sind jederzeit an der Börse verkäuflich und besitzen daher einen Kurswert. Die Gewinnausschüttungen erfolgen jährlich, wobei zu beachten ist, dass innerhalb einer gewissen Frist beim Erwerb neuer Anteile ein Wiederanlagerabatt gewährt wird. Häufig führen die Investmentgesellschaften für die Anteilseigner ihrer Fonds sogenannte Anlage- oder Aufbaukonten, auf die Euro-Beträge einbezahlt werden können und auf denen dann eine Gutschrift in Form von Investmentanteilen oder Anteilsbruchteilen zum jeweiligen Ausgabekurs erfolgen kann.

274 Der Kauf von Anteilen ist nach § 1811 BGB genehmigungsbedürftig. Dies gilt auch für die Wiederanlage von Ausschüttungen. Wird ein Anlagekonto bei der Investmentgesellschaft geführt, auf das der Vormund regelmäßige Einzahlungen leistet, muss er sich vom Gericht eine allgemeine Ermächtigung zum Erwerb der Fonds-Anteile in Höhe des Gegenwerts der Einzahlungen erteilen lassen. Die Anlagekonten sind wie Wertpapier-Depots gesperrt zu halten.

275 Die Ausschüttungen der Fonds müssen in gleicher Weise als Einkünfte aus Kapitalvermögen versteuert werden, wie Dividenden bzw. Kupons unmittelbar gehaltener Wertpapiere. Besteht das Fonds-Vermögen ganz oder teilweise aus Aktien, so erteilt die Investmentgesellschaft eine Bestätigung darüber, in welchem Umfang der Anteilseigner neben der Ausschüttung an der von den Aktiengesellschaften bezahlten, anrechenbaren Körperschaftsteuer beteiligt ist. Er kann diese Steuergutschrift in gleicher Weise geltend machen, wie wenn ihm die Dividende unmittelbar zugeflossen wäre. Von der Kapitalertragsteuer sind die Fonds befreit, dh sie wird bei der Ausschüttung nicht abgezogen.

276 **c) Festverzinsliche Wertpapiere.** Zentrale Bedeutung bei der Mündelgeldanlage kam in der Vergangenheit den festverzinslichen Wertpapieren (Rentenwerten) zu. Hierher gehören die Pfandbriefe, Anleihen, Kommunalobligationen, Inhaberschuldverschreibungen, Bundesschatzbriefe, Finanzierungsschätze des Bundes usw. Ihnen allen ist der während ihrer gesamten Laufzeit **fest vereinbarte Zinssatz** eigen. Auf die Fragen im Zusammenhang mit der Mündelsicherheit dieser Papiere wurde schon unter → Rn. 74ff. eingegangen. Ergänzend ist hierzu noch anzumerken, dass die Absicherung über den Einlagensicherungsfonds des Bundesverbands Deutscher Banken nicht die von den Banken ausgegebenen festverzinslichen Wertpapiere umfasst. Sollte dies für den Vormund Anlass sein, sich auf mündelsichere Werte im Sinne des § 1807 BGB zu beschränken, wird er dennoch eine umfangreiche Palette von Papieren mit verschiedenster Ausstattung vorfinden, mit der sich in der Regel alle individuellen Anlagewünsche erfüllen lassen.

277 Neben dem festen Zinssatz unterscheiden sich festverzinsliche Wertpapiere von den Aktien auch dadurch, dass sie eine vorgegebene **Laufzeit** besitzen. Früher waren bei Hypothekenpfandbriefen Laufzeiten von 30 Jahren durchaus üblich. Wegen der ganz erheblichen Schwankungen des allgemeinen Zinsniveaus in immer kürzeren Zeiträumen werden heute Wertpapiere mit längerer Laufzeit als 10 Jahre kaum mehr ausgegeben. Nennenswerte Zinsen lassen sich jedoch derzeit auch hier kaum erzielen, der Zinssatz für zehnjährige Bundesanleihen beläuft sich seit Juni 2016 auf 0 %.

278 Ansonsten werden auch festverzinsliche Wertpapiere an der Börse gehandelt und besitzen einen **Kurswert,** der in dem jeweiligen Prozentsatz des Nominalbetrags angegeben wird, zu dem das Papier gekauft oder verkauft werden kann. Dieser Kurswert bestimmt sich letztlich danach, in welchem Verhältnis die Zinsausstattung des jeweiligen Wertpapiers zum allgemeinen Zinsniveau steht und wann die Laufzeit endet.

Neben dem Kaufpreis müssen bei bereits umlaufenden festverzinslichen Wertpapieren die **Bankprovision** von meistens 0,5 % des Nennwertes und die **Börsenumsatzsteuer,** bei Pfandbriefen und Kommunalobligationen 0,1 % des Kaufpreises, entrichtet werden. Da diese Belastungen gerade bei niedriger Verzinsung und kurzer Laufzeit durchaus ins Gewicht fallen, ist zu überlegen, ob nicht neu ausgegebenen Wertpapieren der Vorzug gegeben werden soll, die provisionsfrei vermittelt werden und bei denen auch keine Börsenumsatzsteuer anfällt. 279

Schließlich hat der Käufer umlaufender festverzinslicher Wertpapiere neben dem Kaufpreis und den Spesen auch noch sog **Stückzinsen** zu bezahlen, nämlich die Zinsen, die seit dem letzten Zinstermin bis zum Kauftag aufgelaufen sind. Früher wiesen im Übrigen die meisten festverzinslichen Wertpapiere halbjährliche Zinstermine auf, so dass bei der Berechnung der Rendite auch noch in gewissem Umfang der Zinseszinseffekt berücksichtigt werden konnte. Die in den letzten Jahren neu emittierten Rentenwerte schütten die Zinsen nur einmal jährlich aus. 280

Kauft der Vormund Wertpapiere, so hat er entweder nach § 1810 BGB die **Genehmigung** des Gegenvormunds bzw. Gerichts oder nach § 1811 BGB ausschließlich die des Gerichts einzuholen. 281

d) Lebensversicherungen. Lebensversicherungen, gleich ob auf Kapital- oder Rentenbasis, stellen für das Mündel wegen ihrer Langfristigkeit und der derzeitigen Unrentabilität kaum eine sinnvolle Anlage von Mündelvermögen dar. Findet der Vormund bei Amtsübernahme eine zB von den Eltern vorgefundene Lebensversicherung vor, kann es aber unwirtschaftlich sein, wegen der mit einer Kündigung verbundenen wirtschaftlichen Nachteile, dieses vorzeitig zu beenden. 282

4. Erwerbsgeschäft, Firmenbeteiligung. Der Vormund sieht sich mit der Verwaltung eines Erwerbsgeschäfts oder einer Firmenbeteiligung seines Mündels letztlich nur dann konfrontiert, wenn das Mündel solche Vermögenswerte im Wege der Erbfolge oder durch Schenkung erhält. Dass ein Vormund nur zum Zwecke der Geldanlage einen Geschäftsbetrieb oder eine Beteiligung hieran für das Mündel erwirbt, dürfte demgegenüber zu den ganz seltenen Ausnahmen gehören. Es ist kaum denkbar, dass es ein Vormund vertreten könnte, Mündelvermögen nicht nur risikoreich zu investieren, sondern mit der Beteiligung des Mündels an einer Einzelfirma, an einer OHG oder als Komplementär an einer KG auch noch dessen unbeschränkte persönliche Haftung zu begründen. Aber auch der Erwerb von GmbH- oder Kommanditanteilen dürfte unter Anlagegesichtspunkten nur dann in Frage kommen, wenn eine bereits bestehende Beteiligung ausgebaut werden soll oder um besondere Vorteile und Gelegenheiten auszunützen, die sich dem Mündel aufgrund seiner speziellen Verbindung, insbesondere familiärer Art, zu dem Geschäftsbetrieb ergeben. Ansonsten aber ist die Begründung einer unmittelbaren oder mittelbaren unternehmerischen Tätigkeit des Vormunds nicht mit dessen Funktion als Verwalter und „Bewahrer" vereinbar. Im Übrigen muss § 1629a BGB bei Beteiligung des Mündels an Firmen oder Erwerbsgeschäften beachtet werden. 283

Solche grundsätzlichen Erwägungen gelten natürlich zunächst auch dann, wenn der Vormund die Beteiligung des Mündels an einem **Erwerbsgeschäft** bei seiner Amtsübernahme bereits vorfindet oder sie später im Wege der Erbfolge oder durch Schenkung begründet wird. Allerdings ist die Frage dann eher die, ob das Bestreben des Vormunds, das zur Verwaltung übernommene Vermögen in der vorgefundenen Struktur zu erhalten, die Inkaufnahme überdurchschnittlicher Risiken rechtfertigt, die mit unternehmerischer Tätigkeit immer verbunden sind. Sicherlich wäre eine übereilte Flucht des Vormunds aus dem betrieblichen Engagement, etwa begründet durch Scheu vor 284 der Verantwortung, genauso verfehlt wie die Überschätzung der eigenen Fähigkeiten. Die Entscheidung ist vorrangig an den individuellen Gegebenheiten zu orientieren, wobei einer etwaigen persönlichen Bindung des Mündels, etwa zum elterlichen Betrieb, oder seiner beruflichen Entwicklung im Hinblick auf ein späteres Eintreten in das Erwerbsgeschäft durchaus Priorität eingeräumt werden kann. Fehlen jedoch solche besonderen Aspekte und bietet sich dem Vormund eine günstige Verwertungsmöglichkeit, so dürfte es im Interesse des Mündels eher geboten sein, in eine der klassischen Anlageformen für Mündelvermögen umzusteigen.

285 Ob nur vorübergehend oder längerfristig, der Vormund wird sich bei einer Beteiligung seines Mündels an einem Erwerbsgeschäft vorrangig mit **Fragen der Vermögens- und Gewinnentwicklung** innerhalb dieses seiner Verwaltung unterliegenden Vermögensgegenstands auseinanderzusetzen haben.

286 **5. Sonstiges Vermögen.** Allgemein gilt **Gold in Form von Münzen und Barren** als eine echte Alternative zu den klassischen Anlageformen wie Immobilien und Wertpapiere. Ob es zur Mündelgeldanlage in Betracht kommt, hängt von den Marktbedingungen ab. Wie bereits ausgeführt, besteht nur wegen des Verzinsungsgebots des § 1806 BGB zwar keine Verpflichtung für den Vormund, Goldbarren oder Goldmünzen, die dem Mündel gehören, zu veräußern und den Erlös anderweitig anzulegen. Andererseits ist es meist einfach unwirtschaftlich, solche Werte längerfristig zu behalten, da sie keinen Ertrag bringen. In der gegenwärtigen Niedrigzinsphase kommt ein Erwerb oder Behalten dieser Vermögensart dann in Betracht, wenn mit Kurssteigerungen gerechnet werden kann.

Verwaltet der Vormund Kostbarkeiten, also insbesondere Gold oder Schmuck, kann das Gericht nach § 1818 BGB anordnen, dass diese gemäß § 1814 BGB beim Amtsgericht zu **hinterlegen** sind. Von dieser Möglichkeit wird in der Praxis sehr selten Gebrauch gemacht. Allerdings muss sich das Gericht versichern, dass die Wertsachen durch den Vormund sicher aufbewahrt werden, entweder in einem Tresor oder besser in einem **Banksafe.** Fordert das Gericht den Vormund auf, eine solche Verwahrung bei einer Bank vorzunehmen, handelt es sich hierbei nicht um eine Anordnung nach § 1818 BGB. Es kann vom Vormund auch nicht verlangt werden, dass er bei der Bank eine familiengerichtliche Sperre im Sinne des § 1814 BGB vormerken lässt. Die rechtlichen Beziehungen zwischen Schließfachinhaber und Bank beschränken sich auf die eines Mietvertrags. Mit dem Inhalt des Safes hat die Bank nichts zu tun. Sie kontrolliert lediglich die Zutrittsberechtigung des Vormunds. Auch diese kann nicht von der Vorlage einer gerichtlichen Genehmigung abhängig gemacht werden, da eine solche im Gesetz nicht vorgesehen ist.

287 **6. Beteiligung an Erbengemeinschaften, Pflichtteilsansprüche.** Naturgemäß ist der Erwerb von Vermögen durch den Minderjährigen häufig auf Erbschaften zurückzuführen. Entsprechend kommt es vor, dass das Mündel neben anderen Personen **Mitglied einer Erbengemeinschaft** ist. Die Probleme, mit denen sich Miterben bei der Verwaltung des erbengemeinschaftlichen Vermögens konfrontiert sehen, werden durch die Beteiligung eines Minderjährigen in der Regel noch verstärkt, sei es, weil hierdurch eine Reihe von Rechtsgeschäften der familiengerichtlichen Genehmigung bedürfen, sei es, weil die Grundsätze für die Verwaltung von Mündelvermögen berücksichtigt werden müssen. Nicht selten entstehen Differenzen auch dadurch, dass die Erbengemeinschaft die Tätigkeit des familienfremden Vormunds im Rahmen der gemeinschaftlichen Vermögensverwaltung als Einmischung in familieninterne Angelegenheiten empfindet. Auf die Problematik im Zusammenhang mit der Abrechnung gegenüber dem Familiengericht bei Verwaltung des Nachlasses durch einen Dritten

wurde bereits hingewiesen. All diese Gesichtspunkte sollten den Vormund die Beendigung der Beteiligung des Mündels an der Erbengemeinschaft als zumindest langfristiges Ziel sehen lassen. Die Erbauseinandersetzung als solche ist deshalb grundsätzlich im Interesse des Mündels gelegen und von daher ohne weiteres genehmigungsfähig, wenn es sich nur um eine schlichte Realteilung handelt. Soweit mit den wirtschaftlichen Belangen des Mündels vereinbar, hat der Vormund jedoch auf familiäre Interessen Rücksicht zu nehmen. Der Antrag auf Zwangsversteigerung zum Zwecke der Aufhebung der Gemeinschaft sollte für den Vormund das letzte Mittel zur Durchsetzung des Auseinandersetzungsanspruchs seines Mündels sein. Ganz allgemein empfiehlt es sich, wenn möglich die Vorreiterrolle bei der Erbauseinandersetzung anderen Mitgliedern der Erbengemeinschaft zu überlassen, damit nicht etwa das Ansehen des Mündels in der Familie unnötig beeinträchtigt wird. Bereits bei den Verhandlungen über die Erbauseinandersetzung, insbesondere der Aufstellung eines Teilungsplans, hat der Vormund die Grundsätze für die Verwaltung von Mündelvermögen zu berücksichtigen. Er wird also bestrebt sein, zB Grundbesitz für sein Mündel zu erhalten und die anderen Miterben auszubezahlen.

Ist das Mündel hinsichtlich beweglichen Nachlassvermögens nur als **Vorerbe** eingesetzt, empfiehlt es sich für den Vormund aus Zweckmäßigkeitsgründen, diesen Vermögensteil getrennt vom sonstigen Mündelvermögen zu verwalten. Insbesondere bei Wertpapiervermögen gehört hierzu, dass in gewissen Zeitabständen, zumindest jährlich, die Erträgnisse in das sonstige Vermögen übergeführt werden. Auf diese Weise ist jederzeit problemlos nachvollziehbar, welche Vermögensteile zur Vorerbschaft gehören. Außerdem ist der Vormund ohne größeren Aufwand erforderlichenfalls imstande, den Auskunftsansprüchen des Nacherben nach § 2127 BGB zu entsprechen; vor allem aber kann er sein Mündel bei Eintritt der Volljährigkeit ohne Schwierigkeiten darüber aufklären, über welche Teile seines Vermögens es frei verfügen kann und welche den Beschränkungen unterliegen, denen der Vorerbe nach den einschlägigen gesetzlichen Bestimmungen unterworfen ist. **288**

Werden im Rahmen eines Testaments **Anordnungen über die Verwaltung** von zugewendeten Nachlassgegenständen gemäß § 1803 Abs. 1 BGB getroffen, so haben diese Vorrang gegenüber den gesetzlichen Vorschriften zur Verwaltung von Mündelvermögen. Die Anordnungen können den Vormund von gesetzlichen Beschränkungen befreien, seine Befugnisse aber auch zusätzlich einschränken. Letzteres ist jedoch nicht in der Weise möglich, dass der Kreis der durch den Gegenvormund oder das Familiengericht genehmigungsbedürftigen Geschäfte über die gesetzlichen Fälle hinaus erweitert wird.[415] **289**

Der Vormund kann mit Genehmigung des Familiengerichts von den Anordnungen abweichen, wenn die Befolgung die Mündelinteressen gefährden würde, § 1803 Abs. 2 BGB. Zweckmäßigkeitsgründe allein reichen jedoch nicht aus, um ein Abweichen zu rechtfertigen.[416] In der Praxis sind Anordnungen im Sinne des § 1803 Abs. 2 BGB im Rahmen von letztwilligen Verfügungen sehr selten. In der Regel setzt der Erblasser einen Testamentsvollstrecker ein, der das zugewendete Vermögen nach seinen Vorstellungen verwaltet. Ist der Erblasser ein Elternteil, kann er den Testamentsvollstrecker zugleich als Vormund benennen, mit der Folge, dass diesem die Verwaltung des hinterlassenen Vermögens nicht in seiner Eigenschaft als Vormund, sondern als Testamentsvollstrecker obliegt und er damit unabhängig von jeglichen vormundschaftsrechtlichen Vorschriften ausschließlich an die Anordnungen im Testament gebunden

[415] MüKoBGB/*Kroll-Ludwigs* § 1803 Rn. 4; Jürgens/*v. Crailsheim* BGB § 1803 Rn. 3.
[416] BayObLG FamRZ 2003, 479.

ist. § 1803 Abs. 1 BGB gilt auch für unentgeltliche Zuwendungen unter Lebenden, wenn der Schenker entsprechende Anordnungen trifft. Will der Vormund hier von den Anordnungen abweichen, ist dessen Zustimmung erforderlich, § 1803 Abs. 3 S. 1 BGB. Sie kann nur in den in § 1803 Abs. 3 S. 2 BGB genannten Fällen der Verhinderung des Zuwenders durch das Gericht ersetzt werden. Die Zustimmung des Dritten rechtfertigt im Übrigen nur das Abweichen von seiner Anordnung, nicht jedoch ersetzt es die etwa erforderliche gerichtliche Genehmigung für ein Rechtsgeschäft, das im Zuge dieser Abweichung vom Vormund vorgenommen wird.

290 Nicht selten stehen dem Mündel **Pflichtteilsansprüche** gegen nahe Verwandte, möglicherweise auch gegen seinen Vormund zu. Grundsätzlich ist der Vormund bzw. in letzterem Falle der nach § 1909 Abs. 1 BGB zu bestellende Ergänzungspfleger gehalten, diese Ansprüche nicht nur geltend zu machen, sondern auch zu realisieren. Es hat sich jedoch in der Praxis gezeigt, dass hierdurch insbesondere dann, wenn das Mündel auch noch im Haushalt des Erben und Anspruchsgegners lebt, eine besondere Konfliktsituation entstehen kann. Einerseits soll der Vormund oder Pfleger die Forderung realisieren und durch geeignete Anlage Zinsen erzielen, andererseits bedeutet die Erfüllung des Anspruchs für die Person, die dem Mündel an sich eng verbunden ist, unter Umständen eine schwere Belastung, insbesondere wenn zum Nachlass Grundbesitz gehört, der verkauft werden müsste. Es haben sich hier Regelungen bewährt, in deren Rahmen die Höhe des Pflichtteilsanspruchs lediglich festgestellt, die dingliche Absicherung vereinbart und im übrigen aber Stundung bis zur Volljährigkeit gewährt wird. Stundungszinsen sind vom Anspruchsgegner mindestens in Höhe der Verzinsung von Sparguthaben mit gesetzlicher Kündigungsfrist zu leisten. Allerdings ist ggf. auch eine Verrechnung in der Weise möglich, dass Stundungszinsen so lange nicht anfallen, als das Mündel im Haushalt des Erben lebt oder von ihm sonstige Unterhaltsleistungen erhält. Besonders hinzuweisen ist noch auf § 1629a BGB.

3. Kapitel.
Pflegschaft für Minderjährige

§ 11 Minderjährigenpflegschaft: Eigenart, Zwecke, Erscheinungsformen

Inhalt

I. Sinn und Zweck von Pflegschaften für Minderjährige

Die Minderjährigenpflegschaft ist ein Ausschnitt – freilich wohl der wichtigste – 1 aus dem Gesamtbereich des Rechtsinstituts „Pflegschaft“. Seine Vielgestaltigkeit ist ein Abbild des Facettenreichtums, der dem Sammelbegriff „Pflegschaft“, als rechtstechnischem Substitutionsinstrument quer durch die gesamte Rechtsordnung, eigen ist. Den Grundzug bildet wie in allen anderen Pflegschaften das Bedürfnis einer vormundschaftlichen Fürsorge für **begrenzte Aufgabenbereiche,** an deren sachgemäßer Wahrnehmung der Rechtsträger oder sein gesetzlicher Vertreter verhindert ist. Mit „vormundschaftlicher Fürsorge“ ist hierbei die vormundschafts*ähnliche* gemeint: Die Pflegschaft ist der Vormundschaft nachgebildet (§ 1915 BGB). Vormundschaft ist in ihrer Fürsorgeaufgabe und Fürsorgezuständigkeit umfassend, Pflegschaft in der gleichen Funktion immer nur partiell.

Für Minderjährige heißt das zunächst: Pflegschaftlicher Schutz betrifft ausschließ- 2 lich **Teilbereiche der Kindessorge,** in erster Linie der elterlichen. Wo die Kindessorge im Ganzen ausfällt, wird eine Vormundschaft notwendig; bei Eltern genügt insoweit der Totalverlust der gesetzlichen Vertretungsmacht (§ 1773 Abs. 1 Alt. 2 BGB). Teilbereiche der Kindessorge können dann aber wiederum beim Vormund in der Betreuung ausfallen und daraufhin eine Pflegschaft erforderlich machen. Die Abgrenzung Totalausfall – Teilausfall wird dort praktisch, wo das Gesetz, wie in § 1666, § 1671 Abs. 3, § 1680 Abs. 2 S. 1 und Abs. 3 und in § 1764 Abs. 4 BGB, ausdrücklich oder sinngemäß vorsieht, dass dem Kinde „ein Vormund oder ein Pfleger" zu bestellen sei. Für eine Pflegschaft ist in solchen Fällen nur dann Raum, wenn wenigstens ein Teil der Kindessorge bei dem elterlichen Sorgeberechtigten zurückbleibt (Fallgruppe § 1666, § 1671 Abs. 3 BGB) oder ihm übertragen (Fallgruppe § 1680 Abs. 2 S. 1 BGB) oder zurück übertragen (Fallgruppe § 1764 Abs. 4 BGB) wird; daraufhin ist für den ausfallenden Sorgebereich eine Pflegschaft einzuleiten. Nur in einem sehr seltenen Ausnahmefall kann dem Pfleger die vollständige Kindessorge übertragen werden: in Grenzsituationen der Ersatzpflegschaft (§ 1909 Abs. 3 BGB) (→ Rn. 3 und 37).

3 Die durch die Pflegschaft abzudeckenden Teilbereiche der Kindessorge sind in sich sehr unterschiedlich. Es kann um die Schaffung einer anderweitigen gesetzlichen Vertretung bei Interessengegensätzen zwischen Kind und Sorgeberechtigtem in einer bestimmten Einzelkonstellation gehen. Dessen gesetzliche Vertretungsmacht ist in diesem Punkte gelähmt; sie muss ergänzt werden (**Ergänzungspflegschaft;** § 1909 Abs. 1 S. 1 BGB; → Rn. 10 ff.). Es kann darum gehen, die Kindessorge für Teilkomplexe auf Dauer zu ersetzen, weil sie dem Sorgeberechtigten insoweit entzogen ist (**Sorgerechtspflegschaft;** → Rn. 10 f., 39 ff.); hier kann dann nicht nur die gesetzliche Vertretung, sondern auch die tatsächliche Sorge durch den Pfleger wahrgenommen werden müssen. Ein Elternteil kann sich von bestimmten Sorgebefugnissen im Kindesinteresse entlasten und sich stattdessen durch einen gerichtlich autorisierten Delegatar gleich einem Pfleger vertreten lassen (**Entlastungspflegschaft = Quasi-Pflegschaft;** → Rn. 52 ff.). Geringere Bedeutung schließlich hat die Pflegschaft als Interimsbehelf, wenn eine Vormundschaft anzuordnen wäre, aber die Bestellung eines Vormunds sich verzögert (**Ersatzpflegschaft,** § 1909 Abs. 3 BGB; → Rn. 37 ff.). In jeder dieser Beziehungen zeigt die Pflegschaft, sowohl sachlich- wie verfahrensrechtlich, ein eigenes Gesicht. Immer aber ist sie ein Eingriff in die Sorgebefugnisse des vom Gesetz zunächst berufenen Trägers, dessen Rechtstellung der Pfleger insoweit ersetzt.

4 Pflegschaft für einen Minderjährigen ist Pflegschaft im Interesse des Minderjährigen. Zu seinem **Schutz** ist sie geschaffen. Daraus ist im Schrifttum die Folgerung abgeleitet worden, es sei unzulässig, sie im ausschließlichen Interesse Dritter anzuordnen.[1] Diese Begrenzung ist indessen fragwürdig geworden, seit das BayObLG[2] für die Betreuung (den Gesetzesmaterialien[3] und der einhelligen Literatur[4] folgend) von ihr abgerückt ist. Allerdings stellt das Problem sich hier nur für die Ergänzungspflegschaft (§ 1909 Abs. 1 BGB; → Rn. 5). In der **Sorgerechtspflegschaft** (Rn. → 39 ff.) spielt es keine Rolle, weil sie Dauerpflegschaft ist und als solche schon ihrem Wesen nach und als Ganzes dem Schutz des Minderjährigen dient; ein ausschließliches Drittinteresse für ihre Anordnung scheidet aus. Diese **Schutzfunktion** ergibt sich aus § 1915 Abs. 1 Satz 1 BGB, wonach für die Pflegschaft die für die Vormundschaft geltenden Vorschriften anzuwenden sind. Danach hat gemäß § 1800 Satz 1 BGB der Sorgerechtspfleger für die Person des Mündels (hier Pfleglings) zu sorgen. Satz 2 der Vorschrift erklärt die §§ 1631 bis 1633 BGB für anwendbar. Somit hat auch der Sorgerechtspfleger ua die Verpflichtung „das Kind zu pflegen, zu erziehen, zu beaufsichtigen und seinen Aufenthalt zu bestimmen." Das gleiche gilt für die Pflegschaft kraft Übertra-

---

[1] *Dethloff* § 18 Rn. 6 (für die Ergänzungspflegschaft).
[2] FamRZ 1996, 1370 (1371).
[3] BT-Drs. 11/4528, 117 f.
[4] BayObLG aaO (Fn. 2).

gung elterlicher Sorge auf die Pflegeperson nach § 1630 Abs. 3 BGB (Entlastungspflegschaft; → Rn. 52ff.). Höchstens noch in der Ersatzpflegschaft des § 1909 Abs. 3 BGB (→ Rn. 37f.), die erst bei Bedarf angeordnet wird, würde die Frage nach dem ausschließlichen Drittinteresse relevant werden können. Es geht um die Grundsatzfrage, ob die Schutzfunktion der Pflegschaft als materiale zu verstehen, oder daneben eine formale (das Reinhalten der gesetzlichen Vertretung von möglichen Loyalitätskonflikten) anzuerkennen sei.

Für die Ergänzungspflegschaft nun bestimmt § 1909 Abs. 1 BGB, dass das Kind für 5
diejenigen Angelegenheiten, an deren Besorgung die Eltern oder der Vormund verhindert sind, **einen Pfleger „erhält"**. Das ist dort ohne Einschränkungen gesagt. Vollends auf das Fürsorgebedürfnis, wie in der Abwesenheitspflegschaft des § 1911 BGB ist jedoch nicht abgestellt. Das alles lässt den Schluss zu, dass die Anordnung der Pflegschaft nicht grundsätzlich schon deshalb auszuscheiden habe, weil sie im Einzelfalle nur dem Interesse Dritter diene. Ohnehin wäre die Interessenlage – Fremdinteresse? Pfleglingsinteresse? – vielfach kaum eindeutig zu entscheiden. Wenn der Minderjährige ein Haus geerbt hat, in welchem der Vater ein Geschäftslokal gemietet hat, und dieser das Mietverhältnis kündigen will: Soll es darauf ankommen, ob die Räumlichkeiten anderweitig(zu einem höheren Mietzins? an einen solventeren Mieter?) vermietet werden können? Genügte es wenigstens, wenn die Vermietbarkeit zu gleichen Bedingungen wie bisher erreichbar wäre? Müsste die Anordnung der Pflegschaft zur Entgegennahme der Kündigung davon abhängig gemacht werden, dass der Vater den neuen Mieter beibringt? Andere Fälle können durchaus eindeutig liegen: Der Großvater väterlicherseits, der dem inzwischen 17jährigen Enkel eine namhafte Schenkung gemacht hat, will diese wegen groben Undanks des jungen Mannes widerrufen (§§ 530, 531 BGB). Als Adressat des Widerrufs wäre der (verwitwete) Vater nach § 1795 Abs. 1 Nr. 1 BGB gesetzlich verhindert. Soll der Großvater, dessen alleinigem Interesse die Widerrufsmöglichkeit dient, durch Vorenthaltung der Pflegschaftsanordnung rechtlos gestellt sein? Vielleicht zusehen müssen, wie der Vater, um bis zur Volljährigkeit noch möglichst viel an Erträgen herauszuholen (§ 1649 Abs. 2 BGB), das demnächst rückgabepflichtige Objekt durch Raubbau dezimiert (denn der Herausgabeanspruch entsteht erst mit Ausspruch des Widerrufs)? Das kann vom Gesetz nicht gewollt sein. Auszugrenzen wären hier vielmehr Sachlagen, in denen der **Schutz des Minderjährigen gegenüber unredlichen Manipulationen** durchgreifen muss, wenn solche erst durch die Pflegschaftsanordnung ermöglicht werden würden. An einer Zwei-Mann-OHG sind Vater und sein minderjähriger Sohn durch Erbgang beteiligt; der Vater mit der Mehrheit der Kapitalanteile. Der Gesellschaftsvertrag sieht die Möglichkeit einer Auflösung der Gesellschaft durch Beschlussfassung unter Mehrheitsentscheidung nach Kapitalanteilen vor. Der Vater, der das erkennbare Ziel verfolgt, die Gesellschaft an sich zu bringen, will zur Vertretung seines Sohnes in der Gesellschafterversammlung einen Pfleger bestellt haben (→ Rn. 26). Dieser sähe sich in einer reinen Statistenrolle, ohne irgendetwas für den Pflegling bewirken zu können. Hier hätte der Schutzgedanke den Vorrang; die Anordnung der Pflegschaft wäre abzulehnen. Auch wenn der Sohn, volljährig geworden, in der gleichen aussichtslosen Lage wäre, sich majorisieren lassen zu müssen: dem Minderjährigen gegenüber hat der Vater Fürsorgepflichten für dessen Vermögen, die er, sobald eine Interessenkollision eingetreten ist, nicht durch Schaffung eines „Gegenüber" in der Person eines in Wahrheit ohnmächtigen Pflegers zu seinem eigenen Vorteil lösen darf. – Eine Ersatzpflegschaft anzuordnen wird ohnehin kaum je so dringlich sein, nur um einem Dritten die Wahrnehmung von Rechten oder Gestaltungsmöglichkeiten zu ermöglichen. Hier wird bis zur Bestellung des Vormunds gewartet werden müssen.

6 Eine Pflegschaft kann gerichtlich nur dann angeordnet werden, wenn zur Wahrung der Interessen des Minderjährigen ein **Rechtschutzbedürfnis** vorliegt. Dies ist nicht anders als bei einer jeden anderen Inanspruchnahme der staatlichen Gerichtsbarkeit. Eine Ergänzungspflegschaft wird deshalb nicht eingeleitet, wenn das Geschäft, für welches der Ergänzungspfleger tätig werden soll, unrettbar nichtig,[5] die in Aussicht genommene Klage von vornherein zum Scheitern verurteilt,[6] mit einer erforderlichen familiengerichtlichen Genehmigung schlechthin nicht zu rechnen wäre,[7] aber auch, wenn der Minderjährige die Rechtshandlung selbst vorzunehmen vermöchte[8] (§§ 112, 113 BGB) oder das Familiengericht berufen ist, fehlende oder verweigerte Erklärungen des Sorgeberechtigten unmittelbar zu ersetzen (§§ 113 Abs. 3 S. 1, 1666 Abs. 3 Nr. 5 iVm § 1837 Abs. 3 und § 1915, § 1800 und § 1915, 1812 Abs. 2 BGB). Einer Sorgerechtpflegschaft bedarf es für das Aufenthaltsbestimmungsrecht in der Personensorge nicht, wenn der Minderjährige unmittelbar vor der Verheiratung steht (vgl. § 1633 BGB). Eine Ersatzpflegschaft nach § 1909 Abs. 3 BGB erübrigt sich, solange dringliche Angelegenheiten nicht anstehen. Über das Unzulässige eines „Überwachungspflegers" in Bereichen der Ergänzungspflegschaft, wenn das Kindesinteresse beim Sorgerechtsinhaber nicht gefährdet ist, → Rn. 14, 22ff.

7 Kennzeichnend für die Pflegschaft für Minderjährige ist schließlich, dass sie, als für einen Teilbereich aus der elterlichen oder vormundschaftlichen Sorge entnommen, in ihrem Bestande von dem Fortbestand jenes – übergreifenden – elterlichen oder vormundschaftlichen Sorgeverhältnisses abhängt. Pflegschaft ist abgeleitete Funktion, im juristischen Sprachgebrauch: **akzessorisch.**[9] Deshalb kann sie in keinem Falle mehr an Befugnissen beigelegt erhalten als diejenige Sorge, aus der sie herausgelöst wurde. Wenn die Eltern nicht rechtswirksam Schenkungen aus dem Kindesvermögen vornehmen können (§ 1641 BGB), kann deshalb eine solche Befugnis nicht auf einen über § 1796 BGB bestellten Ergänzungspfleger übertragen werden,[10] auch nicht in der Form, dass das beschränkt geschäftsfähige Kind die Schenkung selbst vornimmt und der Pfleger sie anstelle der Eltern „genehmigt". In der weiteren Konsequenz erlischt die Pflegschaft, wenn die elterliche oder vormundschaftliche Sorge endet (§ 1918 Abs. 1 BGB), kraft Gesetzes also notwendig mit dieser zusammen. Über die Rechtslage, wenn in diesem Zeitpunkt das Kind gleichwohl noch minderjährig ist, → § 12 Rn. 9.

II. Das Rechtsverhältnis „Pflegschaft" und das Amt des Pflegers

8 In der Pflegschaft ist, nicht anders als in der Vormundschaft, zu unterscheiden zwischen dem **Pflegschaftsverhältnis** als solchem und dem **Amtsverhältnis** des in ihr tätigen, die Pflegschaft führenden Pflegers. Das Amt des Pflegers kann enden, während die Pflegschaft, so wie sie einmal angeordnet und ihre Veranlassung weiterhin gegeben ist, fortbesteht; alsdann müsste lediglich ein neuer Pfleger bestellt werden. Die

---

[5] Soergel/*Zimmermann* § 1909 Rn. 12.

[6] Soergel/ *Zimmermann* § 1909 Rn. 11.

[7] LG München FamRZ 1971, 323 (Genehmigung „völlig aussichtslos"). Bedenklicher schon die zu weiche Formulierung „Genehmigung nicht zu erwarten": LG Lübeck FamRZ 1956, 117.

[8] MüKoBGB/*Schwab* § 1909 Rn. 37.

[9] Diese von *Erman/Holzhauer* ursprünglich für die Pflegschaft des § 1706 BGB aF im Nichtehelichenrecht gebrauchte Kennzeichnung gilt im Pflegschaftsrecht allgemein.

[10] *Gernhuber/Coester-Waltjen* § 61 Rn. 12.

Endigungsgründe liegen deshalb auf verschiedenen Ebenen. Das Gesetz trennt beide Kategorien – in der Vormundschaft: das Vormundschaftsverhältnis und das vormundschaftliche Amt – deutlich in § 1893 BGB, für den Beginn auch in § 1802 BGB (über praktische Folgerungen hieraus → § 13 Rn. 4). Auseinanderzuhalten sind deshalb die Begründung des Pflegschaftsverhältnisses einerseits und die des Amtes des Pflegers andererseits. Der erstere Tatbestand schaut auf den Pflegling und den durch die Anordnung der Pflegschaft in seinen Befugnissen beschränkbaren Sorgeberechtigten, der letztere auf den Pfleger. Markant sichtbar wurde das Gefälle bei Spaltung der Zuständigkeit, wie zB in einem auf Pflegschaft lautenden Spruch nach § 1666 Abs. 1 S. 1 sowie der damit verbundenen Auswahl des Pflegers nach § 1697 BGB (aF bis 31.8.2009) und der daraufhin vorzunehmenden Bestellung des Pflegers (Näheres dazu → Rn. 48). Die Pflegschaft wird „angeordnet" (so §§ 1909 Abs. 3, 1917 Abs. 1 BGB), der Pfleger „bestellt" (vgl. § 1915 Abs. 2 BGB).[11] Für den Eingriff in das Sorgerecht und die Auswahl des Pflegers ist der Richter (§ 14 Abs. 1 Nr. 2 RPflG), für die Anordnung der Pflegschaft der Rechtspfleger § 3 Nr. 2 a RPflG funktionell zuständig. Endet das Amt des Pflegers bei Fortdauer des Pflegschaftsverhältnisses (Tod, Entlassung), so bleibt in der Zwischenzeit bis zur Bestellung des Nachfolgers der Sorgerechtsinhaber in seinen Befugnissen nach Maßgabe der bei der Anordnung der Pflegschaft getroffenen Bestimmung ihres Wirkungskreises beschränkt (§ 1630 Abs. 1 BGB). Der Minderjährige ist dann insoweit ohne gesetzlichen Vertreter; ein Fall des § 206 BGB. – Noch im Endstadium macht sich der Unterschied bemerkbar: Sowohl die Anordnung der Pflegschaft und die Auswahl des Pflegers als auch die Aufhebung der Pflegschaft und die Entlassung des Pflegers können jeweils unabhängig voneinander mit dem Rechtsmittel der (befristeten) Beschwerde angefochten werden (§§ 58 ff., 63 FamFG).[12]

III. Pflegschaft kraft Gesetzes

Der – einzige – Fall der Pflegschaft kraft Gesetzes war der des § 1709 iVm § 1706 **9**
BGB aF Es war die **Nichtehelichenpflegschaft,** eine Erscheinungsform der Sorgerechtspflegschaft (→ Rn. 39). Das nichteheliche Kind erhielt, solange es nicht (nach allgemeinen Regeln) unter Vormundschaft zu stehen hat, für die in § 1706 BGB aF bezeichneten Angelegenheiten (Vaterschaftsfeststellung, Unterhalt, Erbrecht) einen Pfleger. Das Gesetz schränkte die elterliche Sorge der Kindesmutter, die ihr nach § 1705 BGB im Übrigen zustand, für diese Angelegenheiten von vornherein und automatisch ein, weil es davon ausging, dass die Kindesmutter mit ihrer Wahrnehmung, vom Kindesinteresse her gesehen, tendenziell überfordert sei. Diese Lösung, die 1970 die der gesetzlichen Amtsvormundschaft für uneheliche Kinder abgelöst hatte, war im Wesentlichen historisch bedingt. Bis zum 1.7.1998 hatten sich die gesellschaftlichen Verhältnisse jedoch so weit verändert, dass auch diese Form der staatlichen Zwangshilfe abgeschafft und durch die freiwillige Beistandschaft ersetzt wurde (vgl. § 19).

---

[11] Der ab 1.7.1998 geltende § 1697 BGB beendete die in Rspr. und Lit. bisher heiß umstrittene Frage, ob die Bestimmung der Person des Pflegers noch vom Familiengericht als Teil der Pflegschaftsanordnung vorzunehmen ist, oder zur Bestellung durch das Vormundschaftsgericht gehört, im ersteren Sinn. Seit 1.9.2009 ist auch diese Frage gegenstandslos, weil das Familiengericht für beide Akte zuständig ist. Allerdings findet die Auseinandersetzung jetzt zwischen FamRichter und Rechtspfleger statt.

[12] Vgl. zum bis 31.8.2009 geltenden Recht zB BayObLG FamRZ 2000, 1111.

IV. Pflegschaft kraft gerichtlicher Anordnung

10 **1. Ergänzungspflegschaft. a) Die im Sorgerecht betroffenen Personen: Eltern, Vormund.** Die Ergänzungspflegschaft dient dazu, den Mangel der gesetzlichen Vertretung des Minderjährigen auszugleichen, der dadurch entsteht, dass der Sorgeberechtigte „an der Besorgung" bestimmter Angelegenheiten **„verhindert ist"** (§ 1909 Abs. 1 S. 1 BGB). Als Sorgeberechtigte kommen sowohl Eltern wie auch ein Vormund in Betracht. Das Gesetz qualifiziert die Gründe der Verhinderung nicht; sie können sowohl im Rechtlichen (→ Rn. 12ff.) wie im Tatsächlichen (→ Rn. 16ff.) liegen.

11 Ist die Verhinderung nur bei einem der vertretungsberechtigten Elternteile gegeben, so ist vorweg zu fragen, ob nicht die elterliche Sorge daraufhin von dem **anderen Elternteil allein** wahrgenommen wird (§ 1629 Abs. 1 S. 3 Alt. 1 BGB). Das ist nach § 1678 Abs. 1 BGB bei Verhinderung in der Sorgerechtsausübung aus **tatsächlichen Gründen** (→ Rn. 16ff.) der Fall; für eine Pflegschaft bleibt kein Raum. Auch kann für die Abgabe von Willenserklärungen gegenüber dem Kinde auf den nicht verhinderten Elternteil als Adressaten ausgewichen werden (§ 1629 Abs. 1 S. 2 Hs. 2 BGB). Ist dagegen der eine Elternteil aus **Rechtsgründen** (→ Rn. 12ff.) verhindert, so ist das Kind in diesem Falle ohne gesetzlichen Vertreter schlechthin,[13] weil es, soweit das Gesetz nicht etwas anderes bestimmt (außer in § 1678 Abs. 1 BGB: für bestimmte „Spannungslagen" in den §§ 1628 Abs. 1, 1629 Abs. 2 S. 2, Abs. 3 BGB), durch die Eltern nur gemeinschaftlich vertreten wird und ein allgemeiner Anfall der gesetzlichen Vertretung auf einen Elternteil, wenn der andere ausfällt, dem geltenden Recht unbekannt ist.[14] Das Kind braucht alsdann einen Ergänzungspfleger. Da die elterliche Seite in der Rolle des gesetzlichen Vertreters hier als Einheit aufgefasst ist, wird in der Ergänzungspflegschaft auch nur *ein* Pfleger, nicht etwa für jeden der beiden Elternteile je ein Ergänzungspfleger bestellt. Das gilt auch, wenn beide Elternteile je für ihre Person unabhängig voneinander verhindert wären. Ist dagegen von **mehreren Mitvormündern** einer aus rechtlichem oder tatsächlichem Grunde verhindert, so ist eine Ergänzungspflegschaft nur dann entbehrlich, wenn die Vormundschaft gemeinschaftlich geführt wird (§ 1797 Abs. 1 BGB) und mindestens zwei nicht verhinderte Vormünder übrig bleiben – weil dann die gegenseitige Kontrolle gewährleistet bleibt –, während in allen anderen Fällen für den verhinderten Vormund ein Ergänzungspfleger tätig werden muss.[15]

12 **b) Die Tatbestände der „Verhinderung": Verhinderung aus Rechtsgründen.** Die Verhinderung kann zunächst eine solche aus Rechtsgründen sein. Sie kann folgende Ursachen haben:

- Der gesetzliche Vertreter (§ 1795 Abs. 1 BGB – Vormund; § 1795 Abs. 2 iVm § 1629 Abs. 2 S. 1 BGB – Eltern) „steht auf beiden Seiten", was ihm das Gesetz unter dem Gesichtspunkt des **In-sich-Geschäfts** verbietet (§ 181 iVm § 1795 Abs. 2 BGB); dies gilt auch sinngemäß für die Prozessführung[16]. Entscheidend ist hier die formale Rechtsstellung als Schuldner, Gläubiger und deren Vertreter. Auf eine tatsächliche Interessenkollision kommt es nicht an. Die Verhinderung tritt kraft Gesetzes ein.

---

[13] So schon in grundlegenden Ausführungen BayObLG NJW 1960, 577.

[14] Völlig hM, vgl. zuletzt BGH BeckRS 2016, 20318 mwN.

[15] Soergel/*Zimmermann* § 1909 Rn. 2.

[16] Staudinger/*Schilken* Rn. 15; Soergel/*Leptien* Rn. 23, je zu § 181; hM.

- Der gesetzliche Vertreter will ein Rechtsgeschäft zwischen seinem Mündel und **nahen Angehörigen** schließen. Entscheidend ist auch hier die formale Rechtsstellung als Angehöriger des gesetzlichen Vertreters. Eine tatsächliche Interessenkollision muss nicht vorliegen. Die Verhinderung tritt ebenfalls kraft Gesetzes ein.
- Dem gesetzlichen Vertreter wird die Vertretungsmacht wegen **Interessenkollision nach § 1796 BGB** durch das Familiengericht entzogen. Hier ist die konkrete Interessenkollision der Anlass für das Verbot des rechtsgeschäftlichen Tätigwerdens. Die Verhinderung tritt nicht kraft Gesetzes, sondern kraft richterlicher Anordnung, also aufgrund einer Einzelfallprüfung, ein. Diese Norm bietet eine Auffangmöglichkeit für solche Fälle, die nicht schon durch das Vertretungsverbot der Befangenheit nach § 1795 erfasst werden. Über diese Auffangfunktion im Besondern s. unten → Rn. 15, 26. Sie deckt auch Analogien zu § 52 StPO im Zivilprozess.[17]

Weitere Fälle einer Ergänzungspflegschaft liefern die **Verfahrensgesetze**: 13
- § 56f Abs. 2 FGG – eine verfahrensrechtliche Parallele zu § 181 BGB im materiellen Recht – findet sich nicht mehr im FamFG, wird aber sicher über eine Analogie zu § 181 BGB fortgelten;
- § 52 StPO (betreffend die Entscheidung, ob der insoweit noch nicht urteilsfähige Minderjährige als Zeuge seine Aussage verweigern solle, wenn ein Elternteil oder der Vormund Beschuldigter ist, dazu → Rn. 34).
- Eine weitere verfahrensrechtliche Rechtsnorm hat das Bundesverfassungsgericht[18] geschaffen, indem es bestimmt hat, dass Kindern in Verfassungsbeschwerden grundsätzlich ein Ergänzungspfleger zu bestellen ist, wenn nicht der Gesetzgeber in anderer Weise für eine Berücksichtigung der Kindesinteressen in diesem Bereich sorgt. Mit der Regelung in § 158 FamFG (Verfahrensbeistand), ist der Gesetzgeber diesem Auftrag – jedenfalls im fachgerichtlichen Bereich – nachgekommen (→ Rn. 38). Allerdings ist der Verfahrensbeistand eindeutig kein Ergänzungspfleger, (§ 158 IV 6 FamFG), denn er ist nicht gesetzlicher Vertreter des Kindes.

Einzelfragen zu § 1795 BGB sind inzwischen durch die höchstrichterliche Recht- 14
sprechung geklärt. In der Stiefkindadoption wird das Kind für seine nach § 1746 BGB erforderliche Einwilligung durch die Mutter gesetzlich vertreten; kein Fall des § 1795 Abs. 1 Nr. 1 BGB, da die Einwilligungserklärung kein Rechtsgeschäft zwischen Kind und Adoptierendem darstellt, vielmehr *beider* Erklärungen parallel zueinander gegenüber dem Vormundschaftsgericht abgegeben werden.[19] Das schließt allerdings nicht aus, dass im Einzelfall ein erheblicher Interessengegensatz vorliegt mit der Folge, dass das Gericht einen Ergänzungspfleger gemäß § 1796 BGB bestellt.[20] Soll das Kind den Familiennamen des Stiefelternteils im Wege der Namensänderung nach § 1618 BGB erhalten, kann die Mutter den Antrag hierauf grundsätzlich namens des Kindes stellen.[21] Schenkungen des gesetzlichen Vertreters an das Kind werden durch **§ 181 BGB** nicht betroffen, weil das Rechtsgeschäft dem Kinde lediglich einen rechtlichen Vorteil bringt (Übertragung des Rechtsgedankens

---

[17] MüKoBGB/*Schwab* § 1909 Rn. 27 BayObLGZ 1966, 343; OLG Stuttgart FamRZ 1965, 515; LG Memmingen MDR 1982, 145.

[18] FamRZ 1986, 871.

[19] BGH FamRZ 1980, 675; ebenso BayObLG FamRZ 1981, 93; im Schrifttum unverändert streitig. Der Verfahrensbeistand gem. § 158 FamFG könnte wenigstens dafür sorgen, dass die Interessen des Kindes gewahrt werden.

[20] OLG Nürnberg FamRZ 2001, 573.

[21] OVG Berlin FamRZ 1981, 87 zum NamÄndG.

aus § 107 BGB).[22] – Anders daher bei Schenkung eines Wohnungseigentums wegen der durch den Eintritt in die Wohnungseigentümergemeinschaft begründeten Pflichten.[23] – Auch für die steuerliche Anerkennung eines Mietvertrages zwischen minderjährigem Kind und Eltern gem. §§ 4 Abs. 4 EStG, 6 Abs. 2 StAnpG, § 42 AO (1977) ist die Bestellung eines Ergänzungspflegers grundsätzlich erforderlich.[24]

15 Das Vertretungsverbot des § 1795 BGB, wie schon dasjenige aus § 181 BGB, bezieht sich nur auf **rechtsgeschäftliche Akte** (Abs. 1 Nr. 1) und Prozesse (Abs. 1 Nr. 3); es legt die Sperre, wo *gehandelt* werden soll. Im Stadium der **Erwägung, ob** ein Rechtsgeschäft vorzunehmen oder ein Prozess zu führen sei, verbleibt die Entschließungsbefugnis dem gesetzlichen Vertreter, auch wenn ein naher Angehöriger aus dem Kreise des § 1795 Abs. 1 Nr. 1 BGB oder sogar er selbst auf der Gegenseite beteiligt ist. Er verliert sie erst an den zu bestellenden Pfleger, wenn sie ihm nach **§ 1796** (§ 1629 Abs. 2 S. 3) **BGB** wegen Interessenwiderstreit bei **Belassung der Entschließungsbefugnis** eine **Gefährdung der Kindesbelange konkret** befürchten lassen muss. Das ist nicht nur für die Anfechtung der Vaterschaft durch den geschiedenen Elternteil, dem die Kindessorge übertragen ist, von Bedeutung[25] (zur Prozesspflegschaft in der Vaterschaftsanfechtung siehe im Übrigen → Rn. 35, 36), sondern vornehmlich für die Frage, ob Pflichtteilsansprüche eines Kindes gegen den überlebenden Elternteil im Falle des sog. Berliner Testaments geltend gemacht werden sollen; aber auch in sonstigen vergleichbaren Pflichtteilssituationen; ebenso wenn die Mutter gleichzeitig gesetzliche Vertreterin für das Kind und Testamentsvollstreckerin ist (Geltendmachung der Ansprüche des Kindes auf Auskunft und Rechnungslegung – § 2218 BGB.[26] Sie **rechtfertigen eine Entziehung der Vertretungsbefugnis** im Entschließungsstadium erst, wenn ein Unterbleiben der Anspruchsverfolgung, angefangen beim Auskunftsanspruch aus § 2314 BGB, das wohlverstandene (!) Interesse des Kindes gefährden würde. Nicht jeder abstrakt zu schematisierende Interessengegensatz, nicht jede kraft Gesetzes entstandene schuldrechtliche Beziehung zwischen Kind und Sorgeberechtigtem, vor allem Eltern, zwingen bereits als solche zur Einleitung einer Ergänzungspflegschaft: weder einer *„Überlegungspflegschaft“* oder eine *„Beobachtungspflegschaft“*,[27] geschweige denn einer *Überwachungspflegschaft,* die den Sorgeberechtigten zu kontrollieren hätte, ob die Sorge pflichtgemäß ausgeübt werde, damit für das Kind „anspruchsgerecht“ in einer dann notwendigen pflegschaftlichen Vertretung gehandelt werden könne.

16 **c) Fortsetzung: Verhinderung aus tatsächlichen Gründen.** Da § 1909 Abs. 1 S. 1 BGB nur von „Verhindert-Sein“ (in der Besorgung der Angelegenheit) spricht, wird hierunter auch die Verhinderung aus tatsächlichen Gründen verstanden. Solche Fälle sind denkbar: der Sorgeberechtigte ist auf Auslandsreise und nicht erreichbar oder ist im Ausland verhaftet, ist erkrankt und längere Zeit ohne Besinnung (Unfall),

---

[22] BGH NJW 1975, 1885. Entbehrlichkeit des Ergänzungspflegers, weil das Rechtsgeschäft dem Minderjährigen lediglich rechtliche Vorteile brächte: OLG Zweibrücken FamRZ 2000, 117. Jedoch verneint (also Pfleger nötig) für Grundstücksübereignung von Gesellschaft bürgerlichen Rechts an minderjähriges Mitglied. Ebenso BayObLG FamRZ 2004, 1055: Pfleger nötig, wenn Haftung des Beschenkten nicht auf das unentgeltlich Zugewendete beschränkt ist.

[23] BGH NJW 1981, 109 (110).

[24] BFH FamRZ 1993, 57.

[25] Eltern: BGH NJW 1975, 345; Vormund: BayObLG FamRZ 1982, 1134; KG OLGE 18, 305. Anfechtung der Ehelichkeit: OLG Stuttgart DAVorm 1983, 736; OLG Hamm Rpfleger 1986, 13; BayObLG DAVorm 1988, 1024; LG Oldenburg FamRZ 1989, 539; LG Gießen FamRZ 1996, 1296.

[26] OLG Nürnberg FamRZ 2002, 272.

[27] LG Braunschweig FamRZ 2000, 1184; OLG Nürnberg FamRZ 2002, 272.

ist im Inland „untergetaucht". Inländische Haft kann eine Ergänzungspflegschaft für Akte der tatsächlichen Personensorge angezeigt erscheinen lassen, während die Vornahme von Rechtsakten auch aus der Haft im allgemeinen möglich bleibt, sofern sie nicht ortsgebunden sind oder eine durch die Haft unterbundene Kenntnis tatsächlicher Gegebenheiten zur Voraussetzung haben. Situationen dieser Art können auch bei einem Vormund auftreten, der, anders als es in dem die Amtsvormundschaft führenden Jugendamt der Fall ist, keinen Vertreter hat. Immer aber muss es sich um **Umstände von vorübergehender Dauer** handeln. Einer Verhinderung über längere Zeit (etwa: mehr als ½ Jahr[28]) wäre – bei Eltern – durch Feststellung des Ruhens der elterlichen Sorge Rechnung zu tragen,[29] die dann, soweit die Sorge nicht nach § 1678 BGB auf einen anderen Elternteil übergehen kann, eine Vormundschaft notwendig macht (§ 1773 BGB). Ein Vormund müsste in gleicher Lage entlassen werden (§ 1886 BGB); die Ergänzungspflegschaft kann ihn nicht ersetzen, wenn sie es nicht einmal bei Eltern vermöchte.

Streitig ist, ob das bloße Unvermögen des Sorgerechtsinhabers, eine Angelegenheit wegen **fehlender Geschäftsgewandtheit und Geschäftserfahrung** oder mangelnder, namentlich juristischer Sachkunde angemessen wahrzunehmen, eine Verhinderung tatsächlicher Art im Sinne des § 1909 Abs. 1 BGB begründet. Das wird vielfach angenommen.[30] Aus der Rechtsprechung ist bisher nur eine Entscheidung bekannt geworden, die dies bejaht.[31] Immerhin bestehen gegen jene These Bedenken, mindestens in ihrer Verallgemeinerung. Denn in erster Linie wäre es Sache des Sorgerechtsinhabers – in Betracht kommen hier eigentlich nur Eltern; ein geschäftsungewandter Vormund sollte für ein Mündel mit Vermögen gar nicht erst, allenfalls zusammen mit einem geeigneten Mitvormund bestellt werden, seinen Mangel an Eignung in eigener Verantwortung auszugleichen: durch Inanspruchnahme sachkundiger Beratung; ggfs. durch Bestellung eines geeigneten Vertreters. Würde die Inanspruchnahme von Beratung und Vertretung an den finanziellen Gegebenheiten eines Elternteils scheitern, so kann dieser Mangel durch Beratungshilfe oder Prozesskostenhilfe ausgeglichen werden. Handelt es sich um Vermögensangelegenheiten und ist hinreichendes Kindesvermögen vorhanden, wäre anwaltliche Hilfe oder ein Wirtschaftsprüfer, ein Steuerberater, ein Unternehmensberater, ein Patentanwalt einzuschalten. Dies alles müsste zunächst vom Sorgerechtsinhaber geprüft werden, ehe er mit einer Ergänzungspflegschaft aus seiner Verantwortung entlassen werden dürfte. Die von *Coester-Waltjen* in dieser Richtung geäußerte Kritik ist deshalb nur allzu berechtigt.[32] Man übersehe schließlich nicht die 17

[28] Rechtsprechung hierzu liegt kaum vor. In BayObLGZ 28, 573 ist die Schwelle bei vier Monaten angesetzt worden. Hilfreich kann ein Vergleich mit der Rechtsprechung zum Begriff der „vorübergehenden Umstände" in § 1615h Abs. 1 BGB aF sein: LG Essen DAVorm 1980/483 und LG Kleve DAVorm 1981, 299 – vier Monate; LG Berlin DAVorm 1982, 83 – sechs Monate.

[29] Soergel/*Zimmermann* § 1909 Rn. 4.

[30] Soergel/*Zimmermann* § 1909 Rn. 4; Erman/*Roth* § 1909 Rn. 9; RGRK/*Scheffler*, 10./11. Aufl., § 1909 Anm. 3.

[31] BayObLG Rpfl. 1976, 399 – besonders schwierige Verkaufsverhandlungen über ein Grundstück. Von den meist zitierten zwei weiteren Entscheidungen erweist sich eine als nicht einschlägig; in BayObLG FamRZ 1975, 219 war einer nichtehelichen Mutter, wie es scheint, wegen fehlender Sachkunde die Verwaltung eines Millionenvermögens „entzogen" und einem „Ergänzungspfleger" übertragen worden: die Entscheidung behandelt indessen andere Fragen, ohne dass sie auf die Zulässigkeit jener vormundschaftsgerichtlichen Maßnahme eingeht.

[32] *Gernhuber/Coester-Waltjen* § 75 Rn. 32. Bezeichnend, dass auch die Kommentarstimmen nicht ohne Vorbehalte geäußert werden: Erman/*Roth* § 1909 Rn. 9 ; MüKoBGB/*Schwab* § 1909 Rn. 14; Soergel/*Zimmermann* § 1909 Rn. 4 (für die oben im Text bekämpfte These: „wenngleich mit einer Bevollmächtigung eines Sachkundigen auszukommen wäre").

Konsequenzen, zu denen die herrschende Meinung führt. Das Familiengericht könnte, ja müsste bei Annahme mangelnder „Eignung" (Versiertheit) des Sorgeberechtigten und unter dem Rechtstitel der tatsächlichen Verhinderung sogar von Amts wegen eine Ergänzungspflegschaft anordnen und dem Sorgeberechtigten damit die gesetzliche Vertretung für die anstehende Angelegenheit entwinden (ihm seine bedauerliche Unterlegenheit auch noch amtlich bescheinigen), ohne dass die Voraussetzungen weder des § 1796 BGB noch die des § 1666 oder des § 1667 BGB vorzuliegen brauchten. Übrig bleibt hiernach bei richtiger Abgrenzung nur ein sehr **geringes Anwendungsfeld.** Hauptsächlich sind dies Situationen, in denen für den Minderjährigen gehandelt werden müsste, aber der Sorgeberechtigte aus offenbarer Ungewandtheit untätig verharrt. Vielleicht weil er sich die richtigen Schritte nicht zutraut, aber auch die obigen Möglichkeiten einer Beratung und Hilfe nicht wahrnimmt oder auch mit ihnen nicht weiterkommt. Die Anordnung der Ergänzungspflegschaft in einer solchen Lage sollte indessen, ähnlich der Selbstablehnung (→ Rn. 19), ein Einverständnis des Sorgeberechtigten voraussetzen. Erst wenn auch dieses aus Uneinsichtigkeit versagt wird, kämen dann allerdings Maßnahmen einer teilweisen Sorgerechtsentziehung (§§ 1666, 1667 BGB) zum Zuge.

18 Ein Seitenproblem der tatsächlichen Verhinderung stellt sich, wenn **rechtsgeschäftliche Erklärungen nur höchstpersönlich** zugelassen sind. Beispiele bieten die Anerkennung der Vaterschaft zu einem Kinde, die Zustimmung der Mutter hierzu, und die Einwilligung in eine Adoption; sie können, auch soweit sie von einem gesetzlichen Vertreter auszugehen haben, nicht durch einen Bevollmächtigten abgegeben werden (§§ 1596 Abs. 4, 1750 Abs. 3 S. 1 BGB).

19 Mit Recht wird eine **Selbstablehnung** des Sorgeberechtigten **wegen Befangenheit** als Fall einer tatsächlichen Verhinderung angesehen. Sie muss nur als sachlich gerechtfertigt dargetan sein. Die Befangenheit braucht nicht notwendig Ausdruck eines Interessenkonflikts im eigentlichen Sinne zu sein, auch wenn die Selbstablehnung selbst dann ihren Wert behielte, um eine formelle Entziehung der Vertretungsmacht nach § 1796 BGB mit ihren unerfreulichen psychologischen Aspekten zu ersparen. Häufig sind die Fälle, in denen Adoptiveltern einer Inkognitoadoption eine Klage gegen die leiblichen Verwandten des Kindes auf Unterhaltsrückstände oder erbrechtliche Ansprüche aus der Zeit vor der Adoption (vgl. § 1755 Abs. 1 S. 2 BGB) anstrengen oder Rentenrechte vor den Sozialgerichten durchsetzen wollen und so eine Aufdeckung des Inkognito in Kauf nehmen müssten.[33] Die Selbstanzeige wegen Befangenheit ist dann zugleich die Anzeige an das Familiengericht von der Notwendigkeit einer Ergänzungspflegschaft, die dem Sorgeberechtigten nach § 1909 Abs. 2 BGB obliegt.

20 Erweist sich die tatsächliche Verhinderung eines Elternteils, die anfänglich für eine kurzfristige angesehen worden war und die den Anlass zu einer Ergänzungspflegschaft gegeben hatte, als von **längerer Dauer** und muss deshalb das **Ruhen der elterlichen Sorge** festgestellt werden (§ 1674 Abs. 1 BGB), so endet die Pflegschaft nach § 1918 Abs. 1 BGB (→ § 12 Rn. 8). Sie wird nicht etwa automatisch in die daraufhin erforderlich werdende Vormundschaft übergeleitet. Auch wird der bisherige Pfleger nicht notwendig Vormund; wird er zum Vormund bestellt, hat er nichtsdestoweniger über seine Amtsführung, gegebenenfalls unter Schlussrechnungslegung, Schlussbericht zu erstatten und seine Bestallung zurückzugeben.

[33] Diese Gegebenheiten sind unter dem jetzigen Adoptionsrecht gleichermaßen denkbar: Erman/*Roth* § 1909 Rn. 9. Für die Selbstablehnung als tatsächliche Verhinderung auch: Soergel/*Zimmermann* § 1909 Rn. 4 und Palandt/*Götz* § 1909 Rn. 6.

d) „Angelegenheiten" als Gegenstand der Ergänzungspflegschaft. Der Anlass zur Anordnung einer Ergänzungspflegschaft wird oft durch eine **einzelne Rechtsangelegenheit** gegeben sein. In Betracht kommen die unterschiedlichsten regelungsbedürftigen Sachverhalte, die sämtlich Bestandteile der elterlichen Sorge sind. So kann es zB die Zustimmung zur Anerkennung der Vaterschaft,[34] die Anfechtung der Vaterschaft,[35] die Anfechtung einer Sorgerechtsentscheidung,[36] die Entscheidung über verschiedene Maßnahmen im Rahmen eines sexuellen Missbrauchsprozesses (Anhörung, Entscheidung über Ausübung des Zeugnisverweigerungsrechts, Entbindung von Ärzten und Therapeuten von Schweigepflicht, Entscheidung und Zustimmung über Glaubwürdigkeitsgutachten),[37] die Entscheidung über eine Zweitadoption,[38] die Entscheidung über Stellung des Antrags auf Ersetzung der Einwilligung in eine Adoption[39] sein. – Der Anlass kann aber auch in einer Verhinderung im Rahmen eines **Dauerrechtsverhältnisses** bestehen. An einem solchen können auf der einen Seite der Sorgerechtsinhaber oder ein naher Angehöriger aus dem Kreise des § 1795 Abs. 1 Nr. 1 BGB, auf der anderen Seite der Minderjährige, oder aber es können auf beiden Seiten Minderjährige beteiligt sein, die durch denselben Sorgerechtsinhaber gesetzlich vertreten sind. Daraufhin stellt sich die Frage nach der Anordnung einer **Dauerpflegschaft.** In Betracht kommen Beteiligungsverhältnisse, Rechtsbeziehungen mit Treuhandcharakter, Miet- und Arbeitsverträge. Darüber, wie hier der „Kreis von Angelegenheiten", für den die gesetzliche Vertretung nach § 1796 (§ 1629 Abs. 2 S. 3) BGB entzogen worden ist, einzuordnen sei, → Rn. 26. 21

Werden solche Dauerrechtsbeziehungen durch Verträge geschaffen, kann das ausnahmslos nur durch einen Ergänzungspfleger geschehen. Sie können aber auch durch Gesetz entstehen, wie im Falle der Erbengemeinschaft, aber auch einer Gemeinschaft allgemeinen bürgerlichen Rechts (§§ 741 ff. BGB); endlich können der Minderjährige oder der Sorgeberechtigte in eine vertraglich begründete Dauerrechtsbeziehung durch Rechtsnachfolge kraft Gesetzes einrücken. Hier überall ist für den **Fortgang der gegenseitigen Rechte und Pflichten** nicht immer eine ständige Ergänzungspflegschaft erforderlich, ja nicht einmal immer zugelassen. 22

Bei **Personengesellschaften des Handelsrechts** (OHG, KG) – das im Folgenden Gesagte gilt entsprechend für die Gesellschaften bürgerlichen Rechts (§§ 705 ff. BGB) – spiegeln die Akte der Geschäftsführung das gemeinsame Unternehmensinteresse. Die hierüber ergehenden **Beschlüsse der Gesellschafter** sind ihrem Wesen nach nicht Ausdruck gegenläufiger Einzelinteressen und nötigen deshalb nicht schon als solche zur Einschaltung einer Ergänzungspflegschaft, wenn zu den stimmberechtigten Gesellschaftern sowohl der Sorgerechtsinhaber persönlich wie der durch ihn vertretene Minderjährige, oder aber mehrere durch ihn vertretene Minderjährige gehören. Wo dagegen im Wege der Abstimmung echte Machtkämpfe ausgetragen werden, weil die vom Sorgerechtsinhaber gewünschte Beschlussfassung ihm selbst Vorteile auf Kosten des oder der von ihm vertretenen Minderjährigen bringen würde, namentlich in der zweigliedrigen Gesellschaft, müsste einem Missbrauch des gesetzlichen Vertretungsmandats mit Entziehung nach § 1796 (§ 1629 Abs. 2 S. 3) BGB begegnet werden. Das Vertretungshindernis nach §§ 1795, 181 BGB dagegen greift ein, 23

---

[34] LG Halle JAmt 2009, 262.
[35] LG Karlsruhe JAmt 2003, 312.
[36] BVerfG FamRZ 2003, 921.
[37] OLG Karlsruhe FamRZ 2004, 51.
[38] OLG Köln FamRZ 2002, 1655.
[39] OLG Nürnberg FamRZ 2001, 573.

wenn **vertragliche Beziehungen unter den Gesellschaftern** zu regeln sind, die die Grundlagen der Gesellschaft betreffen, so bei Änderungen des Gesellschaftsvertrages oder einvernehmlicher Auflösung der Gesellschaft. Da nun solche Notwendigkeiten nicht laufend auftreten und eine Ergänzungspflegschaft für nur künftig denkbare Konfliktsituationen nicht im Voraus angeordnet werden kann (→ Rn. 26), ist die Mitgesellschaftereigenschaft von Eltern (Vormund) und Minderjährigem oder von mehreren durch sie vertretenen Minderjährigen kein Grund, eine Pflegschaft von Anfang an und als Dauerpflegschaft einzurichten, nur um möglicherweise auftretende Vertretungshindernisse aufzufangen.[40] Hat der Elternteil oder der Vormund die **Stellung des geschäftsführenden Gesellschafters,** in der Kommanditgesellschaft die des Komplementärs, könnte eine Ergänzungspflegschaft mit Daueraufgaben schon näher liegen, weil dem Minderjährigen als Gesellschafter laufende Kontrollrechte gegen die Geschäftsführung zustehen (§§ 118, 166 HGB) und er diese Rechte auch als Kommanditist in dem über § 166 Abs. 1 HGB hinausgehenden Umfange, mindestens mit Anordnung des Registergerichts, muss verfolgen können. Doch ist hier zu unterscheiden: **Gegenüber Eltern** kommt eine Dauerpflegschaft zur Wahrnehmung der genannten Kontrollbefugnisse nicht von vornherein in Betracht, sondern nur, wenn oder sobald für den Minderjährigen generell Anlass bestünde, seine Kontrollrechte wahrzunehmen.[41] Anders liegt es beim **Vormund** in der Geschäftsführerfunktion. Ihm gegenüber erfordert die Wahrnehmbarkeit der laufenden Kontrollrechte des Mündels eine Dauer-Ergänzungspflegschaft. Der Unterschied besteht darin, dass die Eltern gleichsam die Vermutung für sich haben, bei der Geschäfts- und Wirtschaftsführung die Interessen ihres Kindes angemessen zu berücksichtigen,[42] während der Vormund seinem Mündel rechenschaftspflichtig ist für seine gesamte Amtsführung (arg. § 1890 S. 1 BGB) unter dem strengeren Haftungsmaßstab des § 1833 BGB. Dagegen würde die Dauer-Ergänzungspflegschaft sich erübrigen, wenn dem Kontrollbedürfnis des Mündels anderweitig durch Bestellung eines Gegenvormundes genügt ist. Nicht hinzunehmen brauchte der Vormund einen „Kontrollpfleger", wenn der verstorbene Elternteil, als Erweis seines Vertrauens, ihn benannt und damit den Ausschluss der Bestellung eines Gegenvormundes (§ 1852 BGB) verbunden hat. Erst wenn dann Anlass zum Misstrauen entsteht, müsste er sich in der Kontrollfrage wie ein nicht befreiter Vormund behandeln lassen.

24 Gleiche Grundsätze gelten für das Verhältnis des Minderjährigen als Erben zu einem Elternteil einerseits, dem Vormund andererseits in der Stellung des **Testamentsvollstreckers** wegen der auch dort bestehenden, dem Erben gegebenen Kontrollbefugnisse (§ 2218 iVm § 1666 BGB).[43] **In der Gemeinschaft,** sei es, dass der elterliche Sorgerechtsinhaber oder ein naher Angehöriger aus dem Kreise des § 1795 Abs. 1 Nr. 1 BGB neben dem Kinde als Miterbe beteiligt ist, sei es, dass er, ohne selbst erbschaftlich beteiligt zu sein, mehrere Kinder als Miterben gesetzlich vertritt, gibt die Vorschrift der §§ 181 Hs. 2, 1795 Abs. 1 Nr. 1 Hs. 2 BGB den Maßstab ab. Hier, für den Vollzug rechtsgeschäftlicher Einzelakte, ist eine Ergänzungspflegschaft dann – und nur dann – entbehrlich, wenn der Nachlass alsbald und ausschließlich nach den gesetzlichen Regeln, also unter Teilung der in Natur teilbaren Nachlassbestände und unter Versilberung der nicht teilbaren und Verteilung des Erlöses auseinandergesetzt werden

[40] BGH NJW 1976, 49.
[41] sog. Beobachtungspflegschaft.
[42] BGH NJW 1976, 49.
[43] *Gernhuber/Coester-Waltjen* § 75 Rn. 42; MüKoBGB/*Schwab* § 1909 Rn. 51; KG DAVorm 1978, 470 (473) (Vormund).

soll; denn das beschränkt sich dann auf die Erfüllung dessen, was die Erben nach dem Gesetz einander schulden. Sobald dagegen **Vereinbarungen über die Art der Auseinandersetzung,** insbesondere die Zuteilung bestimmter Gegenstände getroffen werden sollen, wird eine Ergänzungspflegschaft erforderlich. Für mehrere beteiligte Minderjährige müsste dann je eine selbständige Ergänzungspflegschaft angeordnet werden. Hiervon macht auch keine Ausnahme, dass den Mehreren (etwa Geschwistern) bei der Auseinandersetzung bestimmte Objekte gemeinsam zugeteilt werden sollen.[44] Ist die Auseinandersetzung einstweilen ausgeschlossen oder längerfristig nicht durchführbar, so kommt für die Beschlussfassung, die die **Verwaltung des Nachlasses** initiiert (§§ 2038 Abs. 2 S. 1, 745 BGB), unter entsprechender Anwendung gesellschaftsrechtlicher Regeln (→ Rn. 23) die Anordnung einer Ergänzungspflegschaft in Betracht, ohne dass sie wiederum für spätere Beschussfassungen generell aufrechterhalten werden müsste. Ist der **Minderjährige Nacherbe,** ein Elternteil (oder das Elternpaar) Vorerbe, so gilt abermals: Eine Ergänzungspflegschaft ist erst anzuordnen, wenn die Nacherbeninteressen des Kindes gefährdet sind[45] dergestalt, wie das die §§ 2127, 2128 BGB als Tatbestände im Recht der Vor- und Nacherbschaft allgemein beschreiben. Nicht aber ohne weiteres, um die Kontrollrechte nach den §§ 2122 und 2123 BGB geltend zu machen; immer aber und selbstverständlich, wenn Einwilligungen nach § 2120 BGB oder im Rahmen des § 2113 BGB zu erteilen sind.

Anders sind **Dauerrechtsverhältnisse** ohne den Charakter einer gemeinschaft- 25
lichen Beteiligung oder gesteigerter Verwaltungsbefugnisse treuhänderischen Einschlags zu beurteilen. Mietet der Vater ein dem Kinde gehöriges Haus für die Familie, so erschöpfen sich die gegenseitigen Rechte und Pflichten in der laufenden Überführung der Mieterträge in das Kindesvermögen und der Durchführung der erforderlichen Instandsetzungen. Nachdem der Mietvertrag auf Seiten des Kindes durch den Ergänzungspfleger abgeschlossen worden ist, bedarf es keiner Aufrechterhaltung der Pflegschaft nur zu dem Zweck, um die Erfüllung der Pflichten des Vaters zu überwachen, solange kein Anlass zur Annahme einer das Kindesinteresse gefährdenden Handhabung und deshalb zu Sicherungsmaßnahmen oder zur Geltendmachung von Schadensersatzansprüchen gegen den Sorgerechtsinhaber (beachte aber § 1664 BGB) besteht. Erforderlichenfalls wäre die Ergänzungspflegschaft neu einzuleiten, sofern nicht eigentliche Sorgerechtsbeschränkungen nach §§ 1666, 1667 BGB angezeigt sind. Eine reine Überwachungspflegschaft hingegen ist hier so wenig wie sonst in einer ordnungsgemäß begründeten schuldrechtlichen Beziehung zwischen Kind und Sorgeberechtigten zulässig (→ Rn. 15). Vollends bedarf es ihrer nicht, wenn das Dauerrechtsverhältnis sich in der Erbringung laufender Leistungen durch den Sorgerechtsinhaber an das Kind (Zinsen, Lizenzerträge und dergleichen) erschöpft. Die Vornahme bloßer Erfüllungsakte wird von dem Vertretungsverbot des § 181 BGB ohnehin nicht betroffen. In der Vormundschaft wird die Erfüllung der vom Vormund geschuldeten Leistungen zudem durch die periodische Rechnungslegung gegenüber dem Vormundschaftsgericht überwacht.

e) Bedürfnis nach einer Ergänzungspflegschaft. Die – allgemeine – Frage des 26
Bedürfnisses nach einer Ergänzungspflegschaft ist mit der gesetzlichen Sperre (§ 1795, 181 BGB) oder der gerichtlichen Sperrung (§ 1796 BGB) der Vertretungsmacht noch nicht beantwortet. Das gesetzliche Vertretungshindernis tritt erst in Erscheinung, wenn **für das Kind gehandelt** werden soll. Daraufhin ist das Bedürfnis nach der Er-

[44] BGH NJW 1956, 1433.
[45] OLG Frankfurt a. M. MDR 1960, 419 (420).

gänzungspflegschaft ohne weiteres gegeben, soweit das beabsichtigte Tätigwerden rechtlich zulässig erscheint (dazu → Rn. 27 ff.).[46] Immerhin bleibt der verhinderte gesetzliche Vertreter nicht ganz verdrängt. Vertritt er, ohne selbst beteiligt zu sein, mehrere Kinder dergestalt, dass sich das Vertretungshindernis aus § 181 BGB ergibt, so kann er für einen der Mehreren – nach seiner Wahl – die gesetzliche Vertretung behalten; nur für den oder die anderen müsste, gegebenenfalls je ein eigener, Ergänzungspfleger bestellt werden. Auch kann, falls er mit einem Antrag auf Einleitung einer Ergänzungspflegschaft bewusst untätig bleibt, ihm ein Ergänzungspfleger gegen seinen Willen nur substituiert werden, wenn die Abstandnahme vom Tätigwerden für das Kind auf einen Widerstreit zwischen Eigeninteresse und Kindesinteresse beruht und ihm deshalb die Vertretungsmacht schon für die Entscheidung, ob gehandelt werden soll, entzogen wird (→ Rn. 14). Im Falle der Verhinderung aus tatsächlichen Gründen wird das Bedürfnis nach der Ergänzungspflegschaft in der Regel durch Prüfung und Einschreiten des Familiengerichts von Amts wegen, und dann auf Anregung von dritter Seite, im Kindesinteresse entschieden.

Nicht anders als im gesetzlichen Vertretungshindernis ist auch die **Entziehung der gesetzlichen Vertretungsmacht** nach § 1796 (§ 1629 Abs. 2 S. 3) BGB zwar meist, aber **nicht ausnahmslos** mit der Notwendigkeit einer Ergänzungspflegschaft gekoppelt. Unter Umständen kommt es nur darauf an, dem Sorgerechtsinhaber für eine bestimmte Angelegenheit die Vertretungsmacht zu entziehen, weil für das Kind *nicht gehandelt* werden und ein vom Sorgeberechtigten geplantes, dem Kindesinteresse abträgliches Vorgehen *unterbleiben* soll. Noch deutlicher wird diese Abstufung da, wo die gesetzliche Vertretung nach § 1796 BGB für einen bestimmten Kreis von Angelegenheiten entzogen worden ist. Hat der Minderjährige ein Handelsgeschäft geerbt und betreibt der Vormund ein Konkurrenzunternehmen, so wird ihm die gesetzliche Vertretung für die Führung des geerbten Handelsgeschäfts entzogen. Hier wird ein Ergänzungspfleger bestellt, da das Geschäft weiterbetrieben werden muss. Ist dagegen der Vormund, der sonst tüchtig, aber als prozesssüchtig bekannt ist, die gesetzliche Vertretung des Mündels für die Führung von Prozessen (vorsorglich) entzogen worden, so bewendet es einstweilen bei diesem Sperreffekt. Ein Ergänzungspfleger müsste erst dann bestellt werden, wenn sich die Notwendigkeit, einen Prozess zu führen, tatsächlich ergibt. Bei allem ist das Bedürfnis nach einer Ergänzungspflegschaft auf Grund vorausgegangener oder gleichzeitiger Entziehung der Vertretungsmacht nach § 1796 BGB an eine entscheidende Voraussetzung gebunden. Die Situation muss derart sein, dass dieser Interessengegensatz eine **Gefährdung der Kindesbelange als real fassbar,** nicht bloß als abstrakte, in die Zukunft projizierte Denkmöglichkeit, sozusagen im „Sandkastenspiel“ erscheinen lässt. Die Rechtsprechung (siehe die oben in Fußnote 25 und 45 zitierten Entscheidungen) ist hier eher restriktiv. Es muss **konkret die nicht auszuschließende Gefahr** bestehen, der Sorgerechtsinhaber werde seinen Handlungs- und Entschließungsspielraum unter Hintansetzung der Kindesinteressen im Sinne eigener Vorstellungen, insbesondere zum eigenen Vorteil nutzen. Dies zu prüfen und anhand vorliegender Anhaltspunkte als Voraussetzung einer Maßnahme nach § 1796 BGB festzustellen, ist Sache des Familiengerichts.

27 Im Bereich der gesetzlichen Vertretungshindernisse stellt sich die Frage nach dem **Bedürfnis** einer Ergänzungspflegschaft aber noch unter einem **vorgelagerten Aspekt.**

[46] OLG Köln FamRZ 2000, 117: Ablehnung der Pflegschaft für den Fall, dass das Jugendamt als Amtsvormund und das Ausländeramt derselben Behörde angehören. BVerfG FamRZ 2003, 921: Ablehnung der Pflegschaft, wenn der Mutter das Sorgerecht übertragen worden ist und der Vater möchte, dass sich das Kind hiergegen wehrt.

1. Es kann zweifelhaft sein, ob das in Aussicht genommene Tätigwerden selbst durch einen zu bestellenden Ergänzungspfleger den angestrebten *Erfolg mit Hilfe des Rechts überhaupt erreichen* kann. 2. Auch kann aus Rechtsgründen *Unsicherheit* bestehen, *ob* ein Fall der *Verhinderung* gegeben ist.

Ersteres ist zB nicht der Fall[47] – wenn es um die Vermögenssorge der Mutter geht, für die es im Testament der Großmutter heißt, dass sie ausgeschlossen sei – hinsichtlich der Erklärung der Annahme oder Ausschlagung eines Vermächtnisses oder der Erklärung eines Verzichts auf Pflichtteilsrechte oder -ansprüche. In diesem Bereich können nämlich die Eltern nicht wirksam ausgeschlossen werden, weil es sich um keine Akte der Vermögensverwaltung handelt und zudem höchstpersönliche Rechte des Kindes betroffen sind. Ein Bedürfnis liegt auch nicht vor, wenn der mitsorgeberechtigte Vater eines minderjährigen Erben zum Testamentsvollstrecker bestellt und die Mutter testamentarisch von der Vermögenssorge ausgeschlossen worden ist, und der Vater gleichzeitig Mitgesellschafter ist. Durch die Bestellung eines Ergänzungspflegers würde der Vater nämlich als Sorgeberechtigter, nicht aber als Testamentsvollstrecker ausgeschlossen.[48] Ob die Sachlage dadurch anders zu beurteilen ist, dass die Rechte des Kindes gegenüber dem Vater als Testamentsvollstrecker wahrgenommen werden müssen, hängt vom Einzelfall ab. Solange keinerlei Anlass zu der Annahme besteht, der Vater werde – unbeschadet seiner eigenen Interessen – die Belange des Kindes nicht in gebotenem Maße wahren und fördern, fehlt es an einem Bedürfnis für einen Ergänzungspfleger.[49]

Angesichts dieses ersten Zweifels hat das Familiengericht nach dem **Grundsatz** zu 28
verfahren, dass es dem Kinde nicht die Chance verbauen darf, durch Einrichtung der Ergänzungspflegschaft den angestrebten Erfolg zu erreichen. Angesichts des letzteren, dass es das Kind nicht der Gefahr aussetzen darf, durch Vorenthaltung der Ergänzungspflegschaft nicht gesetzmäßig vertreten zu sein. Es hat dem Kinde maW die ihm günstigen Möglichkeiten **offen zu halten,** ohne dass es bei seiner Entscheidung über die Anordnung der Ergänzungspflegschaft durch seine eigene Beurteilung der Rechtslage das Urteil derjenigen Instanz vorwegnehmen dürfte, die in der Sache selbst zu befinden haben würde. Ist es dagegen eindeutig, dass kein Verhinderungsfall vorliegt (Leistung aus einer Lebensversicherung an ein Kind anlässlich des Todes eines Elternteils: keine Zuwendung von Todes wegen, daher nicht Gegenstand der Testamentsvollstreckung; zwar Zuwendung unter Lebenden, jedoch keine zeitgleiche Anordnung fehlender Vermögensverwaltung durch Mutter),[50] so ist eine angeordnete Ergänzungspflegschaft wieder aufzuheben.

Ein **Beispiel** für die in → Rn. 27 erstgenannte Konstellation (legale Zweckerrei- 29
chung) gibt ein vom Bayerischen Obersten Landesgericht entschiedener Fall.[51] Ein Erbvertrag war zwischen der Großmutter väterlicherseits als Erblasserin und ihrem minderjährigen Enkel, gesetzlich vertreten durch seinen Vater, abgeschlossen worden. Nach dem Tode der Erblasserin hatte das Nachlassgericht im Erbscheinsverfahren Bedenken wegen der Rechtsgültigkeit des Erbvertrages, da der Vater an der gesetzlichen Vertretung seines Sohnes nach § 1630 (aF: jetzt: § 1629 Abs. 2 S. 1) BGB iVm § 1795 Abs. 1 Nr. 1 BGB verhindert gewesen sei; es regte die Genehmigung des Vertragsschlusses durch einen Ergänzungspfleger an. Das (damals zuständige) Vormund-

---

47 OLG Düsseldorf FamRZ 2007, 2091.
48 BGH FamRZ 2008, 1156.
49 BGH aaO mit widersprechender Anmerkung von *Zimmermann* S. 1158 gegen OLG Nürnberg FamRZ 2002, 272 und OLG Hamm FamRZ 1993, 1122.
50 OLG Naumburg FamRZ 2003, 1406.
51 NJW 1960, 577.

schaftsgericht lehnte die Bestellung ab, da, wie es meinte, die Mutter zum Ausspruch der Genehmigung als gesetzliche Vertreterin befugt sei. Der Streit hierüber wurde bis in die weitere Beschwerde beim BayObLG ausgetragen. Dieses entschied, dass eine Alleinvertretungsmacht der Mutter nicht gegeben sei(die Frage ist inzwischen höchstrichterlich geklärt; → Rn. 11 mit Fn. 15). Das BayObLG sah sich jedoch daraufhin zu der weitergehenden Prüfung genötigt, ob die Bestellung eines Ergänzungspflegers nicht gleichwohl sich deshalb erübrige, weil der Tod der Erblasserin eine Genehmigung des Erbvertrages möglicherweise überhaupt ausschließe. Anlass hierzu gab eine in Rechtsprechung und Schrifttum verbreitet vertretene Auffassung,[52] die dies bejahte. Demgegenüber hielt der Senat die Bestellung des Pflegers unverändert für erforderlich. Gegenüber der herrschenden Meinung seien Zweifel angebracht – sie wurden eingehend begründet –, und „es müsste damit gerechnet werden, daß das später mit der Entscheidung über die Erbfolge befasste Gericht die nachträgliche Heilungsgenehmigung [dennoch] zulassen würde". Eine solche Sachbehandlung dürfte weiterhin richtig bleiben, auch nachdem inzwischen der BGH[53] sich der herrschenden Meinung angeschlossen hat und eine Genehmigung des schwebend unwirksamen Erbvertrages nach dem Tode des Erblassers generell ausschließen will. Denn diese letztere Stellungnahme ist nur zu einem Inzidentpunkt im Rahmen eines Schadensersatzprozesses gediehen, in welchem es um andere Fragen ging; eine Auseinandersetzung mit den Erwägungen des BayObLG fehlt – nicht anders als, bis heute, in den Stimmen des Schrifttums; die Möglichkeit, dass das Gericht eines künftigen Erbprätendentenprozesses sich erneut mit der Streitfrage und nunmehr fundiert würde auseinandersetzen müssen, ist nicht auszuschließen.

30 Ein Beispiel für die andere der in → Rn. 27 angeführten Konstellationen (Unklarheit hinsichtlich Verhinderung): Es ist zweifelhaft, ob die testamentarische Anordnung über die Verwaltung eines dem Kinde vom Erblasser zugewendeten Vermögens als eine solche nach § 1638 BGB zu verstehen sei, die damit den Eltern mit der Verwaltung auch die gesetzliche Vertretung entzieht und nach § 1909 Abs. 1 S. 2 BGB zur Einleitung einer Pflegschaft nötigt. Nicht selten ist das Auslegungsfrage.[54] Führt die Prüfung beim Familiengericht zu keinem eindeutigen Ergebnis, muss es die Pflegschaft jedenfalls vorsorglich anordnen[55] und es den Eltern überlassen, den Zweifelspunkt im Rechtsmittelwege (→ § 12 Rn. 6) klären zu lassen. Die Rechtsprechung lässt es genügen, wenn auch nur die Möglichkeit besteht, dass die Rechtsfrage nach dem Ja oder Nein der gesetzlichen Vertretungsmacht von anderen Instanzen unterschiedlich beurteilt werde, um eine Ergänzungspflegschaft zu rechtfertigen, sofern der Sorgerechtsinhaber sie wünscht[56] und damit den Zweifel gegenstandslos macht. Denn die Anordnung der Pflegschaft äußert gerade dann und aus sich heraus ihre konstitutive, die Legitimation des Pflegers begründende und die des Elternteils (Vormunds) nach § 1630 Abs. 1 (§ 1794) BGB ausschließende Kraft; → § 12 Rn. 2.

31 Eines ist dem Familiengericht allerdings *nicht* gestattet. Es darf das Bedürfnis nach der Ergänzungspflegschaft nicht daran messen, ob der in Aussicht genommene Rechtsakt, für den der Pfleger bestellt werden soll, dem Kinde **günstig oder ungünstig** sein würde. Das hat **ausschließlich der künftige Pfleger** zu prüfen und zu entscheiden.[57]

---

52 KGJ 47, 100 (104).
53 NJW 1978, 1159.
54 Beispiele mit Rechtsprechungsbelegen bei Soergel/*Strätz* § 1638 Rn. 6.
55 OLG Hamburg OLGE 26, 118.
56 Im Grundsatz gebilligt vom BayObLG FamRZ 1962, 36 (38).
57 KG OLGE 14, 275; BayObLG JFG 4, 126.

Das Familiengericht kann ebenso wenig die Anordnung der Ergänzungspflegschaft davon abhängig machen: dass die für das Kind etwa beabsichtigte Klage hinreichende Aussicht auf Erfolg biete – auch aussichtslos erscheinende Prozesse (beurteilt das der für die Anordnung der Pflegschaft zuständige Rechtspfleger?) können gewonnen werden –, dass das beabsichtigte Grundstücksgeschäft zuvor mit einem genehmigungsfähigen Entwurf belegt werde, dass für den ins Auge gefassten Wohnungsmietvertrag die schriftliche Form sichergestellt sei – in welcher Weise Anforderungen an eine Genehmigungsfähigkeit oder Rechtsgültigkeitserfordernissen Rechnung zu tragen sei, ist abermals Sache des Pflegers. Nur einem von vornherein gesetzlich zum Scheitern verurteilten Klagevorhaben oder Rechtsakt würde, wie in → Rn. 6 ausgeführt, das Rechtsschutzinteresse für eine anzuordnende Ergänzungspflegschaft fehlen.

Überhaupt ist mit der Anordnung einer Pflegschaft für eine Einzelangelegenheit, **32** in der der Sorgerechtsinhaber sich nach seinem pflichtgemäßen Ermessen entscheiden könnte, keinerlei Ausspruch des Familiengerichts in der Richtung verbunden, dass der in Aussicht genommene Rechtsakt daraufhin vorzunehmen, der Kaufvertrag abzuschließen, die Kündigung auszusprechen, die Klage zu erheben sei. Die Entschließung hierüber bleibt dem Pfleger überlassen. Weisungsbefugnisse in sachlicher Beziehung stünden dem Familiengericht ihm gegenüber ohnehin und schon nach allgemeinem Vormundschaftsrecht nicht zu. Die Pflegschaft soll dann lediglich ermöglichen, die **Beurteilung der Sachlage im Interesse des Minderjährigen** so vorzunehmen, wie sie sonst dem Sorgeberechtigten zugestanden und obgelegen hätte. Daran ändert auch die vielfach anzutreffende Formulierung des Wirkungskreises in der Bestallung („zum Abschluss des Kaufvertrages " oÄ) nichts. Der Pfleger kann zu der Entscheidung kommen, dass von dem Rechtsakt, welcher anstand oder geplant war, im Kindesinteresse dennoch abzusehen sei. Damit hätte die von ihm zu betreuende Angelegenheit sich „erledigt" in der Terminologie des § 1918 Abs. 3 BGB; ihre „Besorgung" bestand in der Prüfung und dem Entschluss zur Abstandnahme unter Mitteilung an das Familiengericht (→ § 11 Rn. 10). Allerdings muss es nicht notwendig hiermit sein Bewenden haben. Käme das Familiengericht zu der Überzeugung, dass der Standpunkt des Pflegers, nichts veranlassen zu wollen, das Interesse des Kindes unzweifelhaft gefährdet, hätte es ihn aus dem Amt zu entlassen (§§ 1886, 1915 BGB) und einen anderen Pfleger zu bestellen, der eine gegenteilige Sachbehandlung erwarten lässt. Pflichtwidriges Untätigbleiben des Pflegers würde trotz § 1918 Abs. 3 BGB die Pflegschaft als solche nicht enden lassen. Auch der Sorgerechtsinhaber kann ja einmal gefasste Meinungen von der Behandlung einer Kindesangelegenheit noch ändern.

f) Verfahrenspfleger/Verfahrensbeistand. Pflegschaften bzw. Beistandschaften **33** für Minderjährige gibt es in der ordentlichen Gerichtsbarkeit außer den vom materiellen Recht des BGB vorgesehenen auch sonst. – Nach § 158 FamFG kann das Gericht dem minderjährigen Kind in **Kindschaftssachen** einen Beistand für ein seine Person betreffendes Verfahren bestellen. Mit dem § 50 FGG – der Vorgängernorm von § 158 FamFG –, der durch das KindRG in das FGG Eingang gefunden hat, ist der jahrzehntelang diskutierte **„Anwalt des Kindes"** Gesetz geworden. Mit der FGG-Reform hat er seinen Namen geändert und ist von „Pfleger" (der gewöhnlich Teile der elterlichen Sorge innehat) zum „Beistand" (der neben dem Sorgerechtsinhaber steht, s. auch §§ 1712, 1716 BGB) geworden. Um einerseits dem Bedürfnis von Kindern nach Schutz uU sogar vor den eigenen Eltern gerecht zu werden, und um andererseits zu verhindern, dass immer ein Helfer in Verfahren, an denen Kinder beteiligt sind, bestellt werden muss, ist der Gesetzgeber einen Kompromiss eingegangen. Für die dringendsten Fälle, die die Praxis nennt, ist die Bestellung eines Beistands im Regelfall obligatorisch (Abs. 2 Nr. 1 bis 5), in allen anderen Fällen hat sie zu erfolgen, soweit dies zur Wahrnehmung der Interessen des Kindes erforderlich ist (Abs. 1), insbesondere bei Interessenkollision (Abs. 2 Nr. 1). Will das Gericht in einem der namentlich genannten Fälle von einer Bestellung absehen, hat es dies schriftlich zu begründen (Abs. 3 S. 3). Die Bestellung soll unterbleiben oder aufgehoben werden, wenn die Interessen des Kindes von einem Rechtsanwalt oder einem anderen geeigneten Verfahrensbevollmächtigten angemessen vertreten werden (Abs. 5). – Nach § 174 FamFG bestellt das Familiengericht dem Kind auch in **Abstammungssachen** (§ 169 FamFG) einen Verfahrensbeistand, sofern dies zur Wahrnehmung seiner Interessen erforderlich ist. Dies ist insbesondere der Fall, wenn das Interesse des Kindes zu dem seines gesetzlichen Vertreters in erheblichem Gegensatz steht. – In **Adoptionssachen** (§ 186 FamFG) hat das Familiengericht dem Kind gem. § 191 FamFG unter den gleichen Voraussetzungen einen Verfahrensbeistand zu bestellen. Wegen Aufwendungen und Vergütung → § 4 Rn. 1–18.

34 Den **Prozesspfleger nach § 57 ZPO** bestellt der Vorsitzende des Prozessgerichts als „besonderen Vertreter" für eine nichtprozessfähige Partei, die verklagt werden soll. Umso weniger dürfte schon deshalb das Familiengericht einem Minderjährigen in der Beklagtenrolle den Ergänzungspfleger vorenthalten mit der Begründung, es halte die Rechtsverteidigung für aussichtslos (der Ergänzungspfleger könnte in geeigneten Fällen, was der vom Prozessgericht bestellte Pfleger nicht kann: den Kläger noch vor Klagezustellung klaglos stellen und dadurch günstigere Kostenfolgen offen halten). – Ein echter Ergänzungspfleger wiederum kann vom Familiengericht bestellt werden zur Stellung eines **Strafantrages** und zur Durchführung eines Klageerzwingungsverfahrens nach § 172 StPO, wenn der Sorgerechtsinhaber in der Sache befangen erscheint und ihm die gesetzliche Vertretung insoweit entzogen worden ist. Die Ergänzungspflegschaft wegen des **Vertretungshindernisses nach § 52 StPO** (→ Rn. 13) soll das Familiengericht allerdings erst anordnen dürfen, wenn es vom Strafrichter darum ersucht wird, weil diesem das Urteil darüber zusteht, ob dem Minderjährigen die Verstandesreife fehlt, die Bedeutung des Zeugnisverweigerungsrechts zu erkennen.[58] Stellt die gleiche Vorfrage sich im Ermittlungsverfahren, bleibt ihre Beurteilung in der Zuständigkeit des Ermittlungsorgans; sie ist für das Familiengericht bindend.[59]

35 Einer besonderen Betrachtung bedarf noch die Pflegschaft für die Vertretung des Kindes in dem **Verfahren auf Anfechtung der Vaterschaft gem. §§ 1600 ff. BGB.** Gleichgültig in welcher rechtlichen Beteiligtenrolle (§ 172 FamFG) (Antragssteller oder Antragsgegner) das Kind auftritt, in jedem Fall muss sein gesetzlicher Vertreter für es handeln. Für den Fall, dass das Kind Antragsteller ist, sagt das Gesetz dies ausdrücklich (§ 1600a Abs. 3 BGB). Diese Erwähnung ist deswegen notwendig, weil auch ein beschränkt geschäftsfähiges Kind trotz des persönlichen Charakters des Rechtsgeschäfts nicht selbstständig handlungsfähig sein soll. Im Übrigen verlangt das Gesetz, dass die Anfechtung durch den gesetzlichen Vertreter dem Wohl des Kindes dienen muss (Abs. 4). Wer gesetzlicher Vertreter ist, folgt aus den Regeln zur elterlichen Sorge (§§ 1626 ff. BGB). Eine Pflegerbestellung ist immer dann nötig, wenn der Scheinvater des Kindes Mitsorgerechtsinhaber ist (§ 1626a Abs. 1 BGB), weil dann die Vertretung des Kindes durch beide Eltern wegen §§ 1629 Abs. 2 S. 1, 1795 Abs. 2, 181 BGB nicht möglich ist. Die Mutter kann auch nicht alleine für das Kind handeln. Die Sonderregelung für die Geltendmachung des Kindesunterhalts in § 1629 Abs. 2 S. 2 BGB

---

[58] OLG Hamm OLGZ 1972, 157; zustimmend: MüKoBGB/*Schwab* § 1909 Rn. 35.

[59] OLG Stuttgart Rpfleger 1985, 441; LG Stuttgart DAVorm 1987, 147 (149) (Gestattung der Blutprobe).

ist *nicht* ausdehnungsfähig. Eine Konzentration der Gesamtvertretung beider Elternteile auf den einen von ihnen tritt, wie schon zu → Rn. 11 bemerkt, nicht ein.[60] – Nach Auflösung der Ehe unter Lebenden wird die Ergänzungspflegschaft für die Anfechtung der Vaterschaft erforderlich, wenn dem Vater die Personensorge übertragen worden war und der Antrag namens des Kindes gestellt werden soll (entschlösse er sich in diesem Falle, selbst einen Antrag zu stellen, würde er sich als Sorgerechtsinhaber disqualifizieren; die Sorge müsste ihm schon insgesamt nach § 1696 BGB entzogen werden); daneben hat ein Ergänzungspfleger selbstverständlich in Funktion zu treten, wenn der verwitwete Ehemann die Anfechtung der Vaterschaft betreiben will oder das Kind eine solche gegen ihn. Hat das Kind einen Sorgerechtspfleger nach § 1671 Abs. 3 BGB erhalten, stellt die Notwendigkeit einer Ergänzungspflegschaft sich von vornherein nicht. In allen anderen Fällen wird das Kind im Anfechtungsverfahren gesetzlich durch die Mutter vertreten.

Eines Ergänzungspflegers bedarf es dann nur noch, wenn **der Mutter nach §§ 1796, 1629 Abs. 2 S. 3 BGB** die gesetzliche Vertretung in Ansehung der Anfechtung der Vaterschaft **entzogen** worden ist. Die Gründe hierfür können sehr verschieden liegen (und werden auch kontrovers beurteilt).[61] Meist werden sie in Befangenheiten aus ihrer Intimsphäre, aber auch in Motivationen wirtschaftlicher Art zu sehen sein. Sie könnten die Mutter eine Anfechtung der Vaterschaft gegen das höhere Kindesinteresse nicht wünschen lassen, gelegentlich aber auch unter Hintansetzung des Kindesinteresses den Gedanken einer Anfechtung forcieren lassen. *Nicht* zulässig ist es jedenfalls, der Mutter die gesetzliche Vertretung für den Prozess mit der Begründung zu entziehen, sie müsse für eine Rolle als Zeugin zur Verfügung stehen. Das Bestreben, dem Kinde als Beteiligtem einen Zeugen zu verschaffen, den es sonst nicht hätte, ist kein Grund für die Entziehung der gesetzlichen Vertretung nach § 1796 BGB[62] – wie überhaupt die Entziehung der gesetzlichen Vertretung und die damit verbundene Ergänzungspflegschaft kein Mittel sein kann, dem Kinde taktische Nachteile zu ersparen, die mit der Teilnahme am allgemeinen Rechtsverkehr für jedermann verbunden sind.[63] Das Wissen des gesetzlichen Vertreters wird im Prozess durch Parteivernehmung erhoben. Dass die Zeugenaussage schon als solche einen größeren Beweiswert habe als die Parteivernehmung derselben Person über denselben Gegenstand, ist die bekannte – formale – Betrachtungsweise, die nicht dadurch richtiger wird, dass man sie bei Gerichten immer wieder antrifft. 36

Einer Ergänzungspflegschaft bedurfte es wohl auch, wenn das Kind in einem Anfechtungsverfahren der geschiedenen Mutter gegen den Vater beigeladen wurde (§ 640e Abs. 1 ZPO), weil die Mutter in analoger Anwendung von § 1795 Abs. 1 Nr. 3 von der Vertretung des Kindes ausgeschlossen war.[64] Seit Inkrafttreten des FamFG hat sich diese Fragestellung erledigt, weil in einem Anfechtungsverfahren Vater, Mutter und Kind Beteiligte sind (§ 172 FamFG), eine Beiladung also nicht mehr in Betracht kommt.

2. Ersatzpflegschaft. Sie kommt nach § 1909 Abs. 3 BGB in Betracht, wenn „die Voraussetzungen für die Anordnung einer Vormundschaft vorliegen, ein Vormund aber noch nicht bestellt ist". Einen geeigneten Vormund zu finden, kann größere 37

[60] Die Entscheidung BGH NJW 1972, 1708 betraf gerade diesen Fall.

[61] S. die Darstellung in dem Gutachten des Deutschen Instituts für Vormundschaftswesen DAVorm 1984, 277 (278).

[62] KG OLGZ 1971, 316 (für einen Rentenprozess).

[63] KG OLGE 16, 36.

[64] BGH FamRZ 2002, 880 (882) mit zust. Anmerkung von *B. Veit* FamRZ 2002, 953.

Schwierigkeiten bereiten als die Bestellung eines Pflegers. Für die Berufung zum Vormund sind uU Benennungsrechte (§ 1776 BGB), über die nur unter den Voraussetzungen des § 1778 hinweggegangen werden kann, und im Übrigen Auswahlprioritäten nach § 1779 Abs. 2 BGB zu berücksichtigen, deren Beachtung Anhörungen verschiedenen Ausmaßes bedingt. In Ansehung der Qualifikation stellt zudem die Berufung in das Vormundsamt umfangreichere Anforderungen als das Amt des Pflegers. Hieraus entstandenen **Engpässen** soll für dringliche Vertretungsanliegen durch eine Überbrückungspflegschaft begegnet werden. Auch diese, die sog. **Ersatzpflegschaft,** ist grundsätzlich für Einzelaktivitäten gedacht. Nur in Grenzfällen, wenn sich der Kreis der zu betreuenden Angelegenheiten nicht überblicken lässt oder aus besonderen Gründen die Totalität der gesetzlichen Vertretung sichergestellt sein muss, kommt eine Ersatzpflegschaft mit dem Wirkungskreis eines Vormunds in Betracht (Totalpflegschaft).[65] – Da übrigens das Gesetz nur davon spricht, dass ein Vormund noch nicht „bestellt ist", wäre nicht einmal entscheidend, auf Hindernisse in der Bestellung abzuheben. Jene Formulierung erlaubt es, von der Ersatzpflegschaft auch in Fällen Gebrauch zu machen, in denen es untunlich erscheint, einen Vormund zu bestellen, weil die Vormundschaft ohnehin in Kürze enden würde (bevorstehende Volljährigkeit eines Minderjährigen, der soeben Vollwaise geworden ist). Das Familiengericht kann sich darauf beschränken, eine **Ersatzpflegschaft ad hoc** anzuordnen.

38 Im Übrigen ist § 1909 Abs. 3 BGB der **analogen Anwendung** fähig. Es kann vergleichbare Situationen geben, in denen eine Vakanz der gesetzlichen Vertretung eines Minderjährigen vorliegt und ihre Beendigung eine familiengerichtliche Maßnahme voraussetzt, die nicht sogleich getroffen werden kann. So, wenn nach Trennung von Eltern, die gemeinsam das Sorgerecht hatten, der eine Elternteil, dem die Sorge nach § 1671 BGB zugesprochen worden war, verstirbt oder wenn der Vater, der die Sorge gem. § 1671 Abs. 2 oder die Mutter sie nach § 1626a Abs. 2 alleine innehatte, verstirbt und nunmehr entschieden werden muss, ob die Sorge daraufhin dem anderen Elternteil übertragen werden kann oder anderenfalls ein Vormund oder Pfleger zu bestellen sei (§ 1680 Abs. 2 BGB). Dieser Vertretungsnotstand tritt im Regelfall unvermittelt auf. Die Weichenstellung, ob übertragen werden solle oder nicht, und, wenn nein, ob ein Vormund oder ein Pfleger – dazu → Rn. 2 – in Betracht komme, gestaltet sich für das Gericht sich nicht selten schwierig . In jedem Falle sind eingehende Feststellungen erforlich Ähnlich liegt es bei § 1764 Abs. 4 BGB (Adoptionsverhältnis rechtskräftig – § 198 Abs. 2 FamFG – aufgehoben; Folgeentscheidung des Familiengerichts, ob die Kindessorge den leiblichen Eltern zurück zu übertragen oder ein Vormund/Pfleger bestellt werden solle). Die Analogie, hier mit einer Interimspflegschaft zu überbrücken, rechtfertigt sich nicht zuletzt aus dem Gedanken, dass das Gesetz auch sonst einen Totalausfall der gesetzlichen Vertretung, wenngleich es ihn nicht immer verhindern kann, so doch nach Möglichkeit durch gerichtliche Maßnahmen einzudämmen sucht (§§ 29 BGB, 85 AktG). Eigenes Handeln des Familiengerichts im Namen des Minderjährigen (§ 1846 BGB) muss stets die letzte Ausflucht bleiben.

39 **3. Sorgerechtspflege. a) Übersicht. Abgrenzung zur Ergänzungspflegschaft.** Im Gesetz ist die Kategorie „Sorgerechtspflegschaft" nicht gesondert ausgewiesen. Nur formal, wegen der auch durch sie bewirkten Einschränkung der Vertretungsmacht des Sorgerechtsträgers, wird sie üblicherweise dem Formenkreis des § 1909 Abs. 1

[65] Soergel/*Zimmermann* § 1909 Rn. 16; MüKoBGB/*Schwab* § 1909 Rn. 57; Staudinger/*Bienwald* Rn. 33.

BGB zugeordnet. Eine eigentliche Ergänzungspflegschaft ist sie gleichwohl nicht. Die Sorgerechtsbefugnis wird durch sie nicht nur ergänzt, weil ihre Ausübung durch rechtliche oder tatsächliche Verhinderung des Sorgeberechtigten, den Minderjährigen mit rechtlicher Wirkung vertreten zu können, punktuell *gelähmt* wäre. Vielmehr ist die Sorge für **generell umschriebene Teilbereiche entzogen.** Den so ausgefallenen Bereich hat der Pfleger im Ganzen, durch tatsächliche und rechtliche Betreuung, wahrzunehmen. Was zugrunde liegt, der sog. Pflegschaftsgrund, ist bei der Sorgerechtspflegschaft, verglichen mit der Ergänzungspflegschaft, in charakteristischer Umkehrung gestuft. Bei der Ergänzungspflegschaft ist es überwiegend ein gesetzlicher Tatbestand (§§ 1795, 181 BGB; daneben die Verhinderung aus tatsächlichen Gründen) und nur im Falle der Sorgerechtspflegschaft ist eine gerichtliche Maßnahme (§ 1796 BGB) kein gesetzlicher Tatbestand, und zeigt die Breite gerichtlicher Maßnahmen (§§ 1666, 1667, 1671 Abs. 3 BGB)auf. In einem weiteren Falle ist sie ein privat-autonomer Akt (der in § 1909 Abs. 1 S. 2 BGB angesprochene, → Rn. 40). Jede Sorgerechtspflegschaft ist ihrer Natur nach **Dauerpflegschaft.** Von der Ergänzungspflegschaft in Dauerrechtsverhältnissen (→ Rn. 21–25) unterscheidet sie sich dadurch, dass dort die Möglichkeit einer Interessenkollision mit dem Sorgeberechtigten die Pflegschaft veranlasst hat, in der Sorgerechtspflegschaft dagegen ein Nebeneinander von zwei Sphären besteht, welches eine Gegensätzlichkeit der Interessen des Minderjährigen mit Eigeninteressen des Sorgeberechtigten im Ansatzpunkt nicht kennt. Hier liegt deshalb auch das Abgrenzungsmerkmal zu einer Ergänzungspflegschaft aufgrund Entziehung der Vertretungsmacht nach § 1796 BGB für einen bestimmten Kreis von Angelegenheiten. Insofern kann ein Wirkungsbereich gleichen Inhalts ebenso in der Sorgerechtspflegschaft nach entsprechender Teil-Entziehung vorkommen (Bestimmung der Berufswahl und Regelung des Ausbildungsverhältnisses). Beide sind nach Voraussetzung (Interessengegensatz: Gefährdung der Kindesinteressen infolge Versagens des Sorgeberechtigten) und Wirkungen (Übergang der Vertretungsmacht: Übergang der Betreuung, auch der tatsächlichen unter Einschluss der Vertretungsmacht) verschieden. In der Sorgerechtspflegschaft kann es deshalb, anders als in der Ergänzungspflegschaft (→ Rn. 14, 25) auch eine **Überwachungspflegschaft** geben (dazu → Rn. 44, 49). Die in § 1909 Abs. 2 statuierten Anzeigepflichten sind auf die Ergänzungspflegschaft zugeschnitten; für die Sorgerechtspflegschaft treten meist andere an die Stelle (→ § 12 Rn. 4). Schließlich sind die Endigungstatbestände unterschiedlich gestaltet (dazu → § 12 Rn. 10, 12). Ergänzungspflegschaft und Sorgerechtspflegschaft sind im soziologischen Ausgangspunkt grundverschiedene Erscheinungen.

b) Sorgerechtspflegschaft in der Vermögenssorge nach privatautonomer Bestimmung – auch sog. Zuwendungspflegschaft (§§ 1638, 1909 Abs. 1 S. 2 BGB). Eine **gegenständlich beschränkte Verdrängung aus der Vermögenssorge** tritt für solches Kindesvermögen ein, welches dem Kinde von Todes wegen oder durch Schenkung zufällt, wenn der Erblasser oder der Schenker angeordnet hat, dass dieses Vermögen nicht von den Eltern oder dem Vormund verwaltet werden solle. Dass und mit welcher Wirkung die Anordnung gegenüber den Eltern möglich sein soll, bestimmt § 1638 BGB. § 1909 Abs. 1 S. 2 BGB knüpft hieran die Notwendigkeit einer Pflegschaft, nennt dabei neben den Eltern auch den Vormund und schafft damit gegen ihn die gleiche Möglichkeit der Beschränkung. So wie gegen den Vormund sollte sie deshalb auch gegen einen Pfleger ausgesprochen werden dürfen, dem die allgemeine Vermögenssorge über das Kindesvermögen zusteht. Der Zuwendende kann bestimmen, ob der Ausschluss der Verwaltungsbefugnis sich auf die Person des Ausgeschlossenen – dem er vielleicht mit Misstrauen begegnet – oder auf die Funktion, also auch 40 auf etwaige Nachfolger in der Elternstellung (Adoption) oder der Vormünderstellung bezieht. Im Einzelfall kann das eine Auslegungsfrage sein.[66]

41 Pflegschaftsgrund ist ein **rechtsgeschäftlicher Dispositionsakt.** Er muss vom Schenker bei der Zuwendung (nicht auch nachträglich), vom Erblasser in letztwilliger Verfügung getroffen sein.[67] Die Rechtsmacht des Zuwendenden kann so weit gehen, dass der gesetzliche Vertreter des Kindes von der Zuwendung nichts erfahren soll, und falls er doch etwas davon erfährt, kein Auskunftsrecht hat.[68] Da die Einleitung der Pflegschaft notwendige Folge dessen ist, kann die Bestimmung des Ausschlusses der elterlichen (vormundschaftlichen) Vermögensverwaltung konkludent in der gleichzeitigen Bitte um Pflegerbestellung gesehen werden und deshalb auch in der Benennung einer bestimmten Person, die das zugewendete Vermögen verwalten solle. Anordnung einer Testamentsvollstreckung über den Nachlass schließt die Möglichkeit eines Ausschlusses des Verwaltungsrechts für das dem Kinde Zugewendete nach § 1638 BGB nicht aus (die Testamentsvollstreckung kann schon vor Volljährigkeit des Kindes enden). Die einzuleitende Pflegschaft hat daraufhin die Rechte wahrzunehmen, die dem Vermächtnisnehmer oder, wenn das Kind Erbe geworden ist, dem Erben gegen den Testamentsvollstrecker zustehen, auch (und gerade) wenn ein Elternteil selbst zum Testamentsvollstrecker bestimmt worden ist.[69]

42 **c) Sorgerechtspflegschaft in der Personensorge oder der Vermögenssorge nach Verlust der Sorgebefugnis durch gerichtlichen Ausspruch.** Die Entziehung von Sorgebefugnissen durch gerichtlichen Ausspruch bildet den **Hauptfall der Sorgerechtspflegschaft.** Sie kann, wenn es bei einer Pflegschaft bewenden soll, die Personensorge und die Vermögenssorge (aber nicht beides), die tatsächliche Sorge oder die gesetzliche Vertretung[70] oder beides (aber nicht die gesetzliche Vertretung insgesamt, arg. § 1773 BGB) zum Gegenstand haben; sie kann sich jeweils auf Teilgebiete in der Personen- oder der Vermögenssorge beschränken. Ihre Wirkungen lassen sich durch vorläufige Anordnungen vorwegnehmen. Bei alledem hat auch hier die Sorgerechtsentziehung oder -teilentziehung nicht notwendig die Anordnung einer Pflegschaft zur Folge. So kann, wenn die Sorge nur einem der beiden Elternteile entzogen wird, sie dem anderen Elternteil anfallen oder ihm übertragen werden, § 1680 Abs. 3 BGB.

43 Im Vordergrund steht die **Entziehung der Personensorge** nach § 1666 Abs. 1 Alt. 1 BGB. In der Regel ergeht sie gegenüber Eltern oder einem Elternteil, soll aber über § 1837 Abs. 3 BGB auch gegenüber einem Vormund zulässig sein. Sie ist Anlass für eine Pflegschaft auch dann, wenn – gegenüber Eltern – ein weitergehender Ausspruch über die Vermögenssorge nur deshalb unterbleibt, weil Kindesvermögen nicht vorhanden, eine entziehbare Sorgebefugnis insoweit also nicht aktuell ist; erst die förmliche Erstreckung der Entziehung auf die Kindessorge im ganzen oder doch jedenfalls auf die gesetzliche Vertretung für Personen- und Vermögenssorge (vgl.

---

[66] MüKoBGB/*Schwab* § 1917, Rn. 8; BayObLG DAVorm 1989, 703 (705) (wie denn schon der Ausschluss als solcher schlüssig zum Ausdruck kommen kann: KG FamRZ 1962, 432 (434 f.) – Schenkung –; BayObLGZ 1964, 263 (264) – Testament –).

[67] Erforderlich Gleichzeitigkeit von Zuwendung und Anordnung: OLG Naumburg FamRZ 2003, 1406.

[68] LG Bonn FamRZ 1995, 1433.

[69] Ebenso wohl MüKoBGB/*Schwab* § 1909 Rn. 51.

[70] RGZ 144, 251: Entzug der elterlichen Vermögenssorge nur für die gesetzliche Vertretung, nicht für die Verwaltung des Kindesvermögens.

§ 1773 Abs. 1 Alt. 2 BGB) würde statt der Pflegschaft eine Vormundschaft notwendig machen (→ Rn. 2).[71]

Entziehung von Teilbereichen der Personensorge ist nicht selten. Zur Einleitung einer Pflegschaft nötigt sie aber erst, wenn ein **Tätigwerden an der Stelle des betroffenen Elternteils** oder Vormunds (hier auch eines Pflegers, → Rn. 54) in Betracht kommt und Entschließungen hierüber getroffen werden müssen. Maßnahmen, die nach § 1666 BGB in Gestalt von **Geboten und Verboten** ergehen, bieten dafür noch keinen Ansatzpunkt. Doch kann, wenn ihre Nichtbefolgung zu befürchten steht, eine **Pflegschaft zwecks Überwachung** eingerichtet werden.[72] Denn in der Wahl seiner „Maßnahmen" ist das Familiengericht nach § 1666 Abs. 1–3 BGB nicht beschränkt. Die dem Familiengericht in § 1666 Abs. 3 Nr. 5 BGB gegebene Befugnis, rechtsgeschäftliche Erklärungen der Eltern zu ersetzen – zB die Einwilligung in eine Operation –, kann eine Pflegschaft im Einzelfalle entbehrlich machen. Doch weist *Coester-Waltjen* darauf hin, dass Derartiges nur in Eilfällen in Erwägung gezogen werden solle und die Erklärungsersetzung unmittelbar durch das Gericht in der Regel einen teilweisen Sorgerechtsentzug und Pflegerbestellung erspart. Doch sollte Derartiges nur in Eilfällen in Erwägung gezogen werden.[73] Angemessener ist es, eine Pflegschaft mit dem Wirkungskreis der Prüfung und Entschließung über etwa erforderliche ärztliche Maßnahmen einzuleiten.. Das Gericht sollte sich möglichst aus der eigenen Verantwortung für einen solchen Schritt heraushalten, so wie es auch sonst nur als Notvormund (§§ 1693, 1846 BGB) zum eigenen Tätigwerden namens des Mündels berufen ist (vgl. auch → Rn. 38). 44

An Teilentziehungen der Personensorge sind **im Einzelnen** noch zu nennen: Bestimmung der religiösen Erziehung des Kindes (so ausdrücklich § 3 Abs. 1 Alt. 2 RelKEG – Entziehung gegenüber einem Elternteil; ähnlich § 1800 Abs. 1 BGB – Entziehung gegenüber dem bekenntnisverschiedenen Einzelvormund –), Entscheidung über die Schulwahl,[74] Entscheidung über einen Schwangerschaftsabbruch der minderjährigen Tochter,[75] Entscheidung über Maßnahmen für ein Kind (zB Begutachtung).[76] 45

In der Praxis häufig[77] ist die Pflegschaft mit dem **Wirkungskreis der Bestimmung des Kindesaufenthalts,** nachdem das Aufenthaltsbestimmungsrecht den Eltern oder dem Elternteil – unter dem Vorbehalt des § 1666a Abs. 1 BGB! – entzogen worden ist. Isoliert bleibt eine solche Maßnahme freilich problematisch. Sie vermag störendes elterliches Hineinwirken in den vom Pfleger bestimmten Aufenthalt nicht zu unterbinden, denn die Eltern behalten das Recht, Erziehungsziel und Erziehungsstil für das Kind zu bestimmen und zu beaufsichtigen, und zu diesem Zweck nach ihrem Belie-

[71] Über Fälle einer konkludenten Entziehung durch „kurzgeschlossene" Einleitung einer Pflegschaft: KG OLGZ 1966, 331; OLG Hamm Rpfleger 1973, 395 (396).

[72] Soergel/*Strätz* § 1666 Rn. 43 (für die Unterbringung).

[73] *Gernhuber/Coester-Waltjen* § 57 Rn. 120.

[74] BVerfG MDR 1955, 23.

[75] LG Berlin FamRZ 1980, 285; AG Dorsten DAVorm 1978, 131. In anderen Fällen ist übrigens die Einleitung einer Pflegschaft zu diesem Zweck unter entsprechender Beschränkung des elterlichen Sorgerechts abgelehnt worden: LG München I FamRZ 1979, 850; AG Helmstedt ZfJ 1987, 85; dazu vgl. auch LG Köln FamRZ 1987, 207. Zu LG Berlin FamRZ 1980, 285 und LG München I FamRZ 1979, 850; sa *Oberloskamp/Brosch* Jugendhilferechtliche Fälle S. 112–114 und 181–190.

[76] OLG Rostock FamRZ 2006, 1623. Vgl. BayObLG NJW 1962, 2204; AG Aalen FamRZ 1991, 360 mAnm *Luthin;* OLG Hamburg FamRZ 1996, 422.

[77] Nachweis der umfangreichen Rechtsprechung bei Soergel/*Lange* (11. Aufl.) § 1666 Rn. 39. Aufenthaltsbestimmungspflegschaft im Falle des § 1672 BGB aF: OLG Hamm FamRZ 1988, 199.

ben den Umgang mit dem Kind auszuüben. Ein Ausbildungsverhältnis als gesetzlicher Vertreter abzuschließen, Dispositionen über Vornahme einer ärztlichen Langzeitbehandlung zu treffen, womit sie in den beiden letztgenannten Beziehungen den vom Pfleger bestimmten Aufenthalt förmlich zu unterlaufen vermöchten. Es ist deshalb notwendig, die Entziehung des Aufenthaltsbestimmungsrechtes durch flankierende Maßnahmen abzusichern wie Entzug des Erziehungsrechts, Regelung des persönlichen Umgangs mit dem Kinde bis hin zu einer Ermächtigung, den gewählten Aufenthaltsort einstweilen vor den Eltern geheim zu halten.[78] Ebenso sollte im Regelfall flankierend auch die Berechtigung zur Antragstellung von Maßnahmen nach §§ 27 ff. SGB VIII enzogen werden, da sonst die Gefahr besteht, dass das Aufenthaltsbestimmungsrecht in Leere läuft. Denn ohne Antragstellung nach §§ 27 ff. SGB VIII durch den Pfleger wäre eine Unterbringung in einer Pflegefamilie durch das zuständige Jugendamt nicht möglich und der Minderjährige müsste ggf. in der Herkunftsfamilie verbleiben, obwohl nach den Bestimmungen des § 1666 BGB das Kindeswohl gefährdet wäre. Eine räumliche Eingrenzung des Aufenthaltsbestimmungsrechts bei der Bestimmung des Wirkungskreises der Pflegschaft wird für zulässig zu erachten sein.

Streitig ist, ob die Aufenthaltsbestimmungspflegschaft den Pfleger berechtigt Entwicklungsberichte über den Pflegling zB von der Heimleitung anzufordern. Nach hier vertretener Auffassung muss dies möglich sein, da die notwendigen Entscheidungen (va bei einem möglichen Wechsel der Unterbringung) nur auf Basis von ausreichendem Datenmaterial sachgerecht getroffen werden können.

Anzutreffen ist in der Praxis auch der Entzug des Aufenthaltsbestimmungsrechts mit der Folge der Pflegerbestellung und das Belassen des Kindes in der Familie. Vor dem Hintergrund der aktuellen Rechtsprechung des BVerfG[79] entspricht eine solche Praxis im Regelfall nicht dem Grundsatz der Verhältnismäßigkeit. Denn ein Sorgerechtsentzug (auch in Teilen) auf Vorrat ist unzulässig, wenn das Kind weiterhin in der elterlichen Wohnung belassen wird. Liegt also eine Kindeswohlgefährdung (körperlich, geistig, seelisch) im Sinne das § 1666 BGB vor, ist das Kind aus dem Haushalt der Eltern herauszunehmen. Wird das Kind jedoch im Haushalt der Eltern belassen so kann im Umkehrschluss keine Kindeswohlgefährdung vorliegen, die einen Sorgerechtseingriff nach § 1666 BGB zulässt.

46 Von großer Bedeutung ist in der Praxis die Regelung des Umgangs des Kindes durch einen **Umgangspfleger**. Nachdem sich diese Art von Pflegschaft zunächst in der Rechtsprechung[80] entwickelt hat, ist sie seit Inkrafttreten des FamFG ausdrücklich im Gesetz vorgesehen (§ 1684 Abs. 3 Sätze 3–6 BGB). Eine derartige Pflegerbestimmung setzt voraus, dass die Pflichten aus der sog. Wohlverhaltensklausel (§ 1684 Abs. 2 BGB) dauerhaft oder wiederholt erheblich verletzt worden sind (Satz 3). Die Umgangspflegschaft umfasst das Recht, die Herausgabe des Kindes zur Durchführung des Umgangs zu verlangen und für die Dauer des Umgangs dessen Aufenthalt zu bestimmen (Satz 4). Die Umgangspflegschaft zur Durchsetzung des Umgangsrechts eines Elternteils kann hiernach schon erfolgen, wenn das Kind nicht gefährdet ist, sozusagen vorsorglich. Gemäß § 1685 Abs. 3 Satz 2 BGB dagegen, der sich auf andere

[78] BayOblGZ 1976, 324.

[79] So zuletzt BVerfG JAmt 2014, 403

[80] AG Aalen FamRZ 1991, 360 mAnm *Luthin;* OLG Hamburg FamRZ 1996, 422; OLG Köln FamRZ 1998, 1463; OLG Frankfurt/M. 2000, 1240; FamRZ 2002, 1585; FamRZ 2004, 1311; OLG München 2003, 1957; OLG Rostock FamRZ 2004, 54; BGH FamRZ 2005, 1471; OLG Saarbrücken FamRZ 2005, 927; OLG München 2007, 1902. *Salgo* in FS Schwab, 2005, 891 *Menne* ZKJ 2006, 445; *Prenzlow* ZKJ 2008, 115; *Stötzel* FPR 2009, 27 (29).

Umgangsberechtigte bezieht (Großeltern, Geschwister, Personen mit sozial-familiärer Beziehung zum Kind) ist eine solche Anordnung nur möglich, wenn das Kindeswohl im Sinne des § 1666 BGB gefährdet ist.

Vom Umgangspfleger zu unterscheiden sind der Umgangsbegleiter (§ 1684 Abs. 4 Satz 3 BGB)[81] und der Verfahrensbeistand zur Regelung des Umgangsrechts (§ 158 FamFG). Der **Verfahrensbeistand** ist ein Helfer des Kindes in dem Verfahren, in dem es sich um die rechtlich Festlegung des Umgangsrechts einer Person handelt. Es geht hier um die gerichtliche Klärung, ob jemandem ein Umgangsrecht zusteht (bestätigt, entzogen, eingeräumt) und wenn ja, eventuell in welcher konkreten Art und in welchem Umfang. In diesem Zusammenhang sei nochmals klargestellt, dass er keine sorgerechtlichen Befugnisse hat, da nach § 158 Abs. 5 Satz 6 FamFG nicht gesetzlicher Vertreter des Kindes ist.

Umgangsbegleiter und Umgangspfleger dagegen sind zuständig für die praktische Umsetzung der gerichtlichen Entscheidung, wobei dem Pfleger bestimmte rechtliche Befugnisse (Herausgabeanspruch, Aufenthaltsbestimmung für die Dauer des Umgangs) zustehen, über die der Begleiter nicht verfügt. Ungereimt ist, warum ein Begleiter – dessen Rechtsposition schwach ist – nur bei Kindeswohlgefährdung eingesetzt werden kann, ein Umgangspfleger dagegen – der jedenfalls in Bezug auf Elternteile mit Rechten ausgestattet ist – bereits sozusagen als Sanktion bei Verstößen gegen bestimmte Pflichten, gleichgültig, ob eine Gefährdung vorliegt oder nicht.

Abzugrenzen ist die Umgangspflegschaft nach § 1684 Abs 3 vom **Recht zur Bestimmung des Umgangs.** Das Umgangsbestimmungsrecht ist ein Teil des Personensorgerechts (1632 Abs. 2 BGB) und kann bei Bedarf nach den Bestimmungen des § 1666 BGB entzogen und auf einen Pfleger übertragen werden, der dann diesen Teil des Sorgerechts ausübt. Der Umgangspfleger, dessen Befugnisse sich ausschließlich aus § 1684 Abs. 3 BGB ableiten, ist hingegen nur für die Durchführung des Umgangs mit den unter → Rn. 46 benannten Befugnissen berechtigt, dazu gehört ausdrücklich nicht die Bestimmung über die Umgangsregelung an sich. Diese Rechtsfrage ist vom BGH noch nicht entschieden worden. Einige Obergerichte vertreten hier unterschiedliche Auffassungen[82]. 47

Die **Entziehung der Vermögenssorge** durch Ausspruch des Gerichts ist vom Gesetz in § 1666 Abs. 1 Alt. 2 vorgesehen. 48

Abs. 2 stellt klar, wann in der Regel eine Gefährdung des Kindesvermögens anzunehmen ist, nämlich bei

- Verletzung der Unterhaltspflicht
- Verletzung von mit der Vermögenssorge verbundenen Pflichten
- Verletzung von gerichtlichen Anordnungen zur Vermögenssorge.

Die früher im Gesetz verstreuten Einzelfälle zum Entzug der Vermögenssorge (§§ 1683 Abs. 4, 1640 Abs. 4, 1667 Abs. 5 sowie 1837 Abs. 3 BGB aF) sind alle in der Grundnorm des § 1666 Abs. 1 BGB aufgegangen.

Wie alle staatlichen Eingriffe stehen die drei Fälle unter dem **Subsidiaritätsgebot.** Weniger einschneidende Maßnahmen dürfen keinen Erfolg versprechen. Dem Grundsatz der Verhältnismäßigkeit entsprechend müssen verschiedene Maßnahmen zumindest bedacht, möglicherweise auch versucht worden sein (§§ 1667, 1640 Abs. 3 BGB).

---

81 *Kölch/Fegert* FamRZ 2008, 1573 (1578 ff.).

82 Zustimmend: OLG München FamRZ 2011, 823; OLG Celle FamRZ 2011, 574; OLG Frankfurt a. M. FamFR 2013, 525; FamRZ 2014, 396; FamRZ 2016, 246
Ablehnend: OLG Karlsruhe FamRZ 2014, 1378; OLG Stuttgart FamRZ 2014, 1794
Dazu: Heilmann FamRZ 2014, 1753.

49 Nach dem bis zum 1.7.1998 geltenden Recht war mit **Scheidung**, Aufhebung und Nichtigerklärung einer Ehe zwingend eine Sorgerechtsregelung verbunden (§ 1671 Abs. 1 BGB aF). Nicht selten führte diese dazu, keinem der Eltern das Sorgerecht zu belassen und einen Vormund zu bestellen oder zumindest für Teilbereiche der elterlichen Sorge eine Pflegschaft anzuordnen (§ 1671 Abs. 5 BGB aF). Über § 1696 BGB konnte es auch nach Auflösung der Ehe zu derartigen Sorgerechtsgestaltungen kommen. Nach jetzt geltendem Recht ist die Auflösung der Ehe als solche kein Grund für eine Sorgerechtsregelung mehr. Jedoch können gemeinsam sorgeberechtigte Eltern, die getrennt leben – dabei ist es gleich, ob sie zuvor verheiratet waren oder nicht – gemäß § 1671 BGB einen Antrag auf Sorgerechtsübertragung stellen. Im Rahmen eines solchen Verfahrens kann das Gericht auch zu der Überzeugung kommen, dass in das Recht beider Eltern gemäß § 1666 BGB ganz oder teilweise eingegriffen werden muss (§ 1671 Abs. 3 BGB), was eine Pflegerbestellung nach sich zieht.

50 Die Praxis beschäftigen nicht selten Fälle, in denen zwar keinem der geschiedenen Elternteile das Personensorgerecht belassen werden kann und deshalb die Bestellung eines Personensorgepflegers nach § 1671 Abs. 3 BGB erforderlich wird, es aber dennoch angezeigt erscheint, das Kind wenigstens versuchsweise bei einem der Elternteile zu belassen, weil eine Trennung die größere Gefahr für das Kindeswohl heraufbeschwören müsste. In solchen Situationen ist dann dem betreffenden Elternteil einstweilen die tatsächliche Personensorge anvertraut und die angeordnete Pflegschaft insoweit als **Aufsichtspflegschaft** eingeleitet worden. Eine verbreitete obergerichtliche Rechtsprechung[83] hat das unter Billigung des Schrifttums[84] gegen anfangs vereinzelte Ablehnung bestätigt. Sie folgt damit dem Prinzip des geringstmöglichen Eingriffs im Hinblick auf § 1666a BGB. Im Maßstab des § 1666 BGB ist dergleichen gerechtfertigt.

51 Vorenthaltung der elterlichen Sorge oder Kindessorge ist es schließlich, wenn nach **Aufhebung eines Adoptionsverhältnisses** das Familiengericht den leiblichen Eltern die Sorgebefugnisse nicht oder nicht in vollem Umfange zurück überträgt (§ 1764 Abs. 4 BGB). Totale Vorenthaltung nötigt alsdann zur Einleitung einer Vormundschaft, partielle zur Einleitung einer Pflegschaft (→ Rn. 2). Die Einleitung wird in beiden Fällen nach Möglichkeit zusammen mit dem Beschluss auf Aufhebung des Adoptionsverhältnisses ergehen müssen, weil die Zuordnung der Kindessorge nicht unnötig in der Schwebe bleiben sollte. Notfalls muss eine Überbrückungspflegschaft nach § 1909 Abs. 3 BGB das Vakuum überbrücken (→ Rn. 38).

52 **4. Quasi-Pflegschaften.** Das Gesetz kennt **Fälle,** in denen Eltern einen Teil ihrer elterlichen Sorge auf andere Personen (zur Ausübung) delegieren (lassen) können, die dann *pflegerähnliche Rechte und Pflichten* haben. Folgende Fälle lassen sich unter solche Quasi-Pflegschaften fassen:

- § 1630 Abs. 3 BGB: Ein Kind lebt seit längerer Zeit in einer Pflegefamilie. Auf Antrag der leiblichen Eltern oder auf Antrag der Pflegeeltern mit Zustimmung der leiblichen Eltern werden Teile der elterlichen Sorge durch das Familiengericht auf die Pflegeeltern übertragen. Die Pflegeperson hat kraft gerichtlich genehmigten privatautonomen Aktes insoweit die Rechte und Pflichten eines Pflegers.
- §§ 1682, 1632 Abs. 4 iVm § 1688 BGB: Ein Kind befindet sich aufgrund einer gerichtlichen Verbleibensanordnung bei einem Stiefelternteil oder bei Pflegeeltern.

[83] OLG Köln FamRZ 1971, 186 (188); OLG Hamm FamRZ 1973, 148 (150); OLG Oldenburg DAVorm 1980, 37 (die Meinung von Soergel/*Zimmermann* § 1909 Rn. 10, der BGH habe in der oben Fn. 35 zitierten Entscheidung die Aufsichtspflegschaft unterschiedslos für unzulässig erklärt, unterstellt dem BGH etwas, was dieser so nicht hat sagen wollen).

[84] Staudinger/*Schwoerer* Rn. 126; MüKoBGB/*Hennemann Rn.* 82, je zu § 1671.

Stief- bzw. Pflegeeltern verfügen kraft Gesetzes als Folge einer gerichtlichen Entscheidung (Verbleibensanordnung) über Teile der elterlichen Sorge (Umfang s. § 1688 Abs. 1 – nächster Spiegelstrich).

- § 1688 Abs. 1 und 3 BGB: Ein Kind lebt (ohne Verbleibensanordnung) seit längerer Zeit in Familienpflege. Ob es ein legales Pflegeverhältnis iSv §§ 33, 35a Abs. 1 Nr. 3 SGB VIII ist, spielt dabei keine Rolle. Die Pflegeperson ist berechtigt, in Angelegenheiten des täglichen Lebens zu entscheiden sowie den Inhaber der elterlichen Sorge in solchen Angelegenheiten zu vertreten. Sie ist ferner befugt, den Arbeitsverdienst des Kindes zu verwalten sowie Unterhalt und Sozialleistungen geltend zu machen und zu verwalten. Die Pflegeperson hat Teile der elterlichen Sorge kraft Gesetzes als Folge einer privatautonomen Entscheidung des gesetzlichen Vertreters gemäß § 27 SGB VIII.
- § 1688 Abs. 2 BGB: ein Kind lebt im Rahmen von Hilfe zur Erziehung (§§ 34, 35a Abs. 1 Satz 2 Nr. 4 SGB VIII) in einer Institution. Die das Kind betreuende Person hat kraft Gesetzes als Folge einer privatautonomen Entscheidung gemäß § 27 SGB VIII Teile der elterlichen Sorge.

Die wichtigsten **Unterschiede** zwischen Pflegschaft und Quasi-Pflegschaft sind: 53

- In den Fällen der Quasi-Pflegschaft wird nicht – wie bei einer „richtigen" Pflegschaft – aus dem „Kuchen der elterlichen Sorge" zunächst „ein Stück herausgeschnitten", um diese sodann mit der Pflegschaft wieder aufzufüllen. In das Sorgerecht wird in den Quasi-Pflegschaften nicht eingegriffen. Vielmehr wird es teilweise überlagert durch Befugnisse anderer Personen.
- Ob diese Personen überhaupt Befugnisse erhalten, hängt entweder vom ausdrücklich erklärten Willen der Sorgerechtsinhaber (§ 1630 Abs. 3 BGB) oder zumindest von ihrem schlüssig geäußerten Willen ab (§ 27 SGB VIII). Es kann nämlich nicht sein, dass jemand ein Kind fremdunterbringt, der Betreuungsperson keinerlei Rechte zur Erziehung und Betreuung des Kindes überlässt. Nur bei §§ 1632 Abs. 4 und § 1682 BGB fehlt das elterliche Einverständnis zur Übertragung von Rechten. Es ist quasi gerichtlich ersetzt.
- Der Umfang und das Ende der Befugnisse richtet sich primär nach dem Willen des Sorgeberechtigten bzw. hilfsweise des Familiengerichts (§ 1630 Abs. 3 und § 1688 Abs. 3 und 4 BGB). Im Fall des § 1688 Abs. 1, 2 BGB ist dem Willen der Personensorgeberechtigten ein bestimmter – korrigierbarer – Umfang an Rechtseinbüßung kraft Gesetzes vorgeschaltet, damit bei Nichtregelung durch die Eltern kein rechtliches „Loch" entsteht.
- Wer die Personen sind, die an Stelle der Sorgerechtsinhaber gewisse Rechte ausüben, steht von vornherein fest. Das Gericht hat keine Auswahl. Es sind immer die Personen, bei denen sich das Kind befindet und die zunächst durch Beantragung einer bestimmten Hilfe von den Eltern ausgewählt worden sind.

Gemeinsam haben Pflegschaft und Quasi-Pflegschaft, dass sie sich nie auf die ge- 54
samte elterliche Sorge beziehen[85], auch wenn diese Meinung verschiedentlich[86] vertreten wird. Abgesehen davon, dass die vom Gesetzgeber gewählten Worte dagegen sprechen („Angelegenheiten" und nicht die „elterliche Sorge"; „Rechte und Pflichten einen Pflegers" und nicht „eines Pflegers oder Vormunds"), wäre die Übergabe aller Rechte und Pflichten ein Unterlaufen der Vorschriften zur Adoption und nicht vereinbar mit der Elternverantwortung des Art. 6 GG. Etwas dergleichen, ob mit oder ohne ihren Willen, zu bewirken, ist Eltern nur möglich durch Freigabe des in der Pflegefamilie

[85] *Windel* FamRZ 1997, 713 (722).

[86] *Baer* FamRZ 1982, 229; MüKoBGB/*Huber* § 1630 Rn. 26; anders noch *Goerke* unten Fn. 87.

lebenden Kindes zur Adoption, und dann folgerichtig so, dass eine Vormundschaft entsteht (§ 1751 Abs. 1 S. 2 BGB). Anders im Falle des § 1630 Abs. 3 BGB: Jedenfalls das Recht zu persönlichem Kontakt mit dem Kinde (als Teil des unaufgebbaren Elternrechts) und, unter Wahrung des Zweckes der Inpflegegabe, das Aufenthaltsbestimmungsrecht (→ § 8 Rn. 18), mindestens aber auch die gesetzliche Vertretung des Kindes im Falle etwaiger Verhinderung der Pflegeperson müsste den Eltern verbleiben, ohne dass es dann eines Ergänzungspflegers (Unterpflegers, → Rn. 55) bedürfte. Auch wäre der Pflegeperson mit der Übertragung der Personensorge nicht schon die Befugnis zugefallen, Unterhaltsansprüche des Kindes gegen die Eltern geltend zu machen. Hierzu müsste sie ad hoc zum Ergänzungspfleger bestellt sein.[87] Der Umfang dessen, was der Pflegeperson an Sorgerechtsbefugnissen übertragen werden soll, richtet sich im Einzelnen nach den Umständen und wird, im Rahmen des Antrages der Eltern, vom Familiengericht unter dem Gesichtspunkt des Kindeswohles bestimmt. Diesen Umfang hat die Übertragungsanordnung zu bezeichnen, deren Ausfertigung der Pflegeperson damit als Legitimation dient; eine „Bestallung“ wird nicht erteilt.

Die **Beistandschaft** zur Regelung von **Vaterschaft und Unterhalt** (§§ 1712 ff. BGB), die in den Vorauflagen, der Sichtweise Brüggemanns folgend, auch unter den Quasi-Pflegschaften aufgeführt wurde, wird nicht mehr unter dieser Kategorie dargestellt, vielmehr als eigenständiges Rechtsinstitut behandelt (siehe § 19).

55 **5. Unterpflegschaft.** Es kann vorkommen, dass der Pfleger seinerseits an der **Wahrnehmung der pflegschaftlichen Obliegenheiten verhindert** ist. Relevant wird das in Dauerpflegschaften, wenn bei dem Pfleger ein gesetzliches Vertretungshindernis nach § 1795 BGB vorliegt oder er wegen eines Interessenkonflikts von der Vertretung nach § 1796 BGB entbunden oder ihm in einer Einzelfrage die Entscheidungsbefugnis nach § 1666 BGB entzogen werden müsste. Dann könnte ihm, in gleicher Weise wie einem Vormund, ein Pfleger als Unterpfleger[88] bestellt werden, der namens des Minderjährigen tätig zu werden hätte. Doch kann das nur in einzelnen Angelegenheiten ohne Präjudiz für die Eignung des Pflegers im Übrigen zulässig sein.[89] Anderenfalls, und so auch bei längerfristiger Verhinderung aus tatsächlichen Gründen, wäre seine Entlassung nach § 1915 iVm § 1886 BGB angezeigt.

§ 12 Beginn und Ende der Pflegschaft

Inhalt

[87] MüKoBGB/*Schwab* § 1909 Rn. 19.
[88] BayObLG FamRZ 1959, 32. Ein Fall der Entziehung nach § 1666 BGB: LG Köln FamRZ 1987, 207.
[89] *Gernhuber/Coester-Waltjen* § 75 Rn. 13; MüKoBGB/*Schwab* § 1909 Rn. 10.

I. Beginn der Pflegschaft

1. Zeitpunkt. Das BGB unterscheidet zwischen „Anordnung", „Auswahl" und „Bestellung" von Pflegern. Dem kann ein kraft Gesetzes eingetretenes „Vakuum" (Tod, Geschäftsunfähigkeit), ein gerichtlicher Eingriff in das Sorgerecht [Entzug, Ruhensfeststellung (§§ 1666, 1671 Abs. 3; 1674 BGB)] oder ein rechtsgeschäftlicher Akt (§ 1640 BGB) vorausgehen. Im Pflegschaftsbereich kommen nur die beiden letzten Konstellationen in Betracht, da Ausfälle kraft Gesetzes zur Vormundschaft führen müssen. Seit Inkrafttreten des FamFG ist für alle drei Schritte das Familiengericht zuständig. 1

Die Pflegschaft nimmt ihren Anfang mit der **Bekanntgabe** der sie anordnenden Verfügung, die teils selbstständig ergeht (§§ 1795, 1909 Abs. 1 S. 2, 1909 Abs. 3 BGB), teils zusammen mit gerichtlicher Entziehung der Vertretungsmacht oder des Sorgerechts (§§ 1796, 1666 – insoweit Richterzuständigkeit, § 14 Nr. 2 RPflG –; → Rn. 13). Die durch das Familiengericht angeordnete Pflegschaft beschränkt als solche die elterliche Sorge einschließlich der gesetzlichen Vertretungsmacht (§ 1630 Abs. 1 BGB). Insoweit wird sie wirksam

- als Folgesache im Scheidungsprozess (§ 137 Abs. 3 FamFG) mit der Rechtskraft der Scheidung (§ 148 FamFG),
- als selbstständige Kindschaftssache mit der Bekanntgabe des Beschlusses nach § 1671 Abs. 3 BGB oder einer entsprechenden einstweiligen Anordnung gemäß §§ 49–51 FamFG (§ 40 Abs. 1 FamFG).
- andere Beschlüsse des Familiengerichts in Kindschaftssachen mit Bekanntgabe (§ 40 Abs. 1 FamFG).

Die Bekanntgabe der Beschlüsse des Gerichts geschieht nach § 41 FamFG **an den Elternteil oder den Vormund,** dessen Sorgerecht durch die Pflegschaft betroffen wird. Sie kann schriftlich (durch Zustellung oder durch Aufgabe zur Post, § 15 FamFG) oder mündlich (§ 41 Abs. 2 FamFG) erfolgen. Nicht maßgebend ist die Bekanntgabe an den ins Auge gefassten Pfleger, etwa zusammen mit der Ladung zum Verpflichtungstermin (§ 1789 iVm § 1915 BGB). Denn sein Amt begänne erst mit Abschluss der Verpflichtungsverhandlung (→ Rn. 7). Der Beschluss auf Anordnung der Ersatzpflegschaft nach § 1909 Abs. 3 BGB kann dagegen erst mit der Bekanntgabe an den künftigen Pfleger wirksam werden, da bis dahin keine zur Entgegennahme des Anordnungsbeschlusses legitimierte Person vorhanden ist. Die Bekanntgabe des Beschlusses auf Übertragung elterlicher Sorgerechte auf die Pflegeperson nach § 1630 Abs. 3 BGB geschieht an beide beteiligten Seiten; der Übergang der Sorgebefugnisse vollzieht sich mit dem letzten dieser Bekanntgabeakte. – Die Ergänzungspflegschaft nach § 1909 Abs. 1 S. 2 BGB kann allerdings, wenn das dem Kinde von Todes wegen Zugewendete unter einer **aufschiebenden Bedingung** anfallen soll, erst mit Eintritt dieser Bedingung beginnen.[1] Anders im Falle der Zuwendung eines **nacherbschaft-**

---

[1] KG FamRZ 1962, 432 (435). Ggf. also mit einem unterstellten Bedingungseintritt nach § 162 Abs. 1 BGB.

lichen Erwerbs, weil hier die Zuwendung auch die gesetzlich besonders ausgestaltete Anwartschaft hierauf umfasst; der Pfleger muss in diesem Anwartschaftsstadium gegebenenfalls schon die Rechte des Kindes wahrnehmen können (→ § 11 Rn. 30).

2 **2. Konstitutive Wirkung der Anordnung.** Die Anordnung der Pflegschaft ist ein **Hoheitsakt mit konstitutiver Kraft.** Er begründet das Pflegschaftsverhältnis **aus sich heraus** auch dann, wenn die Voraussetzungen hierfür nicht gegeben oder zweifelhaft sind[2] (→ § 11 Rn. 30), bis zur Aufhebung im Beschwerdewege.[3] Seine Wirkung ist die der §§ 1630 Abs. 1, 1794 BGB: Die **Sorgerechtsbefugnisse** der Eltern und die des Vormunds werden durch die angeordnete Pflegschaft in deren Umfange **suspendiert,** nicht erst durch die Bestellung des Pflegers, wie das Gesetz missverständlich formuliert; die Beschränkung dauert fort – weil das Pflegschaftsverhältnis weiter besteht –, wenn der bestellte Pfleger aus dem Amt ausscheidet, auch in der Zeit bis zum Eintritt eines Nachfolgers (→ § 11 Rn. 8). Eine Ausnahme wird lediglich für die Pflegschaft des § 1909 Abs. 1 S. 2 BGB[4] zu machen sein. Hier wird die Sorgerechtsbefugnis erst mit der Bestellung des Pflegers und durch diesen abgelöst. Denn hier ist die Domäne der freien Bestimmung durch den Zuwendenden, der sogar die Person des Pflegers bestimmen kann; er will im Zweifel die den Eltern vorenthaltene Sorgebefugnis weniger durch eine abstrakte Funktion als durch den in den Blick genommenen Treuhänder beschränkt wissen. In der Entlastungspflegschaft kommt die gleiche konstitutive Wirkung, die mit ihr verbundene Beschränkung der elterlichen Sorge, der Überleitungsverfügung des Familiengerichts (→ § 11 Rn. 54). Wichtig ist dies, wenn das Antragserfordernis unbeachtet geblieben ist oder der gestellte Antrag an Wirksamkeitsmängeln leidet.

3 **3. Festsetzung des Wirkungsbereichs (Notwendigkeit, Maßgeblichkeit).** Der Wirkungsbereich der Pflegschaft bedarf der **genauen Umgrenzung.** Er muss **in dem sie anordnenden Beschluss** zum Ausdruck kommen; so auch der Umfang der Übertragung der elterlichen Sorgerechte nach § 1630 Abs. 3 BGB). Beispiele aus der Rechtsprechung: Die Pflegschaft „zur Wahrnehmung der Rechte in einem Enteignungsverfahren" legitimiert nicht zur Vertretung des Pfleglings bei Abschluss eines die Enteignung erübrigenden Kaufvertrages,[5] die Pflegschaft „zum Abschluss eines Gesellschaftsvertrages durch Eintritt in die Gesellschaft" nicht zur Vornahme der Anmeldung zum Handelsregister.[6] Nicht zuletzt ist die genaue Aussage über die Befugnisse eines Prozesspflegers wichtig, und zwar dahin, ob er auch den Streitgegenstand oder überhaupt Zahlungen vom Gegner in Empfang nehmen darf. Die Festlegung des Wirkungskreises der Pflegschaft in der sie einleitenden Anordnung, in der Verpflichtungsverhandlung mit dem Pfleger und in dessen Bestallung sollten sich decken. **Maßgebend für die Außenlegitimation des Pflegers** ist allerdings nur der Wirkungskreis in demjenigen Umfange, wie er ihm bei seiner Verpflichtung zugewiesen worden ist.[7] Weist die Bestallung einen weitergehenden Umfang aus, kommt dem gutgläubigen Erklärungsgegner die Bestimmung des § 172 BGB nicht, auch nicht in analoger Anwendung, zugute.[8] Denn die Bestallungsurkunde rührt nicht von einem Vollmacht-

[2] Darüber sehr klar: *Gernhuber/Coester-Waltjen* § 70 Rn. 21 f.
[3] BGHZ 41, 308 (309); allg. Meinung.
[4] Für diese: *Gernhuber/Coester-Waltjen* § 61 Rn. 7.
[5] BGH NJW 1974, 1374.
[6] BayObLG Rpfleger 1977, 320.
[7] KGJ 41, 38. Keine „Ergänzung" durch stillschweigende Bezugnahme auf andere Schriftstücke auf Grund „schlüssigen Verhaltens" des Vormundschaftsgerichts: BayObLG Rpfleger 1988, 259.
[8] Vgl. RGZ 74, 263(265) – Nichtanwendung des § 174 BGB; wie oben im Text: Soergel/*Zimmermann* § 1791 Rn. 1; MüKoBGB/*Spickhoff* § 1791 Rn. 4; Palandt/*Götz* § 1791 Rn. 1.

geber her, der durch sie einen ihm zurechenbaren Rechtsschein geschaffen hätte. Der Erklärungsgegner ist darauf verwiesen, bei Zweifeln sich durch Einsichtnahme in die Akten des Familiengerichts (§ 13 FamFG) die erforderlichen Aufschlüsse zu verschaffen, oder aber Regressansprüche gegen den Justizfiskus geltend zu machen.

4. Amtsverfahren und Antragsverfahren. Das Familiengericht leitet die Pflegschaft, ausgenommen die antragsgebundene Entlastungspflegschaft, **von Amts wegen** ein, § 26 FamFG. Von der Notwendigkeit einer Ergänzungspflegschaft haben nach § 1909 Abs. 2 BGB diejenigen **dem Familiengericht Mitteilung** zu machen, die „die nächsten dazu" sind, sie zu erkennen. Das sind die Eltern und, in einer Vormundschaft, der Vormund. Daneben hat ein jedes andere Gericht, wenn infolge eines bei ihm anhängigen Verfahrens eine Tätigkeit des Vormundschaftsgerichts erforderlich wird, diesem von dem Sachverhalt Mitteilung zu machen (§ 22a FamFG). Das betrifft das Gericht des Scheidungsverfahrens, des Betreuungsverfahrens gegen einen Elternteil (§ 308 FamFG), aber auch das Gericht eines Strafverfahrens gegen einen Elternteil. Ergänzend greifen Justizverwaltungsvorschriften ein. In Strafsachen ist eine sehr allgemein gefasste Mitteilungspflicht durch die bundeseinheitliche Verwaltungsbestimmung „Mitteilungen in Strafsachen (MiStra)" in der Fassung vom 12.11.2015 unter Nr. 35 angeordnet. Sie ist gegeben, „wenn nach dem Gegenstande des Verfahrens die Anordnung einer Vormundschaft (Pflegschaft) oder die Bestellung eines Vormunds (Pflegers) notwendig wird" (Abs. 2 Nr. 3); die Mitteilungen obliegen den Gerichten und den Staatsanwaltschaften. Nach Nr. 35 Abs. 3 sind insbesondere mitzuteilen rechtskräftige Entscheidungen, in denen Eltern wegen einer rechtswidrigen Tat an ihrem Kinde verurteilt oder lediglich wegen Schuldunfähigkeit nicht verurteilt worden sind. 4

Zu den vor Auswahl des Pflegers anzustellenden Erwägungen des Familiengerichts gehört die Prüfung, ob **gegebenenfalls mehrere Pfleger** zu bestellen seien. Bei Geschwistern ist § 1775 BGB zu beachten, der über § 1915 BGB grundsätzlich anwendbar ist. Deshalb wird in der Sorgerechtspflegschaft für Geschwister im allgemeinen nur ein einziger Pfleger zu bestellen sein, zumal hier die Koordinierung der Haltung gegenüber den Kindeseltern besonders dringlich erscheint. In der Ergänzungspflegschaft gilt das Gebot des § 1775 BGB dagegen nicht ohne weiteres. So namentlich in der Erbauseinandersetzung, an der mehrere Minderjährige beteiligt sind (→ § 11 Rn. 24). Die Beschränkung auf *einen* Pfleger rechtfertigt sich in der Ergänzungspflegschaft nur, wenn aus gleichgerichteter Interessenlage der Geschwister gleichförmige Erklärungen gegenüber einem Dritten abzugeben sind.[9] Andererseits kann die Schwierigkeit des zu führenden Amtes, etwa der Verwaltung eines der elterlichen oder vormundschaftlichen Sorge durch Bestimmung des Zuwendenden entzogenen Kindesvermögens (→ § 11 Rn. 40 ff.), die Bestellung von Mitpflegern[10] rechtfertigen. Die Zuständigkeitsverteilung ergibt sich dann aus § 1797 BGB iVm § 1915 BGB. Die Bestellung eines Gegenpflegers mit den Rechten und Pflichten eines Gegenvormunds wäre in einem solchen Falle zwar nicht erforderlich (§ 1915 Abs. 2 BGB), aber auch nicht unzulässig. 5

5. Rechtsmittel. Gegen die **Anordnung der Pflegschaft** können die in ihren Sorgerechtsbefugnissen Betroffenen sich mit der Beschwerde wehren (§ 58 FamFG). ie steht auch dem Minderjährigen zu, wenn er das 14. Lebensjahr vollendet hat, § 60 FamFG; 6

[9] BayObLG NJW 1959, 989 (Erklärungen gegenüber einem erwachsenen Miterben im Rahmen einer Erbauseinandersetzung); *Haegele* in der Anmerkung zu OLG Stuttgart Rpfleger 1959, 158; MüKo-BGB/*Schwab* § 1909 Rn. 42.

[10] LG Berlin FamRZ 1988, 211.

er braucht sich keinen anderen gesetzlichen Vertreter als den ordentlichen aufdrängen zu lassen. Doch wird er die auf dem Wunsch und Willen des elterlichen Sorgerechtsinhabers beruhende Entlastungspflegschaft (→ § 11 Rn. 52 ff.) hinzunehmen haben; sein eigener Wille kann nicht stärker sein als jener. Beruht die Anordnung der Pflegschaft auf einer Sorgerechtsentziehung nach den §§ 1640 Abs. 4, 1666, 1837 Abs. 3 BGB oder einer Entziehung der Vertretungsbefugnis nach § 1796 BGB, so wird sie **im Verbund** mit dieser Maßnahme angefochten, und zwar gleichfalls durch die Beschwerde. Für die Anfechtung einstweiliger Anordnungen des Familiengerichts gelten die Bestimmungen des § 57 FamFG. Über die Rechtslage, die entsteht, wenn das Rechtsmittel Erfolg hat, siehe → Rn. 18. Die (befristete) Beschwerde ist auch das Rechtsmittel gegen die **Ablehnung der Anordnung einer Pflegschaft**. Beschwerdeberechtigt gegen sie ist jeder, der durch den Beschluss in seinen Rechten beeinträchtigt ist (§ 59 Abs. 1 FamFG). Dies könnte etwa die Person sein, die im Testament des Großvaters anstelle der Eltern als Vermögensverwalter bestimmt ist (§ 1638 BGB), wenn das Gericht die testamentarische Anordnung für unwirksam hält. Doch steht die Beschwerde bei der Entlastungspflegschaft (→ § 11 Rn. 52) nur dem mit seinem Antrag erfolglos gebliebenen Elternteil zu (§ 59 Abs. 2 FamFG). – Über die Rechtsmittel gegen Auswahl und Bestellung des Pflegers und gegen die an die Bestellung geknüpften Einschränkungen siehe → § 3 Rn. 129.

7 **6. Besonderheiten in der Bestellung des Pflegers.** Wiederholt sei aus Kapitel 1 → § 3 Rn. 175: Das Amt des Pflegers beginnt mit der förmlichen Verpflichtung (§§ 1915, 1789 BGB). **Benennungsrechte** gibt es in der Ergänzungspflegschaft nicht (§ 1916 BGB). Allenfalls wären, soweit der Sache nach und hier namentlich in Fällen tatsächlicher Verhinderung des Sorgeberechtigten vertretbar,[11] Verwandte und Verschwägerte gemäß § 1779 BGB bevorzugt zu ernennen. In der Sorgerechtspflegschaft würde sich eine Ernennung von Verwandten oder Verschwägerten meist wegen der Nähe zu dem durch die Pflegschaft betroffenen Elternteil verbieten. Hier ist das bevorzugte Anwendungsgebiet der bestellten Amtspflegschaft des Jugendamts (dazu aber → § 18 Rn. 1). Bei einer Verhinderung wegen Interessenkollision kann es jedoch umgekehrt gerade nötig sein, einen familienfremden Pfleger (zB nicht den Steuerberater der Eltern) zu bestellen.[12] Wird eine Pflegschaft für eine der elterlichen (vormundschaftlichen) Vermögenssorge entzogene Zuwendung an das Kind nach §§ 1638, 1909 Abs. 1 S. 2 BGB erforderlich, hat hierfür der **Zuwendende das Benennungsrecht** (§ 1917 Abs. 1 BGB). Er kann sich auch selbst benennen, er kann sogar die Eltern, unter gleichzeitigem Ausschluss von der Vermögenssorge, als Pfleger benennen, womit er die Überwachung durch das Familiengericht erreicht[13] (nicht aber könnte das Familiengericht von sich aus die Eltern als Pfleger bestellen).[14] Die Möglichkeit einer Ausschließung bestimmter Personen (§ 1782 BGB) ist jedoch in dem Benennungsrecht nicht einbegriffen.[15] Dass dem von der Pflegschaftsanordnung betroffenen Sorgeberechtigten auch die erfolgte Bestellung des Pflegers bekannt gegeben werden muss, versteht sich. Denn er muss wissen, mit wem er in Angelegenheiten, die beider Zuständigkeiten berühren, zu tun hat. Nur so kann er auch gegen die Person des Bestellten Einwände erheben und sie durch Beschwerde verfolgen.

---

[11] BayObLG FamRZ 1965, 99.

[12] OLG Frankfurt FamRZ 1997, 571.

[13] Soergel/*Zimmermann* § 1917 Rn. 2; *Gernhuber/Coester-Waltjen* § 61 Rn. 7.

[14] BayObLGZ 1977, 105 (112).

[15] BayObLG aaO. und die hM (in der Kommentarliteratur zu § 1917 streitig).

II. Ende der Pflegschaft

1. Die absolute Grenze (§ 1918 Abs. 1 BGB). Die Pflegschaft als Ganzes endet kraft Gesetzes oder durch gerichtlichen Ausspruch. Die Endigungsgründe kreuzen sich mit den Unterschieden nach der Art der Pflegschaft. Jede Pflegschaft aber endet unterschiedslos **spätestens mit dem Ende der elterlichen Sorge oder der Vormundschaft** – die Unterpflegschaft (→ §11 Rn. 55) mit dem Ende der Pflegschaft –, der der Minderjährige untersteht. Mit dieser erlischt sie, nach § 1918 Abs. 1 BGB automatisch (→ § 11 Rn. 8) und selbst vor Abschluss einer vom Pfleger in der Betreuung der Kindesbelange eingeleiteten Initiative. „Beendigung der elterlichen Sorge oder der Vormundschaft" bedeutet hier nicht nur deren Ende überhaupt (Volljährigkeit, Tod des Kindes), sondern stellt schon vorher ab auf den **Wechsel in der Person des Sorgerechtsinhabers,**[16] sei dies der Wechsel der Elternschaft (Adoption) oder des Vormunds, sei es der Wechsel der elterlichen Sorge in die des Vormunds (Tod der Eltern, Ruhen der elterlichen Sorge oder deren Verlust durch Entziehung der Vertretungsbefugnis). Grund: Die Umstände, die zur Schaffung der Pflegschaft Anlass gegeben hatten, sind in der Person des neuen Sorgerechtsinhabers nicht mehr notwendig gegeben. Ende der elterlichen Sorge ist auch das **Ende einer elterlichen Restsorge,** wie sie nach Entziehung der Personen- oder der Vermögenssorge nach § 1666 BGB bestanden hatte und nunmehr zur Gänze verloren geht oder erlischt. – Über einen Ausnahmefall in der Pflegschaft des § 1909 Abs. 1 S. 2 BGB – Bestimmung des Zuwendenden, dass der Ausschluss von der Verwaltung eines dem Kinde unentgeltlich zugewendeten Vermögens sich auch auf den Nachfolger in der allgemeinen Kindessorge erstrecken solle – siehe → § 11 Rn. 40 und unten → Rn. 14. Die Pflegschaft besteht dann entgegen § 1918 Abs. 1 BGB fort; die dem Zuwendenden rechtmäßig eingeräumte Gestaltungsfreiheit hat den Vorrang. 8

Die Regelung des Gesetzes ist wenig glücklich, insofern es in übersteigertem Dogmatismus die Pflegschaft bei Wegfall des bisherigen Vormundes oder Totalausfall der elterlichen Sorge nicht wenigstens bis zur Neubestellung bzw. Erstbestellung eines Vormunds andauern lässt. Denn eine Vormundbestellung wird notwendig; der bisherige Pfleger rückt nicht ohne weiteres in die Vormünderstellung ein. Würde er zum Vormund bestellt, müsste er dessen ungeachtet über die geführte Pflegschaft Schlussrechung legen. Nur bei Ende der elterlichen Sorge im Falle des Ruhens durch den feststellenden Beschluss des Familiengerichts (§ 1674 Abs. 1 BGB) wird angenommen,[17] dass eine bestehende Pflegschaft erst durch Eintritt des nunmehrigen Vormunds abgelöst werde. Für die anderen Fälle bietet § 1698a (§§ 1893 Abs. 1, 1915) BGB einen unvollkommenen Ersatz. Wenn § 1698b BGB (im selben Verweisungszusammenhang) bestimmt, dass nach Beendigung einer Pflegschaft durch Tod des Kindes der Pfleger berechtigt bleibe, dringende Geschäfte bis zum Eintritt des Erben fortzuführen, so hat das Reichsgericht[18] eine analoge Anwendung auf andere Tatbestände einer Beendigung der Pflegschaft ausdrücklich ausgeschlossen. 9

2. Die spezifischen Beendigungsgründe. a) Beendigung kraft Gesetzes. Die **Ergänzungspflegschaft** endet kraft Gesetzes mit der **Erledigung der einzelnen Angelegenheit,** für die sie bestellt worden war (§ 1918 Abs. 3 BGB). „Erledigt" sein kann 10

---

[16] Soergel/*Zimmermann* § 1918 Rn. 2; allg. M.

[17] Soergel/*Zimmermann* wie vor.

[18] DR 1940, 726.

sie auch durch negativen Ausgang, zB durch endgültiges Scheitern von Verhandlungen oder durch – endgültige, nicht mehr abwendbare[19] – Versagung einer familiengerichtlichen Genehmigung. Dass zu der Erledigung auch die Entschließung des Pflegers gehören kann, von der Vornahme des seiner Zuständigkeit übertragenen, der freien Entscheidungssphäre angehörenden Rechtsaktes abzusehen, wurde bereits ausgeführt (→ § 11 Rn. 32). Um diese Art der Erledigung zum Abschluss zu bringen, müsste allerdings eine entsprechende Mitteilung an das Familiengericht hinzukommen. **Mehraktige Angelegenheiten** sind erledigt mit dem letzten Akt des Pflegers, durch den er die Abwicklung zu Ende bringt: In der Erbauseinandersetzung mit dem Schlussakt der Verteilung, in Prozessen mit der Erwirkung des abschließenden Kostenbeschlusses (§ 103 ZPO) oder der Entgegennahme des vom Gegner erwirkten; im Anwaltsprozess (§ 114 FamFG) mit der Entgegennahme und Kontrolle der Abrechnung des Prozessbevollmächtigten; bei angeordnetem Ruhen des Verfahrens mit der Mitteilung an das Familiengericht, dass mit einem Fortgang des Rechtsstreits nach Lage der Dinge nicht mehr zu rechnen sei; bei Erledigung durch Vergleich mit der Mitteilung der hierzu erteilten Genehmigung des Familiengerichts (§ 1822 Nr. 12 BGB) seitens des Pflegers an den anderen Teil (§ 1829 Abs. 1 S. 2 BGB).[20] Der Prozess um die Anfechtung der Vaterschaft macht hiervon keine Ausnahme. Es ist dann allerdings nicht mehr Aufgabe des Prozesspflegers, die notwendigen Eintragungen beim Standesamt zu veranlassen. Wenn eine Pflegschaft für einen „Kreis von Angelegenheiten" angeordnet worden ist, muss die Beendigung der Pflegschaft stets der Entscheidung des Familiengerichts nach § 1919 BGB vorbehalten bleiben.[21] – Kein gesetzlicher Endigungsgrund als solcher ist der Wegzug des Kindes in das Ausland. Kommt es nicht zu einer Abgabe der Pflegschaft nach § 99 Abs. 3 FamFG (dazu → § 5 Rn. 29), bleibt sie als hiesige bestehen bis zu ihrer Aufhebung (unten → Rn. 11 ff.), soweit noch Aufgaben zur Erledigung anstehen oder anfallen können.

11 **b) Beendigung durch gerichtlichen Ausspruch.** Soweit die Pflegschaft nicht kraft Gesetzes endet, muss sie vom Familiengericht aufgehoben werden. Das geschieht, wenn der **Grund für die Anordnung der Pflegschaft weggefallen** ist, § 1919 BGB. Im Minderjährigenbereich bezieht sich das hauptsächlich auf **Sorgerechtspflegschaften.** Die Aufhebung wird mit der Bekanntgabe an den Pfleger wirksam[22] (§ 40 FamFG), unbeschadet dessen, dass die Bekanntgabe auch an den von der Pflegschaft betroffen gewesenen Sorgerechtsinhaber zu erfolgen hat. Zuständig ist im Vormundschaftswesen allgemein der Rechtspfleger; der Katalog des § 14 RPflG sieht einen Richtervorbehalt nicht vor.

12 Die eigenständige Bedeutung des § 1919 BGB ist freilich in der Minderjährigenpflegschaft nur schmal. **Anwendungsfälle** sind: die Aufhebung der Entziehung der gesetzlichen Vertretungsmacht für einen bestimmten Kreis von Angelegenheiten nach § 1796 BGB, soweit hiermit eine Ergänzungspflegschaft verbunden gewesen war (→ § 11 Rn. 26). Aus der Sorgerechtspflegschaft: die faktische oder rechtliche Erledigung der der Pflegschaft nach § 1909 Abs. 1 S. 2 BGB zugrunde liegenden Beschrän-

---

[19] § 47 FamFG; BayObLG Betr. 1979, 2314 (zu §§ 55, 62 FGG).

[20] BayObLG Rpfleger 1988, 105. Wenn dort gesagt wird, im Falle der streitigen Beendigung des Prozesses ende die Pflegschaft „regelmäßig" mit der Rechtskraft des ergehenden Urteils, so ist das vom Zweck einer solchen Pflegschaft her etwas zu kurz gedacht.

[21] Für Anwendung des § 1919 BGB in allen Fällen von Pflegschaft für einen „Kreis von Angelegenheiten" (wie zB Unterhaltsgeltendmachung): Soergel/*Zimmermann* § 1919 Rn. 2; MüKoBGB/*Schwab* § 1919 Rn. 12

[22] BayObLGZ 1966, 82 (83); auch Rpfleger 1973, 16.

kung der Verwaltung am Kindesvermögen oder Teilen hiervon. Diese Fälle haben ihre eigenen Fragestellungen und sind deshalb in → Rn. 14 gesondert behandelt. Der Wegfall des Grundes der Pflegschaft iSd § 1919 BGB ist dann diese Entschließung. Sie muss ja nicht einmal notwendig den Tatbestand einer Pflegschaft zum Ansatzpunkt haben, sondern kann auch auf Rückübertragung der Vermögenssorge zur erneuten gemeinsamen Ausübung in Gemeinschaft mit dem anderen Elternteil abzielen. Bestand aber eine Pflegschaft, so wird der auf Rückübertragung lautende Beschluss mit dem Beschluss auf Aufhebung der Pflegschaft zu verbinden sein.

Die Masse der Sorgerechtspflegschaften beruht demgegenüber auf globaler oder **13** teilweiser Entziehung: entweder der Personen- oder der Vermögenssorge nach § 1666 BGB; oder aber, deren Vorenthaltung gegenüber beiden Elternteilen konkludent aussprechend, der unmittelbaren Anordnung der Pflegschaft durch das Familiengericht nach § 1671 Abs. 3 BGB. Die Pflegschaft ist hier nur die notwendige Konsequenz, auch rechtlich nur die andere Seite einer **einheitlichen „Maßnahme"**, als die sie in §§ 1666 BGB im weiteren Rahmen angesprochen wird. § 1696 Abs. 2 BGB bestimmt, dass „Maßnahmen nach § 1666 aufzuheben sind, wenn eine Gefahr für das Wohl des Kindes nicht mehr besteht oder die Erforderlichkeit der Maßnahme entfallen ist." Damit ist **§ 1696 Abs. 2 BGB Sondervorschrift im Verhältnis zu § 1919 BGB.** Der Aufhebungsbeschluss umfasst die Entziehung der Sorgebefugnis und die Pflegschaft, indem er beides im gleichen Zuge enden lässt. Maßgebender Zeitpunkt für das Wirksamwerden ist auch hier die Bekanntgabe an den Pfleger (→ Rn. 11), weil die Pflegschaft den Angelpunkt der Beschränkung der elterlichen oder vormundschaftlichen Sorge darstellt (§§ 1630 Abs. 1, 1794 BGB). Wird der Beschluss im Rechtsmittelwege rückgängig gemacht, lebt die einmal wirksam aufgehobene Pflegschaft nicht rückwirkend wieder auf. Sie wäre vielmehr neu begründet: der Pfleger, dessen Amt mit dem Ende der Pflegschaft erloschen war, müsste neu bestellt werden.[23] Zwischenzeitliche Rechtsakte der Eltern aufgrund der vorübergehend wiedererlangten Sorgebefugnis bleiben wirksam (§ 47 FamFG).

Die **Pflegschaft für ein der Verwaltung durch den Sorgerechtsinhaber entzoge- 14 nes, unentgeltlich zugewendetes Kindesvermögen** (§§ 1638, 1909 Abs. 1 S. 2 BGB) kann enden: durch Verlust des Objekts der Zuwendung (physische Vernichtung, Verbrauch – etwa für besondere Bedürfnisse entsprechend der Bestimmung des Zuwendenden –, Entzug der Substanz aus anderen Gründen ohne realisierbaren Ersatzanspruch – vgl. § 1638 Abs. 2 BGB –); Rückforderung einer Schenkung wegen Verarmung des Schenkers (§§ 528 ff. BGB), Nichterfüllung einer Auflage (§ 527 BGB), groben Undanks (§ 530 BGB) – soweit der Minderjährige nach Erreichen der dafür erforderlichen Reife sich eines solchen schuldig machen könnte –; Rücknahme des Ausschlusses des Rechts der Vermögensverwaltung durch den Schenkgeber zu dessen Lebzeiten; Ablauf einer der Bestimmung des Zuwendenden beigefügten Befristung.[24] Alles dieses wäre Grundlage für eine Aufhebung der Pflegschaften nach § 1919 BGB. Ist es dagegen Auslegungsfrage, wie der Personenkreis des von der Verwaltungsbefugnis Ausgeschlossenen zu bestimmen sei (→ § 11 Rn. 36) und ob danach die Pflegschaft mit dem Fortfall des bisherigen Inhabers der allgemeinen Kindessorge ihr Ende gefunden (§ 1918 Abs. 1 BGB) oder aber sich als Beschränkung auch des Nachfolgers fortzusetzen habe (→ Rn. 8), so hätte das Familiengericht dies durch deklaratorischen Beschluss klarzustellen.

[23] Soergel/*Zimmermann* § 1919 Rn. 1.
[24] Soergel/*Strätz* § 1638 Rn. 6.

15 Über die besonderen **Endigungsgründe in der Entlastungspflegschaft** siehe bereits → §11 Rn. 54; auch → § 13 Rn. 3, 11. Im übrigen gelten für sie die Regeln der → Rn. 10, 12. In der Pflegschaft des § 1630 Abs. 3 BGB kann § 1919 BGB insoweit einschlägig sein, als mit Rücknahme des Kindes aus der Pflegefamilie durch die Eltern die Übertragung der Sorgebefugnisse gegenstandslos wird; ihr Ende kann durch deklaratorischen Beschluss des Familiengerichts festgestellt werden.

16 Aufzuheben nach § 1919 BGB ist schließlich die **Ersatzpflegschaft** (§ 1909 Abs. 3 BGB), wenn der Vormund bestellt ist. Der Grund der Pflegschaft ist weggefallen. Die Fortführung der laufenden Geschäfte wird von dem Vormund übernommen.

17 **3. Die Rückgängigmachung der Anordnung der Pflegschaft im Rechtsmittelwege.** Uneigentlicher Fall einer Aufhebung der Pflegschaft ist es, wenn ihre Anordnung im Rechtsmittelwege rückgängig gemacht wird, weil ihre **pflegschaftsrechtlichen** Voraussetzungen fehlten. Beispielsweise lag ein wirksamer Antrag auf Bestellung des Pflegers nach § 1630 III BGB nicht vor; der Tatbestand einer gesetzlichen Interessenkollision nach § 1795 BGB wurde irrig als gegeben angesehen (wie bis zu der in § 10 Fn. 22 angeführten Rechtsprechung gelegentlich in Fällen der Stiefvateradoption). Hier überall entfällt das Pflegschaftsverhältnis **rückwirkend.** Die in der Zwischenzeit vorgenommenen Akte des Pflegers bleiben wirksam nach § 47 FamFG. Auf anderer Ebene liegen die Fälle der mit einer gerichtlich verfügten Sorgerechtsentziehung oder Entziehung der Vertretungsmacht nach § 1796 BGB verbundenen Pflegerbestellung (→ Rn. 1, 12, 13), wenn eine solche Maßnahme auf Beschwerde hin aufgehoben wird, weil ein zureichender Grund für die Entziehung bzw. Einschränkung der Sorgerechtsbefugnisse in Wahrheit nicht bestand. Hier war die Anordnung der **Pflegschaft als solche nicht fehlerhaft,** wenn sie auch zugleich mit der ungerechtfertigten Sorgerechtsentziehung oder -beschränkung aufgehoben wird. Alsdann erlischt die Pflegschaft, als Folgemaßnahme in sich fehlerfrei angeordnet, **nicht rückwirkend.** Um die Rechtsakte des Pflegers aufrechtzuerhalten, bedarf es des Rückgriffs auf § 47 FamFG nicht; er hat gegebenenfalls die Honoraransprüche der §§ 1836, 1915 BGB.

18 **4. Rechtsmittel gegen die Aufhebung der Pflegschaft und gegen die Ablehnung ihrer Aufhebung. a) Ablehnung der Aufhebung.** Gegen die Ablehnung der Aufhebung der Pflegschaft (also Fortbestehen der Pflegschaft) gibt es die (befristete) Beschwerde (§§ 58, 63 FamFG). Beschwerdeberechtigt ist

- der durch die Pflegschaft eingeschränkte Sorgeberechtigte (§ 60 FamFG)
- der Minderjährige vertreten durch den Pfleger und nach Vollendung des 14. Lebensjahres auch persönlich (§ 61 FamFG)
- daneben der Pfleger im eigenen Namen[25] – jedenfalls dann, wenn er die nach seiner Meinung aufhebungsreife Pflegschaft nicht mehr fortführen will, ihm aber kein persönlicher Entlassungsgrund zur Seite stünde –
- das Jugendamt (§ 162 III 2 FamFG) unabhängig davon, ob es auf seinen Antrag an dem Verfahren beteiligt war oder nicht (Abs. 2).

19 **b) Aufhebung der Pflegschaft.** Die (befristete) Beschwerde ist ebenfalls gegen die Aufhebung der Pflegschaft gegeben, in gleicher Weise gegen Beschlüsse, die das Ende der Pflegschaft deklaratorisch feststellen, weil auch der durch sie geschaffene Schein beschwerend wirkt. Der Kreis der Beschwerdeberechtigten ergibt sich aus den §§ 59, 60, 162 III FamFG. Der Pfleger selbst dürfte in diesem Fall kein Beschwerderecht haben. Namens des Minderjährigen kann er nicht mehr agieren, weil sein Amt

[25] KG FamRZ 1962, 482; *Jansen* § 20 Rn. 30; Keidel/*Meyer-Holz* § 59 Rn. 24.

mit Bekanntgabe der Aufhebungsverfügung erloschen ist (→ Rn. 11); persönlich ist er nicht beschwert (§ 59 Abs. 1 FamFG), weil er kein Recht auf den Fortbestand des Pflegschaftsverhältnisses und in diesem Sinne kein „Recht auf sein Amt" hat.[26] In seiner persönlichen Rechtsstellung betroffen wäre der Pfleger allenfalls, wenn er gegen seinen Willen entlassen worden wäre.

Mit dem Wirksamwerden des Beschlusses, der die Pflegschaft aufhebt, endet ohne weiteres auch das **Amt des Pflegers.** Wird die Aufhebung im Rechtsmittelwege rückgängig gemacht, müsste gleichwohl nicht nur der Pfleger neu bestellt, sondern auch die Pflegschaft neu angeordnet werden.[27] Zwischenzeitliche Rechtsakte des bis zur Entscheidung der Beschwerdeinstanz tätig gewordenen ursprünglichen Sorgerechtsinhabers bleiben also unberührt. 20

Sowohl der Beschluss, der die Aufhebung der Pflegschaft ablehnt, als auch der, der die Pflegschaft aufhebt, sind mit der Rechtsbeschwerde angreifbar (§§ 70ff. FamFG).

§ 13 Die Führung der Pflegschaft

Inhalt

I. Inhalt und Schranken

1. Inhalt. a) Elterliche Sorge als Vergleichsbild der Personensorge. Der Pfleger steht – wie der Vormund – im Handlungsraum und in der Verantwortlichkeit des Sorgerechtsinhabers, dessen Stelle er zu seinem Teil einnimmt. Die dem Vormund geltende Grundregel des § 1793 BGB, einschließlich des zumindest in der Sorgerechtspflegschaft monatlichen Kontaktgebots nach § 1793 Abs. 1a BGB, gilt über § 1915 BGB auch für ihn. Er hat nach Maßgabe seines Wirkungskreises **die Pflicht und das Recht** (in dieser Reihenfolge, auch wenn der Gesetzgeber bisher „Recht und Pflicht" stehen gelassen hat), **für die Person und das Vermögen des Minderjährigen zu sorgen, insbesondere ihn zu vertreten.** In der **Ergänzungspflegschaft** hat er die ihm anvertrauten Angelegenheiten so zu führen und bei ihrem Abschluss den Minderjährigen so zu vertreten, wie es die bestmögliche Wahrnehmung dieser Interessen verlangt; besonders sorgfältige Prüfung ist geboten, wenn der durch ihn vorzunehmende Rechtsakt bereits „vorfixiert" unterbreitet wird. UU kann der Ergänzungspfleger gehalten sein, von den ihm nach seiner Bestallung zustehenden Befugnissen nur einen eingeschränkten Gebrauch zu machen (Pflegschaft zur Geltendmachung des Pflichtteils gegen die Eltern: Beschränkung auf Sicherungsmaßnahmen, um der Entschließung des Kindes nach Volljährigkeit [Pietätsrücksichten!] nicht vorzugreifen,[28] oder – wenn die Lage des Falles es 1

[26] OLG Zweibrücken FamRZ 1989, 772.

[27] BayObLGZ 1963, 348 und DAVorm 1988, 302; MüKoBGB/*Schwab* § 1919 Rn. 2.

[28] BayObLG DAVorm 1989, 428 (431).

ihm nach sorgfältiger Prüfung nahe legt – von einem Tätigwerden überhaupt abzusehen (dazu → § 11 Rn. 31). Soweit ihm als **Sorgerechtspfleger** an der Stelle der Eltern die Erziehung und Pflege obliegt, hat er die wachsenden Fähigkeiten und das wachsende Bedürfnis des Minderjährigen zu eigenverantwortlichem Handeln zu berücksichtigen, im Fortschreiten des Reifungsprozesses auch Fragen der Erziehung mit ihm zu besprechen und ein Einvernehmen anzustreben (§ 1793 S. 2 iVm § 1626 Abs. 2 BGB). Für die Führung einer nicht beschränkten Personensorgepflegschaft im Einzelnen übernimmt § 1800 (§ 1915) BGB die **gleichen Weisungen wie in der elterlichen Sorge nach §§ 1631–1633 BGB.** So hinsichtlich des Rechts, den Aufenthalt des Minderjährigen zu bestimmen; Bestimmungen über seinen Umgang mit Wirkung für und gegen Dritte zu treffen; den Anspruch auf Herausgabe der Person des Minderjährigen geltend zu machen; Einfluss auf die Berufswahl zu nehmen. Daneben gelten die Grundsätze, die die Rechtsprechung für den Inhalt des Erziehungsrechts der Eltern aus dem Grundgesetz entwickelt hat – Respektierung der Persönlichkeitssphäre eines Heranwachsenden (Briefverkehr und Briefkontrolle) und des Hineinwachsens in die staatsbürgerliche Verantwortung (Zugang zu Jugendorganisationen von Parteien und Gewerkschaften). Siehe hierzu im Einzelnen die zur Personensorge des Vormunds gebrachten Ausführungen in → § 8 Rn. 5 ff. – Dem Elternteil, dem die Personensorge nicht zusteht, hat der Pfleger den **persönlichen Umgang** zu gestatten, gegebenenfalls nach näherer Regelung durch das Familiengericht (§ 1684 Abs. 1, 3 BGB);[1] nach § 1686 BGB hat er dem Elternteil auf Verlangen **Auskunft über die persönlichen Verhältnisse des Minderjährigen** zu erteilen, soweit das mit dessen Wohl vereinbar ist.

2 Das in → Rn. 1 Gesagte gilt vorzugsweise für die **Pflegschaft in einer Pflegefamilie** nach § 1630 Abs. 3 BGB, allenfalls mit Ausnahme des Rechts, den Aufenthalt des Kindes nach Belieben zu bestimmen. Der der Inpflegegabe zugrunde liegende freie Wille der Eltern hat der Pflegefamilie im Zweifel nicht gestatten wollen, in eigener Zuständigkeit das Kind in eine Drittunterbringung weiterzugeben oder auch nur mit ihm an einen weit entfernten, für die Eltern nur schwer erreichbaren Ort zu verziehen. In letzterem Punkte mag es bei der Adoptionspflege des § 1744 BGB anders liegen. Jedenfalls kann ein zu eigenmächtiges Handeln des Pflegers den Entschluss der leiblichen Eltern zur Herausnahme des Kindes befördern und zur Anrufung des Familiengerichts durch die Pflegeeltern nach § 1632 Abs. 4 BGB führen. In **sonstigen Sorgerechtspflegschaften** ist je nach Zweck und Anlass das Bild der dem Pfleger obliegenden Sorge unterschiedlich. Auch wenn sie die allgemeine Personensorge zum Inhalt hat, kann ihre Ausübung weniger dicht sein als in der Familienpflege, sie wird sich regelhaft auf die verantwortliche Auswahl der Unterbringung unter Berücksichtigung aller für die gedeihliche Entwicklung des Minderjährigen wesentlichen Faktoren – einschließlich seiner konfessionellen oder weltanschaulichen Zugehörigkeit (die Bestimmung des § 1801 Abs. 2 BGB dürfte für den Einzelpfleger nicht weniger gelten) – konzentrieren. In jedem Falle hat der Pfleger die **Leitentscheidungen** für den Werdegang des Kindes zu treffen: Erstbestimmung über die religiöse oder weltanschauliche Erziehung – mit Genehmigung des Familiengerichts (§ 3 Abs. 2 S. 1 2 RKEG) –, Schulbesuch, ärztliche Behandlung bei ernsthafteren als Alltagserkrankungen einschließlich ärztlicher Eingriffe, Beantragung erzieherischer Hilfen bis zur Fremdunterbringung (→ § 20 Rn. 18 ff.; §§ 27 ff. SGB VIII; für das Jugendamt als Sorgerechtspfleger auch → § 16 Rn. 90), Einflussnahme auf die Berufswahl. Auch wird der Pfleger die Geeignetheit der Unterbringung laufend im Auge behalten und erforderlichenfalls ihren Wechsel veranlassen müssen. Aus allem wird deutlich, dass die genaue Kenntnis der

[1] BayObLG NJW 1964, 1324 (mwN über die nähere Ausgestaltung).

Lebensumstände des Kindes und somit auch der notwendige Kontakt mit dem Pflegling für den Pfleger unabdingbar sind. Sachgerechte Entscheidungen können ansonsten nicht getroffen werden.

Sind **Sorgerechtsbefugnisse nach § 1630 Abs. 3 BGB einem Ehepaar als Pflegefamilie** übertragen worden, so übt dieses die Sorge in gleicher Weise gemeinsam aus wie die Eltern des Kindes. Interne Meinungsverschiedenheiten hat, wenn die zunächst anzustrebende Einigung (§ 1627 BGB) gescheitert ist, jedoch nicht das Familiengericht nach § 1628 BGB zu entscheiden. Vielmehr muss das Jugendamt gem. § 38 SGB VIII vermitteln.[2] Doch sollte bei gravierenden Unzuträglichkeiten, die einen Mangel an pädagogischer Eignung erkennen lassen, eine Entziehung der Pflegeerlaubnis (§ 44 Abs. 3 S. 2 SGB VIII) bzw. eine Herausnahme des Minderjährigen (§ 42 SGB VIII) erwogen und damit die Grundlage für eine Aufhebung der Übertragungsverfügung durch das Familiengericht geschaffen werden, sofern nicht die Eltern veranlasst werden können, ihre Einwilligung zur Inpflegegabe zu widerrufen (dazu → § 12 Rn. 15). 3

b) Besonderheiten der Vermögenssorge. Eine dem Pfleger obliegende Vermögenssorge untersteht den Grundsätzen der Vermögenssorge des Vormunds (→ § 8). Er hat ein vom bisherigen Sorgerechtsinhaber übernommenes Vermögen auf den Stichtag der Anordnung der Pflegschaft – nicht: seiner Bestellung zum Pfleger oder seines Amtsantritts[3] – zu inventarisieren (§§ 1802, 1915 BGB), Gelder mündelsicher anzulegen, die nach dem Vormundschaftsrecht erforderlichen Genehmigungen des Familiengerichts einzuholen und periodisch Rechnung, demnächst auch Schlussrechnung zu legen. Eine befreite Pflegschaft gibt es nur in den Fällen des § 1638 BGB (→ Rn. 6). 4

Da die Eltern mit dem Verlust der Vermögenssorge auch die in deren tatsächlicher Ausübung liegende Befugnis eingebüßt haben, über die **Verwendung der Einkünfte des Kindesvermögens im Rahmen des § 1649 BGB** zu bestimmen, sind die entsprechenden Zuständigkeiten dem Pfleger mit zugefallen.[4] Nettoeinkünfte (§ 1649 Abs. 1 BGB) hat er, soweit zum Unterhalt des Kindes benötigt, den Eltern zur Verfügung zu stellen; im Streitfall entscheidet das Familiengericht (→ Rn. 11).[5] Doch können die Eltern von ihm nicht verlangen, darüber hinausgehende Einkünfte des Kindesvermögens nach § 1649 Abs. 2 BGB ausgekehrt zu erhalten, um sie nach ihrem Gutdünken zu verwenden.[6] Ob der Pfleger hier aus freien Stücken entgegenkommen will, ist, soweit nicht einer Unterhaltspflicht des Kindes gegenüber den Eltern zu genügen wäre, Sache seines Ermessens. § 1804 BGB hindert ihn nicht, wenn und weil die Freigabe von Überschussmitteln zugunsten (auch) des Unterhalts von Geschwistern einer sittlichen Pflicht entsprechen kann. Es wird im Wesentlichen auf die Vertrauenswürdigkeit der Eltern ankommen. Ein Pfleger nach § 1909 Abs. 1 S. 2 BGB hätte allerdings Verwendungsanordnungen des Zuwendenden zu beachten (→ Rn. 6). 5

---

2 Wiesner/*Schmid-Obkirchner* SGB VIII § 38 Rn. 32ff.

3 Treffend: *Drews* Rpfleger 1980, 178 unter Herausstellung häufig anzutreffender Ungenauigkeiten in der Praxis.

4 So für § 1670 BGB aF: Soergel/*Strätz* BGB § 1670 Rn. 2; MüKoBGB/*Hinz* (3. Aufl.) § 1670 Rn. 10. Für § 1909 Abs. 1 S. 2 (§§ 1638, 1639): MüKoBGB/*Huber* § 1649 Rn. 6. Für Pflegschaften auf Grund entzogener elterlicher Vermögenssorge: BayObLG FamRZ 1975, 219 (220); Soergel/*Strätz BGB* § 1649 Rn. 2; MüKoBGB/*Huber* § 1649 Rn. 7.

5 BayObLG FamRZ 1975, 219.

6 BayObLG FamRZ 1975, 219 (220); Soergel/*Strätz* BGB § 1649 Rn. 2; MüKoBGB/*Huber* § 1649 Rn. 7; *Gernhuber/Coester-Waltjen* § 63 Rn. 3.

6 Ergänzende Bestimmungen gibt § 1917 BGB für die **Verwaltung eines Vermögens,** das dem Minderjährigen **unter Ausschluss des Verwaltungsrechts** der Eltern oder des Vormunds durch Schenkung oder von Todes wegen zugewendet worden ist (§ 1909 Abs. 1 S. 2 BGB; → § 11 Rn. 50). Da sie auf den für den Vormund in § 1803 Abs. 1, 2 BGB aufgestellten Regeln fußen und § 1971 Abs. 3 BGB den § 1803 Abs. 3 BGB inhaltsgleich wiederholt, kann auf dessen nähere Darstellung in → § 8 Rn. 302 verwiesen werden. Zur **Ausschlagung** des von Todes wegen Zugewendeten ist der Pfleger nicht befugt. Eine Ausschlagung, nicht selten getragen von höchstpersönlichen und ideellen Erwägungen, ist ein Persönlichkeitsrecht des Erben und steht deshalb den Eltern für das Kind zu, wenngleich nur mit Genehmigung des Familiengerichts (§ 1643 Abs. 2 S. 1 BGB). Außerdem wäre Ausschlagung das Gegenteil von verwaltender Tätigkeit.[7] Einem Pfleger, den der Zuwendende benennt (→ § 12 Rn. 7), kann dieser die Stellung eines **befreiten Vormunds** einräumen, die wiederum das Familiengericht bei Gefährdung der Kindesinteressen außer Kraft setzen kann (§ 1917 Abs. 2 BGB).

7 **c) Verantwortlichkeiten und Hilfestellungen für die Amtsführung.** Der Pfleger ist dem Minderjährigen für die sorgfältige Führung seines Amtes **verantwortlich** (§ 1833 iVm § 1915 BGB; → § 4 Rn. 19ff.). Die **Verjährung** von Ansprüchen hieraus ist für die Dauer des Pflegschaftsverhältnisses gehemmt; die Bestimmung des § 204 BGB ist, obwohl sie nur den Vormund nennt, entsprechend anwendbar.[8] Eine **Haftung des Pflegers Dritten gegenüber** für Schäden, die der Minderjährige verursacht (§ 832 BGB), dürfte praktisch nur in Betracht kommen können, wenn die Pflegschaft die Bestimmung des Aufenthalts umfasst und den Pfleger der Vorwurf träfe, die für die weitere Aufsicht verantwortliche Unterbringung nicht sorgfältig genug ausgewählt oder sie nicht ausreichend über ihm bekannte Eigenheiten des Minderjährigen unterrichtet zu haben. Erleichtert wird dem Pfleger die Führung der Pflegschaft durch die **Beratungs- und Unterstützungspflicht des Jugendamts,** zB bei der Benennung geeigneter Pflegefamilien (§ 53 Abs. 2 SGB VIII; die dort geforderte Planmäßigkeit – „regelmäßig und dem … Bedarf … entsprechend…" – liegt allerdings vielerorts im Argen). Auch kann in der Personensorge die **Unterstützung des Familiengerichts** nach § 1631 Abs. 3 BGB in Anspruch genommen werden. Eine Bestimmung, die in der Hilfe bei Rückführung aus der Heimunterbringung entwichener Minderjähriger gelegentlich praktisch wird: Das Familiengericht kann die Unterstützung der Polizei in Anspruch nehmen, die dem Pfleger nicht ohne Weiteres zu Gebote steht.

8 **2. Schranken.** Schranken für die Amtsführung ergeben sich, soweit nicht schon in den vorstehenden Rn. behandelt, teils aus den **Genehmigungsvorbehalten für das Familiengericht,** teils aus der **familiengerichtlichen Aufsicht.** Die Genehmigungsvorbehalte regelt ausschließlich das Gesetz. Das Familiengericht ist nicht befugt, bei Bestimmung des Wirkungskreises der Pflegschaft weitergehende Genehmigungen vorzubehalten; das liefe auf eine verkappte Weisungsbefugnis hinaus, die ihm so wenig wie gegenüber dem Vormund zusteht.[9] Der Pfleger hat seine Entscheidung in eigener Verantwortung zu treffen. Die Aufsicht des Familiengerichts geht nur so weit, gegen Pflichtwidrigkeiten durch geeignete Gebote und Verbote einzuschreiten (§ 1837 Abs. 1 iVm § 1915 BGB; → § 2 Rn. 35). Eine Weisungsbefugnis kennt zwar § 1838 BGB, betreffend Art und Ort der Unterbringung des Mündels. Auch sie entfällt aber gegenüber dem Pfleger in der Aufenthaltsbestimmungs-Pflegschaft, denn damit würde der

---

[7] Str., wie hier: OLG Karlsruhe FamRZ 1965, 573; Erman/*Döll* § 1638 Rn. 9.

[8] Palandt/*Götz* § 1915 Rn. 1.

[9] LG Berlin DAVorm 1979, 434.

Inhalt der Pflegschaft aufgehoben. Allenfalls könnte dann der Wirkungskreis einer solchen Pflegschaft durch Festlegung einer näheren räumlichen oder sachlichen (Familie, Heim) Begrenzung der Unterbringung bestimmt (→ § 11 Rn. 45), nicht aber durch nachträgliche Verfügungen (wie das gelegentlich geschehen ist) eingeengt werden. Nicht außer Acht gelassen werden darf, dass nach §§ 1631b, 1800, 1915 BGB eine mit Freiheitsentziehung des Pfleglings verbundene Unterbringung der Genehmigung des Familiengerichts bedarf; zur Begriffsbestimmung → § 8 Rn. 19ff.

Immerhin kann das Familiengericht gelegentlich in unmittelbarem Zugriff, nicht 9
nur vermittelt durch Gebote und Verbote kraft Aufsichtsrechts, in die Amtsführung des Pflegers hineinwirken. Dies gestattet ihm § 1837 Abs. 3 (§ 1915) iVm §§ 1666, 1666a BGB. Es könnte danach bei Versagen des Pflegers unter Gefährdung des körperlichen, geistigen oder seelischen Wohles des Pfleglings „die geeigneten Maßnahmen treffen". Das wird nun freilich (anders als in der Vormundschaft) in der Pflegschaft nur sehr begrenzt akut werden. Der in den bezeichneten Richtungen – beschränkt wie sein Wirkungskreis von vornherein ist – sich als ungeeignet erweisende Pfleger wäre schon nach § 1886 (§ 1915) BGB zu entlassen (→ § 4 Rn. 27ff.); die Übertragung elterlicher Sorge nach § 1630 Abs. 3 BGB auf die Pflegeperson wäre nach § 1837 Abs. 3 iVm § 1696 BGB zurückzunehmen und den Eltern die anderweite Entschließung über den Verbleib des Kindes zu überlassen. Denkbar bleibt ein punktuelles Einschreiten des Familiengerichts, etwa wenn ein im Übrigen geeigneter Pfleger sich gegen eine einzelne Maßnahme sperrt und dadurch das Wohl des Pfleglings ernsthaft gefährdet. Dann kann das Familiengericht die **Erklärungen des Pflegers,** die dieser abzugeben ablehnt, **ersetzen** (§ 1666 Abs. 3 BGB). Eine solche Ersetzung wurde – ohne Erfolg – angestrebt in dem Fall des LG Köln (FamRZ 1987, 207) gegen die Weigerung des Sorgerechtspflegers, die Einwilligung zu einem Abbruch der Schwangerschaft des minderjährigen Pfleglings zu erteilen.[10] Auch könnte der Sorgerechtspfleger in seiner Entscheidung über die Berufswahl die Eignung und Neigungen des Pfleglings übergehen wollen und dadurch dessen Entwicklung ernsthaft und schwer beeinträchtigen: hier ergeben sich die gleichen Möglichkeiten unmittelbaren Einschreitens für das Familiengericht aus § 1631a iVm §§ 1800, 1915 BGB. – Weitere Fälle von Ersetzung der Einwilligung eines (Vormunds oder) Pflegers durch das Familiengericht kennen übrigens die §§ 113 Abs. 3 S. 1, 1746 Abs. 3, 1812 Abs. 2 BGB (Gegenpfleger).

Eine spezifische gesetzliche Schranke: In der **religiösen oder weltanschaulichen** 10
Erziehung kann der Sorgerechtspfleger eine früher getroffene Bestimmung nicht mehr ändern (§§ 3 Abs. 2 S. 6, 6 RKEG). Nach Vollendung des 12. Lebensjahres kann er das Kind nicht mehr gegen dessen Willen einem anderen Bekenntnis als dem, in welchem es bisher (mit oder ohne förmliche Bestimmung) erzogen worden ist, zuführen; nach Vollendung des 14. Lebensjahres ist das Kind in dieser Frage vollends autonom (§ 5 RKEG).

II. Meinungsverschiedenheiten

Der Weg in die Meinungsverschiedenheit ist gerade bei Pflegschaften, die das Sor- 11
gerecht der Eltern einschränken, zwischen Pfleger und Elternteilen nur allzu leicht vorgezeichnet. Es können Reibungen entstehen in Angelegenheiten, bei denen **Personensorge und Vermögenssorge zwischen Eltern und Pfleger geteilt** sind und die beider Zuständigkeiten berühren. Hier entscheidet das Familiengericht nach § 1630

[10] Dazu *Oberloskamp/Brosch* S. 113 und 188ff.

Abs. 2 BGB. Beispiel: Streit über die Höhe der Beträge, die der Vermögenspfleger dem Elternteil für den Unterhalt des Kindes aus den Einkünften des Kindesvermögens zur Verfügung zu stellen hat (→ Rn. 5). Das Familiengericht entscheidet **in nachfolgenden Sonderfällen ferner:** wenn über die Rücknahme des Kindes aus einer Pflegestelle zwischen Eltern und Pflegefamilie Streit besteht, gemäß § 1632 Abs. 4 BGB; über das Auskunftsrecht des Elternteils gegenüber dem personensorgeberechtigten Pfleger gemäß § 1686 BGB; über Streitigkeiten zwischen dem Pfleger, dem die Entscheidung über die Berufswahl des Kindes übertragen worden ist, und dem im übrigen personensorgeberechtigt gebliebenen Elternteil (weil dieser den gesundheitlichen Status des Kindes kompetenter zu beurteilen beansprucht) gemäß § 1631a BGB. Gelegentlich gibt bei Meinungsverschiedenheiten der Standpunkt der Eltern den Ausschlag, so nach § 3 Abs. 1 RKEG. Sonst aber hat innerhalb desselben Sorgebereichs die Entscheidung des Pflegers den Vorrang. In jedem Falle bleibt es dem Elternteil unbenommen, Beanstandungen, die er gegen die Amtsführung des Pflegers erheben zu können glaubt, dem Familiengericht zu unterbreiten zur Entschließung, ob gegen den Pfleger wegen Pflichtwidrigkeit einzuschreiten (→ Rn. 8), eine Entlassung in Erwägung zu ziehen, zu einem bestimmten Rechtsakt die erforderliche Genehmigung zu versagen oder eine Erklärung des Pflegers (zB nach § 1746 Abs. 3 BGB in der Adoption) zu ersetzen sei. Der Pfleger seinerseits kann bei Meinungsverschiedenheiten mit der Kindesmutter deren Einwilligung durch das Familiengericht ersetzen lassen. Über allem steht das Gebot, dass Eltern und Pfleger in der Personensorge es vermeiden sollten, Meinungsverschiedenheiten zum Nachteil des Kindes auf dessen Rücken auszutragen. Die Bestimmung des § 1684 Abs. 2 BGB trifft ihrem Geist und Sinne nach auch auf dieses Spannungsverhältnis zu. Rechtsmittel gegen eine nach § 1630 Abs. 2 BGB getroffene Entscheidung des Familiengerichts ist die (sofortige) Beschwerde (§§ 58, 63 FamFG). Sie kann nach § 59 Abs. 1 FamFG sowohl von dem Elternteil wie von dem Pfleger namens des Kindes sowie von dem Kind nach Vollendung des 14. Lebensjahres (§ 60 FamFG) eingelegt werden.

12 Der Pfleger hat **Anspruch auf Auslagenerstattung und Vorschuss,** wenn er zur Erfüllung seiner Aufgaben barer Mittel bedarf (§§ 1835 Abs. 1, 1915, 669 BGB). Der Anspruch steht dem Pfleger in Person zu; Anspruchsgegner ist das Kind. Während ein Vormund aus vorhandenem Vermögen des Kindes die benötigten Mittel unmittelbar entnehmen kann, wird eine gleiche Möglichkeit für den Pfleger nur in den verhältnismäßig seltenen Fällen bestehen, in denen er vorhandenes Kindesvermögen verwaltet. Wenn nicht, müsste er sich an die Eltern oder den Vormund wenden. Diese wiederum werden nicht immer bereit sein, der Anforderung zu entsprechen, besonders wenn sie die Bestellung des Pflegers als ungerechtfertigte Beschränkung ihrer Zuständigkeiten empfunden haben. Einem Vormund könnte das Familiengericht die Bereitstellung aus dem Kindesvermögen unter Zwangsgeldandrohung (§ 1837 Abs. 2, 3 BGB) aufgeben, um ein sonst blockiertes Tätigwerden des (Ergänzungs-)Pflegers zu ermöglichen, gegebenenfalls mit einer gemäß §§ 1800, 1630 Abs. 2 BGB zwischen beiden getroffenen Entscheidung. Gegenüber Eltern ist dieser Weg nicht gegeben. Es kann sein, dass ein Unterbleiben des Tätigwerdens des Pflegers das Kindesvermögen gefährden würde (das Zustandekommen des vom Pfleger ausgehandelten Vertrages ist von der Stellung einer Kaution abhängig). Daraufhin könnte das Familiengericht die Vermögenssorge in diesem Umfange entziehen, indem es als eine „erforderliche Maßnahme“ des § 1666 Abs. 1 BGB den Pfleger ermächtigt, über das Bankkonto des Kindes durch Abhebung des benötigten Vorschusses zu verfügen. Aber nicht immer würde eine Gefährdung des Kindesvermögens in Rede stehen (Pfleger im Aufenthaltsbestimmungsrecht: Reisekosten für den Transport des Kindes zum Unterbringungsort).

4. Kapitel.
Besonderheiten bei der Vereinsvormundschaft/-pflegschaft/-beistandschaft und Verfahrensbeistandschaft

§ 14 Erlaubnis für den Verein nach § 54 SGB VIII, Bestellung, Führung und Beendigung

Inhalt

I. Entwicklung der Vereinsvormundschaft/-pflegschaft/-beistandschaft und -verfahrensbeistandschaft

1 **1. Sammel- und organisierte Einzelvormundschaften.** Die Vereinsvormundschaft in ihrer heutigen Form hatte als **Vorläufer** um die Jahrhundertwende die **Sammelvormundschaft** durch Einzelpersonen und die **organisierte Einzelvormundschaft.**[1] Dabei wurden entweder einzelne Vorstände und Mitglieder Freier Vereinigungen jeweils zur Führung mehrerer Vormundschaften bzw. Pflegschaften für Minderjährige bestellt, oder in Freien Vereinigungen wurden Einzelvormünder organisiert (vgl. *Oberloskamp* → § 1 Rn. 15 und 21). Im Jahre 1903 übernahm erstmals der Geschäftsführer eines **Vereins,** des Evang. Kinderrettungsvereins Berlin, die Sammelvormundschaft für die in den Entbindungsanstalten Berlins geborenen nichtehelichen Kinder.[2] Vormund war noch die Einzelperson, sie führte aber nunmehr im Rahmen ihrer Vereinstätigkeit eine Sammelvormundschaft (zur Anstalts- und Berufsvormundschaft als Vorläufer der heutigen Amtsvormundschaft (vgl. *Oberloskamp* → § 1 Rn. 21). In den Folgejahren wurden eine Vielzahl von **Vereinen gegründet,** mit dem Ziel, die vom BGB gewollte Einzelvormundschaft zu fördern. Mangels geeigneter Einzelvormünder führten aber schließlich die Vorstände der Vereine selbst eine Vielzahl von Sammelvormundschaften.[3]

2 **2. Der Vorstand als Vormund.** Eine **rechtliche Grundlage** für die **Vereinsvormundschaft** für **Minderjährige** wurde erstmals mit dem Reichsjugendwohlfahrtsgesetz (in § 47 RJWG) vom 9.7.1922, in Kraft getreten am 1.4.1924, geschaffen (vgl. *Oberloskamp* → § 1 Rn. 25). **Vormund** bzw. Pfleger oder Beistand war aber mit Erlass des RJWG noch nicht der Verein selbst, sondern der **Vorstand.** In ihren Satzungen legten die Vereine fest, wie der umstrittene Begriff Vorstand von ihnen verstanden wurde. Dem Verein stand es offen, ob Vorstand der gesetzliche Vertreter des Vereins oder ein eigens zu bestellender Vertreter nach § 30 BGB sein sollte. Nur so konnte der Verein der Verpflichtung zur Führung der Vormundschaft „durch den Vorstand" zweifelsfrei genügen.[4]

---

[1] Grundlegend zur Geschichte der Vereinsvormundschaft *Weinzierl* JugW 1963, 13; *Riedel* RdJ 1963, 209.
[2] *Weinzierl* JugW 1963, 14.
[3] *Weinzierl* aaO.
[4] *Weinzierl* JugW 1963, 15 mwN; aA: *Riedel* RdJ 1963, 211.

3. Der Verein als Vormund für Minderjährige. Erst seit der Neufassung des RJWG zum Jugendwohlfahrtsgesetz (JWG), das am 1.1.1961 in Kraft trat (vgl. *Oberloskamp* → § 1 Rn. 26), ist der rechtsfähige Verein §§ 21, 22 BGB und damit die **juristische Person selbst** und nicht mehr der Vorstand (→ Rn. 2) zum Vormund, Pfleger oder Beistand für Minderjährige zu bestellen. Die **Vertretung des Mündels** obliegt dem **Verein**, der selbst wieder durch den Vorstand, besondere Vertreter nach § 30 BGB und bevollmächtigte Mitglieder bei der Führung der Vormundschaften vertreten wird (→ Rn. 53). Gleichzeitig war ab dem 1.1.1962 die Vormundschaftsführung durch Vorstände privater Anstalten (**private Anstaltsvormundschaft** nach § 47 RJWG aF) nicht mehr möglich, auch war die Betreuung von Mündeln in vereinseigenen Heimen durch die die Vormundschaft führenden Mitglieder untersagt (→ Rn. 58), wodurch die vorher unvermeidlichen Interessenkollisionen vermieden werden sollten.[5] 3

4. Die Vereinsvormundschaft im BGB und im JWG. Mit Erlass des Gesetzes über die rechtliche Stellung der nichtehelichen Kinder vom 19.8.1969, in Kraft getreten am 1.7.1970 (*Oberloskamp* → § 1 Rn. 27), wurde die **Vereinsvormundschaft** grundlegend **zivilrechtlich** in § 1791a BGB geregelt, so die Frage der Bestellung des Vereins zum Vormund (→ Rn. 51), der Führung der Vereinsvormundschaft damals noch nur durch **Mitglieder** (→ Rn. 57) sowie die Haftung des Vereins gegenüber dem Mündel (→ § 15 Rn. 71, 74). Gleichzeitig entfielen die Vereinsvormundschaften für nichteheliche Kinder, an deren Stelle traten Vereinspflegschaften. Davon klar unterschieden waren die **öffentlich-rechtlichen** Fragen im neugefassten § 53 JWG durch das Gesetz zur Änderung und Ergänzung des Gesetzes für Jugendwohlfahrt vom 27.6.1970, in Kraft seit dem 1.7.1970 (*Oberloskamp* → § 1 Rn. 28). So waren in § 53 JWG die Rahmenvorschriften bzgl. der Eignungserklärung eines Vereins durch ein Landesjugendamt sowie die weitergehende Regelungskompetenz für den jeweiligen Landesgesetzgeber festgelegt. Weiter wurde die Führung von Vormundschaften durch den Verein als juristische Person auch für Volljährige durch den eigens geschaffenen § 54a JWG neu zugelassen. Damit war einer Forderung der Praxis Rechnung getragen worden. Das für Außenstehende nur schwer zu durchschauende Nebeneinander von Vereinsvormundschaften für Minderjährige und Sammelvormundschaften, geführt vom Vorstand oder Mitgliedern für Volljährige, hatte ein Ende. 4

5. Mitarbeiter des Vereins bei der Vormundschaftsführung. Mit Inkrafttreten des **Kinder- und Jugendhilferechts** zum 1.1.1991, des **SGB VIII** vom 28.6.1990 (*Oberloskamp* → § 1 Rn. 35), wurden nunmehr erstmals, einer Forderung der Praxis entsprechend, auch **Mitarbeiter,** ohne Mitglied des Vereins sein zu müssen, zur Führung von Vormundschaften des Vereins in § 1791a Abs. 3 S. 1 BGB zugelassen. Auf die Organhaftung des Vereins gegenüber dem Mündel nach § 1791a Abs. 3 S. 2 BGB iVm § 31 BGB hat dies keinen Einfluss (→ § 15 Rn. 74). 5

6. Neuregelung der Erlaubnis in § 54 SGB VIII. Vor allem aber wurden die **Voraussetzungen** für eine **Erlaubnis** der Vereine zur Führung von Vormundschaften, Pflegschaften und Beistandschaften in § 54 Abs. 1 S. 2 SGB VIII **bundeseinheitlich grundlegend** neu geregelt (→ Rn. 17, 26). Dass hierbei das **Betreuungsrecht, das** Betreuungsgesetz vom 12.9.1990, in Kraft getreten zum 1.1.1992 (*Oberloskamp* → § 1 Rn. 37), mit der neu geschaffenen **„organisierten Einzelbetreuung"** durch **persönlich betreuende**, selbst zum **Vereinsbetreuer** für **Erwachsene** bestellte Mitarbeiter des Vereins, **Vorbild** war, ist wegen der fast inhaltsgleichen Übernahme des § 1908f BGB 6

[5] BT-Drs. III/2226, Nr. 5 zu § 47; *Weinzierl* JugW 1963, 13.

in das SGB VIII nicht von der Hand zu weisen . Für die Betreuung Erwachsener ist damit das Rad zur Jahrhundertwende mit „persönlich bestellten Betreuern" zurückgedreht worden (→ Rn. 1).

7 **7. Landesgesetzliche Regelungen für die Erlaubnis.** Mit dem **Ersten Gesetz zur Änderung des SGB VIII** vom 16.2.1993, in Kraft getreten am 1.4.1993 (vertiefend *Oberloskamp* → § 1 Rn. 36), wurde mit § 54 Abs. 4 S. 2 SGB VIII die Möglichkeit für den **Landesgesetzgeber** geschaffen, noch **weitere Voraussetzungen** für die Erteilung der **Erlaubnis** an die Vereine für ein Tätigwerden im Vormundschaftswesen zu erlassen (→ Rn. 14, 38).

8 **8. Landesgesetzliche Regelungen für die Vereinsbeistandschaft.** Mit der Einführung der neuen **Beistandschaft** anstelle der Nichtehelichen-Pflegschaften (§ 1706 BGB) und den bisherigen Beistandschaften (§ 1685 BGB aF) durch das **Beistandschaftsgesetz** (hierzu *Oberloskamp* → § 1 Rn. 39) vom 4.12.1997, in Kraft getreten zum 1.7.1998, war ursprünglich die Vorstellung verbunden, nur noch das Jugendamt mit der Führung von Beistandschaften zu betrauen.[6] Erst durch eine Empfehlung des Bundesrates und die Zustimmung der Bundesregierung[7] wurde in § 54 Abs. 1 S. 2 SGB VIII die Möglichkeit einer landesgesetzlichen Regelung (für Bayern → Rn. 38), auf der **Grundlage** von **Art. 144 EGBGB,** für die Führung „einer" Beistandschaft durch Vereine geschaffen. Grundsätzliche Bedenken gegen ein unserem Sozialstaat des Grundgesetzes fremdes, **unzulässiges Sozialmonopol des Staates** sowie die regional doch starke, in Jahrzehnten bewährte **Tätigkeit von Vereinen** in diesem Bereich gaben dazu Anlass. Damit wird auch den Rechtsgedanken des Wunsch- und Wahlrechts von Elternteilen (vgl. § 5 SGB VIII), des Vorrangs des bürgerlichen Ehrenamtes und des Vereins in der Vormundschaftsführung (§ 56 Abs. 4 SGB VIII; → Rn. 43, 44), Rechnung getragen. Zu den **Besonderheiten** der **Beistandschaft** des **Vereins** → Rn. 92.

9 **9. Der Weg zu landesgesetzlichen Regelungen für die Vereinsbeistandschaft.** Bei **Fehlen einer landesgesetzlichen Regelung** auf der **Grundlage** von **Art. 144 EGBGB** können sich Vereine auf Veranlassung von Sorgeberechtigten mit dem Wunsch nach Vereinsbeistandschaften an den Petitionsausschuss der Länderparlamente wenden. Dann hat der Landesgesetzgeber die Möglichkeit, eine langwierige rechtliche Auseinandersetzung vor den Verwaltungsgerichten und eine wohl sichere Niederlage vor dem Verfassungsgericht des Landes zu vermeiden. Bei entsprechender spitzenverbandlicher Unterstützung der freien Wohlfahrtspflege müsste eine landesgesetzliche Regelung in jedem Bundesland zu erreichen sein. Sollte ein alleinsorgeberechtigte Elternteil einen Antrag an das Jugendamt auf Bestellung eines Vereins stellen, könnte ein letztlich Erfolg versprechender Weg vor die Verwaltungsgerichte bis hin zu einer landesgesetzlichen Regelung beschritten werden. Allerdings ist derzeit die Finanzierung der Beistandschaft insbesondere durch die Justizkasse wohl nicht möglich (siehe dazu → § 15 Rn. 27 ff.).

10 **10. Ausschluss privater Beistände.** Ob der **Ausschluss Privater von der Führung der Beistandschaft** einer verfassungsrechtlichen Überprüfung Stand hält, ist mehr als fraglich. Der Bürger hat das Recht Vormund und Pfleger nach seinen Wünschen auswählen zu können (§§ 1776 ff., 1915 BGB). Es gibt keine nachvollziehbaren Gründe, warum dieses höchst persönliche Wahlrecht beim Beistand ausgeschlossen sein sollte. Auch dem Einzelvormund obliegt ggf. die Geltendmachung von Unter-

---

[6] BT-Drs. 13/892, 32 (35).
[7] BT-Drs. 13/8509, 16.

halt, er hat keinen Anspruch auf einen Unterhaltsbeistand. Damit lässt sich auch nicht über die ggf. besondere Bedeutung oder Schwierigkeit der Unterhaltsbeistandschaft argumentieren

11. Der persönlich bestellte Verfahrenspfleger beim Verein. Mit In-Kraft-Treten des KindRG zum 1.7.1998 (*Oberloskamp* → § 1 Rn. 40) hatte der Gesetzgeber bei der Vergütung des **persönlich bestellten Verfahrenspflegers** (nach § 50 FGG (alt), neu Verfahrensbeistand nach § 158 FamFG), auf die Vergütungsvorschriften für den persönlich bestellten Vereinsbetreuer (§ 67 Abs. 3 FGG alt, neu § 277 Abs. 4 FamFG) verwiesen. Der Gesetzgeber hatte damit die Möglichkeit aufgezeigt, in Anlehnung an § 1897 Abs. 2 S. 1 BGB, für die **Führung von Verfahrenspflegschaften** Mitglieder oder **Mitarbeiter des Vereins persönlich zu bestellen.** 11

– in dieser Auflage nicht belegt – 12, 13

II. Voraussetzungen beim Verein für die Vormundschaftsführung

Bevor ein Verein sich zur Führung von Vormundschaften oder Pflegschaften gegenüber den Familiengerichten bereit erklären kann (bei Beistandschaften gegenüber dem Jugendamt ,→ Rn. 93), hat er **zwei Voraussetzungen** zu erfüllen. Zum einen muss der Verein die **Rechtsfähigkeit** nach §§ 21 ff. BGB erlangt haben, zum anderen bedarf er einer **Erlaubnis** nach § 1791a Abs. 1 S. 1 BGB iVm § 54 Abs. 1 S. 1 SGB VIII zur Führung von Vormundschaften und Pflegschaften seitens des zuständigen Landesjugendamtes bzw. des zuständigen überörtlichen Trägers. Der Verein kann **Beistandschaften** mit Inkrafttreten des **Beistandschaftsgesetzes** zum 1.7.1998 (→ Rn. 8) nur noch führen, soweit dies **Landesrecht** vorsieht, § 54 Abs. 1 S. 2 SGB VIII (→ Rn. 19). Festzustellen ist, dass nur **rechtsfähige Vereine** im Sinne von §§ 21, 22 BGB und keine juristischen Personen des öffentl. Rechts, also Körperschaften, Anstalten und Stiftungen iSd § 89 BGB zum Vormund bestellt werden können.[8] 14

1. Rechtsfähigkeit des Vereins. Seit der Novelle zum RJWG vom 11.8.1961, in Kraft getreten am 1.1.1962 (vgl. *Oberloskamp* → § 1 Rn. 26), nunmehr § 54 Abs. 1 S. 1 SBG VIII, ist die **Rechtsfähigkeit** des privatrechtlichen Vereins schon im Hinblick auf die weitreichende Haftung (→ vgl. § 15 Rn. 71) **Voraussetzung** für dessen Tätigkeit auf dem Gebiete der Vormundschaftsführung.[9] Mit Erlangung der Rechtsfähigkeit kann der Verein als juristische Person des Privatrechts Träger von Rechten und Pflichten im Rechtsverkehr sein.[10] Man unterscheidet den nichtwirtschaftlichen und den wirtschaftlichen Verein. In der Praxis werden Vormundschaften generell nur von **nichtwirtschaftlichen Vereinen,** deren objektive Tätigkeit nicht auf einen wirtschaftlichen Geschäftsbetrieb gerichtet ist, geführt.[11] Der nichtwirtschaftliche Verein wird **rechtsfähig** durch die **Eintragung** in das Vereinsregister nach § 21 BGB beim Amtsgericht am Sitz des Vereins, § 55 BGB. Zu den Voraussetzungen der Eintragung siehe die §§ 55 ff. BGB. Der eingetragene Verein besitzt auch dann Rechtsfähigkeit, wenn wichtige Voraussetzungen der Eintragung nicht vorliegen.[12] Die **Eintragung** ist somit **einzige Bedingung** für die **Rechtsfähigkeit** beim **nichtwirtschaftlichen Verein.** Grundsätzlich können Vormundschaften auch von **wirtschaflichen** Vereinen geführt 15

---

[8] Palandt/*Götz* § 1791a Rn. 2.

[9] Jans/Happe/Saurbier/Maas/*Kunkel* § 54 Rn. 1.

[10] Palandt/*Ellenberger* Einf. vor § 21 Rn. 8 ff.

[11] zur Abgrenzung wirtschaftlich/nichtwirtschaftlich siehe Palandt/*Ellenberger* § 21 Rn. 2.

[12] BGH NJW 1983, 993.

werden, dem kommt aber in der Praxis keine Bedeutung zu.[13] Rechtsfähigkeit erlangen diese nach § 22 BGB. Der **Verlust** der Rechtsfähigkeit beim wirtschaftlichen Verein tritt bei Eröffnung des Konkurses ein, § 42 BGB iVm § 30 InsO, der **Entzug** kann nach § 43 BGB erfolgen.

16 Im Vormundschaftswesen spielen ausländische Vereine derzeit keine Rolle.[14]

17 **2. Erlaubnis zur Führung von Vormundschaften, Pflegschaften und Beistandschaften. a) Rahmenvorschriften.** Die Rahmenvorschriften, die die **Voraussetzungen** regeln, unter denen ein überörtlicher Träger (§§ 69 Abs. 1 S. 2 SGB VIII), 85 Abs. 2 Nr. 10 SGB VIII), ein Landesjugendamt bzw. ein anderer überörtlicher Träger aufgrund Landesrechts, Vereinen eine **Erlaubnis** zur Führung von Vormundschaften, Pflegschaften und Beistandschaften erteilen kann, wurden mit Inkrafttreten des Kinder- und Jugendhilferechts zum 1.1.1991 (→ Rn. 6; *Oberloskamp* → § 1 Rn. 35) aus Gründen der Rechtseinheit[15] bundeseinheitlich grundlegend neu in **§ 54 SGB VIII** geregelt. Die Erlaubnis muss bereits zum Zeitpunkt der Bestellung des Vereins vorliegen[16].

18 **Landesgesetzliche Regelungen für die Erlaubnis.** Auch das Kinder- und Jugendhilferecht sieht aber vor, dass vom jeweiligen Landesgesetzgeber nach § 54 Abs. 4 S. 2 SGB VIII noch weitere Voraussetzungen für die Erteilung der Erlaubnis geregelt werden können. Dies ist in **Bayern** in Art. 60 AGSGBay geschehen (→ Rn. 38).

19 **Landesgesetzliche Regelungen für die Vereinsbeistandschaftsführung.** „Eine" **Beistandschaft** können Vereine nach § 54 Abs. 1 S. 2 SGB VIII aufgrund des Beistandschaftsgesetzes (→ Rn. 8; *Oberloskamp* → § 1 Rn. 39) neuerdings nur noch **übernehmen,** wenn dies **Landesrecht** auf der **Grundlage** von **Art. 144 EGBGB** ausdrücklich vorsieht. Für Bayern ist dies durch Art. 61 ASGBay geschehen (→ Rn. 92). Mit Schaffung einer solchen gesetzlichen Grundlage für Vereine wird ein unzulässiges Sozialmonopol des Staates verhindert[17] (→ Rn. 8). Vereine führen seit jeher Vormundschaften und die früheren Nichtehelichenpflegschaften (→ Rn. 4), wenn auch in unterschiedlichem Umfang je nach Region. So führen die drei katholischen Jugendfürsorgevereine in den Diözesen Regensburg, Augsburg und der Erzdiözese München-Freising zum 31.12.2015 weit mehr als 1000 Vereinsbeistandschaften.

20 **b) Verwaltungsverfahren und Nebenbestimmungen.** In einem Verwaltungsverfahren auf **Antrag** des **Vereins** hat das **Landesjugendamt** (§ 69 Abs. 3 SGB VIII) oder ein anderer **überörtlicher Träger** (§§ 85 Abs. 2 Nr. 10, 69 Abs. 4 SGB VIII) zu **prüfen,** ob dem Verein eine **Erlaubnis** nach § 54 Abs. 1 SGB VIII zur Führung von Vormundschaften, Pflegschaften und Beistandschaften erteilt wird. Örtlich zuständig ist der überörtliche Träger nach § 87d Abs. 2 SGB VIII, in dessen Bereich der Verein seinen Sitz hat. Somit an dem Ort, an welchem die Verwaltung geführt wird (§ 24 BGB), soweit nicht durch die Vereinssatzung entsprechend § 57 Abs. 1 BGB ein anderer Sitz des Vereins bestimmt ist. Die **Erlaubnis** gilt für das jeweilige **Bundesland,** in dem der Verein seinen Sitz hat, § 54 Abs. 3 S. 1 SGB VIII. Hier wird die föderale Struktur zum starren Maßstab der Geltung der Erlaubnis gemacht. Dabei ist in § 69 Abs. 4 SGB VIII und § 85 Abs. 2 Nr. 10 SGB VIII schon von länderübergreifenden

---

13 *Riedel* RdJ 1963, 212.

14 Zu den Voraussetzungen für die Rechtsfähigkeit eines ausländischen Vereins MüKoBGB/*Reuter* vor § 21 Rn. 166.

15 Regierungsbegründung in BT-Drs. 11/5948, 90.

16 MüKoBGB/*Spickhoff* § 1791a Rn. 6.

17 Grundlegend zur Selbständigkeit freier Träger und zur Unzulässigkeit von Sozialmonopolen des Staates: *Neumann* JugW 1993, 140 (143).

überörtlichen Trägern und entsprechenden gemeinsamen Diensten und Einrichtungen die Rede. Demnach muss auch § 54 Abs. 3 SGB VIII im Rahmen einer Neuregelung dem modernen Verwaltungsverständnis des Kinder- und Jugendhilferechtes angepasst werden. Zumal solche auf ein Bundesland bezogenen starren, in Praxis nicht nachvollziehbaren **Verwaltungsgrenzen** nicht im Interesse der jungen Menschen sind. Diese müssen auch über Ländergrenzen hinweg die adäquaten Einrichtungenin Anspruch nehmen können, ohne dass der zuständige Vereinsvormund ggf. wechseln muss, weil der Verein im anderen Bundesland keine Erlaubnis hat. Die Möglichkeit, die Erlaubnis nach § 54 Abs. 3 S. 2 SGB VIII so weit erforderlich auf den Bereich eines **Landesjugendamtes** (besser im Rahmen einer Neuregelung eines überörtlichen Trägers, vgl. § 1908f Abs. 3 BGB, der direkt auf das Landesrecht verweist) beschränken zu können, ist als ausreichend und verhältnismäßig anzusehen. Verlangt doch der Grundsatz der Verhältnismäßigkeit, der Verfassungsrang hat,[18] dass diese Beschränkung notwendig ist und den geringst möglichen Eingriff darstellt. Der Rechtsgedanke, der sich in § 89e SGB VIII zum Schutz der Einrichtungsorte als Kontinuität in der Vormundschaftsführung ausdrückt, sollte auch in § 54 Abs. 3 SGB VIII Platz greifen. Werden doch in der Praxis die Vormundschaften von Vereinen grundsätzlich auch bei Wohnsitzwechsel der Mündel weitergeführt, solange dies dem Wohl der Mündel besser entspricht, als ein Wechsel in der Person des Vormunds. Diese Kontinuität gilt als Vorteil der Vereinsvormundschaft, die Jugendämter sind bestrebt dem nachzukommen.[19] **Ausländische Vereine** mit Sitz im Ausland stellen den Antrag an den überörtlichen Träger nach § 87d Abs. 2 SGB VIII, in dessen Bereich sie tätig werden wollen.

Es besteht ein **Rechtsanspruch** auf die **Erlaubnis**[20] nach § 54 Abs. 2 S. 1 SGB VIII, 21
wenn die Voraussetzungen des § 54 Abs. 2 SGB VIII vom Verein erfüllt werden. Die Entscheidung ergeht durch **Verwaltungsakt**, der mit Widerspruch und Verpflichtungsklage angefochten werden kann. Sie unterliegt der richterlichen Nachprüfung im Rahmen des § 114 VwGO.

Nebenbestimmungen. Der Gesetzgeber hat im Gegensatz zu § 53 Abs. 2 S. 1 JWG 22
Nebenbestimmungen ausdrücklich nicht zugelassen. Damit sind nur solche Nebenbestimmungen nach § 32 Abs. 1 Alt. 2 SGB X **zulässig,** die dem **Maßstab** genügen, die **Erfüllung** der **klar normierten,**[21] gesetzlichen Voraussetzungen nach § 54 Abs. 2 SGB VIII oder des weiter gehenden Landesrechts nach § 54 Abs. 4 S. 2 SGB VIII **sicherzustellen.**[22] Inwieweit norminterpretierende Landesvorschriften insbes. zu Höchstfallzahlen möglich sind kann hier nicht vertieft werden.[23]

Unzulässige Vereinbarungen nach §§ 8a, 72a SGB VIII. Bestrebungen, die Ver- 23
pflichtung des Jugendamtes zum **Abschluss von Vereinbarungen** mit den Trägern von **Einrichtungen und Diensten** der Jugendhilfe nach § 8a Abs. 2 S. 1 und § 72a S. 2 SGB VIII auch auf die Vormundschaftsvereine, zu übertragen, sind entschieden abzulehnen. Solche Vereinbarungen dürfen keine Voraussetzung für die Führung von Vormundschaften sein. Die Regelungen der §§ 53, 54, 55, 56 SGB VIII zur Vormundschaftsführung stellen keine hinreichend bestimmte gesetzliche Grundlage für einen

---

[18] BVerfGE 101, 331 (347).

[19] Im Bundesland Berlin sollen Jugendämter bei einem Wohnsitzwechsel eines Mündels nur einen Zuständigkeitswechsel herbeiführen, wenn Wohl des Minderjährigen nicht entgegensteht, § 54 Abs. 1 AGKJHG Berlin; s. a. BVerfGE 101, 331 (347).

[20] *Kunkel/Leonhardt* in LPK-SGB VIII § 54 Rn. 8.

[21] Grundsatz der Normenklarheit BVerfGE 65, 1.

[22] Wiesner/*Elmauer* SGB VIII § 54 Rn. 12.

[23] dazu Wiesner/*Elmauer* SGB VIII § 54 Rn. 16 ff.

diesbezüglichen Erlaubnistatbestand dar.[24] Die Führung der Vormundschaften durch Vereine ist keine Leistung der Jugendhilfe im Sinne von § 3 Abs. 2 SGB VIII. Die Ausübung der elterlichen Sorge an Eltern statt wird als ein **privatrechtliches Verhältnis** zwischen Vormund (Verein) und Mündel[25] angesehen, das vom **Prinzip der Selbstständigkeit der vormundschaftlichen Tätigkeit**[26] geprägt ist. Die Vormundschaftsführung der Vereine stellt keinesfalls eine irgendwie geartete Sozialleistung dar. Dies lässt sich gut an der Neuregelung des Betreuungsrechts erkennen. Mit Wirkung zum 1.1.1992 wurde die Novellierung ganz im Kontext des BGB vorgenommen (vgl. *Oberloskamp* → § 1 Rn. 37). Im Übrigen richtet sich die Verpflichtung zum Abschluss von Vereinbarungen nur an die Jugendämter selbst und gerade nicht an die Träger der freien Jugendhilfe, die auf Grund ihrer staatlich garantierten Autonomie selbst gewählte soziale Aufgaben wahrnehmen.[27] Das BVerfG leitet das „Grundrecht der freien karitativen Betätigung" als Ausfluss der allgemeinen Handlungsfreiheit aus Art. 2 Abs. 1, Art. 4 Abs. 2 GG her. Diese Garantie wird durch Art. 19 Abs. 3 GG zur „Freiheit der verbandlichen Wohlfahrtspflege" erweitert. Das heißt, immer dann, wenn wie bei der Führung der Vormundschaften durch Vereine, mit der Wahrnehmung sozialer Aufgaben keine grundsätzlich dem Staat vorbehaltenen Eingriffsbefugnisse in die Rechte der Bürger verbunden sind, nehmen die freien Träger eigenständig und autonom soziale Aufgaben war.[28] In den vorgenannten Schutz der Grundrechte als Abwehrrechte gegen den Staat sind die juristischen Personen des Privatrechts und damit auch die Vereine nach der Rechtsprechung des Bundesverfassungsgerichtes ausdrücklich mit einbezogen.[29]

24 **Unzulässige Forderungen nach Führungszeugnissen.** Die überörtlichen Träger der Jugendhilfe können keinesfalls in ihren Richtlinien für die Erlaubnis nach § 54 SGB VIII Vereine verpflichten, in regelmäßigen Abständen ein **erweitertes Führungszeugnis**[30] nach § 30a BZRG ihren Mitarbeitern in der Vormundschaft, abzuverlangen. Ausgangspunkt dieser Überlegungen war § 72a SGB VIII, der den Trägern der öffentlichen Jugendhilfe eine Verpflichtung zur Eignungsprüfung, gerade bezogen auf die in § 30a BZRG genannten Straftatbestände bei **Einstellungen** und **in regelmäßigen Abständen** auferlegt hat. Zum einen scheitert dies daran, dass nur eine landesgesetzliche Regelung über Nebenbestimmungen im Sinne von § 54 Abs. 4 SGB VIII Eingriffsgrundlage in Rechte freier Träger sein könnte (→ Rn. 22). Zum anderen hat der Träger der öffentlichen Jugendhilfe keine Möglichkeit, auf das individuelle Arbeitsverhältnis bei freien Trägern Einfluss zu nehmen.[31] Damit könnten nur Vereinbarungen mit den freien Trägern diese zu vergleichbaren Eignungsprüfungen verpflichten. Der freie Träger selbst allerdings ist an die **Regeln des privaten Arbeitsvertragsrechts** gebunden. Die Eintragungen im Führungszeugnis sind ebenso wie jetzt im erweiterten Führungszeugnis nicht auf den **Straftatenkatalog des § 72a SGB VIII** begrenzt. Der private Ar-

---

24 *Elmauer/Schindler* in SOZIALRECHTaktuell 2007, 81 (85, 87); Grundsatz des Vorbehaltes des Gesetzes und der Normenklarheit für Eingriffe in die Rechte der Bürger: BVerfG NJW 2008, 822.

25 MüKoBGB/*Spickhoff* vor § 1773 Rn. 23.

26 MüKoBGB/*Fröschle* § 1837 Rn. 3.

27 *Neumann* Jugendwohl 1993, 140 (143).

28 *Frings* RsDE 19, 43; Wiesner/*Wiesner* SGB VIII § 27 Rn. 71.

29 BVerfGE 50, 290 (363); für Vereine bei der Wahrnehmung satzungsgemäßer Aufgaben BVerfGE 65, 196 (209); 74, 129 (363).

30 Eingefügt durch das 5. Gesetz zur Änderung des Bundeszentralregistergesetzes vom 16.7.2009.

31 Wiesner/*Wiesner* SGB VIII § 72a Rn. 27.

beitgeber würde mit der Frage nach dem Führungszeugnis, im laufenden Arbeitsverhältnis wohl sein Fragerecht, grds. bezogen auf das konkrete Arbeitsverhältnis, weit überdehnen.[32] Sehr problematisch dürfte dies auch noch bei der Einstellung neuer Mitarbeiter sein, solange kein **negatives Führungszeugnis** (s. u.) eingeführt ist. Über diese arbeitsrechtlichen Hürden können auch Vereinbarungen freier Träger mit dem Jugendamt nicht zu Lasten der Mitarbeiter hinweggehen. Dies würde sonst einen unzulässigen Vertrag zu Lasten Dritter darstellen, der unserer Rechtsordnung fremd ist.[33] Der freie Träger könnte demnach eine gegenüber dem Jugendamt erklärte vermeintliche Verpflichtung zur Vorlage eines Führungszeugnisses bei Weigerung des Mitarbeiters auch nicht durchsetzen. Selbst die Arbeitsgemeinschaft der Landesjugendämter geht davon aus, dass es in der Regel eine (freie) Entscheidung des Arbeitnehmers sei, ob er ein Führungszeugnis vorlegt.[34]

Einführung eines negativen Führungszeugnisses. Nur die Einführung eines ne- 25
gativen Führungszeugnisses wäre mit dem Grundsatz der Verhältnismäßigkeit, der Verpflichtung des Staates, die Eingriffe gegenüber dem Bürger, nur wenn erforderlich und dann nur im geringstmöglichen Umfang vorzunehmen, vereinbar. Soweit dies derzeit nach den Vorgaben des BZRG noch nicht möglich ist, wäre eine entsprechende Änderung anzustreben. In diesem **negativen Führungszeugnis** wäre vergleichbar mit einem **Negativattest** nur vermerkt, dass im Bundeszentralregister **„keine Eintragungen im Sinne des § 30a BZRG" vorliegen.** Eine Handhabung vergleichbar zu den Infektionsschutzgesetzen, wonach unter bestimmten Voraussetzungen Negativatteste vorzulegen sind (Art. 36 Infektionsschutzgesetz), die das Freisein von ansteckenden Krankheiten bestätigen, ist unseres Erachtens anzustreben. Nicht nachvollziehbar wirkt das Argument, ein solches „eingeschränktes" Führungszeugnis, sichere nicht den Wahrheitsgehalt der Antwort. Warum eine Auskunft aus dem BZRG, die das Vorliegen oder Nichtvorliegen bestimmter Eintragungen bestätigt, weniger „Wahrheitsgehalt" haben soll[35], als der vollständige Auszug wird sich auf eine sicherlich vernachlässigbare Zahl behördlicher Versehen beschränken. Im Übrigen bestünde auch die Möglichkeit das BZRG ähnlich dem Grundbuch in verschiedene Rubriken aufzuteilen und eine Auskunft dann nur hinsichtlich der in einer eigenen Rubrik erfassten einschlägigen Straftatbestände zu erteilen. Sicher muss es aber auch allgemein gewollt sein, sowohl den unbedingt notwendigen Schutz der Kinder und Jugendlichen als auch gleichermaßen den Schutz der (in der weitaus überwiegenden Mehrzahl) hinsichtlich der einschlägigen Delikte unbescholtenen Arbeitnehmer zu gewährleisten. Hier soll keineswegs eine Lanze für die Ausweitung der bekanntzugebenden Delikte gebrochen werden. Aber es muss auch darauf hingewiesen werden, dass es für Arbeitgeber – gleich ob öffentliche oder freie Jugendhilfe – überaus problematisch ist, in der Jugendhilfe Mitarbeiter zu beschäftigen, von denen man weiß, dass sie einschlägig wegen Verstößen gegen das Betäubungsmittelgesetz oder wegen Körperverletzungsdelikten verurteilt sind, es aber nicht wissen zu dürfen. Auch kann die Einwilligung in die Vorlage eines erweiterten Führungszeugnisses nach derzeitiger Fassung keine Nebenpflicht aus dem Arbeitsvertrag sein[36], da zwar die Jugendämter mit den freien Trägern entsprechende Vereinbarungen schließen sollen, freie Träger solche Vereinbarungen

---

[32] DIJuF Rechtsgutachten vom 14.7.2005 – J 3.309 SCH.

[33] BGH NJW 2004, 3327; Palandt/*Grüneberg* vor § 328 Rn. 10.

[34] *www.bagljae.de;* Empfehlungen Nr. 98 (7. Datenschutz), wonach es in der Regel eine Entscheidung des Arbeitnehmers sei, ob dieser ein Führungszeugnis vorlegt..

[35] So aber Wiesner/*Wiesner* SGB VIII § 72a Rn. 22

[36] So aber Wiesner/*Wiesner* SGB VIII § 72a Rn. 33

aber nicht abschließen müssen. Es läge damit ausschließlich in der Hand des Arbeitgebers eine Nebenpflicht zu konstituieren.

26 **c) Anforderungen an den Verein.** Welche Anforderungen im Einzelnen an einen Verein zur **Erteilung** einer **Erlaubnis** zur Führung von Vormundschaften zu stellen sind, wurde **bundeseinheitlich** aus Gründen der Rechtseinheit (→ Rn. 6) in § 54 Abs. 2 SGB VIII grundlegend neu geregelt. Der **Landesgesetzgeber** in Bayern hat vom Erlaubnisvorbehalts in § 54 Abs. 4 SGB VIII in Art. 60 AGSGBay Gebrauch gemacht (→ Rn. 38).

Grundvoraussetzungen für die Erlaubnis nach § 54 Abs. 2 SGB VIII sind die Rechtsfähigkeit (→ Rn. 15) und die Vormundschaftsführung als **Vereinszweck.**

27 **d) Vormundschaftsführung als Zweck des Vereins.** Der Verein hat an Hand eines Registerauszuges die **Rechtsfähigkeit** nachzuweisen (→ Rn. 15). Weiter hat er durch Vorlage der **Satzung** zu belegen, dass es ein **Zweck des Vereins** ist, auch auf dem Gebiete der Kinder- und Jugendhilfe tätig zu werden.[37] Der Hauptzweck des Vereins muss aber nicht im Bereich der Kinder- und Jugendhilfe, insbesondere auf dem Gebiete des Vormundschaftswesens, liegen. Der Verein hat aber der Verantwortung für die Mündel und Pfleglinge gerecht zu werden und die Kontinuität der Vormundschaftsführung sicherzustellen. So muss die unbedingte Absicht der Tätigkeit in wesentlichem Umfange auf Dauer im Vormundschaftswesen durch den in der Satzung festgehaltenen Vereinszweck mit umfasst werden. Nur so **gewährleistet** er im Sinne des § 54 Abs. 2 SGB VIII die Erfüllung der einzelnen Voraussetzungen. Der entsprechende, auf die Vormundschaftsführung zumindest mit gerichtete Satzungszweck ist somit eine **zulässige Nebenbestimmung** nach § 32 Abs. 1 Alt. 2 SBG X (→ Rn. 22). Vereine, die Vormundschaften, Pflegschaften oder Beistandschaften führen wollen, müssen aber nicht auch als freie Träger der Jugendhilfe im Sinne des § 75 SGB VIII anerkannt sein.

28 **Weitere Voraussetzungen für die Erlaubnis.** Für die Erlaubnis der Vereine nach § 54 Abs. 2 SGB VIII ist bei den weiteren Voraussetzungen zu beachten, dass diese Vorschrift § 1908f BGB nachgebildet wurde, der die Anforderungen an den Betreuungsverein für die Betreuung Erwachsener festschreibt. Da dem Betreuungsverein des BGB jedoch die **organisierte Einzelbetreuung** zugrunde liegt[38] (wie zur Jahrhundertwende den Vereinen die **organisierte Einzelvormundschaft** → Rn. 1), geht der Anwendungsbereich der Erlaubnisnorm nach § 54 Abs. 2 SGB VIII weit über die Vereinsvormundschaft (den Verein selbst als Vormund) als solche hinaus.

29 **Voraussetzungen bei der persönlichen Bestellung von Mitarbeitern.** Die Anforderungen des § 54 SGB VIII gelten auch, wenn Vereine ihre **Mitarbeiter zum persönlich bestellten Einzelvormund** (→ Rn. 11) bestellen lassen, insbes. um nach der aktuellen Rechtsprechung des BGH (→ § 15 Rn. 2) eine Vergütung geltend machen zu können. Die Bestellung auch einzelner Mitarbeiter durch die Familiengerichte erfolgt regelmäßig gerade auch wegen des Wissens um den Verein als Anstellungsträger, der bestimmte organisatorische und aufsichtsführende Voraussetzungen mitbringt.

30 **Gesetzlicher Regelungsbedarf bei einer persönlichen Bestellung von Mitarbeitern.** Dass Vereine ihre Mitarbeiter persönlich bestellen lassen, ist derzeit ausschließlich der aktuellen Rechtsprechung des BGH zur Vergütung geschuldet und wird daher (einschließlich der sich aus dieser Konstruktion ergebenden Praxisprobleme) in § 14 behandelt.

---

[37] *Klein* JugW 1964, 165.
[38] BT-Drs. 11/4528, 158.

Geeignete Mitarbeiter in ausreichender Zahl. Jeder im Vormundschaftswesen tätige **Verein** hat nachzuweisen, dass er über **geeignete Mitarbeiter** in ausreichender Zahl verfügt, § 54 Abs. 2 Nr. 1 SGB VIII. Zwar schreibt das Gesetz keinen bestimmten fachlichen Ausbildungsabschluss vor, aber § 3 Abs. 1 VBVG dürfte mit seinen abgestuften Stundensätzen für die Vergütung des beruflichen Vormunds einen wichtigen Maßstab vorgeben. Denkbar sind demnach unterschiedliche- **Qualifikationen**, da es bei der Vormundschaftsführung, wie zB bei der mit der Vormundschaft bzw. Umgangspflegschaft verbundenen Umgangsbegleitung auch sinnvoll ist, weniger qualifizierte Kräfte unter Anleitung von hoch qualifizierten Fachkräften einzusetzen. Als solche sind vorrangig[39] qualifizierte **Sozialarbeiter** anzusehen, die die soziale Profession mit der breitesten und umfassenden Ausbildung im Methoden- und Wissensbereich des Sozialwesens vertreten. Daneben sind auch andere Qualifikationen, wie Psychologen, Juristen oder Diplomkaufleute, unter § 3 Abs. 1 Nr. 2 VBVG einzuordnen. Zumindest, wenn der Verein zum Vormund bestellt wird, hat die **Einschätzung der erforderlichen Fachlichkeit** ausschließlich der Verein selbst verantwortlich vorzunehmen, da durch das Familiengericht weder eine persönliche Bestallung erfolgt noch eine Feststellung über die Berufsmäßigkeit der Vormundschaftsführung zu treffen ist. Dies muss auch bei persönlich bestellten Mitarbeitern gelten, da die unmittelbare arbeitsrechtliche Verantwortung und das Versicherungsrisiko beim Verein als Anstellungsträger liegen. 31

Auch den Begriff „ausreichende Zahl" definiert das Gesetz nicht näher. Man wird hier aber aus der Erfahrung der Praxis heraus mindestens 1,5 Vollzeitstellen (je nach Fallzahl) in der Vormundschaft selbst verlangen müssen, um eine entsprechende kollegiale Beratung gerade auch in Krisenfällen sowie eine ausreichende Vertretung sicherstellen zu können. Da sich § 54 SGB VIII explizit (wie auch § 1908f BGB) mit den Voraussetzungen des Vormundschaftsvereins befasst, wird ein Rückgriff auf weitere Mitarbeiter, die in der Jugendhilfe (zB Heimerziehung oder sozialpädagogischer Familienhilfe) tätig sind, nicht genügen können. Insbesondere muss der Vormund im Blick haben, dass er gerade anders als Fachkräfte der Jugendhilfe in ganz besonderem Maße nur dem Wohl des Mündels verpflichtet ist.[40] Der Gesetzgeber legt für die Vereine auch – anders als bei der Amtsvormundschaft in § 55 Abs. 3 S. 4 SGB VIII – **keine Höchstfallzahl** je Vollzeitstelle fest. In der Praxis führen die Vereine jedoch weitaus überwiegend jetzt schon lediglich 30 bis 40 Fälle je Vollzeitstelle.[41] Unter anderen das Bayerische Landesjugendamt verlangt in seinen Verwaltungsvorschriften zur Erlaubniserteilung eine Höchstfallzahl von 30[42] (zur Frage der Zulässigkeit derartiger Verwaltungsvorschriften → Rn. 22 mwN) Eine über die für die Amtsvormundschaften hinausgehende Fallzahl von 50 ist für die Vereine auf jeden Fall abzulehnen. Diese Regelung für die Amtsvormundschaft ist ua dem tragischen Tod von *Kevin*[43] geschuldet. Der Festlegung auf eine Höchstfallzahl von 50 gingen umfassende Diskussionen und Auswertungen gerade bei den Amtsvormündern voraus, die bereits an der Angemessenheit einer Höchstfallzahl von 50 erhebliche Zweifel aufkommen lassen.[44] 32

---

[39] *Salgo/Zenz* FamRZ 2009, 1378 (1383).

[40] MüKoBGB/*Spickhoff* § 1793 Rn. 1.

[41] *Elmauer/Kauermann-Walter* in JAmt, 2016, 116.

[42] *blja.bayern.de/schutz/vormundschaften*; Verwaltungsvorschriften zur Erteilung der Erlaubnis zur Übernahme von Vereinsvormundschaften nach Art. 60 AGSG.

[43] *Sünderhauf* JAmt 2010, 405.

[44] *Sünderhauf* JAmt 2011, 293; *Beinkinstadt* Stellungnahme zur Anhörung im Rechtsausschuss des deutschen Bundestags am 23.2.2011 unter *www.bundestag.de/Ausschüsse/Recht/Öffentliche Anhörungen.*

33 **Pflicht zur Beaufsichtigung und Weiterbildung der Mitarbeiter.** Der Sozialarbeiter ist mit seinen profunden sozialpädagogischen Fachkenntnissen unverzichtbar. Nur so kann der Verein die vom Gesetz geforderte notwendige Anleitung, Beaufsichtigung und interne Fortbildung für andere weniger qualifizierte Mitarbeiter und Mitglieder gewähren.[45] Dies gilt umso mehr für die im Sozialbereich unverzichtbare regelmäßige kollegiale Beratung, das Gesetz spricht untechnisch von Erfahrungsaustausch. Die für die dauernde hauptberufliche Tätigkeit im Sozialbereich notwendige Weiterbildung, Supervision und juristische Unterstützung (Rechtsdienstleistung) muss von jedem Verein seinen MitarbeiterInnen angeboten werden.

Der Verein ist außerdem von zahlreichen Genehmigungspflichten des BGB befreit (→ Rn. 68 ff.). Dies verdeutlicht, dass er durch interne (schriftliche) Vorgaben und organisatorische Maßnahmen („Controlling") insbesondere im Bereich der Vermögensverwaltung, aber auch hinsichtlich der Hinzuziehung von Vorgesetzten in Sachverhalten, die für Mündel oder Verein eine erhebliche Gefahr bergen können, das richtige Verhalten der Mitarbeiter so weit möglich sicherstellen muss.

34 *– in dieser Aufl. nicht belegt –*

35 **Pflicht zur Gewinnung ehrenamtlicher Vormünder.** Die von § 1908f Abs. 2 Nr. 2 BGB inhaltlich übernommene Vorschrift des § 54 Abs. 2 Nr. 2 SGB VIII, wonach der Verein sich um die **Gewinnung** ehrenamtlicher Vormünder zu bemühen hat, diese **einführen, fortbilden und beraten soll,** wird in der Praxis sehr unterschiedlich vollzogen. Tatsächlich wird sie schon durch die **nachrangige Bestellung** des Vereins zum Vormund (→ Rn. 41–43), die entsprechende Pflicht zur Entlassung des Vereins (→ Rn. 44) als auch durch die Regelungen im Pflegekinderwesen (§ 37 SGB VIII) schon weitreichend umgesetzt. Vereine führen Vormundschaften und Pflegschaften überwiegend zum einen wegen schwierigster Sorgerechtsstreitigkeiten nach § 1671 BGB, zum anderen aufgrund familiengerichtlicher Maßnahmen des Entzuges der elterlichen Sorge nach den §§ 1666, 1666a BGB. Vereine und Jugendämter sind gleichermaßen bemüht, geeignete Pflegeeltern zu finden und diese nach Kräften darin zu bestärken, über die Rechte nach § 1688 BGB hinaus zur Übernahme von Teilen der elterlichen Sorge nach § 1630 Abs. 3 BGB bereit zu sein. Grenzen werden diesem Bemühen immer dann gesetzt, wenn sorgerechtliche Streitigkeiten die Pflegefamilien überfordern würden. Schon um die Jahrhundertwende hat sich die Suche nach ehrenamtlichen Vormündern mit den bekannten Folgen (→ Rn. 1) als sehr schwierig erwiesen. Auch fehlt eine dem § 6 Abs. 1 S. 1 BtBG entsprechende Vorschrift, die den Jugendämtern so wie den Betreuungsbehörden eine Pflicht zur Förderung der Vormundschaftsvereine bei Querschnittsaufgaben auferlegen würde. Ganz ohne jede Refinanzierung muss sich der Einsatz der Vereine hier aber auf das gesetzliche Minimum beschränken. Dennoch zeigen immer wieder gelungene Beispiele der Übernahme einer Vormundschaft gerade durch Pflegeeltern, wie sinnvoll hier ein intensiveres Engagement wäre.

36 **Pflicht zur Vorsorge der Vereine für ihre verschärfte Haftung.** Der Verein hat die tatsächlichen Voraussetzungen für eine **genügende Absicherung im Haftungsfall** (ausführlich zur Organhaftung und Haftung eines persönlich bestellten Mitarbeiters dem Mündel gegenüber, vgl. → § 15 Rn. 71, 74) vor Erteilung der Erlaubnis zu schaffen.[46] Nur so kann das Interesse der Mündel und Pfleglinge im Hinblick auf die vielfältigen Befreiungen des Vereins vom Erfordernis einer Genehmigung durch das Familiengericht (→ Rn. 68 ff.) gewahrt werden.

---

[45] *Salgo/Zenz* FamRZ 2009, 1378 (1383).

[46] *Kunkel/Leonhardt* in LPK SGB VIII § 54 Rn. 1.

Der Abschluss einer **Haftpflichtversicherung** mit genügend hohen[47] Deckungssummen, insbesondere für **Vermögensschäden,** da diesbezüglich die Risiken besonders groß sind, ist nachzuweisen.[48] Die Auffassung, dass wegen evtl. Deckungslücken zB bei vorsätzlichem Handeln auch ein entsprechendes Vereinsvermögen nachgewiesen werden muss, wird hier nicht mehr vertreten. Der Verein ist hier letztendlich wie ein selbstständiger Berufsvormund zu behandeln, dem er aufgrund seiner privatrechtlichen Struktur näher steht als der Amtsvormundschaft. Die Forderung nach einem entsprechend hohen Vereinsvermögen dürfte letztlich noch aus einer Zeit stammen, als entsprechende Vermögenschadenshaftpflichtversicherungen bei den Vereinen noch nicht üblich waren. Zur Haftung mit dem gesamten Vereinsvermögen vgl. → § 15 Rn. 71. Darüber hinaus kann in begründeten Einzelfällen verlangt werden, dass vor der Entlastung des Vorstandes die ordnungsgemäße Kassen-, Wirtschafts- und Vermögensverwaltung, durch einen unabhängigen Wirtschaftsprüfer, bestätigt wird. Da die Vereine über die Organhaftung (vgl. → § 15 Rn. 71, 74) unbeschränkt gegenüber dem Mündel haften, wenn sie selbst zum Vormund bestellt sind, sind diese beschriebenen Auflagen als **Nebenbestimmungen** nach § 32 Abs. 1 Alt. 2 SGB X **zulässig** (→ Rn. 22). Denn diese Nebenbestimmungen stellen sicher, dass der Verein eine **genügende Haftungsgrundlage** hat und das Mündel zumindest so gestellt ist, als ob der selbst zum Vormund, nach dem Modell der organisierten Einzelvormundschaft (→ Rn. 1) bestellte Mitarbeiter nach § 54 Abs. 2 Nr. 1 SGB VIII vom Verein angemessen versichert worden wäre (vgl. → § 15 Rn. 72).

Pflicht zur angemessenen Versicherung der Mitarbeiter. Wenn Mitarbeiter tat- 37
sächlich im Sinne des § 54 Abs. 2 SGB VIII selbst für **Vereine als Einzelvormund** bzw. jetzt als **Umgangspfleger** nach § 1684 Abs. 3 BGB tätig werden sind diese durch den Verein angemessen zu versichern (§ 54 Abs. 2 Nr. 1 SGB VIII). (Zur unbegrenzten Haftung der Mitarbeiter und den sich daraus ergebenden Verpflichtungen für den Verein, vgl. → § 15 Rn. 72).

Landesgesetzliche Voraussetzungen der Erlaubnis. Der Landesgesetzgeber in 38
Bayern zB hat von der Ermächtigung des § 54 Abs. 4 SGB VIII Gebrauch gemacht und **weitere Erfordernisse** aufgestellt. So muss sich der Verein für die Erlaubnis nach § 54 SGB VIII entsprechend Art. 60 Abs. 1 Nr. 1 AGSBay verpflichten, *„die Leitung der Arbeit einer oder mehreren nach Ausbildung oder Berufserfahrung geeigneten Fachkräften"* zu *„übertragen"*, *„die nicht in einem Abhängigkeitsverhältnis zu Einrichtungen stehen"*, in denen sich Mündel befinden. Nur so kann sichergestellt werden, dass die Führung der Vormundschaften des Vereins und die mögliche Trägerschaft des Vereins über Einrichtungen und Dienste der Erziehungshilfe, in denen Leistungen nach den §§ 27 ff. SGB VIII erbracht werden, im Interesse der Hilfesuchenden klar durch unterschiedliche Zuständigkeitsbereiche getrennt sind (→ Rn. 58). Darüber hinaus ist vom Verein jährlich Bericht über die Zahl der geführten Vormundschaften, der Fachkräfte und der gewonnenen ehrenamtlichen Vormünder zu geben (Art. 60 Abs. 1 Nr. 2 AGSGBay).

e) Überprüfung und Widerruf. Regelmäßige Überprüfungen hinsichtlich der 39
Voraussetzungen der **Erlaubnis** bei den Vereinen haben durch die Landesjugendämter (→ Rn. 17) in mehrjährigem Turnus zu erfolgen. Sofern angesprochene Mängel, die einer Erlaubnis zum Zeitpunkt der Überprüfung im Wege stünden, nicht behoben werden, muss dies eine Aufhebung nach § 48 SGB X zur Folge haben. Dies bedeutet

---

47 *Kunkel/Leonhardt* in LPK-SGB VIII § 54 Rn. 13

48 *Kunkel/Leonhardt* in LPK-SGB VIII § 54 Rn. 8.

dann in der Praxis, dass seitens der Familiengerichte der Verein nach einer Aufhebung der Erlaubnis als Vormund zu entlassen ist. Bei einer **Aufhebung der Erlaubnis** nach § 54 SGB VIII bzw. bei **Nichtvorliegen** von einer Nichtigkeit der Bestellung zum Vormund zu sprechen, ist aus Gründen der Rechtssicherheit nicht vertretbar, noch wird es dem Vertrauen des Rechtsverkehrs in eine gerichtlich angeordnete Vormundschaft gerecht. Der Vertragspartner eines Mündels oder Pfleglings hat die fehlende Erlaubnis des Vereins nicht gegen sich gelten zu lassen. Er kann sich von dem Mangel der Vertretungsmacht nicht aus einem allgemein zugänglichen Register Kenntnis verschaffen, wie dies zB bei Eheverträgen, eingetragen im Güterrechtsregister bei den Amtsgerichten, der Fall ist. Den Ehevertrag muss ein Dritter nach § 1412 BGB gegen sich gelten lassen. Ein vergleichbares Register für die Erlaubnis von Vereinen gibt es nicht. Die erteilten Erlaubnisse werden vielmehr von Land zu Land unterschiedlich **in Verzeichnissen** bekanntgemacht. Teilweise ergehen gesonderte **Mitteilungen** seitens der Landesjugendämter an die im Geltungsbereich der Erlaubnis liegenden Amtsgerichte.

III. Die Bestellung der Vereinsvormundschaft/-pflegschaft

40 **Grundsätzlich** kann ein Verein Vormundschaften, Pflegschaften und Beistandschaften (und wohl auch Verfahrensbeistandschaften, → Rn. 96) für Minderjährige führen (§ 54 Abs. 1 SGB VIII). Das nachfolgend zur Vormundschaft ausgeführte gilt dementsprechend auch für die Pflegschaft. Für die Beistandschaft gelten mit wenigen Ausnahmen (→ Rn. 92) die Vorschriften über die Pflegschaft (§ 1716 BGB). Zur **begrifflichen Klarstellung** ist anzumerken, dass im Folgenden nur von **Vereinsvormundschaft** oder dem **Verein als Vormund** gesprochen wird im Unterschied zur persönlichen Bestellung.

41 **1. Auswahl des Vereins. a) Auswahl durch Familiengericht.** Die wesentliche gesetzliche Regelung hinsichtlich der Vereinsvormundschaft enthält § 1791a BGB. Danach **„kann"** ein Verein unter bestimmten Voraussetzungen zum Vormund bestellt werden. Mit dieser Formulierung ist zum Ausdruck gebracht, dass **kein Rechtsanspruch des Vereins auf Bestellung** zum Vormund besteht.

42 Die **Auswahl des Vereins als Vormund** erfolgt durch das Familiengericht (§ 1779 Abs. 1 BGB). Bei der Auswahl muss auch bei einer Vereinsvormundschaft bzw. einer persönlichen Bestellung eines Mitarbeiters des Vereins zum Vormund das Jugendamt gehört werden, da das Jugendamt dem Familiengericht geeignete Personen und Vereine vorzuschlagen hat (§ 53 Abs. 1 SGB VIII).

43 **b) Vorrang des ehrenamtlichen Einzelvormunds.** Die Bestellung des **Vereins als Vormund** ist nur zulässig, wenn keine als ehrenamtlicher **Einzelvormund** geeignete Person vorhanden ist (§ 1791a Abs. 1 S. 2 BGB). Es kommt hier der Grundsatz der „Subsidiarität" zum Tragen. Der Gesetzgeber hat der ehrenamtlichen Einzelvormundschaft im Hinblick auf die größere persönliche Nähe zum Mündel den Vorzug gegeben. Er sieht im Institut der ehrenamtlichen Einzelvormundschaft das Erfordernis einer steten „Bezugsperson" am ehesten gewährleistet. Auf Grund des Mangels an ehrenamtlichen Vormündern hat aber die berufliche Führung von Vormundschaften immer mehr an Bedeutung gewonnen.

44 **c) Vorrang der Vereinsvormundschaft.** Die Vereinsvormundschaft hat jedenfalls Vorrang vor der beruflichen Einzelvormundschaft. Dies hat der Gesetzgeber durch die Einfügung des Wortes „ehrenamtlich" vor dem Begriff Einzelvormund in § 1791a Abs. 1 S. 2 BGB durch das 2. Betreuungsrechtsänderungsgesetz vom 1.7.2005 zwei-

felsfrei so gewollt. Sofern in der Rechtsprechung und Teilen der Literatur die Auffassung vertreten wird, ein Einzelvormund diene immer besser dem Wohl des Mündels,[49] kann dies nicht bestätigt werden. Die tägliche Praxis zeigt, dass in den meisten Fällen der Vormundschaft ein hohes Maß an Erreichbarkeit und organisatorischer Unterstützung durch Verwaltungskräfte etc. erforderlich sind, um die Mündelinteressen umfassend vertreten zu können. Dies ist beim beruflichen Einzelvormund regelmäßig nicht in dem Ausmaß möglich, wie bei einem Verein oder dem Jugendamt als größeren Organisationseinheiten. **Strittig** ist aber insbesondere das **Rangverhältnis zwischen Vereins- und Amtsvormundschaft.** Die derzeit insbesondere in der Rechtsprechung überwiegend und auch von Teilen der Literatur vertretene Meinung geht von einer Gleichrangigkeit aus.[50] Gerade weil § 1791a Abs. 1 S. 2 BGB nur den Vorrang des ehrenamtlichen Einzelvormunds vorsieht, soll die Vereinsvormundschaft keinen Vorrang vor der Amtsvormundschaft haben. Dies verkennt aber bereits, dass § 56 Abs. 4 SGB VIII das Jugendamt verpflichtet, regelmäßig zu prüfen, ob die Bestellung einer Einzelperson oder eines Vereins dem Mündelinteresse besser dient. Diese Vorschrift kann letztlich nur als Ausgleich zwischen dem verfassungsmäßigen **Subsidiaritätsprinzip** und dem Mündelinteresse verstanden werden. Unsere verfassungsrechtliche Ordnung geht grundsätzlich davon aus, dass der Staat nur handeln darf, wenn die Möglichkeiten des Einzelnen also „Privaten", nicht ausreichen. Die privatrechtlich organisierten Vereine müssen damit Vorrang vor den staatlichen Amtsvormundschaften haben. Damit ist die Vereinsvormundschaft zwischen der ehrenamtlichen Einzelvormundschaft und der Amtsvormundschaft angesiedelt und die Amtsvormundschaft kann nur in Betracht kommen, wenn sie dem Mündelinteresse besser dient. Dies wird allerdings ganz besonderen Einzelfällen vorbehalten bleiben müssen. Immerhin sieht sich der Mitarbeiter des Jugendamtes – das gleichzeitig für die Jugendhilfe leistungsgewährende Stelle ist – einer Vielzahl von Interessenskonflikten ausgesetzt.[51] Die Gefahr von Interessenskonflikten nimmt der Gesetzgeber bei den Vereinen ja auch sehr wohl ernst und schließt die Übertragung der Vormundschaft auf Mitarbeiter, die in einem Heim des Vereins als Erzieher arbeiten, ausdrücklich aus, § 1791a Abs. 3 S. 1 BGB. Zu den in diesem Zusammenhang beabsichtigten Änderungen durch die aktuell laufende weitere Reform des Vormundschaftsrechts siehe → § 15 Rn. 5e.

Die Bestellung eines anderen Vormundes (auch eines Einzelvormundes) scheidet dann aus, wenn der Verein nach § 1776 BGB zum **Vormund berufen** ist (§ 1791a Abs. 1 S. 2 BGB). Im Gegensatz zum Amtsvormund kann ein Verein zum Vormund berufen werden. Ein berufener Vormund kann nur aus den in § 1778 BGB enthaltenen Gründen übergangen werden, die aber nicht auf den Verein passen. **45**

Die Bestimmung, wonach die **Sorge** für die **religiöse Erziehung** dem Vormund entzogen werden kann, wenn Vormund und Mündel nicht demselben Bekenntnis angehören, gilt nach dem Gesetzestext („Einzelvormund") nicht für den Verein als Vormund (§ 1801 Abs. 1 BGB). Das religiöse Bekenntnis wird aber schon bei der Auswahl des Vormundes von Bedeutung sein (§ 1779 Abs. 2 BGB). **46**

d) Ausschlussgründe. Der Verein soll dann nicht zum Vormund bestellt werden, wenn er von den Eltern des Mündels **ausgeschlossen** ist (§ 1782 Abs. 1 BGB). **47**

---

[49] *Kunkel/Leonhardt* in LPK SGB VIII § 53 Rn. 21 mwN.

[50] Staudinger/*Veit* § 1791b Rn. 13 mwN, der selbst die Fragestellung aber unter Hinweis auf gesetzgeberischen Handlungsbedarf offen lässt.

[51] *Salgo/Zenz,* (Amts-) Vormundschaft zum Wohl des Mündels – Anmerkungen zu einer überfälligen Reform, FamRZ 2009, 1378 (1383).

48 Auch ein Verein kann unter dem Vorbehalt zum Vormund bestellt werden, dass er bei Eintritt oder Nichteintritt eines bestimmten Ereignisses entlassen wird (§ 1790 BGB).[52]

49 **2. Einwilligung des Vereins.** Ein Verein kann nur mit seiner Einwilligung, dh mit seiner vorherigen Zustimmung zum Vormund bestellt werden (§§ 1791a Abs. 1 S. 2, 183 BGB). Damit hat der Verein die Möglichkeit, selbst zu beurteilen, wie viele Vormundschaften er zur sach- und fachgerechten Erfüllung übernehmen kann. Darüber hinaus kann der Verein auch mögliche Interessenkollisionen zwischen ihm und dem Mündel bzw. dessen Verwandten in seine Entscheidung einbeziehen, insbesondere bei religiösen oder weltanschaulichen Vorbehalten gegenüber dem Verein. Die Einwilligung darf nicht allgemein erteilt werden. Sie muss sich auf eine **bestimmte Vormundschaft** beziehen.[53] Die **Nichterteilung** der Einwilligung bedarf **keiner Begründung**.[54] Es bedarf keines Antrags durch den Verein. Der Antrag auf Erlaubnis (→ Rn. 20) ist nicht mit einer generellen Einwilligung in die Übernahme von Vormundschaften gleichzusetzen. Das Einverständnis kann nicht generell erteilt werden. Eine gleichwohl ohne Einwilligung vorgenommene Bestellung des Vereins zum Vormund ist unwirksam.[55] Der Verein wäre in seiner Vereinsautonomie verletzt und ansonsten ohne seinen ausdrücklichen Willen in die weitgehende Organhaftung nach § 1791a Abs. 3 S. 2 BGB gezwungen. Die nachträgliche Zustimmung mit der Wirkung von Anfang an (vgl. § 184 BGB analog) birgt die Gefahr, dass die Haftungsfragen für ein etwaiges Unterlassen vor der Genehmigung sehr problematisch sein könnten. Dies ist zu bedenken, sodass für den Fall, dass sich diesbezügliche Risiken nicht ausschließen lassen, eine Ablehnung der Übernahme vorsorglich erklärt werden muss.

50 **3. Mitvormundschaft/Gegenvormundschaft.** In der Praxis spielt die Bestellung eines Mitvormundes (§§ 1775, 1797 BGB) und eines Gegenvormundes (§§ 1792, 1799 BGB) keine große Rolle. Die Bestellung eines Mitvormundes oder eines Gegenvormundes ist bei einer Vereinsvormundschaft grundsätzlich möglich. Das Familiengericht soll vor einer entsprechenden Entscheidung den Verein hören (§ 1791a Abs. 4 BGB), damit dieser die Möglichkeit hat, Bedenken gegen die Beschränkung seiner Handlungsfreiheit oder gegen die Person des Mit- oder Gegenvormundes geltend zu machen.[56] Der Verein kann andererseits zum Mitvormund bzw. Gegenvormund bestellt werden.

51 **4. Bestellung des Vereins zum Vormund.** Die persönliche Bestellung von Mitarbeitern ist derzeit ausschließlich der aktuellen Rechtsprechung des BGH zur Vergütung geschuldet. Dazu und zu den sich daraus ergebenden Problemen in der Praxis → § 15 Rn. 3 ff. Die Vormundschaft des Vereins hat aber den Vorteil, dass ein Wechsel der Betreuungsperson auf die Vereinsvormundschaft ohne Einfluss ist und damit insoweit die Konstanz bewahrt bleibt, was aber nicht bedeutet, dass nicht auch der Verein danach trachten muss, die „Bezugsperson" zum Mündel zu erhalten (→ Rn. 52). Entsprechend der Bestellung eines Amtsvormundes erfolgt auch die Bestellung des Vereins zum Vormund durch eine **schriftliche Verfügung** des Familiengerichts (§ 1791a Abs. 2 BGB). Auswahl und Bestellung eines Vereins als Vormund werden regelmäßig in einem Vorgang zusammengefasst. Die Bestellung wird mit dem Zugang an den Ver-

---

52 MüKoBGB/*Spickhoff* § 1790 Rn. 4.
53 MüKoBGB/*Spickhoff* § 1791a Rn. 8.
54 Erman/*Saar* § 1791a Rn. 1.
55 MüKoBGB/*Spickhoff* § 1791a Rn. 8.
56 BT-Drs. VI/674, 15.

ein wirksam. Dies kann – im Ausnahmefall – auch mündlich geschehen (§ 16 Abs. 2 FGG). Der Verein als Vormund erhält keine **Bestallung** im Sinne des § 1791 Abs. 1 BGB (§ 1791a Abs. 2 BGB). Er weist seine Bestellung gegenüber Dritten durch Vorlage der Verfügung des Familiengerichts nach. Der mit der Vertretung des Mündels betraute Mitarbeiter des Vereins bzw. das Mitglied, braucht nicht zur Verpflichtung beim Familiengericht vorsprechen (vgl. die Verpflichtung des Einzelvormundes gemäß § 1789 BGB). Die örtliche Zuständigkeit des Familiengerichts richtet sich grds. nach den einzelnen Angelegenheiten im FamFG (§§ 3–5, 152–154 FamFG). Es gibt keine ausschließliche Zuständigkeit am Sitz des Vereins. Die in § 1851 Abs. 1 BGB normierten Mitteilungspflichten des Familiengerichts (Anordnung der Vormundschaft, Bezeichnung des Vormundes, Gegenvormundes, Wechsel in der Person des Vormundes, Beendigung der Vormundschaft) gegenüber dem Jugendamt gelten nicht für einen Verein als Vormund (§ 1851 Abs. 3 BGB). Ebenso entfällt eine Mitteilungspflicht des Vereins gegenüber dem Jugendamt, wenn ein Mündel seinen gewöhnlichen Aufenthalt in einen anderen Jugendamtsbezirk verlegt (§ 1851 Abs. 2, 3 BGB).

IV. Die Führung der Vereinsvormundschaft/-pflegschaft

1. Die Vormundschaftsführung durch Mitarbeiter, die Vertretung und das Weisungsrecht des Vereins. a) Übertragung der Vormundschaftsführung an einen Mitarbeiter. Der Verein muss die Führung der Vereinsvormundschaft einem Mitarbeiter, einem Mitglied intern übertragen (§ 1791a Abs. 3 S. 1 BGB). Die Aufgabenerfüllung kann in Teilbereichen (zB Vermögensverwaltung) zur besseren Aufgabenerfüllung verschiedenen Mitarbeitern oder Mitgliedern zugeordnet sein. 52

Es erfolgt **keine namentliche Übertragung** der Vormundschaftsführung auf einen Mitarbeiter oder auf ein Mitglied, „weil eine namentliche Übertragung auf eine Einzelvormundschaft hinauslaufen und die besonderen Möglichkeiten einer Vereinsvormundschaft ausschließen würde“.[57] Der Mündel bedarf aber immer einer **gleichbleibenden „Bezugsperson“**, was auch organisatorisch sicherzustellen ist. Dies steht im Gegensatz zum Betreuungsrecht, bei dem eine namentliche Übertragung vorgeschrieben ist, um auch dem Wunsch des Erwachsenen nach einem persönlichen Ansprechpartner seiner Wahl zu entsprechen (§ 1900 Abs. 2 BGB).

b) Die Vertretung des Vereins durch den Vorstand oder (Verfahrens-) Bevollmächtigte. Mangels einer dem Bereich der Amtsvormundschaft entsprechenden Vorschrift (§ 55 Abs. 2 S. 3 SGB VIII) für den Verein als Vormund, richtet sich bei einer Vormundschaft des Vereins die Vertretungsbefugnis ausschließlich nach **vereinsrechtlichen Grundsätzen.** Während von der rechtlichen Struktur des Jugendamtes als Behörde her eine Regelung erforderlich ist, besteht kein zwingender Grund, hier die Vereinsautonomie einzuschränken. 53

Der Verein wird bei der Vormundschaftsführung durch den **Vorstand** (§ 26 Abs. 2 S. 1 BGB) oder durch besondere Vertreter (§ 30 S. 1 BGB) **vertreten** (§ 9 Abs. 3 FamFG). Die üblicherweise von den Vereinen mit der Führung der Vormundschaft betrauten **Mitarbeiter** (§ 1791a Abs. 3 S. 1 BGB) werden vom Verein **bevollmächtigt** (§ 167 BGB), gebräuchlich sind **Vollmachtsurkunden** (§ 172 Abs. 1 BGB) in notarieller Form, auch wenn die Bevollmächtigung grundsätzlich nicht formbedürftig ist.[58] Die Mitarbeiter sind dann **Verfahrensbevollmächtigte** nach § 10 Abs. 2 Nr. 1 FamFG.

---

[57] BT-Drs. III/2854, 9.

[58] MüKoBGB/*Spickhoff* § 1791a Rn. 12.

Die Vollmacht ist schriftlich zu den Gerichtsakten einzureichen (§ 11 S. 1 FamFG), der Einfachheit halber ist sie durch den Verein bei der Geschäftsstelle des Land- bzw. Amtsgerichtes vor Ort in beglaubigter Form zu hinterlegen.

54 Ob bei einer Vielzahl von Mitarbeitern auch der Weg über **Unterbevollmächtigungen**[59] durch die mit notarieller Urkunde Bevollmächtigten (s. o.) zugelassen wird, bleibt ganz dem **Selbstorganisationsrecht** des Vereins im Rahmen der Vereinsautonomie überlassen. Unterbevollmächtigungen bergen allerdings die Gefahr, dass der Verein die Zahl der Handlungsberechtigten nicht mehr wirklich überblicken kann. Wird die Zahl der Bevollmächtigten begrenzt, lässt sich das Verbot des Selbstkontrahierens bei einer Vielzahl von Mündeln und Mitarbeitern besser überwachen, was auch für Rechtsgeschäfte von Mündeln untereinander gilt, so weit diese gleichermaßen durch den Verein vertreten werden.

55 **c) Die Führung durch Mitarbeiter.** Die **Mitarbeiter** des Vereins, welche die Vormundschaftsführung übernehmen, müssen auf Grund eines **Arbeitsverhältnisses**[60] tätig sein. Nur dann kann der Verein seiner Verpflichtung zur Beaufsichtigung der Mitarbeiter nach § 54 Abs. 2 Nr. 1 SGB VIII genügen, indem er von seinem Direktionsrecht Gebrauch macht. Eine **Übertragung** an **Honorarkräfte** scheidet mangels Mitarbeiterstellung, die durch ein Arbeitsverhältnis begründet sein muss, somit aus. Nur wenn ein Mitarbeiter tätig wird, ist auch ein **Anspruch des Vereins** auf **Vergütung und Aufwendungsersatz** auf Grund beruflicher Tätigkeit gegeben.

56 **d) Die Ausgestaltung des Weisungsrechts des Vereins.** Aufgrund der **Pflicht des Vereins zur Beaufsichtigung der Mitarbeiter** nach § 54 Abs. 2 Nr. 1 SGB VIII und der Aufsicht des Familiengerichts (→ Rn. 67) gegenüber dem Verein nach § 1837 BGB ist der **Umfang des Direktionsrechts**, des **Weisungsrechts** des Vereins als Arbeitgeber gegenüber den die Vormundschaft führenden Mitarbeitern von besonderer Bedeutung.[61] Der Verein als Arbeitgeber hat unbedingt auf die Einhaltung des geltenden Rechts zu achten und dieses zum Wohl der Mündel durchzusetzen. Der Begriff der Rechtsaufsicht, der dem öffentlichen Recht entstammt, ist dabei nicht hilfreich.[62] Das Direktionsrecht des Vereins findet dort seine Grenze, wo durch die Befolgung die berechtigten Interessen des Mündels beeinträchtig würden.[63] Darüber hinaus müssen **fachliche Weisungen des Arbeitgebers** aber auch die **Interessen des Arbeitnehmers** nach Achtung seiner Fachlichkeit, seiner Sachnähe und Kenntnis der Bedürfnisse und Interessen des Mündels, so wie der Begrenztheit der Einschätzungen von Zweckmäßigkeit im Nachhinein, nach **billigem Ermessen** berücksichtigen (§ 315 Abs. 3 S. 2 BGB), was auch die eingeschränkten Kontrollmöglichkeiten der Gerichte verdeutlicht.[64] Unbenommen bleibt dem Verein aber die **verbindliche Regelung** für ein **ordnungsgemäßes Kassen- und Rechnungswesen** des Vereins. Dies beinhaltet insbesondere Grundsätze für die Belegführung, die Aufzeichnungspflichten und das Vieraugenprinzip, so wie dies auch von den Jugendämtern vergleichbar mit der Anwendung des kommunalen Kassenrechts zum Schutz der Mitarbeiter und der Mündel gehandhabt wird.[65]

---

59 Zur Untervollmacht siehe Palandt/*Ellenberger* BGB § 167 Rn. 12 mwN.
60 LG München FamRZ 2000, 321.
61 *Hromadka* DB 1995, 2601.
62 *Coen* NJW 1999, 535 (538).
63 BAG FamRZ 1992, 51.
64 Etwa BAG DB 1996, 1931.
65 DAVorm. 1992, 836.

e) Die Führung durch Mitglieder. Seit Inkrafttreten des Kinder- und Jugendhilferechts zum 1.1.1991 ist eine Führung der Vormundschaften durch Mitglieder des Vereins nicht mehr zwingend vorgeschrieben. Die Frage, ob eine Person Mitglied ist, richtet sich nach dem Vereinsrecht. Danach kommt eine Mitgliedschaft durch Beitrittserklärung und Aufnahme in den Verein zustande.[66] Damit ist es unüblich geworden, Vormundschaften durch Mitglieder führen zu lassen, die satzungsgemäß Vertretungsvollmacht haben (Vorstand: § 26 Abs. 2 BGB, besondere Vertreter: § 30 BGB), wie dies bei den Sammelvormundschaften (→ Rn. 1) noch der Fall war. Die Vertretungsmacht müsste bei diesen durch einen Vereinsregisterauszug nachgewiesen werden. Auch organisierte Einzelvormundschaften, die von einzelnen vom Verein bevollmächtigten Mitgliedern geführt werden (s. o.), sind heute nicht mehr üblich. 57

f) Ausschluss von Personen von der Vormundschaftsführung. Ausgeschlossen von der Vormundschaftsführung sind solche Personen, Mitarbeiter oder Mitglieder, die „den **Mündel** in einem Heim des Vereins als Erzieher" **betreuen** (§ 1791a Abs. 3 S. 1 BGB). Dies bedeutet aus heutiger Sicht, dass alle Personen, die ein Mündel in einer **stationären** (und wohl auch teilstationären) **Einrichtung des Vereins** pädagogisch **betreuen**, die Vormundschaftsführung nicht übernehmen dürfen, weil hier eine Interessenkollision anzunehmen ist.[67] Die Vormundschaftsführung muss deshalb von einer Person wahrgenommen werden, die „sich außerhalb des Wirkungsbereichs der „Anstalt" befinden muss".[68] Dies muss vom Sinn und Zweck des Gesetzes her auch dann gelten wenn **Mitarbeiter in ambulanten Hilfen** der Kinder- und Jugendhilfe (SGB VIII) oder der **Behindertenhilfe** (SGB XII), für das Mündel oder mit ihm in Beziehung stehenden Personen, für den Verein tätig sind. Der Verein hat demzufolge auch solche Mitarbeiter von der Vormundschaftsführung ausschließen, die bei ambulanten Hilfen tätig sind. Eine Unvereinbarkeit mit der Vormundschaftsführung ist zweifellos gerade bei Hilfen mit hohem persönlichen Bezug, wie zum Beispiel der sozialpädagogischen Familienhilfe nach § 31 SGB VIII, der Erziehungsberatung nach § 28 SGB VIII, dem Erziehungsbeistand nach § 30 SGB VIII oder der intensiven sozialpädagogischen Einzelbetreuung nach § 35 SGB VIII gegeben. 58

Wenn einem Mitarbeiter oder Mitglied entgegen der Vorschrift des § 1791a Abs. 3 S. 3 Hs. 2 BGB die Führung einer Vormundschaft übertragen wird und diese Person ein Rechtsgeschäft für sein Mündel vornimmt, so ist dieses wirksam. Aus der gesetzlichen Formulierung: „darf die Aufgaben des Vormundes nicht ausüben" ergibt sich nicht zwingend, dass trotz alledem vorgenommene Rechtsgeschäfte unwirksam sind.[69] 59

2. Gesetzliche Vertretung des Mündels, der Verein als Verfahrensbeteiligter im Gegensatz zum Verfahrensbeistand. a) Gesetzliche Vertretung des Mündels. Die Führung der Vormundschaft, als die Sorge für die Person und das Vermögen, schließt begrifflich die gesetzliche Vertretung des Mündels ein (§ 1793 Abs. 1 S. 1 BGB). 60

b) Die Erforderlichkeit der Bestellung eines Verfahrensbeistandes. Der Verfahrensbeistand nach § 158 FamFG ist neben dem Verein als Vormund, als dem gesetzlichen Vertreter zu bestellen, wenn zum einen das **Interesse des Kindes** im erheblichen Gegensatz zu dem des gesetzlichen Vertreters steht (§ 158 Abs. 2 Nr. 1 FamFG). Da dem Vormund ein **eigenes Erziehungsrecht** zukommt (vgl. → § 15 Rn. 58), ist grund-

---

66 Palandt/*Ellenberger* BGB § 38 Rn. 4.
67 BT-Drs. III/2226, 39.
68 BT-Drs. III 2226, 25.
69 Staudinger/*Engler* BGB § 1791a Rn. 19; jetzt auch im Ergebnis MüKoBGB/*Spickhoff* § 1791a Rn. 6.

sätzlich in jedem Einzelfall bei personensorgerechtlichen Streitigkeiten die Bestellung eines Verfahrensbeistandes zu prüfen. Zum anderen ist ein Verfahrensbeistand zu bestellen, wenn eines der **Regelbeispiele** des § 154 Abs. 2 Nr. 2 – 6 FamFG vorliegt. In diesen Fällen wird ein Interessensgegensatz gesetzlich vermutet. Eine Ablehnung der Bestellung ist durch das Gericht in der Entscheidung zu begründen (§ 154 Abs. 3 S. 2 FamFG).

61, 62 *– in dieser Auflage nicht belegt –*

63 **c) Der Verein als Verfahrensbeteiligter.** Wenn der Verein auf Grund von **Interessensgegensätzen** zum Mündel sich einem **Verfahrensbeistand** nach § 158 FamFG gegenüber sieht, wird er zwangsläufig zum **Verfahrensbeteiligten** nach § 7 Abs. 2 Nr. 2 FamFG. Denn allein schon durch die Bestellung des Verfahrensbeistandes ist er in seinen **Rechten** als gesetzlicher Vertreter unmittelbar betroffen (→ Rn. 60). Dies gilt auch, wenn dem über 14 Jahre alten Mündel im Rahmen der Verfahrenskostenhilfe ein Anwalt beigeordnet wird. Dann steht der Anwalt in einem Auftragsverhältnis zum Mündel und gerade nicht in einem Auftragsverhältnis zum Vormund.[70] Darüber hinaus kann der Verein auch selbst in anderen Verfahren oder gerichtlichen Auseinandersetzungen zum Beteiligten oder zur Partei werden (vgl. → § 15 Rn. 51 ff.).

64 **3. Religiöses Bekenntnis oder Weltanschauung des Mündels.** Bei der Auswahl eines Vormundes durch das Familiengericht ist auf das religiöse Bekenntnis des Mündels Rücksicht zu nehmen (§ 1779 Abs. 2 BGB). Dies gilt auch bei der Bestellung eines Vereins als Vormund. Der bekenntnisfremde Einzelvormund hat grundsätzlich Vorrang vor dem bekenntnisgebundenen Verein als Vormund.[71] Auch ein Verein hat bei der Unterbringung auf das religiöse Bekenntnis oder die Weltanschauung des Mündels und seiner Familie Rücksicht zu nehmen (§ 1801 Abs. 2 BGB).

65 **4. Beratung und Unterstützung durch das Jugendamt.** Auch der Verein als Vormund hat einen Anspruch auf eine regelmäßige und dem jeweiligen erzieherischen Bedarf des Mündels entsprechende Beratung und Unterstützung durch das Jugendamt (§ 53 Abs. 2 SGB VIII). Dies bezieht sich für die sozialpädagogischen Fachkräfte der Vereine besonders auf die Entscheidungsprozesse vor der Entscheidung über die Inanspruchnahme einer erzieherischen Hilfe nach §§ 27 ff. SGB VIII, im Rahmen der Mitwirkung als Personensorgeberechtigter nach § 36 Abs. 2 S. 1 SGB VIII.

66 Die einen Einzelvormund betreffende **Überwachungspflicht** des Jugendamtes (§ 53 Abs. 3 SGB VIII) gilt nicht für einen Verein als Vormund (§ 53 Abs. 4 S. 2 SGB VIII).

67 **5. Aufsicht durch das Familiengericht.** Auch der Verein als Vormund unterliegt der Aufsicht des Familiengerichts, die sich auf die gesamte Tätigkeit des Vormunds erstreckt. Das Familiengericht hat gegen Pflichtwidrigkeiten,[72] durch geeignete Gebote oder Verbote ebenso gegen den Verein als Vormund einzuschreiten wie gegen einen Einzelvormund (§ 1837 BGB). Anders als beim Einzelvormund kann es jedoch gegen den Verein als Vormund **kein Zwangsgeld** festsetzen (§ 1837 Abs. 3 S. 2 BGB). Wegen des eigenen, im Vergleich zu den Eltern jedoch nicht so weit reichenden Erziehungsrechts und der daraus folgenden Selbstständigkeit des Vormunds (→ Rn. 60; → § 15 Rn. 58) sind weiter gehende Eingriffe, die über Verbote und Gebote hinausgehen, auch an den Voraussetzungen der §§ 1666, 1666a und 1696 BGB zu messen

[70] OLG Zweibrücken FamRZ 2009, 1169.

[71] sehr ausführlich zu diesen Fragen BayObLG FamRZ 1966, 323.

[72] MüKoBGB/*Kroll-Ludwigs* § 1837 Rn. 13 ff.

(§ 1837 Abs. 4 BGB).[73] Diese sind dann gerechtfertigt, wenn in wichtigen Angelegenheiten eine Pflichtverletzung des Vormunds zur Gefährdung des Kindeswohls geführt hat, was die Annahme einer weiteren Ausübung der Vormundschaft im Interesse des Mündelwohls nicht mehr zulässt.

6. Vermögensverwaltung. Die **Befreiungen nach § 1857a BGB** gehören zu den wichtigsten Besonderheiten bei der Führung von Vereinsvormundschaften. Die Befreiung ist absolut. Das Familiengericht kann die dem Verein gewährten Befreiungen nicht aufheben.[74] Sind die Befreiungen nicht oder nicht mehr gewollt, darf eben kein Verein als Vormund bestellt bzw. muss gegebenenfalls der Verein als Vormund entlassen und ein Einzelvormund bestellt werden (→ Rn. 89). Die Befreiungen erstrecken sich auf die in den §§ 1852 Abs. 2, 1853 und 1854 BGB genannten Fälle. 68

Zur Frage, ob dem **persönlich zum Vormund** bestellten Mitarbeiter **Befreiungen zustehen** könnten, → § 15 Rn. 3. 69

Zu den Befreiungen nach § 1852 Abs. 2 BGB gehören im Einzelnen: Die Befreiung von der versperrten Anlegung von **Mündelgeld** gemäß § 1809 BGB (vgl. *Dürbeck* → § 10 Rn. 87). 70

Der Verein als Vormund hat zum Mündelvermögen gehörendes Geld, wie der Einzelvormund auch, verzinslich anzulegen (§ 1806 BGB). Er hat dies in der Form der Regelanlegung nach § 1807 BGB zu tun. Er muss das Mündelgeld **nicht versperrt** anlegen (§ 1809 BGB). Dies hat zur Folge, dass er zur Abhebung einzelner Beträge oder des Gesamtguthabens weder die Genehmigung des Gegenvormundes noch die familiengerichtliche Genehmigung braucht (§ 1852 Abs. 2 S. 1 Alt. 1 BGB). Auch wenn das Sparguthaben das gesamte Vermögen des Mündels darstellt, bedarf die Abhebung nicht der familiengerichtlichen Genehmigung, da die Abhebung keine Verpflichtung zur Übertragung des Vermögens im ganzen Sinne des § 1822 Nr. 1 BGB darstellt.[75]

Die **Befreiung** von der **Mitwirkung des Gegenvormundes** oder der familiengerichtlichen Genehmigung bei Mündelgeldanlagen gemäß § 1810 BGB (vgl. *Kunkel* → § 16 Rn. 108a). 71

Zur verzinslichen Geldanlage nach § 1806 BGB in den Formen der Regelanlegung nach § 1807 BGB ist die Mitwirkung des Gegenvormundes **nicht erforderlich.** Ist ein Gegenvormund nicht vorhanden, so bedarf sie auch dann nicht der Genehmigung des Familiengerichts, wenn der Verein als Vormund alleine amtiert. Soweit der Verein als Vormund allerdings die Anlage **abweichend** von der **Regelanlegung** nach § 1807 BGB tätigen will, bedarf er dazu der Gestattung durch das Familiengericht, weil sich die Befreiung nicht auf die erforderliche Erlaubnis der familiengerichtlichen Genehmigung andersartiger Anlegung gemäß **§ 1811 BGB** erstreckt.

Die **Befreiungen** von der Genehmigung des Gegenvormundes bzw. der familiengerichtlichen Genehmigung zur **rechtsgeschäftlichen Verfügung** über **Forderungen und Wertpapiere** gemäß § 1812 BGB (vgl. *Kunkel* → § 16 Rn. 108a).

Zu den Rechtsgeschäften des § 1812 BGB, von denen der Verein als Vormund befreit ist, gehören: Verfügungen über *Forderungen,* Verfügungen über *andere Rechte,* kraft deren der Mündel eine Leistung verlangen kann, und Verfügungen über *Wertpapiere.* Unter **Verfügungen** im Rechtssinn versteht man die rechtsgeschäftliche Aufhebung oder Änderung eines Rechts, wie zB die Veräußerung, den Erlass die Abtretung, Belastung, Kündigung, Aufrechnung und die Geltendmachung von Wandelungsrechten

[73] MüKoBGB/*Kroll-Ludwigs* § 1837 Rn. 24 ff.

[74] Palandt/*Götz* § 1857a Rn. 1.

[75] MüKoBGB /*Kroll-Ludwigs* § 1822 Rn. 3.

aus dem Kaufvertragsrecht. Auch der Verzicht gehört zu den Rechtsgeschäften des § 1812 BGB.

72 Der **Verzicht** spielt in der Praxis des Vereins als Vormund im Zusammenhang mit der Rechnungslegungspflicht und der Entlastungserklärung eine wichtige Rolle. Zu den Rechten, kraft deren der Mündel eine Leistung verlangen kann, gehören die Forderung des Mündels auf **Rechnungslegung** während der **Dauer** der Vormundschaft gemäß § 1840 BGB und die Forderung des Mündels auf **Rechenschaftsablegung** bei **Beendigung** der Vormundschaft gemäß § 1890 BGB. Während der Dauer der Vormundschaft ist der Vereinsvormund von der Rechnungslegungspflicht gemäß §§ 1840, 1841 BGB befreit, von der Rechenschaftsablegung nach Beendigung der Vormundschaft gemäß § 1890 BGB ist er nicht befreit (→ Rn. 81).

Auf sein Recht, Rechenschaft zu verlangen, kann der volljährig gewordene Mündel selbst **verzichten** (§ 397 BGB). Dieser Verzicht ist eine Verfügung über ein Recht im Sinne des § 1812 BGB. Dazu braucht der Verein als Vormund, anders als der Einzelvormund, weder die Genehmigung des Gegenvormundes noch die Genehmigung des Familiengerichtes.[76]

73 Ebenso verhält es sich mit der **Entlastungserklärung** beim Wechsel in der Vormundschaftsführung oder bei Beendigung der Vormundschaft. Beim Wechsel in der Vormundschaft prüft der künftige Vormund die bei Beendigung der Vormundschaft in jedem Falle zu erstellende Rechenschaftsablegung durch den Vormund auf sachliche und rechnerische Richtigkeit. Erkennt der neue Vormund die Rechenschaftslegung als richtig an, so erteilt er dem bisherigen Vormund die Entlastung für seine Amtsführung als gesetzlicher Vertreter des Mündels. Dieselbe Entlastungserklärung erteilt der Mündel nach Beendigung der Vormundschaft bei Erreichung der Volljährigkeit seinem Vormund. Diese Entlastungserklärung stellt im Rechtssinne einen **negativen Schuldanerkenntnisvertrag** gemäß § 397 Abs. 2 BGB dar. Der Mündel bzw. der nachfolgende Vormund verzichtet bei Abgabe der Entlastungserklärung auf alle bestehenden Ansprüche gegen den bisher amtierenden Vormund aus dessen Vormundschaftsführung. Zu dieser Entlastungserklärung, die einen Verzicht auf die Geltendmachung von Ansprüchen darstellt, braucht der Vereinsvormund weder die familiengerichtliche Genehmigung noch die Genehmigung eines Gegenvormundes. In diesem Fall ist jedoch der Vereinsvormund, der die Entlastungserklärung erteilt, möglicherweise **Schadensersatzansprüchen** ausgesetzt, wenn er in rechtswidriger Weise die Verzichtserklärung abgegeben hat (vgl. → § 15 Rn. 71 ff.).

74 Bei der Verfügung über **Wertpapiere** bedarf der Verein als Vormund wegen der Befreiung gemäß § 1857a BGB nicht der Genehmigung eines Gegenvormundes oder der familiengerichtlichen Genehmigung. Dies gilt auch für die **Hinterlegung** von Wertpapieren, die im Rechtssinne eine Verfügung darstellt. Zu beachten ist jedoch, dass die **Rücknahme** der Wertpapiere **aus** der **Hinterlegung** wegen **§ 1819 BGB** nicht in jedem Fall der familiengerichtlichen Genehmigung bedarf.

75 **Nicht** zu den anderen Rechten, kraft derer der Mündel eine Leistung verlangen kann, gehören Ansprüche auf Übertragung von Grundstücken und Grundstücksrechten. Da diese Ansprüche rechtlich zum Grundvermögen selbst gehören, unterliegen sie bereits der Genehmigungspflicht nach § 1821 Abs. 2 BGB.[77]

76 Die Erteilung einer **Quittung** bedarf grundsätzlich nicht der familiengerichtlichen Genehmigung. **Genehmigungspflichtig** ist sie aber dann, wenn auch zur Annahme

[76] Palandt/*Götz* § 1890 Rn. 3.
[77] Palandt/*Götz* § 1812 Rn. 7.

der zu quittierenden Leistung die familiengerichtliche Genehmigung aus anderen Gründen erforderlich ist.[78]

Zu den Aufgaben des Vereins als Vormundes gehören die **Prozessführung** und die Durchführung der **Zwangsvollstreckung** für das Mündel. Die in diesem Zusammenhang anfallenden rechtsgeschäftlichen Handlungen sind keine Verfügung im Sinne des § 1812 BGB, es sei denn, es sind damit weitere rechtsgeschäftliche Handlungen verbunden, die Verfügungen im Rechtssinne darstellen. Wird ein **Anerkenntnis** oder ein Verzicht im Rahmen der Prozessführung abgegeben und sind damit Verfügungen verbunden, so sind diese Prozesshandlungen als solche wirksam, machen aber ggf. schadenersatzpflichtig.[79] Die Kostentragungspflichten des Vereins müssen besondere Beachtung finden (vgl. → § 15 Rn. 47 ff.). 77

Ein **Vergleich oder Schiedsvertrag** bedurfte früher immer der familiengerichtlichen Genehmigung nach § 1822 Nr. 12 BGB, nunmehr entfällt die Genehmigungsbedürftigkeit, wenn der Gegenstand des Streits oder der Ungewissheit den Wert von 3000 EUR übersteigt oder der Vergleich nicht einem schriftlichen oder protokollierten gerichtlichen Vergleichsvorschlag entspricht.[80] 78

Die **Mahnung** ist keine Verfügung im Sinne des § 1812 BGB und somit auch grundsätzlich nicht genehmigungsbedürftig. 79

Zu den Befreiungen nach § 1853 BGB gehören: Der Verein als Vormund braucht einmal **Inhaber- und Orderpapiere** nicht zu hinterlegen. Er braucht ferner nicht den Sperrvermerk familiengerichtlicher Genehmigung ins Schuldbuch gemäß § 1816 BGB eintragen lassen, wenn er bei der Übernahme der Vormundschaft Buchforderungen gegen Bund oder Land im Vermögen des Mündels vorfindet oder im Laufe der Vormundschaft solche erwerben will. In der Praxis spielen bei den Inhaberpapieren die Schuldverschreibungen des Bundes und der Länder, der Gemeinden und öffentlich-rechtlichen Körperschaften die wesentliche Rolle, im Bereich der Orderpapiere der Wechsel. Buchforderungen sind die im Bundesschuldbuch oder den Staatsschuldbüchern der Länder eingetragenen Forderungsrechte. Somit braucht der Verein als Vormund zB beim Kauf von **Bundesschatzbriefen** sowie Bundes- oder Landesobligationen diese nicht zu hinterlegen. Will der Verein als Vormund über das entsprechende Wertpapier wieder **verfügen,** so bedarf er hier **nicht der familiengerichtlichen Genehmigung,** weil er von der Sperrung nach § 1816 BGB befreit ist. Wurde aber trotz dieser Befreiung dennoch mit Sperrvermerk hinterlegt, so bedarf es zur Verfügung durch den Verein als Vormund nicht der Genehmigung des Gegenvormundes oder der familiengerichtlichen Genehmigung, weil die in § 1819 BGB vorgesehenen Verfügungsbeschränkungen nicht eintreten.[81] 80

Zu der Befreiung des § 1854 BGB gehört auch die Befreiung von der Verpflichtung des Vormundes, während der **Dauer** seines Amtes **Rechnung zu legen.** Dies bedeutet, dass der Verein anders als der Einzelvormund **nicht jährlich** Rechnung zu legen braucht. Er unterliegt somit nicht der strengen Form der Rechnungslegungspflicht nach § 1841 Abs. 1 BGB. Er muss nicht im Einzelnen eine geordnete Zusammenstellung über alle Einnahmen und Ausgaben mit Belegen vorlegen. Der Verein als Vormund hat dafür frühestens nach Ablauf von zwei Jahren eine **Übersicht** über den Bestand des seiner Verwaltung unterliegenden Vermögens beim Familiengericht einzureichen (§ 1854 Abs. 2 S. 1 BGB). Der Zwei-Jahres-Zeitraum kann sogar vom Fami- 81

---

[78] Palandt/*Götz* § 1812 Rn. 11.
[79] Palandt/*Götz* § 1812 Rn. 11.
[80] Palandt/*Götz* § 1822 Rn. 23.
[81] Palandt/*Götz* § 1853 Rn. 1.

liengericht auf fünf Jahre ausgedehnt werden (§ 1854 Abs. 2 S. 2 BGB). Damit erfährt der Verein als Vormund eine ganz erhebliche Erleichterung, indem er nicht die einzelnen Zu- und Abgänge aufzuzeichnen braucht, sondern nur jeweils zum Stichtag zwischen den zwei- bis fünfjährigen Zeiträumen den Gesamtbestand von Aktiva und Passiva dem Familiengericht vorzulegen hat. Er muss dies **unaufgefordert** gegenüber dem Familiengericht tun. In der Praxis wird auch der Verein als Vormund durch das Familiengericht üblicherweise durch Zusendung eines entsprechenden Formblatts zur Abgabe des Bestandsverzeichnisses ersucht. Strittig ist, ob Schulden in diese Bestandsübersicht aufzunehmen sind. Für eine Anführung der Schulden ist *Götz.*[82] Trotz der grundlegenden Befreiung des Vereins als Vormund von der jährlichen Rechnungslegungspflicht hat er aus **besonderem Anlass** im Wege der Auskunftseinholung dem Familiengericht auch zwischenzeitlich Rechnung zu legen. Diese Rechnungslegungspflicht aus besonderem Anlass erklärt sich aus der Auskunftspflicht auch des Vereins als Vormund nach § 1839 BGB, die sich auch auf Vermögensangelegenheiten bezieht. Dies schließt auch die Vorlage der entsprechenden Unterlagen ein.[83] Die Befreiung nach § 1854 BGB erstreckt sich **nicht** auf die Verpflichtung, **bei Beendigung** der **Vormundschaft Rechenschaft abzulegen** (§ 1890 BGB). Dieser Unterschied zur Befreiung während der Vormundschaftsführung ist wesentlich.

82 Im Zusammenhang mit der Ablegung der Rechenschaft bei Beendigung der Vereinsvormundschaft ist vom Gesetzgeber nicht geklärt, in welcher Form dann die **Schlussrechnung** im Sinne eine Rechenschaftslegung nach § 1890 BGB beim Familiengericht einzureichen ist. *Götz* fordert bei Beendigung der Vereinsvormundschaft die Rechnungslegung in der strengen Form des § 1841 BGB.[84] Dies würde bedeuten, dass der Verein als Vormund spätestens bei Beendigung der Vormundschaft eine geordnete Zusammenstellung aller Ein- und Ausgänge abzugeben hätte, Auskunft über Zu- und Abgänge zu erteilen hätte und den Nachweis durch Vorlage von Belegen erbringen müsste. Von dieser Verpflichtung könnte, nach der von *Götz* vertretenen Meinung, der Verein als Vormund demnach nur entbunden werden, wenn der Mündel gemäß § 397 BGB darauf verzichtet. Dieser Meinung ist jedoch deshalb nicht zuzustimmen, weil der Verein als Vormund dann spätestens im Zeitpunkt der Beendigung der Vormundschaft wesentlich schlechter gestellt wäre als der Einzelvormund.

Dieser kann bei Erstellung der Schlussabrechnung an seine jährlich detaillierte Rechnungslegung anknüpfen. Der Verein als Vormund hingegen kann deshalb, weil er hiervon befreit war, dies nicht tun. Die dem Verein als Vormund vom Gesetz während der Dauer der Vormundschaftsführung eingeräumte Erleichterung würde sich im Endeffekt bei Beendigung der Vormundschaft als ganz erhebliche Beschwernis herausstellen. Aus diesem widersprüchlichen Ergebnis muss zwingend folgen, dass die Rechnungslegungspflicht bei Beendigung der Vereinsvormundschaft als Folge der vorherigen Befreiung dem entsprechend anders gestaltet sein muss, als dies bei Beendigung einer Einzelvormundschaft der Fall ist. Deshalb ist *Wesche*[85] zuzustimmen, dass der **während der Dauer der Amtsführung** von der Einzelrechnungslegung befreite Verein als Vormund am Ende seiner Vormundschaftsführung im Umfang seiner Rechenschaftspflicht nach § 1890 BGB **nur eine Bestandsaufnahme des Vermögens** beim Familiengericht einzureichen hat, der allerdings auch Belege beizufügen sind.[86]

---

[82] Palandt/*Götz* § 1854 Rn. 2; so auch Jürgens/*v. Crailsheim* BGB § 1857a Rn. 8.
[83] Palandt/*Götz* § 1839 Rn. 1.
[84] Palandt/*Götz* § 1890 Rn. 3.
[85] *Wesche* DAVorm 1987, 167.
[86] aA OLG Düsseldorf FamRZ 1996, 374.

7. Anlegung von Mündelgeldern auf Sammelkonten. In der Praxis des Vereins als Vormund wird wohl überwiegend das Mündelgeld auf Konten angelegt, die auf den Namen des jeweiligen Mündels lauten und ihm damit **persönlich** zugeordnet sind. Mitunter stellt sich für den Verein als Vormund aber auch die grundsätzliche Frage der Zulässigkeit der Anlage von Mündelgeldern auf **Sammelkonten.** Der unübersehbare Vorteil zugunsten jedes einzelnen Mündels liegt in den wesentlich höheren Zinssätzen, die dabei zu erzielen sind und schließlich jedem zugute kommen (zur Problematik der Vermögensverwaltungskontrolle durch den Verein, wenn von persönlich bestellten Mitarbeitern Girokonten auf den Namen eines Mündels geführt werden siehe → § 15 Rn. 5a). *Beitzke*[87] sieht in der Anlegung von Mündelgeldern auf Sammelkonten bei einer öffentlichen Sparkasse eine grundsätzlich nach § 1807 Nr. 5 BGB zulässige Form der Anlage. Er fordert jedoch zwingend die klare **Kenntlichmachung** des Sammelkontos als Treuhandkonto zugunsten der Mündel. Entscheidend ist zu **gewährleisten,** dass die Mündelgelder auf dem Mündelsammelkonto **in keinem Fall von Dritten in Anspruch genommen werden** können. Um dies zu erreichen, muss gesondert zwischen Anleger und Sparkasse vereinbart werden, dass die Inanspruchnahme des Sammelkontos für Forderungen gegen die eigene Trägerkörperschaft der Sparkasse ausgeschlossen ist. *Beitzke* hält insoweit den Schutz der Mündelgelder vor Zwangsvollstreckung durch Hilfe des § 882a ZPO für ausreichend. Nach dieser Vorschrift ist die Zwangsvollstreckung gegen juristische Personen des öffentlichen Rechts unzulässig, soweit sie in Sachen erfolgt, die für die Erfüllung öffentlicher Aufgaben unentbehrlich sind oder deren Veräußerung ein **öffentliches Interesse** entgegensteht. In gleicher Weise sieht er den Schutz ausreichend gewährleistet bei Zwangsvollstreckung aus verwaltungsgerichtlichen Entscheidungen in § 170 VwGO und im Bereich des Sozialgerichtsgesetzes in § 198 SGG mit entsprechendem Verweis auf § 882a ZPO.[88] Infolge Fehlens vergleichbarer Schutzvorschriften bei Zwangsvollstreckung in das Vereinsvermögen Privater, wie etwa rechtsfähiger Vereine, ist die Anlage von Mündelvermögen auf Mündelsammelkonten des Vereins als Vormund selbst **ausgeschlossen.** Der Verein als Vormund darf folglich auch nicht eingehende Mündelgelder zunächst zeitweilig auf ein Sammelkonto buchen und von dort aus auf Individualkonten umbuchen. Er muss, soweit er Mündelkonten zur Bestreitung laufender Aufgaben unterhält (§ 1806 BGB), diese ausschließlich auf den Namen der Mündel als abgegrenzte Individualkonten führen. Unbenommen bleibt dem Verein als Vormund aber, ein Mündelsammelkonto in der Form eines Treuhandkontos (Anderkonto) bei einer Bank einzurichten. Im Falle einer Zwangsvollstreckung gegen den Verein erstreckt sich diese zwar auf das Treuhandkonto. Der Mündel oder Pflegling hat jedoch den Schutz der Drittwiderspruchsklage gem. § 771 ZPO. Das OLG Köln[89] vertritt demgegenüber für den Bereich des Betreuungsrechts die Auffassung, dass die Anlage des Geldes mehrerer Betreuter auf einem Sammelkonto auch dann grundsätzlich unzulässig ist, wenn aus der internen Buchführung des Betreuungsvereins jederzeit zweifelsfrei ermittelt werden kann, welcher Betrag welchem Betreuten zuzuordnen ist. 83

---

[87] *Beitzke* ZBlJR 1964, 2.
[88] *Beitzke* ZBlJR 1964, 32.
[89] FamRZ 1997, 899.

V. Die Beendigung der Vereinsvormundschaft/-pflegschaft

84 **1. Beendigung der Vormundschaft.** Die Vormundschaft endet bei einer Vereinsvormundschaft **kraft Gesetzes** mit dem Wegfall der Voraussetzungen (§§ 1882, 1773 BGB; vgl. *Hoffmann* → § 7 Rn. 11 ff.).

85 **2. Beendigung des Amtes der Vormundschaft.** Das Amt des Vereins als Vormund endet mit der Beendigung der Vormundschaft oder mit seiner Entlassung. Neben den allgemein zur Entlassung führenden Gründen sind für einen Verein als Vormund folgende Besonderheiten gegeben:

86 Das Familiengericht muss einen Verein als Vormund **entlassen,** wenn dies dem Wohle des Mündels dient (dabei sind alle Umstände des Einzelfalles maßgebend[90]) und eine andere als Vormund geeignete Person vorhanden ist (§ 1887 Abs. 1 BGB). Dies gilt auch dann, wenn kein geeigneter Einzelvormund desselben Bekenntnisses, aber eines anderen Bekenntnisses zur Verfügung steht.[91]

Bei der Entlassung eines Jugendamtes (§ 1887 Abs. 1 BGB) kann andererseits die als Vormund geeignete Person auch ein Verein sein.[92] Das Familiengericht trifft die Entscheidung von Amts wegen oder auf Antrag. Ein Verschulden des Vereins ist nicht erforderlich.[93] **Antragsberechtigt** ist der Mündel, der 14 Jahre alt ist, und jeder, der ein **berechtigtes** Interesse darlegen kann. Der **Verein** soll den Antrag stellen, wenn die vorgenannten Voraussetzungen gegeben sind (§ 1887 Abs. 2 BGB). Vor einer Entscheidung des Familiengerichts soll der Verein gehört werden (§ 1887 Abs. 3 BGB). Diese muss immer dem Wohl des Mündels dienen. Danach kann auch die Bestellung eines Vereins als Vormund anstelle des Amtsvormundes angezeigt sein.

87 Das Familiengericht hat den Verein auf seinen Antrag zu entlassen, wenn ein **geeigneter Einzelvormund** zur Verfügung steht und das Wohl des Mündels nicht entgegensteht (§ 1889 Abs. 2 S. 1 BGB).

88 Ferner ist ein Verein als Vormund auf seinen Antrag zu entlassen, wenn ein **wichtiger Grund** vorliegt (§ 1889 Abs. 2 S. 2 BGB). Wichtige Gründe können beim Verein selbst, aber auch in der Person des Mündels liegen. Liegt der wichtige Grund beim Verein vor, darf nicht mehr geprüft werden, ob das Wohl des Mündels einer Entlassung entgegensteht.[94]

89 Die Bestimmung des § 1886 BGB, welche vorsieht, dass ein Vormund wegen **pflichtwidrigen Verhaltens** entlassen werden kann, bezieht sich nach der Gesetzesformulierung („Einzelvormund") nicht auf den Vereinsvormund. Das Familiengericht kann auch nicht das betreffende Mitglied oder den betreffenden Mitarbeiter des Vereins (§ 1791a Abs. 3 S. 1 BGB) wegen pflichtwidrigen Verhaltens entlassen. Der Verein kann nur dazu angehalten werden, einem pflichtwidrigen Verhalten durch geeignete Maßnahmen entgegenzutreten.[95]

90 Bei einem Verein können noch folgende **Entlassungsgründe** gegeben sein:
- Auflösung des Vereins (§ 41 BGB)
- Verlust der Rechtsfähigkeit durch Eröffnung des Insolvenzverfahrens

---

[90] BayObLG DAVorm 1975, 113.
[91] BayObLG ZBlJR 1968, 57.
[92] BayObLG MDR 1966, 415.
[93] Palandt/*Götz* § 1887 Rn. 3.
[94] Staudinger/*Veit* BGB § 1889 Rn. 19
[95] BayObLG FamRZ 1995, 991.

- Entziehung der Rechtsfähigkeit (§ 43 BGB)
- Aufhebung der Erlaubnis zur Übernahme von Vereinsvormundschaften (§ 54 SGB VIII; → Rn. 39).

Die Vormundschaft endet in diesen Fällen nicht von selbst, sondern erst mit der **Entlassung.**

Nach **Beendigung** seines Amtes hat der Verein als Vormund die schriftliche Verfü- 91
gung des Familiengerichts zurückzugeben (§ 1893 Abs. 2 S. 2 BGB).

VI. Die Vereinsbeistandschaft

**1. Die Vereinsbeistandschaft auf der Grundlage des Beistandschaftsgeset- 92
zes.** Das Recht der Beistandschaft ist ab 1.7.1998 neu geregelt. Durch das Beistandschaftsgesetz wurde sowohl die Amtspflegschaft bei nichtehelichen Kindern als auch die bisher in den §§ 1685 ff. aF BGB normierte Beistandschaft durch eine nur auf Antrag eintretende Beistandschaft des Jugendamtes ersetzt (zur Schaffung der Vereinsbeistandschaft → Rn. 8).

Soweit das entsprechende **Landesrecht** auf der Grundlage von Art. 144 EGBGB dies zulässt, können **Vereinsbeistandschaften** eingerichtet werden. Bayern hat mit Art. 61 AGSGBay eine entsprechende Regelung geschaffen. Den Vereinen wird man einen Rechtsanspruch auf landesgesetzliche Regelungen für die Führung von Beistandschaften nicht absprechen können, würde doch sonst ein unzulässiges Sozialmonopol des Staates, dann auch noch für jeweils einzelne Bundesländer, geschaffen (→ Rn. 8, 9). Die Führung einer Beistandschaft durch das Jugendamt gehört zu den anderen Aufgaben der Jugendhilfe (§ 2 Abs. 3 Nr. 11 SGB VIII). § 3 Abs. 2 S. 2 SGB VIII sieht ausdrücklich vor, dass bei entsprechender gesetzlicher Regelung auch Träger der freien Jugendhilfe diese Aufgaben wahrnehmen können.

Bei Vorliegen einer landesgesetzlichen Regelung hat das **Jugendamt** die **Verpflichtung**, bei der Beratung nach § 52a und § 18 Abs. 1 S. 1 SGB VIII sowie bei der Entgegennahme von Anträgen nach § 1712 BGB die betreffenden Elternteile auf die **Übertragungsmöglichkeit hinzuweisen**, zweckmäßigerweise unter Aushändigung eines Verzeichnisses der Vereine, die im Jugendamtsbezirk Vereinsbeistandschaften führen.

2. Übertragung der Beistandschaft auf den Verein. Die Beistandschaft entsteht 93
kraft Gesetzes, sobald der „Antrag" beim Jugendamt eingeht (§ 1714 BGB). Beistand wird primär immer das **Jugendamt** (§ 1712 Abs. 1 BGB). Bei Vorliegen einer dem Art. 144 EGBGB entsprechenden landesgesetzlichen Regelung kann das Jugendamt die bei ihm eingetretene Beistandschaft mit **Zustimmung** des Elternteils auf einen **Verein** übertragen (s. § 54 Abs. 1 S. 2 SGB VIII). Dieser muss die hierfür die nach § 54 SGB VIII erforderliche Erlaubnis zur Führung von Vereinsbeistandschaften besitzen. Da die elterliche Sorge als höchst persönliches Recht nur durch richterlichen Beschluss und nicht willentlich übertragen werden kann, bleibt diese Regelung fragwürdig (vgl. → § 15 Rn. 29).

3. Führung der Vereinsbeistandschaft. Auch für die Vereinsbeistandschaft gel- 94
ten gemäß § 1716 BGB grundsätzlich sinngemäß die Vorschriften über die **Pflegschaft**. Abweichend von § 1630 Abs. 1 BGB wird allerdings die elterliche Sorge durch die Beistandschaft nicht grds. im Aufgabenbereich eingeschränkt, so dass der Sorgerechtsinhaber und der Vereinsbeistand das Kind jeweils **allein** vertreten.

Dies gilt allerdings nicht in einem **Rechtsstreit**. Hier wird das Kind allein durch den **Beistand** unter **Ausschluss des sorgeberechtigten Elternteils** vertreten. Das neue

FamFG hat diese Regelung aus der ZPO (§ 53 ZPO alt) in § 173 FamFG übernommen, allerdings ohne Not nur auf das Jugendamt als Beistand bezogen. Für die Vereinsbeistandschaft gilt dies demnach analog.

95 **4. Beendigung der Vereinsbeistandschaft.** Die Vereinsbeistandschaft endet im Ganzen oder für einzelne Aufgaben des § 1712 BGB, wenn der Antragsteller einen entsprechenden „Antrag“ schriftlich beim **Jugendamt** stellt (§ 1715 Abs. 1 BGB). Sie wird wirksam mit Zugang beim Jugendamt (§ 130 Abs. 3 BGB). Sie könnte auch im Beisein des Jugendamtes zu Protokoll des Gerichtes erklärt werden (§ 127a BGB). Sie endet auch, wenn der Antragsteller die in § 1713 BGB genannten Voraussetzungen nicht mehr erfüllt (§ 1715 Abs. 2 BGB). Ist die Vereinsbeistandschaft ohne Kenntnis des Vereins beendet, findet bezogen auf die Erklärungen des Vereins § 177 BGB Anwendung.

VII. Die Verfahrensbeistandschaft des Mitarbeiters oder des Vereins

96 Schon seit der Schaffung des Rechtsinstituts des „Verfahrenspflegers für das Kind“ in § 50 FGG (alt) mit dem Kindschaftsrechtsreformgesetz zum 1.7.1998 (vgl. *Oberloskamp* → § 1 Rn. 40) konnte ein Mitarbeiter eines Betreuungsvereins persönlich zum Verfahrenspfleger bestellt werden. Dies folgte aus der gleichzeitig geschaffenen Möglichkeit einer Vergütung wie beim persönlich bestellten rechtlichen Vereinsbetreuer in § 67 FGG (alt). Dies war auch für den **neuen Verfahrensbeistand für Minderjährige** in § 158 Abs. 7 FamFG, mit einem Verweis auf § 277 Abs. 4 FamFG hin, ausdrücklich im Gesetzesentwurf[96] zum FamFG vorgesehen. Obwohl der Verweis in § 158 Abs. 7 FamFG auf § 277 Abs. 4 FamFG in den Beratungen im Rechtsausschuss entfallen ist, dürfte auch weiterhin sowohl die persönliche Bestellung eines Mitarbeiter eines **anerkannten Betreuungsvereins** nach § 1908f BGB als auch eines anerkannten Vormundschaftsvereins nach § 54 SGB VIII, zum Verfahrensbeistand möglich sein.

97 *– in dieser Auflage nicht belegt –*

§ 15 Vergütung und Aufwendungsersatz für den Verein, Vereinbarungen mit den Jugendämtern, Kostentragung und Haftung des Vereins

Inhalt

[96] BT-Drs. 16/6308.

I. Vergütung und Aufwendungsersatz für den Verein

1 **1. Entwicklung des Vergütungsrechts für den Verein. a) Die Ausgangssituation vor den einschlägigen Entscheidungen des BGH 2007 und 2011.** Hierbei wurde seit jeher die Auseinandersetzung um den Begriff der Unentgeltlichkeit der Führung von Vormundschaften und Pflegschaften (damals auch noch für Erwachsene) geführt. Zu Beginn des 20. Jahrhunderts war der echte (ehrenamtliche) Einzelvormund das Leitbild des Gesetzgebers. Eine Vergütung wurde demnach nur aus zwei besonderen Gründen gewährt. Zum ersten, „wenn **Umfang und Bedeutung der vormundschaftlichen Geschäfte** dies rechtfertigten", soweit dies aus dem Vermögen des Betreuten möglich ist. Diese auf den echten, nicht berufsmäßigen[1] Einzelvormund zugeschnittene Regelung ist heute immer noch zu finden (§ 1836 Abs. 2 BGB). Zum zweiten, kann der Vormund sich **berufliche Dienste**, die zu seinem Beruf oder Gewerbe gehören, gegebenenfalls auch als Aufwendungsersatz entgelten lassen. Dabei war schon seit jeher umstritten, ob nur originäre, zB ärztliche oder anwaltliche[2] Dienstleistungen, Aufwendungen nach § 1835 BGB darstellen, wie sie heute (ggf.[3] auch neben der üblichen Vergütung für die „beruflichen Führung von Vormundschaften") geltend gemacht werden können. Oder ob **Aufwendungen** ganz allgemein die Aufopferung bestimmter Vermögenswerte zur Erreichung bestimmter Zwecke, auch als Teil der zur Einkommenserzielung ausgeübten Berufstätigkeit,[4] darstellen. Jedenfalls legte sich der Gesetzgeber für die Vormundschaft insofern fest, als er für das Jugendamt und den Verein in § 1836 Abs. 3 BGB zumindest eine Vergütung ausdrücklich ausschloss. Für die rechtliche Betreuung wurde dies mit dem Betreuungsgesetz vom 12.1.1990 (vgl. *Oberloskamp* → § 1 Rn. 37) modifiziert. Für einen persönlich bestellten Vereinsbetreuer war nun ein Vergütungsanspruch gem. § 1897 Abs. 2 iVm VBVG möglich. Damit betonte der Gesetzgeber den Vorrang der persönlichen Betreuung ebenso wie die Notwendigkeit einer beruflichen Führung, wenn ein Mangel an geeigneten Privatpersonen besteht.

2 **b) Die Entscheidungen des BGH 2007 und 2011.** Der BGH[5] hat mit Beschluss vom 14.3.2007 die Regelung des § 1836 Abs. 3 BGB, „einem Verein kann keine Vergütung bewilligt werden", die bis dahin jeden Vergütungsanspruch des Vereins selbst nach dem BGB ausgeschlossen hat, aufgrund der **Feststellung einer Regelungslücke** außer Kraft gesetzt. Der BGH entschied: Dem Verein *„steht somit analog § 67 Abs. 3 Satz 2 FGG iVm § 1908e Abs. 1 BGB (jeweils aF; dann § 67a Abs. 4 FGG, neu § 277 Abs. 4 FamFG) ein Anspruch auf Vergütung für die Tätigkeiten zu, die sein Mitarbei-*

[1] Palandt/*Götz* § 1836 Rn. 6, ohne Feststellung der Berufsmäßigkeit nach § 1836 Abs. 1 S. 1 BGB.
[2] MüKoBGB/*Fröschle* § 1836 Rn. 17.
[3] MüKoBGB/*Fröschle* § 1836 Rn. 17.
[4] BVerfG FamRZ 1980, 765 = NJW 1980, 479: dort wurde einem Anwalt als Berufsvormund Aufwendungsersatz nach dem Gesetz über die Entschädigung von Zeugen und Sachverständigen zugesprochen.
[5] BGH FamRZ 2007, 900.

ter Herr K. im Rahmen der Bestellung zum Pfleger erbracht hat. Dabei kann dahinstehen, ob der Beteiligte zu 1 (der Verein) als solcher oder Herr K. persönlich zum Pfleger bestellt worden ist". Damit wurden vom BGH erstmals die Grundsätze des Bundesverfassungsgerichts zur angemessenen Entschädigung bei der beruflichen Inanspruchnahme Privater durch den Staat konsequent umgesetzt (→ Rn. 7) und dem Verein contra legem eine Vergütung, ohne Umweg über den persönlich bestellten Mitarbeiter zugesprochen. Im Jahr 2011 relativierte der BGH diese Entscheidung allerdings. In mehreren Beschlüssen[6] stellte er nunmehr wieder auf eine persönliche Bestellung ab und wendet die dem Betreuungsverein eingeräumten Vergütungs- und Aufwendungsersatzansprüche analog auf den Vormundschaftsverein an. Damit sei auch verfassungsrechtlichen Bedenken der ursprünglichen BGH-Entscheidung zu § 1836 Abs. 3 BGB begegnet, da eine Vergütung für den Verein nicht mehr gänzlich ausgeschlossen, sondern über das Konstrukt der persönlichen Bestellung möglich sei. Diese insbesondere bloße Analogie im Vergütungsbereich wirft jedoch erhebliche rechtliche und tatsächliche Probleme auf.

2. Probleme einer persönlichen Bestellung von Mitarbeitern in Analogie zum betreuungsrechtlichen Vergütungsrecht. a) Befreiungstatbestände. Dem Verein als Vormund kommen zahlreiche Befreiungstatbestände von familiengerichtlichen Genehmigungen zu. Gem. § 1857a BGB stehen ihm die nach §§ 1852 Abs. 2, 1853, 1854 BGB zulässigen Befreiungen zu. Für das Betreuungsrecht hat der Gesetzgeber in § 1908i Abs. 2 S. 2 BGB ausdrücklich bestimmt, dass diese Befreiung auch für den persönlich bestellten Vereinsbetreuer gilt und lediglich vorgesehen, dass das Betreuungsgericht etwas anderes anordnen kann. Eine solche Bestimmung fehlt für den persönlich bestellten Vereinsvormund. § 1857a BGB ist aber ein Ausdruck des besonderen Vertrauens in die Amtsführung eines Jugendamtes oder Vereins[7]. Dieses Vertrauen kann nun nicht entfallen, nur weil aus rein vergütungsrechtlichen (und damit existenzsichernden) Erwägungen heraus der Verein zur persönlichen Bestellung seiner Mitarbeiter gezwungen ist. Auch entsteht erheblicher zusätzlicher Verwaltungsaufwand bei Vereinsvormund und vor allem Rechtspflegern. 3

b) Verpflichtungsgespräch. Für den Vormund ist obligatorisch in § 1789 BGB ein Verpflichtungsgespräch vorgesehen. Für den Verein findet § 1789 BGB gem. § 1791a Abs. 2 BGB keine Anwendung. Dies hat der Gesetzgeber für den Vereinsbetreuer in § 289 Abs. 1 S. 2 FamFG entsprechend vorgesehen. Für den Vereinsvormund fehlt eine entsprechende Regelung, die das Verpflichtungsgespräch entbehrlich machen würde. 4

c) Vertretung. Anders als bei der Bestellung des Vereins zum Vormund, ergibt sich bei der persönlichen Bestellung das Problem der Vertretung. Gerade im Bereich der Vormundschaft treten **Verhinderungsfälle** viel häufiger und dringender auf als im Betreuungsbereich. Vormundschaften/Pflegschaften bei Vereinen sind – ebenso wie bei den Jugendämtern – heute hoch komplexe Fälle. Es handelt sich durchweg um Kinder und Jugendliche aus schwer belasteten Familiensystemen, bei denen die elterliche Sorge ganz oder teilweise nach § 1666 BGB entzogen wurde. Nur ganz vereinzelt handelt es sich um Konstellationen, in denen das Ruhen der elterlichen Sorge angeordnet ist. Die bloße formelle Anordnung einer Vormundschaft/Pflegschaft behebt die Kindeswohlgefährdung nicht. Sie installiert lediglich eine Person/ Organisation, die, wenn die Möglichkeiten des Jugendamts als unterstützender, beratender Einrichtung erschöpft 5

[6] BGH JAmt 2011, 363 (stellvertretend für mehrere gleichlautende).

[7] MüKoBGB/*Kroll-Ludwigs* § 1857a Rn. 1.

sind, kraft sorgerechtlicher Befugnisse beginnen kann, der Kindeswohlgefährdung regelmäßig gemeinsam mit dem ASD zu begegnen. Selbst die Herausnahme eines Kindes/Jugendlichen aus dem gefährdenden Umfeld bereinigt die Situation regelmäßig nicht. Vielmehr ist auch der weitere Verlauf immer wieder von zum Teil erheblichen Krisen begleitet. Umgangssituationen eskalieren, Kinder/Jugendliche zeigen massive Auffälligkeiten, die Hilfesysteme wie Pflegefamilien, aber auch Einrichtungen kurzfristig zum Scheitern bringen, dramatische Eskalationen im medizinischen/therapeutischen Bereich bedürfen einer Intervention, Ausbildungsverhältnisse scheitern unvorhersehbar plötzlich, in Tageseinrichtungen/Schulen eskaliert die Situation von einem Tag auf den anderen. Kraft Vollmacht kann jedoch nur die Ausübung des Sorgerechts als höchstpersönlicher Pflicht übertragen werden, die wesentlichen sorgerechtlichen Grundentscheidungen nicht.[8] Die **Grundentscheidungen**, zB ob eine Therapie in Anspruch genommen wird, welcher andere Ausbildungsplatz gesucht wird, in welche andere Einrichtungsform untergebracht wird, kann nur der **Sorgeberechtigte** – also vom Familiengericht bestellte Mitarbeiter – treffen.§ 1775 BGB räumt der Bestellung eines einzelnen Vormunds Vorrang ein. Nur wenn besondere Gründe vorliegen, ist die Bestellung mehrerer Vormünder möglich. Eine – wenn auch in der Praxis dringend erforderliche – Vertretungsorganisation lässt sich kaum als solch besonderer Grund definieren. Gleichzeitig fehlt eine wie in § 1899 Abs. 4 BGB für den Betreuungsbereich eröffnete Ersatzbetreuerbestellung für den Fall der Verhinderung (obwohl nicht übersehen wird, dass eine Ersatzbetreuerbestellung für tatsächliche Verhinderungen zB wegen Urlaubs-/Krankheits- und Fortbildungszeiten eines angestellten Mitarbeiters hier ebenfalls strittig ist.[9]). Es ist aber in Hinsicht auf das Kindeswohl problematisch, hier auf § 1846 BGB zu verweisen, da das Familiengericht nicht ansatzweise so vertraut mit dem Sachverhalt sein kann, wie die die Vormundschaft/Pflegschaft führende Organisation. Deren vormundschaftsführende Mitarbeiter tauschen sich in Fallteams und Supervision sowie kollegialer Beratung regelmäßig aus und sind so in Sachverhalten der Kollegen weitgehend informiert. Ebenso sind regelmäßig die Vorgesetzten über zahlreiche Vorgänge informiert, da aufgrund der notwendigen Ausübung der arbeitsrechtlichen „Dienst- und Fachaufsicht“ zahlreiche Informationspflichten der einzelnen Mitarbeiter gegenüber den Vorgesetzten bestehen. Auch die Bestellung eines Ersatzvormunds in der konkret zu regelnden Situation wird der Sachlage nicht gerecht. Sie erfordert zusätzlichen Verwaltungsaufwand, kostet Zeit, die dann letztlich gerade im akuten Einzelfall fehlt. Als Lösung verweisen Familiengerichte auch auf die Möglichkeit, der persönlich bestellte Vormund könne eine/n Kollegen/in per Vollmacht autorisieren. Dies wirft allerdings wieder die vergütungsrechtliche Problematik auf. Ohne Ersatzvormund kann ein Verein je Mitarbeiter mindestens 12 Kalenderwochen (reine Urlaubszeiten, also ohne Krankheit, Fortbildung etc.) nicht abrechnen. Jeder Mitarbeiter kann immer nur an einem Fall arbeiten und während er als Bevollmächtigter im fremden Fall tätig wird, fallen keine abrechenbaren Zeiten in eigenen Tätigkeiten an. Dies verschärft die ohnehin prekäre finanzielle Lage der Vormundschaftsvereine. Selbst dort, wo Familiengerichte die persönliche Bestellung der Mitarbeiter vollziehen, lassen sich aus der Vergütung nur rund 50 % der Kosten einer Vollzeitstelle refinanzieren.[10] Keine befriedigende Alternative bietet ebenso die Bestellung des Vereins für den Vertretungsfall. Auch hier kann keine Abrechnung erfolgen, und

---

[8] MüKoBGB/*Spickhoff* § 1793 Rn. 35.
[9] MüKoBGB/*Schwab* § 1899 Rn. 23, 24.
[10] *Elmauer/Kauermann-Walter* JAmt 2016, 116.

die Lösung birgt auch Haftungsrisiken, da sich versicherungsrechtlich uU schwer abgrenzen lässt, ob der Verein oder der MA zum Handeln berufen gewesen wäre.

d) Kontrolle der Vermögensverwaltung. Gerade im Bereich der Vermögensverwaltung erschwert die persönliche Bestellung des Mitarbeiters dem Verein Kontrollmaßnahmen, die den Schadenseintritt schon im Vorfeld verhindern. Die Kreditinstitute räumen regelmäßig Vereinsvertretern keine zusätzliche Zeichnungsbefugnis ein, da diese nicht in der Bestallungsurkunde genannt werden. Regelungen zu Vier-Augen-Prinzip und weitere interne Vorgaben greifen also nur im Innenverhältnis. Im Außenverhältnis ist der Verein an einer effektiven Kontrolle gehindert. 5a

e) Zwangsgeld. Auch dass gegen den persönlich bestellten Mitarbeiter eines Vereins Zwangsgeld (§ 1837 Abs. 3 S. 1 BGB) festgesetzt werden kann, stößt systematisch auf Bedenken.[11] Auch der persönlich bestellte Mitarbeiter ist Angestellter eines Vereins. Die Verhängung von Zwangsgeld – also Maßnahmen unterhalb der Schwelle von § 1666 BGB – greift damit in die Organisationshoheit und Weisungskompetenz des Vereins ein. Der persönlich bestellte Mitarbeiter kann hier im schlimmsten Fall auch in einen Loyalitätskonflikt zu seinem Arbeitgeber geraten. Die Verhängung von Zwangsgeld ist allerdings nach hM auch gegenüber dem Vereinsbetreuer möglich, da davon in § 1908g Abs. 1 BGB nur der Behördenbetreuer ausgenommen ist.[12] 5b

f) Auslegung der BGH-Entscheidungen von 2011. Nach hier vertretener Auffassung muss jedenfalls hinsichtlich der Probleme bei den Befreiungstatbeständen, dem Verpflichtungsgespräch und Zwangsgeld auch die Entscheidung des BGH zur Vergütung nur bei persönlich bestellten Mitarbeitern nach Sinn und Zweck der Regelung interpretiert werden. Der BGH wollte letztlich vor allem den Vereinen die (verfassungsrechtlich gebotene) Möglichkeit der Vergütung gewähren. Er wollte aber, soweit ersichtlich nicht das Institut der Vereinsvormundschaft mit ihren Besonderheiten in Frage stellen. Im Betreuungsrecht hat der Gesetzgeber von vorneherein selbst schon Probleme einer persönlichen Bestellung im Unterschied zur Bestellung des Betreuungs-vereins gesehen und entsprechende korrigierende Regelungen geschaffen. Letztlich wird der Gesetzgeber entscheiden müssen, ob er die Vereine im Vormundschaftsbereich wirklich nachhaltig haben will und dafür in BGB und FamFG die notwendigen Veränderungen vornimmt. 5c

g) Einwilligung des Vereins zur persönlichen Bestellung. Die Einwilligung des Vereins zur persönlichen Bestellung. Es besteht Übereinstimmung mit Zimmermann,[13] dass es immer der Einwilligung des Vereins bedarf, wenn ein Mitarbeiter auf Grund persönlicher Bestellung Vormundschaften führen soll. Zum einen folgt dies aus dem Rechtsinstitut des nur mit Einwilligung des Vereins persönlich zu bestellenden Vereinsbetreuers (§ 1897 Abs. 2 S. 1 BGB). Zum anderen hat das Familiengericht die Autonomie des Vereins bei der Erfüllung selbst gewählter, satzungsgemäßer Aufgaben bei der Führung von Vormundschaften zu achten, unabhängig davon wie der Verein dies eigenverantwortlich organisiert (§ 1791a Abs. 1 S. 2 BGB). 5d

h) Zur aktuell laufenden weiteren Vormundschaftsrechtsreform. Derzeit arbeitet der Gesetzgeber an einer weiteren Reform des Vormundschaftsrechts. Ende Oktober 2016 hat das Bundesministerium der Justiz und für Verbraucherschutz erst- 5e

---

[11] MüKoBGB/*Fröschle* § 1837 Rn. 23.

[12] MüKoBGB/*Fröschle* § 1837 Rn. 23.

[13] *Zimmermann* FamRZ 2001, 1401 (1402).

mals einen konkreten Diskussionsteilentwurf dazu bekannt gegeben[14]. Dieser sieht sehr umfassende Änderungen in Struktur und Inhalt der BGB-Vorschriften zur Vormundschaft vor. Beabsichtigt ist unter anderem, das Verpflichtungsgespräch künftig als konstitutives Element der Bestellung des Einzelvormunds entfallen zu lassen. Zu begrüßen ist, dass die Personensorge ein weiteres Mal gestärkt und die Subjektstellung des Mündels hervorgehoben werden soll. Dies soll nicht zuletzt über die Stärkung der personellen Ressourcen für eine persönlich geführte Vormundschaft erfolgen. In diesem Kontext ist daher für die Vereine die persönliche Bestellung der Mitarbeiter vorgesehen. Dem Mündel soll – wie in der Begründung ausdrücklich formuliert – nicht mehr eine juristische Person zugeordnet werden. Bei den Jugendämtern soll es bei der Bestellung des Jugendamts als solchem und einer Übertragung der Vormundschaft auf einen einzelnen Mitarbeiter bleiben. Diese Ungleichbehandlung ist nicht nachvollziehbar. Die weitaus überwiegende Anzahl an Vormundschaften wird durch die Jugendämter geführt. Wenn die Personensorge gestärkt und die Subjektstellung des Mündels hervorgehoben werden soll und das Instrument hierfür die persönlich geführte Vormundschaft und nicht Zuordnung einer juristischen Person sein soll, müsste dies doch gerade auch für die Amtsvormundschaft gelten. Künftig soll außerdem eine sog. vorläufige Vormundschaft für längstens drei Monate den Familiengerichten die nötige Zeit für die Bestellung des am besten geeigneten Vormunds geben. Zum vorläufigen Vormund sollen gleichermaßen das Jugendamt als auch der Verein bestellt werden können. Da die vorläufige Vormundschaft dem Verein übertragen werden soll, wird hier eine weitere erhebliche Finanzierungslücke für die Vereine aufgerissen. Eine damit eventuell beabsichtigte Stärkung der Vereine läuft also von vorneherein ins Leere. Abzulehnen ist, dass die Subsidiarität der Amtsvormundschaft kraft Gesetzes aufgegeben werden soll. Zwar zeigen die bisherigen Ausführungen zumindest, dass der Gesetzgeber nach derzeitiger Rechtslage von dieser Subsidiarität ausgeht. Eine nachvollziehbare Begründung, warum diese aufgegeben werden soll, bleibt er aber aktuell schuldig (zur Frage der Subsidiarität insgesamt → § 14 Rn. 44).

6 **2. Die Vergütung des Vereins beim Verfahrensbeistand nach dem FamFG und beim Umgangspfleger nach § 1684 Abs. 3 BGB. a) Die Entwicklung bis zum Verfahrensbeistand nach dem FamFG.** Mit dem 1. Betreuungsrechtsänderungsgesetz vom 29.5.1998 wurden die Regelungen des Kindschaftsrechtsreformgesetzes dahingehend abgeändert, dass dem **Verein** für einen persönlich zum Verfahrenspfleger für Minderjährige (§ 50 FGG alt) bestellten Mitarbeiter eine **Vergütung wie beim persönlich bestellten Vereinsbetreuer** für Erwachsene gewährt wurde. Eigens dafür wurde in § 67 FGG (alt) ein Verweis auf die Vergütung des Vereins für einen persönlich bestellten Vereinsbetreuer nach § 1897 Abs. 2 BGB eingefügt. Anlass für den Gesetzgeber war damals wohl ein Verfassungsrechtsstreit, in dem der Sozialdienst Katholischer Männer eV Köln wegen der fehlenden Vergütungsregelung für den persönlich bestellten Verfahrenspfleger eine Verletzung seiner Grundrechte gerügt hatte. Nach dieser eiligen Nachbesserung des FGG war das Rechtschutzbedürfnis für die Verfassungsbeschwerde entfallen.

7 Das Bundesverfassungsgericht sah sich aber veranlasst, in den Gründen seines Nichtannahmebeschlusses vom 11.11.1999[15] Grundsätzliches zur Inanspruchnahme Privater durch den Staat auszuführen. Auf der Grundlage der ständigen Rechtsprechung des BVerfG zum Anspruch auf staatliche Leistungen sei bei beruflicher Inan-

[14] *www.bmjv.de/DE/Themen/Familie und Partnerschaft/Vormundschaft.*
[15] BVerfG FamRZ 2000, 414 mAnm *Bienwald.*

spruchnahme durch den Staat zur **Aufgabenerfüllung im öffentlichen Interesse** eine **angemessene Entschädigung** zu gewähren.[16] Dies gelte immer dann, wenn der Staat „private Institutionen nicht nur beruflich in Anspruch nimmt, sondern ihnen ein berufliches Tätigkeitsfeld sogar zuweist". Dies sei gerade dann der Fall, wenn bei **gesetzlich zugewiesenen Aufgaben** Mitarbeiter beschäftigt werden, die „während ihrer Arbeitszeit Tätigkeiten durchführen, für die sie staatlicherseits bestellt worden sind", wie dies dem BVerfG zu Folge im Vormundschaftsbereich gegeben ist. Ohne eine angemessene Entschädigung sei die in Art. 12 Abs. 1 GG geschützte Berufsausübungsfreiheit sowie der Gleichheitsgrundsatz des Art. 3 Abs. 1 GG verletzt.

Zum 1.7.2005 (vgl. *Oberloskamp* → § 1 Rn. 43) wurden in § 67a Abs. 1–3 FGG 8
(alt) die Regelungen zur Vergütung (und zum Aufwendungsersatz nach § 1835 Abs. 1, 2 BGB) des **Verfahrenspflegers** als Anspruch des Vereins, durch einen direkten Verweis auf §§ 3 Abs. 1, 7 und 6 des neuen Vormünder- und Betreuervergütungsgesetzes[17] dem des Vereinsbetreuers bei Sonderfällen der Betreuung (ohne pauschalierte Vergütung) angeglichen. Die **Feststellung der Berufsmäßigkeit** der Führung der Verfahrenspflegschaft durch den persönlich bestellten Mitarbeiter des Vereins war als Voraussetzung für die Vergütung nach § 7 Abs. 1 S. 2 VBVG **entfallen.** Dabei wurden die Vergütungsmöglichkeiten für den Verein bei persönlicher **Bestellung eines Mitarbeiters zum Verfahrenspfleger** ausdrücklich in § 67a Abs. 4 FGG alt geregelt. Der Gesetzgeber hatte aus gesetzestechnischen Gründen auf den anerkannten Betreuungsverein nach § 1908f BGB Bezug genommen, wohl weil die Vergütung nach § 7 VBVG dem Betreuungsverein gewährt wird. Dem Vormundschaften führenden Verein (vgl. § 54 SGB VIII) war analog ebenfalls eine Vergütung zu gewähren.

b) Der Verfahrensbeistand nach dem FamFG. Ein Verweis für die Vergütung 9
des Vereins war auch für den neuen Verfahrensbeistand für Minderjährige in § 158 Abs. 7 FamFG auf § 277 Abs. 4 FamFG vorgesehen. Damit hätte der Gesetzgeber wieder die persönliche Bestellung eines Mitarbeiters eines Vereins zum neuen Verfahrensbeistand ausdrücklich klargestellt. Der Verweis in § 158 Abs. 7 FamFG auf § 277 Abs. 4 FamFG ist aber der Intervention des Bundesrates, der mit der Regelung einer einmaligen Vergütung in Höhe von 350 EUR für den Verfahrensbeistand Erfolg hatte, zum Opfer gefallen.[18] Gleichwohl dürfte allerdings auch weiterhin die persönliche Bestellung eines anerkannten Vormundschaftsvereins nach § 54 SGB VIII zum Verfahrensbeistand möglich sein. Was für die Vergütung des neuen Verfahrenspflegers (nur noch für Erwachsene in Betreuungs- und Unterbringungssachen bei der persönlichen Bestellung eines Mitarbeiters zum (beruflichen) Verfahrenspfleger gilt (§ 276 Abs. 3 FamFG), muss auch für den neuen **beruflichen Verfahrensbeistand** gelten. Gründe, die hier eine Ungleichbehandlung zwischen Vormundschaftsrecht und Betreuungsrecht rechtfertigen könnten, sind nicht ersichtlich. Für den Verfahrensbeistand kann damit der Betreuungsverein oder der Vormundschaftsverein analog der §§ 158 Abs. 7, 277 Abs. 4, 168 Abs. 1 Nr. 2 FamFG iVm § 7 VBVG die Vergütung geltend machen. Dies muss auch gelten, obwohl sich der jetzige Verweis in § 158 Abs. 7 S. 1 FamFG auf § 277 Abs. 1 FamFG ausdrücklich nur auf die nicht berufliche Verfahrensbeistandschaft bezieht.

---

[16] BVerfGE 54, 251 (271, 274) = FamRZ 1980, 765; vgl. *Oberloskamp* → § 1 Rn. 31.

[17] v. 21.4.2005, BGBl. I 1073.

[18] *Trenczek* ZKJ 2009, 196 (200); *Bienwald* FamRZ 2000, 415.

10 **c) Vergütung für den Umgangspfleger nach § 1684 Abs. 3 BGB.** Der Gesetzgeber hat beim dem durch das FGG-Reformgesetz zum 1.9.2009 neu geschaffenen Rechtsinstitut des Umgangspflegers (§ 1684 Abs. 3 BGB), erstmals eine Vergütungsregelung für den Fall der persönlichen Bestellung der Mitarbeiter ermöglicht. Er verweist ohne Einschränkung in § 1684 Abs. 3 S. 6 BGB auf § 277 FamFG und damit auch auf § 277 Abs. 4 FamFG, der den persönlich bestellten Mitarbeiter des Betreuungsvereins explizit benennt.

11 **d) Widersprüchliche Kostenregelungen für das Mündel.** Ein **Minderjähriger** soll als Beteiligter in den **seine Person** (nicht sein Vermögen) betreffenden **Verfahren keine Kosten** auferlegt bekommen (§ 81 Abs. 3 FamFG). Dem entspricht auch § 158 Abs. 7 S. 5 FamFG, wonach stets die Staatskasse für Aufwendungsersatz und Vergütung zu zahlen hat. *Bumiller*[19] spricht auch davon, dass diese Kosten nicht dem ohnehin oft mittellosen Kind aufgebürdet werden sollen, sondern zunächst vom Staat getragen und dann von den anderen Verfahrensbeteiligten als Gerichtskosten nach Maßgabe der Kostenvorschriften erhoben. Allerdings verweist § 158 Abs. 7 S. 6 FamFG bezüglich der einmaligen Vergütung des Verfahrensbeistandes auf § 168 Abs. 1 FamFG, wonach das Gericht die Zahlungen des Mündels an die Staatskasse nach den §§ 1836c und 1836e BGB festsetzen kann. Diese Widersprüche ließen sich noch auflösen, wenn die Eintrittspflicht des Staates im Sinne von § 158 Abs. 7 S. 5 FamFG als vorrangig, vor den durch § 158 Abs. 7 S. 6 FamFG eröffneten Festsetzungsmöglichkeiten des Gerichts angesehen würde. Leider erhöhen die Vorschriften über die Gerichtskosten in Familiensachen (FamGKG) noch die Widersprüchlichkeit der einzelnen Regelungen. § 21 Abs. 1 Nr. 3 FamGKG nimmt den Antrag stellenden Minderjährigen in den seine Person betreffenden Verfahren von den Kosten aus. Dagegen eröffnet die Nummer 2013 des Kostenverzeichnisses, bezogen auf die an den **Verfahrensbeistand** zu zahlenden Beträge, die Möglichkeit der Inanspruchnahme des Minderjährigen aus Einkommen und Vermögen nach § 1836c BGB.

12 **4. Einzelfragen bei der Vergütung des Vereins bzw. persönlich bestellten Mitarbeitern. a) Vergütung nur für Mitarbeiter.** Die Vergütung kann nur für **Mitarbeiter im Angestelltenverhältnis**[20] des Vereins gewährt werden. Eine berufliche Tätigkeit ist Voraussetzung, für ehrenamtliche Kräfte scheidet eine Vergütung aus.[21] Ebenso steht dem Verein für **Honorarkräfte keine Vergütung** zu.[22] Der Verein darf sich bei der Führung von Vormundschaften keiner Honorarkräfte bedienen, da ihm diesen gegenüber keinerlei Weisungsbefugnis und Organisationskompetenz zusteht, es sich also gerade nicht um Mitarbeiter handelt.

Die **Mitarbeiter** der Vereine im Vormundschaftsbereich sind nach dem Beschluss des BGH[23] vom 14.3.2007 **immer berufsmäßig tätig** (§ 1836 Abs. 1 S. 1 BGB iVm § 1 VBVG iVm § 277 Abs. 4 S. 1 FamFG iVm § 7 Abs. 1 S. 2 VBVG), was sich für ihn auch aus der Möglichkeit der Bestellung des Vereins selbst zum Vormund ergibt. Denn dann sei die Feststellung einer „Berufsmäßigkeit" der Führung der Vormundschaft schon begrifflich kaum möglich.

---

19 *Bumiller/Harders/Schwamb* § 158 Rn. 20.
20 LG München I FamRZ 2000, 321.
21 MüKoBGB/*Fröschle* § 1836 Rn. 2.
22 *Schwab* FamRZ 1999, 493 (498); BT-Drs. 11/4528, 159: Personalhoheit des Vereins wird vorausgesetzt.
23 BGH FamRZ 2007, 900 mit Anmerkung *Schindler* SOZIALRECHTaktuell 4/2007, 158.

b) Erhöhungsmöglichkeiten der Vergütung. Dem Verein ist auch die Möglichkeit der Erhöhung der Vergütung in Ausnahmefällen eröffnet. Der BGH hat in seinem Beschluss[24] ausdrücklich auf den durch das 2. Betreuungsrechtsänderungsgesetz (vgl. *Oberloskamp* → § 1 Rn. 43) hinzugefügten § 1915 Abs. 1 S. 2 BGB hingewiesen. Dort wird für den nicht mittellosen Pflegling eine Erhöhung der grundsätzlich festen Vergütung nach § 3 VBVG, in Abhängigkeit von den nutzbaren Fachkenntnisse und dem Umfang und der Schwierigkeit des Pflegschaftsgeschäfts, ausdrücklich zugelassen. Damit ist die Systematik des wechselseitigen Ausschlusses von beruflicher Vergütung nach § 1836 Abs. 1 BGB in Verbindung mit dem VBVG und der angemessenen Vergütung im Ausnahmefall nach § 1836 Abs. 2 BGB vom Gesetzgeber aufgegeben worden. Eine Erhöhungsmöglichkeit war ursprünglich nur für Risiko reiche Vermögenspflegschaften gedacht. Eine gerade wegen der **hohen Versicherungsrisiken** sinnvolle Entscheidung, die allerdings, da sie alle Pflegschaften betrifft, auch auf die übergeordnete, weil umfassende Vormundschaft dann Anwendung finden müsste, wenn dort die gleichen Risiken bei der Vermögensverwaltung drohen. Beim neu geschaffenen Rechtsinstitut Umgangspfleger nach § 1684 Abs. 3 BGB wird allerdings explizit auf § 277 FamFG verwiesen, wo in Abs. 2 S. 2 die Möglichkeit zur Erhöhung der Vergütung nach § 3 Abs. 3 VBVG keine Anwendung findet. 13

– in dieser Auflage nicht belegt – 14–18

c) Vergütung für die „ganzheitliche" Vormundschaft. Vergütet wird nicht nur die Führung der „rechtlichen Vormundschaft", wie dies bei der „rechtlichen Betreuung Erwachsener" vergleichsweise üblich ist.[25] Für die Vormundschaftsführung ist nicht damit zu rechnen, dass der Vormund auf die bloße Rechtsfürsorge, im Unterschied zu „karitativen Tätigkeiten" beschränkt wird.[26] Vielmehr nimmt der **Vormund an Eltern statt** die tatsächliche und rechtliche Personen- und Vermögenssorge, die Ersatzelternschaft[27] und nicht nur die gesetzliche Vertretung des Mündels wahr. Dabei hat der Vormund die Aufgabe auf Grundlage einer längerfristigen, tragfähigen Beziehung zur Mündel dessen Persönlichkeit zu fördern und seine Entwicklung zu unterstützen. Dies hat der Gesetzgeber mit dem Vormundschaftsrechtsreformgesetz in § 1800 S. 2 BGB[28] ausdrücklich betont. Das Gericht darf die Geltendmachung der Vergütung und den Ersatz notwendiger Aufwendungen daher nur von einer **Plausibilitätsprüfung** abhängig machen. Die Erfüllung der Aufgaben im Rahmen des notwendigen Zeitaufwandes wird daran gemessen, was ein sorgfältig arbeitender, gewissenhafter Vormund zur Wahrnehmung seiner Aufgaben als notwendig ansehen würde.[29] 19

d) Festsetzung der Vergütung durch das Familiengericht. Das Gericht setzt durch Beschluss auf Antrag immer den Vergütungsanspruch und auch den Aufwendungsersatz, so weit sich dieser Anspruch gegen die Staatskasse richtet und keine Selbstentnahme stattfindet, fest (§ 168 FamFG; → Rn. 34). 20

Der Vergütungsanspruch des Vereins ist spätestens **15 Monate nach dessen Entstehung geltend zu machen**, da § 2 VBVG Anwendung findet. Bei der erstmaligen Geltendmachung ist dies also rückwirkend für 15 Monate möglich. Die Vergütung 21

---

[24] BGH aaO.

[25] Das Rechtsinstitut der „Rechtlichen Betreuung" wurde durch das 1. BtG-Änderungsgesetz vom 29.5.1998, vgl. *Oberloskamp* → § 1 Rn. 41, eingeführt.

[26] BT-Drs. 13/10331, 26.

[27] *Wiesner* in Hansbauer, Neue Wege in der Vormundschaft, 43.

[28] Gesetz zur Änderung des Vormundschafts- und Betreuungsrechts v. 29.6.2011 BGBl. I 1306.

[29] OLG Köln BeckRS 2008, 19923; OLG Brandenburg FamRZ 2008, 1633.

errechnet sich grundsätzlich nach §§ 1 und 3 VBVG. Nach **Beendigung der Vormundschaft** kann grundsätzlich **keine Vergütung** mehr abgerechnet werden. Nur der Schlussbericht und die Tätigkeiten, die im Rahmen der Notgeschäftsführung unbedingt noch im Interesse des Mündels durch den Vormund erledigt werden müssen, sind durch die Justiz zu vergüten. Zur Sicherheit sollte diesbezüglich eine Absprache mit dem Familiengericht erfolgen. Dies gilt auch, wenn ein Mitarbeiter persönlich bestellt ist.

22 **e) Zahlung der Vergütung an den Verein.** Die Zahlung der Vergütung direkt an den Verein und nicht an den persönlich bestellten Mitarbeiter ist heute in der Praxis nicht mehr umstritten.[30]

23 **f) Kein Rückgriff des Vereins auf vermögende Mündel.** Der Verein als Vormund könnte grundsätzlich nach Festsetzung der Vergütung durch die Justiz auf das **Vermögen** nicht mittelloser Mündel (§ 1836d BGB) und das **Einkommen** (insbesondere auch Zinsen) des Mündels Rückgriff nehmen (§ 1 Abs. 2 S. 2 VBVG, § 1908c BGB). Dann würde er aber den **Wertungswiderspruch und die Ungleichbehandlung** des Gesetzgebers gegenüber dem **Jugendhilferecht** vollziehen, da dort eine Heranziehung Minderjähriger zu den Kosten für stationäre und teilstationären Leistungen nach § 91 iVm § 92 SGB VIII **nur aus** dem **Einkommen** (auch Zinsen), und **keinesfalls aus dem Vermögen**, erfolgt. Der Einsatz des Vermögens der Mündel lässt sich nicht begründen. Er ist wohl als bloße Folge der Vergütung im Betreuungsrecht zu sehen, die schon seit Einführung der Betreuung in das BGB auf die generellen Vorschriften des Vormundschaftsrechts verweist (§ 1908i BGB, §§ 1, 4, 5, VBVG). Die Vereine tendieren dazu, um keine Ungleichbehandlung zu vollziehen, den möglichen Vergütungsanspruch gegenüber nicht mittellosen Mündeln aufgrund Vermögens (§ 1836d BGB) so lange von der Justiz nicht festsetzen zu lassen bzw. trotz Festsetzung grds. nicht geltend zu machen, bis der Gesetzgeber diesbezüglich die notwendigen Korrekturen vorgenommen hat. Dies ist als Ausfall bei der Bewertung der Erstattung der Vergütung durch die Justiz, bei der Kalkulation der Kosten berufsmäßiger Führung der Vormundschaften durch Vereine bei Verhandlungen mit den Jugendämtern zu berücksichtigen (→ Rn. 44).

24 **g) Rückgriff des Staates auf Mündel.** Aber auch der mögliche **Rückgriff der Justiz** (§ 1836e BGB) gegen **junge Erwachsene**, mit einer Verjährungsfrist von 10 (!) Jahren (aufgrund eines gesetzlichen Forderungsübergangs auf den Staat, vgl. § 1836e BGB), die glücklicherweise zu eigenem Einkommen gekommen sind, ist mehr als kontraproduktiv. Erhöht doch der Staat meistens das Handikap, das auf diesen Jugendlichen auf Grund der fehlenden Unterstützung durch das Elternhaus, die die Vormundschaft und Pflegschaft nicht ganz ausgleichen konnten, immer noch lastet. Bisher wurde es vom Gesetzgeber versäumt, eine Härtefallregelung für das Einkommen (für das Vermögen stellt § 90 Abs. 3 SGB XII dies dar) in das Gesetz aufzunehmen, um diesen jungen Menschen doch noch gerecht werden zu können. (Zum Einsatz von angesparten Opferentschädigungsleistungen → § 20 Rn. 134). Die Möglichkeit des staatlichen Rückgriffs lässt die von den Vereinen auf Grund der Mittellosigkeit durch die Staatskasse erhaltene Vergütung und den Aufwendungsersatz in diesen Fällen (§ 1 Abs. 2 S. 1 VBVG) mehr als fragwürdig erscheinen. Letztlich sind die Vereine gefordert, den Jugendlichen aus sozialen Gründen diese finanziellen Lasten des Rückersatzes von Fall zu Fall tragen zu helfen. Auch dies muss in die Kalkulation der Kosten

[30] BayObLG FamRZ 2002, 1363; Palandt/*Götz* Anh. § 1836 VBVG § 7 Rn. 8.

berufsmäßiger Führung der Vormundschaften durch Vereine bei Verhandlungen mit den Jugendämtern als mögliches Kostenrisiko einfließen (→ Rn. 44).

h) Festsetzung der Vergütung als Gerichtskosten. Der Gesetzgeber hat neuerdings im FamFG mit dem Gesetz über die Gerichtskosten in Familiensachen (FamGKG) für die Umgangspflegschaften in § 4 FamGKG und dem Kostenverzeichnis mit der Nr. 2014 die Möglichkeit geschaffen, die **Kosten für den Umgangspfleger** nach § 1684 Abs. 3 BGB, als **Gerichtskosten** einem der **Beteiligten**, aufzuerlegen. Damit sind auch die **Kosten der Vergütung** den sie auslösenden Eltern für manch notwendige Umgangsregelung über Jahre hinweg ermessensgerecht aufzuerlegen. Der gleiche Weg wird in § 22 FamGKG grundsätzlich auch bei der Vormundschaft und der „Dauerpflegschaft" im Sinne des FamGKG eröffnet. Denn deren Kosten treffen grundsätzlich den Minderjährigen, solange sie nicht durch das Gericht einem Anderen auferlegt werden (§ 22 S. 2 FamGKG). Dies dürfte aber nicht mit dem **Grundsatz der Gleichbehandlung** in Einklang stehen. Eine eigene Nummer im Kostenverzeichnis wie beim Umgangspfleger ist allerdings noch nicht eröffnet. Diese für den Umgangspfleger aufgezeigte Möglichkeit der Kostentragung durch die Eltern wäre ein gangbarer Weg, um die Ungleichbehandlung bezüglich der mittellosen und erst Jahre später über Einkommen verfügenden Minderjährigen gegenüber dem Jugendhilferecht zu beseitigen. 25

i) Schonbetrag für das Vermögen. Der Schonbetrag für das Vermögen von Mündeln und Pfleglingen wird zzt. auf 2600 EUR festgesetzt[31] (§§ 1908 Abs. 1 S. 1, 1835a, 1836c BGB, § 9 SGB XII, §1 VO zu § 90 Abs. 2 Nr. 9 SGB XII). Soweit nicht die Vermögenssorge zum Aufgabenkreis zählt und kein Einkommen über den Grenzen des § 1836c iVm §§ 87, 85 SGB XII erzielt wird, bzw. dieses übergeleitet und bzw. für Jugendhilfeleistungen einzusetzen ist, sollte beim Vergütungsantrag gegenüber der Justiz nur angegeben werden „dass unseres Wissens das Mündel oder der Pflegling als mittellos im Sinne von § 1836d BGB anzusehen ist". 26

5. Vergütung des Vereins für Vereinsbeistandschaften. a) Regelungslücke. Der BGH hat in seinem Beschluss vom 14.3.2007 **eine Regelungslücke** festgestellt, da der Gesetzgeber nach der Entscheidung des Bundesverfassungsgerichts vom 11.11.1999[32] keinerlei Vergütungsregelung für die Vormundschaften bzw. Pflegschaften führenden Vereine geschaffen hat. Diese Regelungslücke verneint der BGH auch in seinen Entscheidungen aus dem Jahre 2011[33] nicht, schließt diese allerdings durch die persönliche Bestellung des Vormunds. Dies hätte der Bundesgesetzgeber demnach bei den vergangenen Änderungen des Beistandschaftsrechts[34] vergleichsweise regeln können bzw. ist dafür für die Zukunft aufgerufen. Denn nach wie vor liegt eine **Regelungslücke aufgrund der fehlenden Vergütungsmöglichkeit für Vereinsbeistandschaften** vor. Letztlich bleibt derzeit nur, als Verein die Möglichkeit einer persönlichen Bestellung eines Unterhaltsbeistands einzuklagen. In der Praxis wird sich dies aber nur mit langwierigen Gerichtsverfahren erreichen lassen. 27

b) Durchsetzung der Vergütung der von den Jugendämtern übernommenen Beistandschaften. Die Ablehnung der Vergütungsanträge für Vereinsbeistandschaften, die nach dem 1.7.1998 vom Jugendamt auf Antrag der Personensorgeberech- 28

---

[31] AG Westerburg FamRZ 2007, 1844.

[32] FamRZ 2000, 414.

[33] BGH JAmt 2011, 363 (stellvertretend für mehrere gleichlautende)

[34] Änderungen von §§ 1712 und 1713 BGB durch G v. 9.4.2002, BGBl. I 1239 und G v. 4.7.2008, BGBl. I 1188.

tigten an den Verein übertragen wurden, wird bis dato damit begründet, dass eine Kostenpflicht des Justizfiskus nur dann entstehen könne, wenn ein entsprechendes gerichtliches Verfahren dies verursacht oder bedingt hätte. Diesem aus Sicht der Justiz grds. berechtigten Einwand kann aber dann nicht Rechnung getragen werden, wenn ein Vergütungsanspruch gegenüber dem Staat grundsätzlich bejaht werden muss und auf Grund der systematischen Stellung der Beistandschaft nur der Justizfiskus Adressat von Vergütungsansprüchen sein kann. Dann kann wegen der möglichen Verletzung von Grundrechten des den Antrag stellenden Vereins dem Verfahren bei der Bestellung von Beistandschaften keine Bedeutung zukommen. Spricht doch der BGH[35] unter Hinweis auf die ständige Rechtsprechung des Bundesverfassungsgerichts[36] (→ Rn. 2) den Vereinen eine **angemessene Entschädigung** für angestellte Mitarbeiter analog zu § 67 Abs. 4 FGG (alt) zu, „unabhängig von der vormundschaftsrechtlichen oder pflegschaftsrechtlichen Konstruktion".

29 Zur **Bestellung der Vereinsbeistandschaft** hätte es auch eines **richterlichen Beschlusses** bedurft, da durch § 53a ZPO (alt), jetzt § 173 FamFG analog für den Verein als Beistand (vgl. → § 14 Rn. 93), im Rechtsstreit die **Vertretung durch den sorgeberechtigten Elternteil ausgeschlossen** ist. Unsere Rechtsordnung sieht die elterliche Sorge als höchstpersönliches Recht an, das unverzichtbar, unvererblich und nur zur Ausübung übertragbar ist.[37] Somit ist nur eine Bevollmächtigung zur Ausübung der elterlichen Sorge in Vertretung der Sorgeberechtigten möglich.[38] Die Beiordnung eines Rechtsanwaltes stellt dagegen ein bloßes Auftragsverhältnis dar, das eine bloße Unterstützung nicht eine Einschränkung bedeutet. Im Gegensatz dazu sieht die höchstrichterliche Rechtsprechung durch § 173 FamFG (§ 53a ZPO alt) den die Beistandschaft beantragenden Elternteils von jegliche Einflussnahme auf die Prozessführung als ausgeschlossen an. Deshalb wird auch der teurere Weg der Beiordnung eines Rechtsanwalts anstelle der Verweisung auf das Jugendamt als Beistand zugelassen.[39] Ebenso wird die Möglichkeit eröffnet,[40] einen Rechtsanwalt nach § 121 Abs. 2 ZPO für die Zwangsvollstreckung aus Unterhaltstiteln beizuordnen. Eine Verweisung auf die Bestellung des Jugendamtes als Beistand sei als Versagungsgrund der Beiordnung nicht zulässig.[41] Einzig die Regelungen in §§ 1672, 1626a BGB, die ureigene höchstpersönliche Erklärungen der leiblichen Eltern untereinander darstellen, entsprechen der Unverzichtbarkeit der elterlichen Sorge und stehen mit der Rechtssystematik in Einklang. Ein richterlicher Beschluss wäre damit für diesen Teilentzug der elterlichen Sorge, ausgelöst durch die Bestellung der Vereinsbeistandschaft, wohl auch unverzichtbar.

30–33 *– in dieser Auflage nicht belegt –*

34 **6. Aufwendungsersatz für den Verein. a) Aufwendungsersatz aus dem Mündelvermögen.** Auch dem Verein als Vormund steht grundsätzlich das Recht zu, im Rahmen der §§ 669, 670 BGB vom Mündel Ersatz seiner Aufwendungen zu verlangen (§ 1835 Abs. 1 BGB). Soweit er berechtigt ist, Aufwendungsersatz zu verlangen, darf er den aufgewandten Betrag sogar **selbst dem Mündelvermögen entnehmen.** Er bedarf hierzu nicht einer Bewilligung oder Festsetzung durch das Familiengericht.[42] Soweit

---

[35] BGH aaO.
[36] BVerfG FamRZ 2000, 414.
[37] KG FamRZ 1955, 295; Palandt/*Götz* § 1626 Rn. 3.
[38] Hierzu grundlegend das Rechtsgutachten des DIJuF vom 13.8.2007 in JAmt 2007, 527.
[39] OLG Karlsruhe FamRZ 2009, 900 (902).
[40] BGH FamRZ 2003, 1921.
[41] BGH FamRZ 2006, 481.
[42] Palandt/*Götz* § 1835 Rn. 16.

der Verein als Vormund oder Pfleger nicht die Vermögenssorge innehat, ist auch der Aufwendungsersatz durch das Gericht festzusetzen (§ 168 Abs. 1 Nr. 1 FamFG).

Der Verein als Vormund kann jedoch im Hinblick auf anfallende Aufwendungen **keinen Vorschuss** verlangen (§ 1835 Abs. 5 S. 1 BGB). Soweit er Ersatz seiner Aufwendungen begehrt, ist die Höhe des Aufwendungsersatzes durch das einzusetzende Einkommen und das vorhandene Mündelvermögen begrenzt (§ 1835 Abs. 5 S. 1 BGB).

b) Aufwendungsersatz aus der Staatskasse. Da § 1835 Abs. 5 S. 1 BGB nur den Verein bei mittellosen Mündeln ausnimmt, kann Aufwendungsersatz verlangt werden, wenn Mitarbeiter persönlich bestellt sind. 35

c) Begriff der Aufwendungen. Der Begriff Aufwendung ergibt sich aus den Vorschriften des Auftragsrechtes gemäß §§ 669, 670 BGB. Aufwendungen sind **bare Auslagen** einschließlich einer anfallenden Verzinsung nach § 256 BGB, die der Verein als Vormund im Rahmen der ihm dem Mündel gegenüber obliegenden Sorgfaltspflicht den Umständen nach für erforderlich halten darf. Er haftet für die Beobachtung der ihm obliegenden Sorgfalt nach § 1833 BGB. Er kann als Aufwendungsersatz verlangen, was er aus seiner Sicht aufzuwenden für erforderlich hält.[43] Dieses subjektive Kriterium der **Erforderlichkeit** wird ergänzt durch das objektive Kriterium **der Notwendigkeit** der Aufwendung. Die Beurteilung der Notwendigkeit hat sich dabei an den Lebensverhältnissen des Mündels und an den Besonderheiten des Anlasses zu orientieren.[44] 36

d) Abgrenzung zu allgemeinen Verwaltungskosten. Vom Begriff Aufwendung ist zu unterscheiden der Begriff „allgemeine Verwaltungskosten". Diese können gemäß § 1835 Abs. 5 S. 2 BGB nicht ersetzt werden. Zu den allgemeinen Verwaltungskosten gehören die Kosten, die der Verwaltungsapparat eines Vereins zwangsläufig mit sich bringt bzw. was üblicherweise zur allgemeinen Verwaltungstätigkeit des Vereins gehört.[45] Zu den allgemeinen Verwaltungskosten gehören in jedem Fall die Personalkosten wie Gehälter für die die Vormundschaft ausführenden Personen. Ferner gehören dazu die Sachkosten, also Kosten des Betriebsgebäudes, Büromiete, Strom, Heizkosten, Büroinventar, sonstiges Büromaterial. Auch die Anschaffungs- und Betriebskosten eines Dienstfahrzeuges gehören zu den allgemeinen Verwaltungskosten.[46] **Schreibgebühren** zählen ebenfalls zu den allgemeinen Verwaltungskosten. 37

e) Ersatz bei übermäßigem Aufwand. Aufwendungsersatz kann allerdings dann geltend gemacht werden, wenn der Aufwand das **übliche Maß der Vormundschaftstätigkeit übersteigt.** Zur Unterscheidung kann hier hilfsweise die Vorschrift des § 27 BRAGO herangezogen werden, auch wenn diese selbst wegen § 1 Abs. 2 BRAGO für die Vormundschaftstätigkeit eines Rechtsanwaltes keine Anwendung findet. Abgrenzungskriterium dieser Vorschrift ist, dass diejenigen Kosten nicht zu den allgemeinen Verwaltungskosten zu zählen sind, die aufgrund ihrer Besonderheit über das normale Ausmaß hinausgehen. Im einzelnen zählen dazu die Anfertigung von umfangreichen **Kopien** für die Aktenunterlagen wie Ablichtungen von Sachverständigengutachten, Telefongespräche von längerer Dauer über weitere Entfernungen aus Anlass von Unterbringungsfragen, anfallende **Reisekosten**, zB für die Vorstellung eines Mündels bei auswärtiger Unterbringung und dergleichen. 38

---

[43] Palandt/*Götz* § 1835 Rn. 8.
[44] Palandt/*Götz* § 1835 Rn. 8.
[45] MüKoBGB/*Fröschle* § 1835 Rn. 15 ff.
[46] Palandt/*Götz* § 1835 Rn. 12.

39 **f) Schaden und Versicherungsbeitrag kein Aufwand.** Schadenersatz kann nur dann verlangt werden, wenn in analoger Anwendung des § 683 BGB die Übernahme eines Risikos den Interessen des Mündels entspricht.[47] Der Verein als Vormund kann keinen Aufwendungsersatz für **Haftpflichtversicherungsbeiträge** zur Abdeckung solcher Schäden geltend machen, für die er dem Mündel oder einem Dritten schadenersatzpflichtig ist. Ebenso sind auch solche Versicherungsbeiträge nicht erstattungsfähig, die die die Abdeckung von **Eigenschäden** im Rahmen der Vormundschaftsführung betreffen (§ 1835 Abs. 2, 5 S. 2 BGB).[48]

40 **7. Mehrwertsteuer/Zahlungspflicht und Erstattung.** Hier bestand lange Unklarheit. Der Bundesfinanzhof hat dann die Rechtmäßigkeit der Befreiung der Betreuungsvereine von der Umsatzsteuer bestätigt. [49] Er hat sich dabei unmittelbar auf die Richtlinien Art. 13 Teil A Abs. 1 lit. g) der Richtlinie 77/388/EWG der Europäischen Union berufen. Diese sei eine Spezialvorschrift, die dem Abstandsgebot von § 4 Nr. 18 S. 1 c) UStG, das als nicht richtlinienkonform anzusehen sei, vorgehe. Mittlerweile gilt § 4 UStG, der die Befreiungen für die rechtlichen Betreuer und Vormünder ebenso wie die jeweiligen Vereine regelt.

41 Für die Vereine gilt, dass sie besser gestellt sind, wenn sie nicht zur Zahlung der Umsatzsteuer verpflichtet sind, eine Rückerstattungspflicht an die Justiz ist nicht gegeben.

II. Die Förderung der Vormundschaftsvereine durch die Jugendämter

42 **1. Förderung durch die Jugendämter.** Da die Stundensätze, die den Vereinen für die Vormundschaftsführung nach § 3 VBVG gewährt werden, keinesfalls kostendeckend sind, sind die **Jugendämter** gefordert, sich zu ihrer **Entlastung** an der **Finanzierung der Vereine** durch eine **Förderung** zu beteiligen. Auch dort, wo durch die persönliche Bestellung von Mitarbeitern Vergütungsansprüche geltend gemacht werden können, lassen sich lediglich 50 % der Kosten einer Vollzeitstelle finanzieren.[50] Bei der Vormundschaftsführung der Vereine handelt es sich zwar nicht um eine Jugendhilfeleistung iSd § 2 Abs. 2 SGB VIII und auch eine andere Aufgabe der Jugendhilfe iSd § 2 Abs. 3 SGB VIII ist nur die Anerkennung vormundschaftsführender Vereine. Allerdings formuliert § 74 SGB VIII sehr viel weiter, er spricht vom Gebiet der Jugendhilfe. Zu diesem gehört letztlich alles, was sich insbesondere unter § 1 Abs. 3 SGB VIII subsumieren lässt.[51] Eine die Vergütung aus der Justizkasse aufstockende oder auch ersetzende Förderung ist a für die Jugendämter von Interesse, da diese durch die Vereine unmittelbar finanziell entlastet werden. Gleichzeitig wird das plurale Angebot in der Vormundschaft durch einem Jugendamt hinsichtlich Aufsicht, Teamstrukturen und Ausstattung vergleichbar organisierte Anbieter (im Unterschied zum beruflichen Einzelvormund) verstärkt.

43 **2. Vereinbarungen mit den Jugendämtern. a) Mindeststandards.** Vereinbarungen sollten zum Anlass genommen werden, sich über gemeinsame Mindeststandards zu personeller und sächlicher Ausstattung zu verständigen. Dazu gehört, dass

---

[47] MüKoBGB/*Fröschle* § 1835 Rn. 22.
[48] Palandt/*Götz* § 1835 Rn. 11.
[49] FamRZ 2009, 273 = DStR 2009, 687.
[50] *Elmauer/Kauermann-Walter* JAmt 2016, 116.
[51] *Kunkel/Kepert* in LPK-SGB VIII § 74 Rn. 6.

auch die Vereine die bis dato nur für die Jugendämter in § 55 Abs. 2 S. 4 SGB VIII gesetzlich vorgeschriebene Fallzahl einhalten müssen. Ebenso sollte Standard sein, dass die Vereine (von einer zeitlich begrenzten Aufbauphase der Vormundschaftsführung abgesehen) mindestens drei Fachkräfte mit je wenigstens einer halben Stelle beschäftigen sollten. Eine zu geringe Mitarbeiteranzahl lässt das Risiko von Ausfällen und erheblichen Vertretungsmängeln eklatant steigen und verhindert auch den gesetzlich (§ 54 Abs. 1 Nr. 3 SGB VIII) und fachlich zwingend erforderlichen Erfahrungsaustausch. Auch zur beruflichen Mindestqualifikation sollten Absprachen getroffen werden.

b) Monatspauschale und Planstellen. Die vereinbarte Abrechnung sollte möglichst einfach und klar gestaltet sein. Es empfiehlt sich die Vereinbarung einer festen **Monatspauschale** pro Fall für die Kosten der Vormundschafts- und Pflegschaftsführung. Die Pauschale sollte für jeden Fallzahlmonat zu zahlen sein, in dem die Vormundschaft geführt wird; der erste und letzte Monat sollten dabei aufgrund der von der Justiz nicht vergüteten Vorbereitung der Übernahme und der üblichen Nachbetreuung der jungen Volljährigen mit der vollen Pauschale vergütet werden. Die **Förderung** über Pauschalen sollte für **jeweils halbe Planstellen** mit einer bestimmten Fallzahl vereinbart werden. Dabei kann die Planungssicherheit erhöht werden, wenn bei Unterschreiten eines vereinbarten Schwellenwerts die Monatsfallpauschale für die tatsächlich geführten Fälle angehoben wird. Die Führung von Vormundschaften und Pflegschaften sollte grundsätzlich **kostendeckend** erfolgen können, eine Unterdeckung darf nicht zwangsläufig sein. Eine Eigenleistung in Höhe ausgewiesener Prozentsätze der Kosten oder EUR-Beträgen sollte vermieden werden. Der Verein trägt als Anstellungsträger der Mitarbeiter sämtliche Personalrisiken, Overheadkosten lassen sich nie vollständig refinanzieren. Damit bringen die Vereine bereits erhebliche und im Sinne des § 74 Abs. 1 Nr. 4 SGB VIII angemessene Eigenleistung mit ein. Dort wo Vereine aus der Justizkasse auch eine Vergütung erhalten, sollten Regelungen zur anteiligen Erstattung von Vergütungen aus der Justizkasse an die Jugendämter getroffen werden: Zwar muss die Refinanzierung insgesamt kostendeckend sein, ein Gewinn darf jedoch nicht erzielt werden Die Vereine sollten bei diesen Vereinbarungen auch besondere Risiken mit einkalkulieren. So sollte unbedingt Einverständnis darüber bestehen, dass nicht mittellose Mündel mit ihrem Vermögen nicht in Anspruch genommen werden (→ Rn. 23). Auch wenn Vereine bei rückwirkender Inanspruchnahme des Mündels durch die Justiz dem Mündel diese Summen wieder erstatten wollen, sollte dies miteinkalkuliert werden. Der besondere und über die Justizkasse nicht abrechenbare **Aufwand bei der Abrechnung** in der Verwaltung des Vereins gegenüber der Justiz sollte berücksichtigt werden. Regelmäßig kann ein Jugendamt nur in den Fällen Erstattungen vorsehen, in denen es selbst für die Vormundschaftsführung zuständig gewesen wäre. Wechselt das Mündel dann in den Zuständigkeitsbereich eines anderen Jugendamts, so besteht keinerlei Verpflichtung des neuen Jugendamts die mit dem Ausgangsjugendamt getroffene Vereinbarung gegen sich gelten zu lassen.[52] Regelmäßig wird aber das Mündelinteresse an der Kontinuität der Vormundschaftsführung gegen eine sofortige Fallabgabe aus Gründen der Refinanzierung sprechen. In der Praxis hat sich hier bewährt, mit dem bezuschussenden Jugendamt einen dreimonatigen Übergangszeitraum zu vereinbaren. Die Vereine finanzieren die Vergütung des Fachpersonals vor, sodass die Jugendämter **Abschlagszahlungen** leisten sollten. Da damit zu rechnen ist, dass trotz laufend steigender Lohnkosten Vergütungssätze der 44

[52] DIJuF-Gutachten JAmt 2016, 260.

Justiz über mehrere Jahre hinweg nicht angepasst werden, sollte bei Abschluss der Verträge eine **Anpassung,** gemäß der Veränderungen bei den Vorgaben der KGSt bzw. der kommunalen Finanz- und Wirtschaftsämter, zu Beginn des nächsten Quartals nach der Veröffentlichung, vereinbart werden.

45 **c) Personal- und Sachkostenberechnung.** Der Ansatz der Personalkosten hat auf der Grundlage der **Durchschnittspersonalkosten** nach den Vorgaben der KGSt[53] bzw. der kommunalen Verwaltungs- und Wirtschaftsämter (Prüfungsämter) zu erfolgen. Die Sachkosten werden entsprechen der gleichen Vorgaben festgelegt. Der Verein hat die **gesamten Kosten der Planstellen** im Verein (vgl. die Ansätze der KGst) bei der Berechnung der Monatspauschale anzusetzen, gerade im Hinblick darauf, dass er allein das **Risiko für Ausfälle seiner Mitarbeiter** trägt.

46 **d) Ablehnung der Spitzabrechnung.** Unbedingt ist von einer Spitzabrechnung bei der Finanzierung von Planstellen der Vereine durch die Jugendämter **abzuraten,** da dies mit der Eigenständigkeit und der Organisationshoheit der Vereine keinesfalls zu vereinbaren ist. Ebenso verbietet sich eine unbedingte Übernahmeverpflichtung durch den Verein, da immer wieder Interessenkollisionen Berücksichtigung finden müssen. Eine dauernde gedeihliche Zusammenarbeit wird aber selbst regulierend ein partnerschaftliches Miteinander gleichermaßen bewirken wie bedingen.

III. Fragen der Kostentragung durch den Verein oder den persönlich bestellten Mitarbeiter

47 **1. Kostentragung durch die unterlegene Partei/den Verfahrensbeteiligten. a) Der Minderjährige als Partei/Verfahrensbeteiligter.** Der gesetzliche Vertreter führt Prozesse oder Verfahren für den Minderjährigen, der selbst Partei oder Beteiligter ist. Die **Kostenlast** trägt der Unterlegene und damit auch grundsätzlich die **minderjährige Partei selbst.** Eine Kostenpflicht des minderjährigen Beteiligten[54] schließt allerdings § 81 Abs. 3 FamFG in den seine Person betreffenden Verfahren aus (→ Rn. 11). Eine Pflicht zur **Kostentragung** für den Verein als juristische Person kann sich **nicht allein aus der Tatsache** ergeben, dass dieser als Vormund oder Pfleger und damit **gesetzlicher Vertreter** des Kindes oder Jugendlichen für diese Prozesse oder Verfahren betreibt. Vielmehr hat der Minderjährige grundsätzlich auch für Verfahrens- und Prozesshandlungen seines gesetzlichen Vertreters einzutreten (§ 278 BGB; → Rn. 73, 78, 79). Gleiches gilt für den persönlich zum Vormund oder Pfleger bestellten Mitarbeiter des Vereins, der als gesetzlicher Vertreter an Stelle des prozessunfähigen Minderjährigen, §§ 51, 52 ZPO und § 62 VwGO, im Prozess oder Verfahren handelt. Ausnahmsweise sind die generell beschränkt geschäftsfähigen Minderjährigen prozessfähig und damit selbst im Prozess oder Verfahren handlungsfähig, wenn sie nach bürgerlichem Recht für den Gegenstand des Verfahrens als geschäftsfähig anerkannt[55] sind, wie dies zB bei der Aufnahme eines Dienst- oder Arbeitsverhältnisses nach § 113 BGB der Fall ist. Auf den Begriff des Beteiligten im Sozialverwaltungsverfahren,[56] im Verwaltungs-

---

[53] KGSt – Materialien 7/2008 v. 20.10.2008 – 10 45 33: Kosten eines Arbeitsplatzes.

[54] *Bumiller/Harders/Schwamb* FamFG § 7 Rn. 3 ff. zum Beteiligtenbegriff im familiengerichtlichen Verfahren.

[55] *Kopp/Schenke* VwGO § 62 Rn. 5

[56] *v. Wulfen* SGB X § 12 Rn. 4, 8 ff. zum Beteiligtenbegriff im Verwaltungsverfahren des SGB.

gerichtsverfahren[57] und der Partei im Zivilprozess (§ 55 ff. ZPO) soll im Folgenden nicht eingegangen werden.

– in dieser Auflage nicht belegt – 48

b) Kostentragung in Kindschaftssachen. Die Sonderregelungen des FamFG zur 49 Kostentragung in Kindschaftssachen (§§ 151, 81 FamFG) sind für den Verein und den persönlich bestellten Mitarbeiter von besonderer Bedeutung. Eine **Kostenentscheidung** ist in **Familiensachen** (§ 111 FamFG) zwingend vorgeschrieben (§ 81 Abs. 1 S. 3 FamFG). Die Kosten des Verfahrens können minderjährigen Beteiligten in den seine Person betreffenden Verfahren nicht auferlegt werden (§ 81 Abs. 3 FamFG; → Rn. 11), bei **Beteiligten und Dritten** ist dies aber ganz oder teilweise nach billigem Ermessen des Gerichts bei grobem Verschulden bezogen auf die durch sie verursachten Kosten möglich (§ 81 Abs. 4 FamFG). Dieses **Kostenrisiko** ist nicht zu unterschätzen, da das Familiengericht auch die Kosten des Sachverständigen für ein Gutachten[58] den Beteiligten nach seinem Ermessen auferlegen kann.

c) Prozesskostenhilfe/Verfahrenskostenhilfe. Bezogen auf die Kosten der Pro- 50 zessführung kann die minderjährige Partei, vertreten durch den Vormund oder Pfleger, unter den Voraussetzungen der §§ 114 ZPO Prozesskostenhilfe, bzw. Verfahrenskostenhilfe nach den §§ 76 ff. FamFG, insbesondere für die Prozesskosten und die Kosten des beigeordneten Anwaltes (§ 122 ZPO) in Anspruch nehmen. Zur Problematik bei der Prozesskostenhilfe im Verwaltungsrechtsstreit über Hilfe zur Erziehung → Rn. 54, 64). Da bei der Gewährung von Prozesskostenhilfe die beabsichtigte Rechtsverfolgung oder Rechtsverteidigung hinreichende Aussicht auf Erfolg bieten muss und nicht mutwillig erscheinen darf (§ 114 ZPO), sollte beim Prozesskostenhilfeantrag in erster Instanz gleichzeitig die Klage zulässigerweise[59] nur für den Fall der Bewilligung der PKH (zur Fristwahrung unerlässlich) eingereicht werden, wodurch sich die verschärfte Haftung des Vereins (→ Rn. 71, 74) sehr mindern lässt. Gleiches kann auch die Beiordnung eines Anwaltes bewirken (→ Rn. 76).

2. Kostentragung durch den Verein als Partei oder Beteiligter. Macht der Ver- 51 ein ausnahmsweise **eigene Rechte geltend**, und tritt damit selbst im Prozess als Partei oder im Verfahren Beteiligter auf, so trifft ihn als Unterlegenen die Kostenlast. Dabei sind drei Fälle zu unterscheiden. Zum einen unter a) dass der Verein eigene Rechte, wie zB Vergütungsansprüche der Aufwendungsersatz für sich gegen die Justiz oder das Mündel auf Grund der Vormundschaftsführung geltend macht (→ Rn. 22). Zum anderen unter b) wenn der Verein bei der Durchsetzung erzieherischer Hilfe nach den §§ 27 ff. SGB VIII als selbst anspruchsberechtigter Personensorgeberechtigter und damit als Partei tätig wird. Zum dritten unter c) wenn der Verein in familiengerichtlichen Verfahren als Verfahrensbeteiligter agiert, da bei personensorgerechtlichen Streitigkeiten, die das Erziehungsrecht des Vormunds betreffen, von Interessenskonflikten zwischen Vormund und Mündel oder anderen Beteiligten, wie den Eltern, auszugehen ist (→ Rn. 58).

a) Geltendmachung eigener Rechte durch den Verein. Der Verein setzt ihm 52 zustehende Rechte, wie den Anspruch auf Vergütung und Aufwendungsersatz im eigenen Namen, gegenüber dem Staat oder vermögenden Mündel durch (→ Rn. 1).

---

[57] *Kopp/Schenke* VwGO § 63 Rn. 1–3 zum Beteiligtenbegriff im Verwaltungsprozess, der weiter gefasst ist als der der Partei im Zivilprozess.

[58] DIJuF-Rechtsgutachten v. 11.2.2009 – Vi 1.186 JAmt 2009, 186 (187).

[59] BGH NJW-RR 2000, 879; OLG Zweibrücken NJW-RR 2000, 1653.

Dabei trägt der **Verein als Partei** im familiengerichtlichen Verfahren nach § 168 FamFG selbst das **Kostenrisiko.** Er ist in diesem Verfahren, über Zahlungen des Mündels an den Verein, nach allgemeinem Rechtsgrundsatz[60] von der Vertretung des Mündels ausgeschlossen, was auch für die Anhörung nach § 168 Abs. 4 FamFG zutreffen dürfte.

53 Der Verein steht bei der Vormundschaftsführung unter der Aufsicht des Familiengerichts (vgl. → § 14 Rn. 67). Bei **Auseinandersetzungen** vor dem Familiengericht über die Rechtmäßigkeit von **Geboten oder Verboten des Familiengerichts** gegen mögliche Pflichtwidrigkeiten des Vereins als Vormund (§ 151 Nr. 4 FamFG, § 1837 Abs. 2 S. 1 BGB), trägt der Verein als Beteiligter das Kostenrisiko. Dabei sind **weiteren Eingriffsbefugnissen** des Familiengerichts durch das eigene **Erziehungsrecht** des Vormunds Grenzen innerhalb der §§ 1666, 1666a und 1696 BGB (§ 1837 Abs. 4 BGB) gesetzt[61] (→ Rn. 58; → § 13 Rn. 67).

54 **b) Anspruch des Vereins auf erzieherische Hilfen nach den §§ 27 ff. SGB VIII.** Bei erzieherischen Hilfen nach den §§ 27 ff. SGB VIII wird dem **Personensorgeberechtigten selbst** als dem **Leistungsberechtigten** ein **Rechtsanspruch**[62] auf Hilfe eingeräumt. Da der Vormund das Recht und die Pflicht hat, für die Person des Mündels zu sorgen (§ 1793 Abs. 1 S. 1 BGB), steht dem Verein selbst der Anspruch auf Hilfe zu. Damit trägt der Verein auch selbst und nicht das Mündel das **Kostenrisiko.** Bei der gerichtlichen Auseinandersetzung über erzieherische Hilfen wird der Verein nicht als gesetzlicher Vertreter des Minderjährigen tätig, die Beantragung von **Prozesskostenhilfe** ist damit wegen der „notwendigen Prüfung der persönlichen und wirtschaftlichen Verhältnisse" der Partei (§§ 114, 115 ZPO) und damit des Vereins, im eigentlichen Sinne ausgeschlossen. In der Praxis wird trotzdem dem Verein „für sein Mündel", nach Erklärung der persönlichen und wirtschaftlichen Verhältnissen des Mündels (§ 117 Abs. 2 S. 1 ZPO), wohl aus übergeordneten Gesichtspunkten von den Verwaltungsgerichten Prozesskostenhilfe nach § 166 VwGO gewährt. Der Verein kann sich der **Kostentragungspflicht** gegenüber der gegnerischen Partei im Fall des Unterliegens allerdings nicht entziehen (§ 122 ZPO). Für den Fall des notwendigen **Vergleichsschlusses** darf keinesfalls seitens des Vereins einer Kostentragungspflicht, im Rahmen einer irgendwie gearteten Kostenaufteilung, zugestimmt werden. Die Kostenlast für die Kosten der gegnerischen Partei würde dann unabhängig von der Gewährung von Prozesskostenhilfe den Verein als Partei selbst treffen.

55 Im Gegensatz dazu steht der Anspruch auf Hilfe bei der **Eingliederungshilfe** für seelisch behinderte Kinder und Jugendliche nach § 35a SGB VIII, ebenso wie beim Anspruch auf den Besuch einer Tageseinrichtung nach § 24 SGB VIII und bei allen anderen Ansprüchen außerhalb der erzieherischen Hilfe nach §§ 27 ff. SGB VIII, direkt dem Kind oder Jugendlichen zu. Im übrigen Sozialrecht ist dies allgemein so üblich. Bei solchen Auseinandersetzungen trifft demnach den gesetzlichen Vertreter grundsätzlich keine Kostenlast.

56 **c) Der Verein als Kostenschuldner nach dem FamFG.** Bei familiengerichtlichen Verfahren ist der Verein grds. selbst als Vormund, Pfleger oder Beistand gesetzlicher Vertreter des Mündels oder Pfleglings, und damit nicht Beteiligter. Im FamFG ist eine Kostentragungspflicht des minderjährigen Beteiligten bezogen auf die seine Person betreffenden Verfahren (§ 81 Abs. 3 FamFG; → Rn. 11) ausgeschlossen. Der **gesetz-**

---

[60] BGH NJW 1996, 658; OLG Koblenz NJW 2006, 3649, was auch für FamFG Streitigkeiten gilt.
[61] MüKoBGB/*Kroll-Ludwigs* § 1837 Rn. 25.
[62] Wiesner/*Schmid-Obkirchner* SGB VIII § 27 Rn. 3.

liche Vertreter selbst kann nur auf zwei Arten nach dem FamFG zum **Kostenschuldner** werden.

Zum einen wenn er, **ohne Beteiligter zu sein** (ohne in seinen Rechten betroffen zu sein), **als „Dritter"** im Sinne des § 81 Abs. 4 FamFG die Tätigkeit des Gerichtes veranlasst hat und ihn dabei ein grobes Verschulden trifft. Grobes Verschulden dürfte in Anlehnung an die grobe Fahrlässigkeit nur dann vorliegen, wenn auch subjektiv in besonders schwerem Maße einfachste und nahe liegende Überlegungen unterlassen wurden und zu schweren Verletzungen von Sorgfaltspflichten geführt haben. Um dies zu vermeiden, ist die Erfüllung der üblichen an den Verein gestellten Anforderungen, geboten (→ § 14 Rn. 33). Insbesondere wird die Qualität der Vormundschaftsführung durch angemessene Fallzahlen, den Einsatz von Sozialarbeitern im Team mit kollegialer Beratung, verbunden mit dauerndem fachlichen Austausch und angemessener Fortbildung, gewährleistet.

Zum anderen, wenn er in seinen Rechten durch das Verfahren unmittelbar betrof- **57**
fen wird und so nach § 7 Abs. 2 Nr. 1 FamFG zum **Beteiligten** wird. Dem Verein kann dann das Familiengericht die Kosten des Verfahrens ganz oder teilweise unter den Voraussetzungen des ein § 81 Abs. 2 FamFG auferlegen kann. Im Gegensatz zum FGG, das noch vom rechtlichen Interesse und berechtigten Interessen sprach, spricht das FamFG von einer **Betroffenheit in den Rechten**. Auch die Beschwerdeberechtigung in § 59 Abs. 1 FamFG wird von einer Beeinträchtigung der Rechte abhängig gemacht. Zu klären ist in jedem Einzelfall, wann beim **gesetzlichen Vertreter** von einer **Ausübung eigener Rechte** mit der **Folge der Kostentragung** gesprochen werden kann.

Es scheint erforderlich zu sein, bei sorgerechtlichen oder umgangsrechtlichen Strei- **58**
tigkeiten neben der Vertretung des Mündels in jedem Fall zu prüfen, ob eine **eigenständige Rechtstellung des Vereins als Vormund** angenommen werden muss. In § 1837 Abs. 4 BGB, der die aufsichtsrechtlichen Befugnisse des Familiengerichts gegenüber dem Vormund regelt, wird auf die Grenzen familiengerichtliche Eingriffsbefugnisse gegenüber dem Inhaber der elterlichen Sorge, die §§ 1666, 1666a und 1696 BGB, verwiesen[63] (vgl. → § 14 Rn. 67). Damit weist der Gesetzgeber unzweifelhaft dem Vormund, und damit auch dem Verein als Vormund, ein **eigenständiges Erziehungsrecht** zu. Das heißt, dass wegen des eigenständigen Erziehungsrechts des Vormunds bei **personensorgerechtlichen Streitigkeiten** grundsätzlich von einem Interessengegensatz zwischen den Beteiligten und damit von einem Eingriff in die Rechte des Vormunds auszugehen ist.

Dafür spricht auch, dass dem Minderjährigen ein **eigenständiges Beschwerde- 59**
recht „mit Vollendung des 14. Lebensjahres in allen seine Person betreffenden Angelegenheiten" ohne Mitwirkung seines gesetzlichen Vertreters eingeräumt wird (§ 60 S. 1 FamFG). Immer dann, wenn der **Minderjährige selbst** nach Vollendung des 14. Lebensjahres (§ 9 Abs. 1 Nr. 3 FamFG) seine **Rechte in einem familiengerichtlichen Verfahren geltend macht**, bzw. angehört wird (§ 60 S. 1 FamFG), sind damit die Rechte des Vormunds oder Pflegers als betroffen anzusehen.

Unzweifelhaft ist von **einem Eingriff in die Rechte des Vereins** auszugehen, wenn **60**
ein **offensichtlicher Interessengegensatz zum Mündel** besteht, wie dies zB bei der freiheitsentziehenden Unterbringung eines Minderjährigen nach §§ 1631b, 1800, 1915 BGB zum Schutz des Mündels anzunehmen ist. In dieser Kindschaftssache (§ 151 Nr. 6 FamFG) ist nach § 167 Abs. 1 S. 2 FamFG iVm § 312 Nr. 1 FamFG grundsätzlich ein Verfahrensbeistand nach § 158 FamFG (§ 317 Abs. 1 FamFG) zu bestel-

[63] MüKoBGB/*Kroll-Ludwigs* § 1837 Rn. 25 ff. mwN.

len. Gleichermaßen ist das Erziehungsrecht des Vormunds oder Pflegers bei anderen grundlegenden Auseinandersetzungen des Vormunds mit dem Mündel oder Pflegling unzweifelhaft betroffen (vgl. → § 14 Rn. 60), wie zum Beispiel beim Streit über die zu beginnende Ausbildung oder den aufzunehmenden Beruf (§ 1631a BGB). Gleiches gilt, wenn eines der Regelbeispiele des § 154 Abs. 2 Nr. 2–6 FamFG zur Bestellung eines Verfahrensbeistandes vorliegt.

Fest steht damit, dass bei einem Eingriff in die Rechte des Vereins als Vormund eine **Beteiligtenstellung** (§ 7 Abs. 2 Nr. 1 FamFG; → Rn. 48) ebenso wie bei **Antragstellung** durch den Verein (§ 7 Abs. 1 FamFG) gegeben ist, was nach § 81 Abs. 2 FamFG eine Kostentragungspflicht des Vormunds[64] auslösen kann.

61 Als Folge von Interessengegensätzen zwischen Mündel und Vormund bzw. Pfleger kann sich die **Notwendigkeit der Bestellung eines Verfahrensbeistands** ergeben, die gesetzliche Vertretung ist insoweit im familienrechtlichen Verfahren klar abzugrenzen (vgl. → § 14 Rn. 60).

62 **3. Kostentragung durch den persönlich bestellten Mitarbeiter des Vereins.** Macht der persönlich zum Vormund, Pfleger oder zum Umgangspfleger nach § 1684 Abs. 3 BGB bestellte Mitarbeiter des Vereins des Vereins ausnahmsweise **eigene Rechte geltend**, und tritt damit selbst im Prozess als Partei oder im Verfahren Beteiligter auf, so trifft ihn als Unterlegenen die Kostenlast. Dabei sind drei Fälle zu unterscheiden. Zum einen der Fall unter a), dass der der Mitarbeiter selbst als Vormund eigene Rechte, wie zB bei Auseinandersetzungen mit dem Familiengericht, bezogen auf seine Pflichten als Vormund (§ 151 Nr. 4 FamFG iVm § 1837 Abs. 2 S. 1 BGB) geltend macht. Zum zweiten unter b), wenn er bei der Durchsetzung erzieherischer Hilfen nach den §§ 27ff. SGB VIII als selbst anspruchsberechtigter Personensorgeberechtigter tätig wird. Zum dritten unter c) im familiengerichtlichen Verfahren bei personensorgerechtlichen Streitigkeiten, die das Erziehungsrecht des Vormunds oder Pflegers und damit des persönlich bestellten Mitarbeiter des Vereins betreffen. Diese familiengerichtlichen Verfahren sind dann von Interessenkonflikten zwischen Vormund und Mündel oder anderen Beteiligten, wie den Eltern geprägt.

63 **a) Geltendmachung eigener Rechte durch den Mitarbeiter.** Der Mitarbeiter macht eigene Rechte als persönlich zum Vormund bestellter Mitarbeiter des Vereins gegenüber dem aufsichtsführenden Familiengericht geltend (§ 151 Nr. 4 FamFG iVm § 1837 Abs. 2 S. 1 BGB). Er setzt sich gegen die Beeinträchtigung seiner Rechte zur Wehr, wenn er als persönlich bestellter Vormund eine Auseinandersetzung mit dem Familiengericht über Gebote oder Verbote auf Grund möglicher **Pflichtwidrigkeiten** bei der Vormundschaftsführung führt (§ 151 Nr. 4 FamFG iVm § 1837 BGB; vgl. → § 14 Rn. 67). Auch gegen die Festsetzung von Zwangsgeld (→ Rn. 5a) stehen ihm Rechtsmittel zu Gebote. Er ist in diesen Fällen zwingend nach § 7 Abs. 2 Nr. 1 FamFG vom Familiengericht hinzuzuziehen, ein formeller Akt der Hinzuziehung ist vom Gesetz nicht vorgeschrieben.

64 **b) Anspruch des Mitarbeiters auf erzieherische Hilfen nach den §§ 27ff. SGB VIII.** Bei erzieherischen Hilfen nach den §§ 27ff. SGB VIII steht dem persönlich zum Vormund bestellten Mitarbeiter in eigener Person der Anspruch auf Hilfe zu. Er hat als persönlich bestellter Vormund das Recht und die Pflicht für die Person des Mündels zu sorgen (§ 1793 Abs. 1 S. 1 BGB). Als **Personensorgeberechtigter** ist er persönlich der **Leistungsberechtigte,** dem das SGB VIII einen Rechtsan-

[64] AG Düsseldorf DAVorm 1995, 1010.

spruch[65] auf erzieherische Hilfe eingeräumt. Er wird unweigerlich selbst zur Partei[66] und trägt persönlich das **Kostenrisiko.** Nach den Grundsätzen über die Beschränkung der Arbeitnehmerhaftung[67] hat der Mitarbeiter dem Verein gegenüber einen **Freistellungsanspruch** bezüglich der Kosten (→ Rn. 72). Der Verein wiederum hat die Möglichkeit durch seine dienstliche Weisungsbefugnis im Rahmen des bestehenden Arbeitsverhältnisses, das mit dem Freistellungsanspruch des Mitarbeiters übernommene Risiko für die Kosten entsprechend zu begrenzen (vgl. → § 14 Rn. 56). Bei der gerichtlichen Auseinandersetzung über erzieherische Hilfen wird der persönlich zum Vormund bestellte Mitarbeiter nicht als gesetzlicher Vertreter des Minderjährigen tätig. Bei der Beantragung von **Prozesskostenhilfe** wäre eine auf ihn bezogene „notwendige Prüfung der persönlichen und wirtschaftlichen Verhältnisse (§§ 114, 115, 117 Abs. 2 ZPO, § 166 VwGO) erforderlich. In der Praxis stellen die Verwaltungsgerichte hier aber soweit ersichtlich ebenfalls auf die finanzielle Situation des Mündels ab. Der Mitarbeiter selbst kann sich der **Kostentragungspflicht** gegenüber der gegnerischen Partei im Fall des Unterliegens allerdings nicht entziehen. Keinesfalls darf er auch **Vergleichen** zustimmen, die für ihn als Partei gelten und damit für den Verein, seinen Arbeitgeber, eine Kostenlast für die Kosten der gegnerischen Partei begründen würden.

– in dieser Auflage nicht belegt – **65**

Bei der **Eingliederungshilfe** für seelisch behinderte Kinder und Jugendliche nach **66** § 35a SGB VIII, ebenso wie beim Anspruch auf den Besuch einer Tageseinrichtung nach § 24 SGB VIII und bei allen anderen Ansprüchen außerhalb der erzieherischen Hilfen nach dem SGB VIII, steht der **Anspruch direkt dem Kind oder Jugendlichen** zu, wie dies im Sozialrecht allgemein üblich ist.

c) Der Mitarbeiter als Kostenschuldner nach dem FamFG. Bei familiengericht- 67 lichen Verfahren ist der persönlich zum Vormund oder Pfleger bestellte Mitarbeiter gesetzlicher Vertreter des Mündels oder Pfleglings. Im FamFG ist eine Kostentragungspflicht des minderjährigen Beteiligten bezogen auf die seine Person betreffenden Verfahren (§ 81 Abs. 3 FamFG; → Rn. 11) ausgeschlossen, während der persönlich bestellte Vormund nur auf zwei Arten als **gesetzlicher Vertreter** nach dem FamFG zum **Kostenschuldner** werden kann.

Zum einen besteht eine Kostentragungspflicht, wenn er, ohne Beteiligter zu sein (ohne in seinen Rechten betroffen zu sein) **als „Dritter“** im Sinne des § 81 Abs. 4 FamFG gehandelt hat und durch grobes Verschulden die Tätigkeit des Gerichtes veranlasst hat. Der Mitarbeiter müsste auch subjektiv in besonders schwerem Maße einfachste und nahe liegende Überlegungen unterlassen haben. Nur wenn dies zu schweren Verletzungen von Sorgfaltspflichten geführt hat, dürfte dies aus der Sicht des Gerichts eine Kostentragungspflicht des Mitarbeiters auslösen. Unter Umständen wäre dann aber auch einen Freistellungsanspruch gegenüber dem Arbeitgeber nach den Grundsätzen über die Beschränkung der Arbeitnehmerhaftung[68] (→ Rn. 80) ausgeschlossen, wenn ein sehr hoher Verschuldensgrad vorliegt. Nur wenn der Verein selbst seine Pflichten (→ Rn. 79, 80; → § 14 Rn. 33) gegenüber dem Mitarbeiter verletzt hat, müsste er wohl selbst uneingeschränkt, grds. aber nur gegenüber dem Mitarbeiter, für die Kosten einstehen.

---

[65] Wiesner/*Schmid-Obkirchner* SGB VIII § 27 Rn. 3.

[66] Die VwGO verwendet nur in § 162 Abs. 3 beim Umfang der Kostenpflicht den Begriff Partei, daneben noch in § 86a und meint dabei alle Beteiligten.

[67] *Schaub,* Arbeitsrechtshandbuch § 59 Rn. 24 ff.

[68] *Schaub,* Arbeitsrechtshandbuch § 59 Rn. 24 ff.

68 Zum anderen, wenn der persönlich bestellte Vormund in **seinen Rechten durch das Verfahren unmittelbar betroffen** wird und damit nach § 7 Abs. 2 Nr. 1 FamFG zum Beteiligten wird, kann das Gericht ihm die Kosten des Verfahrens ganz oder teilweise unter den Voraussetzungen des § 81 Abs. 2 FamFG auferlegen.

Wie oben ausgeführt (→ Rn. 58), steht dem Vormund ein **eigenständiges Erziehungsrecht** zu. Das heißt, dass bei sorgerechtlichen oder umgangsrechtlichen Streitigkeiten neben der gesetzlichen Vertretung des Mündels in jedem Fall zu prüfen ist, ob eine eigenständige Rechtstellung des persönlich bestellten Vormunds angenommen werden muss. Gerade der persönlich zum **Umgangspfleger** nach § 1684 Abs. 3 BGBRn) bestellte Mitarbeiter dürfte auf Grund eigener Vorstellungen zum Umgangsrecht in seinen Rechten generell betroffen sein. Liegt ein **Interessengegensatz** zum Mündel vor (vgl. im Einzelnen → § 14 Rn. 60), dann hat das Familiengericht den Vormund zwingend als Beteiligten hinzuzuziehen (§ 7 Abs. 2 S. 1 FamFG) da in das Erziehungsrecht des Vormunds eingegriffen wird. Bei grobem Verschulden ist dann eine Kostenbeteiligung nach § 81 Abs. FamFG möglich.

69 Zur Notwendigkeit der Bestellung eines Verfahrensbeistands bei Interessengegensätzen zwischen Mündel und Vormund bzw. Pfleger, sowie zur Abgrenzung von der gesetzlichen Vertretung in solchen Verfahren (vgl. → § 14 Rn. 60).

70 *– In dieser Auflage nicht belegt –*

IV. Fragen der Haftung

71 **1. Grundsätze. a) Organhaftung gegenüber dem Mündel.** Die allgemeine Haftung des Vormunds gegenüber dem Mündel gründet sich auf die §§ 1833, 1915, 1716 BGB (vgl. *Hoffmann* → § 4 Rn. 19f.). Die Besonderheiten der Haftung des Vereins als Vormund im Rahmen der **Organhaftung** bestehen **nur** gegenüber dem **Mündel**[69] nach § 1791a Abs. 3 S. 2 iVm § 31 BGB. Wenn der Verein selbst zum Vormund bestellt ist, haftet er nach den §§ 30, 31 BGB so, als ob der Vorstand, ein Vorstandsmitglied oder ein besonderer Vertreter nach § 30 BGB für das Mündel gehandelt hätte (→ Rn. 74). Weiter setzt dies voraus, dass die Person, derer er sich bei der Vormundschaftsführung bedient hat, das Mündel durch eine zum Schadenersatz verpflichtende Handlung geschädigt haben muss. Dann ist der Verein gegenüber dem Mündel zum Schadenersatz verpflichtet, als ob ein **verfassungsmäßig berufener Vertreter** gehandelt hätte, gleich aus welchem Rechtsgrund die Haftung hergeleitet werden kann. Dies ist unabhängig davon, ob die schädigende Handlung aufgrund eines Deliktes im Sinne der §§ 823 ff. BGB oder eines beliebigen anderen Rechtsgrundes, zB einer Vertragsverletzung durch einen Erfüllungsgehilfen (§ 278 BGB), zum Schadenersatz verpflichtet.[70] Ein Haftungsausschluss gegenüber dem Mündel ist auf keinem Wege möglich (→ Rn. 75). Der Verein haftet mit seinem ganzen Vermögen (→ Rn. 77).

72 **b) Persönliche Haftung des bestellten Mitarbeiters.** Der **Mitarbeiter** des Vereins, der selbst zum **Einzelvormund** nach § 1789 BGB bestellt wird, **haftet selbst** (vgl. *Hoffmann* → § 4 Rn. 26) gegenüber dem Mündel. Der Verein ist nach § 54 Abs. 2 Nr. 1 SGB VIII verpflichtet, diesen Mitarbeiter als Einzelvormund angemessen zu versichern. Für den **Verein als Arbeitgeber** des in Person zum Einzelvormund bestellten Mitarbeiters wird keine Haftung gegenüber dem Mündel nach § 1791a Abs. 3 S. 2 BGB iVm § 31 BGB begründet. Der persönlich bestellte Mitarbeiter unterliegt

[69] Palandt/*Götz* § 1791a Rn. 3.
[70] Palandt/*Ellenberger* § 31 Rn. 2.

schon nur einer sehr eingeschränkten Weisungskompetenz des Vereins. Im Übrigen ist der Verein verpflichtet, im Rahmen seiner Erlaubnis nach § 54 Abs. 2 Nr. 1 seine Mitarbeiter angemessen zu versichern. Dem Verein steht auch gegenüber dem Mitarbeiter als Einzelvormund (wie gegenüber dem Vereinsbetreuer[71] im Sinne des § 1897 Abs. 2 S. 1 BGB) im Funktionsbereich der persönlichen Betreuung des Mündels nur ein sehr stark eingeschränktes Weisungsrecht zu. Zum **Weisungsrecht** des Vereins aufgrund des **Direktionsrechts** als Arbeitgeber gegenüber dem mit der Vormundschaftsführung vom Verein beauftragten Mitarbeiter vgl. → § 14 Rn. 56. Durch eine **pflichtgemäße Aufsicht** (vgl. → § 14 Rn. 33) kann der **Verein** die Verschuldensvermutung (§ 831 Abs. 1 S. 2 BGB) der **deliktischen Haftung** für den Mitarbeiter als Einzelvormund nach § 831 Abs. 1 BGB widerlegen.[72] Damit kann auch eine mögliche Haftung aus § 823 Abs. 2 BGB wegen der Verletzung der Verpflichtung aus einem Schutzgesetz zu Gunsten des Mündels vermieden werden.[73] Da der Mitarbeiter als Einzelvormund grds. unbeschränkt der Höhe nach gegenüber dem Mündel haftet, hat der Verein diesen gegebenenfalls, unabhängig von einer angemessenen Versicherung für den Mitarbeiter, nach den Grundsätzen der Beschränkung der Arbeitnehmerhaftung (→ Rn. 80) freizustellen.[74] Da darüber hinaus dem Dritten gegenüber auch die für den Verein tätig werdende Person selbst haftet, muss daher auf den Haftungsausgleich zwischen dem Verein und dem Handelnden selbst im **Innenverhältnis** eingegangen werden (→ Rn. 80).

c) Haftung gegenüber Dritten. Gegenüber Dritten finden auf die Vormund- 73
schaftsführung des Vereins und des persönlich bestellten Mitarbeiters (vgl. → § 14 Rn. 29) die **allgemeinen Haftungsgrundsätze** Anwendung (→ Rn. 78–80). Der Verein kann insbesondere die Möglichkeit nutzen, die Haftung wie **im Vertragsrecht** beim Abschluss von bedeutsamen Verträgen für den Mündel (wo dies ja üblicherweise in schriftlicher Form geschieht) nach § 278 S. 2 BGB iVm § 276 Abs. 2 BGB für vorsätzliches Handeln des Erfüllungsgehilfen des Mündels, also für sich und seine MitarbeiterInnen, auszuschließen. Nur ausnahmsweise wird der Verein selbst aus vertraglichem Handeln für den Mündel gegenüber Dritten verpflichtet (→ Rn. 79). Bei **Delikten** von Mitgliedern bzw. Mitarbeitern im Rahmen ihres Arbeitsverhältnisses, kann sich der Verein von seiner Schuld und damit der Haftung für deliktische Handlungen seiner Verrichtungsgehilfen nach § 831 BGB gegenüber Dritten freistellen.

2. Haftung gegenüber dem Mündel. a) Die Organhaftung gegenüber dem 74
Mündel. Die besondere, **verschärfte Haftung** des Vereins gegenüber dem Mündel ist in § 1791a Abs. 3 S. 2 iVm § 31 BGB für den Verein als Vormund wie folgt geregelt: Seit 1962 (vgl. → § 14 Rn. 3 und *Oberloskamp* → § 1 Rn. 26), haftet der rechtsfähige (→ Rn. 15) Verein für **eigenes Tätigwerden im Vormundschaftsbereich** (wenn der Verein selbst zum Vormund bestellt wird, und nicht der Mitarbeiter) wie für das Verschulden eines **verfassungsmäßig** berufenen **Vertreters, eines Organs,** nach § 31 BGB. Der Gesetzgeber wollte also die verschärfte Haftung des Vereins, die vor der Novelle galt, als noch der Vorstand selbst die Vormundschaften für den Verein in Form einer Sammelvormundschaft führte (vgl. → § 14 Rn. 1), auch nach der Novelle fortgelten lassen. Er stellte klar, dass sich auch nach der Verpflichtung der Vereine, die

---

[71] *Jaschinski* NJW 1996, 1521.
[72] Zur haftungsbegründenden Weisungsmöglichkeit des Geschäftsherrn Palandt/*Sprau* § 831 Rn. 5 ff.
[73] *Coen* NJW 1999, 535 (537).
[74] *Schaub,* Arbeitsrechtshandbuch § 59 Rn. 24 ff.

Führung der Vormundschaft an einzelne Mitglieder zu übertragen, § 1791a Abs. 2 S. 2 BGB (vgl. → § 14 Rn. 52), an der verschärften Haftung des Vereins nichts ändern sollte.[75] Der Gesetzgeber hatte mit der Reform des JWG zum **SGB VIII** (in Kraft getreten am 1.1.1991, vgl. *Oberloskamp* → § 1 Rn. 35) der heutigen Praxis Rechnung getragen, wonach sich die Vereine überwiegend qualifizierter Fachkräfte zur Erfüllung der Aufgaben im Vormundschaftsbereich bedienen (vgl. → § 14 Rn. 32). In § 1791a Abs. 3 S. 1 BGB wurde neben dem Mitglied auch der Mitarbeiter aufgeführt, der für den Verein Vormundschaften führen kann. Für ein Mitglied oder einen Mitarbeiter hat der Verein demnach wie für einen verfassungsmäßig berufenen Vertreter zu haften.

Dies heißt im Ergebnis, dass, unabhängig von der Stellung des für den Verein Tätigen, die verschärfte Haftung im Vormundschaftsbereich immer dann gilt, wenn der **Verein selbst** zum **Vormund** bestellt wird, und nicht der Mitarbeiter zum Einzelvormund (vgl. → § 14 Rn. 29).

Gegen seinen Willen kann der Verein nicht zur verschärften Organhaftung verpflichtet, also nicht zum Vormund bestellt werden. Zu den Folgen bei der fehlenden Einwilligung vgl. → § 14 Rn. 49.

75 **b) Kein Haftungsausschluss gegenüber dem Mündel.** Ein Haftungsausschluss ist bei der **Organhaftung** nach § 31 BGB, und damit auch für den zum Vormund bestellten Verein gegenüber dem Mündel auf keinen Fall möglich. Weder handelt es sich um eine vertragliche Haftung, so dass die Haftung für das vorsätzliche Handeln des Erfüllungsgehilfen nach § 278 S. 2 iVm § 276 S. 2 BGB nicht ausgeschlossen werden kann, noch um eine deliktische Haftung im Sinne der §§ 823 ff. BGB, so dass auch die Entlastungsmöglichkeiten für Handlungen des Verrichtungsgehilfen nach § 831 BGB **entfallen** (vgl. zum Mitarbeiter als Einzelvormund → § 14 Rn. 29). Darüber hinaus ist die Haftung gegenüber dem Mündel auch nicht durch eine Satzungsänderung nach § 40 iVm § 31 BGB beschränkbar, da dies der besonderen Verantwortlichkeit des Vereins im Vormundschaftsbereich widerspricht.[76] Auch scheidet für den Verein die Möglichkeit aus, vertraglich die Haftung für Fahrlässigkeit gegenüber dem Mündel, wie bei den verfassungsmäßigen Vertretern nach § 31 BGB grundsätzlich möglich,[77] auszuschließen, da es sich dabei um ein unzulässiges In-sich-Geschäft nach § 181 BGB handeln würde.

76 Auch für **Erfüllungsgehilfen,** die außerhalb des Vereins stehen und deren er sich berechtigterweise bei der Vormundschaftsführung bedient (Steuerberater, Anwälte), haftet der Verein nach § 278 BGB **ohne Ausschlussmöglichkeit** dem Mündel gegenüber. Er kann diese Erfüllungsgehilfen seinerseits im Namen des Mündels in eine vertragliche und deliktische Haftung nehmen. Diese Ansprüche des Mündels kann er sich aber auch nach Bestellung eines Ergänzungspflegers abtreten lassen, um sie selbst geltend zu machen.

77 Der zum Vormund bestellte rechtsfähige Verein haftet gegenüber dem Mündel mit seinem **gesamten Vermögen,** er haftet dabei aus jedem **beliebigen Rechtsgrund,**[78] vorausgesetzt, die schädigende Haltung ist in **Ausführung der Vormundschaft,** unabhängig von der Art der Tätigkeit, geschehen.[79] Dabei wird ein enger objektiver Zusammenhang zur Vormundschaftsführung gefordert.[80] Ein bloßer zeitlicher und ört-

---

[75] BT-Drs. III/2854 zu Kap. V zu Nr. 5 § 47.
[76] *Riedel* RdJ 1963, 212.
[77] Palandt/*Ellenberger* § 31 Rn. 10.
[78] Palandt/*Ellenberger* § 31 Rn. 2.
[79] BGH NJW 1980, 115.
[80] BGH NJW 1977, 2259.

licher Zusammenhang reicht nicht aus. Die schädigende Handlung darf nicht nur gelegentlich im Rahmen der Vereinstätigkeit geschehen sein.[81]

3. Haftung gegenüber Dritten. Gegenüber Dritten können grundsätzlich das 78
Mündel, der Verein und die für den Verein handelnde schädigende Person selbst haften.

a) Haftung des Mündels für den gesetzlichen Vertreter. Das **Mündel** muss sich bei **Verträgen** das Verschulden seines gesetzlichen Vertreters und damit des Vormunds bzw. Pflegers oder Beistandes nach §§ 278, 1626 Abs. 1 S. 2, 1629, 1793 S. 1 BGB zurechnen lassen. Das Mündel haftet demnach auch gegenüber Dritten für Mitarbeiter des Vereins, die dieser als seine Erfüllungsgehilfen im Rahmen der Vormundschaftsführung einsetzt. Wird das Mündel wegen Verschuldens des Vormunds von einem Dritten in Anspruch genommen, so ist gegebenenfalls zur Geltendmachung eines Schadenersatzanspruchs des Mündels gegenüber dem Verein als Vormund ein Ergänzungspfleger (vgl. *Hoffmann* → § 4 Rn. 23) zu bestellen.

b) Haftung des Vereins aus Vertrag/Delikt. Wenn der Verein als Vormund sein 79
Mündel **vertraglich** verpflichtet hat und er einen **Dritten** dadurch schädigte, so kann der Dritte den Verein selbst nur ausnahmsweise aus dem zwischen ihm und dem Mündel geschlossenen Vertrag in Anspruch nehmen. Nur wenn der Verein gleichzeitig ein erhebliches, unmittelbares Eigeninteresse am Vertragsabschluß hatte oder in besonderem Maße das Vertrauen in den Verein in Anspruch genommen wurde, haftet er (vgl. *Hoffmann* → § 4 Rn. 24). Der Verein kann beim Abschluss von **Verträgen** für das Mündel seine Haftung für vorsätzliches Handeln der Erfüllungsgehilfen des Mündels gegenüber Dritten nach § 278 S. 2 BGB iVm § 276 Abs. 2 BGB ausschließen. Dies sollte bei Verträgen mit großem Risiko seitens des Vereins erfolgen.

Bei **deliktischen Handlungen** seines Mitgliedes bzw. Mitarbeiters gegenüber Dritten bei der Vormundschaftsführung hat der Verein die Möglichkeit des **Entlastungsbeweises** für den Verrichtungsgehilfen nach § 831 BGB. Soweit allerdings ein verfassungsgemäß berufener Vertreter im Sinne von § 31 BGB gehandelt und ein Delikt begangen hat, findet § 831 BGB keine Anwendung, da der Verein selbst gehandelt hat.[82]

c) Haftung des Verrichtungsgehilfen. Schädigt eine für den Verein im Vormund- 80
schaftsbereich tätige Person einen **Dritten,** so ist diese möglicherweise **selbst** aufgrund eigenen Verschuldens dem Dritten gegenüber **aus Delikt** schadenersatzpflichtig. Haftet der Verein aus eigenem Verschulden neben dem Mitglied bzw. Mitarbeiter als Verrichtungsgehilfen nach § 831 BGB, so ist grundsätzlich die handelnde Person dem Verein gegenüber im Innenverhältnis allein für den Ersatz des Schadens nach § 840 Abs. 2 BGB verantwortlich.

In diesem Falle können die aus dem Arbeitsrecht bekannten Grundsätze der **Beschränkung der Arbeitnehmerhaftung** Anwendung finden, wenn ein Angestellter für den Verein tätig wurde. Nach diesen von der Rechtsprechung entwickelten Grundsätzen differiert die Ersatzpflicht des Arbeitnehmers in Abhängigkeit vom **Grad** des **Verschuldens.**[83] Verletzt ein Mitarbeiter die ihm gegenüber dem Mündel kraft Arbeitsvertrags vom Verein übernommene oder wegen persönlicher Bestellung

81 Palandt/*Ellenberger* § 31 Rn. 10; MüKoBGB/*Reuter* § 31 Rn. 33.
82 Nach der Organtheorie des BGH (BGHZ 98, 151) ist § 31 BGB eine haftungszuweisende und keine haftungsbegründende Norm.
83 *Schaub,* Arbeitsrechtshandbuch § 59 Rn. 24 ff.

unmittelbar obliegende Aufsichtspflicht, hat er gem. § 832 BGB für den Schaden bei Dritten einzustehen. Ihm steht dann ggf. seinerseits gegenüber dem Mündel bei dessen rechtlicher Verantwortlichkeit im Innenverhältnis ein Anspruch nach § 840 Abs. 2 BGB zu.

5. Kapitel.
Besonderheiten bei der Amtsbeistandschaft*/ Amtspflegschaft/Amtsvormundschaft

§ 16 Gemeinsame Problemstellungen

Inhalt

* Da nach landesrechtlicher Regelung auch ein Verein Beistand sein kann, ist eine Beistandschaft sowohl als Amtsbeistandschaft als auch als Vereinsbeistandschaft möglich. Dem trägt der Gesetzgeber allerdings nicht Rechnung, wenn er in § 55 SGB VIII den Begriff „Beistandschaft“ verwendet.

I. Stellung und Bedeutung in Gesetz und Praxis. Subsidiarität

1 Die bisherigen Kapitel hatten die Vormundschaft und Pflegschaft zum Gegenstand, die von einer natürlichen Person, im BGB (zB § 1791b BGB) „Einzelvormundgenannt, geführt wird. Ihre Übernahme ist staatsbürgerliche, im Weigerungsfalle erzwingbare Pflicht. Zunehmend wird es als Kennzeichen des **Sozialstaats** (Art. 20, 28 GG) angesehen, dass diese Aufgabe öffentliches Anliegen in dem Sinne sei, dass eine Behörde sie in amtlicher Zuständigkeit wahrzunehmen habe. Dabei wird übersehen, dass der Sozialstaatsgrundsatz keineswegs gebietet, dass der Staat selbst alle sozialen Aufgaben zu erledigen habe. Er trägt lediglich die Letztverantwortung dafür, dass diese Aufgaben erfüllt werden, sei es durch gesellschaftliche Kräfte, sei es – unter Beachtung des Subsidiaritätsprinzips – durch staatliche Organe.[1] Das ehrenamtliche Engagement in der **Zivilgesellschaf**t ist Ausdruck dieses Verständnisses vom Sozialstaat.

2 Träger der Amtsbeistandschaft/Amtspflegschaft/Amtsvormundschaft (ABt/APt/AVt) ist das Jugendamt (JA). § 55 Abs. 1 SGB VIII überträgt ihm diese Funktionen.

[1] BVerfGE 22, 180 (202);. vgl. zum Subsidiaritätsprinzip *Kunkel*, Jugendhilferecht Rn. 81, 82.

Die Ausübung dieser Funktionen überträgt das JA gem. § 55 Abs. 2 SGB VIII weiter auf seine Beamten oder Angestellten. Das JA ist gleichsam Legalbeistand/Legalpfleger/**Legalvormund**, der einzelne Beauftragte des JA ist Realbeistand/Realpfleger/**Realvormund.**[2]

ABt/APt/AVt nehmen im Vormundschaftswesen einen **bevorzugten** Platz ein: schon zahlenmäßig (→ § 1 Rn. 52, 53, dort Tabellen 2 und 3). Doch dies allein würde ihre Behandlung in einem eigenen Kapitel kaum rechtfertigen. Ihre Begründungstatbestände und die Normen der Amtsführung sind Teil des allgemeinen Vormundschafts- und Pflegschaftsrechts. Eigenheiten, die sich aus dem BGB und dem SGB VIII (§ 56 Abs. 2) für die Führung des Amts ergeben, ließen sich unschwer im Rahmen des allgemeinen Vormundschaftsrechts darstellen. Was dagegen der AB/AP/AV des JA ihr eigenes Gepräge gibt, ist ihre starke Verflechtung mit Elementen des öffentlichen Rechts (→ Rn. 29). 3

Welches sind die „im BGB vorgesehenen Fälle", in denen das JA zum **Amtsbeistand** (AB), **Amtspfleger** (AP) und **Amtsvormund** (AV) berufen ist? Sie sind nur lose und nur im Funktionsträger miteinander verknüpft, auch nicht einmal erschöpfend (→ Rn. 16). 4

Das BGB nennt: § 1712 (Beistand des Kindes) und § 1791c (Vormundschaft für das minderjährige Kind); als einen weiteren Fall den des § 1751 Abs. 1 S. 2 Hs. 1 (Interimsvormundschaft des JA an Stelle der leiblichen Eltern, wenn ein Kind von ihnen zur Adoption freigegeben worden ist). Eine Auffangklausel in § 1791b lässt schließlich die Inanspruchnahme des JA als Vormund oder (über die Verweisung in § 1915) als Pfleger allgemeinen Rechts in allen anderen Fällen zu. 5

Schon diese erste Übersicht erschließt ein Bild mit ungleich differenzierteren Zügen sowohl im Spiegel des Gesetzes wie auch im Spektrum der Praxis, als es vom allgemeinen Vormundschaftsrecht her bekannt ist. Dagegen kommt nun eine weitere Gliederungsebene ins Spiel: die der **gesetzlichen AVt** und die der **bestellten AVt/APt.** 6

Die **gesetzliche AVt,** genauer: die kraft Gesetzes eintretende, ist das Zentrum des Ganzen und zugleich dessen eigentümlichste Verdichtung. Aufbauend auf einer Vorstufe, der gesetzlich begründeten, keiner Anordnung bedürftigen Vormundschaft lässt sie das JA ebenso automatisch in das keiner Bestellung bedürftige Amt des Vormunds eintreten. Beides ist an das Vorliegen eines die besondere Schutzfunktion fordernden Tatbestandes geknüpft; der Vormund in Gestalt eines zuständigen Jugendamts ist „abrufbar" immer vorhanden und präsent. Die Gunst solchen Automatismus' wendet das Gesetz nur dem **(minderjährigen) Kind** einer **minderjährigen,** unverheirateten Mutter durch die gesetzliche Amtsvormundschaft zu. 7

Kraft Gesetzes entsteht daneben noch die **Interimsvormundschaft des JA** nach § 1751 Abs. 1 S. 2 Hs. 1 BGB. Auch sie ist an eine zeitlich und sachlich präzisierte Verfahrenslage im Werdegang der **Adoption** gebunden. Sie stellt sich damit formgleich der gesetzlichen AVt für das Kind an die Seite. 8

Dem Charakter gesetzlicher AVt entspricht es, dass eine Verpflichtung auf treue und gewissenhafte Führung des Amtes mittels Handschlags an Eides statt (so für den Einzelvormund § 1789 BGB) entfällt. Bei einer Behörde wäre dergleichen ohnehin nicht angezeigt. Es erfolgt auch keine Bestallung nach § 1791 BGB (§§ 1791c Abs. 3 Hs. 2; 1791b Abs. 2 Hs. 2 BGB). Das JA als gesetzlicher AV erhält vom Familiengericht eine **Bescheinigung über den Eintritt der Vormundschaft** (§ 1791c Abs. 3 Hs. 1 9

[2] Begriff in Anlehnung an Staudinger/*Bienwald* BGB § 1900 Rn. 37, der im Betreuungsrecht den Begriff des Realbetreuers verwendet.

BGB). Die Bescheinigung dient in gleicher Weise wie die Bestallung als Legitimation im rechtsgeschäftlichen Verkehr. Über die Reichweite dieser Legitimation → Rn. 106.

10 Die **bestellte AVt**(§ 1791b BGB) und die **bestellte AP** (§§ 1915 iVm 1791 BGB in entsprechender Anwendung) werden durch **Beschluss** nach §§ 38, 116 Abs. 1 FamFG begründet, mit dem das FamG das JA zu dieser Aufgabe heranzieht. An spezifische Tatbestände sind sie nicht gebunden. Der bestellte AV ist ausnahmslos „Reservevormund",[3] der bestellte AP „Reservepfleger" in jeder der für eine Vormundschaft oder Pflegschaft denkbaren Konstellationen: bei letzterer **neben** elterlicher Sorge in der Ergänzungspflegschaft (§ 1909 BGB) und der Ersatzpflegschaft (§ 1630 Abs. 3 BGB) oder **statt** elterlicher Sorge als Sorgerechtspflegschaft (§ 1666 BGB und § 1685 Abs. 3 S. 2 BGB), der Umgangspflegschaft (§ 1684 Abs. 3 BGB) sowie als Pflegschaft für eine Leibesfrucht (§ 1912 BGB).

11 Reservestellung bedeutet: Das JA wird erst herangezogen, wenn eine geeignete Einzelperson für das zu versehende Amt nicht vorhanden ist (§ 1791b BGB für die bestellte AV/AP; § 1887 Abs. 1 BGB für die gesetzliche AVt). Ein eigentlicher Notstand in der Gewinnung eines Vormundes (Pflegers) kann also nicht eintreten. Das JA, gerade weil es selbst einen solchen vorzuschlagen hätte (§ 53 Abs. 1 SGB VIII), ist stets in der Pflicht. Seine Vormünder- bzw. Pflegerstellung wird wirksam mit der Bekanntgabe des Beschlusses, (§ 40 Abs. 1 FamFG). Dessen Ausfertigung tritt an die Stelle der Bestallung; eine förmliche Verpflichtung erübrigt sich (§ 1791b Abs. 2 Hs. 2 BGB).

12 Der Beschluss ist als konstitutiver Akt auch dann gültig, wenn die Voraussetzungen des Fehlens einer geeigneten Einzelpersönlichkeit nicht gegeben waren. Doch kann das JA sich gegen eine diese Voraussetzung missachtende Heranziehung mit der **Beschwerde** (§§ 58, 59 FamFG; → Rn. 92) wehren. Im Übrigen kann die Beschwerde auch darauf gestützt werden, dass die Heranziehung des JA zu einer Pflegschaft es seiner Aufgabe, das Wohl des Kindes zu fördern und zu schützen (§ 1 Abs. 3 SGB VIII), entfremden würde. Eine Abwesenheitspflegschaft (nach § 1911 BGB für die Besorgung vakanter Vermögensangelegenheiten), eine Pflegschaft für unbekannte Beteiligte (§ 1913 BGB) oder für ein Sammelvermögen (§ 1914 BGB) zu führen ist nicht Aufgabe des JA, umso weniger, als hierfür durchweg geeignete Einzelpersönlichkeiten in Gestalt von Anwälten, bei großstädtischen Amtsgerichten auch ständig tätigen Verwaltern oder Abwicklern von Vermögenseinheiten, zur Verfügung stehen werden, die für eine einschlägige Tätigkeit sogar ihre Gebühren beanspruchen können (§§ 1836, 1915 Abs. 1 BGB). Aber auch Nachlasspflegschaften nach § 1960 Abs. 2 BGB, geschweige denn nach § 1961 BGB braucht das JA nicht zu übernehmen – anders als die Pflegschaft für eine Leibesfrucht (§ 1912 BGB).

13 Denn – und das ist der negative Effekt der Bereitstellung des JA als Reservevormund und Reservepfleger –: Die Verführung für die Familiengerichte ist groß, sich dieser Aushilfe allzu großzügig zu bedienen. So segensreich es ist, wenn im Zeichen einer ersichtlich schwindenden Bereitschaft in der Bevölkerung, das angesichts der Verrechtlichung und Komplizierung weiter Lebensgebiete undankbar gewordene Amt des Vormunds, aber auch des Pflegers zu übernehmen, die sachkundige Betreuung dieses wichtigen Aufgabenfeldes durch eine dazu befähigte und berufene Behörde gewährleistet bleibt, so sicher ist andererseits auch, dass die Möglichkeit des Rückgriffs hierauf nicht gerichtlicher Bequemlichkeit Vorschub leisten darf. Es ist in jedem Falle Aufgabe des FamG, in der Pflicht zur Erforschung des Sachverhalts von Amts wegen (§ 26 FamFG) die Möglichkeiten der **Ermittlung einer geeigneten Einzelpersönlich-**

---

[3] Begriff von *Beitzke*; später *Lüderitz*, Familienrecht, bis zur 26. Aufl. 1992, § 36 I 3d.

keit auszuschöpfen und sich über das Fehlschlagen der hierauf gerichteten Bemühungen Rechenschaft abzulegen, bevor es auf das JA zurückkommt. Dies einzuschärfen haben die Beschwerdegerichte mehrfach Veranlassung gehabt.[4] Auch wurde darauf hingewiesen, das Gericht dürfe es nicht bei der Feststellung bewenden lassen, eine zur Übernahme des Amtes bereite Persönlichkeit sei nicht zu finden; es genüge vielmehr, dass sie geeignet sei; die Bereitwilligkeit habe nach dem Gesetz unverändert hinter der staatsbürgerlichen Pflicht zur Übernahme des Amtes zurückzutreten (→ Rn. 1). Doch wurden damit verständlicherweise nur Lücken im Verständnis der Rechtslage aufgedeckt. Es bleibt ja nicht zu verkennen, dass ein nur widerwillig, vielleicht im Zwangswege zur Übernahme des Amtes angehaltener Vormund/Pfleger im allgemeinen kaum als „geeignet" anzusehen sein wird. Umso wichtiger sind praktische Hinweise auf Wege und Verbindungen, um geeignete und bereitwillige Einzelpersönlichkeiten ausfindig zu machen.[5]

Die bestellte AVt und die bestellte APt charakterisierende Reservestellung offenbart **14**
aber zugleich eine andere und sehr grundsätzliche Seite der Amtsvormundschaft und der Amtspflegschaft überhaupt. Sie sind gegenüber der Einzelvormundschaft und der Einzelpflegschaft **immer nur subsidiär** und dies sogar in der gesetzlichen Amtsvormundschaft. Dennoch werden 80 % aller Vormundschaften als Amtsvormundschaften geführt.[6] Der Gesetzgeber geht seit dem Jahre 1922[7] – seit 2005 mit Änderung des § 1791b Abs. 1 S. 1 BGB aber beschränkt auf den ehrenamtlichen Einzelvormund[8] – davon aus, dass dem Einzelvormund und dem Einzelpfleger im Grundsatz der Vorzug vor dem behördlichen Vormund und dem behördlichen Pfleger zu geben sei. Namentlich der Einzelvormund bietet im allgemeinen die bessere Gewähr für die persönliche Betreuung und den persönlichen Kontakt zu seinem Mündel, wie denn auch die Klagen gerade der ihr Amt ernstnehmenden vormundschaftführenden Beamten des JA, bei der Höhe ihrer „Fallzahlen" – auch nach der Reform (2012) mit § 55 Abs. 2 S. 4 SGB VIII (→ Rn. 153) – die persönliche Fühlungnahme mit ihrem Amtsmündel notgedrungen verkümmern lassen, allenfalls sie dem Sozialarbeiter oder einem ehrenamtlich zugezogenen Bürger (→ § 1 Rn. 37) überlassen zu müssen, nicht enden wollen. In der gesetzlichen AVt kommt jene Subsidiarität dadurch zum Ausdruck, dass uU schon vor Verwirklichung des gesetzlichen Begründungstatbestandes ihr Eintritt durch vorausschauende Bestellung eines Einzelvormunds verhindert werden kann (→ § 18 Rn. 8). Vor allem aber macht sie sich in der Möglichkeit geltend, das JA aus seiner Führung der gesetzlichen (und erst recht der bestellten) AVt zu entlassen, wenn und sobald ein geeigneter Einzelvormund bereitsteht (§ 1887 BGB). § 56 Abs. 4 SGB VIII verpflichtet das JA dazu, die Subsidiarität aktiv zu betreiben. Für die bestellte AVt gilt die Subsidiarität schon bei der Bestellung (§ 1791b Abs. 1 BGB), ebenso für die bestellte APt (§§ 1915,1791b BGB).- Für die Pflegschaft sind nur die Vorschriften über die Berufung des Vormunds (§§ 1776,1777,1778 BGB) ausgeschlossen; anwend-

---

[4] LG Hildesheim JAmt 2003, 47; OLG Schleswig JAmt 2003, 47; BVerfG ZKJ 2009, 252.

[5] Über die auch dann noch verbleibenden Engpässe zwischen Einzelvormundschaft und – überlastetem – JA, und über Lösungsmöglichkeiten (freiberufliche Sozialarbeiter als „Berufsvormünder" neuen Typs?) referiert *Oberloskamp* FamRZ 1988, 7; ferner JAmt 2002 (*Wagner* 233, *Kampschulte* 235, *Raack* 238, *Klösters* 445).

[6] ISA JAmt 2004, 228; zu den Gründen *Hoffmann* JAmt 2005, 113.

[7] Amtliche Begründung des Entwurfs des Reichsjugendwohlfahrtsgesetzes RT-Drs. I. Wahlperiode Nr. 1661, 1256.

[8] Worauf *Schellhorn* in Schellhorn/Fischer/Mann/Kern SGB VIII § 55 Rn. 5 zu Recht hinweist; zur Beteiligung von Rechtsanwälten DIJuF-Rechtsgutachten JAmt 2005, 287.

bar bleibt § 1779 Abs. 2 u. 3 BGB[9]. Zur Frage, ob auch das Vorhandensein eines geeigneten **Vereins** (§ 1791a BGB) die Entlassung des JA aus der Führung der AP/AV rechtfertigt, → Rn. 120).

15 Während die ehrenamtliche Vormundschaft/Pflegschaft absoluten Vorrang vor allen anderen Formen hat,[10] hat die berufliche Einzelvormundschaft nur dann einen (relativen) Vorrang vor der (grundsätzlich gleichrangigen) Vereins- und Amtsvormundschaft, wenn sie dem Kindeswohl dient.[11]

Folgende **Reihenfolge in sechs Schritten** ist einzuhalten:

Ist für ein Kind ein Vormund zu bestellen, so ist (erstens) zunächst die Person zu berufen, die von den Eltern des Mündels als Vormund benannt ist (§ 1776 BGB). Ist eine solche Bestimmung der Eltern nicht festzustellen, ist (zweitens) eine Person auszuwählen, die nach ihren persönlichen Verhältnissen und ihrer Vermögenslage sowie nach den sonstigen Umständen zum Führen der Vormundschaft geeignet ist. Bei der Auswahl unter mehreren geeigneten Personen sind der mutmaßliche Wille der Eltern, die persönlichen Bindungen des Mündels, die Verwandtschaft oder Schwägerschaft mit dem Mündel sowie das religiöse Bekenntnis des Mündels zu berücksichtigen (§ 1779 Abs. 2 BGB). Stets ist die Person auszuwählen, die das Wohl des Mündels am besten fördern kann. Dabei ist insbesondere zu berücksichtigen, in welcher Betreuungssituation sich das Kind befindet und welche Aufgaben von dem Vormund zu erledigen sind. Bei der Auswahl einer geeigneten Person als Vormund ist (drittens) immer zu prüfen, ob ein ehrenamtlich tätiger Vormund zur Verfügung steht. Dies ergibt sich aus § 1791b Abs. 1 S. 1 BGB. Bei Personen, zu denen der Mündel eine besondere persönliche Bindung hat, oder bei Verwandten, ist (viertens) vorrangig zu prüfen, ob sie als Vormund geeignet sind.[12] Stehen solche Verwandte nicht zur Verfügung, so ist (fünftens) zu erwägen, ob Dritte, die bereit und in der Lage sind, die Vormundschaft auszuüben, in Betracht kommen. Soweit ein ehrenamtlich tätiger Vormund nicht zur Verfügung steht, kommt (sechstens) gleichermaßen

- ein berufsmäßig tätiger Vormund,
- ein Vormundschaftsverein oder
- ein Amtsvormund

in Betracht.

16 Ein Vorrang des Berufsvormunds vor dem AV lässt sich den Vorschriften des BGB zwar nicht entnehmen[13]. Aus § 56 Abs. 4 SGB VIII kann aber ein (relativer) Vorrang der beruflichen Einzelvormundschaft und der Vereinsvormundschaft vor der AVt gefolgert werden.[14] Da der Maßstab für die Entscheidung stets das Wohl des betroffenen Mündels ist, ist die Erwägung, welcher öffentliche Haushalt mit der Bestellung

---

[9] So *Locher* jurisPK-BGB § 1916 Rn. 1–4.

[10] Zu den verschiedenen Formen → § 1 Rn. 49; zur Subsidiarität der Amtsvormundschaft vgl. BVerfG FamRZ 2012, 938; BGH NJW 2013, 1598; OLG Karlsruhe FamRZ 2013, 1665: absoluter Vorrang des ehrenamtlichen Vormunds vor dem Berufsvormund.

[11] OLG Hamm BeckRS 2015, 118151; OLG Nürnberg FamRZ 2012, 1959; OLG Celle JAmt 2010, 257; *Walther* in Wiesner SGB VIII § 55 Rn. 63; zweifelnd *Fröschle* jurisPK SGB VIII § 53 Rn. 30.

[12] BVerfG NJW 2014, 2853 zu nahen Familienangehörigen. Übergangene Großeltern haben ein Beschwerderecht nach § 59 FamFG. Außerdem können sie den Vorschlag des JA vor dem VerwG (§ 40 VwGO) angreifen, weil dieser zwar kein VA, aber schlichtes Verwaltungshandeln ist.

[13] OLG Karlsruhe FamRZ 2012, 1955; OLG Celle JAmt 2011, 352; OLG Hamm FamRZ 2010, 1684; Staudinger/*Veit* Vorb. zu §§ 1773 ff. Rn. 24 u. § 1791b Rn. 10; MüKoBGB/*Spickhoff* § 1791b Rn. 2.

[14] Begründung zur Neufassung des § 55 Abs. 4 bzw. § 56 Abs. 4 SGB VIII in BT-Drs. 11/5948, 91: „die von dem Gesetzgeber gewünschte stärkere Inanspruchnahme von Einzelpersonen oder Vereinen für die Aufgaben des Vormundes [soll] gefördert werden".

belastet wird, unerheblich. Das Wohl des Mündels ist gegenüber solchen Erwägungen vorrangig, so dass jeweils der am besten geeignete Vormund zu bestellen ist.[15] Zu den Erwägungen bei Bestellung eines Vormunds speziell für unbegleitete minderjährige Ausländer (UMA) → § 17 Rn. 4a.

Formen und Rangfolge der Vormundschaft/Pflegschaft[16]

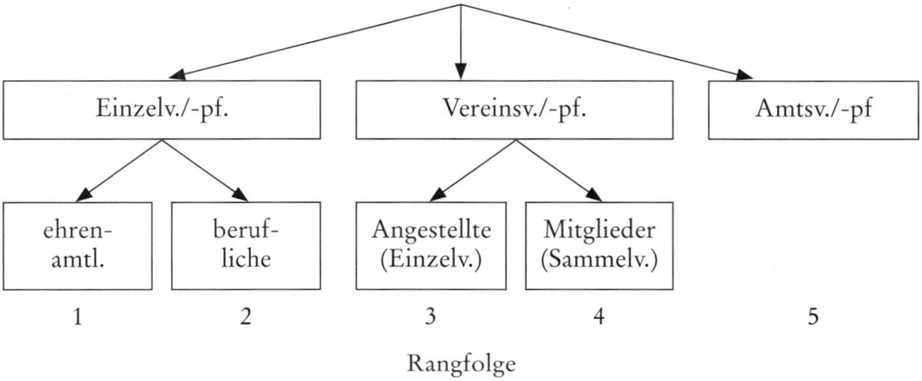

Da das JA nach allem die **gesamte Breite von Vormundschaft und Pflegschaft** abzudecken berufen sein kann, sollte man die Definition der APt/AVt in § 55 Abs. 1 SGB VIII, soweit sie auf die „im BGB vorgesehenen Fälle“ abstellt, nicht wörtlich nehmen. Auch Vormundschaften und Pflegschaften im Anwendungsbereich des Art. 24 Abs. 1 S. 2 EGBGB, oder andere, die im Inland im Vollzug internationaler Abmachungen (oben → §§ 10, 14) über Ausländer angeordnet werden, werden als solche deutschen Rechts angeordnet und gelten insoweit für die Definition des § 55 Abs. 1 SGB VIII als Bestandteile des Rechtssystems des BGB. JÄ, falls hierzu berufen, führen auch sie als AVt und APt in vollem Sinne dieses Begriffs und mit allen seinen Inhalten. 16

II. Rechtsnatur

1. Rechtsgeschichtliche Entwicklung. Vormund und Pfleger in Gestalt einer Behörde sind eine Neuschöpfung des RJWG von 1922. Um ihre rechtliche Eigenart zu verstehen, ist ein kurzer Blick auf gewisse **Vorläuferformen** unumgänglich. Sie wirken in charakteristischen Einzelmerkmalen bis heute fort. 17

Die AVt jetzigen Zuschnitts hat zwei Wurzeln: Generalvormundschaft und Sammelvormundschaft.[17] Beide wurden herkömmlich unter dem Begriff der Berufsvormundschaft zusammengefasst (vgl. → § 1 Rn. 21). Die **Generalvormundschaft** war aufgrund des Vorbehalts in Art. 136 EGBGB[18] Materie des Landesrechts. Ihr Inhalt war die Führung der Vormundschaft für die in einer Anstalt oder von dieser in einer Pflegefamilie untergebrachten Kinder durch den Anstaltsvorstand oder einen Anstaltsbeamten (vgl. → § 1 Rn. 15). Die Vormünderstellung konnte sowohl als eine ge- 18

[15] OLG Celle FamRZ 2016, 647.

[16] Ausführlich *Veit* FamRZ 2012, 1841 (1847) und zur Reform in FamRZ 2016, 2045.

[17] Dazu eingehend die Darstellung in der Amtlichen Begründung des Entwurfs des Reichsjugendwohlfahrtsgesetzes RT-Drs. I. Wahlperiode Nr. 1661, 1254.

[18] Aufgehoben durch § 48 RJWG 1922.

setzlich eintretende wie auch als eine bestellte geregelt sein; für nichteheliche Kinder war sie erweiternd zugelassen unter der Voraussetzung, dass die Erziehung oder Verpflegung unter Aufsicht des Anstaltsvorstands/Anstaltsbeamten in der mütterlichen Familie stattfand; das Landesrecht konnte den so tätigen Vormündern die Stellung eines befreiten Vormunds nach § 1852 BGB und die Freiheit von der Überwachung durch einen Gegenvormund einräumen. Die Regelungen in den einzelnen Bundesstaaten waren recht buntscheckig.[19] Die Ansätze zur heutigen Ausformung der Amtsvormundschaft springen ins Auge. Trotzdem blieben die damaligen Modelle noch dem Bilde des Vormunds als einer natürlichen Person verhaftet.

19 Den gleichen personalen Charakter hatte auch die **Sammelvormundschaft**. Es war dies eine durch die Praxis geschaffene Einrichtung, die sich mit einer gewissen Zwangsläufigkeit in den rasch anwachsenden Großstädten daraus ergab, dass die Kommunen in ihrer Stellung als Gemeindewaisenrat (§§ 1849 ff. BGB aF) dem VormG Vormünder vorzuschlagen hatten. Namentlich für die sog. unehelichen Kinder wurde es zunehmend schwieriger, geeignete Persönlichkeiten zu finden, um gegen die meist widerspenstigen Erzeuger die Unterhaltsansprüche mit dem nötigen Nachdruck durchzusetzen. Abhilfe bot dann,[20] einen oder mehrere Beamte der Stadtverwaltung ein für allemal für diese Sonderaufgabe abzustellen. Sie wurden in allen vorkommenden Fällen benannt und vom VormG bestellt. Der Aufwand für die Städte lohnte sich sehr bald durch verminderte Belastung der Ortsarmenkasse, da die geschulten „Sammelvormünder" die Unterhaltsansprüche ihrer Mündel mit ungleich größerem Erfolg realisierten.[21] Auch sie aber blieben rechtliche Einzelvormünder im Sinne des BGB.

20 Der Schritt zur Vormünderbestellung des JA als Behörde – und von jetzt an für alle nichtehelichen Kinder ohne Unterschied – war deshalb ein Novum.[22] Doch wurde Bewährtes übernommen: in der Konstruktion zunächst des § 37 JWG, dann des § 55 SGB VIII mit dem **„Beauftragten"**, der im JA die Vormundschaft und Pflegschaft führt. In ihm lebt der Berufsvormund früherer Prägung weiter. Die für jenen entwickelten Verantwortlichkeits- und Haftungsmaßstäbe wirken ebenso fort wie die behördliche Teil-Sicht seiner Stellung, die Weisungsfreiheit (→ Rn. 71), die dem heutigen Beauftragten vom Gesetz beigelegte Immediatposition als gesetzlicher Vertreter seiner Amtsmündel und Amtspfleglinge (dazu → Rn. 130), und nicht zuletzt ein Rest von Sicherung seiner persönlichen Unabhängigkeit (→ Rn. 143, 144).[23]

21 Das JA als Vormund, Pfleger und Beistand, ausgestattet mit deren Rechten und belastet mit deren Pflichten, ist in der eigentümlichen Position einer **Quasi-Rechtspersönlichkeit (→ Rn. 135)** Denn juristische Person ist das JA nicht; diese Eigenschaft kommt seiner Trägerkörperschaft zu (§ 69 Abs. 1 SGB VIII iVm Landesrecht). Noch für die Vereinsvormundschaft (§ 1791a BGB) ist die Rechtspersönlichkeit des mit ihr beliehenen Vereins gefordert. Dafür leitet das JA seine Rechte und Pflichten unmittel-

---

[19] Einzelheiten bei *Frese,* Die Berufsvormundschaft, ZBlFG 14, 741, dort auch der Hinweis (771), dass die Anstaltsvormundschaft auf ein hamburgisches Statut von 1604 zurückgeht.

[20] Insoweit war Leipzig, beginnend 1886, bahnbrechend gewesen (*Frese,* 771 Fn. 14; Amtliche Begründung des Entwurfs des Reichsjugendwohlfahrtsgesetzes RT-Drs. I. Wahlperiode Nr. 1661, 1254).

[21] *Frese,* 772 Fn. 14; dort auch Zahlenangaben.

[22] Über die Vorteile, die der Gesetzgeber hiermit verband (Kontinuität der Amtsführung, Neutralität in Bezug auf das religiöse Bekenntnis des Mündels) s. die Amtliche Begründung des Entwurfs des Reichsjugendwohlfahrtsgesetzes RT-Drs. I. Wahlperiode Nr. 1661, 1254.

[23] In Hessen galt für die althessischen Landesteile, dass das JA dann zum Vormund zu bestellen ist, wenn der Minderjährige durch das JA (heute: die Wirtschaftliche Jugendhilfe) unterstützt wird.

bar aus dem Gesetz her,[24] nicht aus einer innerorganisatorischen Aufgabenzuweisung von Seiten der Verwaltungsspitze seiner Trägerkörperschaft, und es hat selbst innerhalb dieser seiner Trägerkörperschaft eine deutlich abgegrenzte Sonderstellung kraft bundesgesetzlich[25] vorgeschriebener eigener Verfassung mit Jugendhilfeausschuss und Verwaltung des JA (§ 70 Abs. 1 SGB VIII). Verfahrenssubjekt in gerichtlichen Verfahren ist das JA ohnehin, (§§ 8 Nr. 3, 9 Abs. 3 FamFG). Hat es diese Fähigkeit auch mit anderen Behörden gemein – Verwaltungsbehörde im Verwaltungsstreitverfahren nach §§ 61 Nr. 3, 78 Abs. 1 Nr. 2 VwGO –, so ist es doch durch seine eigene Verfassung über jene Ebene hinausgehoben. Die Ausgestaltung seiner Verfassung, zu der § 55 SGB VIII mit dem zwingenden Delegatarsystem (zu diesem → Rn. 28) gehört, befähigt das JA, ungeachtet seiner behördlichen Anonymität in den Fällen, in denen es hierzu berufen ist, *der* Beistand, *der* Pfleger und *der* Vormund zu sein.

Das ist ein Einbruch in die privatrechtlich geschlossene Systematik des Vormund- 22 schaftsrechts im BGB. Denn auch die Rechtsfähigkeit der **Trägerkörperschaft,** die das JA als einen Teil ihrer Organisation errichtet (§ 69 Abs. 3 SGB VIII), also die der Stadtgemeinde oder des Landkreises, ist ohne Relevanz für die privatrechtliche Funktion der APt/AVt/ABt. Weder der Verwaltungschef noch das sonst zur gesetzlichen Vertretung berufene Organ der Trägerkörperschaft haben in dieser ihrer Eigenschaft vormundschaftliche Zuständigkeiten für den Amtsmündel oder Amtspflegling ihres JA oder das vom Beistand vertretene Kind. Weder können sie einzelne beistandschaftliche oder vormundschaftliche Rechtsakte Bediensteten ihrer Behörde außerhalb des JA zur Erledigung zuweisen, noch könnten auch nur Zustellungen an das JA in Angelegenheiten des von ihm vertretenen Kindes wirksam an die Verwaltung der Trägerkörperschaft erfolgen (→ Rn. 141). Die Trägerkörperschaft ist für das JA in erster Linie **Gewährsverband** (§ 79 Abs. 2 SGB VIII). Sie hat das JA für ihren Bereich zu installieren, es mit fachkundigem[26] Personal (§ 72 SGB VIII) und den erforderlichen sächlichen Mitteln auszustatten – daraus resultiert die Befugnis der Verwaltungsspitze, die damit zusammenhängenden Anordnungen verwaltungstechnischer Art (Dienststunden, Urlaubsplan, Brandbekämpfung) auch für das JA verbindlich zu erlassen –; und sie hat für fehlerhafte Führung der ABt/APt/AVt zu haften (→ Rn. 85, 137). Eine Rückwirkung dieser Einstandspflicht sind gewisse allgemeine Aufsichts- und Weisungsbefugnisse, auf die unten → Rn. 71 zurückzukommen sein wird.

2. Charakteristische Merkmale. a) Funktion öffentlichrechtlich, Implementa- 23 **tion privatrechtlich.** Was die Besonderheit der Vormünderstellung (Pflegerstellung, Beistandsstellung) des JA ausmacht und kennzeichnet, ist vor allem das **Ineinandergreifen von öffentlichem und privatem Recht** (vgl. Übersicht bei → Rn. 98). Während Organisation und Arbeitsweise, also die Funktion sich aus Normen des öffentlichen Rechts ergibt, geschieht die Ausfüllung dieser Funktion (die Implementation) durch Anwendung der Normen des BGB, also privatrechtlich. ABt/APt/AVt ist behördliche Führung von Beistandschaften, Pflegschaften und Vormundschaften nach den **inhaltlichen Normen des BGB,** aber in den **Formen der öffentlichen Verwaltung.** Es liegt eine Inkorporation privaten Rechts in das öffentliche Recht vor, da das JA eine öffentliche Aufgabe in der Form öffentlichen Rechts erfüllt und dabei privat-

[24] Zu der im Text folgenden Darstellung gleichinhaltlich auch: OVG Berlin NJW 1988, 1931.

[25] Nach Änderung des Art. 84 GG durch die Föderalismusreform können die Länder allerdings davon abweichende Regelungen treffen, was bisher nicht geschehen ist.

[26] Das betont BGH FamRZ 1972, 560.

rechtliche Normen anwendet.[27] Das JA handelt (in den Kategorien des Verwaltungsrechts) **schlicht – hoheitlich** und nicht verwaltungsprivatrechtlich.

24 Ob man sie deshalb als Ausübung „öffentlicher Gewalt" bezeichnen kann, ist strittig. Der BGH hat das zwar anfangs so gesehen und auch formuliert,[28] und die Literatur[29] ist ihm darin gefolgt. Aber hier mochte die Vorstellung einer Begriffsentsprechung von „elterlicher Gewalt" (damaligen Sprachgebrauchs) und „öffentlicher Gewalt" die Terminologie beeinflusst haben. Außerdem hatte bis zur Novelle von 1970 die (damals alleinige) Amtsvormundschaft für das nichteheliche Kind einen (scheinbaren) Zwangscharakter insofern, als sie in der Ausprägung als gesetzlich eintretende in der Tat unausweichlich war; mit dieser ihrer Qualität hatte sie ihren gesetzlichen Ort ausschließlich im öffentlichen Recht des JWG. Die Novelle von 1970 ist in beider Beziehung hiervon abgegangen. Die AVt wurde weithin durch die schwächere Form der APt abgelöst, deren Nichteintritt unter bestimmten Voraussetzungen angeordnet werden konnte. Der Sitz der gesamten Materie ist mit Schwerpunkt von JWG und SGB VIII weg auf das BGB übergegangen (→ Rn. 27). Auch die Beistandschaft ist im BGB geregelt, allerdings dort deplatziert, weil §§ 1712–1717 BGB Normen öffentlichen Rechts sind (vgl. → § 18 Rn. 18). Obrigkeitliche Zwangsbefugnisse hat das JA als AP/AV ohnehin nie gehabt. Auch setzt die Amtshaftung (um die es in der Entscheidung des BGH ging) nicht einmal die Ausübung öffentlicher Gewalt voraus, sondern nur die eines „öffentlichen Amtes" (Art. 34 GG), wo nicht lediglich eine „Amtspflicht" (§ 839 BGB). Die Auffassung des BGH hat deshalb Widerspruch erfahren.[30] Richtig bleibt nur, dass die Formen der öffentlichen Verwaltung, – mit ihren Privilegien und Beschränkungen – in denen sich die Führung der Beistandschaft/Pflegschaft/Vormundschaft durch das JA vollzieht, als schlicht-hoheitliche einzuordnen sind.[31] Deshalb wiederum ist es gerechtfertigt, diese Formen als solche der Kontrolle durch die Verwaltungsgerichtsbarkeit (§ 40 VwGO „öffentlich-rechtliche Streitigkeit") zu unterwerfen. Das hat sich gezeigt in der Kontroverse zwischen dem OVG Hamburg[32] und dem OVG Münster[33] in der Frage des allgemeinen Einsichtnahmerechts in die Akten der AP/AV. Das JA als Behörde führt seine ABt/APt/AVt aus dafür angelegten Akten, und dies mit allen sich daraus ergebenden behördenrechtlichen

[27] Dem öffentlichen Recht zugewiesen hat die AVt insbes. der BGH (ZBR 1983, 361); ferner: OVG Hamburg NJW 1979, 1219; VG Sigmaringen BeckRS 2004, 24528; *Maurer* FamRZ 1960, 468 (471); *Lindacher* FamRZ 1964, 116 (117); Staudinger/*Engler* BGB § 1789 Rn. 2; *Schreiber* AcP 1978, 533 (543 ff.); *Schwarz* in Krug/Riehle SGB VIII § 55 Rn. 26; *Gernhuber/Coester-Waltjen* § 74 II 3; Soergel/*Damrau* Vor § 1773 Rn. 3; Erman/*Saar* Vor § 1773 Rn. 8; *Fröschle* in jurisPK § 56 Rn. 11; für eine privatrechtliche Beurteilung: OVG NRW NJW 1979, 1220; *Krüger* JZ 1955, 634; *Obermayer* VwVfG § 35 Rn. 50; *Stelkens* in Stelkens/Bonk/Leonhardt VwVfG § 35 Rn. 66.

[28] BGH NJW 1953, 1100 (1101); so noch OLG Frankfurt FamRZ 1987, 519 (in offenbarer Verwechslung von „öffentlicher Gewalt" und Führung eines „öffentlichen Amts" – darüber sogleich im Text –, und die haftungsrechtliche Konsequenz noch über den BGH – → Rn. 87 – hinaus übersteigernd dahin, dass „nur" aus § 839 BGB [Art. 34 GG] gehaftet werde).

[29] Staudinger/*Engler* (10./11. Aufl.) § 1789 Rn. 2; *Maurer* FamRZ 1960, 471.

[30] OVG Münster NJW 1979, 1220; der BGH hat in einer Entscheidung (FamRZ 1987, 904) die – dort bejahte – Amtshaftung des Amtsvormunds nur noch auf Pflichtverletzung „in Ausübung eines öffentlichen Amts" gestützt; zu diesem Fall → Rn. 86.

[31] Vgl. BVerwG NDV 1988, 281 (Zwischenbehördlicher Informationsaustausch). Wenn in der Entscheidung des OVG NRW die Verneinung des Merkmals der öffentlichen Gewalt für die Amtsvormundschaft/Amtspflegschaft so weit getrieben ist, dass auch ihr Charakter als schlicht-hoheitliche Verwaltung abzulehnen sei, kann ihm darin allerdings nicht gefolgt werden.

[32] NJW 1979, 1219.

[33] NJW 1979, 1220.

Implikationen (→ Rn. 53 ff.). Im Hinblick hierauf verdient die Auffassung des OVG Hamburg den Vorzug, wonach das Recht auf Einsichtnahme vor den Verwaltungsgerichten, und nicht – so das OVG Münster – im Zivilrechtswege zu verfolgen sei. Insoweit ist zunächst eine öffentlichrechtliche Streitigkeit nicht-verfassungsrechtlicher Art (§ 40 Abs. 1 VwGO) gegeben. Aber eben nur insoweit, dh die Verfügungsbefugnis der öffentlichen Verwaltung über das von ihr unter öffentlichem (Organisations- Recht angelegte Aktenmaterial und die weitere Frage betreffend, ob allgemeine Beschränkungen aus den in der Aktenführung sich darstellenden Formprinzipien einer öffentlichen Verwaltung der Einsichtnahme von vornherein entgegenstehen könnten. Das hiermit befasste Verwaltungsgericht hätte dann allerdings auch die materiellen Voraussetzungen eines Einsichtnahmerechts in den Akteninhalt nach den dafür maßgebenden Rechtsnormen zu prüfen, und das wären hier diejenigen des BGB (§ 810 oder § 662 BGB in analoger Anwendung; → Rn. 60). Soweit dagegen der Streit um die Akteneinsicht um spezielle Punkte der gegenständlichen Führung der ABt/APt/AVt und deren Belegbarkeit aus konkret zu bezeichnenden Aktenteilen geht, ist der Zivilrechtsweg gegeben.[34] So, wenn der volljährig gewordene Amtsmündel/Amtspflegling vom JA aus dessen Akten Auskunft über die Behandlung einer bestimmten, von der Entlastungserklärung ausgenommenen Angelegenheit verlangt und einklagt. Davon zu unterscheiden ist der Anspruch auf Information nach § 68 Abs. 3 SGB VIII (→ Rn. 60), der im Verwaltungsrechtsweg zu verfolgen ist. Zum Akteneinsichtsrecht in einem Verwaltungsverfahren → Rn. 63.

b) Normenverteilung auf BGB und SGB VIII. Die ursprünglich im JWG und BGB bestehende Doppelspurigkeit paralleler Regelungen wurde im SGB VIII beseitigt.[35] 25

Vorrangig blieb bei allem das Bestreben, die Abweichungen vom allgemeinen Vormundschaftsrecht systematisch korrekt in das BGB einzubauen, zumal sie weitgehend auf die Vereinsvormundschaft ausgedehnt werden konnten und mussten. Im bürgerlichen Vormundschaftsrecht sind daraufhin jetzt **alle materiellrechtlichen Normen** für die Begründung, Führung und Beendigung der Vormundschaft und Pflegschaft jeder Art zusammengefasst. Es sind: § 1791c Abs. 3 über die dem JA anstelle einer Bestallung zu erteilende Bescheinigung. § 1791b Abs. 2 über die Begründung der bestellten Amtsvormundschaft[36] durch Beschluss des FamG – beide mit der Folgevorschrift des § 1893 Abs. 2 S. 2 über die Rückgabe bei Beendigung der Vormundschaft. Für die Beistandschaft: §§ 1712–1717 BGB, Art. 144 EGBGB. 26

Der gesetzliche Ort der vormundschaftsrechtlichen Sonderregelungen für die Amtspflegschaft/Amtsvormundschaft ist nach allem mit Schwerpunkt in das BGB verlagert. Was das **SGB VIII darüber hinaus** hier an Vorschriften bereitstellt, sind – §§ 54 Abs. 3, 56 Abs. 3 –, teils Zuständigkeitsregelungen (§§ 85 Abs. 1, 87c), teils Normen für Begründung, Übertragung und Führung des Amts (§§ 55, 56, 54). Vgl. die Übersicht bei → Rn. 98. 27

c) Das Delegatarsystem des § 55 SGB VIII. Konkret ausgeübt werden kann das Amt immer nur durch eine natürliche Person, den Realbeistand/-pfleger/-vormund als Beauftragten des Jugendamts als Legalbeistand/-pfleger/-vormund (→ Rn. 126). Es versteht sich, dass die Langfristigkeit und der personale Bezug gerade dieser Aufgabe nach einem Höchstmaß an Stetigkeit verlangen. Das JA könnte sie nicht durch 28

---

[34] Insoweit zutreffend OVG Münster NJW 1979, 1220 unter 4.

[35] Vgl. BT- Drs. 11/5948, 9.

[36] Eine Ausdehnung dieser Bestimmung auf die bestellte Amtspflegschaft fehlt. Sie muss aus § 1915 BGB ergänzt werden.

beliebige, vielleicht von Fall zu Fall wechselnde Bedienstete wahrnehmen lassen. Die Obliegenheit muss je für das einzelne Kind soweit wie irgend möglich in einer Hand vereinigt bleiben. Deshalb bestimmt § 55 Abs. 2 S. 1 SGB VIII, dass das JA „die Ausübung der Aufgaben des Beistands, Pflegers oder Vormunds einzelnen seiner Beamten oder Angestellten überträgt". Ein **formalisierter Akt** (→ Rn. 142) – und zwar in Form eines Verwaltungsakts (→ Rn. 144); man beachte, dass er in der Vereinsvormundschaft keine Entsprechung hat (§ 1791a Abs. 3 BGB). Weiter aber ist bestimmt (§ 55 Abs. 2 S. 3 SGB VIII), dass „in dem durch die Übertragung umschriebenen Rahmen der Beamte oder Angestellte gesetzlicher Vertreter des Kindes oder des Jugendlichen ist". Die Formel besagt: Der Beauftragte ist nicht bloßer Substitut seiner Behörde, mindestens nicht in dieser seiner Eigenschaft. Er zeichnet beim Schriftverkehr in Angelegenheiten seines Kindes als dessen gesetzlicher Vertreter, nicht „Im Auftrag" (des Jugendamts; so nur im Fall der → Rn. 134), sondern „als der nach § 55 SGB VIII mit der Führung der Beistandschaft/Pflegschaft/Vormundschaft Beauftragte in eigener, wenngleich aus der Beistands-/Pfleger-/Vormundstellung seines JA durch den Delegierungsakt abgeleiteter Verantwortung (→ Rn. 130). Von daher gesehen ist es verständlich, dass die nach § 55 SGB VIII Beauftragten sich eher als „der" Beistand, „der" Amtspfleger und „der" Amtsvormund fühlen, bezeichnen lassen und gemeinhin so bezeichnet werden.[37] Nur sollte man sich bewusst sein, dass das juristisch nicht korrekt ist.[38] Amtsbeistand/Amtspfleger/Amtsvormund in der Substanz dieser Rechtsstellung ist das JA. Damit ist das Spannungsfeld von Grundverhältnis und Delegatarzuständigkeit berührt (→ Rn. 126). Im Folgenden wird zur Vereinfachung für den nach § 55 SGB VIII Beauftragten die obige Alltagsbezeichnung übernommen, wenn aber erforderlich die Anführung als „beauftragter Beistand/Amtspfleger/Amtsvormund" oder „Realbeistand/Realpfleger/Realvormund" (→ Rn. 2) gewählt.

III. Die öffentlichrechtliche Qualität der Amtsbeistandschaft/ Amtspflegschaft/Amtsvormundschaft

29 **1. AV/AP/AB als behördliche Jugendhilfe.** Von den vielfältigen Aufgaben, die dem JA als Organ der öffentlichen Jugendhilfe obliegen (§ 2 SGB VIII), bildet die staatliche Rechtsfürsorge (AB/AP/AV) nur einen Ausschnitt (§ 2 Abs. 3 Nr. 11 SGB VIII). Öffentliche Jugendhilfe ist behördliche Jugendhilfe; hiervon machen AB/AP/AV keine Ausnahme. Auch für sie hat das JA einen Behördenvorstand – den „Leiter der Verwaltung des Jugendamts" (§ 70 Abs. 2 SGB VIII) –, hat behördliches Personal mit Beamten- oder Angestelltenstatus, führt ein Dienstsiegel – das seiner Trägerkörperschaft –, untersteht der kommunalrechtlichen Dienstaufsicht (und der Rechtsaufsicht durch Regierungspräsidium/ Bezirksregierung/ Landesdirektion und Ministerium), legt über die einzelnen AB/AP/AV Akten an und hat gelegentlich eine eigene Mündelgeldkasse im Verband der Kasse der Trägerkörperschaft. Die Verflechtung mit der **Struktur der öffentlichen Verwaltung und des öffentlichen Dienstes** hat eine Fülle von Konsequenzen.

---

[37] *Schwarz* in Krug/Riehle SGB VIII § 55 Rn. 1

[38] Allenfalls wäre vertretbar im Schriftverkehr die Bezeichnung „Der Amtsvormund des Jugendamts X", wie OLG Düsseldorf FamRZ 1965, 289.

2. Einfluss behördlicher Organisationsstrukturen. a) Zuständigkeitsgrundsatz. Folgerungen. Als Behörde ist das JA in eine Zuständigkeitsordnung eingebunden. Sie ist **gesetzlich festgelegt,** und zwar nach anderen Kriterien als denjenigen für das Familiengericht (einheitliche in §§ 2–5, spezielle zB in §§ 122, 152, 170, 187 FamFG). Wird in der gesetzlichen Amtsvormundschaft und der Amtsbeistandschaft ein anderes als das nach dem Gesetz berufene JA tätig, so ist das Kind nicht ordnungsgemäß vertreten. In der **bestellten** Amtsvormundschaft/Amtspflegschaft setzt § 87c **Abs. 3** SGB VIII den Auswahlmöglichkeiten des FamG für seine Bestellung Schranken, die das Recht des Einzelvormunds nicht kennt; ein danach vorschriftswidrig bestelltes JA würde allerdings bis zur Aufhebung seiner Bestellung wirksam tätig werden können (§ 47 FamFG analog). 30

Für **unbegleitete minderjährige Ausländer** (→ Rn 153; ausführlich zu diesen *Schwarz* → § 9 Rn. 1 ff.) ist **§ 88a Abs. 4** SGB VIII lex specialis. Das jeweils für die vorläufige Inobhutnahme nach § 42a SGB VIII, die Inobhutnahme nach § 42 SGB VIII sowie für die Gewährung von Leistungen zuständige JA ist auch für die Übernahme der Amtsvormundschaft oder Amtspflegschaft zuständig. Damit ist sichergestellt, dass die örtliche Zuständigkeit für vorläufige Schutzmaßnahmen bzw. für Leistungen einerseits und für die AVt/APt andererseits nicht auseinander fällt. 30a

Nach § 42 Abs. 3 S. 4 SGB VIII ist das JA verpflichtet, unverzüglich nach der auf die Verteilung folgenden Inobhutnahme die Bestellung eines Vormunds oder Pflegers durch das FamG zu veranlassen. Aufgrund der Ausschlussfrist nach § 42b Abs. 4 Nr. 4 SGB VIII hat dies spätestens einen Monat nach der vorläufigen Inobhutnahme des unbegleiteten Kindes oder Jugendlichen zu erfolgen. Im Idealfall läuft daher die Zuständigkeitsbestimmung des Abs. 4 Nr. 1 leer. Auch die Vorschrift des Abs. 4 Nr. 3 dürfte aufgrund der Regelung in Abs. 3 S. 2 regelmäßig leer laufen, sodass sich die örtliche Zuständigkeit für die Vormundschaft und Pflegschaft im Regelfall nach Abs. 4 Nr. 2 bestimmen lässt.[39]

Die Zuständigkeitsregelung des Gesetzes ist durchweg an den gewöhnlichen Aufenthalt geknüpft, gelegentlich hilfsweise an den tatsächlichen Aufenthalt der Beteiligten (→ § 17 Rn. 12; → § 18 Rn. 5). Sie ist **zwingendes, öffentliches Recht.** In der bestellten Amtsvormundschaft/Amtspflegschaft kann das FamG nicht ein beliebiges anderes als das in § 87c Abs. 3 S. 1 SGB VIII bestimmte JA bestellen, nur weil das im Einzelfalle zweckmäßiger erscheint, etwa das benachbarte JA, weil dort gegen Unterhaltsschuldner schärfer und erfolgreicher durchgegriffen wird oder die Zusammenarbeit mit dem FamG sich als gedeihlicher erwiesen hat. Den geeigneten Einzelvormund könnte das FamG sich im ganzen Bundesgebiet aussuchen, das „geeignete" JA nicht. Über eine eng begrenzte Ausnahme, die die Rechtsprechung zulässt, → § 17 Rn. 5. 31

Doch bleibt eine einmal kraft Gesetzes oder durch Bestellung begründete Amtsbeistandschaft/Amtspflegschaft/Amtsvormundschaft bestehen, auch wenn die für die Begründung maßgeblich gewesenen **Anknüpfungsmerkmale** aus dem gewöhnlichen Aufenthalt der Beteiligten **nicht mehr gegeben** sind, bis sie durch Abgabe an ein anderes JA (§ 87c Abs. 2 SGB VIII) oder Entlassung des bestellten JA (§ 87c Abs. 3 SGB VIII) rechtsgültig ihr Ende gefunden hat. 32

b) Der Zuständigkeitswechsel nach § 87c Abs. 2 und 5 SGB VIII. Die regionale Verwaltungsgliederung der JA erlaubt es, aus gegebenem Anlass die Amtsbeistandschaft und die **gesetzliche** Amtsvormundschaft zur **Weiterführung an ein anderes JA** abzugeben (§ 87c Abs. 2, 5 SGB VIII). Ein Vorgang ohne Parallele im allgemeinen 33

[39] So *Kepert* in LPK-SGB VIII § 88a Rn. 7.

Vormundschaftsrecht: möglich deshalb auch nur in der **gesetzlichen** AV und in der Beistandschaft, weil hier das Amt des Vormunds/Beistands nicht auf Auswahl und Bestellung durch das FamG beruht.

34 Dass die gleiche Möglichkeit in der **bestellten APt/AVt** nicht gegeben ist (Abs. 3), ist nur folgerichtig. Der Bestellung des JA zum Pfleger/Vormund hat die Feststellung des FamG vorauszugehen, dass ein geeigneter Einzelpfleger/Einzelvormund nicht vorhanden ist. Diese Feststellung ist auf die örtlichen Gegebenheiten abgestellt; sie können beim Wechsel des gewöhnlichen Aufenthalts des Pfleglings/Mündels in den Bereich eines anderen JA ganz anders liegen, so dass der unverändert notwendigen Prüfung und Entschließung des FamG, ob nunmehr ein anderes JA zu bestellen sei, nicht vorgegriffen werden darf. Bei einer Veränderung der die Zuständigkeit des JA begründenden Umstände hat das JA daher gem. § 87c Abs. 3 S. 3 SGB VIII beim FamG einen Antrag auf Entlassung zu stellen. Im Unterschied zur ABt (Abs. 5) und zur gesetzlichen AVt(Abs. 1)ist bei der bestellten AVt/APt (Abs. 3) Anknüpfungskriterium für die Zuständigkeit nicht der gewöhnliche Aufenthalt der Mutter, sondern der des Kindes. Dies deshalb, weil der Bestellung häufig eine Entscheidung des FamG gegen die Eltern zugrunde liegt (zB bei einem Eingriff nach § 1666 BGB). Daher entspricht es dem Kindeswohl, wenn das JA für das Kind zuständig ist, in dessen Bereich sich das Kind gewöhnlich aufhält.[40] Diese Anknüpfung kann im Einzelfall zu einer **gespaltenen Zuständigkeit** des JA führen. Erbringt es eine Leistung, richtet sich seine Zuständigkeit gem. § 86 SGB VIII nach dem gewöhnlichen Aufenthalt der Eltern, wird es als bestellter Amtspfleger/Amtsvormund tätig, ist seine Zuständigkeit nach dem gewöhnlichen Aufenthalt des Kindes zu bestimmen. Diese Aufspaltung der Zuständigkeit auf zwei verschiedene Jugendämter ist aber eher heilsam, da sie Interessenkollisionen innerhalb desselben Amts (→ Rn. 135) ausschließt.[41]

34a Gegenüber der früheren Regelung in § 43 JWG ist die jetzige Regelung des § 87c SGB VIII sowohl für die gesetzliche Amtsvormundschaft (Abs. 2) als auch für die bestellte Amtsvormundschaft/Amtspflegschaft (Abs. 3) eigentümlich verengt. Abs. 2 spricht nur von der Abgabe aufgrund Wechsels des gewöhnlichen Aufenthalts der Mutter, Abs. 3 S. 3 nur von dem Antrag auf Entlassung bei Wechsel des gewöhnlichen Aufenthalts des Kindes. Nur wenn das Kind keinen gewöhnlichen Aufenthalt hat, lässt Abs. 3 S. 3 die Berücksichtigung des Wohls des Kindes bei Antragstellung zu. Wechselt der gewöhnliche Aufenthalt von Mutter (Abs. 2) oder Kind (Abs. 3), hat das JA die Weiterführung beim anderen JA bzw. seine Entlassung beim FamG zu beantragen. Eine Antragstellung **unabhängig vom Aufenthaltswechsel** aus Gründen des Kindeswohls ist ebenso wenig vorgesehen wie das Unterbleiben des Antrags trotz Aufenthaltswechsels aus Gründen des Kindeswohls.

35 Der Sinn dieser gewandelten Technik des Gesetzes (modisch „Paradigmenwechsel") bleibt dunkel. Die Frage ist, ob eine **materiell-rechtliche Begrenzung der Abgabegründe** auf den Aufenthaltswechsel geschaffen werden sollte, oder ob die Bestimmung **verfahrensrechtliche Bedeutung** hat. Im ersteren Falle wäre eine Abgabe aus anderen Gründen e contrario nicht mehr möglich („starre Regelung"). Die andere Deutung liefe auf das bloße Verfahrensgebot hinaus, bei vorliegendem Aufenthaltswechsel die Abgabe beantragen zu müssen, während andere Abgabegründe dadurch nicht berührt wären und weiterhin, wie nach § 43 JWG, der Ermessensentscheidung im Interesse des Kindeswohls überlassen blieben („elastische Regelung").

[40] Zur Rechtfertigung dieser Anknüpfung vgl. BT-Drs. 12/3711, 45.
[41] Ebenso *Loos* in Wiesner SGB VIII § 87c Rn. 14.

Vorzuziehen ist das rein **verfahrensrechtliche Verständnis.**[42] Dass das Kindeswohl, bisher oberster Maßstab für die Entscheidung über Verbleib der Amtsvormundschaft bei dem bisherigen oder Weiterführung durch ein anderes JA, durch Nichterwähnung ersatzlos habe gestrichen sein sollen, wäre eine im Jugendhilferecht kaum erträgliche Vorstellung (auch wenn die Amtliche Begründung des Regierungsentwurfs[43] dem dezidiert das Wort redet). Fälle, in denen das Kindesinteresse **flexiblere Handhabungen** nahelegt, gibt es nach wie vor. Sie sind Gegenstand mehrfacher gerichtlicher Entscheidungen gewesen (Fn. 42). Die Amtliche Begründung des Regierungsentwurfs sagt denn auch nur so viel, dass der Aufenthaltswechsel den hauptsächlichen Fall einer Abgabe im Kindesinteresse darstellt. Das mochte es rechtfertigen, hier den Antrag künftig vorzuschreiben; es ist aber kaum anzunehmen, dem Gesetzgeber seien jene anderen Sachverhalte und die dazu vorliegende Judikatur verborgen gewesen. Vollends wäre es wenig verständlich, warum die Realisierung eines durchweg so eindeutigen Tatbestandes, wie des Wechsels des gewöhnlichen Aufenthalts, wenn er der alleinige Abgabegrund hätte sein sollen, neben dem zwingend vorgeschriebenen Antrag des bisherigen JA auch noch mit der ganzen Palette konkurrierender Antragsberechtigungen nach § 87c Abs. 2 S. 1 Hs. 2 SGB VIII – des „anderen" JA, beider Elternteile (ausgedehnt auf den Vater!) und eines jeden, der ein berechtigtes Kindesinteresse geltend macht – hätte ausgestattet, und dass im Streitfalle der Gegenstand der Entscheidung des FamG auf die Banalität dieses Sachverhalts, allenfalls des Fehlens der Übernahmereife hätte beschränkt sein sollen. Sinnvoll wird ein solcher verfahrensmäßiger Aufwand erst, wenn Abgabe und Abgabegründe (Abs. 2) bzw. Entlassungsgründe (Abs. 3) in dem weiter gespannten Horizont des Kindeswohls gesehen und entschieden werden müssen. 36

– in dieser Auflage nicht belegt – 37

Man wird daher davon auszugehen haben, dass Entschließung und Entscheidung über Abgabe und Übernahme (Abs. 2) bzw. Entlassung (Abs. 3) auch künftig unter dem **Gesichtspunkt des Kindeswohls** getroffen werden dürfen und dass nur bei Wechsel des gewöhnlichen Aufenthalts die Stellung des Antrags auf Übernahme bzw. Entlassung obligatorisch sein soll. Der Gesetzesbefehl beschränkt sich eben hierauf: Nicht etwa „hat" das mit dem Übernahmeantrag angegangene andere JA (Abs. 2) vice versa dem Antrag zu entsprechen – wie es auch nicht zwingend gehalten wäre, den Antrag auf Abgabe zu stellen, wenn der Übernahmeantrag des bisherigen JA ausbleibt. 38

Vielmehr ist, von jener obligatorischen Antragstellung abgesehen, alles offen. Um dem vorrangigen Kindesinteresse zu dienen, kann, wo immer die Lage der Dinge es erfordert, der **Antrag auf Abgabe/Übernahme** (Abs. 2) gestellt werden: vom bisherigen JA, vom anderen JA (sei es nach Zuzug der Mutter in seinen Bezirk, sei es aus besonderen Gründen trotz Verbleibs der Mutter im bisherigen Jugendamtsbezirk), von dem oben → Rn. 36 bezeichneten Personenkreis. Auch das Kind selbst, nach 39

---

[42] So für Abs. 2 : OLG Brandenburg FamRZ 2000, 1295; OLG Hamm FamRZ 1995, 830; OLG Karlsruhe DAVorm 1993, 89; LG Augsburg FamRZ 1996, 51; LG Stuttgart DAVorm 1994, 797; *Elsholz* DAVorm 1994, 313 (333); *Kern* in Schellhorn/Fischer/Mann/Kern SGB VIII § 87 c Rn. 9; *Eschelbach/Schindler* in FK-SGB VIII § 87c Rn. 8; *Fieseler/Ziegler* in GK-SGB VIII § 87 c Rn 12; wohl auch *Loos* in Wiesner SGB VIII § 87c Rn. 10; für Abs. 3: OLG Brandenburg FamRZ 2014, 1719; OLG Zweibrücken JAmt 2002, 43; OLG Hamm ZfJ 1999, 32; LG Saarbrücken JAmt 2008, 436 mit Praxishinweis des DIJuF, 437; DIJuF-Rechtsgutachten JAmt 2002, 23; DIJuF-Rechtsgutachten JAmt 2015, 437; *Kern* in Schellhorn/Fischer/Mann/Kern SGB VIII Rn. 14; *Reisch* in Jans/Happe/Saurbier/Maas KJHG § 87 c Rn. 24; *Mrozynski* SGB VIII § 87 c Rn 5; *Fieseler/Ziegler* in GK-SGB VIII § 87 c Rn. 17; *Mix* JAmt 2014, 242; aA LG Saarbrücken DAVorm 1996, 905; *Loos* in Wiesner SGB VIII § 87 c Rn. 15 und – mit gewichtigen Gründen – *Lange* jurisPK § 87c Rn. 61–67.

[43] BT-Drs. 11/5948, 105.

Vollendung des 14. Lebensjahres, ist entsprechend § 9 Abs. 1 Nr. 3 FamFG antragsberechtigt. Solche Anträge von dritter Seite sind an das die AV führende JA zu richten. Dieses muss dann sein Antragsverfahren beim anderen JA einleiten.[44]

40 Welches die **Gründe des Kindeswohls** sein können – und wie sie zu gewichten sind, die trotz unveränderten Aufenthalts von Mutter (Abs. 2) oder Kind (Abs. 3) die Abgabe an ein anderes JA, oder die trotz Aufenthaltswechsels die Belassung bei dem bisherigen JA angezeigt erscheinen lassen, ist durch Auslegung des unbestimmten Rechtsbegriffs „Wohl des Kindes" zu ermitteln. Das Erfordernis des Kindeswohls bedeutet, dass die Weiterführung bei dem neuen JA dem Kindesinteresse förderlicher sein muss als ihre Belassung bei dem bisherigen. Bloße Zweckmäßigkeitserwägungen reichen hierfür nicht aus. Weder der Gesichtspunkt der besseren Arbeitsauslastung noch eine rationellere Verfolgung oder Beitreibung des Unterhalts im Bereich des anderen JA rechtfertigen einen Antrag. Trotz fehlender Abgabereife[45] muss bei einem Aufenthaltswechsel der Antrag gestellt werden. Im Falle des Abs. 2 kann dann das andere JA die Übernahme ablehnen, wenn fehlende Abgabereife dem Kindesinteresse schaden würde. Sind die Abstammung des Kindes und die Unterhaltsverpflichtung des Vaters geklärt, besteht kein Grund für die Ablehnung der Übernahme. Ist ein Unterhaltsanspruch nicht nach neuestem Stand tituliert, berührt dies die Abgabereife nicht.[46] Dass einem Vorgänger im Vormundsamt keine Entlastung erteilt werden könne, ist kein Grund, die Übernahme der Vormundschaft als neu bestellter Vormund abzulehnen – selbst wenn er, was selten der Fall sein wird, schon vor seiner Bestellung die entsprechenden Feststellungen getroffen haben sollte. Mangelnde Entlastungsreife berechtigt deshalb auch das zur Übernahme nach § 87c Abs. 2 SGB VIII angegangene JA nicht, die Weiterführung der Amtsvormundschaft abzulehnen, wenn die Voraussetzungen für eine Weiterführung im Kindesinteresse an sich gegeben sind. So, wenn die gegen das bisherige JA zu erhebende Beanstandung sich darauf beschränkt, Unterhaltsbeträge in der Vergangenheit nicht mit dem erforderlichen Nachdruck beigetrieben zu haben. Nur dort, wo die Führung der Geschäfte bei dem bisherigen JA derart mangelhaft war, dass eine geordnete Übersicht sich aus dem Aktenstand (die Akten pflegen schon mit dem Übernahmeersuchen übersandt zu werden) nicht gewinnen lässt und dadurch eine verlässliche Weiterführung des Amtes nicht möglich erscheint, ist das Kindeswohl berührt und dürfte deshalb die Übernahme mit Grund abgelehnt werden. Andere Gründe als die des Kindeswohls sind für eine Ablehnung der Übernahme kaum denkbar;[47] allenfalls noch der, ein Wechsel des gewöhnlichen Aufenthalts habe nicht stattgefunden.[48]

40a Läuft ein **Adoptionsverfahren,** gilt für die dann gem. § 1751 Abs. 1 BGB eintretende Amtsvormundschaft die Zuständigkeitsregelung des § 87c Abs. 4 SGB VIII. Danach ist das JA örtlich zuständig, in dessen Bereich die annehmende Person ihren gewöhnlichen Aufenthalt hat.

40b Im Fall der **Beistandschaft** des JA gilt gem. § 87c Abs. 5 SGB VIII dieselbe Zuständigkeitsregelung wie für die gesetzliche Amtsvormundschaft nach § 87c Abs. 1 und 2 SGB VIII mit der Modifikation, dass es auf den gewöhnlichen Aufenthalt des allein

---

[44] Ebenso *Kern* in Schellhorn/Fischer /Mann/Kern SGB VIII § 87c Rn. 8.

[45] Ebenso *Kern* in Schellhorn/Fischer/Mann/Kern SGB VIII § 87c Rn. 9.

[46] Ebenso LG Stuttgart DAVorm 1992, 884.

[47] Zu weiteren Ablehnungsgründen *Kern* in Schellhorn/Fischer/Mann/Kern SGB VIII § 87c Rn. 9.

[48] Vgl. BayObLG DAVorm 1993, 1118; DIV-Gutachten DAVorm 1992, 168; *Mrozynski* SGB VIII § 87c Rn. 26; DIV-Gutachten DAVorm 1998, 427 (428): fehlende Abgabereife ist kein Grund für Ablehnung der Übernahme; LG Saarbrücken DAVorm 1998, 250 (252): Übernahmeerklärung kann nicht unter dem Vorbehalt der Abgabereife erfolgen.

sorgeberechtigten Elternteils ankommt. Außerdem entfällt das Antragsrecht des übernahmewilligen JA, des anderen Elternteils und der dritten Personen. Mit der Erklärung des übernahmebereiten JA geht die Beistandschaft auf dieses über. Ist das andere JA aber zur Übernahme nicht bereit, kann gegen die Ablehnung des Antrags nicht (wie bei Abs. 2) das FamG angerufen werden (vgl. → § 19 Rn. 81). Das JA, das die Übernahme beantragt hat, kann gegen die Ablehnung des Antrags auch nicht mit Verpflichtungswiderspruch und -klage vorgehen (§§ 68, 42 VwGO), da die Ablehnung der Übernahme mangels Außenwirkung kein Verwaltungsakt iSd § 31 SGB X gegenüber dem JA ist.[49] Auch gegenüber Kindern oder Elternteil liegt kein Verwaltungsakt vor, da sie nicht Adressaten einer Regelung sind (anders als im Fall der → Rn. 50).

Perfekt wird die Überleitung der Beistandschaft/Amtsvormundschaft, gleich aus welchen Gründen und wer immer den Antrag gestellt hat, durch die einvernehmlichen Erklärungen der beteiligten JÄ (§ 87c Abs. 2 S. 2 SGB VIII). Maßgebend ist also die jeweils letzte der beiden Erklärungen. Der **erfolgte Übergang** ist vom abgebenden JA dem FamG und jedem Elternteil unverzüglich mitzuteilen (§ 87c Abs. 2 S. 3 SGB VIII), allerdings nicht für die Beistandschaft, da § 87c Abs. 5 SGB VIII den S. 3 des Abs. 3 nicht für entsprechend anwendbar erklärt. Dies ist verständlich für die Anzeige an das Gericht, weil der Beistand dessen Aufsicht nicht untersteht, aber unverständlich für die Anzeige an den Elternteil. Als nobile officium sollte das JA die Anzeige dennoch vornehmen, damit der Elternteil weiß, welches JA zuständig ist (vgl. → § 19 Rn. 81). Eine konstitutive Mitwirkung des FamG ist erst[50] vorgesehen, wenn eine beantragte Übernahme oder Abgabe abgelehnt worden ist. Alsdann kann es zur Entscheidung angerufen werden (§ 87c Abs. 2 S. 4 SGB VIII); am Verfahren insoweit hat sich nichts geändert (→ Rn. 43). 41

Unterbleibt ein Übernahmeantrag trotz Aufenthaltswechsels, weil beide beteiligten JÄ den Wechsel der Zuständigkeit als dem Kindeswohl nicht dienlich erachten, und werden auch Dritte nicht initiativ, so ist das bisherige JA weiterhin AV. Das **FamG,** von dem Sachverhalt unterrichtet, mag Anlass haben, auf die Antragstellung zu dringen. Alsdann würde es, angesichts der zu erwartenden Ablehnung der Übernahme durch das andere JA, ohnehin zur Entscheidung berufen sein. 42

Was das **Verfahren nach § 87c Abs. 2 SGB VIII** betrifft, enthält sich das Gesetz einer näheren Regelung. Das FamG wird hier nie von Amts wegen tätig. Berechtigt, seine Entscheidung anzurufen, ist das mit seinem Abgabe- oder Übernahmebegehren erfolglos gebliebene JA, bei Erfolglosigkeit eines Überleitungsbegehrens eines Dritten nicht nur dieser (denn die Interpellation beim FamG ist nicht Beschwerde im technischen Sinne; kein Fall des § 59 Abs. 2 FamFG), sondern ein jeder, der den Antrag auf Überleitung hätte stellen können. So zB auch das JA, das auf den Drittantrag hin zur Abgabe bereit gewesen wäre, während das andere JA die Übernahme abgelehnt hat; oder ein anderer als der ursprüngliche Antragsteller, der, gleich diesem antragsberechtigt, die gescheiterte Überleitung nunmehr seinerseits im Kindesinteresse weiterverfolgt zu sehen wünscht. Schließlich kann das FamG auch von dem Mündel selbst angerufen werden, sobald er das 14. Lebensjahr vollendet hat. Das ist aus entsprechender Anwendung des § 9 Abs. 1 Nr. 3 FamFG zu folgern.[51] Die sorgeberechtigte Mutter ist in jedem Falle zu hören (§ 160 FamFG), auch das Kind unter den Voraussetzungen des 43

---

[49] AA DIJuF-Rechtsgutachten JAmt 2003, 18.

[50] Die vorgeschriebene Anzeige an das Gericht hat keinerlei konstitutive Bedeutung: BayObLG JFG 11, 76.

[51] Direkt ist § 9 FamFG nicht anwendbar, da es hier nicht um einen Antrag an das FamG geht, sondern um einen an das JA.

§ 159 FamFG.[52] Die Anrufung des FamG ist nicht an eine Frist gebunden. Zuständig ist das FamG, das für das bisher tätige[53] JA zuständig war.

44 Gegenstand der Entscheidung des FamG ist das Kindesinteresse an der Überleitung, bei einem Drittantrag auch die Gültigkeit des Antrags, insbesondere die Legitimation für die Antragstellung. Die **Sachentscheidung des** FamG ergeht dann dahin,

- dass sie die Ablehnung der Abgabe/Übernahme bestätigt, oder aber
- dass die AVt von dem nicht abgabewilligen JA abzugeben oder
- dass sie von dem nicht übernahmebereiten JA zu übernehmen sei.

Der Beschluss ist beiden beteiligten Jugendämtern, gegebenenfalls auch demjenigen Dritten, der das FamG angerufen hat, bekanntzugeben (§ 41 FamFG). Er wird mit der Bekanntgabe wirksam (§ 40 FamFG). Die Bekanntgabe bewirkt mithin, wenn der Beschluss auf Überleitung der AVt lautet, den Übergang in gleicher Weise wie das Einverständnis der beteiligten Jugendämter, welches der Beschluss in dem erforderlichen Umfange ersetzt. Das vom Gesetz vorgestellte Modell ist die **einverständliche Abgabe und Übernahme.** Bei ihr ist das FamG nicht mitwirkend eingeschaltet. Es wird lediglich vom Übergang der AV (nicht der Beistandschaft) verständigt (§ 87c Abs. 2 S. 3 SGB VIII) und hat daraufhin die dem abgebenden JA erteilte Bescheinigung (→ Rn. 9) einzuziehen und dem übernehmenden JA eine neue Bescheinigung auszustellen. Gelegentlich kann die Sachlage dem FamG Anlass geben, zu prüfen, ob das bisherige JA nicht überhaupt von Amts wegen nach §§ 1887 BGB zu entlassen und eine geeignete Einzelperson oder ein Verein als Vormund zu bestellen sei. An einer solchen Maßnahme ist es dann selbstverständlich nicht gehindert; sie würde das Verfahren nach § 87c Abs. 2 SGB VIII gegenstandslos machen. Nicht aber wäre die auf Überleitung der AVt lautende Entscheidung, für sich betrachtet, als eine wie immer geartete „Entlassung" des bisher tätigen JA anzusehen, geschweige denn auszusprechen.

45 **Rechtsmittel** und Rechtsmittelbefugnis gegen die Entscheidung des FamG sind differenziert zu betrachten.

Die Beschwerde ist statthaft (§ 58 FamFG) gegen die Entscheidung, die die **Nichtüberleitung bestätigt.** Beschwerdeberechtigt ist das **JA** und zwar dasjenige JA, dessen Abgabebegehren ohne Erfolg geblieben ist. Umgekehrt ist beschwerdeberechtigt das übernahmewillige JA, dessen Antrag vom bisherigen JA abgelehnt worden war, wenn das FamG diese Ablehnung gebilligt hat. Die Beschwerdeberechtigung ergibt sich für das JA aus § 59 Abs. 3 iVm § 162 Abs. 3 S. 2 FamFG im Kindesinteresse. Danach ist das JA immer (unabhängig von einer förmlichen Beteiligung) beschwerdeberechtigt, wenn es um eine anhörungspflichtige Kindschaftssache geht. Das ist für Vormundschaft und Pflegschaft der Fall (§ 151 Nr. 4 und 5 FamFG), nicht aber für die Beistandschaft, in der das FamG nach § 87c Abs. 5 S. 2 Hs. 2 SGB VIII auch gar nicht angerufen werden kann. Die Beschwerdeberechtigung des JA ergibt sich außerdem aus § 59 Abs. 2 FamFG in entsprechender Anwendung. Die „Anrufung" nach § 87c Abs. 2 S. 4 SGB VIII ist zwar kein förmlicher Antrag im Sinn von § 59 Abs. 2 FamFG, aber ihrem Sinn nach wie ein solcher zu behandeln. Das FamG wird als streitentscheidende Instanz tätig; bleibt es als Ergebnis seines Spruchs bei der Ablehnung der Übernahme oder Abgabe, ist also die Ablehnungslage unverändert, so muss ihre Korrektur durch dieselben Betroffenen im Rechtsmittelwege weiter betrieben werden können, die sie schon vorher nicht hätten hinzunehmen brauchen. Auch aus § 59 Abs. 1 FamFG ist das JA beschwerdeberechtigt in Vertretung des Mündels.

---

[52] BayObLG FamRZ 1988, 324 (zu § 50b Abs. 1 FGG).
[53] So OLG Hamm FamRZ 1996, 57.

Beschwerdeberechtigt nach § 59 Abs. 1 FamFG ist in jedem Falle der **Mündel**:

- wenn er das 14. Lebensjahr vollendet hat, in Person mit eigener Beschwerdebefugnis (§ 60 FamFG),
- der noch nicht 14-Jährige in der AVt durch den nach dem Spruch des FamG in seinem Amt belassenen AV dann, wenn dieser die Abgabe der AVt betrieben hatte (die das andere JA nicht zu übernehmen brauchen soll), sonst durch einen zu bestellenden Ergänzungspfleger.

Beschwerdeberechtigt ist ferner die **Mutter** aus eigenem Recht sowohl nach § 59 Abs. 1 FamFG als auch nach Abs. 2 in entsprechender Anwendung. Da das Gesetz ihr bereits die eigenständige Befugnis gibt, die Überleitung zu erwirken und im Ablehnungsfalle das FamG anzurufen, verleiht es ihr damit eine Rechtsposition, die sie auch ohne weitere Darlegung ihrer Beweggründe, vor allem aber unabhängig von der Innehabung elterlicher Sorge im Beschwerdewege muss verfolgen können. Zu den Beschwerdeberechtigten gehört dagegen nicht der **Vater**, wenn er eigene Interessen verfolgt, beispielsweise hofft, bei dem anderen JA sein Anliegen auf Herabsetzung des Unterhalts leichter zu Gehör zu bringen. Auch **Pflegeeltern** können eine Beschwerdeberechtigung haben.[54] Das Beschwerderecht aus § 59 Abs. 1 FamFG steht schließlich einem jeden zu, der es mit einem Kindesinteresse legitimiert, mag er den Überleitungsantrag gestellt oder doch rechtens hierzu die Möglichkeit gehabt haben. Keinesfalls ist das Beschwerderecht auf denjenigen eingeschränkt, der das FamG angerufen hatte (und damit erfolglos geblieben war).

Einige Schwierigkeiten bereitet die Wahl des Rechtsmittels gegen eine **auf Überleitung lautende Entscheidung** des FamG. Der Mündel und die Mutter, die einen Antrag auf Überleitung weder gestellt hatten noch auch nur mit ihr nunmehr einverstanden sind, können mit der Beschwerde nach § 59 Abs. 1 FamFG vorgehen. Insoweit gilt das in → Rn. 45 Gesagte mit der Abweichung, dass der noch nicht 14 Jahre alte Mündel in der AVt gesetzlich vertreten wird durch seinen (neuen) AV (der es mit der Bekanntgabe des ihn zur Übernahme der AVt anhaltenden Spruchs des FamG geworden war; → Rn. 44), vorausgesetzt, dieser hatte nicht übernehmen wollen und war hiermit nicht gehört worden; anderenfalls durch einen Ergänzungspfleger. Das bisherige JA könnte, selbst wenn es die Abgabe abgelehnt hatte und nunmehr hat abgeben müssen, den Mündel für die Beschwerde gegen die Überleitungsentscheidung des FamG nicht mehr gesetzlich vertreten, da es nicht mehr im Amt ist. Über seine Beschwerdemöglichkeit eigenen Namens → Rn. 45, 47, 48. Zweifel setzen da ein, wo es um das mit seinem Standpunkt nicht gehörte, **nicht übernahmebereite JA** und dessen eigene Beschwerung geht. Wird es nunmehr gegen seinen Willen zur Übernahme angehalten, könnte die Beschwerde nach § 59 Abs. 1 FamFG gegeben sein. Das JA kann mit ihr geltend machen, die gesetzlichen Voraussetzungen für eine Entscheidung, die ihm die Führung fremder Angelegenheiten als Vormund aufdrängt, seien nicht gegeben, weil das Kindeswohl die Überleitung nicht erfordere; insoweit sei es in seinen eigenen Rechten beeinträchtigt. Es kann die Beschwerdeberechtigung aber auch auf § 59 Abs. 3 iVm § 162 Abs. 3 S. 2 FamFG stützen. Es hat also eine dreifache Wahl: es kann (als AV) die Beschwerde aus dem Gesichtspunkt des Kindeswohls auf die Verletzung eigenen oder des Kindesrechts gründen (§ 59 Abs. 1 FamFG) oder (als Mitwirkungsorgan) auf § 59 Abs. 3 iVm § 162 Abs. 3 S. 2 FamFG: Eine nach § 59 Abs. 1 FamFG aus eigenem Recht eingelegte, aber erfolglos gebliebene Beschwerde belastet das beschwerdeführende JA mit den Kosten nach näherer Maßgabe des § 81 FamFG.[55] 46

[54] OLG Karlsruhe DAVorm 1998, 325.

[55] OLG Düsseldorf DAVorm 1973, 627.

47 Kontrovers könnte auch die Frage nach dem Rechtsmittel **des nicht abgabewilligen JA,** welches vom FamG *nicht gehört* worden ist und daraufhin der Führung seiner AVt verlustig gehen soll, sein. Hier könnte die Auffassung vertreten werden, dieser Fall sei dem einer Entlassung des Vormunds gegen seinen Willen gleichzustellen, und es sei deshalb die Beschwerde nach § 59 Abs. 1 FamFG gegeben. Wäre das zu bejahen, hätte es mehrfache Konsequenzen. Nicht nur müsste die Rechtsmittelfrist nach § 63 Abs. 1 FamFG gewahrt werden, sondern schon, um sie in Lauf zu setzen, die Bekanntgabe der Entscheidung an das durch sie beschwerte JA durch Zustellung nach § 15 Abs. 2 FamFG erfolgen: von der Zustellung hinge ihr Wirksamwerden überhaupt ab.[56]

48 Ein Fall der Entlassung des Vormunds ist aber nicht gegeben: der Form nach nicht (→ Rn. 44; das wäre hier vielleicht nicht einmal ausschlaggebend), aber auch der Sache nach nicht. Entlassen wird das JA nach §§ 1887, 1889 Abs. 2 S. 1 BGB immer nur, wenn es durch eine Einzelperson, allenfalls einen Verein als Vormund abgelöst werden soll; eine Entlassung unter familiengerichtlicher Bestimmung eines anderen JA sieht schon das Gesetz nicht vor (→ Rn. 120). Der Streit um die Abgabe der AVt an ein anderes JA ist in Wahrheit ein solcher um die **Zuständigkeitsverschiebung unter veränderter Beurteilung der Sachlage,** in der Regel aufgrund veränderter Umstände, aber innerhalb der AVt als einer gemeinsamen Aufgabe aller Jugendämter. § 55 SGB VIII sagt: „Das Jugendamt wird Vormund in den Fällen …“: welches JA, ist dann bloße Folgeregelung der Zuständigkeit, und in der Vormundschaft „des“ JA bleibt das Kind auch bei einem Wechsel von einem zum anderen. Nicht Entlassung aus einem personal oder wie beim Verein, quasi-personal verstandenen Amt, sondern Auswechselung des Funktionsträgers ist das, was die Überleitung nach § 87c Abs. 2 SGB VIII kennzeichnet. Es kann für die Wahl des Rechtsmittels aus der Sicht des abgebenden JA nicht anders beurteilt werden als aus der des übernahmebereiten (→ Rn. 46). Die hiernach gegebene Beschwerde kann von dem zur Abgabe gezwungenen JA nach § 59 Abs. 1 FamFG sowohl aus eigenem Recht (an dem gesetzlich begründeten vormundschaftlichen Amt) wie auch in Vertretung des Mündels als AV oder in der Legitimation als Mitwirkungsorgan nach § 59 Abs. 3 iVm § 162 Abs. 3 S. 2 FamFG eingelegt werden. Zu dieser Alternative bereits → Rn. 46 aE.

49 Wird die auf Überleitung lautende Entscheidung des FamG durch die **Beschwerdeinstanz** im Wege der Rechtsbeschwerde (§ 70 FamFG) aufgehoben, so tritt die AVt des früheren JA ab jetzt wieder in Kraft. Allerdings bleiben zwischenzeitliche Rechtsakte des anderen JA nach § 47 FamFG analog wirksam. Vermeiden lässt sich dieser letztere Effekt nur durch eine Aussetzungsanordnung nach § 21 FamFG, auf die das nicht abgabebereite JA hinwirken mag.

50 Abschließend sei die Frage erörtert, ob es **Rechtsbehelfe gegen die einverständliche Regelung** unter den beteiligten Jugendämtern über die Abgabe und Übernahme einer AVt gibt. Das FamG kann hiergegen nicht angerufen werden.[57] Belange des Kindes können gleichwohl beeinträchtigt sein. Es wird deshalb eine **verwaltungsgerichtliche Kontrolle** für zulässig erachtet. Eine öffentlichrechtliche Streitigkeit (§ 40 Abs. 1 VwGO) liegt bei Beschreiten dieses Weges insofern vor, als die eine Behörde im Einvernehmen mit der anderen desselben Verwaltungszweiges an diese eine schwebende Angelegenheit zur Weiterführung abgibt: ein Zuständigkeits„arrangement“, das, wenn es der Nachprüfbarkeit entzogen bliebe, sogar sich über alle durch § 87c Abs. 2 SGB VIII gegebenen Schranken hinwegsetzen dürfte. Der Eingriffscharakter des Doppelaktes von Abgabe und Übernahme kommt nicht zuletzt dadurch zum Ausdruck, dass

---

56 BayObLG FamRZ 1977, 664 (668).

57 BayObLG FamRZ 1977, 664 (667).

die sachlich Betroffenen hierbei nicht einmal gefragt zu werden brauchen. In seinen Rechten verletzt sein (§ 42 Abs. 2 VwGO) kann allerdings hier nur das Kind. Niemand, auch ein Kind nicht, braucht sich durch bloße Maßnahme der Verwaltung, ohne auch nur beteiligt zu werden, einen Wechsel seines Vormunds aufzwingen zu lassen. Wäre es anders, könnten Jugendämter versucht sein, eine Abgabe und Übernahme der Amtsvormundschaft aus Gründen verwaltungstechnischer Zweckmäßigkeit unter sich auszuhandeln. Der Verwaltungsakt, um dessen Kontrolle es geht, ist die übereinstimmende Erklärung beider Jugendämter, welche die Übernahme wirksam werden lässt. Seine Subsumierbarkeit unter die Definition des § 31 SGB X dürfte nicht zu bezweifeln sein. Erlassen wird er hier (anders als die Ablehnung eines Antrags) gegenüber dem Mündel (§ 37 Abs. 1 S. 1 SGB X) zu Händen seines gesetzlichen Vertreters (§ 11 SGB X) – das ist nunmehr das übernehmende JA – dergestalt, dass beide Jugendämter ihre Erklärungen untereinander austauschen. Eine Begründung erübrigt sich, weil Sachverhalt und Rechtslage beim Adressat-JA bekannt sind (§ 35 Abs. 2 Nr. 2 SGB X). Die Anforderungen an Form und Bestimmtheit (§ 33 SGB X) sind ohnedies gewahrt. Das Widerspruchsverfahren wäre deshalb gegen beide Jugendämter als die Passivlegitimierten durchzuführen. Da Bescheide mit Rechtsbehelfsbelehrung (§ 36 SGB X) hier nicht erteilt zu werden pflegen, ist die Frist für einen Widerspruch nicht in Lauf gesetzt (§§ 58 Abs. 1, 70 Abs. 1, 2 VwGO). Das Kind müsste in der Amtsvormundschaft einen Ergänzungspfleger für das Verfahren und die gegebenenfalls anschließende Klage erhalten. Im Widerspruchs- und im anschließenden Klageverfahren wären alle Gesichtspunkte zu prüfen, die gegen die formelle und sachliche Tragfähigkeit der Übernahmevereinbarung sprechen könnten, ohne dass das Verwaltungsgericht durch etwaige zivilrechtliche Aspekte des Streitstandes sich hieran gehindert zu sehen braucht.

Bemerkt sei noch, dass eine Abgabe der Amtsvormundschaft nach § 87c Abs. 2 SGB **51**
VIII, ob einverständlich oder durch das FamG angeordnet, nicht mit einer Abgabe der Vormundschaft vom FamG an ein anderes FamG nach § 4 FamFG einherzugehen braucht. Die **Abgabe unter Familiengerichten nach § 4 FamFG** folgt ihren eigenen Regeln.[58] Sie kann auch aus Zweckmäßigkeitsgründen geschehen und insbesondere von Amts wegen veranlasst sein. Hinwiederum kann eine beim bisherigen FamG anhängige Vormundschaftssache vielfach ohne Schwierigkeiten dort gerichtlich weiterlaufen, auch wenn sie als AVt an ein anderes, nicht zum Sprengel des FamG gehöriges JA abgegeben worden ist. Der Verkehr zwischen JA und FamG vollzieht sich fast ausnahmslos schriftlich; er beschränkt sich, soweit nicht familiengerichtliche Genehmigungen anfallen, auf Routineberichte mit meist sehr langfristigen Intervallen (→ Rn. 108). Das Kindeswohl wird als solches durch die Gestaltung der familiengerichtlichen Zuständigkeit kaum berührt.

c) Geschäftsverteilungsplan. Regelung der Vertretungsverhältnisse. Das JA **52**
ist in seiner Eigenschaft als AV/AP/AB immer „präsent“. Dies ist das Merkmal jeder Behörde; sie sichert diese Präsenz durch eine Geschäftsverteilung, welche Vorsorge für den Fall der Verhinderung des zuständigen Entscheidungsträgers zu treffen hat. Auch der nach § 55 SGB VIII Beauftragte hat deshalb seinen **planmäßigen Vertreter,** der seinerseits zum Kreise der Beauftragten gehören muss. Oft wird die Vertretung als eine gegenseitige geregelt. Notständen oder Engpässen, wie sie beim Einzelvormund/Einzelpfleger auftreten können, wenn sie auf längere Dauer aus tatsächlichen Grün-

---

[58] BayObLG FamRZ 1971, 457. Der Fragenkreis ist hier nicht zu behandeln, da er allgemeines Vormundschafts-Verfahrensrecht betrifft.

den am Tätigwerden verhindert sind, ist das JA als AB/AP/AV nicht ausgesetzt. Ist der zuständige Beauftragte tatsächlich verhindert, tritt ohne weiteres sein Ersatzmann ein. Das gleiche gilt aber auch für eine Verhinderung aus Rechtsgründen, die in seiner eigenen Person liegen (→ Rn. 147). Nur wenn die Verhinderung durch Interessenkollision zwischen den Belangen des Kindes und denen des Jugendamts als solchem oder seiner Trägerkörperschaft gegeben ist (→ Rn. 135), wird die Bestellung eines Ergänzungspflegers erforderlich.

53 **d) Akten: Einsichtnahme; Beiziehung; Beschlagnahme; Vertraulichkeitsschutz; Aufbewahrungsfristen.** Als Behörde legt das JA für seine Beistandschaften/Pflegschaften und Vormundschaften Akten an, aus denen die jeweilige ABt/APt/AVt geführt wird. Der Einzelvormund hat in diesem Sinne keine „Akten", auch wenn er sich zur Erleichterung der Übersicht Sammelhefte für Schriftverkehr und Belege einrichtet. Akten über die ABt/APt/AVt sind **Gegenstand vielfältigen Interesses:** der Beteiligten (für eine Einsichtnahme), anderer Behörden (Beiziehung zu Informationszwecken), der Gerichte (Beiziehung zu Beweiszwecken), der Staatsanwaltschaften (Beschlagnahme im Strafverfahren). Daneben aber haben sie die Eigenart, dass sie im weiten Umfange Vorgänge enthalten, die das **Vertraulichkeitsinteresse Beteiligter** berühren. Für ihre Verwertbarkeit und Offenlegung gegenüber Außenstehenden ergeben sich daraus vielfältige Reibungspunkte.

54 Erörtert sei zunächst die Beiziehung durch das **Gericht in Familiensachen** zu Beweiszwecken. In Unterhalts- oder Vaterschaftssachen neigen die Gerichte gelegentlich dazu, die Akten der ABt/APt/AVt anzufordern, sei es in der Amtsaufklärung zu einem bestimmten Beweisthema, sei es auch nur zum Zwecke der Information. Derartiges ist schlechthin unzulässig, soweit das **Kind selbst Partei** ist. Insoweit haben die Akten über die Führung der ABt/APt/AVt den Rang von Handakten der Partei. Aus ihnen wird der Prozess instruiert, nicht anders als aus den Handakten des prozessbevollmächtigten Anwalts. Der beauftragte AB/AP/AV hätte das Recht, im Falle einer Vernehmung als gesetzlicher Vertreter der Partei über das, was ihm bekannt und Inhalt der Akten geworden ist, die Aussage zu verweigern. Schon deshalb dürfte dieses Recht nicht durch Beiziehung der Parteiakte unterlaufen werden. Schon gar nicht dürfte das Gericht die Akten zu Informationszwecken beiziehen. Aufschlüsse, die sich hieraus gewinnen ließen, dürfte es erst verwerten, wenn es die Akten auch dem Gegner offengelegt hat. Gerade dies aber verbietet sich von vornherein, weil niemand verpflichtet ist, mit seinem Material dem Gegner Stoff für dessen eigene Prozessführung zu liefern.

55 Für eine Beiziehung der Akten in **Drittprozessen,** dh solchen, an denen das Kind nicht als Partei beteiligt ist, wird zu unterscheiden sein: Sollen die Akten beweisbedürftige Tatsachen aufdecken, die das Vertraulichkeitsinteresse der in ihnen auftauchenden Personen berühren, so ist die Beiziehung und Verwertung ohne deren Zustimmung unstatthaft. So beispielsweise, wenn in einem Eheaufhebungsverfahren (§ 121 FamFG)) das Aufhebungsverlangen des klagenden Ehemannes darauf gestützt wird, die verklagte Ehefrau habe ihm einen Mehrverkehr vor ihrem vorehelichen Kind verschwiegen. Die Beistandschaftsakten, die dies ergeben könnten (Eingeständnis der Mutter, einer der Männer hat die Vaterschaft anerkannt) dürften ohne Zustimmung der Mutter und Beklagten des Eheaufhebungsprozesses nicht vorgelegt werden; der Beweisantritt des klagenden Ehemannes läuft ins Leere. Geht das Beweisthema dagegen nicht auf Tatsachen dieser Schutzqualität, sind die Akten auf Beweisbeschluss hin vorlegungspflichtig, jedoch unter Aussonderung etwaiger, das Beweisthema nicht betreffender, vertraulicher Aktenteile. Beispiel: In einem Regress-

prozess des Scheinvaters gegen die Erben des Erzeugers (§ 1607 Abs. 3 BGB) kann der Kläger den Umfang seines Rückgriffs einstweilen nur mit einer Obergrenze und im Übrigen auf dasjenige richten, was der Vater zu Lebzeiten vollstreckbar an Unterhalt zu zahlen sich verpflichtet hatte. Für die Bezifferung dieses Betrages ist er genötigt, sich auf die Akten der Beistandschaft zu beziehen, weil das JA, vor welchem die vollstreckbare Unterhaltsverpflichtung aufgenommen sein soll, nicht bekannt ist und auch die Erben des Vaters hierüber keine Kenntnis besitzen, sondern sich mit Nichtwissen erklären

Ist beim **Sozialgericht** eine Klage wegen Leistungen nach dem SGB II oder XII anhängig, ist trotz der Amtshilfepflicht des JA nach § 5 SGG eine Aktenübermittlung nicht zulässig (§ 35 Abs. 3 SGB I), da § 68 SGB VIII die Übermittlung für Zwecke des Sozialgerichts nicht erlaubt.[59]

Die **Staatsanwaltschaft** hat sich auf Vormundschaftsakten des JA angewiesen gesehen etwa in folgenden Zusammenhängen: **56**

In einem Prozess um die Anfechtung der Ehelichkeit eines Kindes hatte der klagende Ehemann behauptet, seine Ehefrau, die Mutter des Kindes, habe mit zwei Männern, M und N, in der gesetzlichen Empfängniszeit geschlechtlich verkehrt; angestrebt wurde die Einbeziehung beider in die serologische und die erbbiologische Begutachtung. Die Mutter gab den Verkehr mit M zu, stritt aber einen Verkehr mit N ab. Auch N stellte ihn unter Eid in Abrede. Die Klage hatte Erfolg, weil der Kläger zwar nicht serologisch – eine Blutentnahme war bei ihm aus medizinischen Bedenken nicht durchführbar –, am Ende aber erbbiologisch als Erzeuger ausgeschlossen werden konnte. Zuvor schon hatte M sich serologisch als Erzeuger ausschließen lassen. Noch während die Bemühungen des JA, des damaligen Amtspflegers (jetzt Beistand) des Kindes, um Ermittlung des Vaters liefen, schöpfte die Staatsanwaltschaft Verdacht, die Aussagen der Mutter und des N seien falsch. Sie leitete ein Ermittlungsverfahren ein und ersuchte das JA um Übersendung der Pflegschaftsakten; aus ihnen wünschte sie festzustellen, ob die Mutter intern auch den N als Mehrverkehrer benannt habe. Das traf sogar zu: Die Mutter, im JA befragt, hatte zu Protokoll einen Verkehr mit N in der gesetzlichen Empfängniszeit eingeräumt. Trotzdem durfte das JA dem Ersuchen um Überlassung der Akten nicht entsprechen.[60] Das Eingeständnis gegenüber dem beauftragten AP war vertraulich. Es berührte die Intimsphäre der Mutter. Nicht nur dieses Vertraulichkeitsinteresse hatte das Jugendamt als AP zu wahren, sondern auch die Interessen des von ihm vertretenen, zur Verweigerung des Zeugnisses berechtigten Kindes, die eigene Mutter nicht mit einer Falschaussage belastet zu sehen. Der Staatsanwaltschaft musste es überlassen bleiben, eine gerichtliche Beschlagnahme der Pflegschaftsakten zu erwirken, sofern die Voraussetzungen dafür vorlagen, was im Hinblick auf § 97 Abs. 1 Nr. 1 StPO zweifelhaft sein konnte. Da eine Übermittlung gem. § 68 SGB VIII nicht zulässig war, konnte eine Beschlagnahme wegen § 35 Abs. 3 SGB I nicht erfolgen (→ Rn. 104). Mitzuteilen hatte das JA

[59] So zu Recht DIJuF-Rechtsgutachten JAmt 2006, 142.

[60] S. den (im Sachverhalt ähnlich gelagerten) Fall im Gutachten des DIV ZBlJR 1984, 143 und die dortigen Ausführungen zu dem Problem. Es handelte sich um ein Verlangen des mit der Strafsache befassten Schöffengerichts auf Herausgabe der Pflegschaftsakten des JA nach § 95 Abs. 1 StPO. Das JA sah sich – mit Recht wegen der von ihm zu wahrenden Interessen der Kindesmutter und des Amtspfleglings – gehindert, der Aktenanforderung nachzukommen. Die Verhängung eines Ordnungsgeldes (§§ 95 Abs. 2 S. 1, 70 Abs. 1 S. 2 StPO) wäre allerdings aus den gleichen Gründen wie dem Verbot der Verhängung von Zwangsgeld durch das FamG (§ 1837 Abs. 3 S. 2 BGB) nicht in Betracht gekommen.

der Staatsanwaltschaft lediglich, dass die Ermittlungen nach dem Vater des Kindes noch nicht abgeschlossen seien.

57 Andere Fälle können so liegen, dass das JA kein Recht hat, seine Akten der Staatsanwaltschaft als Erkenntnismaterial vorzuenthalten. Eine Mutter gibt dem JA zu Protokoll, den Erzeuger ihres Kindes nicht zu kennen; eine Feststellung der Vaterschaft unterbleibt. Einige Zeit später erkrankt sie lebensgefährlich. Vor ihrem herannahenden Ende schreibt sie dem JA, sie fühle sich in letzter Stunde gedrängt, den Vater des Kindes zu benennen: sie habe „zwingende Gründe gehabt", über die Vaterschaft zu schweigen. Nach ihrem Tode finden ihre Eltern in ihrem Nachlass Briefe eines bestimmten Mannes, die den Verdacht auf seine Vaterschaft nahelegen, zugleich aber einen erpresserischen Hintergrund für das auch ihnen – den Eltern – gegenüber geübte Schweigen ihrer Tochter vermuten lassen; sie erstatten unter Vorlage der Briefe Strafanzeige. Der Beschuldigte bestreitet jedes strafbare Verhalten. Entscheidend für den weiteren Gang der Ermittlungen ist für die Staatsanwaltschaft, zu wissen, ob und wie die Mutter gegenüber dem beauftragten Beistand sich in der Vaterschaftsfrage eingelassen hat. Sie fordert die Akten des JA an. Diese werden ihr zur Verfügung zu stellen sein, da § 68 SGB VIII und damit § 35 Abs. 3 SGB I hier nicht entgegenstehen. Die Intimsphäre der Mutter ist, auch im Pietätsempfinden ihrer Eltern, nicht (mehr) berührt. Kindesinteressen sind nicht gefährdet (im Gegenteil entspricht es geradezu dem Interesse des Kindes, im Blick auf einen möglichen künftigen Vaterschaftsprozess die strafrechtlichen Vorwürfe geklärt zu sehen). Zum Ingangsetzen der Vaterschaftsklage wird das JA eine Zweitakte anlegen.

58 Für **andere Behörden** gilt Entsprechendes. Ein Finanzamt will im Besteuerungsverfahren gegen den Vater eines Kindes Aufschlüsse über seine Einkommens- und Vermögensverhältnisse aus den Vormundschafts- oder Beistandschaftsakten des JA gewinnen. Es vermutet, dass in ihnen einschlägige Erörterungen zwecks Festlegung seiner Leistungsfähigkeit für den Unterhalt gepflogen worden sind, die es zur Absicherung seiner eigenen Feststellungen benötigt. Aber diese Angaben hat der Vater nur im Interesse des Kindes, nicht im Interesse der Finanzverwaltung gemacht, im Vertrauen darauf, dass sie nicht gegen ihn zu steuerlichen Zwecken verwertet werden. Ohnehin ist das JA als gesetzlicher Vertreter des Kindes nicht neutrale Behörde, welche Fakten in Ausübung einer ausschließlich im öffentlichen Interesse liegenden Tätigkeit erhebt. Vielmehr vertritt es die Kindesinteressen, und diese könnten durchaus mit denen der Finanzverwaltung kollidieren. Das Finanzamt kann die Pflegschaftsakten in einem Steuerstrafverfahren nicht beschlagnahmen lassen, weil § 68 SGB VIII und damit § 35 Abs. 3 SGB I dies nicht zulassen (→ Rn. 104).

59 Weiteres Beispiel: Das Sozialamt bzw. die ARGE hat ein Kind über einen längeren Zeitraum hinweg mit Sozialhilfe bzw. Sozialgeld unterstützt; der Unterhaltsanspruch gegen den im Ausland lebenden Vater ist auf das Sozialamt gem. § 94 SGB XII bzw. die ARGE nach § 33 SGB II übergegangen. Die Beistandschaft wird vom JA des Kreises geführt. Nachdem der Vater gewisse Ansprüche gegen im Inland ansässige Schuldner erworben hat, wünscht der Leistungsträger ein Bild darüber zu gewinnen, ob ein Zugriff hierauf durchführbar ist und Erfolg verspricht. Näheres ist dem Leistungsträger nicht bekannt; er hat aber Grund zu der Annahme, dass die Akten des Kreisjugendamts genauere Hinweise enthalten. Ohnehin bedarf es der Unterrichtung über etwa von der Beistandschaft erwirkte Unterhaltstitel einschließlich deren Höhe und deren Zeiträume, um sie ggf. zwecks Umschreibung anfordern zu können (§§ 402, 412 BGB). Er wird deshalb die Akten des Kreisjugendamts zur kurzfristigen Überlassung erbitten – ohne Erfolg, da § 68 SGB VIII die Übermittlung nicht erlaubt, weil sie den Interessen des Sozialleistungsträgers, nicht denen des Kindes diente.

Am häufigsten diskutiert[61] ist das Recht auf **Einsichtnahme durch den Vater, durch die Mutter oder durch das Kind nach erreichter Volljährigkeit** bzw. den von ihnen beauftragten Anwalt. 60

War die Rechtsgrundlage für die Aktenanforderung – und diese ist ja nur die konzentriertere Form der Akteneinsicht – im Verkehr zwischen JA, Gericht, Staatsanwaltschaft und Verwaltungsbehörde klar, nämlich Beweisbeschluss, Beschlagnahme, Amtshilfe, so ist sie es hier, im Verhältnis zu den als Privatpersonen Beteiligten, schon weit weniger. Denn die Einsichtnahmeregelung des § 25 SGB X findet keine Anwendung.[62] Die Führung einer Beistandschaft/Pflegschaft oder Vormundschaft ist nicht Vorbereitung oder Erlass von Verwaltungsakten oder Abschluss öffentlichrechtlicher Verträge (§ 8 SGB X). Sie ist kontinuierlicher Vollzug von Aufgaben auf dem Gebiet des Privatrechts (→ Rn. 23). Es gelten, wie für jede privatrechtliche Betätigung von Behörden, die Normen des Privatrechts. In der Beistandschaft/Pflegschaft/Vormundschaft sind dies die Bestimmungen über die **Vorlegung von Urkunden(§ 810 BGB)**[63], im Verhältnis zwischen Beistand/Pfleger/Vormund und Kind allenfalls ergänzt durch **auftragsrechtliche Sonderregelungen** (§§ 662 ff. BGB), die hier analog[64] anwendbar sind. Einen Anspruch auf globale Aktenvorlegung gewähren diese Bestimmungen ohnehin nicht. Das Verlangen kann sich nur auf die Vorlegung bestimmt zu bezeichnender Akteneteile zur Einsichtnahme richten.

Der **Vater** wird ein solches Recht nur in den seltenen Fällen haben,[65] in denen er die Voraussetzungen des § 810 BGB erfüllt. Hat er im JA die Vaterschaft anerkannt, möglicherweise in Verbindung mit einer vollstreckbaren Unterhaltsverpflichtung, mag er das Recht auf Einsichtnahme in die Anerkennungsverhandlung nach §§ 1 Abs. 2, 51 Abs. 1 Nr. 1, Abs. 3 BeurkG beim Urkundsbeamten des JA durchsetzen, der aber nicht mit dem nach § 55 SGB VIII Beauftragten identisch ist. Ein legitimes Interesse könnte er daran haben, sich darüber zu vergewissern, ob namens des Kindes die Zustimmung zu seiner Anerkennungserklärung (§ 1595 Abs. 2 BGB) gegenüber dem Standesamt innerhalb der Frist des § 1598 Abs. 2 BGB abgegeben worden ist, weil hiervon die Begründung seines Vaterstatus abhängt. Dazu würde eine nach Fristablauf an das Standesamt zu richtende Anfrage ausreichen (§§ 61, 62 PStG, §§ 48, 86 der „Dienstanweisung für die Standesbeamten"). Das Verlangen, über das persönliche Ergehen des Kindes unterrichtet zu werden (§ 1686 BGB), hat sich gegen die Mutter zu richten und ist gegebenenfalls durch Anrufung des FamG durchzusetzen (§ 1686 BGB). Berichte, die sich darüber in den Akten der Amtsvormundschaft finden, sind nicht in seinem Interesse erstattet (§ 810 Alt. 2 BGB) und unterliegen daher nicht seinem Einsichtnahmerecht. Wenn die Amtsvormundschaft über das Kind infolge Ablebens oder Geschäftsunfähigkeit der Mutter geführt wird, würde man freilich ein Auskunftsrecht gegenüber dem AV zugestehen müssen,[66] dem dieser aber nur in der Form einer Mitteilung zu genügen braucht. Berichte der Amtsvormundschaft an das FamG kann der Vater allerdings in den Familiengerichtsakten nach § 13 FamFG einsehen. 61

[61] DIJuF-Rechtsgutachten JAmt 2005, 236.

[62] So BVerwG BeckRS 1989, 31231249.

[63] Ebenso *Hoffmann/Proksch* in FK-SGB VIII § 68 Rn. 40.

[64] Vgl. insoweit etwa § 1835 Abs. 1, aber auch § 1698a mit § 674, § 1698b mit § 673 BGB.

[65] Grundsätzlich ablehnend: VG Schleswig DAVorm 1967, 12.

[66] Staudinger/*Göppinger* BGB § 1711 Rn. 52. Die Begründung ergab sich nach altem Recht aus der Verweisung auf § 1634 Abs. 3 BGB: auch das dortige Recht auf Auskunft richtete sich gegen „den Personensorgeberechtigten" als solchen. Nach neuem Recht entfällt diese Begründung, da sich das Auskunftsrecht nun gegen den „anderen Elternteil" (§ 1686 BGB) richtet.

62 Ein Recht auf Einsichtnahme in die Akten des JA hätte der Vater nach § 810 BGB dann nur noch, soweit sie den urkundlichen Niederschlag über **Vereinbarungen** enthalten, die mit ihm – dem Vater – getroffen worden sind, etwa über den persönlichen Verkehr mit dem unter Amtsvormundschaft stehenden Kinde, oder soweit **Vorgänge in seinem Interesse** aktenmäßig festgehalten worden sind. Als Beispiel hierfür diene die in der Praxis verbreitete Eröffnung zur Niederschrift über ein widerrufliches Moratorium anstelle einer vertraglichen Herabsetzung des Unterhalts.[67] Wiederum taugt die Akteneinsicht in keinem Falle, eine nach § 1605 BGB zu beanspruchende Auskunft (etwa über vermutete, zwischenzeitliche Kindeseinkünfte – Ausbildungsvergütung! –) „verkürzt" durchsetzen, vollends eine erstellte nachprüfen zu wollen (arg. §§ 1605, 260, 261 BGB).

63 Weiter gehen die **Rechte der Mutter auf Akteneinsicht.** Zwar kann ein solches Recht – ein oft unternommener Versuch – nicht ausgeübt werden, um die Amtsführung des AP/AV zu kontrollieren. Kontrollrechte gegenüber dem AP/AV stehen der Mutter nicht zu. Dieser ist – anders als der Beistand – nur dem FamG und dem Mündel (Pflegling) gegenüber verantwortlich und rechenschaftspflichtig. Die Mutter mag sich an das FamG oder an die Dienstaufsicht wenden. Wohl aber könnte sie **Schadensersatzansprüche** aus der Führung einer Amtsbeistandschaft/Amtspflegschaft (→ Rn. 85) verfolgen; derartige Ansprüche gehören zum Kindesvermögen, in welchem Bereich die Mutter das Kind gesetzlich vertritt, wenn die Amtspflegschaft nicht gerade für diesen Bereich angeordnet worden ist. Für deren Geltendmachung ist dem Legitimierten ein Blick in die Akten der Amtsbeistandschaft/Amtspflegschaft geöffnet. Hat ein Kind zwei gesetzliche Vertreter mit getrennten Wirkungskreisen, so kann der eine von ihnen seine Tätigkeit vor dem anderen nicht „abschotten", wenn er gerade sie vor dem anderen zu verantworten hat. Dann aber gehört, nachdem die Mutter mit Schadensersatzansprüchen hervortritt, zu dem Verlangen auf Akteneinsicht mehr als die bloß unsubstantiierte Verdächtigung angeblicher Versäumnisse. Sie müsste konkret behaupten, worauf die Vermutung mangelhafter Amtsführung sich gründet, worin sie das Verschulden erblicken zu müssen glaubt und vor allem, dass und worin ein Schaden für das Kind entstanden sein soll. Insoweit würde der gängige Vorwurf nicht gehörigen Durchgreifens bei der Beitreibung des Unterhalts voraussetzen, dass auch eine Nachholung, etwa wegen verschlechterter Vermögenslage des Vaters, keinen Erfolg mehr verspricht. Ein Recht auf Akteneinsicht kann für die Mutter ferner dort gegeben sein, wo eine bestimmte Angelegenheit den **Zuständigkeitsbereich sowohl des Amtspflegers als auch der Mutter** berührt; zB wenn eine der Mutter obliegende Entscheidung in der Personensorge finanzielle Auswirkungen auf die Höhe des vom Vater zu beanspruchenden Unterhalts hat. Schließlich ist an Fälle zu denken, in denen die Mutter neben dem Vater des Kindes barunterhaltspflichtig ist und ihre eigene Verpflichtung von der Abwägung der gegenseitigen Erwerbs- und Vermögensverhältnisse abhängt (§ 1606 Abs. 3 S. 1 BGB). Diejenige des Vaters mag sie im gegenwärtigen Zeitpunkt nicht kennen, Auskunft hierüber darf sie von den Akten der Amtspflegschaft erwarten.

64 Ein Akteneinsichtsrecht besteht ferner, soweit ein Elternteil die **elterliche Sorge** behält oder wieder erhält. Aus dem elterlichen Sorgerecht folgt dann das Recht, sich über die Kindesangelegenheiten ein Bild machen zu können. Dieses Akteneinsichtsrecht besteht also, wenn das JA Amtsbeistand wird oder nach Beendigung einer bestellten

---

[67] Vgl. die Empfehlung im Gutachten des DIV DAVorm 1985, 385 (387). § 1615h BGB ist durch das KindUG aufgehoben; Herabsetzungsverlangen sind jetzt nur nach § 648 Abs. 2 ZPO (vgl. → § 19 Rn. 24) oder im Klageweg nach § 654 ZPO möglich.

Amtspflegschaft oder einer bestellten oder gesetzlichen Amtsvormundschaft. Der Inhaber der elterlichen Sorge kann sich dann über die zwischenzeitliche Entwicklung des Kindes ebenso informieren, wie er die Schlussrechnung kontrollieren kann. Dies gilt ebenso für einen Nachfolger im Vormunds- oder Pflegschaftsamt nach Entlassung des JA (→ Rn. 102). Für eine **Beistandschaft** kommt hinzu, dass ein Akteneinsichtsrecht auch deshalb besteht, weil der Elternteil nur nach Kenntnis des Akteninhalts entscheiden kann, ob er eine Beendigung oder Einschränkung der Beistandschaft verlangen soll (vgl. → § 19 Rn. 16). Nach Beendigung der Beistandschaft gibt § 68 Abs. 3 S. 3 SGB VIII dem Antragsteller ein Akteneinsichtsrecht, allerdings nur, wenn seine Antragsberechtigung fortbesteht und das Kind noch minderjährig ist.

Weil das **Kind** so wenig wie die Mutter ein persönliches Kontrollrecht über seinen AP/AV hat, steht auch ihm ein Recht auf Einsichtnahme in die Pflegschafts-/Vormundschaftsakten nicht zu. Ist es 14 Jahre alt oder älter, mag es sich an das FamG wenden (arg. § 9 Abs. 1 Nr. 3 FamFG) und dort seine Beschwerden vorbringen. Davon unberührt bleibt sein Akteneinsichtsrecht aus § 68 Abs. 3 S. 2 (→ Rn. 66a),[68] beispielsweise beim Wechsel von Amts- zu Einzelvormundschaft. **65**

Nach erreichter **Volljährigkeit** wird die Einsichtnahme häufiger begehrt.[69] Sieht man davon ab, dass der AP/AV gehalten ist, schon im Rahmen der Schlussrechnung dem ehemaligen Mündel/Pflegling aus den Akten diejenigen Urkunden auszuhändigen, die für seinen Status und seine Rechte von bleibender Bedeutung sind – Statusurteile, Unterhaltstitel (soweit noch nicht erledigt), Personenstandsurkunden, Staatsangehörigkeitsbelege, Zeugnisse aller Art, Ausbildungsnachweise, Lehrverträge, urkundliche Nachweise über den Stand des Vermögens[70] –, so bleibt vom Akteninhalt meist wenig mehr übrig als dasjenige, was für den volljährig Gewordenen von **biographischem Interesse** ist. Er möchte seinen Werdegang erfahren, sich über seinen Standort im sozialen und familiären Umfeld und seinen Platz in der Geschlechterfolge Klarheit verschaffen und erhofft sich hierfür das eine oder andere aktenmäßige Material. Das Recht auf Einsichtnahme nach § 810 BGB rechtfertigt es auch hier nicht, auf *globaler* Vorlage der Akten zu bestehen. Deshalb kann auf sich beruhen bleiben, ob und für welche Aktenteile die weitere Voraussetzung, dass die Urkunde ‚in seinem Interesse errichtet' sein müsse, überhaupt erfüllt wäre. Vieles von dem Akteninhalt – Vermerke, Berichte der Außendienststellen, Recherchen zur Vorbereitung eines Verfahrens in Abstammungs-oder Unterhaltssachen – ist behördeninterner Natur. Es dient der Informierung des Amtsvormunds, um ihm eine Grundlage für zu treffende Maßnahmen zu schaffen. Dass sich dergleichen im Einzelfalle mittelbar für den Amtsmündel günstig auswirken konnte, genügt nicht, um eine Errichtung, in seinem Interesse', dh mit der Zweckrichtung, ein Beweismittel für die Durchsetzung von Mündelinteressen zu schaffen, annehmen zu können. Die Akten des Amtsvormunds stehen insoweit auf keiner anderen Stufe als Handakten, die ein Einzelvormund im eigenen Interesse über die Führung der Vormundschaft anlegt, um die Übersicht über sie behalten zu können, und die der Mündel ebenso wenig generell offengelegt verlangen kann. Hier besteht aber ein Rechtsanspruch auf Information aus **§ 68 Abs. 3 S. 1 SGB** VIII für das volljährige Kind (also nicht für die Mutter), das unter AB/AP/AV gestanden hat. Das Recht auf Information ist weniger als ein Akteneinsichtsrecht, weil es den gegenständlichen Gebrauch der Akte **66**

[68] Ebenso DIJuF-Rechtsgutachten JAmt 2006, 142.

[69] Hierzu grundlegend das Gutachten des DIV DAVorm 1984, 287.

[70] Alle diese in der erteilten Ausfertigung; das JA mag beglaubigte Fotokopien zurückbehalten. Wegen der Ausfertigung von Urteilen im Jugendstrafverfahren s. das Gutachten DAVorm. 1984, 287 (288).

nicht einschließt. Vom Akteneinsichtsrecht nach § 25 SGB X unterscheidet es sich ferner dadurch, dass dieses nur in einem Verwaltungsverfahren iSv § 8 SGB X besteht und eine umfassende Kenntnis der Akte zur Geltendmachung rechtlicher Interessen ermöglicht. Vom Auskunftsrecht nach § 83 SGB X unterscheidet sich dieses Recht dadurch, dass es Kenntnis der Daten und nicht nur Auskunft über die Daten ermöglicht, dh die Daten müssen bekanntgegeben werden, ohne dass die Originalakte ausgehändigt werden müsste. Außerdem wird das Auskunftsrecht erst durch **überwiegende** berechtigte Interessen Dritter begrenzt, das Recht nach § 68 Abs. 3 SGB VIII aber schon durch berechtigte Interessen Dritter. Diese liegen nicht schon dann vor, wenn die Akte einfache Sozialdaten Dritter enthält, sondern erst, wenn es sich um Daten handelt, deren Kenntnisgabe dem Dritten „nicht recht" wäre. So müssen etwa die aktenkundigen Personalien von Großeltern (Unterhalt) oder sonstigen Verwandten (Erbberechtigung), Aufschlüsse über ein ausländisches Herkunftsland, letzte bekanntgewordene Nachrichten über einen verschollenen und „untergetauchten" Vater bekanntgegeben werden. Auch Lebensumstände, die Vater oder Mutter in einem ungünstigen Licht erscheinen lassen, begründen für sich allein noch nicht ein berechtigtes Interesse am Ausschluss von der Akteneinsicht.[71] Denn diese Lebensumstände können Rückschlüsse auf die Persönlichkeitsentwicklung des Kindes zulassen und Charaktereigenschaften als vererbt erkennen lassen.[72]

66a Sowohl das Recht auf Information als auch das entgegenstehende Interesse des Dritten stützen sich auf das Grundrecht auf informationelle Selbstbestimmung aus Art. 2 Abs. 1 iVm Art. 1 Abs. 1 GG. Diese Grundrechtskollision muss nach den Regeln der praktischen Konkordanz so aufgelöst werden, dass jedem Grundrechtsträger der Gebrauch des Grundrechts möglich bleibt. Das berechtigte Interesse Dritter kann daher das Recht auf Information nicht ausschließen, sondern lediglich dazu führen, dass die Daten des Dritten aus der Akte entnommen werden, soweit nicht eine Einwilligung eingeholt werden kann.[73] „Dritter" ist jede andere Person außerhalb des Betreuungsverhältnisses. Das Recht geht auf Kenntnis der zu seiner Person gespeicherten „Informationen". Dieser Begriff hat denselben Inhalt wie der der „Sozialdaten" in § 67 Abs. 1 S. 1 SGB X, der trotz § 61 Abs. 2 SGB VIII gilt (→ Rn. 99). Der Anspruch besteht erst, wenn die AB/AP/AV beendet ist. Bei laufender AB/AP/AV kann auch nicht das allgemeine Akteneinsichtsrecht nach § 25 SGB X geltend gemacht werden, da dieses nur in einem Verwaltungsverfahren iSd § 8 SGB X gilt, ein solches aber für die Tätigkeit des AB/AP/AV nicht vorliegt (kein Abschluss durch VA).[74] Die Gewährung der allgemeinen Akteneinsicht an das Kind, ebenso aber an die Mutter, steht dann im Ermessen der Behörde. § 61 Abs. 2 SGB VIII schließt das allgemeine Verwaltungsverfahrensrecht nicht aus,[75] sondern nur die §§ 67–78 SGB X (→ Rn. 99). Die Auskunft nach § 83 SGB X kann daher verlangt werden. Das Gesetz spricht von dem Volljährigen, der „unter Beistandschaft, Amtspflegschaft oder Amtsvormundschaft gestanden hat": dass er es bis zur Volljährigkeit gewesen sei, ist nicht gefordert. Auch der ehemalige inzwischen adoptierte Amtspflegling/Amtsmündel hat die gleichen Rechte; es muss jedoch die Sperre des § 1758 BGB beachtet werden.

66b § 68 Abs. 3 S. 2 SGB VIII dehnt das Informationsrecht auf den noch nicht Volljährigen aus: Die Information des **Minderjährigen** steht im Ermessen der Behörde, das

[71] Ebenso DIJuF-Rechtsgutachten JAmt 2006, 304.
[72] So OVG Hamburg FEVS 1979, 158.
[73] Ebenso *Maas/Törnig* in Jans/Happe/Saurbier/Maas KJHG § 68 Rn. 14.
[74] Ebenso *Kirchhoff* jurisPK SGB VIII § 68 Rn. 21.
[75] Ebenso *Hoffmann/Proksch* in FK-SGB VIII § 68 Rn. 28; aA *Proksch*, Sozialdatenschutz, 151.

sie gem. § 39 SGB I analog auszuüben hat. Es darf aber erst ausgeübt werden,[76] wenn die **Tatbestandsvoraussetzungen vorliegen**, also keine berechtigten Interessen Dritter entgegenstehen und zusätzlich der Minderjährige die Einsichts- und Urteilsfähigkeit hat. Liegen diese Voraussetzungen nicht vor, ist kein Raum für die Ausübung von Ermessen. Umgekehrt kann trotz Vorliegen der Tatbestandsvoraussetzungen das Ermessen so ausgeübt werden, dass die Information nicht gewährt wird. Eine Ermessensreduzierung auf null kann nur dann angenommen werden, wenn jede andere Entscheidung als die, Information zu gewähren, rechtswidrig wäre. Dies wird angenommen von *Maas,*[77] weil die Verweigerung der Information ein Verstoß gegen das Grundrecht auf informationelle Selbstbestimmung sei. Dem wird nicht zugestimmt, da der Minderjährige zwar grundrechtsmündig ist, er aber an der Ausübung seines Grundrechts nicht gehindert ist, sondern diese lediglich bis zu seiner Volljährigkeit aufgeschoben wird; dies ist keine unzumutbare Einschränkung für ihn. Das Ermessen wäre aber fehlgebräuchlich ausgeübt, wenn es einen anderen Zweck verfolgen würde als den Schutz des Minderjährigen.[78] Ob die Tatbestandsvoraussetzungen des Satzes 2 vorliegen, ist keine Frage des Ermessens; sie sind unbestimmte Rechtsbegriffe, deren Inhalt durch Auslegung zu ermitteln ist, wobei auch kein Beurteilungsspielraum besteht. Ob die **erforderliche Einsichtsfähigkeit** besteht, kann nur in Bezug auf die konkreten Daten beurteilt werden. Bei partieller Einsichtsfähigkeit kann partielle Information gewährt werden.[79] Die Einsichts- und Urteilsfähigkeit ist nicht gleichzusetzen mit der Handlungsfähigkeit nach § 36 SGB I, da sie sich auf einen anderen Gegenstand bezieht. Ein handlungsfähiger Minderjähriger kann dennoch die für die Akteneinsicht notwendige Urteilsfähigkeit noch nicht haben, während umgekehrt ein noch nicht handlungsfähiger Minderjähriger die Einsichts- und Urteilsfähigkeit schon haben kann. Einsichts- und Urteilsfähigkeit sind keine synonymen Begriffe, vielmehr ist die Einsichtsfähigkeit die Fähigkeit, das Gelesene zu verstehen, Urteilsfähigkeit dagegen die Fähigkeit, das Verstandene richtig zu beurteilen.

Unbestritten ist jedenfalls, dass der volljährig Gewordene Einsichtnahme in die 67
Akten insoweit verlangen kann, als er sie benötigt, um **Schadensersatzansprüche** wegen mangelhafter Führung der AB/AP/AV substantiieren zu können. Denn zu einer solchen Einsichtgewährung ist eine jede Behörde der Hoheitsverwaltung in gleicher Lage verpflichtet. Es ist die Konsequenz aus ihrem mit dem Haftungsprivileg des § 839 Abs. 1 S. 2, Abs. 3 BGB (Art. 34 GG) ausgestatteten Zuständigkeitsmonopol. Was zudem bis zur Volljährigkeit der Mutter oder dem Vater (in der bestellten Amtspflegschaft und der Beistandschaft) recht war (Rn. 63), muss dem volljährig Gewordenen billig sein.

Die Fristen für die **Aufbewahrung der Akten** aus der ABt/APt/AVt zu regeln, ist 68
Sache des Landesrechts.[80] Wo keine Regelungen getroffen sind, bleibt es Sache der Verwaltungsspitze der Trägerschaft, die Dauer der Aufbewahrung festzulegen. Sie wird sich an § 84 SGB X (→ Rn. 104d), zu orientieren haben. Danach müssen Daten gelöscht werden, wenn sie nicht mehr erforderlich sind. Da sie für Regressansprüche (→ Rn. 87) erforderlich sein könnten, müssen sie für die Dauer der Verjährungsfrist aufbewahrt werden; diese beträgt 3 Jahre (§ 195 BGB). Die für die Justizbehörden

[76] Insoweit ungenau *Mörsberger* in Wiesner SGB VIII § 68 Rn. 25: „Ermessen ist eng zu fassen".

[77] *Maas/Törnig* in Jans/Happe/Saurbier/Maas KJHG § 68 Rn. 15.

[78] So VG Karlsruhe Urt. v. 11.10.1995 – 12 K 1972/94 (unveröffentlicht).

[79] Ebenso *Mörsberger* in Wiesner SGB VIII § 68 Rn. 25.

[80] Die von den Kommunalen Landesverbänden Baden-Württemberg am 4.11.1996 veröffentlichten „Empfehlungen zur Aktenaufbewahrung" sehen eine dreißigjährige Aufbewahrungsfrist für Akten der APt/AVt vor.

bundeseinheitlich getroffene Regelung „Bestimmungen über die Aufbewahrungsfristen für das Schriftgut der ordentlichen Gerichtsbarkeit, der Staatsanwaltschaften und der Justizvollzugsbehörden vom März 2006"– dort in Abschnitt II unter D. Pos. 93 für die vormundschaftsgerichtlichen Akten – wäre deshalb nicht auf die Akten der AVt/APt übertragbar. Für die vormundschaftsgerichtlichen Akten sind dort fünf Jahre nach Volljährigkeit des Mündels vorgesehen. Für die Akten der AP/AV gilt in Anbetracht der 3jährigen Verjährungsfrist und des Akteneinsichtsrechts des volljährigen ehemaligen Mündels, dass sie nicht länger als 5 Jahre nach Volljährigkeit aufbewahrt werden dürfen.[81] In der Beistandschaft sind nur 3 Jahre erforderlich.

69 **e) Aufsicht. Weisungs- und Prüfungsbefugnisse; Grenzen.** Die Beamten und Angestellten des JA bis hinauf zu dessen Leiter unterstehen der Aufsicht in verschiedenen Formen: erstens ergibt sich schon aus der Übertragung der Aufgabe gem. § 55 Abs. 2 S. 2 SGB VIII, dass ein auftragsähnliches Rechtsverhältnis vorliegt, das entsprechend § 665 BGB grundsätzlich weisungsabhängig ist; zweitens ergibt sich eine Weisungsabhängigkeit für Beamte oder Angestellte aus ihrer dienstrechtlichen Stellung; drittens untersteht das JA als Legalpfleger[82] und -vormund (dagegen nicht als Legalbeistand) der Aufsicht des FamG, die an der Tätigkeit des Beauftragten als Realpfleger und -vormund anknüpft; viertens besteht in der Jugendhilfe als Selbstverwaltungsangelegenheit eine Rechtsaufsicht über das JA, die von der Rechtsaufsichtsbehörde (Bezirksregierung/Regierungspräsidium/Landesdirektion und Ministerium) ausgeübt wird und ebenfalls an der Tätigkeit des Beauftragten anknüpft; fünftens haftet die Gebietskörperschaft für die Tätigkeit des Realbeistands, -pflegers, -vormunds.

---

[81] In einem Schreiben v. 26.7.2004 empfiehlt das Bayerische Staatsministerium für Arbeit und Sozialordnung, Familie und Frauen eine Aufbewahrungsfrist von 10 Jahren nach Volljährigkeit. Dem folgt auch das DIJuF-Rechtsgutachten JAmt 2005, 557.

[82] Zu diesen Begriffen → Rn. 2.

Aufsichtliche Befugnisse als Beschränkungen des autonomen Bereichs des Realbeistands, -pflegers, -vormunds

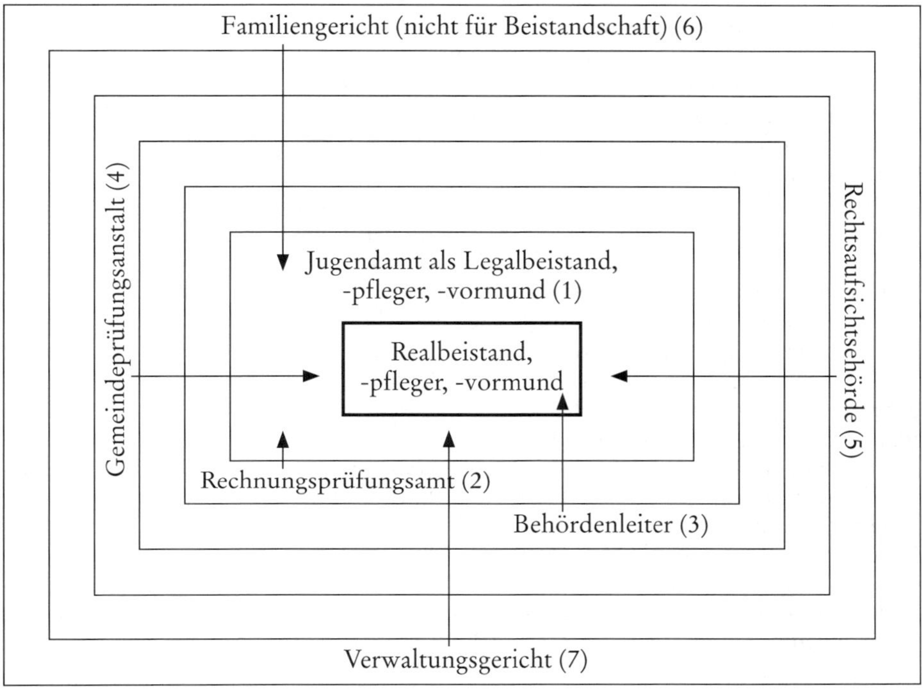

Prüfungsmaßstab ist für die einzelnen (1–7) Organe:
(1) Fachlichkeit
(2) kassentechnische Vorschriften und fiskalische Belange
(3) Fachlichkeit
(4) Haushalts-, Kassen-, Rechnungs- und Wirtschaftsführung
(5) Rechtmäßigkeit
(6) Pflichtwidrigkeit
(7) Rechtmäßigkeit

Demgegenüber ergibt sich ein Kernbereich autonomer Betätigung des Realbeistands, -pflegers, -vormunds aus der Eigenart seiner Aufgabe. Diese besteht darin, dass AP/AV die elterliche Sorge oder Teile hiervon ausüben, also insoweit Elternersatz sind. Dies setzt ein individuelles Vertrauensverhältnis zum Kind voraus. Für den Beistand gilt dies nicht in derselben Weise, da sein Aufgabenkreis persönliche Betreuung des Kindes nicht erfordert, aber doch ein persönliches Vertrauensverhältnis zum antragstellenden Elternteil voraussetzt. Als ein Ausfluss der Dienstaufsicht[83] lässt sich eine Weisungsbefugnis und das Recht zur **Kontrolle der Erledigung der Dienstgeschäfte** im Rahmen des allgemeinen Rechts des öffentlichen Dienstes grundsätzlich nicht bestreiten (§ 35 BeamtStG und die entsprechenden Landesbeamtengesetze, zB § 74 LBG BW). Für Angestellte ergibt sich ihre Weisungsabhängigkeit aus dem arbeitsvertraglichen Direktionsrecht (§ 611 BGB). Diese Weisungsabhängigkeit

[83] Wegen der Kompetenzen der Verwaltungsspitze insoweit → Rn. 22.

besteht nach der gesetzlichen Regelung im Beamtenrecht nur dann nicht, wenn ein Gesetz dies besonders bestimmt. In § 55 SGB VIII ist dies ausdrücklich nicht bestimmt. Die Frage ist aber, ob es angesichts der Eigenart der Führung einer Beistandschaft/Pflegschaft oder Vormundschaft einen weisungsfreien Raum gibt, der der Verwaltungsspitze der Trägerkörperschaft nicht zugänglich ist. Damit verbindet sich die weitere Frage, ob und in welchem Umfang der nach § 55 Abs. 2 SGB VIII Beauftragte die ihm zugewiesenen Beistandschaften/Pflegschaften oder Vormundschaften weisungsfrei gegenüber der Leitung des JA führt. Hier herrscht viel Streit, aber auch viel Unklarheit.[84]

70 Die Unklarheiten scheinen hauptsächlich davon herzurühren, dass die Führung der Vormundschaft oder Pflegschaft (der Beistandschaft ohnehin) in der Tat in einer Beziehung grundsätzlich weisungsfrei ist: **frei von Weisungen des FamG.** Das FamG kann einem Vormund und Pfleger keine Direktiven geben, wie er sein Amt zu führen habe, weder allgemein noch im Einzelfalle.[85] Nur im Rahmen der Aufsicht können auch Weisungen erteilt werden. Seine Aufsicht (§ 1837 BGB) beschränkt sich auf die Überwachung, ob die Vormundschaft (Pflegschaft) im Einklang mit den Gesetzen geführt wird, und auf die Möglichkeit des Einschreitens gegen feststellbare Pflichtwidrigkeiten. Zur gesetzmäßigen Führung gehören auch bestimmte, genau umrissene Auskunfts-, Berichts- und Rechnungslegungspflichten (§§ 1839 ff. BGB). In Fragen des Ermessens dagegen hat das FamG dem Vormund (Pfleger) bei seiner Amtsführung nichts hineinzureden, soweit es die Zweckmäßigkeit seines Handelns betrifft.[86] Hier handelt er ausschließlich eigenverantwortlich. Diese Weisungsfreiheit steht deshalb selbstverständlich auch dem JA als AV/AP und ebenso dem nach § 55 Abs. 2 SGB VIII Beauftragten zu. Von den Zwangsmitteln, die dem FamG beim Einschreiten gegen einen pflichtwidrigen Vormund (Pfleger) zu Gebote stehen, ist hier sogar das Zwangsgeld ausgeschlossen (§ 1837 Abs. 3 S. 2 BGB). Daneben besteht[87] die verwaltungsgerichtliche Kontrolle (§ 40 VwGO), da der Prüfungsmaßstab ein anderer ist als für das FamG (→ Rn. 69).

71 Damit ist aber noch nicht die Frage nach einer etwaigen **innerbehördlichen Weisungsfreiheit** beantwortet. Vorab dazu ein Dreifaches. Wenn dem FamG bei Pflichtwidrigkeiten des JA, etwa nachhaltiger Vernachlässigung von Auskunfts-, Berichts- und Rechnungslegungspflichten die Möglichkeit einer Durchsetzung seiner Anordnungen mit Zwangsgeld versagt ist, hat es nur den Weg der Dienstaufsichtsbeschwerde. Alsdann muss die Verwaltungsspitze der Trägerkörperschaft im Aufsichtswege eingreifen können. Das andere: Da die Trägerkörperschaft für Schäden aus schuldhaftem Versagen in der ordnungsmäßigen Führung der AB/AP/AV haftet, muss ihre Verwaltungsspitze die Möglichkeit haben, solcher Haftung vorzubeugen. Deshalb ist sie befugt, allgemeine Prüfungen und auch Ad-hoc-Prüfungen der AB/AP/AV, sämtlicher oder gezielt einzelner, durch sog. Binnenprüfer (auch: Controller) vornehmen zu lassen mit dem Ziel, regressträchtige Tatbestände aufzudecken und das Erforderliche durch dienstliche Weisungen in die Hand zu nehmen.[88] Das dritte: Maßnahmen in der staatlichen Rechtsfürsorge bringen nicht selten, soweit zureichendes

[84] Klarheit schafft das Gutachten von *Schlüter* und *Rießelmann*, abgedruckt in FuR 1991, 150.

[85] Einzige Ausnahme: § 1838 BGB; sie kann allerdings gerade bei Amtsmündeln in der AV praktisch werden. Wo deshalb das FamG Weisungen erteilen kann, wäre der beauftragte Realvormund auch innerdienstlichen Weisungen unterworfen.

[86] Ebenso LG Kempten DAVorm 1995, 1064.

[87] aA *Schwarz* in Krug/Riehle SGB VIII § 56 Rn. 15.

[88] aA *Schlüter/Rießelmann* FuR 1991, 150 (153).

Mündelvermögen fehlt (§ 1835 Abs. 4 S. 1 BGB), auch wenn die Sozialhilfe eintritt, finanziellen Aufwand für die Kasse der Trägerkörperschaft mit sich. Laufende Kosten in üblichem Rahmen (Bevorschussung eines Anwalts im Ausland zur Führung eines dortigen Unterhaltsprozesses, Kosten der Rückführung eines aus der Heimunterbringung entwichenen Amtsmündels) wird die staatliche Rechtsfürsorge aus eigener Entschließung anfallen lassen dürfen. Sie sind ebenso wie die Sachkosten des JA im Etat der Trägerkörperschaft auszuweisen. Für außergewöhnlich aufwändige Maßnahmen kann die Verwaltungsspitze der Trägerkörperschaft sich die Genehmigung durch allgemeine Weisung vorbehalten. Dergleichen kann zB bei außergerichtlicher Begutachtung zum Zwecke der Vorbereitung eines wiederaufzunehmenden Abstammungsverfahrens notwendig werden; hierzu auch → Rn. 113. Gegenbeispiel: Sollte ein nach § 1806 BGB anlagepflichtiges Mündelvermögen vorhanden sein, dürfen Dienstanweisungen – solche gab es – nicht vorschreiben, dass es bei der Kasse der Trägerkörperschaft anzulegen sei: § 1805 S. 2 BGB lässt das lediglich zu, nimmt dem AP/AV aber nicht die eigene, in der Verantwortung gegenüber dem FamG und dem Mündel (Pflegling) zu treffende Entscheidung, ob im Mündelinteresse einer anderweitigen Anlagemöglichkeit nach § 1807 BGB der Vorzug zu geben sei. Auch eine Anlage bei der kommunalen Sparkasse der Trägerkörperschaft, geschweige denn eine „Umschichtung" auf diese, kann deshalb nicht vorgeschrieben werden.

Im Besonderen wird immer wieder diskutiert,[89] ob die **Rechnungsprüfungsämter** der Trägerkörperschaften berufen sind, die Tätigkeit des JA auf dem Gebiet der Führung von AP/AV zu prüfen. Für die Einhaltung kassentechnischer Vorschriften ist das sicherlich zu bejahen, sei es, dass eine besondere Mündelgeldkasse geführt wird, sei es, dass Mündelgelder über die Kasse der Trägerkörperschaft laufen. Denn zum Erlass solcher Vorschriften, soweit sie nicht bereits als übergeordnetes Recht existieren, ist die Verwaltungsspitze der Trägerkörperschaft ohne Zweifel auch mit Wirkung für die AP/AV befugt. Sie kann anordnen, dass Schriftstücke im Kassenverkehr über Mündelgelder von zwei Bediensteten aus dem Kreise der nach § 55 SGB VIII Beauftragten zu zeichnen seien. Schließlich darf die Prüfung durch das kommunale Rechnungsprüfungsamt sich auch darauf erstrecken, ob und was die fiskalischen Belange der Trägerkörperschaft erfordern. So, ob noch rückständige Unterhaltsansprüche gegen den Vater nach § 94 SGB XII oder § 33 SGB II oder § 7 UVG geltend gemacht werden können, nachdem der Leistungsträger einstweilen für den Unterhalt des Kindes eingetreten war. 72

Was dagegen dem Rechnungsprüfungsamt nicht zusteht, sind Beanstandungen, die die Führung der AP/AV in der **Bewirtschaftung von Mündelvermögen** zum Gegenstande haben (→ Rn. 78). Denn insoweit handelt es sich nicht um Vermögen der Trägerkörperschaft, dessen Kontrolle die kommunale Rechnungsprüfung allein zu dienen hat. Das Rechnungsprüfungsamt hat also nicht zu beanstanden: dass für den Mündel überflüssigerweise ein neuer Wintermantel angeschafft worden sei (der alte „habe es auch noch getan"), dass Unterhaltszahlungen des Vaters für einen Ferienaufenthalt in einem auswärtigen Ferienlager verwandt worden seien (es hätte ein gemeindeeigenes zur Verfügung gestanden), dass die Anmeldung von Halbwaisenrentenansprüchen, die dem Amtsmündel nach einem verstorbenen Stiefvater zustehen, verzögert worden sei (rechtzeitige Zahlbarmachung würde allenfalls den unterhaltspflichtigen Vater entlastet haben). Fälle, wie sie immer wieder vorkommen – aber hier ist ein Bereich berührt, 73

[89] Dazu ausführlich *Kunkel* ZKJ 2016, 9 und *Schoch* NDV 1978, 314.

der die kommunale Rechnungsprüfung schlechthin nichts angeht, weil Belange des kommunalen Etats nicht betroffen sind.[90]

74 Das eigentliche Problem ist indessen nicht das **Weisungsrecht** der Verwaltungsspitze der Trägerkörperschaft, sondern das **der Leitung des Jugendamts.** Die Führung einer Beistandschaft/Pflegschaft oder Vormundschaft umschließt einen Kreis laufender Maßnahmen und ständig sich erneuernder Verantwortlichkeiten, die vom Ziel her aufeinander bezogen sind und sich über einen längeren Zeitraum erstrecken (→ Rn. 140). Sie sind in diesem Sinne eine untrennbare Einheit. Aus ihr können nicht beliebige Einzelstücke „herausgebrochen" werden, ohne dass derjenige, der für das Ganze verantwortlich ist, außerstande gesetzt wäre, dieses Ganze auch weiterhin zu vertreten. Der beauftragte AB/AP/AV braucht deshalb grundsätzlich eine Einmischung in seine Amtsführung nicht zu dulden, von der Leitung des JA nicht, und auch nicht in der Weise, dass diese einzelne Entscheidungen an sich zieht (zu ihrer eigenen Zuständigkeit → Rn. 131). Ihn „gängeln" zu wollen, widerspräche der Vorstellung, aus der heraus er im Vollzug des Gesetzes eingesetzt worden ist. Er hat also **in eigener Verantwortung** zu entscheiden:

- ob er für einen unbegleiteten Minderjährigen gegen die Entscheidung des Bundesamtes Rechtsmittel einlegt;
- ob der Anerkennung der Vaterschaft namens des Kindes (§ 1595 Abs. 2 BGB) zugestimmt werden soll;
- gegen welchen der mehreren Sexualpartner der Mutter aus der gesetzlichen Empfängniszeit das gerichtliche Verfahren zur Feststellung der Vaterschaft (§ 1600d Abs. 2 BGB) eingeleitet werden soll;
- welcher Unterhalt nach der zur Anwendung kommenden „Tabelle" vom Vater verlangt werden soll;
- ob einem berechtigt erscheinenden Verlangen des Vaters auf Unterhaltsherabsetzung (→ Rn. 62 Fn. n) entsprochen werden soll;
- ob einer Einbenennung (§ 1618 BGB) oder einer Adoption (§ 1746 BGB) zuzustimmen sei;
- ob zur Berechnung des Erbanspruchs oder des Pflichtteils des Kindes der Antrag aus § 1994 BGB (Inventarfrist) zu stellen oder aber der Weg des § 2314 BGB zu beschreiten sei, usw.

Hier handelt es sich um Entscheidungen in einem dem Kindeswohl verpflichteten Beurteilungsspielraum. Solange der die Vormundschaft oder Pflegschaft Führende die rechtlichen Grenzen einhält – zu deren Beachtung er allerdings angehalten werden könnte[91] –, braucht er Weisungen, wie er sich zu entscheiden habe, nicht entgegenzunehmen. In dieser Weisungsfreiheit wirkt das Bild des früheren Berufsvormunds (vgl. → § 19 Rn. 1) fort. Freilich dürfte der beauftragte AB/AP/AV es nicht zu förmlicher Obstruktion kommen lassen, weil ja das durch seinen Leiter vertretene JA als der – gesetzliche – Beistand/Pfleger/Vormund für die Führung der Beistandschaft/Pflegschaft/Vormundschaft im letzten verantwortlich bleibt: Bestünde im Streitfalle der Leiter auf seinem Standpunkt, müsste der Beauftragte um Entbindung von der Führung dieser Beistandschaft/Pflegschaft/Vormundschaft nach-

[90] Gesetzlich geregelt ist die Kontrolle durch das gemeindliche Rechnungsprüfungswesen für Baden-Württemberg in § 25 Abs. 2 LKJHG, wonach die Verwaltung von Mündelvermögen – in entsprechender Anwendung der Vorschriften über die Aufsichtsprüfung der Gemeinden – zu prüfen ist. Insoweit ist einschlägig § 12 Abs. 2 der Gemeindeprüfungsordnung: aber auch ihr Gegenstand ist nur die Beachtung von Rechts- und Verwaltungsvorschriften.

[91] Weil das JA selbst insoweit der Aufsicht durch das FamG unterliegt.

suchen. Darin liegt der Unterschied zum allgemeinen Recht des öffentlichen Dienstes (vgl. § 35 BeamtStG).

Aus dem Gesagten folgt, dass auch **Beschwerden gegen die Amtsführung** an den Leiter des JA nur begrenzte Wirkung haben können. Nur rechtlich fehlerhaftes, also auch ermessensfehlerhaftes Verhalten lassen sich rügen. Sonst aber bliebe allenfalls zu erreichen, dass der Beschwerdeführer den Vorgesetzten überzeugt, dieser sich berichten lässt und gegebenenfalls versucht, seine eigene Auffassung mit vielleicht besseren Gründen zur Geltung zu bringen; äußerstenfalls den beauftragen AB/AP/AV zu veranlassen, um Entbindung von der Führung der betreffenden AB/AP/AV nachzusuchen (→ Rn. 74 aE). Eine Befugnis, weisungsfrei ergangene Entscheidungen des Beauftragten aus vermeintlich höherer Zuständigkeit zu widerrufen oder rückgängig zu machen, steht dem Leiter des JA jedenfalls nicht zu. 75

Doch hat auch die so umrissene Weisungsfreiheit ihre **Grenzen.** AB/AP/AV sind im JA und für dieses ein typisches Massengeschäft. In hierbei auftretenden, stets gleichbleibenden Fragen muss das JA mit einer einheitlichen Sprache sprechen, müssen einheitliche Grundsätze verbindlich aufgestellt werden können. Die Leitung des JA hat insoweit eine **Richtlinienkompetenz** (abstrakt-generelle Regelung im Unterschied zu – unzulässiger – konkret-individueller Regelung) Das kann dann Punkte betreffen wie die: 76

- welche Dauer der Strafhaft als eine „nicht nur vorübergehende" für die Bearbeitung eines Antrags auf Herabsetzung des Unterhalts auf null (→ Rn. 62) anzusehen sei;
- welche Mindestzeitdauer einer Adoptionspflege als „angemessene" (§ 1744 BGB) anzusehen sei, um hiervon die Einwilligung in eine Adoption nach § 1746 BGB abhängig zu machen;
- welche Anteile einer Ausbildungsvergütung dem Kind billigerweise als auf den Unterhaltsanspruch nicht anrechenbar anzusetzen seien;
- nach welchen Grundsätzen vom Vater Unterhalt zu verlangen ist (vgl. → § 19 Rn. 44).

Es handelt sich hierbei also in erster Linie um Fragen der einheitlichen Auslegung unbestimmter Rechtsbegriffe. Aber auch Ermessensfragen lassen sich durch Richtlinien einheitlich regeln. Wegen des Grundsatzes der Selbstbindung der Verwaltung müssen diese Ermessensausübungsrichtlinien beachtet werden.

Überhaupt kann allgemeine Weisung bestimmen, dass in zweifelhaften oder grundsätzlichen Fragen aus Anlass des Einzelfalles die **Gegenzeichnung** der Leitung des JA einzuholen sei. Das mag dann Entschließungen betreffen, die die Einlegung eines Rechtsmittels gegen gerichtliche Entscheidungen (erst recht deshalb: den Antrag auf Wiederaufnahme eines rechtskräftig abgeschlossenen Verfahrens), oder die Einwilligung zur Adoption durch Familien, die bestimmten Sekten angehören, oder die Zustimmung zu einer Operation mit zweifelhaftem Ausgang, der ein Kind sich unterziehen soll, zum Gegenstand haben. Auch kann die Leitung des JA sich die Gegenzeichnung vorbehalten für solche Maßnahmen, die eine Genehmigung des FamG notwendig machen, wie 77

- die Kapitalisierung einer Schadensrente nach § 844 Abs. 2 iVm § 843 Abs. 2 BGB im Wege des Vergleichs (§ 1822 Nr. 12 BGB),
- die Ausschlagung einer Erbschaft (§ 1822 Nr. 2 BGB)[92]
  oder die vom FamG aufgehoben werden können, wie
  die Versagung der Einwilligung in die Adoption (§ 1746 Abs. 3 BGB) oder die in einem Zuständigkeitsstreit mit der Mutter auf eine Entscheidungsbefugnis des FamG

[92] Zu dieser BGH JAmt 2014, 348 mit Anm. *Joos* JAmt 2014, 554.

zulaufen (§ 1673 Abs. 2 S. 3 Hs. 2 iVm § 162, § 1630 Abs. 2 BGB). Die Leitung des JA darf legitimes Gewicht darauf legen, das Risiko der Zurückweisung nicht hinreichend begründbarer Anträge, womöglich in wiederholten Fällen, oder der Desavouierung des vom beauftragten AP/AV eingenommenen Standpunkts durch das FamG nicht unnötig einzugehen.

78 Eine **begrenzte (relative) Weisungsfreiheit** des nach § 55 SGB VIII Beauftragten nehmen ebenso an: *Schwarz*[93]; *Walther*[94]; *H.Schellhorn*[95]; *Hoffmann/Proksch*[96]; *Fröschle*[97] und das DIJuF[98]; weitergehend *Arndt*[99], der eine Weisungsbefugnis der Leitung des JA nur mit dem Ziel der Abstellung von Gesetzwidrigkeiten und Pflichtwidrigkeiten anerkennt. Einschränkend dagegen *Mrozynski*[100], der grundsätzliche Weisungsgebundenheit annimmt. Mit der hier vertretenen Abgrenzung stimmen im Wesentlichen überein *Schlüter/Rießelmann*[101]. Wenn dort allerdings, entgegen oben → Rn. 72, eine umfassende Kontrollbefugnis der kommunalen Rechnungsprüfung bejaht wird mit dem Argument, sie rechtfertige sich als Schließung einer Lücke angesichts des Privilegs aus §§ 38 Abs. 3 JWG (§ 1857a BGB), 1854 BGB, insoweit danach das JA als AP/AV weder dem VormG (heute: FamG) noch dem Mündel rechenschaftspflichtig sei, so liegt dem eine offensichtliche Verwechselung von Rechenschaftspflicht und Rechnungslegungspflicht zugrunde. Beides ist etwas durchaus Verschiedenes. Die genannten Befreiungen beziehen sich auf die Rechnungslegung (gegenüber dem FamG), nicht auf die Rechenschaft (gegenüber dem Mündel, gegebenenfalls dem Nachfolger im Vormundsamt). Wo Vormund und Pfleger dem Mündel (Pflegling) für Pflichtwidrigkeiten in der Führung des Amtes rechenschaftspflichtig wären, haben sie sich selbstverständlich auch dem FamG gegenüber zu verantworten, ganz unabhängig von der periodischen Rechnungslegung. Eine Lücke, die die kommunale Rechnungsprüfung zu schließen hätte, liegt nicht vor.

78a **Zusammengefasst** ergibt sich: Es besteht ein Kernbereich weisungsfreier Tätigkeit des Realbeistands, -pflegers, -vormunds. Die Weisungsfreiheit endet dort, wo die Aufsicht des FamG (nicht für die Beistandschaft) beginnt. Diese Aufsicht erstreckt sich darauf, dass keine Pflichtwidrigkeit begangen, die Tätigkeit also rechtmäßig ausgeübt wird. Pflichtwidrigkeit liegt vor, wenn Interessen (das Wohl) des Kindes nicht beachtet werden. Auch die Ermessensausübung kann auf Pflichtwidrigkeit hin überprüft werden. Innerbehördlich unterliegt der Beauftragte der allgemeinen Dienstaufsicht. Diese endet grundsätzlich dort, wo es um seine spezifische Tätigkeit der Interessenwahrnehmung für das Kind geht. Ausnahmsweise auch dort ist er aber Weisungen unterworfen, wenn erstens auch das JA als Legalpfleger oder -vormund Weisungen des FamG unterliegt, also bei Gesetz- und Pflichtwidrigkeit; zweitens bei haftungsbegründendem Handeln; drittens durch Auslegungs- und Ermessensausübungsrichtlinien zur Gewährleistung der Gleichbehandlung; viertens durch allgemeine Vorbehalte und Zu-

---

93 In Krug/Riehle SGB VIII § 56 Rn. 15.

94 In Wiesner SGB VIII § 55 Rn. 84.

95 In Schellhorn/Fischer/Mann/Kern SGB VIII §55 Rn. 20.

96 In FK-SGB VIII § 55 Rn. 20

97 jurisPK SGB VIII § 55 Rn. 42.

98 Rechtsgutachten JAmt 2004, 233.

99 ZBlJR 1972, 209 (213, 214) und *Schleicher* GK-SGB VII, § 55 Rn. 28.

100 SGB VIII § 55 Rn. 18; ähnlich BAG NVwZ 1992, 104, das eine Bindung an Weisungen des Arbeitgebers insoweit bejaht, wie sie nicht den Belangen des Mündels zuwiderlaufen; ebenso OVG Berlin NJW 1988, 1931; anders BGH FamRZ 1999,1342 und DIJuF-Rechtsgutachten JAmt 2007, 534: „Beurteilungsspielraum für den Bediensteten".

101 FuR 1991, 150.

stimmungserfordernisse, die den Rahmen der Beauftragung ausfüllen. Schranke aller vier Einschränkungen („Schranken-Schranke") ist, dass sie die Interessen des Kindes nicht verletzen.

3. Behördenrang in der staatlichen Rechtsfürsorge nach außen. a) Behördliche Privilegien. Das JA genießt abgesehen von seiner vormundschaftsrechtlich privilegierten Sonderstellung (→ Rn. 106) die Vorzüge, die jeder Behörde für ihre Tätigkeit zukommen. Zu nennen sind zunächst die ausdrücklich geregelten. So das Privileg des § 114 Abs. 3 FamFG und des § 114 Abs. 4 Nr. 2 FamFG (für den Beistand) (Befreiung vom Anwaltszwang),[102] und das des § 73 Abs. 4 S. 4 SGG, wonach Behörden im Revisionsverfahren vor dem Bundessozialgericht selbst rechtswirksam handeln und auftreten können. Das JA kann deshalb die Waisenrentenansprüche seines Mündels durch eigene Revisionseinlegung vor dem Bundessozialgericht verfolgen und die Revision in der Person des beauftragten AV (→ Rn. 136) oder eines von diesem bevollmächtigten Behördenbediensteten in der mündlichen Verhandlung vertreten lassen.[103] Ein weiterer Fall ist § 46 iVm § 43 Abs. 1 GBV: Eine Behörde ist von dem Zwang befreit, die Einsichtnahme in das Grundbuch und das Verlangen von Abschriften daraus mit der Vorlage eines berechtigten Interesses (§ 12 Abs. 1 GBO) belegen zu müssen; diesen Vorzug kann deshalb auch das JA in Mündelangelegenheiten sich zunutze machen. 79

Mittelbar ergibt sich ein Behördenprivileg aus dem Recht der öffentlichen Urkunde (§ 415 ZPO). Behörden, die ein öffentliches Siegel führen, brauchen ihre Erklärungen dort, wo **öffentliche Beglaubigung** vorgeschrieben ist, nicht, wie sonst, vom Notar beglaubigen zu lassen. Es genügt die Unterschrift des zur Siegelführung berechtigten Beamten unter Beidruck des Dienstsiegels, weil dadurch bereits eine öffentliche Urkunde mit der gleichen Beweiskraft wie die öffentliche Beglaubigung geschaffen wird. So hat es der BGH für rechtsgeschäftliche Erklärungen des beauftragten AV ausgesprochen.[104] Der damalige Fall betraf eine Einwilligung nach § 1706 Abs. 2 BGB aF. Er kann unter neuem Recht praktisch werden etwa für die Erbschaftsausschlagung (§ 1945 Abs. 1 BGB) oder für die Zustimmungserklärung zur Anerkennung der Vaterschaft nach § 1595 Abs. 2 BGB und in der Einbenennung (§ 1618 S. 5, 6 iVm § 1617c Abs. 1 S. 3 BGB). Bemerkt sei jedoch, dass öffentliche Beurkundungen nicht unter dieser freieren Form abgewickelt werden können. Der beauftragte AP/AV, der einer Vaterschaftsanerkennung zustimmen will (§ 1595 Abs. 2 BGB), muss sich der förmlichen Verhandlung mit Niederschrift gemäß §§ 8 ff. BeurkG wie jeder andere unterwerfen. 80

Behörden genießen den Vorzug, für ein Tätigwerden in privatrechtlichen Funktionen nicht dem Willen Beteiligter beliebig dienstbar sein zu müssen. Soweit Eltern befugt sind, letztwillig einen Vormund für ihre Kinder zu benennen (§ 1777 BGB), ist eine Benennung des JA nicht möglich (dafür kann das JA aber auch nicht nach § 1782 BGB von den Eltern rechtsgültig ausgeschlossen werden), § 1791b Abs. 1 S. 2 BGB. Scheinväter, auf die die Unterhaltsansprüche des Kindes nach § 1607 Abs. 3 BGB übergegangen sind, können nicht durch Rückübertragung solcher Ansprüche auf das Kind erreichen wollen – an Versuchen hat es nicht gefehlt –, dass daraufhin der Beistand, ungefragt, sie nach § 1712 Abs. 1 Nr. 2 BGB „für Rechnung des Scheinvaters" geltend zu machen habe. Der Rückerwerb vollzieht sich auf Seiten des Kindes durch die Mut- 81

---

[102] DIJuF-Rechtsgutachten JAmt 2009, 437.

[103] BSG NJW 1956, 1773; ebenso *Dapprich* NJW 1957, 289 gegen die dort angeführten, im Schrifttum gelegentlich erhobenen Zweifel.

[104] BGH FamRZ 1966, 505.

ter; Verträge zu Lasten Dritter kennt das geltende Recht nicht. Möglichkeiten, die hier die öffentliche Hand als Übergangsgläubiger über Amtshilfe nutzen kann, stehen dem Scheinvater nicht zu Gebote.

82 **b) Amtshilfe.** Behörden können zur Durchführung ihrer Aufgaben unter gesetzlich bestimmten Voraussetzungen (im SGB – Bereich nach § 3 SGB X, außerhalb dieses nach LVwVfG, zB § 4 LVwVfG BW; allgemein nach Art. 35 Abs. 1 GG) Amtshilfe anderer Behörden in Anspruch nehmen. Auch das JA in seiner Eigenschaft als AB/AP/AV ist deshalb **hierzu berechtigt.** Es kann polizeiliche Vollzugsorgane ersuchen, bei der Fahndung nach einem aus dem Heim entwichenen[105] Jugendlichen und seiner zwangsweisen Inobhutnahme (§ 42 SGB VIII; die Polizei leistet Vollzugshilfe zB nach § 26 Abs. 2 LKJHG BW) und Rückführung behilflich zu sein. Als AV kann es, in Wahrnehmung des Einsichtnahmerechts nach § 357 FamFG, das Gericht um Überlassung der Nachlassakten des verstorbenen Vaters ersuchen, um daraus feststellen zu können, ob für den Mündel die Erbschaft ausgeschlagen werden soll (der Einzelvormund müsste um kostenpflichtige Übersendung der Akten an die Geschäftsstelle des für ihn zuständigen Amtsgerichts nachsuchen und sich dorthin bemühen, will er das Einsichtnahmerecht persönlich ausüben). Ist ein Vaterschaftsverfahren rechtskräftig verlorengegangen, hat aber das JA als AB/AP/AV Kenntnis davon, dass in einem Meineidsverfahren gegen Mutter und Zeugen des Vaterschaftsverfahrens ein neuerliches Gutachten über die Vaterschaft eingeholt worden ist, so kann es die Staatsanwaltschaft um Überlassung dieses Gutachtens ersuchen, um prüfen zu können, ob sein Inhalt Handhaben für einen Antrag auf Wiederaufnahme jenes früheren Verfahrens bietet. Als AB/AP/AV kann das JA ein auswärtiges JA ersuchen, im Amtshilfeweg und mit Terminsvollmacht einen Termin vor dem dortigen Amtsgericht in einem Vaterschafts- oder Unterhaltsverfahren wahrzunehmen.

Umgekehrt ist das JA in seiner Eigenschaft als AB/AP/AV anderen Behörden zwar grundsätzlich gem. § 3 SGB X (→ Rn. 95) **zur Amtshilfe verpflichtet**, aber daran idR durch § 68 SGB VIII iVm § 35 Abs. 3 SGB I gehindert (→ Rn. 99–104), wenn damit nicht zumindest auch Interessen des Kindes verfolgt werden. So hätte es auf Ersuchen der Staatsanwaltschaft in einem von dieser betriebenen Verfahren zur Todeserklärung der Mutter eines Kindes (§ 16 Abs. 2 lit. a VerschG) Auskunft darüber zu erteilen, ob bei der Amtsvormundschaft Ermittlungen über den Verbleib der Mutter angestellt worden sind und von wann die letzte Nachricht über die Mutter datiert. – Die Inanspruchnahme von Amtshilfe anderer Behörden durch Ersuchen um Aktenübersendung hat für das JA als AB/AP/AV – ungeachtet des Datenschutzes nach § 68 SGB VIII (→ Rn. 99–104) – einige **immanente Grenzen,** die sich teilweise auch aus den Datenschutzregelungen ergeben, die für die ersuchte Behörde gelten. Um einen „Freund" der Mutter als möglichen Vater des Kindes in Erfahrung zu bringen, kann es nicht die Akten seines Ehescheidungsverfahrens anfordern, um sie einer Durchsicht nach Ehebruchsvorwürfen zu unterziehen, über die es gerüchtweise Kenntnis erhalten hat. Hier kehrt sich die Intimsphäre gegen das JA (schon Anordnungen der Justizverwaltung über die Offenlegung von Scheidungsakten gegenüber Nicht-Verfahrensbeteiligten ließen es auflaufen); s. im Übrigen auch → § 19 Rn. 43. Fakten aus dem persönlichen Bereich des Vaters, die er nur auf Auskunftsklage offenzulegen gezwungen werden kann (§ 1605 BGB), können nicht unter Umgehung dieses Weges

---

[105] Von den ca. 40.000 unbegleiteten minderjährigen Ausländern, die von den JÄ bis Dezember 2015 in Obhut genommen worden sind, entweicht ein erheblicher Teil, zB im Ortenaukreis zwischen Sept. u. Nov. 2015 fast jeder zweite, in Freiburg 56 von 420 (Quelle: Badische Zeitung v. 19.12.2015).

aus Akten anderer Behörden erhoben werden: Das JA als AV kann nicht vom Gericht die Akten über einen fremden Erbfall, an welchem der Vater als Miterbe beteiligt ist, beiziehen, um daraus Feststellungen wegen seiner für die Unterhaltspflicht maßgebenden Vermögensverhältnisse zu treffen. Das unter AVt stehende Kind kann in diesem Punkte nicht besser gestellt sein, als wenn es einen Einzelpfleger (vgl. → § 11) hätte.

c) Rechtliche Aspekte der Teilnahme am allgemeinen Behördenverkehr. Behörden untereinander verkehren in laufenden Angelegenheiten **grundsätzlich schriftlich.** Was es damit im Einzelfalle für das JA als AB/AP/AV auf sich haben kann, beleuchtet ein Vorkommnis aus der Praxis: 83

Ein Familienrichter hatte in einer Sorgerechtssache, um sich über bestimmte tatsächliche Umstände in Ergänzung der vom JA vorgelegten Stellungnahme ein Bild zu verschaffen, den sachbearbeitenden Beamten des JA (noch dazu eines auswärtigen) zu einem Erörterungsterim „geladen"; nicht etwa als Zeugen, sondern als amtliche Auskunftsperson. Es ging um die Abänderung eines voraufgegangenen Beschlusses (§ 1696 BGB), der der Mutter das Sorgerecht nach der Scheidung übertragen hatte. Das gewählte Vorgehen war nicht nur in der Form ungehörig. Keine Behörde braucht einen solchen Eingriff in den Ablauf ihrer Dienstgeschäfte hinzunehmen. Es war auch im Verfahren verfehlt. Jugendämter erteilen, wie jede Behörde gegenüber einer gleichgeordneten, nachgesuchte Stellungnahmen und Auskünfte auf schriftlichem Wege. Sie sind nicht, auch nicht einem Gericht gegenüber, verpflichtet, ihr Personal auf Ladung hin zu Erörterungen über Tat- oder Rechtsfragen zu „gestellen". So weit geht insbesondere weder die Unterstützungspflicht nach § 50 SGB VIII (das JA hat ihr, soweit es um Auskünfte geht, schriftlich, allenfalls fernmündlich zu genügen), noch könnte das FamG eine Anhörung des JA nach § 50 Abs. 1 SGB VIII in dieser Art praktiziert verlangen, schon deshalb nicht, weil keine Mitwirkungspflicht des JA gem. § 50 Abs. 1 S. 2 SGB VIII besteht, da in § 162 FamFG keine entsprechende Anhörungspflicht des JA für diese Entscheidung des Familiengerichts vorgesehen ist.[106]

Der Fall lässt sich unschwer auf die Ebene der AVt/APt umdenken. Wäre das JA nach § 1673 Abs. 2 BGB zum Pfleger für die Personensorge bestellt gewesen, hätte das Familiengericht allenfalls einen Termin zur persönlichen Anhörung des Kindes (§ 159 FamFG) unter Zuziehung des die Pflegschaft bearbeitenden Beauftragten des JA anberaumen können. Nicht aber hätte es den letzteren als Auskunftsperson „zitieren" dürfen, um Tatsachen seines amtlichen Wissens zu erheben. Auch das dürfte nur durch ein an das JA als AP – nicht an den Beauftragten! → Rn. 131 – zu richtendes Ersuchen um schriftliche, gegebenenfalls ergänzende Auskunft geschehen, oder, wenn das nicht genügte, durch förmliche Ladung des Beauftragten als Zeugen: dann aber gegen die gesetzliche Entschädigung und unter der Obliegenheit des Gerichts, sich um die Aussagegenehmigung zu bemühen.

4. Die Führung der ABt/APt/AVt und die Wahrung des öffentlichen Interesses. Der Einzelvormund ist ausschließlich dem Interesse des Mündels verpflichtet. Interessen Dritter, gar solche der öffentlichen Hand, zu fördern ist nicht seine Sache. Das JA als AB/AP/AV muss sich hier mit abgewandelten Maßstäben messen lassen. Es ist Behörde, hat zwar stets und vorrangig die Kindesinteressen zu wahren, darf jedoch, soweit das Kindesinteresse nicht entgegensteht, nicht die Belange des Staates, überhaupt die der Allgemeinheit vernachlässigend agieren. Insofern bleibt auch das 84

---

[106] Vgl. *Berneiser/Röchling* in LPK-SGB VIII § 50 Rn. 5.

öffentliche Interesse für das JA verbindlich. Wird einem Kind Hilfe zum Lebensunterhalt vom Sozialamt oder Sozialgeld vom Jobcenter gewährt, weil die Eltern für den Barbedarf leistungsunfähig sind, ist der AP gehalten, im Interesse der Ersparung von Sozialhilfe oder Sozialgeld unterhaltspflichtige Großeltern zum Unterhalt heranzuziehen, auch wenn dem Leistungsträger die Geltendmachung dieses Anspruchs verwehrt ist, weil sein Übergang gem. § 94 Abs. 1 S. 3 SGB XII bzw.§ 33 SGB II ausgeschlossen ist, dieser selbst auch das Kind nicht an die Großeltern verweisen könnte (§ 2 SGB XII bzw. § 5 SGB II verlangt „bereite Mittel"). Ist das Kind durch eine zwar strafbare Handlung, aber nur unwesentlich geschädigt worden und hat es seinen Schadensausgleich erhalten, ist der AP/AV vollauf gerechtfertigt, wenn er davon absieht, noch mit einer Strafanzeige oder einem Strafantrag namens des Kindes (selbst wenn dieses das wünschen sollte) Staatsanwaltschaft und Gericht in Bewegung zu setzen. Einem Einzelvormund mag man es nachsehen, wenn er bei Wahrung des Rechtsstandpunkts seines Mündels die Grenzen des Zulässigen ausschöpft: Der beauftragte AB/AP/AV ist es dem Ansehen seiner Behörde schuldig, den durch längere Arbeitslosigkeit oder Erkrankung zur Aufbringung des Unterhalts außerstande geratenen Vater nicht an der fehlenden Stellung des Antrags auf Herabsetzung (§ 238 FamFG) auflaufen zu lassen und seine bessere behördliche Kenntnis der Rechtslage gegen ihn auszuspielen, indem er sie ihm geflissentlich vorenthält. Auf weitere Sicht schlüge so etwas auch immer zum Nachteil des Kindes aus. Er sollte, wenn der Vater erkennbar rechtsunkundig und unbeholfen ist, ihn zu einer Besprechung kommen lassen und ihm die Möglichkeit einer Antragstellung anheimgeben. Überhaupt sollte er dem gutwilligen und gesprächsbereiten Vater – das ist der Sinn, aber auch die Grenze der vielberufenen **„partnerschaftlichen Zusammenarbeit"** – in offenem Gespräch mit sachkundiger Aufklärung an die Hand gehen; Fehlinformationen können einen Amtshaftungsanspruch begründen (→ Rn. 86). Fehlgriffe einer fremden Verwaltung in die Presse zu bringen, solange noch Aussicht auf eine interne, den Interessen des Kindes gerecht werdende Erledigung besteht, schädigt unnötig das Ansehen der öffentlichen Organe; das JA ist gut beraten, auch als AB/AP/AV den Anschein des beflissenen „ Saubermannes" zu vermeiden. Doch darf daraus nicht gefolgert werden, dass das JA Schadensersatzansprüche des Kindes gegen den Staat[107] nicht mit dem erforderlichen Nachdruck zu verfolgen habe. Überhaupt haben **fiskalische Interessen allgemeiner Art** bei der Abwägung gegen das Kindeswohl grundsätzlich zurückzustehen. Haben zwei Männer die Vaterschaft zu dem Kinde unabhängig voneinander anerkannt und wäre nur der erste für den Unterhalt zahlungsfähig, der zweite dagegen nicht, so dass das Kind bei Wirksamwerden der Anerkennung des Letzteren auf die Sozialhilfe oder auf Unterhaltsvorschüsse nach dem UVG (ohne Rückgriffsaussichten der Unterhaltsvorschusskasse gegen den Vater) angewiesen wäre, so ist der AP/AV einer (vielleicht mühevollen) Abwägung der größeren oder geringeren Vaterschaftswahrscheinlichkeit nicht dadurch enthoben, dass er die Möglichkeit hat, durch Zustimmung zur Anerkennungserklärung (§ 1595 Abs. 2 BGB) des Zahlungsfähigen die öffentlichen Kassen vor der Belastung mit Aufwendungen für den Kindesunterhalt zu bewahren.

85 **5. Amtshaftung. Verhältnis zur Vormundshaftung.** Dass eine schuldhaft unsachgemäße Führung der ABt/APt/AVt durch den mit ihrer Führung nach § 55 SGB VIII Beauftragten Schadensersatzpflichten auslöst, unterscheidet sich nicht von der

---

[107] Über die Rechtslage, wenn Mündelansprüche gegen die eigene Trägerkörperschaft des JA zu verfolgen wären, → Rn. 135.

Vormundschaft und Pflegschaft allgemeinen Rechts (siehe dazu → § 4 Rn. 19ff.). Allenfalls ist der Verschuldensmaßstab hier der ausgeprägtere. Der beauftragte AB/AP/AV hat nicht nur die bei einem jeden verständigen Erwachsenen vorauszusetzenden Kenntnisse und Beachtung der allgemeinen Sorgfalt in der Führung fremder Angelegenheiten walten zu lassen; er muss auch, wie ein jeder Amtsträger, darüber hinaus die für sein Arbeitsgebiet erlassenen Vorschriften beachten, vor allem die Grundsätze der einschlägigen Rechtsprechung kennen und sich über sie auf dem Laufenden halten. Bei Versäumung dieser Pflichten ist eine **Schadensersatzpflicht auf dreifacher Grundlage** zu erörtern: als allgemeine Vormundshaftung (§ 1833 BGB), als Haftung aus verletzter Aufsichtspflicht (§ 832 BGB), und – durch den öffentlichrechtlichen Charakter der AB/AP/AV bedingt – als Amtshaftung (§ 839 BGB iVm Art. 34 GG). Dass in allen Fällen nicht der Beauftragte persönlich, sondern ausschließlich die Trägerkörperschaft seines JA (→ Rn. 22) haftbar wird, ergibt sich für die Haftungsgrundlagen aus §§ 1833, 832 BGB aus der Beistands-, Vormunds- bzw. Pflegereigenschaft des JA als solchem (→ Rn. 137), für die Amtshaftung bereits aus Art. 34 GG.

Reine Amtshaftung, dh eine Haftung für Verletzung von Pflichten bei der Aus- **86**
übung eines öffentlichen Amtes, wird in erster Linie begründet durch **Schädigung Dritter.** Es muss sich um Geschädigte handeln, denen gegenüber gerade die spezifische Amtspflicht zum korrekten Handeln bestanden hatte. Der in Betracht kommende Kreis solcher Dritter ist verhältnismäßig begrenzt. Auszuscheiden hat der unterhaltssäumige Vater. Ihm gegenüber bestehen bei Verfolgung des Unterhalts keinerlei Amtspflichten, die in seinem Interesse zu wahren wären.[108] Er ist nichts als Schuldner des Anspruchs und Gegner, wenn er es zu einem Verfahren hat kommen lassen; gegen übermäßige Inanspruchnahme kann er sich waffengleich wehren und bürdet damit dem Kind das Risiko einer Belastung mit Verfahrenskosten auf. Die Entscheidung des Gerichts ist für und gegen ihn wie für und gegen das Kind maßgebend, ohne dass die AB/AP/AV hierauf unter pflichtwidrigem Vorgehen einen gesetzwidrigen Einfluss nehmen könnte (ausgenommen vielleicht Prozessbetrug, aber einen strafbar betrügerischen Sachvortrag darf man bei einer Behörde wie dem JA ausschließen). Anders liegt es jedoch, wenn ein Mann zu Unrecht als Vater belangt wird, ohne es zu sein. Zwar wird auch hier eine allgemeine Amtspflicht, jemanden nicht in die Feststellung der Vaterschaft zu einem Kinde hineinzuziehen, wenn er tatsächlich unbeteiligt ist, verneint.[109] Mindestens wäre sie nicht mit Schadensersatzansprüchen bewehrt. Als ein durch den Sachverhalt indizierter, möglicher Vater verklagt zu werden, gehört zu den Risiken, gegen die niemand generell in Schutz genommen werden kann; das rechtsstaatliche Verfahren gibt die Gewähr, den Vaterschaftsverdacht entkräften zu können. Wohl aber hat die Rechtsprechung unter Übernahme von Grundsätzen aus Entscheidungen des Bundesgerichtshofs[110] es als Amtspflichtverletzung gegenüber dem zu Unrecht als Vater in Anspruch genommenen Manne angesehen, wenn die zugrundeliegenden Ermittlungen der AP/AV unsorgfältig geführt worden waren.[111] Sogar gegenüber

[108] LG Lüneburg DAVorm 1986, 182.
[109] OLG Hamburg DAVorm 1968, 61.
[110] BGH FamRZ 1999,1342.
[111] LG Hamburg DAVorm 1968, 80 (Schaden: Kosten einer anwaltlichen Abwehr der angedrohten Klage); s. auch *Czerner* ZBlJR 1970, 76: Störung des Ehefriedens, Scheidungsdrohung der Ehefrau; OLG Schleswig DAVorm 1995, 749: die Amtspflichten des JA als AP sind nicht so angelegt, dass sie auch den Zweck haben würden, die Interessen des Scheinvaters jedenfalls mit wahrzunehmen.

dem wirklichen Vater können unter Umständen Amtspflichten bestehen, wenn er nicht in der bloßen Gegnerschaft beim Unterhaltsanspruch dem JA als AB/AP/AV gegenübersteht. Beispiel: Er wird vom beauftragten Amtsvormund zur vollstreckbaren Anerkennung seiner Unterhaltspflicht veranlasst und ist auch zum Erscheinen vor dem Urkundsbeamten des JA (§ 59 Abs. 1 S. 1 Nr. 3 SGB VIII) bereit. Vor Aufnahme des Protokolls hat der Realvormund ihm erläutert, was er an Unterhalt schulde; dabei hat er die Düsseldorfer Tabelle fahrlässig falsch angewendet. Der Vater übernimmt im Vertrauen auf die Richtigkeit der ihm zuteil gewordenen Belehrung eine zu hohe Unterhaltsverpflichtung und unterwirft sich der sofortigen Zwangsvollstreckung. Hier ist eine Amtspflicht aus der Inanspruchnahme der amtlichen Beratung verletzt. Der Schaden kann darin bestehen, dass eine Rückforderung des zu viel Gezahlten nicht möglich ist wegen Verbrauchs durch den Mündel, solange der die unrichtige Belehrung erteilende Realvormund seinen eigenen Fehler nicht erkannt hat (§§ 818 Abs. 3, 819 Abs. 1, 292, 989 BGB). Auch der Mutter gegenüber kann eine Amtspflicht zur sachgemäßen Beratung durch den beauftragten AP/AV begründet sein, wie sie sich aus der gegenseitigen Zusammenarbeit, also nicht erst aus einer Inanspruchnahme jugendamtlicher Beratung nach §§ 18, 52a SGB VIII ergibt. Erst recht gilt dies für den Beistand, der im Interesse auch des Elternteils tätig wird (vgl. → § 19 Rn. 16, 53). Hierbei schuldhaft unterlaufene Fehlgriffe verpflichten dann zum Ersatz eines der Mutter persönlich entstandenen Schadens, etwa in Gestalt nutzloser Aufwendungen, oder der ihr angeratenen freiwilligen Übernahme des baren Kindesunterhalts, weil der Vater angeblich leistungsunfähig sei.[112] Verzichtet der Beistand aber für einen bestimmten Zeitraum wegen unstreitiger Zahlungsschwäche des Vaters auf die Vollstreckung aus einer vollstreckbaren Urkunde, liegt darin keine schuldhafte Verletzung einer Amtspflicht.[113] In besonders gelagerten Ausnahmefällen sollen Amtspflichten zu loyaler Auskunft auf gestellte Fragen sogar gegenüber dem Verhandlungspartner bestehen, mit dem der AV ein Beschäftigungsverhältnis für den Mündel abschließen will.[114] Gegenüber anderen Personen, mit denen der AB/AP/AV in Berührung kommt – Schule, Arzt, Lehrherr, Scheinvater –, bestehen keine besonderen Amtspflichten. Ihnen tritt das JA als AB/AP/AV nicht anders gegenüber als der Einzelvormund und ohne amtliche Autorität.

87 Bei Pflichtverletzungen des AB/AP/AV **gegenüber dem Kind** ist die Haftungsgrundlage eigenartig gedoppelt. Der BGH[115] sieht sie sowohl in der Amtshaftung des § 839 BGB (Art. 34 GG), als auch in der für den Beistand/Pfleger/Vormund allgemein geltenden **Bestimmung des § 1833 BGB** (iVm § 1915 für den Pfleger und zusätzlich iVm § 1716 für den Beistand). Beide Haftungsgrundlagen sollen nebeneinander bestehen, wobei derjenigen aus § 1833 BGB der Vorzug zu geben sei[116]. Jene Abstufung hat allerdings einen tragenden Grund für sich, auch wenn der BGH keine Veranlassung hatte, ihn in Betracht zu ziehen. Er liegt in einem Strukturgefälle der Haftung. Zwar ist hier wie dort eine schuldhafte, dh vorsätzliche oder fahrlässige Pflichtverletzung vorausgesetzt. Aber die Haftung nach § 839 BGB fordert im Falle bloßer Fahrlässigkeit, dass der Geschädigte nicht auf andere Weise Ersatz zu erlangen vermag – oder,

[112] Zu einem weiteren Fall vgl. OLG Celle ZfJ 1998, 220.
[113] So LG Magdeburg JAmt 2006, 94.
[114] BGH FamRZ 1987, 904. Begründung aus Amtspflicht zweifelhaft: die Haftbarkeit bestünde schon aus allgemeinem Recht, wie der Blick auf den Einzelvormund zeigt, der die gleichen Verhandlungen Vertrauen heischend geführt hätte, vgl. BGH NJW 1964, 2009.
[115] BGH NJW 1953, 1100.
[116] Ebenso *Schleicher* GK-SGB VIII § 55 Rn. 32.

bei rechtzeitiger Geltendmachung, hätte erlangen können; sie ist subsidiär. Außerdem kann die in Anspruch genommene Trägerkörperschaft sich damit verteidigen, der Schaden hätte durch Gebrauch eines Rechtsmittels – dazu zählt jeder (förmliche und formlose) Rechtsbehelf einschließlich der Dienstaufsichtsbeschwerde – mit Erfolg abgewendet werden können. In allen diesen Beziehungen ist der Haftungsgrund der Vormundshaftung aus § 1833 BGB vorteilhafter. Er kennt weder die Subsidiarität noch den Einwand der verabsäumten Abwendbarkeit des Schadens durch Rechtsbehelfe. Dagegen spielt eine unterschiedliche Verjährungsfrist keine Rolle mehr, nachdem § 195 BGB die Frist einheitlich auf 3 Jahre festsetzt (→ Rn. 68).

Auch gegenüber dem Kind kommt eine Pflichtverletzung nur dann in Betracht, **87a** wenn es sich um eine Angelegenheit handelt, die in den Wirkungskreis des AB/AP/AV fällt.[117] Es gehört in den Wirkungskreis des Beistands, bei einer Schlussmitteilung über die infolge des Todes des Vaters beendete Beistandschaft den Hinweis auf die Möglichkeit einer Halbwaisenrente zu geben.[118]

Es gibt noch die dritte Möglichkeit, in der das JA als AP/AV (nicht als Beistand) **88** haftbar werden kann: die des § 832 BGB wegen Verletzung der **Pflicht zur Aufsicht über den Mündel/Pflegling.** Doch ist dies eine Kategorie des allgemeinen Vormundschaftsrechts. In der AP/AV ist die Aufsichtspflicht (und die Aufsichtsmöglichkeit) nur eine sehr „verdünnte". Haftungsfälle sind daher relativ selten; → Rn. 148. In ihnen würde zwar eine Amtshaftung konkurrieren können. Doch wäre eine Haftung aus § 832 BGB zwar nicht hinsichtlich der Verjährung (zu dieser → Rn. 68), wohl aber aus den übrigen Erwägungen (→ Rn. 87) die dem Geschädigten günstigere.

6. Verhältnis der ABt/APt/AVt zu anderen Aufgaben des Jugendamts. Be- **89** rührungspunkte der ABt/APt/AVt mit den sonstigen gesetzlichen Aufgaben des JA sind mannigfach (siehe dazu unten → § 20). Die Unterbringung eines Minderjährigen durch seinen AV – oder den bestellten AP als Inhaber des Aufenthaltsbestimmungsrechts – in einer **Pflegestelle** setzt für diese die Erteilung der Pflegeerlaubnis durch das JA (§ 44 SGB VIII) voraus. Keiner Erlaubnis bedarf eine Pflegestelle, die vom Pfleger und Vormund selbst betrieben wird (§ 44 Abs. 1 S. 2 Nr. 2 SGB VIII). In die Aufsicht teilen sich der Amtspfleger (Amtsvormund) und der Pflegestellen-dienst: ersterer übt sie für das persönliche Wohl des Pfleglings (Mündels), letzterer für die generelle Eignung der Pflegestelle (§ 44 Abs. 2, 3 SGB VIII). Der Eintritt einer bestellten AP/AV nach teilweiser oder vollständiger Entziehung des Sorgerechts gegenüber den Eltern wird oft durch ein Tätigwerden des JA nach **§ 8a Abs. 2 SGB** VIII (→ Rn. 151) initiiert. **Hilfe zur Erziehung** (als geldliche nach § 27 iVm § 39 SGB VIII) wird für einen Amtspflegling/Amtsmündel von dem Beauftragten bei der Abteilung Wirtschaftliche Jugendliche des JA beantragt und erwirkt (→ Rn. 90). Bei der Aufstellung des **Hilfeplans** nach § 36 Abs. 2 SGB VIII ist das JA zugleich als AP/AV und als Träger der Hilfe zur Erziehung beteiligt. Kommt es bei der Wahrnehmung dieser verschiedenen Aufgaben zu divergierenden Auffassungen (zB über die Eignung einer bestimmten Hilfeart), muss ein Ergänzungspfleger bestellt werden (→ Rn. 135). – Die **Beratung nach §§ 52a, 18 SGB VIII** wird Anlass sein, einen Beistand zu beantragen (vgl. → § 19 Rn. 13) – auch schon vor Geburt des Kindes, um eine einstweilige Verfügung auf den Unterhalt durchzusetzen oder vorbereitende Maßnahmen zur Feststellung der Vaterschaft einzuleiten. Die Beratung und Unterstützung nach § 18 SGB VIII ist teilweise identisch mit dem Aufgabenkreis des Beistands nach § 1712 BGB und unterscheidet

---

[117] BGH FamRZ 1999,1342.

[118] So zu Recht DIJuF-Rechtsgutachten JAmt 2008, 148.

sich von der Beistandschaft nur dadurch, dass die Unterschrift zur gesetzlichen Vertretung des Kindes dem Beistand vorbehalten bleibt. Die Beratung nach § 18 SGB VIII kann man daher als „kleine Beistandschaft" bezeichnen.[119] – Die vermittelnde Tätigkeit des Jugendamts nach § 18 Abs. 3 SGB VIII dient der außerstreitigen Regelung des persönlichen Umgangs mit dem Kind.[120] – Überlagerungen können sich ergeben, wenn das JA in den Fällen des **§ 50 Abs. 1 S. 2 SGB VIII** vor einer Entscheidung des FamG nach § 162 FamFG zu hören ist und es für den beteiligten Minderjährigen zugleich die AP/AV führt: Der Wirksamkeit der Stellungnahme soll es nicht entgegenstehen, wenn sie von dem nach § 55 SGB VIII Beauftragten abgegeben wird.[121] – Zahlreich sind die Verflechtungen im **Adoptionsverfahren.** Überwiegend werden Kinder adoptiert, deren Eltern nicht miteinander verheiratet sind. Das JA ist bevorzugte Adoptions-Vermittlungsstelle; es berät die Adoptionsbewerber, die leiblichen Eltern und das Kind (soweit angezeigt) nach § 9 des AdVermiG. Es berät ebenso den Vater nach § 51 Abs. 3 SGB VIII über seine Rechte aus § 1747 Abs. 1 und 3 BGB (Einwilligung, Übertragung der Sorge). Bei einer Ersetzung der Einwilligung des leiblichen Elternteils nach § 1748 BGB hat das JA diesen gemäß § 51 Abs. 1 SGB VIII in Verbindung mit der Belehrung aus § 1748 Abs. 2 BGB zu beraten. Alle diese Beratungsaufgaben werden wahrgenommen, ehe der AP/AV über die von ihm zu genehmigende bzw. zu erteilende Zustimmung des Kindes zur Adoption (§ 1746 BGB) sich schlüssig zu werden hat. – Vor allem schließlich hat die AB/AP/AV es vielfältig mit dem **Urkundsbeamten** im JA zu tun. Sie veranlasst ihn (§ 59 Abs. 1 S. 1 Nr. 1, 3 SGB VIII), von dem ins Auge gefassten Erzeuger eine Anerkennung der Vaterschaft, verbunden mit einer vollstreckbaren Unterhaltsverpflichtung zu Protokoll zu nehmen; auch die Zustimmung des Kindes (§ 1595 Abs. 2 BGB) pflegt dann durch den beauftragten AP/AV (Beistandschaft ist hier nicht möglich, vgl. → § 19 Rn. 38) zur Niederschrift des Urkundsbeamten erklärt zu werden.

90 Zu beachten ist in jeder dieser Beziehungen, dass die Funktionen des JA als solchem und die der ABt/APt/AVt **streng zu trennen** sind. Pflegestellenaufsicht, Wirtschaftliche Jugendhilfe, Familiengerichtshilfe, Adoptionsvermittlung sind Aufgabe der allgemeinen Jugendhilfe. Sie kommen im Grundsatz allen Kindern, ob für sie eine ABt/APt/AVt des JA besteht oder nicht, gleichermaßen zugute. Die Unterbringung eines Kindes in einer bezirksfremden Pflegestelle rechtfertigt noch nicht die Abgabe der (gesetzlichen) AVt an das andere JA nur deshalb, weil dieses die Pflegestellenaufsicht führt.[122] Im Fall der bestellten APt/AVt wechselt die Zuständigkeit nach § 87c Abs. 3 SGB VIII (→ Rn. 33–51). Die Beratungspflichten, nicht aber die Vermittlungstätigkeit nach § 18 Abs. 3 SGB VIII sind gegenüber den Eltern statuiert und werden auch in deren Interesse ausgeübt. Hilfe zur Erziehung, einschließlich der wirtschaftlichen Jugendhilfe für ein unter APt/AVt desselben JA stehendes Kind wird dem AP/AV als Personensorgeberechtigtem gewährt (§ 27 SGB VIII). Die Gewährung erfolgt durch einen Verwaltungsakt des JA als Träger der Hilfe zur Erziehung, der dem JA als AP/AV bekanntgegeben werden muss (§ 37 Abs. 1 SGB X); → Rn. 89 u. 135. Ob die gebotene Neutralität des JA als Adoptionsvermittlungsstelle mit der Führung der APt/AVt für das zu vermittelnde Kind vereinbar sei, ist ebenfalls zweifelhaft: jedenfalls ist

[119] Vgl. näher hierzu *Kunkel* in LPK-SGB VIII § 18 Rn. 7.

[120] Vgl. hierzu *Mix* JAmt 2005, 279 mit dem „Osnabrücker Beratungskonzept".

[121] BayObLG NJW 1966, 354 (bedenklich, weil das JA in verschiedenen Rollen auftritt; die Stellungnahme sollte vom ASD abgegeben werden). Hier könnte nunmehr ein Verfahrensbeistand („Anwalt des Kindes") nach § 158 FamFG bestellt werden. Ausführlich *Röchling*, Anwalt des Kindes, 2. Aufl. 2009.

[122] LG Duisburg DAVorm 1975, 61.

hier Aufmerksamkeit des FamG bei der Befassung mit der Adoptionsangelegenheit am Platze.[123] Auch hier ist wohl die Bestellung eines Verfahrensbeistands („Anwalt des Kindes") gem. § 158 FamFG notwendig (→ Rn. 89 Fn. 121).

Die Trennung der Funktionen ist Voraussetzung für die Begründung der sog. vormundschaftsrechtlichen Verantwortungsgemeinschaft. Im Rahmen seiner Vollzugszuständigkeit überträgt der „Realvormund/-pfleger" die **tatsächliche Betreuung** des Kindes Dritten (zB Pflegefamilie, Heim, Verwandte; → Rn. 150). Die ihm zur Ausübung übertragenen Aufgaben kann der Vormund/Pfleger auf Dritte ebenfalls nur zur Ausübung übertragen, aber nur dann, wenn diese Aufgaben nicht höchstpersönlicher Natur sind, wie zB der persönliche Kontakt zum Kind nach § 1793 Abs. 1a BGB. Mit der Übertragung der tatsächlichen Betreuung des Kindes werden die Dritten Erziehungsberechtige iSv § 7 Abs. 1 Nr. 6 SGB VIII, der Vormund behält seine Entscheidungsbefugnisse als Personensorgeberechtigter. Bei Angelegenheiten von erheblicher Bedeutung hat er allein zu entscheiden. Von erheblicher Bedeutung sind Angelegenheiten, die irreversibel sind und erhebliche Auswirkungen auf die Entwicklung des Kindes haben (zB die religiöse Erziehung, die Ausbildung, Schulauswahl, komplizierte medizinische Eingriffe). Im Unterschied hierzu sind Entscheidungen in Angelegenheiten des täglichen Lebens solche, die häufig vorkommen und die keine schwer abzuändernden Auswirkungen auf die Entwicklung des Kindes haben (§ 1687 Abs. 1 S. 3 BGB). Solche können von der erziehungsberechtigten Person allein getroffen werden (§ 1688 Abs. 1 und 2 BGB). Aber auch diese Entscheidungen stehen unter dem Vorbehalt, dass der Vormund nicht etwas anderes erklärt (§ 1688 Abs. 3 S. 1 BGB). Es empfiehlt sich, dass der Vormund als Personensorgeberechtigter Absprachen mit den erziehungsberechtigten Personen trifft, welche Entscheidungen von wem zu fällen sind und in welchen Fällen der Vormund zu informieren und hinzuzuziehen ist. **90a**

AP und AV haben die persönliche Verantwortung dafür, dass Pflege und Erziehung des Kindes gewährleistet sind (§ 55 Abs. 3 S. 3 SGB VIII iVm § 1800 S. 2 BGB). Er bestimmt „die Richtlinien der Erziehung" auch wenn die tatsächliche Erziehung und Betreuung durch erziehungsberechtigte Personen erfolgt. Er hat die „Außenverantwortung" („strategische Verantwortung") im Unterschied zur „Binnenverantwortung" („operative Verantwortung") in der Erzieher- oder Pflegefamilie. Diese höchstpersönliche Verantwortlichkeit kann er nicht auf die Fachkräfte des **Sozialen Dienstes** übertragen. Deren Kontakte zum Kind (bspw. bei der Hilfe zur Erziehung) können die Pflege des Kontakts durch den AV/AP nicht ersetzen. **90b**

Der „Realvormund/-pfleger" hat als Personensorgeberechtigter die Aufgabe, über die Inanspruchnahme der Hilfe zur Erziehung zu entscheiden (§ 36 Abs. 1 S. 1 SGB VIII) und im Hilfeplanverfahren als Beteiligter mitzuwirken (§ 36 Abs. 2 SGB VIII). Der Soziale Dienst hat dagegen die Aufgabe, über die Gewährung der Hilfe zu entscheiden. Dasselbe gilt auch für andere Leistungen wie zB die Hilfe bei Umgangspflege (§ 18 Abs. 3 S. 4 SGB VIII), aber auch bei der Inobhutnahme bzgl. der Einwilligung des „Realvormunds/-pflegers" als Personensorgeberechtigter. Um Interessenkonflikte zu vermeiden, müssen beide Aufgaben strikt getrennt voneinander wahrgenommen werden. Der „Realvormund/-pfleger" kann sich daher im Hilfeplanverfahren nicht etwa durch Mitarbeiterinnen des Sozialen Dienstes vertreten lassen. Hat der AV/AP andere Vorstellungen von Art und Form der Hilfe zur Erziehung als die sozialpädagogische Fachkraft, muss er deren Entscheidung mit Widerspruch und Klage angreifen.

---

[123] Soergel/*Liermann* BGB § 1751 Rn. 4.

Erfolgt die Hilfe zur Erziehung in einer Pflegefamilie (§ 33 SGB VIII), kann es bei den Pflegeeltern zu Irritationen führen, wenn sowohl Mitarbeiterinnen des Pflegekinderdienstes als auch der AP/AV Besuche abstatten. Es ist daher zu empfehlen, dass sich AV/AP und Pflegekinderdienst in ihrem Vorgehen abstimmen,[124] zB:
- hinsichtlich ihrer Besuchskontakte
- über den Austausch von Informationen
- zur Notwendigkeit Personen zum Vormund zu bestellen.

„Vormundschaftsrechtliche Verantwortungsgemeinschaft“

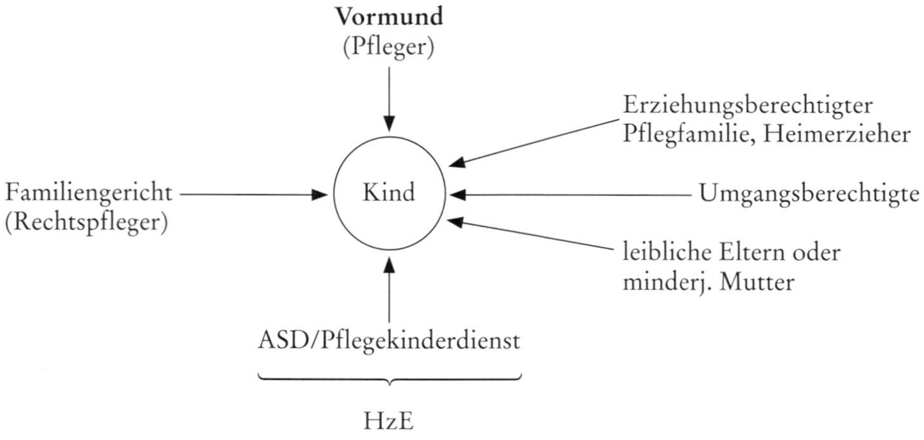

91 Am schärfsten tritt die Verpflichtung auf neutrale Amtsausübung bei dem **Urkundsbeamten im Jugendamt** in den Blickpunkt. Er ist allen am Urkundsakt Beteiligten zur unparteiischen Wahrnehmung seines Urkundsamtes verpflichtet, was sich vor allem in der Beratungspflicht nach § 17 BeurkG, die nach § 1 Abs. 2 BeurkG auch für das JA gilt, ausdrückt. Deshalb ist er von einer Urkundstätigkeit in Angelegenheiten des von ihm nach § 55 Abs. 2 SGB VIII betreuten und gesetzlich vertretenen Kindes ausgeschlossen[125] (§ 59 Abs. 2 SGB VIII). Auf anderen Feldern können die

[124] Zu solchen Kooperationsvereinbarungen siehe auch Empfehlungen zur Umsetzung der Neuregelungen des Vormundschaftsrechts, hrsg. vom Deutschen Verein für öffentliche und private Fürsorge eV Berlin 2012 unter 2.3, 21; Fachliche Standards zum gesetzlichen Auftrag nach § 1800 S. 2 BGB nF, § 55 Abs. 3 SGB VIII nF v. 14.8.2012, hrsg. vom Landesjugendamt Westfalen (LWL) und vom Landesjugendamt Rheinland (LVR); Zur Umsetzung des Gesetzes zur Änderung des Vormundschafts- und Betreuungsrechts – erste Hinweise v. 14.10.2011 DIJuF 2011, 14; Arbeitshilfen der Arbeitsgemeinschaft der Jugendämter der Länder Niedersachsen und Bremen (AGJÄ) v. 14.2.2012 zur Umsetzung des Gesetzes zur Änderung des Vormundschafts- und Betreuungsrechts; Arbeits- und Orientierungshilfe für den Bereich der Amtsvormundschaften/-pflegschaften, hrsg. von der Bundesarbeitsgemeinschaft der Landesjugendämter (BAG LJÄ) v. 14.8.2012; Landesarbeitsgruppe Amtsvormundschaft/Amtspflegschaft Baden-Württemberg: Muster einer Kooperationsvereinbarung (2011); Kreisjugendamt Neckar-Odenwald-Kreis: Zuständigkeitsabgrenzung DAVorm 2000 Sp. 745. u. Stadtjugendamt Mannheim DAVorm 2000 Sp. 735.
Harm/Mix/Opitz/Pütz/Rotax/Rüting FamRZ 2012, 1849.

[125] Dem Vernehmen nach soll dieses Unvereinbarkeitsgebot nicht immer praktizierbar sein, beispielsweise in einer nur mit einem einzigen Beamten besetzten Außenstelle des JA. Solcher Ausweglosigkeit wird sich dann in der Tat nur unter Missachtung des Gesetzes Rechnung tragen lassen („ultra vires potest nemo obligatur“). Hier hilft, dass eine trotzdem vorgenommene Beurkundung nur eine

beschriebenen jugendamtlichen Tätigkeiten fallweise auch von dem zuständigen beauftragten AB/AP/AV wahrgenommen werden, sofern die Geschäftsverteilung im JA das vorsieht. In den Bereichen der § 1748 Abs. 2 BGB, § 51 SGB VIII sollte das aber besser vermieden werden. Für die Entscheidung über die Gewährung von Unterhaltsvorschüssen nach dem UVG, wenn sie den Jugendämtern übertragen ist, schreiben die Richtlinien zur Durchführung des Unterhaltsvorschussgesetzes in Tz. 9.1.3 diese Funktionstrennung ausdrücklich vor.

In diesen Zusammenhang gehört auch eine andere Erscheinung, das **Zusammenfallen von Rechtsmittelbefugnissen** in Angelegenheiten der Personensorge für Minderjährige. Hier kann das JA in dreifacher Weise beschwerdeberechtigt sein: als AB/AP/AV im Namen des durch die Entscheidung beschwerten Kindes (§ 59 Abs. 1 FamFG) und als Sorgeberechtigter selbst (§ 59 Abs. 1 FamFG) und schließlich aus eigener, jugendhilferechtlicher Legitimation als Mitwirkungsorgan (durch den ASD) im Rahmen der Familiengerichtshilfe (§ 59 Abs. 3 iVm § 162 Abs. 3 S. 2 FamFG)und zwar unabhängig davon, ob das JA auf seinen Antrag hin Beteiligter nach § 162 Abs. 2 FamFG ist. (→ Rn. 45–48). Das kann Auswirkungen auf die Kostenpflicht haben, wenn die Beschwerde nicht durchdringt (§ 81 FamFG; → Rn. 46). Die Auferlegung der Kosten im Rahmen der Mitwirkungspflicht ist allerdings nur zulässig, wenn das JA die Tätigkeit des FamG veranlasst hat und dabei grobes Verschulden trifft (§ 81 Abs. 4 FamFG).[126] In der Beschwerdeschrift wird deshalb klarzustellen sein, in welcher Legitimation das Rechtsmittel als eingelegt gelten soll.[127] Einen Vorzug jedenfalls hat die Beschwerdeführereigenschaft des JA aus § 59 Abs. 3 iVm § 162 Abs. 3 S. 2 FamFG: sie ist nicht von einem Fortbestand der Stellung als AB/AP/AV abhängig (→ Rn. 46, 48). 92

7. Die staatliche Rechtsfürsorge im System des Sozialgesetzbuchs. Das SGB VIII (= Art. 1 KJHG) hat in § 2 die Aufgaben der Jugendhilfe in „Leistungen" (Abs. 2) und „andere Aufgaben" der Jugendhilfe (Abs. 3) aufgegliedert. In Absatz 3 unter Nr. 11 sind Beistandschaft, Amtspflegschaft und Amtsvormundschaft des JA genannt. 93

Damit hat die frühere Kontroverse, ob die AP/AV dem SGB unterfalle, ihre Grundlage verloren. Die Eingliederung in das SGB hat der Gesetzgeber nunmehr ausdrücklich vorgenommen. 94

Dennoch bleiben systematische Ungereimtheiten. AB/AP/AV sind keine Sozialleistungen iSv § 11 SGB I, da sie nicht im Katalog des § 27 Abs. 1 SGB I aufgeführt sind. Diesem Katalog entsprechend fehlen sie auch im Leistungskatalog des § 2 Abs. 2 SGB VIII. Daraus folgt, dass das **JA nicht als Sozialleistungsträger** tätig wird, wenn es diese Aufgaben wahrnimmt.[128] 95

Dies ist unbefriedigend, da die Scheidung der Aufgaben des JA in „Leistungen" und „andere Aufgaben" nicht logischen Strukturen folgt. So ist § 52a SGB VIII bei

---

Sollvorschrift verletzt und deshalb nicht unwirksam ist. Die einzig mögliche Sanktion durch dienstrechtliche Ahndung findet nicht statt. Eine vergleichbare Ausweglosigkeit liegt dagegen nicht vor, wenn die Mitarbeiterin des JA beim Hausbesuch nach § 52a SGB VIII (vgl. → § 19 Rn. 26) gleich die Zustimmung der Mutter zur Anerkennung der Vaterschaft, die bereits vor der Anerkennung selbst erklärt werden kann), als Urkundsperson beurkundet, obwohl sie damit rechnen muss, auch als Beistand für das Kind tätig zu werden. Es wäre eine dem Sinn des § 59 Abs. 2 SGB VIII nicht gerecht werdende Umgehung des Gesetzes, wenn der Antrag auf Beistandschaft erst nach der Beurkundung entgegengenommen würde. Dies wird aber für zulässig gehalten im DIV-Gutachten ZfJ 1998, 213.

[126] DIJuF-Rechtsgutachten JAmt 2009, 499.

[127] Staudinger/*Coester* BGB § 1666 Rn. 174.

[128] aA *Mrozynski* SGB VIII § 68 Rn. 1.

den „anderen Aufgaben" sortiert, § 18 SGB VIII aber bei den Leistungen, obwohl beide Aufgaben im Wesentlichen den gleichen Inhalt haben (vgl. → § 19 Rn. 19). Die Beistandschaft ist zumindest leistungsähnlich, da sie einen Antrag voraussetzt und deckungsgleich mit der Leistung nach § 18 Abs. 1 SGB VIII ist (bis zur Unterschriftsreife[129]). Wegen der Gemeinsamkeit in der Vertretungsmacht für das Kind ist sie aber bei Amtspflegschaft und Amtsvormundschaft als andere Aufgabe zu finden. In den Jugendämtern hat dies vielfach auch personelle Konsequenzen: die Leistung nach § 18 SGB VIII wird vom Allgemeinen Sozialen Dienst erbracht, die Aufgabe der Beistandschaft von den Realpflegern und -vormündern wahrgenommen.

96 Wegen dieser Dichotomie sind aus dem **SGB I** deshalb nicht anwendbar die allgemeinen Bestimmungen über die Gewährung von Sozialleistungen: Beantragung, Aufklärung, Auskunft und Beratung (die oben unter → Rn. 84 und 86 behandelten Beratungspflichten beruhen auf anderen Rechtsgrundlagen), Handlungsfähigkeit, Verzicht, Mitwirkungspflicht. Zum Sozialgeheimnis → Rn. 99.

97 Dagegen ist das **SGB X** gem. § 1 Abs. 2 SGB X anwendbar, weil § 55 SGB VIII die Aufgaben der AB/AP/AV dem JA als Behörde zuweist (→ Rn. 105). Aus dem SGB X nicht anwendbar sind aber die Bestimmungen über das **Verwaltungsverfahren** (§§ 8 ff. SGB X), weil die Tätigkeit des AB/AP/AV kein Verwaltungsverfahren ist, da sie sich nicht auf den Erlass eines Verwaltungsakts iSv § 31 SGB X richtet. Nur ausnahmsweise kann in der Beistandschaft ein (feststellender) Verwaltungsakt erlassen werden (vgl. → § 19 Rn. 16). Nicht anwendbar ist somit auch die Bestimmung des § 21 Abs. 2 SGB X über die Auskunftspflicht des Finanzamts, was vielfache Wünsche des AB/AP/AV unerfüllt lassen muss. Auch § 64 Abs. 1 SGB X ist nicht anwendbar (→ Rn. 112). Anwendbar sind dagegen §§ 98 und 100 SGB X (Auskunftspflicht des Arbeitgebers und des Arztes). Ein Verwaltungsverfahren liegt aber dann vor, wenn das JA als Sozialleistungsbehörde über einen Antrag des AV/AP auf Hilfe zur Erziehung zu entscheiden hat. Die Entscheidung erfolgt durch VA, also in einem Verwaltungsverfahren, in dem dann § **16 SGB X (Mitwirkungsverbot**) zu beachten ist und zwar für die fallzuständige Fachkraft, während der AV/AP Beteiligter ist; (hierzu ausführlich → Rn. 135).

98 Anwendbar sind ebenso die Vorschriften über die **Amtshilfepflicht** und die **Amtshilfeberechtigung** der Jugendämter in der Führung der AB/AP/AV (§§ 3–7 SGB X), da das JA als Behörde iSv § 1 Abs. 2 SGB X tätig wird,[130] → Rn. 82, 103.

---

[129] Vgl. *Kunkel* in LPK-SGB VIII § 18 Rn. 5.

[130] aA wohl DIV-Gutachten DAVorm 1998, 301, das ein Verlangen nach Aktenübersendung auf § 810 BGB stützt.

Überblick über die für die Amtsbeistandschaft/Amtspflegschaft/ Amtsvormundschaft geltenden Normen

öffentliches Recht	privates Recht
SGB I: § 35 *SGB X:* §§ 1–7 §§ 26–30 §§ 64 Abs. 2– 66 § 67 §§ 78a–85a §§ 86– 101a Für die Beauftragung gem. § 55 Abs. 2 SGB VIII als VA gelten §§ 8–63 SGB X; soweit in der Beistandschaft ein (feststellender) VA erlassen wird, gelten §§ 8–64 Abs. 1 SGB X zusätzlich. *SGB VIII:* §§ 1– 10 §§ 55–58 §§ 61 Abs. 2, 68 §§ 69– 85 § 87c §§ 98–103 B*GB:* § 839 §§ 1712–1717 (nur für die Beistandschaft); vgl. → § 19 Rn. 18	*BGB:* § 832 (nicht für Beistand) für Vormund: §§ 1773–1895 (für Adoptions-AV iVm § 1751) für Pfleger: §§ 1909, 1912, 1913, 1915 iVm 1773–1895, 1916–1919 jeweils mit Besonderheiten (→ Rn. 105–125) für Beistand: §§ 1915 iVm §§ 1784, 1793–1796, 1833, 1835–1836a, 1882, 1918.

8. Sozialdatenschutz. a) Die „Rumpfregelung" des § 68 SGB VIII. Die Regelung des Sozialdatenschutzes ist verteilt auf SGB I (§ 35) und SGB X (§§ 67–85a). Auch wenn § 35 SGB I nur für Sozialleistungen gilt, also nicht für AB/AP/AV (→ Rn. 95), kompensiert § 61 Abs. 1 SGB VIII dieses Defizit, indem er den Sozialdatenschutz auf die gesamte Jugendhilfe erstreckt. Nicht einbezogen in diese Erweiterung ist allerdings die AB/AP/AV, da § 61 Abs. 2 SGB VIII den Datenschutz für sie reduziert auf die Regelung des § 68 SGB VIII. Dieser „datenschutzrechtliche numerus clausus" gilt aber nur für die Regelungen zur Datenerhebung und -verwendung; das sind im SGB X die des Zweiten Abschnitts, also §§ 67a–78 SGB X: Somit gelten §§ 78a–85a SGB X.[131] Inkonsequent ist daher § 68 Abs. 2 SGB VIII, der § 84 SGB X für teilweise anwendbar erklärt. Während der Datenschutz für die sonstige Tätigkeit des JA über 30 Paragraphen allein im SGB beansprucht, kommt er für die Tätigkeit des JA als AB/AP/AV mit einem Paragraphen aus. Es gilt gem. § 61 Abs. 2 SGB VIII ausschließlich § 68 SGB VIII.[132] Dies ist zwar wohltuend lapidar, aber auch eine souveräne Missachtung der 99

[131] Ebenso *Mrozynski* SGB VIII § 68 Rn. 1; aA Wiesner/*Mörsberger* SGB VIII § 68 Rn. 3.

[132] Ebenso *Mann* in Schellhorn/Fischer/Mann/Kern SGB VIII §§ 61–68 Rn. 96; Hoffmann/*Proksch* FK-SGB VIII § 61 Rn. 21; DIJuF-Rechtsgutachten JAmt 2007, 583; zweifelnd *Mrozynski* SGB VIII § 68 Rn. 1; aA BMFJ ZfJ 1995, 498; ausführlich *Kunkel* LPK-SGB VIII § 61 Rn. 1.

sich aus dem Volkszählungsurteil des BVerfG ergebenden Anforderungen, außerdem mit § 37 S. 2 SGB I iVm § 35 Abs. 2 SGB I nicht vereinbar und durch die spezifische Aufgabenstellung des AB/AP/AV auch nicht geboten. Auch wenn bei der Führung der AB/AP/AV die Bestimmungen des BGB anzuwenden sind (§ 56 Abs. 1 SGB VIII), ändert dies nichts daran, dass die Tätigkeit des JA als AB/AP/AV hoheitliche Tätigkeit ist. Als hoheitliche Tätigkeit ist sie dem Grundrecht auf informationelle Selbstbestimmung aus Art. 1 Abs. 1 iVm Art. 2 Abs. 1 GG unterworfen (Art. 1 Abs. 3 GG). Daher ist sie nicht mit der Tätigkeit eines Einzelvormunds zu vergleichen. Sie steht in einer Reihe mit den sog anderen Aufgaben der Jugendhilfe (§ 2 Abs. 3 Nr. 11 SGB VIII). Sie ist so wenig Sozialleistung wie diese anderen Aufgaben der Jugendhilfe auch, für die aber dennoch der Sozialdatenschutz in seiner ganzen Breite und Tiefe gilt. Gem. § 37 S. 2 SGB I gilt der Sozialdatenschutz nach § 35 SGB I (über § 35 Abs. 2 SGB I) iVm §§ 67–85a SGB X, ohne dass – im Unterschied zu § 37 S. 1 SGB I[133] – eine Abweichung hiervon möglich ist. Dass § 35 SGB I, ebenso wie § 37 SGB I, nur für Sozialleistungen gilt, die ABt/APt/AVt aber keine Sozialleistung istist ein Konstruktionsfehler, den aber § 67 Abs. 1 S. 1 SGB X und § 61 Abs. 1 S. 2 SGB VIII wieder ausbügeln, indem alle Aufgaben nach dem SGB in den Sozialdatenschutz nach § 35 SGB I einbezogen werden.

99a Die „Rumpfregelung“ in § 68 SGB VIII führt zu **Regelungslücken**. In § 68 SGB VIII fehlt eine Geheimhaltungsregelung. Geregelt sind nur Eingriffe in ein Recht, aber nicht der Normbereich des Rechts selbst. § 35 SGB I, der dieses Recht enthält, ist nach dem bloßen Wortlaut des § 61 Abs. 2 SGB VIII („Für den Schutz von … gilt nur § 68“) nicht anwendbar.[134] Durch die „Hintertür“ des (anwendbaren) § 67 Abs. 1 SGB X gelangt man aber doch zu § 35 SGB I. Dessen Geltung folgt auch aus dem Zweck des § 61 Abs. 2 SGB VIII, dass der Schutzbereich des § 35 SGB I auch für die AB/AP/AV gelten soll, da der Zweck dieser Regelung lediglich darin besteht, jede Verwendung und Nutzung von Daten auszuschließen, die nicht dem Interesse des Kindes dient. Die Beistandschaft dient allerdings auch dem Interesse des Elternteils (→ § 19 Rn. 16). Es fehlt eine dem § 62 SGB VIII entsprechende Regelung der Datenerhebung beim Betroffenen. Es fehlt das Verbot der Aktenzusammenführung entsprechend § 63 SGB VIII, das aber für die anderen Stellen gilt und damit „über die Bande“ wirkt. Es fehlt eine dem § 65 SGB VIII entsprechende Schutzvorschrift für besonders anvertraute Daten (wie sie § 22a FamFG darstellt; → Rn. 104). Es fehlt eine dem § 67c Abs. 3 SGB X entsprechende Regelung der Speicherung (§ 68 Abs. 1 S. 2 SGB VIII betrifft nur die Nutzung) von Daten zu Kontrollzwecken. Lücken können weder durch analoge Anwendung von SGB- noch von BDSG-Vorschriften geschlossen werden, da § 61 Abs. 2 SGB VIII dies ausdrücklich ausschließt. Die übrigen Regelungslücken[135] sind inzwischen durch die Neufassung des § 68 SGB VIII geschlossen. Wegen der Anwendbarkeit der §§ 78 a–85 SGB X gilt die Kontrolle durch den Landesdatenschutzbeauftragten (§ 81 SGB X iVm LDSG), ebenso die Schadensersatzpflicht (§ 82 SGB X) und die Strafbarkeit (§ 85a SGB X) Strafbar macht sich ein AB/AP/AV auch nach § 203 Abs. 2 StGB, wenn er ein Geheimnis offenbart, ohne dass § 68 Abs. 2 SGB VIII dessen Übermittlung zulässt.

99b Nicht gefolgt werden kann der Differenzierung, die *Lauterbach*[136] vornimmt. Werde das JA als Vormund tätig, fänden §§ 62–67 SGB VIII Anwendung; für das zivilrecht-

[133] Dies verkennen *Lauterbach* ZfJ 1993, 430 und Wiesner/*Mörsberger* SGB VIII § 61 Rn. 4.
[134] So DIV-Gutachten DAVorm 1997, 833.
[135] Vgl. hierzu *Kunkel* DAVorm 1991, 605.
[136] ZfJ 1993, 429.

lich geprägte Verhältnis zwischen beauftragtem Amtsvormund und Mündel dagegen gelte § 68 SGB VIII. Diese Differenzierung ist schon deshalb nicht möglich, weil § 68 SGB VIII (nach seiner Änderung) auch die Ausübung von Aufsichts- und Kontrollbefugnissen der Sonderregelung des § 68 SGB VIII unterstellt.[137] Außerdem beruft sich Lauterbach zur Rechtfertigung der differenzierenden Betrachtungsweise auf § 37 S. 2 SGB I, der Abweichungen von den Datenschutzvorschriften zulasse, wenn dies nach den Strukturprinzipien eines Sozialleistungsbereichs zwingend sei.[138] § 37 S. 2 SGB I lässt aber für den Datenschutz Abweichungen gerade nicht zu, es sei denn, diese ergäben sich aus dem SGB X; nur für den Geltungsbereich des § 37 S. 1 SGB I sind Abweichungen möglich. Da nur die Tätigkeit als AB/AP/AV unter § 68 SGB VIII fällt, sind **sonstige Tätigkeiten** im Vormundschaftswesen nicht vom Ausschluss des § 61 Abs. 2 SGB VIII erfasst. Für die Aufgaben nach §§ 52a, 53 Abs. 1, 2 und 3, 54, 57, 58a SGB VIII gilt daher der Sozialdatenschutz nach § 61 Abs. 1 SGB VIII in vollem Umfang.[139] Für die Datenerhebung zur Erfüllung dieser Aufgaben gilt also § 62 SGB VIII, für die Übermittlung der Daten aus diesem Aufgabenfeld an ein anderes im SGB-Bereich gilt § 69 Abs. 1 Nr. 1 SGB X, für die Nutzung der Daten in diesem Rahmen gilt § 67c Abs. 2 Nr. 1 SGB X.

---

[137] In Abs. 1 S. 2; trotz dieser Änderung aber wie *Lauterbach* auch Wiesner/*Mörsberger* SGB VIII § 61 Rn. 17.

[138] ZfJ 1993, 430.

[139] Hierauf weist *Lauterbach* ZfJ 1993, 429 zu Recht hin.

99c **Übersicht über die Datenschutzregelungen für die Tätigkeit als AB/AP/AV**

	SGB I	SGB X	SGB VIII	BDSG	LDSG	StGB
Für:						
1) Datengeheimnis Geheimhaltungs-pflicht	§ 35	–	–	gilt nicht wg. § 1 Abs. 3 BDSG iVm § 61 Abs. 2 SGB VIII	gilt nicht wg. § 61 Abs. 2 SGB VIII	§ 203 Abs. 2
2) Eingriff durch a) Erhebung	–	–	§ 68 Abs. 1 S. 1	–	–	–
b) Verarbeitung aa) Speicherung (nicht zu Kontrollzwecken)	–	–	§ 68 Abs. 1 S. 1	–	–	–
bb) Übermittlung	–	–	§ 68 Abs. 1 S. 1 u. 2	–	–	Offenbarungsbefugnis bei Übermittlungsbefugnis nach § 68 Abs. 1 SGB VIII
c) Nutzung (auch zu Kontrollzwecken)	–	–	§ 68 Abs. 1 S. 1 u. 2	–	–	–
3) Datenempfänger	–	–	§ 68 Abs. 4	–	–	–
4) Kontrolle durch den Landesdatenschutzbeauftragten und behördliche Datenschutzbeauftragte	–	–	–	–	ja, weil § 81 SGB X iVm LDSG gilt (§ 61 Abs. 2 SGB VIII)	–
5) Löschung/ Sperrung/ Berichtigung	–	§ 84 Abs. 2, 3 und 6 entspr.	§ 68 Abs. 2	–	–	–
6) Auskunft	–	§ 83	§ 68 Abs. 3	–	–	–
7) Schadensersatz	–	§ 82	–	–	–	–
8) Strafbarkeit/Ordnungswidrigkeit	–	§§ 85, 85a	–	–	–	§ 203 Abs. 2 StGB

Aus: *Kunkel*, Jugendhilferecht Rn. 372.

b) Die Zulässigkeit von Datenerhebung und -übermittlung. § 68 Abs. 1 S. 1 SGB VIII ist die Befugnisnorm für Erheben, Verarbeiten und Nutzen von Sozialdaten durch den AB/AP/AV. Einzige Voraussetzung für die Zulässigkeit ist die Erforderlichkeit für die Erfüllung der (eigenen) Aufgabe nach § 56 Abs. 1 SGB VIII iVm BGB. Auch wenn nur von „Aufgaben" (Plural im Unterschied zu § 69 SGB X) die Rede ist und eine Bezugnahme auf den Einzelfall (wie in S. 2) fehlt, muss es sich um eine **Aufgabe in einem konkreten Einzelfall** handeln,[140] weil sich dies aus dem Eingriffscharakter der Datenerhebung und -verwendung ergibt.[141] Die Aufgabenerfüllung wird bestimmt durch die im konkreten Fall anzuwendende BGB-Norm und die Subsumtion des Sachverhalts unter die einzelnen Tatbestandsmerkmale dieser Norm. Es genügt also nicht, als Aufgabe die „Wahrnehmung der Kindesinteressen"[142] zu bezeichnen. Auch die **Erforderlichkeit** ist nur dann anzunehmen, wenn ohne das fragliche Datum die Subsumtion des Sachverhalts unter die Tatbestandsmerkmale der Norm nicht möglich ist.[143] Auch eine **Einwilligung** kann nicht von der Erforderlichkeit dispensieren,[144] denn zum einen fehlt eine dem § 67b SGB X entsprechende Bestimmung für die Einwilligung als Rechtfertigungsgrund, zum anderen bringt § 84a SGB X den allgemeinen Rechtsgedanken zum Ausdruck, dass das Grundrecht auf informationelle Selbstbestimmung nicht disponibel ist. Für die Datenerhebung kann dieser Gedanke auch § 62 Abs. 1 SGB VIII entnommen werden. Einen **Vorrang der Betroffenenerhebung** kennt § 68 SGB VIII nicht, er ist aber unmittelbar aus dem Volkszählungsurteil abzuleiten. Der AB/AP/AV kann sich also beispielsweise nicht unmittelbar an den Arbeitgeber des **Unterhaltspflichtigen** wenden, um dessen Arbeitsverdienst zu erfragen. Der Auskunftsanspruch nach § 1605 BGB richtet sich gegen den Unterhaltsschuldner, nicht gegen Dritte. Diesen Auskunftsanspruch kann der AB/AP/AV dadurch realisieren, dass er die Vorlage von Verdienstbescheinigungen verlangt (§ 1605 Abs. 1 S. 2 BGB). Kommt der Unterhaltspflichtige diesem Verlangen nicht nach, kann der Anspruch auf Herausgabe der Verdienstbescheinigungen gerichtlich durchgesetzt werden.[145] § 97a Abs. 4 SGB VIII ist für den AB/AP/AV nicht anwendbar (nur für Kostenbeiträge), so dass der Arbeitgeber ihm gegenüber keine Auskunftspflicht hat. Er ist allerdings zur Auskunft berechtigt nach § 28 Abs. 2 BDSG.[146] Fragen nach den Einkommensverhältnissen von Ehepartner und Kind des Unterhaltspflichtigen sind unzulässig, wenn sie im konkreten Fall (noch) nicht erforderlich sind. Sie können dann erforderlich werden, wenn der Unterhaltsschuldner sich auf seine mangelnde Leistungsfähigkeit beruft[147] oder wenn Prozesskostenhilfe nach § 104 ZPO bzw. Verfahrenskostenhilfe nach § 76 FamFG beantragt wird. Die Frage nach der Religionszugehörigkeit des Vaters kann bei der Vaterschaftsanerkennung von Bedeutung sein. Anfragen des AB/AP/AV bei Krankenkassen und Agenturen für Arbeit zur Ermittlung des Arbeitsverhältnisses des Vaters sind – ebenso wie bei der Kfz-Zulassungsstelle oder dem Grundbuchamt zur Ermittlung der Ver- 100

140 Ebenso Wiesner/*Mörsberger* SGB VIII § 68 Rn. 8.
141 Ebenso für §§ 13 und 15 BDSG: *Auernhammer* BDSG § 13 Rn. 6.
142 So Wiesner/*Mörsberger* SGB VIII § 68 Rn. 7.
143 aA Wiesner/*Mörsberger* SGB VIII § 68 Rn. 6, es sei eine weite Auslegung geboten; dies überzeugt nicht, da die hoheitliche Tätigkeit des JA als AB/AP/AV nicht anders zu behandeln ist als jede andere hoheitliche Tätigkeit des JA.
144 aA DIJuF-Rechtsgutachten JAmt 2008, 154.
145 Ebenso 12. Tätigkeitsbericht Bayern, S. 11.
146 Ebenso DIV-Gutachten vom 30.4.1996, Schwerpunkte, 294.
147 Ebenso 12. Tätigkeitsbericht Bayern, S. 20.

mögensverhältnisse[148] – ebenfalls nach § 68 Abs. 1 S. 1 SGB VIII zulässig.[149] Für die gerichtliche Durchsetzung des Unterhaltsanspruchs steht die Übermittlungsbefugnis nach § 74 SGB X nicht zur Verfügung; es bedarf ihrer auch nicht, weil § 68 SGB VIII ausreicht. Umgekehrt kann ein Sozialleistungsträger (zB Krankenkasse, Rentenversicherungsträger) sich auf § 74 SGB X zur Übermittlung von Daten an den AV/AP/AB berufen,[150] aber auch auf § 69 Abs. 1 Nr. 1 SGB X.

101 Datenerhebung und -übermittlung sind **ausgeschlossen** für Aufgaben der **Unterhaltsvorschusskasse** nach dem UVG oder für die **wirtschaftliche Jugendhilfe** zur Heranziehung von Eltern und Kind nach §§ 90–96 SGB VIII. Nimmt ein AB/AP/AV diese Aufgaben in Personalunion wahr, besteht ein „Verwertungsverbot im Kopf", wie sich aus § 68 Abs. 4 SGB VIII ergibt. Eine Auskunftserteilung des AB/AP/AV an die Unterhaltsvorschusskasse über den Vater eines Kindes ist unzulässig, da Aufgabe des AB/AP/AV nur die Sicherstellung des Unterhalts des Kindes ist, aber nicht die Ermöglichung des Rückgriffs auf den unterhaltsverpflichteten Vater.[151] Daran hat sich auch durch die Einfügung von § 6 Abs. 5 UVG mit dem KindUG nichts geändert, da die dort vorgenommene Erweiterung des § 69 SGB X nicht den AB/AP/AV erfasst, weil § 69 SGB X für Übermittlungen durch ihn nicht gilt.

102 Eine Übermittlung von Daten ist ferner nicht zulässig, wenn beispielsweise die **Kindergeldkasse** den Amtsvormund um Bestätigung bittet, dass A Vater des Kindes B sei, da mit dieser Auskunft eine Aufgabe der Kindergeldkasse, aber nicht des Amtsvormunds erfüllt wird. Ebenfalls unzulässig ist die Datenweitergabe an die **Vollstreckungsstelle** derselben Behörde, die sich nach den Einkommensverhältnissen eines Gebührenschuldners erkundigt, der beim Amtsvormund als Vater aktenkundig ist. Begehrt der Einzelvormund eines Kindes, das bisher unter Amtsvormundschaft (→ Rn. 64) stand, Einsicht in die Mündelakte, um die Entwicklungsgeschichte des Kindes kennenzulernen, ist eine Datenweitergabe zulässig, da sie den Interessen des Mündels dient; zur Aufgabenerfüllung nach § 53 Abs. 2 SGB VIII wäre sie dagegen nicht zulässig, da diese keine Aufgabe des Amtsvormunds ist, sondern eine Aufgabe des JA im Vormundschaftswesen.

Unzulässig ist die Datenübermittlung an die **Ausländerbehörde** zur Erfüllung von dieser gegenüber bestehenden Mitteilungspflichten nach § 87 AufenthG,[152] weil damit keine Aufgabe des AB/AP/AV gegenüber dem Kind erfüllt wird.[153]

103 Zulässig ist immer nur die Weitergabe von Daten zur Erfüllung der eigenen Aufgabe als AB/AP/AV, dagegen nicht zur Erfüllung der Aufgabe eines anderen AB/AP/AV. § 69 Abs. 1 Nr. 1 SGB X, der diese **Amtshilfe** ermöglichen würde, gilt wegen § 61 Abs. 2 SGB VIII genauso wenig wie alle anderen Übermittlungsbefugnisse; es gibt daher auch keine Übermittlungsbefugnis an das Ausländeramt gemäß § 71 SGB X. Dagegen muss ein anderes JA dem AB/AP/AV zur Erfüllung von dessen Aufgaben Amtshilfe gem. § 3 SGB X leisten und ist daran nicht durch das Sozialgeheimnis gehindert, weil § 69 Abs. 1 Nr. 1 SGB X die Übermittlung in diese Richtung zulässt; die Tätigkeit als AB/AP/AV ist eine Aufgabe nach dem SGB X,[154] die er als SGB-Stelle

---

[148] So zu Recht DIJuF JAmt 2005, 229.
[149] Anders für die Rechtslage vor Inkrafttreten des SGB VIII das DIV-Gutachten ZfJ 1987, 632.
[150] So DIJuF JAmt 2008, 419; zu § 74 SGB X näher *Rudolph* ZfJ 2004, 452.
[151] AA *Proksch*, Sozialdatenschutz, 152 und Wiesner/*Mörsberger* SGB VIII § 68 Rn. 7, letztere mit allgemeinen Erwägungen zu den Interessen des Kindes und wirtschaftlichem Verhalten.
[152] Ausführlich zur geänderten Rechtslage *Kunkel* ZFSH/SGB 2016, 417.
[153] Ebenso DIJuF-Rechtsgutachten JAmt 2004, 252.
[154] Ebenso *BMFJ* ZfJ 1995, 498.

iSd § 69 SGB X wahrnimmt.[155] Aktive Amtshilfe gestattet § 68 SGB VIII im Einzelfall allenfalls dann, wenn der AB/AP/AV nach dem Prinzip des „do ut des“ eine Information abgeben muss, um eine andere dafür zu erhalten. Dass auch der AB/AP/AV zur Amtshilfe verpflichtet ist (§ 3 SGB X), folgt daraus, dass er eine Stelle öffentlicher Verwaltung iSv § 1 Abs. 2 SGB X ist. Die gegenteilige Auffassung verneint dies, weil er keine Sozialleistung erbringe und kein Verwaltungsverfahren durchführe. Das ist richtig, aber unerheblich für die Anwendbarkeit des § 3 SGB X. Dass die Amtshilfepflicht begrenzt ist durch § 68 SGB VIII, also keine Übermittlung nach §§ 68, 69, 71, 74 SGB X zulässt, ist für das Bestehen der Amtshilfepflicht ohne Belang.

Soweit eine Übermittlung nach § 68 Abs. 1 S. 1 SGB VIII nicht zulässig ist, be- 104
steht keine Pflicht zur Auskunfts- und Aktenvorlage des AB/AP/AV an **Behörden** oder **Gerichte**; er hat dann auch ein **Zeugnisverweigerungsrecht** (→ Rn. 150). Dies folgt unmittelbar aus § 68 Abs. 1 S. 1 SGB VIII („nur verarbeiten“), aber auch aus § 35 Abs. 3 SGB I. Fordert der Staatsanwalt eine Mündelakte an, weil er gegen den Mündel wegen Fahrerflucht ermittelt, besteht keine Aktenvorlagepflicht und damit ein Beschlagnahmeverbot (→ Rn. 56), weil eine Übermittlung durch § 68 Abs. 1 S. 1 SGB VIII nicht gerechtfertigt ist. Eine Strafanzeige wegen Verletzung der Unterhaltspflicht nach § 170 StGB kann der AB/AP/AV als Druckmittel für erforderlich halten, um die Erfüllung der Unterhaltspflicht sicherzustellen.[156] Dann kann er die Akten an die Staatsanwaltschaft herausgeben. Hält er dagegen ein solches Verfahren nicht für erforderlich, ist die Staatsanwaltschaft nicht zur **Beschlagnahme** der Akte befugt, da die Übermittlungsbefugnisse nach §§ 74 und 69 SGB X nicht bestehen.

Die Datenübermittlung von **Behörden an das Familiengericht** regelt § 22a Abs. 2 FamFG – leider mit demselben kryptischen Wortlaut wie bislang in § 35a FGG. In welchem Rangverhältnis sie zur Regelung des § 68 SGB VIII steht, ist fraglich. Die lex specialis-Regel scheidet aus, da beide Regelungen jeweils spezieller gegenüber der anderen sind: die des § 68 SGB VIII, weil sie speziell das JA, die des § 22a FamFG, weil sie speziell die Übermittlung an das FamG betrifft. Die lex posterior-Regel würde für den Vorrang des neueren Gesetzes, also des § 22a FamFG sprechen. § 37 S. 2 SGB I iVm § 67b Abs. 1 S. 1 SGB X schließt aber die Geltung von Übermittlungsregelungen außerhalb des SGB aus (→ Rn. 99) Da aber § 67b SGB X wegen § 61 Abs. 2 SGB VIII nicht gilt (→ Rn. 99a),ist § 22a FamFG anwendbar, wenn der AB/AP/AV (als Legalvormund, -pfleger, -beistand) Daten dem FamG übermittelt. Er darf dies dann nur, wenn dies erforderlich (wobei er und nicht das FamG die Erforderlichkeit zu beurteilen hat) und für ihn erkennbar ist, dass schutzwürdige Interessen des Betroffenen (das ist der Dateninhaber) oder öffentliche Interessen am Ausschluss der Übermittlung nicht schwerer wiegen als das Schutzbedürfnis des Kindes, dessentwegen die Übermittlung erfolgen soll.[157] Mit dieser Einschränkung nähert sich die Regelung der Übermittlung an § 65 SGB VIII an. Dieser ist als besondere gesetzliche Verwendungsregelung ohnehin als Schranke in § 22a FamFG eingezogen. So können beispielsweise

[155] aA *Törnig/Maas* in Jans/Happe/Saurbier/Maas KJHG § 68 Rn. 9 und DIJuF-Rechtsgutachten JAmt 2008, 419, da § 35 SGB I nicht anwendbar sei; dem ist aber entgegenzuhalten, dass § 35 SGB I gilt (→ Rn. 99a) und unabhängig davon der AB/AP/AV jedenfalls eine SGB-Stelle und damit als empfangsberechtigte Stelle iSd § 69 SGB X passiv – nicht aber aktiv (→ Rn. 101 aE) – legitimiert ist. → Rn. 98.

[156] Ebenso DIV-Gutachten DAVorm 1998, 102, aber unzulässig wäre Anregung an Straßenverkehrsbehörde, Fahrerlaubnis zu entziehen.

[157] Anders versucht *Rakete-Dombek* in Meysen FamFG § 22a Rn. 7 mit dem verqueren Wortlaut des § 22a FamFG fertig zu werden: keine Übermittlung bei überwiegenden schutzwürdigen Interessen des Betroffenen oder des Minderjährigen.

ärztliche oder psychologische Befundberichte nur mit Einwilligung (§ 65 Abs. 1 S. 1 Nr. 1 SGB VIII)des einsichtsfähigen Kindes (→ Rn. 66a), sonst seines gesetzlichen Vertreters, ohne Einwilligung aber zur Erfüllung des Schutzauftrages nach § 8a SGB VIII (§ 65 Abs. 1 S. 1 Nr. 2 SGB VIII) an das FamG weitergegeben werden. Diese Einschränkungen gelten nicht, wenn das FamG die Begutachtung angeordnet hat, weil die Daten dann nicht besonders anvertraut sind.[158] **Für das FamG** selbst gilt der Datenschutz nach § 5 BDSG.[159] Hat es Daten vom JA erhalten, muss es diese wie das JA selbst geheim halten („abgeleiteter Datenschutz" nach § 78 Abs. 1 S. 2 SGB X).

104a Erbittet der AB/AP/AV Daten über das Kind vom Allgemeinen Sozialen Dienst (**ASD**), ist dies eine nach § 68 SGB VIII zulässige Datenerhebung. Die Weitergabe dieser Daten vom ASD an den AB/AP/AV ist keine Übermittlung, da sie nicht an einen Dritten iSd § 67 Abs. 10 SGB X erfolgt, sondern an den Betroffenen selbst, der durch den AB/AP/AV gesetzlich vertreten wird. Handelt es sich um anvertraute Daten Dritter iSv § 65 SGB VIII (der für den ASD gilt), ist die Weitergabe durch die Ausübung der elterlichen Sorge (beim Beistand/Amtspfleger in dessen Aufgabenkreis) gerechtfertigt aus Art. 6 GG. Die Weitergabe von Daten des **Vaters** an die Mutter eines Kindes durch den AB/AP/AV kann gerechtfertigt sein, wenn die Mutter über den Stand der Unterhaltsfestsetzung und -beitreibung informiert wird. [160]

104b **c) Daten für Kontrollzwecke.** § 68 Abs. 1 S. 2 SGB VIII stellt Kontrollzwecke den Aufgabenzwecken gleich. Das Bundesverfassungsgericht hat bestätigt, dass die Kontrolle über die Verwaltungstätigkeit ein Aspekt dieser Tätigkeit, also Aufgabenerfüllung ist. Insoweit hat Satz 2 nur klarstellende Funktion. Im Unterschied zu § 69 Abs. 5 SGB X iVm § 67c Abs. 3 S. 1 SGB X, der auch die Ausübung von Disziplinargewalt, die Durchführung von Organisationsuntersuchungen und Ausbildungszwecke der Aufgabenerfüllung gleichstellt (insoweit wohl fiktiv), ist Nutzung und Übermittlung für diese Zwecke durch den AB/AP/AV ausgeschlossen.[161] Daher ist es nicht möglich, eine Akte Praktikanten zur Ausbildung zu überlassen, wenn der Fall nicht dabei bearbeitet wird. Schon abgeschlossene Fälle können Praktikanten also nur verwenden, wenn der Personenbezug geschwärzt ist. Auch hierin zeigt sich die Unvollkommenheit der Datenschutzregelung für den AB/AP/AV. Die Weitergabe der Akte zur internen Fachaufsicht durch den Vorgesetzten ist Nutzung, die Weitergabe nach außen an die Rechtsaufsichtsbehörde, das FamG, die Gemeindeprüfungsanstalt, aber auch an das Rechnungsprüfungsamt innerhalb derselben Behörde sind Übermittlung. Zweckmäßigkeitskontrolle besteht durch die Rechtsaufsichtsbehörde nicht, durch das FamG nur sehr eingeschränkt bei der Kontrolle der Rechnungslegung (§§ 1840, 1843 BGB), bei der Beistandschaft gar nicht. Auch wenn der AB/AP/AV kein weisungsgebundenes Organ der Verwaltung ist,[162] kann der Dienstvorgesetzte in Angelegenheiten von grundsätzlicher und besonderer Bedeutung in amtsübergreifenden Angelegenheiten und bei drohendem Regress Weisungen erteilen. Vgl. zum Weisungsrecht ausführlich → Rn. 74. Voraussetzung für interne Nutzung und externe Übermittlung ist immer die Rechtmäßigkeit der Kontrolle. Auch der Petitionsausschuss ist zur Kontrolle befugt, wie sich aus Art. 17 GG ergibt. [163]

[158] Zur Weitergabe ärztlicher Befundberichte ausführlich DIJuF-Rechtsgutachten JAmt 2007, 426.
[159] Näher zum Datenschutz bei Kooperation mit Gerichten *Kunkel* FPR 2003, 516 und 2002, 520.
[160] Ebenso DIV-Gutachten DAVorm 1997, 833.
[161] Ebenso im Ergebnis Wiesner/*Mörsberger* SGB VIII § 68 Rn. 10.
[162] Ebenso *Proksch*, Sozialdatenschutz, 153 unter Berufung auf BayObLG ZfJ 1991, 556.
[163] Anders aber DIV-Gutachten DAVorm 1998, 101.

Nicht zulässig ist nach Satz 2 die **Speicherung** von Sozialdaten zu Kontrollzwecken – wiederum im Unterschied zu § 67c Abs. 1 und 3 SGB X. Die Kontrolle kann sich daher lediglich auf die zur Aufgabenerfüllung gespeicherten Daten erstrecken. Ein weiterer Unterschied zu § 67c Abs. 2 SGB X besteht darin, dass Nutzung und Übermittlung nur „im Hinblick auf den Einzelfall" zulässig sind. Das bedeutet, dass ein Datum nicht für mehrere Nutzungs- oder Übermittlungsvorgänge benutzt werden darf, sondern nur für einen konkreten Fall aus einem bestimmten Anlass. Unzulässig ist danach auch die Übersendung von zB 10 Akten für eine Stichprobenkontrolle.[164] **104c**

d) Löschung und Sperrung. § 68 Abs. 2 SGB VIII öffnet eine Tür, die gar nicht verschlossen war, da § 61 Abs. 2 SGB VIII die Anwendung von § 84 SGB X nicht sperrt (→ Rn. 99). Die Öffnung erfolgt aber nur für einen Spalt (§ 84 Abs. 2, 3, 6 SGB X). Die **Berichtigung** nach § 84 Abs. 1 SGB X wäre damit ausgeschlossen. Auch wenn AB/AP/AV (ganz) besondere Organe des JA sind, sind sie doch nicht (ganz) fehlerfrei in ihrer Aktenführung – eine Berichtigung muss deshalb möglich sein. Sie ist zu erreichen, wenn man unrichtige Daten als für die Aufgabenerfüllung nicht erforderlich und damit als unzulässig gespeichert ansieht. Die Berichtigung geschieht dann durch Löschung nach § 84 Abs. 2 S. 1 SGB X, wenn sie von vornherein unrichtig waren, nach S. 2, wenn sie später unrichtig geworden sind. **104d**

Eine Löschung muss erst erfolgen, wenn die Daten zur Aufgabenerfüllung nicht mehr erforderlich sind. Zur Aufgabenerfüllung gehört aber auch die Information nach § 68 Abs. 3 SGB VIII. Wegen evtl. Schadensersatzansprüche werden die Akten der AB/AP/AV in der Regel 30 Jahre lang aufbewahrt. Diese lange Frist ist aber überholt, weil die Verjährung mit Änderung des § 195 BGB schon nach 3 Jahren eintritt. Unabhängig von der Notwendigkeit, die Akten zur Aufgabenerfüllung aufzubewahren, bestehen satzungsrechtliche Aufbewahrungsvorschriften zugunsten von Kulturamt oder Stadtarchiv und landesgesetzliche Aufbewahrungsvorschriften nach dem **Landesarchivgesetz**. Aufbewahrungsfristen nach dem Bundesarchivgesetz scheiden für die Jugendhilfe aus, da dieses Jugendhilfeträger nicht betrifft.[165] Solche Aufbewahrungsfristen (→ Rn. 68) führen zu einer Sperrung nach § 84 Abs. 3 Nr. 1 SGB X. Eine Übermittlung der Daten an Archive wäre zwar nach § 71 Abs. 1 S. 3 SGB X zulässig, § 71 SGB X ist aber wegen § 61 Abs. 2 SGB VIII nicht anwendbar. Wenn § 68 Abs. 2 SGB VIII den § 84 Abs. 6 SGB X für entsprechend anwendbar erklärt, soll dies wohl bedeuten, dass eine Übermittlung dennoch zulässig sein soll, wenn auch der Wortlaut des Gesetzes („bleibt unberührt") das Gegenteil sagt. Zum Recht auf Datenkenntnis nach § 68 Abs. 3 SGB VIII → Rn. 66 und 66a.

e) Zweckbindung nach Übermittlung. § 68 Abs. 4 SGB VIII übernimmt den in § 78 Abs. 1 S. 1 SGB X geregelten Grundsatz, erweitert ihn aber insoweit, als er auch für die Stellen **innerhalb** des SGB-Bereiches gilt, also beispielsweise für andere Stellen im JA, die Unterhaltsvorschusskasse, Krankenkasse, Agentur für Arbeit oder Sozialamt. Jede empfangende Stelle darf die Daten nur zu demselben Zweck nutzen, speichern oder übermitteln, zu dem der AB/AP/AV sie übermittelt hat, also immer nur zu dessen Aufgabenerfüllung nach § 56 SGB VIII.[166] Zweckabweichungen sind auch Gerichten (im Unterschied zu § 78 Abs. 1 S. 3 SGB X) nicht gestattet. Bei unbefugter Übermittlung durch den AB/AP/AV ist der empfangenden Stelle keine Verwendung **104e**

---

[164] Ebenso DIJuF-Rechtsgutachten JAmt 2009, 18.

[165] aA anscheinend Wiesner/*Mörsberger* SGB VIII § 68 Rn. 13.

[166] Weitergehend Wiesner/*Mörsberger* SGB VIII § 68 Rn. 27: „auch (zur) Aufrechterhaltung kommunikativer Bezüge" – was immer das sein soll (Kaffeerunde?).

des Datums erlaubt; dieses Verwertungsverbot ergibt sich im Umkehrschluss aus § 68 Abs. 4 SGB VIII. Die Definition der in Abs. 4 enthaltenen Begriffe kann aus § 67 SGB X gewonnen werden, da der Weg dorthin durch § 61 Abs. 2 SGB VIII nicht gesperrt ist (→ Rn. 99).

104f **f) Gegenvormund. Verein.** Der Gegenvormund (→ Rn. 107) wird durch § 58 SGB VIII dem AB/AP/AV funktionell gleichgestellt, durch § 68 Abs. 5 SGB VIII auch datenschutzrechtlich. Der Gegenvormund hat eine Kontrollaufgabe gegenüber dem Vormund gem. § 1799 BGB. Nur zur Erfüllung dieser Aufgabe darf er Daten erheben und verwenden. Die entsprechende Anwendung auch des Abs. 3 passt nicht zu diesen anders gelagerten Aufgaben. Auch hier gilt aber das allgemeine verwaltungsrechtliche Akteneinsichtsrecht, wobei die Gewährung der Akteneinsicht in diesen Fällen im Ermessen des JA steht, da die Voraussetzungen des § 25 SGB X nicht vorliegen (→ Rn. 66).

104g Wird eine Beistandschaft (im Unterschied zu Pflegschaft und Vormundschaft) auf einen **Verein** übertragen, wird dieser als beliehener Unternehmer tätig (vgl. → § 19 Rn. 11); somit gilt auch für ihn § 68 SGB VIII.

IV. Die vormundschaftsrechtlichen Besonderheiten

105 **1. Vorbemerkung.** Die öffentlichrechtliche Seite der AB/AP/AV betraf vorwiegend ihre Verfassung aus dem öffentlichen Organisationsrecht. Die Führung des beistandschaftlichen/pflegschaftlichen/vormundschaftlichen Amts im **Tagesvollzug,** in den zu treffenden Maßnahmen und Entscheidungen für das einzelne Kind zeigt dagegen rechtlich, weitgehend auch tatsächlich kein anderes Bild als beim Einzelpfleger/Einzelvormund (den „Einzelbeistand" gibt es nicht). Sie bleibt hier wie dort Führung einer Vormundschaft oder Pflegschaft. Als solche untersteht sie auch grundsätzlich den Normen des bürgerlichen Vormundschaftsrechts, in der Amtspflegschaft iVm § 1915 BGB, in der Beistandschaft iVm § 1716 S. 2 und § 1915 BGB (vgl. Überblick bei → Rn. 98). Nur punktuell bestehen Besonderheiten. Größtenteils sind sie ausdrücklich im BGB oder in § 56 Abs. 2, 3, 4 SGB VIII geregelt. Einiges ergibt sich mittelbar aus anderen Vorschriften und Zusammenhängen.

106 **2. Besonderheiten in der Begründung des Amtes.** Über die abweichende Gestalt der Begründung des Amtes ist bereits an früherer Stelle (→ Rn. 9) gesprochen. Die **Bescheinigung** (§ 1791c Abs. 3 BGB) regelt das Gesetz im Einzelnen nicht. In der bestellten Amtsvormundschaft wäre allenfalls die Beschränkung durch einen Mitvormund (→ Rn. 107) von Interesse; seine Person und gegebenenfalls die Zuständigkeitsverteilung hätte der Beschluss analog § 1791 Abs. 2 BGB zu bestimmen und in der dem JA zugegangenen Ausfertigung auszuweisen. Die Bescheinigung hat lediglich deklaratorischen Charakter; sie ist nicht Wirksamkeitsvoraussetzung für die Vormundschaft. Damit die Bescheinigung vom FamG ausgestellt werden kann, muss zunächst dem Standesamt die Geburt des Kindes angezeigt werden (§ 18 PStG); dann muss das Standesamt die Geburt dem JA mitteilen (§ 57 Abs. 1 Nr. 5 PStV), dieses hat dem FamG den Eintritt der Vormundschaft mitzuteilen (§ 57 SGB VIII). Das gilt auch[167] für die Interimsvormundschaft nach § 1751 BGB (→ Rn. 8). In der **Beistandschaft** gilt § 1791c Abs. 3 BGB nicht (§ 1716 S. 2 Hs. 2), so dass der Nachweis vom Realbeistand durch Vorlage des Antrags auf Beistandschaft (§ 1712 BGB) zu führen ist.

[167] Ebenso *Schleicher* GK-SGB VIII § 57 Rn. 2; DIJuF-Rechtsgutachten JAmt 2009, 30.

§ 1791b BGB ist zwar nicht ausdrücklich ausgeschlossen durch § 1716 S. 2 Hs. 2 BGB, gilt aber wegen § 1714 BGB nicht, der eine Bestellung durch das Familiengericht ausschließt. Öffentlichen Glauben, anders als das Testamentsvollstreckerzeugnis (§ 2368 Abs. 3 Hs. 1 iVm § 2366 BGB) äußert die Bescheinigung nicht, und nicht einmal, wenn der Wirkungskreis fälschlich zu weitgehend angegeben ist, den Gutglaubensschutz des § 172 BGB; → § 11 Rn. 3. Umso wichtiger ist es, die Bescheinigung mit nachträglichen Einschränkungen nach § 1794 BGB in Einklang zu halten (Einforderung durch das FamG, Neuausstellung).

Dem JA kann **kein Gegenvormund** bestellt werden (§§ 1792 Abs. 1 S. 2 Hs. 1 BGB), weder in Gestalt einer Einzelpersönlichkeit – ein solcher „Kontrolleur" vereinbart sich nicht mit dem behördlichen Rang der Amtspflegschaft/Amtsvormundschaft – noch auch durch ein anderes JA. Dass das JA seinerseits zum Gegenvormund bestellt werden kann, hebt das Gesetz (§ 1792 Abs. 1 S. 2 Hs. 2 BGB: Bereich der bestellten Amtsvormundschaft) zur Vermeidung von Missverständnissen hervor. Zur Frage der **Mitvormundschaft** (§ 1775 BGB) – im Miteinander mit einem Einzelvormund – sagt es nichts. Hier wird man unterscheiden müssen. Der Eintritt der gesetzlichen Amtsvormundschaft verträgt eine solche Zuordnung nicht. Für sie bestimmt das Gesetz ihren Wirkungskreis, nicht der Richter durch einen Bestellungsakt. Nur eine nachträgliche Einschränkung durch Einsetzung einer Mitvormundschaft wäre möglich; dazu → Rn. 121. In der bestellten Amtsvormundschaft[168] könnte schon die Bestellung eine Mitvormundschaft vorsehen, praktikabel aber wohl nur unter Teilung der Funktionen (§ 1797 Abs. 2 BGB). Im Übrigen lässt sich die über die Mit- oder Gegenvormundschaft erreichbare Kontrolle auch innerbehördlich dadurch sicherstellen, dass für ein und dasselbe Kind je mehrere Beauftragte nach § 55 Abs. 2 SGB VIII mit geteiltem Aufgabenbereich, zB für die Personensorge und die Vermögenssorge, eingesetzt werden. Das ist zulässig und wird auch gelegentlich so gehandhabt. 107

3. Besonderheiten in der Führung des Amtes. a) Befreiungen. Das JA genießt von Gesetzes wegen die **Stellung als befreiter Vormund** (§ 1857a BGB). Was dort vom Vormund gesagt ist, muss über § 1915 BGB für das JA auch in seiner **Eigenschaft als Pfleger** gelten, selbst wenn es eine befreite Pflegschaft allgemeinen Rechts, ausgenommen den Fall der §§ 1638, 1917 Abs. 2 BGB, nicht gibt (siehe oben → § 13 Rn. 4). Auch der (bestellte) Amtspfleger kann in die Lage kommen, von den gesetzlichen Befreiungen Gebrauch machen zu müssen, so bei Stundung oder Erlass rückständiger Unterhaltsforderungen (§ 1812 BGB) oder zur Erleichterung seiner periodischen Rechnungslegungspflicht nach § 1854 BGB, wenn er in einem langjährigen Rechtsstreit um die Feststellung der Vaterschaft einer einstweiligen Anordnung nach § 246 FamFG durch Hinterlegung der Unterhaltsbeträge auf einem Anderkonto genügt hat. Der Beistand ist gem. § 1716 S. 2 Hs. 1 BGB ohnehin nicht der Aufsicht des FamG unterworfen, kann also von ihr auch nicht befreit werden. 108

Darüber hinaus ist, zufolge § 56 Abs. 2 **S. 1, 2** SGB VIII der Amtspfleger/Amtsvormund **Anordnungen des FamG** nach §§ 1802 Abs. 3, 1818 sowie **Gestattungs- und Genehmigungsvorbehalten** nach §§ 1803 Abs. 2, 1811, 1822 Nr. 6, 7 BGB nicht unterworfen. In weitem Umfange hatte schon aufgrund der Ermächtigung in dem ehemaligen § 39 JWG das Landesrecht entsprechende Bestimmungen erlassen; siehe darüber → Rn. 109. Dieser Ermächtigungsrahmen, soweit er über die vorstehenden, jetzt bundesrechtlich normierten Exemtionen hinausgeht, ist durch § 56 Abs. 2 S. 3 SGB VIII aufrechterhalten. 108a

[168] Soergel/*Damrau* BGB § 1791b Rn. 5; Erman/*Holzhauer* BGB § 1791b Rn. 4.

109 **Weitergehende** Befreiungen kann nach Maßgabe von § 56 Abs. 2 **S. 3** SGB VIII das **Landesrecht** erteilen. Das gilt für alles, worauf die Aufsicht des FamG sich in vermögensrechtlicher Hinsicht erstreckt, und im Übrigen auf den Abschluss von Lehr- und Arbeitsverträgen. Mit der Bezugnahme auf die „Aufsicht des Familiengerichts" ist der Untertitel 3 (§§ 1837–1847 BGB) innerhalb des 1. Titels des 3. Abschnitts des Vierten Buchs des BGB gemeint, mithin nicht die Schlussrechnungspflicht (§ 1890 BGB). Diese hatte deshalb schon das RJWG von 1922 (§ 34 S. 2) von der Ermächtigung an die Landesgesetzgebung ausdrücklich ausgenommen. Die Befreiung in Ansehung der Lehr- und Arbeitsverträge zielt auf § 1822 Nr. 6, 7 BGB (Lehrverträge und Arbeitsverhältnisse mit mehr als einjähriger Laufzeit).

Die Befreiung gilt für das JA im Zuständigkeitsbereich des befreienden Landesjugendamts, also nicht etwa für ein JA, das in einem anderen Zuständigkeitsbereich tätig wird.[169]

110 Die Ermächtigung haben die **nachstehenden Länder** in Anspruch genommen, und zwar mit Befreiung von den jeweils genannten Vorschriften des BGB:

Baden-Württemberg: § 24 LKJHG
Bayern: Art. 59 AGSG
Brandenburg: § 21 AGKJHG
Bremen: § 12 AGKJHG)
Hamburg: § 20 AGKJHG
Hessen: § 14 HKJGB
Nordrhein-Westfalen: § 26 AGKJHG
Saarland: § 32 AGKJHG
Sachsen: § 34 LJHG Sachsen
Sachsen-Anhalt: § 29 KJHG LSA
Schleswig-Holstein: § 46 JuFöG SH

Die Ausführungsgesetze der Länder **Berlin, Mecklenburg-Vorpommern, Niedersachsen, Rheinland-Pfalz** und **Thüringen** zum SGB VIII enthalten keine über § 56 Abs. 2 S. 1 und 2 SGB VIII hinausgehenden Befreiungen.

111 **b) Weitere Befreiungen.** Sie beruhen darauf, dass die Trägerkörperschaft des JA ein sicherer Gewährsverband ist: Keine Auflagen auf Sicherheitsleistung wie gegenüber dem „Einzelvormund" nach § 1844 BGB; Zulassung der Trägerkörperschaft zur Anlegung von Mündelvermögen durch § 56 Abs. 3 S. 2 SGB VIII. Entbindung von dem Verbot des § 1805 S. 1 BGB: die Vorschrift des § 56 Abs. 3 S. 2 SGB VIII wäre neben dem wortgleichen § 1805 S. 2 BGB überflüssig gewesen. Bestimmt ist ferner (§ 56 Abs. 3 S. 1 SGB VIII), dass Mündelgelder mit Genehmigung des FamG auch auf **Sammelkonten des JA** bereitgehalten werden dürfen, wenn es den Interessen des Mündels dient, und sofern die sichere Verwaltung, Trennbarkeit und Rechnungslegung einschließlich der Verzinsung jederzeit gewährleistet sind.

112 **c) Keine Vergütung.** Als ein privilegium odiosum (negatives Privileg) erscheint in §§ 1835 Abs. 5, 1836 Abs. 3 BGB der **Ausschluss des JA von jeglicher Vergütung** für die staatliche Rechtsfürsorge und die Beschränkung des Anspruchs auf **Ersatz von Auslagen** auf das Vorhandensein ausreichenden[170] (auch im Nachhinein angefallenem) Mündelvermögens, wobei allgemeine Verwaltungskosten in keinem Falle erstat-

---

[169] So *Fröschle* jurisPK SGB VIII § 56 Rn. 37.

[170] Zu empfehlen ist die Anwendung der Maßstäbe des § 90 Abs. 2 Nr. 9 SGB XII über das sog Schonvermögen (2017: 1.600 EUR: § 1 Abs. 1 S. 1 Nr. 1 lit. a der VO zu § 92 Abs. 2 Nr. 9 SGB XII.).

tungsfähig sein sollen (§ 1835 Abs. 5 S. 2 BGB). § 64 Abs. 1 SGB X ist nicht anwendbar, da er ein Verwaltungsverfahren iSv § 8 SGB X voraussetzt, das hier nicht vorliegt (→ Rn. 89).

Die anfallenden Aufwendungen sind allerdings gerade in der staatlichen Rechtsfürsorge häufig nicht gering, so besonders aus Anlass von Abstammungsverfahren. Dem unvermögenden Kind kommt zwar die Verfahrenskostenhilfe nach § § 76–78 FamFG iVm der Prozesskostenhilfe (§§ 114–127a ZPO) zustatten. Jedoch kann unter Umständen ein **vorbereitender Aufwand** erforderlich werden, zB für Aufträge auf ein Abstammungsgutachten zwecks Vorbereitung eines Wiederaufnahmeantrages nach § 118 FamFG. Auch sonst können Kosten entstehen für Beschaffung von Urkunden aus dem Ausland einschließlich deren Übersetzung, in juristisch anders nicht lösbaren Auslandsfällen schließlich für die Einholung eines Gutachtens des Max-Planck-Instituts für ausländisches und internationales Privatrecht. Wenn die Vaterschaft vor einem ausländischen Gericht festgestellt oder der Unterhalt im Ausland „eingeklagt "und demnächst vollstreckt werden muss, sind Kosten für die Vorbereitung des Verfahrens und die Beauftragung eines ausländischen Anwalts nahezu unumgänglich. Da das JA in aller Regel nicht über einen eigenen Etat verfügt, bleibt für solche Aufwendungen mangels ausreichendem Vermögen[171] des Kindes nur die (kaum zu leistende) Finanzierung aus dem Regelsatz der Sozialhilfe (§ 28 SGB XII) bzw. der Regelleistung der Grundsicherung für Arbeitsuchende (§ 20 SGB II) oder mit einem Darlehen (§ 37 SGB XII bzw. § 23 SGB II), sofern nicht ein Unterhaltspflichtiger herangezogen werden kann oder die Trägerkörperschaft einen besonderen Fonds für diese Fälle gebildet hat (→ Rn. 71). 113

d) Kein Zwangsgeld. Dass gegen das JA als AP/AV (als Beistand ohnehin nicht, da der Beistand nicht der Aufsicht des FamG unterliegt; § 1716 S. 2 BGB) **kein Zwangsgeld** zur Durchsetzung familiengerichtlicher Anordnungen (§ 1837 Abs. 2 S. 1 BGB) verhängt werden darf (§§ 1837 Abs. 2 S. 2 BGB), wurde schon zu Rn. 70 vermerkt. Von selbst verstand sich das nicht. Auch Behörden sind von der Zwangsgewalt der damit ausgestatteten Staatsorgane nicht von vornherein ausgenommen.[172] Das RJWG von 1922 kannte eine Vorschrift obigen Inhalts noch nicht. Aber es wäre wohl misslich, die naturgegeben enge Zusammenarbeit zwischen FamG und JA, wie sie in der Familiengerichtshilfe sogar gesetzlich festgelegt ist (§ 50 SGB VIII), durch Zwangsgeldbefugnisse auf dem Teilgebiet der Amtspflegschaft/Amtsvormundschaft zu belasten. Das gilt auch für die Festsetzung von Zwangsgeld gegen das JA durch die Schulverwaltung.[173] Es genügt, erforderlichenfalls die Dienstaufsicht einzuschalten (→ Rn. 71). 114

4. Besonderheiten in der Entlassung aus dem Amt. a) Entlassungsgrund. Die Besonderheiten in der Beendigung des Amts des die Beistandschaft/Pflegschaft/Vormundschaft führenden JA durch Abgabe an ein anderes JA nach § 87c SGB VIII sind bereits in → Rn. 33–50 erörtert. Hier ist noch die Entlassung unter **Ersetzung durch einen Einzelvormund oder einen Vereinsvormund** (Einzelpfleger, Vereinspfleger) zu behandeln. Sie ist in den §§ 1887, 1889 Abs. 2 S. 1 BGB geregelt: teils erleichtert, teils erschwert gegenüber der Einzelvormundschaft und nur teilweise parallelgehend mit 115

---

[171] aA Staudinger/*Engler* BGB § 1887 Rn. 12, da hierfür die „Spezialvorschrift des § 87 Abs. 2" (gemeint ist wohl § 87c Abs. 2 SGB VIII) gelte; vgl. hierzu → Rn. 120 aE. Die außerdem angeführte gerichtliche Kontrollierbarkeit des Abgabeverfahrens ist auch für die Abgabe nach §§ 1887, 1889 Abs. 2 BGB gegeben.

[172] Mindestens nicht bei Betätigung im privatrechtlichen Bereich.

[173] Vgl. hierzu *DIJuF* JAmt 2008, 322.

der Vereinsvormundschaft. Abweichend vom Abgabeverfahren (→ Rn. 120 aE) nach § 87c Abs. 2 SGB VIII gilt diese Sonderregelung für die gesetzliche AV[174] wie für die bestellte Amtsvormundschaft/Amtspflegschaft gleichermaßen. Das im Folgenden für den Vormund Gesagte bezieht sich sinngemäß auch auf den Pfleger, hier: den Amtspfleger, dagegen nicht auf den Beistand, da dessen Entlassung nur auf Verlangen des Elternteils bewirkt werden kann (§ 1716 BGB).

116 Anders als in der Einzelvormundschaft (§ 1886, 1889 Abs. 1 BGB) ist Entlassungsgrund hier weder die pflichtwidrige Gefährdung der Mündelinteressen noch ein wichtiger Grund in der Person des Vormunds. Für eine Entlassung des JA genügt, dass **eine andere, als Vormund geeignete Person** vorhanden ist und ihre Bestellung dem Wohl des Mündels – besser – dient (§ 1887 Abs. 1 BGB). Auf der anderen Seite ist das JA, wenn es auf seinen Antrag hin entlassen werden will, nicht genötigt, einen wichtigen Grund ins Feld zu führen und zu belegen. Es genügt, wenn eine andere, als Vormund geeignete Person vorhanden ist und das Wohl des Mündels nicht entgegensteht (§ 1889 Abs. 2 S. 1 BGB); vgl. aber → Rn. 119. Was das BGB in diesen Bestimmungen für das JA als Vormund regelt, gilt über § 1915 BGB auch für die Amtspflegschaft. Der Grundsatz der **Subsidiarität** (→ Rn. 14), wird deutlich: Die Betreuung durch einen Einzelvormund hat der Idee nach immer noch den Vorrang. Das Gesetz jedenfalls ist bestrebt, diese Subsidiarität zu aktivieren, indem es für § 1887 BGB dem Vorgehen des FamG von Amts wegen den Antrag auf Entlassung des JA zur Seite stellt; das JA selbst soll sogar gehalten sein, den Antrag auf seine Entlassung zu stellen, wenn die Voraussetzungen hierfür vorliegen (§ 1887 Abs. 2 S. 3 BGB, § 56 Abs. 4 SGB VIII). Die Tatbestände der §§ 1887, 1889 Abs. 2 BGB sehen sich zwar äußerlich ähnlich, sind aber gleichwohl scharf zu unterscheiden.

117 **b) Tatbestand des § 1887 BGB.** § 1887 BGB verpflichtet das FamG, das JA aus der Führung der Amtspflegschaft/-vormundschaft zu entlassen, wenn dies dem Wohle des Minderjährigen dient und eine andere, als Vormund geeignete Person vorhanden ist. „Dient" bedeutet, dass die Führung der Vormundschaft/Pflegschaft durch die in Aussicht genommene Persönlichkeit für die Belange des Kindes förderlicher ist als die Fortführung durch das JA. Es kommen hier die gleichen Maßstäbe ins Spiel wie bei der Abgabe nach § 87c SGB VIII (→ Rn. 37). Wenn dort auf das „Erfordernis" für das Kindeswohl abgestellt wird, so erscheint demgegenüber die „Dienlichkeit" zwar als eine gewisse Abstufung; es spielt aber in der Sache, deshalb auch für die Praxis, keine wesentliche Rolle.[175] Ein pflichtwidriges Verhalten des AV/AP ist nicht entscheidend, sondern nur die Prognose, dass die Bestellung eines Einzelvormunds dem Wohl des Kindes besser dient.[176] Ein Fall des § 1887 BGB kann beispielsweise gegeben sein, wenn zwischen der Mutter und dem JA so starke Spannungen bestehen, dass die Animosität der Mutter die häusliche Atmosphäre trübt und die seelische Entwicklung des Kindes beeinträchtigt. Gerade deshalb, weil (und wenn) das Kindeswohl die Entlassung des JA und Bestellung eines nichtbehördlichen Vormundes als dienlich nahelegt, soll die Entscheidung des FamG auch von Amts wegen erfolgen dürfen. Daneben ist ein Antragsverfahren ausdrücklich vorgesehen. Der Kreis der Antragsberechtigten ist weit gezogen: nicht nur das Kind selbst, soweit es das 14. Lebensjahr erreicht hat,[177] sondern jeder, der berechtigt ein Kindesinteresse geltend macht, in erster Linie also

[174] Vgl. hierzu Staudinger/*Engler* BGB § 1835 Rn. 42.
[175] Grundlegend zu den zu stellenden Anforderungen: OLG Braunschweig DAVorm 1970, 294.
[176] So LG Heilbronn FamRZ 2004, 134 und DIJuF-Rechtsgutachten JAmt 2007, 534.
[177] So das Gesetz ausdrücklich; der Parallele zu §§ 9 Abs. 1 Nr. 3, 60 FamFG bedarf es nicht.

die Mutter.[178] Die Möglichkeit eines Antrags deckt deshalb fallweise auch ein Bestreben ab, das JA wegen mangelhafter Amtsführung entlassen zu sehen[179] und dies gegebenenfalls im Rechtsmittelwege (→ Rn. 123) weiterverfolgen zu können. Immer aber kann – anders als bei § 1886 BGB – dem Antrag erst nähergetreten werden, wenn eine geeignete Ersatzperson vorhanden ist (die das JA als Organ der Familiengerichtshilfe zu benennen hat, § 53 Abs. 1 SGB VIII). Auch ist das JA, soweit es nicht selbst den Antrag auf seine Entlassung gestellt hat, vor der Entscheidung zu hören (§ 1887 Abs. 3 BGB).

Denn das JA ist nicht nur selbst antragsberechtigt: Es soll sogar den Antrag auf seine eigene Entlassung stellen, sobald es erfährt, dass die Voraussetzungen hierfür gegeben sind (§ 1887 Abs. 2 S. 3 BGB). Das SGB VIII (§ 56 Abs. 4) hat diese Pflicht noch verschärft. Das JA hat in der Regel jährlich zu prüfen, ob seine Entlassung angezeigt sei, und „dies" (gemeint wohl: das Ergebnis der Prüfung) dem FamG mitzuteilen – eine erstmalige **Ausweitung der turnusmäßigen Berichtspflicht auf persönliche Mündelangelegenheiten,** zugleich engmaschiger als diejenige in Vermögensangelegenheiten nach §§ 1854 Abs. 2, 1857a BGB.[180] Auch eine „Fehlanzeige" ist erforderlich. **117a**

Ob die Ersatzperson „geeignet" ist, wird nun freilich sehr sorgfältig geprüft werden müssen. Sie wird befähigt sein müssen, mit mindestens gleichem Überblick und gleicher Durchsetzungskraft wie das JA die Belange des Kindes anderen Personen und Stellen gegenüber zu vertreten. Dass sie dafür allgemein einen Anwalt beauftragen könnte und zu beauftragen willens ist, dürfte nicht ausreichen, selbst wenn das Kindesvermögen dessen Honorierung gestatten würde. Ist jene **Qualifikation** zu bejahen, hätte den Ausschlag zu geben, ob ein persönlicher Kontakt zu dem Mündel fruchtbar zu werden verspricht – denn gerade dies ist der Vorzug, den der Einzelvormund dem Amtsvormund voraus hat – oder ob im persönlichen Bereich liegende Missstände durch das Ausscheiden des JA aus der Führung der Vormundschaft behoben sein würden. In der Amtspflegschaft spielen persönliche Gesichtspunkte der genannten Art eine untergeordnete Rolle. Deshalb würde hier, im Vergleich zu dem einschlägig erfahrenen Amtspfleger, eine höhere Befähigung des Einzelpflegers zur Vertretung der Belange des Kindes vorausgesetzt werden müssen. Der Fall des § 1887 BGB wird hier nur ausnahmsweise gegeben sein, am ehesten da, wo zur Regelung erbrechtlicher Angelegenheiten ein Amtspfleger bestellt wurde und er sich als mit den rechtlichen Schwierigkeiten der Materie überfordert erweist. **118**

Die Auswahl des Vormunds, seine Bestellung und die Aufsicht über ihn erfolgt durch das Familiengericht (§§ 1779, 1789, 1837 BGB). Damit korrespondiert § 53 Abs. 1 SGB VIII, der für das Jugendamt ein einzelfallbezogenes **Vorschlagsrecht** begründet. Das Familiengericht ist an den Vorschlag des Jugendamts nicht gebunden, sondern kann selbst einen geeigneten Vormund/Pfleger aussuchen. Hält das Jugendamt die durch das Familiengericht ausgewählte Person für ungeeignet, steht ihm ein Beschwerderecht nach § 59 Abs. 3 FamFG iVm § 53 Abs. 1 SGB VIII zu. Bei der Auswahl des Vormunds sind seine **Eignung** und seine **Qualifikation** zu unterscheiden. Nach § 1779 Abs. 2 BGB soll das Familiengericht eine Person auswählen, die nach ihren persönlichen Verhältnissen zur Führung der Vormundschaft geeignet ist. Die **persönliche Eignung** setzt voraus: **118a**

---

[178] In einer Legitimation eigenen Rechts, nicht nur als gesetzliche Vertreterin ihres Kindes, was von Bedeutung ist, wenn ihre elterliche Sorge ruht .

[179] Auf § 1886 BGB könnte die Entlassung des Jugendamts nicht gestützt werden.

[180] So Staudinger/*Engler* BGB § 1887 Rn. 9.

- Respekt vor der Person des Kindes
- Selbstverständnis als Interessenvertreter des Kindes in Abgrenzung zu den Rechten und Interessen Dritter
- Auseinandersetzung mit den eigenen persönlichen und fachlichen Grenzen
- physische und psychische Belastbarkeit
- Flexibilität im Denken und Handeln
- Offenheit und Transparenz gegenüber dem Kind, einschl. eines echten Bemühens von Beteiligung und Integration
- Kooperationsbereitschaft sowie Konflikt- und Kommunikationskompetenz[181]

Qualifikationsmerkmale sind:
- Erwerb kommunikativer Kompetenzen
- Kenntnisse des Rechts der Vormundschaft und Pflegschaft nach dem BGB
- Kenntnisse des familiengerichtlichen Verfahrens nach dem FamFG
- Kenntnisse des SGB (SGB I, II, V, VIII, IX, X, XI, XII)
- Kenntnisse des Verwaltungsverfahrens einschl. der Durchsetzbarkeit in Verfahren vor dem Verwaltungs- und Sozialgericht
- Kenntnisse des Aufenthalts- und Asylverfahrensrechts bei unbegleiteten minderjährigen Flüchtlingen.

Solche Kenntnisse können für den Amtsvormund bei der Ausländerbehörde abgerufen werden, ansonsten ist anwaltliche Unterstützung notwendig oder die Anregung einer Ergänzungspflegschaft für diesen Wirkungskreis.[182]Kommunikative Kompetenzen sind eher bei Sozialarbeitern/Sozialpädagogen zu vermuten, Rechtskenntnisse eher bei Verwaltungsfachkräften.[183]

Die Suche nach geeigneten Einzelvormündern ist ebenso Sache des Jugendamtes wie des Gerichts, die beide einen „Pool" schaffen und vorhalten sollten.

119 **c) Tatbestand des § 1889 Abs. 2 BGB.** Dient die Entlassung nach § 1887 BGB dem Interesse des **Kindes,** so diejenige nach § 1889 Abs. 2 BGB dem eigenen Interesse des **JA**. So jedenfalls könnte dies aus dem unterschiedlichen Wortlaut beider Bestimmungen gefolgert werden (einerseits: „dem Wohle dient", andererseits: „das Wohl nicht entgegensteht").[184] Dass aber in beiden Fällen das Wohl des Kindes Zweck und nicht bloß Schranke des Antrags ist, ergibt sich aus § 56 Abs. 4 SGB VIII, wonach das **Interesse des Kindes** für die Entlassung bestimmend sein muss. Das Vorhandensein einer geeigneten Einzelperson oder eines Vereins indiziert das Interesse des Kindes an der Entlassung. Dass § 56 Abs. 4 SGB VIII nicht nur die Prüfpflicht im Hinblick auf einen Fall des § 1887 BGB meint, sondern auch auf den des § 1889 Abs. 2 BGB, ergibt sich aus der Erweiterung des Subsidiaritätskriteriums (Einzelperson oder Verein) in § 56 Abs. 4 SGB VIII. Was dort für die jährliche Prüfung geregelt ist, muss auch für einen im Lauf des Jahres gestellten Antrag gelten. Damit erhöht § 56 Abs. 4 SGB VIII die Anforderungen aus § 1889 Abs. 2 BGB. Die Mitteilung nach § 56 Abs. 4 SGB VIII ist kein Antrag. Er soll gestellt werden im Falle des § 1887 BGB, während er im Falle des § 1889 Abs. 2 BGB im Ermessen des JA steht. Wird er nicht gestellt, ist dies – zu-

[181] So die Empfehlungen des DV (2012) unter 4.1 S. 31; siehe ferner zu Eignung und Qualifikation die Arbeitshilfe des LWL/LVR, Das Leistungsprofil des Amtsvormunds sowie die Arbeitshilfe der BAG LJÄ v. 14.8.2012; ausführlich *Hoffmann* FamRZ 2013, 554.

[182] Näher hierzu *Berthold/Espenhorsp* JAmt 2012, 365.

[183] Für eine „Tandem-Lösung" Walther in *Wiesner* SGB VIII § 55 Rn. 105; dagegen – zu Recht – ablehnend *Schleicher* GK-SGB VIII § 55 Rn. 18.

[184] So Staudinger/*Engler* BGB § 1889 Rn. 14; Palandt/*Götz* § 1887 Rn. 3; *Schwarz* in Krug/Riehle SGB VIII § 56 Rn. 35.

mindest im Fall des § 1887 BGB – eine Pflichtverletzung.[185] Das Interesse des Kindes steht einer Entlassung schon dann entgegen, wenn kein geeigneter Ersatz vorhanden ist, so dass die Eignung der Person (allgemein und für die konkrete Aufgabe) nicht eigens im Gesetz gefordert werden müsste. Sind noch schwierige Fragen zu prüfen, zB der Unterhaltssicherung oder Vaterschaftsfeststellung, kommt eine Entlassung nicht in Betracht, wenn die Ersatzperson darin noch nicht erfahren genug ist.[186] Ist geeigneter Ersatz vorhanden, fordert das Kindesinteresse nicht, dass der Ersatz besser geeignet ist als der Amtsvormund, er darf nur nicht schlechter geeignet sein als der AV. Ein Antrag auf Entpflichtung kann schon bei Überlastung des Personals gerechtfertigt sein, weil darunter auch das Kindesinteresse leidet. Das JA kann seinen Entlassungsantrag aus § 1889 Abs. 2 zwar nicht an Bedingungen (etwa die Bestellung des von ihm benannten Ersatzmannes) knüpfen, wohl aber ihn jederzeit, auch noch in der Rechtsmittelinstanz, zurücknehmen und damit ein noch nicht abgeschlossenes Entlassungsverfahren gegenstandslos machen.

d) Einzelvormund oder Verein als Nachfolger. Das Gesetz scheint die Annahme 120
nahezulegen, dass Nachfolger nur ein Einzelvormund sein könne, jedenfalls für die Entlassung nach § 1887 BGB, während im Falle des § 1889 Abs. 2 BGB auch ein **Verein als Nachfolger** solle bestellt werden können. Der Wortlaut des Gesetzes spricht nur vom Vorhandensein einer „geeigneten Person". Wenn damit ausschließlich die natürliche Person hätte gemeint sein sollen, würde jedenfalls das BGB auch in diesem Zusammenhange von „Einzelvormund" gesprochen haben, so wie es das an anderer Stelle (§§ 1844, 1886 BGB) getan hat. Auch die juristische Person ist also einbegriffen.[187] Freilich hat die Einzelperson, wie sonst (§ 1791a Abs. 1 S. 2 BGB) so auch hier den Vorrang vor dem Verein. Für die in Betracht kommenden Einzelpersonen besteht eine **Rangfolge** nach Maßgabe der §§ 1776, 1779 Abs. 2 S. 3 BGB (→ Rn. 14, 15 u.116). Die Benennung nach § 1776 BGB wirkt dann als Ersatzberufung bei Entlassung des JA, etwa wenn die verstorbene Mutter, deren Ableben den gesetzlichen Übergang einer bestellten Amtspflegschaft in eine Amtsvormundschaft bewirkt hatte (§ 1773 BGB), letztwillig einen Vormund benannt hat (§ 1777 Abs. 3 BGB), oder wenn ein Verwandter der Vollwaise erst nachträglich berufungsfähig geworden ist und bis dahin mangels einer geeigneten sonstigen Einzelpersönlichkeit eine bestellte AV in die Lücke getreten war. Von einer Bestellung des bisherigen Beauftragten (§ 55 Abs. 2 SGB VIII) zum nunmehrigen Einzelvormund sollte jedoch abgesehen werden; auch wäre, wenn er Beamter ist, bereits die dienstliche Genehmigung zur Übernahme der Vormundschaft zu versagen (§ 1784 BGB). Anderenfalls würde allzu leicht die Grenze zwischen AP/AV und Einzelvormundschaft/Einzelpflegschaft verwischt und der Eindruck hervorgerufen, als werde die AV/AP in Wahrheit doch noch unter verdecktem Namen weitergeführt.

Schlechthin unzulässig wäre es, über §§ 1887, 1889 Abs. 2 BGB das amtierende JA gegen ein anderes in nunmehr bestellter AP/AV auszuwechseln. Dafür ist das Abgabeverfahren nach § 87c Abs. 2 SGB VIII gegeben, das nicht umgangen werden darf. Das Verfahren nach §§ 1887, 1889 Abs. 2 BGB erlaubt nur diese „Auswechslung" eines AP/AV, aber nicht die „Einwechslung". Diese ist nur möglich nach § 87c Abs. 2 SGB VIII für die gesetzliche Amtsvormundschaft, nach § 87c Abs. 3 SGBVIII für die bestellte AP/AV (→ Rn. 33–45).

---

[185] So MüKoBGB/*Spickhoff* § 1887 Rn. 3.

[186] So MüKoBGB/*Spickhoff* § 1887 Rn. 2 und ihm folgend Staudinger/*Engler* BGB § 1887 Rn. 5; ähnlich Soergel/*Damrau* BGB § 1887 Rn. 2.

[187] Ebenso *Walther* in Wiesner SGB VIII § 56 Rn. 20; MüKoBGB/*Tillmanns* SGB VIII § 56 Rn. 10.

121 **e) Teilentlassung.** Ob es eine „Teilentlassung" geben könne, wird unterschiedlich beantwortet. Der Sache nach wäre es ein Streit um Worte. **Ausgliederung bestimmter Angelegenheiten** aus dem Wirkungskreis des AP/AV ist immer möglich, wenn auch nicht unter dem Rechtstitel einer Teilentlassung; so bei der Bestellung eines Ergänzungspflegers wegen Widerstreits der Interessen des Kindes mit denen der Trägerkörperschaft (→ Rn. 89, 135) – § 1796 BGB gilt auch in der Amtspflegschaft/Amtsvormundschaft[188] – oder durch Bestellung eines Mitvormunds (Mitpflegers, → § 11 Rn. 5), wenn der beauftragte AP/AV durch die Führung des Amtes überfordert wäre, wie in Fällen einer schwierigen Nachlassangelegenheit bei unzureichender personalmäßiger Ausstattung (kleinere Jugendämter). Die Ausgliederung geschähe dann durch Verteilung der Aufgabengebiete nach § 1797 Abs. 2 BGB (→ Rn. 107). Dass dergleichen in der Amtsvormundschaft denkbar sei, wird durchweg anerkannt. Nur würde eine solche Maßnahme, da sie im Ergebnis nun doch auf eine Teilentlassung hinausläuft, in der gesetzlichen Amtsvormundschaft an die Voraussetzungen und das Verfahren der Entlassung gebunden sein; die gesetzliche Amtsvormundschaft hatte ihrem Charakter entsprechend nur als unbeschränkbare ins Leben treten können (→ Rn. 107; → § 17 Rn. 1). In der bestellten Amtsvormundschaft dagegen könnte das FamG in gleicher Weise wie in der Einzelvormundschaft die Bestellung, so wie von Anfang an, so auch nachträglich durch schlichte Anordnung einer Mitvormundschaft einschränkend gestalten und die Aufgabengebiete gegeneinander abgrenzen.

122 **f) Zustellung. Rechtsmittel.** Darüber, wer im JA den Antrag aus § 1887, 1889 Abs. 2 BGB zu stellen befugt ist, → Rn. 131. Die Entlassung des JA ist diesem bekanntzugeben (§ 41 Abs. 1 S. 1 FamFG). Die Bekanntgabe erfolgt durch Zustellung (§ 16 Abs. 2 FamFG iVm §§ 166–195 ZPO). Erst mit der **Zustellung** wird der Beschluss wirksam (§ 40 Abs. 1 FamFG), nicht schon und nicht erst mit der Bestellung des Nachfolgers. Sollte der Nachfolger auch seinerseits späterhin wieder entlassen werden (§§ 1886, 1889 Abs. 1, Abs. 2 S. 2 BGB) oder sein Amt durch Tod (vgl. § 1894 BGB) enden und daraufhin das JA mangels geeigneter Einzelnachfolger **erneut als Pfleger/Vormund** in Betracht gezogen werden müssen, so wird es nunmehr bestellter AV/AP, auch wenn es bis zu seiner seinerzeitigen Entlassung gesetzlicher AV gewesen war.

123 Gegen die **Ablehnung** eines nach § 1887, 1889 Abs. 2 BGB gestellten Antrages ist die **Beschwerde** gegeben (§ 58 FamFG). Die Beschwerdeberechtigung ergibt sich im Falle des **§ 1887 BGB** aus § 59 Abs. 1 FamFG, nicht aus Abs. 2, da die Entscheidung über die Entlassung nicht nur auf Antrag, sondern auch von Amts wegen ergehen kann (§ 1887 Abs. 2 S. 1 BGB).[189] In jedem Falle ist das Kind beschwerdeberechtigt (in Person, sobald es das 14. Lebensjahr vollendet hat, § 60 FamFG), weil die Frage der verantwortlichen Führung des vormundschaftlichen oder pflegschaftlichen Amts seine Rechtssphäre unmittelbar berührt. Auch Vater und Mutter des Kindes sind aus eigenem Recht, nämlich der elterlichen Sorge' beschwerdeberechtigt, selbst wenn die elterliche Sorge ruht. Das JA hat ebenfalls eine Beschwerdeberechtigung, die sich aus § 59 Abs. 3 iVm § 162 Abs. 3 S. 2 FamFG ergibt, da sein Anhörungsrecht aus § 1887 Abs. 3 BGB dem aus § 162 Abs. 1 FamFG entspricht. Bei der Entlassung geht es nämlich um eine Kindschaftssache, die auch die Person des Kindes betrifft (§ 151 Nr. 4 oder 5 FamFG). – Gegen eine Ablehnung des vom JA nach **§ 1889 Abs. 2 BGB** gestell-

---

[188] Soergel/*Damrau* BGB § 1796 Rn. 2; Palandt/*Götz* § 1796 Rn. 1; Staudinger/*Engler* BGB § 1796 Rn. 1.

[189] Selbst wenn die elterliche Sorge ruht. Beschwerdeberechtigt ist auch der Vater, der die Vaterschaft anerkannt hat.

ten Entlassungsantrags hat dagegen nur dieses die Beschwerdeberechtigung aus § 59 Abs. 2 als Antragsteller.

Wird das JA **mit seinem Willen entlassen,** so ist hiergegen in beiden Fällen des § 1887 und des § 1889 Abs. 2 BGB die Beschwerde eröffnet (§ 58 FamFG): für das Kind nach Vollendung des 14. Lebensjahres (→ Rn. 123). Außerdem Vater und Mutter aus eigenem Recht (§ 59 Abs. 1 FamFG; → Rn. 123). Das JA selbst, das **gegen seinen Willen entlassen** worden ist, hat gegen die darin liegende Beschwer die Beschwerde aus eigenem Recht nach § 59 Abs. 1 und aus Abs. 3 iVm § 162 Abs. 3 S. 2 FamFG soweit es das Kindesinteresse geltend macht, und neben ihm das Kind aus eigener betroffener Rechtsstellung (§ 59 Abs. 1 FamFG). Ist es noch nicht 14 Jahre, wird sein Beschwerdeinteresse in beiden Fällen durch seinen gesetzlichen Vertreter wahrgenommen. Das ist idR die Mutter als Inhaberin der allgemeinen Personensorge – falls auch sie selbst an der Entlassung interessiert gewesen war: ein nach § 1796 BGB zu bestellender Ergänzungspfleger –, nicht dagegen, und auch nicht in der Amtsvormundschaft, das JA, da sein Amt mit der Bekanntgabe der Entlassungsverfügung zunächst beendet ist (§ 40 Abs. 1 FamFG). Die ihm zustehende Beschwerde aus eigenem Recht müsste das JA deshalb auf eigenes Kostenrisiko führen (→ Rn. 92). 124

Ist im Beschwerdewege eine Entlassung des JA **rechtskräftig aufgehoben,** so tritt die zuvor begründet gewesene Amtsvormundschaft/Amtspflegschaft in demselben Status automatisch so wieder ein, wie sie bestanden hatte: als gesetzliche AV, wenn sie eine gesetzliche, als bestellte AP/AV, wenn sie eine bestellte gewesen war; in der bestellten Amtsvormundschaft/Amtspflegschaft allerdings nur, wenn die Entlassung mit der Beschwerde aus eigenem (des gegen seinen Willen entlassenen JA; → Rn. 124) angefochten worden war, während die Beschwerde im Kindesinteresse nur einer Neubestellung des JA Raum gibt. Verfügungen des zwischenzeitlich tätig gewordenen Einzel- bzw. Vereinsvormunds bleiben unberührt und wirksam. Denn es bedarf jetzt seiner förmlichen Wieder-Entlassung, die hier an die Voraussetzung des § 1886 BGB nicht gebunden sein kann. Automatisch erlischt sein Amt nicht, weil die Beschwerdeentscheidung nur den die Entlassung des JA aussprechenden Beschluss, nicht aber die daraufhin erfolgte Bestellung des Nachfolgers aufhebt. Aus eigenem Recht kann er aber Rechtsbeschwerde (§ 70 FamFG), wenn das Beschwerdegericht die vom FamG verfügte Entlassung des JA aufgehoben hat, nicht einlegen. 125

V. Die einzelne Amtsbeistandschaft/Amtspflegschaft/Amtsvormundschaft als Grundverhältnis und als laufender Vollzug

1. Grundsätzliches. a) Amt und Beauftragter. Die Stellung des JA als AB/AP/AV ist gekennzeichnet durch die **„Verschachtelung“** der Innehabung des beistandschaftlichen/pflegschaftlichen/vormundschaftlichen Amts (Legalbeistand/-pfleger/-vormund) einerseits und seiner verselbständigten, mit einer gesetzlichen Vertretungsmacht ausgestatteten Wahrnehmung durch den „Beauftragten“ (Realbeistand/-pfleger/-vormund) andererseits (vgl. Schaubild bei → Rn. 141). Das Verhältnis beider Funktionen zueinander ist in der Eingangsvorschrift des § 55 SGB VIII mehr verhüllt als klargestellt (→ Rn. 28). Fest steht zunächst so viel, dass AB/AP/AV das JA, also die Behörde – und nur sie – ist. Darüber besteht seit Langem Einigkeit. Sicher ist ferner, dass die „Ausübung der Aufgaben des Beistands, Pflegers oder Vormunds“ auf die damit zu beauftragenden „einzelnen seiner Beamten und Angestellten“ dem JA **zwingend** auferlegt ist. Das ergibt die Fassung des Gesetzes: eine der bedeutsamen Unterschiede zum früheren Recht (§ 32 RJWG), das die Übertragung als Kann-Vorschrift vorgese- 126 hen hatte. Die Übertragung muss sogar so geschehen, dass nichts an Zuständigkeiten für jene Ausübung beim JA, dh der Leitung des Amtes zurückbleibt. Die Leitung des JA soll grundsätzlich nicht selbst nach außen in der Führung der einzelnen Beistandschaft, Pflegschaft oder Vormundschaft tätig werden dürfen. Dass sie sich im Innenverhältnis bestimmte Einflussnahmen vorbehält (→ Rn. 76, 77), ist damit durchaus vereinbar; wie andererseits der Leiter des JA sich selbst in Person zum Beauftragten nach § 55 SGB VIII auf gleicher Ebene wie die nachgeordneten Bediensteten seines Amtes, unter Wahrung der Anforderungen an die Bestimmtheit des zugewiesenen Aufgabenkreises (→ Rn. 142), bestellen kann. Das wiederum steht einer gelegentlich anzutreffenden Praxis entgegen, wonach der Leiter des JA neben und über seinen einzelnen, nach § 55 SGB VIII Beauftragten sich die Generalbeauftragten-Eigenschaft für alle Amtsbeistandschaften, Amtspflegschaften und Amtsvormundschaften seines Geschäftsbereichs beilegt.

127 **b) Vertretung des Kindes.** Die Problematik beginnt bei der Befugnis zur gesetzlichen Vertretung des Kindes. Sie stellt sich dahin, ob die mit der Übertragung verbundene Befugnis, das Kind gesetzlich zu vertreten (§ 55 Abs. 2 S. 3 SGB VIII), eine ausschließliche ist, so, dass das JA, vertreten durch seinen Leiter und obwohl „der" Beistand, Pfleger bzw. Vormund, nicht namens des Kindes zumindest rechtsgeschäftlich tätig werden dürfte – nicht einmal in dem Sinne, dass wenigstens im Außenverhältnis solche Akte gültige Vertretungsakte darstellten. Das Gesetz ergibt so viel nicht. Gleichwohl wird es allgemein angenommen. Hergeleitet wird es aus der **Unbedingtheit des Übertragungsgebots** und den entstehenden Unzuträglichkeiten, wenn mehrere Personen als gesetzlicher Vertreter unabhängig voneinander sollten handeln können, in der Beistandschaft noch zusätzlich zum Elternteil. Rechtsgeschäftliche Erklärungen der Leitung des JA namens des Kindes sollen geradezu unwirksam sein. Die notwendige Konsequenz aus der Vorenthaltung der gesetzlichen Vertreterstellung ist dann freilich, dass der Leiter des JA und sein Stellvertreter im gerichtlichen Verfahren des Kindes Zeuge sein können.

128 Ob die Argumentation der herrschenden Meinung zwingend ist, stehe dahin. Schwerlich folgerichtig bleibt es immerhin, dass sie sehr wohl eine passive Vertretungsmacht der Leitung des JA für gegeben hält, soweit es um die Empfangnahme von Erklärungen geht, die gegenüber dem Kind abzugeben sind. Doch mag man die Ausschließlichkeit der aktiven Vertretungsmacht des nach § 55 Abs. 2 SGB VIII Beauftragten hinnehmen, wenn man eng begrenzte **Ausnahmen** offenhält. Eine solche wird in späterem Zusammenhange (→ Rn. 131) begegnen. Es kann ferner Vertretungsnotstände geben, die anders als durch Eintritt des „eigentlichen" Beistands/Pflegers/Vormunds sich nicht beheben ließen. Solche Fälle brauchen durchaus nicht außergewöhnlich zu sein:

In einem kleineren JA sind zwei Beamtinnen die nach § 55 Abs. 2 SGB VIII Beauftragten mit nach Buchstaben getrennten Zuständigkeitsbereichen; sie vertreten sich gegenseitig. Eine von ihnen ist zugleich zur Urkundsbeamtin des JA nach § 59 SGB VIII bestellt. Wenn diese in einer Amtspflegschaftssache ihrer erkrankten Kollegin eine Vaterschaftsanerkennung mit Unterhaltsverpflichtung beurkundet, kann sie selbst die Zustimmung des Kindes nach § 1595 Abs. 2 BGB in derselben Verhandlung nicht erklären (→ Rn. 91); andererseits ist die Zustimmung eilbedürftig, weil sie die Anerkennung der Vaterschaft wirksam machen soll und die Erteilung der Vollstreckungsklausel von der wirksam festgestellten Vaterschaft abhängt. Dem Vertretungsnotstand lässt sich auch nicht dadurch steuern, dass der Leiter des JA ad hoc einen anderen Beamten seiner Trägerkörperschaft an das JA abordnen lässt und ihn nach § 55 Abs. 2 SGB VIII beauftragt. Denn dieser müsste die erforderliche Qualifikation aufweisen;[190] und sie ist bei dem übrigen Personal der Trägerkörperschaft nicht immer verfügbar. Wohl aber repräsentiert der Leiter des JA schon aufgrund der gesetzlichen Anforderungen für seine Berufung (§ 72 Abs. 2 SGB VIII) eben diese Qualifikation. Es muss ihm gestattet sein, in einem solchen Falle als Organ des Legalpflegers und damit in gesetzlicher Vertretung des Kindes die anstehende, eilbedürftige Erklärung abzugeben. Die gegebene Notwendigkeit wäre in einem Zusatz zur Unterschrift („mit dem Bemerken, dass der zuständige, nach § 55 Abs. 2 SGB VIII Beauftragte durch Erkrankung, sein Vertreter durch Ausübung der Urkundstätigkeit verhindert ist") deutlich zu machen. Es bliebe eine schwer vollziehbare Vorstellung, wenn der Inhaber des beistandschaftlichen/pflegschaftlichen/vormundschaftlichen Amtes von jeglicher gesetzlicher Vertretung des Kindes, einem essentiale seines Amtes, ausgeschlossen sein sollte, statt sie nicht wenigstens in der Reservestellung ausüben zu dürfen.

c) Grundverhältnis und Grundkompetenzen. Im Verhältnis von Abs. 1 zu Abs. 2 129
des § 55 SGB VIII wurzelt das vom Gesetzgeber an Wissenschaft und Rechtsprechung weitergegebene Anliegen, zu bestimmen, *was* übertragbar ist, weil es zur Ausübung der Aufgaben des Beistands, Vormunds oder Pflegers gehört. Wenn die Rechtsstellung des JA als Legalbeistand/-pfleger/-vormund nicht eine inhaltsleere Hülse sein soll, nur um der praktischen Ausübung durch den Realbeistand/-pfleger/-vormund als „gedanklicher Durchlauferhitzer" zu dienen, ist es notwendig, jene Rechtsstellung als ein Wirkungsfeld eigener Qualität zu betrachten, dem selbständige Zuständigkeiten zugeordnet und der Ausübung durch den Beauftragten vorgeordnet sind. Die Ausübung wird dann zum Vollzug der durch ein **Grundverhältnis** vorgegebenen Rechte und Pflichten. Das Grundverhältnis selbst ist dagegen nicht auf den Mitarbeiter übertragbar. Ihm eignen bestimmte **Grundkompetenzen,** die dem Beauftragten verschlossen sind. Es sind die dem JA als solchem – in der Person seines satzungsgemäßen Vertretungsorgans – vorbehaltenen Bereiche. Sie werden im nachfolgenden (→ Rn. 131) im Einzelnen beleuchtet.

d) Keine Vertretung des Amtes. Die „Ausübung" bezieht ihre Legitimation aus 130
der Beistands-/Pfleger-/Vormundstellung des JA, dem der Beauftragte angehört, in Verbindung mit der Übertragung. Aber der Delegatar wird damit nicht zum Vertreter des JA in Bezug auf die ihm übertragenen Obliegenheiten. Diese Vorstellung schleicht sich gelegentlich in die Definitionsversuche ein, bis in Entscheidungen des Bundesgerichtshofs.[191] Das JA wird gesetzlich vertreten durch seinen Leiter und im Verhinderungsfalle durch dessen Stellvertreter, nicht durch die einzelnen, nach § 55 Abs. 2 SGB VIII beauftragten Bediensteten. Sie zeichnen nicht „iV", aber auch nicht „iA" (→ Rn. 28).[192] Nur weil die gesetzliche Vertretung des Kindes dem Beauftragten durch den Ausspruch des § 55 Abs. 2 SGB VIII unmittelbar zugewiesen ist, werden seine rechtsgeschäftlichen Erklärungen, die er namens des Kindes abgibt, dem JA als dem Beistand/Pfleger/Vormund qua Substanz des Amtes so **zugerechnet,** als habe sie dessen Leiter abgegeben.[193] Der nach § 55 Abs. 2 SGB VIII Beauftragte übt seine Vertretungsmacht im un-vermittelten, eben deshalb auch (→ Rn. 74) grundsätzlich wei-

---

[190] §§ 59 Abs. 3, 72 SGB VIII; BGH FamRZ 1972, 560.

[191] BGH FamRZ 1966, 506.

[192] Zur Gestaltung von Briefkopf und Unterschrift näher DIJuF-Rechtsgutachten JAmt 2006, 355.

[193] Sehr klar OVG Berlin NJW 1988, 1931 („nicht das [vom Vormundschaftsgericht gem. § 1897 S. 2 BGB, § 45 JWG zum Pfleger bestellte] Bezirksamt W – Abt. Sozialwesen – vertritt die Klägerin, sondern der mit den Aufgaben des Pflegers betraute Amtspfleger W."); ebenso *Gernhuber/Coester-Waltjen* § 74 II.

sungsfreien Zugriff auf die ihm durch Gesetz verliehene Befugnis aus, nicht zunächst als Vertreter des JA und (erst) damit als Vertreter des Kindes, maW als „Vertreter des (gesetzlichen) Vertreters". Anderenfalls wäre er nur Untervertreter des JA; eine gesetzliche Untervertretung wäre geradezu ein Unikum im deutschen Rechtssystem. Es ist nach allem nicht korrekt, wenn im Verfahren so rubriziert wird, dass das Verfahren eingeleitet werde für das Kind NN, „vertreten durch das Kreisjugendamt X, dieses vertreten durch den mit der Ausübung der vormundschaftlichen Aufgaben Beauftragten Kreisamtmann Y".[194] Jene Zurechnung der namens des Kindes abgegebenen Erklärungen an das JA rechtfertigt es andererseits, die in → Rn. 80 erörterten Formprivilegien, soweit sie behördlichen Rechtsakten zukommen, auch für Rechtsakte des Beauftragten in Anspruch zu nehmen.

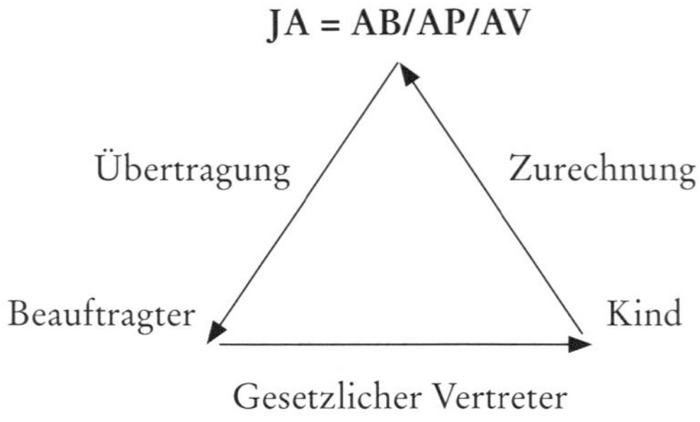

131 **2. Das Grundverhältnis (Jugendamt als Legalbeistand/-pfleger/-vormund) und die ihm zugeordneten Vorbehalte. a) Rechtsakte in Bezug auf die Amtsbeistandschaft/Amtspflegschaft/Amtsvormundschaft als Ganzes.** Gegenstand des Grundverhältnisses ist zunächst das Amt des Beistands/Pflegers/Vormunds in seiner Ganzheit. Schon seine Begründung nach § 55 Abs. 1 SGB VIII ist der Beauftragung nach § 55 Abs. 2 SGB VIII vorgeordnet, mag auch die Beauftragung durch die Geschäftsverteilung im JA festgelegt sein und daher nicht noch für jede anfallende Beistandschaft/Pflegschaft oder Vormundschaft eigens ausgesprochen werden müssen. Beauftragung ist Weitergabe und setzt die **Begründung des Amts** voraus. Gesetzlich entsteht das beistandschaftliche/pflegschaftliche/vormundschaftliche Amt für das JA nicht in der Person des geschäftsplanmäßig Beauftragten. Die Bescheinigung nach § 1791c Abs. 3 BGB lautet demgemäß auf das JA. Bestellt durch die Verfügung nach § 1791b Abs. 2 BGB wird das JA; die Verfügung wird durch Zugang bei ihm wirksam (→ Rn. 141). Eine Beschwerde gegen die Bestellung (→ Rn. 12) steht dem JA, vertreten durch dessen Leiter, zu: nicht dem Beauftragten, der einstweilen die Führung der bestellten Amtspflegschaft/Amtsvormundschaft zu übernehmen hat. Auch die **Beendigung des Amts** betrifft das Grundverhältnis und gehört deshalb zur Zuständigkeit der Leitung des JA. So die Entscheidung, ob eine Abgabe an ein anderes JA (§ 87c Abs. 2 SGB VIII) oder eine Entlassung (§ 87c Abs. 3 SGB VIII oder §§ 1887, 1889 Abs. 2 BGB) erfolgen soll, nebst den dazu erforderlichen Anträgen und Rechtsmitteln (→ Rn. 123). In Grenzfällen können hierzu sogar Anträge und Rechtsmittel im Namen des Kindes zählen; so, wenn ein Antrag auf Wiederaufnahme des Vaterschaftsanfechtungsprozesses, in dem die Vaterschaft nach § 1592 Nr. 1 BGB beseitigt worden ist,

[194] Korrekt müsste sie lauten: „...vertreten durch den vom Kreisjugendamt X (Amtspfleger) nach § 55 Abs. 2 SGB VIII bestellten Kreisamtmann Y".

von dem daraufhin als Amtsvormund berufenen JA (§ 1791c Abs. 1 S. 2 BGB) angebracht wird. Die nach § 55 Abs. 2 SGB VIII übertragene Ausübung der Aufgaben umfasst nicht Akte, die auf ein Ende eben dieser Aufgabe als ganzer abzielen. Weiter: Die Entlastung erteilt der Mündel/Pflegling oder der Nachfolger im Amt dem JA, nicht dem Beauftragten. Ein Fehlgreifen in der Benennung seiner Person würde die Entlastungswirkung nicht hindern. Deshalb wird auch die Schlussrechnung gegenüber dem FamG vom JA als Amtsinhaber abgelegt. Schon vorher haben Berichtsanforderungen des FamG nach § 1839 BGB sich an das JA, nicht an den Beauftragten zu richten. Dass das JA die Beantwortung durch den Beauftragten erledigen, Bericht und periodische Rechnungslegung durch ihn erstatten lässt, ist im Verhältnis zum FamG ein Internum.

Das Vorstehende ist für die **Anträge auf Abgabe der Beistandschaft/Pflegschaft/** 132
Vormundschaft nach § 87c Abs. 2 SGB VIII und für die **Anträge auf Entlassung** als AP/AV nach § 87c Abs. 3 SGB VIII oder §§ 1887, 1889 Abs. 2 BGB nicht unbestritten. *Klinkhardt*[195] vertrat den Standpunkt, die Entlassungsanträge nach § 87c Abs. 3 SGB VIII oder §§ 1887, 1889 Abs. 2 BGB, im Falle des § 87c Abs. 2 SGB VIII der Antrag des abgabewilligen JA seien durch den nach § 55 Abs. 2 SGB VIII Beauftragten zu stellen, da es sich um Akte in der Führung der Beistandschaft/Pflegschaft/Vormundschaft handele; nur die auf Übernahme nach § 87c Abs. 2 SGB VIII gerichteten Erklärung des übernahmebereiten JA stünden allein dessen Leitung zu, weil bei ihm die Beistandschaft/Pflegschaft/Vormundschaft noch nicht bestehe und daher ein Beauftragter nach § 55 Abs. 2 SGB VIII noch nicht in Funktion sei.

Die Differenzierung ist gleichwohl nicht haltbar. Auch aus einer bestehenden AB/ 133
AP/AV heraus können Anträge, die die Beendigung des Amts als solches und als Ganzes zum Gegenstand haben, nicht durch den vom Amtsinhaber mit der Führung der laufenden Amtsobliegenheiten Beauftragten gestellt werden. Der Beauftragte verfügt nicht über die Rechtsgrundlage seiner Beauftragung. Ihm steht nicht die Disposition über diejenige Trägerschaft zu, von der er seine eigene Rechtsstellung ableitet. Außerdem wird übersehen, dass der **Beauftragte gesetzlicher Vertreter des Kindes,** nicht dagegen (→ Rn. 130) gesetzlicher Vertreter des JA ist, welches hier überall von seinem (des JA) Amt entbunden sein will. Nicht das Kind stellt ja, gesetzlich vertreten durch den Beauftragten, den Antrag auf Abgabe der Vormundschaft oder den Antrag auf Entlassung „seines" Vormunds – solche Anträge stellt es selbst, wenn es das 14. Lebensjahr vollendet hat (→ Rn. 36, 117); andererseits könnte es einen Antrag aus § 1889 Abs. 2 BGB schon gar nicht stellen –, sondern der Vormund stellt ihn aus der Innehabung seines eigenen Amtes und insoweit aus eigenem Recht.

b) Legitimation im Grundverhältnis für den Außenverkehr. Von Behörde zu 134
Behörde verkehrt das JA, nicht der Beauftragte namens des Kindes. Kriterium ist, was der Einzelvormund vermöchte, und was nicht. Anträge bei Behörden namens des Kindes zu stellen, ist Sache des Beauftragten. Amtshilfe in einer Amtsmündelsache anfordern kann dagegen nur das JA, wie es ja auch Adressat eines Amtshilfeersuchens ist, zB für ein Auskunftsersuchen in dem Verschollenheitsbeispiel → Rn. 82. Das gleiche gilt, wenn das JA seine korporative Mitgliedschaft in fachlichen Einrichtungen für Zwecke einer laufenden AB/AP/AV nutzen muss (Einholung von Rechtsgutachten).[196] Die Familiengerichtshilfe (§ 50 SGB VIII), selbst wenn sie eine bei ihm laufende Amts-

---

[195] StAZ 1990,181.

[196] Wie beim Deutschen Institut für Jugendhilfe und Familienrecht, dem Deutschen Verein für öffentliche und private Fürsorge, dem Bundesverband für Erziehungshilfe (AFET) und ähnlichen Organisationen. Gutachten von anderer Seite (medizinische, auslandsrechtliche) wird dagegen der Beauftragte in eigener Zuständigkeit in Auftrag geben können; s. dazu aber → Rn. 71 aE.

pflegschaft/Amtsvormundschaft betrifft, obliegt ohnehin dem JA, nicht dem Beauftragten (→ Rn. 89, 90). Hier überall wird zwar häufig derselbe Behördenbedienstete tätig, der die betroffene Amtspflegschaft/Amtsvormundschaft als der nach § 55 Abs. 2 SGB VIII Beauftragte führt; dann aber nicht in dieser seiner Eigenschaft. Für das JA (→ Rn. 28) zeichnet er solchermaßen Schriftstücke „Im Auftrag". Diese Zeichnungsbefugnis, solange sie nicht anders geregelt ist, wird allerdings in der Beauftragung nach § 55 Abs. 2 SGB VIII im Zweifel einbegriffen sein. Doch bleibt sie auf diesem Felde weisungsgebunden.

135 **c) Lähmung und Befangenheiten im Grundverhältnis. Interessengegensatz.** Im JA wird eine Fülle einzelner APt/AVt geführt. Es kann vorkommen, dass die **Interessen der einzelnen Pfleglinge/Mündel** gegensätzlich sind. Man denke an Körperverletzungen als Folge von Schlägereien untereinander oder an den Fall, dass eine Mutter von ihren mehreren Kindern beerbt wird und eine Nachlassregulierung vorgenommen werden muss. Dass die beteiligten Kinder auf zwei in demselben JA tätige Beauftragte „aufgeteilt" werden, die sie je gesetzlich gegeneinander vertreten könnten, führt nicht weiter, da die Erklärungen beider solche des JA sind, dem sie zugerechnet werden (→ Rn. 130). Hier steht die Bestimmung des § 181 BGB iVm **§ 1795 Abs. 2 BGB** entgegen; für eines der beiden (dazu → § 11 Rn. 26) Kinder liegt danach der **gesetzliche Verhinderungsfall** vor; es muss eine Ergänzungspflegschaft eingeleitet werden.[197] Als Ergänzungspfleger könnte nur eine Einzelperson oder ein zur Führung von Vereinsvormundschaften und/oder -pflegschaften ermächtigter Verein in Betracht kommen; ein anderes JA in bestellter APt allenfalls dann, wenn es das nach § 87c Abs. 3 SGB VIII an sich zuständige wäre (→ Rn. 32), nachdem die Vormundschaft oder Pflegschaft für die Geschwister bei einem der beteiligten Jugendämter konzentriert worden war (→ Rn. 34).

135a **Befangenheitsfälle iSd § 1796 BGB,** in denen auf die Vormünder- bzw. Pflegerstellung des JA abgestellt werden muß, können vorkommen, so, wenn namens des Kindes ein Ausbildungsvertrag mit der Trägerkörperschaft des JA abgeschlossen werden soll;[198] oder wenn zivilrechtliche Schadensersatzansprüche gegen die Trägerkörperschaft des JA durchgesetzt werden müssen (Unfälle auf dem Schulhof der Kreisberufsschule; fehlerhafte Diagnose des Amtsarztes im Kreisgesundheitsamt). Auch in solchen Fällen wird eine Ergänzungspflegschaft notwendig, wenn es nicht lediglich um die Anforderung einer „liquiden" Leistung geht, sondern um deren streitige Geltendmachung. Dann gerät das Interesse des Pfleglings/Mündels in erheblichen Gegensatz zu dem Interesse des JA als AP/AV(§ 1796 Abs. 2 BGB), ohne dass ein Fall des gesetzlichen Ausschlusses nach § 1795 Abs. 2 BGB vorläge (→ Rn 147). Dieser Interessengegensatz ist dann anzunehmen, wenn ein Interesse nur zu Lasten des anderen befriedigt werden kann. Ist aber zu erwarten, dass der AP/AV trotz dieses Interessenwiderstreits die Interessen des Pfleglings/Mündels durchsetzen wird, ist ein erheblicher Gegensatz nicht anzunehmen.[199] Die Vertretungsbefugnis entfällt nicht schon bei Vorliegen eines Interessengegensatzes, sondern erst mit der Bekanntgabe des Entziehungsbeschlusses (§ 40 FamFG).[200] Auch wenn der Beauftragte bei der Wahrnehmung der Interessen seines Pfleglings/Mündels weitgehend (→ Rn. 69–78a) weisungsfrei ist, ist er möglicherweise dennoch nicht befangenheitsfrei bei der Durchsetzung des Interesses gegen

---

[197] *Gernhuber/Coester-Waltjen* § 71 II 1.

[198] Soergel/*Damrau* BGB § 1796 Rn. 2.

[199] Ähnlich Staudinger/*Engler* BGB § 1796 Rn. 7; Palandt/*Götz* § 1796 Rn. 2; BGH FamRZ 1995, 100 mAnm *Schwoerer.*

[200] BGH NJW 2007, 1677.

seinen Dienstherrn. Dabei gebietet es seine Amtspflicht, beim FamG eine Ergänzungspflegschaft gem. § 1796 iVm § 1909 BGB zu beantragen. Hauptanwendungsfall ist ein Streit um die Gewährung einer Hilfe zur Erziehung (→ Rn. 90, 97), vgl. nachfolgendes Schaubild.

Das Jugendamt als AP/AV bei Hilfe zur Erziehung durch Vollzeitpflege

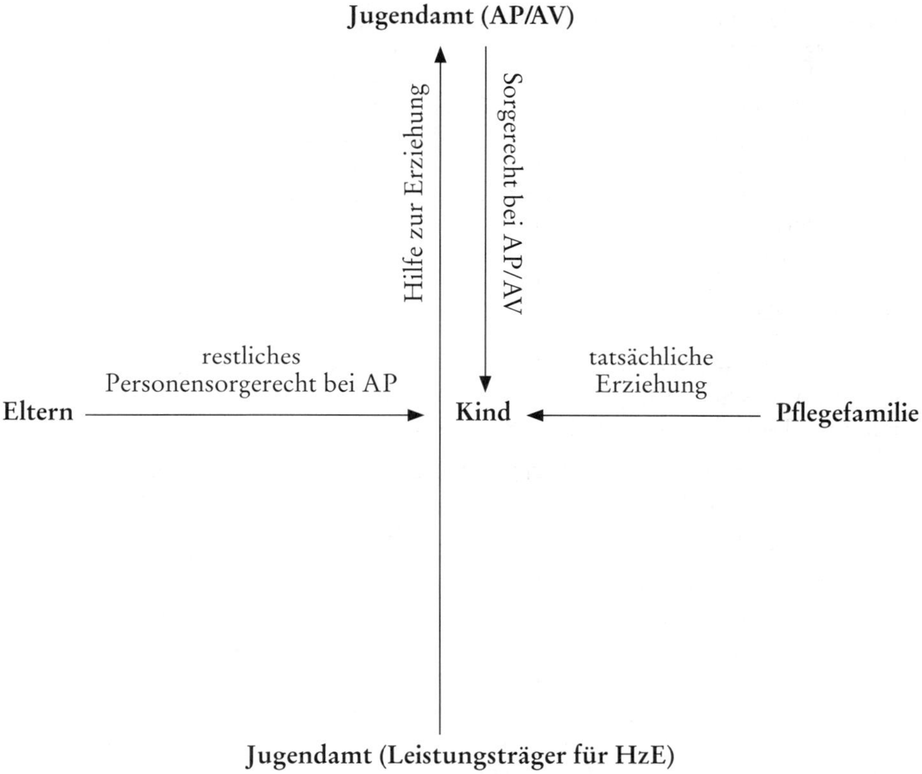

135b Will das JA als Träger der Hilfe zur Erziehung (HzE) diese nicht gewähren, weil es sie für nicht geeignet oder nicht erforderlich hält oder sie in einer anderen Art gewähren will, als der AP/AV dies wünscht, muss ein Ergänzungspfleger bestellt werden.[201] Bei einer HzE muss auch beachtet werden, dass der AP/AV diese Hilfe für sich als Personenberechtigten beansprucht (§ 27 SGB VIII), also nicht für das Kind als dessen gesetzlicher Vertreter (→ Rn. 90) An dem Interessengegensatz ändert dies zwar nichts. Für das Verwaltungsverfahren iSv § 8 SGB X hat es aber Bedeutung, weil dann § 16 SGB X beachtet werden muss (→ Rn. 97). Danach wäre der AP/AV im Verfahren auf Hilfegewährung ausgeschlossen, wenn er selbst zugleich für diese (funktionell) zuständig wäre (§ 16 Abs. 1 S. 1 Nr. 1 SGB X). Ist aber ein anderer Mitarbeiter für die HzE zuständig (zB im ASD), ist Nr. 1 nicht einschlägig, weil das JA zwar als

[201] Ebenso Wiesner/*Walther* SGB VIII § 55 Rn. 84; *Fröschle* jurisPK SGB VIII § 55 Rn. 53; *Schellhorn* in Schellhorn/Fischer/Mann/Kern SGB VIII §55 Rn. 22; OVG NRW JAmt 2001, 426; OVG Berlin NJW 1988, 1931 betrifft einen anderen Fall, nämlich einen Streit um die Gewährung einer Jugendhilfe zwischen Bezirksamt und Land Berlin, also zwei verschiedene Behörden.

Behörde AP/AV und damit Beteiligter ist (§§ 12 Abs. 1 Nr. 1 und 2, 10 Nr. 3 SGB X; → Rn. 97), aber nicht in dieser Eigenschaft den Fall entscheidet. Schon deshalb ist eine strikte Aufgabentrennung erforderlich.[202] § 16 Abs. 1 S. 1 Nr. **3** SGB X ist nicht einschlägig, da das Kind nicht Beteiligter ist, sondern der AP/AV als Personenberechtigter.[203] Für die Beteiligung des AV/AP im Hilfeplanungsverfahren nach § 36 SGB VIII gilt § 16 SGB X nur insoweit, als es auch Teile des Verwaltungsverfahrens enthält.[204] Bei streitiger Beteiligung muss aber für dieses Verfahren wegen § 1796 BGB ein **Ergänzungspfleger** (§ 1909 BGB) als Verfahrenspfleger bestellt werden[205]. Als Ergänzungspfleger käme ein anderes JA (→ Rn. 121), ein Verein oder eine Einzelperson in Betracht. Dasselbe gilt im Widerspruchsverfahren (§ 68 VwGO) und im Klageverfahren vor dem Verwaltungsgericht. Das JA als Amtspfleger/Amtsvormund könnte als Behörde Beteiligter sein (§ 61 Nr. 3 VwGO) und gegen die eigene Trägerkörperschaft als juristische Person (§ 61 Nr. 1 VwGO) oder gegen das JA (§ 78 Abs. 1 Nr. 2 VwGO) im Weg des Kommunalverfasssungsstreits („Intraorganstreit") klagen.[206] Zwar ist das JA keine juristische Person, sondern eine rechtlich unselbständige Untergliederung des Land-/Stadtkreises als Rechtsträger. Das JA besitzt jedoch in den Fällen des § 55 Abs. 1 SGB VIII eine „Quasi-Rechtspersönlichkeit" (→ Rn. 21).[207]

Daher ist das JA als Vereinigung iSv § 61 Nr. 2 VwGO Beteiligter (vgl. auch § 8 Nr. 3 FamFG).

Dasselbe gilt für die Gewährung anderer Leistungen, zB der Hilfe beim **Umgang** nach § 18 Abs. 3 SGB VIII,[208] aber auch bei **Inobhutnahme** nach § 42 SGB VIII bezüglich der Einwilligung des PSB als Realvormund.

136 **d) Grundverhältnis und Rechtsmittelbefugnis.** Fraglich ist, ob die Befugnis zur Einlegung von Rechtbehelfen gegen gerichtliche oder Verwaltungsentscheidungen zum Grundverhältnis gehört und damit der Leitung des JA oder aber dem nach § 55 Abs. 2 SGB VIII Beauftragten zusteht. Die **Konsequenzen** gehen über die bisherigen (→ Rn. 131–135) Fragestellungen hinaus. Wäre das Rechtsmittel (der Rechtsbehelf) durch den Leiter des JA einzulegen, so könnte er im Verfahren nicht Zeuge sein (was er in der ersten Instanz unstreitig ist, → Rn. 127); außerdem könnte er, wenn auch er neben dem Beauftragten einlegungsbefugt ist, das von diesem eingelegte Rechtsmittel zurücknehmen (was ihm gegenüber anderen Akten des Beauftragten nicht zustünde, Rn. 75). Doch wird man hier den Zuständigkeitsbereich des Grundverhältnisses verneinen müssen. Es sei denn, der Rechtsbehelf beträfe gerade das Grundverhältnis als solches, weil dann der Beauftragte in dieser Eigenschaft wiederum ausgeschaltet ist (→ Rn. 131). Wo es um die inhaltliche Gestaltung der Verhältnisse des Kindes geht, ist

---

[202] Ebenso *Hoffmann/Proksch* FK-SGB VIII § 55 Rn. 37; *Walther* in Wiesner SGB VIII § 55 Rn. 102. Im Eckpunktepapier zur Reform des Vormundschaftsrechts (2014) wird eine Herausnahme der AVt/APt aus dem JA gefordert. Zur geplanten Reform ausführlich *Veit* FamRZ 2016, 2045.

[203] Dies übersehen *Donatin* DAVorm 1995, 49; *Gojowczyk* Rpfleger 2013, 1 und wohl auch *Fröschle* jurisPK SGB VIII § 55 Rn. 26 sowie DIJuF-Rechtsgutachten JAmt 2004, 375.

[204] Siehe hierzu *Kunkel/Kepert* LPK–SGB VIII § 36 Rn. 1.

[205] aA DIJuF-Rechtsgutachten JAmt 2001, 43.

[206] Ebenso *Fröschle* jurisPK SGB VIII § 55 Rn. 56; aA *Walther* in Wiesner SGB VIII § 55 Rn. 84 unter Berufung auf BVerfG JAmt 2014, 223; vgl. hierzu die ablehnende Anm. *Kunkel* FamRZ 2015, 901.

[207] Ebenso VG Augsburg BeckRS 2015, 47315; siehe zum Ganzen: BSG NVwZ-RR 2009, 928; BayVGH BeckRS 2011, 32169 Rn. 30; BayLSG BeckRS 2009, 64380 Rn. 22–24; aA wohl noch BVerwG (BVerwGE 38, 164 = BeckRS 1971 30439187 Rn. 15, wo im Falle einer Personensorgeberechtigung des Jugendamts nach § 1793 BGB aF eine Aktivlegitimation des Rechtsträgers des Jugendamts bei Klagen auf Gewährung Freiwilliger Erziehungshilfe bejaht wird).

[208] Vgl. hierzu BVerfG FamRZ 2015, 1686.

ausschließlich der Beauftragte zur Einlegung des Rechtsbehelfs, erforderlichenfalls zur Mandatserteilung an den zu bestellenden Anwalt berufen, unbeschadet einer fallweise vorbehaltenen Gegenzeichnung der Amtsleitung (→ Rn. 77) und ohne Rücksicht auf das sachliche Gewicht der Angelegenheit. Das Behördenprivileg einer Freistellung vom Anwaltszwang, wo es besteht (→ Rn. 79), gilt dann auch für die Einlegung des Rechtsbehelfs durch den Beauftragten.

e) Das Grundverhältnis in der Haftung. Organisationsverschulden. Aus dem Grundverhältnis ist die Haftbarkeit ausschließlich des JA, und das heißt hier: die seiner **Trägerkörperschaft** (→ Rn. 22), für die mangelhafte Führung der AB/AP/AV begründet. Der mit der Führung nach § 55 Abs. 2 SGB VIII Beauftragte haftet dem Geschädigten, sei dies das Kind oder ein Dritter, nie persönlich: nicht nur im Bereich der Amtshaftung – dort ist die Eigenhaftung bereits aus Art. 34 GG ausgeschlossen –, sondern auch in der Vormundshaftung nach § 1833 BGB und der Haftung aus verletzter Aufsichtspflicht nach § 832 BGB (→ Rn. 88, 148). Denn dem Geschädigten hat nur „der Beistand, Vormund, Pfleger" einzustehen. Das JA hat sich in dieser Eigenschaft seiner Obliegenheiten notwendig durch seinen Bediensteten entledigen müssen. Freilich würden JA und Trägerkörperschaft sich für eine etwaige Haftung aus § 832 BGB nicht nach Maßgabe des § 831 BGB entlasten können, da die Beauftragung nach § 55 Abs. 2 SGB VIII, als eine gesetzlich vorgeschriebene Delegierung zu einer weitgehend weisungsunabhängigen Tätigkeit, dem „Bestellungsverhältnis" nach § 831 BGB nicht gleichzusetzen ist; eher wäre insoweit, wenn schon nicht eine direkte (→ Rn. 130), so doch eine analoge Anwendung der §§ 31, 89 BGB geboten. 137

Träfe den Beauftragten im Einzelfall kein Schuldvorwurf, so kann eine Haftbarkeit des JA und damit (→ Rn. 22) der Trägerkörperschaft aus **eigener schuldhafter Versäumnis** begründet sein. Der Beauftragte war überlastet, und es ist trotz seiner Vorstellungen keine Abhilfe geschaffen worden. Er war Neuling in der AB/AP/AV – die Vorbildung als Kommunalbeamter vermittelt nicht die für diese Sparte erforderlichen, detaillierten Kenntnisse im bürgerlichen Familienrecht und kann sie nicht vermitteln –; ihm wurde weder die nötige Hilfe bei der Einarbeitung noch die nötige Beaufsichtigung zuteil. Unter solchen Gesichtspunkten hat die Leitung des JA versagt wegen mangelnder Förderung ihres Bediensteten, oder die Trägerkörperschaft wegen unzureichender Personalausstattung ihres JA. Bei der Leitung des JA liegt dann eine Versäumung ihrer eigenen Legalverantwortlichkeit, bei der Trägerkörperschaft ein sogenanntes Organisationsverschulden vor. Beides begründet eine Haftung aus Amtspflichtverletzung (→ Rn. 24 Fn. 27), im Falle der Pflichtvernachlässigung bei der Leitung des JA konkurrierend (→ Rn. 87) auch eine Vormundshaftung aus § 1833 BGB. 138

f) Strafrechtliche Bewehrung des Grundverhältnisses. Nicht zuletzt ist es die Rechtsstellung des JA als Inhaber des vormundschaftlichen Amtes, welche durch die strafrechtlichen Bestimmungen über die Entziehung Minderjähriger (§ 235–236 StGB) geschützt oder – im Falle des § 236 StGB – mitgeschützt wird. Denn hier ist der Amtsmündel dem Einwirkungsbereich seines Vormunds in seiner Totalität entzogen. Deshalb ist nicht der Beauftragte, sondern nur der Leiter des JA oder sein Stellvertreter strafantragsberechtigt nach § 235 Abs. 7 StGB. Auf das Fehlen gerade seiner Einwilligung wäre im Falle des § 235 StGB abzustellen; auf die Einstellung des Beauftragten zu dem Geschehen, dessen „Einverständnis" vielleicht durch halbe Redensarten erreicht worden war, käme es nicht an. – Den gleichen strafrechtlichen Schutz genießt übrigens der Verantwortungsbereich der Amtspflegschaft, wenn dem JA als Amtspfle- 139 ger Realbeistand/-pfleger/-vormund nach § 1666 BGB „das Aufenthaltsbestimmungsrecht“ übertragen worden ist.

140 **3. Das Organ für den laufenden Vollzug: Der Realbeistand/-pfleger/-vormund[209] nach § 55 Abs. 2 SGB VIII. a) Vormundschaftsrechtliche Stellung und Bezug zum Grundverhältnis.** Wer als Beamter oder Angestellter des JA nach § 55 Abs. 2 SGB VIII beauftragt wird, ist damit für die laufende Führung der Beistandschaft/Pflegschaft/Vormundschaft im vollen Rechtssinne die Bezugsperson. Sein Handeln als gesetzlicher Vertreter, auch sein Verschulden hierbei (§ 278 S. 1 BGB) wird dem Kind im Verhältnis zu Dritten zugerechnet. In allem hat er praktisch die gleiche Stellung wie ein Einzelvormund (Einzelpfleger), ohne doch damit zum Einzelvormund (Einzelpfleger) zu werden. Er ist der **Vormund „in actione“ (Realvormund).**

141 Grundverhältnis (→ Rn. 131–139) und Betriebsverhältnis sind keine sich ausschließende Rechtskreise. Die gesetzliche Vertretungsbefugnis des Beauftragten endet zwar an den Schranken des Grundverhältnisses. Für dieses könnte er allenfalls „Im Auftrag“ der Jugendamtsleitung tätig werden (→ Rn. 134), wenngleich man eine Zeichnung als „Der mit der Führung der Beistandschaft/Pflegschaft/Vormundschaft nach § 55 Abs. 2 SGB VIII Beauftragte“, wenn die Leitung des JA die Erledigung sachlich deckt, in die korrekte Zeichnungsform wird umdeuten können. Doch gibt es gelegentlich auch echte **Zuständigkeitsüberlagerungen.** Zustellungen an das Kind hätten zwar grundsätzlich an den Beauftragten, der für die Führung der Beistandschaft/Pflegschaft/Vormundschaft verantwortlich ist, zu erfolgen. Aber falls sie stattdessen im JA an dessen Leiter oder Stellvertreter oder an andere Beamte oder Bedienstete des JA (§ 174 ZPO) geschieht, ist das für wirksam erachtet worden.[210] Nur eine Zustellung an die Trägerkörperschaft würde, wie schon zu → Rn. 22 bemerkt, keine Wirkung äußern[211] (und höchstens nach § 189 ZPO unter den dort vorgesehenen Voraussetzungen beschränkt geheilt werden können), sofern diese nicht ihre Empfangsstelle zugleich als eine solche des JA deklariert hat.

---

[209] Zu diesen Begriffen → Rn. 2.
[210] KG FamRZ 1976, 371.
[211] Nachweis der Rechtsprechung in → Rn. 22.

Die Verschachtelung in der ABt/APt/AVt

Betriebsverhältnis

↓

Zuständigkeit des Beauftragten als **Real**beistand, -pflege, -vormund
für
Angelegenheiten des täglichen Vollzugs

Grundverhältnis

↓

Zuständigkeit des JA als **Legal**beistand, -pfleger, -vormund
Grundkompetenzen für

- Angelegenheiten der ABt/APt/AVt als Ganzes (Begründung, Beendigung)
- JA im Behördenverkehr
- Aufsicht durch Familiengericht (nicht in der Beistandschaft)
- Rechtsaufsicht
- Haftung

b) Beauftragung. Beginn und Ende. Persönliche Unabhängigkeit. Für die Be- 142
auftragung nach § 55 Abs. 2 SGB VIII ist vom Gesetz **keine Rechtsform** als Wirksamkeitsvoraussetzung vorgeschrieben. Das wäre sicherlich wünschenswert gewesen, schon um die Vertretungsbefugnis auf eine eindeutige Rechtsgrundlage zu stellen. So aber kann sie sogar mündlich erfolgen. Besser geschieht sie durch schriftliche Verfügung, was wohl auch der Übung entspricht, sofern sie nicht überhaupt durch einen Geschäftsverteilungsplan geregelt wird.[212] Da die Bescheinigung nach § 1791c Abs. 3 BGB und auch die Verfügung nach § 1791b Abs. 2 BGB den Beauftragten nicht nennen (→ Rn. 131) und für den Beistand nicht einmal anwendbar sind (§ 1716 S. 2 Hs. 2 BGB), dieser sich aber unter Umständen im Rechtsverkehr über seine Vertretungsmacht muss ausweisen können – vgl. etwa § 174 BGB –, ist sogar die Ausstellung eines **Ausweises** als Beauftragter unter Aufführung seines Zuständigkeitsbereichs zu empfehlen. Eine einfache Bescheinigung reicht aus.[213] Bei einer Mehrheit von Beauftragten lässt sich die Abgrenzung der Zuständigkeiten regional, nach dem Alphabet oder nach sonstigen sachangemessenen Gesichtspunkten vornehmen. Stets angezeigt ist die Bestellung eines Stellvertreters. Es ist zulässig, die Wahrnehmung der beistandschaftlichen/pflegschaftlichen/vormundschaftlichen Aufgaben für ein und dasselbe Kind auf verschiedene Beauftragte nach Sachgebieten aufzuteilen, so dass ein der Mitvor-

[212] Ebenso *Wiesner* SGB VIII § 55 Rn. 78; nur Einzelverfügung: *Hoffmann/Proksch* FK-SGB VIII § 55 Rn. 7; DIJuF-Rechtsgutachten JAmt 2007, 535.
[213] DIJuF-Rechtsgutachtem JAmt 2007, 535.

mundschaft mit geteilten Zuständigkeiten (§ 1797 Abs. 2 BGB) ähnliches Funktionsverhältnis besteht.[214] Echte Mitvormundschaft ist es nicht; das zeigt sich darin, dass bei Streitigkeiten nicht das FamG (§ 1798 BGB), sondern die Leitung des JA entscheidet, welches die Einheit der Führung der Beistandschaft/Pflegschaft/Vormundschaft aus dem Grundverhältnis heraus repräsentiert. Nur die Übertragung auf einzelne Beamte oder Angestellte ist zulässig, nicht auf eine Stelle (Kreiskasse, Rechtsamt).[215]

143 Der Vorgang der Beauftragung ist auch insofern vom Gesetz wenig glücklich ausgestaltet, als er zum **Geschäft der laufenden Verwaltung** herabgestuft worden ist und damit vom Leiter der Verwaltung des JA verfügt wird (§§ 55 Abs. 2 S. 2, 70 Abs. 2 SGB VIII). Im JWG von 1961 (§ 37 S. 4) war die Bestellung zum Beauftragten von den Geschäften der laufenden Verwaltung ausdrücklich ausgenommen; sie erfolgte damals durch den Jugendwohlfahrtsausschuss (§ 15 S. 2 JWG 1961). Das war geeignet, die Selbständigkeit des Beauftragten (→ Rn. 74) gegenüber der Leitung des JA zu stärken. Die Novelle von 1970 hat die Beauftragung durch den Jugendwohlfahrtsausschuss wieder abgeschafft. Übrig blieb von der Stärkung seiner persönlichen Unabhängigkeit praktisch nur, dass er nicht willkürlich aus der Übertragung der Befugnisse nach § 55 Abs. 2 SGB VIII im Ganzen abgelöst werden kann.

144 Insoweit ist ein Vergleich mit der Vereinsvormundschaft in § 1719a Abs. 3 S. 1 Hs. 1 BGB aufschlussreich. Der Verein „bedient sich bei der Führung der Vormundschaft einzelner seiner Mitglieder". Er, der Verein, kann sie beliebig auswechseln. Ihre Stellung ist bezeichnend schwächer als die des Beauftragten im JA. Denn: Abberufen werden kann der Beauftragte zwar in der gleichen Zuständigkeit zur Entschließung, in der er berufen worden ist. Dann aber muss das durch ausdrücklichen Ausspruch erfolgen und könnte, außer bei Vorliegen triftiger Gründe, wie etwa Weigerung, einer zulässigen Weisung nachzukommen, festgestellten Mängeln in der Amtsführung oder nachhaltiger, die ordnungsmäßige Führung des Amtes gefährdender Erkrankung, nur durch „Umsetzung" im Zuge der turnusmäßigen Aufstellung eines neuen Geschäftsverteilungsplanes der Behörde erfolgen. Gegen eine gezielt willkürliche Ablösung würde der Beauftragte sich, notfalls durch die dienstrechtlichen Rechtsbehelfe, zur Wehr setzen können. Die Beauftragung nach § 55 Abs. 2 SGB VIII ist nicht Zuweisung einer beliebig austauschbaren Arbeitsrate wie sonst im Behördenorganismus, über die der Dienstvorgesetzte die freie Disposition hätte. Sie setzt eine qualifizierte Befähigung, Beistand, Pfleger und Vormund für eine große Zahl von Kindern zu sein, voraus (→ Rn. 128) und ist Ausdruck eines hierauf gegründeten, herausgehobenen Vertrauens. Ihr Widerruf (nach § 47 Abs. 1 SGB X) oder ihre Rücknahme (nach § 45 SGB X) hat daher auch im Beamtenverhältnis Außenwirkung iSv § 31 SGB X und ist daher ebenso **VA** wie die Beauftragung selbst; gegen ihn ist der Verwaltungsrechtsweg (§ 40 VwGO) eröffnet, für Beamte auch unabhängig von der VA-Qualität gem. § 126 Abs. 1 BRRG; es ist ein Vorverfahren durchzuführen (§ 54 BeamtStG, § 126 Abs. 3 BRRG). Den Anschein einer Abqualifizierung ohne zureichenden Grund braucht der Beauftragte nicht hinzunehmen, zumal wenn es ihm gelungen ist, eine persönliche Beziehung zu allen oder einzelnen seiner Schützlinge aufzubauen. Denn auch deren Interessen wären hier mit in die Waagschale zu werfen. Falls triftige Gründe es rechtfertigen, wird es auch zulässig sein, den Widerruf der Beauftragung für die Führung einer bestimmten ABt/APt/AVt auszusprechen, so zB wenn der Beauftragte sich weigert, um eine wegen unüberbrückbarer Meinungsverschiedenheit mit der Leitung des JA gebotene Entbindung von der Weiterführung nachzusuchen (→ Rn. 74). Der Wi-

[214] Wie in dem Fall oben → Rn. 107.
[215] So zu Recht DIJuF-Rechtsgutachten JAmt 2005, 555.

derruf kann aber gem. § 47 Abs. 1 Nr. 1 Alt. „ SGB X nur dann erfolgen, wenn der Übertragungsakt einen Widerrufsvorbehalt enthielt (§ 32 Abs. 2 Nr. 3 SGB X).

Auf eigenen Wunsch oder mit seinem **Einverständnis** wird der Beauftragte dagegen jederzeit aus seiner Beauftragung ausscheiden dürfen. Jedoch wird man, wenn er schon die Vorzüge einer wenngleich bescheidenen Sicherung gegen eine Ablösung wider seinen Willen genießt, in Analogie zu § 672 Abs. 2 S. 1 BGB annehmen müssen, dass die Führung des Amtes nicht zur Unzeit aufgegeben werden darf. Der Einzelvormund dürfte sein Amt ohnehin nicht nach seinem Belieben aufgeben. Wer Verantwortung übernommen hat, darf sich ihrer nicht so entziehen, dass er ihr gerade dadurch nicht mehr gerecht würde. **145**

Mit der **Wahrung dieser seiner dienstrechtlichen Stellung** durch den Beauftragten hat es freilich sein Bewenden. Ein eigenes Recht, einen bestimmten Beauftragten im JA aus seiner Stellung abberufen (ausgewechselt) oder in seiner Stellung belassen zu sehen, haben weder das Kind noch Dritte.[216] **146**

c) Personenbezogene Aspekte (§§ 1795, 1796, 832 BGB). Maßgebende Bezugsperson (→ Rn. 140) ist der Beauftragte auch überall dort, wo Bestimmungen über die Führung der Vormundschaft auf die persönlichen Verhältnisse des Realbeistands/-pflegers/-vormunds abstellen. Das betrifft zunächst den **Ausschluss von der Vertretungsmacht.** Die Ausschlussgründe des § 1795 BGB aus seiner Person (zum Ausschluss wegen der behördlichen Funktion des Legalbeistands/-pflegers/-vormunds → Rn. 135) greifen Platz. In die gesetzliche Vertretung des Kindes rückt der Stellvertreter des Beauftragten ein. Einer Ergänzungspflegschaft wie beim Einzelvormund bedarf es nicht. Der Fall des § 1796 BGB sollte sich bei gewissenhafter Amtsführung ebenso „geräuschlos" regeln. Der in der Sache befangene Beauftragte hat sich schon nach dienstrechtlichen Grundsätzen der Ausübung seiner Funktion zu enthalten und sie dem Vertreter zu überlassen. In einer Beziehung hat darüber hinaus das Gesetz die Lösung eines möglichen Falles von Befangenheit neutralisiert. Dem bekenntnisverschiedenen Einzelvormund kann die Sorge für die religiöse Erziehung des Mündels entzogen werden (§ 1801 Abs. 1 BGB): Für die Amtsvormundschaft (und die Vereinsvormundschaft) ist anstelle dessen bestimmt, dass „auf das religiöse Bekenntnis oder die Weltanschauung des Mündels und seiner Familie bei der Unterbringung Rücksicht zu nehmen sei" (§ 1801 Abs. 2 BGB). Dass dies indessen schon durch Auswahl eines bekenntnisgleichen Beauftragten zu geschehen habe,[217] weitet das Gesetz unnötig aus und wäre unter heutigen Verhältnissen (kleinere JÄ; Sachbearbeiterwechsel) oft auch kaum durchführbar. Erforderlichenfalls hätte die Bestellung eines Mitvormunds für die religiöse Erziehung (→ Rn. 107) in die Lücke zu treten. Beschränkt sich die Führung der Vormundschaft auf rechtliche und Vermögensangelegenheiten, während die tatsächliche Sorge bei der Erziehung in Heimen oder der Pflegeperson liegt, ist das Bekenntnis des Realvormunds unerheblich.[218] Gehört er der Scientology-Sekte an, ist er möglicherweise als Beauftragter ungeeignet, wenn es in seiner Person Anhaltspunkte für die Gefahr einer Indoktrination gibt. Der Widerruf der Beauftragung wäre dann möglich, wenn er im Übertragungsakt vorbehalten ist (§ 47 Abs. 1 Nr. 1 Alt. 2 SGB X). Die Rücksichtnahme auf die Religionszugehörigkeit des Kindes verlangt im Übrigen schon § 9 Nr. 1 SGB VIII. **147**

Die Sorge für die Person des Kindes (§ 1793 S. 1 BGB) schließt im Grundsatz die **Aufsichtspflicht** des § 832 BGB ein. Sie ist zunächst eine persönlich zu leistende. Der **148**

---

[216] Der Entlassungsgrund der §§ 1887 Abs. 1 BGB betrifft das JA im Grundverhältnis (→ Rn. 131).

[217] zustimmend Soergel/*Damrau* BGB § 1801 Rn. 4; MüKoBGB/*Kroll-Ludwigs* § 1801 Rn. 13.

[218] So zu Recht Staudinger/*Engler* BGB § 1801 Rn. 19.

die Amtsvormundschaft führende Beauftragte wird ihr allerdings kaum je und noch weniger als der Einzelvormund in vollem Umfange genügen können. Durchweg wird er den Mündel, wo nicht bei Verwandten, dann in einer Pflegefamilie, in einem Heim unterbringen. Alsdann trifft die Haftbarkeit für einen vom Kind verursachten Schaden die Pflegeperson (§ 832 Abs. 2 BGB). Der Beauftragte wäre daneben nur verantwortlich, wenn er bei der Auswahl der Unterbringung nicht pflichtgemäß Bedacht genommen hat, ob auch hier, in der Unterbringung, die gehörige Aufsicht gewährleistet sein werde, oder er es verabsäumt hätte, vorsorglich auf ihm bekannte oder erkennbar gewesene Abartigkeiten im Verhalten des Kindes hinzuweisen. Den Entlastungsbeweis insoweit hätte im Schadensersatzprozess freilich die Trägerkörperschaft nach § 832 Abs. 1 S. 2 BGB zu führen (→ Rn. 137).

149 **d) Dienstrechtliche Aspekte (Amtsverschwiegenheit, Aussagegenehmigung, Aussageverweigerung).** Die Übertragung der beistandschaftlichen/pflegschaftlichen/vormundschaftlichen Obliegenheiten löst den Delegatar nicht aus den dienstrechtlichen bzw. arbeitsrechtlichen Bindungen, denen er als Beamter oder Angestellter unterworfen ist. Er hat zunächst das **Dienstgeheimnis** zu wahren (§ 37 BeamtStG und die entsprechenden Ländergesetze, zB § 79 LBG BW für Beamte; für Angestellte § 3 Abs. 1 TVöD). Der Einzelvormund mag sich, wenn er Dinge preisgibt, die zur Intimsphäre der mit der Führung der Vormundschaft in Berührung Gekommenen gehören oder die deren Ruf oder Kredit schädigen können, nach §§ 823 Abs. 1 (Grundrecht auf informationelle Selbstbestimmung als absolut geschütztes Recht), 824 oder 823 Abs. 2 iVm §§ 185–187 StGB haftbar, auch strafbar machen und sich einer vorbeugenden Unterlassungsklage (§ 1004 BGB analog) aussetzen: solange er nicht zugleich die Interessen seines Mündels gefährdet, hat das FamG keinen Anlass, gegen ihn mit Aufsichtsmitteln nach § 1837 BGB einzuschreiten. Der beauftragte AB/AP/AV unterliegt weitergehenden Bindungen. Das Gebot der Amtsverschwiegenheit (§ 203 Abs. 2 StGB) ebenso wie der Sozialdatenschutz nach § 68 SGB VIII (→ Rn. 99–104) verpflichten ihn, Unbeteiligten nichts über die in seinem Dienst zur Kenntnis gelangten Tatsachen mitzuteilen, und den Beteiligten auch nur so viel, wie sie aus der Sicht der Belange des Kindes wissen müssen. Pflichtwidrigkeiten auf dieser Linie sind allerdings zunächst nur solche gegenüber dem Dienstherrn und können diesem Anlass zu dienstrechtlichen Maßnahmen geben (→ Rn. 144). Das FamG wiederum wird tätig erst (und dann gegenüber dem JA; → Rn. 131), wenn die Verletzung des Amtsgeheimnisses als Pflichtwidrigkeit gegenüber dem Kind auftritt und die Leitung des JA nicht unverzüglich Abhilfe geschaffen hat.

150 Als Beamter, aber auch als Angestellter im öffentlichen Dienst bedarf der Beauftragte einer **Aussagegenehmigung** seiner Behörde, wenn er als Zeuge in einem Zivilprozess (§ 376 ZPO), einem Strafverfahren (§ 54 StPO), dem familiengerichtlichen Verfahren (§ 29 Abs. 2 FamFG) oder einem sonstigen gerichtlichen Verfahren, auf das die Bestimmungen über die Zeugenvernehmung im Zivilprozess Anwendung finden, über Gegenstände, die seiner Amtsverschwiegenheit obliegen, aussagen soll. Soweit der Sozialdatenschutz die Übermittlung einer Information nicht zulässt, also hier nach § 68 SGB VIII, im familiengerichtlichen Verfahren nach § 22a Abs. 2 FamFG (→ Rn. 104), besteht ein **Zeugnisverweigerungsrecht** (§ 35 Abs. 3 SGB I) und damit (§ 35 Abs. 1 SGB I) eine Zeugnisverweigerungspflicht (→ Rn. 104). Die Aussagegenehmigung kann nur dann erteilt werden, wenn die Aussage nicht schon aus datenschutzrechtlichen Gründen verweigert werden muss.[219] Im Zivilprozess besteht

---

[219] Vgl. *Kunkel* LPK-SGB VIII § 61 Rn. 35; anders *Mörsberger* in Wiesner SGB I § 35 Rn. 15.

das Zeugnisverweigerungsrecht nach § 383 Abs. 1 Nr. 6 ZPO, weil dem Realbeistand/-pfleger/-vormund als Amtsträger gem. § 11 Abs. 1 Nr. 2 StGB Daten anvertraut sind, die er nach § 203 Abs. 2 StGB geheim halten muss, wenn keine Übermittlungsbefugnis nach § 68 SGB VIII besteht. Im Strafprozess besteht kein Zeugnisverweigerungsrecht nach § 53 StPO; ein solches ergibt sich aber aus § 35 Abs. 3 SGB I (siehe oben).

e) Pflichtenübertragung auf Dritte. Der AV/AP kann einzelne der ihm zur Aus- 150
übung übertragenen Aufgaben auf Dritte (ebenfalls nur zur Ausübung) übertragen, soweit sie nicht höchstpersönlicher Art sind wie zB der persönliche Kontakt zum Kind (s. Rn. 90 a). Dabei sollte durch den AV/AP geprüft werden und sichergestellt sein, dass derjenige, dem die Pflichten übertragen werden, die persönliche und fachliche Eignung zur Erfüllung der Pflichten hat und dass die Pflichten ordnungsgemäß erfüllt werden, was bei vergleichbar qualifizierten Kollegen unterstellt werden kann. Von der Richtigkeit dieser Annahme hat sich der AV/AB in Abständen persönlich zu überzeugen.

Um Interessenkonflikte zu vermeiden und die Rechte des Kindes zu wahren (zB Beschwerderecht) ist eine Übertragung auf Fachkräfte in Erziehungseinrichtungen unzulässig (sog **Inkompatibilität**).[220]

Zum Zweck der Rechtssicherheit, Dokumentation und Transparenz sollte die Pflichtenübertragung an Dritte – wer, was, in welchem Umfang, für welchen Zeitraum usw vornimmt – **schriftlich** genau fixiert sein. Die regelmäßig stattfindenden Hilfeplangespräche dienen auch dazu, das Pflichtenprogramm zu überprüfen und den Beteiligten den gleichen Kenntnisstand zu vermitteln. Eine Kontrolle seitens des **FamG** erfolgt im Rahmen der Aufsichtspflicht durch Anforderung des jährlichen Berichts (§ 1840 BGB). Da eine Anforderung eines Erst- oder Zwischenberichtes bei besonderen Vorkommnissen seitens des FamG jederzeit möglich ist (§ 1839 BGB), sollte es selbstverständlich sein, dass der Vormund von sich aus diese dem FamG meldet, was auch eine Sicherheit der Absprachen der weiteren Vorgehensweise bedeuten kann.

f) Schutzauftrag. „Schutzauftrag" ist etwas anderes als „Kinderschutz", der Struk- 151
turprinzip der gesamten Jugendhilfe ist (§ 1 SGB VIII)[221] „Schutzauftrag" ist der Auftrag des staatlichen Wächters aus Art. 6 Abs. 2 S. 2 GG, der in § 8a SGB VIII seinen verfahrensrechtlichen Niederschlag findet. Eine neue Aufgabe des JA ist dies nicht, sondern nur Zusammenfassung der bestehenden Aufgaben aus § 2 Abs. 2 u. 3 SGB VIII. Wahrgenommen wird diese Aufgabe des JA durch den ASD, weil nur er mit seinen Fachkräften die Gefährdungseinschätzung leisten kann. „Es" in Abs. 1 S. 1 ist daher das JA mit seinem ASD. Werden dem JA Anhaltspunkte dafür bekannt, dass das Wohl eines Mündels gefährdet ist, hat der ASD die Gefährdungseinschätzung vorzunehmen, wobei der AV/AP als Personensorgeberechtigter zu beteiligen ist, wie sich aus Abs. 1 S. 2 ergibt. Aus Abs. 2 S. 1 folgt, dass der AV/AP zur Mitwirkung auch verpflichtet ist. Den Schutzauftrag aus § 8a SGB VIII hat der AV/AP für die ihm anvertrauten Kinder nicht, weil er als Personensorgeberechtigter für die Kinder verantwortlich ist („privatrechtlicher Schutzauftrag"), wie sich aus §§ 1793, 1800 BGB ergibt. Werden dem AV/AP aber Anhaltspunkte für eine Kindeswohlgefährdung bei fremden Kindern bekannt, hat er als „Legalvormund" bzw „Legalpfleger" diese dem ASD mitzuteilen, damit dieser die Gefährdungseinschätzung vornimmt[222] Dies folgt aus der Stellung des AV/AP als JA (§ 55 Abs. 1 SGB VIII) und damit als staatlicher Wächter.[223]

---

[220] Begriff nach DIJuF-Rechtsgutachten JAmt 2005, 196.
[221] Näher *Weisbrodt* JAmt 2010, 53.
[222] Ebenso DIJuF-Rechtsgutachten, JAmt 2013, 407; aA *Fröschle*, jurisPK § 55 Rn 41.
[223] Näher hierzu *Kunkel* FamRZ 2015, 901.

Eine „Gesamtverantwortung" für die Wahrnehmung des Schutzauftrages gibt es nicht. Der ASD nimmt diesen in eigener Verantwortung der fallzuständigen Fachkraft wahr. Dazu gehört die Anrufung des FamG. Eine Anrufung des FamG durch den AV/AB zur Leistungsverpflichtung ist nicht zulässig, da das FamG nur Entscheidungen gegen den Personensorgeberechtigten, aber nicht gegen das JA treffen kann. Will der AV/AP Leistungen des JA herbeiführen, muss er diese nach Durchführung des Widerspruchsverfahrens beim VG einklagen.

Anderslautende Dienstanweisungen zum Schutzauftrag wären rechtswidrig und mit Remonstration angreifbar.

152 **g) Garantenstellung.** Für die sich aus der strafrechtlichen **Garantenstellung** (§ 13 StGB) ergebenden Handlungspflichten (Garantenpflichten) des die ABt/APt/AVt führenden Mitarbeiters (§ 55 Abs. 2 S. 1 SGB VIII) gilt: Der Beistand hat aus seinem Aufgabenkreis (§ 1712 BGB) keine besonderen Handlungspflichten zur Abwendung einer Gefährdung des Kindes. Auch für ihn gilt aber die aus dem **staatlichen Wächteramt** abgeleitete Pflicht, bei Kenntnis einer Gefährdungslage für das Kind den ASD zu informieren. Der „Realvormund" und der „Realpfleger" haben die sich aus der Personensorge ergebende gesetzliche Aufsichtspflicht (§§ 1631, 1800, 1915 BGB), sofern nicht die tatsächliche Personensorge der minderjährigen Mutter verbleibt (§ 1673 Abs. 2 BGB). Die Pflicht zur Erziehung und Betreuung des Kindes (§ 55 Abs. 3 S. 3 SGB VIII) ist zugleich Garantenpflicht. Wird diese nicht erfüllt und infolgedessen das Kind in einem strafrechtlich geschützten Rechtsgut verletzt, macht sich der AV/AP strafbar. Hat er beim JA (ASD) eine Hilfe zur Erziehung beantragt, kann sich der AV/AP **nicht** damit begnügen, es bei der Antragstellung zu belassen und im Übrigen die Hilfeleistung dem ASD zu überlassen. Vielmehr muss er ua:

- an den Hilfeplangesprächen teilnehmen,
- sich an der Auswahl der Einrichtung oder Pflegefamilie beteiligen,
- die Durchführung der Hilfe dort überwachend begleiten und
- mit dem Kind regelmäßig Besuchskontakte pflegen, um Auffälligkeiten feststellen zu können.

Die Garantenstellung **beginnt** ab dem Zeitpunkt, in dem der AV/AP/AB Kenntnis von der Übertragung der Aufgabe (§ 55 Abs. 2 S. 1 SGB VIII) hat bzw hätte haben können.[224] Sie **endet**, wenn die Voraussetzungen der Vormundschaft/Pflegschaft /Beistandschaft nicht mehr gegeben sind oder wenn die Vormundschaft/Pflegschaft/Beistandschaft aufgehoben wird. Der **Inhalt** der jeweiligen Garantenverpflichtung hängt vom Umfang des jeweiligen Wirkungskreises ab.

Bezieht sich zB der Wirkungskreis einer Pflegschaft lediglich auf die Vermögenssorge, besteht außerhalb dieses Wirkungskreises keine Garantenstellung des AV.

Die Garantenstellung kann **nicht** vom AV/AP **abgegeben** oder delegiert werden. Nur einzelne aus der Garantenstellung resultierende Garantenpflichten – sofern es keine höchstpersönlichen Pflichten sind, wie zB der persönliche Kontakt zum Kind – können an Dritte – lediglich – zur Ausführung übertragen werden (→ Rn. 150).

Sofern der AV/AP sich zB wegen einer hohen **Fallbelastung** nicht in der Lage sieht, die Garantenpflichten ordnungsgemäß zu erfüllen, hat er bei bestehenden Amtsvormundschaften/Amtspflegschaften eine Überlastung anzuzeigen und diese zu dokumentieren. Bei noch anstehenden AVt/APt hat er die Möglichkeit, sie nicht anzunehmen. Durch die Fallzahlenobergrenze und Nichtabsehbarkeit von Fallzahlenzuwächsen ist ein frühzeitiges Agieren notwendig. Das JA kann sich nicht mit dem

[224] Ebenso *Schleicher*, GK-SGB VIII, § 55 Rn. 31.

Verweis auf Überlastung (Fallzahlobergrenze überschritten) seiner Bestellung durch das FamG entziehen, es ist Aufgabe des JA gem. § 79 SGB VIII im Rahmen seiner Gewährleistungsverpflichtung für eine angemessene personelle Ausstattung zu sorgen.[225]

h) Fallzahlobergrenze. Bei der Übertragung ist seit dem 5.7.2012 die Fallzahlenobergrenze von 50, bei gleichzeitiger Wahrnehmung anderer Aufgaben („Mischarbeitsplätze") eine geringere Fallzahl zu beachten, die bundesweit nicht einheitlich geregelt ist. Die ominöse Zahl „50" ist in Fachkreisen umstritten, da sie unter Berücksichtigung der Anforderungen nicht zu bewältigen ist.[226]In einzelnen Bundesländern oder Kommunen ist sie verringert worden.[227]Dass es auch gegenteilige Bestrebungen gibt, ist bedenklich, da das Wohl der Kinder ganz aus dem Auge verloren wird. Überwiegen derzeit (2016) die Vertretungen von unbegleiteten minderjährigen Ausländern (UMA; → Rn. 30 a), ist die Zahl 50 überhaupt nicht mehr zu halten, weil diese Vertretungen sehr zeitintensiv sind, man im Regelfall einen Dolmetscher hinzuziehen und sich mit dem kulturellen Hintergrund wie auch mit den psychischen Problemen der einzelnen Mündel auseinandersetzen muss. Ebenso muss man ausländer- und asylrechtliche Belange der Mündel vertreten, die einen hohen zeitlichen Einsatz erfordern. **153**

Wird die Fallzahl überschritten, ist die Übertragung auf einen Verein oder einen Berufsvormund (→ Rn. 120) geboten.[228]

§ 17 Die gesetzliche Amtsvormundschaft

Inhalt

[225] Vgl *Gojowczyk*, Rpfleger 2013, 1 und DIJuF-Rechtsgutachten, JAmt 2011, 527.

[226] Zum Problem DIJuF-Rechtsgutachten, JAmt 2011, 293, 516, 524, 527; *Hoffmann*, FamRZ 2011, 1185; *Sünderhauf*, JAmt 2011, 293; *Veit/Salgo*, ZKJ 2011, 82; ausführlich *Walther* in: Wiesner Rn. 96–98. Ein Kommunalverfassungsbeschwerdeverfahren beim Verfassungsgerichtshof NRW blieb erfolglos, DÖV 2015, 207). *Schleicher*, GK-SGB VIII, § 55 Rn. 26 plädiert für eine Fallzahl von 20–25.

[227] *Joos* JAmt 2014,6 (8) : im Landkreis Lörrach 42 Fälle.

[228] So *Fröschle* jurisPK Rn 39.

I. Rechtliche Charakterisierung und Fragen der Konkurrenzen

1 Die gesetzliche Amtsvormundschaft ist, anders als die frühere gesetzliche Amtspflegschaft, kein einschichtiges Gebilde. Es gibt sie in zweierlei Gestalt: als Vormundschaft allgemeinen Rechts für das Kind, bei dessen Geburt die Eltern nicht miteinander verheiratet sind (früher: nichteheliches Kind), unter den für Minderjährige sonst geltenden Voraussetzungen des § 1773 BGB, und als Sonderform in der Adoption (§ 1751 Abs. 1 S. 2 BGB). Jene hat keine andere Besonderheit als ihren gesetzlichen Entstehungsgrund im Status des Kindes **(Status-Amtsvormundschaft).** Die **Adoptions-Amtsvormundschaft** setzt ein, wenn ein Kind adoptiert werden soll und die leiblichen Eltern es zur Adoption freigegeben haben, weil dadurch ihre elterliche Sorge nach gesetzlicher Vorschrift (§ 1751 Abs. 1 S. 1 BGB) zum Ruhen kommt; sie überbrückt den Zeitraum zwischen Ausfall der Sorge der leiblichen Eltern bis zur Begründung derjenigen der Adoptiveltern. Aber auch sie entsteht kraft Gesetzes. Status-Amtsvormundschaft und Adoptions-Amtsvormundschaft werden nicht angeordnet (anders als die bestellte Amtsvormundschaft gem. § 1774 S. 1 BGB). Deshalb entfallen auch hier Bestellung und Bestallung. Der gesetzliche Amtsvormund erhält eine Bescheinigung „über den Eintritt der Vormundschaft" (§§ 1791c Abs. 3 Hs. 1 BGB), die ihn zugleich als Amtsinhaber ausweist (→ Rn. 19).

2 Noch ein weiteres haben beide Erscheinungsformen gemeinsam. Sie sind auf eine **Auffangposition** beschränkt. Ihr Eintritt ist daran gebunden, dass das Kind „eines Vormunds bedarf" (§ 1791c Abs. 1 BGB); dem Eintritt ist hinderlich, wenn „für das Kind bereits ein Vormund bestellt ist" (§ 1751 Abs. 1 S. 2 Hs. 2 Alt. 2 BGB). Ist bereits ein Einzel- oder Vereinsvormund im Amt, steht das der Begründung der gesetzlichen Amtsvormundschaft entgegen. Diese hat nicht die Kraft, jenen zu verdrängen. In der Adoptions-Amtsvormundschaft sind solche Fälle unschwer vorstellbar. Was es dort mit dem Hindernis des „Bestelltseins" eines anderen Vormunds auf sich hat, wird in → Rn. 14 näher erörtert. Für die andere, die Status-Amtsvormundschaft nennt § 1791c Abs. 1 BGB in S. 1 Hs. 2 einen Fall, in welchem das Bedürfnis nach einer Amtsvormundschaft nicht gegeben ist (vorgeburtlich bestellter Vormund). Ein weiterer Fall ist der, dass der (volljährige) Vater eine pränatale Sorgeerklärung (§ 1626b Abs. 2 BGB) abgegeben hat.

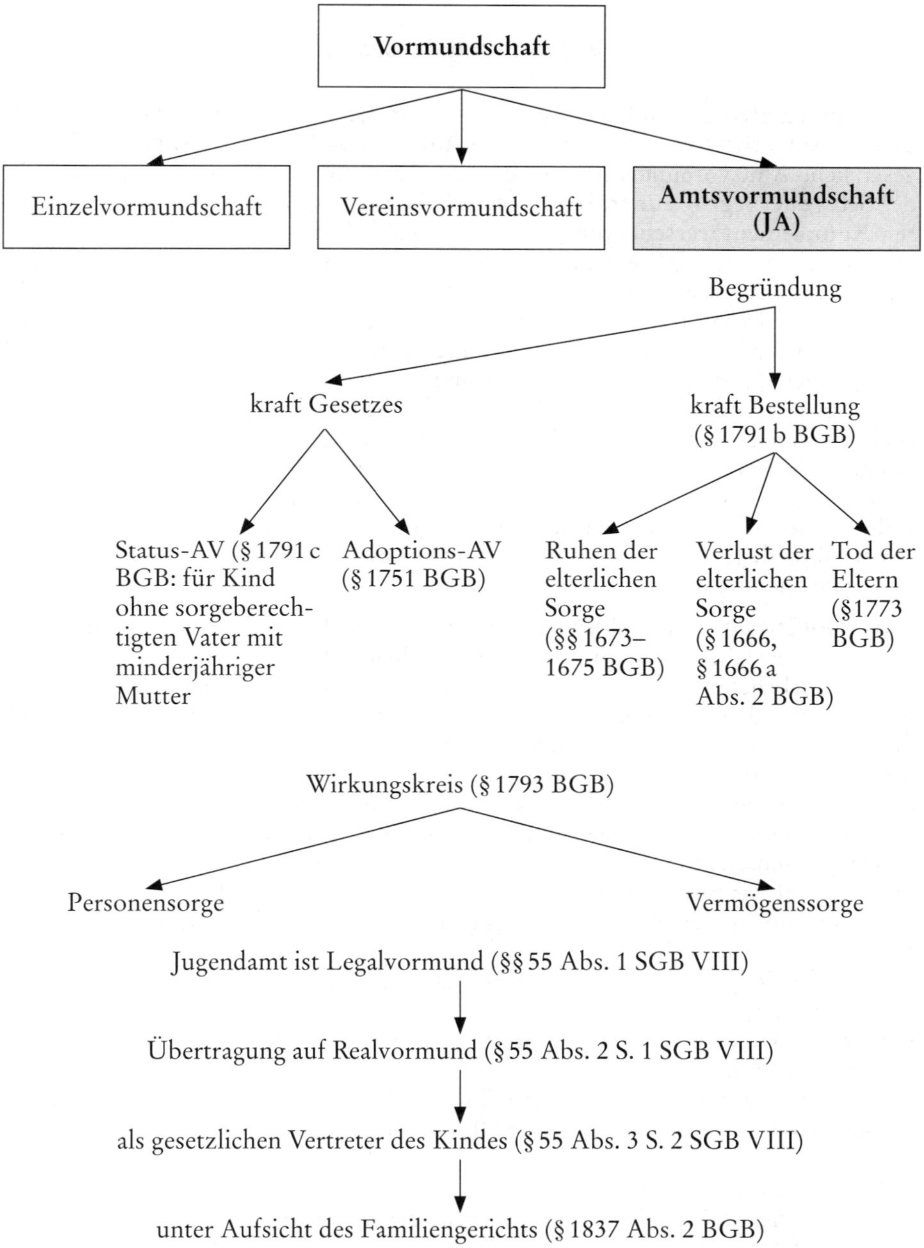

(Aus *Kunkel*, Jugendhilferecht, Rn. 255)

II. Begründungstatbestände

3 **1. Die gesetzliche Amtsvormundschaft für das Kind unverheirateter Eltern. a) Wechselverhältnis zur gesetzlichen Amtspflegschaft nach altem Recht.** Die gesetzliche Amtsvormundschaft für das „ne Kind" (Status-Amtsvormundschaft) ist der **Schwesterbegriff zur früheren gesetzlichen Amtspflegschaft** und insofern deren **Komplementärerscheinung,** als – vorbehaltlich des Vorhandenseins eines bereits bestellten Einzelpflegers, hier eines Einzelvormundes (→ Rn. 2, 7) – das „ne" Kind automatisch entweder unter gesetzliche Amtspflegschaft oder unter gesetzliche Amtsvormundschaft trat: unter die Amtspflegschaft, soweit es keines Vormundes bedurfte, anderenfalls unter die Amtsvormundschaft des JA (§ 1791c Abs. 1 S. 1 Hs. 1 BGB). Auch ergänzten Amtspflegschaft und Amtsvormundschaft sich in ihrem späteren Schicksal: Endete die Amtspflegschaft (für die bestellte Amtspflegschaft gilt dies auch nach neuem Recht; vgl. → Rn. 5) kraft Gesetzes und bedurfte das „ne" Kind nunmehr eines Vormunds, so wurde das JA, das bisher Amtspfleger war, automatisch Amtsvormund (§§ 1791c Abs. 2 BGB); endete die Amtsvormundschaft kraft Gesetzes während der Minderjährigkeit des Kindes, wurde das die bisherige Amtsvormundschaft führende JA ebenso automatisch Amtspfleger (§ 1710 BGB in der bis 30.6.1998 geltenden Fassung).

4 **b) Begründung nach altem und nach neuem Recht.** Die Begründungstatbestände waren daher **im Beginn des Nichtehelichenstatus** – Geburt, Übertritt aus der Scheinehelichkeit in die Nichtehelichkeit – nach Voraussetzungen samt den dafür maßgebenden Zeitpunkten, gesetzlicher Automatik und Zuständigkeit des JA die gleichen wie in der gesetzlichen Amtspflegschaft. Der Unterschied ist nur, dass dort eine im Stichzeitpunkt lebende, voll geschäftsfähige Mutter vorausgesetzt war, die, wenn und weil sie mindestens den ihr neben dem Amtspfleger verbliebenen Bereich der elterlichen Sorge innehatte, das Kind insoweit gesetzlich vertrat, während die Amtsvormundschaft eintrat, wenn der **Mutter** bei Beginn des Nichtehelichenstatus die Fähigkeit zur gesetzlichen Vertretung wegen **Fehlens der vollen Geschäftsfähigkeit** überhaupt ermangelte (Notwendigkeit einer Vormundschaft allgemeinen Rechts: § 1773 Abs. 1, Alt. 2 BGB)

- Hauptfall der gesetzlichen Amtsvormundschaft ist die Geburt des „ne" Kindes von einer minderjährigen Mutter
- aber auch von einer volljährigen Mutter, wenn sie geschäftsunfähig, weil geistig gestört (§ 104 Nr. 2 BGB) ist.

oder ein **sorgeberechtigter Elternteil in der Person der Mutter von vornherein ausgefallen** ist (§ 1773 Abs. 1, Alt. 1 BGB). Diese letzteren Fälle können verschieden liegen:

- Tod der Mutter in der Geburt;
- scheineheliches Kind: Tod, Todeserklärung der Mutter, Verlust ihrer Befugnis oder ihrer Befähigung zur gesetzlichen Vertretung des Kindes (Entziehung der elterlichen Sorge nach § 1666 BGB, Feststellung ihres Ruhens nach § 1674 BGB), wenn diese Tatbestände der bevorstehenden Beendigung der Scheinehelichkeit durch Anfechtung der Vaterschaft zuvorgekommen waren, aber bis dahin noch die elterliche Sorge auf den Scheinvater hatten übergehen lassen, der sie nunmehr gleichfalls verloren hat;

  sowie, hier gleichstehend
- Tod, Todeserklärung der Mutter.

Diese Begründungstatbestände gelten auch nach **neuem** Recht (seit 1.7.1998) fort mit der sich aus dem neuen Abstammungsrecht ergebenden Modifikation, dass es den rechtlichen Unterschied zwischen ehelichen und nichtehelichen Kindern nicht mehr gibt, sondern nur noch Kinder, bei deren Geburt ihre Eltern miteinander verheiratet waren oder nicht. Waren sie es nicht und geben sie auch keine Sorgeerklärungen ab (§ 1626a Abs. 1 Nr. 1 BGB), wird das JA gesetzlicher Amtsvormund, wenn die Mutter minderjährig ist (§ 1791c Abs. 1 BGB). Ist sie volljährig (und geschäftsfähig), hat sie die uneingeschränkte elterliche Sorge. Sie kann dann eine Beistandschaft beantragen (§ 1712 BGB), die ihre elterliche Sorge aber nicht einschränkt (§ 1716 S. 1 BGB).

Ein **nachträgliches Bedürfnis** nach einem Vormund für das Kind kann auftreten, 5 wenn es **zunächst unter (bestellter) Amtspflegschaft** gestanden hat und **diese kraft Gesetzes endet:** Die Mutter stirbt, wird für tot erklärt oder die neben dem Amtspfleger verbliebene Sorge wird ihr vollständig entzogen[1] oder kommt nach § 1674 BGB zum Ruhen. Hier überall geht die (bestellte) Amtspflegschaft kraft Gesetzes **in eine Amtsvormundschaft desselben JA** über; § 1791 Abs. 2 BGB iVm § 1918 Abs. 1 BGB (→ Rn. 3). Das FamG hat aber die Befugnis, abgeleitet aus § 1774 S. 2 BGB, dem Wechsel der Amtspfleg-schaft in die Amtsvormundschaft durch Bestellung eines Einzel- oder Vereinsvormunds vorzugreifen. Ist dagegen die Mutter im Vollbesitz der elterlichen Sorge (§ 1626a Abs. 3 BGB), tritt eine gesetzliche Amtsvormundschaft des JA nicht ein. Ebenso, wenn die volle elterliche Sorge einer solchen Mutter aus anderen Gründen ausfällt (Entziehung, Ruhen – §§ 1666, 1673, 1674 BGB –). In allen diesen Fällen wäre keiner der Tatbestände des § 1791c Abs. 1 oder 2 BGB gegeben. Es muss ein Vormund bestellt werden; für seine Person hätte die Mutter im Todesfalle das letztwillige Benennungsrecht (§ 1777 Abs. 1 BGB).

Was das Gesetz in § 1791c Abs. 2 BGB ungeregelt lässt, ist die Frage, ob – gleicher- 6 maßen – eine von einer **Einzelperson oder einem Verein geführte Pflegschaft** für ein Kind (§§ 1887, 1889 Abs. 2 BGB), wenn sie während der Minderjährigkeit kraft Gesetzes endet, sich kontinuierlich in eine Vormundschaft desselben Trägers fortsetzt. Eine Bestimmung, die den nahtlosen Übergang vorsähe, fehlt. Der hieran geäußerten Kritik von *Göppinger*[2] wird man jedoch entgegenhalten müssen, dass der Pfleger nicht die gleiche Fülle der Verantwortung trägt wie der Vormund, dass er daher nach anderen Gesichtspunkten der Eignung ausgesucht werden kann, und dass es sich so rechtfertigt, dem als solchen bestellten Pfleger nicht automatisch das sehr viel schwerere Amt des Vormunds zuwachsen zu lassen, ein Bedenken, welches gegenüber dem JA in seiner von vornherein gegebenen Doppelqualifikation nicht besteht. Es bewendet deshalb dabei, in der erwähnten Konstellation die Beendigung der Pfleg-schaft festzustellen und eine Vormundschaft anderweit und förmlich einzuleiten, gegebenenfalls den bisherigen Pfleger oder auch eine andere Person als Vormund zu berufen.[3]

c) Ausschluss des Eintritts der gesetzlichen Amtsvormundschaft. Die ge- 7 setzliche Amtsvormundschaft entsteht nicht, wenn bereits ein Vormund im Amt ist (→ Rn. 2). Das kann schon im Zeitpunkt der Geburt des Kindes der Fall sein, wenn das FamG **vorgeburtlich** einen **Vormund** bestellt hat. Die Möglichkeit hierzu eröffnet § 1774 S. 2 BGB nach allgemeinem Recht, sofern nur abzusehen ist, dass das Kind mit seiner Geburt unter Vormundschaft werde stehen müssen. Der Weg einer „vorgreifenden“ Bestellung eines Einzel- bzw. Vereinsvormunds ist daneben bei bevorste-

[1] Palandt/*Götz* § 1791c Rn. 2.
[2] FamRZ 1970, 57 (64).
[3] Mit gleichem Ergebnis: MüKoBGB/*Schwab* § 1791c Rn. 10 – der geäußerten Kritik mit anderer Begründung entgegentretend.

hendem Wechsel einer Amtspflegschaft in die Amtsvormundschaft (→ Rn. 5) gangbar, nicht jedoch während eines noch schwebenden gerichtlichen Verfahrens, in dessen Ausgang das Kind nur möglicherweise demnächst den Vater verlieren könnte (der verwitwete Scheinvater ficht die Vaterschaft an, § 1600 Abs. 1 Nr. 1 BGB).

8 Weitere Fälle, in denen eine bereits **bestehende Vormundschaft** allgemeinen Rechts den Eintritt der gesetzlichen Amtsvormundschaft hindert, gibt es **im Bereich der Scheinvaterschaft,** wenn demnächst die Vaterschaft mit Erfolg angefochten sein wird. So, wenn der Mutter schon früher das Sorgerecht nach § 1666 BGB entzogen worden war und das FamG den Anfall des Sorgerechts an ihren Ehemann durch Beschluss nach § 1680 Abs. 3 BGB gesperrt hatte; oder wenn die Eheleute getrennt leben oder geschieden sind und beiden die Sorge für das Kind nach § 1671 Abs. 3 BGB hatte vorenthalten bleiben müssen; oder wenn der getrennt lebenden bzw. geschiedenen Mutter zwar das Sorgerecht zugesprochen (§ 1671 Abs. 1 BGB), es ihr aber später nach § 1666 BGB entzogen worden war, ohne dass das FamG nach § 1680 Abs. 3 BGB Anlass hatte, es daraufhin dem (Ex-)Ehemann zu übertragen. In all diesen Fällen ist für das Kind ein Vormund bestellt gewesen. Er bleibt auch über die Anfechtung der Vaterschaft hinaus im Amt.[4] Entgegen §§ 1791c Abs. 1 S. 2 tritt keine gesetzliche Amtsvormundschaft ein. Die Mutter kann nicht eine Sorgerechtsbefugnis erhalten, nachdem sie ihr gerade aberkannt worden war. Eines Vormunds „bedarf" ein solches Kind unverändert (und es *hat* ihn unverändert). Hatte dagegen die Mutter des Kindes, während es noch einen Scheinvater hatte, nach einer Ehescheidung oder Trennung das Sorgerecht auf Antrag (§ 1671 Abs. 1 BGB) nur deshalb nicht zugesprochen erhalten, weil ihr geschiedener bzw. getrennt lebender Ehemann es nach Antrag (§ 1671 Abs. 1 BGB) erhielt, so muss nach Verlust des Vaters im Gefolge des Vaterschaftsfeststellungsprozesses die Mutter dieselbe Stellung erhalten, die sie vor der Ehescheidung nach § 1671 Abs. 1 BGB hatte, also wieder Inhaber der elterlichen Sorge werden. Eine gleiche Abqualifizierung der Mutter wie unter den Voraussetzungen der §§ 1666, 1671 Abs. 3 BGB war mit dem Sorgerechtsausspruch zu ihren Ungunsten nicht verbunden. Sie hatte lediglich im Verhältnis zu ihrem Ehemann zurückstehen müssen als die minder Geeignete. Eines Vormundes bedarf das Kind, wenn es nunmehr vaterlos geworden ist und nur noch seiner Mutter gegenübersteht, deshalb noch nicht. Die Mutter kann nicht schlechter stehen, als wenn die Anfechtung der Vaterschaft bereits vor der Scheidung durchgeführt gewesen wäre. Folgt sie der Scheidung nach, erhält die (voll geschäftsfähige) Mutter die elterliche Sorge allein, nachdem der frühere Ehemann nicht mehr konkurriert. Nur wenn sie in diesem Zeitpunkt nicht voll geschäftsfähig ist, tritt wiederum Amtsvormundschaft ein.

9 **Andere Gegebenheiten,** in denen eine während der Scheinvaterschaft begründete Vormundschaft allgemeinen Rechts sich fortsetzt: Die elterliche Sorge der Mutter war nach § 1674 BGB zum Ruhen gekommen, ohne dass ihre Ausübung auf einen Ehemann hätte übergehen können (etwa wegen vorangegangener Entziehung nach § 1666 BGB, Verschollenheit, Vorenthaltung nach § 1678 Abs. 2 BGB). Vormundsbestellung und Ruhensbeschluss perpetuieren sich nach demnächst erfolgender Anfechtung der Vaterschaft.

10 Eine **einmal begründete Einzel- oder Vereinsvormundschaft,** die die gesetzliche Amtsvormundschaft nicht hat zur Entstehung kommen lassen, verdrängt sie auch weiterhin, wenn während der Minderjährigkeit des Mündels das Amt des Vormunds (Vereins) durch Tod oder Entlassung erlischt. Der zu bestellende **Nachfolger** ist wiederum ein Vormund kraft Bestellung. Nicht etwa tritt nunmehr gesetzliche Amtsvormund-

---

[4] *Gernhuber/Coester-Waltjen* § 60 I 2 Fn. 5.

schaft ein. Die Rechtslage ist die gleiche, wie wenn der nach Entlassung des Amtspflegers bestellte Einzel- oder Vereinspfleger ausfällt. Findet eine solche Vormundschaft nach § 1882 BGB ihr gesetzliches Ende, weil der Grund ihrer Anordnung weggefallen ist (Rückgängigmachung des Beschlusses aus § 1666 BGB im Verfahren nach § 1696 BGB, Ende des Ruhens der elterlichen Sorge durch Feststellungsbeschluss nach § 1674 Abs. 2 BGB in den vorgenannten Fällen → Rn. 8, 9) hat die Mutter für das minderjährige Kind ohne Vater die elterliche Sorge.

Nicht aber verdrängt auch **umgekehrt** eine bestehende gesetzliche Amtsvormundschaft die Notwendigkeit einer Vormundsbestellung nach allgemeinem Recht, wenn die Vaterschaft festgestellt ist. Das beleuchtet der folgende Fall: Die Vaterschaft eines Ehebruchskindes war mit Erfolg angefochten, ehe die Mutter geschieden wurde. Daraufhin hatte die Mutter die elterliche Sorge. Als die Mutter in der zweiten Ehe verstarb, musste ein Vormund bestellt werden (§ 1773 Abs. 1 BGB). Einige Zeit später starb der (zweite) Ehemann der Mutter. Nach seinem Tode wurde er durch das FamG als Vater des Kindes festgestellt. Das Kind hatte nunmehr rückwirkend auf den Zeitpunkt der zweiten Eheschließung einen Vater. Da aber beide Eltern tot waren, wurde die Bestellung eines Vormunds allgemeinen Rechts erforderlich. Wäre die Vaterschaft nach der Eheschließung, aber noch zu Lebzeiten des Ehemannes festgestellt worden, hätte die Vormundschaft geendet. 11

d) Gesetzliche Amtsvormundschaft für das Kind einer minderjährigen Asylbewerberin. Die Vormundschaft tritt auch hier gem. § 1791c BGB gesetzlich („automatisch") ein, wenn die Mutter (nach deutschem Recht) unverheiratet und minderjährig ist und das Kind seinen gA[5] in Deutschland hat. Aus zwischen- und überstaatlichen Normen ergibt sich nichts anderes; ebenso wenig aus deutschem Internationalen Privatrecht (ausführlich *Schweppe* in § 5): 11a

- das Internationale Familienrechtsverfahrensgesetz (IntFamRVG) vom 26.1.2005[6] enthält keine einschlägige Regelung;
- die Brüssel IIa-VO vom 27.11.2003[7] gilt zwar ausdrücklich[8] auch für die Vormundschaft und wäre als supranationales Recht vorrangig,[9] enthält aber für die Begründung der Vormundschaft ebenfalls keine Regelung;
- das KSÜ vom 25.6.2009[10] wäre als zwischenstaatliches Recht zwar gleichrangig mit dem BGB, ist aber wegen Art. 3 Nr. 2 EGBGB vorrangig und gilt auch für die Vormundschaft.[11] Einschlägig ist Art. 16, wonach für die kraft Gesetzes eintretende Elternschaft das Recht des Staates gilt, in dem das Kind seinen gA hat, hier also § 1791c BGB;
- Art. 24 EG BGB bestimmt allerdings, dass sich die Entstehung der Vormundschaft nach dem Recht des Staates richtet, dem das Kind angehört. § 1791c BGB ist aber eine gegenüber Art. 24 EGBGB vorrangig anzuwendende Kollisionsnorm, da diese Vorschrift Geltung für **alle** Kinder mit gA in Deutschland beansprucht.[12]

---

[5] Das Kind teilt den gA seiner Mutter; diese hat den gA auch als Asylbewerberin in Deutschland; ausführlich *Kepert* in Kunkel/Kepert/Pattar, LPK-SGB VIII § 6 Rn. 11.

[6] BGBl. I S. 162.

[7] VO 2201/2003 in ABl. vom 23.12.2003.

[8] Art. 1 Abs. 1b, Abs. 2b.

[9] So ausdrücklich Art. 61 der VO.

[10] Gesetz zum Haager Übereinkommen über den Schutz von Kindern (BGBl. 2009 II S. 602).

[11] Art. 3c.

[12] Ebenso DIJuF-Rechtsgutachten JAmt 2016,381. Zum Ganzen Bamberger/Roth/*Heiderhoff* EGBGB Art. 24 Rn. 17; *Rauscher* Internationales Privatrecht Rn. 945; *Solomon* FamRZ 2004, 1409; *Andrae* IntFamR § 6 Rn. 126.; OLG Karlsruhe NJW-RR 2013, 1157.

12 **2. Die Adoptions-Amtsvormundschaft des § 1751 Abs. 1 S. 2 BGB. a) Begründung.** Der andere Begründungstatbestand der gesetzlichen Amtsvormundschaft (→ Rn. 1) ist singulär. Nach § 1751 Abs. 1 S. 1 BGB kommt die elterliche Sorge desjenigen Elternteils zum Ruhen, der in die Adoption eingewilligt hat (§ 1747 Abs. 1 BGB; auch hier mit der Möglichkeit der Ersetzung nach § 1748 BGB) und dessen Einwilligung nach § 1750 Abs. 1 BGB wirksam geworden ist. Die Wahrnehmung elterlicher Sorge, die ohnehin ausläuft, soll nicht das Einleben des Kindes bei den künftigen Adoptiveltern stören können. Selbst der persönliche Kontakt mit dem Kinde ist dem leiblichen Elternteil durch § 1751 Abs. 1 S. 1 Hs. 2 BGB versagt. Das **Ruhen der elterlichen Sorge** macht im Regelfalle des Lebens und daher auch als die gesetzliche Regel eine **Vormundschaft** erforderlich: dann nämlich, wenn beide Eltern eines Kindes in die Adoption eingewilligt haben oder nur ein einwilligender Elternteil vorhanden ist. § 1751 Abs. 1 S. 2 Hs. 1 BGB beruft das JA zum Vormund: ein „im Bürgerlichen Gesetzbuch vorgesehener" Fall von Vormundschaft des JA und daher (§ 55 Abs. 1 SGB VIII) Amtsvormundschaft, die **kraft Gesetzes** eintritt. Die Zuständigkeit des JA bestimmt sich hierbei nach § 87c Abs. 4 SGB VIII. Ein Beschluss des FamG, der das Ruhen der elterlichen Sorge feststellt (§ 1674 BGB), erübrigt sich. Die Eltern, die den Eintritt des Ruhenstatbestandes für nicht oder noch nicht gegeben halten, haben die Möglichkeit, ihren Standpunkt durch Beschwerde gegen die Erteilung der Bescheinigung an das JA über den Eintritt der Adoptions-Amtsvormundschaft (§ 1751 Abs. 1 S. 4 BGB; → Rn. 19) wegen Beschwer in ihrer Rechtsstellung nach § 59 Abs. 1 FamFG zu Gehör zu bringen.

13 **b) Ausschluss des Eintritts der Adoptions-Amtsvormundschaft.** Die Adoptions-Amtsvormundschaft tritt in zwei Fällen nicht ein (§ 1751 Abs. 1 S. 2 Hs. 2 BGB). Zum einen dann nicht, wenn die elterliche Sorge, die bei einem von beiden leiblichen Elternteilen nach Einwilligung in die Adoption zum Ruhen gekommen war, dadurch dem anderen Elternteil zur Ausübung zugefallen ist (§ 1678 Abs. 2 BGB); etwa weil dessen Einwilligung noch aussteht oder noch nicht wirksam geworden ist.

14 Der andere Fall ist der, dass **bereits ein Vormund** „*bestellt* ist". Es genügt hierfür jede Vormundschaft, auch diejenige mit dem aus § 1673 Abs. 2 BGB hinsichtlich der Fähigkeit zur Personensorge eingeschränkten Inhalt (die zur Ruhe kommenden elterlichen Restbefugnisse wachsen dem amtierenden Vormund automatisch zu). Im Übrigen aber ist der Ausdruck des Gesetzes ungenau. Auch eine bestehende *gesetzliche* Amtsvormundschaft für ein Kind muss den Eintritt der Adoptions-Amtsvormundschaft hindern, weil sie diese, nicht anders als eine bestellte Vormundschaft, entbehrlich macht. Das LG Berlin hat zwar gegenteilig entschieden.[13] Seine Begründung geht dahin: Es könne sein, dass die gesetzliche (Status-Amtsvormundschaft) noch vor Abschluss des Adoptionsverfahrens ende; wolle man die Adoptions-Amtsvormundschaft wegen jener anderen von vornherein nicht eintreten lassen, könne sich bei deren vorzeitiger Beendigung eine elterliche Sorge der (etwa inzwischen volljährig geworden) Mutter ergeben, was den Zwecken, derentwillen die Adoptions-Amtsvormundschaft geschaffen worden sei, zuwiderlaufe. Der Ausgangspunkt dieser Begründung krankt an übersteigertem Konstruktivismus. Gesetzlich begründete Amtsvormund-

[13] DAVorm 1979, 190. Die Entscheidung übernimmt etwa auch Palandt/*Götz* § 1751 Rn. 2. Unzutreffend ist die Berufung auf zwei Entscheidungen des OLG Stuttgart und des LG Hamburg bei Soergel/*Liermann* §1751 Rn. 5 Fn. 9: sie betreffen den Fall des Nebeneinander von Adoptions-Amtsvormundschaft und Amtspflegschaft (§ 1751 Abs. 1 S. 3 BGB). Wie im Text: Erman/*Saar* § 1751 Rn. 4 mit Begründung aus der Entstehungsgeschichte; MüKoBGB/*Maurer* § 1751 Fn. 16.

schaft außerhalb des § 1751 BGB gibt es nur im Rahmen des § 1791c BGB.[14] Eine elterliche Sorge andererseits, die durch die Einwilligung in die Adoption zum Ruhen kommen und daraufhin durch den Adoptions-Amtsvormund wahrgenommen werden soll (→ Rn. 21), hätte neben einer solchen gesetzlichen Amtsvormundschaft über das Kind allenfalls eine Mutter, die beschränkt geschäftsfähig ist (§ 1673 Abs. 2 BGB), insofern sie sich dann auf die tatsächliche Sorge für die Person reduziert. Danach müssten zwei Amtsvormundschaften nebeneinander bestehen: die eine mit dem schon vor dem Adoptionsverfahren begründeten Umfang der vollen Vermögenssorge und der gesetzlichen Vertretung in der Personensorge; die Adoptions-Amtsvormundschaft mit dem bloßen Wirkungskreis der tatsächlichen Sorge für die Person des Kindes (das doch in der Regel bereits bei den künftigen Adoptiveltern lebt?): ein Vormund ohne das Recht zur gesetzlichen Vertretung seines Mündels. Das wäre nichts weniger als eine Absonderlichkeit im deutschen Rechtskreis und eine „Kompetenz"-teilung, wie sie § 1797 BGB nicht einmal Mitvormündern zumutet. Überzeugender ist deshalb, den Wortlaut des Gesetzes erweiternd dahin auszulegen, dass die Adoptions-Amtsvormundschaft nicht eintritt, wenn *und solange* eine Vormundschaft anderweit *besteht.* Das Abstellen auf das Vorhandensein einer Vormundschaft gleich welchen Entstehungsgrundes löst zugleich die Frage, wie es zu halten sei, wenn der bestellte Vormund vorzeitig durch Tod oder Entlassung wegfällt. Die einmal eingeleitete Vormundschaft besteht als solche fort, steht der Entstehung einer Adoptions-Amtsvormundschaft unverändert entgegen und sperrt die Wahrnehmung gesetzlicher Vertretungsbefugnisse durch andere Personen oder Stellen als den Vormund, der jetzt neu bestellt werden muss. – Eine Möglichkeit für das FamG, dem Eintritt der Adoptions-Amtsvormundschaft durch Bestellung eines Einzel- oder Vereinsvormunds ad hoc zuvorzukommen (wie im Falle einer vorgeburtlichen Bestellung nach § 1774 S. 2 BGB; → Rn. 7), ist aus dem Vorstehenden jedoch nicht abzuleiten. Die Adoptions-Amtsvormundschaft des JA ist eine ausnahmslos ausschließliche.

c) Vorbehalt einer bestehenden Amtspflegschaft. Eine mögliche und häu- 15
fige inhaltliche Beschränkung der Adoptions-Amtsvormundschaft ergibt sich aus der Fortdauer einer bereits bestehenden Pflegschaft. Sie soll nach § 1751 Abs. 1 S. 3 BGB unberührt bleiben: eine Ausnahme von der Regel des § 1918 Abs. 1 BGB. Der Wortlaut des Gesetzes deckt jede Art von Pflegschaft. Der Hauptfall, der auch dem Gesetzgeber vorgeschwebt hat, war die gesetzliche Amtspflegschaft über das „ne" Kind, die nach neuem Recht entfallen ist.

Pflegschaften anderer Art fallen daneben weniger ins Gewicht. Ergänzungspfleg- 16
schaften wären ohnehin mit dem Ende der elterlichen Sorge beendet (§ 1918 Abs. 1 BGB) und ihr Wirkungskreis nunmehr in der Adoptions-Amtsvormundschaft aufgegangen. Eine gewisse Bedeutung können Fälle gewinnen, in denen der Pflegefamilie, die das Kind inzwischen in Adoptionspflege nach § 1744 BGB bei sich hat, schon früher Sorgebefugnisse nach § 1630 Abs. 3 BGB übertragen worden waren, weil sie insoweit die Rechte eines Pflegers gewonnen hatten: diese Rechte nehmen sie in aller wünschenswerten Vorwegnahme ihrer künftigen elterlichen Stellung weiter wahr. Ist allerdings die Pflegerstellung der Pflegeeltern eine umfassende, so reduziert sich der Zuständigkeitsbereich des Adoptions-Amtsvormundes auf die Vertretung der den leiblichen Eltern neben der Pflegefamilie verbliebenen Restpositionen.

Der Sinn der gesetzlichen Regelung ist klar. Der Adoptions-Amtsvormund erhält 17
und führt sein Amt in reiner **Statthalterschaft elterlicher Rechte** (→ Rn. 1, 21). In

[14] Vgl. DIJuF-Rechtsgutachten JAmt 2016, 381.

dieser Zwischenstellung soll er nicht die Aufgaben eines Pflegers, der ohnehin schon neben den Eltern im Amt ist, zusätzlich übernehmen müssen. Ein Wechsel in ihrer Bearbeitung und Wahrnehmung würde nicht lohnen. Adoptions-Amtsvormundschaft und Pflegschaft für dasselbe Kind bestehen nebeneinander. Der Adoptions-Amtsvormund ist Träger der Kindessorge so, wie sie bei dem leiblichen Elternteil zuletzt bestanden hatte, ggf. (→ Rn. 16) mit dem durch eine Pflegschaft beschränkten Umfang. Oft werden dann Adoptions-Amtsvormundschaft und Amtspflegschaft bei demselben JA zusammentreffen (dazu → Rn. 18). Doch muss das nicht notwendig so sein. Die örtlichen Zuständigkeiten können auseinanderfallen, wenn das Kind seinen gewöhnlichen Aufenthalt nicht am Ort der annehmenden Person hat. Einen Antrag auf Entlassung kann das die Amtspflegschaft führende JA nach § 87c Abs. 3 SGB VIII in diesem Fall nicht stellen.

18 Treffen **Amtspflegschaft und Adoptions-Amtsvormundschaft bei demselben JA** zusammen, so sind sie gleichwohl sachlich, möglichst auch organisatorisch getrennt zu halten. Nicht etwa geht in diesem Fall die Amtspflegschaft in der Amtsvormundschaft auf. Die Amtspflegschaft kann unter Umständen die Adoptions-Amtsvormundschaft überdauern, wenn die Adoption scheitert und das FamG die elterliche Sorge zurücküberträgt (§ 1751 Abs. 3 BGB – ein wenngleich praktisch wohl seltener Fall –), das Ruhen der elterlichen Sorge also aufhebt: Eltern können nur diejenige Sorge zurückhalten, die sie zuvor hatten; die sie erneut beschränkende Amtspflegschaft setzt sich ohne Unterbrechung fort.

III. Führung der gesetzlichen Amtsvormundschaft

19 Der gesetzliche Amtsvormund erhält vom FamG „unverzüglich“ eine **Bescheinigung** über den Eintritt der Vormundschaft. Für die Amtsvormundschaft bestimmt dies § 1791c Abs. 3 BGB (→ Rn. 1). Die beschleunigte Erteilung (Amtspflicht!) ist gegenüber dem Adoptions-Amtsvormund umso wichtiger, als er überhaupt erst durch sie, anders als sonst der Amtsvormund im Geburtsfalle nach § 52a Abs. 4 SGB VIII, von dem seine Amtsstellung begründenden Tatbestand Kenntnis erhält. Die Bescheinigung sollte den etwaigen Fortbestand einer Pflegschaft, insbesondere also einer Amtspflegschaft, als Einschränkung der vormundschaftlichen Befugnisse ersichtlich machen.

20 Die **gesetzliche Status-Amtsvormundschaft** ist in ihrem Wirkungskreis umfassend. So kann der Amtsvormund für den Unterhalt nicht benötigte Unterhaltsgelder in eigener Verwaltung thesaurieren. Erbfälle für das Kind als Erben oder Miterben hat er bis zur vollständigen Regulierung des Nachlasses abzuwickeln und den Reinnachlass mündelsicher anzulegen. Überhaupt unterscheidet die Stellung des Amtsvormunds, was die Führung des Amtes anlangt, sich in nichts von der eines (befreiten) Einzelvormunds. Es sei deshalb auf die Darlegung in den §§ 6–10 verwiesen.

21 Die **Aufgaben des Adoptions-Amtsvormunds** stehen im umgekehrten Verhältnis zu dem Gewicht, welches das Amt zu haben scheint. Jedenfalls gilt das für die völlig im Vordergrund stehende Adoption von Kindern, deren Eltern nicht miteinander verheiratet sind. Einige Regelungsbedürfnisse fallen in die Zuständigkeit eines weiter amtierenden (bestellten) Amtspflegers (dazu → Rn. 15); sie sind ohnehin „ausgedünnt“, insofern die Sicherstellung des laufenden Unterhalts wegen der vorrangigen Unterhaltspflicht der Adoptionsbewerber nach § 1751 Abs. 4 S. 1 BGB praktisch kaum noch eine Rolle spielt. Fragen der Unterbringung des Kindes pflegen sich nicht mehr zu stellen, da es durchweg bereits bei den künftigen Adoptiveltern lebt. Was

dem Adoptions-Amtsvormund als eigene Aufgabe bleibt, ist in der Interimssorge: Erteilung der Einwilligung in eine Operation, in die Lockerung des Ausforschungsverbots unter den Voraussetzungen des § 1758 Abs. 2 S. 1 BGB, eine (noch oder schon) anstehende Wahl der Schule, Betreiben von Rentenansprüchen, Verwaltung sonstigen Kindesvermögens einschließlich eingezogener Unterhaltsrückstände. Die **Erteilung der Einwilligung des Kindes in die Adoption** zu erklären ist noch Sache der Eltern oder eines sonstigen Sorgeberechtigten (§ 1746 Abs. 1 BGB). Soweit sie auf den Erlass des Adoptionsbeschlusses zielt und dieser wiederum die etwaige familiengerichtliche Entscheidung zum Familien- und Vornamen des Kindes (§ 1757 Abs. 2 BGB) als integrierenden Bestandteil hat, dürfte die dafür gesondert vorausgesetzte Einwilligung des Kindes ebenfalls noch zur Zuständigkeit der Eltern oder eines sonstigen Sorgeberechtigten gehören.

IV. Beendigung

1. der gesetzlichen Amtsvormundschaft als solcher.a) in der Status-Amtsvormundschaft. Die gesetzliche Amtsvormundschaft als Status-Amtsvormundschaft endet kraft Gesetzes, wie bei jedem Mündel, mit dessen Tod (nicht schon mit der Todeserklärung, § 1884 BGB)und mit dem Eintritt der **Volljährigkeit.** Endigungsgrund für die gesetzliche Amtsvormundschaft ist ferner der **Wegfall ihrer Voraussetzungen in der Person der Mutter** (Erreichen der Volljährigkeit, Wiedererlangung der gesetzlichen Vertretung des Kindes) oder **in der Person des Mündels** (elterliche Sorge des Vaters durch Heirat der minderjährigen Mutter). 22

Ersatzlos fällt die Amtsvormundschaft allerdings nur fort, wenn das Kind volljährig wird oder unter elterlicher Sorge steht. Erhält das minderjährige Kind einen Vater mit fehlender elterlicher Vertretungsmacht (→ Rn. 11), muss sie einer einzuleitenden Vormundschaft allgemeinen Rechts weichen. 23

b) in der Adoptions-Amtsvormundschaft. DieAdoptions-Amtsvormundschaft endet nach § 1773 iVm § 1882 BGB kraft Gesetzes mit dem **Wirksamwerden der Adoption** (§ 197 Abs. 2 FamFG). Sie endet dagegen nicht automatisch mit der Ablehnung des Adoptionsantrags oder dessen Rücknahme. Denn hier tritt nicht ohne weiteres die elterliche Sorge der leiblichen Eltern wieder ein. Vielmehr hat das FamG durch Beschluss darüber zu befinden, ob es ihnen die elterliche Sorge erneut übertragen will (§ 1751 Abs. 3 iVm § 1750 Abs. 4 BGB). Daraus ist zu schließen, dass die Adoptions-Amtsvormundschaft bis dahin fortbesteht.[15] Das FamG wird aber zugleich mit dem Beschluss, durch den es die Rückübertragung der elterlichen Sorge auf die leiblichen Eltern ablehnt, eine Entscheidung über die Einleitung einer anderweitigenVormundschaftzutreffenhaben.[16]DieAdoptions-Amtsvormundschaft endet dann mit der Bestellung des neuen Vormunds, sonst mit der Bekanntgabe des Beschlusses an die leiblichen Eltern, durch den das FamG ihnen die elterliche Sorge zurücküberträgt. Im ersteren Falle endet allerdings zugleich auch eine nach § 1751 Abs. 1 S. 3 BGB noch bestehende Pflegschaft (§ 1918 Abs. 1 BGB: Die übergreifende Kindessorge elterlicher Quelle, aus der sie abgespalten war, ist jetzt endgültig versiegt).[17] Im letzteren Falle besteht eine (bestellte) Amtspflegschaft, falls den Eltern die frühere elterliche Sorge zurückübertragen wird, fort (→ Rn. 18). 24

---

[15] So auch Erman/*Saar* § 1751 Rn. 18.

[16] Soergel/*Liermann* § 1751 Rn. 6.

[17] Mit gleichem Ergebnis: Soergel/*Liermann* aaO.

25 **2. (Beendigung) des Amtes des die Vormundschaft führenden Jugendamtes.** Die beiden Tatbestände sind: Abgabe an ein anderes JA nach § 87c Abs. 2 SGB VIII und Entlassung nach den § 87c Abs. 3 SGB VIII, §§ 1887, 1889 Abs. 2 BGB. Es kann auf die Ausführungen in → § 16 Rn. 33, 115 verwiesen werden.

26 **3. Abwicklung.** Die Entlastungserklärung, die das die Amtsvormundschaft nach § 87c Abs. 2 S. 2 SGB VIII übernehmende JA dem abgebenden erteilt, bedarf nicht der gerichtlichen Genehmigung, da das JA die Befreiung von dem Genehmigungserfordernis aus § 1812 BGB genießt (→ § 16 Rn. 108). – Die Schlussrechnung hinsichtlich eines verwalteten Mündelvermögens hat – wie in einer jeden befreiten Vormundschaft – die Besonderheit, dass sie nicht an eine voraufgegangene, gegebenenfalls fortgeschriebene periodische Rechnungslegung anknüpfen kann (vgl. § 1890 S. 2 BGB). Über die sich hieraus ergebenden Anforderungen → § 8 Rn. 230.

§ 18 Die bestellte Amtsvormundschaft/Amtspflegschaft

Inhalt

I. Aufgabenfelder, Grenzen

1 **Bestellte Amtsvormundschaften** – zu ihrer Rechtsnatur und ihren allgemeinen Voraussetzungen: → § 16 Rn. 5, 10 – sind nicht sehr häufig. Sie werden praktisch, wenn eine geeignete Einzelperson als Vormund zu finden Schwierigkeiten bereitet und das JA sich wegen seiner **speziellen Sachkunde als Ausweichlösung** anbietet. In Betracht kommen hauptsächlich

- Vormundschaften für Kinder aus Anlass des Totalentzugs der elterlichen Sorge oder Feststellung ihres Ruhens ohne Eintritt des anderen Elternteils (vgl. § 1678 Abs. 2 BGB);
- Vormundschaften, wenn keiner der Fälle des § 1791c BGB gegeben ist. So, wenn ein nach Entlassung des JA aus seinem Amt als AV bestellter Einzelvormund seinerseits verstirbt oder entlassen wird und ein geeigneter Nachfolger sich nicht finden lässt (→ § 17 Rn. 10); oder wenn eine Vormundschaft nach § 1773 BGB für ein Kind eingeleitet werden muss, nachdem zuvor die Mutter im Besitz der vollen elterlichen Sorge gewesen war, diese aber nunmehr zur Gänze eingebüßt hat (Geschäftsunfähigkeit, Sorgerechtsentziehung) oder verstirbt; → § 17 Rn. 5;
- weniger häufig als Vormundschaft über Vollwaisen; bei Halbwaisen dort, wo die elterliche Sorge dem überlebenden Elternteil aus Rechtsgründen nicht zufallen kann oder von einer Übertragung auf ihn nach § 1680 Abs. 2 BGB abgesehen wird.

2 Besonderer Betrachtung bedarf die Bestellung eines Vormunds, wenn ein **Adoptionsverhältnis über ein Kind aufgehoben** wird, das keinen „rechtlichen" Vater iSv § 1592 BGB hatte. Das Kind tritt mit der Rechtskraft des Aufhebungsbeschlusses (§ 198 Abs. 2 FamFG) in den Status quo ante zurück, allerdings nicht rückwirkend; der Status als vaterloses Kind wird vielmehr neu begründet. Deshalb ist hier der Tatbestand des § 1791c Abs. 1 S. 2 BGB – falls die Mutter minderjährig ist – nicht gegeben; die Entscheidung „ergibt" nicht die Feststellung, dass das Kind vaterlos „ist", sondern

ihre Gestaltungswirkung vermittelt nur die Folge, dass es, in der Zwischenzeit Kind mit Vater, erneut vaterlos *wird.* In aller Regel wird davon abgesehen, der leiblichen Mutter die elterliche Sorge, selbst in dem Bestande, mit dem sie bis zur Adoption gegeben war, zurück zu übertragen (§ 1764 Abs. 4 BGB), nachdem sie durch die Weggabe des Kindes zur Adoption das Fehlen einer nachhaltigen inneren Bindung hat erkennen lassen. Verwandte von ihrer Seite werden noch weniger Bindungen an das Kind haben. Da schon bis zur Adoption, wenn die Mutter minderjährig war, eine Amtsvormundschaft bestanden hatte, wird dies die Bestellung des JA zum AV nahelegen. Dass die Nichtübertragung der elterlichen Sorge auf die Mutter eine gesetzliche AVt eintreten lasse, ist irrig. Die Entscheidungsbefugnis des FamG, die ihm in der Neugestaltung des Sorgerechts gegeben ist, lässt sich nicht mehr aufspalten: auch nicht so, dass ihm bei einem Kind, das einen „rechtlichen" Vater hatte, die Auswahl und die Bestellung eines Vormunds offenstehe, während bei dem Kind ohne Vater die Rechtsfolge einer Nichtübertragung der Sorge auf die Mutter festläge. Doch wird, wenn dem JA die gesetzliche „Bescheinigung" als AV erteilt sein sollte, dieser Akt in die Bestellung zum AV umgedeutet werden können (§ 140 BGB).

Eine Totgeburt des Gesetzes ist die Berufung des JA in bestellter AVt **als Gegenvor-** 3
mund (§ 1792 Abs. 1 S. 2 Hs. 2 BGB). Die Möglichkeit, das JA **vorgeburtlich** nach § 1774 S. 2 BGB zum Vormund eines Kindes auf den Zeitpunkt der Geburt zu bestellen, wenn schon im voraus abzusehen ist, dass ein demnächst zu bestellender, geeigneter Einzelvormund sich nicht werde finden lassen (minderjährige, verwitwete Mutter, schwanger mit voraussichtlichem Entbindungstermin innerhalb von 302 Tagen nach dem Tode des Ehemannes), könnte schon eher praktisch werden.

Bestellte Amtspflegschaften sind eine geläufigere Erscheinung. Die bestellte Amts- 4
pflegschaft kommt hauptsächlich vor im Einsatz für unbegleitete minderjährige Ausländer (UMA), ferner in der Ergänzungspflegschaft in Kindschaftssachen und als Verfahrenspflegschaft für das Kind im Abstammungsverfahren (wenn keine Beistandschaft beantragt wurde).

Begründung

kraft Gesetzes (durch Beistandschaftsgesetz abgeschafft)	kraft Bestellung (§ 1915 i.V.m. § 1791b BGB): Wenn Eltern in Personen- oder Vermögenssorge beschränkt sind und Einzelpfleger oder Verein nicht vorhanden ist
	↓
	Wirkungskreis (§ 1909 BGB)
	↓
	für die Angelegenheiten der Personen- und Vermögenssorge, an deren Besorgung die Eltern verhindert sind (Ergänzungspflegschaft)
	↓
	Jugendamt ist Legalpfleger (§ 55 Abs. 1 SGB VIII)
	↓
	Übertragung auf Realpfleger (§ 55 Abs. 2 S. 1 SGB VIII)

↓

als gesetzlichen Vertreter des Kindes im Rahmen der Übertragung (§ 55 Abs. 3 S. 2 SGB VIII)

↓

unter Aufsicht des Familiengerichts (§§ 1915, 1837 Abs. 2 BGB)

(Aus: *Kunkel*, Jugendhilferecht, Rn. 256.)

4a Die unbegleiteten minderjährigen Ausländer (UMA; s. ausführlich *Schwarz* § 9) sind wegen Ruhens der elterlichen Sorge nach § 1674 BGB immer unter Vormundschaft zu stellen. Das Recht des Heimatstaates bezüglich der Geschäftsfähigkeit (= Volljährigkeit) ist nach Art. 7 EGBGB anzuwenden; Art. 24 Abs. 1 S. 1 EGBGB regelt dies speziell für die Vormundschaft. Danach wäre die Volljährigkeit nach dem Heimatrecht zu bestimmen, also auch für über 18-Jährige Inobhutnahme anzuordnen und eine Vormundschaft zu bestellen. Das widerspräche aber dem KSÜ (zu diesem § 5), das in Art. 2 den Anwendungsbereich auf Kinder bis 18 Jahre beschränkt. Im Verhältnis zum BGBwäre das KSÜ als (lediglich) zwischenstaatliches Abkommen zwar gleichrangig, ist aber wegen Art. 3 Nr. 2 EGBGB vorrangig (→ § 17 Rn. 11a) Dem Schutzbedürfnis genügt es, die Inobhutnahme und die damit verbundene Vormundschaft auf Personen unter 18 Jahren zu begrenzen . Art. 15 Abs. 1 KSÜ stellt grundsätzlich auf das innerstaatliche Recht des Aufenthaltsstaates ab. Ergänzend kann das MSA herangezogen werden, nach dessen Art. 12 „als Minderjähriger im Sinne dieses Übereinkommens anzusehen [ist], wer sowohl nach dem innerstaatlichen Recht des Staates, dem er angehört, als auch nach dem innerstaatlichen Recht des Staates seines gewöhnlichen Aufenthaltes minderjährig ist." Da „sowohl als auch" (und nicht „entweder oder") formuliert wird, kommt es auf die Minderjährigkeit nach nationalem (deutschen) Recht an[1].

4b Soweit das Familiengericht abzuwägen hat, ob für den UMA ein Berufsvormund zu bestellen oder die Amtsvormundschaft des Jugendamtes anzuordnen ist, sind unter anderem folgende Kriterien zu berücksichtigen und gegeneinander abzuwägen[2]:

- Grundsätzlich ist die Vormundschaft zu wählen, die dem Wohl des Mündels am besten dient.
- Gibt es Fremdsprachenkenntnisse, die eine Verständigung mit dem Mündel erleichtern?
- Gibt es Fachkenntnisse, die für den betroffenen Mündel von besonderem Nutzen sind (Erfahrungen mit traumatisierten Kindern; besondere Kenntnisse im Ausländer- und Asylrecht, etc.)?
- Hat der Vormund dieselbe Religionszugehörigkeit wie das Mündel?
- Gibt es besondere Kenntnisse über die Möglichkeiten, vorbereitenden Deutschunterricht für den Mündel zu organisieren und einen angemessenen Schulbesuch anzuleiten?
- Kann der Vormund den Kontakt zu den Eltern des Kindes herstellen?

---

1 aA Wiesner/*Walther* SGB VIII, § 55 Rn. 72a, der unter Berufung auf OLG Bremen ZKJ 2012, 359 und DIJuF-Rechtsgutachten, JAmt 2008, 97 auf Volljährigkeit nach Heimatrecht abstellt; OLG Bremen betrifft aber nur das Ende einer Vormundschaft; ebenso OLG Hamm BeckRS 2015, 06837; DIJuF 2008 ist überholt durch DIJuF-Rechtsgutachten, JAmt 2015, 92; vgl zum Problem insgesamt § 5.

2 So OLG Celle FamRZ 2016, 647.

Angesichts des derzeitigen Zustroms[3] von Flüchtlingen kann nicht eingewandt werden, es fehle das Personal, um Amtsvormundschaften entsprechend der gesetzlichen Vorgaben, insbesondere § 56 SGB VIII, führen zu können. Staatliche Stellen sind grundsätzlich gehalten, das zur Erfüllung ihrer Aufgaben notwendige Personal einzustellen (§ 79 SGB VIII).

Soweit in der Praxis vorgeschlagen wird, **Rechtsanwälte** als Vormund einzusetzen, ist darauf hinzuweisen, dass man zwar davon ausgehen kann, dass ein Rechtsanwalt aufgrund seiner Berufsausbildung in der Lage sein wird, die wirtschaftlichen und rechtlichen Angelegenheiten des Mündels zu betreuen. Zu beachten ist jedoch, dass ein Vormund anstelle der Eltern tritt und insbesondere für die Person des Kindes zu sorgen hat (§ 1793 Abs. 1 BGB). Insbesondere hat er mit dem Mündel persönlichen Kontakt zu halten und soll ihn idR einmal pro Monat in seiner üblichen Umgebung aufsuchen (§ 1793 Abs. 2 BGB). Neben den rechtlichen Kenntnissen werden weitere Qualifikationen erwartet. So bieten die Mitarbeiter des Jugendamtes aus Sicht des Mündels regelmäßig den Vorteil sozialpädagogischer Qualifikation. Darüber hinaus wird zu beachten sein, dass auch ein Berufsvormund nicht mehr Vormundschaften übernimmt, als nach § 55 Abs. 2 S. 4 SGB VIII ein Bediensteter des Jugendamtes übernehmen soll. Dabei dürfte die Höchstgrenze von 50 Vormundschaften für einen Rechtsanwalt, der idR weitere Mandate bearbeitet, deutlich zu hoch angesetzt sein. Bei einer solchen Vielzahl von Vormundschaften kann nicht erwartet werden, dass der Rechtsanwalt neben seinen sonstigen beruflichen Aufgaben das notwendige zeitliche und persönliche Engagement in jedem Einzelfall aufbringen kann. 4c

Da es sich bei der Entscheidung über die Auswahl eines Vormundes um eine Angelegenheit handelt, die die Person des Mündels betrifft, ist dieser persönlich anzuhören, wenn er das 14. Lebensjahr vollendet hat, § 159 Abs. 1 S. 1 FamFG. Von einer persönlichen Anhörung darf nur aus schwerwiegenden Gründen abgesehen werden (§ 159 Abs. 4 S. 1 FamFG). Wird von der gebotenen Anhörung abgesehen, muss dies in der Entscheidung begründet werden. 4d

Einer Anregung des Jugendamts, neben einem Vormund einen **Ergänzungspfleger** für den „Aufgabenkreis Vertretung in asyl- und ausländerrechtlichen Angelegenheiten" zu bestellen kann idR nicht gefolgt werden, weil im Regelfall die Voraussetzungen für die Einrichtung einer solchen Ergänzungspflegschaft nicht vorliegen. Allein der Umstand, dass einem Vormund die Sachkunde für das asyl- und ausländerrechtliche Verfahren fehlt, rechtfertigt nicht die Bestellung eines Ergänzungspflegers.[4] Verfügt der Vormund nicht über die zur sachgerechten Besorgung einzelner Geschäfte des Mündels erforderliche Sachkunde, ist es seine Sache, diesen Mangel an Eignung in eigener Verantwortung durch die Inanspruchnahme fachspezifischer Hilfen[5] auszugleichen. Insoweit befindet sich der Vormund in der gleichen Situation wie die Eltern eines Kindes, die sich bei Bedarf der Hilfe von Fachleuten bedienen.[6] Dies gilt in gleicher Weise für den Einzelvormund wie für den Amtsvormund.[7] Auch der Amtsvormund kann Beratungshilfe nach dem BerHG und Prozesskostenhilfe in Anspruch 4e

[3] Im Jahr 2015 nahmen die JÄ 42.309 UMA in Obhut (Quelle: Stat. Bundesamt, Mitteilung vom 3.8.2016).

[4] So OLG Celle aaO; BGH FamRZ 2013, 1206; OLG Frankfurt FamRZ 2015, 680; OLG Düsseldorf FamRZ 2015, 678 mAnm *Schwab*; ebenso Wiesner/*Walther* § 55 Rn. 72b; DIJuF- Rechtsgutachten JAmt 2016, 376. Näher hierzu *Berthold/Espenhorsp* JAmt 2012, 365.

[5] ZB mit dem Themengutachten des DIJuF von *Nerea Gonzales Mendez de Vigo* vom Dez. 1215: TG-1161.

[6] So *Bienwald* FamRZ 2013, 1208.

[7] So OLG Frankfurt FamRZ 2014, 673.

nehmen.[8] Aus Art. 6 der am 1. Januar 2014 in Kraft getretenen Verordnung (EU) Nr. 604/2013 (sog. Dublin-III-VO) ergibt sich insoweit nichts anderes.[9]

II. Begründung und Führung des Amtes

5 Es gibt einige Fälle, in denen die bestellte AVt sich als Fortsetzung einer bestellten APt (→ § 17 Rn. 5) quasi-automatisch begründet und deshalb eines besonderen Bestellungsakts nicht bedarf. Sonst aber wird die bestellte AVt/APt durch **Beschluss des FamG nach § 1791b Abs. 2 BGB** ins Leben gerufen.[10] Wirksam wird die Vormundschaft erst mit der Wirksamkeit[11] des Beschlusses (§ 40 FamFG) durch Bekanntgabe (§ 41 FamFG) in der Form des § 15 Abs. 2 FamFG.

Bestellt wird (zwingend) dasjenige JA, in dessen Bezirk der **Minderjährige seinen gewöhnlichen Aufenthalt** hat (§ 87c Abs. 3 S. 1 SGB VIII). Immerhin soll in Ausnahmefällen das FamG sich für die zu bestellende Amtsvormundschaft/Amtspflegschaft über jene gesetzliche Bindung dann hinwegsetzen dürfen, wenn gerade bei dem danach zuständigen JA ein unüberbrückbarer Interessengegensatz zu dem Kind besteht.

6 Die Führung des Amtes kennt **keine Besonderheiten** gegenüber der Vormundschaft und Pflegschaft allgemeinen Rechts. Die gesetzlichen Befreiungen (→ § 16 Rn. 108) stehen auch dem bestellten Amtsvormund/Amtspfleger zu. Die mit der Bestellung bestätigte Entschließungsfreiheit des FamG gibt diesem nicht auch die Befugnis, in die Eigenverantwortlichkeit des bestellten Amtsvormunds/Amtspflegers stärker einzugreifen, als es gegenüber einem Vormund oder einem Pfleger sonst der Fall ist. Es kann die Vormundschaft nur durch Anordnung einer Mitvormundschaft, und die Pflegschaft nur in der Bestimmung ihres Wirkungskreise gestaltend beschränken. Genehmigungsvorbehalte über die gesetzlichen hinaus wären unzulässig. Nur ein Entlassungsvorbehalt nach § 1790 BGB könnte ausgesprochen werden.

III. Beendigung des Amtes

7 Die bestellte Amtsvormundschaft/Amtspflegschaft als solche endet aus den gleichen Gründen, gesetzlich oder nach Aufhebung durch das FamG, wie die **Vormundschaft/Pflegschaft allgemeinen Rechts.** Die Pflegschaft für die Leibesfrucht endet nach § 1918 Abs. 2 BGB mit der Geburt, die Prozesspflegschaft für das Kind im Vaterschafts-Anfechtungsprozess endet mit der rechtskräftigen Beendigung des Prozesses und seiner kostenrechtlichen Abwicklung (§ 1918 Abs. 3 BGB; → § 12 Rn. 10). Wegen Fortfalls des Grundes kann die bestellte Amtspflegschaft, anders als die gesetzliche, **auch von Amts wegen** nach § 1919 BGB aufgehoben werden (Beispiel: Pflegschaft im Aufenthaltsbestimmungsrecht nach Heirat des Kindes).

8 Für das die bestellte AVt/APt führende JA kommen als Grund des Ausscheidens aus der Amtsinhaberschaft die Entlassungstatbestände der §§ 1887, 1889 Abs. 2 BGB zur Anwendung. Eine Abgabe bei **Wechsel des gewöhnlichen Aufenthalts des Kindes** in den Bezirk eines anderen JA an dieses ist jedoch nicht möglich. Im Bezirk jenes anderen JA ließe sich möglicherweise eine geeignete Einzelpersönlichkeit als Vormund oder Pfleger finden; vielleicht ist jetzt sogar die Vormundschaft/Pflegschaft zur Auf-

---

[8] So DIJuF- Rechtsgutachten JAmt 2016, 376.
[9] So OLG Celle aaO; OLG Frankfurt FamRZ 2015, 680; OLG Bamberg NZFam 2015, 1128.
[10] Näher zum Beginn im DIJuF-Rechtsgutachten JAmt 2009, 30.
[11] Unabhängig von seiner Rechtskraft; ebenso DIJuF-Rechtsgutachten JAmt 2012, 657.

hebung reif. Deshalb muss das bisherige JA nach § 87c Abs. 3 S. 2 SGB VIII seine Entlassung beantragen (gesetzlicher Entlassungsgrund!), um den Weg für eine anderweit bestellte AVt/APt durch das für das neue JA zuständige FamG frei zu machen.

§ 19 Die Beistandschaft

Inhalt

I. Einführung[1]

1 **1. Geschichtliche Entwicklung.** Zur historischen Entwicklung vgl. Oberloskamp → § 1 Rn. 1 ff., 39 sowie → § 16 Rn. 17 ff.

2–8 *– in dieser Aufl. nicht belegt –*

9 **2. Die gesetzliche Neuregelung zur Einführung der Beistandschaft. a) Wesentlicher Inhalt.** Mit dem „Gesetz zur Abschaffung der gesetzlichen Amtspflegschaft und Neuordnung des Rechts der Beistandschaft (Beistandschaftsgesetz)" vom 4.12.1997,[2] das seit 1.7.1998 gilt, wurde die gesetzliche (nicht die bestellte) Amtspflegschaft abgeschafft. Die §§ 1706–1710 BGB (mit dem Kindschaftsreformgesetz auch § 1705 BGB) wurden infolgedessen aufgehoben. Stattdessen wurde die **freiwillige Beistandschaft des JA** durch die §§ 1712–1717 BGB eingeführt. Diese Beistandschaft kann **jeder allein sorgeberechtigte Elternteil** (auch schon vor der Geburt des Kindes) beim JA **beantragen.** Sie umfasst die Aufgabenkreise der Vaterschaftsfeststellung und der Geltendmachung von Unterhaltsansprüchen. Die in der Praxis der alten Bundesländer bedeutungslose Beistandschaft des bisherigen Rechts wurde beseitigt, indem die §§ 1685, 1686, 1689–1692 aufgehoben wurden. Die (neue) Beistandschaft schließt die Vertretungsmacht für die beiden Aufgabenkreise ein. Die Vertretungsmacht des allein sorgeberechtigten Elternteils bleibt daneben bestehen. Die Leibesfruchtpflegschaft für das nichteheliche Kind (§ 1912 Abs. 1 S. 2 BGB) wurde aufgehoben. Die Neuregelung beseitigte die unterschiedliche Rechtslage in den alten und neuen Bundesländern. Eine Übergangsregelung (Art. 223 EGBGB) bestimmt, dass bestehende gesetzliche Amtspflegschaften als (neue) Beistandschaften fortgeführt werden und die alten Beistandschaften in neue Beistandschaften umgewandelt werden. Die Länder wurden ermächtigt (Art. 144 EGBGB) zu bestimmen, dass das JA die Beistandschaft auf einen rechtsfähigen Verein übertragen kann. Davon hat bislang nur Bayern Gebrauch gemacht. (Art. 60 AGSG).

10 **b) Die Beistandschaft im Vergleich mit verwandten Rechtsinstituten alten Rechts**

	Beistandschaft	**gesetzliche Amtspflegschaft**	**Leibesfruchtpflegschaft für das nichteheliche Kind**
Eintritt	Antrag	Geburt des nichtehelichen Kindes	Antrag
Sorgerechtliche Voraussetzungen	Alleinsorge oder Obhut bei gem. Sorge	Alleinsorge	Alleinsorge
Aufgabenkreis	– Vaterschaftsfeststellung – Unterhaltssicherung	– Feststellung der Vaterschaft – sonstige Status-Angelegenheiten – Namensrecht – Unterhaltssicherung – erbrechtliche Angelegenheiten	Wahrung der Rechte der Leibesfrucht

[1] Vgl. auch JAmt 2016, Heft 12 (S. 578 – 592) mit dem Schwerpunktthema „Beistandschaft".
[2] BGBl. 1997 I 2846.

	Beistandschaft	**gesetzliche Amtspflegschaft**	**Leibesfruchtpflegschaft für das nichteheliche Kind**
Gesetzliche Vertretungsbefugnis des Kindes	ja	ja	ja
Einschränkung der elterlichen Sorge	nein	ja, im Umfang des Aufgabenkreises	ja, im Umfang des Aufgabenkreises
Adressat der Hilfe	Kind und Elternteil	Kind	Leibesfrucht
Träger	– Jugendamt – Verein (nach Landesrecht)	– Einzelperson – Verein – Jugendamt	– Einzelperson – Verein – Jugendamt
Aufsicht des FamG (früher VormG)	nein	ja	ja

Nicht zu verwechseln ist der Beistand nach § 55 SGB VIII mit dem Erziehungsbeistand nach § 30 SGB VIII, mit dem Beistand nach § 13 Abs. 4 SGB X bzw. § 12 FamFG und mit dem Verfahrensbeistand nach § 158 FamFG.

3. Zusammenhang von Beistandschaft und Kindschaftsrechtsreform. Die Beistandschaft ist eine Hilfe für den Elternteil, dem für die Aufgabenkreise der Beistandschaft die **alleinige elterliche Sorge** zusteht. Dies kann nach der Neuregelung durch das Kindschaftsrechtsreformgesetz sowohl ein Elternteil sein, der bei Geburt des Kindes nicht mit dem Vater verheiratet ist, als auch ein Elternteil, der nach Scheidung die Übertragung der alleinigen elterlichen Sorge beim Familiengericht beantragt und erhalten hat. Außerdem kann ein Elternteil die alleinige elterliche Sorge dadurch innehaben, dass das Familiengericht gem. § 1666 BGB die gemeinsame elterliche Sorge beendet und die elterliche Sorge auf einen Elternteil übertragen hat. 11

Die elterliche Sorge für Kinder, deren Eltern bei der Geburt des Kindes nicht miteinander verheiratet sind, hat das Kindschaftsrechtsreformgesetz so geregelt, dass grundsätzlich die **Mutter die alleinige elterliche Sorge** hat (§ 1626a Abs. 2 BGB), wenn sie nicht minderjährig ist. Die in den alten Bundesländern geltende Beschränkung der elterlichen Sorge der Mutter entfällt seit 1.7.1998 durch die Abschaffung der gesetzlichen Amtspflegschaft des JA mit dem Beistandschaftsgesetz. Zu diesem Zeitpunkt wird eine bestehende gesetzliche Amtspflegschaft in eine Beistandschaft umgewandelt (Art. 223 EGBGB). Damit entfällt die Beschränkung der elterlichen Sorge der Mutter, weil § 1716 BGB bestimmt, dass durch die Beistandschaft die elterliche Sorge nicht eingeschränkt wird.

Mit dem KindRVerbG v. 9.4.2002[3] wurde die Beistandschaft **auch bei gemeinsamer Sorge** für den Elternteil ermöglicht, bei dem sich das Kind in Obhut befindet. (→ Rn. 69). Damit ist der Gesetzgeber Forderungen der Praxis und Rechtsprechung nachgekommen.[4]

Das Kindschaftsrechtsreformgesetz hat drei Möglichkeiten (der Singular in § 52a Abs. 1 S. 2 Nr. 5 SGB VIII ist ungenau, weil es schon im Rahmen des § 52a SGB VIII zwei Möglichkeiten gibt) der **gemeinsamen elterlichen Sorge** geschaffen. Kraft Ge- 12

---

[3] BGBl. 2002 I 1239.

[4] DIJuF JAmt 2001, 286; OLG Stuttgart JAmt 2001, 548. Nach der Entscheidung des EGMR vom 3.12.2009 ist eine weitere Novellierung vorgesehen.

setzes steht den Eltern die gemeinsame Sorge gem. § 1626a Abs. 1 Nr. 2 BGB dann zu, wenn sie einander **heiraten.** – Eine zweite Möglichkeit der gemeinsamen elterlichen Sorge ergibt sich aus ihren rechtsgeschäftlichen Erklärungen, dass sie die Sorge gemeinsam übernehmen wollen (§ 1626a Abs. 1 Nr. 1 BGB). Die **Sorgeerklärungen** müssen nicht notwendig gemeinsam abgegeben werden. Sie müssen öffentlich beurkundet werden. Die Beurkundung erfolgt kostenfrei beim JA gem. § 59 Abs. 1 S. 1 Nr. 8 SGB VIII oder (kostenpflichtig) beim Notar; beim Standesamt kann sie nicht erfolgen. Die Sorgeerklärung kann auch schon vor Geburt des Kindes abgegeben werden (§ 1626b Abs. 2 BGB). Die Erklärung der gemeinsamen Sorge ist auch dann möglich, wenn ein Elternteil verheiratet ist. Ein Zusammenleben der Eltern ist nicht erforderlich. Eine Prüfung, ob die gemeinsame Sorge dem Kindeswohl entspricht, erfolgt nicht. Das JA kann aber bei Gefährdung des Kindeswohls gem. § 8a Abs. 3 SGB VIII beim Familiengericht beantragen, dass die gemeinsame elterliche Sorge durch eine richterliche Entscheidung gem. § 1666 BGB beendet wird. Jeder Elternteil kann eine Abänderung der gemeinsamen Sorge beim Familiengericht gem. § 1671 BGB beantragen, wenn die Eltern getrennt leben. Lebt der Vater nicht mit der Mutter zusammen, kann er eine gerichtliche Entscheidung über das alleinige Sorgerecht nach § 1672 BGB herbeiführen. Gemeinsames Sorgerecht kraft Sorgeerklärung kann dann nicht mehr eintreten. – Als dritte Möglichkeit (außerhalb des Rahmens des § 52a SGB VIII), gemeinsame elterliche Sorge zu erreichen, bleibt dann die **familiengerichtliche Übertragung** gem. § 1672 Abs. 2 BGB. Absatz 2 ermöglicht eine gemeinsame Sorgezuständigkeit nach einer gem. Absatz 1 mit Zustimmung der Mutter erfolgten Sorgerechtsübertragung auf den Vater. Auf Antrag eines Elternteils mit Zustimmung des anderen kann das Familiengericht im Anschluss daran auf gemeinsame Sorge entscheiden, wenn dies dem Wohle des Kindes nicht widerspricht.[5] Da das Kind einen sorgeberechtigten Elternteil hinzugewinnt (im Gegensatz zu Absatz 1), begnügt sich das Gesetz mit weniger hohen Anforderungen.

13 Ist ein Elternteil noch **minderjährig,**[6] kann er dennoch die Sorgeerklärung abgeben, wenn sein gesetzlicher Vertreter **zustimmt** (§ 1626c Abs. 2 S. 1 BGB). Die Sorgeerklärung des Minderjährigen wirkt aber nur horizontal, nicht vertikal im Sorgerechtsgefüge. Sie ermöglicht also die Beteiligung des anderen Elternteils an der Sorge, erweitert aber nicht die eigene Sorgerechtsposition. Für diese gilt § 1673 Abs. 2 BGB. Danach ruht die elterliche Sorge des minderjährigen Elternteils. Das Kind bedarf deshalb eines Vormunds; § 1791c Abs. 1 BGB bestimmt, dass das JA gesetzlicher Amtsvormund für das Kind ist. Die Vormundschaft ersetzt die elterliche Sorge, umfasst also die Personen- und Vermögenssorge einschließlich der gesetzlichen Vertretung (§ 1793 S. 1 BGB). Der minderjährigen Mutter verbleibt aber gem. § 1673 Abs. 2 BGB die tatsächliche Personensorge für das Kind. Diese Position behält sie auch nach Abgabe der Sorgeerklärung, während der Vater an die Stelle des Amtsvormunds tritt. Die gemeinsame Sorge besteht dann darin, dass der Vater die Personen- und Vermögenssorge einschließlich der gesetzlichen Vertretung des Kindes hat und die Mutter lediglich die tatsächliche Personensorge zusammen mit dem Vater ausübt. Ist auch der Vater minderjährig, können beide minderjährigen Elternteile die Sorgeerklärung mit Zustimmung ihres gesetzlichen Vertreters, also in der Regel ihrer Eltern, abgeben. Die Personen- und Vermögenssorge einschließlich der gesetzlichen Vertretung des gemeinsamen Kindes hat dann das JA als gesetzlicher Amtsvormund. Die Sorgeerklärung bewirkt in diesem Fall lediglich, dass Vater und Mutter gemeinsam die tatsächliche Sorge für ihr

---

[5] Ebenso *Lipp* FamRZ 1998, 73.
[6] Zur Sorgeerklärung eines geschäftsunfähigen Elternteils *Dickerhoff-Borello* FuR 1998, 70.

Kind ausüben. Auch die gemeinsame Sorge durch Heirat (§ 1626a Abs. 1 Nr. 2 BGB) wirkt für einen minderjährigen Elternteil nur horizontal, nicht vertikal. Die minderjährige Mutter, die ohne Widerspruch ihrer Eltern (§ 1303 Abs. 3 BGB) und nach **Befreiung vom Erfordernis der Ehemündigkeit** durch das Familiengericht (§ 1303 Abs. 2 BGB) den volljährigen Vater ihres Kindes heiraten kann, übt mit ihm zusammen die tatsächliche Personensorge für das Kind aus, während der Vater die Personen- und Vermögenssorge einschließlich der gesetzlichen Vertretung des Kindes hat.

Der Begriff der Zustimmung umfasst die (vorherige) Einwilligung (§ 183 BGB) und die (nachträgliche) Genehmigung (§ 184 BGB). Wird die Zustimmung verweigert, ist die Sorgeerklärung unwirksam (§ 1626e BGB). Die Zustimmung und damit auch die Sorgeerklärung ist unwirksam, wenn die Zustimmung nicht öffentlich beurkundet worden ist (§ 1626d Abs. 1 BGB). Ist die Sorgeerklärung abgegeben, aber eine Genehmigung noch nicht erfolgt, ist die Sorgeerklärung bis zur Erteilung der Genehmigung (schwebend) unwirksam. Bei **Verweigerung der Zustimmung** muss das Familiengericht auf Antrag des minderjährigen Elternteils die Zustimmung ersetzen, wenn die Sorgeerklärung dem Wohl des minderjährigen Elternteils nicht widerspricht. Wie bei der vom Familiengericht gem. § 1303 Abs. 3 BGB anzustellenden Prüfung bei Widerspruch gegen die Eheschließung wird auch das Familiengericht die Zustimmung ersetzen, wenn keine triftigen Gründe gegen die Sorgeerklärung sprechen. Nicht notwendig ist, dass triftige Gründe für eine Sorgeerklärung vorliegen. Auch triftige Gründe für die Verweigerung der Zustimmung sind nicht notwendig identisch mit triftigen Gründen gegen die Sorgeerklärung. Ob die Sorgeerklärung dem Wohl des Kindes nicht widerspricht, bleibt hier ungeprüft. 14

4. Bezug der Beistandschaft zu SGB I und SGB X. Die Beistandschaft ist keine Sozialleistung iSd § 11 SGB I (→ § 15 Rn. 95). Als persönliche Hilfe gehört sie zwar zu den Dienstleistungen, solche sind aber nur dann Sozialleistungen, wenn sie Gegenstand der sozialen Rechte nach dem SGB I sind. Für die Jugendhilfe bezeichnet § 8 SGB I das soziale Recht. Es bezieht sich lediglich auf Leistungen der Jugendhilfe. Leistungen der Jugendhilfe sind nur die in § 27 Abs. 1 SGB I genannten Hilfen, die den in § 2 Abs. 2 SGB VIII aufgeführten Leistungen entsprechen. Hierzu gehört die Beistandschaft nicht, da sie in § 2 Abs. 3 Nr. 11 SGB VIII aufgeführt ist. Die Vorschriften des SGB I gelten somit nicht für die Beistandschaft. Die Vorschriften über den **Datenschutz (§ 35 SGB I)** würden aber unbeschadet dessen gelten, weil § 61 Abs. 1 S. 1 SGB VIII den Schutzbereich des Datenschutzes (§ 35 SGB I) auf alle Aufgaben der Jugendhilfe erstreckt. § 61 Abs. 2 SGB VIII bestimmt aber, dass für den Datenschutz in der Beistandschaft nur § 68 SGB VIII gilt. Dennoch gilt der Schutzbereich des § 35 SGB I (→ § 16 Rn. 99, 99a). Dagegen gilt nicht § 16 SGB I (→ § 16 Rn. 96), da die unbedingte Geltung des § 16 gem. § 37 S. 2 SGB I nur für Sozialleistungen ausgesprochen wird. Die Beistandschaft **beginnt** daher erst mit **Zugang** des Antrags beim JA (→ Rn. 82). Ebenso wenig gilt die Mitwirkungspflicht nach § 60 SGB I, so dass die Beistandschaft **nicht** auch **vom JA** wegen fehlender Mitwirkungsbereitschaft des Elternteils **beendet** werden kann (§ 66 SGB I; → Rn. 92). 15

Anwendbar ist dagegen das SGB X, da § 1 Abs. 1 S. 1 SGB X die gesamte öffentlichrechtliche Verwaltungstätigkeit der Behörden, also hier des JA, in den Geltungsbereich des SGB X einbezieht. Somit gelten beispielsweise die Vorschriften über die **Amtshilfe** (§§ 3–7 SGB X). Die Vorschriften über das Verwaltungsverfahren (§§ 8 ff. SGB X) gelten dagegen nicht, weil die Tätigkeit der Beistandschaft kein Verwaltungsverfahren ist, da sie sich nicht auf den Erlass eines Verwaltungsaktes richtet. Ein **Verwaltungsakt** iSv § 31 SGB X liegt nur ausnahmsweise dann vor, wenn das JA eine Streitentschei- 16 dung in der Form eines Verwaltungsaktes trifft (feststellender Verwaltungsakt), zB, wenn unklar ist, ob eine Beistandschaft eingetreten ist (→ Rn. 79 und 60). **Akteneinsicht** ist deshalb nicht nach § 25 SGB X zu gewähren, da ein Verwaltungsakt in der Regel nicht vorliegt; die Rechtswirkungen des Handelns des Beistands treten nämlich nicht auf dem Gebiet des öffentlichen Rechts ein, sondern auf dem Gebiet privaten Rechts. Die Gewährung von Akteneinsicht steht deshalb im Ermessen der Behörde. Fehlerfrei wird dieses Ermessen aber nur dann ausgeübt, wenn die Akteneinsicht gewährt wird, weil der antragstellende Elternteil gesetzlicher Vertreter des Kindes bleibt und deshalb Einblick in seine Angelegenheiten bekommen muss. Außerdem handelt der Beistand infolge seiner Beauftragung durch einen Antrag des Elternteils in dessen Interesse (→ Rn. 53), so dass sich der antragstellende Elternteil ein Bild machen muss, ob er diese Interessen sachgerecht wahrnimmt, um notfalls einen Antrag[7] auf Beendigung der Beistandschaft stellen zu können (→ Rn. 95). Für den antragstellenden Elternteil und das Kind sind in dem – abschließenden – § 68 Abs. 3 Informationsrechte normiert. Für den anderen Elternteil kann allenfalls in den engen Grenzen des § 810 BGB ein Anspruch auf Einsicht in Urkunden bestehen[8] sowie ein Auskunftsanspruch hinsichtlich der auf ihn bezogenen Daten nach § 83 SGB X.[9]

Für die Akteneinsicht durch das volljährig gewordene Kind gilt § 68 Abs. 3 S. 1 SGB VIII; für das minderjährige Kind § 68 Abs. 3 S. 2 SGB VIII; → § 16 Rn. 66–66a.

17 **5. Zusammenhang von Beistandschaft und SGB VIII. a) Systematik.** § 2 Abs. 3 Nr. 11 SGB VIII nennt als „andere Aufgabe“ der Jugendhilfe die Beistandschaft. Die Beistandschaft wird in die Überschrift des Vierten Abschnitts aufgenommen. Dieser beginnt mit dem neu eingefügten § 52a SGB VIII, der das JA verpflichtet, die Mutter auf die Beistandschaft hinzuweisen; dies umfasst auch die Verpflichtung zum Hinweis auf die Möglichkeit der Einrichtung einer Beistandschaft. Gleichwohl zeigen aktuelle Befragungen, dass die Möglichkeit der Einrichtung einer Beistandschaft alleinerziehenden Eltern häufig nicht bekannt ist.[10] Dies dürfte wohl auch darauf beruhen, dass die Erweiterung des Adressatenkreises auf alle alleinerziehenden Elternteilen nicht mit entsprechenden universellen Informationspflichten einherging.

§ 55 Abs. 1 SGB VIII bestimmt, dass das JA Beistand wird, wenn die Voraussetzungen hierfür nach dem BGB (§§ 1712–1717) vorliegen. § 54 SGB VIII ermöglicht es auch einem Verein, eine Beistandschaft zu übernehmen. Im Unterschied zur Pflegschaft/Vormundschaft wird die Beistandschaft als solche dem **Verein** übertragen, also nicht lediglich die Ausübung der Beistandschaft. Dies macht ihn zum **beliehenen Unternehmer,** also zu einem Träger öffentlicher Verwaltung i. S. v. § 1 Abs. 2 SGB X. Auf die Führung der Beistandschaft ist gem. § 56 Abs. 1 SGB VIII das BGB (§ 1716 iVm § 1915 iVm §§ 1773–1895; vgl. den Überblick → § 16 Rn. 98) anzuwenden. In § 58 SGB VIII wird die (alte) Beistandschaft gestrichen. Die Regelungen über die (bestellte) Amtspflegschaft und die Amtsvormundschaft werden jeweils ergänzt um die Beistandschaft.

18 Die Regelungen der §§ 1712–1717 BGB verpflichten nur das JA, das insoweit Träger der öffentlichen Verwaltung ist. Nach der neueren Subjekttheorie handelt es sich daher um **öffentliches Recht.** Dies gilt auch, soweit nach landesrechtlicher Bestim-

---

7 „Antrag“ ist keine verfahrenseinleitende Maßnahme mit Entscheidungszwang, sondern eine Art Zustimmung zu einem Eintritt kraft Gesetzes.

8 VG München JAmt 2014, 34.

9 DIJuF-Rechtsgutachten JAmt 2014, 35.

10 *Birnstengel/Katzenstein* JAmt 2015, 230 (231); *Berkhoff/Hoheisel*, Abschlussbericht Beistandschaft und Unterhalt, 2015, S. 3.

mung ein Verein eine Beistandschaft übernehmen kann, da er insoweit als beliehener Unternehmer tätig wird. Als öffentlich-rechtliche Regelung gehört die Materie systematisch in das SGB VIII. Dies hat auch der Bundesrat in seiner Stellungnahme[11] – vergeblich – gefordert.

b) „Drei-Stufen-Hilfe". Nach Abschaffung der gesetzlichen Amtspflegschaft erhält die Mutter eines Kindes, mit dessen Vater sie nicht verheiratet ist, eine „Drei-Stufen-Hilfe". Nach § 52a SGB VIII wird ihr zunächst Beratung und Unterstützung lediglich angeboten; die Überschrift des Paragraphen ist daher irreführend. Erst wenn die Mutter das Angebot annimmt, hat sie einen Anspruch auf Beratung und Unterstützung, der sich dann aber im Wesentlichen nach § 18 Abs. 1 SGB VIII richtet. Reicht ihr die Unterstützung bei der Vaterschaftsfeststellung und der Geltendmachung von Unterhaltsansprüchen nach § 18 Abs. 1 SGB VIII („**kleine Beistandschaft**") nicht aus, kann sie auf der dritten Hilfestufe Beistandschaft beim JA gem. § 1712 BGB beantragen. Da § 52a SGB VIII nur Vorstufe der Leistung nach § 18 SGB VIII ist, ist § 52a SGB VIII nicht in den Katalog der Leistungen nach § 2 Abs. 2 SGB VIII, sondern in den Katalog der anderen Aufgaben nach § 2 Abs. 3 SGB VIII aufgenommen. Die Teilung der Hilfe des JA durch Aufteilung auf die §§ 18 und 52a SGB VIII soll bewirken, dass das JA mit seinem Unterstützungsangebot auf die Mutter zugeht und nicht darauf wartet, dass sie ihren Anspruch auf Beratung nach § 18 SGB VIII geltend macht. Hier wird erstmals kraft Gesetzes der Bürger zum Kunden im Sinne der **Neuen Steuerung,**[12] um den das JA mit einer kaufmännischen invitatio ad offerendum wirbt. Das „Produkt" ist auch kostengünstig (für die Mutter), weil für keine der drei Hilfen Kosten oder Gebühren nach §§ 90–94 SGB VIII erhoben werden dürfen. Da auch allgemeine Verwaltungskosten nicht zu erstatten sind (→ § 16 Rn. 112), ist das JA eine komfortable Alternative zum Anwalt. Das Rechtsdienstleistungsgesetz steht dem nicht entgegen (→ Rn. 32). 19

1. Stufe: Hilfe nach § 52a SGB VIII.[13] Das Angebot des JA erstreckt sich ausdrücklich nur auf Hilfe bei der Vaterschaftsfeststellung und der Geltendmachung von Unterhaltsansprüchen des Kindes; die Formulierung „insbesondere" lässt aber weitere Angebote zu, beispielsweise auch das Angebot der Hilfe zur Geltendmachung von **Unterhaltsansprüchen der Mutter;** auf diese Hilfe besteht ebenfalls ein Anspruch nach § 18 Abs. 2 SBG VIII. 20

Das Angebot des JA ist eine Pflichtleistung, auf die auch schon (ebenso wie auf die nachfolgende Beratung) ein Rechtsanspruch besteht. Die systematische Stellung im Dritten Kapitel ist daher verfehlt, statt dessen gehört diese Hilfe in das Zweite Kapitel, integriert in § 18 SGB VIII. Das JA hat die Hilfe unverzüglich anzubieten, dh ohne schuldhaftes Zögern (§ 121 BGB entsprechend). Ungenau ist die gesetzliche Formulierung „nach der Geburt eines Kindes", da die Hilfe erst nach Kenntnis von der Geburt des Kindes einsetzen kann, also nach Eingang der Mitteilung des Standesbeamten gem. § 52a Abs. 4 SGB VIII iVm § 57 Abs. 1 Nr. 5 PStV. Das Anbieten der Hilfe geschieht zweckmäßigerweise schriftlich auf einem Informationsblatt. 21

Außerdem ist das JA verpflichtet, in das Informationsangebot folgende Hinweise aufzunehmen: 22

Nr. 1: **die Bedeutung der Vaterschaftsfeststellung.** Hier hat das JA auf das aus dem Persönlichkeitsrecht des Kindes (Art. 2 Abs. 1 iVm Art. 1 Abs. 1 GG) fließende

[11] BT-Drs. 13/892, 53. Für den BGB-Standort aber *Roth* Kind-Prax 1998, 12.

[12] Vgl. kritisch *Hinte* DAVorm 1997, 721 und *Kunkel* DAVorm 1998, 37.

[13] Vgl. ausführlich *Kunkel* LPK-SGB VIII § 52a Rn. 1–23.

Recht auf Kenntnis seiner Abstammung[14] hinzuweisen; ebenfalls darauf, dass dieses Recht des Kindes dem ebenfalls aus dem Persönlichkeitsrecht der Mutter folgenden Recht auf Wahrung der Intimsphäre vorgeht, wenn nicht besondere Gründe (Inzest, Vergewaltigung, Gefährdung der Ehe oder des Familienfriedens) vorliegen.[15] In Ausnahmefällen kann auch die Tatsache, dass der Vater Ausländer ist, das Unterbleiben der Vaterschaftsfeststellung rechtfertigen, wenn zu befürchten ist, dass das Aufwachsen des Kindes in einem fremden Kulturkreis das Kindeswohl erheblich gefährdet oder Entführung des Kindes zu befürchten ist. Die Bedeutung der Vaterschaftsfeststellung wird auch durch Art. 7 Abs. 1 UN-Kinderkonvention hervorgehoben. Der Hinweis sollte sich auch darauf erstrecken, dass die Rechtswirkungen der Vaterschaft nach § 1600d Abs. 4 BGB erst ab dem Zeitpunkt der Feststellung der Vaterschaft geltend gemacht werden können. Dies bedeutet insbesondere für Sozialhilfeträger und Unterhaltsvorschusskassen, dass sie nicht in der Lage sind, gegen einen nicht festgestellten Vater aus einem auf sie übergegangenen Unterhaltsanspruch zu klagen und hierbei die Vaterschaft inzidenter feststellen zu lassen. Gem. § 1 Abs. 3 UVG besteht kein Anspruch auf Unterhaltsleistungen nach dem UVG, wenn sich die Mutter weigert, bei der Feststellung der Vaterschaft mitzuwirken.

23 Nr. 2: **die Möglichkeiten der Vaterschaftsfestellung.** Die Feststellung der Vaterschaft erfolgt entweder durch Anerkennung (§ 1592 Nr. 2 BGB) oder durch gerichtliche Entscheidung (§ 1592 Nr. 3 BGB). Der Hinweis muss sich auch darauf erstrecken, bei welchen Stellen die Vaterschaft anerkannt werden kann. Dies ist zunächst das Standesamt gem. § 27 Abs. 1 PStG. Für diese Amtshandlung sind aber Gebühren und Auslagen zu erheben (§ 67 Abs. 1 Personenstandsausführungsverordnung [PStV]. Insbesondere ist die Amtshandlung nicht gebührenfrei (§ 72 PStG). Auch die Beurkundung beim Notar ist nicht kostenfrei. Dagegen ist die Vaterschaftsanerkennung, die vom JA gem. § 59 Abs. 1 S. 1 Nr. 1 SGB VIII beurkundet wird, kostenfrei gem. § 64 Abs. 1 SGB X.

24 Nr. 3: **Möglichkeit, Unterhaltspflichten beurkunden zu lassen.** Eheliche wie „nichteheliche" Kinder haben in gleicher Weise (§ 1615a BGB) Anspruch auf Unterhalt gegen ihre Eltern (§§ 1601, 1603 BGB). Während die Mutter ihre Unterhaltspflicht regelmäßig durch Betreuung des Kindes erfüllt (§ 1606 Abs. 3 S. 2 BGB), richtet sich der Anspruch auf Finanzierung des Lebensbedarfs regelmäßig gegen den Vater. Seine Verpflichtung zur Erfüllung des Unterhaltsanspruchs kann gem. § 59 Abs. 1 S. 1 Nr. 3 SGB VIII vom JA kostenfrei beurkundet werden. Wendet der im vereinfachten Verfahren gem. §§ 249–260 FamFG in Anspruch genommene Elternteil ein, er sei teilweise leistungsunfähig, ist dieser Einwand gem. § 252 Abs. 2 FamFG nur zu berücksichtigen, wenn er erklärt, inwieweit er zur Unterhaltsleistung bereit ist und dass er sich insoweit zur Erfüllung der Unterhaltspflicht verpflichtet. Neben der Urkundsperson des Gerichts und dem Notar kann nach der Neuregelung im KindUG auch die Urkundsperson im JA die Erklärung beurkunden (§ 59 Abs. 1 S. 1 Nr. 9 SGB VIII). In entsprechender Anwendung des § 129a ZPO ist das JA verpflichtet, die Erklärung unverzüglich dem Gericht zuzuschicken oder die Übersendung – nach Belehrung – dem unterhaltsverpflichteten Elternteil zu überlassen.[16]

25 Nr. 4: **die Möglichkeit, eine Beistandschaft zu beantragen.**

---

[14] BVerfG FamRZ 1989, 255 und BGH FamRZ 1982, 159.

[15] Zur Notwendigkeit dieser Abwägung vgl. BVerfG ZfJ 1997, 330 = FamRZ 1997, 869; → Rn. 43 Fn. 39.

[16] Bericht des Rechtsausschusses BT-Drs. 13/7338, 58 und *Knittel* DAVorm 1998, 177 (194).

Nr. 5: **die Möglichkeit der gemeinsamen elterlichen Sorge** (→ Rn. 12–14). Dieser Hinweis passt nicht zum übrigen Inhalt des Angebotspakets, Hilfe bei Vaterschaftsfeststellung und Unterhaltsansprüchen zu bieten; die Formulierung „insbesondere" in Satz 1 lässt aber auch für diesen Hinweis Platz.

Zusammen mit dem (zweckmäßigerweise schriftlichen) Hilfeangebot nach Satz 1 hat das JA außerdem der Mutter ein **„persönliches Gespräch"** anzubieten (Satz 3). Da ein Gespräch begriffsnotwendig immer zwischen Personen stattfindet, also ein persönliches Gespräch ist, ist wohl gemeint, dass dieses Gespräch nicht am Telefon stattfinden darf. Als Ort des Gespräches bestimmt Satz 4 auf Wunsch der Mutter ihre persönliche Umgebung. Damit wird sozialarbeiterisches Handeln normativ eingekleidet. Wie wenig dieses Gewand passt, zeigt die pleonastische Formulierung „soll in der Regel"; die Soll-Bestimmung gilt verpflichtend immer für den Regelfall, lässt nur bei atypischen Umständen des Einzelfalls Ermessen zu. Mit der Gesprächsregelung in Satz 3 und 4 lässt der Gesetzgeber erkennen, wie wenig er von seiner Regelung in § 72 SGB VIII hält, wonach das JA nur Fachkräfte beschäftigen darf. Fachkräfte der Sozialarbeit bedürfen einer derartigen Gängelung nicht. Eine Regelung auch der Methoden der Gesprächsführung wird wohl nicht lange auf sich warten lassen. Das persönliche Gespräch in der persönlichen Umgebung der Mutter im Regelfall ist eine Pflichtleistung des JA, auf die auch ein Rechtsanspruch besteht. Er kann mit der allgemeinen Leistungsklage vor dem Verwaltungsgericht eingeklagt werden (§ 40 VwGO). Die Gewährleistungspflicht nach § 79 Abs. 2 SGB VIII verlangt daher das Vorhalten einer Fahrbereitschaft beim JA. 26

Eine **Personaleinsparung** war somit von der Abschaffung der gesetzlichen Amtspflegschaft kaum zu erwarten – eher im Gegenteil. Der frühzeitige, enge und vertrauensvolle Kontakt mit der Mutter erfordert einen hohen Personalaufwand. Je besser es gelingt, das Vertrauen der Mutter zu gewinnen, um so eher wird sie eine Beistandschaft beanspruchen. Personaleinsparung wird also leicht möglich sein – zu Lasten des Kindes –, wenn die Zusammenarbeit mit der Mutter erst gar nicht gesucht wird. Außerdem darf nicht übersehen werden, dass die Beistandschaft über den bisherigen „Kundenkreis" hinausgeht, indem auch Eltern nach Scheidung einen Antrag auf Beistandschaft stellen können.[17] Die Aufgabe nach § 52a SGB VIII (anders als die HzE nach § 27 SGB VIII; → § 15 Rn. 135) sollte durch die Fachkräfte wahrgenommen werden, die auch die Beistandschaft des JA führen. Dies ergibt sich schon aus der Stellung des § 52a SGB VIII im Abschnitt „Beistandschaft, Pflegschaft und Vormundschaft …"[18] Ob diese auch gleich die Beurkundung vornehmen sollten, ist höchst zweifelhaft (→ § 16 Rn. 91 Fn. 118). 27

Erfährt das JA schon während der Schwangerschaft der werdenden Mutter, dass sie mit dem Vater des Kindes voraussichtlich nicht verheiratet sein wird, steht es im Ermessen des JA (vgl. § 52a Abs. 2 SGB VIII), schon jetzt der Mutter das in Abs. 1 geregelte Hilfeangebot zu machen. Eine Mitteilungspflicht oder auch nur ein Mitteilungsrecht der **Schwangerschaftsberatungsstellen** gegenüber dem JA besteht nicht. Ein Hinweis der Schwangerschaftsberatungsstellen gegenüber der Schwangeren auf diese Hilfe des JA ist ein wichtiger Beitrag zum Schutz des werdenden Lebens, der in jeder Beratungsstelle selbstverständlich sein sollte. Das JA sollte daher die Beratungsstellen auf das Hilfeangebot nach § 52a SGB VIII hinweisen. 28

---

[17] Vgl. zur Personalpolitik *Keller* DAVorm 1995, 403 und *Zarbock* DAVorm 1995, 686 sowie zur Zusammenarbeit *Wolf* DAVorm 1995, 409 und DAVorm 1998, 53; ein Muster-Brief für den Erstkontakt ist abgedruckt in DAVorm 1995, 690.

[18] Ebenso *Wolf* DAVorm 1995, 409.

29 Vater ist gem. § 1592 BGB der Mann, der mit der Mutter des Kindes zur Zeit der Geburt verheiratet ist (Nr. 1), oder der Mann, der die Vaterschaft anerkannt hat (Nr. 2). Dies gilt nach § 1599 Abs. 1 BGB aber nicht, wenn die Vaterschaft gem. § 1600 BGB angefochten ist. Das Gericht muss dem JA diese Entscheidung mitteilen (§ 176 Abs. 2 FamFG). Das JA muss dann (nachträglich) sein Hilfeangebot nach Abs. 1 machen (§ 52a Abs. 3 SGB VIII).

30 **2. Stufe: Hilfe nach § 18 SGB VIII.**[19] Adressat der Leistung sind nur Mütter oder Väter, also nicht andere Personen zB Großeltern, die tatsächlich, oder zB Pfleger, Vormund, die rechtlich für das Kind sorgen. Mütter oder Väter sind dann Leistungsadressaten, wenn sie entweder das Personensorgerecht haben (vgl. zum Personensorgerecht → Rn. 12) oder tatsächlich für das Kind sorgen. Voraussetzung ist lediglich, dass sie die rechtliche oder tatsächliche **Sorge allein** ausüben. Dies kann der Fall sein, wenn die Eltern nach Scheidung zwar die gemeinschaftliche elterliche Sorge haben, aber das Kind nur bei einem Elternteil lebt. Leben Vater und Mutter eines Kindes unverheiratet zusammen und haben sie keine Sorgeerklärungen gem. § 1626a BGB abgegeben, sorgt die Mutter zwar nicht tatsächlich allein für das Kind, aber sie hat die alleinige elterliche Sorge (§ 1626a Abs. 2 BGB), so dass sie Leistungsadressatin ist. Der Begriff der Alleinsorge in § 18 Abs. 1 SGB VIII ist daher ein anderer als der der Alleinerziehung iSv § 30 Abs. 3 SGB XII Auch der Begriff der Alleinerziehung in den Ländergesetzen über Kindertageseinrichtungen (zB § 15 Abs. 1 SäKitaG) ist iSv alleinstehend zu verstehen, also iSd SGB XII. Dies folgt aus den verschiedenen Zwecken der einzelnen Gesetze. Zweck des § 18 SGB VIII ist es, einen besonderen Beratungsbedarf zu decken, der bei einem Elternteil dann besteht, wenn er die alleinige Personensorge hat, auch wenn er die tatsächliche Betreuung des Kindes zusammen mit dem anderen Elternteil ausübt, also nicht alleinerziehend ist. Ebenfalls aus dem Zweck des § 18 Abs. 1 SGB VIII folgt, dass ein Stiefelternteil dann Leistungsadressat ist, wenn er tatsächlich allein für das Kind sorgt.

31 Die Adressaten der Leistung haben einen **Rechtsanspruch** auf diese, den sie im Weg der allgemeinen Leistungsklage (§ 40 VwGO) gelten machen können. Damit unterscheidet sich diese Leistung von der nach § 16 Abs. 2 Nr. 2 SGB VIII. Die Leistungsverpflichtung ist somit einem Dritten gegenüber obliegende Amtspflicht iSv § 839 BGB. Bei fehlender oder fehlerhafter Beratung und Unterstützung besteht daher Schadenersatzpflicht aus Amtshaftung, die gem. Art. 34 GG von der Gebietskörperschaft übernommen wird (→ § 16 Rn. 85).

32 **Gegenstand** des Anspruchs sind **Beratung** und **Unterstützung.** Dabei handelt es sich um eine persönliche Hilfe als Dienstleistung iSv § 11 SGB I. Finanzielle Leistungen sind vom Träger der Jugendhilfe nicht zu erbringen (möglicherweise aber vom Träger der Sozialhilfe; → § 16 Rn. 113). Das Begriffspaar „Beratung und Unterstützung" wurde aus § 51 JWG übernommen, auch wenn die Beratung begrifflich lediglich eine Form der Unterstützung ist. Beratung ist eine verbale Hilfe bei der Bewältigung von Problemen, seien sie rechtlicher oder tatsächlicher Art (Rechts- und Lebensberatung). Soweit sich die Beratung auf Erziehungsfragen bezieht, unterscheidet sie sich von der Beratung nach § 16 Abs. 2 Nr. 2 SGB VIII auch dadurch, dass sie sich auf einen konkreten Fall bezieht und nicht auf ein abstraktes Erziehungsproblem. Von der Erziehungsberatung nach § 28 SGB VIII wiederum unterscheidet sie sich dadurch, dass sie unabhängig ist von einem Erziehungsdefizit.[20] „Unterstützung" ist eine über

---

[19] Vgl. ausführlich *Kunkel* LPK-SGB VIII § 18 Rn. 1–24.

[20] Zum Erziehungsdefizit vgl. *Kunkel/Kepert* LPK-SGB VIII § 27 Rn. 1–5.

den verbalen Rat hinausreichende Hilfe („helfende Beziehung"). Sie umfasst Information, Begleitung, Belehrung, Recherche, Mitwirkung bei der Korrespondenz. Auch die rechtliche Vertretung (gerichtlich und außergerichtlich) wäre – bei Auslegung nur nach dem Wortlaut – „Unterstützung". Wegen der Einheit der Rechtsordnung ist der Begriff aber so auszulegen, dass sein Inhalt nicht mit anderen Gesetzen kollidiert, Eine gesetzliche Vertretung des Kindes ist in anderen Rechtsinstituten vorgesehen, für Unterhaltsansprüche im Recht der Beistandschaft. Diese wäre (insoweit) überflüssig, wenn mit der Unterstützung nach § 18 SGB VIII dieselben Handlungen vorgenommen werden könnten wie durch den Beistand. Eine rechtliche Vertretung des alleinsorgenden Elternteils ist daher auch dann nicht möglich, wenn dieser das JA oder einen Bediensteten des JA (§ 79 ZPO und § 10 FamFG erfordern die Bevollmächtigung einer Person) bevollmächtigt. Die Unterstützung kann daher nur bis zur Unterschriftsreife förmlicher Schreiben gehen; das sind solche, die eine im Gesetz geregelte Wirkung auslösen (Beispiele → Rn. 34). Das JA kann mit Dritten also (formlos) korrespondieren, aber nicht (förmliche) Erklärungen im Namen des alleinsorgenden Elternteils abgeben.[21]

Beratung und Unterstützung sind **Rechtsdienstleistungen** nach § 2 Abs. 1 RDG. Sie sind der Behörde erlaubt nach § 8 Abs. 1Nr. 2 RDG, wenn sich die Behörde im Rahmen ihrer Zuständigkeit betätigt, bei Beratung und Unterstützung also in dem des § 18 SGB VIII, bei Beistandschaft in dem des § 1712 BGB. Werden Beratung und Unterstützung von einem freien Träger geleistet, ist dessen Tätigkeit nur eingeschränkt erlaubt (§ 8 Abs. 1 Nr. 5 iVm Abs. 2 RDG), da §§ 7 Abs. 2, 6 Abs. 2 RDG einige (versteckte) Hürden errichten, sodass eine „Zwei-Klassen-Beratung" droht.

Inhalt des Anspruchs ist Beratung und Unterstützung bei der **Ausübung der Personensorge.** Da Leistungsadressaten auch Elternteile sind, die nur tatsächlich für das Kind sorgen, muss Beratung und Unterstützung auch Fragen der tatsächlichen Personensorge umfassen. Personensorge ist die gesamte elterliche Sorge für das Kind mit Ausnahme der Vermögenssorge. Sie schließt das Umgangsrecht mit dem Kind ein, so dass sich die Beratung nach § 18 Abs. 3 S. 3 SGB VIII hierauf nicht mehr erstrecken kann. Nur klarstellende Bedeutung hat die Einbeziehung der Unterhaltssicherung, die fälschlicherweise vereinzelt der Vermögenssorge zugerechnet wird. Die Aufgabenkreise der Beratung und Unterstützung nach § 18 Abs. 1 SGB VIII und die der Beistandschaft nach § 1712 BGB sind somit partiell deckungsgleich; man könnte die Aufgabe nach § 18 Abs. 1 SGB VIII daher auch als **„kleine Beistandschaft"** bezeichnen. Die Trennlinie zwischen beiden Aufgaben wird dadurch markiert, dass die Beistandschaft eine gesetzliche Vertretung des Kindes einschließt, während die Unterstützung nach § 18 SGB VIII eine rechtliche Vertretung weder des Kindes noch des alleinsorgenden Elternteils erlaubt. Das JA ist auch im Rahmen seiner Beratungspflicht nach § 18 SGB VIII gehalten, den alleinsorgeberechtigten Elternteil auf die Möglichkeit einer Beistandschaft hinzuweisen. Dagegen hat der nur tatsächlich alleinsorgende Elternteil keine Möglichkeit, sich oder das Kind vom JA rechtlich vertreten zu lassen. Kommt der alleinsorgeberechtigte Elternteil seiner Pflicht zur Personensorge (§ 1626 Abs. 1 S. 1 BGB) nicht nach und beantragt er auch keine Beistandschaft, muss das JA bei Überschreitung der Gefährdungsschwelle das Familiengericht anrufen (§ 8a Abs. 3 SGB VIII). Dieses kann dann nach entsprechendem Eingriff in das Sorgerecht einen Ergänzungspfleger (§ 1909 BGB) oder einen Vormund (§ 1773 BGB) bestellen. 33

[21] Wie hier *Oberloskamp* in einer gründlichen Untersuchung, DAVorm 1997, 65; aA die gesamte Kommentarliteratur, die rechtliche Vertretung nach Bevollmächtigung für zulässig hält und nur rechtliche Vertretung vor Gericht ausschließt; so auch DIJuF JAmt 2009, 72.

34 In **Unterhaltsfragen** muss das JA dem alleinsorgenden Elternteil dabei helfen, den Unterhaltsanspruch des Kindes (für den der Mutter gilt § 18 Abs. 2 SGB VIII) nach §§ 1601 ff. BGB (→ Rn. 24,) geltend zu machen. Dazu gehört die Belehrung über die Höhe des Unterhaltsanspruchs und seine Voraussetzungen, ebenso die Aufforderung an den Unterhaltspflichtigen zur Auskunftserteilung nach § 1605 BGB. Eine Mahnung könnte das JA zwar aussprechen, aber nicht mit der Wirkung der Inverzugsetzung. Auch wenn der alleinsorgeberechtigte Elternteil das JA hierzu bevollmächtigt hätte, wäre diese Bevollmächtigung wegen Verstoßes gegen das RDG (→ Rn. 32) unwirksam, so dass die Willenserklärung ohne Wirkung bliebe. Auch eine nachträgliche Genehmigung durch den alleinsorgeberechtigten Elternteil als gesetzlicher Vertreter des Kindes macht die Mahnung nicht rückwirkend wirksam.[22] Das JA kann auch mit dem Unterhaltsschuldner verhandeln sowie Klagen und Anträge vorbereiten, aber nicht – auch nicht durch einen Bediensteten als Bevollmächtigten – gerichtlich geltend machen.[23]

35 Gleichgestellt mit Unterhaltsansprüchen sind **Unterhaltsersatzansprüche.** Das sind Ansprüche, die an Stelle eines gesetzlichen oder vertraglichen Unterhaltsanspruchs treten, zB nach §§ 844, 845 BGB, oder Waisenrente nach § 48 SGB VI oder nach §§ 38, 45, 47 BVG; aber nicht Unterhaltsvorschuss- oder -ausfalleistungen nach dem UVG, BAföG- und Sozialhilfeleistungen (→ Rn. 50).[24] Hierbei handelt es sich lediglich um nachrangige Ansprüche, über die aber ebenfalls zu beraten ist, weil sie im Rahmen der Personensorge geltend gemacht werden können. Zur Beratung gehört auch ein Hinweis darauf, dass nach § 10 Abs. 1 Nr. 3 SGB II eine Erwerbstätigkeit zur Vermeidung von Alg. II nicht zugemutet werden kann, wenn das Kind noch nicht drei Jahre alt ist.[25]

Auf der **3. Stufe** folgt dann die **Beistandschaft** (§§ 1712–1717 BGB), was nicht ausschließt, dass auch bei laufender Beistandschaft noch Beratung nach § 18 SGB VIII gewährt wird (→ Rn. 52, 86).

II. Die Aufgabenkreise

36 **1. Vaterschaftsfeststellung. a) Bedeutung und Begriff.** Die Vaterschaftsfeststellung ist für das Kind von überragender Bedeutung (→ Rn. 16), aber auch für den Fiskus von nicht geringem Interesse, da von ihr die Durchsetzung des Unterhaltsanspruchs des Kindes abhängt, also Be- oder Entlastung der Unterhaltsvorschusskasse oder letztlich der Sozialhilfe. Es ist fraglich, ob die Vaterschaftsfeststellung gelingen kann, wenn sie allein in die Hände der Mutter gegeben ist und diese unter dem Druck des Vaters keine Angaben macht.[26]

37 „Feststellung der Vaterschaft" bedeutet **Vaterschaftsanerkennung** (§§ 1594 bis 1598 BGB) und **gerichtliche Vaterschaftsfeststellung** (§ 1600d BGB). Die Vater-

---

[22] OLG Koblenz NJW-RR 1992, 1093; im Gegensatz zu der hier vertretenen Auffassung hält das DIV-Gutachten vom 21.5.1996, Schwerpunkte, S. 498 eine Mahnung durch das JA für wirksam, wenn eine Bevollmächtigung vorliegt; ebenso wohl *Christian* DAVorm 1993, 356 in der Fußnote.

[23] Insoweit wie Wiesner/*Struck* SGB VIII § 18 Rn. 13.

[24] aA *Mrozynski* SGB VIII § 18 Anm. 13; Wiesner/*Struck* SGB VIII § 18 Rn. 10.

[25] Ähnlich OLG Köln FamRZ 1993, 1115.

[26] Vgl. anschaulich hierzu *Zarbock* DAVorm 1995, 686; ähnlich skeptisch DIV-Thesen, DAVorm. 1995, 402 und DIV-Stellungnahme zum Beistandschaftsgesetz, DAVorm. 1993, 1014 sowie *Binschus* DAVorm. 1989, 169 und *Richter* FamRZ 1994, 8.

schaftsanfechtung (§ 1600 BGB) zählt nicht hierzu,[27] weil sie eine Änderung des Eltern-Kind-Verhältnisses betrifft. Auch die Restitutionsklage nach § 185 FamFG fällt nicht hierunter. Dies führt zu dem bedauerlichen Ergebnis, dass ein Kind seinen gesetzlichen Vater verlieren kann, wenn der Vater die Vaterschaft anficht. Die Anfechtung der Vaterschaft durch das Kind liegt bis zur Volljährigkeit in der Hand seines gesetzlichen Vertreters (§ 1600a Abs. 3 und 4 BGB).

b) Anerkennung. Die Vaterschaftsanerkennung erfolgt durch **Erklärung des Mannes mit Zustimmung der Mutter** (§ 1595 BGB).[28] Die Zustimmung des Kindes ist nur notwendig, wenn die elterliche Sorge einem Vormund oder einem Pfleger mit dem Wirkungskreis der Vaterschaftsfeststellung zusteht. In diesem Fall kann die Mutter aber keine Beistandschaft beantragen (§ 1713 Abs. 1 S. 1 BGB), weil sie dann nicht allein sorgeberechtigt ist, so dass ein Beistand nicht die Zustimmung für das Kind gem. § 1596 Abs. 2 S. 1 oder die Zustimmung zur Zustimmung des Kindes gem. § 1596 Abs. 2 S. 2 Hs. 2 BGB geben kann. Hat ein Vormund die Beistandschaft beantragt (§ 1713 Abs. 1 S. 2 BGB), gibt er als Inhaber des Stammrechts die Zustimmungserklärung für das Kind (§ 1596 Abs. 2 S. 1 BGB) oder die Zustimmung zur Zustimmung des Kindes (§ 1596 Abs. 2 S. 2 Hs. 2 BGB) selbst ab, so dass auch hier ein Beistand der Vaterschaftsanerkennung nicht zustimmen kann. 38

c) Gerichtliche Feststellung. Liegt keine Vaterschaftsanerkennung vor, ist die Vaterschaft gerichtlich festzustellen (§ 1600d Abs. 1 BGB). Diese Feststellung erfolgt durch das Familiengericht im Verfahren in Abstammungssachen (§§ 169 bis 185 FamFG). Auch das Verfahren zur Ersetzung der Einwilligung in eine genetische Untersuchung (§ 1598a BGB) gegen die den Vater verschweigende Mutter (vgl. aber → Rn. 53) gehört zur Feststellung der Vaterschaft (§ 169 Nr. 2 FamFG). Liegen keine anerkennenswerte Gründe der Mutter vor, die Auskunft über den Vater zu verweigern, kann das JA gem. § 8a Abs. 3 SGB VIII das Familiengericht anrufen, um im Interesse des Kindeswohls prüfen zu lassen, ob die Vaterschaftsfeststellung dadurch gesichert werden kann, dass der Mutter bei Überschreitung der Gefährdungsschwelle insoweit die elterliche Sorge entzogen (§ 1666 BGB) und einem Ergänzungspfleger übertragen wird (§ 1909 BGB). Dagegen ist es nicht möglich, der Mutter gem. § 1629 Abs. 2 S. 3, § 1796 BGB die Vertretung für die Vaterschaftsfeststellung zu entziehen und gem. § 1909 BGB einem Pfleger zu übertragen; dies schließt § 1629 Abs. 2 S. 3 Hs. 2 BGB ausdrücklich aus. Auch über §§ 1629 Abs. 2 S. 1, 1795 Abs. 2, 181 BGB kann eine Pflegerbestellung nicht erfolgen, da diese Regelung nur für das gerichtliche Verfahren gilt, nicht aber für die zuvor zu treffende Entscheidung, ob ein Verfahren eingeleitet werden soll. Für diese vorgelagerte Entscheidung gilt § 1796 BGB, der aber durch § 1629 Abs. 2 S. 3 BGB verschlossen ist. Die Frau bleibt daher „Herr(in) des Verfahrens" bezüglich der Vaterschaftsfeststellung bis zur Grenze des § 1666 BGB.[29] 39

d) Sonderfälle. Die Beistandschaft kommt aber auch zur Feststellung der Vaterschaft bei Kindern in Betracht, deren **Eltern bei Geburt miteinander verheiratet** waren und für die ein Elternteil nach Scheidung – nach der Reform des Kindschaftsrechts: ausnahmsweise – die alleinige elterliche Sorge hat. Gem. § 1592 Nr. 1 BGB gilt zwar die Vaterschaftsvermutung des Ehemanns. Bei anhängigem Scheidungsantrag be- 40

[27] Begründung des Gesetzesentwurfs, BT-Drs. 13/892, 37; Staudinger/*Rauscher* § 1712 Rn. 18: auch keine entsprechende Anwendung; kritisch hierzu DIV-Stellungnahme, DAVorm. 1993, 1019.

[28] So Begründung BReg BT-Drs. 13/4899, 84.

[29] Hierzu Staudinger/*Rauscher* vor §§ 1712 –1717 Rn. 17.

steht aber die Ausschlussmöglichkeit nach § 1599 Abs. 2 BGB; danach wird die Vaterschaftsvermutung widerlegt, wenn das Kind in der Ehe, aber nach Anhängigkeit des Scheidungsantrags geboren wird und ein Dritter die Vaterschaft anerkennt, wenn Mutter und Ehemann zugestimmt haben. Die Anerkennung wird frühestens mit Rechtskraft der Scheidung wirksam (§ 1599 Abs. 2 BGB). Die Vaterschaftszurechnung bei Geburt eines Kindes nach der Scheidung ist entfallen (§ 1593 BGB), womit eine Vielzahl von Ehelichkeitsanfechtungsverfahren unter Beteiligung des JA als Statuspfleger weggefallen sind.

41 Die Vaterschaftsfeststellung ist ferner von Bedeutung bei **Adoption** eines Kindes, dessen Eltern nicht miteinander verheiratet sind, wenn die Vaterschaft des Kindes nicht festgestellt worden ist.[30] Durch die Adoption wird das Kind gem. § 1754 BGB zwar gemeinschaftliches Kind der Ehegatten, die Vaterschaftsfeststellung kann aber dennoch betrieben werden, weil das Kind ein Recht auf Kenntnis seiner genetischen Abstammung hat (→ Rn. 22).

42 Bestritten ist, ob die „Feststellung der Vaterschaft“ sich auf die Vaterschaft *zum* Kind beschränkt oder auch die Vaterschaft *des* Kindes zu einem von ihm gezeugten Kinde einbegreift. So beispielsweise im Falle des 17jährigen, der seinerseits als Vater in Anspruch genommen wird und seine Vaterschaft anerkennen will oder gegen den ein Verfahren auf Feststellung derselben eingeleitet werden müsste. Hier ist eine Zuständigkeit seines (des Erzeugers) Beistands zu verneinen.[31] Der Beistand ist zum Schutz des Kindes in seinem Kindschaftsverhältnis tätig, nicht zum Schutze des Vaters, dessen personenrechtliche Belange, wenn er nicht voll geschäftsfähig ist, von dem **allgemeinen gesetzlichen Vertreter in der Personensorge** wahrgenommen werden. Die Zuständigkeit des Beistands ist eindeutig vom Kinde her zu sehen. Der minderjährige Erzeuger, für den eine Beistandschaft besteht, wird deshalb für die Zustimmung zur Anerkennung seiner Vaterschaft (§ 1596 Abs. 1 S. 2 BGB), für die Anfechtung der Vaterschaft (§ 1600 BGB) und für die Feststellung der Vaterschaft (§ 1600d BGB) durch die Mutter gesetzlich vertreten.

43 **e) Grenzen der Nachforschung.** Umstritten ist, welche Grenzen dem Beistand zu ziehen sind, wenn er der Erzeugerschaft zum Zwecke der ihm obliegenden Vaterschaftsfeststellung nachforscht. Hier standen sich für die Tätigkeit des Amtspflegers die Gegner einer jeden Ermittlungstätigkeit[32] und die Befürworter eines unabhängig betriebenen, maßvollen Aufklärungsbemühens gegenüber. Sicher ist, dass die Mutter nicht durch Verweigerung von Angaben dem Beistand das Beschreiten eigener Wege, den Vater auch gegen ihre Haltung festzustellen, blockieren darf; das hieße, die Interessen des Kindes, die der Beistand in erster Linie zu vertreten hat, dem Willen, vielleicht der mangelnden Einsichtsfähigkeit, wenn nicht sogar der Obstruktion der Mutter nachzuordnen. So weit geht insbesondere auch der Schutz ihrer Intimsphäre nicht. Auf der anderen Seite darf der Beistand sich nicht in der Rolle des Fahnders sehen, der ohne Rücksicht auf das Ansehen der Mutter denkbare Erkenntnisquellen aufspürt und „ansticht“, bei denen er mit ersten Indizien fündig zu wer-

---

[30] *Binschus* DAVorm 1989, 176.

[31] So (unter der Geltung des § 1706 Nr. 1 BGB) *Gernhuber/Coester-Waltjen* § 60 I 7 Fn. 22, *Schnitzerling* § 1600d Anm. III 1; aM *Odersky* § 1706 Anm. IV 2.

[32] *Gernhuber/Coester-Waltjen* § 60 I 5 (der Amtspfleger sei auf dasjenige Tatsachenmaterial verwiesen, das die Mutter ihm biete; weitere Ermittlungstätigkeit dürfe er nicht betreiben); *Weber* ZBlJR 1973, 346, der Ermittlungen des JA „mit Abscheu“ ablehnt; *Simitis* StAZ 1970, 262 (keine Nachforschungen gegen den Willen der Mutter).

den hofft, wenn und weil er bisher Anhaltspunkte für eine Vaterschaft nicht hat.[33] Er darf nicht „recherchieren". Auch eine nach § 68 Abs. 1 S. 1 SGB VIII erforderliche Datenerhebung (→ § 16 Rn. 100) endet an den **Schranken der Verhältnismäßigkeit.** Er darf nicht Nachbarn zum JA einbestellen, um etwas über den Lebenswandel der Mutter zu erfahren; er darf nicht beim Pförtner ihrer Arbeitsstelle nachfragen, ob sie sich abends regelmäßig von ein und demselben Manne habe abholen lassen. Hat er aber Anhaltspunkte, die auf intime Beziehungen der Mutter in der gesetzlichen Empfängniszeit hindeuten, so muss es ihm gestattet sein, ihnen nachzugehen.[34] Solche Anhaltspunkte können ihm dann auch von anderer Seite zugetragen worden sein: von Sexualpartnern der Mutter, die ihm „Mitpartner" benennen; von Eltern der Mutter (dass diese ihrerseits ihre Kenntnisse durch eine von ihnen beauftragte Detektei gewonnen haben, muss den Beistand so wenig berühren, wie er es verhindern kann; da er sich nicht in der Position des beweiserhebenden Richters befindet, ist er auch nicht unbedingt gehalten, seine Informanten nach ihrer Quelle zu befragen); von sonstigen, ihm glaubwürdig erscheinenden Gewährsleuten, selbst wenn sie ihm die Mitteilungen vertraulich gemacht haben. Die Befugnisse des Amtspflegers nach alter Rechtslage (§ 1706 Nr. 1 BGB) zur Vaterschaftsfeststellung sind nicht deckungsgleich mit denen des Beistands. Dieser ist auf das Einverständnis der Mutter angewiesen; sie hat ihn an der **„kurzen Leine" des § 1715 Abs. 1 S. 1 BGB.** Seine Befugnis ihr gegenüber beschränkt sich auf die Möglichkeiten der genetischen Untersuchung nach § 1598a BGB.

2. Unterhaltssicherung. a) Bedeutung. Neuregelung durch KindUG. Der Aufgabenkreis der Unterhaltssicherung ist von Bedeutung für Kinder, deren Eltern bei Geburt des Kindes nicht miteinander verheiratet waren, ebenso aber für Kinder nach Trennung oder Scheidung der Eltern, wenn ein Elternteil die alleinige elterliche Sorge hat (→ Rn. 12). Die Regelung betrifft lediglich den Kindesunterhalt (§§ 1601, 1603, 1615a BGB), nicht dagegen den Unterhaltsanspruch der Mutter gegen den Vater des Kindes (§ 1615l BGB). Nach der Neuregelung[35] durch das KindRG und das KindUG sind seit 1.7.1998 alle („eheliche" und „nichteheliche") Kinder gleichgestellt (§ 1615a BGB); die Sonderregelungen nach §§ 1615b–1615k BGB sind entfallen. Der Regelbetrag-Unterhalt wird in dem vereinfachten Verfahren nach § 249 FamFG durchgesetzt. 44

Für die **Vergangenheit** kann Unterhalt nicht nur ab Rechtshängigkeit oder Verzug (§ 1613 Abs. 1 BGB) begehrt werden, sondern schon ab dem Auskunftsverlangen (§ 1613 Abs. 1 BGB). Die sog. Stufenmahnung ist damit entbehrlich. Der Unterhalt wird ab dem Monatsersten geschuldet (§ 1613 Abs. 1 S. 2 BGB). Außerdem kann Unterhalt rückwirkend verlangt werden, wenn der Unterhalt aus rechtlichen (zB Vaterschaftsfeststellung) oder aus tatsächlichen Gründen (zB Pflichtiger ist Flüchtiger) nicht geltend gemacht werden konnte (§ 1613 Abs. 2 Nr. 2 BGB). In Härtefällen kann der Pflichtige dann Stundung, Ratenzahlung oder Erlass beantragen (§ 1613 Abs. 3 BGB).

---

[33] LG Berlin DAVorm 1972, 137: keine wahllosen Nachforschungen, die die Kindesmutter diskriminieren; LG Köln FamRZ 1963, 55: vollends in Richtung auf Tatsachen, die nur rein zufällig zum Erfolg führen können.

[34] BayObLG FamRZ 1972, 137; OLG Karlsruhe (Freiburger Senat) FamRZ 1972, 95 (97); LG Berlin DAVorm 1971, 279.

[35] Zum KindUG vgl. *Gerhardt* FuR 1998, 97; *Knittel* DAVorm1998, 177; *Wagner* FamRZ 1997, 1513; *Greßmann/Rühl* DAVorm 1997, 161; *Kleinle/Weychardt* DAVorm 1996, 813.

45 **b) Geltendmachung des Unterhaltsanspruchs.** Sache des Beistands ist es, den Unterhaltsanspruch des Kindes geltend zu machen. Unter die Geltendmachung fällt die **außergerichtliche** und die **gerichtliche** Einforderung bis in die **Zwangsvollstreckung**[36]; auch das Betreiben einer Aufstockung des Unterhalts durch Abänderungsklage(§ 240 FamFG). Zur Zwangsvollstreckung zählen auch die Klagen, die den Titel – außerhalb des vereinfachten Verfahrens – vollstreckungsfähig machen sollen: die Klage auf Erteilung der Vollstreckungsklausel (§ 731 ZPO) und die Klage auf Erlass des Vollstreckungsurteils bei ausländischen Titeln (§ 722 ZPO); oder die die Vollstreckung gegen Dritte durchsetzen sollen wie die **Drittschuldnerklage**[37] in der Forderungs-, insbesondere der Lohn- oder Gehaltspfändung, die Klage im Verteilungsverfahren der §§ 872–882 ZPO. Der Beistand ist gesetzlicher **Vertreter des Kindes in der Passivrolle** einer Vollstreckungsgegenklage, einer Drittwiderspruchsklage, einer Abänderungsklage gegen den Unterhaltstitel (§ 240 FamFG),[38] eines vom Vater gegen den Titel betriebenen Wiederaufnahmeverfahrens und einer Bereicherungsklage auf Rückforderung zuviel gezahlten Unterhalts. Eine **Strafanzeige** wegen Unterhaltspflichtverletzung (§ 170 StGB) gehört auch zum Aufgabenkreis des Beistands,[39] da sie zwar in erster Linie Unrecht sühnen, aber auch den Unterhalt durchsetzen soll (→ § 16 Rn. 104).

46 **c) Verwendung des Unterhalts.** Geleisteter oder beigetriebener Unterhalt einschließlich einkommender Rückstände hat der Beistand an den Elternteil abzuführen. In begründeten Ausnahmefällen kann er dem Elternteil gegen Nachweis gestatten, laufenden Unterhalt an den anderen Elternteil unmittelbar zu entrichten. Die **Verwendung der abgeführten Gelder durch den Elternteil** zu kontrollieren, obliegt nicht dem Beistand und steht ihm nicht zu. Auch ist er nicht berechtigt, eingezogenen Unterhalt zurückzuhalten und unter seiner Kontrolle auf Sparbuch zu belegen, wenn er der Meinung ist, die Gelder würden für den Unterhalt des Kindes nach Lage der Dinge nicht benötigt. Hier jedenfalls findet seine Verfügungsbefugnis ihre Grenze. Allenfalls könnte er bei Anzeichen auf missbräuchliche Verwendung der Gelder durch den Elternteil, als JA nach § 8a Abs. 3 SGB VIII, dem FamG Mitteilung machen. Denn Unterhalt, der nicht für die Bestreitung der Bedürfnisse des Kindes gebraucht wird, ist Kindesvermögen und vom Elternteil als Verwalter des Kindesvermögens ordnungsgemäß anzulegen (§ 1642 BGB), eine Elternpflicht, deren Verletzung das FamG nach § 1666 BGB zum Einschreiten nötigt. – Kann der eingezogene Unterhalt an den Elternteil nicht weitergeleitet werden, weil er und das Kind unbekannten Aufenthalts sind, wird der Beistand allerdings für befugt zu halten sein, nach § 56 Abs. 3 SGB VIII (anstelle einer Hinterlegung) zu verfahren.

Grundsätzlich ist auch ein zur **Kapitalisierung** des Unterhalts gezahlter Betrag an den Elternteil auszukehren. Für eine bereits stattgefundene Kapitalisierung erhebt sich die Frage, ob der Beistand rechtliche Handhaben hat, die Zweckbindung des Kapi-

---

[36] BGH FamRZ 2006, 481; MüKoBGB/*von Sachsen Gessaphe* § 1712 Rn. 11; Staudinger/*Rauscher* § 1712 Rn. 23; BeckOK BGB/*Enders* § 1712 Rn. 23.

[37] Dass auch die Drittschuldnerklage zur Zwangsvollstreckung gehört, hat der BGH ausdrücklich bejaht (NJW 2006, 1141):

„Die Kosten des Drittschuldnerprozesses sind Kosten der Zwangsvollstreckung in diesem Sinne. Es handelt sich beim Drittschuldnerprozess um eine Vollstreckungsmaßnahme des Gläubigers. Er dient unmittelbar dazu, den die Forderung des Schuldners gegen den Drittschuldner betreffenden Pfändungs- und Überweisungsbeschluss zu vollziehen. Der Schuldner hat diese Kosten veranlasst."

[38] OLG Hamm JAmt 2004; aA OLG Naumburg JAmt 2003, 364.

[39] So wohl auch *Greßmann/Beinkinstadt*, S. 84.

tals für den künftigen laufenden Unterhalt sicherzustellen. Zunächst ist das FamG am Zuge, zu überwachen, dass der Elternteil die Auszahlung des Kapitals inventarisiert und das Verzeichnis – auch wenn es nur diesen einen Posten enthielte – dem FamG einreicht (§ 1640 Abs. 1 S. 2 BGB). Doch gilt das nur für Kapitalbeträge, die die Höhe von 15.000 EUR überschreiten (§ 1640 Abs. 2 Nr. 1 BGB). Der Elternteil hat das Abfindungskapital nach den Grundsätzen wirtschaftlicher Vermögensverwaltung anzulegen (§ 1642 BGB). Der Beistand kann dem Elternteil vorschlagen, den Kapitalfundus verzinslich unter Sperrvermerk mit der Maßgabe anzulegen, dass hieraus der benötigte Unterhalt in einer zu bestimmenden Höhe laufend von dem Elternteil zu entnehmen sei. Lehnt der Elternteil eine solche Lösung ab, ohne darzutun, was mit dem ausgezahlten Betrag geschehen sei, so zieht er den Verdacht auf unrechtmäßige Verwendung auf sich und gibt dem Beistand die Handhabe, als Sprecher des JA dem FamG nach § 8a Abs. 3 SGB VIII Mitteilung zu machen, damit dieses in die Lage versetzt wird, eine Entschließung über Maßnahmen nach § 1666 BGB zu treffen. – Neben der unter der Geltung des § 1615e BGB aF vom VormG autorisierten Kapitalisierung gibt es keine „private", wie sie oft in der Form versucht wird, dass der Vater einen größeren Betrag an die Mutter unmittelbar zahlt und sich daraufhin darauf beruft, er habe den Unterhalt im voraus „abgegolten". Zu einer Verfügung über den Unterhaltsanspruch ist die Mutter nicht befugt; der Vater ist durch die gedachte Vorauszahlung von seiner Unterhaltspflicht nicht befreit worden (§ 1614 Abs. 2 iVm § 760 Abs. 2 BGB). Soll der von den Eltern angestrebte Zweck gleichwohl erreicht und das Geld für den Kindesunterhalt sichergestellt werden, kann die Mutter den Beistand nicht zur Verwaltung des gezahlten Unterhaltsfundus heranziehen. Der Beistand ist in dieser seiner Eigenschaft nicht verpflichtet, nicht einmal berechtigt, Kindesvermögen gleich welcher Herkunft und Zweckbestimmung, sei es auch im Einverständnis der Mutter, an sich zu ziehen und zu verwalten.

d) Verfügung über Unterhaltsanspruch. Zu den Verfügungen über Unterhalts- 47
ansprüche gehört der Erlass von Rückständen und deren Stundung gem. § 1613 Abs. 3 BGB; ebenso die Verrechnung von Bereicherungsansprüchen des Vaters aus überzahltem Unterhalt gegen einen Unterhaltsrückstand. Nicht „Verfügung" im technischen Sinne, aber gleichwohl als die schwächere Erscheinungsform dem Beistand zustehend, ist die Abstandnahme von der Beitreibung, insbesondere der Beitreibung von Unterhalt, wenn und soweit der Vater Anspruch (!) auf Herabsetzung im vereinfachten Verfahren nach § 252 FamFG (→ Rn. 44) hat und geltend macht; erst[40] eine förmliche Herabsetzungsvereinbarung hätte Verfügungscharakter. Unter dem Gesichtspunkt der Verfügung über Unterhaltsansprüche steht dem Beistand ferner die Entschließung darüber zu, in welcher der drei Arten (→ Rn. 44) der Unterhalt geltend gemacht werden soll. Auch eine vertragliche Festlegung der Unterhaltshöhe in dem durch die übliche Toleranzbreite gezogenen Rahmen oder eine Vereinbarung über eine durch die Umstände ausnahmsweise (§ 1612 Abs. 1 S. 2 BGB) gebotene, wertangemessene Abgeltung geschuldeten Barunterhalts in Naturalien hätte der Beistand zu treffen. Zu unterscheiden hiervon ist jedoch bereits die rein vertragliche Begründung von Ansprüchen mit Unterhaltsfunktion, beispielsweise als Leibrente, und deren Geltendmachung. Der bloße Zweck ist nicht entscheidend, so wenig wie bei einer dem Kinde vermachten Leibrente, die der Beistand nicht laufend einzuziehen hätte. Verträge auf Gewährung

[40] Dies gegen *Pardey* FamRZ 1987, 873, der (auch in „Vormundschaft und Pflegschaft" S. 103) zu Unrecht die allein praxisgerechte Handhabung bei den Amtspflegschaften, wie oben im Text, kritisiert.

von Unterhalt jenseits des gesetzlichen namens des Kindes abzuschließen oder ihre Erfüllung durchzusetzen, ist der Beistand nicht legitimiert. Sie sind Gegenstand der allgemeinen Personensorge.

48 Zur Verfügung über den Unterhalt gehört auch die dem Beistand eingeräumte Möglichkeit, den geleisteten oder beigetriebenen Unterhalt nicht an den Elternteil abzuführen, sondern an einen Dritten, bei dem das Kind entgeltlich in Pflege ist. Dies ist der Fall im Rahmen einer Hilfe zur Erziehung in Vollzeitpflege (§ 33 SGB VIII) oder im Heim (§ 34 SGB VIII) oder bei einer Tagespflege (§ 23 SGB VIII). Diese Dritten erhalten aber schon sog. wirtschaftliche Jugendhilfe für den Unterhalt des Kindes in Form von Pflegegeld, Leistungsentgelt (aufgrund Vertrags mit dem Personensorgeberechtigten als Anspruchsberechtigtem dieser Leistungen) oder Aufwendungsersatz (aufgrund Gesetzes: § 23 Abs. 1 SGB VIII).[41] Der praktische Anwendungsbereich dieser Bestimmung ist daher beschränkt.

49 **e) Andere Unterhaltsansprüche. Ersatzansprüche.** § 1712 Abs. 1 Nr. 2 BGB deckt auch die Geltendmachung der Unterhaltsansprüche gegen **andere Unterhaltspflichtige** als den Vater. Das können Großeltern sein oder der Erbe in der Verpflichtung aus § 1969 BGB, der Adoptionsbewerber nach § 1751 Abs. 4 BGB,[42] der Stiefeltern- oder Stiefgroßelternteil für Ansprüche aus § 1371 Abs. 4 BGB[43] (ein unterhalts-, nicht erbrechtlicher Anspruch), unter Umständen auch die Mutter selbst, soweit sie ihrer Unterhaltspflicht nicht durch persönliche Betreuung genügt (§ 1606 Abs. 3 S. 2 BGB) und dadurch nach Maßgabe ihrer Leistungsfähigkeit barunterhaltspflichtig wird.[44] Wollte der Beistand diesen Anspruch gegen die Mutter geltend machen, wäre dies wohl seine letzte Amtshandlung. Die Mutter könnte ihn nach § 1715 Abs. 1 S. 1 BGB „kündigen" oder ihn insoweit „lahmlegen" (§ 1715 Abs. 1 S. 2 iVm § 1712 Abs. 2 BGB). Davon zu unterscheiden ist der Fall, dass das Kind beim Vater oder bei Pflegeeltern oder im Heim lebt, so dass die Mutter Barunterhalt leisten muss, aber der **Vater** Beistandschaft beantragt hat. Dann muss der Beistand ihr gegenüber tätig werden.[45]

Die Beistandschaft erstreckt sich nicht auf den Anspruch einer Minderjährigen aus § 1615 l BGB,[46] weil dieser Anspruch ein solcher der Mutter ist, auch wenn sie minderjährige Mutter ist.

50 Ebenfalls **nicht** unter § 1712 Abs. 1 Nr. 2 BGB fällt die Geltendmachung von **Ansprüchen mit Unterhaltsersatzfunktion,** wie der unterschiedliche Wortlaut von § 18 Abs. 1 SGB VIII und § 1712 BGB zeigt (→ Rn. 35). Der Beistand kann also nicht geltend machen: Renten- oder Schadensersatzansprüche aus § 844 BGB, überhaupt Schadensersatzansprüche wegen entgangenen Unterhalts, weil sie bloße Unterhaltsersatz-

---

[41] Vgl. *Kunkel* LPK-SGB VIII § 39 Rn. 1.

[42] BayObLG FamRZ 1980, 828 gegen abweichend vertretene Meinungen.

[43] Soergel/*Strätz* in der früheren Kommentierung zu § 1706 Rn. 18.

[44] Die Mutter kann ihre Barunterhaltspflicht dadurch erfüllen, dass sie (in dieser Höhe) die Ansprüche einer Pflegefamilie, bei der sie das Kind untergebracht hat befriedigt und dies dem AP nachweist; der AP kann nicht verlangen, dass sie den geschuldeten Barunterhalt an ihn entrichtet, nur weil er nach § 1706 Nr. 2 Hs. 2 BGB aFn befugt wären, hieraus seinerseits die Pflegekosten abzudecken.

[45] So zu Recht *Roth* Kind-Prax 1998, 12 (13).

[46] Wenn daher der Beistand (wie meist) über solche Ansprüche und namentlich ihre Kapitalisierung mit dem Haftpflichtversicherer des Schädigers verhandelt, geschieht das in Wahrnehmens der Unterstützungspflicht des JA nach § 18 Abs. 1 SGB VIII. Spätestens bei der Stellung des Antrags auf Verfahrenskostenkostenhilfe scheidet er aus der Sachwalterstellung nach außen aus, mag er intern auch die Federführung behalten (→ Rn. 32).

ansprüche sind; aber auch nicht UVG-Leistungen, Sozialhilfe, Alg II,[47] weil sie nicht einmal Unterhaltsersatzansprüche sind (→ Rn. 35). Der Beistand ist auch nicht legitimiert, namens des Kindes Verzugszinsen aus nicht oder nicht rechtzeitig geleistetem Unterhalt geltend zu machen.[48] Denn Verzugszins ist eine Art des Schadensersatzes, was schon der Wortlaut von § 288 Abs. 2 BGB belegt. Auch der Umstand, dass **Verzugszinsen** Nebenforderungen des Hauptanspruchs sind, ändert daran nichts; dergleichen hat Bedeutung in anderen Zusammenhängen (Umfang der Verbürgung und der Abtretung, Berechnung des Streitwerts im Prozess). Über jenes Bedenken ließe sich allenfalls hinwegsehen, wenn der Beistand Rückstände eines bisher nicht titulierten Unterhalts zusammen mit Verzugszinsen geltend macht. Läge dagegen ein Titel vor, müssten Verzugszinsen wegen des ausgebliebenen Unterhalts demnächst gesondert geltend gemacht werden, und dafür wäre eine Legitimation des Beistands nicht mehr gegeben.

f) Rückübertragung. Nach der Neuregelung der Kostenbeteiligung durch das **51** KICK ist der Übergang eines Unterhaltsanspruchs auf den Jugendhilfeträger ausgeschlossen. Eine **Rückübertragung** auf den Beistand ist daher nicht mehr möglich. Nach § 33 **SGB II** findet dagegen ein Übergang auf den **Träger der Grundsicherung** statt, der wiederum treuhänderisch rückübertragen werden kann. § 33 Abs. 2 S. 3 SGB II schränkt den Anspruchsübergang jedoch in praktisch relevanter Weise ein: Ein Anspruchsübergang findet nicht statt, soweit der Unterhaltspflichtige durch die Zahlung von Unterhalt selbst bedürftig iSd SGB II ist. Der Anspruchsübergang sollte daher durch eine sozialrechtliche Vergleichsberechnung[49] nachgewiesen sein, bevor der Beistand eine Rückübertragung annimmt bzw vor der Weiterleitung von vereinnahmtem Unterhalt die Vorlage einer Vergleichsberechnung verlangen. Entsprechendes gilt für die – ebenfalls grundsätzlich mögliche – Rückübertragung von nach **§ 94 SGB XII** übergegangenen Unterhaltsansprüche. Für den nach **§ 7 UVG** übergegangenen Anspruch ist eine treuhänderische Rückübertragung oder eine Prozessführungsbefugnis (auch für Rückübertragungen nach § 33 SGB II und § 94 SGB XII) in der Beistandschaft möglich. Unabhängig davon kann der Beistand den vom gesetzlichen Forderungsübergang (cessio legis) nicht erfassten Teil des Unterhaltsanspruchs geltend machen oder global den künftigen Unterhalt nach § 231 FamFG beantragen oder die Vollstreckung aus einem bereits vorliegenden Titel betreiben. Vom Forderungsübergang nach § 7 UVG sind auch Unterhaltsansprüche aufgrund **fiktiver** Einkünfte des Unterhaltspflichtigen aus zumutbarer Arbeit erfasst.[50]

g) Verfahrenskostenhilfe. Ist gem. § 33 SGB II oder § 7 UVG ein Unterhaltsanspruch auf den Träger der Sozialleistung übergegangen, kann dieser Anspruch treuhänderisch auf das Kind zurückübertragen und damit vom Beistand geltend gemacht werden. Auch eine **Bevollmächtigung im Verfahren** ist somit zulässig, da sie sich auf

---

[47] Das wurde schon für den AP oft und mit Recht bedauert, weil es angesichts der Komplizierung des geltenden Sozialrechts wenig sinnvoll ist, gerade diese Ansprüche durch die Mutter statt durch den hier fachlich vorgebildeten Amtspfleger (jetzt Beistand) betreiben zu lassen. Aber der Wortlaut des Gesetzes ist eindeutig und eine Analogie wurde von der Rechtsprechung bisher konsequent abgelehnt: BSozG NJW 1971, 2095.Die Unterstützungspflicht des JA gegenüber dem Elternteil nach § 18 Abs. 1 SGB VIII schließt eine gesetzliche, aber auch eine gewillkürte (→ Rn. 32) Vertretung des Kindes im formellen Rentenverfahren jedenfalls nicht ein; dergleichen würde auch einen Verstoß gegen das RDG bedeuten.

[48] Wie das immer wieder von Müttern unter anwaltlichem Beistand dem AP angesonnen wurde.

[49] S. dazu BGH FamRZ 2013, 1962.

[50] BGH FamRZ 2001, 619.

einen Anspruch des Kindes bezieht und damit zum Aufgabenkreis des Beistands gehört. Der Beistand kann unabhängig davon den vom gesetzlichen Forderungsübergang nicht erfassten Teil des Unterhaltsanspruchs oder global künftigen Unterhalt geltend machen oder die Vollstreckung aus einem bereits vorliegenden Titel betreiben.

Die Rückübertragung führt aber nicht dazu, dass dem Kind **Verfahrenskostenhilfe** (§ 76 FamFG) zu gewähren wäre. Das Kind ist nämlich nicht bedürftig ist, weil es einen Anspruch gegen den Träger der Sozialleistung auf PKV hat.[51] Eine Rückübertragung wird daher praktisch nicht mehr erfolgen. Der Sozialleistungsträger kann den übergegangenen Unterhaltsanspruch gerichtskostenfrei geltend machen (§ 2 Abs. 1 S. 1 GKG). In getrennten Verfahren wird daher der Sozialleistungsträger den zurückliegenden, das Kind – vertreten durch den Beistand – den künftigen Unterhalt einklagen – ein unter prozessökonomischen und finanziellen Gesichtspunkten unerfreuliches Ergebnis. Verfahrenskostenhilfe für die Kosten eines RA ist auch zu gewähren, wenn die Mutter die Möglichkeit gehabt hätte, sich stattdessen eines Beistands zu bedienen, weil die Beistandschaft so ausgestaltet ist, dass es im Belieben der Mutter steht, das Angebot anzunehmen oder auszuschlagen.[52]

52 **3. Beschränkung des Aufgabenkreises.** Gem. § 1712 Abs. 2 tritt die Beistandschaft nur in dem Umfang ein, in dem der antragstellende Elternteil sie wünscht. Ist beispielsweise das Kind nicht bedürftig, besteht kein Unterhaltsanspruch (§ 1602 BGB); die Beistandschaft kann dann auf die Feststellung der Vaterschaft beschränkt werden. Auch innerhalb des Aufgabenkreises Unterhaltssicherung kann der Antrag auf **einzelne Segmente** beschränkt werden, beispielsweise auf die Zwangsvollstreckung. Im Weg der Beratung sollte darauf hingewirkt werden, dass der Antrag möglichst nicht auf die Geltendmachung von Unterhaltsanprüchen beschränkt wird, da erst die Vaterschaftsfeststellung die Verfolgung des Unterhaltsanspruchs ermöglicht. Eine **Wirkungsbeschränkung** ist dagegen nicht möglich (→ Rn. 54). Eine **Erweiterung** des Aufgabenkreises über den Umfang des Abs. 1 hinaus ist ebenfalls nicht möglich. Denkbar wäre im Rahmen des § 18 SGB VIII jedoch eine persönliche Bevollmächtigung des Realbeistands durch den Elternteil nach privatem Recht (§ 167 BGB). Der Beauftragte würde dann nicht als Realbeistand des JA tätig, sondern als Beauftragter des Elternteils; er handelte dann nicht mit Wirkung für das Kind, sondern für die Mutter. Dies wäre jedoch nur in den Grenzen des RDG möglich (→ Rn. 32). Die neue Beistandschaft beschränkt sich (im Unterschied zur alten) auf die Aufgabenkreise der Vaterschaftsfeststellung und der Unterhaltssicherung. In allen übrigen Fragen (zB Adoption; Vaterschaftsanfechtung; → Rn. 37; Namensänderung) besteht ein Rechtsanspruch auf **Beratung nach § 18 Abs. 1 SGB VIII,** der auch für die Aufgabenkreise der Beistandschaft erhalten bleibt (→ Rn. 32).

III. Wirkung der Beistandschaft

53 **1. Zuständigkeit für das Kind. a) Doppelzuständigkeit.** Der Beistand ist Beistand des Kindes, nicht des Elternteils.[53] Damit folgt die neue Beistandschaft nicht der alten Beistandschaft, bei der grundsätzlich für den Elternteil ein Beistand bestellt

---

[51] BGH FamRZ 2008, 1159 mAnm *Günther.*

[52] So OLG Karlsruhe FamRZ 2009,1614 mAnm *Kemper*. Wenn das Gericht aber auch darauf abstellt, dass der RA bessere Kenntnisse als das JA habe, kann dieser Erkenntnis nur mit Verwunderung gefolgt werden – erst recht für den Bezirk des OLG Karlsruhe.

[53] Kritisch hierzu die Stellungnahme des Deutschen Vereins in NDV 1994, 16.

wurde, sondern der bisherigen gesetzlichen Amtspflegschaft. Im Bereich der Aufgabenkreise besteht (wiederum im Unterschied zur alten Beistandschaft zur Vaterschaftsfeststellung) Vertretungsmacht für das Kind. Der einzelne Beamte oder Angestellte des JA ist gesetzlicher Vertreter des Kindes (§ 55 Abs. 2 S. 3). Diese gesetzliche Vertretung bedeutet aber (im Unterschied zur früheren gesetzlichen Amtspflegschaft) **keine Einschränkung der elterlichen Sorge** (§ 1716 S. 1 BGB). Das Handeln des Realbeistands hat Wirkung in drei Richtungen: einmal hat es Rechtswirkung für das Kind; außerdem Wirkung für das JA, als dessen Beauftragter er handelt (→ § 16 Rn. 140); schließlich auch für den Elternteil, auf dessen Antrag hin und in dessen Interesse er tätig wird. Da der Beistand von der Disposition des Elternteils über Beginn und Ende der Beistandschaft abhängig ist, wird er einen Unterhaltsanspruch nicht gegen ihn geltend machen können; ebenso wenig wird er den Anspruch des Kindes aus § 1598 a BGB (→ Rn. 39) zur Feststellung der Vaterschaft gegen sie durchsetzen können.

54 Der Regelung des Betreuungsrechts folgend (§ 1902 BGB), wird auch im Recht der Beistandschaft eine **Doppelzuständigkeit für das Kind** begründet. Im Unterschied zur früheren gesetzlichen Amtspflegschaft wird nämlich die elterliche Sorge durch die neue Beistandschaft nicht eingeschränkt, während gleichzeitig der Beistand mit gesetzlicher Vertretungsmacht für das Kind in den beiden Aufgabenkreisen des § 1712 Abs. 1 BGB ausgestattet wird. Eine Beschränkung auf eine Beistandschaft ohne gesetzliche Vertretungsmacht ist (im Unterschied zur alten Beistandschaft) nicht möglich; § 1712 Abs. 2 BGB ermöglicht nur eine Beschränkung auf einzelne Aufgaben, aber nicht eine Beschränkung auf eine „zahnlose" Beistandschaft ohne Vertretungsmacht, da diese Art der Hilfe schon nach geltendem Recht (§ 18 Abs. 1 SGB VIII; → Rn. 30) besteht. Die gesetzliche Vertretungsmacht des Beistands ergibt sich auch aus der Verweisung in § 1716 S. 2 BGB auf das Pflegschaftsrecht, wo § 1915 Abs. 1 BGB auf § 1793 BGB weiter verweist. Beistand[54] und Elternteil vertreten das Kind jeweils allein und nebeneinander.

55 **b) Verdrängende Zuständigkeit im gerichtlichen Verfahren.** Eine Ausnahme vom Grundsatz paralleler Handlungsbefugnisse besteht nur für das gerichtliche Verfahren, wo § 234 FamFG (im Unterhaltsverfahren) und § 173 FamFG (im Abstammungsverfahren) regeln, dass die Vertretung durch den Beistand den sorgeberechtigten Elternteil von der Vertretung ausschließt. Dies gilt sowohl, wenn das JA klagt, als auch, wenn es an Stelle des sorgeberechtigten Elternteils in das Verfahrens eintritt. Damit sollen widerstreitende Erklärungen im Verfahren verhindert werden. Ist der Elternteil mit dieser „Prozessherrschaft" des JA nicht einverstanden, kann er die Beendigung der Beistandschaft gem. § 1715 Abs. 1 BGB jederzeit verlangen. Dies kann auch im Verfahren selbst geschehen, indem das schriftliche Verlangen dem Beistand als Organ des JA ausgehändigt wird; damit ist es dem JA zugegangen iSd § 1714 S. 1 BGB (→ Rn. 67).

56 **c) Widerstreitende Verfügungen.** Nur für das gerichtliche Verfahren gilt die „verdrängende" Zuständigkeit des Beistands, außerhalb des gerichtlichen Verfahrens bleibt es bei der doppelten Zuständigkeit durch parallele Handlungsbefugnisse. Jeder von beiden kann also Erklärungen mit Wirkung für das Kind abgeben. Geben beide widerstreitende Erklärungen ab, kommt es darauf an, ob die Erklärungen revisibel oder irreversibel sind. Bei irreversiblen Erklärungen gilt die frühere, da die spätere nicht mehr von dem Berechtigten abgegeben werden konnte. Bei reversiblen Erklärun-

[54] Nicht JA (→ § 17 Rn. 126); so aber (ungenau) *Schwab/Wagenitz* FamRZ 1997, 1377. Nicht richtig *Lipp* FamRZ 1998, 65 (76), der Beistand habe keine Befugnis gegenüber dem Kind.

gen gilt die spätere entsprechend der lex posterior-Regel. Im Aufgabenkreis der **Vaterschaftsfeststellung** kann es bei der Vaterschaftsanerkennung nicht zu kollidierenden Erklärungen kommen, da eine Zustimmung des Kindes nicht mehr erforderlich ist, wenn die Mutter allein sorgeberechtigt ist (§§ 1592 Nr. 2, 1595 BGB). Die Anfechtung der Vaterschaft gehört nicht zum Aufgabenkreis des Beistands, so dass es hierbei nicht zu Kollisionen kommen kann.

57 Im Aufgabenkreis der **Unterhaltssicherung** (§ 1712 Abs. 1 Nr. 2 BGB) gilt bei widerstreitenden (irreversiblen) Verfügungen (zB Stundung, Erlass) über den Unterhaltsanspruch die zuerst getroffene. Die danach getroffene Verfügung ist die eines Nichtberechtigten. Will der Elternteil Unterhaltsansprüche gegen Großeltern (→ Rn. 49) nicht geltend machen oder von Vollstreckungsmaßnahmen gegen Unterhaltspflichtige absehen, ist also eine Verfügung noch nicht getroffen worden, kann der Beistand gegen den Willen des Elternteils entsprechende Erklärungen mit Wirkung für das Kind dennoch nicht abgeben, weil dies dem Sinn des § 1716 S. 1 BGB widerspräche. Der Beistand ist zwar nicht Erfüllungsgehilfe des Elternteils, sondern vertritt die Interessen des Kindes, aber nur, soweit das auch im Interessse des Elternteils liegt. Das mag bedauerlich sein, ist aber notwendige Konsequenz der rechtlichen Konstruktion der Beistandschaft.[55] Ohne Absprache mit der Mutter wird der Beistand allerdings seine Aufgabe nicht wahrnehmen. Ist die Mutter mit seinem Vorhaben nicht einverstanden, wird sie die Beistandschaft gem. § 1715 Abs. 1 BGB beenden. Bei einer Gefährdung des Kindeswohls kann der Beistand dann den Weg über § 8a Abs. 3 SGB VIII zum Familiengericht gehen.

58 **2. Anwendung des Vormundschaftsrechts. a) Pauschale Verweisung.** § 1716 S. 2 BGB verweist zunächst pauschal auf die Regelung der Pflegschaft in den §§ 1909–1921 BGB. Durch die Verweisung in § 1915 S. 1 BGB auf das Vormundschaftsrecht gelten zudem die §§ 1773–1895 BGB. Diese Vorschriften gelten allerdings nur sinngemäß, dh nur soweit, wie sich ihre Anwendung mit dem Zweck der Beistandschaft vereinbaren lässt. Einzelne Ausnahmen nennt S. 2 ausdrücklich (vgl. auch die Übersicht bei → § 16 Rn. 98).

59 **b) Ausnahmen.** Nicht anwendbar sind die §§ 1840–1843 BGB über die **Rechnungslegung,** da sich aus den Aufgabenkreisen des Beistands keine Angelegenheiten ergeben, für die eine Rechnungslegung sinnvoll wäre. Die Rechnungslegung bezieht sich auf die Vermögensverwaltung. Diese gehört aber ohnehin nicht zum Aufgabenkreis des Beistands. Denkbar wäre eine Rechnungslegung allenfalls dann, wenn der Beistand einen noch nach altem Recht durch Abfindung kapitalisierten Unterhaltsanspruch verwaltet (→ Rn. 46); dort auftauchende Unregelmäßigkeiten kann aber der antragstellende Elternteil von sich aus erkennen und abstellen,[56] so dass auch hier kein Bedürfnis für eine Rechnungslegung besteht[57]. Der Ausschluss der Rechnungslegung durch § 1716 S. 2 BGB kann auch deshalb nur klarstellende Bedeutung haben, weil sie Teil der Aufsicht durch das FamG ist, wie sich aus der Überschrift vor §§ 1837–1847 BGB ergibt, und damit ohnehin für die Beistandschaft nicht gilt. Soweit sie sich aber auch auf die Schlussrechnung gegenüber dem Kind nach § 1890 BGB bezieht, fehlt ihr mangels Vermögensverwaltung der Gegenstand einer Rechnungslegung.

---

[55] Ebenso *Gawlitta* ZfJ J 1998, 156.
[56] Ebenso Begründung zum Gesetzentwurf BT-Drs. 13/892, 31.
[57] Ebenso OLG Hamm FamFR 2013, 359.

Ferner nicht anwendbar ist die Regelung **der Aufsicht des FamG** (§§ 1915 Abs. 1, 1837–1847, insb. § 1837 Abs. 2 und 3). Ist der allein sorgeberechtigte Elternteil (aber auch der andere Elternteil, dem der Beistand zu „bissig" ist bei der Verfolgung der Unterhaltsansprüche) mit der Tätigkeit des Beistands unzufrieden, kann er also nicht das FamG anrufen.[58] Stattdessen kann er mit den üblichen förmlichen und formlosen Rechtsbehelfen vorgehen. Wegen des persönlichen Verhaltens des Beistands kann der Elternteil Dienstaufsichtsbeschwerde beim Vorgesetzten des Mitarbeiters erheben. Ist er mit einer Entscheidung des Beistands nicht einverstanden, kann er im Wege der Gegenvorstellung durch ein persönliches Gespräch mit dem Mitarbeiter die Sache bereinigen. Fachaufsichtsbeschwerde bei der nächst höheren Behörde kann dagegen nicht eingelegt werden, da die Beistandschaft als Aufgabe der Jugendhilfe Selbstverwaltungsangelegenheit ist. Dagegen ist Rechtsaufsichtsbeschwerde bei der Rechtsaufsichtsbehörde (Regierungspräsidium/Bezirksregierung) möglich, wenn eine Rechtsverletzung geltend gemacht wird. Das Handeln des Beistands wird wohl kaum einmal einen Verwaltungsakt (§ 31 SGB X) darstellen (→ Rn. 16), da entweder das Merkmal Regelung oder die Rechtswirkung auf dem Gebiet des öffentlichen Rechts fehlen wird, so dass Anfechtungs- oder Verpflichtungswiderspruch (§ 68 VwGO) und Anfechtungs- oder Verpflichtungsklage (§ 42 VwGO) ausscheiden. In Betracht käme allenfalls eine allgemeine Leistungsklage (§ 40 VwGO). Dies gilt sowohl für das JA als Beistand (Amtsbeistand) als auch für einen Verein als Beistand (Vereinsbeistand), da seine Tätigkeit hoheitlich ist, wenn er beliehener Unternehmer ist (→ Rn. 17). Zur Haftung des Beistands → Rn. 66. 60

Schließlich auch nicht anwendbar sind die Regelungen über **Bestallung** (§ 1791 BGB) **und Bescheinigung** (§ 1791c Abs. 3 BGB). Das FamG erteilt dem JA also keine Bestallungsurkunde und auch keine Bescheinigung über den Eintritt der Beistandschaft. Diese Ausnahme ist damit zu begründen, dass die Beistandschaft auf Antrag eines Elternteils eintritt und es daher ausreichend ist, dass das JA selbst bzw. der Verein seine Legitimation im Rechtsverkehr durch Vorlage des Antrags nachweist. Datenschutzrechtlich ist dies gem. § 68 Abs. 1 SGB VIII zulässig (→ § 17 Rn. 100), weil notwendig zur Aufgabenerfüllung. Die Regelung des § 1791 BGB (Bestallung) ist zwar nicht ausdrücklich ausgeschlossen; dass sie aber nicht gilt, ergibt sich aber aus § 1714 BGB, wonach es keines Bestallungsaktes bedarf. Wegen der fehlenden Aufsicht des FamG bedarf es auch keiner **Mitteilung** des Beginns oder der Beendigung der Beistandschaft gegenüber dem FamG. 61

Von diesen Ausnahmen zu unterscheiden ist die nach wie vor bestehende Aufsicht des FamG über den Vormund als Antragsteller gem. § 1713 Abs. 1 S. 2 BGB. 62

c) Anwendbare Regelungen. Auf Amts- und Vereinsbeistand anwendbar dagegen sind die negativen Regelungen über **Vergütung und Aufwandsentschädigung** (Zur Vergütung des Vereins s. *Elmauer* in § 15). Dem JA oder dem Verein kann gem. § 1915 Abs. 1 iVm § 1836 Abs. 4 BGB keine Vergütung bewilligt werden, da er nicht gerichtlich bestellt wird.[59]. Ihm steht auch keine Aufwandsentschädigung zu (§ 1915 Abs. 1 iVm § 1835a Abs. 5 BGB). Aufwendungsersatz ist nur beschränkt möglich (§ 1835 Abs. 5 BGB); vgl. hierzu → § 16 Rn. 112. 63

Ebenfalls anwendbar ist die **Vertretungsregelung** (§ 1915 Abs. 1 iVm § 1793 S. 1 BGB). Das JA ist Legalbeistand, der einzelne Beauftragte des JA ist Realbeistand. Er

[58] Zur Berechtigung dieser Regelung vgl. *Knittel* DAVorm. 1995, 918 im Unterschied zu *Mutschler* DAVorm 1995, 691.

[59] S. *Kunkel/Leonhardt/Kemper*, LPK-SGB VIII, Exkurs vor §§ 52a–58a Rn. 91.

vertritt das Kind gem. § 55 Abs. 2 S. 3 SGB VIII; vgl. hierzu → § 16 Rn. 126. Daneben (Doppelzuständigkeit) bleibt der Elternteil gesetzlicher Vertreter des Kindes (§ 1716 S. 1 BGB); → Rn. 53.

64 Anwendbar ist schließlich die **Erledigungsregelung** (§ 1918 Abs. 3 BGB). Ist die Beistandschaft gem. 1712 Abs. 2 BGB auf eine einzelne Angelegenheit beschränkt eingetreten, endet sie mit der Erledigung dieser Angelegenheit (zB der Vaterschaftsfeststellung). Stellt sich später heraus, dass die Angelegenheit nur scheinbar erledigt war (zB weil sich nach Vaterschaftsanerkennung ein Grund für die Vaterschaftsanfechtung ergibt), kann erneut Beistandschaft beantragt werden. Dasselbe gilt, wenn nach vermeintlicher Unterhaltssicherung der Unterhaltspflichtige säumig wird.[60] Auch wenn die Beistandschaft nicht auf eine einzelne Angelegenheit beschränkt beantragt worden ist, muss über § 1918 Abs. 3 BGB hinaus ein Ende der Beistandschaft angenommen werden, wenn alle Angelegenheiten der beiden Aufgabenkreise (Vaterschaftsfeststellung und Unterhaltssicherung) sich erledigt haben. § 1715 Abs. 2 BGB führt in diesem Fall nicht zu einer Beendigung; die Aufrechterhaltung der Beistandschaft wäre dann aber nur leere Hülse; vgl. → Rn. 90.

65 Mit Geburt eines Kindes endet die pränatale Beistandschaft nicht automatisch. § 1918 Abs. 2 BGB, der durch die Aufhebung von § 1912 Abs. 1 S. 2 BGB nur noch einen beschränkten Anwendungsbereich hat, erklärt zwar die Leibesfruchtpflegschaft mit Geburt des Kindes für beendigt; eine sinngemäße Anwendung auf die pränatale Beistandschaft ergibt aber, dass nur im Fall der pränatalen vorläufigen Beistandschaft gem. § 1713 Abs. 2 BGB die Geburt zum Ende der Beistandschaft führt, wie sich auch schon aus § 1715 Abs. 2 ergibt. Für die pränatale endgültige Beistandschaft gem. § 1713 Abs. 1 Alt. 2 BGB aber ändert die Geburt nichts an der Beistandschaft, da sie nicht bloß eine überbrückende, sondern eine vorverlagerte Beistandschaft ist.[61]

66 **d) Haftung.** Für die Haftung des Amts- oder Vereinsbeistands gilt § 1915 Abs. 1 BGB iVm § 1833 BGB. Bei einer Pflichtverletzung des Beistands, die er verschuldet hat und die zu einem Schaden geführt hat, haftet die Gebietskörperschaft oder der Verein. Daneben tritt die Haftung für schuldhafte Amtspflichtverletzung aus § 839 BGB, die gem. Art. 34 S. 1 GG ebenfalls die Gebietskörperschaft trifft (auch für den Verein als beliehener Unternehmer). Bei Vorsatz oder grober Fahrlässigkeit kann die Gebietskörperschaft aber auf den Mitarbeiter zurückgreifen (Art. 34 S. 2 GG). Bei fahrlässiger Pflichtverletzung des Mitarbeiters kommt eine Haftung aus § 839 BGB nur subsidiär in Betracht (§ 839 S. 2 BGB), also auch nachrangig gegenüber der Haftung aus § 1833 BGB[62]. Ausführlich zur Haftung → § 16 Rn. 85.

IV. Beginn der Beistandschaft[63]

67 **1. Antragsrecht des alleinerziehenden Elternteils.** Die Beistandschaft tritt auf Antrag ein. Der Antrag ist nicht im technischen Sinne zu verstehen, sondern als Initiativrecht für die Inanspruchnahme der Beistandschaft. Diese Antragslösung wurde

[60] In beiden Fällen aber aA die Gegenäußerung der Bundesregierung zu der Stellungnahme des Bundesrats zum Gesetzentwurf BT-Drs. 13/892, 54, die kein Ende der Beistandschaft durch Erledigung in diesen Fällen annimmt.

[61] Ohne diese Differenzierung wird in der Begründung zum Gesetzentwurf (BT-Drs. 13/892, 41) die Ansicht vertreten, die Beistandschaft ende nicht mit der Geburt des Kindes.

[62] Ebenso OLG Saarbrücken FamRZ 2012, 801.

[63] Zu Beginn und Ende der Beistandschaft ausführlich *Meysen* JAmt 2008,120

gewählt, um unnötige Eingriffe in das Sorgerecht zu vermeiden, ohne Kindesinteressen dadurch zu vernachlässigen. Damit unterscheidet sich die Antragslösung von anderen vorgeschlagenen Lösungen (→ Rn. 8), wie dem Antragserleichterungs- und Widerspruchsmodell (danach muss die Mutter von sich aus tätig werden, um eine Sorgerechtsvorenthaltung zu vermeiden), dem Zeitschrankenmodell und dem Antragsmodell mit Zeitschranke (danach tritt gesetzliche Amtspflegschaft ein, wenn die Vaterschaft innerhalb einer bestimmten Zeit nach der Geburt noch nicht festgestellt ist). Unter „Antrag" ist die Initiative eines Elternteils für den Eintritt der Beistandschaft zu verstehen. Wegen der unmittelbar auf diese Initiative folgenden Rechtswirkung des Eintritts der Beistandschaft (§ 1714 BGB) genügt eine mündliche Initiative nicht; der Antrag muss schriftlich erfolgen. Zur **Schriftlichkeit** des Antrags genügt nicht die Protokollierung [64]des Antrags durch das Jugendamt; vielmehr ist gem. § 126 BGB Unterschrift des antragstellenden Elternteils notwendig. Die Unterschrift muss im Original auf das Original gesetzt sein; eine Email ist daher nicht ausreichend, ebenso wenig ein Fax, weil es nur die Kopie der Unterschrift enthält. Die elektronische Form (mit Signatur) ersetzt die schriftliche (§ 126 Abs. 3 BGB).

Der antragsberechtigte Elternteil wird in § 1713 BGB näher beschrieben. Es kann **68**
sich sowohl um einen Elternteil handeln, der mit dem Vater des Kindes nicht verheiratet ist (früher: eines nichtehelichen Kindes), als auch um einen Elternteil, der mit dem Vater des Kindes verheiratet ist oder war (früher: eines ehelichen Kindes). Nach Scheidung der Eltern kann die Beistandschaft sowohl für die Unterhaltssicherung als auch für die Vaterschaftsfeststellung von Bedeutung sein; für letztere allerdings nur ausnahmsweise, nämlich dann, wenn Identitätszweifel bestehen oder wenn ein Kind adoptiert worden ist, ohne dass vorher die Vaterschaft festgestellt wurde.

Den nach § 1712 BGB schriftlichen Antrag kann jeder Elternteil stellen, soweit **69**
er für den beantragten Aufgabenkreis die **alleinige elterliche Sorge** hat (vgl. hierzu → Rn. 12). Ist beispielsweise die Personensorge für den Aufgabenkreis der Vaterschaftsfeststellung der Mutter entzogen und auf einen Ergänzungspfleger übertragen worden, kann Beistandschaft nur für den Aufgabenkreis der Unterhaltssicherung beantragt werden. Bei einem Kind, dessen Eltern bei der Geburt des Kindes nicht miteinander verheiratet waren, hat die (volljährige) Mutter gem. § 1626a Abs. 2 BGB die alleinige elterliche Sorge, wenn die Eltern keine Sorgeerklärung abgeben oder später einander geheiratet haben. Nach Abänderung des alleinigen elterlichen Sorgerechts der Mutter kann aber auch der Vater antragsberechtigt sein, wenn das FamG ihm die alleinige elterliche Sorge übertragen hat. Dies kann geschehen auf Antrag des Vaters und mit Zustimmung der Mutter gem. § 1672 Abs. 1 BGB oder beim Ruhen der elterlichen Sorge der Mutter gem. § 1678 Abs. 2 BGB oder beim Tod der Mutter gem. § 1680 Abs. 2 S. 2 BGB oder bei Entziehung der elterlichen Sorge der Mutter gem. § 1680 Abs. 3 BGB. Mutter oder Vater sind antragsberechtigt, wenn das FamG auf Antrag eines Elternteils nach Trennung oder Scheidung die Sorge auf einen Elternteil gem. § 1671 BGB übertragen hat. Auch bei nicht getrennt lebenden Ehegatten kann ein Elternteil allein sorgeberechtigt sein, wenn das FamG ihm die elterliche Sorge übertragen hat. Dies kann der Fall sein bei Ruhen oder tatsächlicher Verhinderung gem. § 1678 Abs. 1 BGB, bei Tod gem. § 1680 Abs. 1 BGB (ohne familiengerichtliche Entscheidung) oder bei Entziehung der elterlichen Sorge gem. § 1680 Abs. 3 BGB. Der **Nachweis** bestehender Alleinsorge kann erbracht werden durch eine Negativbestätigung gem. § 58a SGB VIII bzw. (bei Trennung) durch die gerichtliche Entscheidung nach § 1671 BGB.

---

[64] Ebenso Staudinger/*Rauscher* § 1712 Rn. 8; aA *Wiesner* SGB VIII § 55 Rn. 30.

70 Bei **gemeinsamer elterlicher** Sorge besteht nach dem mit KindRVerbG[65] in § 1713 Abs. 1 BGB eingefügten **Satz 2** ebenfalls ein Antragsrecht des Elternteils, in dessen Obhut sich das Kind befindet. Gemeinsame elterliche Sorge ist bei nicht miteinander verheirateten Eltern unter den Voraussetzungen des § 1626a Abs. 2 gegeben. Bei Eltern, die miteinander verheiratet sind oder waren ist sie der Regelfall. Die gemeinsame Sorge ist nur dann nicht gegeben, wenn einer der oben dargestellten Fälle der alleinigen Sorge eines Elternteils vorliegt. Diese § 1629 Abs. 2 S. 2 BGB entsprechende Regelung erspart es dem betreuenden Elternteil, einen Antrag auf Übertragung der elterlichen Sorge nur zu dem Zweck zu stellen, den Kindesunterhalt (im Weg der Beistandschaft) geltend zu machen. Die Streitfrage, ob das Kind auch dann durch einen Beistand vertreten sein kann, wenn die Eltern getrennt leben, aber nicht geschieden sind, und ein Elternteil das Kind in Obhut hat, ist mittlerweile durch den BGH[66] entschieden. Danach steht die Regelung in § 1629 Abs. 3 S. 1 BGB der Vertretung durch einen Beistand auch in dieser Phase nicht entgegen. Für die Frage, in wessen **Obhut** sich das Kind befindet, kommt es auf das Schwergewicht der tatsächlichen Betreuung an.[67] Im gemeinsamen Haushalt befindet sich das Kind – unabhängig davon, welcher Elternteil in welchem Umfang anwesend ist – stets in der Obhut beider Eltern. Die Feststellung der Obhut eines Elternteils kommt daher nur bei Getrenntleben in Betracht, welches jedoch auch bei „Trennung von Tisch und Bett" in der bisherigen gemeinsamen Wohnung gegeben ist. Problematisch ist die Antragsberechtigung in den Fällen des **Wechselmodells**, in welchem sich die Eltern die Betreuung hälftig teilen, da in diesen ein Schwergewicht der Betreuung regelmäßig nicht festgestellt werden kann.[68] Die Voraussetzungen des § 1713 Abs. 1 S. 2 BGB liegen dann nicht vor.[69] Für den parallel gestalteten § 1629 Abs. 2 S. 2 BGB soll nach der Rechtsprechung der Elternteil, der den Unterhaltsanspruch geltend machen will, die Bestellung eines Pflegers herbeiführen oder beim Familiengericht den Antrag stellen, dass ihm das Entscheidungsrecht über die Geltendmachung von Kindesunterhalt gem. § 1628 BGB übertragen wird. Im Rahmen der Beistandschaft stellt sich jedoch das Problem, dass sich gerade in den Grenzfällen nicht schon bei Antragseingang zuverlässig beurteilen lässt, ob ein echtes Wechselmodell vorliegt oder ein Schwerpunkt der Betreuung ausgemacht werden kann. Da es sich um einen Umstand handelt, der sowohl die Zulässigkeit des Antrags als auch das Bestehen von Unterhaltsansprüchen betrifft, erscheint es sachgerecht, die Antragsberechtigung in diesen Fällen zunächst zu unterstellen und vorrangig die Frage zu klären, ob eine überwiegende Betreuung festgestellt werden kann, zumal die fehlerhafte Ablehnung eines Antrags Haftungsrisiken birgt.[70]

Bei wechselseitigen Beistandschaften für „aufgeteilte Kinder" dürfen diese nicht von derselben Fachkraft geführt werden (→ § 16 Rn. 135).[71]

71 **2. Antragsrecht des Vormunds.** Auch der Vormund hat ein Antragsrecht. Ist die Mutter eines Kindes, mit dessen Vater sie nicht verheiratet ist, minderjährig, erhält das Kind einen Vormund, in der Regel das JA als Amtsvormund (§§ 1673 Abs. 1, 1773 Abs. 1, 1791c BGB). Einer Beistandschaft für das Kind bedarf es dann nicht zusätzlich. Wird in anderen Fällen (zB bei Entziehung der elterlichen Sorge) ein Vormund

65 BGBl. 2002 I 1239.
66 BGH JAmt 2014, 639.
67 BGH JAmt 2006, 415; JAmt 2014, 282.
68 BGH aaO.
69 DIJuF-Rechtsgutachten JAmt 2004, 366; Empfehlungen SFK 3, JAmt 2014, 555.
70 So *Kunkel/Leonhardt/Kemper*, LPK-SGB VIII, Exkurs vor §§52a–58a, Rn. 34.
71 DIJuF JAmt 2004, 301.

bestellt, muss er so ausgewählt werden, dass er das Kind in allen Angelegenheiten, also auch bei Vaterschaftsfeststellung oder Unterhaltssicherung, vertreten kann. Auch in diesem Fall bedarf es daher keiner Beistandschaft und damit keines Antragsrechts des Vormunds. Anders aber, wenn ein Vormund aufgrund letztwilliger Verfügung berufen wurde. Dann soll er die Möglichkeit haben, zur Vaterschaftsfeststellung und Unterhaltssicherung die Hilfe des JA in Anspruch zu nehmen. Nur der von den Eltern bzw. einem Elternteil gem. § 1776 BGB berufene (also nicht etwa der bestellte)[72] Vormund hat daher ein Antragsrecht für die Beistandschaft, wenn die als Vormund berufene Person nicht aus den in § 1778 BGB genannten Gründen ohne ihre Zustimmung als Vormund übergangen werden darf.

Das Antragsrecht ist **höchstpersönlich.** Nur der antragsberechtigte Elternteil selbst 72
oder der berufene Vormund, aber auch ein rechtlicher Betreuer (§ 1896 BGB)[73] kann den Antrag auf Beistandschaft stellen. Der Antrag ist eine höchst persönliche Willenserklärung; Vertretung ist ausgeschlossen. Die Regelung des § 1713 Abs. 1 S. 3 BGB iVm § 55 Abs. 1 SGB VIII geht gem. § 37 S. 1 SGB I der allgemeinen Regelung des § 13 SGB X vor. Dagegen ist es möglich, dass der Antragsteller/die Antragstellerin zu Besprechungen über die Beistandschaft mit einem Beistand iSd § 13 Abs. 4 SGB X erscheint. Die Antragstellung ist deshalb als unvertretbare Handlung ausgestaltet worden, weil der automatische Eintritt der Beistandschaft mit Zugang des Antrags beim JA die Prüfung einer wirksamen Bevollmächtigung verbietet. Außerdem soll eine Einmischung Dritter verhindert werden.[74] Etwas anderes gilt aber für die Antragstellung der werdenden Mutter, die sich gem. § 1713 Abs. 2 S. 3 BGB vertreten lassen kann.

Da einem Elternteil die alleinige elterliche Sorge nur dann zustehen kann, wenn er 73
geschäftsfähig ist, ist er für die Antragstellung auch **handlungsfähig** iSv § 11 Abs. 1 Nr. 1 SGB X, ohne dass es darauf ankommt, die Antragstellung als Verfahrenshandlung zu qualifizieren. Geschäftsfähig ist eine Person, wenn sie volljährig und nicht geisteskrank ist (§ 104 BGB).Auch bei beschränkter Geschäftsfähigkeit gem. § 106 BGB ruht die elterliche Sorge (§ 1673 Abs. 2 S. 1 BGB); allerdings steht das Recht zur Personensorge der beschränkt geschäftsfähigen Person zu (§ 1673 Abs. 2 S. 2 BGB) und die Personensorge umfasst auch die Unterhaltssicherung. Dass der beschränkt geschäftsfähige Elternteil kein Vertretungsrecht hat, ist unschädlich, da der Antrag nicht in Vertretung für das Kind gestellt wird. Es sind durchaus Fälle denkbar, in denen dies sachgerecht ist, insbesondere wenn im Falle der minderjährigen Mutter eines Kindes der Vater die Vaterschaft anerkannt hat und ihm das Sorgerecht zusteht (so dass kein Vormund bestellt ist), er jedoch nicht mit der Mutter und dem Kind zusammenlebt und seinen Unterhaltspflichten nicht nachkommt.

3. Antragsrecht vor der Geburt des Kindes. a) Pränatale (endgültige) Beistandschaft. § 1713 Abs. 1 S. 1 Alt. 2 BGB ermöglicht eine pränatale – endgültige – 74
Beistandschaft. Im Unterschied zu Abs. 2 muss – hypothetisch – im Zeitpunkt der Geburt Alleinsorge der Mutter bestehen. Die Beistandschaft besteht dann schon vor Geburt und wird nach Geburt (im Unterschied zur vorläufigen Beistandschaft nach Abs. 2) fortgesetzt.

b) Pränatale (vorläufige) Beistandschaft. Nach § 1713 Abs. 1 S. 1 Alt. 2 BGB hat 75
die werdende Mutter ein Antragsrecht, wenn ihr bei Geburt des Kindes die alleinige elterliche Sorge zustünde, also wenn sie bei Geburt des Kindes volljährig, geschäfts-

[72] So zu Recht DIJuF JAmt 2005, 230 und Staudinger/*Rauscher* § 1712 Rn. 5
[73] Überzeugend DIJuF JAmt 2005, 125.
[74] So die Begründung; BT-Drs. 13/892, 38.

fähig und mit dem Vater des Kindes nicht verheiratet ist. Ist dagegen die werdende Mutter bei Geburt des Kindes mit dessen Vater nicht verheiratet und ist sie dann noch minderjährig oder wegen Geisteskrankheit geschäftsunfähig, erhält das Kind gem. §§ 1673, 1773 BGB einen Vormund, nämlich das JA als gesetzlichen Amtsvormund (§ 1791 c BGB). Damit ist das Kind nach Geburt ausreichend geschützt. Vor Geburt dagegen hat die Mutter in diesem Fall kein Antragsrecht gem. Abs. 1 S. 1 Alt. 2. Daher erweitert **Abs. 2 S. 1 für den Fall antizipierter Vormundschaft** das Antragsrecht der werdenden Mutter, um einen lückenlosen Schutz des Kindes zu gewährleisten und eine möglichst frühzeitige Vaterschaftsfeststellung zu ermöglichen. Schon vor der Geburt des Kindes besteht die Gelegenheit zur vorgeburtlichen Vaterschaftsanerkennung gem. § 1594 Abs. 4. Bleibt diese Zeit ungenutzt, verringert sich die Chance einer Vaterschaftsfeststellung nach Geburt, weil die Mitwirkungsbereitschaft der Mutter geringer und die Beweislage schwieriger werden.[75]

76 Die pränatale (vorläufige) Beistandschaft beschränkt sich auf den Zeitraum bis zur Geburt des Kindes. Danach liegt es in den „trockenen Tüchern“ der gesetzlichen Amtsvormundschaft. Dass diese Beistandschaft mit Geburt des Kindes erlischt, ergibt sich nicht nur aus dem Schutzzweck des Abs. 2, sondern auch aus dem Wortlaut des § 1715 Abs. 2 BGB. Danach endet die Beistandschaft, weil mit Geburt des Kindes die Mutter nicht mehr eine „werdende“ iSd Abs. 2 ist, ihr aber auch die alleinige elterliche Sorge nach Abs. 1 S. 1 nicht zusteht. Da die Beistandschaft für die Leibesfrucht gem. § 1713 Abs. 2 BGB mit Geburt des Kindes erlischt, ist sie eine vorläufige; im Unterschied zur Beistandschaft nach Abs. 1 S. 1 Alt. 2, die mit Geburt des Kindes fortgesetzt wird.

77 Ist die werdende Mutter älter als 7, aber noch nicht 18 Jahre alt, ist sie gem. § 106 **beschränkt geschäftsfähig.** Sie bedürfte dann gem. § 107 BGB für ihren Antrag auf Beistandschaft der **Einwilligung** (§ 183 BGB, Zustimmung in Form der Genehmigung gem. § 184 BGB würde nicht ausreichen) ihres gesetzlichen Vertreters, also ihrer Eltern oder eines Vormunds. Ob § 107 BGB tatsächlich einschlägig ist, mag zweifelhaft sein, da der Antrag auf Beistandschaft der Mutter lediglich einen rechtlichen Vorteil bringt, weil durch die Beistandschaft die elterliche Sorge nicht eingeschränkt wird (§ 1716 BGB) und sie diese ohnehin nicht hat. Für das Kind kann die Verfügung über seinen Unterhaltsanspruch (§ 1712 Abs. 1 Nr. 2 BGB) auch ein rechtlicher Nachteil sein. Diese Frage kann hier aber dahingestellt bleiben, da S. 2 die Antragstellung für zustimmungsfrei erklärt. Die werdende Mutter darf sich also bei Antragstellung weder durch einen bevollmächtigten noch einen gesetzlichen Vertreter vertreten lassen; darüber hinaus bedarf der Antrag zu seiner Wirksamkeit auch nicht der Zustimmung des gesetzlichen Vertreters. Wird die Antragstellung auch als Verfahrenshandlung iSv § 11 SGB X qualifiziert, ist die werdende Mutter handlungsfähig gem. § 11 Abs. 1 Nr. 2 SGB X iVm § 1713 Abs. 2 S. 2 BGB.

78 **Geschäftsunfähig** ist eine werdende Mutter, wenn sie jünger als 7 Jahre oder geisteskrank ist. Ersteres haben die Naturwissenschaften wider die Natur noch nicht ermöglicht, letzteres noch nicht verhindert. Wegen des geistigen Zustands der Mutter besteht die Gefahr, dass die Mutter keinen Antrag auf (pränatale) Beistandschaft stellt, so dass das Kind des Schutzes der Beistandschaft verlustig ginge. S. 3 durchbricht daher das Verbot der Antragstellung durch einen Vertreter, indem er dem gesetzlichen Vertreter (und nur ihm) ein Antragsrecht einräumt.

[75] So zu Recht DIV-Stellungnahme DAVorm 1993, 1017.

4. Automatischer Eintritt der Beistandschaft. Gem. § 1714 BGB tritt mit Zugang des Antrags die Rechtsfolge der Beistandschaft ein, ohne dass es einer gerichtlichen oder behördlichen Entscheidung bedürfte. Das JA muss daher keinen Verwaltungsakt erlassen, und der Bürger kann einen solchen nicht im Weg der Verpflichtungsklage (§ 42 Abs. 1 VwGO) erstreiten. Das JA kann allerdings förmlich (in Form eines Verwaltungsakts) feststellen, dass eine Beistandschaft eingetreten ist; dann handelt es sich um einen **feststellenden Verwaltungsakt.** Ein solcher kann vom Bürger erstritten werden, wenn das JA förmlich feststellt, eine Beistandschaft sei nicht eingetreten. Wegen § 55 Abs. 1 SGB VIII ist dies ein im öffentlichen Recht wurzelnder Streit. Erlässt das JA keinen streitentscheidenden (feststellenden) Verwaltungsakt, kann der Bürger im Wege der allgemeinen Feststellungsklage (§ 43 Abs. 1 VwGO) das Bestehen einer Beistandschaft vor dem Verwaltungsgericht feststellen lassen. Der automatische Eintritt der Beistandschaft setzt voraus, dass der **Antrag zulässig** ist. Dies ist er nur dann, wenn er schriftlich (→ Rn. 67) gestellt ist (§ 1712 Abs. 1 BGB) und wenn die Antragsberechtigung nach § 1713 BGB vorliegt. 79

Die **Rechtswirkung** tritt mit **Zugang** des (zulässigen) Antrags ein. Der Antrag ist gem. der Rechtsprechung zu § 130 BGB dann zugegangen, wenn er in den Machtbereich des JA gelangt ist und dieses unter gewöhnlichen Umständen Gelegenheit hat, davon Kenntnis zu nehmen. Dies ist der Fall, wenn der Antrag einem Mitarbeiter des JA persönlich abgegeben wird; wird er in den Briefkasten des JA geworfen, ist er im Zeitpunkt der normalen Leerung des Hausbriefkastens zugegangen. Wird der Antrag mit einfachem Postbrief übermittelt, ist er nach den AGB der Deutschen Post AG[76] durch Einlegen in den Briefkasten oder in das Schließfach zugegangen. 80

Der (zulässige) Antrag muss dem JA zugehen. Dies ist das örtlich **zuständige** JA gem. § 87c Abs. 5 SGB VIII, also das JA, in dessen Bereich der antragstellende Elternteil seinen gewöhnlichen Aufenthalt hat, hilfsweise seinen tatsächlichen Aufenthalt. Wechselt der antragstellende Elternteil seinen gewöhnlichen Aufenthalt, muss das zunächst zuständige JA die Weiterführung bei dem anderen JA beantragen. Zweckmäßigkeitsüberlegungen oder Interessen des Kindes können nicht berücksichtigt werden. Ein Antrag auf Übernahme der Beistandschaft aus anderen Gründen als denen des Aufenthaltswechsels, insbesondere aus Gründen des Kindeswohls ist – im Unterschied zur Amtsvormundschaft (→ § 15 Rn. 36, 40b) – bei der Beistandschaft nicht möglich, da eine streitentscheidende Stelle bei der Beistandschaft nicht vorgesehen ist (§ 87c Abs. 2 S. 4 SGB VIII ist nicht anwendbar). Ebenfalls im Unterschied zur Amtsvormundschaft kann der Antrag auch nur von dem zunächst zuständigen JA gestellt werden, also nicht vom anderen JA oder von Dritten. Das andere JA muss erklären, ob es die Beistandschaft weiterführt. Ohne diese Erklärung bleibt das antragstellende JA zuständig. Ein Fall des § 86d SGB VII liegt daher nicht vor.[77] Lehnt das andere JA die Übernahme ab, ist dies weder gegenüber dem antragstellenden JA ein Verwaltungsakt (mangels Außenwirkung) noch gegenüber dem Elternteil (ebenfalls mangels Außenwirkung). Der Elternteil kann aber einen Zuständigkeitswechsel dadurch bewirken, dass er beim zunächst zuständigen JA die Beistandschaft gem. § 1715 Abs. 1 BGB beendet und beim anderen Jugendamt gem. § 1712 BGB beantragt. Erklärt das andere JA sich dagegen zur Übernahme bereit, ist damit der Übergang der Beistandschaft erfolgt. Dies sollte das JA dem Elternteil mitteilen (→ § 15 Rn. 41). 81

[76] Nr. 6.1.4 der Allg. Geschäftsbedingungen für den Briefdienst.

[77] aA aber Begründung des Rechtsausschusses, BT-Drs. 13/8509, 18, wo im übrigen ungenau vom „zuständige(n) örtliche(n) Träger“ die Rede ist, statt richtig vom „örtlich zuständigen Träger

82 Ist der Antrag bei einem danach örtlich unzuständigen JA gestellt, tritt die Rechtswirkung der Beistandschaft nicht ein, da § 16 Abs. 2 SGB I nicht anwendbar ist (→ Rn. 15).[78] Auch eine Antragstellung bei einer **anderen Stelle** der Gebietskörperschaft als Träger des örtlich zuständigen JA genügt nicht, da § 55 Abs. 1 SGB VIII und § 1714 BGB eine Zuständigkeit des JA und nicht des Trägers der Jugendhilfe begründen.

83 § 1714 S. 2 BGB stellt klar, dass der automatische Eintritt der Beistandschaft auch für Anträge gilt, die vor Geburt des Kindes entweder nach § 1713 Abs. 1 S. 1 Alt. 2 BGB (pränatale – endgültige – Beistandschaft) oder nach § 1713 Abs. 2 BGB (pränatale – vorläufige – Beistandschaft) gestellt werden. Für die örtliche Zuständigkeit des JA gilt dann § 86 d SGB VIII – entgegen § 87 c Abs. 5 S. 2 letzter Halbsatz – nicht. Zusätzlich zu beachten ist § 1717 BGB, wonach das Kind seinen gA in Deutschland haben muss. Das ist dann der Fall, wenn das Kind sich hier nicht nur vorübergehend aufhält (§ 30 Abs. 3 S. 2 SGB I), sondern sein Verbleib zukunftsoffen ist.[79] Die Duldung (§ 60a AufenthG schließt den gA nicht aus, wenn sich das Kind schon 6 Monate hier aufhält oder voraussichtlich aufhalten wird und ein Ende seines Aufenthalts nicht abzusehen ist.[80]

V. Ende der Beistandschaft

84 **1. Ende der Beistandschaft auf Verlangen. a) Schriftliches Verlangen.** Die Beistandschaft endet, wie sie begonnen hat (§ 1712 Abs. 1 BGB), also durch schriftlichen Antrag (zum Erfordernis der Schriftlichkeit → Rn. 67). Damit bleibt der Charakter der Beistandschaft als freiwilliges Hilfeangebot erhalten. **Missbräuchlichem Verlangen** des Antragstellers kann dadurch begegnet werden, dass bei Gefährdung des Kindeswohls[81] das JA gem. § 8a Abs. 2 SGB VIII das Familiengericht anruft, um dem Elternteil die Sorge für den Aufgabenkreis des § 1712 BGB entziehen und auf einen Pfleger übertragen zu lassen. Als bestellter Amtspfleger könnte das JA somit Aufgaben wie der frühere gesetzliche Amtspfleger wahrnehmen. Dies kann freilich nicht jeden Fall der aus objektiver Sicht nicht nachvollziehbaren Beendigung einer Beistandschaft betreffen, sondern ist auf Fälle beschränkt, in denen hierdurch erhebliche Anhaltspunkte für eine Kindeswohlgefährdung begründet sind.

85 Ebenso wenig wie der Beginn ist das Ende der Beistandschaft dem Familiengericht mitzuteilen, da eine Aufsicht des Familiengerichts über das JA als Beistand nicht besteht (§ 1716 S. 2 BGB). Die ursprünglich im Entwurf vorgesehene Mitteilungspflicht (§ 57a SGB VIII) ist deshalb nicht Gesetz geworden.[82] Das schriftliche Verlangen muss vom **Antragsteller** ausgehen. Nicht maßgeblich ist, wie die Sorgerechts- und Vertretungsverhältnisse in diesem Zeitpunkt gestaltet sind. Allerdings wird in Fällen, in denen in diesem Zeitpunkt das Sorge- bzw Vertretungsrecht bei einer anderen Person liegt, häufig eine automatische Beendigung gem. § 1715 Abs. 2 BGB vorliegen. Wie bei der Begründung der Beistandschaft (s. § 1713 Abs. 1 S. 4) ist auch bei der Beendigung durch Erklärung die Vertretung des Erklärenden ausgeschlossen, da der Schutzzweck des Vertretungsausschlusses leer liefe, wenn das Erfordernis nicht auch für die Beendigung gelten würde.

---

[78] Ebenso *Meysen* JAmt 2008, 120; für analoge Anwendung Wiesner/*Walther* SGB VIII § 55 Rn. 31.
[79] Ausführlich zum gA *Kunkel/Kepert* LPK-SGB VIII § 86 Rn. 10
[80] Ähnlich DIJuF JAmt 2006, 289.
[81] Hierzu Staudinger/*Rauscher* § 1715 Rn. 10
[82] Vgl. hierzu Begründung BT-Drs. 13/892, 50.

Solange der antragstellende Elternteil allein sorgeberechtigt ist, kann er sich auch bei bestehender Beistandschaft gem. § 18 SGB VIII beraten lassen (→ Rn. 52), zB auch darüber, ob er die Beistandschaft beenden soll oder zu den weiteren Gegenständen nach § 18, die von der bestehenden Beistandschaft nicht abgedeckt werden. Diese Beratung ist vor allem dann sinnvoll, wenn Beratung und Beistandschaft in der Hand verschiedener Fachkräfte liegen (zB die Beratung nach § 18 SGB VIII in den Händen des Allgemeinen Sozialen Dienstes, die Beistandschaft dagegen in den Händen einer Verwaltungsfachkraft). **86**

b) Partielle Beendigung und deren Zeitpunkt. Die entsprechende Anwendung von § 1712 Abs. 2 BGB bedeutet, dass die Beendigung auf einen der beiden Aufgabenkreise (Vaterschaftsfeststellung und Unterhaltssicherung) oder auf einzelne Aufgabeninhalte des Aufgabenkreises (zB Geltendmachung von Unterhaltsansprüchen) begrenzt werden kann. Die entsprechende Anwendung von § 1714 BGB bedeutet, dass die Beistandschaft in dem Zeitpunkt endet, in dem das schriftliche Verlangen dem örtlich zuständigen JA zugeht. Auch die pränatale (vorläufige und endgültige) Beistandschaft endet auf Verlangen schon vor Geburt des Kindes. 87

2. Ende der Beistandschaft bei Wegfall einer Voraussetzung. Entfällt eine der Voraussetzungen für die Antragsberechtigung nach § 1713 BGB, ist die Beistandschaft beendet. Die Formulierung des Gesetzes in § 1715 Abs. 2 BGB(„keine der Voraussetzungen") ist daher ungenau; sie müsste lauten: „Sobald der Antragsteller eine der in § 1713 genannten Voraussetzungen nicht mehr erfüllt." Dies muss von Amts wegen berücksichtigt werden[83]. Unschädlich ist es jedoch, wenn die Voraussetzungen einer Variante des § 1713 BGB entfallen, solange noch die Voraussetzungen einer anderen Variante gegeben sind. Wird zB die gemeinsame Sorge begründet, befindet sich das Kind aber noch in der Obhut des antragstellenden Elternteils, endet die Beistandschaft nicht[84]. Der **Verlust der Alleinsorge** und damit das Ende der Beistandschaft tritt ein, wenn die elterliche Sorge entzogen wird; das Kind von Dritten adoptiert wird; das Kind volljährig geworden ist; das Kind oder der Antragsteller stirbt; der Antragsteller geschäftsunfähig gem. § 104 Nr. 2 BGB wird. Im Falle des § 1713 Abs. 1 S. 2 BGB entfällt eine Voraussetzung, wenn ein Übergehungsgrund nach § 1778 Abs. 1 Nr. 1 bis 5 BGB in der Person des Vormunds eintritt. 88

Bei **Begründung gemeinsamer Sorge** gem. § 1626a BGB während der Beistandschaft kommt es darauf an, ob das Kind sich weiterhin in der Obhut des antragstellenden Elternteils befindet. Im Falle einer Eheschließung der Eltern tritt jedoch regelmäßig das Ende der Beistandschaft ein, da bei Ehe der Eltern die Obhut eines Elternteils nur gegeben ist, wenn die Eheleute getrennt leben. Bei gemeinsamer Sorge endet die Beistandschaft bei Verlust bzw Wechsel der Obhut. Nach wohl einhelliger Auffassung (zu § 1629 Abs. 2 S. 2 BGB) entfällt damit die Antragsberechtigung, auch bezüglich vor dem Obhutswechsel aufgelaufener Unterhaltsrückstände.[85] Zur Vermeidung der Auferlegung von Kosten ist ein laufendes Gerichtsverfahren in diesen Fällen für erledigt zu erklären.[86] Probleme werfen auch Fälle auf, in denen die Obhut zunächst nur zeitweise und auf Probe wechseln soll. Bei einem nur auf absehbare Zeit angelegten Wechsel „zur Probe" kann bezweifelt werden, ob die bisherige Obhut in

---

[83] OLG Karlsruhe JAmt 2001, 302.
[84] Ebenso Staudinger/*Rauscher* § 1715 Rn 12; aA wohl Palandt/*Götz* § 1715 Rn. 3.
[85] So OLG Bamberg FamRZ 2014, 2015; Hinweisbeschluss OLG Köln JAmt 2013, 165 mwN.
[86] OLG Köln aaO.

einer Gesamtschau überhaupt beendet ist; im Übrigen endet jedoch grundsätzlich die Beistandschaft.[87]

Dagegen beendet die Unterbringung des Kindes in einer vollstationären Einrichtung der Jugendhilfe nicht die Beistandschaft, da dadurch die Alleinsorge als Voraussetzung der Beistandschaft nicht entfällt. Nur wenn gemeinsame Sorge besteht, endet die Beistandschaft, weil sich das Kind mit der Unterbringung nicht mehr in der Obhut des Antragstellers befindet.[88]

89 Die pränatale Beistandschaft endet, wenn das Kind nicht lebend geboren wird. Die Lebendgeburt beendet die pränatale Beistandschaft nicht automatisch[89] sondern nur dann, wenn mit der Geburt auch keine anderen Alternativen des § 1713 BGB mehr vorliegen Wird die werdende Mutter während der Schwangerschaft **volljährig**, endet die Beistandschaft nicht automatisch. Heiratet die volljährige, geschäftsfähige werdende Mutter den Vater des Kindes, endet die pränatale Beistandschaft nach § 1713 Abs. 1 Satz 1 2. Alt. BGB, weil gemeinsame elterliche Sorge eintritt (§ 1626a Abs. 1 Nr. 2 BGB); die Variante der Obhut bei gemeinsamer Sorge liegt regelmäßig nicht vor, da diese Getrenntleben voraussetzt. Wird die geschäftsunfähige werdende Mutter beschränkt geschäftsfähig oder geschäftsfähig, besteht die Beistandschaft – sofern andere Voraussetzungen des § 1713 BGB weiterhin gegeben sind – weiter, da der gesetzliche Vertreter den Antrag für die Mutter gestellt hat, diese also selbst Antragstellerin ist, so dass allein maßgeblich ist, ob in ihrer Person noch Voraussetzungen des § 1713 BGB vorliegen. Wird die werdende Mutter nach Antragstellung **geschäftsunfähig**, wird die Beistandschaft ebenfalls fortgesetzt, da ihr Satz 3 das Antragsrecht belässt („für eine geschäftsunfähige werdende Mutter") und lediglich die Ausübung des Antragsrechts dem gesetzlichen Vertreter zuweist.[90]

90 Wegen der Verweisung in § 1716 S. 2 BGB auf das Pflegschaftsrecht endet die Beistandschaft auch bei **Erledigung einer Angelegenheit** (§ 1918 Abs. 3 BGB; → Rn. 64), zB durch rechtskräftige Vaterschaftsfeststellung und dauerhafte Regelung des Unterhalts (titulierter Anspruch und regelmäßige Zahlung des Unterhalts über die Dauer eines Jahres).[91] Erst recht muss die Beistandschaft enden, wenn nicht nur eine einzelne Angelegenheit, sondern ein ganzer Aufgabenkreis erledigt ist.[92] Dagegen ist mit der Verweisung in § 1716 S. 2 BGB auf § 1915 BGB und dessen Verweisung auf § 1882 BGB die Beendigung gem. § 1715 Abs. 2 BGB doppelt geregelt. Die Begründung zum Gesetzentwurf[93] rechtfertigt dies mit dem Gebot der Klarheit.

91 Ein weiterer Beendigungsgrund findet sich in § 1717 S. 1 Hs. 2 BGB, nämlich die Begründung eines Wohnsitzes im **Ausland** für das Kind.

92 Da Mitwirkungspflichten des Antragstellers nach § 60 SGB I nicht bestehen (→ § 17 Rn. 96), kann der **Beistand** bei nur zögerlicher oder völlig versiegender Mitwirkung

---

[87] DIJuF-Rechtsgutachten JAmt 2011, 578 mit ausführlichen Überlegungen zum Umgang mit diesen Fällen in der Praxis.

[88] So DIJuF-Rechtsgutachten JAmt 2007, 478.

[89] BT-Drs. 13/892, 41.

[90] Ebenso die Begründung zum Gesetz-E; BT-Drs. 13/892, 40.

[91] So auch OLG Hamm FamRZ 2013, 799; insoweit aA die Gegenäußerung der Bundesregierung zur Stellungnahme des Bundesrats in BT-Drs. 13/892, 54.und DIJuF JAmt 2005, 181: „Daueraufgabe bis zur Volljährigkeit".

[92] aA DIV-Stellungnahme DAVorm. 1993/1023; nicht berücksichtigt wurde der Vorschlag des Deutschen Vereins in NDV 1994, 16, in diesem Fall eine Erledigungserklärung des JA vorzusehen.

[93] BT-Drs. 13/892, 40.

die Beistandschaft **nicht** von sich aus **beenden**; ebenso wenig aus anderen Gründen wie zB der Beauftragung eines Rechtsanwalts. oder ständigen Konflikten.[94]

Mit der Beendigung der Beistandschaft **enden alle Befugnisse** des JA; so können **93** Titel nicht mehr vollstreckt werden und Unterhaltsmahnungen nicht mehr ergehen.[95] In einem noch nicht rechtskräftig beendeten Verfahren verliert der Beistand seine Legitimation.[96] Seine bis zur Beendigung vorgenommenen Handlungen bleiben aber wirksam. Ein **Ruhen** der Beistandschaft wäre in manchen Fällen zwar sinnvoll, ist aber rechtlich nicht möglich.

Aus der Ausgestaltung der Beistandschaft als Beauftragung des JA folgt, dass das **94** JA nach „Kündigung" der Beistandschaft Auskunfts-und Rechenschaftspflichten entsprechend § 666 BGB und eine Aktenherausgabepflicht entsprechend § 667 BGB hat;[97] vgl. auch → Rn. 16.

Zur Frage einer **Amtspflichtverletzung bei der Schlussrechnung** → § 16 Rn. 85. – **95** Zum **Datenschutz** → §16 Rn. 99ff.

[94] So *Meysen* JAmt 2008, 125.
[95] So OLG Brandenburg FamRZ 2006, 1782.
[96] OLG Karlsruhe JAmt 2001, 302.
[97] So Staudinger/*Rauscher* § 1715 Rn. 18.

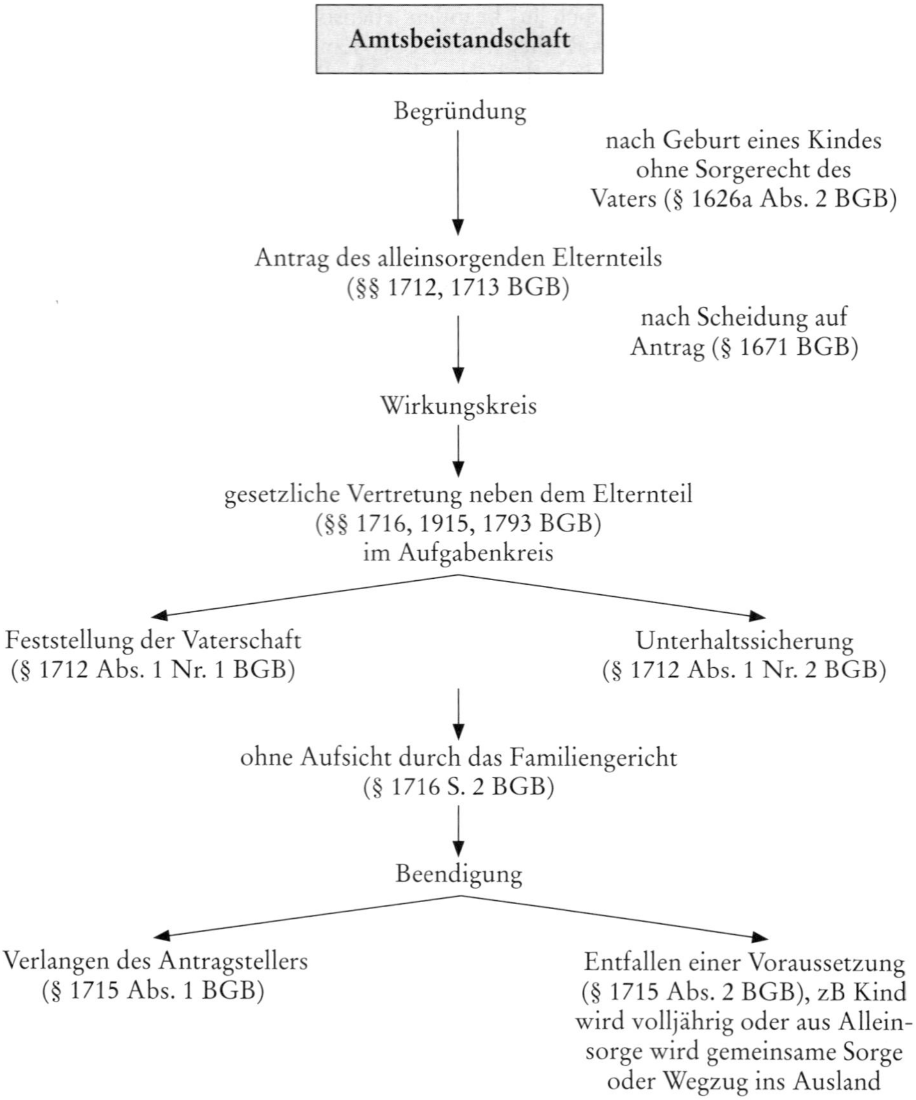

(Aus: *Kunkel*, Jugendhilferecht, Rn. 213)

6. Kapitel. Erzieherische und materielle Hilfen

§ 20 Leistungen der Jugendhilfe und weitere Sozialleistungen

Inhalt

I. Die Leistungen der Jugendhilfe

Vorbemerkung: Die Kinder- und Jugendhilfe steht durch die derzeit diskutierte „inklusive Lösung“ des SGB VIII und den bereits am 1.12.2016 vom Bundestag verabschiedeten Gesetzesentwurf des Bundesteilhabegesetzes (SGB IX) vor erheblichen 1

Veränderungen. Die folgenden Darstellung bezieht sich ausschließlich auf die zum Zeitpunkt der Bearbeitung dieser Auflage im Sommer 2016 gültige Rechtslage. Zu den geplanten Neuerungen siehe unter IV. Ausblick auf inklusive Lösung und Bundesteilhabegesetz (→ Rn. 151, 152).

1a **1. Grundlagen der Hilfe zur Erziehung, § 27 SGB VIII.** Die Kinder- und Jugendhilfe gehört zum System der sozialen Förderung. Leistungen aus diesem Bereich werden zur Herstellung und Verbesserung der Chancengleichheit gewährt, wenn eine unterschiedlich ausgeprägte individuelle Bedürftigkeit vorliegt und eine Möglichkeit zur Vorsorge durch die Leistungsberechtigten insb. durch Versicherungen nicht besteht. Das System der sozialen Förderung wird regelmäßig aus Steuermitteln finanziert.

2 § 27 SGB VIII ist die Grundnorm über die Hilfe zur Erziehung. Die in § 27 Abs. 1 SGB VIII genannten Voraussetzungen – eine dem Wohl des Kindes oder Jugendlichen entsprechende Erziehung ist nicht gewährleistet *und* die Hilfe ist geeignet und notwendig – müssen für jede Hilfegewährung nach den §§ 28 ff. SGB VIII vorliegen.[1] Bei der Frage, wann eine dem **Wohl des Kindes** entsprechende Erziehung nicht mehr gewährleistet ist, kann die Rechtsprechung zu § 1666 BGB nur unterstützend herangezogen werden. Es ist zu berücksichtigen, dass es sich bei den Hilfen zur Erziehung zum einen nicht um Eingriffe in das elterliche Sorgerecht handelt und außerdem die Schutzzwecke von Jugendhilferecht und § 1666 BGB voneinander abweichen.[2] Eingriffe in das Sorgerecht sind ultima ratio bei einer Gefahr für das Kindeswohl. Das Jugendhilferecht will idealerweise gerade vor Eintritt einer Gefahr für das Kindeswohl greifen und Eltern und Kinder oder Jugendliche unterstützen, eine dem Wohl des Kindes oder Jugendlichen entsprechende Erziehung zu gewährleisten. Die Schwelle für Jugendhilfeleistungen nach den §§ 27 ff. SGB VIII muss daher deutlich niedriger liegen als für familiengerichtliche Eingriffe nach § 1666 BGB in das Sorgerecht.[3] Die jeweilige Jugendhilfemaßnahme muss außerdem **geeignet und notwendig** sein. Der nicht mehr dem Kindeswohl entsprechenden Erziehung muss also gerade mit den sozialpädagogischen und damit verbundenen therapeutischen Maßnahmen der Hilfen zur Erziehung begegnet werden können.

3 Die **Auswahl** der einzelnen Hilfearten orientiert sich am erzieherischen Bedarf im Einzelfall. Dabei haben das Hilfeplanverfahren nach § 36 SGB VIII, das Wunsch- und Wahlrecht nach § 5 SGB VIII, das Zusammenwirken der verschiedenen Fachkräfte und die Beteiligung der Betroffenen entscheidende Bedeutung. Einzelne Hilfen können regelmäßig auch kombiniert werden.[4] Eine Rangfolge der Leistungen nach den §§ 28 ff. SGB VIII sieht der Gesetzgeber nicht vor. Es kommt allein auf die jeweilige Eignung für den konkreten erzieherischen Bedarf an.[5] Lediglich wenn zwei verschiedene Hilfen völlig zweckidentisch, nur in einer jeweils anderen Form erbracht werden, wird eine Kombination ausscheiden müssen, so zB bei einer Heimerziehung daneben die Unterbringung in einer Pflegefamilie.[6] Der Leistungskatalog der §§ 28 ff. SGB VIII ist nicht abschließend, da nach § 27 Abs. 2 Satz 1 SGB VIII die Hilfe zur Erziehung *insbesondere* nach Maßgabe der §§ 28 bis 35 SGB VIII gewährt wird.

---

[1] DIJuF JAmt 2007, 316.
[2] *Coester* FamRZ 1996, 1181.
[3] *Mrozynski* § 27 Rn. 19.
[4] DIJuF JAmt 2002, 118.
[5] *Mrozynski* § 27 Rn. 10.
[6] *Mrozynski* § 27 Rn. 11.

Die Hilfe wird regelmäßig im Inland erbracht. Nur wenn dies zur Erreichung des Hilfeziels im Einzelfall erforderlich ist, darf sie im **Ausland** erbracht werden (§ 27 Abs. 2 S. 3 SGB VIII). 4

Lebt ein Kind oder Jugendlicher in Verwandtenpflege, so kann dennoch Hilfe zur Erziehung geleistet werden. Diese Klarstellung wurde durch das KICK (Gesetz zur Weiterentwicklung der Kinder- und Jugendhilfe) vom 1.10.2005 mit § 27 Abs. 2a SGB VIII getroffen.

Liegen die Voraussetzungen des § 27 Abs. 1 SGB VIII vor, so besteht ein **Rechtsanspruch** auf diese Leistungen. Anspruchsinhaber sind die **Personensorgeberechtigten**. Die Kinder oder Jugendlichen sind gem. § 8 SGB VIII an allen sie betreffenden Entscheidungen der öffentlichen Jugendhilfe zu beteiligen und haben das Recht, sich in allen Fragen ihrer Erziehung und Entwicklung an das Jugendamt zu wenden. Dem Jugendamt kommt auch im Rahmen der Hilfe zur Erziehung kein eigenes Erziehungsrecht zu (siehe → Rn. 7). Über die Inanspruchnahme nach den §§ 28 ff. SGB VIII entscheidet alleine der Personensorgeberechtigte. Folgt aus einer Ablehnung von Leistungen eine Kindeswohlgefährdung, so muss das Jugendamt das Familiengericht gem. § 8a Abs. 3 SGB VIII anrufen.[7] Der Anspruch auf Hilfe zur Erziehung **entfällt nicht**, wenn der Vormund/Pfleger den Hilfebedarf selbst deckt (siehe auch → Rn. 19, 39). Maßgeblich ist, ob die Eltern in der Lage sind, eine dem Wohl des Kindes oder Jugendlichen entsprechende Erziehung zu gewährleisten.[8] Dem Pfleger muss vom Familiengericht das Recht zur Geltendmachung von Hilfe zur Erziehung ausdrücklich übertragen worden sein. Alleine der Aufgabenkreis der Aufenthaltsbestimmung reicht dazu nicht aus.[9] 5

Die unbestimmten Rechtsbegriffe im Bereich der Hilfe zur Erziehung unterliegen der vollständigen Kontrolle der Verwaltungsgerichte.[10] Ein gerichtlich nur eingeschränkt überprüfbarer Beurteilungsspielraum des Jugendamts ist abzulehnen, da sowohl Grundrechte der Eltern (Art. 6 GG) als auch Grundrechte des Kindes (Art. 1 Abs. 1 GG, Art. 2 Abs. 1 GG) berührt sind[11] und außerdem das Wunsch- und Wahlrecht nicht entsprechend berücksichtigt werden könnte.[12] 6

a) Das staatliche Wächteramt. Jeder junge Mensch (§ 7 Abs. 1 Nr. 4 SGB VIII) hat ein Recht auf Förderung seiner Entwicklung und Erziehung zu einer eigenverantwortlichen und gemeinschaftsfähigen Persönlichkeit (§ 1 Abs. 1 SGB VIII). Die Pflege und Erziehung der Kinder sind das natürliche Recht der Eltern und die ihnen zuvörderst obliegende Pflicht (Art. 6 Abs. 2 GG; § 1 Abs. 2 S. 1 SGB VIII). Das SGB VIII kennt über die Inobhutnahme hinaus **keine Eingriffsbefugnisse** in das Elternrecht. Das staatliche Wächteramt, das sich aus Art. 6 Abs. 2 GG ergibt und in § 1 Abs. 2 S. 1 SGB VIII nochmals aufgegriffen wird, führt nicht zu einer eigenen Erziehungskompetenz des Staates. Werden Erziehungsdefizite bekannt und lehnen die Personensorgeberechtigten Hilfen ab, können Eingriffe in das Elternrecht erforderlich werden. Solche Eingriffe sind jedoch nur über **familiengerichtliche Maßnahmen** möglich (§ 1666 BGB). 7

Das Jugendamt wirkt an diesen Verfahren nach § 50 SGB VIII mit. In Fällen einer Kindeswohlgefährdung ist das Jugendamt nach Maßgabe des § 8a Abs. 3 SGB VIII ver- 8

---

[7] *Tammen/Trenczek* FK-SGB VIII § 27 Rn. 14.
[8] BVerwG FamRZ 1997, 935; NJW 1996, 2385.
[9] DIJuF JAmt 2009, 133.
[10] *Schmid-Obkirchner* in Wiesner § 27 Rn. 65.
[11] *Schmid-Obkirchner* in Wiesner § 27 Rn. 65 ff.
[12] *Mrozynski* § 27 Rn. 9 (der ein Auswahlermessen annimmt).

pflichtet, das Familiengericht anzurufen. Das staatliche Wächteramt ist damit auf die Gefahrenabwehr begrenzt und begründet keine eigene Erziehungskompetenz unterhalb der Schwelle einer Kindeswohlgefährdung im Sinne des § 1666 BGB.[13] Nach dem Verhältnismäßigkeitsgrundsatz müssen unter mehreren geeigneten Maßnahmen, die ergriffen werden, die den geringsten Eingriff in das Elternrecht bedeuten.[14] Das Kind oder der Jugendliche hat seinerseits einen Anspruch auf Schutz durch das staatliche Wächteramt, zumindest bei konkreter Gefährdung des Kindeswohls.[15] Unterhalb der Schwelle einer Kindeswohlgefährdung sind die Eltern als Personensorgeberechtigte Adressat der Ausübung des Wächteramts.[16]

9 **b) Das sozialrechtliche Verfahren.** Über die Bestimmungen des SGB VIII hinaus, sind die **Vorschriften weiterer Sozialgesetzbücher anwendbar**. Die Hilfe zur Erziehung und die Eingliederungshilfe für seelisch behinderte Kinder oder Jugendliche sind Sozialleistungen nach § 11 SGB I. Die Träger der öffentlichen Jugendhilfe haben, um ihre Aufgaben als Sozialleistungsträger erfüllen zu können, Jugendämter eingerichtet (§ 12 S. 1 SGB I iVm § 27 SGB I, § 69 Abs. 2 SGB VIII). Für das Verfahren finden regelmäßig die materiell-rechtlichen Bestimmungen des SGB I (Allgemeiner Teil) Anwendung, sowie die verwaltungsverfahrensrechtlichen Bestimmungen des SGB X (Sozialverwaltungsverfahren und Datenschutz). Sie werden ergänzt durch die speziellen Regelungen insbesondere der §§ 5 SGB VIII (Wunsch- und Wahlrecht), § 8 SGB VIII (Beteiligungsrechte der Kinder und Jugendlichen) und vor allem auch § 36 SGB VIII (Hilfeplanverfahren) sowie §§ 61 ff. SGB VIII (Schutz von Sozialdaten). Bei den Leistungen für seelisch behinderte Kinder und Jugendliche gilt darüber hinaus das SGB IX (Rehabilitation und Teilhabe behinderter Menschen).

10 Das SGB VIII enthält keine Vorschrift zur **Antragstellung**, insbesondere setzt § 27 SGB VIII eine solche nicht explizit voraus. Mit Entscheidung vom 28.9.2000 hat das Bundesverwaltungsgericht[17] aber erstmals hinsichtlich selbstbeschaffter Leistungen festgestellt, dass ein Antrag beziehungsweise „Herantragen" an das Jugendamt zwingende Voraussetzung für eine Leistungsverpflichtung des Jugendamts sei. Nur so sei gewährleistet, dass das Jugendamt auch seinem Prüfungsauftrag, welche Hilfe die geeignete ist, nachkommen könne. In der Folge hat sich die Rechtsprechung überwiegend von einem formalen Antragserfordernis abgewandt und das Herantragen an das Jugendamt ausreichen lassen, beziehungsweise im Einverständnis des Personensorgeberechtigten zur Hilfeleistung auch den Antrag enthalten gesehen.[18] Ebenso die herrschende Meinung in der Literatur. Das Jugendamt ist in Ausübung seines staatlichen Wächteramts verpflichtet, wenn es Erziehungsdefizite zum Nachteil des Kindes feststellt, den Personensorgeberechtigten geeignete Hilfen anzubieten. Es kann aber auch nicht von Amts wegen Leistungen gegen den Willen des Personensorgeberechtigten erbringen[19] . Einer Verweigerung der Personensorgeberechtigten ist vom Jugendamt gegebenenfalls mit einer Anrufung des Familiengerichts zu begegnen. Dieses kann dann die Annahme von Hilfe zur Erziehung zur Auflage machen (§ 1666 Abs. 3 BGB). In diesem Sinne wird man auch das BVerwG in seiner Entscheidung vom 22.5.2008 verstehen müssen, das zwar weiterhin an einem Antragserfordernis festhält, für einen

---

[13] *Wiesner* § 1 Rn. 22.
[14] *Wiesner* § 1 Rn. 24.
[15] *Wiesner* aaO.; *Kunkel* § 8 Rn. 1.
[16] *Wiesner* § 1 Rn. 25.
[17] BVerwG ZfJ 2001, 311.
[18] *Tammen/Trenczek* FK-SGB VIII § 27 Rn. 44
[19] *Schmid-Obkirchner* in Wiesner § 36a Rn. 13

Antrag aber ausdrücklich auch schlüssiges Verhalten ausreichen lässt.[20] In jedem Fall kommt einem Antrag nur verfahrensrechtliche Bedeutung zu, er ist nicht Voraussetzung der Hilfeleistung und hat damit keine materiellrechtliche Bedeutung.[21]

Allerdings ist das „Entscheidungsprimat“[22] des Jugendamts auch sonst von Bedeutung: Die Jugendhilfe hat mit dem Hilfeplanverfahren ein besonderes, fachlich spezialisiertes Instrument an der Hand, um in jedem Einzelfall die geeignete Hilfe festzustellen. Deshalb ist es nur folgerichtig, wenn § 36a Abs. 1 SGB VIII das Jugendamt zur Kostentragung nur verpflichtet, wenn es die Entscheidung im Rahmen des Hilfeplanverfahrens unter Berücksichtigung der Wunsch- und Wahlrechte getroffen hat, selbst wenn den Eltern oder dem Jugendlichen durch Familien- oder Jugendstrafgericht die Inanspruchnahme der Jugendhilfeleistung auferlegt wurden. **11**

Im Übrigen bieten die Grundsätze zur **selbstbeschafften Leistung** nach § 36a Abs. 3 SGB VIII auch Schutz davor, dass die Jugendämter zu reinen Kostenträgern ohne den notwendigen eigenen Prüfungsspielraum werden. Danach muss der Leistungsberechtigte vor Selbstbeschaffung der Leistung das Jugendamt über den Hilfebedarf in Kenntnis setzen. Die Mitteilung durch Dritte genügt nicht.[23] Außerdem müssen die übrigen Voraussetzungen für die Hilfegewährung vorliegen. Dabei sind zwei Varianten zu unterscheiden. Zum einen, dass bis zu einer Entscheidung des Jugendamts über die Gewährung der Leistung oder über ein Rechtsmittel nach einer zu Unrecht abgelehnten Leistung nicht gewartet werden kann. Die Leistung wurde also bereits beantragt bzw. an das Jugendamt herangetragen. Zum anderen die Situation, dass der Leistungsberechtigte gänzlich ohne das vorherige In-Kenntnis-Setzen des Jugendamts zur Selbstbeschaffung greift. Dies darf er nur, wenn es ihm unmöglich war, das Jugendamt vorher zu informieren. An dieser Stelle muss dann der Eilbedürftigkeit der Maßnahme ausschlaggebende Bedeutung zukommen. Der Leistungsberechtigte muss diese darlegen.[24] Nach Wegfall des Hinderungsgrundes muss der Leistungsberechtigte aber die Informierung des Jugendamts unverzüglich nachholen. Die zitierten BVerwG-Entscheidungen beziehen sich auf selbstbeschaffte Leistungen. Auch die Entscheidung vom 22.5.2008 stellt fest, dass wohl gerade keine vorherige Kenntnis des Jugendamts vorlag.[25] Hier wäre es wohl sachgerechter gewesen, statt über das Antragserfordernis zu argumentieren, die Kriterien für eine Dringlichkeit, die eine vorherige Informierung des Jugendamts zunächst entbehrlich macht, zu präzisieren. In der Praxis sind letztlich kaum Sachverhalte vorstellbar, die eine Selbstbeschaffung ohne vorheriges In-Kenntnis-Setzen des Jugendamts rechtfertigen könnten. Es dürfte sich hier nur um Fälle handeln, in denen wegen einer am Wochenende oder zur Nachtzeit auftretenden Dringlichkeit eine rechtzeitige Information des Jugendamts nicht möglich ist.[26] **12**

Minderjährige können ab dem vollendeten 15. Lebensjahr selbst **Antrag auf Sozialleistungen** stellen (§ 36 Abs. 1 SGB I). Da für die Hilfen zur Erziehung aber der Personensorgeberechtigte Anspruchsinhaber ist, hat dies in der Praxis nur für Leistungen der Eingliederungshilfe für seelisch behinderte Kinder und Jugendliche Bedeutung.[27] Und selbst dort ist die Zustimmung der Personensorgeberechtigten notwendig, wenn **13**

---

[20] BVerwG JAmt 2008, 600

[21] *Kunkel* § 36 Rn. 14.

[22] *Schmid-Obkirchner* in Wiesner § 36a Rn. 12.

[23] *Wiesner* § 36a Rn. 44.

[24] BVerwG JAmt 2008, 600.

[25] BVerwG aaO.

[26] *Meysen* FK-SGB VIII § 36a Rn. 53.

[27] *Wiesner* § 8 Rn. 28 ff. (aA *Kunkel* § 36 Rn. 15).

mit der konkreten Eingliederungshilfe ein Wechsel des Aufenthalts des Minderjährigen einhergeht. Doch haben Kinder und Jugendliche das Recht, sich in allen Fragen der Erziehung und Entwicklung an das Jugendamt zu wenden und sie können im Rahmen einer Konflikt- und Notlage auch ohne Kenntnis des Personensorgeberechtigten beraten werden, wenn eine Information des Personensorgeberechtigten den Beratungszweck vereiteln würde (§ 8 Abs. 2, 3 SGB VIII). Da das Jugendamt im Rahmen seines staatlichen Wächteramts auch auf eine solche Anregung des Kindes oder Jugendlichen hin tätig werden muss, dürfte eine Durchbrechung des Grundsatzes, dass Antragsteller regelmäßig nur der Inhaber eines Anspruchs sein kann, nicht erforderlich sein.

14 Die Entscheidung über die im Einzelfall angezeigte Hilfe zur Erziehung und Eingliederungshilfe für seelisch behinderte Kinder oder Jugendliche soll, sofern die Hilfe voraussichtlich für längere Zeit gewährt werden soll, im Zusammenwirken mehrerer Fachkräfte getroffen werden. Der **Hilfeplan** stellt die Grundlage für die Ausgestaltung der Hilfe im Einzelfall dar. Er enthält Feststellungen über den Bedarf, die zu gewährende Art der Hilfe und die notwendigen Leistungen. Die gewählte Hilfeart soll regelmäßig auf ihre Eignung und Notwendigkeit hin überprüft werden. Sofern bei der Durchführung der Hilfe andere Personen, Dienste oder Einrichtungen tätig werden, sollen sie an der Hilfeplanung und Überprüfung beteiligt werden. Die Bestimmungen zum Hilfeplan ergänzen den umfassenden Beratungsauftrag gegenüber Personensorgeberechtigten, Kind oder Jugendlichem nach § 36 Abs. 1 SGB VIII. Der Beratungsauftrag macht deutlich, dass es sich bei der Hilfegewährung um einen *gemeinsam gestalteten Hilfeprozess*[28] handelt. Im Hilfeplan wird dieser Aushandlungsprozess dokumentiert.[29]

15 Strittig ist die **Rechtsnatur des Hilfeplans**. Übereinstimmung besteht dahingehend, dass der Hilfeplan keinen Verwaltungsakt nach § 31 S. 1 SGB X darstellt.[30] Von Teilen in der Literatur wird er als Nebenbestimmung eigener Art zum Leistungsbescheid angesehen. Als solcher sei er unteilbar mit dem Leistungsbescheid verbunden und auch nur mit diesem gemeinsam angreifbar.[31]Dies verkennt aber, dass im Hilfeplan nicht nur die grundsätzliche Entscheidung (zB dass die Unterbringung in einer Pflegefamilie die geeignete Hilfe für das jeweilige Kind/den Jugendlichen ist) getroffen wird, sondern darüber hinaus regelmäßig weitere Vereinbarungen zB zu Umgangskontakten, pädagogischen, erzieherischen Zielen, die erreicht werden sollen. Er legt also auch Verhaltenspflichten für die Beteiligten fest[32]. Wäre der Hilfeplan nunmehr Nebenbestimmung zum Leistungsbescheid, dann würde damit das Jugendamt als für den Hilfeplan letztverantwortlicher Stelle („Plangeber im Rechtssinne“[33]) sorgerechtliche Kompetenz zuwachsen, obwohl ihm hier ausschließlich Beratungs- und Unterstützungsaufgaben zukommen und bei kindeswohlgefährdenden Situationen iS des § 1666 BGB die Anrufung des Familiengerichts vorgegeben ist. Denn es ist mitnichten so, dass der Hilfeplan nur Pflichten enthält, mit denen alle Beteiligten insb. die Sorgeberechtigten zweifelsfrei einverstanden sind; regelmäßig enthält er Bedingungen, die das Jugendamt (in seiner unbestrittenen fachlichen Kompetenz nachvollziehbar) für pädagogisch sinnvoll oder auch sogar erforderlich hält. Damit stellt er gerade nicht nur

---

[28] *Schmid-Obkirchner* in Wiesner § 36 Rn. 9, 10.
[29] *Schmid-Obkirchner* in Wiesner § 36 Rn. 77.
[30] *Schmid-Obkirchner* in Wiesner § 36 Rn. 78.
[31] *Schmid-Obkirchner* in Wiesner § 36 Rn. 82.
[32] *Schmid-Obkirchner* in Wiesner § 36 Rn. 77
[33] *Schmid-Obkirchner* in Wiesner § 36 Rn. 79

sicher, dass die **gesetzlichen** Voraussetzungen für den Leistungsbescheid erfüllt werden. Nicht überzeugen mag auch, dass der Hilfeplan als Nebenbestimmung geeignet sein soll, im sozialrechtlichen Dreiecksverhältnis der Bedeutung des Hilfeplans vor allem hinsichtlich des zwischen Jugendamt und Hilfe erbringender Stelle zu begründenden Vereinbarungsverhältnisses Nachdruck zu verleihen[34]. Stellt das Jugendamt zunächst Bedingungen an die Sorgeberechtigten, so werden diese nunmehr unmittelbar auf die Leistungserbringer übertragen. Die Besonderheit des sozialrechtlichen Dreiecksverhältnisses ist es aber gerade, dass die Eigenständigkeit der Leistungserbringer über die zivilrechtliche Vertragsgestaltung mit den Leistungsberechtigten zentrales Element bleibt. Diese „Selbständigkeit" der freien Jugendhilfe „in Zielsetzung und Durchführung ihrer Aufgaben" betont kein Sozialgesetzbuch so ausdrücklich wie gerade das SGB VIII mit § 4 Abs. 1. Damit wäre dann auch nicht mehr vereinbar, dass die Leistungserbringer zwar über die Nebenbestimmung und dann Vereinbarungsverhältnisses gebunden werden sollen, aber ihnen kein Anspruch auf Beteiligung zukommen soll[35]. Der Hilfeplan – insbesondere als nur mit dem Leistungsbescheid angreifbare – Nebenbestimmung übersieht darüber hinaus, dass Hilfeplan und Leistungsbescheid gerade bei längerdauernder Hilfe zur Erziehung zeitlich zum Teil erheblich auseinanderfallen und damit obwohl die im Leistungsbescheid festgelegte Hilfe die geeignete ist, immer auch der Ausgangsbescheid in Frage gestellt werden müsste. Nach anderer Ansicht soll es sich um einen Hilfekontrakt handeln, also letztlich einen Vertrag.[36] Dem steht aber entgegen, dass nach § 53 Abs. 2 SGB X öffentlich-rechtliche Verträge bei Sozialleistungen nur zulässig sind, sowie diese im Ermessen des Leistungsträgers stehen. Auf die Hilfen zur Erziehung und die Eingliederungshilfe für seelisch behinderte Kinder und Jugendliche besteht aber ein Rechtsanspruch, sofern die weiteren Voraussetzungen vorliegen. Außerdem steht der Annahme eines Vertrags – also eines gegenseitigen Aushandelns – entgegen, dass das Jugendamt bei Nichtannahme von Leistungen gegebenenfalls sogar das Familiengericht anrufen muss. Der Hilfeplan kann damit mit Kunkel/Kepert sowie Weber nur dem **schlichten Verwaltungshandeln** in Form eines Realakts zugerechnet werden.[37] Er hält den Hilfebedarf und die dafür vorgesehenen Hilfen fest und dient damit dem Leistungsbescheid quasi als Begründung.[38] Eine eigenständige gerichtliche Überprüfbarkeit des Hilfeplans besteht nach keiner Auffassung. Ein Hilfeplan ist auch nicht materielle Rechtmäßigkeitsvoraussetzung der Hilfeleistung. Gibt es keinen Hilfeplan, kommt es für die Rechtmäßigkeit der Leistung darauf an, ob deren Geeignetheit und Notwendigkeit auch ohne ihn festgestellt werden können.[39] Gleichwohl hat der Personensorgeberechtigte aber die Möglichkeit, einen von ihm zwar begehrten aber nicht durchgeführten Hilfeplan über die allgemeine Leistungsklage einzufordern, da die Durchführung des Hilfeplanverfahrens letztlich zu einer ermessensfehlerfreien Entscheidung des Jugendamts gehört.[40]

Die Leistungsberechtigten haben das Recht, zwischen Einrichtungen und Diensten **16**
verschiedener Träger zu wählen und Wünsche hinsichtlich der Gestaltung der Hilfe zu äußern. Das **Wunsch- und Wahlrecht** ist keine eigenständige Anspruchsgrundlage für die Selbstbeschaffung einer Hilfe. Es bindet aber die Jugendhilfe bei der Erbrin-

---

34 *Schmid-Obkirchner* in Wiesner § 36 Rn. 80.

35 *Schmid-Obkirchner* in Wiesner § 36 Rn. 52.

36 BGH NJW 2006, 2554.

37 *Kunkel/Kepert* LPK-SGB VIII § 36 Rn. 48; *Weber*, ZKJ 2009, 394.

38 *Mrozynski* § 36 Rn. 13, 14.

39 BVerwG 109, 155.

40 *Schmid-Obkirchner* in Wiesner § 36 Rn. 82; *Mrozynski* § 36 Rn. 12.

gung der Leistung.[41] Die Wahl zwischen Einrichtungen und Diensten verschiedener Träger setzt voraus, dass im Einzelfall bereits eine konkrete Hilfe gewährt wird, also über die im Einzelfall geeignete Hilfeart vom Jugendamt bereits entschieden wurde. Das Wunsch- und Wahlrecht ist dabei räumlich nicht begrenzt, auch Angebote außerhalb des örtlichen Zuständigkeitsbereichs eines Jugendamts sind einbezogen.[42] Wünsche hinsichtlich der Gestaltung der Hilfe richten sich auf das „Wie". Dazu gehört auch, welche Hilfe geleistet wird, wenn mehrere Hilfen gleichermaßen geeignet sind[43].

17 Begrenzt wird das Wunsch- und Wahlrecht durch **unverhältnismäßige Mehrkosten**. Dabei werden die Kosten einer Maßnahme nach Wunsch des Leistungsberechtigten und die Kosten der Maßnahme ohne einen solchen Wunsch verglichen.[44] Sofern die Träger der öffentlichen Jugendhilfe mit Trägern der freien Jugendhilfe pauschale Kostenvereinbarungen haben, sind letztere Angebote oft günstiger als solche, bei denen pauschale Finanzierungsvereinbarungen nicht vorliegen. Für den notwendigen Vergleich muss hier auf die Kosten des Einzelfalls ohne Pauschalfinanzierung abgestellt werden, da ansonsten das Wunsch- und Wahlrecht durch Finanzierungsvereinbarungen zwischen öffentlicher und freier Jugendhilfe ausgehebelt würde.[45]

18 **c) Die rechtliche Stellung des Vormunds/Pflegers in Zusammenhang mit Jugendhilfeleistungen.** Der Vormund hat nach § 1793 BGB die Pflicht und das Recht, für die Person und das Vermögen des Mündels zu sorgen, insbesondere den Mündel zu vertreten. Umfang und Inhalt der Personensorge bestimmen sich nach §§ 1631–1633 BGB (§ 1800 BGB). Die Rechtsstellung des Vormundes ist somit dem elterlichen Sorgerecht nachgebildet. Er hat, wie die Eltern, das Personensorgerecht einschließlich der gesetzlichen Vertretungskompetenz. Die Anwendung der §§ 1631–1633 BGB erklärt sich aus dem Umstand, dass der Vormund als Elternersatz gedacht ist. Elterliche und **vormundschaftliche Sorge** sind in der Ausgestaltung weitestgehend ähnlich[46], allerdings bedürfen Entscheidungen des Vormunds von besonderer Tragweite der familiengerichtlichen Genehmigung (vertiefend hierzu *Burschel* § 8; *Band* § 9). Maßstab für die Ausübung der Elternfunktion ist das **„wohlverstandene Mündelinteresse"**[47], also die Berücksichtigung von subjektiven Wünschen unter Abschätzung des objektiven Wohls des Mündels. So nimmt der Vormund die Integritäts-, Erziehungs-, Entfaltungs- und Vermögensinteressen des Mündels gemäß seiner jeweiligen Lebenssituation wahr.[48] Die jeweilige Lebenssituation bezieht sich dabei ua auf Alter, Ausbildungsstand, geistige und sittliche Reife des Minderjährigen. Auch im Bereich der Hilfen zur Erziehung und der Eingliederungshilfe für seelisch behinderte Kinder und Jugendliche müssen für den Vormund ausschließlich die Belange des Mündels im Vordergrund stehen. Interessen von Eltern können nur insoweit eine Rolle spielen, als sie in Einklang mit den Interessen des Minderjährigen stehen.[49] Finanzielle Erwägungen, zB eine Kostenbelastung der Eltern dürfen nicht relevant sein, zumal hier die Härtefallregelung des § 92 Abs. 5 SGB VIII (Absehen von einem Kostenbeitrag bei Gefährdung der Hilfe oder einer besonderen Härte) ausreichend Schutz bietet.

---

[41] *Wiesner* § 5 Rn. 1.
[42] *Wiesner* § 5 Rn. 10.
[43] *Wiesner* § 5 Rn. 11.
[44] *Wiesner* § 5 Rn. 12.
[45] *Wiesner* § 5 Rn. 15.
[46] Zu den Einschränkungen und Unterschieden vgl. MüKoBGB/*Spickhoff* § 1793 Rn. 5–17.
[47] Palandt/*Götz* § 1793 Rn. 1.
[48] MüKoBGB/*Spickhoff* § 1793 Rn. 2.
[49] MüKoBGB/*Spickhoff* aaO.

Gleichermaßen können Kostengesichtspunkte des öffentlichen Jugendhilfeträgers im Rahmen einer Entscheidungsfindung nicht zum Tragen kommen, sofern nicht das Gesetz einen entsprechenden Vorbehalt vorsieht (vgl. Einschränkung des Wunsch- und Wahlrechts bei unverhältnismäßigen Mehrkosten, § 5 SGB VIII).

Die Hilfen zur Erziehung stehen dem Personensorgeberechtigten zu. Personensorgeberechtigter im Sinne des SGB VIII ist auch der Vormund oder Pfleger (§ 7 Abs. 5 SGB VIII). Bestanden früher noch Zweifel, ob der Vormund oder Pfleger überhaupt **anspruchsberechtigt** im Sinne des § 27 SGB VIII sein könne, da nicht er es sei, der eine dem Wohl des Kindes entsprechende Erziehung nicht gewährleiste, sondern die Eltern, so wird dies heute nicht mehr ernsthaft in Abrede gestellt.[50] Soweit der Vormund als Personensorgeberechtigter die Erziehung seines Mündels nicht selbst sicherstellen kann, ist er zur Inanspruchnahme der Jugendhilfeleistungen aufgrund seines Auftrags aus § 1793 BGB verpflichtet. Der Vormund oder Pfleger ist dabei als Personensorgeberechtigter ebenso Adressat der besonderen Aufklärungs- und Beratungspflichten nach § 36 Abs. 1 SGB VIII, wie es ohne ihn die Eltern wären. Darüber hinaus hat er auch die Beteiligungsrechte seines Mündels (§§ 8 Abs. 1, 36 Abs. 1, 2 SGB VIII) einzufordern. 19

Pfleger und Vormünder haben gegenüber dem Jugendamt (Allgemeiner Sozialdienst/ASD oder Bezirkssozialarbeit/BSA) außerdem einen eigenen **Anspruch auf** regelmäßige und dem jeweiligen erzieherischen Bedarf entsprechende **Beratung und Unterstützung** (§ 53 Abs. 2 SGB VIII). Das Jugendamt wiederum ist verpflichtet, darauf zu achten, dass die Vormünder und Pfleger ihre Aufgabe wahrnehmen und beratend darauf hinzuwirken, dass dabei festgestellte Mängel im Einvernehmen mit dem Vormund oder Pfleger behoben werden (§ 53 Abs. 3 SGB VIII) (zur Vereinsvormundschaft siehe *Elmauer* → § 14 Rn. 65). Weder lässt sich aus dem staatlichen Wächteramt noch aus der eindeutig als Beratungspflicht ausgestalteten Vorschrift des § 53 SGB VIII eine Erziehungskompetenz des Jugendamts gegenüber dem Vormund herleiten. So obliegt es insbesondere nicht den Mitarbeitern von ASD/BSA im Jugendamt, eigenständig Umgangskontakte mit Eltern zu planen, über ihren Umfang oder ihre Ausgestaltung zu entscheiden, wenn ein Vormund bestellt ist oder die Umgangsregelung einem Pfleger übertragen wurde. Auch, wenn die *Umgangsbegleitung* vom Jugendamt durchgeführt wird (siehe zur Unterstützung in Fragen des Umgangsrechts § 18 Abs. 3 SGB VIII), verbleibt die Regelungskompetenz beim Vormund bzw. Pfleger. Erst ein pflichtwidriges Verhalten seitens des Vormunds oder Pflegers, das ein Eingreifen des Familiengerichts rechtfertigt (siehe § 1837 Abs. 2 S. 1 BGB), verpflichtet das Jugendamt, sich an das Familiengericht zu wenden.[51] Überhaupt ist eine Hilfegewährung gegen den Willen des Vormunds sowenig möglich wie gegen den Willen der Eltern. Der Vormund oder Pfleger muss die Gelegenheit haben, zu entscheiden, ob er die von den Fachkräften des Jugendamtes als geeignet angebotene Hilfe annehmen will oder nicht. Hat das Jugendamt (ASD/BSA) im internen fachlichen Beratungsprozess eine Entscheidung über eine Hilfe getroffen, so ist daher spätestens vor der rechtsverbindlichen Entscheidung der Vormund/Pfleger darüber zu informieren. Beteiligt im übrigen das Jugendamt aus insbesondere pädagogisch-fachlichen Gründen Eltern, denen das Sorgerecht im maßgeblichen Aufgabenbereich nicht mehr zusteht, so ist im Konfliktfall der Wille des Vormunds/Pflegers entscheidend.[52] 20

[50] *Mrozynski* § 27 Rn. 14; *Münder* § 27 Rn. 38; im Ergebnis auch *Schmid-Obkirchner* in Wiesner § 27 Rn. 16.

[51] *Elmauer* in Wiesner § 53 Rn. 13, 14; *Mrozynski* § 53 Rn. 4.

[52] *Kunkel* § 36 Rn. 26.

21 Im Zusammenhang des Umfangs der Kompetenzen des Jugendamts ist auch das **sozialrechtliche Dreiecksverhältnis** von Bedeutung. Danach bestehen Rechtsbeziehungen zunächst zwischen Leistungsberechtigtem (also Personensorgeberechtigtem bei den Hilfen nach §§ 27 ff. SGB VIII) und Leistungsträger (Träger der öffentlichen Jugendhilfe). Sie sind öffentlich-rechtlicher Natur, entschieden wird durch Verwaltungsakt in einem Verwaltungsverfahren. Außerdem bestehen Rechtsbeziehungen zwischen Leistungsträger (Träger der öffentlichen Jugendhilfe) und Leistungserbringer (Einrichtung, Pflegeeltern, Anbieter der ambulanten Hilfen). Die dritte Rechtsbeziehung besteht schließlich zwischen Leistungserbringer und Leistungsberechtigtem. Sie ist ausschließlich privatrechtlicher Natur. Unabhängig davon, ob ein schriftlicher Vertrag vorliegt (was allerdings in der Praxis selten ist, aber zur Klärung der jeweiligen Rollen und damit verbundenen Kompetenzen sehr empfehlenswert wäre), bestimmen in diesem Verhältnis Leistungserbringer und Leistungsberechtigter die Ausgestaltung der Hilfe.

22 Unabhängig von den rechtlichen Grenzen der Einflussnahme durch das Jugendamt auf die Entscheidungen des Vormunds, ist gerade die berufsmäßige Vormundschaft ohne Unterstützung der Fachkräfte der Jugendämter, der Einrichtungen, Pflegeeltern und der Mitarbeiter der ambulanten Jugendhilfeangebote der öffentlichen und freien Jugendhilfeträger nicht zu leisten. Das heißt, dass der Vormund Dritte an der Durchführung insbesondere der Personensorge beteiligen muss. Dabei darf er aber **nicht sein Amt** als solches oder seine Aufgabe im Wesentlichen oder in Teilen an Dritte **abgeben.**[53] Dem Vormund oder Pfleger muss immer die Befugnis, selbst zu handeln, bleiben.[54]

23 **Verfahrensrechtlich** ist der Vormund, da er als Personensorgeberechtigter Antragsteller ist, Beteiligter des Verwaltungsverfahrens (§ 12 Abs. 1 Nr. 1 SGB X); ihm gegenüber ist der Verwaltungsakt zu erlassen und bekannt zu geben (§ 37 SGB X). Der Vormund als Beteiligter hat Anspruch auf Einsicht in die Verfahrensakten (§ 25 SGB X), und er muss vor belastenden Entscheidungen gehört werden (§ 24 SGB X). Der Vormund ist aktivlegitimiert, gegen einen ablehnenden Bescheid Widerspruch einzulegen und – wird dem Widerspruch nicht abgeholfen – Klage zum Verwaltungsgericht gegen den öffentlichen Träger der Jugendhilfe zu erheben.

Zu den Besonderheiten der Amtsvormundschaft siehe *Kunkel* → § 15 Rn. 135.

24 **2. Die einzelnen Hilfen zur Erziehung. a) Erziehungsberatung (§ 28 SGB VIII).** Die Erziehungsberatung unterstützt Kinder, Jugendliche, Eltern oder andere Erziehungsberechtigte, eine dem Kindeswohl entsprechende Erziehung sicherzustellen. Sie leistet Beratung und Therapie unter anderem bei gravierenden Schulproblemen, familiären Krisen wie Trennung und Scheidung, sozialen, emotionalen und psychosomatischen Auffälligkeiten. Die Erziehungsberatung ist eine ambulante Form der Hilfen zur Erziehung. Die Voraussetzungen des § 27 Abs. 1 SGB VIII, insb. dass eine dem Kindeswohl entsprechende Erziehung nicht mehr gewährleistet ist, müssen also vorliegen. Als niedrigschwellige Leistung zeichnet sie sich vor allem durch den unmittelbaren Zugang der Ratsuchenden regelmäßig außerhalb eines Hilfeplanverfahrens zu ihren Angeboten aus. Dem hat der Gesetzgeber nunmehr durch die Finanzierungsregelung des § 36a Abs. 2 SGB VIII Rechnung getragen, indem er ausdrücklich Kostenvereinbarungen mit den Trägern, insbesondere der Erziehungsberatung, außerhalb eines Hilfeplanverfahrens vorsieht. Besonderes Merkmal ist das Zusammenwirken

---

[53] Palandt/*Götz* § 1793 Rn. 12.

[54] MüKoBGB/*Spickhoff* § 1793 Rn. 35.

mehrerer Fachkräfte, vor allem Psychologen, Ärzte, Therapeuten, Heilpädagogen und Sozialarbeiter.

b) Soziale Gruppenarbeit (§ 29 SGB VIII). Soziale Gruppenarbeit hat ihren Schwerpunkt in der Entwicklung und Stärkung der sozialen Kompetenz vor allem von älteren Kindern und Jugendlichen.[55] Sie findet als gruppenpädagogisches Angebot sowohl in Form themen- und gesprächsorientierter als auch erlebnispädagogischer Maßnahmen statt. Regelmäßig ist sie geschlechtsspezifisch, altersentsprechend und auch sozialraumbezogen ausgestaltet. Sie gehört zu den ambulanten Hilfen zur Erziehung. Im Vergleich zu anderen Hilfen zur Erziehung wirkt die soziale Gruppenarbeit eher wenig in das familiäre und soziale Umfeld hinein. 25

Gerade bei der sozialen Gruppenarbeit in der Form der sozialen Trainingskurse kam es in der Vergangenheit immer wieder zu Auseinandersetzungen über die Finanzierungszuständigkeit durch die Justiz oder die Jugendhilfe. § 10 Abs. 1 Nr. 6 JGG sieht vor, dass das Jugendgericht die Teilnahme an einem sozialen Trainingskurs anordnen kann. Durch § 36a Abs. 2 SGB VIII ist nunmehr klargestellt, dass das Jugendamt auch bei einer (jugendstraf- oder familien-) richterlichen Anordnung an diese nicht gebunden ist. Vielmehr trägt das Jugendamt die Kosten einer Maßnahme nur, wenn diese auf der Grundlage der Entscheidung des Jugendamts nach Maßgabe des Hilfeplans und des Wunsch- und Wahlrechts erbracht wird. 26

c) Erziehungsbeistand, Betreuungshelfer (§ 30 SGB VIII). Erziehungsbeistandschaft ist ein vorrangig am Kind oder Jugendlichen orientiertes Beratungs- und Unterstützungsangebot, das auf Verhaltensänderungen beim Kind oder Jugendlichen einschließlich des Sozial- und Leistungsverhaltens in der Schule abzielt. Zu den Aufgaben der Erziehungsbeistandschaft zählt auch die (Wieder-) Herstellung tragfähiger Familienbeziehungen. Arbeitsformen der Erziehungsbeistandschaft sind Einzelarbeit, gruppen- und freizeitpädagogische Arbeit sowie die Familienberatung. 27

Die Arbeit des Erziehungsbeistandes stellt besonders hohe Anforderungen an die fachliche Qualifikation. Der Erziehungsbeistand muss in der Lage sein, die verschiedenen Methoden der Sozialpädagogik anzuwenden, er muss über besondere Fähigkeiten und Kenntnisse im therapeutischen Bereich verfügen und daneben auch umfangreiche Kenntnisse auf rechtlichem Gebiet haben. Er sollte über eine mehrjährige Berufserfahrung in der Jugendhilfe verfügen.

Der **Betreuungshelfer** unterscheidet sich hinsichtlich seiner inhaltlichen Tätigkeit nicht vom Erziehungsbeistand. Er hat auch nach dem Gesetzeswortlaut denselben Auftrag. Allerdings wird der Betreuungshelfer ausschließlich tätig, wenn eine entsprechende Weisung nach § 10 Abs. 1 Nr. 5 JGG vorliegt. Die Betreuungsweisung kommt besonders für jugendliche Straftäter in Betracht, bei denen eine eingriffsschwächere Reaktion aus erzieherischen Gründen aufgrund ihrer besonderen, schwierigen Lebenslage nicht ausreicht, die Eingliederung in einen sozialen Trainingskurs voraussichtlich Schwierigkeiten begegnen würde. Die Auferlegung einer Betreuungsweisung erfolgt zumeist per Urteil. Darin legt der Richter einen bestimmten Betreuungszeitraum fest, der die Dauer der Sanktion begrenzt und damit gleichzeitig den Jugendlichen vor unverhältnismäßigen pädagogischen Eingriffen schützen soll. Die Betreuungsangebote umfassen ein breites Spektrum von pädagogisch orientierten Ansätzen, die dazu beitragen sollen, zusammen mit dem delinquenten Jugendlichen seine Lebenssituation zu verändern und seine eigenen Kompetenzen zur Auseinandersetzung mit Konflikten und Problemen zu verbessern. Hierzu gehören die Unterstützung bei der Arbeits- und 28

---

[55] Zur Altersgrenze siehe *Mrozynski* § 29 Rn. 7, 8.

Wohnungssuche sowie bei der Wahrnehmung von Ansprüchen gegenüber Behörden, Schuldenregulierung, Einübung lebenspraktischer Kenntnisse, Unterstützung im Fall erneuter Straffälligkeit etc.

29 **d) Sozialpädagogische Familienhilfe (§ 31 SGB VIII).** Die sozialpädagogische Familienhilfe leistet vergleichbar dem Allgemeinen Sozialdienst umfassende pädagogische und alltagspraktische Hilfe. Sie gehört zu den ambulanten Hilfen. Sie hat die gesamte Familie im Fokus, da sich in vielen Fällen der erzieherische Bedarf letztlich aus der Problemlage der Familie ergibt. Sie unterstützt bei der Entschuldung, bei der Lösung von Mietproblemen, der Geltendmachung von Sozialleistungen, dem Umgang mit Behörden und bei einer wirtschaftlichen Haushaltsführung. Ebenso bietet sie Hilfestellung bei Schulproblemen und familiären Konflikten. Sie wirkt also sowohl innerhalb der Familie durch die pädagogische Arbeit mit den einzelnen Familienmitgliedern als auch im Außenverhältnis durch die Unterstützung der Familie bei Kontakten mit Behörden und Schule. Die Intensität und Ausrichtung an der Familie, die Aufgabe, den Familienzusammenhalt zu fördern, unterscheiden sie von anderen Hilfen zur Erziehung. Sie setzt allerdings eine hohe Bereitschaft der Familie zur Selbsthilfe voraus.

30 Neben dem Aspekt der Vorbeugung von Fremdunterbringung hat sich die sozialpädagogische Familienhilfe als eigenständiges Angebot zur Bewältigung von Krisensituationen in Familien entwickelt. Sie ist vor allem geeignet, Gefährdungen, insbesondere der Kinder, vorzubeugen und hilft Belastungen der Familien zu verringern. Die Zusammenarbeit mit der ganzen Familie ist darauf gerichtet, sowohl die Entwicklungschancen der Kinder als auch die erzieherischen Fähigkeiten von Müttern und Vätern zu fördern.

31 Stellt die sozialpädagogische Familienhilfe fest, dass dieses Ziel nicht erreicht werden kann, so gehört es zu ihren Aufgaben, eine notwendige Erziehung außerhalb des Elternhauses so vorzubereiten, dass die Trennung von Eltern und Kindern im Interesse eines bleibenden Kontaktes zwischen ihnen von diesen akzeptiert werden kann. Umgekehrt wird die sozialpädagogische Familienhilfe auch zur Unterstützung und Stabilisierung der Familiensituation im Rahmen einer Rückführung von Kindern in die Herkunftsfamilie eingesetzt.

32 **e) Erziehung in einer Tagesgruppe (§ 32 SGB VIII).** Die Erziehung in einer Tagesgruppe ermöglicht es, Familien während des Tages hinsichtlich der Betreuung und Erziehung des Kindes zu entlasten. Gleichzeitig erfolgt eine intensive Beratung und Unterstützung der Familie, um die besonders belastete Familiensituation zu überwinden oder aber hinreichend zu entlasten. Die Erziehung in einer Tagesgruppe ist eine teilstationäre Leistung. Sie ist an der Schnittstelle zwischen ambulanten und stationären Hilfeformen angesiedelt und hebt damit die klassische Trennung zwischen diesen beiden Hilfeformen auf. Sie soll dem Kind oder Jugendlichen sein elterliches Bezugssystem erhalten und gleichzeitig die elterliche Erziehungskompetenz nachhaltig stärken, und den Verbleib des Kindes oder Jugendlichen in der Familie auf Dauer zu sichern. Ähnlich wie die sozialpädagogische Familienhilfe kann sie umgekehrt aber auch im Rahmen einer Rückführung eingesetzt werden.

33 Mit stärkerer Intensität als bei der sozialen Gruppenarbeit werden gruppenpädagogische Konzepte eingesetzt. Die Gruppe bildet ein Regulativ gegenüber abweichenden und störenden Verhaltensweisen. Die Bewältigung von schulischen Problemen spielt eine zentrale Rolle in der Tagesgruppenbetreuung. Die Hausaufgabenbetreuung ist daher ein wesentlicher Bestandteil der pädagogischen Arbeit. Sie muss aber als Hilfe zur Erziehung über eine reine Hausaufgabenbetreuung bei vorübergehenden Lernschwächen hinausgehen. Die Tatsache, dass die Kinder und Jugendlichen jeden Abend in

ihre Familie zurückkehren, stellt nicht nur Anforderungen an die Stabilität der Familie, sondern zwingt die Fachkräfte auch, die Familie in hohem Maße in die Arbeit der Tagesgruppe durch Gespräche, Hausbesuche und Elternnachmittage einzubeziehen. Auch Freizeitaktivitäten von Eltern und Kindern können zum Leistungsbild gehören. Dennoch ist die Intensität der Elternarbeit nicht so hoch wie in der sozialpädagogischen Familienhilfe.

Die Tagesgruppe arbeitet dabei auch mit sozialpädagogischen, heilpädagogischen 34
und/oder therapeutischen Einzelförderungen.

Für besonders entwicklungsbeeinträchtigte Familien kann die Tagespflege auch in Form der Familienpflege, also einer intensiven Einzelbetreuung erfolgen.

f) Vollzeitpflege (§ 33 SGB VIII). Unter Vollzeitpflege wird die Unterbringung 35
und Erziehung des Kindes oder des Jugendlichen über Tag und Nacht außerhalb des Elternhauses in einer Pflegefamilie verstanden; sie kann – je nach den Erfordernissen des Einzelfalles – auf kurze Zeit oder auf Dauer angelegt sein. Es handelt sich um eine klassische stationäre Hilfe zur Erziehung.

Bei Hilfen außerhalb der Familie ist das Jugendamt gehalten, durch Beratung und 36
Unterstützung die Erziehungsbedingungen in der Herkunftsfamilie innerhalb eines im Hinblick auf die Entwicklung des Kindes oder Jugendlichen vertretbaren Zeitraums so weit zu verbessern, dass sie das Kind oder den Jugendlichen wieder selbst erziehen kann (§ 37 Abs. 2 S. 2 SGB VIII). Gleichzeitig soll durch die begleitende Beratung und Unterstützung der Familie darauf hingewirkt werden, dass die Beziehung des Kindes oder Jugendlichen zur Herkunftsfamilie gefördert wird. Erst wenn eine nachhaltige Verbesserung der Erziehungsbedingungen in der Herkunftsfamilie innerhalb eines vertretbaren Zeitraums nicht erreichbar ist, soll mit den Beteiligten eine andere dem Kindeswohl förderliche und auf Dauer angelegte Lebensperspektive erarbeitet werden.

Pflegestellen kommen in verschiedenen Formen vor. So gehören neben der klas- 37
sischen Pflegefamilie regelmäßig die Kurzzeitpflegestellen und Bereitschaftspflegen dazu. Abgrenzungsschwierigkeiten zur Heimunterbringung nach § 34 SGB VIII bestehen unter Umständen bei den sog. Erziehungsstellen (siehe dazu → Rn. 43).

Pflegepersonen, die die Aufnahme eines Kindes oder Jugendlichen beabsichtigen, 38
bedürfen der **Erlaubnis** nach § 44 Abs. 1 SGB VIII, wenn nicht eine besondere Form nach § 44 Abs. 2 SGB VIII vorliegt (zB die Aufnahme eines Kindes als Verwandter auf Vermittlung des Jugendamts). Eignungskriterien an die Pflegepersonen legen dabei weder § 33 SGB VIII noch § 44 SGB VIII fest. Maßgebliches Kriterium ist ausschließlich die Gewährleistung einer dem Wohl des Kindes dienenden Erziehung, gemessen an den Kriterien des § 1 SGB VIII.[56] So hat das Jugendamt zB auch Einzelpersonen, in Großfamilien lebende Personen und unverheiratete Paare zu berücksichtigen, wenn diese im Einzelfall eine dem Kindeswohl entsprechende Erziehung sicherstellen. In der Praxis gewinnt zunehmend das Gesamtsystem Kind-Pflegeeltern-Herkunftsfamilie-Jugendamt an Bedeutung.[57] Für besonders entwicklungsbeeinträchtigte Kinder und Jugendliche sieht der Gesetzgeber die sogenannten **Sonderpflegestellen** vor. Diese zeichnen sich regelmäßig durch ausgewiesene pädagogische Qualifikationen aus. Der intensivere Einsatz der Pflegeeltern kann zu einer höheren Vergütung nach § 39 Abs. 4 S. 3 SGB VIII führen.[58]

---

[56] DIJuF JAmt 2006, 129.
[57] Freisinger Pflegekindschafts-Leitsätze ZKJ 2007, 310; *Knabenschuh* ZKJ 2007, 481.
[58] Vgl. BVerwG JAmt 2006, 146.

39 Auch wenn ein Mündel bei seinem **Vormund** lebt, hat dieser Anspruch auf die Kosten der Erziehung neben dem notwendigen Unterhalt. Der Vormund wird zwar gerade bestellt, um eine dem Wohl des Kindes oder Jugendlichen entsprechende Erziehung sicherzustellen. Er kann jedoch zur persönlichen Leistungserbringung nicht verpflichtet werden. Die Familie des Vormunds wird auch durch die Bestellung nicht zur „Herkunftsfamilie" (die natürlichen Eltern[59]) oder „eigenen Familie" des Kindes oder Jugendlichen, sie bleibt vielmehr die andere Familie im Sinne des § 33 SGB VIII.[60]

40 In der Vergangenheit war es strittig, inwieweit bei Minderjährigen in **Verwandtenpflege** die Voraussetzungen für Hilfen zur Erziehung vorliegen, wenn diese Verwandten dem Minderjährigen gegenüber unterhaltspflichtig sind. § 27 Abs. 2a Hs. 1 SGB VIII hat nunmehr klargestellt, dass der Anspruch auf Hilfen zur Erziehung nicht entfällt, wenn eine unterhaltpflichtige Person außerhalb des Elternhauses bereit ist, die Erziehung zu übernehmen. Hatte das BVerwG ursprünglich bei Großeltern verlangt, dass diese um Hilfe zur Erziehung zu erhalten, ihre Bereitschaft zur Betreuung eines Enkels zurücknehmen oder verweigern müssten, so hat es diese nun insbesondere unter Hinweis auf den Wertungswiderspruch zu § 27 Abs. 2a Hs. 1 SGB VIII aufgegeben[61]. In der Praxis lehnen Jugendämter Leistungen nach § 33 SGB VIII aber auch ab, weil sie die Verwandten – in der Regel die Großeltern – nicht für geeignet halten, die unmittelbare Erziehung des Minderjährigen zu übernehmen. Grundsätzlich ist Maßstab für die Gewährung einer Hilfe zur Erziehung deren Eignung im konkreten Fall, also für den jeweiligen Minderjährigen. Das Gesetz macht die Hilfe zur Erziehung in Form der Vollzeitpflege allein davon abhängig, dass der erzieherische Bedarf durch die leiblichen Eltern nicht gedeckt wird und dass die Vollzeitpflege in einer anderen Familie, die geeignete Hilfeform im konkreten Fall ist. Gegen eine **„Großelternpflege"** können durchaus Gründe stehen, wie der Altersunterschied, und dass Großeltern häufig ein zumindest ambivalentes Verhältnis zu den leiblichen Kindern, also den Eltern des Enkels, haben.[62] Aber auch für eine „Großelternpflege" sprechen verschiedene Gesichtspunkte, insb. dass dem Minderjährigen seine Familie damit weitestgehend erhalten bleibt, dass Großeltern die Lebensumstände und Situation des Minderjährigen oft am besten kennen und die Großeltern in der Vergangenheit schon wichtige Bezugspersonen für den Minderjährigen waren. Gerade bei Familien mit Migrationshintergrund darf nicht außer Acht gelassen werden, dass die Großeltern hier einen wesentlichen Bezugspunkt zur kulturellen Herkunft bieten. Diese verschiedenen Gesichtspunkte müssen im Einzelfall gegeneinander abgewogen werden. Und gerade wenn die Eignung von Großeltern erst geprüft werden kann, wenn der Minderjährige bereits bei ihnen lebt, kann man an sie nur die Mindestanforderungen stellen. Nämlich eine dem Kindeswohl entsprechende Erziehung und Betreuung, den Schutz des Minderjährigen insb. ggf. vor der Herkunftsfamilie und die Bereitschaft zur Zusammenarbeit mit dem Jugendamt.[63] Verneint das Jugendamt danach die Geeignetheit einer Pflege bei den Großeltern, so darf es nicht einfach die entsprechenden Leistungen (insb. auch Unterhalt des Minderjährigen) ablehnen. Vielmehr muss es von ambulanten Erziehungshilfen bis hin ggf. zu einer Heimunterbringung andere Möglichkeiten anbieten. Dies folgt aus dem Wächteramt des Jugendamts, dass bei einer von ihm festgestellten, das Kindeswohl nicht gewährleistenden Erziehung, Hilfen anbieten oder

[59] *Mrozynski* § 33 Rn. 10.
[60] OVG Niedersachsen FamRZ 1998, 707; OVG Lüneburg FEVS 43, 157 (160).
[61] BVerwG NJW 2015, 2278.
[62] *Schmid-Obkirchner* in Wiesner § 33 Rn. 30.
[63] *Jans/Happe/Sauerbier/Maas* § 33 Rn. 30a.

bei einer Kindeswohlgefährdung im Sinne des § 1666 BGB das Familiengericht anrufen muss (siehe Rn. 8).

(Zur Entscheidungsbefugnis der Pflegeperson nach § 1688 BGB siehe *Burschel* → § 8 Rn. 114)

(Zur Verbleibensanordnung nach § 1632a BGB siehe *Burschel* → § 8 Rn. 44 ff.)

g) Heimerziehung, sonstige betreute Wohnform (§ 34 SGB VIII). Heimerziehung ist die Unterbringung eines Kindes oder Jugendlichen außerhalb seines Elternhauses über Tag und Nacht zur Betreuung und Erziehung in einer Einrichtung. Sie ist von der geschlossenen Unterbringung nach § 1631b BGB zu unterscheiden. Letztere ist mit einer Freiheitsentziehung verbunden und bedarf daher der Genehmigung des Familiengerichts. 41

Die Heimerziehung dürfte unstrittig eine der kostenintensivsten Hilfe zur Erziehung sein. Jedoch steht sie weder deshalb, noch aufgrund ihrer pädagogischen Konzeption und Intensität am Ende der Hilfen zur Erziehung. Heimerziehung kommt immer dann in Betracht, wenn sie nach den Kriterien des § 27 SGB VIII die geeignete und notwendige Hilfeform ist. Auszugehen ist auch hier immer vom Bedarf des Kindes/Jugendlichen. So kann für eine Heimerziehung sprechen, dass hier belastende, verletzende und schädigende Verhaltensmuster zwischen dem Kind und seinen Familienangehörigen durch die Trennung entschärft werden können. Ein weiterer wichtiger Aspekt der Heimerziehung ist die Möglichkeit, die Gruppe als einen bedeutsamen Lebens- und Erfahrungsort zu erleben. Hier sind vielfältige Lernerfahrungen möglich, die für die weitere Entwicklung des Kindes oder Jugendlichen bedeutsam sind. Professionelle Mitarbeiter des Heimes können den Kindern eine größere Toleranz und größeres Verständnis entgegenbringen, als dies im familiären Kontext häufig möglich ist. Gleichzeitig können hier oft besser als in der Familienpflege die Kontakte zur Herkunftsfamilie aufrechterhalten und gefördert werden.[64] 42

Die Praxis hat mittlerweile auch spezielle Formen der stationären Unterbringung geschaffen. Zu diesen gehören die **Jugendwohngruppen** und das **betreute (Einzel-) Wohnen**. Insgesamt werden immer spezialisiertere und kleinere Einheiten geschaffen. Das macht die Abgrenzung zu Leistungen der Vollzeitpflege nach § 33 SGB VIII nicht immer einfach. In der Regel wird nach der zahlenmäßigen Belegung abgegrenzt. Zwischen 5 bis 6 Kindern werden meist noch als Pflegefamilie iS des § 33 SGB VIII gesehen. [65] Voraussetzung für eine Hilfe nach § 34 SGB VIII ist jedoch immer, dass eine Betreuung gegeben sein muss. Die betreuten Wohnformen zeichnen sich vor allem dadurch aus, dass sie in besonderer Weise auf die Verselbstständigung von Jugendlichen hinarbeiten. Sie bieten dazu regelmäßig ein „normales" Lebensumfeld in kleinräumigen Wohneinheiten oder gar einer eigenen Wohnung in Verbindung mit einer pädagogischen Betreuung und schließen oft an eine Heimunterbringung an. 43

Eine intensive Elternarbeit ist heute konzeptioneller Bestandteil der Heimerziehung.

Wurde ein Jugendlicher im Jugendstrafverfahren nach § 12 JGG verpflichtet, eine Heimerziehung in Anspruch zunehmen, so trägt das Jugendamt die Kosten nur, wenn es eine eigenständige Entscheidung hierüber im Hilfeplanverfahren getroffen hat (§ 36a Abs. 1 SGB VIII). Hat das Jugendgericht die Unterbringung in einer Einrichtung zur Heimerziehung zur Vermeidung der Untersuchungshaft angeordnet (§ 72 Abs. 4 JGG) so trägt die Kosten die Justiz als Kosten des Strafverfahrens.[66] 44

---

[64] *Mrozynski* § 34 Rn. 10.

[65] *Jans/Happe/Saurbier/Maas, Happe/Schimke* § 45 Rn. 30 m. w. Erläuterungen.

[66] *Struck/Trenczek* FK-SGB VIII § 34 Rn. 19.

45 **h) Intensive sozialpädagogische Einzelbetreuung (§ 35 SGB VIII).** Die intensive sozialpädagogische Einzelbetreuung wird Jugendlichen gewährt, die einer intensiven Unterstützung zur sozialen Integration und eigenverantwortlichen Lebensführung bedürfen. Nach der Begründung des Gesetzgebers sind damit Jugendliche in besonders gefährdenden Lebenssituationen, die sich allen anderen Hilfeangeboten entziehen, gemeint. Der Gesetzgeber benennt vor allem Jugendliche aus dem Punker-, Drogen-, Prostituierten und Nichtsesshaftenmilieu.[67] Die Leistung ist der jeweiligen individuellen Situation des Jugendlichen angepasst. Sie kann ambulant und stationär erfolgen.

46 Eine Fachkraft betreut allenfalls wenige Jugendliche. Ihre Tätigkeit umfasst neben der intensiven Hilfestellung bei persönlichen Problemen und Notlagen auch Hilfestellung bei der Beschaffung und dem Erhalt einer geeigneten Wohnmöglichkeit, bei der Vermittlung einer geeigneten schulischen oder beruflichen Ausbildung bzw. der Arbeitsaufnahme, bei der Verwaltung der Ausbildungs- und Arbeitsvergütung und anderer finanzieller Hilfen sowie bei der Gestaltung der Freizeit. Die Jugendlichen haben ihren Lebensmittelpunkt im Allgemeinen nicht mehr bei den Eltern. Sie leben in der Regel in einer Einzelwohnung und werden von dem Betreuer dort aufgesucht. Denkbar ist auch, dass mehrere Jugendliche zusammenleben, von denen jeder oder einige Hilfe erhalten. Unerheblich ist dabei, ob der Jugendliche selbst oder der die pädagogische Hilfe leistende Träger Mieter der Wohnung ist. Im letzteren Fall erweist es sich für die Jugendlichen als vorteilhaft, wenn sie nach Beendigung der Hilfe in der Wohnung bleiben und das Mietverhältnis übernehmen können. Konzepte intensiver sozialpädagogischer Einzelbetreuung schließen häufig auch erlebnispädagogische Projekte ein.

47 Abgrenzungsschwierigkeiten können sich bei jungen Volljährigen zu Leistungen nach §§ 27 ff. SGB XII (Leistungen zum Lebensunterhalt) oder §§ 67 ff. SGB XIII (Hilfen zur Überwindung besonderer sozialer Schwierigkeiten) ergeben. Sofern nicht nur die wirtschaftlichen Leistungen zum Lebensunterhalt in Betracht kommen, wird gem. § 10 Abs. 4 SGB VIII für junge Volljährige nach Maßgabe des § 41 SGB VIII eine intensive sozialpädagogische Einzelbetreuung zu gewähren sein.

48 Gerade im Bereich der intensiven sozialpädagogischen Einzelbetreuung kommt § 27 Abs. 2 S. 3 SGB VIII, wonach Hilfen zur Erziehung in der Regel im Inland zu erbringen sind, besondere Bedeutung zu.

49 **3. Eingliederungshilfe für seelisch behinderte Kinder und Jugendliche (§ 35a SGB VIII).** § 35a gibt seelisch behinderten oder von einer solchen Behinderung bedrohten Kindern und Jugendlichen einen Anspruch auf Eingliederungshilfe als Leistung der Jugendhilfe. Diese Leistung ist unabhängig davon, ob die Voraussetzungen einer Hilfe zur Erziehung nach § 27 Abs. 1 SGB VIII vorliegen (siehe die eigenständige Regelung neben den Hilfen zur Erziehung im 4. Abschnitt des zweiten Kapitels des SGB VIII). Bei der Eingliederungshilfe für seelisch behinderte oder von einer solchen Behinderung bedrohte Kinder findet das SGB IX Anwendung. Das Jugendamt ist hier **Rehabilitationsträger** gem. § 6 Abs. 1 Nr. 6 SGB IX. Das bedeutet insbesondere, dass auch die Zuständigkeitsklärung gem. § 14 SGB IX gilt. Die Hilfe wird nach dem Bedarf des Einzelfalls als ambulante Hilfe, Hilfe in Tageseinrichtungen oder in anderen teilstationären Einrichtungen, durch geeignete Pflegepersonen und in stationären Einrichtungen sowie sonstigen Wohnformen geleistet (§ 35a Abs. 2 SGB VIII).

50 Der Begriff der **Behinderung** nach § 2 Abs. 1 S. 1 SGB IX ist zweigliedrig. Dem trägt auch die sich daran anlehnende Begriffsbestimmung in § 35a Abs. 1 SGB VIII

---

[67] BT-Drs. 11/5984, 72.

Rechnung. Zum einen muss eine Abweichung der seelischen Gesundheit vorliegen, zum anderen muss dadurch die Teilhabe am Leben in der Gesellschaft beeinträchtigt sein. Ob eine Abweichung von der seelischen Gesundheit vorliegt, ist nach der **Internationalen Klassifikation psychischer Störungen – Kapitel V (F) der ICD-10** in der vom Deutschen Institut für medizinische Dokumentation und Information herausgegebenen deutschen Fassung[68] zu prüfen (§ 35a Abs. 1a S. 2 SGB VIII). Diese Prüfung obliegt einem der in § 35a Abs. 1a SGB VIII genannten spezialisierten Ärzte. Die Frage, ob daraus eine Teilhabebeeinträchtigung resultiert, ist vom Jugendamt in seiner sozialpädagogischen Kompetenz anhand der **Internationalen Klassifikation der Funktionsfähigkeit, Behinderung und Gesundheit der WHO (ICF)** zu beantworten.[69] Allerdings genügt für eine Leistungsgewährung nach § 35a SGB VIII nicht jede Teilhabebeeinträchtigung, sondern sie muss nachhaltig sein.[70] Noch keine seelischen Behinderungen sind die Teilleistungsstörungen wie Legasthenie und Dyskalkulie, wenn sie auch im Einzelfall zu einer seelischen Behinderung führen können. Ebenso wenig begründen Schulprobleme, wie sie auch andere Kinder regelmäßig haben, eine seelische Behinderung. Die Kosten für die ärztliche Stellungnahme wird man mit Mrozynski den Verfahrenskosten nach § 64 SGB X zurechnen müssen. Eine Leistungspflicht der Krankenversicherungen dürfte mangels Veranlassung im Rahmen einer Krankenbehandlung ausscheiden.[71]

Eine **Behinderung droht** dann, wenn sie mit hoher Wahrscheinlichkeit, nämlich wesentlich mehr als 50 Prozent, zu erwarten ist.[72]

Neben der Eingliederungshilfe des § 35a SGB VIII können Hilfen zur Erziehung **51** geleistet werden. Außerdem können weitere Rehabilitationsleistungen wie Leistungen der medizinischen Rehabilitation (§§ 26 ff. SGB IX), Leistungen zur Teilhabe am Arbeitsleben (§ 33 SGB IX) und Leistungen zur Teilhabe am Leben in der Gemeinschaft (§§ 55 ff. SGB IX) in Betracht kommen (§ 35a Abs. 3 SGB VIII iVm § 54 Abs. 1 SGB XII). Zu beachten ist hier aber gegebenenfalls der Vorrang der Sozialversicherungsträger gem. § 10 Abs. 1 S. 1 SGB VIII. Über den Verweis in § 35a Abs. 3 auf § 57 SGB XII können hier auch die persönlichen Budgets nach § 17 SGB IX in Anspruch genommen werden.

Schwierig ist häufig die Zuständigkeit von Sozial- oder Jugendhilfe bei mehrfach- **52** behinderten Kindern oder Jugendlichen zu klären. Das BVerwG vertritt die Auffassung, dass bei **Mehrfachbehinderung** der Vorrang der Eingliederungshilfe nach dem SGB XII gem. § 10 Abs. IV SGB VIII gegeben sei.[73] Es wird jedoch auch vertreten, dass es darauf ankomme, warum die Eingliederungshilfe geleistet werde. Liege der Schwerpunkt hier auf der seelischen Behinderung, sei § 35a SGB VIII anwendbar.[74] Letzterer Auffassung ist zu folgen. Der Gesetzgeber verfolgte mit § 35a SGB VIII gerade die Absicht, zumindest seelisch behinderte Kinder oder Jugendliche der Jugendhilfe zuzuordnen.[75] Diesen Ansatz lässt das BVerwG außer Acht, wenn es allein auf den Vorrang der Eingliederungshilfe nach dem SGB XII abstellt. Aber die vom Gesetzgeber ausschließlich nach Behinderungsformen vorgegebene unterschiedliche Behandlung Minderjähriger ist auch gerade in den Fällen, in denen ein Vormund oder

---

[68] *Kepert/Vondung* in LPK-SGB VIII § 35a Rn. 15.

[69] *Meysen* FK-SGB VIII § 35a Rn. 34.

[70] BVerwG FEVS 33, 45.

[71] *Mrozynski* § 35a Rn. 16; aA DIJuF JAmt 2006, 85.

[72] BVerwG FEVS 49, 487 (489).

[73] BVerwG ZfJ 2000, 191.

[74] *Mrozynski* § 35a Rn. 12.

[75] *Kepert/Vondung* in LPK-SGB VIII § 35a Rn. 4.

Pfleger Leistungen der Eingliederungshilfe beantragt (hier nicht als Personensorgeberechtigter, sondern als gesetzlicher Vertreter) nicht nachvollziehbar. Denn hier steht – belegt durch die Sorgerechtseinschränkung – regelmäßig im Vordergrund, dass die Eltern in ihrer Erziehungsverantwortung ausfallen. Hier auf einen Vorrang der Eingliederungshilfe nach SGB XII abzustellen, verkennt den letztlich ausschlaggebenden Grund für die Eingliederungsleistung, nämlich den Jugendhilfebedarf, also die Ersetzung der elterlichen Erziehung. Die davon betroffenen behinderten Minderjährigen werden benachteiligt, da insbesondere das auf die besonderen Belange der Kinder und Jugendlichen abgestimmte Instrument des Hilfeplanverfahrens kein gleichwertiges Pendant im Rahmen der Eingliederungshilfe nach dem SGB XII findet. Zur anstehenden „inklusiven Lösung" siehe → Rn. 152.

53 Strittig ist, ob ein **Rechtsanspruch** auf die Eingliederungshilfe[76] besteht, sofern die Voraussetzungen des § 35a SGB VIII vorliegen, oder das Jugendamt einen nur beschränkt gerichtlich überprüfbaren Beurteilungsspielraum hat.[77] Man wird Mrozynski zustimmen müssen, dass nur bei Bejahung eines Rechtsanspruchs der Umstand zum Tragen kommt, dass der Gesetzgeber ausdrücklich eine gutachterliche Stellungnahme vorgeschrieben hat und außerdem ansonsten dem Wunsch- und Wahlrecht nach § 5 SGB VIII nicht ausreichend Rechnung getragen werden kann.[78]

54 Trägt bei einer seelischen Behinderung die Krankenversicherung die Behandlungskosten, besteht gegenüber der Jugendhilfe ein Anspruch auf Übernahme der von den Leistungen der Krankenversicherung nicht gedeckten Fahrt- und Begleitungskosten.[79]

55 Im Unterschied zur Hilfe zur Erziehung steht der Rechtsanspruch **Kindern und Jugendlichen selbst** zu, nicht den Personensorgeberechtigten. Ab Vollendung des 15. Lebensjahres können Jugendliche die Leistung selbst geltend machen, davor vertreten durch ihre Personensorgeberechtigten (§ 36 Abs. 1 SGB I). Da § 36 Abs. 1 SGB I nicht das Aufenthaltsbestimmungsrecht der Personensorgeberechtigten einschränkt, ist für stationäre Hilfen deren Einverständnis erforderlich.

56 Im Hilfeplanverfahren in Zusammenhang mit (möglichen) Leistungen nach § 35a SGB VIII, soll auch die Person beteiligt werden, die eine Stellungnahme nach § 35a Abs. 1a SGB VIII abgegeben hat.

57 Seelisch behinderte oder von Behinderung bedrohte Kinder im Vorschulalter haben nach § 30 SGB IX die Möglichkeit zur **Frühförderung**.

58 **4. Weitere materielle Hilfen. a) Leistungen zum Unterhalt des Kindes oder Jugendlichen, § 39 SGB VIII.** Bei den Leistungen zum Unterhalt handelt es sich um **Annexleistungen**. Sie setzen stets voraus, dass eine Hilfe zur Erziehung nach §§ 33 bis 35 SGB VIII oder nach § 35a Abs. 2 Nr. 2 bis 4 SGB VIII gewährt wird. Der notwendige Unterhalt umfasst den gesamten regelmäßig wiederkehrenden Bedarf. Der Sachaufwand (wie zB Kleidung) gehört dazu ebenso wie die Kosten der Pflege und Erziehung (§ 39 Abs. 1 SGB VIII).

59 Der gesamte regelmäßig wiederkehrende Bedarf wird durch **laufende Leistungen** gedeckt (§ 39 Abs. 2 S. 2 SGB VIII). Die Höhe der laufenden Leistungen ist nach Altersgruppen gestaffelt und wird durch Landesrecht festgesetzt (§ 39 Abs. 2 S. 3, Abs. 5 SGB VIII). Nach § 39 Abs. 4 S. 1 SGB VIII sollen die laufenden Leistungen auf der Grundlage der tatsächlichen Kosten erfolgen, wenn diese angemessen sind. Die-

---

[76] OVG Koblenz JAmt 2007, 365.
[77] OVG Schleswig NJW 2007, 43; VGH Kassel JAmt 2006, 37.
[78] *Mrozynski* § 35a Rn. 18.
[79] BVerwG FamRZ 2007, 1977.

ses Bedarfsdeckungsprinzip erfährt aber eine Einschränkung durch die Vorgabe einer monatlichen Pauschale, soweit im Einzelfall keine abweichenden Leistungen geboten sind (§ 39 Abs. 2 S. 3 SGB VIII). Letzteres kann der Fall sein, weil beim Minderjährigen durch Krankheit oder Behinderung besonderer Bedarf besteht. Ein höherer Lebensstandard der Pflegefamilie wird regelmäßig nicht anerkannt.[80] Zu berücksichtigen ist aber, dass die Leistungen des § 39 SGB VIII nicht nur der Deckung des soziokulturellen Existenzminimums dienen, sondern eben auch der Erziehung.[81]

Nachhilfeunterricht ist, wenn er nur gelegentlich anfällt, Bestandteil des Unterhalts nach § 39 Abs. 2 SGB VIII. Regelmäßig erforderlicher Nachhilfeunterricht kann über die einmalige Beihilfen oder Zuschüsse des § 39 Abs. 3 SGB VIII gedeckt werden.[82] Diese einmalige Beihilfen oder Zuschüsse sind insbesondere zur Erstausstattung der Pflegestelle, aber auch aus wichtigen persönlichen Anlässen wie Urlaubsreisen des Kindes oder Jugendlichen, Taufe, Kommunion, Beschneidungsfeiern (§ 39 Abs. 3 SGB VIII) möglich. Die einmaligen Beihilfen und Zuschüsse sind nicht pauschaliert. 60

Das Jugendamt deckt nur den Unterhalt, der außerhalb des Elternhauses anfällt (§ 39 Abs. 1 S. 1 SGB VIII). Dies betrifft zum einen die teilstationären Leistungen. Zum anderen werden durch das Jugendamt die Kosten nicht übernommen, die zB im Rahmen einer Rückführungserprobung im elterlichen Haushalt anfallen oder bei Wochenend- und Ferienaufenthalten im elterlichen Haushalt. Hier kommen Leistungen zum Lebensunterhalt nach den §§ 19 ff. SGB II, §§ 27 ff. SGB XII in Betracht. 61

Zum Unterhalt gehört mit Ausnahme bei den Leistungen zur Erziehung in einer Tagesgruppe nach § 32 SGB VIII und der Eingliederungshilfe für seelisch behinderte Kinder und Jugendliche in Tageseinrichtungen oder anderen teilstationären Einrichtungen nach § 35a Abs. 2 Nr. 2 SGB VIII auch ein **angemessener Barbetrag** zur persönlichen Verwendung des Kindes oder Jugendlichen (§ 39 Abs. 2 S. 2 SGB VIII). Eine Kürzung des Barbetrages durch das Jugendamt zB zur Aufrechnung mit Schadensersatzforderungen einer Einrichtung oder wegen Verweigerung der Mitwirkung entbehrt einer Rechtsgrundlage.[83] 62

Erstattet werden außerdem die nachgewiesenen Kosten einer **Unfallversicherung** sowie die hälftigen nachgewiesenen Kosten einer **angemessenen Alterssicherung** der Pflegeperson (§ 39 Abs. 4 S. 2 SGB VIII). 63

Wird ein Kind oder eine Jugendliche während ihrer Unterbringung in einer Pflegefamilie oder Einrichtung Mutter, so sind auch die notwendigen Unterhaltskosten für das Kind zu übernehmen § 39 Abs. 7 SGB VIII).

Sofern der Minderjährige bei einer in gerader Linie mit ihm verwandten Pflegeperson untergebracht ist, kann die Pauschale für den Sachaufwand (nicht für die Erziehung) angemessen **gekürzt** werden. Voraussetzung ist, dass die Pflegeperson unter Berücksichtigung ihrer sonstigen Verpflichtungen und ohne Gefährdung ihres angemessenen Unterhalts zur Unterhaltsleistung in der Lage ist (§ 39 Abs. 4 S. 4 SGB VIII). Dies betrifft in der Praxis vor allem die Fälle, in denen Minderjährige in den großelterlichen Haushalt aufgenommen wurden. Das Jugendamt berücksichtigt hier bei seiner Ermessensentscheidung[84] auch Alter, Gesundheitszustand und warum der Minderjährige in den großelterlichen Haushalt aufgenommen wurde. In keinem Fall darf durch 64

---

[80] *Wiesner* § 39 Rn. 35.
[81] VGH München FEVS 56, 498.
[82] *Mrozynski* § 39 Rn. 4.
[83] *Mrozynski* § 39 Rn. 6.
[84] DIJuF JAmt 2007, 542.

die Kürzung die Bereitschaft der Großeltern, den Minderjährigen zu betreuen und zu erziehen, geschmälert werden.[85]

65 Leistungen für die Erziehung des Minderjährigen sind Bestandteil des Unterhaltsanspruchs des Minderjährigen. Sie werden im SGB XII nicht als **Einkommen der Pflegeperson** angesetzt. Bezieht die Pflegeperson dagegen Leistungen nach dem SGB II, so erfolgt ab dem dritten Pflegekind eine Anrechnung des Teils des Pflegegeldes, der auf die Erziehung entfällt (§ 11 Abs. 4 SGB II).

66 Soweit es sich um Leistungen zum Lebensunterhalt als Annexleistung zu einzelnen Hilfen zur Erziehung handelt, ist Anspruchsinhaber der Personensorgeberechtigte.[86]

Der Bezug von Pflegegeld nach § 37 SGB XI (Pflegegeld bei häuslicher Pflege) schließt Leistungen der Pflege und Erziehung nach § 39 Abs. 1, 4 SGB VIII nicht aus, wenn die Leistungen nach SGB VIII in Hinblick auf die Förderung eines besonders entwicklungsbeeinträchtigten Kindes begehrt werden.[87]

67 **b) Krankenhilfe, § 40 SGB VIII.** § 40 SGB VIII verpflichtet das Jugendamt zur Gewährung von Krankenhilfe in den Fällen, in denen (gleichzeitig) Hilfe zur Erziehung nach den §§ 33 bis 35 SGB VIII oder Eingliederungshilfe für seelisch behinderte Kinder und Jugendliche nach § 35a Abs. 2 Nr. 3 oder 4 SGB VIII gewährt wird. Leistungsverpflichtungen anderer Sozialleistungsträger gehen der Krankenhilfe vor (§ 10 Abs. 1 SGB VIII). Dies betrifft hier vor allem die Krankenversicherungen. Dabei kommt einer möglichen Pflichtversicherung nach § 5 Abs. 1 Nr. 5 oder 13 SGB V und der Familienversicherung nach § 10 SGB V besondere Bedeutung zu. Liegen die Voraussetzungen des § 40 SGB VIII vor und ist kein anderer Leistungsträger vorrangig verpflichtet, besteht auf die Krankenhilfe ein Rechtsanspruch.

Der Umfang der Krankenhilfe bestimmt sich nach den §§ 47 bis 52 des SGB XII. Gem. § 52 SGB XII entsprechen sie den Leistungen der gesetzlichen Krankenversicherung.

68 Mit In-Kraft-Treten des KICK vom 1.10.2005 muss das Jugendamt nunmehr den im Einzelfall notwendigen Bedarf in voller Höhe befriedigen und es sind auch Zuzahlungen und Eigenbeteiligungen zu übernehmen (§ 40 S. 2 und 3 SGB VIII). Aus § 40 S. 2 SGB VIII ergibt sich wohl auch ein Anspruch auf ärztlich verordnete Verhütungsmittel ohne Altersgrenze.[88] Gehen Leistungen über das zur Krankenbehandlung Erforderliche hinaus, können sie auch über § 40 S. 2 SGB VIII nicht gewährt werden.[89]

69 In geeigneten Fällen können angemessene Beiträge zu einer freiwilligen Krankenversicherung übernommen werden (§ 40 S. 4 SGB VIII). Beiträge der gesetzlichen Krankenversicherung sind im Regelfall angemessen, darüber hinaus spielen bei Ermessensausübung die bisherige Dauer der Zugehörigkeit zu einer Krankenversicherung und das konkret bestehende Krankheitsrisiko eine Rolle. Die Abwicklung der Leistungen nach § 40 SGB VIII erfolgt gem. § 264 Abs. 2 SGB V über die gesetzlichen Krankenversicherungen.

70 **5. Hilfe für junge Volljährige, Nachbetreuung (§ 41 SGB VIII).** Das Jugendamt soll einem jungen Volljährigen Hilfe für die Persönlichkeitsentwicklung und zu einer eigenverantwortlichen Lebensführung gewähren, solange die Hilfe aufgrund seiner individuellen Situation erforderlich ist. Hinweise auf eine solche individuelle Situa-

---

[85] *Mrozynski* § 39 Rn. 17.

[86] *Mrozynski* § 39 Rn. 10; aA DIJuF JAmt 2004, 184.

[87] OVG Berlin-Brandenburg FamRZ 2013, 1334

[88] *Mrozynski* § 40 Rn. 11; aA *Tammen* FK-SGB VIII § 40 Rn. 4.

[89] *Mrozynski* § 40 Rn. 10.

tion, die weitere Hilfen erforderlich macht, sind unzureichende oder gänzlich fehlende Schulbildung, psychische oder sonstige Belastungen wie zB Straffälligkeit, Obdachlosigkeit und Drogenabhängigkeit, wenn deswegen eine altersentsprechende Entwicklung nicht möglich war bzw. ist.

Regelmäßig wird die Hilfe nur bis zur Vollendung des 21. Lebensjahres bewilligt. Nur in begründeten Einzelfällen soll sie für einen begrenzten Zeitraum darüber hinaus fortgesetzt werden. Die Altershöchstgrenze liegt bei 27 Jahren (§ 7 Abs. Nr. 3 SGB VIII). Dabei gelten die Vorschriften des § 27 Abs. 3 und 4, 28 bis 30, 33 bis 36, 39 und 40 SGB VIII entsprechend. Diese Aufzählung der Hilfen zur Erziehung ist abschließend.

Dass eine bereits begonnene Hilfe fortgeführt wird oder eine Ausbildung noch nicht abgeschlossen ist, ist nicht (mehr) Voraussetzung. Allerdings muss ein Hilfebedarf bestehen, der mit den Mitteln der Jugendhilfe (also den pädagogischen und damit verbundenen therapeutischen Angeboten) angegangen werden kann und der junge Volljährige muss zur Mitarbeit bereit sein. Dabei sind vom „Normalmaß" abweichende Lebensentwürfe zu akzeptieren. Insbesondere hat der Staat nicht die Aufgabe, seine Bürger zu bessern.[90]

Lehnt ein junger Volljähriger Leistungen nach § 41 SGB VIII ab, so bleiben ihm nur die Leistungen nach §§ 19 ff. SGB II, 27 ff. SGB XII. Solange die noch nicht abgeschlossene Persönlichkeitsentwicklung im Vordergrund steht, geht § 41 SGB VIII auch § 67 SGB XII vor.[91]

Wird die Jugendhilfemaßnahme beendet, besteht aber unterhalb eines jugendhilferelevanten Grades noch Bedarf hinsichtlich der Verselbstständigung, soll der junge Volljährige im notwendigen Umfang beraten und unterstützt werden.

An die Stelle des Personensorgeberechtigten tritt bei Leistungen nach § 41 SGB VIII der junge Volljährige.

II. Weitere Sozialleistungen

1. Grundsicherung für Arbeitssuchende, SGB II. Aufgabe der Grundsicherung für Arbeitssuchende ist es, den Hilfebedürftigen in die Lage zu versetzen, seinen Lebensunterhalt aus eigenen Mitteln und Kräften insbesondere durch **eigene Erwerbstätigkeit** zu bestreiten (§ 1 SGB II). Um dieses Ziel zu erreichen, sieht das SGB II neben den Leistungen zur Sicherung des Lebensunterhalts (§ 19 ff. SGB II) auch Leistungen zur Eingliederung in Arbeit vor (§§ 14 ff. SGB II). Der Grundsatz Fördern und Fordern ist wesentliches Merkmal der Grundsicherungsleistungen für Arbeitssuchende. 71

Leistungen erhalten erwerbsfähige, hilfebedürftige Arbeitssuchende, die das 15. Lebensjahr vollendet haben und das gesetzliche Rentenalter noch nicht erreicht haben (§ 7 Abs. 1 SGB II). Für **Ausländer** gelten spezielle Regelungen (§ 7 Abs. 1 Nr. 4 SGB II, § 8 Abs. 2 SGB II). Außerdem erhalten Leistungen auch Personen, die mit erwerbsfähigen Hilfebedürftigen in einer **Bedarfsgemeinschaft** nach § 7 Abs. 3 SGB II zusammenleben. Leben Minderjährige im Haushalt der Großeltern, so liegt keine Bedarfsgemeinschaft vor. Allerdings kann § 9 Abs. 5 SGB II greifen. Danach wird vermutet, dass Verwandte und Verschwägerte, die mit dem Hilfebedürftigen in einer Haushalts- 72

[90] BVerfGE 22, 219.

[91] *Tammen* FK-SGB VIII § 41 Rn. 15; mit anderer Begründung im Ergebnis auch *Mrozynski* SGB VIII § 41 Rn. 3.

gemeinschaft leben, diesem Leistungen gewähren, sofern sie selbst dazu wirtschaftlich in der Lage sind. Diese Vermutung kann widerlegt werden. In der Regel wird eine einfache schriftliche Glaubhaftmachung oder Versicherung (§ 23 SGB X) genügen. Bei dem Grunde nach unterhaltspflichtigen Verwandten wird man aber Angaben zur Einkommenssituation erwarten müssen.

73 Grundsätzlich muss ein Hilfesuchender jede sich ihm bietende **Arbeitsgelegenheit** nutzen. Ziel der Grundsicherung für Arbeitssuchende ist es, den Hilfesuchenden in die Lage zu versetzen, seinen Lebensunterhalt dauerhaft selbst zu sichern. Sie soll den Hilfesuchenden bei der Aufnahme oder Erhaltung einer Erwerbstätigkeit unterstützen (§ 1 Abs. 1 S. 1, 2 SGB II). Die Verpflichtung, eine Arbeitsgelegenheit anzunehmen, darf daher keinesfalls zu Lasten des Erreichens eines erstmaligen Schulabschlusses gehen. Auch Aus- oder Fortbildungsmaßnahmen müssen nicht abgebrochen werden, wenn sie eine nachhaltige Eingliederung in Arbeit ermöglichen.[92] § 7 Abs. 6 Nr. 1 SGB II (Leistungen der Grundsicherung für Hilfesuchende, die bei den Eltern leben und damit keinen Anspruch auf Leistungen nach § 2 Abs. 1a BAföG oder § 64 SGB III haben) und § 3 Abs. 2 S. 2 SGB II (wonach eine vermittelte Arbeit oder Arbeitsgelegenheiten für Hilfesuchende, die das 25. Lebensjahr noch nicht vollendet haben und ohne Berufsabschluss sind, auch zur Verbesserung deren beruflicher Kenntnisse und Fähigkeiten beitragen soll) sprechen dafür, dass bei Hilfesuchenden ohne Berufsbildung bis zur Vollendung des 25. Lebensjahres ein Verweis auf Arbeitsgelegenheiten nur eingeschränkt möglich ist, wenn es um den Besuch weiterführender allgemeinbildender Schulen und Berufsschulen geht.[93]

74 Die **Leistungen zur Sicherung des Lebensunterhalts** umfassen die monatliche Regelleistung zur Sicherung des Lebensunterhalts gem. § 20 SGB II, Mehrbedarfe beim Lebensunterhalt nach § 21 SGB II und die Kosten für Unterkunft und Heizung nach § 22 SGB II. Decken die Regelleistungen im Einzelfall einen nach den Umständen unabweisbaren Bedarf nicht, besteht über § 24 Abs. 1 SGB II die Möglichkeit einer Gewährung als Darlehen, das mit einer Verrechnung in Höhe von bis zu 10 Prozent mit der monatlichen Regelleistung getilgt wird (zur Problematik mehrerer Darlehen und der höchstmöglichen prozentualen Verrechnung siehe [94]). Leistungen für Erstausstattung einer Wohnung, Erstausstattung für Bekleidung und Erstausstattungen für Schwangere sowie Anschaffungen und Reparaturen von orthopädischen Schuhen, therapeutischen Geräten und die Miete für letztere werden gesondert übernommen (§ 24 Abs. 3 SGB II). Für Leistungen an Auszubildende sind die besonderen Regelungen der §§ 7 Abs. 5 und 27 SGB II zu beachten. §§ 28, 29 SGB II regeln die Leistungen für Bildung und Teilhabe, die ebenfalls neben dem Regelbedarf gesondert berücksichtigt werden (§ 28 Abs. 1 S. 1 SGB II). Hier sind vor allem zusätzliche Leistungen (jährlich insgesamt 100,00 EUR) für den persönlichen Schulbedarf sowie Zuschüsse zu einer angemessenen Lernförderung und zur Schülerbeförderung möglich und zur gemeinschaftlichen Mittagsverpflegung (§ 28 Abs. 2, 3 SGB II). Dies gilt nicht nur für Schüler, sondern auch Kinder in Kindertageseinrichtungen oder einer Kindertagespflege. Der Leistungsträger kann hier in begründeten Einzelfällen einen Nachweis über die zweckentsprechende Verwendung des Geldes verlangen (§ 29 Abs. 4 SGB II).Die Leistungen zur Eingliederung in Arbeit umfassen insbesondere Maßnahmen zur Aktivierung und beruflichen Eingliederung und Nachholung eines Hauptschulabschlusses aus dem SGB III (§ 16 SGB II).

---

[92] *Berlit* LPK-SGB II § 2 Rn. 34.
[93] *Berlit* aaO.
[94] *Eicher* SGB II § 42a Rn. 29 ff.

In einer **Eingliederungsvereinbarung** sollen alle wesentlichen Punkte der weiteren Unterstützung des Hilfebedürftigen und der dafür an ihn gestellten Anforderungen festgehalten werden (§ 15 SGB II). Eine Eingliederungsvereinbarung mit Minderjährigen wird aber wohl nicht in Betracht kommen. Die Eingliederungsvereinbarung als Vertrag setzt zunächst die uneingeschränkte Geschäftsfähigkeit des Hilfebedürftigen voraus.[95] Ein Rückgriff auf die Möglichkeit, schon mit vollendetem 15. Lebensjahr Anträge auf Sozialleistungen stellen zu können (§ 36 SGB I), muss ausscheiden, da diese Bestimmung dem Minderjährigen regelmäßig ein Mehr an Rechten geben soll und dies in Widerspruch zu dem überwiegend verpflichtenden Inhalt der Eingliederungsvereinbarung steht.[96] Wegen der höchstpersönlichen Verpflichtungen (Teilnahme an Maßnahmen oder Anzahl von Bewerbungen) wird aber auch ein Vertragsabschluss durch den gesetzlichen Vertreter ausscheiden. 75

Sofern bei **Auszubildenden** die Ausbildung nach dem Bundesausbildungsförderungsgesetz oder gem. §§ 60 bis 62 des SGB III dem Grunde nach förderungsfähig ist, besteht regelmäßig kein Anspruch auf Leistungen zur Sicherung des Lebensunterhalts (§ 7 Abs. 5 SGB II). Ausnahmen gibt es über die Härtefallregelung zur darlehensweisen Gewährung (§ 7 Abs. 5 S. 2 SGB II) und in den Fällen des § 7 Abs. 6 SGB II. 76

Vorrang vor Leistungen nach dem SGB VIII hat die Verpflichtung der Arbeitsagentur, erwerbsfähige Hilfebedürftige, die das 25. Lebensjahr noch nicht vollendet haben, nach Antragstellung auf SGB-II-Leistungen unverzüglich in eine Arbeit, Ausbildung oder Arbeitsgelegenheit zu vermitteln und sofern sie keinen Berufsabschluss haben, darauf hinzuwirken, dass die vermittelte Arbeit oder Arbeitsgelegenheit auch die beruflichen Kenntnisse und Fertigkeiten verbessert (§ 3 Abs. 2 SGB II). Ebenso sind Jugendhilfeleistungen nachrangig gegenüber Leistungen des SGB II zur Eingliederung in Arbeit nach §§ 14ff. SGB II (§ 10 Abs. 3 SGB VIII). Dabei sind junge Menschen ohne Berufsabschluss vorrangig immer in eine Ausbildung zu vermitteln. 77

Erwerbsfähige Hilfebedürftige nach dem SGB II sind seit 1.1.2016 ohne den Vorbehalt einer vorrangigen Familienversicherung in der **gesetzlichen Krankenversicherung** pflichtversichert. Dies gilt insbesondere nicht, sofern die Leistung darlehensweise gewährt wird oder ohne Bezug von Leistungen zur Sicherung des Lebensunterhalts ausschließlich Leistungen nach § 24 Abs. 3 S. 1 SGB II bezogen werden (§ 5 Abs. 2a SGB V). 78

Leistungen nach dem SGB II werden nur auf Antrag und nicht für Zeiten vor der Antragstellung gewährt (§ 37 SGB II; zur Rückwirkung auf den Monatsbeginn siehe § 37 Abs. 2 SGB II). 79

2. Sozialhilfe, SGB XII. Die Leistungen der Grundsicherung für Arbeitssuchende nach dem SGB II und der Sozialhilfe nach dem SGB XII gehören zum System der sozialen Hilfe, also der Bekämpfung von Notlagen, die das **Existenzminimum** gefährden. Sie werden nur gewährt, wenn alle anderen staatlichen oder privaten Unterstützungsmöglichkeiten versagen, sind damit bis auf wenige gesetzlich geregelte Fälle im Verhältnis zu gleichartigen Leistungen der sozialen Förderungssysteme (zum Beispiel § 10 Abs. 3 SGB VIII) immer nachrangig und setzen die individuelle Bedürftigkeit des Einzelnen voraus (siehe §§ 2, 19 SGB XII). 80

Soweit Minderjährige das 15. Lebensjahr vollendet haben und erwerbsfähig sind, erhalten sie beim Vorliegen der übrigen Voraussetzungen Leistungen der Grundsicherung für Arbeitssuchende nach dem **SGB II**. Auch die Leistungen der Kinder- und 81

---

[95] *Berlit* LPK-SGB II § 15 Rn. 20.

[96] *Berlit* aaO.

Jugendhilfe nach dem **SGB VIII** gehen den Sozialhilfeleistungen nach dem SGB XII vor. Eine Ausnahme gilt für die Leistungen der **Eingliederungshilfe** nach dem SGB XII. Diese haben für junge Menschen (§ 7 Abs. 1 Zif. 4 SGB VIII), die körperlich oder geistig behindert sind oder von einer solchen Behinderung bedroht sind, Vorrang vor Jugendhilfeleistungen (§ 10 Abs. 4 S. 2 SGB VIII). (Zur Abgrenzung zu Leistungen nach § 35a SGB VIII bei gleichzeitiger seelischer Behinderung siehe → Rn. 52.)

82 Die Leistungen der Eingliederungshilfe für behinderte Menschen nach den §§ 53 ff. SGB XII umfassen neben den Leistungen der medizinischen Rehabilitation (§ 26 SGB IX), der Teilhabe am Arbeitsleben (§ 33 SGB IX), den Leistungen im Arbeitsbereich einer anerkannten Werkstatt für behinderte Menschen (§ 41 SGB IX) und den Teilhabeleistungen zum Leben in der Gemeinschaft (§ 55 SGB IX) nach dem SGB IX vor allem Hilfen zu einer angemessenen Schul- und sonstigen Ausbildung (§ 54 Abs. 1 SGB XII) sowie Hilfe zur schulischen Ausbildung für einen angemessenen Beruf (siehe auch § 12 EingliederungsVO). Die Leistungen werden ambulant und stationär erbracht.

83 Die Leistungen der Eingliederungshilfe können auf Antrag des Betroffenen auch in der Form eines **persönlichen Budgets** erbracht werden (§ 57 SGB XII). Das heißt, dass Leistungsberechtigter und Träger der Eingliederungshilfe gemeinsam den Bedarf festlegen, und der Leistungsberechtigte dann die entsprechende Geldsumme erhält, um sich diese Leistungen selbst einzukaufen.

84 In der Vergangenheit scheiterte die **Unterbringung chronisch kranker und behinderter Kinder in Pflegefamilien** im Rahmen von Eingliederungshilfeleistungen nach dem SGB XII häufig, weil diese Leistungsform im SGB XII nicht vorgesehen sei. Dies in Wertungswiderspruch zu seinerzeit § 28 Abs. 5 SGB XII, der ausdrücklich Bestimmungen zur Regelsatzbemessung traf, wenn jemand in einer anderen Familie oder bei anderen Personen als den Eltern oder einem Elternteil untergebracht wird und des seinerzeitigen § 107 SGB XII, der Kostenerstattungsregelung bei Unterbringung in einer anderen Familie. Durch das sog. Assistenzpflegebedarfsgesetz[97] wurde erstmals 2009 mit § 54 Abs. 3 SGB XII ausdrücklich die Unterbringung behinderter Kinder in Pflegefamilien vorgesehen. Voraussetzung ist, dass damit die Unterbringung in einer vollstationären Einrichtung der Behindertenhilfe vermieden oder beendet werden kann und die Pflegeperson eine Erlaubnis nach § 44 SGB VIII hat. Die Regelsätze sind dann gem. § 27 Abs. 4 S. 3 SGB XII wiederum nach dem tatsächlichen Bedarf zu bemessen. Da die Ermittlung des tatsächlichen Bedarfs im Einzelfall äußerst schwierig sein kann, können die nach § 39 SGB VIII entwickelten Sätze angewandt werden.[98] Die Regelung des § 54 Abs. 3 SGB XII tritt am 31.12.2018 außer Kraft (→ Rn. 52).

85 Leistungen zur Sicherung des Lebensunterhalts nach §§ 27 bis 40 SGB XII werden wohl im Einzelfall auch in Frage kommen, wenn Minderjährige nur sehr kurzfristig, bis zur Klärung der weiteren Unterbringung, bei anderen Familienangehörigen als den Eltern oder anderen Personen wie Freunden Aufnahme finden, ohne dass dort die weiteren Voraussetzungen des § 33 SGB VIII vorliegen – also insbesondere auch gleichzeitig die familiäre Erziehung durch die Eltern ersetzt werden soll (und soweit nicht SGB-II-Leistungen vorrangig sind). Ebenso wird Sozialhilfe geleistet, wenn Minderjährige zwar das 15. Lebensjahr vollendet haben, aber nicht erwerbsfähig im Sinne des § 8 SGB II sind, und die Annexleistungen der Jugendhilfe nach § 39 SGB VIII nicht gegeben sind. (Zur Problematik, wenn das Jugendamt die Leistungen nach § 33 SGB VIII wegen mangelnder Eignung von Familienangehörigen als Pflegeeltern ablehnt → Rn. 40.)

---

[97] Gesetz zur Regelung des Assistenzpflegebedarfs im Krankenhaus v. 30.7.2009 (BGBl. I 2495).

[98] *Roscher* LPK-SGB XII § 27a Rn. 28.

Die **Leistungen zur Sicherung des Lebensunterhalts** umfassen den Regelsatz, die angemessenen Kosten der Unterkunft, die tatsächlichen Heizkosten und, soweit im Einzelfall die persönlichen Voraussetzungen erfüllt sind, eventuelle Mehrbedarfe. Sind die Minderjährigen **Haushaltsangehörige** im Sinne des SGB XII (Bedarfsgemeinschaft oder Haushaltsgemeinschaft), so erhalten sie den für Minderjährige gestaffelten Regelsatz. 86

§§ 34, 34a SGB XII regeln die Leistungen für Bildung und Teilhabe, die neben dem Regelbedarf gesondert berücksichtigt werden (§ 34 Abs. 1 S. 1 SGB XII). Hier sind vor allem zusätzliche Leistungen (jährlich insgesamt 100,00 EUR) für den persönlichen Schulbedarf sowie Zuschüsse zu einer angemessenen Lernförderung und zur Schülerbeförderung möglich und zur gemeinschaftlichen Mittagsverpflegung (§ 34 Abs. 3, 4, 5, 6 SGB XII). Dies gilt nicht nur für Schüler, sondern auch Kinder in Kindertageseinrichtungen oder einer Kindertagespflege. Der Sozialhilfeträger kann hier in begründeten Einzelfällen einen Nachweis über die zweckentsprechende Verwendung des Geldes verlangen (§ 34a Abs. 5 SGB XII). **Behinderten** Minderjährigen, die das 15. Lebensjahr vollendet haben und Leistungen der Eingliederungshilfe zu Schul- und Ausbildung erhalten (§ 54 Abs. 1 S. 1 Nr. 1 bis 3 SGB XII), steht ein Mehrbedarf in Höhe von 35 % des Eckregelsatzes (Regelsatz für einen Alleinerziehenden oder Haushaltsvorstand) zu (§ 30 Abs. 4 SGB XII). Erhält der behinderte Mensch Leistungen der Ausbildungsförderung, die seinen Bedarf abdecken, hat er keinen Anspruch auf Eingliederungshilfe mit Ausnahme des behinderungsbedingten Mehrbedarfs.[99]

Sofern bei **Auszubildenden** die Ausbildung nach dem Bundesausbildungsförderungsgesetz oder gem. § 60 bis 62 des SGB III dem Grunde nach förderungsfähig ist, besteht regelmäßig kein Anspruch auf Leistungen zur Sicherung des Lebensunterhalts (§ 22 Abs. 1 SGB XII). Ausnahmen gibt es über die Härtefallregelung zur darlehensweisen Gewährung (§ 22 Abs. 1 S. 2 SGB XII) und in den Fällen des § 22 Abs. 2 SGB XII. 87

Neben den Regelleistungen und den Mehrbedarfszuschlägen gibt es sogenannte einmalige Bedarfe. Diese umfassen die Erstausstattung einer Wohnung, Erstausstattung für Bekleidung und Erstausstattungen für Schwangere sowie Anschaffung und Reparaturen von orthopädischen Schuhen, Reparaturen von therapeutischen Geräten und Ausrüstungen und die Miete von therapeutischen Geräten. (§ 31 SGB XII). 88

Der Sozialhilfeträger übernimmt nach Maßgabe des § 32 SGB XII **Beiträge zur Kranken- und Pflegeversicherung**. Für nichtversicherte Personen werden Leistungen der **Krankenhilfe** (§ 48 SGB XII) erbracht. Voraussetzung ist in beiden Fällen die grundsätzliche Leistungsberechtigung nach § 19 Abs. 1 SGB XII. Sofern Versicherte allein aufgrund der Beitragszahlung zur Kranken- und Pflegeversicherung sozialhilfebedürftig werden, sieht § 32 SGB XII Sonderregelungen vor. Für Leistungsempfänger, die Leistungen nach dem Dritten bis Neunten Kapitel des SGB XII erhalten und nicht krankenversichert sind (siehe dazu § 5 Abs. 1 Nr. 13 SGB V), wird diese Leistung organisatorisch vollständig von der Krankenversicherung nach § 264 Abs. 2 SGB V übernommen, es sei denn, es handelt sich nur um einen kurzzeitigen Bezug der jeweiligen Sozialhilfeleistungen (§ 264 Abs. 2 S. 2 SGB V). Die Hilfeempfänger nach dem SGB XII müssen dabei die gleichen Zuzahlungen übernehmen wie in der Krankenversicherung (§ 264 Abs. 4 SGB V). Das SGB XII kennt keine Regelung mehr, die weiterreichende Leistungen zuließe.[100] 89

---

[99] Hauck/Noftz/*Voelzke* SGB XII § 54 Rn. 45.

[100] *Bieritz-Harder/Birk* LPK-SGB XII § 48 Rn. 11.

90 Die Sozialhilfe setzt (mit Ausnahme der Leistungen für die Grundsicherung im Alter und bei Erwerbsminderung) ein, sobald der Sozialhilfeträger oder eine von ihm beauftragte Stelle **Kenntnis** davon erlangt, dass die Voraussetzungen für die Sozialhilfeleistung vorliegen (§ 18 Abs. 1 SGB XII).

91 **3. Opferentschädigungsleistungen, OEG.** Leistungen nach dem OEG iVm dem **Bundesversorgungsgesetz (BVG)** erhalten Personen, die in der Bundesrepublik, auf einem deutschen Schiff oder in einem deutschen Luftfahrzeug Opfer eines gewaltsamen Vorgehens geworden sind und dabei gesundheitliche, also seelische oder körperliche, Schäden erlitten haben. Auch mittelbare Schäden werden erfasst, wenn zum Beispiel der Angriff gegen eine dritte Person und nicht gegen das Opfer direkt gerichtet war oder wenn sich ein Opfer auf der Flucht verletzt (§ 1 Abs. 1 OEG). Ebenso kann die Beibringung von Gift oder die mindestens fahrlässige Herbeiführung einer Gefahr für einen anderen durch ein mit gemeingefährlichen Mitteln begangenes Verbrechen zum Anspruch auf OEG-Leistungen führen (§ 1 Abs. 2 OEG). Außerdem fallen Unfälle und Wegeunfälle in Zusammenhang mit bestimmten Rehabilitationsleistungen unter das OEG (§ 1 Abs. 3 OEG). Leistungen sind zudem vorgesehen, wenn Deutsche oder leistungsberechtigte Ausländer im Ausland Opfer einer Gewalttat werden, wenn sie ihren gewöhnlichen Aufenthalt in der Bundesrepublik haben und sich zum Tatzeitpunkt nur für einen vorübergehenden Zeitraum von längstens sechs Monaten am Tatort aufgehalten haben (§ 3a OEG).

92 Der Entschädigungsanspruch steht dabei nicht nur dem Opfer selbst zu. Stirbt das Opfer an den Folgen der Tat, so können bestimmte OEG-Leistungen auch sein **Ehepartner, Lebenspartner, seine Kinder und Eltern** sowie eingeschränkt Großeltern erhalten (§ 1 Abs. 8 OEG). Minderjährige können daher Opferentschädigungsleistungen in Anspruch nehmen, weil sie selbst unmittelbar oder mittelbar Gewaltopfer geworden sind oder weil ein Elternteil oder Pflegeelternteil (§ 45 Abs. 2 BVG) durch eine Gewalttat zu Tode kam. Opferentschädigungsleistungen sind für Minderjährige in der Praxis aber vor allem in Fällen von Kindesmisshandlung oder sexuellem Kindesmissbrauch relevant. In letzterem Fall ist jeder sexuelle Missbrauch Gewalttat im Sinne des OEG.[101] Auch extreme Vernachlässigung und eindeutig falsches Erziehungsverhalten können Leistungen nach dem OEG begründen.[102]

93 OEG-Leistungen können auch **Ausländer** erhalten. Soweit es sich nicht um Angehörige eines Mitgliedstaates der Europäischen Union handelt, muss allerdings der andere Staat einem dort geschädigten Deutschen vergleichbare Leistungen zuerkennen (darüber informieren die Versorgungsämter) oder der Ausländer muss sich mindestens seit drei Jahren rechtmäßig in der Bundesrepublik aufhalten. Für Ausländer, die sich weniger als drei Jahre rechtmäßig hier aufhalten, gelten besondere Bestimmungen (§ 1 Abs. 5,6 OEG) – ebenso für das weitere Verfahren bei Abschiebung, Ausweisung und Ausreise (§ 1 Abs. 7 OEG).

94 Das Opfer darf grundsätzlich nicht durch sein eigenes Verhalten zur Schädigung beigetragen haben (zum Beispiel Teilnahme an einer Prügelei, Provozieren des Gegners). Im Regelfall scheidet aber bei Minderjährigen eine Leistungsverweigerung wegen einer **Mitverursachung** aus, vor allem wenn die Gewalttat in einem Missbrauch, einer Misshandlung oder extremer Vernachlässigung besteht.[103] Das Opfer muss regelmäßig auch alles unternehmen, um die Tat aufzuklären, zB Strafanzeige stellen, alle ermittlungsrelevanten Angaben machen (§ 2 OEG). Bei Minderjährigen ist aber zu berücksichtigen,

---

[101] BSG NJW 1996, 1620.
[102] *Hoffmann* JAmt 2005, 329.
[103] *Hoffmann* JAmt 2005, 331.

dass die strafrechtliche Verfolgung von Tätern auch dem Kindeswohl zuwiderlaufen kann (→ Rn. 18). Dass eine Strafanzeige dem Kindeswohl zuwiderläuft, ist vom Vormund/Pfleger dann im Einzelfall zu begründen.[104]

Das OEG gewährt in entsprechender Anwendung des BVG Rentenleistungen, Heilbehandlung, Bestattungsgeld und ergänzende Leistungen der Kriegsopferfürsorge (KOF) (§ 1 Abs. 1 OEG iVm § 9 BVG). **95**

Die wichtigsten Geldleistungen für Beschädigte sind die **Grundrente** und die **Ausgleichsrente.** Die Grundrente wird zur Abgeltung des Verlusts der körperlichen Integrität und zur Abgeltung des im einzelnen nicht messbaren schädigungsbedingten Mehraufwands ab einem Grad der Schädigungsfolgen von wenigstens 25 % (§§ 30 Abs. 1, 31 Abs. 1 BVG) gewährt. Die Ausgleichsrente, die der Sicherung des Lebensunterhalts dient, wird erst ab einer Minderung der Erwerbsfähigkeit von 50 % (§ 32 BVG) gewährt. Sie ist für Minderjährige nach Altersstufen gestaffelt und von den wirtschaftlichen Verhältnissen des Minderjährigen und seiner unterhaltspflichtigen Angehörigen abhängig (§ 34 BVG).

Waisenversorgung wird bis zur Vollendung des 18. Lebensjahr geleistet, darüber hinaus bis zum vollendeten 27. Lebensjahr bei Schul- oder Berufsausbildung (§ 45 Abs. 1, 3 BVG). Behinderten Waisen wird die Waisenversorgung gewährt, solange sie nicht selbst für ihren Lebensunterhalt aufkommen können (§ 45 Abs. 3 lit. d BVG).

Die Leistungen der **KOF** sehen auch Erziehungsbeihilfen vor. Nach dem eindeutigen Wortlaut des § 27 Abs. 1 BVG erhalten Erziehungsbeihilfen aber nicht Minderjährige, die selbst Opfer geworden sind. Diese können über §§ 27d BVG iVm §§ 53 ff. SGB XII entsprechende Leistungen erhalten. **96**

OEG-Leistungen werden nur auf **Antrag** gewährt (§ 1 Abs. 1, 8 S. 1 OEG). Zuständig sind die nach dem BVG zuständigen Behörden (§ 6 Abs. 1 OEG). Die nach dem BVG zuständigen Behörden sind nicht identisch mit den für die KOF zuständigen Behörden. Es sind daher immer zwei Anträge zur stellen. Die Beschädigtenversorgung beginnt regelmäßig erst mit dem Monat, in dem Antrag gestellt wurde. Nur wenn der Antrag innerhalb eines Jahres nach Schädigungseintritt gestellt wurde, wird die Versorgung auch für die Zeiträume davor geleistet. Die Zeit, in der der Geschädigte ohne sein Verschulden **an der Antragstellung gehindert** war, verlängert diese Frist (§ 60 BVG). Für die Hinterbliebenenversorgung ist § 61 BVG zu beachten. Unklar ist, inwieweit und wie lange ein Opfer aufgrund seiner **Minderjährigkeit** gehindert sein kann, rechtzeitig einen Antrag auf OEG-Leistungen zu stellen. Unstrittig ist, dass Minderjährigen nicht zur Last gelegt werden kann, wenn die Eltern als Täter entsprechende Leistungen nicht beantragen, um sich selbst der Strafverfolgung zu entziehen.[105] Nach § 36 Abs. 1 SGB I kann ein Minderjähriger aber mit Vollendung des 15. Lebensjahres selbst wirksam Anträge auf Sozialleistungen stellen. Ob man dies einem Minderjährigen entgegenhalten kann, scheint jedoch zweifelhaft, da sich die Handlungsfähigkeit nach § 36 Abs. 1 SGB I eigentlich nur vorteilhaft auswirken darf.[106] Die versäumte Antragstellung durch einen Pfleger kann dem Minderjährigen in jedem Fall nur entgegengehalten werden, wenn der Pfleger tatsächlich zur Geltendmachung von OEG-Leistungen befugt ist.[107] Dies ist der Fall bei einer expliziten Übertragung dieses Aufgabenbereiches oder wenn der Pfleger die Personensorge allgemein, die Beantragung von Sozialleistungen oder die Vermögenssorge innehat. **97**

---

[104] *Hoffmann* JAmt 2005, 332.
[105] BSG NJW 1997, 2895; BSGE 94, 282.
[106] *Hoffmann* JAmt 2005, 334 mwN und Begründungen.
[107] BSG FamRZ 2009, 879.

98 Wurde die Tat mit einem Kraftfahrzeug oder einem Anhänger begangen, so werden keine OEG-Leistungen gewährt (§ 1 Abs. 11 OEG). Hier können aber Leistungen der **Verkehrsopferhilfe** in Betracht kommen.

99 Leistungen der Erziehungsbeihilfen und Eingliederungshilfe nach den Be-stimmungen für die Opferentschädigung haben Vorrang vor Jugendhilfeleistungen nach § 39 SGB VIII. Decken die Leistungen der Opferentschädigung den Bedarf nicht vollständig, kommen ergänzend Jugendhilfeleistungen in Betracht.[108]

100 **4. Berufsausbildungsbeihilfe, SGB III.** Berufsausbildungsbeihilfe (BAB) wird während einer beruflichen Ausbildung sowie einer berufsvorbereitenden Bildungsmaßnahme geleistet.

Gefördert werden eine **betriebliche oder außerbetriebliche Ausbildung** in einem nach dem Berufsbildungsgesetz, der Handwerksordnung oder dem Seemannsgesetz anerkannten Ausbildungsberuf sowie die betrieblich durchgeführte Ausbildung nach dem Altenpflegegesetz. Es muss ein Ausbildungsvertrag vorliegen. Dieser muss bei der zuständigen Stelle in das Verzeichnis der Berufsausbildungsverhältnisse eingetragen worden sein (§ 57 Abs. 1 SGB III). BAB-Leistungen werden regelmäßig nur für die erste Ausbildung geleistet. Eine zweite Ausbildung wird nur dann gefördert, wenn voraussichtlich auf andere Weise eine dauerhaft berufliche Eingliederung nicht zu erwarten ist und durch die zweite Ausbildung die berufliche Eingliederung erreicht werden kann (§ 57 Abs. 2 SGB III).

101 **Berufsvorbereitende Bildungsmaßnahmen** werden gefördert, wenn sie auf die Aufnahme einer Ausbildung vorbereiten oder der beruflichen Eignung dienen und nicht den Schulgesetzen der Länder unterliegen. Außerdem muss nach Ausbildung und Berufserfahrung des Leiters und des Ausbildungs- und Betreuungspersonals, Gestaltung des Lehrplans, Unterrichtsmethode und Güte der zum Einsatz vorgesehenen Lehr- und Lernmittel eine erfolgreiche Ausbildung zu erwarten sein (§ 51 Abs. 2 SGB III). Berufsvorbereitende Bildungsmaßnahmen können auch allgemein bildende Fächer erhalten und auf den nachträglichen Erwerb des Hauptschulabschlusses oder eines gleichwertigen Schulabschlusses vorbereiten.

Ein Auszubildender ohne Schulabschluss hat einen Anspruch, im Rahmen einer berufsvorbereitenden Bildungsmaßnahme auf den nachträglichen Erwerb eines Hauptschulabschlusses oder eine gleichwertigen Schulabschlusses vorbereitet zu werden (§ 53 SGB III).

102 Auszubildende haben einen Anspruch auf BAB-Beihilfe während einer beruflichen Ausbildung oder berufsvorbereitenden Bildungsmaßnahme, wenn sie, sofern die berufliche Ausbildung oder berufliche Bildungsmaßnahme förderungsfähig ist, zum förderungsfähigen Personenkreis gehören und die sonstigen persönlichen Voraussetzungen für eine Förderung erfüllt haben und ihnen die erforderlichen Mittel zur Deckung des Bedarfs für den Lebensunterhalt sowie die sonstigen Aufwendungen und die Lehrgangskosten nicht anderweitig zur Verfügung stehen (§ 56 Abs. 1 SGB III). Zum **förderungsfähigen Personenkreis** gehören immer Deutsche; Unionsbürger und Ausländer nach Maßgabe des § 69 SGB III. Die **sonstigen persönlichen Voraussetzungen** erfüllt ein minderjähriger Auszubildender für die berufliche Ausbildung, wenn er außerhalb des Haushaltes der Eltern oder eines Elternteils lebt, die Ausbildungsstätte von der Wohnung der Eltern oder eines Elternteils nicht in angemessener Zeit erreichen kann (§ 60 Abs. 1 S. SGB III). Insbesondere wenn der Auszubildende aus schwerwiegenden sozialen Gründen nicht auf die Wohnung der Eltern oder eines

[108] *Meysen* FK-SGB VIII § 10 Rn. 18.

Elternteils verwiesen werden kann, gilt dies jedoch nicht (§ 60 Abs. 2 Nr. 4 SGB III). Bei einer berufsvorbereitenden Bildungsmaßnahme muss der Auszubildende die Vollzeitschulpflicht nach den Ländergesetzen erfüllt haben, die Maßnahme zur Vorbereitung auf eine Berufsausbildung oder zur beruflichen Eingliederung muss erforderlich sein, und die Fähigkeiten des Auszubildenden müssen erwarten lassen, dass er das Ziel der Maßnahme erreicht (§ 52 Abs. 1 SGB III).

Der **Bedarf** für den Lebensunterhalt des Auszubildenden bei beruflicher Ausbildung bestimmt sich nach § 61 SGB III. Der Bedarf für den Lebensunterhalt bei berufsvorbereitenden Bildungsmaßnahmen nach § 62 SGB III. Außerdem gehören zum Bedarf Fahrtkosten (§ 63 SGB III) und sonstige Aufwendungen wie bei zum Beispiel die Kosten der Betreuung von aufsichtsbedürftigen Kindern (§ 64 SGB III). 103

Berufsausbildungsbeihilfe für die erstmalige Ausbildung und Weiterbildungskosten zum nachträglichen Erwerb eines Hauptschulabschlusses oder eines gleichwertigen Schulabschlusses sind **keine Ermessensleistungen** (§ 3 Abs. 3 Ziff. 2 SGB III). Beim Vorliegen der übrigen Voraussetzungen besteht daher ein Anspruch auf sie.

Für die Berufsausbildungsbeihilfe für **behinderte Menschen** gelten außerdem die besonderen Bestimmungen zur Förderung der Teilhabe behinderter Menschen am Arbeitsleben nach §§ 112 ff. SGB III. Sie erhalten zum Beispiel Berufsausbildungsbeihilfe auch, wenn sie während der Ausbildung im elterlichen Haushalt wohnen (§ 116 Abs. 3 S. 1 SGB III). Die Voraussetzungen für eine zweite Ausbildung sowie der Zugang zu berufsvorbereitenden Maßnahmen sind erleichtert (§ 116 Abs. 4, 5 SGB III) und die Bedarfe werden gesondert bemessen (§§ 123, 124 SGB III). Ebenso gelten für die Einkommensanrechnung Sonderregelungen (§ 126 SGB III). 104

Berufsausbildungsbeihilfe wird auf **Antrag** erbracht (§ 323 Abs. 1 SGB III). Hat die Maßnahme bereits begonnen, so wird Berufsausbildungsbeihilfe längstens vom Beginn des Monats an geleistet, in dem sie beantragt wurde (§ 325 Abs. 1 SGB III). Zuständig ist die Agentur für Arbeit, in deren Bezirk der Auszubildende seinen Wohnsitz oder gewöhnlichen Aufenthalt hat. 105

BAB-Leistungen sind vorrangig gegenüber den Leistungen der Jugendsozialarbeit nach § 13 Abs. 3 SGB VIII (§ 13 Abs. 2 SGB VIII) und den Unterhaltsleistungen nach § 39 SGB VIII. 106

5. Bundesausbildungsförderungsgesetz, BAföG. In der Praxis der Vormundschaft haben BAföG-Leistungen in Einzelfällen nach § 2 Abs. 1 Nr. 1 BAföG Bedeutung. Schüler können nach dieser Bestimmung für den Besuch allgemeinbildender Schulen (Haupt-, Real- und Gesamtschulen, Gymnasien) und von Berufsfachschulen für die berufliche Grundbildung ab der 10ten Klasse BAföG-Leistungen beantragen, wenn sie in einem eigenen Haushalt leben, weil ihre Ausbildungsstelle zu weit vom Elternhaus entfernt ist, sie verheiratet sind oder mit einem Kind zusammenleben (§ 2 Abs. 1a Nr. 1 BAföG). Ausbildungsförderung wird für die weiterführende allgemeinbildende Ausbildung und zumindest drei Schuljahre berufsbildender Ausbildung bis zu einem daran anschließenden berufsqualifizierenden Abschluss geleistet (§ 7 Abs. 1 S. 1 BAföG). BAföG erhalten auch **Ausländer**, wenn sie mit einem legalen Status in Deutschland leben nach Maßgabe des § 8 BAföG. 107

Ausbildungsförderung wird nur geleistet, wenn der Ausbildungsabschnitt mindestens ein Schulhalbjahr dauert und die Ausbildung die Arbeitskraft des Auszubildenden im Allgemeinen voll in Anspruch nimmt (§ 2 Abs. 5 S. 1 BAföG). Die Ausbildung wird nur gefördert, wenn die Leistungen des Auszubildenden erwarten lassen, dass er das Ausbildungsziel erreicht (§ 9 Abs. 1 BAföG). Diese Vermutung greift nur, solange der Auszubildende die Ausbildungsstätte besucht. 108

109 Ausbildungsförderung wird für den Lebensunterhalt und die Ausbildung (Bedarf) geleistet (§ 11 Abs. 1 BAföG). Der Bedarf bestimmt sich im Übrigen für Schüler nach § 12 BAföG. Ausbildungsförderung für Schüler allgemeinbildender weiterführender Schulen und Berufsfachschulen zur beruflichen Grundbildung werden als Zuschuss geleistet (§ 17 Abs. 1 BAföG).

110 BAföG-Leistungen in diesen Fällen müssen beim zuständigen Amt für Ausbildungsförderung (für Schüler-BAföG in der Regel Stadt oder Kreis, § 40 BAföG) **schriftlich beantragt** werden (§ 46 Abs. 1, 2 BAföG). Die Zahlung erfolgt frühestens ab dem Monat, in dem der Antrag gestellt wurde (§ 15 Abs. 1 BAföG).

111 Vor allem Leistungen wie Arbeitslosengeld bei beruflicher Weiterbildung nach dem SGB III und Arbeitslosengeld II bei Weiterbildung nach dem SGB II schließen BAföG-Leistungen aus (§ 2 Abs. 6 BAföG). BAföG-Leistungen kommen aber nach § 10 Abs. 1 SGB VIII neben Jugendhilfeleistungen in Betracht, wenn das Einkommen der Eltern entsprechend niedrig ist (siehe zum Einkommen und Vermögen Rn. 149) und die weiteren Voraussetzungen vorliegen.

112 **6. Kindergeld, EStG, BKGG.** Anspruch auf Kindergeld nach dem Einkommenssteuergesetz (EStG) haben gem. § 62 Abs. 1 EStG Personen, die in Deutschland unbeschränkt steuerpflichtig sind oder Beiträge zur gesetzlichen Arbeitslosenversicherung zahlen. Uneingeschränkt steuerpflichtig ist, wer in Deutschland seinen Wohnsitz oder seinen gewöhnlichen Aufenthalt hat und dessen Steuerpflicht nicht durch zwischenstaatliche Vereinbarungen oder Doppelbesteuerungsabkommen beschränkt ist. Nicht freizügigkeitsberechtigte Ausländer (freizügigkeitsberechtigt sind EU- und EWR-Ausländer) müssen zumindest die Voraussetzungen des § 62 Abs. 2 EStG erfüllen. Auch Stiefeltern und Großeltern können Kindergeld beziehen (§ 63 Abs. 1 Nr. 1 iVm § 32 Abs. 1 Nr. 2 EStG).

113 Kindergeld wird gem. § 63 Abs. 1 Nr. 1 iVm § 32 Abs. 1 Nr. 2 EStG auch für **Pflegekinder** gewährt. Pflegekinder sind danach Kinder, mit denen der Steuerpflichtige durch ein familienähnliches, auf längere Dauer berechnetes Band verbunden ist, sofern er sie nicht zu Erwerbszwecken in seinen Haushalt aufgenommen hat und das Obhut- und Pflegeverhältnis zu den Eltern nicht mehr besteht. Ist eine Aufnahme des Pflegekindes von mindestens zwei Jahren beabsichtigt, kann von einer längeren Dauer im Sinne des steuerrechtlichen Pflegekinderbegriffs ausgegangen werden.[109] Bei Einrichtungen und Pflegestellen nach § 34 SGB VIII scheidet ein solches Pflegekindschaftsverhältnis aus, weil der Betreiber das Kind zu Erwerbszwecken in den Haushalt aufgenommen hat.[110] Erhalten Pflegeeltern Kindergeld, wird dieses wiederum auf die Jugendhilfeleistungen nach Maßgabe des § 39 Abs. VI SGB VIII angerechnet.

114 Dabei erhält immer nur eine Person das Kindergeld (§ 64 Abs. 1 EStG). Welcher Elternteil oder welche andere Person das ist, richtet sich nach § 64 Abs. 2 EStG, insbesondere einer entsprechenden Bestimmung der Berechtigten. Vor allem Kinderzulagen aus der gesetzlichen Unfallversicherung und dem Kindergeld vergleichbare Leistungen aus dem Ausland für Kinder, schließen Kindergeldleistungen nach dem EStG aus (§ 65 EStG). Die Höhe des Kindergelds bestimmt sich nach § 66 EStG.

115 Das Kindergeld muss bei der zuständigen Familienkasse (angesiedelt bei der Agentur für Arbeit) **schriftlich beantragt** werden (§ 67 EStG). Dabei kann den Antrag auch stellen, wer außer dem Berechtigten ein berechtigtes Interesse an der Leistung des Kindergelds hat, zB weil er dem Kind gegenüber unterhaltsverpflichtet ist.

---

[109] *Wiesner* § 39 Rn. 44.

[110] BFH NJW 2009, 2976.

Das für das Kind festgesetzte Kindergeld gem. § 74 Abs. 1 S. 1–3 EStG kann an das Kind ausgezahlt werden, wenn der Kindergeldberechtigte seiner gesetzlichen Unterhaltspflicht gegenüber dem Kind nicht nachkommt (§ 74 Abs. 1 S. 1 EStG). Dabei genügt eine einmalige oder unwesentliche Pflichtverletzung für die **Abzweigung** nicht.[111] Eine Abzweigung ist außerdem möglich, wenn der Kindergeldberechtigte mangels Leistungsfähigkeit nicht unterhaltspflichtig ist oder nur Unterhalt zu leisten braucht, der geringer ist als das für die Auszahlung in Betracht kommende Kindergeld (§ 74 Abs. 1 S. 3 EStG). Die Abzweigung ist eine Ermessensentscheidung.[112] **116**

Im **Bundeskindergeldgesetz (BKGG)** sind die Ansprüche von Berechtigten geregelt, die entweder in Deutschland *nicht* unbeschränkt steuerpflichtig, aber in sonstiger Weise mit dem deutschen Arbeits- und Sozialrechtssystem verbunden sind oder Kindergeld für sich selbst erhalten (§ 1 Abs. 1, 2 BKGG), sog. Restkindergeld.[113] Kinder erhalten **für sich selbst Kindergeld**, wenn sie in Deutschland einen Wohnsitz oder ihren gewöhnlichen Aufenthalt haben, Vollwaise sind oder den Aufenthalt ihrer Eltern nicht kennen und nicht bei einer anderen Person als Kind zu berücksichtigen sind (§ 1 Abs. 2 BKGG). Auch Stiefeltern, Pflegeeltern und Großeltern können Kindergeld beziehen (§ 2 Abs. 1 BKGG). Dabei erhält immer nur eine Person das Kindergeld. Welcher Elternteil oder andere Person das ist, bestimmt sich nach Maßgabe des § 3 BKGG, insbesondere einer Bestimmung, die die Berechtigten getroffen haben. Das Kindergeld muss schriftlich (§ 9 Abs. 1 BKGG) bei der zuständigen Familienkasse (§ 13 Abs. 1 BKGG) beantragt werden. Die Familienkassen sind regelmäßig bei den Arbeitsagenturen für Arbeit angesiedelt (§ 7 BKGG). **117**

7. Unterhaltsvorschussleistungen, UVG. Unterhaltsleistungen nach dem Unterhaltsvorschussgesetz (Unterhaltsvorschussleistungen und Unterhaltsausfallleistungen) erhält ein Kind, wenn es im Geltungsbereich des Gesetzes einen Wohnsitz oder seinen gewöhnlichen Aufenthalt hat, bei einem alleinerziehenden Elternteil (ledig, verwitwet, geschieden oder vom Ehegatten dauernd getrennt lebend) lebt, von dem anderen Elternteil nicht oder nur teilweise den Unterhalt nach § 1612a Abs. 1 BGB erhält und das *12. Lebensjahr*[114] noch nicht vollendet hat. Ausländische Kinder erhalten Unterhaltsvorschussleistungen, sofern ihr Aufenthalt je nach Aufenthaltstitel des Kindes oder des betreuenden Elternteils und unter Berücksichtigung des Zugangs des betreuenden Elternteils zum Arbeitsmarkt voraussichtlich dauerhaft ist. **118**

Kind und betreuender Elternteil müssen in **einem** – nicht notwendiger Weise eigenem – **Haushalt** zusammenleben. Die Unterhaltsvorschussleistungen werden für längstens **72 Monate gewährt** (§ 3 UVG). Der Unterhaltvorschuss wird als vorrangige Sozialleistung auf Leistungen zur Sicherung des Lebensunterhalts nach dem SGB II und dem SGB XII angerechnet. Unterhaltsleistungen des Barunterhaltspflichtigen oder Waisenrentenbezüge werden wiederum auf die Unterhaltsleistung nach dem UVG angerechnet. **119**

Der Anspruch auf Unterhaltsleistung ist **ausgeschlossen**, wenn der alleinstehende Elternteil mit dem anderen Elternteil des Kindes – ob verheiratet oder nicht – zusammenlebt, wenn er sich weigert, Auskünfte zu erteilen, die zur Durchführung des Gesetzes erforderlich sind oder wenn er nicht bereit ist, bei der Feststellung der Vater- **120**

---

[111] Schmidt/*Weber-Grellet* § 74 EStG Rn. 2.

[112] Schmidt/*Weber-Grellet* § 74 EStG Rn. 3.

[113] Schmidt/*Weber-Grellet* § 62 EStG Rn. 1.

[114] Hier ist eine Änderung geplant, die Grenze soll auf das 18. Lebensjahr hochgesetzt werden; die Höchstdauer von 72 Monaten entfallen; die Koalitionspartner der BReg konnten sich aber bis zum Zeitpunkt des Manuskriptabschlusses nicht über dieses Vorhaben einigen.

schaft oder des Aufenthalts des anderen Elternteils mitzuwirken (§ 1 Abs. 3 UVG). Der Anspruch entfällt auch, wenn der alleinstehende Elternteil die Ehe mit einem Dritten eingeht, obwohl der hinzukommende Stiefelternteil gegenüber dem Kind nicht unterhaltspflichtig ist. Kinder einer in einer eingetragenen Lebenspartnerschaft lebenden Mutter haben ebenfalls keinen Anspruch auf UVG-Leistungen.[115]

121 Der **Höhe** des Unterhaltsvorschusses richtet sich nach dem gesetzlichen Mindestunterhalt der jeweiligen Altersstufe (§ 2 Abs. 1 UVG). Die bei Erfüllung der Anspruchsvoraussetzungen monatlich zu zahlende Leistung wird auf **schriftlichen Antrag** (§ 9 Abs. 1 UVG) des alleinstehenden Elternteils oder des gesetzlichen Vertreters des Kindes vom örtlich zuständigen Jugendamt gewährt.

122 Decken **Jugendhilfeleistungen** den Bedarf des Kindes, so scheiden Leistungen nach dem UVG aus (§ 1 Abs. 4 S. 2 UVG).

III. Der Einsatz von Einkommen und Vermögen

123 **1. Einkommen und Vermögen beim Bezug von Jugendhilfeleistungen.** Die §§ 90, 91 SGB VIII regeln unter dem Begriff Kostenbeteiligung die materiellen Voraussetzungen zur Heranziehung von Kindern, Jugendlichen und Eltern zu den Kosten bestimmter Jugendhilfeleistungen. Für die Hilfen zur Erziehung gilt danach:

§ 90 SGB VIII enthält die sog. **pauschalierte Kostenbeteiligung** für ambulante Leistungen. Nicht aufgeführt sind die Leistungen der Erziehungsberatung (§ 28 SGB VIII), die soziale Gruppenarbeit (§ 29 SGB VIII), die Erziehungsbeistandschaft und die Betreuungshilfe (§ 30 SGB VIII), und die sozialpädagogische Familienhilfe (§ 31 SGB VIII). Diese Leistungen sind damit kostenfrei.

124 Gem. § 91 ff. SGB VIII werden aber **Kostenbeiträge** erhoben für die Erziehung in einer Tagesgruppe (§ 32 SGB VIII), die Vollzeitpflege (§ 33 SGB VIII), die Heimerziehung und sonstige betreute Wohnform (§ 34 SGB VIII). Außerdem für die intensive sozialpädagogische Einzelbetreuung (§ 35 SGB VIII), sofern sie außerhalb des Elternhauses erfolgt. Für die Eingliederungshilfe für seelisch behinderte Kinder oder Jugendliche (§35a SGB VIII) werden Kostenbeiträge gem. § 91 ff. SGB VIII erhoben, wenn sie in geeigneten Pflegefamilien sowie in stationären Einrichtungen und sonstigen Wohnformen erfolgt.

125 Dabei werden **Kinder und Jugendliche** für Hilfen zur Erziehung aus ihrem **Einkommen** nach Maßgabe der §§ 93, 94 SGB VIII **herangezogen**, wenn sie Vollzeitpflege erhalten, in einem Heim oder einer sonstigen betreuten Wohnform untergebracht sind, intensive sozialpädagogische Einzelbetreuung außerhalb des Elternhauses erhalten, oder sonst auf Grundlage von § 27 SGB VIII stationär untergebracht sind (§ 92 Abs. 1 Nr. 1 iVm § 91 Abs. 1 Nr. 5 SGB VIII). Kinder und Jugendliche werden außerdem aus ihrem Einkommen zu Kostenbeiträgen herangezogen, wenn sie Eingliederungshilfe für seelisch behinderte Kinder oder Jugendliche durch geeignete Pflegepersonen sowie in Einrichtungen über Tag und Nacht und in sonstigen Wohnformen erhalten (§ 92 Abs. 1 Nr. 1 iVm § 91 Abs. 1 Nr. 6 SGB VIII). Dies gilt auch für vorläufige Maßnahmen. **Elternteile** werden für stationäre Hilfen zur Erziehung und Eingliederungshilfe für seelische behinderte Kinder oder Jugendliche gleichermaßen aus ihrem **Einkommen** herangezogen (§ 92 Abs. 1 Nr. 5 S. 1 SGB VIII). Darüber hinaus werden Elternteile auch für teilstationäre Hilfen herangezogen (§ 92 Abs. 1 Nr. 5 S. 2 SGB VIII).

---

[115] BVerfG FamRZ 2005, 1743.

Zum **einzusetzenden Einkommen** gehören grundsätzlich alle **Einnahmen in Geld oder Geldeswert** mit Ausnahme vor allem der Grundrente nach dem Bundesversorgungsgesetz (§ 93 Abs. 1 S. 1 SGB VIII) und von Schmerzensgeld nach § 253 BGB (§ 93 Abs. 1 S. 2 SGB VIII). Geldleistungen, die dem gleichen Zweck wie die Jugendhilfeleistung dienen, sind nicht Einkommen gem. § 93 Abs. 1 S. 1 SGB VIII, sondern sind als **zweckidentische Geldleistung** zusätzlich zum Kostenbeitrag in voller Höhe einzusetzen (§ 93 Abs. 1 S. 3 SGB VIII). Die Zweckgleichheit bezieht sich dabei nicht auf die pädagogischen und therapeutischen Hilfen des SGB VIII, sondern auf die diesbezügliche Annexleistung zur Sicherung des Lebensunterhalts nach § 39 SGB VIII. Tatsächlich zweckidentische Geldleistungen (und damit zusätzlich zum Kostenbeitrag einzusetzen) sind ua Waisenrente,[116] Berufsausbildungsleistungen nach dem SGB III und BAföG-Leistungen sowie bei vollstationären Hilfen Wohngeld nach dem Wohngeldgesetz.[117] Leistungen, die aufgrund öffentlich-rechtlicher Bestimmung zu einem bestimmten Zweck erbracht werden, gehören nicht zum Einkommen (§ 93 Abs. 1 S. 4 SGB VIII). Darunter fällt zB das Blindengeld nach den Landesblindengesetzen. 126

Nach früherer Rechtslage galt **Kindergeld** als Einkommen gem. § 93 Abs. 1 S. 1 SGB VIII.[118] Dies hatte zur Folge, dass ein Elternteil, der kein Kindergeld bezog ,den Kostenbeitrag vollständig aus seinem Einkommen aufbringen musste, während der Elternteil, der Kindergeld bezog, dieses zumindest teilweise einsetzen konnte.[119] Darauf hat der Gesetzgeber reagiert und das Kindergeld in § 93 Abs. 1 S. 4 SGB VIII als Einkommen ausdrücklich ausgenommen. Gleichzeitig bestimmt nun § 94 Abs. 3 SGB VIII für vollstationäre Leistungen, dass der Elternteil, der Kindergeld bezieht, dieses zusätzlich zu seinem Kostenbeitrag aus Einkommen einsetzen muss. Auch in der Vergangenheit bestehende Unklarheiten hinsichtlich des Geschwisterkindergeldes hat der Gesetzgeber damit nun beseitigt.[120] 127

Vom Einkommen abzusetzen sind insbesondere auf das Einkommen gezahlte Steuern, Pflichtbeiträge zur Sozialversicherung (§ 93 Abs. 2 SGB VIII), aber vor allem auch die mit der Erzielung des Einkommens verbundenen notwendigen Ausgaben (§ 93 Abs. 3 SGB VIII). 128

Eine Heranziehung Minderjähriger aus ihrem **Vermögen** erfolgt nicht. (Bei der Heranziehung junger Volljähriger aus ihrem Vermögen gem. § 92 Abs. 1a SGB VIII beachte zum Einsatz von angesparter Grundrente nach dem OEG → Rn. 134.) 129

Junge Menschen (also Minderjährige und Volljährige, die noch nicht 27 Jahre alt sind, § 7 Abs. 1 Nr. 4 SGB VIII) sollen **vorrangig** vor ihren Eltern herangezogen werden (§ 94 Abs. 1 S. 3 SGB VIII).

Von der Heranziehung soll im Einzelfall ganz oder teilweise abgesehen werden, wenn die Hilfe sonst gefährdet würde oder sich aus der Heranziehung eine besondere Härte ergeben würde (§ 92 Abs. 5 S. 1 SGB VIII). Eine **Gefährdung der Hilfe** wird man wohl immer dann annehmen müssen, wenn Eltern die Zahlung eines Kostenbeitrags ablehnen und die Hilfe wegen des Kostenbeitrags beenden wollen. Eine **besondere Härte** kann nur in atypischen Fällen vorliegen. Ein solcher atypischer Fall kann gegeben sein, wenn besondere finanzielle Belastungen des Kostenbeitragspflichtigen bei den Kostenbeiträgen nach §§ 91 bis 93 SGB VIII nicht berücksichtigt sind, zB be- 130

---

[116] DIJuF JAmt 2008, 255.
[117] *Wiesner* § 93 Rn. 9.
[118] *Wiesner* § 93 Rn. 4.
[119] *Wiesner* § 93 Rn. 13.
[120] *Wiesner* § 93 Rn. 14.

sondere Belastungen wegen einer chronischen Erkrankung.[121] Umstände der Zeugung eines Kindes (im gegenständlichen Verfahren erfuhr der Kindsvater erst Jahre nach der Geburt des Kindes von seiner Vaterschaft) rechtfertigen keine besondere Härte in diesem Sinne.[122]

131 **2. Einkommen und Vermögen beim Bezug von Grundsicherungsleistungen für Arbeitssuchende.** Die §§ 11 und 12 SGB II regeln den Einsatz von Einkommen und Vermögen in der Grundsicherung für Arbeitssuchende. Als Faustregel gilt, dass was im Bedarfszeitraum zufließt, **Einkommen** ist, während **Vermögen** das ist, was vorher zugegangen ist oder in der Bedarfszeit nicht verwendet wird.[123] **Zu berücksichtigendes Einkommen** sind zunächst alle Einnahmen in Geld oder Geldeswert, mit Ausnahme insbesondere der Leistungen nach dem SGB II selbst und der Grundrente nach Bundesversorgungsgesetz und das für ab dem 1.1.2007 geborene Kinder gewährte Elterngeld bis maximal 300,00 EUR (§ 10 Bundeselterngeld- und Elternzeitgesetz (BEEG), (§ 11 Abs. 1 SGB II). Außerdem sind gem. § 11 Abs. 3 SGB II zweckbestimmte Einnahmen oder Zuwendungen der freien Wohlfahrtspflege und Schmerzensgeldleistungen nach dem BGB nicht als Einkommen zu berücksichtigen. **Zweckbestimmte Einnahmen** in diesem Sinne liegen vor, wenn es sich um andere Zwecke als die des SGB II (nämlich Unterhalt und Arbeitseingliederung, § 1 Abs. 2 SGB II)) handelt, wie zB beim Blindengeld nach den Landesblindengesetzen und § 72 SGB XII. **Zuwendungen der freien Wohlfahrtspflege** sind solche, die ebenfalls einem anderen Zweck als die Leistungen des SGB II dienen und nicht auf einer gesetzlichen Pflicht beruhen, zB aus Stiftungsmitteln. Weder die zweckbestimmten Leistungen noch die Zuwendungen der freien Wohlfahrtspflege dürfen die Lage des Empfängers so günstig beeinflussen, dass daneben SGB-II-Leistungen nicht mehr gerechtfertigt wären. Vom dann letztlich zu berücksichtigenden Einkommen sind wiederum bestimmte Beträge **abzusetzen**, insbesondere auf das Einkommen entrichtete Steuern, Pflichtbeiträge zur Sozialversicherung, die mit der Erzielung des Einkommens verbundenen Aufwendungen und vor allem der Freibetrag für Erwerbstätigkeit nach § 30 SGB II (§ 11 Abs. 2 SGB II).

132 **Kindergeld** ist dem jeweiligen Kind als Einkommen zuzurechnen, wenn das Kind zur Bedarfsgemeinschaft gehört und soweit das Kindergeld beim jeweiligen Kind zur Sicherung des Lebensunterhalts benötigt wird (§ 11 Abs. 1 S. 3 SGB II). Lebt der Kindergeldberechtigte nicht in häuslicher Gemeinschaft mit dem Kind, so besteht die Möglichkeit der Abzweigung nach § 74 Abs. 1 S. 1–3 EStG.

133 **Vermögen** sind zunächst alle verwertbaren Vermögensgegenstände (§ 12 Abs. 1 SGB II). Vermögen wird gem. § 11 Abs. 4 SGB II mit seinem Verkehrswert zum Zeitpunkt der Antragstellung bzw. einer neuerlichen Antragstellung und bei Erwerb während des Bedarfszeitraums mit dem Verkehrswert zum Zeitpunkt des Erwerbs angesetzt. Dabei sind wesentliche Änderungen des Verkehrswerts zu berücksichtigen. Bestimmte Werte gelten nach § 11 Abs. 3 SGB II nicht als zu berücksichtigendes Vermögen, wie insbesondere angemessener Hausrat, eine selbst genutzte Wohnimmobilie von angemessener Größe und Vermögen, dessen Einsatz unwirtschaftlich oder von besonderer Härte wäre. Unwirtschaftlich ist eine Verwertung immer dann, wenn der zu erzielende Nettoerlös erheblich unter dem tatsächlichen Wert liegt.[124] Soweit das SGB II eine besondere Härte verlangt – im Unterschied zu § 90 Abs. 3 S. 1 SGB XII,

---

[121] *Wiesner* § 93 Rn. 20.

[122] OVG Weimar NJW 2015, 3802.

[123] *Münder* LPK-SGB II § 11 Rn. 12 (m. kritischen Anmerkungen Rn. 13 ff.).

[124] *Geiger* LPK-SGB II § 12 Rn. 63.

der nur von einer „Härte" spricht –, wird die besondere Härte des SGB II nicht weiter gehen dürfen als die sozialhilferechtliche Härte, um vor allem auch eine verfassungsrechtlich bedenkliche Ungleichbehandlung von SGB-II- und SGB XII-Beziehern zu vermeiden.[125] Im Übrigen liegt eine besondere Härte nur vor, wenn bei Würdigung der Gesamtumstände ein atypischer, also ungewöhnlicher Fall vorliegt.

Dies hat vor allem für den Einsatz von **angesparten Grundrenten aus der Opferentschädigung** eine Rolle gespielt. Zwar ist grundsätzlich die Herkunft des Vermögens ohne Bedeutung für das Vorliegen einer Härte. Im Einzelfall kann die Herkunft des Vermögens dieses aber so prägen, dass die Verwertung gleichwohl eine Härte darstellt.[126] So zum Beispiel, weil das Vermögen aus angespartem Einkommen stammt, das seinerseits beim Bezug der betreffenden Sozialleistung als Einkommen nicht einzusetzen gewesen wäre und der Grund für die Nichtberücksichtigung des Einkommens auch auf die Frage des Einsatzes des Vermögens durchschlägt, weil es denselben Zwecken dienen soll, wie das nicht zu berücksichtigende Einkommen.[127] Die Grundrente dient dazu schädigungsbedingte gesundheitliche und wirtschaftliche Nachteile auszugleichen. Ihr kommt insbesondere eine Wiedergutmachungsfunktion für das Versagen des Rechtsstaates in seiner Schutzfunktion gegenüber dem Bürger zu.[128] Letztlich müsste es dem Opfer selbst überlassen bleiben, welcher Ausgleich ihm am besten dient. Dazu gehört auch die Möglichkeit, die Grundrente über einen längeren Zeitraum anzusparen, ohne diese dann wegen einer Anrechnung auf Sozialleistungen wieder zu verlieren.[129] Diese Auffassung hat im Ergebnis dann auch das BVerwG in seiner Entscheidung vom 27.5.2010[130] bestätigt, wonach letztlich der Einsatz angesparter Grundrente eine Härte iSv § 88 Abs. 3 S. 1 BSHGn bedeuten würde. Allerdings hat der Gesetzgeber hierauf unverzüglich reagiert und in § 25f Abs. 1 S. 2 BVG ausdrücklich auch aus der Grundrente angespartes Vermögen als einzusetzendes Vermögen definiert und damit kraft Gesetzes das regelhafte Vorliegen einer Härte verneint. Nunmehr muss im Einzelfall geprüft werden, ob eine Härte vorliegt.[131] 134

Nach § 33 Abs. 1 SGB II gehen **Unterhaltsansprüche nach dem BGB** auf den Leistungsträger über. Voraussetzung ist, dass der Hilfeempfänger Leistungen zur Sicherung des Lebensunterhalts (§ 19 SGB II) erhält. Um zu verhindern, dass der Unterhaltsverpflichtete selbst bedürftig wird, sieht § 33 Abs. 2 S. 3 SGB II vor, dass der Anspruch nur soweit übergeht, als Einkommen und Vermögen des Unterhaltsschuldners das nach §§ 11, 12 SGB II zu berücksichtigende Einkommen und Vermögen übersteigen. Wird der Unterhalt durch laufende Leistung erfüllt, so ist der Übergang ausgeschlossen (§ 33 Abs. 2 S. 2 SGB II). Einschränkungen bei der Geltendmachung von Unterhalt können sich aus den Unterschieden zwischen zivilrechtlichem Unterhaltsanspruch und den Leistungen zum Lebensunterhalt ergeben.[132] 135

3. Einkommen und Vermögen beim Bezug von Sozialhilfe. Auch Sozialhilfeleistungen werden **einkommens- und vermögensabhängig** erbracht. Als Faustregel

[125] *Geiger* LPK-SGB II § 12 Rn. 67.
[126] *Geiger* LPK-SGB II § 12 Rn. 69.
[127] *Geiger* LPK-SGB XII aaO.
[128] OVG Münster BeckRS 2009, 34582.
[129] OVG Münster aaO.
[130] BVerwG JAmt 2010, 572
[131] Ausführlich zu den Hintergründen und Folgen der Änderung des § 25f BVG DIJuF Rechtsgutachten JAmt 2014, 194
[132] *Münder* LPK-SGB II § 33 Rn. 44ff. (m. entsprechenden Anmerkungen).

gilt, dass was im Bedarfszeitraum zufließt, **Einkommen** ist, während **Vermögen** das ist, was vorher zugegangen ist oder in der Bedarfszeit nicht verwendet wird.[133]

137 Zum **Einkommen** gehören grundsätzlich alle Einnahmen in Geld oder Geldeswert wie Renten, Kindergeld und Leistungen nach dem Unterhaltsvorschussgesetz (82 Abs. 1 SGB XII). Nicht zum Einkommen gehören dagegen die Leistungen nach dem SGB XII selbst, sowie vor allem die Grundrente nach dem Bundesversorgungsgesetz und das für ab dem 1.1.2007 geborene Kinder gewährte Elterngeld bis maximal 300,00 EUR (§ 10 BEEG) bei vormalig berufstätigen Eltern. Vom Einkommen sind wiederum bestimmte Beträge abzusetzen, insbesondere auf das Einkommen entrichtete Steuern, Pflichtbeiträge zur Sozialversicherung und die mit der Erzielung des Einkommens verbundenen notwendigen Ausgaben (§ 82 Abs. 2 SGB XII). Leistungen, die aufgrund öffentlich-rechtlicher Vorschriften zu einem bestimmten Zweck erbracht werden, sind nur soweit zu berücksichtigen, als die Sozialhilfe demselben Zweck dient (§ 83 Abs. 1 SGB XII). So ist die Blindengeldleistung nach den Landesblindengesetzen zwar zweckbestimmt und zweckgleich mit der Blindenhilfe nach § 72 SGB XII, nicht aber mit der Hilfe zum Lebensunterhalt nach § 27 SGB XII. Schmerzensgeldleistungen nach dem BGB werden nicht berücksichtigt (§ 83 Abs. 2 SGB XII). Zuwendungen der freien Wohlfahrtspflege bleiben außer Betracht, solange sie nicht die Lage des Leistungsberechtigten so günstig beeinflussen, dass daneben Sozialhilfe ungerechtfertigt wäre (§ 84 Abs. 1 SGB XII). Unbedenklich ist danach zB ein Zuschuss der Kirchengemeinde zu einer Ferienfreizeit eines Kindes. Zuwendungen, die ein anderer, ohne dazu rechtlich oder sittlich verpflichtet zu sein, erbringt, sollen nicht als Einkommen berücksichtigt werden, wenn dies für den Leistungsberechtigten eine besondere Härte bedeuten würde (§ 84 Abs. 2 SGB XII). Die **Einkommensgrenzen** und der Einsatz von Einkommen über oder unter der Einkommensgrenze bestimmen sich nach den §§ 85 ff. SGB XII.

138 **Kindergeld** wird dem jeweiligen Kind als Einkommen zugerechnet, soweit es bei diesem zur Deckung des notwendigen Lebensunterhalts benötigt wird (§ 82 Abs. 1 S. 2 SGB XII). Auch hier wird man über den Wortlaut hinaus verlangen müssen, dass das Kind mit dem Kindergeldberechtigten in häuslicher Gemeinschaft lebt.[134] Darüber hinaus kann das Kindergeld dem Kind nur zugerechnet werden, wenn es durch einen gesonderten zweckorientierten Zuwendungsakt tatsächlich weitergegeben wird oder gem. § 74 Abs. 1 S. 1–3 EStG abgezweigt wird.[135]

139 **Vermögen** ist das gesamte verwertbare Vermögen (§ 90 Abs. 1 SGB XII). Ausgenommen sind bestimmte Bestandteile wie zum Beispiel ein angemessener Hausrat, Gegenstände, die zur Aufnahme oder Fortsetzung der Berufsausbildung unentbehrlich sind und kleinere Barbeträge oder sonstige Geldwerte (sog. Schonvermögen, § 90 Abs. 2 SGB XII). Was kleinere Barbeträge oder sonstige Geldwerte im Sinne des Gesetzes sind, bestimmt die Durchführungsverordnung zu § 90 Abs. 2 Nr. 9 SGB XII näher. Außerdem darf die Sozialhilfe nicht vom Einsatz von Vermögen abhängig gemacht werden, dessen Verwertung für den Leistungsberechtigten eine **Härte** bedeuten würde (§ 90 Abs. 3 SGB XII). Dabei ist zu berücksichtigen, dass die Verwertung von Vermögen zur Sicherung des Lebensunterhalts beim Bezug von Sozialleistungen subjektiv regelmäßig als Härte empfunden werden wird. Abgestellt werden muss aber auf die Leitvorstellungen des Sozialhilferechts. Der Bezug von Sozialhilfe soll nicht einhergehen mit einem wirtschaftlichen Ausverkauf (siehe in § 90 Abs. 2 Nr. 4 SGB XII

---

133 *Geiger* LPK-SGB XII § 82 Rn. 5 ff. (m. entsprechenden Anmerkungen).

134 *Geiger* LPK-SGB XII § 82 Rn. 69.

135 *Geiger* LPK-SGB XII § 82 Rn. 71.

die Bezugnahme auf die bisherigen Lebensverhältnisse bei der Bestimmung des angemessenen Hausrats) oder nachhaltigen sozialen Herabsetzung. Eine Härte kann danach nur vorliegen in atypischen Fällen, bei denen aufgrund der besonderen Umstände des Einzelfalls eine typische Vermögenslage zu einer besonderen Situation wird, weil die soziale Stellung des Hilfesuchenden nachhaltig beeinträchtigt wird.[136] (Zum Einsatz von angesparter Grundrente nach dem OEG → Rn. 134.)

Ansprüche auf **Unterhalt nach bürgerlichem Recht** gehen nach § 94 Abs. 1 S. 1 SGB XII auf den Sozialhilfeträger über. Soweit der Unterhaltsanspruch durch laufende Zahlung erfüllt wird, ist der Übergang ausgeschlossen (§ 94 Abs. 1 S. 1 SGB XII). 140

4. Einkommen und Vermögen beim Bezug von Opferentschädigungsleistungen. 141 Die **Grundrente** nach dem OEG iVm BVG wird nicht auf Sozialleistungen wie SGB II, SGB VIII und SGB XII angerechnet (§ 11 Abs. 1 S. 1 SGB II, § 93 Abs. 1 S. 1 SGB VIII, § 82 Abs. 1 S. 1 SGB XII). Sie wird einkommens- und vermögensunabhängig geleistet. (Zum – nicht erforderlichen – Einsatz von angesparter Grundrente nach dem OEG → Rn. 97.) Die **Ausgleichsrente** nach dem OEG iVm dem BVG ist als Einkommen beim Bezug von Leistungen nach dem SGB II, SGB VIII und SGB XII einzusetzen, da sie der Sicherung des Lebensunterhalts dient. Aus diesem Grund wird auch die Ausgleichsrente selbst nur **einkommensabhängig** gewährt (§ 33 BVG). Was bei der Ausgleichsrente als Einkommen gilt, bestimmt sich nach § 33 Abs. 1, 2 BVG iVm § 1 der Verordnung über die Einkommensfeststellung nach dem Bundesversorgungsgesetz (Ausgleichsrentenverordnung – AusglV). Einkommen sind danach ua die Einkünfte aus gegenwärtiger Erwerbstätigkeit und übrige Einkünfte wie zB Einkünfte aus Haus- und Grundbesitz, Kapitalvermögen etc. Welche Einkünfte nicht zum zu berücksichtigenden Einkommen gehören, richtet sich nach § 2 AusglV (zB Leistungen zum Lebensunterhalt nach den SGB II und XII, ähnliche Leistungen aus öffentlichen Mitteln). Die AusglV trifft außerdem Bestimmungen ua für die Bewertung von Sachbezügen (§ 3 AusglV), die Anrechnung zivilrechtlicher Unterhaltsansprüche (§ 4 AusglV), die Bewertung bestimmter Einkunftsarten (zB aus Land- und Forstwirtschaft, § 8, 9 AusglV) und für die Werbungskosten aus nichtselbständiger Arbeit (§ 5 AusglV). Wie Einkommen auf die Ausgleichsrente anzurechnen ist, richtet sich nach der Verordnung über das anzurechnende Einkommen nach dem Bundesversorgungsgesetz gem. § 33 Abs. 6 BVG in der jeweils gültigen Fassung.

Die Leistungen der **Kriegsopferfürsorge** (§ 25 b BVG) werden **einkommens- und** 142 **vermögensabhängig** erbracht (§ 25a Abs. 1 BVG). Was als Einkommen gilt und was von diesem abzusetzen ist, richtet sich nach § 25 d BVG. Die Regelungen entsprechen dabei im Wesentlichen denen im SGB II und SGB XII. § 25 e BVG legt ua die Einkommensgrenzen fest, oberhalb derer Einkommen einzusetzen ist. Für den Einsatz von Vermögen gilt § 25f BVG, der in Abs. 1 auch auf § 90 Abs. 2, 3 und § 91 des SGB XII verweist.

5. Einkommen und Vermögen beim Bezug von Berufsausbildungsbeihilfe. 143 Bei den Leistungen der Berufsausbildungsbeihilfe zum Lebensunterhalt § 61 SGB III) und den weiteren Bedarfen für Fahrtkosten (§ 63 SGB III) und sonstige Aufwendungen (§ 64 SGB III) werden das **Einkommen** vor allem des Auszubildenden und seiner Eltern angerechnet. Elterneinkommen wird nachrangig zum Einkommen des Auszubildenden angerechnet (§ 67 SGB III).

Die Bestimmung des Einkommens erfolgt weitestgehend nach Maßgabe der **§§ 11 Abs. 4, 21–25 BAföG** (§ 67 Abs. 2 SGB III) (siehe dazu → Rn. 149). Dazu gehören

---

[136] *Geiger* LPK-SGB XII § 90 Rn. 75 ff.

zB Ausbildungsvergütung, Mieteinnahmen und Zinsen aus Vermögen.[137] Allerdings werden anders als beim BAföG Werbungskosten des Auszubildenden auf Grund der Ausbildung nicht berücksichtigt; maßgeblich ist das zum Zeitpunkt der Antragstellung absehbare Einkommen, wobei bis zum Zeitpunkt der Entscheidung Änderungen berücksichtigt werden können (§ 67 Abs. 2 SGB VIII); Es gibt zusätzliche Freibeträge, wenn die Ausbildungsstätte von der Wohnung der Eltern oder eines Elternteils aus nicht in angemssener Zeit zu erreichen ist (§ 67 Abs. 2 Zif. 3 SGB VIII).

145 Von einer Anrechnung des Einkommens wird bei **Teilnehmern an berufsvorbereitenden Maßnahmen** abgesehen, es sei denn, es handelt sich um eine nach dem SGB III oder vergleichbaren öffentlichen Programmen geförderte Maßnahme (§ 67 Abs. 4 SGB III).

146 **Einkommen der Eltern** bleibt außer Betracht, wenn ihr Aufenthalt nicht bekannt ist oder sie rechtlich oder tatsächlich gehindert sind, im Inland Unterhalt zu leisten (§ 68 Abs. 1 SGB VIII). Sofern der Auszubildende glaubhaft macht (§ 23 SGB X), dass seine Eltern den angerechneten Unterhaltsbeitrag nicht leisten, wird Berufsausbildungshilfe nach Anhörung der Eltern ohne Anrechnung von deren Einkommen geleistet. Für die Glaubhaftmachung genügt in der Regel eine einfache schriftliche Erklärung, wenn nicht begründete Zweifel daran bestehen. Das Gleiche gilt, wenn die Eltern an der Ermittlung des anzurechnenden Einkommens nicht mitwirken, zB nicht die notwendigen Auskünfte erteilen. Von der Anhörung der Eltern kann aus wichtigem Grund auch abgesehen werden (§ 68 Abs. 1 S. 2 SGB III). Dies ist zB der Fall, wenn die Eltern unzweifelhaft, trotz Kenntnis der BAB-Leistungen, Unterhaltsleistungen abgelehnt haben oder durch eine Anhörung die Vorausleistung unzumutbar verzögert würde.[138]

147 Ein **Unterhaltsanspruch** des Auszubildenden geht bis zur Höhe des anzurechnenden Unterhalts und zusammen mit dem unterhaltsrechtlichen Auskunftsanspruch mit der Zahlung der Berufsausbildungsbeihilfe auf die Agentur für Arbeit über (§ 68 Abs. 2 S. 1 SGB III). Berufsausbildungsbeihilfe wird nicht geleistet, wenn die Eltern bereit sind, gemäß einer nach § 1612 Abs. 2 BGB (Geldrente oder Naturalunterhalt) getroffenen Bestimmung Unterhalt zu leisten (§ 68 Abs. 4 SGB III).

148 **6. Einkommen und Vermögen bei der Bundesausbildungsförderung.** Auf den Bedarf nach § 11 Abs. 1 BAföG sind das **Einkommen und Vermögen des Auszubildenden** und das **Einkommen** vor allem seiner **Eltern** anzurechnen (§ 11 Abs. 2 BAföG). Einkommen der Eltern bleibt außer Betracht, wenn ihr Aufenthaltsort nicht bekannt ist oder sie rechtlich oder tatsächlich gehindert sind im Inland Unterhalt zu leisten (§ 11 Abs. 2a BAföG). Ist Einkommen der Eltern auch bei anderen Auszubildenden als dem Antragsteller zu berücksichtigen, so wird es zu gleichen Teilen angerechnet (§ 11 Abs. 4 BAföG).

149 Als **Einkommen** gilt weitestgehend die Summe der positiven Einkünfte im Sinne des § 2 Abs. 1 und 2 des EStG (§ 21 Abs. 1 S. 1 BAföG). Ein Ausgleich mit Verlusten aus anderen Einkunftsarten ist nicht zulässig (§ 21 Abs. 1 S. 2 BAföG). Abgezogen werden können ua die für den Berechnungszeitraum zu leistende Einkommenssteuer, Kirchensteuer und die für den Berechnungszeitraum zu leistenden Pflichtbeiträge zur Sozialversicherung, zur Arbeitslosenversicherung sowie für entsprechende private Versicherungen in einem angemessenen Umfang (§ 21 Abs. 1 S. 3 Nr. 3, 4 BAföG). Soweit auch Beträge für ein selbstgenutztes Einfamilienhaus oder eine selbstgenutzte Ei-

[137] *Schön* LPK-SGB III § Rn. 67 Rn. 7.
[138] *Schön* LPK-SGB III § 68 Rn. 9ff.

gentumswohnung nach § 21 Abs. 1 S. 3 Nr. 2 abgezogen werden können, gilt dies bei miteinander verheirateten Eltern, die nicht dauernd getrennt leben, nur für ein Objekt. Ein Abzug für den Auszubildenden ist hierfür nicht möglich (§ 21 Abs. 1 S. 4 BAföG). Als Einkommen gelten ua auch Waisenrenten, Ausbildungsbeihilfen und gleichartige Leistungen mit Ausnahme der Leistungen nach dem BAföG (§ 21 Abs. 3 BAföG). Kein Einkommen sind insbesondere die Grundrenten nach dem BVG sowie Einnahmen, deren Zweckbestimmung einer Anrechnung auf den Bedarf entgegensteht, vor allem Einnahmen, die für einen anderen Zweck als für die Deckung des Bedarfs im Sinne des BAföG bestimmt sind (§ 21 Abs. 4 BAföG). § 23 Abs. 1 BAföG setzt bestimmte Freibeträge für das Einkommen ua des Auszubildenden fest. Allerdings wird die Vergütung aus einem Ausbildungsverhältnis davon abweichend voll angerechnet (§ 23 Abs. 3 BAföG). Für die Waisenrente und die Ausbildungsbeihilfen gelten die besonderen Regelungen des § 23 Abs. 4 Nr. 1, 2 BAföG. Eine Härtefallregelung sieht in diesem Zusammenhang § 23 Abs. 5 BAföG vor. Für die Eltern benennt § 25 BAföG ebenfalls Freibeträge.

Vermögen des Auszubildenden wird nach Maßgabe der §§ 26 ff. BAföG angerech- 150
net. Als Vermögen gelten dabei alle beweglichen und unbeweglichen Sachen, Forderungen und sonstigen Rechte, soweit der Auszubildende nicht aus rechtlichen Gründen gehindert ist, sie zu verwerten (§ 27 Abs. 1 BAföG). Außerdem gelten ua nicht als Vermögen Rechte auf Versorgungsbezüge, Renten und andere wiederkehrende Leistungen, Nießbrauchsrechte und Haushaltsgegenstände (§ 27 Abs. 2 BAföG). Maßgeblich für die Wertbestimmung des Vermögens ist nach § 28 Abs. 2 BAföG der Zeitpunkt der Antragstellung. Veränderungen im Bewilligungszeitraum bleiben unberücksichtigt (§ 28 Abs. 4 BAföG). Freibeträge vom Vermögen des Auszubildenden sieht § 29 Abs. 1 BAföG vor.

IV. Ausblick auf das Bundesteilhabegesetz und die sog. inklusive Lösung

Das **Bundesteilhabegesetz** (BTHG) lag zum Zeitpunkt des Manuskriptabschlus- 151
ses (Dezember 2016) in der Fassung des am 1.12.2016 im Bundestag verabschiedeten Gesetzesentwurfs vom 23.6.2016[139] vor. Der Gesetzgeber stellt in Aussicht, dass mit dieser Neufassung des SGB IX – Rehabilitation und Teilhabe behinderter Menschen – Rechte und Selbstbestimmung von Menschen mit Behinderung gestärkt werden. Das SGB IX neu soll künftig aus drei Teilen bestehen. In Teil 1 sollen sich die allgemeinen Regelungen für Menschen mit Behinderung und von Behinderung bedrohte Menschen finden. In Teil 2 die besonderen Leistungen zur selbstbestimmten Lebensführung für Menschen mit Behinderungen also die bislang in SGB XII geregelte Eingliederungshilfe. Teil 3 wird danach das Schwerbehindertenrecht regeln. Der im BT verabschiedete Entwurf berücksichtigt noch nicht eine „inklusive Lösung" im SGB VIII. Eine „inklusive Lösung" wird jedenfalls nach derzeitigem Stand auch mit mehrjährigen Übergangsfristen (derzeit stehen 5 Jahre im Raum) in Kraft treten. Damit wird das BTHG[140] für körperlich und geistig behinderte Kinder noch geraume Zeit unmittelbare Anwendung finden. Wesentliche Ansätze der geplanten Rechtsänderung sind eine verstärkte „Personenzentrierung". Der Leistungsempfänger soll in den Mittelpunkt rücken. Dies wird vor allem auf die Finanzierung des stationären Bereichs erhebliche Auswirkungen haben, da „personenzentriert" gedacht auch die Unterbrin-

[139] BT-Drs. 18/9522, 18/10523.

[140] Das Gesetz vom 23.12.2016 (BGBl. I 3234) wird am 1.1.2018 in Kraft treten.

gung in einer stationären Einrichtung einem Mietverhältnis nachgebildet wird. Vorgesehen sind – in Teilen durchaus mit einer Hilfeplanung nach dem SGB VIII vergleichbar – Teilhabe- und Gesamtplanung. Bei der Bedarfsermittlung soll hinsichtlich der betroffenen „Lebensbereiche" vollständig an die Aktivitäts- und Teilhabebereiche der Internationalen Klassifikation der Funktionsfähigkeit, Behinderung und Gesundheit (ICF) angeknüpft werden. Die unabhängige Beratung der Betroffenen soll deutlich gestärkt werden ebenso wie Mitbestimmungsrechte in Einrichtungen und Werkstätten für behinderte Menschen. Und nach der Intention des Gesetzgebers soll auch die Anrechnung von Einkommen und Vermögen aus Sicht der Betroffenen verbessert werden. Es soll möglich werden – umstritten ist, mit welchem Grad der Verpflichtung – Leistungen zu „poolen". Das heißt ein Betroffener erhält seine Leistung der Eingliederungshilfe zusammen mit anderen Leistungsberechtigten. Trotz vieler positiver Ansätze wird seitens der Fachverbände auch der der Betroffenen erhebliche Kritik geübt – beispielhaft sei auf die Stellungnahme der *Fachverbände für Menschen mit Behinderung* vom 18.5.2016 verwiesen.[141] Nicht zuletzt der vorgesehene Vorrang der Leistungen zur Pflege nach dem SGB XI stößt auf Widerstand, da dadurch vom BTHG die vorgesehenen Verbesserungen bei der Einkommens- und Vermögensanrechnung letztlich ins Leere laufen werden.

152 Die „inklusive Lösung" des SGB VIII lässt sich zum aktuellen Zeitpunkt kaum seriös bewerten. Das Familienministerium selbst hatte auf verschiedenen Veranstaltungen (unter anderem beim Arbeitskreis Sozialrecht des Deutschen Caritasverbands in Berlin am 28./29.4. 2016) nur wenige konkrete Formulierungsvorschläge zu den §§ 27 ff. SGB VIII und Power-Point-Präsentationen zu der geplanten Reform vorgestellt. Daraus ergaben sich zwei wesentliche Ansätze. Zum einen sollten die Hilfen zur Erziehung gestärkt werden. Dazu gehörte das Kind/den Jugendlichen auch als Anspruchsinhaber wieder in den Mittelpunkt zu stellen. Und das SGB VIII sollte für alle behinderten und von Behinderung bedrohten Kinder und Jugendlichen zuständiges Sozialgesetz sein, unabhängig von der Art der Behinderung. Aktuell wurde aber von zum Teil schon sehr konkreten Überlegungen wieder Abstand genommen. Auch hinsichtlich einer „inklusiven" Lösung soll zunächst wohl nur eine Absichtserklärung in eine „kleine" Reform aufgenommen werden.[142]

[141] *www.diefachverbaende.de/stellungnahmen/*

[142] Zur bisherigen Entwicklung siehe *www.afet-ev.de/aktuell/SGB-VIII-Reform*

7. Kapitel.
Kosten

§ 21 Vormundschaft

Inhalt

Vorbemerkung

Das siebte Kapitel trägt die Überschrift „Kosten“[1] worunter im einzelnen Gerichtskosten, Notarkosten, Verwaltungskosten, Rechtsanwaltsvergütung und auch sonstige Vergütungen[2] verstanden werden. Weiterhin wird auch auf die Regelungen zur Kostenerstattung und Kostenschuldnerschaft eingegangen. 1

I. Gerichtskosten

1. Gebühren. Nach Artikel 111 FFG-RG gilt das FamFG und das FamGKG nur für Verfahren, die **seit 1.9.2009 eingeleitet** wurden. Auf Abänderungs-, Verlängerungs- und Aufhebungsverfahren finden die vor Inkrafttreten des FamFG geltenden Vorschriften Anwendung, wenn diese Verfahren bis zum Inkrafttreten des FamFG eingeleitet worden sind oder deren Einleitung bis dahin beantragt wurde, so dass in diesen Fällen das **bisherige Recht noch über Jahre hinaus anzuwenden** sein wird. 1a

---

[1] Definition bei *Lappe*, Justizkostenrecht, 2. Aufl.1995, S. 2; *Hartmann*, Kostengesetze, 46. Aufl. 2016, Einleitung II Rn. 1

[2] Vgl. hierzu auch die zum Teil ausführlichen Darstellungen oben bei *Dürbeck* → § 3 Rn. 163 ff. und Rn. 173 ff., *Hoffmann* → § 4 Rn. 1 ff. zum Aufwendungsersatz sowie unter II. Vergütung → § 4 Rn. 8 ff. und bei *Elmauer* → § 15 Rn. 1 ff. zu Vergütung und Aufwendungsersatz sowie Kostentragung.

Die Rechtslage zum bisherigen Recht ist in der Vorauflage dargestellt.[3] Auch gilt das FamGKG nicht für alle FamFG-Sachen, sondern nur für seine Familiensachen nach § 111 Nrn. 1–11 FamFG (Ehesachen, Kindschaftssachen, Abstammungssachen, Adoptionssachen, Ehewohnungs- und Haushaltssachen, Gewaltschutzsachen, Versorgungsausgleichssachen, Unterhaltssachen, Güterrechtssachen, sonstige Familiensachen, Lebenpartnerschaftssachen), einschließlich der Familienstreitsachen nach § 112 Nr. 1–3 FamFG.

Das FamGKG **ersetzt** für Vormundschaften die bisherigen **Vorschriften der KostO zu den Gerichtskosten** (bei § 92, soweit er Vormundschaften betrifft, sowie §§ 94, 95, 97a, 98, 99, 100, 100a KostO – Nachfolgeregelungen hierzu im seit 1.8.2013 in Kraft getretenen GNotKG sind die in der Anlage 1 des GNotKG in einem Kostenverzeichnis (KV) geregelten Kostenbestimmungen KV Nr. 11100 – 11104, 12311 GNotKG geworden). Auch nach dem neuen Recht (Unterabschnitt 1, Nr. 1311 KV FamGKG) fallen – abweichend vom Grundsatz der Verfahrensgebühren – für Vormundschaften **Jahresgebühren** (Kalenderjahresgebühren) an. Der Gesetzgeber hat bei Vormundschaften und Dauerpflegschaften Verfahrensgebühren als nicht praktikabel angesehen, da in diesen Verfahren die gerichtliche Tätigkeit über den Erlass einer Endentscheidung zeitlich weit hinausgeht. Nach Einrichtung der Vormundschaft sind weitere Tätigkeiten des Gerichts laufend erforderlich.

Die Regelungen im FamGKG hinsichtlich der Vormundschaft bei den Jahresgebühren (zB FamGKG KV Nr. 1311) entsprechen dem früheren Recht in §§ 92 ff. KostO (seit 1.8.2013 im Nachfolgegesetz zur KostO, dem GNotKG geregelt in KV 11100 ff.). Die Gebühr beträgt 5 EUR je angefangene 5000 EUR des zu berücksichtigenden Vermögens – mindestens 50 EUR.

Die Gebührenpflicht beginnt mit der Einleitung der Vormundschaft: mit dem Erlass des Anordnungsbeschlusses (§ 1774 BGB), bei der gesetzlichen Amtsvormundschaft mit der ersten auf Durchführung der Vormundschaft gerichteten und nach außen wirkenden Tätigkeit des Gerichts (vgl. §§ 34 S. 2, 10 FamGKG). Die Regelung entspricht § 92 Abs. 1 S. 6, Abs. 2 S. 2 KostO (seit 1.8.2013 im GNotKG KV 11101 ff.). Die Anordnung einer Vormundschaft steht der Übernahme einer Vormundschaft aus dem Ausland gleich (entsprechend § 47 Abs. 2 FGG nach früherem Recht bzw. § 99 Abs. 3 FamFG).

Die **Gebührenpflicht endet** mit der Beendigung der Vormundschaft kraft Gesetzes (§ 1882 BGB) oder dem Erlass des Aufhebungsbeschlusses oder der Abgabe ins Ausland (§ 47 Abs. 2 FGG nach bisherigem Recht bzw. § 99 Abs. 3 FamFG). Abwicklungsgeschäfte erfüllen den Gebührentatbestand nicht mehr.

2 Für das mit der Einleitung der Vormundschaft bereits begonnene und das erste volle Kalenderjahr wird eine **Jahresgebühr** erhoben, das bei der Beendigung laufende Jahr hingegen voll angerechnet (§ 10 FamGKG, Nr. 1311 FamGKG KV).

Die Vormundschaft, die durch gerichtliche Entscheidung eintritt, ist von dem Verfahren zu trennen, das zur Vormundschaft führt. So richten sich etwa die Gebühren für Verfahren gem. § 1666 BGB nach Nr. 1310 FamGKG KV, auch wenn das Verfahren mit der Bestellung eines Vormunds endet.

3 **2. Geschäftswert.** Die Jahresgebühr wird nach dem **Mündelvermögen** berechnet, das von der Vormundschaft erfasst wird, dh nicht von Vermögensteilen, für die eine Pflegschaft besteht (§ 1909 Abs. 1 S. 2 BGB) oder die sich im Ausland unter besonde-

[3] *Filzek* in der 3. Aufl. (2010), dort § 20 Rn. 5 ff., § 21 Rn. 1 ff., § 23 Rn. 1 ff., § 24 Rn. 6 ff.

rer Verwaltung befinden; hingegen zählen die Vermögensteile mit, die der Verwaltung eines Testamentsvollstreckers oder Nießbrauchers unterliegen.

Mündelvermögen ist das **Nettovermögen**: das Bruttovermögen abzüglich der Verbindlichkeiten (siehe Sonderregelung durch Vorbemerkung 1.3.1 Abs. 2 KV FamGKG). 4

Für die Gebühr wird das Vermögen des Minderjährigen nur soweit berücksichtigt, als es nach Abzug der Verbindlichkeiten mehr als 25 000 EUR beträgt. Dabei bleibt ein angemessenes Hausgrundstück, das von den Minderjährigen oder seinen Eltern allein oder zusammen mit Angehörigen ganz oder teilweise bewohnt wird und nach ihrem Tod von ihren Angehörigen bewohnt werden soll, außer Ansatz. So wäre bei einem Vermögen bis 75 000 Euro eine Jahresgebühr von 50 EUR zu erheben. Diese Regelung gilt immer, wenn von Minderjährigen Gebühren erhoben werden sollen, vgl. Vorbemerkung 1.3.1. Abs. 2 KV FamGKG. Dies entspricht der bisherigen Regelung in § 92 Abs. 1 S. 1 und §§ 93 S. 5, 95 Abs. 1 S. 2 KostO (seit 1.8.2013 KV 11101 ff. GNotKG).

Werden die Kosten in einer Kindschaftssache den Eltern auferlegt, dann soll hingegen die Vermögensgrenze keine Rolle spielen.

Die Bestellung eines Verfahrensbeistandes ist entweder mit der jeweiligen Verfahrensgebühr abgegolten oder es entstehen, falls ein solches Verfahren gebührenfrei ist, ebenfalls keine Gebühren.

3. Fälligkeit. Nach §§ 34 S. 2, 10 FamGKG wird die Gebühr nach KV FamGKG Nr. 1311 erstmals auf Anordnung und später jeweils **zu Beginn eines Kalenderjahres** fortlaufend (§ 10 FamGKG) fällig. Da sich die Gebühr nach dem Mündelvermögen zum Fälligkeitszeitpunkt richtet (§ 10 FamGKG), dieses aber am Jahresanfang noch nicht bekannt ist, so wird wohl wie bisher die Gebühr erst „gelegentlich der Prüfung der jährlichen Rechnungslegung" des Vormunds (§ 14 Abschnitt III Kostenverfügung) erhoben. Hat der Vormund das Vermögensverzeichnis (§ 1802 BGB) nicht auf die Gebührenfälligkeit, sondern auf einen anderen Zeitpunkt erstellt, insbesondere den seiner Verpflichtung statt des Beginns der Vormundschaft, wären wie bisher Wertabweichungen zu schätzen. 5

4. Abgeltung. Die fortlaufend fällig werdenden Jahresgebühren werden für die Fürsorge und Aufsicht des Gerichts erhoben (§§ 1837 ff. BGB), sie gelten jedoch **auch Einzeltätigkeiten** ab, zB eine Pflegschaft für einzelne Rechtshandlungen KV FamGKG Nr. 1313 Abs. 3. 6

5. Auslagen. Auslagen werden nur nach **KV FamGKG Nr. 2000 ff.** geschuldet. Ist nach diesen Vorschriften kein Auslagenersatz vorgeschrieben, entsteht auch keine Ersatzpflicht, § 1 FamGKG. Die KV FamGKG 2000 ff. gelten für sämtliche Verfahren, auf die das FamGKG anwendbar ist.[4] Auslagen, die ein Dritter veranlasst hat (zB durch Antrag auf Erteilung einer Abschrift oder Ablichtung), werden nicht erfasst.[5] Die Auslagen müssen entstanden sein. Sie sind ohne einen Mindestsatz und ohne eine Aufrundung ersetzbar. Postentgelte entstehen grundsätzlich nicht. Die **Rechnungsgebühren** sind in § 62 FamGKG abschließend geregelt. 7

6. Kostenschuldner. Nach § 22 FamGKG ist der betroffene Minderjährige Kostenschuldner der Jahresgebühr nach § 28, KV FamGKG Nr. 1311 und der Auslagen. 8

[4] Vgl. *Hartmann* KV FamGKG 1930–2000, Vorbem. 2, 2.Teil. Auslagen Rn. 2.
[5] *Hartmann* aaO Rn. 3.

Nach § 22 S. 2 FamGKG besteht keine Haftung bei Kostenentscheidungen gegen Dritte, zB für die Kosten eines Zwangsgeldes gegen den Vormund.

9 **7. Freigrenze.** Jahresgebühren und Auslagen werden nicht angesetzt, wenn das Vermögen des betroffenen Minderjährigen nicht mehr als 25 000 EUR beträgt. Dabei bleibt ein angemessenes Hausgrundstück unberücksichtigt. Zudem wird die Jahresgebühr nur von dem 25 000 EUR **übersteigenden Betrag** des Reinvermögens berechnet. Siehe Vorbemerkung 1.3.1. Abs. 2 KV FamGKG. (→ Rn. 3 und 4).

Dies entspricht dem bisherigen Recht (§ 93 S. 4 iVm § 92 Abs. 1 KostO, seit 1.8.2013 KV 11101 ff. GNotKG).

10 **8. Mehrere Vormünder, gemeinsamer Vormund. FamGKG.** Bei Bestellung mehrerer Vormünder oder eines Gegenvormunds liegt nur eine Vormundschaft vor, die fortlaufenden Jahresgebühren entstehen daher nur einmal. Umgekehrt führt die Bestellung **desselben** Vormunds für Geschwister (§ 1775 S. 2 BGB) zu keiner Ermäßigung. Die Gebühren werden für jedes Mündel gesondert erhoben (KV FamGKG Nr. 1313 Abs. 3).

Diese Regelung **entspricht dem bisherigen Recht** (§ 92 Abs. 3 KostO, seit 1.8.2013 geregelt in KV 11104 Abs. 3 GNotKG).

11 **9. Verfahrenseinheit.** Nach **KV FamGKG Nr. 1311 Abs. 4** handelt es sich um ein einheitliches Verfahren, wenn eine Pflegschaft in eine Vormundschaft übergeht oder eine Vormundschaft von einem anderen Gericht übernommen wird.

II. Notarkosten

12 Bedarf der Vormund zu einem Rechtsgeschäft der **Genehmigung durch das Familiengericht** (bzw. vor 1.9.2009 der vormundschaftsgerichtlichen Genehmigung), so wird es meist vor der Genehmigung beurkundet und der Notar beauftragt, die Genehmigung des Familiengerichts als Vertreter des Vormunds einzuholen und entgegenzunehmen, sie sich als Vertreter des oder der übrigen Beteiligten mitzuteilen und – erforderlichenfalls (§ 29 GBO) – ein Zeugnis darüber auszustellen (vgl. §§ 1828, 1829, 181 BGB)[6] ist neben der Beurkundungsgebühr KV 21100 GNotKG = 2,0-Gebühr Tabelle B zu § 3 Abs. 2 GNotKG aus Geschäftswert § 97, ggf. iVm für das Geschäft konkret anzuwendenden weiteren Geschäftswertvorschriften wie §§ 46 f. GNotKG Verkehrswert eines Grundstücks oder Kaufpreis) die halbe Vollzugsgebühr (KV 22110 Nr. 4 GNotKG) aus dem Beurkundungswert (§§ 112, 35, 86 GNotKG) zu berechnen. Diese Vollzugsgebühr wird häufig jedoch schon aus anderen Gründen angefallen sein und erhöht die Kosten dann nicht, da für eine oder mehrere zum Vollzug notwendige Einholungen (zB Negativattest der Gemeinde nach BauGB, sonstige Genehmigungen[7] wie landwirtschaftsamtliche Genehmigung oder Genehmigung nach der Grundstücksverkehrsordnung, Löschungsunterlagen für nicht zu übernehmende Grundbucheintragungen) insgesamt nach der Bestimmung in § 93 GNotKG nur eine Gebühr anfällt. Zusätzlich kann noch eine halbe Gebühr als sog. Betreuungsgebühr KV 22200 GNotKG entstehen aus demselben Wert (§ 113 Abs. 1 GNotKG), wenn der Notar

---

[6] *Tiedtke* in Korintenberg, GNotKG, 19. Aufl. 2015, Vorbem. 2.2.1.1 Rn. 37 ff., zum Verfahren Beck'sches Notar-Handbuch/*Hagemann* A I Rn. 73 ff., Würzburger Notarhandbuch/*Kersten* Teil 1 Kap. 4 Rn. 315 ff., *Kersten* RENOpraxis 2009, 213; *Kölmel* NotBZ 2010, 2.

[7] Überblick bei *Hagemann*, aaO A I Rn. 57 ff.

eine oder mehrere der im Katalog zu KV 22200 genannten Betreuungstätigkeiten, zB Überwachung der Fälligkeit eines Kaufpreises und/oder Überwachung der Voraussetzungen für eine Eigentumsumschreibung, übernimmt.[8]

Die – gelegentlich zu hörende – Empfehlung an den Vormund, dem Notar selbst keinen **Beurkundungsauftrag** zu erteilen, dies vielmehr dem Vertragsgegner zu überlassen, um so eine Kostenpflicht vom Mündel bei Nichtgenehmigung des Rechtsgeschäfts abzuwenden, ist mit der Rechtslage nicht zu vereinbaren; denn durch die Beurkundung seiner Erklärung wird der Mündel unabdingbar (§ 125 GNotKG) Schuldner der Notarkosten (§ 30 GNotKG), ohne Rücksicht darauf, ob das beurkundete Rechtsgeschäft Wirksamkeit erlangt oder nicht. Von Belang ist allein ein gesetzlicher oder vertraglicher Kostenerstattungsanspruch des Mündels gegen den Vertragsgegner. Er hängt vom Wirksamwerden des Rechtsgeschäfts ab. 13

Geht es jedoch um einen **Entwurfsauftrag** an den Notar, ist der Rat, selbst keinen Auftrag an den Notar zu erteilen, um nicht selbst Kostenschuldner zu werden, möglich, denn beim Entwurf wird nur der Auftraggeber Kostenschuldner. Dies ist aber nur dann von Bedeutung, wenn die spätere Beurkundung aufgrund des Entwurfs nicht stattfindet, denn im Normalfall folgt dem Entwurf dessen Beurkundung, und die Entwurfsgebühr geht wegen Vorbem. 2.4.1 Abs. 6 GNotKG in der Beurkundungsgebühr auf. Seit Inkrafttreten des die KostO ablösenden GNotKG zum 1.8.2013 kann eine Entwurfsgebühr in gleicher Höhe wie für die Beurkundung (vgl. KV 24100 GNotKG ff. iVm KV 21100 ff. GNotKG) vom Notar nach einem Beurkundungsauftrag eines Beteiligten auch dann berechnet werden, wenn der Notar von sich aus zur Vorbereitung einer geplanten Beurkundung Entwürfe an die Beteiligten übersandt hat. Dies beruht auf den Neuregelungen in Teil 2 (Notargebühren) des KV GNotKG, Hauptabschnitt 1 Abschnitt 3, zur vorzeitigen Beendigung des Beurkundungsverfahrens.[9]

III. Verwaltungskosten

1. Jugendamt. Das Jugendamt erhebt für seine Tätigkeit als **Amtsvormund** und **bei der Vormundschaft** keine Verwaltungskosten (§ 64 Abs. 1 SGB X, § 27 SGB I, § 38 SGB VIII). 14

2. Standesamt. Die Gebühren des Standesbeamten sind **gering** (§ 72 PStG iVm Landesrecht), sie entstehen ohnehin nicht für alle Geschäfte, und bei Unvermögen der Beteiligten oder aus Gründen der Billigkeit kann **Befreiung** gewährt werden. 15

3. Konsuln. Die **familienrechtliche** Tätigkeit der Konsuln ist kostenfrei, die **Beurkundungskosten** sind den Notarkosten nachgebildet.[10] 16

---

[8] Siehe zu Vollzugsgebühren KV 21100 ff. *Hartmann*, Kostengesetze, 46. Aufl. 2016, KV 22110 ff. GNotKG Rn. 1 ff und zu Betreuungsgebühren des Notars aaO. KV 22200 GNotKG Rn. 1 ff.

[9] KV 21302 ff. GNotKG. In der BT-Drs. 17/11471 S. 339 hat der Gesetzgeber dies damit begründet, für Notare einen kostenrechtlichen Anreiz zu schaffen, die Beteiligten frühzeitig mit dem konkreten Inhalt des zu beurkundenden Textes vertraut zu machen. In Fällen der später unterbliebenen Beurkundung kommt es also darauf an, wer den Beurkundungsauftrag iSv § 29 GNotKG erteilt hat.

[10] AKostG v. 21.2.1978, BGBl. I 301, zuletzt geändert durch Art. 12 des Gesetzes vom 23.7.2013, BGBl. I S. 2586; AKostV v. 7.1.1980, BGBl. I 21, zuletzt geändert durch Art. 3 des Gesetzes vom 29.6.2015, BGBl. I S. 1042

IV. Rechtsanwaltsvergütung

17 Vertritt der Rechtsanwalt in einer Vormundschaftssache den Vormund oder das Mündel (§ 10 FamFG) oder einen sonstigen **Beteiligten,** so erhält er eine Geschäftsgebühr gem. Nr. 2300 VV RVG iVm § 14 RVG: 0,5–2,5 nach dem Gegenstandswert seiner Tätigkeit (§§ 2, 23 Abs. 1 S. 1 RVG oder § 23 Abs. 1 S. 3 RVG). Hinzukommen kann die Einigungsgebühr nach Nr. 1000 VV RVG.

§ 22 Pflegschaft

Inhalt

I. Gerichtskosten

1 **1. Gebühren.** Die Justiz erhebt bei allen Pflegschaften für die Tätigkeit ihrer Familiengerichte (Vormundschaftsgerichte) Gebühren.

Nach früherem Recht, auf das in der Vorauflage näher eingegangen ist,[1] blieben lediglich Verfahrenspflegschaften frei von Gebühren: Bestellung eines Vertreters für ein gerichtliches Verfahren oder Verwaltungsverfahren durch das Gericht, das das Verfahren führt, oder das Vormundschaftsgericht (§ 93a Abs. 1 KostO, seit 1.8.2013 neu geregelt in KV GNotKG Teil 1 Vorbem. 1; ferner Entlastungspflegschaften (§ 1630 Abs. 3 BGB). Seit Inkrafttreten des FamGKG bleibt die Umgangspflegschaft gebührenfrei (§ 1684 Abs. 3 BGB) nach § 4 FamGKG iVm FamGKG KV Nr. 1310 Abs. 2, dh es fallen nur Kosten für das Verfahren an. Für die Pflegschaft für eine Leibesfrucht (§ 1912 BGB) soll auf die Erhebung von Gebühren verzichtet werden (Vorbemerkung 1.3.1 Abs. 1 Nr. 1 KV FamGKG). Die Bestellung eines Pflegers nach § 67 Abs. 4 S. 3 JGG ist ebenfalls gebührenfrei (Vorbemerkung 1.3.1 Abs. 1 Nr. 2 KV FamGKG).

2 Die Gebühren sind unterschiedlich geregelt, je nachdem, ob es sich um eine **Einzelpflegschaft** (§ 46 FamGKG, KV FamGKG Nr. 1313), nach dem bisherigen Recht § 93 KostO (seit 1.8.2013 KV GNotKG 11103, 11105), oder um eine **Dauerpflegschaft**

[1] Vgl. *Filzek* in der 3. Aufl. (2010), dort § 21 Rn. 1 ff.

(§ 46 FamGKG, KV FamGKG Nrn. 1311, 1312), (dazu → Rn. 15), nach dem **bisherigen Recht** § 92 KostO (seit 1.8.2013 KV GNotKG 11101 ff.), handelt. Eine **Einzelpflegschaft** ist eine Pflegschaft für eine zeitlich einmalige Angelegenheit, mag sie auch länger dauern, wie etwa ein gerichtliches Verfahren oder eine Nachlassauseinandersetzung. Hierher gehören vor allem die **Ergänzungspflegschaften** für bestimmte Rechtsgeschäfte bei Verhinderung der Eltern oder des Vormunds sowie für ähnliche Realakte, beispielsweise die Erstellung eines Vermögensverzeichnisses, die Feststellung der Höhe eines Pflichtteilsanspruchs. Hingegen nimmt man bereits eine **Dauerpflegschaft an, wenn** der Pfleger **wiederkehrende Leistungen**, etwa einen Unterhaltsanspruch, geltend zu machen hat; erst recht, wenn er das Vermögen des Mündels verwaltet, die elterliche Sorge insgesamt, die Personensorge oder die Vermögenssorge ausübt.

Nach **KV FamGKG Nr. 1313** beträgt die Gebühr 0,5 bis höchstens eine Gebühr. 3
Höchstgebühr ist jedoch nach Abs. 1 S. 3 und Abs. 2 KV FamGKG Nr. 1313 die Gebühr nach KV FamGKG Nr. 1311 (Jahresgebühr).[2]

2. Geschäftswert. Nach § 46 Abs. 2 S. 1 FamGKG bestimmt sich der Verfahrens- 4
wert bei Pflegschaften für einzelne Rechtshandlungen nach dem Wert der Rechtshandlungen. Nach § 46 Abs. 1 FamGKG gelten § 38 GNotKG und die für eine Beurkundung geltenden besonderen Geschäftswert- und Bewertungsvorschriften des GNotKG entsprechend. **Verbindlichkeiten** dürfen bei der Wertermittlung nicht abgezogen werden (§ 38 GNotKG). Bei Einbringung eines Handelsgeschäfts in eine Gesellschaft machen also seine Aktiva den Wert aus. Nach § 46 Abs. 3 FamGKG beträgt der Höchstwert 1 Million EUR.

Der Wert einer Sache richtet sich nach § 46 GNotKG (im Ergebnis also der Ver- 5
kehrswert). Beim Kauf, Vorkaufs- und Wiederkaufsrecht gilt § 47 GNotKG bzw. § 51 GNotKG. In der Regel ist der Kaufpreis maßgeblich sowie eventuelle zusätzliche Leistungen des Erwerbers, sofern der Verkehrswert des Kaufobjekts nicht höher ist. Wohnungseigentum und Wohnungserbbaurecht sind nach § 42 GNotKG mit den vollen Verkehrswerten anzusetzen. § 53 GNotKG sieht für Grundpfandrechte den Nennbetrag der Schuld vor, während nach § 53 Abs. 2 GNotKG für Verpfändungen ein Wertvergleich zwischen Forderung und Pfandgegenstand zu machen ist und letztlich der geringere Wert zählt. In § 52 GNotKG sind wiederkehrende Nutzungs- und Leistungsrechte näher geregelt (je nach Dauer und Befristung unterschiedliche Multiplikatoren des Jahreswertes). In § 99 GNotKG sind Miet- oder Pachtvertrag und Dienstvertrag geregelt. § 97 GNotKG betrifft alle Rechtsverhältnisse allgemein, für Austauschverträge ordnet § 97 Abs. 3 GNotKG an, dass die höhere der beiden ausgetauschten Leistungen den Wert bildet.

3. Mitberechtigung. § 46 Abs. 2 S. 2 und S. 3 FamGKG regeln den Wert bei Mit- 6
berechtigung. Ist der Pflegling an dem Gegenstand der Rechtshandlung nur mitberechtigt, so ist der Wert seines Anteils maßgebend. Danach ermäßigt sich der Wert auf den Bruchteil, der dem Anteil der Mitberechtigung entspricht. Bei Gesamthandverhältnissen ist der Anteil entsprechend der Beteiligung an dem Gesamthandvermögen zu bemessen.

Zwei **Beispiele:** Der Mündel gründet mit seinem Vater eine BGB-Gesellschaft; Ein- 7
lage je 100.000 EUR; Geschäftswert der Ergänzungspflegschaft 100.000 EUR. Die BGB-Gesellschaft kauft sodann ein Grundstück zum Preis von 500.000 EUR; Geschäftswert der Pflegschaft 250.000 EUR.

---

[2] Gesetzesänderung BGBl. 2006 I S. 2553; vgl. *Filzek*, KostO, § 93 Rn. 4.

8 **4. Gegenstandshäufung.** Bei einer Pflegschaft für **mehrere Rechtshandlungen** werden die Einzelwerte addiert, es sei denn, die Erklärungen sind wirtschaftlich identisch. Die Rechtsprechung zu § 44 KostO – seit 1.8.2013 abgelöst durch die umfangreicheren Regelungen in §§ 35, 86. 93 f., 109 – 111 GNotKG wird man weiterhin heranziehen können.

9 **a) Neues Recht.** Bei einer Pflegschaft für mehrere Minderjährige wird die Gebühr nur einmal aus dem zusammen gerechneten Wert erhoben. Minderjährige, von denen keine Gebühr zu erheben ist, sind hierbei nicht zu berücksichtigen (KV FamGKG Nr. 1313). Die Höchstgebühr richtet sich nach KV FamGKG Nr. 1313 Abs. 1 S. 3 und Abs. 2. Nach Abs. 3 wird keine Gebühr erhoben, wenn für die Minderjährigen eine Vormundschaft oder eine Dauerpflegschaft besteht, die sich auf denselben Gegenstand bezieht.

10 **5. Fälligkeit.** Die Gebühren werden bei einer Einzelpflegschaft mit der Beendigung des Verfahrens fällig (§ 11 Abs. 1 Nr. 2 FamGKG); zur Dauerpflegschaft siehe → Rn. 15. Die Gebühr nach KV FamGKG Nr. 1313 wird gemäß Abs. 3 nicht erhoben, wenn für den Minderjährigen eine Vormundschaft oder Dauerpflegschaft, die sich auf denselben Gegenstand bezieht, besteht.

11 **6. Abgeltung.** Zum bisherigem Recht vgl. → § 21 Rn. 6.

FamGKG: Die Gebühr gilt die gesamte Tätigkeit mit **Nebengeschäften** ab; bestimmte Gebühren werden neben ihr nicht erhoben (wie → § 21 Rn. 6). Andererseits bleibt die Gebühr selbst bei einer **Vormundschaft** oder **Dauerpflegschaft** (nachstehend → Rn. 15) außer Ansatz (KV FamGKG Nr. 1313 Abs. 3), vorausgesetzt, die Gegenstände sind identisch.

12 **7. Auslagen.** Siehe → § 21 Rn. 7.

13 **8. Schuldner.** Für die Kostenpflicht des Minderjährigen ist **§ 24 FamGKG** maßgebend. Nach § 24 Abs. 4 Hs. 2 FamGKG haftet der Minderjährige nicht für die Kosten der Vollstreckung.

14 **9. Freigrenze.** Die Gebühr nebst Auslagen wird bei Minderjährigen nicht erhoben, wenn das Reinvermögen des betroffenen Minderjährigen nicht mehr als 25.000 EUR beträgt. Dabei bleibt ein angemessenes Hausgrundstück unberücksichtigt (FamGKG KV Nr. 1313 Abs. 1 S. 2, Vorbemerkung FamGKG KV 1.3.1. Abs. 2).

15 **10. Dauerpflegschaft.** Nach § 22 FamGKG ist der betroffene Minderjährige Kostenschuldner. Die Gebühr bestimmt sich nach **KV FamGKG Nr. 1311**. Bei Dauerpflegschaften geht, wie bei Vormundschaften, die gerichtliche Tätigkeit weit über den Erlass einer Endentscheidung hinaus. Verfahrensgebühren sind deshalb nicht praktikabel (→ § 21 Rn. 1). Daher sollen wie nach dem bisher geltenden Recht Verfahrensgebühren erhoben werden, deren Höhe sich nach dem Vermögen des von der Maßnahme betroffenen Minderjährigen bemisst (zum Geschäftswert → § 21 Rn. 3 und 14), es sei denn, die Dauerpflegschaft hat nicht unmittelbar das Vermögen zum Gegenstand. Für eine Dauerpflegschaft, die **nicht unmittelbar das Vermögen** zum Gegenstand hat, bestimmt sich die Gebühr nach **KV FamGKG Nr. 1312**. Diese Vorschrift stimmt inhaltlich mit § 92 Abs. 1 S. 4 KostO (seit 1.8.2013 KV 11102 GNotKG) überein. Sind nicht unmittelbar das Vermögen oder Teile davon betroffen, beträgt die Jahresgebühr 200 EUR und höchstens die nach KV 11101 zu bemessende Gebühr (5 EUR je 5000 EUR des zu berücksichtigenden Vermögens, mindestens 50 EUR). Das Vermögen des Pfleglings wird nur insoweit berücksichtigt, als es nach Abzug der Ver-

bindlichkeiten mehr als 25.000 EUR beträgt. Ein angemessenes Hausgrundstück bleibt außer Ansatz. Geht eine Pflegschaft in eine Vormundschaft über, handelt es sich um ein einheitliches Verfahren (→ § 21 Rn. 11).

II. Notarkosten

Das zur **Vormundschaft** Ausgeführte (→ § 21 Rn. 12) gilt entsprechend. Bedarf es zur Vornahme des Rechtsgeschäfts eines **Ergänzungspflegers** und „beantragt" der Notar dessen Bestellung beim Familiengericht, so erhielt er nach der bis 31.7.2013 gültig gewesenen KostOfür diese Tätigkeit zusätzlich eine halbe Gebühr nach § 147 Abs. 2 KostO aus einem gemäß § 30 Abs. 1 KostO zu schätzenden Teilwert (ca. 20–50 % des Wertes der Beurkundung. Nach dem seit 1.8.2013 in Kraft getretenen Nachfolgegesetz zur KostO, dem GNotKG, wird diese Tätigkeit durch die – eventuell aus anderen Gründen bereits einmalig nach § 93 entstehende 0,5 Vollzugsgebühr KV 22110 abgegolten sein. Wert ist nach den Neuregelungen des GNotKG jetzt jedoch grundsätzlich immer der volle Wert des gesamten Beurkundungsverfahrens (§§ 112, 35, 86), die früheren Teilwertbildungen wurden als zu kompliziert und streitanfällig nicht in das GNotKG übernommen.[3] **16**

III. Verwaltungskosten

Es gilt das zur **Vormundschaft** Ausgeführte (→ § 21 Rn. 14). **17**

IV. Rechtsanwaltsvergütung

Das zur **Vormundschaft** Ausgeführte (→ § 21 Rn. 17) gilt entsprechend. **18**

V. Kostenerstattung

Das Gericht kann nach Maßgabe des § 81 Abs. 2 Nr. 1 FamFG einem Dritten die Kosten auferlegen, soweit die Tätigkeit des Gerichts durch ihn veranlasst wurde und ihn ein grobes Verschulden trifft. **19**

§ 23 Beistandschaft

Zur Beistandschaft (§§ 1712 ff. BGB) gibt es keine gerichtlichen Aufgaben, **Gerichtskosten** entstehen daher nicht. 1

Die Tätigkeit des die Beistandschaft führenden **Jugendamts** ist kostenfrei (§ 64 Abs. 1 SGB X). 2

Vertritt ein **Rechtsanwalt** einen Beteiligten, etwa beim Beistandschaftsantrag, so erhält er die Gebühren nach Nr. 2300 VV RVG iVm § 14 RVG: 0,5–2,5 nach dem Gegenstandswert seiner Tätigkeit (§§ 2, 23 Abs. 1 S. 1 RVG). 3

---

[3] Vgl. Begründung zu § 112 in BT-Drs. 17/11471, 290; *Zimmermann*, GNotKG, Das neue Kostenrecht für Gerichte und Notare, Rn. 482 ff., 485; *Diehn* in Bormann/Diehn/Sommerfeldt, GNotKG, 2. Aufl. 2016, § 112 Rn. 6.

§ 24 Sonstige Angelegenheiten

Inhalt

1 **1. Einzelverrichtungen.** Zum früher geltendes Recht für bis zum 31.8.2009 eingeleitete Verfahren wird auf die Vorauflage[1] verwiesen. Anstelle der bis 31.8.2008 anzuwendenden Vorschriften §§ 94, 95 KostO (inzwischen aufgehoben) ist nach § 28 FamGKG, Nr. 1310 KV FamGKG für Einzelverrichtungen eine Gebühr von 0,5 zu berechnen. Nach Abs. 1 entsteht die Gebühr nicht für Verfahren, die in den Rahmen einer Vormundschaft oder Pflegschaft fallen. Für die neu eingerichtete Umgangspflegschaft entstehen keine Gebühren (§ 4 FamGKG, Nr. 1310 Abs. 2 KV FamGKG).

2 Die **Anwaltsvergütung** richtet sich bei den Einzelverrichtungen nach Nr. 2300 VV RVG iVm § 14 RVG: 0,5–2,5 nach dem Gegenstandswert seiner Tätigkeit (§§ 2, 23 Abs. 1 S. 1 RVG (dazu → § 21 Rn. 17). Ist der Anwalt selbst Vormund oder Pfleger, ist das RVG nach § 1 Abs. 2 S. 1 RVG nicht anwendbar.[2] Die Vergütung des Vormunds richtet sich nach JVEG.[3] § 1835 Abs. 3 BGB bleibt unberührt (§ 1 Abs. 2 S, 2 RVG).

3 Eine **Kostenerstattung** findet nur statt, wenn das Gericht sie nach Billigkeit anordnet (§ 13a Abs. 1 S. 1 FGG bzw. § 81 FamFG); dazu → § 22 Rn. 19.

4 **2. Vormundschaftsgerichtliche bzw. familiengerichtliche Genehmigung.** Die Wertgebühr ergibt sich aus § 28, KV FamGKG Nr. 1310. Sonach entsteht eine 0,5 Gebühr. Der Wert wird nach § 36 FamGKG bestimmt. Die Vorschrift verweist auf Regelungen in § 38 GNotKG (Aktivwert) sowie die für Beurkundungen geltenden besonderen Geschäftswert- undBewertungsvorschriften des GNotKG. Der Geschäftswert bestimmt sich nach dem Wert des Gegenstandes der Genehmigung. Es gilt das Gleiche wie bei der Pflegschaft , siehe → § 22 Rn. 4 ff., insbesondere auch zur Mitberechtigung. Die Freigrenze, siehe oben → § 21 Rn. 9, erfasst auch diese Gebühr Höchstgrenze ist eine Million Euro.

---

[1] 3. Aufl. 2010, § 23 Rn. 1 ff.

[2] Vgl. auch *Hartmann* § 1 RVG Rnn. 45 u. 51.

[3] *Hartmann* Rn. 51.

3. Annahme als Kind. Nach dem FamGKG entstehen keine Gerichtsgebühren für die Minderjährigenadoption. 5

Der **Notar** berechnet für die Beurkundung des Annahmeantrags die volle Gebühr (KV 21200), für die gesonderte Beurkundung (sonst bei Mitbeurkundung im Annahmeantrag keine Mehrkosten wegen § 109 GNotKG, da gegenstandsgleiche Erklärung). Für dieZustimmungserklärungen die halbe Gebühr (KV 21201, mindestens 30 EUR); soweit die letzteren auch vom **Jugendamt** beurkundet werden können (§ 59 SGB VIII), sind sie bei den Gerichten und Notaren gebührenfrei (KV GNotKG Teil 2 Vorbem. 2).

Geschäftswert für Gericht und Notar: 5000 EUR (§ 101 GNotKG). 6

Die **Anwaltsgebühren** in Adoptionssachen folgen aus Nr. 2300 VV RVG iVm § 14 RVG: 0,5–2,5 nach dem Gegenstandswert seiner Tätigkeit (§§ 2, 23 Abs. 1 S. 1 RVG); dazu → § 21 Rn. 17). 7

4. Zurückweisung und Zurücknahme von Anträgen. Nach § 20 Abs. 1 S. 3 FamGKG kann bei abweisenden Entscheidungen sowie bei Zurücknahme eines Antrags von der Erhebung der Kosten abgesehen werden, wenn der Antrag auf unverschuldeter Unkenntnis der tatsächlichen oder rechtlichen Verhältnisse beruht. 8

Die **Anwaltsgebühren**; Nr. 2300 VV RVG iVm § 14 RVG: 0,5–2,5 nach dem Gegenstandswert seiner Tätigkeit (§§ 2, 23 Abs. 1 S. 1 RVG) sind vom Ergebnis des Verfahrens unabhängig, doch ist bei der Bemessung der Gebühr innerhalb des Rahmens auf eine vorzeitige Beendigung Rücksicht zu nehmen. 9

5. Vorläufiger Rechtsschutz. Nach früherem Recht konnteneinstweilige Anordnungen grundsätzlich nur dann ergehen, wenn zugleich eine Ehesache oder Hauptsache anhängig ist oder wenn ein diesbezüglicher Antrag auf Bewilligung von Prozesskostenhilfe gestellt ist. 10

Im Buch 1 Abschnitt 4 FamFG wurde das Institut der einstweiligen Anordnung in allen Familiensachen und in den Verfahren der freiwilligen Gerichtsbarkeit neu eingeführt. Das Verfahren über die einstweilige Anordnung kann **nun unabhängig von einem Hauptsacheverfahren** durchgeführt werden. Es wurde eine einheitliche Gebührenregelung angestrebt. Für Kindschaftssachen ist die Gebühr in KV FamGKG Nr. 1410 geregelt. Sie **entfällt** für Verfahren, die in dem Rahmen einer **Vormundschaft oder Pflegschaft** fallen. Der Wert bemisst sich nach § 41 FamGKG. Danach ist sie nach pflichtgemäßem Ermessen zu ermäßigen. Nach § 41 Abs. 1 FamGKG beträgt der Wert die Hälfte des für die Hauptsache bestimmten Werts.

Die **Anwaltsgebühren** richten sich nach Nr. 2300 VV RVG iVm § 14 RVG: 0,5–2,5, wobei die Gebühr entsprechend der Vorläufigkeit der Regelung niedriger als in der Hauptsache zu bemessen sein wird. Ist der Anwalt auch Bevollmächtigter in der Hauptsache, billigt man ihm eine besondere Gebühr für das Anordnungsverfahren nach Nr. 2300 VV RVG iVm § 18 Nr. 2 RVG zu. 11

Einstweilige Anordnungen in der **Ehesache** werden nach dem GKG abgerechnet: Gebühr KostVerz. 1701, Wert § 20 Abs. 2 GKG. Es entsteht eine besondere Anwaltsgebühr nach § 18 Nr. 1 RVG. 12

Kostenerstattung: Nach früherem Recht bis 31.8.2009: § 13a FGG, in der Ehesache § 620g ZPO. 13

Diese Kostenregelung wurde im **FamFG** seit 1.9.2009 durch § 81 ersetzt. § 81 FamFG ist nicht anwendbar in Ehesachen (§ 121 FamFG) und Familienstreitsachen (§ 112 FamFG). Hier gelten die ZPO Regelungen (§§ 91 ff.), soweit nichts Abweichendes im FamFG bestimmt ist. Die Kostentragung in Scheidungssachen ist in § 150 FamFG geregelt, in Unterhaltssachen in § 243 FamFG.[4]

14 **6. Erziehungshilfen, Erziehungsmaßregeln.** Erziehungshilfen nach dem SGB VIII und Erziehungsmaßregeln nach dem JGG lösen weder **Verwaltungs-** noch **Gerichtskosten** aus (§ 64 SGB X, §§ 11, 27 SGB I). Wird der **Rechtsanwalt** in einer solchen Sache gegenüber dem Familiengericht oder dem Jugendamt tätig, richten sich seine Gebühren nach Nr. 2300 VV RVG iVm § 14 RVG: 0,5–2,5, (dazu → § 20 Rn. 17). Die entsprechende Tätigkeit in Strafsachen wird durch die Verteidigergebühren nach § 17 Nr. 11 RVG iVm VV RVG Nr. 4106 ff. abgegolten.

15 **7. Beurkundungen.** Die dem **Jugendamt** übertragenen Beurkundungen und Beglaubigungen (§ 59 SGB VIII) erfolgen kostenfrei (§ 64 Abs. 1 SGB X). Nimmt sie ein **Gericht** oder ein **Notar** wahr, bleiben sie gebührenfrei (KV Teil 2 Vorbem. 2 GNotKG), es können jedoch Dokumentenpauschale (KV 32000 ff. GNotKG) anfallen, bei Notaren zuzüglich der Umsatzsteuer (KV 32014). Siehe im Übrigen KV 21100 ff., KV 21100 ff., → § 21 Rn. 12, 15 ff., → § 22 Rn. 17.

16 **8. Vermögensverzeichnis.** Nehmen Vormund, Pfleger oder Eltern für die Aufnahme eines Vermögensverzeichnisses das Gericht oder den Notar in Anspruch (vgl. §§ 1640 Abs. 3, 1667 Abs. 1 S. 3, 1802 Abs. 2, 3 BGB), fällt für die Tätigkeit des **Gerichts** oder **Notars** die 2,0-Gebühr KV GNotKG 23500 aus dem Wert der verzeichneten Gegenstände an, § 115 GNotKG. Schuldner ist der Antragsteller (§ 29 GNotKG). Die Auswärtsgebühr (KV 26002 GNotKG) wird nicht erhoben (Vorbem. 2.3.5 GNotKG), wohl aber können Reisekosten anfallen KV 32007 GNotKG, hingegen sieht die Anmerkung zu KV 32008 vor, dass Tage- und Abwesenheitsgeld neben der Gebühr KV 26002 oder 26003 nicht anfällt).

17 **9. Jugendamtsverfahren. Verwaltungskosten** erhebt das Jugendamt nicht (§ 64 Abs. 1 SGB X, §§ 11, 27 SGB I; vgl. bereits → § 21 Rn. 14).

18 **10. Bundeszentralregister.** Angelegenheiten des Bundeszentralregisters einschließlich des **Erziehungsregisters** sind generell – bis auf Schreibauslagen – kostenfrei (§ 3 Nr. 3 JVKostG), lediglich für die Erteilung des **Führungszeugnisses** wird eine Verwaltungsgebühr erhoben (GebVerz. Nr. 2d).

19 **11. Vereinsregister.** Beim **Vereinsvormund** fallen für die Tätigkeit des **Registergerichts** und des **Notars** die üblichen Gebühren an (KV 13000 f. GNotKG, KV 21201 GNotKG mit Wertvorschrift § 36), jedoch kommt nach Landesrecht wegen der Gemeinnützigkeit eine Befreiung von den Gerichtsgebühren (in Baden-Württemberg auch von den Notargebühren – anderweit keine Ermäßigung mehr, § 91 Abs. 2 GNotKG) in Betracht.[5] Verfahren des **Landesjugendamts** sind kostenfrei (§ 64 Abs. 1 SGB X, § 27 SGB I; → § 21 Rn. 14). Für Registersachen gilt das FamGKG nicht.[6]

20 **12. Vollstreckungsklausel.** Nach § 86 Abs. 3 FamFG bedürfen Vollstreckungstitel der Vollstreckungsklausel nur, wenn die Vollstreckung nicht durch das Gericht erfolgt, welches die Klausel erlassen hat, dh eine Klausel ist erforderlich, wenn die Vollstreckung durch ein anderes Gericht oder durch Beteiligte erfolgt.[7] Nach **KV FamGKG**

---

[4] Keidel/*Zimmermann* § 81 Rn. . 2.

[5] *Korintenberg/Hellstab* Anh. C I „Milde Stiftungen".

[6] Vgl. *Hartmann* § 1 FamGKG, Rn. 2.

[7] vgl. Keidel/*Giers,* § 86 Rn. . 17.

Nr. 1600 sind 20 Euro für das Verfahren über den Antrag auf Erteilung einer weiteren vollstreckbaren Ausfertigung zu entrichten. Die Gebühr wird für jede weitere vollstreckbare Ausfertigung gesondert erhoben. Das FamFG ist nach Art. 111 Abs. 1 S. 1 FGG-RG für ein nach dem 31.8.2009 eingeleitetes bzw. beantragtes Vollstreckungsverfahren auch dann anwendbar, wenn sich das dem Vollstreckungstitel zugrunde liegende Verfahren nach altem Recht richtete.[8]

Durch Gesetz zur Übertragung von Aufgaben im Bereich der freiwilligen Gerichtsbarkeit auf Notare[9] ist die Zuständigkeit für die Erteilung einer weiteren vollstreckbaren Ausfertigung (§§ 797 ABs. 3 ZPO, § 733 ZPO) von den Amtsgerichten ab 1.9.2013 auf die Notare übergegangen. Mit Wirkung vom 16.7.2014 wurde durch die neu in das GNotKG eingefügte KV-Nr. 23804 eine Festgebühr von 20 EUR bestimmt. Diese entsteht auch, wenn der Antrag versagt wird.[10]

13. Zwangsvollstreckung. Zum früheren Recht bis 31.8.2009 wird auf die Vorauf- 21
lage[11] verwiesen.

Mit Inkrafttreten des **FamFG am 1.9.2009** wurde das Vollstreckungsrecht umfassend neu gestaltet. Das FamFG stellt in § 86 FamFG klar, aufgrund welcher Titel eine Vollstreckung stattfinden kann, sowie – in Umgangs- und Herausgabesachen, welches Gericht für die Vollstreckung zuständig ist (§ 88 FamFG). Geregelt wird außerdem das Verfahren bei der Vollstreckung, vor allem, wann die Vollstreckung von Amts wegen und wann sie auf Antrag erfolgt. § 87 Abs. 4 regelt welche Rechtsmittel im Vollstreckungsverfahren statthaft sind. Bei vertretbaren Sachen kann künftig eine Ersatzvornahme vorgenommen werden. Bei Titeln auf Herausgabe einer Sache, kann das Gericht neben der Festsetzung von Zwangsmitteln die Herausgabe einer Sache anordnen. Die Vollstreckung von Sorge- und Umgangsentscheidungen wird schneller und effektiver ausgestaltet. Bei Verstößen gegen Verpflichtungen aus Entscheidungen zum Aufenthalts- und Umgangsrecht können nun Ordnungsmittel verhängt werden, die anders als Zwangsmittel, auch noch nach Zeitablauf (zB Herausgabe des Kindes über die Feiertage) festgesetzt und vollstreckt werden können.

Dem Verpflichteten sind die Kosten des Verfahrens aufzuerlegen. Die Gerichtsgebühren richten sich nach KV FamFGKG Nrn. 1601 und 1602. Der Minderjährige haftet nicht in Verfahren, die seine Person betreffen, für Kosten der Vollstreckung (§ 24 Abs. 4 FamGKG). Zu den Anwaltsgebühren → § 21 Rn. 17.

14. Zwangs- und Ordnungsgeld.[12] § 35 FamFG trat zum 1.9.2009 an die Stelle 22
von § 119 KostO (neu gefasst seit 1.8.2013 in KV 13310f. GNotKG). Es handelt sich bei Zwangsmaßnahmen nicht um Vollstreckungshandlungen, sondern um Maßnahmen mit verfahrensleitendem Charakter. Dementsprechend entstehen keine gesonderten Anwaltsgebühren.

15. Prozesskostenhilfe. a) Bis 31.8.2009 galten die allgemeinen Regeln der 23
§§ 114ff. ZPO (§ 14 FGG). Das Bewilligungsverfahren war **gerichtsgebührenfrei**, Beschwerde: § 131b KostO (dazu → § 24 Rn. 1 ff.); der **Anwalt** erhielt für das Verfahren über die Prozesskostenhilfe eine Gebühr nach VV RVG Nr. 3335 iVm § 48 RVG: höchstens 1.0.

---

[8] vgl. Keidel/*Giers* § 86 Rn. . 6.
[9] vom 26.6.2013, BGBl. I S. 1800
[10] *Pfeiffer* in Bormann/Diehn/Sommerfeldt, GNotKG, 2. Aufl. 2016, KV 23804.
[11] 3. Aufl. 2010, § 22 Rn. 29.
[12] Zum früheren Recht bis 31.8.2009 siehe 3. Aufl. (2010), § 22 Rn. 31.

b) FamFG. Die Verfahrenskostenhilfe ist nun in **§§ 76, 77, 78 FamFG** geregelt. Danach gelten die allgemeinen Regeln der ZPO, also ebenfalls die §§ 114 ff. ZPO, soweit nichts Abweichendes geregelt ist.

§ 25 Beschwerden

Inhalt

I. Gerichtskosten

1 **1. Frühere Rechtslage.** Wie im ganzen 7. Kapitel zu den Kosten wird für die Gebühren nach bisherigem Recht vor Inkrafttreten FamFG ab 1.9.2009 auf die Vorauflage, 3. Aufl. 2010, § 24 Rn. 1 ff. verwiesen.

2 **2. Änderungen durch das FamFG und FamGKG:** Die Gebühren für das Rechtsmittelverfahren sind bei Verfahren, für die das neue Recht des FamFG (in Kraft getreten 1.9.2009) gilt, gegenüber dem bislang geltenden Recht erhöht worden. Bei der **Kostenfreiheit für Minderjährige – außer bei Vormundschaft und Dauerpflegschaft** (§ 22 FamFG, vgl. §§ 21 f.) – bleibt es aber, wenn das Verfahren seine Person betrifft (§ 21 Abs. 1 S. 2 Nr. 3 FamGKG und § 81 Abs. 3 FamFG). Im Übrigen werden die **Gebühren** für das Beschwerdeverfahren auf 1,0 und für das Rechtsbeschwerdeverfahren auf 1,5 erhöht. KV FamGKG Nr. 1314 und 1316 ersetzen insoweit § 131 KostO (Nachfolgevorschriften im am 1.8.2013 in Kraft getretenen GNotKG sind KV 1220 ff. GNotKG).

Die Verfahrensgebühr im Beschwerdeverfahren ermäßigt sich auf einen Gebührensatz von 0,5, wenn das **Verfahren ohne Endentscheidung** beendet wird (KV FamGKG Nr. 1315). Nach Abs. 1 der Nr. 1315 wird die Zurücknahme der Beschwerde vor Ablauf des Tages, an dem die Entscheidung der Geschäftsstelle übermittelt wird, wenn die Entscheidung nicht bereits durch Verlesen der Entscheidungsformel bekannt gegeben worden ist, gesondert geregelt, weil sonst im Falle der schriftlichen Entscheidung nicht klar wäre, welches der letztmögliche Zeitpunkt zur Rücknahme ist.

Für die **Rücknahme der Rechtsbeschwerde** werden **zwei Ermäßigungstatbestände** eingeführt, die je nach dem Zeitpunkt der Antragsrücknahme unterschiedlich hohe Ermäßigungen vorsehen (KV FamGKG Nr. 1317 und 1318).

Für das Verfahren einer **Sprungrechtsbeschwerde** soll – entsprechend der Regelung KV FamGKG Nrn. 1140 und 1228 – eine Gebühr nur erhoben werden, wenn der Antrag abgelehnt wird (KV FamGKG Nr. 1319). Es wird für das erstinstanzliche Verfahren ein Gebührensatz von 0,5 angesetzt.

Der **Wert der Beschwerde** wird nach den §§ 53 bis 56 FamFG festgesetzt.

Auslagen: → § 21 Rn. 7.

3. Erinnerung. Antrag auf gerichtliche Entscheidung. Soweit gegen die Entscheidung des Rechtspflegers in den ihm übertragenen richterlichen Geschäften durch § 3 Nr. 1–3 RPflG nach den Vorschriften des FamFG oder nach Spezialgesetzen, die befristete Beschwerde nach § 58 FamFG oder die sofortige Beschwerde nach §§ 567–572 ZPO nicht stattfindet, ist die Erinnerung nach § 11 Abs. 2 S. 1 RPflG möglich.[1] Bei Nichtabhilfe gilt Beschwerde-Kostenrecht. 3

4. Rückwirkung auf die Vorinstanz. Eine Gebühr wird einerseits nur durch eine Entscheidung gerechtfertigt, die Bestand hat; andererseits kommt es nicht darauf an, in welcher Instanz diese Entscheidung ergeht. Das bedeutet: Gibt das Beschwerdegericht der Beschwerde statt und **hebt** die Entscheidung des Vormundschaftsgerichts/Familiengerichts ersatzlos **auf,** fällt die durch sie entstandene Gebühr weg; **erlässt** es hingegen selbst die vom Vormundschaftsgericht/Familiengericht verweigerte Entscheidung, entsteht die für sie vorgesehene Gebühr. Das gilt auch im Verhältnis der ersten zur **weiteren Beschwerde:** Die durch die Zurückweisung der Erstbeschwerde entstandene Gebühr entfällt, wenn das Gericht der weiteren Beschwerde die Zurückweisung aufhebt; und die zunächst erfolgreiche und daher gebührenfreie Erstbeschwerde wird gebührenpflichtig, wenn das Rechtsbeschwerdegericht sie zurückweist. Anderes gilt jedoch bei **Zweitentscheidungen** wegen veränderter Umstände (§ 18 FGG für bis zum 31.8.2009 eingeleitete Verfahren). Hier bleibt die ursprüngliche Gebühr unberührt. Seit der **FFG-Reform** richtet sich die Abänderung einer Endentscheidung mit Dauerwirkung nicht mehr nach § 13 FGG, sondern nach **§ 48 Abs. 1 FamFG.** Hierzu gehören insbesondere die Anordnung einer Pflegschaft, Vormundschaft einschließlich der Auswahlentscheidung eines Vormunds, Pflegers. 4

Schwierigkeiten stellen sich ein, wenn eine gebührenpflichtige Maßnahme **von einer anderen abhängt.** Wird beispielsweise eine angeordnete Pflegschaft vom Beschwerdegericht aufgehoben, fällt die Pflegschaftsgebühr weg. Beruhte die Anordnung der Pflegschaft jedoch auf einer Sorgerechtsentziehung und wird sie vom Beschwerdegericht aufgehoben, so war die ebenfalls aufzuhebende Pflegschaft Rechtens, die Pflegschaftsgebühr fällt mithin „an sich" nicht weg. Hier lässt sich das gebotene Ergebnis – vom Amts wegen, notfalls auf Antrag – nur durch Nichterhebung der Pflegschaftsgebühr als Folge der unrichtigen Sachbehandlung (nach neuem Recht: § 20 FamGKG) des Sorgerechts oder durch ihren Erlass wegen Unbilligkeit im Verwaltungsweg[2] herstellen. 5

Ähnlich liegt der Fall, dass das Beschwerdegericht die Aufhebung einer Vormundschaft oder Pflegschaft nicht billigt und – aus Verfahrensgründen – die Aufhebung nicht beseitigt werden kann, vielmehr die Vormundschaft oder Pflegschaft **erneut angeordnet** werden muss. Hier geht es nicht an, einfach Vormundschafts- oder Pfleg- 6

[1] vgl. Keidel/*Meyer-Holz* § 58 FamFG Rn. 2.

[2] Korintenberg/*Hellstab* Anh. C II in 18. Aufl. 2010 (Kosto).

schaftsgebühr neu zu berechnen, vielmehr darf insgesamt nicht mehr erhoben werden, als bei Fortführung der Vormundschaft oder Pflegschaft, also ohne die rechtswidrige Aufhebung, entstanden wäre (§ 16 KostO bzw. § 20 FamFGKG, sonst Kostenerlass).

7 **5. Familiensachen.** Die Gebühren richten sich nach Nr. 1120–1122 KV FamGKG.

8 **6. Vorläufiger Rechtsschutz.** Beschwerden gegen vorläufige (einstweilige) Anordnungen des Vormundschafts- oder Familiengerichts vgl. oben → § 24 Rn. 10ff.

II. Rechtsanwaltsvergütung

9 **1. Gebühren.** Im Beschwerdeverfahren erhält der Rechtsanwalt Gebühren nach VV RVG 3500 iVm § 18 Nr. 3 RVG: 0,5. Jedes Beschwerdeverfahren ist eine besondere Angelegenheit und löst gesonderte Gebühren aus. Ausnahme. § 16 Nr. 10 RVG (Beschwerden im Kostenfestsetzungsverfahren und im Kostenansatzverfahren).Wird der Anwalt in derselben Angelegenheit für mehrere Auftraggeber tätig, erhält er die Gebühren nach § 7 Abs. 1 RVG nur einmal; Beispiel: Beschwerden beider Eltern gegen die Entziehung des Sorgerechts.

10 **2. Gegenstandswert.** Die Anwaltsgebühren werden nach dem Gegenstandswert berechnet (§ 2 Abs. 1 RVG). Er wird durch das Recht oder das Rechtsverhältnis bestimmt, auf das sich die anwaltliche Tätigkeit bezieht. §§ 22 bis 33 RVG regeln die Wertermittlung im Einzelnen. Nach § 23 Abs. 1, und Abs. 2 RVG bestimmt der Geschäftswert der Gerichtsgebühren grundsätzlich auch den Geschäftswert der Anwaltsgebühren. Sofern im Beschwerdeverfahren entweder keine Gerichtsgebühr oder eine gerichtliche Festgebühr entsteht, ist der Geschäftswert der Anwaltsgebühr nach § 23 Abs. 3. S. 2 RVG unter Berücksichtigung des Interesses des Beschwerdeführers zu ermitteln.[3]

Richtet sich die Beschwerde gegen ein Zwangs- oder Ordnungsgeld, bildet dieses den Wert (§ 2 Abs. 1 RVG), wird mit ihr jedoch die Vollstreckung der Maßnahme – etwa eine Kindesherausgabe – angefochten, ist ihr Wert zu bestimmen (§ 23 Abs. 3 S. 2 RVG).

11 **3. Erinnerung, Antrag auf gerichtliche Entscheidung.** Siehe oben → Rn. 19ff. Ausgeführte. Wird die Erinnerung zufolge Nichtabhilfe durch den Erstrichter zur Beschwerde, fällt die Gebühr des § 18 Nr. 3 RVG nicht erneut an. Hat der Rechtsanwalt bereits im Rechtspflegerverfahren vertreten, löst die Erinnerung keine Gebühren aus.[4]

12 **4. Familiensachen.** In Familiensachen, wenn sie **Scheidungsfolgesachen** sind, entsteht eine Gebühr nach 3100 VV RVG: 1, 3. Nach neuem Recht wird die Gebühr des Anwalts für ein Verfahren über den Unterhalt Minderjähriger auf die Gebühr angerechnet, die in dem nachfolgenden Rechtsstreit entsteht (vgl. § 255 FamFG).Vgl. ferner oben → Rn. 16.

13 **5. Vorläufiger Rechtsschutz.** Für die Beschwerde gegen eine vorläufige Anordnung gilt nichts Abweichendes; zum **Geschäftswert** siehe → Rn. 10.

---

[3] Vgl. *Hartmann* § 23 RVG Rn. 12.
[4] Vgl. *Hartmann* § 18 RVG Rn. 15.

III. Notarkosten

Für den Notar sind im Beschwerdeverfahren keine Gebühren im GNotKG ausdrücklich gesetzlich geregelt. Soweit kein Bezug zu einer eigenen Entwurfs- oder Beurkundungstätigkeit besteht, könnte eine Gebühr für Beratung KV 24201 (Rahmengebühr von 0,3 – 0,5) in Betracht kommen mit Geschäftswertbestimmung nach § 36 GNotKG (nach billigem Ermessen). Hat der Notar das zugrunde liegende Rechtsgeschäft beurkundet oder entworfen und wird er zum **Vollzug** der Urkunde tätig mit der Folge, dass eine Vollzugsgebühr (KV 22110 ff.) anfällt, so gilt sie auch seine Tätigkeit im Beschwerdeverfahren ab (Vorbem. 2.2 Abs. 2 Nr. 3 KV GNotKG); Beispiel – nach hM[5] –: Einholung der Genehmigung des Familiengerichts (vor Inkrafttreten FamFG: der vormundschaftsgerichtlichen Genehmigung) zu einem Grundstückskaufvertrag, die halbe Gebühr KV 22110 GNotKG erfasst auch die Beschwerde und die weitere Beschwerde gegen die Versagung der Genehmigung durch das Vormundschaftsgericht bzw. Familiengericht. 14

IV. Kostenerstattung

1. Früheres Recht vor Inkrafttreten FamFG am 1.9.2009. Die durch eine **unbegründete** – erst recht: unzulässige – Beschwerde entstandenen Kosten wurden nach früherem Recht dem Beschwerdeführer auferlegt (§ 13a Abs. 1 S. 2 FGG bei **Erfolg** und **Rücknahme** der Beschwerde sowie bei **Erledigung der Hauptsache** konnte eine Kostenerstattung nach Billigkeit angeordnet werden (§ 13a Abs. 1 S. 1 FGG). Die Erstattungsanordnung erging als Teil der Hauptsacheentscheidung – kaonnte somit entsprechend § 321 ZPO nachgeholt werden – oder mangels einer solchen als isolierte Kostenentscheidung. Anfechtung: § 20a FGG. 15

2. FamFG. Auch nach neuem Recht sieht § 81 Abs. 1 FamFG die Kostenerstattung nach billigem Ermessen vor.[6] Wie dieses billige Ermessen auszuüben ist und ob regelmäßig eine obsiegende Entscheidung zur Kostenerstattung führen muss, wird unterschiedlich beurteilt. [7]

---

5 Vgl. § 21 Rn. 12.

6 Vgl. Keidel/*Zimmermann* § 81 Rn. 28.

7 Übersicht hierzu bei Tiedtke DNotZ 2016, 576 (592 ff.), der nach Darsellung verschiedener Gerichtsentscheidungen zum Ergebnis kommt, dass im Einzelfall trotz Unerliegens von einer Auferlegung der Kosten abzusehen sein kann, wenn besondere Umstände dies rechtfertigen.

Sachverzeichnis

Buchanzeige